Arthur Schopenhauer
Werke in zwei Bänden

HERAUSGEGEBEN VON
WERNER BREDE
BAND 1

CARL HANSER VERLAG

Textredaktion:
Günther Fetzer und Hartmut Sommer

ISBN 3-446-12363-6
Hanserbibliothek

Umschlag Klaus Detjen
Druck und Bindung:
Mohndruck Reinhard Mohn OHG, Gütersloh
Printed in Germany

INHALT

DIE WELT
ALS WILLE UND VORSTELLUNG

ERSTER BAND

Ob nicht Natur zuletzt sich doch ergründe?
Goethe

VORREDE ZUR ERSTEN AUFLAGE

Wie dieses Buch zu lesen sei, um möglicherweise verstanden werden zu können, habe ich hier anzugeben mir vorgesetzt. – Was durch dasselbe mitgeteilt werden soll, ist ein einziger Gedanke. Dennoch konnte ich, aller Bemühungen ungeachtet, keinen kürzern Weg ihn mitzuteilen finden, als dieses ganze Buch. – Ich halte jenen Gedanken für dasjenige, was man unter dem Namen der Philosophie sehr lange gesucht hat, und dessen Auffindung, eben daher, von den historisch Gebildeten für so unmöglich gehalten wird, wie die des Steines der Weisen, obgleich ihnen schon Plinius sagte: Quam multa fieri non posse, priusquam sint facta, judicantur? (Hist. nat., 7, 1)

Je nachdem man jenen einen mitzuteilenden Gedanken von verschiedenen Seiten betrachtet, zeigt er sich als das, was man Metaphysik, das, was man Ethik und das, was man Ästhetik genannt hat; und freilich müßte er auch dieses alles sein, wenn er wäre, wofür ich ihn, wie schon eingestanden, halte.

Ein *System von Gedanken* muß allemal einen architektonischen Zusammenhang haben, d. h. einen solchen, in welchem immer ein Teil den andern trägt, nicht aber dieser auch jenen, der Grundstein endlich alle, ohne von ihnen getragen zu werden, der Gipfel getragen wird, ohne zu tragen. Hingegen *ein einziger Gedanke* muß, so umfassend er auch sein mag, die vollkommenste Einheit bewahren. Läßt er dennoch, zum Behuf seiner Mitteilung, sich in Teile zerlegen; so muß doch wieder der Zusammenhang dieser Teile ein organischer, d. h. ein solcher sein, wo jeder Teil ebensosehr das Ganze erhält, als er vom Ganzen gehalten wird, keiner der erste und keiner der letzte ist, der ganze Gedanke durch jeden Teil an Deutlichkeit gewinnt und auch der kleinste Teil nicht völlig verstanden werden kann, ohne daß schon das Ganze vorher verstanden sei. – Ein Buch muß inzwischen eine erste und eine letzte Zeile haben und wird insofern einem Organismus allemal sehr unähnlich bleiben, sosehr diesem ähnlich auch immer sein Inhalt sein mag: folglich werden Form und Stoff hier im Widerspruch stehn.

Es ergibt sich von selbst, daß, unter solchen Umständen, zum Eindringen in den dargelegten Gedanken, kein anderer Rat ist, als *das Buch zweimal zu lesen* und zwar das erste Mal mit vieler Geduld, welche allein zu schöpfen ist aus dem freiwillig geschenkten Glauben, daß der Anfang das Ende beinahe so sehr voraussetze, als das Ende den Anfang, und ebenso jeder frühere Teil den spätern beinahe so sehr, als dieser jenen. Ich sage »beinahe«: denn ganz und gar so ist es keineswegs, und was irgend zu tun möglich war, um das, welches am wenigsten erst durch das Folgende aufgeklärt wird, voranzuschicken, wie überhaupt, was irgend zur möglichst leichten Faßlichkeit und Deutlichkeit beitragen konnte, ist redlich und gewissenhaft geschehn: ja, es könnte sogar damit in gewissem Grade gelungen sein, wenn nicht der Leser, was sehr natürlich ist, nicht bloß an das jedesmal Gesagte, sondern auch an die möglichen Folgerungen daraus, beim Lesen dächte, wodurch, außer den vielen wirklich vorhandenen Widersprüchen gegen die Meinungen der Zeit und mutmaßlich auch des Lesers, noch so viele andere antizipierte und imaginäre hinzukommen können, daß dann als lebhafte Mißbilligung sich darstellen muß, was noch bloßes Mißverstehn ist, wofür man es aber um so weniger erkennt, als die mühsam erreichte Klarheit der Darstellung und Deutlichkeit des Ausdrucks über den unmittelbaren Sinn des Gesagten wohl nie zweifelhaft läßt, jedoch nicht seine Beziehungen auf alles Übrige zugleich aussprechen kann. Darum also erfordert die erste Lektüre, wie gesagt, Geduld, aus der Zuversicht geschöpft, bei der zweiten vieles, oder alles, in ganz anderm Lichte erblicken zu werden. Übrigens muß das ernstliche Streben nach völliger und selbst leichter Verständlichkeit, bei einem sehr schwierigen Gegenstande, es rechtfertigen, wenn hier und dort sich eine Wiederholung findet. Schon der organische, nicht kettenartige Bau des Ganzen machte es nötig, bisweilen dieselbe Stelle zweimal zu berühren. Eben dieser Bau auch und der sehr enge Zusammenhang aller Teile hat die mir sonst sehr schätzbare Einteilung in Kapitel und Paragraphen nicht zugelassen; sondern mich genötigt, es bei vier Hauptabteilungen, gleichsam vier Gesichtspunkten des einen Gedankens, bewenden zu lassen. In jedem dieser vier Bücher hat man sich besonders zu hüten, nicht über die notwendig abzuhandelnden Einzelheiten den Hauptgedanken, dem sie angehören, und die Fortschreitung der ganzen Darstellung aus den Augen zu verlieren. – Hiemit ist nun die erste und, gleich den folgenden, unerläßliche Forderung an den (dem Philosophen, eben weil der Leser selbst einer ist) ungeneigten Leser ausgesprochen.

Die zweite Forderung ist diese, daß man vor dem Buche die Einleitung zu demselben lese, obgleich sie nicht mit in dem Buche steht, sondern fünf Jahre früher erschienen ist, unter dem Titel: »Über die vierfache Wurzel des Satzes vom zureichenden Grunde: eine philosophische Abhandlung.« – Ohne Bekanntschaft mit dieser Einleitung und Propädeutik ist das eigentliche Verständnis gegenwärtiger Schrift ganz und gar nicht möglich, und der Inhalt jener Abhandlung wird hier überall so vorausgesetzt, als stände sie mit im Buche. Übrigens würde sie, wenn sie diesem nicht schon um mehrere Jahre vorangegangen wäre, doch wohl nicht eigentlich als Einleitung ihm vorstehn, sondern dem ersten Buch einverleibt sein, welches jetzt, indem das in der Abhandlung Gesagte ihm fehlt, eine gewisse Unvollkommenheit schon durch diese Lücken zeigt, welche es immer durch Berufen auf jene Abhandlung ausfüllen muß. Indessen war mein Widerwille, mich selbst abzuschreiben, oder das schon einmal zur Genüge Gesagte mühselig unter andern Worten nochmals vorzubringen, so groß, daß ich diesen Weg vorzog, ungeachtet ich sogar jetzt dem Inhalt jener Abhandlung eine etwas bessere Darstellung geben könnte, zumal indem ich sie von manchen, aus meiner damaligen zu großen Befangenheit in der Kantischen Philosophie herrührenden Begriffen reinigte, als da sind: Kategorien, äußerer und innerer Sinn u. dgl. Indessen stehn auch dort jene Begriffe nur noch, weil ich mich bis dahin nie eigentlich tief mit ihnen eingelassen hatte, daher nur als Nebenwerk und ganz außer Berührung mit der Hauptsache, weshalb denn auch die Berichtigung solcher Stellen jener Abhandlung, durch die Bekanntschaft mit gegenwärtiger Schrift, sich in den Gedanken des Lesers ganz von selbst machen wird. – Aber allein wenn man durch jene Abhandlung vollständig erkannt hat, was der Satz vom Grunde sei und bedeute, worauf und worauf nicht sich seine Gültigkeit erstrecke, und daß nicht vor allen Dingen jener Satz, und erst in Folge und

Gemäßheit desselben, gleichsam als sein Korollarium, die ganze Welt sei; sondern er vielmehr nichts weiter ist, als die Form, in der das stets durch das Subjekt bedingte Objekt, welcher Art es auch sei, überall erkannt wird, sofern das Subjekt ein erkennendes Individuum ist: nur dann wird es möglich sein, auf die hier zuerst versuchte, von allen bisherigen völlig abweichende Methode des Philosophierens einzugehn.

Allein derselbe Widerwille, mich selbst wörtlich abzuschreiben, oder aber auch mit andern und schlechteren Worten, nachdem ich mir die besseren selbst vorweggenommen, zum zweiten Male ganz dasselbe zu sagen, hat noch eine zweite Lücke im ersten Buche dieser Schrift veranlaßt, indem ich alles dasjenige weggelassen habe, was im ersten Kapitel meiner Abhandlung »Über das Sehn und die Farben« steht und sonst hier wörtlich seine Stelle gefunden hätte. Also auch die Bekanntschaft mit dieser frühern kleinen Schrift wird hier vorausgesetzt.

Die dritte an den Leser zu machende Forderung endlich könnte sogar stillschweigend vorausgesetzt werden: denn es ist keine andere, als die der Bekanntschaft mit der wichtigsten Erscheinung, welche seit zwei Jahrtausenden in der Philosophie hervorgetreten ist und uns so naheliegt: ich meine die Hauptschriften Kants. Die Wirkung, welche sie in dem Geiste, zu welchem sie wirklich reden, hervorbringen, finde ich in der Tat, wiewohl schon sonst gesagt worden, der Staroperation am Blinden gar sehr zu vergleichen: und wenn wir das Gleichnis fortsetzen wollen, so ist mein Zweck dadurch zu bezeichnen, daß ich denen, an welchen jene Operation gelungen ist, eine Starbrille habe in die Hand geben wollen, zu deren Gebrauch also jene Operation selbst die notwendigste Bedingung ist. – Sosehr ich demnach von dem ausgehe, was der große Kant geleistet hat; so hat dennoch eben das ernstliche Studium seiner Schriften mich bedeutende Fehler in denselben entdecken lassen, welche ich aussondern und als verwerflich darstellen mußte, um das Wahre und Vortreffliche seiner Lehre rein davon und geläutert voraussetzen und anwenden zu können. Um aber nicht meine eigene Darstellung durch häufige Polemik gegen Kant zu unterbrechen und zu verwirren, habe ich diese in einen besondern Anhang gebracht. Sosehr nun, dem Gesagten zufolge, meine Schrift die Bekanntschaft mit der Kantischen Philosophie voraussetzt; so sehr setzt sie also auch die Bekanntschaft mit jenem Anhange voraus: daher es in dieser Rücksicht ratsam wäre, den Anhang zuerst zu lesen, um so mehr, als der Inhalt desselben gerade zum ersten Buche gegenwärtiger Schrift genaue Beziehungen hat. Andererseits konnte, der Natur der Sache nach, es nicht vermieden werden, daß nicht auch der Anhang hin und wieder sich auf die Schrift selbst beriefe: daraus nichts anderes folgt, als daß er ebensowohl, als der Hauptteil des Werkes, zweimal gelesen werden muß.

Kants Philosophie also ist die einzige, mit welcher eine gründliche Bekanntschaft bei dem hier Vorzutragenden geradezu vorausgesetzt wird. – Wenn aber überdies noch der Leser in der Schule des göttlichen *Plato* geweilt hat; so wird er um so besser vorbereitet und empfänglicher sein, mich zu hören. Ist er aber gar noch der Wohltat der *Vedas* teilhaft geworden, deren uns durch die Upanischaden eröffneter Zugang, in meinen Augen, der größte Vorzug ist, den dieses noch junge Jahrhundert vor den früheren aufzuweisen hat, indem ich vermute, daß der Einfluß der Sanskrit-Literatur nicht weniger tief eingreifen wird, als im 15. Jahrhundert die Wiederbelebung der griechischen: hat also, sage ich, der Leser auch schon die Weihe uralter Indischer Weisheit empfangen und empfänglich aufgenommen; dann ist er auf das allerbeste bereitet zu hören, was ich ihm vorgetragen habe. Ihn wird es dann nicht, wie manchen andern fremd, ja feindlich ansprechen; da ich, wenn es nicht zu stolz klänge, behaupten möchte, daß jeder von den einzelnen und abgerissenen Aussprüchen, welche die Upanischaden ausmachen, sich als Folgesatz aus dem von mir mitzuteilenden Gedanken ableiten ließe, obgleich keineswegs auch umgekehrt dieser schon dort zu finden ist.

Aber schon sind die meisten Leser ungeduldig aufgefahren und in den mühsam so lange zurückgehaltenen Vorwurf ausgebrochen, wie ich doch wagen könne, dem Publikum ein Buch unter Forderungen und Bedingungen, von denen die beiden ersten anmaßend und ganz unbescheiden sind, vorzulegen, und dies zu einer Zeit, wo ein so allgemeiner Reichtum an eigentümlichen Gedanken ist, daß in Deutschland allein solche jährlich in drei Tausend gehaltreichen, originellen und ganz unentbehrlichen Werken, und außerdem in unzähligen periodischen Schriften, oder gar täglichen Blättern, durch die Druckerpresse zum Gemeingute gemacht werden? zu einer Zeit, wo besonders an ganz originellen und tiefen Philosophen nicht der mindeste Mangel ist; sondern allein in Deutschland deren mehr zugleich leben, als sonst etliche Jahrhunderte hintereinander aufzuweisen hatten? wie man denn, fragt der entrüstete Leser, zu Ende kommen solle, wenn man mit einem Buche so umständlich zu Werke gehn müßte?

Da ich gegen solche Vorwürfe nicht das mindeste vorzubringen habe, hoffe ich nur auf einigen Dank bei diesen Lesern dafür, daß ich sie beizeiten gewarnt habe, damit sie keine Stunde verlieren mit einem Buche, dessen Durchlesung ohne Erfüllung der gemachten Forderungen nicht fruchten könnte und daher ganz zu unterlassen ist, zumal da auch sonst gar vieles zu wetten, daß es ihnen nicht zusagen kann, daß es vielmehr immer nur paucorum hominum sein wird und daher gelassen und bescheiden auf die wenigen warten muß, deren ungewöhnliche Denkungsart es genießbar fände. Denn, auch abgesehn von den Weitläuftigkeiten und der Anstrengung, die es dem Leser zumutet, welcher Gebildete dieser Zeit, deren Wissen dem herrlichen Punkte nahegekommen ist, wo paradox und falsch ganz einerlei sind, könnte es ertragen, fast auf jeder Seite Gedanken zu begegnen, die dem, was er doch selbst ein für allemal als wahr und ausgemacht festgesetzt hat, geradezu widersprechen? Und dann, wie unangenehm wird mancher sich getäuscht finden, wenn er hier gar keine Rede antrifft von dem, was er gerade hier durchaus suchen zu müssen glaubt, weil seine Art zu spekulieren zusammentrifft mit der eines noch lebenden großen Philosophen*, welcher wahrhaft rührende Bücher geschrieben und nur die kleine Schwachheit hat, alles, was er vor seinem funfzehnten Jahre gelernt und approbiert hat, für angeborene Grundgedanken des menschlichen Geistes zu halten. Wer möchte alles dies ertragen? Daher mein Rat ist, das Buch nur wieder wegzulegen.

* F. H. Jacobi

Allein ich fürchte selbst so nicht loszukommen. Der bis zur Vorrede, die ihn abweist, gelangte Leser hat das Buch für bares Geld gekauft und frägt, was ihn schadlos hält? – Meine letzte Zuflucht ist jetzt, ihn zu erinnern, daß er ein Buch, auch ohne es gerade zu lesen, doch auf mancherlei Art zu benutzen weiß. Es kann, so gut wie viele andere, eine Lücke seiner Bibliothek ausfüllen, wo es sich, sauber gebunden, gewiß gut ausnehmen wird. Oder auch er kann es seiner gelehrten Freundin auf die Toilette, oder den Teetisch legen. Oder endlich er kann ja, was gewiß das Beste von allem ist und ich besonders rate, es rezensieren.

Und so, nachdem ich mir den Scherz erlaubt, welchem eine Stelle zu gönnen in diesem durchweg zweideutigen Leben kaum irgendein Blatt zu ernsthaft sein kann, gebe ich mit innigem Ernst das Buch hin, in der Zuversicht, daß es früh oder spät diejenigen erreichen wird, an welche es allein gerichtet sein kann, und übrigens gelassen darin ergeben, daß auch ihm in vollem Maße das Schicksal werde, welches in jeder Erkenntnis, also um so mehr in der wichtigsten, allezeit der Wahrheit zuteil ward, der nur ein kurzes Siegesfest beschieden ist, zwischen den beiden langen Zeiträumen, wo sie als paradox verdammt und als trivial geringgeschätzt wird. Auch pflegt das erstere Schicksal ihren Urheber mitzutreffen. – Aber das Leben ist kurz und die Wahrheit wirkt ferne und lebt lange: sagen wir die Wahrheit.

(Geschrieben zu Dresden im August 1818)

VORREDE ZUR ZWEITEN AUFLAGE

Nicht den Zeitgenossen, nicht den Landsgenossen, – der Menschheit übergebe ich mein nunmehr vollendetes Werk, in der Zuversicht, daß es nicht ohne Wert für sie sein wird; sollte auch dieser, wie es das Los des Guten in jeder Art mit sich bringt, erst spät erkannt werden. Denn nur für sie, nicht für das vorübereilende, mit seinem einstweiligen Wahn beschäftigte Geschlecht, kann es gewesen sein, daß mein Kopf, fast wider meinen Willen, ein langes Leben hindurch, seiner Arbeit unausgesetzt obgelegen hat. An dem Wert derselben hat, während der Zeit, auch der Mangel an Teilnahme mich nicht irre machen können; weil ich fortwährend das Falsche, das Schlechte, zuletzt das Absurde und Unsinnige* in allgemeiner Bewunderung und Verehrung stehn sah und bedachte, daß wenn diejenigen, welche das Echte und Rechte zu erkennen fähig sind, nicht so selten wären, daß man einige zwanzig Jahre hindurch vergeblich nach ihnen sich umsehn kann, derer, die es hervorzubringen vermögen, nicht so wenige sein könnten, daß ihre Werke nachmals eine Ausnahme machen von der Vergänglichkeit irdischer Dinge; wodurch dann die erquickende Aussicht auf die Nachwelt verloren ginge, derer jeder, der sich ein hohes Ziel gesteckt hat, zu seiner Stärkung bedarf. – Wer eine Sache, die nicht zu materiellem Nutzen führt, ernsthaft nimmt und betreibt, darf auf die Teilnahme der Zeitgenossen nicht rechnen. Wohl aber wird er meistens sehn, daß unterdessen der Schein solcher Sache sich in der Welt geltend macht und seinen Tag genießt: und dies ist in der Ordnung. Denn die Sache selbst muß auch ihrer selbst wegen betrieben werden: sonst kann sie nicht gelingen; weil überall jede Absicht der Einsicht Gefahr droht. Demgemäß hat, wie die Literargeschichte durchweg bezeugt, jedes Wertvolle, um zur Geltung zu gelangen, viel Zeit gebraucht; zumal wenn es von der belehrenden, nicht von der unterhaltenden Gattung war: und unterdessen glänzte das Falsche.

* Hegelsche Philosophie

Denn die Sache mit dem Schein der Sache zu vereinigen ist schwer, wo nicht unmöglich. Das eben ist ja der Fluch dieser Welt der Not und des Bedürfnisses, daß diesen alles dienen und frönen muß: daher eben ist sie nicht so beschaffen, daß in ihr irgend ein edles und erhabenes Streben, wie das nach Licht und Wahrheit ist, ungehindert gedeihen und seiner selbst wegen dasein dürfte. Sondern selbst wenn einmal ein solches sich hat geltend machen können und dadurch der Begriff davon eingeführt ist; so werden alsbald die materiellen Interessen, die persönlichen Zwecke, auch seiner sich bemächtigen, um ihr Werkzeug, oder ihre Maske daraus zu machen. Demgemäß mußte, nachdem Kant die Philosophie von neuem zu Ansehn gebracht hatte, auch sie gar bald das Werkzeug der Zwecke werden, der staatlichen von oben, der persönlichen von unten; – wenn auch, genau genommen, nicht sie; doch ihr Doppelgänger, der für sie gilt. Dies darf sogar uns nicht befremden: denn die unglaublich große Mehrzahl der Menschen ist, ihrer Natur zufolge, durchaus keiner andern, als materieller Zwecke fähig, ja, kann keine andern begreifen. Demnach ist das Streben nach Wahrheit allein ein viel zu hohes und exzentrisches, als daß erwartet werden dürfte, daß alle, daß viele, ja daß auch nur einige aufrichtig daran Teil nehmen sollten. Sieht man dennoch einmal, wie z. B. eben jetzt in Deutschland, eine auffallende Regsamkeit, ein allgemeines Treiben, Schreiben und Reden in Sachen der Philosophie; so darf man zuversichtlich voraussetzen, daß das wirkliche primum mobile, die versteckte Triebfeder solcher Bewegung, aller feierlichen Mienen und Versicherungen ungeachtet, allein reale, nicht ideale Zwecke sind, daß nämlich persönliche, amtliche, kirchliche, staatliche, kurz, materielle Interessen es sind, die man dabei im Auge hat, und daß folglich bloße Parteizwecke die vielen Federn angeblicher Weltweisen in so starke Bewegung setzen, mithin daß Absichten, nicht Einsichten, der Leitstern dieser Tumultuanten sind, die Wahrheit aber gewiß das Letzte ist, woran dabei gedacht wird. Sie findet keine Parteigänger: vielmehr kann sie, durch ein solches philosophisches Streitgetümmel hindurch, ihren Weg so ruhig und unbeachtet zurücklegen, wie durch die Winternacht des finstersten, im starrsten Kirchenglauben befangenen Jahrhunderts, wo sie etwan nur als

Geheimlehre wenigen Adepten mitgeteilt, oder gar dem Pergament allein anvertraut wird. Ja, ich möchte sagen, daß keine Zeit der Philosophie ungünstiger sein kann, als die, da sie von der einen Seite als Staatsmittel, von der andern als Erwerbsmittel schnöde mißbraucht wird. Oder glaubt man etwan, daß bei solchem Streben und unter solchem Getümmel, so nebenher auch die Wahrheit, auf die es dabei gar nicht abgesehn ist, zu Tage kommen wird? Die Wahrheit ist keine Hure, die sich denen an den Hals wirft, welche ihrer nicht begehren: vielmehr ist sie eine so spröde Schöne, daß selbst wer ihr alles opfert noch nicht ihrer Gunst gewiß sein darf.

Machen nun die Regierungen die Philosophie zum Mittel ihrer Staatszwecke; so sehn andererseits die Gelehrten in philosophischen Professuren ein Gewerbe, das seinen Mann nährt, wie jedes andere: sie drängen sich also danach, unter Versicherung ihrer guten Gesinnung, d.h. der Absicht, jenen Zwecken zu dienen. Und sie halten Wort: nicht Wahrheit, nicht Klarheit, nicht Plato, nicht Aristoteles, sondern die Zwecke, denen zu dienen sie bestellt worden, sind ihr Leitstern und werden sofort auch das Kriterium des Wahren, des Wertvollen, des zu Beachtenden, und ihres Gegenteils. Was daher jenen nicht entspricht, und wäre es das Wichtigste und Außerordentlichste in ihrem Fach, wird entweder verurteilt, oder, wo dies bedenklich scheint, durch einmütiges Ignorieren erstickt. Man sehe nur ihren einhelligen Eifer gegen den Pantheismus: wird irgend ein Tropf glauben, der gehe aus Überzeugung hervor? – Wie sollte auch überhaupt die zum Brotgewerbe herabgewürdigte Philosophie nicht in Sophistik ausarten? Eben weil dies unausbleiblich ist und die Regel »Wes Brot ich ess', des Lied ich sing'« von jeher gegolten hat, war bei den Alten das Geldverdienen mit der Philosophie das Merkmal des Sophisten. – Nun kommt aber noch hinzu, daß, da in dieser Welt überall nichts als Mittelmäßigkeit zu erwarten steht, gefordert werden darf und für Geld zu haben ist, man mit dieser auch hier vorlieb zu nehmen hat. Danach sehn wir denn, auf allen deutschen Universitäten, die liebe Mittelmäßigkeit sich abmühen, die noch gar nicht vorhandene Philosophie aus eigenen Mitteln zu Stande zu bringen, und zwar nach vorgeschriebenem

Maß und Ziel; – ein Schauspiel, über welches zu spotten beinahe grausam wäre.

Während solchermaßen schon lange die Philosophie durchgängig als Mittel dienen mußte, von der einen Seite zu öffentlichen, von der andern zu Privatzwecken, bin ich, davon ungestört, seit mehr als dreißig Jahren, meinem Gedankenzuge nachgegangen, eben auch nur weil ich es mußte und nicht anders konnte, aus einem instinktartigen Triebe, der jedoch von der Zuversicht unterstützt wurde, daß was einer Wahres gedacht und Verborgenes beleuchtet hat, doch auch irgendwann von einem andern denkenden Geiste gefaßt werden, ihn ansprechen, freuen und trösten wird: zu einem solchen redet man, wie die uns Ähnlichen zu uns geredet haben und dadurch unser Trost in dieser Lebensöde geworden sind. Seine Sache treibt man derweilen ihrer selbst wegen und für sich selbst. Nun aber steht es um philosophische Meditationen seltsamerweise so, daß gerade nur das, was einer für sich selbst durchdacht und erforscht hat, nachmals auch andern zu Gute kommt; nicht aber das, was schon ursprünglich für andere bestimmt war. Kenntlich ist jenes zunächst am Charakter durchgängiger Redlichkeit; weil man nicht sich selbst zu täuschen sucht, noch sich selber hohle Nüsse darreicht; wodurch dann alles Sophistizieren und aller Wortkram wegfällt und in Folge hievon jede hingeschriebene Periode für die Mühe sie zu lesen sogleich entschädigt. Dem entsprechend tragen meine Schriften das Gepräge der Redlichkeit und Offenheit so deutlich auf der Stirn, daß sie schon dadurch grell abstechen von denen der drei berühmten Sophisten der nachkantischen Periode: stets findet man mich auf dem Standpunkt der *Reflexion*, d.i. der vernünftigen Besinnung und redlichen Mitteilung, niemals auf dem der *Inspiration*, genannt intellektuelle Anschauung, oder auch absolutes Denken, beim rechten Namen jedoch Windbeutelei und Scharlatanerei. – In diesem Geiste also arbeitend und während dessen immerfort das Falsche und Schlechte in allgemeiner Geltung, ja, Windbeutelei* und Scharlatanerei** in höchster Verehrung sehend, habe

* Fichte und Schelling

** Hegel

ich längst auf den Beifall meiner Zeitgenossen verzichtet. Es ist unmöglich, daß eine Zeitgenossenschaft, welche, zwanzig Jahre hindurch, einen Hegel, diesen geistigen Kaliban, als den größten der Philosophen ausgeschrien hat, so laut, daß es in ganz Europa widerhallte, den, der das angesehn, nach ihrem Beifall lüstern machen könnte. Sie hat keine Ehrenkränze mehr zu vergeben: ihr Beifall ist prostituiert, und ihr Tadel hat nichts zu bedeuten. Daß es hiemit mein Ernst sei, ist daraus ersichtlich, daß, wenn ich irgend nach dem Beifall meiner Zeitgenossen getrachtet hätte, ich zwanzig Stellen hätte streichen müssen, welche allen Ansichten derselben ganz und gar widersprechen, ja, zum Teil ihnen anstößig sein müssen. Allein ich würde es mir zum Vergehn anrechnen, jenem Beifall auch nur eine Silbe zum Opfer zu bringen. Mein Leitstern ist ganz ernstlich die Wahrheit gewesen: ihm nachgehend durfte ich zunächst nur nach meinem eigenen Beifall trachten, gänzlich abgewendet von einem, in Hinsicht auf alle höheren Geistesbestrebungen, tief gesunkenen Zeitalter und einer, bis auf die Ausnahmen, demoralisierten Nationalliteratur, in welcher die Kunst, hohe Worte mit niedriger Gesinnung zu verbinden, ihren Gipfel erreicht hat. Den Fehlern und Schwächen, welche meiner Natur, wie jeder die ihrigen, notwendig anhängen, kann ich freilich nimmermehr entgehn; aber ich werde sie nicht durch unwürdige Akkommodationen vermehren. –

Was nunmehr diese zweite Auflage betrifft, so freut es mich zuvörderst, daß ich nach fünfundzwanzig Jahren nichts zurückzunehmen finde, also meine Grundüberzeugungen sich wenigstens bei mir selbst bewährt haben. Die Veränderungen im ersten Bande, welcher allein den Text der ersten Auflage enthält, berühren demnach nirgends das Wesentliche, sondern betreffen teils nur Nebendinge, größtenteils aber bestehn sie in meist kurzen, erläuternden, hin und wieder eingefügten Zusätzen. Bloß die Kritik der Kantischen Philosophie hat bedeutende Berichtigungen und ausführliche Zusätze erhalten; da solche sich hier nicht in ein ergänzendes Buch bringen ließen, wie die vier Bücher, welche meine eigene Lehre darstellen, jedes eines, im zweiten Bande, erhalten haben. Bei diesen habe ich letztere Form der Vermehrung und Verbesserung deswegen gewählt, weil die seit ihrer Abfassung verstrichenen fünfundzwanzig Jahre in meiner Darstellungsweise und im Ton des Vortrags eine so merkliche Veränderung herbeigeführt haben, daß es nicht wohl anging, den Inhalt des zweiten Bandes mit dem des ersten in ein Ganzes zu verschmelzen, als bei welcher Fusion beide zu leiden gehabt haben würden. Ich gebe daher beide Arbeiten gesondert und habe an der früheren Darstellung oft selbst da, wo ich mich jetzt ganz anders ausdrücken würde, nichts geändert; weil ich mich hüten wollte, nicht durch die Krittelei des Alters die Arbeit meiner jüngern Jahre zu verderben. Was in dieser Hinsicht zu berichtigen sein möchte, wird sich, mit Hülfe des zweiten Bandes, im Geiste des Lesers schon von selbst zurechtstellen. Beide Bände haben, im vollen Sinne des Worts, ein ergänzendes Verhältnis zu einander, sofern nämlich dieses darauf beruht, daß das eine Lebensalter des Menschen, in intellektueller Hinsicht, die Ergänzung des andern ist: daher wird man finden, daß nicht bloß jeder Band das enthält, was der andere nicht hat, sondern auch, daß die Vorzüge des einen gerade in dem bestehn, was dem andern abgeht. Wenn demnach die erste Hälfte meines Werkes vor der zweiten das voraus hat, was nur das Feuer der Jugend und die Energie der ersten Konzeption verleihen kann; so wird dagegen diese jene übertreffen durch die Reife und vollständige Durcharbeitung der Gedanken, welche allein den Früchten eines langen Lebenslaufes und seines Fleißes zu Teil wird. Denn, als ich die Kraft hatte, den Grundgedanken meines Systems ursprünglich zu erfassen, ihn sofort in seine vier Verzweigungen zu verfolgen, von ihnen auf die Einheit ihres Stammes zurückzugehn und dann das Ganze deutlich darzustellen; da konnte ich noch nicht im Stande sein, alle Teile des Systems, mit der Vollständigkeit, Gründlichkeit und Ausführlichkeit durchzuarbeiten, die nur durch eine vieljährige Meditation desselben erlangt werden, als welche erfordert ist, um es an unzähligen Tatsachen zu prüfen und zu erläutern, es durch die verschiedenartigsten Belege zu stützen, es von allen Seiten hell zu beleuchten, die verschiedenen Gesichtspunkte danach kühn in Kontrast zu stellen, die mannigfaltigen Materien rein zu sondern und wohlgeordnet darzulegen. Daher, wenngleich es dem Leser allerdings angenehmer sein müßte, mein ganzes Werk aus einem

Gusse zu haben, statt daß es jetzt aus zwei Hälften besteht, welche beim Gebrauch an einander zu bringen sind; so wolle er bedenken, daß dazu erfordert gewesen wäre, daß ich in einem Lebensalter geleistet hätte, was nur in zweien möglich ist, indem ich dazu in einem Lebensalter hätte die Eigenschaften besitzen müssen, welche die Natur an zwei ganz verschiedene verteilt hat. Demnach ist die Notwendigkeit, mein Werk in zwei einander ergänzenden Hälften zu liefern, der zu vergleichen, in Folge welcher man ein achromatisches Objektivglas, weil es aus einem Stücke zu verfertigen unmöglich ist, dadurch zu Stande bringt, daß man es aus einem Konvexglase von Krownglas und einem Konkavglase von Flintglas zusammensetzt, deren vereinigte Wirkung allererst das Beabsichtigte leistet. Andererseits jedoch wird der Leser, für die Unbequemlichkeit zwei Bände zugleich zu gebrauchen, einige Entschädigung finden in der Abwechselung und Erholung, welche die Behandlung desselben Gegenstandes, vom selben Kopfe, im selben Geist, aber in sehr verschiedenen Jahren, mit sich bringt. Inzwischen ist es für den, welcher mit meiner Philosophie noch nicht bekannt ist, durchaus ratsam, zuvörderst den ersten Band, ohne Hinzuziehung der Ergänzungen, durchzulesen und diese erst bei einer zweiten Lektüre zu benutzen; weil es ihm sonst zu schwer sein würde, das System in seinem Zusammenhange zu fassen, als in welchem es allein der erste Band darlegt, während im zweiten die Hauptlehren einzeln ausführlicher begründet und vollständig entwickelt werden. Selbst wer zu einer zweiten Durchlesung des ersten Bandes sich nicht entschließen sollte, wird besser tun, den zweiten erst nach demselben und für sich durchzulesen, in der geraden Folge seiner Kapitel, als welche allerdings in einem, wiewohl loseren Zusammenhang mit einander stehn, dessen Lücken ihm die Erinnerung des ersten Bandes, wenn er ihn wohl gefaßt hat, vollkommen ausfüllen wird: zudem findet er überall die Zurückweisung auf die betreffenden Stellen des ersten Bandes, in welchem ich, zu diesem Behuf, die in der ersten Auflage durch bloße Trennungslinien bezeichneten Abschnitte in der zweiten mit Paragraphenzahlen versehn habe. –

Schon in der Vorrede zur ersten Auflage habe ich erklärt, daß meine Philosophie von der Kantischen ausgeht und daher eine gründliche Kenntnis dieser voraussetzt: ich wiederhole es hier. Denn Kants Lehre bringt in jedem Kopf, der sie gefaßt hat, eine fundamentale Veränderung hervor, die so groß ist, daß sie für eine geistige Wiedergeburt gelten kann. Sie allein nämlich vermag, den ihm angeborenen, von der ursprünglichen Bestimmung des Intellekts herrührenden Realismus wirklich zu beseitigen, als wozu weder Berkeley noch Malebranche ausreichen; da diese zu sehr im Allgemeinen bleiben, während Kant ins Besondere geht, und zwar in einer Weise, die weder Vorbild noch Nachbild kennt und eine ganz eigentümliche, man möchte sagen unmittelbare Wirkung auf den Geist hat, in Folge welcher dieser eine gründliche Enttäuschung erleidet und fortan alle Dinge in einem andern Lichte erblickt. Erst hiedurch aber wird er für die positiveren Aufschlüsse empfänglich, welche ich zu geben habe. Wer hingegen der Kantischen Philosophie sich nicht bemeistert hat, ist, was sonst er auch getrieben haben mag, gleichsam im Stande der Unschuld, nämlich in demjenigen natürlichen und kindlichen Realismus befangen geblieben, in welchem wir alle geboren sind und der zu allem Möglichen, nur nicht zur Philosophie befähigt. Folglich verhält ein solcher sich zu jenem ersteren wie ein Unmündiger zum Mündigen. Daß diese Wahrheit heut zu Tage paradox klingt, welches in den ersten dreißig Jahren nach dem Erscheinen der Vernunftkritik keineswegs der Fall gewesen wäre, kommt daher, daß seitdem ein Geschlecht herangewachsen ist, welches Kanten eigentlich nicht kennt, da hiezu mehr, als eine flüchtige, ungeduldige Lektüre, oder ein Bericht aus zweiter Hand gehört, und dieses wieder daher, daß dasselbe, infolge schlechter Anleitung, seine Zeit mit den Philosophemen gewöhnlicher, also unberufener Köpfe, oder gar windbeutelnder Sophisten, die man ihm unverantwortlicherweise anpries, vergeudet hat. Daher die Verworrenheit in den ersten Begriffen und überhaupt das unsäglich Rohe und Plumpe, welches aus der Hülle der Pretiosität und Prätensiosität, in den eigenen philosophischen Versuchen des so erzogenen Geschlechtes, hervorsieht. Aber in einem heillosen Irrtum ist der befangen, welcher vermeint, er könne Kants Philosophie aus den Darstellungen anderer davon kennen lernen. Vielmehr muß ich vor dergleichen Relationen, zumal aus neuerer

Zeit, ernstlich warnen: und gar in diesen allerletzten Jahren sind mir in Schriften der Hegelianer Darstellungen der Kantischen Philosophie vorgekommen, die wirklich ins Fabelhafte gehn. Wie sollten auch die schon in frischer Jugend durch den Unsinn der Hegelei verrenkten und verdorbenen Köpfe noch fähig sein, Kants tiefsinnigen Untersuchungen zu folgen? Sie sind früh gewöhnt, den hohlsten Wortkram für philosophische Gedanken, die armseligsten Sophismen für Scharfsinn, und läppischen Aberwitz für Dialektik zu halten, und durch das Aufnehmen rasender Wortzusammenstellungen, bei denen etwas zu denken der Geist sich vergeblich martert und erschöpft, sind ihre Köpfe desorganisiert. Für sie gehört keine Kritik der Vernunft, für sie keine Philosophie: für sie gehört eine medicina mentis, zunächst als Kathartikon etwan un petit cours de senscommunologie, und dann muß man weiter sehn, ob bei ihnen noch jemals von Philosophie die Rede sein kann. – Die Kantische Lehre also wird man vergeblich irgend wo anders suchen, als in Kants eigenen Werken: diese aber sind durchweg belehrend, selbst da wo er irrt, selbst da wo er fehlt. Infolge seiner Originalität gilt von ihm im höchsten Grade was eigentlich von allen echten Philosophen gilt: nur aus ihren eigenen Schriften lernt man sie kennen; nicht aus den Berichten anderer. Denn die Gedanken jener außerordentlichen Geister können die Filtration durch den gewöhnlichen Kopf hindurch nicht vertragen. Geboren hinter den breiten, hohen, schön gewölbten Stirnen, unter welchen strahlende Augen hervorleuchten, kommen sie, wenn versetzt in die enge Behausung und niedrige Bedachung der engen, gedrückten, dickwändigen Schädel, aus welchen stumpfe, auf persönliche Zwecke gerichtete Blicke hervorspähen, um alle Kraft und alles Leben, und sehn sich selber nicht mehr ähnlich. Ja, man kann sagen, diese Art Köpfe wirken wie unebene Spiegel, in denen alles sich verrenkt, verzerrt, das Ebenmaß seiner Schönheit verliert und eine Fratze darstellt. Nur von ihren Urhebern selbst kann man die philosophischen Gedanken empfangen: daher hat wer sich zur Philosophie getrieben fühlt, die unsterblichen Lehrer derselben im stillen Heiligtum ihrer Werke selbst aufzusuchen. Die Hauptkapitel eines jeden dieser echten Philosophen werden in ihre Lehren hundertmal mehr Einsicht verschaffen, als die schleppenden und schielenden Relationen darüber, welche Alltagsköpfe zustande bringen, die noch zudem meistens tief befangen sind in der jedesmaligen Modephilosophie, oder ihrer eigenen Herzensmeinung. Aber es ist zum Erstaunen, wie entschieden das Publikum vorzugsweise nach jenen Darstellungen aus zweiter Hand greift. Hiebei scheint in der Tat die Wahlverwandtschaft zu wirken, vermöge welcher die gemeine Natur zu ihresgleichen gezogen wird und demnach sogar was ein großer Geist gesagt hat lieber von ihresgleichen vernehmen will. Vielleicht beruht dies auf demselben Prinzip mit dem System des wechselseitigen Unterrichts, nach welchem Kinder am besten von ihresgleichen lernen.

Jetzt noch ein Wort für die Philosophieprofessoren. – Die Sagazität, den richtigen und feinen Takt, womit sie meine Philosophie, gleich bei ihrem Auftreten, als etwas ihren eigenen Bestrebungen ganz Heterogenes, wohl gar Gefährliches, oder, populär zu reden, etwas das nicht in ihren Kram paßt, erkannt haben, so wie die sichere und scharfsinnige Politik, vermöge derer sie das ihr gegenüber allein richtige Verfahren sogleich herausfanden, die vollkommene Einmütigkeit, mit der sie dasselbe in Anwendung brachten, endlich die Beharrlichkeit, mit welcher sie ihm treu geblieben sind, – habe ich von jeher bewundern müssen. Dieses Verfahren, welches nebenbei sich auch durch die überaus leichte Ausführbarkeit empfiehlt, besteht bekanntlich im gänzlichen Ignorieren und dadurch im Sekretieren, – nach Goethes maliziösem Ausdruck, welcher eigentlich das Unterschlagen des Wichtigen und Bedeutenden besagt. Die Wirksamksamkeit dieses stillen Mittels wird erhöht durch den Korybantenlärm, mit welchem die Geburt der Geisteskinder der Einverstandenen gegenseitig gefeiert wird, und welcher das Publikum nötigt hinzusehn und die wichtigen Mienen gewahr zu werden, mit welchen man sich darüber begrüßt. Wer könnte das Zweckmäßige dieses Verfahrens verkennen? Ist doch gegen den Grundsatz primum vivere, deinde philosophari nichts einzuwenden. Die Herren wollen leben und zwar von der *Philosophie* leben: an *diese* sind sie, mit Weib und Kind, gewiesen, und haben, trotz dem povera e nuda vai filosofia des Petrarca, es darauf gewagt. Nun ist aber meine Philosophie ganz und gar nicht darauf eingerichtet, daß man von ihr leben könnte. Es fehlt ihr dazu an den ersten, für eine wohlbesoldete Kathederphilosophie unerläßlichen Requisiten, zunächst gänzlich an einer spekulativen Theologie, welche doch gerade – dem leidigen Kant mit seiner Vernunftkritik zum Trotz – das Hauptthema aller Philosophie sein soll und muß, wenngleich diese dadurch die Aufgabe erhält, immerfort von dem zu reden, wovon sie schlechterdings nichts wissen kann; ja, die meinige statuiert nicht einmal die von den Philosophieprofessoren so klug ersonnene und ihnen unentbehrlich gewordene Fabel von einer unmittelbar und absolut erkennenden, anschauenden, oder vernehmenden Vernunft, die man nur gleich anfangs seinen Lesern aufzubinden braucht, um nachher in das von Kant unserer Erkenntnis gänzlich und auf immer abgesperrte Gebiet jenseit der Möglichkeit aller Erfahrung, auf die bequemste Weise von der Welt, gleichsam mit vier Pferden einzufahren, woselbst man sodann gerade die Grunddogmen des modernen, judaisierenden, optimistischen Christentums unmittelbar offenbart und auf das schönste zurechtgelegt vorfindet. Was nun, in aller Welt, geht meine, dieser wesentlichen Requisiten ermangelnde, rücksichtslose und nahrungslose, grüblerische Philosophie, – welche zu ihrem Nordstern ganz allein die Wahrheit, die nackte, unbelohnte, unbefreundete, oft verfolgte Wahrheit hat und, ohne rechts oder links zu blicken, gerade auf diese zusteuert, – jene alma mater, die gute, nahrhafte Universitätsphilosophie an, welche, mit hundert Absichten und tausend Rücksichten belastet, behutsam ihres Weges daherlaviert kommt, indem sie allezeit die Furcht des Herrn, den Willen des Ministeriums, die Satzungen der Landeskirche, die Wünsche des Verlegers, den Zuspruch der Studenten, die gute Freundschaft der Kollegen, den Gang der Tagespolitik, die momentane Richtung des Publikums und was noch alles vor Augen hat? Oder was hat mein stilles, ernstes Forschen nach Wahrheit gemein mit dem gellenden Schulgezänke der Katheder und Bänke, dessen innerste Triebfedern stets persönliche Zwecke sind? Vielmehr sind beide Arten der Philosophie sich von Grund aus heterogen. Darum auch gibt es mit mir keinen Kompromiß und keine Kameradschaft, und findet bei mir keiner seine Rechnung, als etwan der, welcher nichts, als die Wahrheit suchte; also keine der philosophischen Parteien des Tages: denn sie alle verfolgen ihre Absichten; ich aber habe bloße Einsichten zu bieten, die zu keiner von jenen passen, weil sie eben nach keiner gemodelt sind. Damit aber meine Philosophie selbst kathederfähig würde, müßten erst ganz andere Zeiten heraufgezogen sein. – Das wäre also etwas Schönes, wenn so eine Philosophie, von der man gar nicht leben kann, Luft und Licht, wohl gar allgemeine Beachtung gewönne! Mithin war dies zu verhüten und mußten dagegen alle für einen Mann stehn. Beim Bestreiten und Widerlegen aber hat man nicht so leichtes Spiel: auch ist dies schon darum ein mißliches Mittel, weil es die Aufmerksamkeit des Publikums auf die Sache hinlenkt und diesem das Lesen meiner Schriften den Geschmack an den Lukubrationen der Philosophieprofessoren verderben könnte. Denn wer den Ernst gekostet hat, dem wird der Spaß, zumal von der langweiligen Art, nicht mehr munden. Demnach also ist das so einmütig ergriffene schweigende System das allein richtige, und kann ich nur raten, dabei zu bleiben und damit fortzufahren, so lange es geht, so lange nämlich bis einst aus dem Ignorieren die Ignoranz abgeleitet wird: dann wird es zum Einlenken gerade noch Zeit sein. Unterweilen bleibt ja doch jedem unbenommenen, sich hier und da ein Federchen zu eigenem Gebrauch auszurupfen, da zu Hause der Überfluß an Gedanken nicht sehr drückend zu sein pflegt. So kann denn das Ignorier- und Schweigesystem noch eine gute Weile vorhalten, wenigstens die Spanne Zeit, die ich noch zu leben haben mag; womit schon viel gewonnen ist. Wenn auch dazwischen hie und da eine indiskrete Stimme sich hat vernehmen lassen, so wird sie doch bald übertäubt vom lauten Vortrag der Professoren, welche das Publikum von ganz andern Dingen, mit wichtiger Miene, zu unterhalten wissen. Ich rate jedoch, auf die Einmütigkeit des Verfahrens etwas strenger zu halten und besonders die jungen Leute zu überwachen, als welche bisweilen schrecklich indiskret sind. Denn selbst so kann ich doch nicht verbürgen, daß das belobte Verfahren für immer vorhalten wird, und kann für den endlichen Ausgang nicht einstehn. Es ist nämlich eine eigene Sache um die Lenkung des im ganzen guten und folgsamen Publikums. Wenn wir auch so ziemlich zu allen Zeiten die Gorgiasse und Hippiasse oben auf sehn, das Absurde in der Regel kulminiert und es unmöglich scheint, daß durch den Chorus der Betörer und Betörten die Stimme des einzelnen je durchdränge; – so bleibt dennoch jederzeit den echten Werken eine ganz eigentümliche, stille, langsame, mächtige Wirkung, und wie durch ein Wunder sieht man sie endlich aus dem Getümmel sich erheben, gleich einem Aerostaten, der aus dem dicken Dunstkreise dieses Erdenraums in reinere Regionen emporschwebt, wo er, einmal angekommen, stehn bleibt, und keiner mehr ihn herabzuziehn vermag.

Geschrieben in Frankfurt a. M. im Februar 1844.

VORREDE ZUR DRITTEN AUFLAGE

Das Wahre und Echte würde leichter in der Welt Raum gewinnen, wenn nicht die, welche unfähig sind, es hervorzubringen, zugleich verschworen wären, es nicht aufkommen zu lassen. Dieser Umstand hat schon manches, das der Welt zu Gute kommen sollte, gehemmt und verzögert, wo nicht gar erstickt. Für mich ist seine Folge gewesen, daß, obwohl ich erst dreißig Jahre zählte, als die erste Auflage dieses Werkes erschien, ich diese dritte nicht früher, als im zweiundsiebenzigsten erlebe. Darüber jedoch finde ich Trost in Petrarkas Worten: si quis, toto die currens, pervenit ad vesperam, satis est (de vera sapientia, p. 140). Bin ich zuletzt doch auch angelangt und habe die Befriedigung, am Ende meiner Laufbahn den Anfang meiner Wirksamkeit zu sehn, unter der Hoffnung, daß sie, einer alten Regel gemäß, in dem Verhältnis lange dauern wird, als sie spät angefangen hat. –

Der Leser wird in dieser dritten Auflage nichts von dem vermissen, was die zweite enthält, wohl aber beträchtlich mehr erhalten, indem sie, vermöge der ihr gegebenen Zusätze, bei gleichem Druck, 136 Seiten mehr hat, als die zweite.

Sieben Jahre nach dem Erscheinen der zweiten Auflage habe ich zwei Bände »Parerga und Paralipomena« herausgegeben. Das unter letzterem Namen Begriffene besteht in Zusätzen zur systematischen Darstellung meiner Philosophie und würde seine richtige Stelle in diesen Bänden gefunden haben: allein ich mußte es damals unterbringen wo ich konnte, da es sehr zweifelhaft war, ob ich diese dritte Auflage erleben würde. Man findet es im zweiten Bande besagter Parerga und wird es an den Überschriften der Kapitel leicht erkennen.

Frankfurt a. M. im September 1859.

ERSTES BUCH

DER WELT ALS VORSTELLUNG ERSTE BETRACHTUNG:

Die Vorstellung unterworfen dem Satze vom Grunde: das Objekt der Erfahrung und Wissenschaft

Sors de l'enfance, ami, réveille-toi!
Jean-Jacques Rousseau

§ 1

»Die Welt ist meine Vorstellung:« – dies ist eine Wahrheit, welche in Beziehung auf jedes lebende und erkennende Wesen gilt; wiewohl der Mensch allein sie in das reflektierte abstrakte Bewußtsein bringen kann: und tut er dies wirklich; so ist die philosophische Besonnenheit bei ihm eingetreten. Es wird ihm dann deutlich und gewiß, daß er keine Sonne kennt und keine Erde; sondern immer nur ein Auge, das eine Sonne sieht, eine Hand, die eine Erde fühlt; daß die Welt, welche ihn umgibt, nur als Vorstellung da ist, d. h. durchweg nur in Beziehung auf ein Anderes, das Vorstellende, welches er selbst ist. – Wenn irgend eine Wahrheit a priori ausgesprochen werden kann, so ist es diese: denn sie ist die Aussage derjenigen Form aller möglichen und erdenklichen Erfahrung, welche allgemeiner, als alle andern, als Zeit, Raum und Kausalität ist: denn alle diese setzen jene eben schon voraus, und wenn jede dieser Formen, welche alle wir als so viele besondere Gestaltungen des Satzes vom Grunde erkannt haben, nur für eine besondere Klasse von Vorstellungen gilt; so ist dagegen das Zerfallen in Objekt und Subjekt die gemeinsame Form aller jener Klassen, ist diejenige Form, unter welcher allein irgend eine Vorstellung, welcher Art sie auch sei, abstrakt oder intuitiv, rein oder empirisch, nur überhaupt möglich und denkbar ist. Keine Wahrheit ist also gewisser, von allen andern unabhängiger und eines Beweises weniger bedürftig, als diese, daß alles, was für die Erkenntnis da ist, also diese ganze Welt, nur Objekt in Beziehung auf das Subjekt ist, Anschauung des Anschauenden, mit *einem* Wort, Vorstellung. Natürlich gilt dieses, wie von der Gegenwart, so auch von jeder Vergangenheit und jeder Zukunft, vom Fernsten, wie vom Nahen: denn es gilt von Zeit und Raum selbst, in welchen allein sich dieses alles unterscheidet. Alles, was irgend zur Welt gehört und gehören kann, ist unausweichbar mit diesem Bedingtsein durch das Subjekt behaftet, und ist nur für das Subjekt da. Die Welt ist Vorstellung.

Neu ist diese Wahrheit keineswegs. Sie lag schon in den skeptischen Betrachtungen, von welchen Cartesius ausging. Berkeley aber war der erste, welcher sie entschieden aussprach: er hat sich dadurch ein unsterbliches Verdienst um die Philosophie erworben, wenn gleich das übrige seiner Lehren nicht bestehn kann. Kants erster Fehler war die Vernachlässigung dieses Satzes, wie im Anhange ausgeführt ist. – Wie früh hingegen diese Grundwahrheit von den Weisen Indiens erkannt worden ist, indem sie als der Fundamentalsatz der dem *Vyasa* zugeschriebenen Vedantaphilosophie auftritt, bezeugt W. *Jones*, in der letzten seiner Abhandlungen: on the philosophy of the Asiatics; Asiatic researches, Vol. IV, p. 164: the fundamental tenet of the Vedanta school consisted not in denying the existence of matter, that is of solidity, impenetrability, and extended figure (to deny which would be lunacy), but in correcting the popular notion of it, and in contending that it has no essence independent of mental perception; that existence and perceptibility are convertible terms*. Diese Worte drücken das Zusammenbestehn der empirischen Realität mit der transzendentalen Idealität hinlänglich aus.

Also nur von der angegebenen Seite, nur sofern sie Vorstellung ist, betrachten wir die Welt in diesem ersten Buche. Daß jedoch diese Betrachtung, ihrer Wahrheit unbeschadet, eine einseitige, folglich durch irgend eine willkürliche Abstraktion hervorgerufen ist, kündigt jedem das innere Widerstreben an, mit welchem er die Welt als seine bloße Vorstellung annimmt; welcher Annahme er sich andererseits doch nimmermehr entziehn kann. Die Einseitigkeit dieser Betrachtung aber wird das folgende Buch ergänzen, durch eine Wahrheit, welche nicht so unmittelbar gewiß ist, wie die, von der wir hier ausgehn; sondern zu welcher nur tiefere Forschung, schwierigere Abstraktion, Trennung des Verschiedenen und Vereinigung des Identischen führen kann, – durch eine Wahrheit, welche sehr ernst und jedem, wo nicht furchtbar, doch

* Das Grunddogma der Vedantaschule bestand nicht im Ableugnen des Daseins der Materie, d. h. der Solidität, Undurchdringlichkeit und Ausdehnung (welche zu leugnen Wahnsinn wäre), sondern in der Berichtigung des gewöhnlichen Begriffs derselben, durch die Behauptung, daß sie kein von der erkennenden Auffassung unabhängiges Dasein habe; indem Dasein und Wahrnehmbarkeit Wechselbegriffe seien.

bedenklich sein muß, nämlich diese, daß eben auch er sagen kann und sagen muß: »Die Welt ist mein Wille.« –

Bis dahin aber, also in diesem ersten Buch, ist es nötig, unverwandt diejenige Seite der Welt zu betrachten, von welcher wir ausgehn, die Seite der Erkennbarkeit, und demnach, ohne Widerstreben, alle irgend vorhandenen Objekte, ja sogar den eigenen Leib (wie wir bald näher erörtern werden) nur als Vorstellung zu betrachten, bloße Vorstellung zu nennen. Das, wovon hiebei abstrahiert wird, ist, wie später hoffentlich jedem gewiß sein wird, immer nur der *Wille*, als welcher allein die andere Seite der Welt ausmacht: denn diese ist, wie einerseits durch und durch *Vorstellung*, so andererseits durch und durch *Wille*. Eine Realität aber, die keines von diesen beiden wäre, sondern ein Objekt an sich (zu welcher auch Kants Ding an sich ihm leider unter den Händen ausgeartet ist), ist ein erträumtes Unding und dessen Annahme ein Irrlicht in der Philosophie.

§ 2

Dasjenige, was alles erkennt und von keinem erkannt wird, ist das *Subjekt*. Es ist sonach der Träger der Welt, die durchgängige, stets vorausgesetzte Bedingung alles Erscheinenden, alles Objekts: denn nur für das Subjekt ist, was nur immer da ist. Als dieses Subjekt findet jeder sich selbst, jedoch nur sofern er erkennt, nicht sofern er Objekt der Erkenntnis ist. Objekt ist aber schon sein Leib, welchen selbst wir daher, von diesem Standpunkt aus, Vorstellung nennen. Denn der Leib ist Objekt unter Objekten und den Gesetzen der Objekte unterworfen, obwohl er unmittelbares Objekt ist*. Er liegt, wie alle Objekte der Anschauung, in den Formen alles Erkennens, in Zeit und Raum, durch welche die Vielheit ist. Das Subjekt aber, das Erkennende, nie Erkannte, liegt auch nicht in diesen Formen, von denen selbst es vielmehr immer schon vorausgesetzt wird: ihm kommt also weder Vielheit, noch deren Gegensatz, Einheit, zu. Wir erkennen es nimmer, sondern es eben ist es, das erkennt, wo nur erkannt wird.

* Über den Satz vom Grunde, 2. Aufl., § 22.

Die Welt als Vorstellung also, in welcher Hinsicht allein wir sie hier betrachten, hat zwei wesentliche, notwendige und untrennbare Hälften. Die eine ist das *Objekt*: dessen Form ist Raum und Zeit, durch diese die Vielheit. Die andere Hälfte aber, das Subjekt, liegt nicht in Raum und Zeit: denn sie ist ganz und ungeteilt in jedem vorstellenden Wesen; daher ein einziges von diesen, eben so vollständig, als die vorhandenen Millionen, mit dem Objekt die Welt als Vorstellung ergänzt: verschwände aber auch jenes einzige; so wäre die Welt als Vorstellung nicht mehr. Diese Hälften sind daher unzertrennlich, selbst für den Gedanken: denn jede von beiden hat nur durch und für die andere Bedeutung und Dasein, ist mit ihr da und verschwindet mit ihr. Sie begrenzen sich unmittelbar: wo das Objekt anfängt, hört das Subjekt auf. Die Gemeinschaftlichkeit dieser Grenze zeigt sich eben darin, daß die wesentlichen und daher allgemeinen Formen alles Objekts, welche Zeit, Raum und Kausalität sind, auch ohne die Erkenntnis des Objekts selbst, vom Subjekt ausgehend gefunden und vollständig erkannt werden können, d. h. in Kants Sprache, a priori in unserm Bewußtsein liegen. Dieses entdeckt zu haben, ist ein Hauptverdienst Kants und ein sehr großes. Ich behaupte nun überdies, daß der Satz vom Grunde der gemeinschaftliche Ausdruck für alle diese uns a priori bewußten Formen des Objekts ist, und daß daher alles, was wir rein a priori wissen, nichts ist, als eben der Inhalt jenes Satzes und was aus diesem folgt, in ihm also eigentlich unsere ganze a priori gewisse Erkenntnis ausgesprochen ist. In meiner Abhandlung über den Satz vom Grunde habe ich ausführlich gezeigt, wie jedes irgend mögliche Objekt demselben unterworfen ist, d.h. in einer notwendigen Beziehung zu andern Objekten steht, einerseits als bestimmt, andererseits als bestimmend: dies geht so weit, daß das ganze Dasein aller Objekte, sofern sie Objekte, Vorstellungen und nichts anderes sind, ganz und gar zurückläuft auf jene ihre notwendige Beziehung zu einander, nur in solcher besteht, also gänzlich relativ ist: wovon bald ein mehreres. Ich habe ferner gezeigt, daß, gemäß den Klassen, in welche die Objekte ihrer Möglichkeit nach zerfallen, jene notwendige Beziehung, welche der Satz vom Grunde im allgemeinen ausdrückt, in andern Gestalten erscheint; wodurch wiederum die richtige Einteilung jener Klassen sich bewährt. Ich setze hier beständig alles dort Gesagte als bekannt und dem Leser gegenwärtig voraus: denn es würde, wenn es nicht dort schon gesagt wäre, hier seine notwendige Stelle haben.

§ 3

Der Hauptunterschied zwischen allen unsern Vorstellungen ist der des Intuitiven und Abstrakten. Letzteres macht nur *eine* Klasse von Vorstellungen aus, die Begriffe: und diese sind auf der Erde allein das Eigentum des Menschen, dessen ihn von allen Tieren unterscheidende Fähigkeit zu denselben von jeher *Vernunft* genannt worden ist*. Wir werden weiterhin diese abstrakten Vorstellungen für sich betrachten, zuvörderst aber ausschließlich von der *intuitiven Vorstellung* reden. Diese nun befaßt die ganze sichtbare Welt, oder die gesamte Erfahrung, nebst den Bedingungen der Möglichkeit derselben. Es ist, wie gesagt, eine sehr wichtige Entdeckung Kants, daß eben diese Bedingungen, diese Formen derselben, d.h. das Allgemeinste in ihrer Wahrnehmung, das allen ihren Erscheinungen auf gleiche Weise Eigene, Zeit und Raum, auch für sich und abgesondert von ihrem Inhalt, nicht nur in abstracto gedacht, sondern auch unmittelbar angeschaut werden kann, und daß diese Anschauung nicht etwan ein durch Wiederholung von der Erfahrung entlehntes Phantasma ist, sondern so sehr unabhängig von der Erfahrung, daß vielmehr umgekehrt diese als von jener abhängig gedacht werden muß, indem die Eigenschaften des Raumes und der Zeit, wie sie die Anschauung a priori erkennt, für alle mögliche Erfahrung als Gesetze gelten, welchen gemäß diese überall ausfallen muß. Dieserhalb habe ich, in meiner Abhandlung über den Satz vom Grunde, Zeit und Raum, sofern sie rein und inhaltsleer angeschaut werden, als eine besondere und für sich bestehende Klasse von Vorstellungen betrachtet. So wichtig nun auch diese von Kant entdeckte Beschaf-

* Kant allein hat diesen Begriff der Vernunft verwirrt, in welcher Hinsicht ich auf den Anhang verweise, wie auch auf meine »Grundprobleme der Ethik«: Grundl. d. Moral, § 6, S. 148–154, der ersten [S. 146–151 der zweiten] Auflage.

fenheit jener allgemeinen Formen der Anschauung ist, daß sie nämlich für sich und unabhängig von der Erfahrung anschaulich und ihrer ganzen Gesetzmäßigkeit nach erkennbar sind, worauf die Mathematik mit ihrer Unfehlbarkeit beruht; so ist es doch eine nicht minder beachtungswerte Eigenschaft derselben, daß der Satz vom Grunde, der die Erfahrung als Gesetz der Kausalität und Motivation, und das Denken als Gesetz der Begründung der Urteile bestimmt, hier in einer ganz eigentümlichen Gestalt auftritt, der ich den Namen *Grund des Seins* gegeben habe, und welche in der Zeit die Folge ihrer Momente, und im Raum die Lage seiner sich ins Unendliche wechselseitig bestimmenden Teile ist.

Wem aus der einleitenden Abhandlung die vollkommene Identität des Inhalts des Satzes vom Grunde, bei aller Verschiedenheit seiner Gestalten, deutlich geworden ist, der wird auch überzeugt sein, wie wichtig zur Einsicht in sein innerstes Wesen gerade die Erkenntis der einfachsten seiner Gestaltungen, als solcher, ist, und für diese haben wir die *Zeit* erkannt. Wie in ihr jeder Augenblick nur ist, sofern er den vorhergehenden, seinen Vater, vertilgt hat, um selbst wieder eben so schnell vertilgt zu werden; wie Vergangenheit und Zukunft (abgesehn von den Folgen ihres Inhalts) so nichtig als irgend ein Traum sind, Gegenwart aber nur die ausdehnungs- und bestandlose Grenze zwischen beiden ist; eben so werden wir die selbe Nichtigkeit auch in allen andern Gestalten des Satzes vom Grunde wiedererkennen und einsehn, daß wie die Zeit, so auch der Raum, und wie dieser, so auch alles, was in ihm und der Zeit zugleich ist, alles also, was aus Ursachen oder Motiven hervorgeht, nur ein relatives Dasein hat, nur durch und für ein anderes, ihm gleichartiges, d.h. wieder nur eben so bestehendes, ist. Das Wesentliche dieser Ansicht ist alt: Herakleitos bejammerte in ihr den ewigen Fluß der Dinge: Plato würdigte ihren Gegenstand herab, als das immerdar Werdende, aber nie Seiende; Spinoza nannte es bloße Akzidenzien der allein seienden und bleibenden einzigen Substanz; Kant setzte das so Erkannte als bloße Erscheinung dem Dinge an sich entgegen; endlich die uralte Weisheit der Inder spricht: »Es ist die *Maja*, der Schleier des Truges, welcher die Augen der Sterblichen umhüllt und sie eine Welt sehn läßt, von der man weder sagen kann, daß sie sei, noch auch, daß sie nicht sei: denn sie gleicht dem Traume, gleicht dem Sonnenglanz auf dem Sande, welchen der Wanderer von ferne für ein Wasser hält, oder auch dem hingeworfenen Strick, den er für eine Schlange ansieht.« (Diese Gleichnisse finden sich in unzähligen Stellen der Veden und Puranas wiederholt.) Was alle diese aber meinten und wovon sie reden, ist nichts anderes, als was auch wir jetzt eben betrachten: die Welt als Vorstellung, unterworfen dem Satze des Grundes.

§ 4

Wer die Gestaltung des Satzes vom Grunde, welche in der reinen Zeit als solcher erscheint und auf der alles Zählen und Rechnen beruht, erkannt hat, der hat eben damit auch das ganze Wesen der Zeit erkannt. Sie ist weiter nichts, als eben jene Gestaltung des Satzes vom Grunde, und hat keine andere Eigenschaft. Sukzession ist die Gestalt des Satzes vom Grunde in der Zeit; Sukzession ist das ganze Wesen der Zeit. – Wer ferner den Satz vom Grunde, wie er im bloßen rein angeschauten Raum herrscht, erkannt hat, der hat eben damit das ganze Wesen des Raumes erschöpft; da dieser durch und durch nichts anderes ist, als die Möglichkeit der wechselseitigen Bestimmungen seiner Teile durch einander, welche *Lage* heißt. Die ausführliche Betrachtung dieser und Niederlegung der sich daraus ergebenden Resultate in abstrakte Begriffe, zu bequemerer Anwendung, ist der Inhalt der ganzen Geometrie. – Eben so nun, wer diejenige Gestaltung des Satzes vom Grunde, welche den Inhalt jener Formen (der Zeit und des Raumes), ihre Wahrnehmbarkeit, d.i. die Materie, beherrscht, also das Gesetz der Kausalität erkannt hat; der hat eben damit das ganze Wesen der Materie als solcher erkannt: denn diese ist durch und durch nichts als Kausalität, welches jeder unmittelbar einsieht, sobald er sich besinnt. Ihr Sein nämlich ist ihr Wirken; kein anderes Sein derselben ist auch nur zu denken möglich. Nur als wirkend füllt sie den Raum, füllt sie die Zeit: ihre Einwirkung auf das unmittelbare Objekt (das selbst Materie ist) bedingt die Anschauung, in der sie allein existiert: die Folge der Einwirkung jedes andern materiellen Objekts auf ein anderes wird nun erkannt, sofern das letztere jetzt anders als zuvor auf das unmittelbare Objekt einwirkt, besteht nur darin. Ursache und Wirkung ist also das ganze Wesen der Materie: ihr Sein ist ihr Wirken. (Das Nähere hierüber in der Abhandlung über den Satz vom Grunde, § 21, S. 77.) Höchst treffend ist daher im Deutschen der Inbegriff alles Materiellen *Wirklichkeit* genannt*, welches Wort viel bezeichnender ist, als Realität. Das, worauf sie wirkt, ist allemal wieder Materie: ihr ganzes Sein und Wesen besteht also nur in der gesetzmäßigen Veränderung, die *ein* Teil derselben im andern hervorbringt, ist folglich gänzlich relativ, nach einer nur innerhalb ihrer Grenzen geltenden Relation, also eben wie die Zeit, eben wie der Raum.

Zeit aber und Raum, jedes für sich, sind auch ohne die Materie anschaulich vorstellbar; die Materie aber nicht ohne jene. Schon die Form, welche von ihr unzertrennlich ist, setzt den *Raum* voraus, und ihr Wirken, in welchem ihr ganzes Dasein besteht, betrifft immer eine Veränderung, also eine Bestimmung der *Zeit*. Aber Zeit und Raum werden nicht bloß jedes für sich von der Materie vorausgesetzt; sondern eine Vereinigung beider macht ihr Wesen aus, eben weil dieses, wie gezeigt, im Wirken, in der Kausalität, besteht. Alle gedenkbaren, unzähligen Erscheinungen und Zustände nämlich könnten im unendlichen Raum, ohne sich zu beengen, nebeneinander liegen, oder auch in der unendlichen Zeit, ohne sich zu stören, aufeinander folgen; daher dann eine notwendige Beziehung derselben aufeinander und eine Regel, welche sie dieser gemäß bestimmte, keineswegs nötig, ja nicht einmal anwendbar wäre: folglich gäbe es alsdann, bei allem Nebeneinander im Raum und allem Wechsel in der Zeit, so lange jede dieser beiden Formen für sich, und ohne Zusammenhang mit der andern ihren Bestand und Lauf hätte, noch gar keine Kausalität, und da diese das eigentliche Wesen der Materie ausmacht, auch keine Materie. – Nun aber erhält das Gesetz der Kausalität seine Bedeutung und Notwendigkeit allein dadurch, daß das Wesen der Veränderung nicht im bloßen Wechsel der Zustände an

* Mira in quibusdam rebus verborum proprietas est, et consuetudo sermonis antiqui quaedam efficacissimis notis signat. *Seneca* epist. 81.

sich, sondern vielmehr darin besteht, daß an *demselben Ort* im Raum jetzt *ein* Zustand ist und darauf ein *anderer*, und zu *einer* und derselben bestimmten Zeit *hier* dieser Zustand und *dort* jener: nur diese gegenseitige Beschränkung der Zeit und des Raums durch einander gibt einer Regel, nach der die Veränderung vorgehn muß, Bedeutung und zugleich Notwendigkeit. Was durch das Gesetz der Kausalität bestimmt wird, ist also nicht die Sukzession der Zustände in der bloßen Zeit, sondern diese Sukzession in Hinsicht auf einen bestimmten Raum, und nicht das Dasein der Zustände an einem bestimmten Ort, sondern an diesem Ort zu einer bestimmten Zeit. Die Veränderung, d.h. der nach dem Kausalgesetz eintretende Wechsel, betrifft also jedesmal einen bestimmten Teil des Raumes und einen bestimmten Teil der Zeit *zugleich* und im Verein. Demzufolge vereinigt die Kausalität den Raum mit der Zeit. Wir haben aber gefunden, daß im Wirken, also in der Kausalität, das ganze Wesen der Materie besteht: folglich müssen auch in dieser Raum und Zeit vereinigt sein, d.h. sie muß die Eigenschaften der Zeit und die des Raumes, so sehr sich beide widerstreiten, zugleich an sich tragen, und was in jedem von jenen beiden für sich unmöglich ist, muß sie in sich vereinigen, also die bestandlose Flucht der Zeit mit dem starren unveränderlichen Beharren des Raumes, die unendliche Teilbarkeit hat sie von beiden. Diesem gemäß finden wir durch sie zuvörderst das *Zugleichsein* herbeigeführt, welches weder in der bloßen Zeit, die kein Nebeneinander, noch im bloßen Raum, der kein Vor, Nach oder Jetzt kennt, sein konnte. Das *Zugleichsein* vieler Zustände aber macht eigentlich das Wesen der Wirklichkeit aus: denn durch dasselbe wird allererst die *Dauer* möglich, indem nämlich diese nur erkennbar ist an dem Wechsel des mit dem Dauernden zugleich Vorhandenen: aber auch nur mittelst des Dauernden im Wechsel erhält dieser jetzt den Charakter der *Veränderung*, d.h. des Wandels der Qualität und Form, beim Beharren der *Substanz*, d.i. der *Materie**. Im bloßen Raum wäre die Welt starr und unbeweglich: kein Nacheinander, keine Veränderung, kein Wirken: eben mit dem Wirken ist aber auch die Vorstellung der Materie aufge-

* Daß Materie und Substanz *eines* sind, ist im Anhange ausgeführt.

hoben. In der bloßen Zeit wiederum wäre alles flüchtig: kein Beharren, kein Nebeneinander und daher kein Zugleich, folglich keine Dauer: also wieder auch keine Materie. Erst durch die Vereinigung von Zeit und Raum erwächst die Materie, d.i. die Möglichkeit des Zugleichseins und dadurch der Dauer, durch diese wieder des Beharrens der Substanz, bei der Veränderung der Zustände*. Im Verein von Zeit und Raum ihr Wesen habend, trägt die Materie durchweg das Gepräge von beiden. Sie beurkundet ihren Ursprung aus dem Raum, teils durch die Form, die von ihr unzertrennlich ist, besonders aber (weil der Wechsel allein der Zeit angehört, in dieser allein und für sich aber nichts Bleibendes ist) durch ihr Beharren (Substanz), dessen Gewißheit a priori daher ganz und gar von der des Raumes abzuleiten ist**: ihren Ursprung aus der Zeit aber offenbart sie an der Qualität (Akzidenz), ohne die sie nie erscheint, und welche schlechthin immer Kausalität, Wirken auf andere Materie, also Veränderung (ein Zeitbegriff) ist. Die Gesetzmäßigkeit dieses Wirkens aber bezieht sich immer auf Raum und Zeit zugleich und hat eben nur dadurch Bedeutung. Was für ein Zustand zu *dieser Zeit* an *diesem Ort* eintreten muß, ist die Bestimmung, auf welche ganz allein die Gesetzgebung der Kausalität sich erstreckt. Auf dieser Ableitung der Grundbestimmungen der Materie aus den uns a priori bewußten Formen unserer Erkenntnis beruht es, daß wir ihr gewisse Eigenschaften a priori zuerkennen, nämlich Raumerfüllung, d.i. Undurchdringlichkeit, d.i. Wirksamkeit, sodann Ausdehnung, unendliche Teilbarkeit, Beharrlichkeit, d.h. Unzerstörbarkeit, und endlich Beweglichkeit: hingegen ist die Schwere, ihrer Ausnahmslosigkeit ungeachtet, doch wohl der Erkenntnis a posteriori beizuzählen, obgleich Kant in den »Metaphys. Anfangsgr. d. Naturwiss.«, S. 71 (Rosenkranz. Ausg., S. 372) sie als a priori erkennbar aufstellt.

Wie aber das Objekt überhaupt nur für das Subjekt da ist, als

* Dies zeigt auch den Grund der Kantischen Erklärung der Materie, »daß sie sei das Bewegliche im Raum«: denn Bewegung besteht nur in der Vereinigung von Raum und Zeit.

** Nicht von der Erkenntnis der Zeit, wie Kant will, welches im Anhange ausgeführt.

dessen Vorstellung; so ist jede besondere Klasse von Vorstellungen nur für eine eben so besondere Bestimmung im Subjekt da, die man ein Erkenntnisvermögen nennt. Das subjektive Korrelat von Zeit und Raum für sich, als leere Formen, hat Kant reine Sinnlichkeit genannt, welcher Ausdruck, weil Kant hier die Bahn brach, beibehalten werden mag; obgleich er nicht recht paßt, da Sinnlichkeit schon Materie voraussetzt. Das subjektive Korrelat der Materie oder der Kausalität, denn beide sind *eines*, ist der *Verstand*, und er ist nichts außerdem. Kausalität erkennen ist seine einzige Funktion, seine alleinige Kraft, und es ist eine große, vieles umfassende, von mannigfaltiger Anwendung, doch unverkennbarer Identität aller ihrer Äußerungen. Umgekehrt ist alle Kausalität, also alle Materie, mithin die ganze Wirklichkeit, nur für den Verstand, durch den Verstand, im Verstande. Die erste, einfachste, stets vorhandene Äußerung des Verstandes ist die Anschauung der wirklichen Welt: diese ist durchaus Erkenntnis der Ursache aus der Wirkung: daher ist alle Anschauung intellektual. Es könnte dennoch nie zu ihr kommen, wenn nicht irgend eine Wirkung unmittelbar erkannt würde und dadurch zum Ausgangspunkte diente. Dieses aber ist die Wirkung auf die tierischen Leiber. Insofern sind diese die *unmittelbaren Objekte* des Subjekts: die Anschauung aller andern Objekte ist durch sie vermittelt. Die Veränderungen, welche jeder tierische Leib erfährt, werden unmittelbar erkannt, d.h. empfunden, und indem sogleich diese Wirkung auf ihre Ursache bezogen wird, entsteht die Anschauung der letzteren als eines *Objekts*. Diese Beziehung ist kein Schluß in abstrakten Begriffen, geschieht nicht durch Reflexion, nicht mit Willkür, sondern unmittelbar, notwendig und sicher. Sie ist die Erkenntnisweise des *reinen Verstandes*, ohne welchen es nie zur Anschauung käme; sondern nur ein dumpfes, pflanzenartiges Bewußtsein der Veränderungen des unmittelbaren Objekts übrig bliebe, die völlig bedeutungslos auf einander folgten, wenn sie nicht etwan als Schmerz oder Wollust eine Bedeutung für den Willen hätten. Aber wie mit dem Eintritt der Sonne die sichtbare Welt dasteht; so verwandelt der Verstand mit *einem* Schlage, durch seine einzige, einfache Funktion, die dumpfe, nichtssagende Empfindung in Anschauung. Was das Auge, das Ohr, die

Hand empfindet, ist nicht die Anschauung: es sind bloße Data. Erst indem der Verstand von der Wirkung auf die Ursache übergeht, steht die Welt da, als Anschauung im Raume ausgebreitet, der Gestalt nach wechselnd, der Materie nach durch alle Zeit beharrend: denn er vereinigt Raum und Zeit in der Vorstellung *Materie*, d.i. Wirksamkeit. Diese Welt als Vorstellung ist, wie nur durch den Verstand, auch nur für den Verstand da. Im ersten Kapitel meiner Abhandlung »Über das Sehn und die Farben« habe ich bereits auseinandergesetzt, wie aus den Datis, welche die Sinne liefern, der Verstand die Anschauung schafft, wie durch Vergleichung der Eindrücke, welche vom nämlichen Objekt die verschiedenen Sinne erhalten, das Kind die Anschauung erlernt, wie eben nur dieses den Aufschluß über so viele Sinnenphänomene gibt, über das einfache Sehn mit zwei Augen, über das Doppeltsehn beim Schielen, oder bei ungleicher Entfernung hinter einander stehender Gegenstände, die man zugleich ins Auge faßt, und über allen Schein, welcher durch eine plötzliche Veränderung an den Sinneswerkzeugen hervorgebracht wird. Viel ausführlicher und gründlicher jedoch habe ich diesen wichtigen Gegenstand behandelt in der zweiten Auflage der Abhandlung über den Satz vom Grunde, § 21. Alles daselbst Gesagte hätte hier seine notwendige Stelle, müßte also eigentlich hier nochmals gesagt werden: da ich indessen fast so viel Widerwillen habe, mich selbst, als andere abzuschreiben, auch nicht im Stande bin, es besser, als dort geschehn, darzustellen; so verweise ich darauf, statt es hier zu wiederholen, setze es nun aber auch als bekannt voraus.

Das Sehnlernen der Kinder und operierter Blindgebornen, das einfache Sehn des doppelt, mit zwei Augen, Empfundenen, das Doppeltsehn und Doppelttasten bei der Verrückung der Sinneswerkzeuge aus ihrer gewöhnlichen Lage, die aufrechte Erscheinung der Gegenstände, während ihr Bild im Auge verkehrt steht, das Übertragen der Farbe, welche bloß eine innere Funktion, eine polarische Teilung der Tätigkeit des Auges ist, auf die äußern Gegenstände, und endlich auch das Stereoskop – dies alles sind feste und unwiderlegliche Beweise davon, daß alle *Anschauung* nicht bloß sensual, sondern intellektual, d.h. reine *Verstandeserkenntnis der Ursache aus der Wirkung* ist, folglich das Gesetz der Kausalität voraussetzt, von dessen Erkenntnis alle Anschauung, mithin alle Erfahrung, ihrer ersten und ganzen Möglichkeit nach, abhängt, nicht umgekehrt die Erkenntnis des Kausalgesetzes von der Erfahrung, welches letztere der Humische Skeptizismus war, der erst hiedurch widerlegt ist. Denn die Unabhängigkeit der Erkenntnis der Kausalität von aller Erfahrung, d.h. ihre Apriorität, kann allein dargetan werden aus der Abhängigkeit aller Erfahrung von ihr: und dieses wieder kann allein geschehn, indem man auf die hier angegebene und an den soeben bezeichneten Stellen ausgeführte Art nachweist, daß die Erkenntnis der Kausalität in der Anschauung überhaupt, in deren Gebiet alle Erfahrung liegt, schon enthalten ist, also völlig a priori in Hinsicht auf die Erfahrung besteht, von ihr als Bedingung vorausgesetzt wird, nicht sie voraussetzt: nicht aber kann dasselbe dargetan werden auf die von Kant versuchte und von mir in der Abhandlung über den Satz vom Grunde § 23 kritisierte Weise.

§ 5

Man hüte sich aber vor dem großen Mißverständnis, daß, weil die Anschauung durch die Erkenntnis der Kausalität vermittelt ist, deswegen zwischen Objekt und Subjekt das Verhältnis von Ursache und Wirkung bestehe; da vielmehr dasselbe immer nur zwischen unmittelbarem und vermitteltem Objekt, also immer nur zwischen Objekten stattfindet. Eben auf jener falschen Voraussetzung beruht der törichte Streit über die Realität der Außenwelt, in welchem sich Dogmatismus und Skeptizismus gegenüberstehn und jener bald als Realismus, bald als Idealismus auftritt. Der Realismus setzt das Objekt als Ursache, und deren Wirkung ins Subjekt. Der Fichtesche Idealismus macht das Objekt zur Wirkung des Subjekts. Weil nun aber, was nicht genug eingeschärft werden kann, zwischen Subjekt und Objekt gar kein Verhältnis nach dem Satz vom Grunde stattfindet; so konnte auch weder die eine, noch die andere der beiden Behauptungen je bewiesen werden, und der Skeptizismus machte auf beide siegreiche

Angriffe. – Wie nämlich das Gesetz der Kausalität schon, als Bedingung, der Anschauung und Erfahrung vorhergeht, daher nicht aus diesen (wie Hume meinte) gelernt sein kann; so gehn Objekt und Subjekt, schon als erste Bedingung, aller Erkenntnis, daher auch dem Satz vom Grunde überhaupt, vorher, da dieser nur die Form alles Objekts, die durchgängige Art und Weise seiner Erscheinung ist; das Objekt aber immer schon das Subjekt voraussetzt: zwischen beiden also kann kein Verhältnis von Grund und Folge sein. Meine Abhandlung über den Satz vom Grunde soll eben dieses leisten, daß sie den Inhalt jenes Satzes als die wesentliche Form alles Objekts, d.h. als die allgemeine Art und Weise alles Objektseins darstellt, als etwas, das dem Objekt als solchem zukommt: als solches aber setzt das Objekt überall das Subjekt voraus, als sein notwendiges Korrelat: dieses bleibt also immer außerhalb des Gebietes der Gültigkeit des Satzes vom Grunde. Der Streit über die Realität der Außenwelt beruht eben auf jener falschen Ausdehnung der Gültigkeit des Satzes vom Grunde auch auf das Subjekt, und von diesem Mißverständnisse ausgehend konnte er sich selbst nie verstehn. Einerseits will der realistische Dogmatismus, die Vorstellung als Wirkung des Objekts betrachtend, diese beiden, Vorstellung und Objekt, die eben *eines* sind, trennen und eine von der Vorstellung ganz verschiedene Ursache annehmen, ein Objekt an sich, unabhängig vom Subjekt: etwas völlig Undenkbares: denn eben schon als Objekt setzt es immer wieder das Subjekt voraus und bleibt daher immer nur dessen Vorstellung. Ihm stellt der Skeptizismus, unter derselben falschen Voraussetzung, entgegen, daß man in der Vorstellung immer nur die Wirkung habe, nie die Ursache, also nie das *Sein*, immer nur das *Wirken* der Objekte kenne; dieses aber mit jenem vielleicht gar keine Ähnlichkeit haben möchte, ja wohl gar überhaupt ganz fälschlich angenommen würde, da das Gesetz der Kausalität erst aus der Erfahrung angenommen sei, deren Realität nun wieder darauf beruhen soll. – Hierauf nun gehört beiden die Belehrung, erstlich, daß Objekt und Vorstellung dasselbe sind; dann, daß das *Sein* der anschaulichen Objekte eben ihr *Wirken* ist, daß eben in diesem des Dinges Wirklichkeit besteht, und die Forderung des Daseins des Objekts außer der Vorstellung des Subjekts und auch eines Seins des wirklichen Dinges verschieden von seinem Wirken, gar keinen Sinn hat und ein Widerspruch ist; daß daher die Erkenntnis der Wirkungsart eines angeschauten Objekts eben auch es selbst erschöpft, sofern es Objekt, d.h. Vorstellung ist, da außerdem für die Erkenntnis nichts an ihm übrig bleibt. Insofern ist also die angeschaute Welt in Raum und Zeit, welche sich als lauter Kausalität kund gibt, vollkommen real, und ist durchaus das, wofür sie sich gibt, und sie gibt sich ganz und ohne Rückhalt, als Vorstellung, zusammenhängend nach dem Gesetz der Kausalität. Dieses ist ihre empirische Realität. Andererseits aber ist alle Kausalität nur im Verstande und für den Verstand, jene ganze wirkliche, d.i. wirkende Welt ist also als solche immer durch den Verstand bedingt und ohne ihn nichts. Aber nicht nur dieserhalb, sondern schon weil überhaupt kein Objekt ohne Subjekt sich ohne Widerspruch denken läßt, müssen wir dem Dogmatiker, der die Realität der Außenwelt als ihre Unabhängigkeit vom Subjekt erklärt, eine solche Realität derselben schlechthin ableugnen. Die ganze Welt der Objekte ist und bleibt Vorstellung, und eben deswegen durchaus und in alle Ewigkeit durch das Subjekt bedingt: d.h. sie hat transzendentale Idealität. Sie ist aber dieserwegen nicht Lüge, noch Schein: sie gibt sich als das, was sie ist, als Vorstellung, und zwar als eine Reihe von Vorstellungen, deren gemeinschaftliches Band der Satz vom Grunde ist. Sie ist als solche dem gesunden Verstande, selbst ihrer innersten Bedeutung nach, verständlich und redet eine ihm vollkommen deutliche Sprache. Bloß dem durch Vernünfteln verschrobenen Geist kann es einfallen, über ihre Realität zu streiten, welches allemal durch unrichtige Anwendung des Satzes vom Grunde geschieht, der zwar alle Vorstellungen, welcher Art sie auch seien, unter einander verbindet, keineswegs aber diese mit dem Subjekt, oder mit etwas, das weder Subjekt noch Objekt wäre, sondern bloß Grund des Objekts; ein Unbegriff, weil nur Objekte Grund sein können und zwar immer wieder von Objekten. – Wenn man dem Ursprung dieser Frage nach der Realität der Außenwelt noch genauer nachforscht, so findet man, daß außer jener falschen Anwendung des Satzes vom Grunde auf das, was außer seinem Gebiete liegt, noch eine besondere Verwechselung seiner Gestalten hinzukommt, nämlich diejenige Gestalt, die er bloß in Hinsicht auf die Begriffe oder abstrakten Vorstellungen hat, wird auf die anschaulichen Vorstellungen, die realen Objekte, übertragen und ein Grund des Erkennens gefordert von Objekten, die keinen andern als einen Grund des Werdens haben können. Über die abstrakten Vorstellungen, die zu Urteilen verknüpften Begriffe, herrscht der Satz vom Grunde allerdings in der Art, daß jedes derselben seinen Wert, seine Gültigkeit, seine ganze Existenz, hier *Wahrheit* genannt, einzig und allein hat durch die Beziehung des Urteils auf etwas außer ihm, seinen Erkenntnisgrund, auf welchen also immer zurückgegangen werden muß. Über die realen Objekte hingegen, die anschaulichen Vorstellungen, herrscht der Satz vom Grunde nicht als Satz vom Grund des *Erkennens*, sondern des *Werdens*, als Gesetz der Kausalität: jedes derselben hat ihm dadurch, daß es *geworden* ist, d. h. als Wirkung aus einer Ursache hervorgegangen ist, schon seine Schuld abgetragen: die Forderung eines Erkenntnisgrundes hat hier also keine Gültigkeit und keinen Sinn; sondern gehört einer ganz andern Klasse von Objekten an. Daher auch erregt die anschauliche Welt, so lange man bei ihr stehn bleibt, im Betrachter weder Skrupel noch Zweifel: es gibt hier weder Irrtum noch Wahrheit; diese sind ins Gebiet des Abstrakten, der Reflexion gebannt. Hier aber liegt für Sinne und Verstand die Welt offen da, gibt sich mit naiver Wahrheit für das, was sie ist, für anschauliche Vorstellung, welche gesetzmäßig am Bande der Kausalität sich entwickelt.

So wie wir die Frage nach der Realität der Außenwelt bis hieher betrachtet haben, war sie immer hervorgegangen aus einer bis zum Mißverstehn ihrer selbst gehenden Verirrung der Vernunft, und insofern war die Frage nur durch Aufklärung ihres Inhalts zu beantworten. Sie mußte, nach Erforschung des ganzen Wesens des Satzes vom Grunde, der Relation zwischen Objekt und Subjekt und der eigentlichen Beschaffenheit der sinnlichen Anschauung, sich selbst aufheben, weil ihr eben gar keine Bedeutung mehr blieb. Allein jene Frage hat noch einen andern, von dem bisher angegebenen, rein spekulativen, gänzlich verschiedenen Ursprung, einen eigentlich empirischen, obwohl sie auch so noch immer in spekulativer Absicht aufgeworfen wird, und sie hat in dieser Bedeutung einen viel verständlicheren Sinn, als in jener ersteren, nämlich folgenden: wir haben Träume; ist nicht etwan das ganze Leben ein Traum? – oder bestimmter: gibt es ein sicheres Kriterium zwischen Traum und Wirklichkeit? zwischen Phantasmen und realen Objekten? – Das Vorgeben der geringern Lebhaftigkeit und Deutlichkeit der geträumten, als der wirklichen Anschauung, verdient gar keine Berücksichtigung; da noch keiner diese beiden zum Vergleich neben einander gehalten hat; sondern man nur die *Erinnerung* des Traumes vergleichen konnte mit der gegenwärtigen Wirklichkeit. – Kant löst die Frage so: »Der Zusammenhang der Vorstellungen unter sich nach dem Gesetze der Kausalität unterscheidet das Leben vom Traum.« – Aber auch im Traume hängt alles einzelne ebenfalls nach dem Satz vom Grunde in allen seinen Gestalten zusammen, und dieser Zusammenhang bricht bloß ab zwischen dem Leben und dem Traume und zwischen den einzelnen Träumen. Kants Antwort könnte daher nur noch so lauten: der *lange* Traum (das Leben) hat in sich durchgängigen Zusammenhang gemäß dem Satz vom Grunde, nicht aber mit den *kurzen* Träumen; obgleich jeder von diesen in sich denselben Zusammenhang hat: zwischen diesen und jenem also ist jene Brücke abgebrochen und daran unterscheidet man beide. – Jedoch eine Untersuchung, ob etwas geträumt oder geschehn sei, nach diesem Kriterium anzustellen, wäre sehr schwierig und oft unmöglich; da wir keineswegs im Stande sind, zwischen jeder erlebten Begebenheit und dem gegenwärtigen Augenblick den kausalen Zusammenhang Glied vor Glied zu verfolgen, deswegen aber doch nicht sie für geträumt erklären. Darum bedient man sich im wirklichen Leben, um Traum von Wirklichkeit zu unterscheiden, gemeiniglich nicht jener Art der Untersuchung. Das allein sichere Kriterium zur Unterscheidung des Traumes von der Wirklichkeit ist in der Tat kein anderes, als das ganz empirische des Erwachens, durch welches allerdings der Kausalzusammenhang zwischen den geträumten Begebenheiten und denen des wachen Lebens ausdrücklich und fühlbar abgebrochen wird. Einen vortrefflichen Beleg hiezu gibt die Bemerkung, welche Hobbes im Leviathan, Kap. 2, macht: nämlich daß wir Träume dann leicht auch hinterher für Wirklichkeit halten, wann wir, ohne es zu beabsichtigen, angekleidet geschlafen haben, vorzüglich aber, wann noch hinzukommt, daß irgend ein Unternehmen, oder Vorhaben, alle unsere Gedanken einnimmt und uns im Traum eben so wie im Wachen beschäftigt: in diesen Fällen wird nämlich das Erwachen fast so wenig als das Einschlafen bemerkt, Traum fließt mit Wirklichkeit zusammen und wird mit ihr vermengt. Dann bleibt freilich nur noch die Anwendung des Kantischen Kriteriums übrig: wenn nun aber nachher, wie es oft der Fall ist, der kausale Zusammenhang mit der Gegenwart, oder dessen Abwesenheit, schlechterdings nicht auszumitteln ist, so muß es auf immer unentschieden bleiben, ob ein Vorfall geträumt oder geschehn sei. – Hier tritt nun in der Tat die enge Verwandtschaft zwischen Leben und Traum sehr nahe an uns heran; auch wollen wir uns nicht schämen sie einzugestehn, nachdem sie von vielen großen Geistern anerkannt und ausgesprochen worden ist. Die Veden und Puranas wissen für die ganze Erkenntnis der wirklichen Welt, welche sie das Gewebe der Maja nennen, keinen bessern Vergleich und brauchen keinen häufiger, als den Traum. Plato sagt öfter, daß die Menschen nur im Traume leben, der Philosoph allein sich zu wachen bestrebe. Pindaros sagt (II. η, 135): *σκιας οναϱ ανϑϱωπος* (umbrae somnium homo) und Sophokles:

> *'Oϱω γαϱ ἡμας ουδεν οντας αλλο, πλην*
> *Ειδωλ', ὁσοιπεϱ ζωμεν, η κουφην σκιαν.* Ajax 125.

(Nos enim, quicunque vivimus, nihil aliud esse comperio, quam simulacra et levem umbram.)
Neben welchem am würdigsten Shakespeare steht:

> We are such stuff
> As dreams are made of, and our little life
> Is roundet with a sleep. –
> Temp. A. 4, Sc. 1.*

Endlich war Calderon von dieser Ansicht so tief ergriffen, daß er in einem gewissermaßen metaphysischen Drama »Das Leben ein Traum« sie auszusprechen suchte.

* Wir sind solches Zeug, wie das, woraus die Träume gemacht sind, und unser kurzes Leben ist von einem Schlaf umschlossen.

Nach diesen vielen Dichterstellen möge es nun auch mir vergönnt sein, mich durch ein Gleichnis auszudrücken. Das Leben und die Träume sind Blätter eines und des nämlichen Buches. Das Lesen im Zusammenhang heißt wirkliches Leben. Wann aber die jedesmalige Lesestunde (der Tag) zu Ende und die Erholungszeit gekommen ist, so blättern wir oft noch müßig und schlagen, ohne Ordnung und Zusammenhang, bald hier, bald dort ein Blatt auf: oft ist es ein schon gelesenes, oft ein noch unbekanntes, aber immer aus demselben Buch. So ein einzeln gelesenes Blatt ist zwar außer Zusammenhang mit der folgerechten Durchlesung: doch steht es hiedurch nicht so gar sehr hinter dieser zurück, wenn man bedenkt, daß auch das Ganze der folgerechten Lektüre eben so aus dem Stegreife anhebt und endigt und sonach nur als ein größeres einzelnes Blatt anzusehn ist.

Obwohl also die einzelnen Träume vom wirklichen Leben dadurch geschieden sind, daß sie in den Zusammenhang der Erfahrung, welcher durch dasselbe stetig geht, nicht mit eingreifen, und das Erwachen diesen Unterschied bezeichnet; so gehört ja doch eben jener Zusammenhang der Erfahrung schon dem wirklichen Leben als seine Form an, und der Traum hat eben so auch einen Zusammenhang in sich dagegen aufzuweisen. Nimmt man nun den Standpunkt der Beurteilung außerhalb beider an, so findet sich in ihrem Wesen kein bestimmter Unterschied, und man ist genötigt, den Dichtern zuzugeben, daß das Leben ein langer Traum sei.

Kehren wir nun von diesem ganz für sich bestehenden, empirischen Ursprung der Frage nach der Realität der Außenwelt zu ihrem spekulativen zurück, so haben wir zwar gefunden, daß dieser liege, erstlich in der falschen Anwendung des Satzes vom Grunde, nämlich auch zwischen Subjekt und Objekt, und sodann wieder in der Verwechselung seiner Gestalten, indem nämlich der Satz vom Grunde des Erkennens auf das Gebiet übertragen wurde, wo der Satz vom Grunde des Werdens gilt: allein dennoch hätte jene Frage schwerlich die Philosophen so anhaltend beschäftigen können, wenn sie ganz ohne allen wahren Gehalt wäre und nicht in ihrem Innersten doch irgend ein richtiger Gedanke und Sinn als ihr eigentlichster Ursprung läge, von welchem man demnach anzunehmen hätte, daß allererst, indem er in die Reflexion trat und seinen Ausdruck suchte, er in jene verkehrten, sich selbst nicht verstehenden Formen und Fragen eingegangen wäre. So ist es, meiner Meinung nach, allerdings; und als den reinen Ausdruck jenes innersten Sinnes der Frage, welchen sie nicht zu treffen wußte, setze ich diesen: Was ist diese anschauliche Welt noch außerdem, daß sie meine Vorstellung ist? Ist sie, deren ich mir nur einmal und zwar als Vorstellung bewußt bin, eben wie mein eigener Leib, dessen ich mir doppelt bewußt bin, einerseits *Vorstellung*, andererseit *Wille*? – Die deutlichere Erklärung und die Bejahung dieser Frage wird der Inhalt des zweiten Buches sein, und die Folgesätze aus ihr werden den übrigen Teil dieser Schrift einnehmen.

§ 6

Inzwischen betrachten wir für jetzt, in diesem ersten Buch, alles nur als Vorstellung, als Objekt für das Subjekt: und wie alle andern realen Objekte, sehn wir auch den eigenen Leib, von dem das Anschauen der Welt in jedem ausgeht, bloß von der Seite der Erkennbarkeit an: und er ist uns sonach nur eine Vorstellung. Zwar widerstrebt das Bewußtsein eines jeden, welches sich schon gegen das Erklären der andern Objekte für bloße Vorstellungen auflehnte, noch mehr, wenn der eigene Leib bloß eine Vorstellung sein soll; welches daher kommt, daß jedem das Ding an sich, sofern es als sein eigener Leib erscheint, unmittelbar, sofern es in den andern Gegenständen der Anschauung sich objektiviert, ihm nur mittelbar bekannt ist. Allein der Gang unserer Untersuchung macht diese Abstraktion, diese einseitige Betrachtungsart, dies gewaltsame Trennen des wesentlich zusammen Bestehenden notwendig: daher muß jenes Widerstreben einstweilen unterdrückt und beruhigt werden durch die Erwartung, daß die folgenden Betrachtungen die Einseitigkeit der gegenwärtigen ergänzen werden, zur vollständigen Erkenntnis des Wesens der Welt.

Der Leib ist uns also hier unmittelbares Objekt, d.h. diejenige Vorstellung, welche den Ausgangspunkt der Erkenntnis des Subjekts macht, indem sie selbst, mit ihren unmittelbar erkannten

Veränderungen, der Anwendung des Gesetzes der Kausalität vorhergeht und so zu dieser die ersten Data liefert. Alles Wesen der Materie besteht, wie gezeigt, in ihrem Wirken. Wirkung und Ursache gibt es aber nur für den Verstand, als welcher nichts weiter, als das subjektive Korrelat derselben ist. Aber der Verstand könnte nie zur Anwendung gelangen, wenn es nicht noch etwas anderes gäbe, von welchem er ausgeht. Ein solches ist die bloß sinnliche Empfindung, das unmittelbare Bewußtsein der Veränderungen des Leibes, vermöge dessen dieser unmittelbares Objekt ist. Die Möglichkeit der Erkennbarkeit der anschaulichen Welt finden wir demnach in zwei Bedingungen: die erste ist, *wenn wir sie objektiv ausdrücken*, die Fähigkeit der Körper aufeinander zu wirken, Veränderungen in einander hervorzubringen, ohne welche allgemeine Eigenschaft aller Körper auch mittelst der Sensibilität der tierischen doch keine Anschauung möglich würde; wollen wir aber diese nämliche erste Bedingung *subjektiv ausdrükken*, so sagen wir: der Verstand vor allem macht die Anschauung möglich: denn nur aus ihm entspringt und für ihn auch nur gilt das Gesetz der Kausalität, die Möglichkeit von Wirkung und Ursache, und nur für ihn und durch ihn ist daher die anschauliche Welt da. Die zweite Bedingung aber ist die Sensibilität tierischer Leiber, oder die Eigenschaft gewisser Körper, unmittelbar Objekte des Subjekts zu sein. Die bloßen Veränderungen, welche die Sinnesorgane durch die ihnen spezifisch angemessene Einwirkung von außen erleiden, sind nun zwar schon Vorstellungen zu nennen, sofern solche Einwirkungen weder Schmerz noch Wollust erregen, d.h. keine unmittelbare Bedeutung für den Willen haben, und dennoch wahrgenommen werden, also nur für die *Erkenntnis* da sind: und insofern also sage ich, daß der Leib unmittelbar *erkannt* wird, *unmittelbares Objekt* ist; jedoch ist hier der Begriff Objekt nicht einmal im eigentlichsten Sinn zu nehmen: denn durch diese unmittelbare Erkenntnis des Leibes, welche der Anwendung des Verstandes vorhergeht und bloße sinnliche Empfindung ist, steht der Leib selbst nicht eigentlich als *Objekt* da, sondern erst die auf ihn einwirkenden Körper; weil jede Erkenntnis eines eigentlichen Objekts, d.h. einer im Raum anschaulichen Vorstellung, nur durch und für den Verstand ist, also nicht vor, sondern erst nach dessen Anwendung. Daher wird der Leib als eigentliches Objekt, d.h. als anschauliche Vorstellung im Raum, eben wie alle andern Objekte, erst mittelbar, durch Anwendung des Gesetzes der Kausalität auf die Einwirkung eines seiner Teile auf den andern erkannt, also indem das Auge den Leib sieht, die Hand ihn betastet. Folglich wird durch das bloße Gemeingefühl die Gestalt des eigenen Leibes uns nicht bekannt; sondern nur durch die Erkenntnis, nur in der Vorstellung, d.h. nur im Gehirn, stellt auch der eigene Leib allererst sich dar als ein Ausgedehntes, Gegliedertes, Organisches: ein Blindgeborner erhält diese Vorstellung erst allmählich, durch die Data, welche das Getast ihm gibt; ein Blinder ohne Hände würde seine Gestalt nie kennen lernen, oder höchstens aus der Einwirkung anderer Körper auf ihn allmählich dieselbe erschließen und konstruieren. Mit dieser Restriktion also ist es zu verstehn, wenn wir den Leib unmittelbares Objekt nennen.

Übrigens sind, dem Gesagten zufolge, alle tierischen Leiber unmittelbare Objekte, d.h. Ausgangspunkte der Anschauung der Welt, für das alles erkennende und eben deshalb nie erkannte Subjekt. Das *Erkennen*, mit dem durch dasselbe bedingten Bewegen auf Motive, ist daher der eigentliche *Charakter der Tierheit*, wie die Bewegung auf Reize der Charakter der Pflanze: das Unorganisierte aber hat keine andere Bewegung, als die durch eigentliche Ursachen im engsten Verstande bewirkte; welches alles ich ausführlicher erörtert habe in der Abhandlung über den Satz vom Grunde, 2. Aufl., § 20, in der Ethik, erste Abhandl., III, und »Über das Sehn und die Farben«, § 1; wohin ich also verweise.

Aus dem Gesagten ergibt sich, daß alle Tiere Verstand haben, selbst die unvollkommensten: denn sie alle erkennen Objekte, und diese Erkenntnis bestimmt als Motiv ihre Bewegungen. – Der Verstand ist in allen Tieren und allen Menschen der nämliche, hat überall dieselbe einfache Form: Erkenntnis der Kausalität, Übergang von Wirkung auf Ursache und von Ursache auf Wirkung, und nichts außerdem. Aber die Grade seiner Schärfe und die Ausdehnung seiner Erkenntnissphäre sind höchst verschieden, mannigfaltig und vielfach abgestuft, vom niedrigsten Grad, welcher nur das Kausalitätsverhältnis zwischen dem unmittelbaren Objekt und den mittelbaren erkennt, also eben hinreicht, durch den Übergang von der Einwirkung, welche der Leib erleidet, auf deren Ursache, diese als Objekt im Raum anzuschauen, bis zu den höheren Graden der Erkenntnis des kausalen Zusammenhanges der bloß mittelbaren Objekte unter einander, welche bis zum Verstehn der zusammengesetztesten Verkettungen von Ursachen und Wirkungen in der Natur geht. Denn auch dieses Letztere gehört immer noch dem Verstande an, nicht der Vernunft, deren abstrakte Begriffe nur dienen können, jenes unmittelbar Verstandene aufzunehmen, zu fixieren und zu verknüpfen, nie das Verstehn selbst hervorzubringen. Jede Naturkraft und Naturgesetz, jeder Fall, in welchem sie sich äußern, muß zuerst vom Verstande unmittelbar erkannt, intuitiv aufgefaßt werden, ehe er in abstracto für die Vernunft ins reflektierte Bewußtsein treten kann. Intuitive, unmittelbare Auffassung durch den Verstand war R. Hookes Entdeckung des Gravitationsgesetzes und die Zurückführung so vieler und großer Erscheinungen auf dies eine Gesetz, wie sodann Newtons Berechnungen solche bewährten; eben das war auch Lavoisiers Entdeckung des Sauerstoffs und seiner wichtigen Rolle in der Natur; eben das Goethes Entdekkung der Entstehungsart physischer Farben. Diese Entdeckungen alle sind nichts anderes, als ein richtiges unmittelbares Zurückgehn von der Wirkung auf die Ursache, welchem alsbald die Erkenntnis der Identität der in allen Ursachen derselben Art sich äußernden Naturkraft folgt: und diese gesamte Einsicht ist eine bloß dem Grade nach verschiedene Äußerung der nämlichen und einzigen Funktion des Verstandes, durch welche auch ein Tier die Ursache, welche auf seinen Leib wirkt, als Objekt im Raum anschaut. Daher sind auch jene großen Entdeckungen alle, eben wie die Anschauung und jede Verstandesäußerung, eine unmittelbare Einsicht und als solche das Werk des Augenblicks, ein aperçu, ein Einfall, nicht das Produkt langer Schlußketten in abstracto; welche letztere hingegen dienen, die unmittelbare Verstandeserkenntnis für die Vernunft, durch Niederlegung in ihre abstrakten Begriffe, zu fixieren, d.h. sie deutlich zu machen, d.h. sich in den Stand zu setzen, sie andern zu deuten, zu bedeuten. – Jene Schärfe des Verstandes im Auffassen der kausalen Beziehungen der mittelbar erkannten Objekte findet ihre Anwendung nicht allein in der Naturwissenschaft (deren sämtliche Entdeckungen ihr zu verdanken sind); sondern auch im praktischen Leben, wo sie *Klugheit* heißt; da sie hingegen in der ersteren Anwendung besser Scharfsinn, Penetration und Sagazität genannt wird: genau genommen bezeichnet *Klugheit* ausschließlich den im Dienste des Willens stehenden Verstand. Jedoch sind die Grenzen dieser Begriffe nie scharf zu ziehn, da es immer eine und dieselbe Funktion des nämlichen, schon bei der Anschauung der Objekte im Raum in jedem Tiere tätigen Verstandes ist, die, in ihrer größten Schärfe, bald in den Erscheinungen der Natur von der gegebenen Wirkung die unbekannte Ursache richtig erforscht und so der Vernunft den Stoff gibt zum Denken allgemeiner Regeln als Naturgesetze; bald, durch Anwendung bekannter Ursachen zu bezweckten Wirkungen, komplizierte sinnreiche Maschinen erfindet; bald, auf Motivation angewendet, entweder feine Intrigen und Machinationen durchschaut und vereitelt, oder aber auch selbst die Motive und die Menschen, welche für jedes derselben empfänglich sind, gehörig stellt, und sie eben nach Belieben, wie Maschinen durch Hebel und Räder, in Bewegung setzt und zu ihren Zwecken leitet. – Mangel an Verstand heißt im eigentlichen Sinne *Dummheit* und ist eben *Stumpfheit in der Anwendung des Gesetzes der Kausalität*, Unfähigkeit zur unmittelbaren Auffassung der Verkettungen von Ursache und Wirkung, Motiv und Handlung. Ein Dummer sieht nicht den Zusammenhang der Naturerscheinungen ein, weder wo sie sich selbst überlassen hervortreten, noch wo sie absichtlich gelenkt, d.h. zu Maschinen dienstbar gemacht sind: dieserhalb glaubt er gern an Zauberei und Wunder. Ein Dummer merkt nicht, daß verschiedene Personen, scheinbar unabhängig von einander, in der Tat aber in verabredetem Zusammenhange handeln: er läßt sich daher leicht mystifizieren und intrigieren: er merkt nicht die verheimlichten Motive gegebener Ratschläge, ausgesprochener Urteile usw. Immer aber mangelt ihm nur das eine: Schärfe, Schnelligkeit, Leichtigkeit der Anwendung des Gesetzes der Kausalität, d.i. Kraft des Verstandes. – Das größte und in der zu betrachtenden Rücksicht lehrreiche Beispiel von Dummheit, das mir je vorgekommen, war ein völlig blödsinniger Knabe von etwan elf Jahren, im Irrenhause, der zwar Vernunft hatte, da er sprach und vernahm, aber an Verstand manchem Tiere nachstand: denn er betrachtete, so oft ich kam, ein Brillenglas, das ich am Halse trug und in welchem, durch die Spiegelung, die Fenster des Zimmers und Baumgipfel hinter diesen erschienen: darüber hatte er jedesmal große Verwunderung und Freude, und wurde nicht müde, es mit Erstaunen anzusehn; weil er diese ganz unmittelbare Kausalität der Spiegelung nicht verstand.

Wie bei den Menschen die Grade der Schärfe des Verstandes sehr verschieden sind, so sind sie zwischen den verschiedenen Tiergattungen es wohl noch mehr. Bei allen, selbst denen, welche der Pflanze am nächsten stehn, ist doch so viel Verstand da, als zum Übergang von der Wirkung im unmittelbaren Objekt zum vermittelten als Ursache, also zur Anschauung, zur Apprehension eines Objekts, hinreicht: denn diese eben macht sie zu Tieren, indem sie ihnen die Möglichkeit gibt einer Bewegung nach Motiven und dadurch des Aufsuchens, wenigstens Ergreifens der Nahrung; statt daß die Pflanzen nur Bewegung auf Reize haben, deren unmittelbare Einwirkung sie abwarten müssen, oder verschmachten, nicht ihnen nachgehn, oder sie ergreifen können. In den vollkommensten Tieren bewundern wir ihre große Sagazität: so beim Hunde, Elefanten, Affen, beim Fuchse, dessen Klugheit Buffon so meisterhaft geschildert hat. An diesen allerklügsten Tieren können wir ziemlich genau abmessen, wie viel der Verstand ohne Beihülfe der Vernunft, d. h. der abstrakten Erkenntnis in Begriffen, vermag: an uns selbst können wir dieses nicht so erkennen, weil Verstand und Vernunft sich da immer wechselseitig unterstützen. Wir finden deshalb oft die Verstandesäußerungen der Tiere bald über, bald unter unserer Erwartung. Einerseits überrascht uns die Sagazität jenes Elefanten, der, nachdem er auf seiner Reise in Europa schon über viele Brücken gegangen war, sich einst weigert, eine zu betreten, über welche er doch wie sonst den übrigen Zug von Menschen und Pferden gehn sieht, weil sie ihm für sein Gewicht zu leicht gebaut scheint; andererseits wieder wundern wir uns, daß die klugen Orang-Utane das vorgefundene Feuer, an dem sie sich wärmen, nicht durch Nachlegen von Holz unterhalten: ein Beweis, daß dieses schon eine Überlegung erfordert, die ohne abstrakte Begriffe nicht zustande kommt. Daß die Erkenntnis von Ursache und Wirkung, als die allgemeine Verstandesform, auch sogar a priori den Tieren einwohne, ist zwar schon daraus völlig gewiß, daß sie ihnen, wie uns, die vorhergehende Bedingung aller anschaulichen Erkenntnis der Außenwelt ist: will man jedoch noch einen besonderen Beleg dazu, so betrachte man z. B. nur, wie selbst ein ganz junger Hund nicht wagt vom Tische zu springen, so sehr er es auch wünscht, weil er die Wirkung der Schwere seines Leibes vorhersieht, ohne übrigens diesen besonderen Fall schon aus Erfahrung zu kennen. Wir müssen indessen bei Beurteilung des Verstandes der Tiere uns hüten, nicht ihm zuzuschreiben, was Äußerung des Instinkts ist, einer von ihm, wie auch von der Vernunft, gänzlich verschiedenen Eigenschaft, die aber oft der vereinigten Tätigkeit jener beiden sehr analog wirkt. Die Erörterung desselben gehört jedoch nicht hieher, sondern wird bei Betrachtung der Harmonie oder sogenannten Teleologie der Natur im zweiten Buch ihre Stelle finden: und das 27. Kapitel der Ergänzungen ist ihr eigens gewidmet.

Mangel an *Verstand* hieß *Dummheit*; Mangel an Anwendung der *Vernunft* auf das Praktische werden wir später als *Torheit* erkennen: so auch Mangel an *Urteilskraft* als *Einfalt*; endlich stückweisen oder gar gänzlichen Mangel des *Gedächtnisses* als *Wahnsinn*. Doch von jedem an seinem Ort. – Das durch die *Vernunft* richtig Erkannte ist *Wahrheit*, nämlich ein abstraktes Urteil mit zureichendem Grunde (Abhandlung über den Satz vom Grunde, § 29ff.): das durch den *Verstand* richtig Erkannte ist *Realität*, nämlich richtiger Übergang von der Wirkung im unmittelbaren Objekt auf deren Ursache. Der *Wahrheit* steht der *Irrtum* als Trug der *Vernunft*, der *Realität* der *Schein* als Trug des *Verstandes* gegenüber. Die ausführlichere Erörterung von allem diesem ist im ersten Kapitel meiner Abhandlung über das Sehn und die Farben nachzulesen. – *Schein* tritt alsdann ein, wann eine und dieselbe Wirkung durch zwei gänzlich verschiedene Ursachen herbeigeführt werden kann, deren eine sehr häufig, die andere selten wirkt: der Verstand, der kein Datum hat zu unterscheiden, welche Ursache hier wirkt, da die Wirkung ganz dieselbe ist, setzt dann allemal die gewöhnliche Ursache voraus, und weil seine Tätigkeit nicht reflektiv und diskursiv ist, sondern direkt und unmittelbar, so steht solche falsche Ursache als angeschautes Objekt vor uns da, welches eben der falsche Schein ist. Wie auf diese Weise Doppeltsehn und Doppelttasten entstehn, wenn die Sinneswerkzeuge in eine ungewöhnliche Lage gebracht sind, habe ich am angeführten Orte gezeigt und eben damit einen unumstößlichen Beweis gegeben, daß die Anschauung nur durch den Verstand und für den Verstand dasteht. Beispiele von solchem Verstandestruge, oder Schein, sind ferner der ins Wasser getauchte Stab, welcher gebrochen erscheint; die Bilder sphärischer Spiegel, die bei konvexer Oberfläche etwas hinter derselben, bei konkaver weit vor derselben erscheinen: auch gehört hieher die scheinbar größere Ausdehnung des Mondes am Horizont als im Zenit, welche nicht optisch ist; da, wie das Mikrometer beweist, das Auge den Mond im Zenit sogar in einem etwas größern Sehewinkel auffaßt, als am Horizont; sondern der Verstand ist es, welcher als Ursache des schwächern Glanzes des Mondes und aller Sterne am Horizont eine größere Entfernung derselben annimmt, sie wie irdische Gegenstände nach der Luftperspektive schätzend, und daher den Mond am Horizont für sehr viel größer als im Zenit, auch zugleich das Himmelsgewölbe für ausgedehnter am Horizont, also für abgeplattet hält. Dieselbe falsch angewandte Schätzung nach der Luftperspektive läßt uns sehr hohe Berge, deren uns allein sichtbarer Gipfel in reiner durchsichtiger Luft liegt, für näher als sie sind, zum Nachteil ihrer Höhe, halten, z.B. den Montblanc von Salenche aus gesehn. – Und alle solche täuschende Scheine stehn in unmittelbarer Anschauung vor uns da, welche durch kein Räsonnement der Vernunft wegzubringen ist: ein solches kann bloß den Irrtum, d.h. ein Urteil ohne zureichenden Grund, verhüten, durch ein entgegengesetztes wahres, so z.B. in abstracto erkennen, daß nicht die größere Ferne, sondern die trüberen Dünste am Horizont Ursache des schwächern Glanzes von Mond und Sternen sind: aber der Schein bleibt in allen angeführten Fällen, jeder abstrakten Erkenntnis zum Trotz, unverrückbar stehn: denn der Verstand ist von der Vernunft, als einem beim Menschen allein hinzugekommenen Erkenntnisvermögen, völlig und scharf geschieden, und allerdings an sich auch im Menschen unvernünftig. Die Vernunft kann immer nur *wissen*: dem Verstand allein und frei von ihrem Einfluß bleibt das Anschauen.

§ 7

In Hinsicht auf unsere ganze bisherige Betrachtung ist noch Folgendes wohl zu bemerken. Wir sind in ihr weder vom Objekt noch vom Subjekt ausgegangen; sondern von der *Vorstellung*, welche jene beiden schon enthält und voraussetzt; da das Zerfallen in Objekt und Subjekt ihre erste, allgemeinste und wesentlichste Form ist. Diese Form als solche haben wir daher zuerst betrachtet, sodann (wiewohl hier der Hauptsache nach auf die einleitende Abhandlung verweisend) die andern ihr untergeordneten Formen, Zeit, Raum und Kausalität, welche allein dem *Objekt* zukommen; jedoch weil sie diesem *als solchem* wesentlich sind, dem Subjekt aber wieder *als solchem* das Objekt wesentlich ist, auch vom Subjekt aus gefunden, d. h. a priori erkannt werden können, und insofern als die gemeinschaftliche Grenze beider anzusehn sind. Sie alle aber lassen sich zurückführen auf einen gemeinschaftlichen Ausdruck, den Satz vom Grunde, wie in der einleitenden Abhandlung ausführlich gezeigt ist.

Dies Verfahren unterscheidet nun unsere Betrachtungsart ganz und gar von allen je versuchten Philosophien, als welche alle entweder vom Objekt oder vom Subjekt ausgingen, und demnach das eine aus dem andern zu erklären suchten, und zwar nach dem Satz vom Grunde, dessen Herrschaft wir hingegen das Verhältnis zwischen Objekt und Subjekt entziehn, ihr bloß das Objekt lassend. – Man könnte als nicht unter dem angegebenen Gegensatz begriffen die in unsern Tagen entstandene und allgemein bekannt gewordene Identitäts-Philosophie ansehn, sofern dieselbe weder Objekt noch Subjekt zum eigentlichen ersten Ausgangspunkte macht, sondern ein drittes, das durch Vernunft-Anschauung erkennbare Absolutum, welches weder Objekt noch Subjekt, sondern die Einerleiheit beider ist. Obgleich ich, aus gänzlichem

Mangel aller Vernunft-Anschauung, von der besagten ehrwürdigen Einerleiheit und dem Absolutum mitzureden, mich nicht unterfangen werde; so muß ich dennoch, indem ich bloß auf den allen, auch uns Profanen, offenliegenden Protokollen der Vernunft-Anschauer fuße, bemerken, daß besagte Philosophie nicht von dem oben aufgestellten Gegensatze zweier Fehler auszunehmen ist; da sie trotz der nicht denkbaren, sondern bloß intellektual anschaubaren, oder durch eigenes Versenken in sie zu erfahrenden Identität von Subjekt und Objekt, dennoch jene beiden entgegengesetzten Fehler nicht vermeidet; sondern vielmehr nur beide in sich vereinigt, indem sie selbst in zwei Disziplinen zerfällt, nämlich den transzendentalen Idealismus, der die Fichtesche Ich-Lehre ist und folglich, nach dem Satz vom Grunde, das Objekt vom Subjekt hervorgebracht oder aus diesem herausgesponnen werden läßt, und zweitens die Naturphilosophie, welche eben so aus dem Objekt allmählich das Subjekt werden läßt, durch Anwendung einer Methode, welche Konstruktion genannt wird, von der mir sehr wenig, aber doch so viel klar ist, daß sie ein Fortschreiten gemäß dem Satze vom Grunde in mancherlei Gestalten ist. Auf die tiefe Weisheit selbst, welche jene Konstruktion enthält, tue ich Verzicht; da mir, dem die Vernunft-Anschauung völlig abgeht, alle jene sie voraussetzenden Vorträge ein Buch mit sieben Siegeln sein müssen; welches denn auch in solchem Grade der Fall ist, daß, es ist seltsam zu erzählen, bei jenen Lehren tiefer Weisheit mir immer ist, als hörte ich nichts als entsetzliche und noch obendrein höchst langweilige Windbeuteleien.

Die vom Objekt ausgehenden Systeme hatten zwar immer die ganze anschauliche Welt und ihre Ordnung zum Problem; doch ist das Objekt, welches sie zum Ausgangspunkte nehmen, nicht immer diese, oder deren Grundelement die Materie: vielmehr läßt sich, in Gemäßheit der in der einleitenden Abhandlung aufgestellten vier Klassen möglicher Objekte, eine Einteilung jener Systeme machen. So kann man sagen, daß von der ersten jener Klassen, oder der realen Welt, ausgegangen sind: Thales und die Jonier, Demokritos, Epikuros, Jordan Bruno und die französischen Materialisten. Von der zweiten, oder dem abstrakten Begriff: Spinoza (nämlich vom bloß abstrakten und allein in seiner Definition existierenden Begriff Substanz) und früher die Eleaten. Von der dritten Klasse, nämlich der Zeit, folglich den Zahlen: die Pythagoreer und die Chinesische Philosophie im Y-king. Endlich von der vierten Klasse, nämlich dem durch Erkenntnis motivierten Willensakt: die Scholastiker, welche eine Schöpfung aus Nichts, durch den Willensakt eines außerweltlichen, persönlichen Wesens lehren.

Am konsequentesten und am weitesten durchzuführen ist das objektive Verfahren, wenn es als eigentlicher Materialismus auftritt. Dieser setzt die Materie, und Zeit und Raum mit ihr, als schlechthin bestehend, und überspringt die Beziehung auf das Subjekt, in welcher dies alles doch allein da ist. Er ergreift ferner das Gesetz der Kausalität zum Leitfaden, an dem er fortschreiten will, es nehmend als an sich bestehende Ordnung der Dinge, veritas aeterna; folglich den Verstand überspringend, in welchem und für welchen allein Kausalität ist. Nun sucht er den ersten, einfachsten Zustand der Materie zu finden, und dann aus ihm alle andern zu entwickeln, aufsteigend vom bloßen Mechanismus zum Chemismus, zur Polarität, Vegetation, Animalität: und gesetzt, dies gelänge, so wäre das letzte Glied der Kette die tierische Sensibilität, das Erkennen: welches folglich jetzt als eine bloße Modifikation der Materie, ein durch Kausalität herbeigeführter Zustand derselben, aufträte. Wären wir nun dem Materialismus, mit anschaulichen Vorstellungen, bis dahin gefolgt; so würden wir, auf seinem Gipfel mit ihm angelangt, eine plötzliche Anwandlung des unauslöschlichen Lachens der Olympier spüren, indem wir, wie aus einem Traum erwachend, mit einem Male inne würden, daß sein letztes, so mühsam herbeigeführtes Resultat, das Erkennen, schon beim allerersten Ausgangspunkt, der bloßen Materie, als unumgängliche Bedingung vorausgesetzt war, und wir mit ihm zwar die Materie zu denken uns eingebildet, in der Tat aber nichts anderes als das die Materie vorstellende Subjekt, das sie sehende Auge, die sie fühlende Hand, den sie erkennenden Verstand gedacht hätten. So enthüllte sich unerwartet die enorme petitio principii: denn plötzlich zeigte sich das letzte Glied als den Anhaltspunkt, an welchem schon das erste hing, die Kette als

Kreis; und der Materialist gliche dem Freiherrn von Münchhausen, der, zu Pferde im Wasser schwimmend, mit den Beinen das Pferd, sich selbst aber an seinem nach vorne übergeschlagenen Zopf in die Höhe zieht. Demnach besteht die Grundabsurdität des Materialismus darin, daß er vom *Objektiven* ausgeht, ein *Objektives* zum letzten Erklärungsgrunde nimmt, sei nun dieses die *Materie*, in abstracto, wie sie nur *gedacht* wird, oder die schon in die Form eingegangene, empirisch gegebene, also der *Stoff*, etwan die chemischen Grundstoffe, nebst ihren nächsten Verbindungen. Dergleichen nimmt er als an sich und absolut existierend, um daraus die organische Natur und zuletzt das erkennende Subjekt hervorgehn zu lassen und diese dadurch vollständig zu erklären; – während in Wahrheit alles Objektive, schon als solches, durch das erkennende Subjekt, mit den Formen seines Erkennens, auf mannigfaltige Weise bedingt ist und sie zur Voraussetzung hat, mithin ganz verschwindet, wenn man das Subjekt wegdenkt. Der Materialismus ist also der Versuch, das uns unmittelbar Gegebene aus dem mittelbar Gegebenen zu erklären. Alles Objektive, Ausgedehnte, Wirkende, also alles Materielle, welches der Materialismus für ein so solides Fundament seiner Erklärungen hält, daß eine Zurückführung darauf (zumal wenn sie zuletzt auf Stoß und Gegenstoß hinausliefe) nichts zu wünschen übrig lassen könne, – alles dieses, sage ich, ist ein nur höchst mittelbar und bedingterweise Gegebenes, demnach nur relativ Vorhandenes: denn es ist durchgegangen durch die Maschinerie und Fabrikation des Gehirns und also eingegangen in deren Formen, Zeit, Raum und Kausalität, vermöge welcher allererst es sich darstellt als ausgedehnt im Raum und wirkend in der Zeit. Aus einem solchermaßen Gegebenen will nun der Materialismus sogar das unmittelbar Gegebene, die Vorstellung (in der jenes alles dasteht), und am Ende gar den Willen erklären, aus welchem vielmehr alle jene Grundkräfte, welche sich am Leitfaden der Ursachen und daher gesetzmäßig äußern, in Wahrheit zu erklären sind. – Der Behauptung, daß das Erkennen Modifikation der Materie ist, stellt sich also immer mit gleichem Recht die umgekehrte entgegen, daß alle Materie nur Modifikation des Erkennens des Subjekts, als Vorstellung desselben, ist. Dennoch ist im Grunde das Ziel und das

Ideal aller Naturwissenschaft ein völlig durchgeführter Materialismus. Daß wir nun diesen hier als offenbar unmöglich erkennen, bestätigt eine andere Wahrheit, die aus unserer fernern Betrachtung sich ergeben wird, daß nämlich alle Wissenschaft im eigentlichen Sinne, worunter ich die systematische Erkenntnis am Leitfaden des Satzes vom Grunde verstehe, nie ein letztes Ziel erreichen, noch eine völlig genügende Erklärung geben kann; weil sie das innerste Wesen der Welt nie trifft, nie über die Vorstellung hinaus kann, vielmehr im Grunde nichts weiter, als das Verhältnis einer Vorstellung zur andern kennen lehrt.

Jede Wissenschaft geht immer von zwei Haupt-Datis aus. Deren eines ist allemal der Satz vom Grunde, in irgend einer Gestalt, als Organon; das andere ihr besonderes Objekt, als Problem. So hat z. B. die Geometrie den Raum als Problem; den Grund des Seins in ihm als Organon: die Arithmetik hat die Zeit als Problem, und den Grund des Seins in ihr als Organon: die Logik hat die Verbindungen der Begriffe als solche zum Problem, den Grund des Erkennens zum Organon: die Geschichte hat die geschehenen Taten der Menschen im Großen und in Masse zum Problem, das Gesetz der Motivation als Organon: die Naturwissenschaft nun hat die Materie als Problem und das Gesetz der Kausalität als Organon: ihr Ziel und Zweck demnach ist, am Leitfaden der Kausalität, alle möglichen Zustände der Materie auf einander und zuletzt auf einen zurückzuführen, und wieder aus einander und zuletzt aus einem abzuleiten. Zwei Zustände stehn sich daher in ihr als Extreme entgegen: der Zustand der Materie, wo sie am wenigsten, und der, wo sie am meisten unmittelbares Objekt des Subjekts ist: d. h. die toteste, roheste Materie, der erste Grundstoff, und dann der menschliche Organismus. Den ersten sucht die Naturwissenschaft als Chemie, den zweiten als Physiologie. Aber bis jetzt sind beide Extreme unerreicht, und bloß zwischen beiden ist einiges gewonnen. Auch ist die Aussicht ziemlich hoffnungslos. Die Chemiker, unter der Voraussetzung, daß die qualitative Teilung der Materie nicht wie die quantitative ins Unendliche gehn wird, suchen die Zahl ihrer Grundstoffe, jetzt noch etwan 60, immer mehr zu verringern: und wären sie bis auf zwei gekommen, so würden sie diese auf einen zurückführen wollen.

Denn das Gesetz der Homogeneität leitet auf die Voraussetzung eines ersten chemischen Zustandes der Materie, der allen andern, als welche nicht der Materie als solcher wesentlich, sondern nur zufällige Formen, Qualitäten, sind, vorhergegangen ist und allein der Materie als solcher zukommt. Andererseits ist nicht einzusehn, wie dieser, da noch kein zweiter, um auf ihn zu wirken, da war, je eine chemische Veränderung erfahren konnte; wodurch hier im Chemischen dieselbe Verlegenheit eintritt, auf welche im Mechanischen Epikuros stieß, als er anzugeben hatte, wie zuerst das eine Atom aus der ursprünglichen Richtung seiner Bewegung kam: ja, dieser sich ganz von selbst entwickelnde und weder zu vermeidende, noch aufzulösende Widerspruch könnte ganz eigentlich als eine chemische *Antinomie* aufgestellt werden: wie er sich hier an dem ersten der beiden gesuchten Extreme der Naturwissenschaft findet, so wird sich uns auch am zweiten ein ihm entsprechendes Gegenstück zeigen. – Zur Erreichung dieses andern Extrems der Naturwissenschaft ist eben so wenig Hoffnung; da man immer mehr einsieht, daß nie ein Chemisches auf ein Mechanisches, noch ein Organisches auf ein Chemisches, oder Elektrisches, zurückgeführt werden kann. Die aber, welche heutzutage diesen alten Irrweg von neuem einschlagen, werden ihn bald, wie alle ihre Vorgänger, still und beschämt zurückschleichen. Hievon wird im folgenden Buch ausführlicher die Rede sein. Die hier nur beiläufig erwähnten Schwierigkeiten stehn der Naturwissenschaft auf ihrem eigenen Gebiet entgegen. Als Philosophie genommen, wäre sie überdies Materialismus: dieser aber trägt, wie wir gesehn, schon bei seiner Geburt den Tod im Herzen; weil er das Subjekt und die Formen des Erkennens überspringt, welche doch bei der rohesten Materie, von der er anfangen möchte, schon eben so sehr, als beim Organismus, zu dem er gelangen will, vorausgesetzt sind. Denn »kein Objekt ohne Subjekt« ist der Satz, welcher auf immer allen Materialismus unmöglich macht. Sonnen und Planeten, ohne ein Auge, das sie sieht, und einen Verstand, der sie erkennt, lassen sich zwar mit Worten sagen: aber diese Worte sind für die Vorstellung ein Sideroxylon. Nun leitet aber dennoch andererseits das Gesetz der Kausalität und die ihm nachgehende Betrachtung und Forschung der Natur uns notwendig zu der sichern Annahme, daß, in der Zeit, jeder höher organisierte Zustand der Materie erst auf einen roheren gefolgt ist: daß nämlich Tiere früher als Menschen, Fische früher als Landtiere, Pflanzen auch früher als diese, das Unorganische vor allem Organischen dagewesen ist; daß folglich die ursprüngliche Masse eine lange Reihe von Veränderungen durchzugehn gehabt, bevor das erste Auge sich öffnen konnte. Und dennoch bleibt immer von diesem ersten Auge, das sich öffnete, und habe es einem Insekt angehört, das Dasein jener ganzen Welt abhängig, als von dem notwendig Vermittelnden der Erkenntnis, für die und in der sie allein ist und ohne die sie nicht einmal zu denken ist: denn sie ist schlechthin Vorstellung, und bedarf als solche des erkennenden Subjekts, als Trägers ihres Daseins: ja, jene lange Zeitreihe selbst, von unzähligen Veränderungen gefüllt, durch welche die Materie sich steigerte von Form zu Form, bis endlich das erste erkennende Tier ward, diese ganze Zeit selbst ist ja allein denkbar in der Identität eines Bewußtseins, dessen Folge von Vorstellungen, dessen Form des Erkennens sie ist und außer der sie durchaus alle Bedeutung verliert und gar nichts ist. So sehn wir einerseits notwendig das Dasein der ganzen Welt abhängig vom ersten erkennenden Wesen, ein so unvollkommenes dieses immer auch sein mag; andererseits eben so notwendig dieses erste erkennende Tier völlig abhängig von einer langen ihm vorhergegangenen Kette von Ursachen und Wirkungen, in die es selbst als ein kleines Glied eintritt. Diese zwei widersprechenden Ansichten, auf jede von welchen wir in der Tat mit gleicher Notwendigkeit geführt werden, könnte man allerdings wieder eine *Antinomie* in unserm Erkenntnisvermögen nennen und sie als Gegenstück der in jenem ersten Extrem der Naturwissenschaft gefundenen aufstellen; während die Kantische vierfache Antinomie in der, gegenwärtiger Schrift angehängten Kritik seiner Philosophie als eine grundlose Spiegelfechterei nachgewiesen werden wird. – Der sich uns hier zuletzt notwendig ergebende Widerspruch findet jedoch seine Auflösung darin, daß, in Kants Sprache zu reden, Zeit, Raum und Kausalität nicht dem Dinge an sich zukommen, sondern allein seiner Erscheinung, deren Form sie sind; welches in meiner Sprache so lautet, daß die objektive Welt, die Welt als

Vorstellung, nicht die einzige, sondern nur die eine, gleichsam die äußere Seite der Welt ist, welche noch eine ganz und gar andere Seite hat, die ihr innerstes Wesen, ihr Kern, das Ding an sich ist: und dieses werden wir im folgenden Buche betrachten, es benennend, nach der unmittelbarsten seiner Objektivationen, Wille. Die Welt als Vorstellung aber, welche allein wir hier betrachten, hebt allerdings erst an mit dem Aufschlagen des ersten Auges, ohne welches Medium der Erkenntnis sie nicht sein kann, also auch nicht vorher war. Aber ohne jenes Auge, d.h. außer der Erkenntnis, gab es auch kein Vorher, keine Zeit. Dennoch hat deswegen nicht die Zeit einen Anfang, sondern aller Anfang ist in ihr: da sie aber die allgemeinste Form der Erkennbarkeit ist, welcher sich alle Erscheinungen mittelst des Bandes der Kausalität einfügen, so steht mit dem ersten Erkennen auch sie (die Zeit) da, mit ihrer ganzen Unendlichkeit nach beiden Seiten, und die Erscheinung, welche diese erste Gegenwart füllt, muß zugleich erkannt werden als ursächlich verknüpft und abhängig von einer Reihe von Erscheinungen, die sich unendlich in die Vergangenheit erstreckt, welche Vergangenheit selbst jedoch eben so wohl durch diese erste Gegenwart bedingt ist, als umgekehrt diese durch jene; so daß, wie die erste Gegenwart, so auch die Vergangenheit, aus der sie stammt, vom erkennenden Subjekt abhängig und ohne dasselbe nichts ist, jedoch die Notwendigkeit herbeiführt, daß diese erste Gegenwart nicht als die erste, d.h. als keine Vergangenheit zur Mutter habend und als Anfang der Zeit, sich darstellt; sondern als Folge der Vergangenheit, nach dem Grunde des Seins in der Zeit, und so auch die sie füllende Erscheinung als Wirkung früherer jene Vergangenheit füllender Zustände, nach dem Gesetz der Kausalität. – Wer mythologische Deuteleien liebt, mag als Bezeichnung des hier ausgedrückten Moments des Eintritts der dennoch anfangslosen Zeit die Geburt des Kronos (*χρονος*), des jüngsten Titanen, ansehn, mit dem, da er seinen Vater entmannt, die rohen Erzeugnisse des Himmels und der Erde aufhören und jetzt das Götter- und Menschengeschlecht den Schauplatz einnimmt.

Diese Darstellung, auf welche wir gekommen sind, indem wir dem konsequentesten der vom Objekt ausgehenden philosophischen Systeme, dem Materialismus, nachgingen, dient zugleich die untrennbare gegenseitige Abhängigkeit, bei nicht aufzuhebendem Gegensatz, zwischen Subjekt und Objekt anschaulich zu machen; welche Erkenntnis darauf leitet, das innerste Wesen der Welt, das Ding an sich, nicht mehr in einem jener beiden Elemente der Vorstellung, sondern vielmehr in einem von der Vorstellung gänzlich Verschiedenen zu suchen, welches nicht mit einem solchen ursprünglichen, wesentlichen und dabei unauflöslichen Gegensatz behaftet ist.

Dem erörterten Ausgehn vom Objekt, um aus diesem das Subjekt entstehn zu lassen, steht das Ausgehn vom Subjekt entgegen, welches aus diesem das Objekt hervortreiben will. So häufig und allgemein aber in aller bisherigen Philosophie jenes erstere gewesen ist; so findet sich dagegen vom letzteren eigentlich nur ein einziges Beispiel, und zwar ein sehr neues, die Schein-Philosophie des J. G. Fichte, welcher daher in dieser Hinsicht bemerkt werden muß, so wenig echten Wert und innern Gehalt seine Lehre an sich auch hatte, ja, überhaupt nur eine Spiegelfechterei war, die jedoch mit der Miene des tiefsten Ernstes, gehaltenem Ton und lebhaftem Eifer vorgetragen und mit beredter Polemik schwachen Gegnern gegenüber verteidigt, glänzen konnte und etwas zu sein schien. Aber der echte Ernst, der, allen äußeren Einflüssen unzugänglich, sein Ziel, die Wahrheit, unverwandt im Auge behält, fehlte diesem, wie allen ähnlichen, sich in die Umstände schikkenden Philosophen, gänzlich. Dem konnte freilich nicht anders sein. Der Philosoph nämlich wird es immer durch eine Perplexität, welcher er sich zu entwinden sucht, und welche des Platos θαυμαζειν, das er ein *μαλα φιλοσοφικον παθος* nennt, ist. Aber hier scheidet die unechten Philosophen von den echten dieses, daß letzteren aus dem Anblick der Welt selbst jene Perplexität erwächst, jenen ersteren hingegen nur aus einem Buche, einem vorliegenden Systeme: dieses war denn auch Fichtes Fall, da er bloß über Kants Ding an sich zum Philosophen geworden ist und ohne dasselbe höchst wahrscheinlich ganz andere Dinge mit viel besserem Erfolg getrieben hätte, da er bedeutendes rhetorisches Talent besaß. Wäre er jedoch in den Sinn des Buches, das ihn zum Philosophen gemacht hat, die Kritik der reinen Vernunft, nur irgend tief gedrungen; so würde er verstanden haben, daß ihre Hauptlehre, dem Geiste nach, diese ist: daß der Satz vom Grunde nicht, wie alle scholastische Philosophie will, eine veritas aeterna ist, d.h. nicht eine unbedingte Gültigkeit vor, außer und über aller Welt habe; sondern nur eine relative und bedingte, allein in der Erscheinung geltende, er mag als notwendiger Nexus des Raumes oder der Zeit, oder als Kausalitäts-, oder als Erkenntnisgrundes-Gesetz auftreten; daß daher das innere Wesen der Welt, das Ding an sich, nimmer an seinem Leitfaden gefunden werden kann; sondern alles, wozu dieser führt, immer selbst wieder abhängig und relativ, immer nur Erscheinung, nicht Ding an sich ist; daß er ferner gar nicht das Subjekt trifft, sondern nur Form der Objekte ist, die eben deshalb nicht Dinge an sich sind, und daß mit dem Objekt schon sofort das Subjekt und mit diesem jenes da ist; also weder das Objekt zum Subjekt, noch dieses zu jenem erst als Folge zu seinem Grunde hinzukommen kann. Aber von allem diesem hat nicht das mindeste an Fichte gehaftet: ihm war das allein Interessante bei der Sache das *Ausgehn vom Subjekt*, welches Kant gewählt hatte, um das bisherige Ausgehn vom Objekt, welches dadurch zum Ding an sich geworden, als falsch zu zeigen. Fichte aber nahm dies Ausgehn vom Subjekt für das, worauf es ankomme, vermeinte, nach Weise aller Nachahmer, daß wenn er Kanten darin noch überböte, er ihn auch überträfe, und wiederholte nun in dieser Richtung die Fehler, welche der bisherige Dogmatismus in der entgegengesetzten begangen und eben dadurch Kants Kritik veranlaßt hatte; so daß in der Hauptsache nichts geändert war und der alte Grundfehler, die Annahme eines Verhältnisses von Grund und Folge zwischen Objekt und Subjekt, nach wie vor blieb, der Satz vom Grunde daher, eben wie zuvor, eine unbedingte Gültigkeit behielt und das Ding an sich, statt wie sonst ins Objekt, jetzt in das Subjekt des Erkennens verlegt war, die gänzliche Relativität dieser beiden aber, welche anzeigt, daß das Ding an sich, oder innere Wesen der Welt, nicht in ihnen, sondern außer diesem, wie außer jedem andern nur beziehungsweise Existierenden zu suchen sei, nach wie vor unerkannt blieb. Gleich als ob Kant gar nicht dagewesen wäre, ist der Satz vom Grunde bei Fichte noch eben das, was er bei allen Scholastikern war, eine aeterna veritas. Nämlich gleich wie über die Götter der Alten noch das ewige Schicksal herrschte, so herrschten über den Gott der Scholastiker noch jene aeternae veritates, d.h. die metaphysischen, mathematischen und metalogischen Wahrheiten, bei einigen auch die Gültigkeit des Moralgesetzes. Diese veritates allein hingen von nichts ab: durch ihre Notwendigkeit aber war sowohl Gott als Welt. Dem Satz vom Grund, als einer solchen veritas aeterna, zufolge ist also bei Fichte das Ich Grund der Welt oder des Nicht-Ichs, des Objekts, welches eben seine Folge, sein Machwerk ist. Den Satz vom Grund weiter zu prüfen oder zu kontrollieren, hat er sich daher wohl gehütet. Sollte ich aber die Gestalt jenes Satzes angeben, an deren Leitfaden Fichte das Nicht-Ich aus dem Ich hervorgehn läßt, wie aus der Spinne ihr Gewebe; so finde ich, daß es der Satz vom Grunde des Seins im Raum ist: denn nur auf diesen bezogen erhalten jene qualvollen Deduktionen der Art und Weise wie das Ich das Nicht-Ich aus sich produziert und fabriziert, welche den Inhalt des sinnlosesten und bloß dadurch langweiligsten Buchs, das je geschrieben, ausmachen, doch eine Art von Sinn und Bedeutung. – Diese Fichtesche Philosophie, sonst nicht einmal der Erwähnung wert, ist uns also nur interessant als der spät erschienene eigentliche Gegensatz des uralten Materialismus, welcher das konsequenteste Ausgehn vom Objekt war, wie jene das vom Subjekt. Wie der Materialismus übersah, daß er mit dem einfachsten Objekt schon sofort auch das Subjekt gesetzt hatte; so übersah Fichte, daß er mit dem Subjekt (er mochte es nun titulieren, wie er wollte) nicht nur auch schon das Objekt gesetzt hatte, weil kein Subjekt ohne solches denkbar ist; sondern er übersah auch dieses, daß alle Ableitung a priori, ja alle Beweisführung überhaupt, sich auf eine Notwendigkeit stützt, alle Notwendigkeit aber ganz allein auf den Satz vom Grund; weil notwendig sein und aus gegebenem Grunde folgen – Wechselbegriffe sind*, daß der Satz vom Grunde aber nichts anderes als die allgemeine Form des Objekts als solchen ist, mithin das Objekt schon voraussetzt, nicht aber, vor und außer demselben geltend, es erst herbeiführen und in Gemäßheit seiner Gesetzgebung entstehn lassen kann. Überhaupt also hat das

* Siehe hierüber »Die vierfache Wurzel des Satzes vom Grunde«, 2. Aufl., § 49.

Ausgehn vom Subjekt mit dem oben dargestellten Ausgehn vom Objekt denselben Fehler gemein, zum voraus anzunehmen, was es erst abzuleiten vorgibt, nämlich das notwendige Korrelat seines Ausgangspunkts.

Von diesen beiden entgegengesetzten Mißgriffen nun unterscheidet sich unser Verfahren toto genere, indem wir weder vom Objekt noch vom Subjekt ausgehn, sondern von der *Vorstellung*, als erster Tatsache des Bewußtseins, deren erste wesentlichste Grundform das Zerfallen in Objekt und Subjekt ist, die Form des Objekts wieder der Satz vom Grund, in seinen verschiedenen Gestalten, deren jede die ihr eigene Klasse von Vorstellungen so sehr beherrscht, daß, wie gezeigt, mit der Erkenntnis jener Gestalt auch das Wesen der ganzen Klasse erkannt ist, indem diese (als Vorstellung) eben nichts anderes als jene Gestalt selbst ist: so die Zeit selbst nichts anderes als der Grund des Seins in ihr, d. h. Sukzession; der Raum nichts anderes als der Satz vom Grund in ihm, also Lage; die Materie nichts anderes als Kausalität; der Begriff (wie sich sogleich zeigen wird) nichts anderes als Beziehung auf den Erkenntnisgrund. Diese gänzliche und durchgängige Relativität der Welt als Vorstellung, sowohl nach ihrer allgemeinsten Form (Subjekt und Objekt), als nach der dieser untergeordneten (Satz vom Grund), weist uns, wie gesagt, darauf hin, das innerste Wesen der Welt in einer ganz andern, *von der Vorstellung durchaus verschiedenen* Seite derselben zu suchen, welche das nächste Buch in einer jedem lebenden Wesen eben so unmittelbar gewissen Tatsache nachweisen wird.

Doch ist zuvor noch diejenige Klasse von Vorstellungen zu betrachten, welche dem Menschen allein angehört, deren Stoff der *Begriff* und deren subjektives Korrelat die *Vernunft* ist, wie das der bisher betrachteten Vorstellungen Verstand und Sinnlichkeit war, welche auch jedem Tiere beizulegen sind*.

* Zu diesen ersten sieben Paragraphen gehören die vier ersten Kapitel des ersten Buches der Ergänzungen.

§ 8

Wie aus dem unmittelbaren Lichte der Sonne in den geborgten Widerschein des Mondes, gehn wir von der anschaulichen, unmittelbaren, sich selbst vertretenden und verbürgenden Vorstellung über zur Reflexion, zu den abstrakten, diskursiven Begriffen der Vernunft, die allen Gehalt nur von jener anschaulichen Erkenntnis und in Beziehung auf dieselbe haben. So lange wir uns rein anschauend verhalten, ist alles klar, fest und gewiß. Da gibt es weder Fragen, noch Zweifeln, noch Irren: man will nicht weiter, kann nicht weiter, hat Ruhe im Anschauen, Befriedigung in der Gegenwart. Die Anschauung ist sich selber genug; daher was rein aus ihr entsprungen und ihr treu geblieben ist, wie das echte Kunstwerk, niemals falsch sein, noch durch irgend eine Zeit widerlegt werden kann: denn es gibt keine Meinung, sondern die Sache selbst. Aber mit der abstrakten Erkenntnis, mit der Vernunft, ist im Theoretischen der Zweifel und der Irrtum, im Praktischen die Sorge und die Reue eingetreten. Wenn in der anschaulichen Vorstellung der *Schein* auf Augenblicke die Wirklichkeit entstellt, so kann in der abstrakten der *Irrtum* Jahrtausende herrschen, auf ganze Völker sein eisernes Joch werfen, die edelsten Regungen der Menschheit ersticken und selbst den, welchen zu täuschen er nicht vermag, durch seine Sklaven, seine Getäuschten, in Fesseln legen lassen. Er ist der Feind, gegen welchen die weisesten Geister aller Zeiten den ungleichen Kampf unterhielten, und nur was sie ihm abgewannen, ist Eigentum der Menschheit geworden. Daher ist es gut, sogleich auf ihn aufmerksam zu machen, indem wir den Boden betreten, auf welchem sein Gebiet liegt. Obwohl oft gesagt worden, daß man der Wahrheit nachspüren soll, auch wo kein Nutzen von ihr abzusehn, weil dieser mittelbar sein und hervortreten kann, wo man ihn nicht erwartet; so finde ich hier doch noch hinzuzusetzen, daß man auch eben so sehr bestrebt sein soll, jeden Irrtum aufzudecken und auszurotten, auch wo kein Schaden von ihm abzusehn, weil auch dieser sehr mittelbar sein und einst hervortreten kann, wo man ihn nicht erwartet: denn jeder Irrtum trägt ein Gift in seinem Innern. Ist es der Geist, ist es die Erkenntnis, welche den Menschen zum

Herrn der Erde macht; so gibt es keine unschädlichen Irrtümer, noch weniger ehrwürdige, heilige Irrtümer. Und zum Trost derer, welche dem edlen und so schweren Kampf gegen den Irrtum, in irgend einer Art und Angelegenheit, Kraft und Leben widmen, kann ich mich nicht entbrechen, hier hinzuzusetzen, daß zwar so lange, als die Wahrheit noch nicht dasteht, der Irrtum sein Spiel treiben kann, wie Eulen und Fledermäuse in der Nacht: aber eher mag man erwarten, daß Eulen und Fledermäuse die Sonne zurück in den Osten scheuchen werden, als daß die erkannte und deutlich und vollständig ausgesprochene Wahrheit wieder verdrängt werde, damit der alte Irrtum seinen breiten Platz nochmals ungestört einnehme. Das ist die Kraft der Wahrheit, deren Sieg schwer und mühsam, aber dafür, wenn einmal errungen, ihr nicht mehr zu entreißen ist.

Außer den bis hieher betrachteten Vorstellungen nämlich, welche, ihrer Zusammensetzung nach, sich zurückführen ließen auf Zeit und Raum und Materie, wenn wir aufs Objekt, oder reine Sinnlichkeit und Verstand (d.i. Erkenntnis der Kausalität), wenn wir aufs Subjekt sehn, ist im Menschen allein, unter allen Bewohnern der Erde, noch eine andere Erkenntniskraft eingetreten, ein ganz neues Bewußtsein aufgegangen, welches sehr treffend und mit ahndungsvoller Richtigkeit die *Reflexion* genannt ist. Denn es ist in der Tat ein Widerschein, ein Abgeleitetes von jener anschaulichen Erkenntnis, hat jedoch eine von Grund aus andere Natur und Beschaffenheit als jene angenommen, kennt deren Formen nicht, und auch der Satz vom Grund, der über alles Objekt herrscht, hat hier eine völlig andere Gestalt. Dieses neue, höher potenzierte Bewußtsein, dieser abstrakte Reflex alles Intuitiven im nichtanschaulichen Begriff der Vernunft, ist es allein, der dem Menschen jene Besonnenheit verleiht, welche sein Bewußtsein von dem des Tieres so durchaus unterscheidet, und wodurch sein ganzer Wandel auf Erden so verschieden ausfällt von dem seiner unvernünftigen Brüder. Gleich sehr übertrifft er sie an Macht und an Leiden. Sie leben in der Gegenwart allein; er dabei zugleich in Zukunft und Vergangenheit. Sie befriedigen das augenblickliche Bedürfnis; er sorgt durch die künstlichsten Anstalten für seine Zukunft, ja für Zeiten, die er nicht erleben kann.

Sie sind dem Eindruck des Augenblicks, der Wirkung des anschaulichen Motivs gänzlich anheimgefallen; ihn bestimmen abstrakte Begriffe unabhängig von der Gegenwart. Daher führt er überlegte Pläne aus, oder handelt nach Maximen, ohne Rücksicht auf die Umgebung und die zufälligen Eindrücke des Augenblicks: er kann daher z. B. mit Gelassenheit die künstlichen Anstalten zu seinem eigenen Tode treffen, kann sich verstellen, bis zur Unerforschlichkeit, und sein Geheimnis mit ins Grab nehmen, hat endlich eine wirkliche Wahl zwischen mehreren Motiven: denn nur in abstracto können solche, neben einander im Bewußtsein gegenwärtig, die Erkenntnis bei sich führen, daß eines das andere ausschließt, und so ihre Gewalt über den Willen gegen einander messen; wonach dann das überwiegende, indem es den Ausschlag gibt, die überlegte Entscheidung des Willens ist und als ein sicheres Anzeichen seine Beschaffenheit kund macht. Das Tier hingegen bestimmt der gegenwärtige Eindruck: nur die Furcht vor dem gegenwärtigen Zwange kann seine Begierde zähmen, bis jene Furcht endlich zur Gewohnheit geworden ist und nunmehr als solche es bestimmt: das ist Dressur. Das Tier empfindet und schaut an; der Mensch *denkt* überdies und *weiß*: Beide *wollen*. Das Tier teilt seine Empfindung und Stimmung mit, durch Gebärde und Laut: der Mensch teilt dem andern Gedanken mit, durch Sprache, oder verbirgt Gedanken, durch Sprache. Sprache ist das erste Erzeugnis und das notwendige Werkzeug seiner Vernunft: daher wird im Griechischen und im Italienischen Sprache und Vernunft durch dasselbe Wort bezeichnet: *ὁ λογος,* il discorso. Vernunft kommt von Vernehmen, welches nicht synonym ist mit Hören, sondern das Innewerden der durch Worte mitgeteilten Gedanken bedeutet. Durch Hülfe der Sprache allein bringt die Vernunft ihre wichtigsten Leistungen zu Stande, nämlich das übereinstimmende Handeln mehrer Individuen, das planvolle Zusammenwirken vieler Tausende, die Zivilisation, den Staat; ferner die Wissenschaft, das Aufbewahren früherer Erfahrung, das Zusammenfassen des Gemeinsamen in einen Begriff, das Mitteilen der Wahrheit, das Verbreiten des Irrtums, das Denken und Dichten, die Dogmen und die Superstitionen. Das Tier lernt den Tod erst im Tode kennen: der Mensch geht mit Bewußtsein in jeder Stunde seinem Tode näher, und dies macht selbst dem das Leben bisweilen bedenklich, der nicht schon am ganzen Leben selbst diesen Charakter der steten Vernichtung erkannt hat. Hauptsächlich dieserhalb hat der Mensch Philosophien und Religionen: ob jedoch dasjenige, was wir mit Recht an seinem Handeln über alles hoch schätzen, das freiwillige Rechttun und der Edelmut der Gesinnung, je die Frucht einer jener beiden gewesen, ist ungewiß. Als sichere, ihnen allein angehörige Erzeugnisse beider und Produktionen der Vernunft auf diesem Wege stehn hingegen da die wunderlichsten, abenteuerlichsten Meinungen der Philosophen verschiedener Schulen, und die seltsamsten, bisweilen auch grausamen Gebräuche der Priester verschiedener Religionen.

Daß alle diese so mannigfaltigen und so weit reichenden Äußerungen aus einem gemeinschaftlichen Prinzip entspringen, aus jener besondern Geisteskraft, die der Mensch vor dem Tiere voraus hat, und welche man *Vernunft*, *ὁ λογος, το λογιστικον, το λογιμον,* ratio, genannt hat, ist die einstimmige Meinung aller Zeiten und Völker. Auch wissen alle Menschen sehr wohl die Äußerungen dieses Vermögens zu erkennen, und zu sagen, was vernünftig, was unvernünftig sei, wo die Vernunft im Gegensatz mit andern Fähigkeiten und Eigenschaften des Menschen auftritt, und endlich, was wegen des Mangels derselben auch vom klügsten Tiere nie zu erwarten steht. Die Philosophen aller Zeiten sprechen im ganzen auch übereinstimmend mit jener allgemeinen Kenntnis der Vernunft, und heben überdies einige besonders wichtige Äußerungen derselben hervor, wie die Beherrschung der Affekte und Leidenschaften, die Fähigkeit, Schlüsse zu machen und allgemeine Prinzipien, sogar solche, die vor aller Erfahrung gewiß sind, aufzustellen usw. Dennoch sind alle ihre Erklärungen vom eigentlichen Wesen der Vernunft schwankend, nicht scharf bestimmt, weitläuftig, ohne Einheit und Mittelpunkt, bald diese bald jene Äußerung hervorhebend, daher oft von einander abweichend. Dazu kommt, daß viele dabei von dem Gegensatz zwischen Vernunft und Offenbarung ausgehn, welcher der Philosophie ganz fremd ist, und nur dient, die Verwirrung zu vermehren. Es ist höchst auffallend, daß bisher kein Philosoph alle jene mannigfaltigen Äußerungen der Vernunft strenge auf eine einfache Funktion zurückgeführt hat, die in ihnen allen wiederzuerkennen wäre, aus der sie alle zu erklären wären und die demnach das eigentliche innere Wesen der Vernunft ausmachte. Zwar gibt der vortreffliche Locke, im »Essay on human understanding«, Buch 2, Kap. 11, § 10 u. 11, als den unterscheidenden Charakter zwischen Tier und Mensch die abstrakten allgemeinen Begriffe sehr richtig an, und Leibniz wiederholt dieses völlig beistimmend, in den »Nouveaux essays sur l'entendement humain«, Buch 2, Kap. 11, § 10 u. 11. Allein wenn Locke in Buch 4, Kap. 17, § 2, 3, zur eigentlichen Erklärung der Vernunft kommt, so verliert er ganz jenen einfachen Hauptcharakter derselben aus dem Gesicht, und gerät eben auch auf eine schwankende, unbestimmte, unvollständige Angabe zerstückelter und abgeleiteter Äußerungen derselben: auch Leibniz, an der mit jener korrespondierenden Stelle seines Werkes, verhält sich im ganzen so, nur mit mehr Konfusion und Unklarheit. Wie sehr nun aber Kant den Begriff vom Wesen der Vernunft verwirrt und verfälscht hat, darüber habe ich im Anhange ausführlich geredet. Wer aber gar sich die Mühe gibt, die Masse philosophischer Schriften, welche seit Kant erschienen sind, in dieser Hinsicht zu durchgehn, der wird erkennen, daß, so wie die Fehler der Fürsten von ganzen Völkern gebüßt werden, die Irrtümer großer Geister ihren nachteiligen Einfluß auf ganze Generationen, sogar auf Jahrhunderte verbreiten, ja, wachsend und sich fortpflanzend, zuletzt in Monstrositäten ausarten: welches alles daher abzuleiten ist, daß, wie Berkeley sagt: Few men think; yet all will have opinions*.

Wie der Verstand nur *eine* Funktion hat: unmittelbare Erkenntnis des Verhältnisses von Ursache und Wirkung, und die Anschauung der wirklichen Welt, wie auch alle Klugheit, Sagazität und Erfindungsgabe, so mannigfaltig auch ihre Anwendung ist, doch ganz offenbar nichts anderes sind, als Äußerungen jener einfachen Funktion; so hat auch die Vernunft *eine* Funktion: Bildung des Begriffs; und aus dieser einzigen erklären sich sehr leicht und ganz und gar von selbst alle jene oben angeführten Erscheinun-

* Wenige Menschen denken, aber alle wollen Meinungen haben.

gen, die das Leben des Menschen von dem des Tieres unterscheiden, und auf die Anwendung oder Nicht-Anwendung jener Funktion deutet schlechthin alles, was man überall und jederzeit vernünftig oder unvernünftig genannt hat*.

§ 9

Die Begriffe bilden eine eigentümliche, von den bisher betrachteten, anschaulichen Vorstellungen toto genere verschiedene Klasse, die allein im Geiste des Menschen vorhanden ist. Wir können daher nimmer eine anschauliche, eine eigentlich evidente Erkenntnis von ihrem Wesen erlangen; sondern auch nur eine abstrakte und diskursive. Es wäre daher ungereimt zu fordern, daß sie in der Erfahrung, sofern unter dieser die reale Außenwelt, welche eben anschauliche Vorstellung ist, verstanden wird, nachgewiesen, oder wie anschauliche Objekte vor die Augen, oder vor die Phantasie gebracht werden sollten. Nur denken, nicht anschauen lassen sie sich, und nur die Wirkungen, welche durch sie der Mensch hervorbringt, sind Gegenstände der eigentlichen Erfahrung. Solche sind die Sprache, das überlegte planmäßige Handeln und die Wissenschaft; hernach was aus diesen allen sich ergibt. Offenbar ist die Rede, als Gegenstand der äußeren Erfahrung, nichts anderes als ein sehr vollkommener Telegraph, der willkürliche Zeichen mit größter Schnelligkeit und feinster Nuancierung mitteilt. Was bedeuten aber diese Zeichen? Wie geschieht ihre Auslegung? Übersetzen wir etwan, während der andere spricht, sogleich seine Rede in Bilder der Phantasie, die blitzschnell an uns vorüberfliegen und sich bewegen, verketten, umgestalten und ausmalen, gemäß den hinzuströmenden Worten und deren grammatischen Flexionen? Welch ein Tumult wäre dann in unserm Kopfe, während des Anhörens einer Rede, oder des Lesens eines Buches! So geschieht es keineswegs. Der Sinn der Rede wird unmittelbar vernommen, genau und bestimmt aufge-

* Mit diesem Paragraph ist zu vergleichen § 26 u. 27 der zweiten Auflage der Abhandlung über den Satz vom Grunde.

faßt, ohne daß in der Regel sich Phantasmen einmengten. Es ist die Vernunft, die zur Vernunft spricht, sich in ihrem Gebiete hält, und was sie mitteilt und empfängt, sind abstrakte Begriffe, nichtanschauliche Vorstellungen, welche ein für allemal gebildet und verhältnismäßig in geringer Anzahl, doch alle unzähligen Objekte der wirklichen Welt befassen, enthalten und vertreten. Hieraus allein ist es erklärlich, daß nie ein Tier sprechen und vernehmen kann, obgleich es die Werkzeuge der Sprache und auch die anschaulichen Vorstellungen mit uns gemein hat: aber eben weil die Worte jene ganz eigentümliche Klasse von Vorstellungen bezeichnen, deren subjektives Korrelat die Vernunft ist, sind sie für das Tier ohne Sinn und Bedeutung. So ist die Sprache, wie jede andere Erscheinung, die wir der Vernunft zuschreiben, und wie alles, was den Menschen vom Tiere unterscheidet, durch dieses Eine und Einfache als seine Quelle zu erklären: die Begriffe, die abstrakten, nicht anschaulichen, allgemeinen, nicht in Zeit und Raum individuellen Vorstellungen. Nur in einzelnen Fällen gehn wir von den Begriffen zur Anschauung über, bilden uns Phantasmen als anschauliche *Repräsentanten der Begriffe*, denen sie jedoch nie adäquat sind. Diese sind in der Abhandlung über den Satz vom Grunde, § 28, besonders erörtert worden, daher ich hier nicht dasselbe wiederholen will: mit dem dort Gesagten ist zu vergleichen, was Hume im zwölften seiner »Philosophical essays«, S. 244, und was Herder in der »Metakritik« (einem übrigens schlechten Buch), Teil 1, S. 274, sagt. – Die Platonische Idee, welche durch den Verein von Phantasie und Vernunft möglich wird, macht den Hauptgegenstand des dritten Buchs gegenwärtiger Schrift aus.

Obgleich nun also die Begriffe von den anschaulichen Vorstellungen von Grund aus verschieden sind, so stehn sie doch in einer notwendigen Beziehung zu diesen, ohne welche sie nichts wären, welche Beziehung folglich ihr ganzes Wesen und Dasein ausmacht. Die Reflexion ist notwendig Nachbildung, Wiederholung, der urbildlichen anschaulichen Welt, wiewohl Nachbildung ganz eigener Art, in einem völlig heterogenen Stoff. Deshalb sind die Begriffe ganz passend Vorstellungen von Vorstellungen zu nennen. Der Satz vom Grunde hat hier ebenfalls eine eigene Gestalt, und wie diejenige, unter welcher er in einer Klasse von Vorstellungen herrscht, auch eigentlich immer das ganze Wesen dieser Klasse, sofern sie Vorstellungen sind, ausmacht und erschöpft, so daß, wie wir gesehn haben, die Zeit durch und durch Sukzession und sonst nichts, der Raum durch und durch Lage und sonst nichts, die Materie durch und durch Kausalität und sonst nichts ist; so besteht auch das ganze Wesen der Begriffe, oder der Klasse der abstrakten Vorstellungen, allein in der Relation, welche in ihnen der Satz vom Grunde ausdrückt: und da diese die Beziehung auf den Erkenntnisgrund ist, so hat die abstrakte Vorstellung ihr ganzes Wesen einzig und allein in ihrer Beziehung auf eine andere Vorstellung, welche ihr Erkenntnisgrund ist. Diese kann nun zwar wieder zunächst ein Begriff, oder abstrakte Vorstellung sein, und sogar auch dieser wieder nur einen eben solchen abstrakten Erkenntnisgrund haben; aber nicht so ins Unendliche: sondern zuletzt muß die Reihe der Erkenntnisgründe mit einem Begriff schließen, der seinen Grund in der anschaulichen Erkenntnis hat. Denn die ganze Welt der Reflexion ruht auf der anschaulichen als ihrem Grunde des Erkennens. Daher hat die Klasse der abstrakten Vorstellungen von den andern das Unterscheidende, daß in diesen der Satz vom Grund immer nur eine Beziehung auf eine andere Vorstellung der *nämlichen* Klasse fordert, bei den abstrakten Vorstellungen aber zuletzt eine Beziehung auf eine Vorstellung aus einer *andern* Klasse.

Man hat diejenigen Begriffe, welche, wie eben angegeben, nicht unmittelbar, sondern nur durch Vermittelung eines oder gar mehrerer anderer Begriffe sich auf die anschauliche Erkenntnis beziehn, vorzugsweise abstracta, und hingegen die, welche ihren Grund unmittelbar in der anschaulichen Welt haben, concreta genannt. Diese letztere Benennung paßt aber nur ganz uneigentlich auf die durch sie bezeichneten Begriffe, da nämlich auch diese immer noch abstracta sind und keineswegs anschauliche Vorstellungen. Jene Benennungen sind aber auch nur aus einem sehr undeutlichen Bewußtsein des damit gemeinten Unterschiedes hervorgegangen, können jedoch, mit der hier gegebenen Deutung, stehn bleiben. Beispiele der ersten Art, also abstracta im eminenten Sinn, sind Begriffe wie »Verhältnis, Tugend, Untersuchung,

Anfang« usw. Beispiele der letztern Art, oder uneigentlich so genannte concreta sind die Begriffe »Mensch, Stein, Pferd« usw. Wenn es nicht ein etwas zu bildliches und dadurch ins Scherzhafte fallendes Gleichnis wäre; so könnte man sehr treffend die letzteren das Erdgeschoß, die ersteren die oberen Stockwerke des Gebäudes der Reflexion nennen*.

Daß ein Begriff vieles unter sich begreift, d.h. daß viele anschauliche, oder auch selbst wieder abstrakte Vorstellungen in der Beziehung des Erkenntnisgrundes zu ihm stehn, d.h. durch ihn gedacht werden, dies ist nicht, wie man meistens angibt, eine wesentliche, sondern nur eine abgeleitete sekundäre Eigenschaft desselben, die sogar nicht immer in der Tat, wiewohl immer der Möglichkeit nach, dasein muß. Jene Eigenschaft fließt daraus her, daß der Begriff Vorstellung einer Vorstellung ist, d.h. sein ganzes Wesen allein hat in seiner Beziehung auf eine andere Vorstellung; da er aber nicht diese Vorstellung selbst ist, ja diese sogar meistens zu einer ganz andern Klasse von Vorstellungen gehört, nämlich anschaulich ist, so kann sie zeitliche, räumliche und andere Bestimmungen, und überhaupt noch viele Beziehungen haben, die im Begriff gar nicht mit gedacht werden, daher mehrere im Unwesentlichen verschiedene Vorstellungen durch denselben Begriff gedacht, d.h. unter ihn subsumiert werden können. Allein dies Gelten von mehreren Dingen ist keine wesentliche, sondern nur akzidentale Eigenschaft des Begriffs. Es kann daher Begriffe geben, durch welche nur ein einziges reales Objekt gedacht wird, die aber deswegen doch abstrakt und allgemein, keineswegs aber einzelne und anschauliche Vorstellungen sind: dergleichen ist z.B. der Begriff, den jemand von einer bestimmten Stadt hat, die er aber bloß aus der Geographie kennt: obgleich nur diese eine Stadt dadurch gedacht wird, so wären doch mehrere in einigen Stücken verschiedene Städte möglich, zu denen allen er paßte. Nicht also weil ein Begriff von mehreren Objekten abstrahiert ist, hat er Allgemeinheit; sondern umgekehrt, weil Allgemeinheit, d.i. Nichtbestimmung des Einzelnen, ihm als abstrakter Vorstellung der Vernunft wesentlich ist, können verschiedene Dinge durch denselben Begriff gedacht werden.

* Hiezu Kap. 5 u. 6 des zweiten Bandes.

Aus dem Gesagten ergibt sich, daß jeder Begriff, eben weil er abstrakte und nicht anschauliche und eben daher nicht durchgängig bestimmte Vorstellung ist, dasjenige hat, was man einen Umfang oder Sphäre nennt, auch sogar in dem Fall, daß nur ein einziges reales Objekt vorhanden ist, das ihm entspricht. Nun finden wir durchgängig, daß die Sphäre jedes Begriffs mit den Sphären anderer etwas Gemeinschaftliches hat, d.h. daß in ihm zum Teil dasselbe gedacht wird, was in jenen andern, und in diesen wieder zum Teil dasselbe, was in jenem erstern; obgleich, wenn sie wirklich verschiedene Begriffe sind, jeder, oder wenigstens einer von beiden etwas enthält, das der andere nicht hat: in diesem Verhältnis steht jedes Subjekt zu seinem Prädikat. Dieses Verhältnis erkennen, heißt *urteilen*. Die Darstellung jener Sphären durch räumliche Figuren ist ein überaus glücklicher Gedanke. Zuerst hat ihn wohl Gottfried Ploucquet gehabt, der Quadrate dazu nahm; Lambert, wiewohl nach ihm, bediente sich noch bloßer Linien, die er untereinander stellte: Euler führte es zuerst mit Kreisen vollständig aus. Worauf diese so genaue Analogie zwischen den Verhältnissen der Begriffe und denen räumlicher Figuren zuletzt beruhe, weiß ich nicht anzugeben. Es ist inzwischen für die Logik ein sehr günstiger Umstand, daß alle Verhältnisse der Begriffe sich sogar ihrer Möglichkeit nach, d.h. a priori, durch solche Figuren anschaulich darstellen lassen, in folgender Art:

1) Die Sphären zweier Begriffe sind sich ganz gleich: z.B. der Begriff der Notwendigkeit und der der Folge aus gegebenem Grunde; desgleichen der von Ruminantia und Bisulca (Wiederkäuer und Tiere mit gespaltenem Huf); auch von Wirbeltieren und Rotblütigen (wogegen jedoch wegen der Anneliden etwas einzuwenden wäre): es sind Wechselbegriffe. Solche stellt dann ein einziger Kreis dar, der sowohl den einen als den andern bedeutet.

2) Die Sphäre eines Begriffs schließt die eines andern ganz ein:

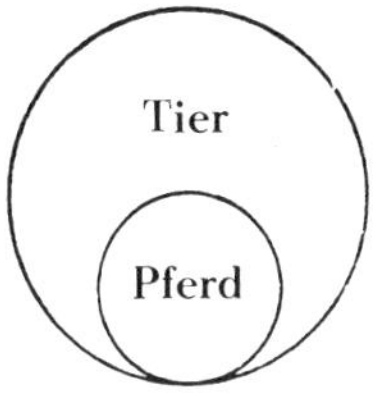

3) Eine Sphäre schließt zwei oder mehrere ein, die sich ausschließen und zugleich die Sphäre füllen:

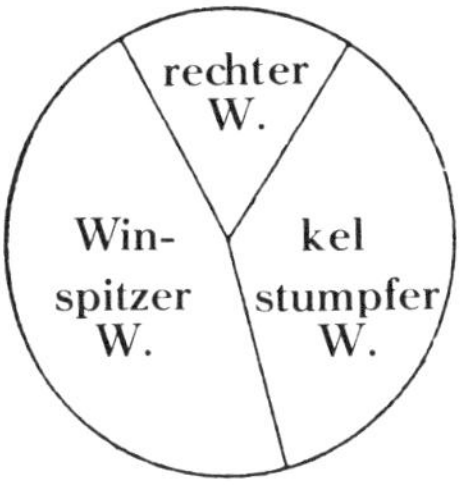

4) Zwei Sphären schließen jede einen Teil der andern ein:

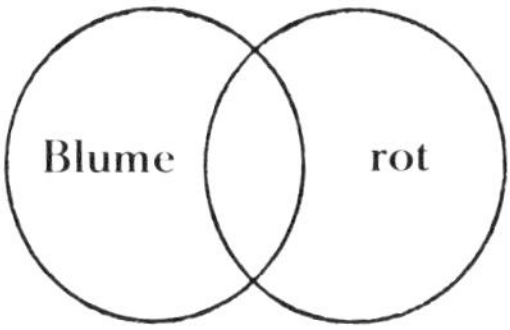

5) Zwei Sphären liegen in einer dritten, die sie jedoch nicht füllen:

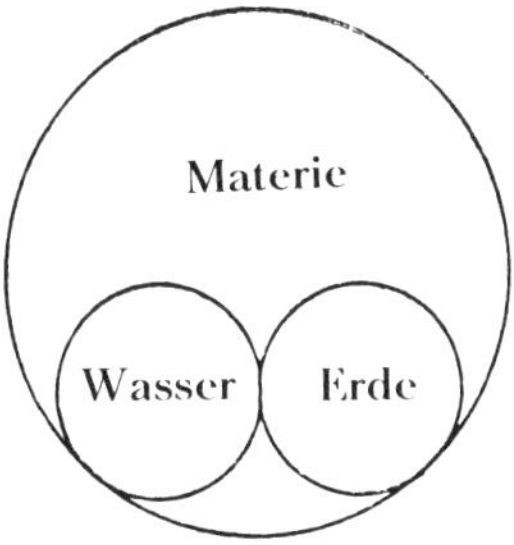

Dieser letztere Fall gilt von allen Begriffen, deren Sphären nicht unmittelbare Gemeinschaft haben, da immer ein dritter, wenngleich oft sehr weiter, beide einschließen wird.

Auf diese Fälle möchten alle Verbindungen von Begriffen zurückzuführen sein, und die ganze Lehre von den Urteilen, deren Konversion, Kontraposition, Reziprokation, Disjunktion (diese nach der dritten Figur) läßt sich daraus ableiten: eben so auch die Eigenschaften der Urteile, auf welche Kant die vorgeblichen Kategorien des Verstandes gründete, jedoch mit Ausnahme der hypothetischen Form, welche nicht mehr eine Verbindung von bloßen Begriffen, sondern von Urteilen ist; sodann mit Ausnahme der Modalität, über welche, wie über jede Eigenschaft von Urteilen, die den Kategorien zum Grunde gelegt ist, der Anhang ausführlich Rechenschaft gibt. Über die angegebenen möglichen Begriffsverbindungen ist nur noch zu bemerken, daß sie auch unter einander mannigfaltig verbunden werden können, z.B. die vierte Figur mit der zweiten. Nur wenn eine Sphäre, die eine andere ganz oder zum Teil enthält, wieder von einer dritten ganz oder zum Teil eingeschlossen wird, stellen diese zusammen den Schluß in der ersten Figur dar, d.h. diejenige Verbindung von Urteilen, durch welche erkannt wird, daß ein Begriff, der in einem andern ganz oder zum Teil enthalten ist, es auch eben so in einem dritten ist, der wieder diesen enthält: oder auch das Umgekehrte davon, die Negation; deren bildliche Darstellung natürlich nur darin bestehn kann, daß zwei verbundene Sphären nicht in einer dritten liegen. Umschließen sich viele Sphären auf diese Weise, so entstehn lange Ketten von Schlüssen. – Diesen Schematismus der Begriffe, der schon in mehreren Lehrbüchern ziemlich gut ausgeführt ist, kann man der Lehre von den Urteilen, wie auch der ganzen Syllogistik zum Grunde legen, wodurch der Vortrag beider sehr leicht und einfach wird. Denn alle Regeln derselben lassen sich daraus ihrem Ursprung nach einsehn, ableiten und erklären. Diese aber dem Gedächtnis aufzuladen, ist nicht notwendig, da die Logik nie von praktischem Nutzen, sondern nur von theoretischem Interesse für die Philosophie sein kann. Denn obwohl sich sagen ließe, daß die Logik zum vernünftigen Denken sich verhält wie der Generalbaß zur Musik, und auch, wenn wir es weniger genau nehmen, wie die Ethik zur Tugend, oder die Ästhetik zur Kunst; so ist dagegen zu bedenken, daß noch kein Künstler es durch Studium der Ästhetik geworden ist, noch ein edler Charakter durch Studium der Ethik, daß lange vor Rameau richtig und schön komponiert wurde, und auch, daß man nicht den Generalbaß inne zu haben braucht, um Disharmonien zu bemerken: eben so wenig braucht man Logik zu wissen, um sich durch Trugschlüsse nicht täuschen zu lassen. Jedoch muß eingeräumt werden, daß, wenn auch nicht für die Beurteilung, dennoch für die Ausübung der musikalischen Komposition der Generalbaß von großem Nutzen ist: sogar auch mögen, wenngleich in viel geringerm Grade, Ästhetik und selbst Ethik für die Ausübung einigen, wiewohl hauptsächlich negativen Nutzen haben, also auch ihnen nicht aller praktische Wert abzusprechen sein: aber von der Logik läßt sich nicht einmal so viel rühmen. Sie ist nämlich bloß das Wissen in abstracto dessen, was jeder in concreto weiß. Daher, so wenig als man sie braucht, einem falschen Räsonnement nicht beizustimmen, so wenig ruft man ihre Regeln zu Hülfe, um ein richtiges zu machen, und selbst der gelehrteste Logiker setzt sie bei seinem wirklichen Denken ganz bei Seite. Dies erklärt sich aus folgendem. Jede Wissenschaft besteht aus einem System allgemeiner, folglich abstrakter Wahrheiten, Gesetze und Regeln, in Bezug auf irgend eine Art von Gegenständen. Der unter diesen nachher vorkommende einzelne Fall wird nun jedesmal nach jenem allgemeinen Wissen, welches ein für allemal gilt, bestimmt; weil solche Anwendung des Allgemeinen unendlich leichter ist, als den vorkommenden einzelnen Fall für sich von vorne an zu untersuchen; indem allezeit die einmal erlangte allgemeine abstrakte Erkenntnis uns näher zur Hand liegt, als die empirische Untersuchung des Einzelnen. Mit der Logik aber ist es gerade umgekehrt. Sie ist das allgemeine, durch Selbstbeobachtung der Vernunft und Abstraktion von allem Inhalt erkannte und in der Form von Regeln ausgedrückte Wissen von der Verfahrungsweise der Vernunft. Dieser aber ist jene Verfahrungsweise notwendig und wesentlich: sie wird also in keinem Fall davon abweichen, sobald sie sich selbst überlassen ist. Es ist daher leichter und sicherer, sie in jedem besondern Fall ihrem Wesen gemäß verfahren zu lassen, als ihr das aus diesem Verfahren erst abstrahierte Wissen davon, in Gestalt eines fremden von außen gegebenen Gesetzes, vorzuhalten. Es ist leichter: weil, wenngleich bei allen andern Wissenschaften die allgemeine Regel uns näher liegt, als die Untersuchung des einzelnen Falles allein und durch sich selbst; umgekehrt, beim Gebrauch der Vernunft, das im gegebenen Fall nötige Verfahren derselben uns immer näher liegt, als die daraus abstrahierte allgemeine Regel, da das Denkende in uns ja selbst jene Vernunft ist. Es ist sicherer: weil viel leichter ein Irrtum in solchem abstrakten Wissen, oder dessen Anwendung, vorfallen kann, als ein Verfahren der Vernunft eintreten, das ihrem Wesen, ihrer Natur, zuwiderliefe. Daher kommt das Sonderbare, daß, wenn man in andern Wissenschaften die Wahrheit des einzelnen Falles an der Regel prüft, in der Logik umgekehrt die Regel immer am einzelnen Fall geprüft werden muß: und auch der geübteste Logiker wird, wenn er bemerkt, daß er in einem einzelnen Fall anders schließt als eine Regel aussagt, immer eher einen Fehler in der Regel suchen, als in dem von ihm wirklich gemachten Schluß. Praktischen Gebrauch von der Logik machen wollen, hieße also das, was uns im einzelnen unmittelbar mit der größten Sicherheit bewußt ist, erst mit unsäglicher Mühe aus allgemeinen Regeln ableiten wollen: es wäre gerade so, wie wenn man bei seinen Bewegungen erst die Mechanik, und bei der Verdauung die Physiologie zu Rate ziehn wollte: und wer die Logik zu praktischen Zwecken erlernt, gleicht dem, der einen Biber zu seinem Bau abrichten will. – Obgleich also ohne praktischen Nutzen, muß nichtsdestoweniger, die Logik beibehalten werden, weil sie philosophisches Interesse hat, als spezielle Kenntnis der Organisation und Aktion der Vernunft. Als abgeschlossene, für sich bestehende, in sich vollendete, abgerundete und vollkommen sichere Disziplin ist sie berechtigt, für sich allein und unabhängig von allem andern wissenschaftlich abgehandelt und eben so auf Universitäten gelehrt zu werden: aber ihren eigentlichen Wert erhält sie erst im Zusammenhang der gesamten Philosophie, bei Betrachtung des Erkennens, und zwar des vernünftigen oder abstrakten Erkennens. Demgemäß sollte ihr Vortrag nicht so sehr die Form einer auf das Praktische gerichteten Wissenschaft haben, nicht bloß nackt hingestellte Regeln zum richtigen Umkehren der Urteile, Schließen usw. enthalten; sondern mehr darauf gerichtet sein, daß das Wesen der Vernunft und des Begriffs erkannt und der Satz vom Grunde des Erkennens ausführlich betrachtet werde: denn eine bloße Paraphrase desselben ist die Logik, und zwar eigentlich nur für den Fall, wo der Grund, welcher den Urteilen Wahrheit gibt, nicht empirisch oder metaphysisch, sondern logisch oder metalogisch ist. Neben dem Satz vom Grunde des Erkennens sind daher die übrigen drei ihm so nah verwandten Grundgesetze des Denkens, oder Urteile von metalogischer Wahrheit, aufzuführen; woraus denn nach und nach die ganze Technik der Vernunft erwächst. Das Wesen des eigentlichen Denkens, d.h. des Urteilens und Schließens, ist aus der Verbindung der Begriffssphären, gemäß dem räumlichen Schema, auf die oben angedeutete Weise darzustellen und aus diesem alle Regeln des Urteilens und Schließens durch Konstruktion abzuleiten. Der einzige praktische Gebrauch, den man von der Logik machen kann, ist, daß man, beim Disputieren, dem Gegner, nicht sowohl seine wirklichen Fehlschlüsse, als seine absichtlichen Trugschlüsse nachweist, indem man sie bei ihrem technischen Namen nennt. Durch solche Zurückdrängung der praktischen Richtung und Hervorhebung des Zusammenhanges der Logik mit der gesamten Philosophie, als ein Kapitel derselben, sollte ihre Kenntnis dennoch nicht seltener werden, als sie jetzt ist: denn heutzutage muß jeder, welcher nicht in der Hauptsache roh bleiben und der unwissenden, in Dumpfheit befangenen Menge beigezählt werden will, spekulative Philosphie studiert haben: und dies deswegen, weil dieses neunzehnte Jahrhundert ein philosophisches ist; womit nicht sowohl gesagt sein soll, daß es Philosophie besitze, oder Philosophie in ihm herrschend sei, als vielmehr, daß es zur Philosophie reif und eben deshalb ihrer durchaus bedürftig ist: dieses ist ein Zeichen hoch getriebener Bildung, sogar ein fester Punkt auf der Skala der Kultur der Zeiten*.

So wenig praktischen Nutzen die Logik haben kann, so ist dennoch wohl nicht zu leugnen, daß sie zum praktischen Behuf er-

* Hiezu Kap. 9 u. 10 des zweiten Bandes.

funden worden. Ihre Entstehung erkläre ich mir auf folgende Weise. Als unter den Eleatikern, Megarikern und Sophisten die Lust am Disputieren sich immer mehr entwickelt hatte und allmählich fast zur Sucht gestiegen war, mußte die Verwirrung, in welche fast jede Disputation geriet, ihnen bald die Notwendigkeit eines methodischen Verfahrens fühlbar machen, als Anleitung zu welchem eine wissenschaftliche Dialektik zu suchen war. Das erste, was bemerkt werden mußte, war, daß beide streitende Parteien allemal über irgend einen Satz einig sein mußten, auf welchen die strittigen Punkte zurückzuführen waren, im Disputieren. Der Anfang des methodischen Verfahrens bestand darin, daß man diese gemeinschaftlich anerkannten Sätze förmlich als solche aussprach und an die Spitze der Untersuchung stellte. Diese Sätze aber betrafen anfangs nur das Materiale der Untersuchung. Man wurde bald inne, daß auch in der Art und Weise, wie man auf die gemeinschaftlich anerkannte Wahrheit zurückging und seine Behauptungen aus ihr abzuleiten suchte, gewisse Formen und Gesetze befolgt wurden, über welche man, obgleich ohne vorhergegangene Übereinkunft, sich dennoch nie veruneinigte, woraus man sah, daß sie der eigentümliche, in ihrem Wesen liegende Gang der Vernunft selbst sein mußten, das Formale der Untersuchung. Obgleich nun dieses nicht dem Zweifel und der Uneinigkeit ausgesetzt war, so geriet doch irgendein bis zur Pedanterie systematischer Kopf auf den Gedanken, daß es recht schön aussehn und die Vollendung der methodischen Dialektik sein würde, wenn auch dieses Formelle alles Disputierens, dieses immer gesetzmäßige Verfahren der Vernunft selbst, ebenfalls in abstrakten Sätzen ausgesprochen würde, welche man eben wie jene das Materiale der Untersuchung betreffenden gemeinschaftlich anerkannten Sätze, an die Spitze der Untersuchung stellte, als den festen Kanon des Disputierens selbst, auf welchen man stets zurückzusehn und sich darauf zu berufen hätte. Indem man auf diese Weise das, was man bisher wie durch stillschweigende Übereinkunft befolgt, oder wie instinktmäßig ausgeübt hatte, nunmehr mit Bewußtsein als Gesetz anerkennen und förmlich aussprechen wollte, fand man allmählich mehr oder minder vollkommene Ausdrücke für logische Grundsätze, wie den Satz vom

Widerspruch, vom zureichenden Grunde, vom ausgeschlossenen Dritten, das dictum de omni et nullo, sodann die speziellern Regeln der Syllogistik, wie z.B. ex meris particularibus aut negativis nihil sequitur, a rationato ad rationem non valet consequentia usw. Daß man hiemit aber nur langsam und sehr mühsam zustande kam und vor dem Aristoteles alles sehr unvollkommen blieb, sehn wir teils aus der unbeholfenen und weitschweifigen Art, mit der in manchen Platonischen Gesprächen logische Wahrheiten ans Licht gebracht werden, noch besser aber aus dem, was uns Sextus Empirikus von den Streitigkeiten der Megariker über die leichtesten und einfachsten logischen Gesetze und die mühsame Art, wie sie solche zur Deutlichkeit brachten, berichtet (Sext. Emp. adv. Math. L. 8. p. 112 seqq.). Aristoteles aber sammelte, ordnete, berichtigte das Vorgefundene und brachte es zu einer ungleich höhern Vollkommenheit. Wenn man auf diese Weise beachtet, wie der Gang der Griechischen Kultur die Arbeit des Aristoteles vorbereitet und herbeigeführt hatte, wird man wenig geneigt sein, der Angabe persischer Schriftsteller Glauben zu schenken, welche uns *Jones*, sehr für dieselbe eingenommen, mitteilt, daß nämlich Kallisthenes bei den Indern eine fertige Logik vorgefunden und sie seinem Oheim Aristoteles übersandt habe (Asiatic researches, Bd. 4, S. 163). – Daß im traurigen Mittelalter dem disputiersüchtigen, beim Mangel aller Realkenntnis, an Formeln und Worten allein zehrenden Geiste der Scholastiker die Aristotelische Logik höchst willkommen sein mußte, selbst in ihrer arabischen Verstümmelung begierig ergriffen und bald zum Mittelpunkt alles Wissens erhoben wurde, läßt sich leicht begreifen. Von ihrem Ansehn zwar seitdem gesunken, hat sie sich dennoch bis auf unsere Zeit im Kredit einer für sich bestehenden, praktischen und höchst nötigen Wissenschaft erhalten: sogar hat in unsern Tagen die Kantische Philosophie, die ihren Grundstein eigentlich aus der Logik nahm, wieder ein neues Interesse für sie rege gemacht, welches sie in dieser Hinsicht, d.h. als Mittel zur Erkenntnis des Wesens der Vernunft, auch allerdings verdient.

Wie die richtigen strengen Schlüsse dadurch zustande kommen, daß man das Verhältnis der Begriffssphären genau betrachtet, und nur wenn eine Sphäre ganz in einer andern und diese wieder ganz in einer dritten enthalten ist, auch die erste für in der dritten ganz enthalten anerkennt; so beruht hingegen die *Überredungskunst* darauf, daß man die Verhältnisse der Begriffssphären nur einer oberflächlichen Betrachtung unterwirft und sie dann seinen Absichten gemäß einseitig bestimmt, hauptsächlich dadurch, daß, wenn die Sphäre eines betrachteten Begriffs nur zum Teil in einer andern liegt, zum Teil aber auch in einer ganz verschiedenen, man sie als ganz in der ersten liegend angibt, oder ganz in der zweiten, nach der Absicht des Redners. Z. B. wenn von Leidenschaft geredet wird, kann man diese beliebig unter den Begriff der größten Kraft, des mächtigsten Agens in der Welt subsumieren, oder unter den Begriff der Unvernunft, und diesen unter den der Ohnmacht, der Schwäche. Dasselbe Verfahren kann man nun fortsetzen und bei jedem Begriff, auf den die Rede führt, von neuem anwenden. Fast immer teilen sich in die Sphäre eines Begriffs mehrere andere, deren jede einen Teil des Gebiets des ersteren auf dem ihrigen enthält, selbst aber auch noch mehr außerdem umfaßt: von diesen letzteren Begriffssphären läßt man aber nur die eine beleuchtet werden, unter welche man den ersten Begriff subsumieren will, während man die übrigen unbeachtet liegen läßt, oder verdeckt hält. Auf diesem Kunstgriff beruhen eigentlich alle Überredungskünste, alle feineren Sophismen: denn die logischen, wie der mentiens, velatus, cornutus usw. sind für die wirkliche Anwendung offenbar zu plump. Da mir nicht bekannt ist, daß man bisher das Wesen aller Sophistikation und Überredung auf diesen letzten Grund ihrer Möglichkeit zurückgeführt und denselben in der eigentümlichen Beschaffenheit der Begriffe, d.i. in der Erkenntnisweise der Vernunft, nachgewiesen hat; so will ich, da mein Vortrag mich darauf geführt hat, die Sache, so leicht sie auch einzusehn ist, noch durch ein Schema auf der beifolgenden Tafel erläutern, welches zeigen soll, wie die Begriffssphären mannigfaltig ineinander greifen und dadurch der Willkür Spielraum geben, von jedem Begriff auf diesen oder jenen andern überzugehn. Nur wünsche ich nicht, daß man durch die Tafel verleitet werde, dieser kleinen beiläufigen Erörterung mehr Wichtigkeit beizulegen, als sie ihrer Natur noch haben kann. Ich habe zum erläuternden Beispiel den Begriff des *Reisens* gewählt.

Seine Sphäre greift in das Gebiet von vier andern, auf jeden von welchen der Überredner beliebig übergehn kann: diese greifen wieder in andere Sphären, manche davon zugleich in zwei und mehrere, durch welche der Überredner nach Willkür seinen Weg nimmt, immer als wäre es der einzige, und dann zuletzt, je nachdem seine Absicht war, bei Gut oder Übel anlangt. Nur muß man, bei Verfolgung der Sphären, immer die Richtung vom Centro (dem gegebenen Hauptbegriff) zur Peripherie behalten, nicht aber rückwärts gehn. Die Einkleidung einer solchen Sophistikation kann die fortlaufende Rede, oder auch die strenge Schlußform sein, je nachdem die schwache Seite des Hörers es anrät. Im Grunde sind die meisten wissenschaftlichen, besonders philosophischen Beweisführungen nicht viel anders beschaffen: wie wäre es sonst auch möglich, daß so Vieles, zu verschiedenen Zeiten, nicht nur irrig angenommen (denn der Irrtum selbst hat einen andern Ursprung), sondern demonstriert und bewiesen, dennoch aber später grundfalsch befunden worden, z. B. Leibniz-Wolfische Philosophie, Ptolemäische Astronomie, Stahlsche Chemie, Newtonische Farbenlehre usw. usw.*.

§ 10

Durch dieses alles tritt uns immer mehr die Frage nah, wie denn *Gewißheit* zu erlangen, wie *Urteile zu begründen* seien, worin das *Wissen* und die Wissenschaft bestehe, welche wir, neben der Sprache und dem besonnenen Handeln, als den dritten großen durch die Vernunft gegebenen Vorzug rühmen.

Die Vernunft ist weiblicher Natur: sie kann nur geben, nachdem sie empfangen hat. Durch sich selbst allein hat sie nichts, als die gehaltlosen Formen ihres Operierens. Vollkommen reine Vernunfterkenntnis gibt es sogar keine andere, als die vier Sätze, welchen ich metalogische Wahrheit beigelegt habe, also die Sätze von der Identität, vom Widerspruch, vom ausgeschlossenen Dritten und vom zureichenden Erkenntnisgrunde. Denn selbst

* Hiezu Kap. 11 des zweiten Bandes.

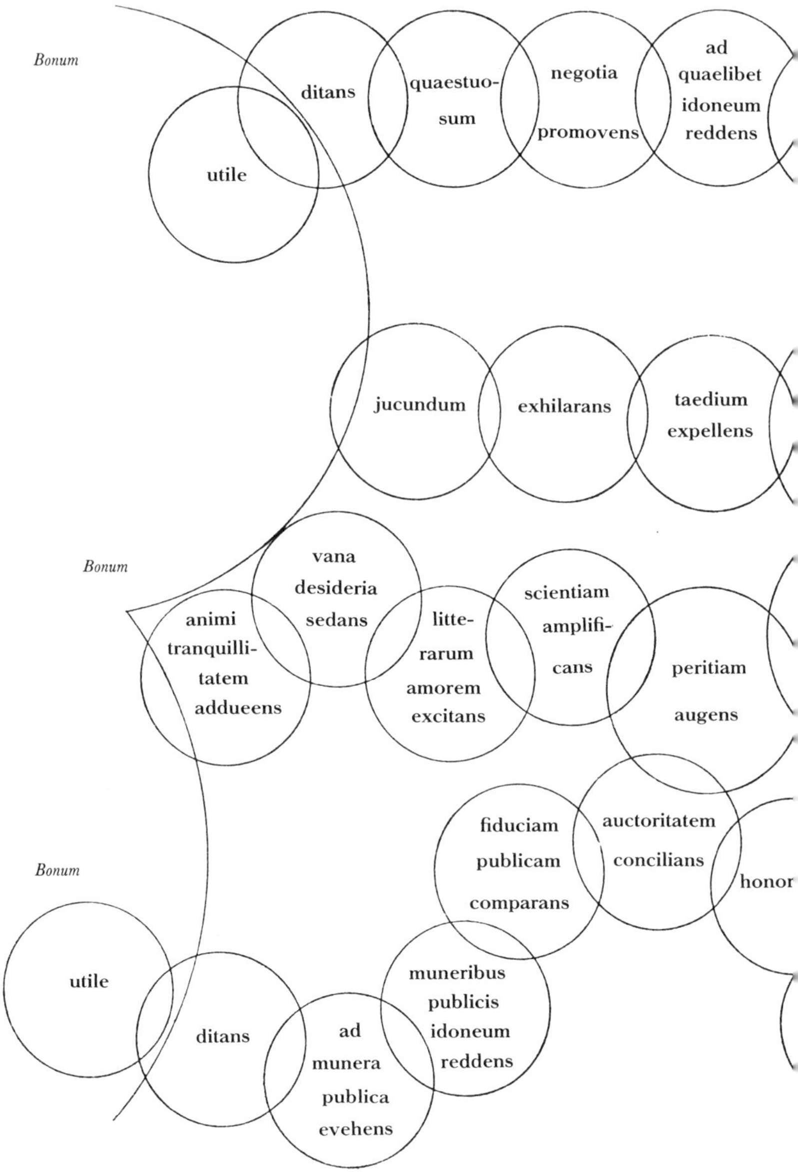

Bonum
utile
ditans
quaestuosum
negotia promovens
ad quaelibet idoneum reddens
jucundum
exhilarans
taedium expellens
Bonum
animi tranquillitatem addueens
vana desideria sedans
litterarum amorem excitans
scientiam amplificans
peritiam augens
fiduciam publicam comparans
auctoritatem concilians
honor
Bonum
utile
ditans
ad munera publica evehens
muneribus publicis idoneum reddens

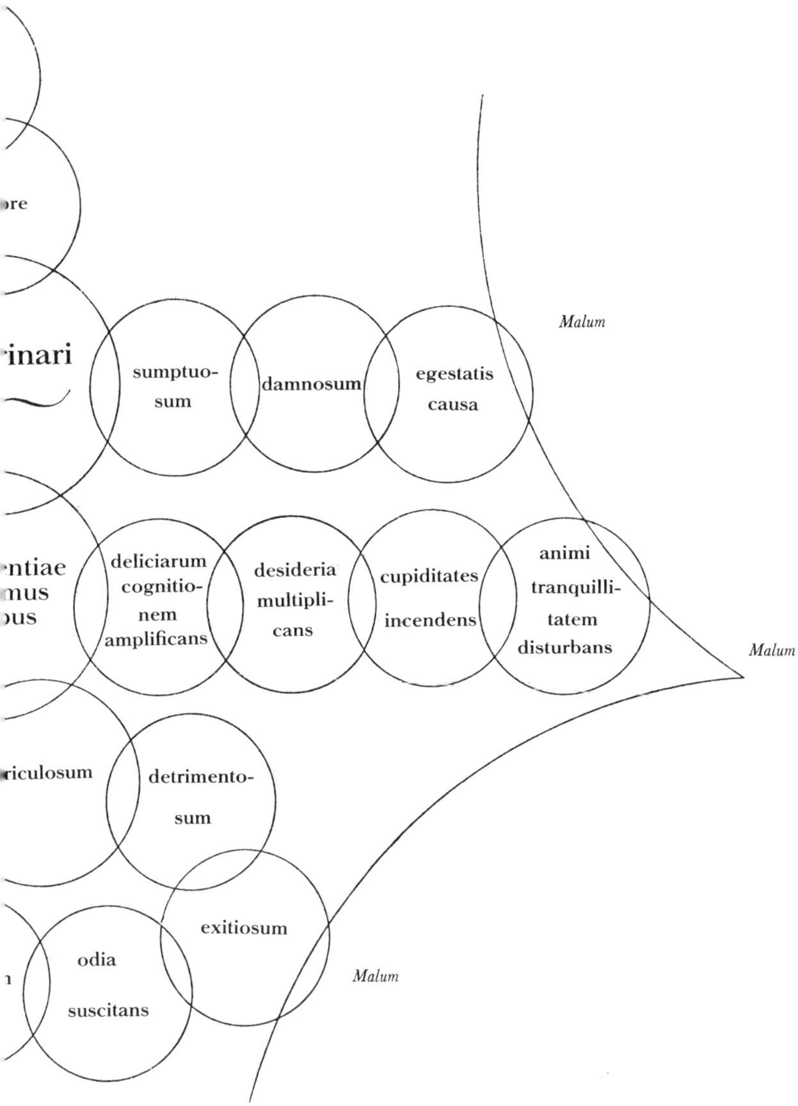
sumptuo-
sum
damnosum
egestatis
causa
Malum
deliciarum
cognitio-
nem
amplificans
desideria
multipli-
cans
cupiditates
incendens
animi
tranquilli-
tatem
disturbans
Malum
detrimento-
sum
exitiosum
odia
suscitans
Malum

das Übrige der Logik ist schon nicht mehr vollkommen reine Vernunfterkenntnis, weil es die Verhältnisse und Kombinationen der Sphären der Begriffe voraussetzt: aber Begriffe überhaupt sind erst da, nach vorhergegangenen anschaulichen Vorstellungen, die Beziehung auf welche ihr ganzes Wesen ausmacht, die sie folglich schon voraussetzen. Da indessen diese Voraussetzung sich nicht auf den bestimmten Gehalt der Begriffe, sondern nur allgemein auf ein Dasein derselben erstreckt; so kann die Logik doch, im ganzen genommen, für reine Vernunftwissenschaft gelten. In allen übrigen Wissenschaften hat die Vernunft den Gehalt aus den anschaulichen Vorstellungen erhalten: in der Mathematik aus den vor aller Erfahrung anschaulich bewußten Verhältnissen des Raumes und der Zeit; in der reinen Naturwissenschaft, d.h. in dem, was wir vor aller Erfahrung über den Lauf der Natur wissen, geht der Gehalt der Wissenschaft aus dem reinen Verstande hervor, d.h. aus der Erkenntnis a priori des Gesetzes der Kausalität und dessen Verbindung mit jenen reinen Anschauungen des Raumes und der Zeit. In allen andern Wissenschaften gehört alles, was nicht aus den eben genannten entlehnt ist, der Erfahrung an. *Wissen* überhaupt heißt: solche Urteile in der Gewalt seines Geistes zu willkürlicher Reproduktion haben, welche in irgend etwas außer ihnen ihren zureichenden Erkenntnisgrund haben, d.h. *wahr* sind. Die abstrakte Erkenntnis allein ist also ein Wissen; dieses ist daher durch die Vernunft bedingt, und von den Tieren können wir, genau genommen, nicht sagen, daß sie irgend etwas *wissen*, wiewohl sie die anschauliche Erkenntnis, für diese auch Erinnerung und eben deshalb Phantasie haben, welche überdies ihr Träumen beweist. Bewußtsein legen wir ihnen bei, dessen Begriff folglich, obgleich das Wort von Wissen genommen ist, mit dem des Vorstellens überhaupt, von welcher Art es auch sei, zusammenfällt. Daher auch legen wir der Pflanze zwar Leben, aber kein Bewußtsein bei. – *Wissen* also ist das abstrakte Bewußtsein, das Fixierthaben in Begriffen der Vernunft, des auf andere Weise überhaupt Erkannten.

§ 11

In dieser Hinsicht ist nun der eigentliche Gegensatz des *Wissens* das *Gefühl*, dessen Erörterung wir deshalb hier einschalten müssen. Der Begriff, den das Wort *Gefühl* bezeichnet, hat durchaus nur einen *negativen* Inhalt, nämlich diesen, daß etwas, das im Bewußtsein gegenwärtig ist, *nicht Begriff, nicht abstrakte Erkenntnis der Vernunft* sei: übrigens mag es sein, was es will, es gehört unter den Begriff *Gefühl*, dessen unmäßig weite Sphäre daher die heterogensten Dinge begreift, von denen man nimmer einsieht, wie sie zusammenkommen, so lange man nicht erkannt hat, daß sie allein in dieser negativen Rücksicht, *nicht abstrakte Begriffe* zu sein, übereinstimmen. Denn die verschiedensten, ja feindlichsten Elemente liegen ruhig neben einander in jenem Begriff, z. B. religiöses Gefühl, Gefühl der Wollust, moralisches Gefühl, körperliches Gefühl als Getast, als Schmerz, als Gefühl für Farben, für Töne und deren Harmonien und Disharmonien, Gefühl des Hasses, Abscheues, der Selbstzufriedenheit, der Ehre, der Schande, des Rechts, des Unrechts, Gefühl der Wahrheit, ästhetisches Gefühl, Gefühl von Kraft, Schwäche, Gesundheit, Freundschaft, Liebe usw. usw. Durchaus keine Gemeinschaft ist zwischen ihnen, als die negative, daß sie keine abstrakte Vernunfterkenntnis sind; aber dieses wird am auffallendsten, wenn sogar die anschauliche Erkenntnis a priori der räumlichen Verhältnisse, und vollends die des reinen Verstandes unter jenen Begriff gebracht wird, und überhaupt von jeder Erkenntnis, jeder Wahrheit, deren man sich nur erst intuitiv bewußt ist, sie aber noch nicht in abstrakte Begriffe abgesetzt hat, gesagt wird, daß man sie *fühle*. Hievon will ich, zur Erläuterung, einige Beispiele aus neuern Büchern beibringen, weil sie frappante Belege meiner Erklärung sind. Ich erinnere mich, in der Einleitung einer Verdeutschung des Eukleides gelesen zu haben, man solle die Anfänger in der Geometrie die Figuren erst alle zeichnen lassen, ehe man zum Demonstrieren schreite, weil sie alsdann die geometrische Wahrheit schon vorher *fühlten*, ehe ihnen die Demonstration die vollendete Erkenntnis beibrächte. – Eben so wird in der »Kritik der Sittenlehre« von F. Schleiermacher geredet vom logischen und mathematischen Gefühl (S. 339), auch vom Gefühl der Gleichheit oder Verschiedenheit zweier Formeln (S. 342); ferner in Tennemanns »Geschichte der Philosophie«, Bd. 1, S. 361, heißt es: »Man *fühlte*, daß die Trugschlüsse nicht richtig waren, konnte aber doch den Fehler nicht entdekken.« – So lange man nun diesen Begriff *Gefühl* nicht aus dem rechten Gesichtspunkte betrachtet und nicht jenes eine negative Merkmal, welches allein ihm wesentlich ist, erkennt, muß derselbe, wegen der übermäßigen Weite seiner Sphäre und seines bloß negativen, ganz einseitig bestimmten und sehr geringen Gehaltes, beständig Anlaß zu Mißverständnissen und Streitigkeiten geben. Da wir im Deutschen noch das ziemlich gleichbedeutende Wort *Empfindung* haben, so würde es dienlich sein, dieses für die körperlichen Gefühle, als eine Unterart, in Beschlag zu nehmen. Der Ursprung jenes gegen alle andern disproportionierten Begriffs Gefühl ist aber ohne Zweifel folgender. Alle Begriffe, und nur Begriffe sind es welche Worte bezeichnen, sind nur für die Vernunft da, gehn von ihr aus: man steht mit ihnen also schon auf einem einseitigen Standpunkt. Aber von einem solchen aus erscheint das Nähere deutlich und wird als positiv gesetzt; das Fernere fließt zusammen und wird bald nur noch negativ berücksichtigt: so nennt jede Nation alle andern Fremde, der Grieche alle andern Barbaren, der Engländer alles, was nicht England oder englisch ist, continent und continental, der Gläubige alle andern Ketzer, oder Heiden, der Adel alle andern roturiers, der Student alle andern Philister u. dgl. m. Dieselbe Einseitigkeit, man kann sagen dieselbe rohe Unwissenheit aus Stolz, läßt sich, so sonderbar es auch klingt, die Vernunft selbst zu Schulden kommen, indem sie unter den *einen* Begriff *Gefühl* jede Modifikation des Bewußtseins befaßt, die nur nicht unmittelbar zu *ihrer* Vorstellungsweise gehört, d. h. *nicht abstrakter Begriff* ist. Sie hat dieses bisher, weil ihr eigenes Verfahren ihr nicht durch gründliche Selbstkenntnis deutlich geworden war, büßen müssen durch Mißverständnisse und Verirrungen auf ihrem eigenen Gebiet, da man sogar ein besonderes Gefühlsvermögen aufgestellt hat und nun Theorien desselben konstruiert.

§ 12

Wissen, als dessen kontradiktorisches Gegenteil ich soeben den Begriff Gefühl erörtert habe, ist, wie gesagt, jede abstrakte Erkenntnis, d.h. Vernunfterkenntnis. Da nun aber die Vernunft immer nur das anderweitig Empfangene wieder vor die Erkenntnis bringt, so erweitert sie nicht eigentlich unser Erkennen, sondern gibt ihm bloß eine andere Form. Nämlich was intuitiv, was in concreto erkannt wurde, läßt sie abstrakt und allgemein erkennen. Dies ist aber ungleich wichtiger, als es, so ausgedrückt, dem ersten Blicke scheint. Denn alles sichere Aufbewahren, alle Mitteilbarkeit und alle sichere und weitreichende Anwendung der Erkenntnis auf das Praktische hängt davon ab, daß sie ein Wissen, eine abstrakte Erkenntnis geworden sei. Die intuitive Erkenntnis gilt immer nur vom einzelnen Fall, geht nur auf das Nächste, und bleibt bei diesem stehn, weil Sinnlichkeit und Verstand eigentlich nur *ein* Objekt zur Zeit auffassen können. Jede anhaltende, zusammengesetzte, planmäßige Tätigkeit muß daher von Grundsätzen, also von einem abstrakten Wissen ausgehn und danach geleitet werden. So ist z.B. die Erkenntnis, welche der Verstand vom Verhältnis der Ursache und Wirkung hat, zwar an sich viel vollkommener, tiefer und erschöpfender, als was davon in abstracto sich denken läßt: der Verstand allein erkennt anschaulich unmittelbar und vollkommen die Art des Wirkens eines Hebels, Flaschenzuges, Kammrades, das Ruhen eines Gewölbes in sich selbst usw. Aber wegen der eben berührten Eigenschaft der intuitiven Erkenntnis, nur auf das unmittelbare Gegenwärtige zu gehn, reicht der bloße Verstand nicht hin zur Konstruktion von Maschinen und Gebäuden: vielmehr muß hier die Vernunft eintreten, an die Stelle der Anschauungen abstrakte Begriffe setzen, solche zur Richtschnur des Wirkens nehmen, und waren sie richtig, so wird der Erfolg eintreffen. Ebenso erkennen wir in reiner Anschauung vollkommen das Wesen und die Gesetzmäßigkeit einer Parabel, Hyperbel, Spirale; aber um von dieser Erkenntnis sichere Anwendung in der Wirklichkeit zu machen, mußte sie zuvor zum abstrakten Wissen geworden sein, wobei sie freilich die Anschaulichkeit einbüßt, aber dafür die Sicherheit und Bestimmtheit des abstrakten Wissens gewinnt. Also erweitert alle Differentialrechnung eigentlich gar nicht unsere Erkenntnis von den Kurven, enthält nichts mehr, als was schon die bloße reine Anschauung derselben; aber sie ändert die Art der Erkenntnis, verwandelt die intuitive in eine abstrakte, welches für die Anwendung so höchst folgenreich ist. Hier kommt nun aber noch eine Eigentümlichkeit unsers Erkenntnisvermögens zur Sprache, welche man bisher wohl nicht bemerken konnte, solange der Unterschied zwischen anschaulicher und abstrakter Erkenntnis nicht vollkommen deutlich gemacht war. Es ist diese, daß die Verhältnisse des Raums nicht unmittelbar und als solche in die abstrakte Erkenntnis übertragen werden können, sondern hiezu allein die zeitlichen Größen, d.h. die Zahlen geeignet sind. Die Zahlen allein können in ihnen genau entsprechenden abstrakten Begriffen ausgedrückt werden, nicht die räumlichen Größen. Der Begriff Tausend ist vom Begriff Zehn genau so verschieden, wie beide zeitliche Größen es in der Anschauung sind: wir denken bei Tausend ein bestimmt vielfaches von Zehn, in welches wir jenes für die Anschauung in der Zeit beliebig auflösen können, d.h. es zählen können. Aber zwischen dem abstrakten Begriff einer Meile und dem eines Fußes, ohne alle anschauliche Vorstellung von beiden und ohne Hülfe der Zahl ist gar kein genauer und jenen Größen selbst entsprechender Unterschied. In beiden wird überhaupt nur eine räumliche Größe gedacht, und sollen beide hinlänglich unterschieden werden, so muß durchaus entweder die räumliche Anschauung zu Hülfe genommen, also schon das Gebiet der abstrakten Erkenntnis verlassen werden, oder man muß den Unterschied in *Zahlen* denken. Will man also von den räumlichen Verhältnissen abstrakte Erkenntnis haben, so müssen sie erst in zeitliche Verhältnisse, d.h. in Zahlen, übertragen werden: deswegen ist nur die Arithmetik, nicht die Geometrie, allgemeine Größenlehre, und die Geometrie muß in Arithmetik übersetzt werden, wenn sie Mitteilbarkeit, genaue Bestimmtheit und Anwendbarkeit auf das Praktische haben soll. Zwar läßt sich ein räumliches Verhältnis als solches auch in abstracto denken, z.B. »der Sinus wächst nach Maßgabe des Winkels«; aber wenn die Größe dieses Verhältnisses angegeben werden soll, bedarf es der

Zahl. Diese Notwendigkeit, daß der Raum, mit seinen drei Dimensionen, in die Zeit, welche nur eine Dimension hat, übersetzt werden muß, wenn man eine abstrakte Erkenntnis (d.h. ein *Wissen*, kein bloßes Anschauen) seiner Verhältnisse haben will, diese Notwendigkeit ist es, welche die Mathematik so schwierig macht. Dies wird sehr deutlich, wenn wir die Anschauung der Kurven vergleichen mit der analytischen Berechnung derselben, oder auch nur die Tafeln der Logarithmen der trigonometrischen Funktionen mit der Anschauung der wechselnden Verhältnisse der Teile des Dreiecks, welche durch jene ausgedrückt werden: was hier die Anschauung in einem Blick, vollkommen und mit äußerster Genauigkeit auffaßt, nämlich wie der Kosinus abnimmt, indem der Sinus wächst, wie der Kosinus des einen Winkels der Sinus des andern ist, das umgekehrte Verhältnis der Ab- und Zunahme beider Winkel usw., welches ungeheuern Gewebes von Zahlen, welcher mühseligen Rechnung bedurfte es nicht, um dieses in abstracto auszudrücken: wie muß nicht, kann man sagen, die Zeit mit ihrer *einen* Dimension sich quälen, um die drei Dimensionen des Raumes wiederzugeben! Aber dies war notwendig, wenn wir, zum Behuf der Anwendung, die Verhältnisse des Raumes in abstrakte Begriffe niedergelegt besitzen wollten: unmittelbar konnten jene nicht in diese eingehn, sondern nur durch Vermittelung der rein zeitlichen Größe, der Zahl, als welche allein der abstrakten Erkenntnis sich unmittelbar anfügt. Noch ist bemerkenswert, daß, wie der Raum sich so sehr für die Anschauung eignet und, mittelst seiner drei Dimensionen, selbst komplizierte Verhältnisse leicht übersehn läßt, dagegen der abstrakten Erkenntnis sich entzieht; umgekehrt die Zeit zwar leicht in die abstrakten Begriffe eingeht, dagegen aber der Anschauung sehr wenig gibt: unsere Anschauung der Zahlen in ihrem eigentümlichen Element, der bloßen Zeit, ohne Hinzuziehung des Raumes, geht kaum bis Zehn; darüber hinaus haben wir nur noch abstrakte Begriffe, nicht mehr anschauliche Erkenntnis der Zahlen: hingegen verbinden wir mit jedem Zahlwort und allen algebraischen Zeichen genau bestimmte abstrakte Begriffe.

Nebenbei ist hier zu bemerken, daß manche Geister nur im anschaulich Erkannten völlige Befriedigung finden. Grund und

Folge des Seins im Raum anschaulich dargelegt, ist es, was sie suchen: ein Eukleidischer Beweis, oder eine arithmetische Auflösung räumlicher Probleme, spricht sie nicht an. Andere Geister hingegen verlangen die zur Anwendung und Mitteilung allein brauchbaren abstrakten Begriffe: sie haben Geduld und Gedächtnis für abstrakte Sätze, Formeln, Beweisführungen in langen Schlußketten, und Rechnungen, deren Zeichen die kompliziertesten Abstraktionen vertreten. Diese suchen Bestimmtheit: jene Anschaulichkeit. Der Unterschied ist charakteristisch.

Das Wissen, die abstrakte Erkenntnis, hat ihren größten Wert in der Mitteilbarkeit und in der Möglichkeit, fixiert aufbehalten zu werden: erst hiedurch wird sie für das Praktische so unschätzbar wichtig. Einer kann vom kausalen Zusammenhange der Veränderungen und Bewegungen natürlicher Körper eine unmittelbare, anschauliche Erkenntnis im bloßen Verstande haben und in derselben völlige Befriedigung finden; aber zur Mitteilung wird sie erst geschickt, nachdem er sie in Begriffen fixiert hat. Selbst für das Praktische ist eine Erkenntnis der erstern Art hinreichend, sobald er auch die Ausführung ganz allein übernimmt, und zwar in einer, während noch die anschauliche Erkenntnis lebendig ist, ausführbaren Handlung; nicht aber, wenn er fremder Hülfe, oder auch nur eines zu verschiedenen Zeiten eintretenden eigenen Handelns und daher eines überlegten Planes bedarf. So kann z. B. ein geübter Billardspieler eine vollständige Kenntnis der Gesetze des Stoßes elastischer Körper aufeinander haben, bloß im Verstande, bloß für die unmittelbare Anschauung, und er reicht damit vollkommen aus: hingegen hat nur der wissenschaftliche Mechaniker ein eigentliches Wissen jener Gesetze, d.h. eine Erkenntnis in abstracto davon. Selbst zur Konstruktion von Maschinen reicht jene bloß intuitive Verstandeserkenntnis hin, wenn der Erfinder der Maschine sie auch allein ausführt, wie man oft an talentvollen Handwerkern ohne alle Wissenschaft sieht: hingegen sobald mehrere Menschen und eine zusammengesetzte, zu verschiedenen Zeitpunkten eintretende Tätigkeit derselben zur Ausführung einer mechanischen Operation, einer Maschine, eines Baues nötig sind, muß der, welcher sie leitet, den Plan in abstracto entworfen haben, und nur durch Beihülfe der Vernunft ist eine solche zusammenwirkende Tätigkeit möglich. Merkwürdig ist es aber, daß bei jener erstern Art von Tätigkeit, wo einer allein, in einer ununterbrochenen Handlung etwas ausführen soll, das Wissen, die Anwendung der Vernunft, die Reflexion ihm sogar oft hinderlich sein kann, z. B. eben beim Billardspielen, beim Fechten, beim Stimmen eines Instruments, beim Singen: hier muß die anschauliche Erkenntnis die Tätigkeit unmittelbar leiten: das Durchgehn durch die Reflexion macht sie unsicher, indem es die Aufmerksamkeit teilt und den Menschen verwirrt. Darum führen Wilde und rohe Menschen, die sehr wenig zu denken gewohnt sind, manche Leibesübungen, den Kampf mit Tieren, das Treffen mit dem Pfeil u. dgl. mit einer Sicherheit und Geschwindigkeit aus, die der reflektierende Europäer nie erreicht, eben weil seine Überlegung ihn schwanken und zaudern macht: denn er sucht z. B. die rechte Stelle, oder den rechten Zeitpunkt, aus dem gleichen Abstand von beiden falschen Extremen zu finden: der Naturmensch trifft sie unmittelbar, ohne auf die Abwege zu reflektieren. Ebenso hilft es mir nicht, wenn ich den Winkel, in welchem ich das Rasiermesser anzusetzen habe, nach Graden und Minuten in abstracto anzugeben weiß, wenn ich ihn nicht intuitiv kenne, d. h. im Griff habe. Auf gleiche Weise störend ist ferner die Anwendung der Vernunft bei dem Verständnis der Physiognomie: auch dieses muß unmittelbar durch den Verstand geschehn: der Ausdruck, die Bedeutung der Züge läßt sich nur *fühlen*, sagt man, d. h. eben geht nicht in die abstrakten Begriffe ein. Jeder Mensch hat seine unmittelbare intuitive Physiognomik und Pathognomik: doch erkennt einer deutlicher, als der andere, jene signatura rerum. Aber eine Physiognomik in abstracto zum Lehren und Lernen ist nicht zustande zu bringen; weil die Nuancen hier so fein sind, daß der Begriff nicht zu ihnen herab kann; daher das abstrakte Wissen sich zu ihnen verhält, wie ein musivisches Bild zu einem van der Werft oder Denner: wie, so fein auch die Musaik ist, die Grenzen der Steine doch stets bleiben und daher kein stetiger Übergang einer Tinte in die andere möglich ist; so sind auch die Begriffe, mit ihrer Starrheit und scharfen Begrenzung, so fein man sie auch durch nähere Bestimmung spalten möchte, stets unfähig, die feinen Modifikationen des Anschaulichen zu erreichen, auf welche es, bei der hier zum Beispiel genommenen Physiognomik, gerade ankommt*.

Diese nämliche Beschaffenheit der Begriffe, welche sie den Steinen des Musivbildes ähnlich macht, und vermöge welcher die Anschauung stets ihre Asymptote bleibt, ist auch der Grund, weshalb in der Kunst nichts Gutes durch sie geleistet wird. Will der Sänger, oder Virtuose, seinen Vortrag durch Reflexion leiten, so bleibt er tot. Dasselbe gilt vom Komponisten, vom Maler, ja vom Dichter: immer bleibt für die Kunst der Begriff unfruchtbar: bloß das Technische in ihr mag er leiten: sein Gebiet ist die Wissenschaft. Wir werden im dritten Buch näher untersuchen, weshalb alle echte Kunst aus der anschaulichen Erkenntnis hervorgeht, nie aus dem Begriff. – Sogar auch in Hinsicht auf das Betragen, auf die persönliche Annehmlichkeit im Umgange, taugt der Begriff nur negativ, um die groben Ausbrüche des Egoismus und der Bestialität zurückzuhalten, wie denn die Höflichkeit sein löbliches Werk ist; aber das Anziehende, Gratiose, Einnehmende des Betragens, das Liebevolle und Freundliche, darf nicht aus dem Begriff hervorgegangen sein: sonst

»fühlt man Absicht und man ist verstimmt.« –

Alle Verstellung ist Werk der Reflexion; aber auf die Dauer und unausgesetzt ist sie nicht haltbar: nemo potest personam diu ferre fictam, sagt Seneca, im Buche de clementia: auch wird sie dann meistens erkannt und verfehlt ihre Wirkung. Im hohen Lebensdrange, wo es schneller Entschlüsse, kecken Handelns, raschen und festen Ergreifens bedarf, ist zwar Vernunft nötig, kann aber, wenn sie die Oberhand gewinnt und das intuitive, unmittelbare,

* Ich bin dieserwegen der Meinung, daß die Physiognomik nicht weiter mit Sicherheit gehn kann, als zur Ausstellung einiger ganz allgemeiner Regeln, z. B. solcher: in Stirn und Auge ist das Intellektuale, im Munde und der untern Gesichtshälfte das Ethische, die Willensäußerungen, zu lesen; – Stirn und Auge erläutern sich gegenseitig, jedes von beiden, ohne das andere gesehn, ist nur halb verständlich; – Genie ist nie ohne hohe, breite, schön gewölbte Stirn; diese aber oft ohne jenes; – von einem geistreichen Aussehn ist auf Geist um so sicherer zu schließen, je häßlicher das Gesicht ist, und von einem dummen Aussehn auf Dummheit desto sicherer, je schöner das Gesicht ist; weil Schönheit, als Angemessenheit zu dem Typus der Menschheit, schon an und für sich auch den Ausdruck geistiger Klarheit trägt, Häßlichkeit sich entgegengesetzt verhält, usw.

rein verständige Ausfinden und zugleich Ergreifen des Rechten verwirrend hindert und Unentschlossenheit herbeiführt, leicht alles verderben.

Endlich geht auch Tugend und Heiligkeit nicht aus Reflexion hervor, sondern aus der innern Tiefe des Willens und deren Verhältnis zum Erkennen. Diese Erörterung gehört an eine ganze andere Stelle dieser Schrift: nur so viel mag ich hier bemerken, daß die auf das Ethische sich beziehenden Dogmen in der Vernunft ganzer Nationen dieselben sein können, aber das Handeln in jedem Individuo ein anderes, und so auch umgekehrt: das Handeln geschieht, wie man spricht, nach *Gefühlen:* d.h. eben nur nicht nach Begriffen, nämlich dem ethischen Gehalte nach. Die Dogmen beschäftigen die müßige Vernunft: das Handeln geht zuletzt unabhängig von ihnen seinen Gang, meistens nicht nach abstrakten, sondern nach unausgesprochenen Maximen, deren Ausdruck eben der ganze Mensch selbst ist. Daher, wie verschieden auch die religiosen Dogmen der Völker sind, so ist doch bei allen die gute Tat von unaussprechlicher Zufriedenheit, die böse von unendlichem Grausen begleitet: erstere erschüttert kein Spott: von letzterem befreit keine Absolution des Beichtvaters. Jedoch soll hiedurch nicht geleugnet werden, daß bei der Durchführung eines tugendhaften Wandels Anwendung der Vernunft nötig sei: nur ist sie nicht die Quelle desselben; sondern ihre Funktion ist eine untergeordnete, nämlich die Bewahrung gefaßter Entschlüsse, das Vorhalten der Maximen, zum Widerstand gegen die Schwäche des Augenblicks und zur Konsequenz des Handelns. Dasselbe leistet sie am Ende auch in der Kunst, wo sie doch ebenso in der Hauptsache nichts vermag, aber die Ausführung unterstützt, eben weil der Genius nicht in jeder Stunde zu Gebote steht, das Werk aber doch in allen Teilen vollendet und zu einem Ganzen geründet sein soll*.

* Hiezu Kap. 7 des zweiten Bandes.

§ 13

Alle diese Betrachtungen sowohl des Nutzens, als des Nachteils der Anwendung der Vernunft, sollen dienen deutlich zu machen, daß, obwohl das abstrakte Wissen der Reflex der anschaulichen Vorstellung und auf diese gegründet ist, es ihr doch keineswegs so kongruiert, daß es überall die Stelle derselben vertreten könnte: vielmehr entspricht es ihr nie ganz genau; daher, wie wir gesehn haben, zwar viele der menschlichen Verrichtungen nur durch Hülfe der Vernunft und des überlegten Verfahrens, jedoch einige besser ohne deren Anwendung zu Stande kommen. – Eben jene Inkongruenz der anschaulichen und der abstrakten Erkenntnis, vermöge welcher diese sich jener immer nur so annähert, wie die Musivarbeit der Malerei, ist nun auch der Grund eines sehr merkwürdigen Phänomens, welches, eben wie die Vernunft, der menschlichen Natur ausschließlich eigen ist, dessen bisher immer von neuem versuchte Erklärungen aber alle ungenügend sind: ich meine das *Lachen*. Wir können, dieses seines Ursprunges wegen, uns einer Erörterung desselben an dieser Stelle nicht entziehn, obwohl sie unsern Gang von neuem aufhält. Das *Lachen* entsteht jedesmal aus nichts anderm, als aus der plötzlich wahrgenommenen Inkongruenz zwischen einem Begriff und den realen Objekten, die durch ihn, in irgend einer Beziehung, gedacht worden waren, und es ist selbst eben nur der Ausdruck dieser Inkongruenz. Sie tritt oft dadurch hervor, daß zwei oder mehrere reale Objekte durch *einen* Begriff gedacht und seine Identität auf sie übertragen wird: darauf aber eine gänzliche Verschiedenheit derselben im übrigen es auffallend macht, daß der Begriff nur in einer einseitigen Rücksicht auf sie paßte. Ebenso oft jedoch ist es ein einziges reales Objekt, dessen Inkongruenz zu dem Begriff, dem es einerseits mit Recht subsumiert worden, plötzlich fühlbar wird. Je richtiger nun einerseits die Subsumtion solcher Wirklichkeiten unter den Begriff ist, und je größer und greller andererseits ihre Unangemessenheit zu ihm, desto stärker ist die aus diesem Gegensatz entspringende Wirkung des Lächerlichen. Jedes Lachen also entsteht auf Anlaß einer paradoxen und daher unerwarteten Subsumtion; gleichviel ob diese durch Worte, oder Taten sich ausspricht. Dies ist in der Kürze die richtige Erklärung des Lächerlichen.

Ich werde mich hier nicht damit aufhalten, Anekdoten als Beispiele desselben zu erzählen, um daran meine Erklärung zu erläutern: denn diese ist so einfach und faßlich, daß sie dessen nicht bedarf, und zum Beleg derselben ist jedes Lächerliche, dessen sich der Leser erinnert, auf gleiche Weise tauglich. Wohl aber erhält unsere Erklärung Bestätigung und Erläuterung zugleich durch die Entfaltung zweier Arten des Lächerlichen, in welche es zerfällt, und die eben aus jener Erklärung hervorgehn. Entweder nämlich sind in der Erkenntnis zwei oder mehrere sehr verschiedene reale Objekte, anschauliche Vorstellungen, vorhergegangen, und man hat sie willkürlich durch die Einheit eines beide fassenden Begriffes identifiziert: diese Art des Lächerlichen heißt *Witz*. Oder aber umgekehrt, der Begriff ist in der Erkenntnis zuerst da, und man geht nun von ihm zur Realität und zum Wirken auf dieselbe, zum Handeln über: Objekte, die übrigens grundverschieden, aber alle in jenem Begriffe gedacht sind, werden nun auf gleiche Weise angesehn und behandelt, bis ihre übrige große Verschiedenheit zur Überraschung und zum Erstaunen des Handelnden hervortritt: diese Art des Lächerlichen heißt *Narrheit*. Demnach ist jedes Lächerliche entweder ein witziger Einfall, oder eine närrische Handlung, je nachdem von der Diskrepanz der Objekte auf die Identität des Begriffs, oder aber umgekehrt gegangen wurde: ersteres immer willkürlich, letzteres immer unwillkürlich und von außen aufgedrungen. Diesen Ausgangspunkt nun aber scheinbar umzukehren und Witz als Narrheit zu maskieren, ist die Kunst des Hofnarren und des Hanswurst: ein solcher, der Diversität der Objekte sich wohl bewußt, vereinigt dieselben, mit heimlichem Witz, unter einem Begriff, von welchem sodann ausgehend, er von der nachher gefundenen Diversität der Objekte diejenige Überraschung erhält, welche er selbst sich vorbereitet hatte. – Es ergibt sich aus dieser kurzen, aber hinreichenden Theorie des Lächerlichen, daß, letztern Fall der Lustigmacher bei Seite gesetzt, der Witz sich immer in Worten zeigen muß, die Narrheit aber meistens in Handlungen, wiewohl auch in Worten, wenn sie nämlich nur ihr Vorhaben ausspricht, statt es wirklich zu vollführen, oder auch sich in bloßen Urteilen und Meinungen äußert.

Zur Narrheit gehört auch die *Pedanterei*. Sie entsteht daraus, daß man wenig Zutrauen zu seinem eigenen Verstande hat und daher ihm es nicht überlassen mag, im einzelnen Fall unmittelbar das Rechte zu erkennen, demnach ihn ganz und gar unter die Vormundschaft der Vernunft stellt und sich dieser überall bedienen, d. h. immer von allgemeinen Begriffen, Regeln, Maximen ausgehn und sich genau an sie halten will, im Leben, in der Kunst, ja im ethischen Wohlverhalten. Daher das der Pedanterei eigene Kleben an der Form, an der Manier, am Ausdruck und Wort, welche bei ihr an die Stelle des Wesens der Sache treten. Da zeigt sich denn bald die Inkongruenz des Begriffs zur Realität, zeigt sich, wie jener nie auf das Einzelne herabgeht und wie seine Allgemeinheit und starre Bestimmtheit nie genau zu den feinen Nuancen und mannigfaltigen Modifikationen der Wirklichkeit passen kann. Der Pedant kommt daher mit seinen allgemeinen Maximen im Leben fast immer zu kurz, zeigt sich unklug, abgeschmackt, unbrauchbar: in der Kunst, für die der Begriff unfruchtbar ist, produziert er leblose, steife, manierierte Aftergeburten. Sogar in ethischer Hinsicht kann der Vorsatz, recht oder edel zu handeln, nicht überall nach abstrakten Maximen ausgeführt werden; weil in vielen Fällen die unendlich fein nuancierte Beschaffenheit der Umstände eine unmittelbar aus dem Charakter hervorgegangene Wahl des Rechten nötig macht, indem die Anwendung bloß abstrakter Maximen teils, weil sie nur halb passen, falsche Resultate gibt, teils nicht durchzuführen ist, indem sie dem individuellen Charakter des Handelnden fremd sind und dieser sich nie ganz verleugnen läßt: daher dann Inkonsequenzen folgen. Wir können Kanten, sofern er zur Bedingung des moralischen Werts einer Handlung macht, daß sie aus rein vernünftigen abstrakten Maximen, ohne alle Neigung oder momentane Aufwallung geschehe, vom Vorwurf der Veranlassung moralischer Pedanterei nicht ganz frei sprechen; welcher Vorwurf auch der Sinn des Schillerschen Epigramms, »Gewissensskrupel« überschrieben, ist. – Wenn, besonders in politischen Angelegenheiten, geredet wird von Doktrinairs, Theoretikern, Gelehrten usw.; so sind Pedanten gemeint, d.h. Leute, welche die Dinge wohl in abstracto, aber nicht in concreto kennen. Die Abstraktion besteht im Wegdenken der näheren Bestimmungen: gerade auf diese aber kommt im Praktischen sehr viel an.

Noch ist, zur Vervollständigung der Theorie, eine Afterart des Witzes zu erwähnen, das Wortspiel, calembourg, pun, zu welchem auch die Zweideutigkeit, l'équivoque, deren Hauptgebrauch der obszöne (die Zote) ist, gezogen werden kann. Wie der Witz zwei sehr verschiedene reale Objekte unter einen Begriff zwingt, so bringt das Wortspiel zwei verschiedene Begriffe, durch Benutzung des Zufalls, unter ein Wort: derselbe Kontrast entsteht wieder, aber viel matter und oberflächlicher, weil er nicht aus dem Wesen der Dinge, sondern aus dem Zufall der Namengebung entsprungen ist. Beim Witz ist die Identität im Begriff, die Verschiedenheit in der Wirklichkeit; beim Wortspiel aber ist die Verschiedenheit in den Begriffen und die Identität in der Wirklichkeit, als zu welcher der Wortlaut gehört. Es wäre nur ein etwas zu gesuchtes Gleichnis, wenn man sagte, das Wortspiel verhalte sich zum Witz, wie die Hyperbel des obern umgekehrten Kegels zu der des untern. Der Mißverstand des Wortes aber, oder das quid pro quo, ist der unwillkürliche Calembourg, und verhält sich zu diesem gerade so wie die Narrheit zum Witz; daher auch muß oft der Harthörige, so gut wie der Narr, Stoff zum Lachen geben, und schlechte Komödienschreiber brauchen jenen statt diesen, um Lachen zu erregen.

Ich habe das Lachen hier bloß von der psychischen Seite betrachtet: hinsichtlich der physischen verweise ich auf das in Parerga, Bd. 2, Kap. 6, § 96, S. 134 (erste Aufl.), darüber Beigebrachte*.

* Hiezu Kap. 8 des zweiten Bandes.

§ 14

Von allen diesen mannigfaltigen Betrachtungen, durch welche hoffentlich der Unterschied und das Verhältnis zwischen der Erkenntnisweise der Vernunft, dem Wissen, dem Begriff einerseits, und der unmittelbaren Erkenntnis in der reinsinnlichen, mathematischen Anschauung und der Auffassung durch den Verstand andererseits, zu völliger Deutlichkeit gebracht ist, ferner auch von den episodischen Erörterungen über Gefühl und Lachen, auf welche wir durch die Betrachtung jenes merkwürdigen Verhältnisses unserer Erkenntnisweisen fast unumgänglich geleitet wurden, – kehre ich nunmehr zurück zur fernern Erörterung der Wissenschaft, als des, neben Sprache und besonnenem Handeln, dritten Vorzugs, den die Vernunft dem Menschen gibt. Die allgemeine Betrachtung der Wissenschaft, die uns hier obliegt, wird teils ihre Form, teils die Begründung ihrer Urteile, endlich auch ihren Gehalt betreffen.

Wir haben gesehn, daß, die Grundlage der reinen Logik ausgenommen, alles Wissen überhaupt seinen Ursprung nicht in der Vernunft selbst hat; sondern, anderweitig als anschauliche Erkenntnis gewonnen, in ihr niedergelegt ist, indem es dadurch in eine ganz andere Erkenntnisweise, die abstrakte, überging. Alles *Wissen*, d.h. zum Bewußtsein in abstracto erhobene Erkenntnis, verhält sich zur eigentlichen *Wissenschaft*, wie ein Bruchstück zum Ganzen. Jeder Mensch hat durch Erfahrung, durch Betrachtung des sich darbietenden Einzelnen, ein Wissen um mancherlei Dinge erlangt: aber nur wer sich die Aufgabe macht, über irgend eine Art von Gegenständen vollständige Erkenntnis in abstracto zu erlangen, strebt nach Wissenschaft. Durch den Begriff allein kann er jene Art aussondern; daher steht an der Spitze jeder Wissenschaft ein Begriff, durch welchen der Teil aus dem Ganzen aller Dinge gedacht wird, von welchem sie eine vollständige Erkenntnis in abstracto verspricht: z.B. der Begriff der räumlichen Verhältnisse, oder des Wirkens unorganischer Körper auf einander, oder der Beschaffenheit der Pflanzen, der Tiere, oder der sukzessiven Veränderungen der Oberfläche des Erdballs, oder der Veränderungen des Menschengeschlechts im ganzen, oder des Baues einer Sprache usw. Wollte die Wissenschaft die Kenntnis von ihrem Gegenstande dadurch erlangen, daß sie alle durch den Begriff gedachten Dinge einzeln erforschte, bis sie so allmählich das Ganze erkannt hätte; so würde teils kein menschliches Gedächtnis zureichen, teils keine Gewißheit der Vollständigkeit zu erlangen sein. Daher benutzt sie jene oben erörterte Eigentümlichkeit der Begriffssphären, einander einzuschließen, und geht hauptsächlich auf die weiteren Sphären, welche innerhalb des Begriffs ihres Gegenstandes überhaupt liegen: indem sie deren Verhältnisse zueinander bestimmt hat, ist eben damit auch alles in ihnen Gedachte im allgemeinen mit bestimmt und kann nun, mittelst Aussonderung immer engerer Begriffssphären, genauer und genauer bestimmt werden. Hiedurch wird es möglich, daß eine Wissenschaft ihren Gegenstand ganz umfasse. Dieser Weg, den sie zur Erkenntnis geht, nämlich vom Allgemeinen zum Besonderen, unterscheidet sie vom gemeinen Wissen: daher ist die systematische Form ein wesentliches und charakteristisches Merkmal der Wissenschaft. Die Verbindung der allgemeinsten Begriffssphären jeder Wissenschaft, d. h. die Kenntnis ihrer obersten Sätze, ist unumgängliche Bedingung ihrer Erlernung: wie weit man von diesen auf die mehr besonderen Sätze gehn will, ist beliebig und vermehrt nicht die Gründlichkeit, sondern den Umfang der Gelehrsamkeit. – Die Zahl der oberen Sätze, welchen die übrigen alle untergeordnet sind, ist in den verschiedenen Wissenschaften sehr verschieden, so daß in einigen mehr Subordination, in andern mehr Koordination ist; in welcher Hinsicht jene mehr die Urteilskraft, diese das Gedächtnis in Anspruch nehmen. Es war schon den Scholastikern bekannt*, daß, weil der Schluß zwei Prämissen erfordert, keine Wissenschaft von einem einzigen nicht weiter abzuleitenden Obersatz ausgehn kann; sondern deren mehrere, wenigstens zwei, haben muß. Die eigentlich klassifizierenden Wissenschaften: Zoologie, Botanik, auch Physik und Chemie, sofern diese letzteren auf wenige Grundkräfte alles unorganische Wirken zurückführen, haben die meiste Subordination; hingegen hat Geschichte eigentlich gar keine, da das Allgemeine

* Suarez, Disput. metaphysicae, disp. III, sect. 3, tit. 3.

in ihr bloß in der Übersicht der Hauptperioden besteht, aus denen aber die besonderen Begebenheiten sich nicht ableiten lassen und ihnen nur der Zeit nach subordiniert, dem Begriff nach koordiniert sind: daher Geschichte, genau genommen, zwar ein Wissen, aber keine Wissenschaft ist. In der Mathematik sind zwar, nach der Eukleidischen Behandlung, die Axiome die allein indemonstrabeln Obersätze und ihnen alle Demonstrationen stufenweise streng subordiniert; jedoch ist diese Behandlung ihr nicht wesentlich, und in der Tat hebt jeder Lehrsatz doch wieder eine neue räumliche Konstruktion an, die an sich von den vorherigen unabhängig ist und eigentlich auch völlig unabhängig von ihnen erkannt werden kann, aus sich selbst, in der reinen Anschauung des Raumes, in welcher auch die verwickelteste Konstruktion eigentlich so unmittelbar evident ist, wie das Axiom: doch davon ausführlich weiter unten. Inzwischen bleibt immer jeder mathematische Satz doch eine allgemeine Wahrheit, welche für unzählige einzelne Fälle gilt, auch ist ein stufenweiser Gang von den einfachen Sätzen zu den komplizierten, welche auf jene zurückzuführen sind, ihr wesentlich: also ist Mathematik in jeder Hinsicht Wissenschaft. – Die Vollkommenheit einer Wissenschaft als solcher, d.h. der Form nach, besteht darin, daß so viel wie möglich Subordination und wenig Koordination der Sätze sei. Das allgemein wissenschaftliche Talent ist demnach die Fähigkeit, die Begriffssphären nach ihren verschiedenen Bestimmungen zu subordinieren, damit, wie Plato wiederholentlich anempfiehlt, nicht bloß ein Allgemeines und unmittelbar unter diesem eine unübersehbare Mannigfaltigkeit nebeneinander gestellt die Wissenschaft ausmache; sondern vom Allgemeinsten zum Besonderen die Kenntnis allmählich herabschreite, durch Mittelbegriffe und nach immer näheren Bestimmungen gemachte Einteilungen. Nach Kants Ausdrücken heißt dies, dem Gesetz der Homogeneität und dem der Spezifikation gleichmäßig Genüge leisten. Eben daraus aber, daß dieses die eigentliche wissenschaftliche Vollkommenheit ausmacht, ergibt sich, daß der Zweck der Wissenschaft nicht größere Gewißheit ist: denn diese kann auch die abgerissenste einzelne Erkenntnis ebenso sehr haben; sondern Erleichterung des Wissens, durch die Form desselben, und dadurch gegebene Möglichkeit der Vollständigkeit des Wissens. Es ist deshalb eine zwar gangbare, aber verkehrte Meinung, daß Wissenschaftlichkeit der Erkenntnis in der größern Gewißheit bestehe, und ebenso falsch ist die hieraus hervorgegangene Behauptung, daß nur Mathematik und Logik Wissenschaften im eigentlichen Sinne wären; weil nur in ihnen, wegen ihrer gänzlichen Apriorität, unumstößliche Gewißheit der Erkenntnis ist. Dieser letztere Vorzug selbst ist ihnen nicht abzustreiten: nur gibt er ihnen keinen besondern Anspruch auf Wissenschaftlichkeit, als welche nicht in der Sicherheit, sondern in der durch das stufenweise Herabsteigen vom Allgemeinen zum Besonderen begründeten systematischen Form der Erkenntnis liegt. – Dieser den Wissenschaften eigentümliche Weg der Erkenntnis, vom Allgemeinen zum Besonderen, bringt es mit sich, daß in ihnen vieles durch Ableitung aus vorhergegangenen Sätzen, also durch Beweise, begründet wird, und dies hat den alten Irrtum veranlaßt, daß nur das Bewiesene vollkommen wahr sei und jede Wahrheit eines Beweises bedürfe; da vielmehr im Gegenteil jeder Beweis einer unbewiesenen Wahrheit bedarf, die zuletzt ihn, oder auch wieder seine Beweise, stützt: daher eine unmittelbar begründete Wahrheit der durch einen Beweis begründeten so vorzuziehn ist, wie Wasser aus der Quelle dem aus dem Aquädukt. Anschauung, teils reine a priori, wie sie die Mathematik, teils empirische a posteriori, wie sie alle andern Wissenschaften begründet, ist die Quelle aller Wahrheit und die Grundlage aller Wissenschaft. (Auszunehmen ist allein die auf nichtanschauliche, aber doch unmittelbare Kenntnis der Vernunft von ihren eigenen Gesetzen gegründete Logik.) Nicht die bewiesenen Urteile, noch ihre Beweise; sondern jene aus der Anschauung unmittelbar geschöpften und auf sie, statt alles Beweises, gegründeten Urteile sind in der Wissenschaft das, was die Sonne im Weltgebäude: denn von ihnen geht alles Licht aus, von welchem erleuchtet die andern wieder leuchten. Unmittelbar aus der Anschauung die Wahrheit solcher ersten Urteile zu begründen, solche Grundfesten der Wissenschaft aus der unübersehbaren Menge realer Dinge herauszuheben; das ist das Werk der *Urteilskraft*, welche in dem Vermögen, das anschaulich Erkannte richtig und genau ins abstrakte Bewußtsein zu übertragen, besteht, und demnach die Vermittlerin zwischen Verstand und Vernunft ist. Nur ausgezeichnete und das gewöhnliche Maß überschreitende Stärke derselben in einem Individuo kann die Wissenschaften wirklich weiter bringen: aber Sätze aus Sätzen zu folgern, zu beweisen, zu schließen, vermag jeder, der nur gesunde Vernunft hat. Hingegen das anschaulich Erkannte in angemessene Begriffe für die Reflexion absetzen und fixieren, so daß einerseits das Gemeinsame vieler realen Objekte durch *einen* Begriff, andererseits ihr Verschiedenes durch eben so viele Begriffe gedacht wird, und also das Verschiedene, trotz einer teilweisen Übereinstimmung, doch als verschieden, dann aber wieder das Identische, trotz einer teilweisen Verschiedenheit, doch als identisch erkannt und gedacht wird, alles gemäß dem Zweck und der Rücksicht, die jedesmal obwalten: dies alles tut die *Urteilskraft*. Mangel derselben ist *Einfalt*. Der Einfältige verkennt bald die teilweise oder relative Verschiedenheit des in einer Rücksicht Identischen, bald die Identität des relativ oder teilweise Verschiedenen. Übrigens kann auch auf diese Erklärung der Urteilskraft Kants Einteilung derselben in reflektierende und subsumierende angewandt werden, je nachdem sie nämlich von den anschaulichen Objekten zum Begriff, oder von diesem zu jenen übergeht, in beiden Fällen immer vermittelnd zwischen der anschaulichen Erkenntnis des Verstandes und der reflektiven der Vernunft. – Es kann keine Wahrheit geben, die unbedingt allein durch Schlüsse herauszubringen wäre; sondern die Notwendigkeit, sie bloß durch Schlüsse zu begründen, ist immer nur relativ, ja subjektiv. Da alle Beweise Schlüsse sind, so ist für eine neue Wahrheit nicht zuerst ein Beweis, sondern unmittelbare Evidenz zu suchen, und nur so lange es an dieser gebricht, der Beweis einstweilen aufzustellen. Durch und durch beweisbar kann keine Wissenschaft sein; so wenig als ein Gebäude in der Luft stehn kann: alle ihre Beweise müssen auf ein Anschauliches und daher nicht mehr Beweisbares zurückführen. Denn die ganze Welt der Reflexion ruht und wurzelt auf der anschaulichen Welt. Alle letzte, d.h. ursprüngliche *Evidenz*, ist eine *anschauliche*: dies verrät schon das Wort. Demnach ist sie entweder eine empirische, oder aber auf die Anschauung a priori der Bedingungen möglicher Erfahrung gegründet: in beiden Fällen liefert sie daher nur immanente, nicht transzendente Erkenntnis. Jeder Begriff hat seinen Wert und sein Dasein allein in der, wenn auch sehr vermittelten Beziehung auf eine anschauliche Vorstellung: was von den Begriffen gilt, gilt auch von den aus ihnen zusammengesetzten Urteilen, und von den ganzen Wissenschaften. Daher muß es irgendwie möglich sein, jede Wahrheit, die durch Schlüsse gefunden und durch Beweise mitgeteilt wird, auch ohne Beweise und Schlüsse unmittelbar zu erkennen. Am schwersten ist dies gewiß bei manchen komplizierten mathematischen Sätzen, zu denen wir allein an Schlußketten gelangen, z. B. die Berechnung der Sehnen und Tangenten zu allen Bögen, mittelst Schlüssen aus dem Pythagorischen Lehrsatze: allein auch eine solche Wahrheit kann nicht wesentlich und allein auf abstrakten Sätzen beruhen, und auch die ihr zum Grunde liegenden räumlichen Verhältnisse müssen für die reine Anschauung a priori so hervorgehoben werden können, daß ihre abstrakte Aussage unmittelbar begründet wird. Vom Beweisen in der Mathematik wird aber sogleich ausführlich die Rede sein.

Wohl wird oft und in hohem Tone geredet von Wissenschaften, welche durchweg auf richtigen Schlüssen aus sichern Prämissen beruhen und deshalb unumstößlich wahr seien. Allein durch rein logische Schlußketten wird man, seien die Prämissen auch noch so wahr, nie mehr erhalten, als eine Verdeutlichung und Ausführung dessen, was schon in den Prämissen fertig liegt: man wird also nur explicite darlegen was daselbst implicite verstanden war. Mit jenen angerühmten Wissenschaften meint man jedoch besonders die mathematischen, namentlich die Astronomie. Die Sicherheit dieser letzteren stammt aber daher, daß ihr die a priori gegebene, also unfehlbare, Anschauung des Raumes zum Grunde liegt, alle räumlichen Verhältnisse aber eines aus dem andern, mit einer Notwendigkeit (Seinsgrund), welche Gewißheit a priori liefert, folgen und sich daher mit Sicherheit aus einander ableiten lassen. Zu diesen mathematischen Bestimmungen kommt hier nur noch eine einzige Naturkraft, die Schwere, welche genau im Verhältnis der Massen und des Quadrats der Entfernung wirkt, und endlich das a priori gesicherte, weil aus dem der Kausalität folgende, Gesetz der Trägheit, nebst dem empirischen Datum der ein für allemal jeder dieser Massen aufgedrückten Bewegung. Dies ist das ganze Material der Astronomie, welches, sowohl durch seine Einfachheit, als seine Sicherheit, zu festen und, vermöge der Größe und Wichtigkeit der Gegenstände, sehr interessanten Resultaten führt. Z. B. kenne ich die Masse eines Planeten und die Entfernung seines Trabanten von ihm, so kann ich auf die Umlaufszeit dieses mit Sicherheit schließen, nach dem zweiten Keplerschen Gesetz: der Grund dieses Gesetzes ist aber, daß, bei dieser Entfernung, nur diese Velozität den Trabanten zugleich an den Planeten fesselt und ihn vom Hineinfallen in denselben abhält. – Also nur auf solcher geometrischen Grundlage, d. h. mittelst einer Anschauung a priori, und noch dazu unter Anwendung eines Naturgesetzes, da läßt sich mit Schlüssen weit gelangen; weil sie hier gleichsam bloß Brücken von *einer* anschaulichen Auffassung zur andern sind; nicht aber eben so mit bloßen und reinen Schlüssen, auf dem ausschließlich logischen Wege. – Der Ursprung der ersten astronomischen Grundwahrheiten aber ist eigentlich Induktion, d. h. Zusammenfassung des in vielen Anschauungen Gegebenen in ein richtiges unmittelbar begründetes Urteil: aus diesem werden nachher Hypothesen gebildet, deren Bestätigung durch die Erfahrung, als der Vollständigkeit sich nähernde Induktion, den Beweis für jenes erste Urteil gibt. Z. B. die scheinbare Bewegung der Planeten ist empirisch erkannt: nach vielen falschen Hypothesen über den räumlichen Zusammenhang dieser Bewegung (Planetenbahn), ward endlich die richtige gefunden, sodann die Gesetze, welche sie befolgt (die Keplerischen), zuletzt auch die Ursache derselben (allgemeine Gravitation), und sämtlichen Hypothesen gab die empirisch erkannte Übereinstimmung aller vorkommenden Fälle mit ihnen und mit den Folgerungen aus ihnen, also Induktion, vollkommene Gewißheit. Die Auffindung der Hypothese war Sache der Urteilskraft, welche die gegebene Tatsache richtig auffaßte und demgemäß ausdrückte; Induktion aber, d. h. vielfache Anschauung, bestätigte ihre Wahrheit. Aber sogar auch unmittelbar, durch eine einzige empirische Anschauung, könnte diese begründet werden, sobald wir die Welträume frei durchlaufen könnten und teleskopische Augen hätten. Folglich sind Schlüsse auch hier nicht die wesentliche und einzige Quelle der Erkenntnis, sondern immer wirklich nur ein Notbehelf.

Endlich wollen wir, um ein drittes heterogenes Beispiel aufzustellen, noch bemerken, daß auch die sogenannten metaphysischen Wahrheiten, d.h. solche, wie sie Kant in den metaphysischen Anfangsgründen der Naturwissenschaft aufstellt, nicht den Beweisen ihre Evidenz verdanken. Das a priori Gewisse erkennen wir unmittelbar: es ist, als die Form aller Erkenntnis, uns mit der größten Notwendigkeit bewußt. Z.B. daß die Materie beharrt, d.h. weder entstehn, noch vergehn kann, wissen wir unmittelbar als negative Wahrheit: denn unsere reine Anschauung von Raum und Zeit gibt die Möglichkeit der Bewegung; der Verstand gibt, im Gesetz der Kausalität, die Möglichkeit der Änderung der Form und Qualität: aber zu einem Entstehn oder Verschwinden von Materie gebricht es uns an Formen der Vorstellbarkeit. Daher ist jene Wahrheit zu allen Zeiten, überall und jedem evident gewesen, noch jemals im Ernst bezweifelt worden; was nicht sein könnte, wenn ihr Erkenntnisgrund kein anderer wäre, als ein so schwieriger auf Nadelspitzen einherschreitender Kantischer Beweis. Ja überdies habe ich (wie im Anhange ausgeführt) Kants Beweis falsch befunden und oben gezeigt, daß nicht aus dem Anteil, den die Zeit, sondern aus dem, welchen der Raum an der Möglichkeit der Erfahrung hat, das Beharren der Materie abzuleiten ist. Die eigentliche Begründung aller in diesem Sinn metaphysisch genannter Wahrheiten, d.h. abstrakter Ausdrücke der notwendigen und allgemeinen Formen des Erkennens, kann nicht wieder in abstrakten Sätzen liegen; sondern nur im unmittelbaren, sich durch apodiktische und keine Widerlegung besorgende Aussagen a priori kund gebenden Bewußtsein der Formen des Vorstellens. Will man dennoch einen Beweis derselben geben, so kann dieser nur darin bestehn, daß man nachweist, in irgend einer nicht bezweifelten Wahrheit sei die zu beweisende schon als Teil, oder als Voraussetzung enthalten: so habe ich z.B. gezeigt, daß alle empirische Anschauung schon die Anwendung des Gesetzes der Kausalität enthält, dessen Erkenntnis daher Bedingung aller Erfahrung ist und darum nicht erst durch diese gegeben und bedingt sein kann, wie Hume behauptete. – Beweise sind überhaupt weniger für die, welche lernen, als für die, welche disputieren wollen. Diese leugnen hartnäckig die unmittelbar begründete Einsicht: nur die Wahrheit kann nach allen Seiten konsequent sein; man muß daher jenen zeigen, daß sie unter *einer* Gestalt und mittelbar zugeben, was sie unter einer andern Gestalt und unmittelbar leugnen, also den logisch notwendigen Zusammenhang zwischen dem Geleugneten und dem Zugestandenen.

Außerdem bringt aber auch die wissenschaftliche Form, nämlich Unterordnung alles Besonderen unter ein Allgemeines und so immerfort aufwärts, es mit sich, daß die Wahrheit vieler Sätze nur logisch begründet wird, nämlich durch ihre Abhängigkeit von andern Sätzen, also durch Schlüsse, die zugleich als Beweise auftreten. Man soll aber nie vergessen, daß diese ganze Form nur ein Erleichterungsmittel der Erkenntnis ist, nicht aber ein Mittel zu größerer Gewißheit. Es ist leichter, die Beschaffenheit eines Tieres aus der Species, zu der es gehört, und so aufwärts aus dem genus, der Familie, der Ordnung, der Klasse zu erkennen, als das jedesmal gegebene Tier für sich zu untersuchen; aber die Wahrheit aller durch Schlüsse abgeleiteter Sätze ist immer nur bedingt und zuletzt abhängig von irgend einer, die nicht auf Schlüssen, sondern auf Anschauung beruht. Läge diese letztere uns immer so nahe, wie die Ableitung durch einen Schluß, so wäre sie durchaus vorzuziehn. Denn alle Ableitung aus Begriffen ist, wegen des oben gezeigten mannigfaltigen Ineinandergreifens der Sphären und der oft schwankenden Bestimmung ihres Inhalts, vielen Täuschungen ausgesetzt; wovon so viele Beweise falscher Lehren und Sophismen jeder Art Beispiele sind. – Schlüsse sind zwar der Form nach völlig gewiß: allein sie sind sehr unsicher durch ihre Materie, die Begriffe; weil teils die Sphären dieser oft nicht scharf genug bestimmt sind, teils sich so mannigfaltig durchschneiden, daß eine Sphäre teilweise in vielen andern enthalten ist, und man also willkürlich aus ihr in die eine oder die andere von diesen übergehn kann und von da wieder weiter, wie bereits dargestellt. Oder mit andern Worten: der terminus minor und auch der medius können immer verschiedenen Begriffen untergeordnet werden, aus denen man beliebig den terminus major und den medius wählt, wonach dann der Schluß verschieden ausfällt. – Überall folglich ist unmittelbare Evidenz der bewiesenen Wahrheit weit vorzuziehn, und diese nur da anzunehmen, wo jene zu weit herzuholen wäre, nicht aber, wo sie eben so nahe oder gar näher liegt, als diese. Daher sahen wir oben, daß in der Tat bei der Logik, wo die unmittelbare Erkenntnis uns in jedem einzelnen Fall näher liegt, als die abgeleitete wissenschaftliche, wir unser Denken immer nur nach der unmittelbaren Erkenntnis der Denkgesetze leiten und die Logik unbenutzt lassen*.

§ 15

Wenn wir nun mit unserer Überzeugung, daß die Anschauung die erste Quelle aller Evidenz, und die unmittelbare oder vermittelte Beziehung auf sie allein absolute Wahrheit ist, daß ferner der nächste Weg zu dieser stets der sicherste ist, da jede Vermittelung durch Begriffe vielen Täuschungen aussetzt; – wenn wir, sage ich, mit dieser Überzeugung uns zur *Mathematik* wenden, wie sie vom Eukleides als Wissenschaft aufgestellt und bis auf den heutigen Tag im ganzen geblieben ist; so können wir nicht umhin, den Weg, den sie geht, seltsam, ja verkehrt zu finden. Wir verlangen die Zurückführung jeder logischen Begründung auf eine anschauliche; sie hingegen ist mit großer Mühe bestrebt, die ihr eigentümliche, überall nahe, anschauliche Evidenz mutwillig zu verwerfen, um ihr eine logische zu substituieren. Wir müssen finden, daß dies ist, wie wenn jemand sich die Beine abschnitte, um mit Krücken zu gehn, oder wie wenn der Prinz, im »Triumph der Empfindsamkeit«, aus der wirklichen schönen Natur flieht, um sich an einer Theaterdekoration, die sie nachahmt, zu erfreuen. – Ich muß hier an dasjenige erinnern, was ich im sechsten Kapitel der Abhandlung über den Satz vom Grunde gesagt habe, und setze es als dem Leser in frischem Andenken und ganz gegenwärtig voraus; so daß ich hier meine Bemerkungen daran knüpfe, ohne von neuem den Unterschied auseinanderzusetzen zwischen dem bloßen Erkenntnisgrund einer mathematischen Wahrheit,

* Hiezu Kap. 12 des zweiten Bandes.

der logisch gegeben werden kann, und dem Grunde des Seins, welcher der unmittelbare, allein anschaulich zu erkennende Zusammenhang der Teile des Raumes und der Zeit ist, die Einsicht in welchen allein wahre Befriedigung und gründliche Kenntnis gewährt, während der bloße Erkenntnisgrund stets auf der Oberfläche bleibt, und zwar ein Wissen, *daß* es so ist, aber keines, *warum* es so ist, geben kann. Eukleides ging diesen letztern Weg, zum offenbaren Nachteil der Wissenschaft. Denn z. B. gleich anfangs, wo er ein für allemal zeigen sollte, wie im Dreieck Winkel und Seiten sich gegenseitig bestimmen und Grund und Folge von einander sind, gemäß der Form, die der Satz vom Grund im bloßen Raume hat, und die dort, wie überall, die Notwendigkeit gibt, daß eines so ist, wie es ist; weil ein von ihm ganz verschiedenes anderes so ist, wie es ist; statt so in das Wesen des Dreiecks eine gründliche Einsicht zu geben, stellt er einige abgerissene, beliebig gewählte Sätze über das Dreieck auf und gibt einen logischen Erkenntnisgrund derselben, durch einen mühseligen, logisch, gemäß dem Satz des Widerspruchs geführten Beweis. Statt einer erschöpfenden Erkenntnis dieser räumlichen Verhältnisse, erhält man daher nur einige beliebig mitgeteilte Resultate aus ihnen, und ist in dem Fall, wie jemand, dem die verschiedenen Wirkungen einer künstlichen Maschine gezeigt, ihr innerer Zusammenhang und Getriebe aber vorenthalten würde. Daß, was Eukleides demonstriert, alles so sei, muß man, durch den Satz vom Widerspruch gezwungen, zugeben: *warum* es aber so ist, erfährt man nicht. Man hat daher fast die unbehagliche Empfindung, wie nach einem Taschenspielerstreich, und in der Tat sind einem solchen die meisten Eukleidischen Beweise auffallend ähnlich. Fast immer kommt die Wahrheit durch die Hintertür herein, indem sie sich per accidens aus irgend einem Nebenumstand ergibt. Oft schließt ein apagogischer Beweis alle Türen, eine nach der andern, zu, und läßt nur die eine offen, in die man nun bloß deswegen hinein muß. Oft werden, wie im Pythagorischen Lehrsatze, Linien gezogen, ohne daß man weiß warum: hinterher zeigt sich, daß es Schlingen waren, die sich unerwartet zuziehn und den Assensus des Lernenden gefangen nehmen, der nun verwundert zugeben muß, was ihm seinem innern Zusammenhang nach völlig unbegreiflich bleibt, so sehr, daß er den ganzen Eukleides durchstudieren kann, ohne eigentliche Einsicht in die Gesetze der räumlichen Verhältnisse zu gewinnen, sondern statt ihrer nur einige Resultate aus ihnen auswendig lernt. Diese eigentlich empirische und unwissenschaftliche Erkenntnis gleicht der des Arztes, welcher Krankheit und Mittel dagegen, aber nicht den Zusammenhang beider kennt. Dieses alles aber ist die Folge, wenn man die einer Erkenntnisart eigentümliche Weise der Begründung und Evidenz grillenhaft abweist, und statt ihrer eine ihrem Wesen fremde gewaltsam einführt. Indessen verdient übrigens die Art, wie vom Eukleides dieses durchgesetzt ist, alle Bewunderung, die ihm so viele Jahrhunderte hindurch geworden und so weit gegangen ist, daß man seine Behandlungsart der Mathematik für das Muster aller wissenschaftlichen Darstellung erklärte, nach der man sogar alle andern Wissenschaften zu modeln sich bemühte, später jedoch hievon zurückkam, ohne sehr zu wissen warum. In unsern Augen kann jene Methode des Eukleides in der Mathematik dennoch nur als eine sehr glänzende Verkehrtheit erscheinen. Nun läßt sich aber wohl immer von jeder großen, absichtlich und methodisch betriebenen, dazu vom allgemeinen Beifall begleiteten Verirrung, sie möge das Leben oder die Wissenschaft betreffen, der Grund nachweisen in der zu ihrer Zeit herrschenden Philosophie. – Die Eleaten zuerst hatten den Unterschied, ja öfteren Widerstreit entdeckt zwischen dem Angeschauten, φαινομενον, und dem Gedachten, νοουμενον*, und hatten ihn zu ihren Philosophemen, auch zu Sophismen, mannigfaltig benutzt. Ihnen folgten später Megariker, Dialektiker, Sophisten, Neu-Akademiker und Skeptiker; diese machten aufmerksam auf den Schein, d.i. auf die Täuschung der Sinne, oder vielmehr des ihre Data zur Anschauung umwandelnden Verstandes, welche uns oft Dinge sehn läßt, denen die Vernunft mit Sicherheit die Realität abspricht, z.B. den gebrochenen Stab im Wasser u. dgl. Man erkannte, daß der sinnlichen Anschauung nicht unbedingt zu trauen sei, und schloß voreilig, daß allein das vernünftige logische Denken Wahrheit be-

* An Kants Mißbrauch dieser griechischen Ausdrücke, der im Anhang gerügt ist, darf hier gar nicht gedacht werden.

gründe; obgleich Plato (im Parmenides), die Megariker, Pyrrhon und die Neu-Akademiker durch Beispiele (in der Art, wie später Sextus Empirikus) zeigten, wie auch andererseits Schlüsse und Begriffe irre führten, ja Paralogismen und Sophismen hervorbrächten, die viel leichter entstehn und viel schwerer zu lösen sind, als der Schein in der sinnlichen Anschauung. Inzwischen behielt jener also im Gegensatz des Empirismus entstandene Rationalismus die Oberhand, und ihm gemäß bearbeitete Eukleides die Mathematik, also auf die anschauliche Evidenz (φαινομενον) bloß die Axiome notgedrungen stützend, alles Übrige aber auf Schlüsse (νοουμενον). Seine Methode blieb herrschend alle Jahrhunderte hindurch, und mußte es bleiben, so lange nicht die reine Anschauung a priori von der empirischen unterschieden wurde. Zwar scheint schon des Eukleides Kommentator Proklos jenen Unterschied völlig erkannt zu haben, wie die Stelle jenes Kommentators zeigt, welche Kepler in seinem Buche de harmonia mundi lateinisch übersetzt hat: allein Proklos legte nicht genug Gewicht auf die Sache, stellte sie zu isoliert auf, blieb unbeachtet und drang nicht durch. Erst zweitausend Jahre später daher, wird die Lehre Kants, welche so große Veränderungen in allem Wissen, Denken und Treiben der europäischen Völker hervorzubringen bestimmt ist, auch in der Mathematik eine solche veranlassen. Denn erst nachdem wir von diesem großen Geiste gelernt haben, daß die Anschauungen des Raumes und der Zeit von der empirischen gänzlich verschieden, von allem Eindruck auf die Sinne gänzlich unabhängig, diesen bedingend, nicht durch ihn bedingt, d.h. a priori sind, und daher dem Sinnentruge gar nicht offen stehn, erst jetzt können wir einsehn, daß des Eukleides logische Behandlungsart der Mathematik eine unnütze Vorsicht, eine Krücke für gesunde Beine ist, daß sie einem Wanderer gleicht, der nachts einen hellen festen Weg für ein Wasser haltend, sich hütet ihn zu betreten, und stets daneben auf holprigtem Boden geht, zufrieden von Strecke zu Strecke an das vermeinte Wasser zu stoßen. Erst jetzt können wir mit Sicherheit behaupten, daß, was bei der Anschauung einer Figur sich uns als notwendig ankündigt, nicht aus der auf dem Papier vielleicht sehr mangelhaft gezeichneten Figur kommt, auch nicht aus dem abstrakten Begriff, den wir dabei denken, sondern unmittelbar aus der uns a priori bewußten Form aller Erkenntnis: diese ist überall der Satz vom Grunde: hier ist sie, als Form der Anschauung, d.i. Raum, Satz vom Grunde des Seins: dessen Evidenz und Gültigkeit aber ist eben so groß und unmittelbar, wie die vom Satze des Erkenntnisgrundes, d.i. die logische Gewißheit. Wir brauchen und dürfen also nicht, um bloß der letztern zu trauen, das eigentümliche Gebiet der Mathematik verlassen, um sie auf einem ihr ganz fremden, dem der Begriffe, zu beglaubigen. Halten wir uns auf jenem der Mathematik eigentümlichen Boden, so erlangen wir den großen Vorteil, daß in ihr nunmehr das Wissen, *daß* etwas so sei, eines ist mit dem, *warum* es so sei; statt daß die Eukleidische Methode beide gänzlich trennt und bloß das erstere, nicht das letztere erkennen läßt. Aristoteles aber sagt ganz vortrefflich, in den Analyt. post. I, 27: „*Ακριβεστερα δ' επιστημη επιστημης και προτερα, ἡτε του ὁτι και του διοτι ἡ αυτη, αλλα μη χωρις του ὁτι, της του διοτι.*“ (Subtilior autem et praestantior ea est scientia, qua *quod* aliquid sit, et *cur* sit una simulque intelligimus, non separatim *quod*, et *cur* sit.) Sind wir doch in der Physik nur dann befriedigt, wann die Erkenntnis, *daß* etwas so sei, vereint ist mit der, *warum* es so ist: daß das Quecksilber in der Torricellianischen Röhre 28 Zoll hoch steht, ist ein schlechtes Wissen, wenn nicht auch hinzukommt, daß es so vom Gegengewicht der Luft gehalten wird. Aber in der Mathematik soll uns die qualitas occulta des Zirkels, daß die Abschnitte jeder zwei in ihm sich schneidender Sehnen stets gleiche Rektangel bilden, genügen? Daß es so sei, beweist freilich Eukleides im 35sten Satze des dritten Buches: das Warum steht noch dahin. Ebenso lehrt der Pythagorische Lehrsatz uns eine qualitas occulta des rechtwinklichten Dreiecks kennen: des Eukleides stelzbeiniger, ja, hinterlistiger Beweis verläßt uns beim Warum, und beistehende, schon bekannte, einfache Figur gibt auf einen Blick weit mehr, als jener Beweis, Einsicht in die Sache und innere feste Überzeugung von jener Notwendigkeit und von der Abhängigkeit jener Eigenschaft vom rechten Winkel:

Auch bei ungleichen Katheten muß es sich zu einer solchen anschaulichen Überzeugung bringen lassen, wie überhaupt bei jeder möglichen geometrischen Wahrheit, schon deshalb, weil ihre Auffindung allemal von einer solchen angeschauten Notwendigkeit ausging und der Beweis erst hinterher hinzu ersonnen ward: man bedarf also nur einer Analyse des Gedankenganges bei der ersten Auffindung einer geometrischen Wahrheit, um ihre Notwendigkeit anschaulich zu erkennen. Es ist überhaupt die analytische Methode, welche ich für den Vortrag der Mathematik wünsche, statt der synthetischen, welche Eukleides gebraucht hat. Allerdings aber wird dies, bei komplizierten mathematischen Wahrheiten, sehr große, jedoch nicht unüberwindliche Schwierigkeiten haben. Schon fängt man in Deutschland hin und wieder an, den Vortrag der Mathematik zu ändern und mehr diesen analytischen Weg zu gehn. Am entschiedensten hat dies Herr Kosack, Lehrer der Mathematik und Physik am Gymnasio zu Nordhausen, getan, indem er dem Programm zur Schulprüfung am 6. April 1852 einen ausführlichen Versuch, die Geometrie nach meinen Grundsätzen zu behandeln, beigegeben hat.

Um die Methode der Mathematik zu verbessern, wird vorzüglich erfordert, daß man das Vorurteil aufgebe, die bewiesene Wahrheit habe irgend einen Vorzug vor der anschaulich erkannten, oder die logische, auf dem Satz vom Widerspruch beruhende, vor der metaphysischen, welche unmittelbar evident ist und zu der auch die reine Anschauung des Raumes gehört.

Das Gewisseste und überall Unerklärbare ist der Inhalt des Satzes vom Grunde. Denn dieser, in seinen verschiedenen Gestalten, bezeichnet die allgemeine Form aller unserer Vorstellungen und Erkenntnisse. Alle Erklärung ist Zurückführung auf ihn, Nachweisung im einzelnen Fall des durch ihn überhaupt ausgedrückten Zusammenhangs der Vorstellungen. Er ist sonach das

Prinzip aller Erklärung und daher nicht selbst einer Erklärung fähig, noch ihrer bedürftig, da jede ihn schon voraussetzt und nur durch ihn Bedeutung erhält. Nun hat aber keine seiner Gestalten einen Vorzug vor der andern: er ist gleich gewiß und unbeweisbar als Satz vom Grunde des Seins, oder des Werdens, oder des Handelns, oder des Erkennens. Das Verhältnis des Grundes zur Folge ist, in der einen wie in der andern seiner Gestalten, ein notwendiges, ja es ist überhaupt der Ursprung, wie die alleinige Bedeutung, des Begriffs der Notwendigkeit. Es gibt keine andere Notwendigkeit, als die der Folge, wenn der Grund gegeben ist, und es gibt keinen Grund, der nicht Notwendigkeit der Folge herbeiführte. So sicher also aus dem in den Prämissen gegebenen Erkenntnisgrunde die im Schlußsatze ausgesprochene Folge fließt, so sicher bedingt der Seinsgrund im Raum seine Folge im Raum: habe ich das Verhältnis dieser beiden anschaulich erkannt, so ist diese Gewißheit ebenso groß, wie irgend eine logische. Ausdruck eines solchen Verhältnisses ist aber jeder geometrische Lehrsatz, ebenso gut, wie eines der zwölf Axiome: er ist eine metaphysische Wahrheit und als solche ebenso unmittelbar gewiß, wie der Satz vom Widerspruche selbst, der eine metalogische Wahrheit und die allgemeine Grundlage aller logischen Beweisführung ist. Wer die anschaulich dargelegte Notwendigkeit der in irgend einem Lehrsatze ausgesprochenen räumlichen Verhältnisse leugnet, kann mit gleichem Recht die Axiome leugnen, und mit gleichem Recht die Folge des Schlusses aus den Prämissen, ja den Satz vom Widerspruch selbst: denn alles dieses sind gleich unbeweisbare, unmittelbar evidente und a priori erkennbare Verhältnisse. Wenn man daher die anschaulich erkennbare Notwendigkeit räumlicher Verhältnisse erst durch eine logische Beweisführung aus dem Satze vom Widerspruch ableiten will; so ist es nicht anders, als wenn dem unmittelbaren Herrn eines Landes ein anderer dasselbe erst zu Lehn erteilen wollte. Dies aber ist es, was Eukleides getan hat. Bloß seine Axiome läßt er notgedrungen auf unmittelbarer Evidenz beruhen: alle folgenden geometrischen Wahrheiten werden logisch bewiesen, nämlich, unter Voraussetzung jener Axiome, aus der Übereinstimmung mit den im Lehrsatz gemachten Annahmen, oder mit einem frühern Lehrsatz, oder auch aus dem Widerspruch des Gegenteils des Lehrsatzes mit den Annahmen, den Axiomen, den früheren Lehrsätzen, oder gar sich selbst. Aber die Axiome selbst haben nicht mehr unmittelbare Evidenz, als jeder andere geometrische Lehrsatz, sondern nur mehr Einfachheit durch geringeren Gehalt.

Wenn man einen Delinquenten vernimmt, so nimmt man seine Aussagen zu Protokoll, um aus ihrer Übereinstimmung ihre Wahrheit zu beurteilen. Dies ist aber ein bloßer Notbehelf, bei dem man es nicht bewenden läßt, wenn man unmittelbar die Wahrheit jeder seiner Aussagen für sich erforschen kann; zumal da er von Anfang an konsequent lügen konnte. Jene erste Methode ist es jedoch, nach der Eukleides den Raum erforschte. Zwar ging er dabei von der richtigen Voraussetzung aus, daß die Natur überall, also auch in ihrer Grundform, dem Raum, konsequent sein muß und daher, weil die Teile des Raumes im Verhältnis von Grund und Folge zueinander stehn, keine einzige räumliche Bestimmung anders sein kann, als sie ist, ohne mit allen andern im Widerspruch zu stehn. Aber dies ist ein sehr beschwerlicher und unbefriedigender Umweg, der die mittelbare Erkenntnis der ebenso gewissen unmittelbaren vorzieht, der ferner die Erkenntnis, *daß* etwas ist, von der, *warum* es ist, zum großen Nachteil der Wissenschaft trennt, und endlich dem Lehrling die Einsicht in die Gesetze des Raumes gänzlich vorenthält, ja, ihn entwöhnt vom eigentlichen Erforschen des Grundes und des innern Zusammenhanges der Dinge, ihn stattdessen anleitend, sich an einem historischen Wissen, *daß* es so sei, genügen zu lassen. Die dieser Methode so unablässig nachgerühmte Übung des Scharfsinns besteht aber bloß darin, daß sich der Schüler im Schließen, d.h. im Anwenden des Satzes vom Widerspruch, übt, besonders aber sein Gedächtnis anstrengt, um alle jene Data, deren Übereinstimmung zu vergleichen ist, zu behalten.

Es ist übrigens bemerkenswert, daß diese Beweismethode bloß auf die Geometrie angewandt worden und nicht auf die Arithmetik: vielmehr läßt man in dieser die Wahrheit wirklich allein durch Anschauung einleuchten, welche hier im bloßen Zählen besteht. Da die Anschauung der Zahlen in der *Zeit allein* ist und daher durch kein sinnliches Schema, wie die geometrische Figur, repräsentiert werden kann; so fiel hier der Verdacht weg, daß die Anschauung nur empirisch und daher dem Schein unterworfen wäre, welcher Verdacht allein die logische Beweisart hat in die Geometrie bringen können. Zählen ist, weil die Zeit nur eine Dimension hat, die einzige arithmetische Operation, auf die alle andern zurückzuführen sind: und dies Zählen ist doch nichts anderes, als Anschauung a priori, auf welche sich zu berufen man hier keinen Anstand nimmt, und durch welche allein das übrige, jede Rechnung, jede Gleichung, zuletzt bewährt wird. Man beweist z. B. nicht, daß $\frac{(7+9)\times 8-2}{3}=42$; sondern man beruft sich auf die reine Anschauung in der Zeit, das Zählen, macht also jeden einzelnen Satz zum Axiom. Statt der Beweise, welche die Geometrie füllen, ist daher der ganze Inhalt der Arithmetik und Algebra eine bloße Methode zum Abkürzen des Zählens. Unsere unmittelbare Anschauung der Zahlen in der Zeit reicht zwar, wie oben erwähnt, nicht weiter, als etwan bis Zehn: darüber hinaus muß schon ein abstrakter Begriff der Zahl, durch ein Wort fixiert, die Stelle der Anschauung vertreten, welche daher nicht mehr wirklich vollzogen, sondern nur ganz bestimmt bezeichnet wird. Jedoch ist selbst so, durch das wichtige Hülfsmittel der Zahlenordnung, welche größere Zahlen immer durch dieselben kleinen repräsentieren läßt, eine anschauliche Evidenz jeder Rechnung möglich gemacht, sogar da, wo man die Abstraktion so sehr zu Hülfe nimmt, daß nicht nur die Zahlen, sondern unbestimmte Größen und ganze Operationen nur in abstracto gedacht und in dieser Hinsicht bezeichnet werden, wie $\sqrt{r-b}$, so daß man sie nicht mehr vollzieht, sondern nur andeutet.

Mit demselben Recht und derselben Sicherheit, wie in der Arithmetik, könnte man auch in der Geometrie die Wahrheit allein durch reine Anschauung a priori begründet sein lassen. In der Tat ist es auch immer diese, gemäß dem Satz vom Grunde des Seins anschaulich erkannte Notwendigkeit, welche der Geometrie ihre große Evidenz erteilt und auf der im Bewußtsein eines jeden die Gewißheit ihrer Sätze beruht: keineswegs ist es der auf Stelzen einherschreitende logische Beweis, welcher der Sache immer fremd, meistens bald vergessen wird, ohne Nachteil der Überzeugung, und ganz wegfallen könnte, ohne daß die Evidenz der Geometrie dadurch vermindert würde, da sie ganz unabhängig von ihm ist und er immer nur das beweist, wovon man schon vorher, durch eine andere Erkenntnisart, völlige Überzeugung hat: insofern gleicht er einem feigen Soldaten, der dem von andern erschlagenen Feinde noch eine Wunde versetzt, und sich dann rühmt, ihn erlegt zu haben*.

Diesem allen zufolge wird es hoffentlich keinem Zweifel weiter unterliegen, daß die Evidenz der Mathematik, welche zum Musterbild und Symbol aller Evidenz geworden ist, ihrem Wesen nach nicht auf Beweisen, sondern auf unmittelbarer Anschauung beruht, welche also hier, wie überall, der letzte Grund und die Quelle aller Wahrheit ist. Jedoch hat die Anschauung, welche der Mathematik zum Grunde liegt, einen großen Vorzug vor jeder andern, also vor der empirischen. Nämlich, da sie a priori ist, mithin unabhängig von der Erfahrung, die immer nur teilweise und sukzessiv gegeben wird; liegt ihr alles gleich nahe, und man kann beliebig vom Grunde, oder von der Folge ausgehn. Dies nun gibt ihr eine völlige Untrüglichkeit dadurch, daß in ihr die Folge aus dem Grunde erkannt wird, welche Erkenntnis allein Notwendigkeit hat: z. B. die Gleichheit der Seiten wird erkannt als begründet durch die Gleichheit der Winkel; da hingegen alle empirische Anschauung und der größte Teil aller Erfahrung nur umgekehrt von der Folge zum Grunde geht, welche Erkenntnisart nicht unfehlbar ist, da Notwendigkeit allein der Folge zukommt, sofern der Grund gegeben ist, nicht aber der Erkenntnis des Grundes aus der Folge, da dieselbe Folge aus verschiedenen Gründen entspringen

* Spinoza, der sich immer rühmt, more geometrico zu verfahren, hat dies wirklich noch mehr getan, als er selbst wußte. Denn was ihm, aus einer unmittelbaren, anschaulichen Auffassung des Wesens der Welt, gewiß und ausgemacht war, sucht er unabhängig von jener Erkenntnis logisch zu demonstrieren. Das beabsichtigte und bei ihm vorher gewisse Resultat erlangt er aber freilich nur dadurch, daß er willkürlich selbstgemachte Begriffe (substantia, causa sui usw) zum Ausgangspunkt nimmt und im Beweisen alle jene Willkürlichkeiten sich erlaubt, zu denen das Wesen der weiten Begriffssphären bequeme Gelegenheit gibt. Das Wahre und Vortreffliche seiner Lehre ist daher bei ihm auch ganz unabhängig von den Beweisen, eben wie in der Geometrie.
Hiezu Kap. 13 des zweiten Bandes.

kann. Diese letztere Art der Erkenntnis ist immer nur Induktion: d.h. aus vielen Folgen, die auf einen Grund deuten, wird der Grund als gewiß angenommen; da die Fälle aber nie vollständig beisammen sein können, so ist die Wahrheit hier auch nie unbedingt gewiß. Diese Art von Wahrheit allein aber hat alle Erkenntnis durch sinnliche Anschauung und die allermeiste Erfahrung. Die Affektion eines Sinnes veranlaßt einen Verstandesschluß von der Wirkung auf die Ursache; weil aber vom Begründeten auf den Grund der Schluß nie sicher ist, so ist der falsche Schein, als Sinnentrug, möglich und oft wirklich, wie oben ausgeführt. Erst wenn mehrere oder alle fünf Sinne Affektionen erhalten, welche auf dieselbe Ursache deuten, ist die Möglichkeit des Scheines äußerst klein geworden, dennoch aber vorhanden: denn in gewissen Fällen, z.B. durch falsche Münze, täuscht man die gesamte Sinnlichkeit. Im selben Fall ist alle empirische Erkenntnis, folglich die ganze Naturwissenschaft, ihren reinen (nach Kant metaphysischen) Teil beiseite gesetzt. Auch hier werden aus den Wirkungen die Ursachen erkannt: daher beruht alle Naturlehre auf Hypothesen, die oft falsch sind und dann allmählich richtigeren Platz machen. Bloß bei den absichtlich angestellten Experimenten geht die Erkenntnis von der Ursache auf die Wirkung, also den sichern Weg: aber sie selbst werden erst infolge von Hypothesen unternommen. Deshalb konnte kein Zweig der Naturwissenschaft, z.B. Physik, oder Astronomie, oder Physiologie, mit einem Male gefunden werden, wie Mathematik oder Logik es konnten; sondern es bedurfte und bedarf der gesammelten und verglichenen Erfahrungen vieler Jahrhunderte. Erst vielfache empirische Bestätigung bringt die Induktion, auf der die Hypothese beruht, der Vollständigkeit so nahe, daß sie für die Praxis die Stelle der Gewißheit einnimmt und der Hypothese ihr Ursprung so wenig nachteilig erachtet wird, wie der Anwendung der Geometrie die Inkommensurabilität gerader und krummer Linien, oder der Arithmetik die nicht zu erlangende vollkommene Richtigkeit des Logarithmus: denn wie man die Quadratur des Zirkels und den Logarithmus durch unendliche Brüche der Richtigkeit unendlich nahe bringt, so wird auch durch vielfache Erfahrung die Induktion, d.h. die Erkenntnis des Grundes aus den Folgen, der mathematischen Evidenz, d.h. der Erkenntnis der Folge aus dem Grunde, zwar nicht unendlich, aber doch so nahe gebracht, daß die Möglichkeit der Täuschung gering genug wird, um vernachlässigt werden zu können. Vorhanden aber ist sie doch: z.B. ein Induktionsschluß ist auch der, von unzähligen Fällen auf alle, d.h. eigentlich auf den unbekannten Grund, von welchem alle abhängen. Welcher Schluß dieser Art scheint nun sicherer, als der, daß alle Menschen das Herz auf der linken Seite haben? Dennoch gibt es, als höchst seltene, völlig vereinzelte Ausnahmen, Menschen, denen das Herz auf der rechten Seite sitzt. – Sinnliche Anschauung und Erfahrungswissenschaft haben also dieselbe Art der Evidenz. Der Vorzug, den Mathematik, reine Naturwissenschaft und Logik als Erkenntnisse a priori vor ihnen haben, beruht bloß darauf, daß das Formelle der Erkenntnisse, auf welches alle Apriorität sich gründet, ganz und zugleich gegeben ist und daher hier immer vom Grunde auf die Folge gegangen werden kann, dort aber meistens nur von der Folge auf den Grund. An sich ist übrigens das Gesetz der Kausalität, oder der Satz vom Grunde des Werdens, welcher die empirische Erkenntnis leitet, eben so sicher, wie jene andern Gestaltungen des Satzes vom Grunde, denen obige Wissenschaften a priori folgen. – Logische Beweise aus Begriffen, oder Schlüsse, haben ebensowohl, wie die Erkenntnis durch Anschauung a priori, den Vorzug, vom Grund auf die Folge zu gehn, wodurch sie an sich, d.h. ihrer Form nach, unfehlbar sind. Dies hat viel beigetragen, die Beweise überhaupt in so großes Ansehn zu bringen. Allein diese Unfehlbarkeit derselben ist eine relative: sie subsumieren bloß unter die oberen Sätze der Wissenschaft: diese aber sind es, welche den ganzen Fonds von Wahrheit der Wissenschaft enthalten, und sie dürfen nicht wieder bloß bewiesen sein, sondern müssen sich auf Anschauung gründen, welche in jenen genannten wenigen Wissenschaften a priori eine reine, sonst aber immer empirisch und nur durch Induktion zum Allgemeinen erhoben ist. Wenn also auch bei Erfahrungswissenschaften das Einzelne aus dem Allgemeinen bewiesen wird, so hat doch wieder das Allgemeine seine Wahrheit nur vom Einzelnen erhalten, ist nur ein Speicher gesammelter Vorräte, kein selbsterzeugender Boden.

Soviel von der Begründung der Wahrheit. – Über den Ursprung und die Möglichkeit des *Irrtums* sind seit Platos bildlichen Auflösungen darüber, vom Taubenschlage, wo man die unrechte Taube greift usw. (Theaetet., S. 167 u. ff.), viele Erklärungen versucht worden. Kants vage, unbestimmte Erklärung vom Ursprung des Irrtums, mittelst des Bildes der Diagonalbewegung, findet man in der Kritik der reinen Vernunft, S. 294 der ersten u. S. 350 der fünften Ausgabe. – Da die Wahrheit die Beziehung eines Urteils auf seinen Erkenntnisgrund ist, so ist es allerdings ein Problem, wie der Urteilende einen solchen Grund zu haben wirklich glauben kann und doch keinen hat, d.h. wie der Irrtum, der Trug der Vernunft, möglich ist. Ich finde diese Möglichkeit ganz analog der des Scheines, oder Truges des Verstandes, die oben erklärt worden. Meine Meinung nämlich ist (und das gibt dieser Erklärung gerade hier ihre Stelle), *daß jeder Irrtum ein Schluß von der Folge auf den Grund ist*, welcher zwar gilt, wo man weiß, daß die Folge jenen und durchaus keinen andern Grund haben kann; außerdem aber nicht. Der Irrende setzt entweder der Folge einen Grund, den sie gar nicht haben kann; worin er dann wirklichen Mangel an Verstand, d.h. an der Fähigkeit unmittelbarer Erkenntnis der Verbindung zwischen Ursache und Wirkung, zeigt: oder aber, was häufiger der Fall ist, er bestimmt der Folge einen zwar möglichen Grund, setzt jedoch zum Obersatz seines Schlusses von der Folge auf den Grund noch hinzu, daß die besagte Folge *allemal* nur aus dem von ihm angegebenen Grunde entstehe, wozu ihn nur eine vollständige Induktion berechtigen könnte, die er aber voraussetzt, ohne sie gemacht zu haben: jenes *allemal* ist also ein zu weiter Begriff, stattdessen nur stehn dürfte *bisweilen*, oder *meistens*; wodurch der Schlußsatz problematisch ausfiele und als solcher nicht irrig wäre. Daß der Irrende aber auf die angegebene Weise verfährt, ist entweder Übereilung, oder zu beschränkte Kenntnis von der Möglichkeit, weshalb er die Notwendigkeit der zu machenden Induktion nicht weiß. Der Irrtum ist also dem Schein ganz analog. Beide sind Schlüsse von der Folge auf den Grund: der Schein stets nach dem Gesetze der Kausalität und vom bloßen Verstande, also unmittelbar in der Anschauung selbst, vollzogen; der Irrtum, nach allen Formen des Satzes vom

Grunde, von der Vernunft, also im eigentlichen Denken, vollzogen, am häufigsten jedoch ebenfalls nach dem Gesetze der Kausalität, wie folgende drei Beispiele belegen, die man als Typen oder Repräsentanten dreier Arten von Irrtümern ansehn mag. 1) Der Sinnenschein (Trug des Verstandes) veranlaßt Irrtum (Trug der Vernunft), z.B. wenn man eine Malerei für ein Haut-Relief ansieht und wirklich dafür hält, es geschieht durch einen Schluß aus folgendem Obersatz: »Wenn Dunkelgrau stellenweise durch alle Nuancen in Weiß übergeht; so ist *allemal* die Ursache das Licht, welches Erhabenheiten und Vertiefungen ungleich trifft: ergo –.« 2) »Wenn Geld in meiner Kasse fehlt; so ist die Ursache *allemal*, daß mein Bedienter einen Nachschlüssel hat: ergo –.« 3) »Wenn das durch das Prisma gebrochene, d.i. herauf oder herab gerückte Sonnenbild, statt vorher rund und weiß, jetzt länglich und gefärbt erscheint; so ist die Ursache einmal und allemal, daß im Licht verschieden-gefärbte und zugleich verschieden-brechbare homogene Lichtstrahlen gesteckt haben, die, durch ihre verschiedene Brechbarkeit auseinandergerückt, jetzt ein längliches und zugleich verschiedenfarbiges Bild zeigen: ergo – bibamus!« – Auf einen solchen Schluß aus einem, oft nur fälschlich generalisierten, hypothetischen, aus der Annahme eines Grundes zur Folge entsprungenen Obersatz muß jeder Irrtum zurückzuführen sein; nur nicht etwan Rechnungsfehler, welche eben nicht eigentlich Irrtümer sind, sondern bloße Fehler: die Operation, welche die Begriffe der Zahlen angaben, ist nicht in der reinen Anschauung, dem Zählen, vollzogen worden; sondern eine andere statt ihrer.

Was den *Inhalt* der Wissenschaften überhaupt betrifft, so ist dieser eigentlich immer das Verhältnis der Erscheinungen der Welt zueinander, gemäß dem Satz vom Grunde und am Leitfaden des durch ihn allein geltenden und bedeutenden Warum. Die Nachweisung jenes Verhältnisses heißt *Erklärung*. Diese kann also nie weiter gehn, als daß sie zwei Vorstellungen zueinander in dem Verhältnisse der in der Klasse, zu der sie gehören, herrschenden Gestaltung des Satzes vom Grunde zeigt. Ist sie dahin gelangt, so kann gar nicht weiter *warum* gefragt werden: denn das nachgewiesene Verhältnis ist dasjenige, welches schlechterdings nicht anders vorgestellt werden kann, d.h. es ist die Form aller Erkenntnis. Daher frägt man nicht warum $2+2=4$ ist; oder warum Gleichheit der Winkel im Dreieck, Gleichheit der Seiten bestimmt; oder warum auf irgend eine gegebene Ursache ihre Wirkung folgt; oder warum aus der Wahrheit der Prämissen, die der Konklusion einleuchtet. Jede Erklärung, die nicht auf ein solches Verhältnis, davon weiter kein Warum gefordert werden kann, zurückführt, bleibt bei einer angenommenen qualitas occulta stehn: dieser Art ist aber auch jede ursprüngliche Naturkraft. Bei einer solchen muß jede naturwissenschaftliche Erklärung zuletzt stehn bleiben, also bei einem völlig Dunkelen: sie muß daher das innere Wesen eines Steines ebenso unerklärt lassen, wie das eines Menschen; kann so wenig von der Schwere, Kohäsion, chemischen Eigenschaften usw., die jener äußert, als vom Erkennen und Handeln dieses Rechenschaft geben. So z.B. ist die Schwere eine qualitas occulta: denn sie läßt sich wegdenken, geht also nicht aus der Form des Erkennens als ein Notwendiges hervor: dies hingegen ist der Fall mit dem Gesetze der Trägheit, als welches aus dem der Kausalität folgt; daher eine Zurückführung auf dasselbe eine vollkommen genügende Erklärung ist. Zwei Dinge nämlich sind schlechthin unerklärlich, d.h. nicht auf das Verhältnis, welches der Satz vom Grunde ausspricht, zurückzuführen: erstlich, der Satz vom Grunde selbst, in allen seinen vier Gestalten, weil er das Prinzip aller Erklärung ist, dasjenige, in Beziehung worauf sie allein Bedeutung hat; und zweitens, das, was nicht von ihm erreicht wird, woraus aber eben das Ursprüngliche in allen Erscheinungen hervorgeht: es ist das Ding an sich, dessen Erkenntnis gar nicht die dem Satz vom Grunde unterworfene ist. Dieses letztere muß hier nun ganz unverstanden stehn bleiben, da es erst durch das folgende Buch, in welchem wir auch diese Betrachtung der möglichen Leistungen der Wissenschaften wieder aufnehmen werden, verständlich werden kann. Aber da, wo die Naturwissenschaft, ja jede Wissenschaft, die Dinge stehn läßt, indem nicht nur ihre Erklärung derselben, sondern sogar das Prinzip dieser Erklärung, der Satz vom Grund, nicht über diesen Punkt hinausführt; da nimmt eigentlich die Philosophie die Dinge wieder auf und betrachtet sie nach ihrer, von jener ganz verschiedenen Weise. – In der Abhandlung über den Satz vom Grunde, § 51, habe ich gezeigt, wie, in den verschiedenen Wissenschaften, die eine oder die andere Gestaltung jenes Satzes Hauptleitfaden ist: in der Tat möchte hienach sich vielleicht die treffendeste Einteilung der Wissenschaften machen lassen. Jede nach jenem Leitfaden gegebene Erklärung ist aber, wie gesagt, immer nur relativ: sie erklärt die Dinge in Beziehung auf einander, läßt aber immer etwas unerklärt, welches sie eben schon voraussetzt: Dieses ist z.B. in der Mathematik Raum und Zeit; in der Mechanik, Physik und Chemie die Materie, die Qualitäten, die ursprünglichen Kräfte, die Naturgesetze; in der Botanik und Zoologie die Verschiedenheit der Spezies und das Leben selbst; in der Geschichte das Menschengeschlecht, mit allen seinen Eigentümlichkeiten des Denkens und Wollens; – in allen der Satz vom Grund in seiner jedesmal anzuwendenden Gestaltung. – Die *Philosophie* hat das Eigene, daß sie gar nichts als bekannt voraussetzt, sondern alles ihr in gleichem Maße fremd und ein Problem ist, nicht nur die Verhältnisse der Erscheinungen, sondern auch diese selbst, ja der Satz vom Grunde selbst, auf welchen alles zurückzuführen die andern Wissenschaften zufrieden sind, durch welche Zurückführung bei ihr aber nichts gewonnen wäre, da ein Glied der Reihe ihr so fremd ist, wie das andere, ferner auch jene Art des Zusammenhangs selbst ihr eben so gut ein Problem ist, als das durch ihn Verknüpfte, und dieses wieder nach aufgezeigter Verknüpfung, so gut als vor derselben. Denn, wie gesagt, eben jenes, was die Wissenschaften voraussetzen und ihren Erklärungen zum Grunde legen und zur Grenze setzen, ist gerade das eigentliche Problem der Philosophie, die folglich insofern da anfängt, wo die Wissenschaften aufhören. Beweise können nicht ihr Fundament sein: denn diese leiten aus bekannten Sätzen unbekannte ab: aber ihr ist alles gleich unbekannt und fremd. Es kann keinen Satz geben, infolgedessen allererst die Welt mit allen ihren Erscheinungen da wäre: daher läßt sich nicht eine Philosophie, wie Spinoza wollte, ex firmis principiis demonstrierend ableiten. Auch ist die Philosophie das allgemeinste Wissen, dessen Hauptsätze also nicht Folgerungen aus einem andern, noch allgemeineren, sein können. Der Satz vom Widerspruch setzt bloß die Übereinstimmung der Begriffe fest; gibt aber nicht selbst Begriffe. Der Satz vom Grund erklärt

Verbindungen der Erscheinungen, nicht diese selbst: daher kann Philosophie nicht darauf ausgehn, eine causa efficiens oder eine causa finalis der ganzen Welt zu suchen. Die gegenwärtige wenigstens sucht keineswegs, *woher* oder *wozu* die Welt da sei; sondern bloß, *was* die Welt ist. Das Warum aber ist hier dem Was untergeordnet: denn es gehört schon zur Welt, da es allein durch die Form ihrer Erscheinung, den Satz vom Grund, entsteht und nur insofern Bedeutung und Gültigkeit hat. Zwar könnte man sagen, daß was die Welt sei, ein jeder ohne weitere Hülfe erkenne; da er das Subjekt des Erkennens, dessen Vorstellung sie ist, selbst ist: auch wäre dies insoweit wahr. Allein jene Erkenntnis ist eine anschauliche, ist in concreto: dieselbe in abstracto wiederzugeben, das sukzessive, wandelbare Anschauen und überhaupt alles das, was der weite Begriff *Gefühl* umfaßt und bloß negativ, als nicht abstraktes, deutliches Wissen bezeichnet, eben zu einem solchen, zu einem bleibenden Wissen zu erheben, ist die Aufgabe der Philosophie. Sie muß demnach eine Aussage in abstracto vom Wesen der gesamten Welt sein, vom Ganzen wie von allen Teilen. Um aber dennoch nicht in eine endlose Menge von einzelnen Urteilen sich zu verlieren, muß sie sich der Abstraktion bedienen und alles Einzelne im Allgemeinen denken, seine Verschiedenheiten aber auch wieder im Allgemeinen: daher wird sie teils trennen, teils vereinigen, um alles Mannigfaltige der Welt überhaupt, seinem Wesen nach, in wenige abstrakte Begriffe zusammengefaßt, dem Wissen zu überliefern. Durch jene Begriffe, in welchen sie das Wesen der Welt fixiert, muß jedoch, wie das Allgemeine, auch das ganz Einzelne erkannt werden, die Erkenntnis beider also auf das Genaueste verbunden sein: daher die Fähigkeit zur Philosophie eben darin besteht, worein Plato sie setzte, im Erkennen des Einen im Vielen und des Vielen im Einen. Die Philosophie wird demnach eine Summe sehr allgemeiner Urteile sein, deren Erkenntnisgrund unmittelbar die Welt selbst in ihrer Gesamtheit ist, ohne irgend etwas auszuschließen: also alles, was im menschlichen Bewußtsein sich vorfindet: sie wird sein *eine vollständige Wiederholung, gleichsam Abspiegelung der Welt in abstrakten Begriffen*, welche allein möglich ist durch Vereinigung des wesentlich Identischen in *einen* Begriff und Aussonderung des Verschiedenen zu einem andern.

Diese Aufgabe setzte schon Bako von Verulam der Philosophie, indem er sagte: ea demum vera est philosophia, quae mundi ipsius voces fidelissime reddit, et veluti dictante mundo conscripta est, et nihil aliud est, quam eiusdem *simulacrum et reflectio*, neque addit quidquam de proprio, sed tantum iterat et resonat. (de augm. scient., L. 2, c. 13). Wir nehmen jedoch dieses in einem ausgedehnteren Sinn, als Bako damals denken konnte.

Die Übereinstimmung, welche alle Seiten und Teile der Welt, eben weil sie zu einem Ganzen gehören, mit einander haben, muß auch in jenem abstrakten Abbilde der Welt sich wiederfinden. Demnach könnte in jener Summe von Urteilen das eine aus dem andern gewissermaßen abgeleitet werden und zwar immer wechselseitig. Doch müssen sie hiezu fürs erste dasein und also zuvor, als unmittelbar durch die Erkenntnis der Welt in concreto begründet, aufgestellt werden, um so mehr, als alle unmittelbare Begründung sicherer ist, als die mittelbare: ihre Harmonie zu einander, vermöge welcher sie sogar zur Einheit *eines* Gedankens zusammenfließen, und welche entspringt aus der Harmonie und Einheit der anschaulichen Welt selbst, die ihr gemeinsamer Erkenntnisgrund ist, wird daher nicht als das Erste zu ihrer Begründung gebraucht werden; sondern nur noch als Bekräftigung ihrer Wahrheit hinzukommen. – Diese Aufgabe selbst kann erst durch ihre Auflösung vollkommen deutlich werden*.

§ 16

Nach dieser ganzen Betrachtung der Vernunft, als einer dem Menschen allein eigenen, besonderen Erkenntniskraft, und der durch sie herbeigeführten, der menschlichen Natur eigentümlichen Leistungen und Phänomene, bliebe mir jetzt noch übrig von der Vernunft zu reden, sofern sie die Handlungen der Menschen leitet, also in dieser Rücksicht *praktisch* genannt werden kann. Allein das hier zu Erwähnende hat größtenteils seine Stelle an einem andern Orte gefunden, nämlich im Anhang zu dieser Schrift, wo

* Hiezu Kap. 17 des zweiten Bandes.

das Dasein der von Kant so genannten praktischen Vernunft zu bestreiten war, welche er (freilich sehr bequem) als unmittelbare Quelle aller Tugend und als den Sitz eines absoluten (d.h. vom Himmel gefallenen) *Soll* darstellt. Die ausführliche und gründliche Widerlegung dieses Kantischen Prinzips der Moral habe ich später geliefert, in den »Grundproblemen der Ethik«. – Ich habe deshalb hier nur noch weniges über den wirklichen Einfluß der Vernunft, im wahren Sinne dieses Worts, auf das Handeln zu sagen. Schon am Eingang unserer Betrachtung der Vernunft haben wir im allgemeinen bemerkt, wie sehr das Tun und der Wandel des Menschen von dem des Tieres sich unterscheidet, und daß dieser Unterschied doch allein als Folge der Anwesenheit abstrakter Begriffe im Bewußtsein anzusehn ist. Der Einfluß dieser auf unser ganzes Dasein ist so durchgreifend und bedeutend, daß er uns zu den Tieren gewissermaßen in das Verhältnis setzt, welches die sehenden Tiere zu den augenlosen (gewisse Larven, Würmer und Zoophyten) haben: letztere erkennen durch das Getast allein das ihnen im Raum unmittelbar Gegenwärtige, sie Berührende; die Sehenden dagegen einen weiten Kreis von Nahem und Fernem. Ebenso nun beschränkt die Abwesenheit der Vernunft die Tiere auf die ihnen in der Zeit unmittelbar gegenwärtigen anschaulichen Vorstellungen, d.i. realen Objekte: wir hingegen, vermöge der Erkenntnis in abstracto, umfassen, neben der engen wirklichen Gegenwart, noch die ganze Vergangenheit und Zukunft, nebst dem weiten Reiche der Möglichkeit: wir übersehn das Leben frei nach allen Seiten, weit hinaus über die Gegenwart und Wirklichkeit. Was also im Raum und für die sinnliche Erkenntnis das Auge ist, das ist gewissermaßen in der Zeit und für die innere Erkenntnis die Vernunft. Wie aber die Sichtbarkeit der Gegenstände ihren Wert und Bedeutung doch nur dadurch hat, daß sie die Fühlbarkeit derselben verkündigt, so liegt der ganze Wert der abstrakten Erkenntnis immer in ihrer Beziehung auf die anschauliche. Daher auch legt der natürliche Mensch immer viel mehr Wert auf das unmittelbar und anschaulich Erkannte, als auf die abstrakten Begriffe, das bloß Gedachte: er zieht die empirische Erkenntnis der logischen vor. Umgekehrt aber sind diejenigen gesinnt, welche mehr in Worten, als Taten leben, mehr in Papier und Bücher, als in die wirkliche Welt gesehn haben, und die in ihrer größten Ausartung zu Pedanten und Buchstabenmenschen werden. Daraus allein ist es begreiflich, wie Leibniz nebst Wolff und allen ihren Nachfolgern, so weit sich verirren konnten, nach dem Vorgange des Duns Skotus, die anschauliche Erkenntnis für eine nur verworrene abstrakte zu erklären! Zur Ehre Spinozas muß ich erwähnen, daß sein richtigerer Sinn umgekehrt alle Gemeinbegriffe für entstanden aus der Verwirrung des anschaulich Erkannten erklärt hat. (Eth. II, prop. 40, Schol. 1.) – Aus jener verkehrten Gesinnung ist es auch entsprungen, daß man in der Mathematik die ihr eigentümliche Evidenz verwarf, um allein die logische gelten zu lassen; daß man überhaupt jede nicht abstrakte Erkenntnis unter dem weiten Namen Gefühl begriff und gering schätzte; daß endlich die Kantische Ethik den reinen, unmittelbar bei Erkenntnis der Umstände ansprechenden und zum Rechttun und Wohltun leitenden guten Willen als bloßes Gefühl und Aufwallung für wert- und verdienstlos erklärte, und nur dem aus abstrakten Maximen hervorgegangenen Handeln moralischen Wert zuerkennen wollte.

Die allseitige Übersicht des Lebens im ganzen, welche der Mensch durch die Vernunft vor dem Tiere voraus hat, ist auch zu vergleichen mit einem geometrischen, farblosen, abstrakten, verkleinerten Grundriß seines Lebensweges. Er verhält sich damit zum Tiere, wie der Schiffer, welcher mittelst Seekarte, Kompaß und Quadrant seine Fahrt und jedesmalige Stelle auf dem Meer genau weiß, zum unkundigen Schiffsvolk, das nur die Wellen und den Himmel sieht. Daher ist es betrachtungswert, ja wunderbar, wie der Mensch, neben seinem Leben in concreto, immer noch ein zweites in abstracto führt. Im ersten ist er allen Stürmen der Wirklichkeit und dem Einfluß der Gegenwart preisgegeben, muß streben, leiden, sterben, wie das Tier. Sein Leben in abstracto aber, wie es vor seinem vernünftigen Besinnen steht, ist die stille Abspiegelung des ersten und der Welt worin er lebt, ist jener eben erwähnte verkleinerte Grundriß. Hier im Gebiet der ruhigen Überlegung erscheint ihm kalt, farblos und für den Augenblick fremd, was ihn dort ganz besitzt und heftig bewegt: hier ist er bloßer Zuschauer und Beobachter. In diesem Zurückziehn in die Reflexion gleicht er einem Schauspieler, der seine Szene gespielt hat und bis er wieder auftreten muß, unter den Zuschauern seinen Platz nimmt, von wo aus er was immer auch vorgehn möge, und wäre es die Vorbereitung zu seinem Tode (im Stück), gelassen ansieht, darauf aber wieder hingeht und tut und leidet wie er muß. Aus diesem doppelten Leben geht jene von der tierischen Gedankenlosigkeit sich so sehr unterscheidende menschliche Gelassenheit hervor, mit welcher einer, nach vorhergegangener Überlegung, gefaßtem Entschluß oder erkannter Notwendigkeit, das für ihn Wichtigste, oft Schrecklichste kaltblütig über sich ergehn läßt, oder vollzieht: Selbstmord, Hinrichtung, Zweikampf, lebensgefährliche Wagstücke jeder Art und überhaupt Dinge, gegen welche seine ganze tierische Natur sich empört. Da sieht man dann, in welchem Maße die Vernunft der tierischen Natur Herr wird, und ruft dem Starken zu: *σιδηρειον νυ τοι ητορ*! (ferreum certe tibi cor!) Il. 24, 521. Hier, kann man wirklich sagen, äußert sich die Vernunft *praktisch:* also überall, wo das Tun von der Vernunft geleitet wird, wo die Motive abstrakte Begriffe sind, wo nicht anschauliche, einzelne Vorstellungen, noch der Eindruck des Augenblicks, welcher das Tier leitet, das Bestimmende ist, da zeigt sich *praktische Vernunft.* Daß aber dieses gänzlich verschieden und unabhängig ist vom ethischen Wert des Handelns, daß vernünftig Handeln und tugendhaft Handeln zwei ganz verschiedene Dinge sind, daß Vernunft sich eben so wohl mit großer Bosheit, als mit großer Güte im Verein findet und der einen wie der andern durch ihren Beitritt erst große Wirksamkeit verleiht, daß sie zur methodischen, konsequenten Ausführung des edeln, wie des schlechten Vorsatzes, der klugen, wie der unverständigen Maxime, gleich bereit und dienstbar ist, welches eben ihre weibliche, empfangende und aufbewahrende, nicht selbst erzeugende Natur so mit sich bringt, – dieses alles habe ich im Anhange ausführlich auseinandergesetzt, und durch Beispiele erläutert. Das dort Gesagte stände hier an seinem eigentlichen Platz, hat indessen, wegen der Polemik gegen Kants vorgebliche praktische Vernunft, dorthin verlegt werden müssen; wohin ich deshalb von hier wieder verweise.

Die vollkommenste Entwickelung der *praktischen Vernunft*, im wahren und echten Sinne des Worts, der höchste Gipfel, zu dem der Mensch durch den bloßen Gebrauch seiner Vernunft gelangen kann, und auf welchem sein Unterschied vom Tiere sich am deutlichsten zeigt, ist als Ideal dargestellt im *Stoischen Weisen.* Denn die Stoische Ethik ist ursprünglich und wesentlich gar nicht Tugendlehre, sondern bloß Anweisung zum vernünftigen Leben, dessen Ziel und Zweck Glück durch Geistesruhe ist. Der tugendhafte Wandel findet sich dabei gleichsam nur per accidens, als Mittel, nicht als Zweck ein. Daher ist die Stoische Ethik, ihrem ganzen Wesen und Gesichtspunkt nach, grundverschieden von den unmittelbar auf Tugend dringenden ethischen Systemen, als da sind die Lehre der Veden, des Plato, des Christentums und Kants. Der Zweck der Stoischen Ethik ist Glück: *τελος* το ευδαιμονειν (virtutes omnes finem habere beatitudinem) heißt es in der Darstellung der Stoa bei Stobäos. (Ecl., L. II, c. 7, p. 114, und ebenfalls p. 138.) Jedoch weist die Stoische Ethik nach, daß das Glück im innern Frieden und in der Ruhe des Geistes *(αταραξια)* allein sicher zu finden sei, und diese wieder allein durch Tugend zu erreichen: eben dieses nur bedeutet der Ausdruck, daß Tugend höchstes Gut sei. Wenn nun aber freilich allmählich der Zweck über das Mittel vergessen und die Tugend auf eine Weise empfohlen wird, die ein ganz anderes Interesse, als das des eigenen Glückes verrät, indem es diesem zu deutlich widerspricht; so ist dies eine von den Inkonsequenzen, durch welche in jedem System die unmittelbar erkannte, oder wie man sagt gefühlte Wahrheit auf den rechten Weg zurückleitet, den Schlüssen Gewalt antuend; wie man dies z. B. deutlich sieht in der Ethik des Spinoza, welche aus dem egoistischen suum utile quaerere, durch handgreifliche Sophismen, reine Tugendlehre ableitet. Nach dem, wie ich den Geist der Stoischen Ethik aufgefaßt habe, liegt ihr Ursprung in dem Gedanken, ob das große Vorrecht des Menschen, die Vernunft, welche ihm mittelbar, durch planmäßiges Handeln und was aus diesem hervorgeht, so sehr das Leben und dessen Lasten erleichtert, nicht auch fähig wäre, unmittelbar, d. h. durch bloße Erkenntnis, ihn den Leiden und Qualen aller Art, welche sein Leben füllen, auf einmal zu entziehn, entweder ganz, oder doch beinahe ganz. Man hielt es dem Vorzug der Vernunft nicht angemessen, daß das mit ihr begabte Wesen, welches durch dieselbe eine Unendlichkeit von Dingen und Zuständen umfaßt und übersieht, dennoch durch die Gegenwart und durch die Vorfälle, welche die wenigen Jahre eines so kurzen, flüchtigen, ungewissen Lebens enthalten können, so heftigen Schmerzen, so großer Angst und Leiden, die aus dem ungestümen Drang des Begehrens und Fliehens hervorgehn, Preis gegeben sein sollte, und meinte, die gehörige Anwendung der Vernunft müßte den Menschen darüber hinwegheben, ihn unverwundbar machen können. Daher sagte Antisthenes: *Δει κτασθαι νουν, η βροχον* (aut mentem parandam, aut laqueum. Plut. de stoic. repugn., c. 14), d.h. das Leben ist so voller Plagen und Hudeleien, daß man entweder, mittelst berichtigter Gedanken, sich darüber hinaussetzen, oder es verlassen muß. Man sah ein, daß die Entbehrung, das Leiden, nicht unmittelbar und notwendig hervorging aus dem Nicht-haben; sondern erst aus dem Haben-wollen und doch nicht haben; daß also dieses Haben-wollen die notwendige Bedingung ist, unter der allein das Nicht-haben zur Entbehrung wird, und den Schmerz erzeugt. *Ου πενια λυπην εργαζεται, αλλα επιθυμια* (non paupertas dolorem efficit, sed cupiditas), Epict. fragm. 25. Man erkannte zudem aus Erfahrung, daß bloß die Hoffnung, der Anspruch es ist, der den Wunsch gebiert und nährt; daher uns weder die vielen, allen gemeinsamen und unvermeidlichen Übel, noch die unerreichbaren Güter beunruhigen und plagen; sondern allein das unbedeutende Mehr und Weniger des dem Menschen Ausweichbaren und Erreichbaren; ja, daß nicht nur das absolut, sondern auch schon das relativ Unerreichbare, oder Unvermeidliche, uns ganz ruhig läßt; daher die Übel, welche unserer Individualität einmal beigegeben sind, oder die Güter, welche ihr notwendig versagt bleiben müssen, mit Gleichgültigkeit betrachtet werden, und daß, dieser menschlichen Eigentümlichkeit zufolge, jeder Wunsch bald erstirbt, und also keinen Schmerz mehr erzeugen kann, wenn nur keine Hoffnung ihm Nahrung gibt. Aus diesem allen ergab sich, daß alles Glück nur auf dem Verhältnis beruht zwischen unsern Ansprüchen und dem, was wir erhalten: wie groß oder klein die beiden Größen dieses Verhältnisses sind, ist einerlei, und das Verhältnis kann sowohl durch Verkleinerung der ersten Größe, als durch Vergrößerung der zweiten hergestellt werden: und ebenso, daß alles Leiden eigentlich hervorgeht aus dem Mißverhältnis dessen, was wir fordern und erwarten, mit dem, was uns wird, welches Mißverhältnis aber offenbar nur in der Erkenntnis liegt*, und durch bessere Einsicht völlig gehoben werden könnte. Daher sagte Chrysippos: *δει ζην κατ' εμπειριαν των φυσει συμβαινοντων* (Stob. Ecl., L. II, c. 7, p. 134), d.h. man soll leben mit gehöriger Kenntnis des Hergangs der Dinge in der Welt. Denn so oft ein Mensch irgendwie aus der Fassung kommt, durch ein Unglück zu Boden geschlagen wird, oder sich erzürnt, oder verzagt; so zeigt er eben dadurch, daß er die Dinge anders findet, als er sie erwartete, folglich daß er im Irrtum befangen war, die Welt und das Leben nicht kannte, nicht wußte, wie durch Zufall die leblose Natur, durch entgegengesetzte Zwecke, auch durch Bosheit, die belebte den Willen des einzelnen bei jedem Schritte durchkreuzt: er hat also entweder seine Vernunft nicht gebraucht, um zu einem allgemeinen Wissen dieser Beschaffenheit des Lebens zu kommen, oder auch es fehlt ihm an Urteilskraft, wenn, was er im Allgemeinen weiß, er doch im Einzelnen nicht wiedererkennt und deshalb davon überrascht und aus der Fassung gebracht wird**. So auch ist jede lebhafte Freude ein Irrtum, ein Wahn, weil kein erreichter Wunsch dauernd befriedigen kann, auch weil jeder Besitz und jedes Glück nur vom Zufall auf unbestimmte Zeit geliehn ist, und daher in der nächsten Stunde wieder zurückgefordert werden kann. Jeder Schmerz aber beruht auf dem Verschwinden eines solchen Wahns: Beide also entstehn aus fehlerhafter Erkenntnis: dem Weisen bleibt daher Jubel wie Schmerz immer fern, und keine Begebenheit stört seine *αταραξια*.

Diesem Geist und Zweck der Stoa gemäß, fängt Epiktet damit

* Omnes perturbationes judicio censent fieri et opinione. Cic. Tusc., 4. 6.
Ταρασσει τους ανθρωπους ου τα πραγματα, αλλα τα περι των πραγματων δογματα. (Perturbant homines non res ipsae, sed de rebus opiniones.) Epictet., c. V.

** *Τουτο γαρ εστι το αιτιον τοις ανθρωποις παντων των κακων, το τας προληψεις τας κοινας μη δυνασθαι εφαρμοζειν ταις επι μερους.* (Haec est causa mortalibus omnium malorum, non posse communes notiones aptare singularibus.) Epict. dissert., III, 26.

an und kommt beständig darauf zurück, als auf den Kern seiner Weisheit, daß man wohl bedenken und unterscheiden solle, was von uns abhängt und was nicht, daher auf letzteres durchaus nicht Rechnung machen; wodurch man zuverlässig frei bleiben wird von allem Schmerz, Leiden und Angst. Was nun aber von uns abhängt, ist allein der Wille: und hier geschieht nun ein allmählicher Übergang zur Tugendlehre, indem bemerkt wird, daß, wie die von uns nicht abhängige Außenwelt Glück und Unglück bestimmt, so aus dem Willen innere Zufriedenheit oder Unzufriedenheit mit uns selbst hervorgehe. Nachher aber ward gefragt, ob man den beiden ersteren oder den beiden letzteren die Namen bonum et malum beilegen solle? Das war eigentlich willkürlich und beliebig und tat nichts zur Sache. Aber dennoch stritten hierüber unaufhörlich die Stoiker mit Peripatetikern und Epikuräern, unterhielten sich mit der unstatthaften Vergleichung zweier völlig inkommensurabeler Größen und den daraus hervorgehenden, entgegengesetzten, paradoxen Aussprüchen, die sie einander zuwarfen. Eine interessante Zusammenstellung dieser, von der stoischen Seite aus, liefern uns die Paradoxa des Cicero.

Zenon, der Stifter, scheint ursprünglich einen etwas andern Gang genommen zu haben. Der Ausgangspunkt war bei ihm dieser: daß man zur Erlangung des höchsten Gutes, d. h. der Glückseligkeit durch Geistesruhe, übereinstimmend mit sich selbst leben solle. (*ὁμολογουμενως ζῃν τουτο δ' εστι καθ' ἑνα λογον και συμφωνον ζῃν*. – Consonanter vivere: hoc est secundum unam rationem et concordem sibi vivere. Stob. Ecl. eth., L, II, c. 7, p. 132. Imgleichen: *Αρετην διαθεσιν ειναι ψυχης συμφωνον ἑαυτῃ περι ὁλον τον βιον*. Virtutem esse animi affectionem secum per totam vitam consentientem, ibid., p. 104.) Nun war aber dieses allein dadurch möglich, daß man durchaus *vernünftig*, nach Begriffen, nicht nach wechselnden Eindrücken und Launen sich bestimmte; da aber nur die Maxime unsers Handelns, nicht der Erfolg, noch die äußern Umstände, in unserer Gewalt sind: so mußte man, um immer konsequent bleiben zu können, allein jene, nicht diese sich zum Zwecke machen; wodurch wieder die Tugendlehre eingeleitet wird.

Aber schon den unmittelbaren Nachfolgern des Zenon schien

sein Moralprinzip – übereinstimmend zu leben – zu formal und inhaltsleer. Sie gaben ihm daher materialen Gehalt, durch den Zusatz: »übereinstimmend mit der Natur zu leben« (*ὁμολογουμενως τη φυσει ζην*); welches, wie Stobäos a. a. D. berichtet, zuerst vom Kleanthes hinzugesetzt wurde und die Sache sehr ins Weite schob, durch die große Sphäre des Begriffs und die Unbestimmtheit des Ausdrucks. Denn Kleanthes meinte die gesamte allgemeine Natur, Chrysippos aber die menschliche Natur insbesondere (Diog. Laërt., 7, 89). Das dieser letzteren allein Angemessene sollte nachher die Tugend sein, wie den tierischen Naturen Befriedigung tierischer Triebe, wodurch wieder gewaltsam zur Tugendlehre eingelenkt, und, es mochte biegen oder brechen, die Ethik durch die Physik begründet werden sollte. Denn die Stoiker gingen überall auf Einheit des Prinzips: wie denn auch Gott und die Welt bei ihnen durchaus nicht zweierlei war.

Die Stoische Ethik, im ganzen genommen, ist in der Tat ein sehr schätzbarer und achtungswerter Versuch, das große Vorrecht des Menschen, die Vernunft, zu einem wichtigen und heilbringenden Zweck zu benutzen, nämlich um ihn über die Leiden und Schmerzen, welchen jedes Leben anheimgefallen ist, hinauszuheben, durch eine Anweisung

»Qua ratione queas traducere leniter aevum:
Ne te semper inops agitet vexetque cupido,
Ne pavor et rerum mediocriter utilium spes.«

und ihn eben dadurch im höchsten Grade der Würde teilhaft zu machen, welche ihm, als vernünftigem Wesen, im Gegensatz des Tieres zusteht, und von der in diesem Sinn allerdings die Rede sein kann, nicht in einem andern. – Diese meine Ansicht der Stoischen Ethik brachte es mit sich, daß sie hier bei Darstellung dessen, was die *Vernunft* ist und zu leisten vermag, erwähnt werden mußte. So sehr aber auch jener Zweck, durch Anwendung der Vernunft und durch eine bloß vernünftige Ethik in gewissem Grade erreichbar ist, wie denn auch die Erfahrung zeigt, daß jene rein vernünftigen Charaktere, die man gemeinhin praktische Philosophen nennt – und mit Recht, weil, wie der eigentliche, d. i. der theoretische Philosoph das Leben in den Begriff überträgt, sie den

Begriff ins Leben übertragen, – wohl die glücklichsten sind; so fehlt dennoch sehr viel, daß etwas Vollkommenes in dieser Art zustande kommen und wirklich die richtig gebrauchte Vernunft uns aller Last und allen Leiden des Lebens entziehn und zur Glückseligkeit führen könnte. Es liegt vielmehr ein vollkommener Widerspruch darin, leben zu wollen ohne zu leiden, welchen daher auch das oft gebrauchte Wort »seliges Leben« in sich trägt: dieses wird demjenigen gewiß einleuchtend sein, der meine folgende Darstellung bis ans Ende gefaßt haben wird. Dieser Widerspruch offenbart sich auch schon in jener Ethik der reinen Vernunft selbst, dadurch, daß der Stoiker genötigt ist, seiner Anweisung zum glückseligen Leben (denn das bleibt seine Ethik immer) eine Empfehlung des Selbstmordes einzuflechten (wie sich unter dem prächtigen Schmuck und Gerät orientalischer Despoten auch ein kostbares Fläschchen mit Gift findet), für den Fall nämlich, wo die Leiden des Körpers, die sich durch keine Sätze und Schlüsse wegphilosophieren lassen, überwiegend und unheilbar sind, sein alleiniger Zweck, Glückseligkeit, also doch vereitelt ist, und nichts bleibt, um dem Leiden zu entgehn, als der Tod, der aber dann gleichgültig, wie jede andere Arzenei, zu nehmen ist. Hier wird ein starker Gegensatz offenbar, zwischen der Stoischen Ethik und allen jenen oben erwähnten, welche Tugend an sich und unmittelbar, auch mit den schwersten Leiden, zum Zweck machen und nicht wollen, daß man, um dem Leiden zu entfliehn, das Leben endige; obgleich keine von ihnen allein den wahren Grund zur Verwerfung des Selbstmordes auszusprechen wußte, sondern sie mühsam allerhand Scheingründe zusammensuchen: im vierten Buch wird jener Grund im Zusammenhang unserer Betrachtung sich ergeben. Aber obiger Gegensatz offenbart und bestätigt eben den wesentlichen, im Grundprinzip liegenden Unterschied zwischen der Stoa, die eigentlich doch nur ein besonderer Eudämonismus ist, und jenen erwähnten Lehren, obgleich beide oft in den Resultaten zusammentreffen und scheinbare Verwandtschaft haben. Der oben erwähnte innere Widerspruch aber, mit welchem die Stoische Ethik, selbst in ihrem Grundgedanken, behaftet ist, zeigt sich ferner auch darin, daß ihr Ideal, der Stoische Weise, in ihrer Darstellung selbst, nie Leben oder innere poetische Wahrheit gewinnen konnte, sondern ein hölzerner, steifer Gliedermann bleibt, mit dem man nichts anfangen kann, der selbst nicht weiß wohin mit seiner Weisheit, dessen vollkommene Ruhe, Zufriedenheit, Glückseligkeit dem Wesen der Menschheit geradezu widerspricht und uns zu keiner anschaulichen Vorstellung davon kommen läßt. Wie ganz anders erscheinen, neben ihn gestellt, die Weltüberwinder und freiwilligen Büßer, welche die Indische Weisheit uns aufstellt und wirklich hervorgebracht hat, oder gar der Heiland des Christentums, jene vortreffliche Gestalt, voll tiefen Lebens, von größter poetischer Wahrheit und höchster Bedeutsamkeit, die jedoch, bei vollkommener Tugend, Heiligkeit und Erhabenheit, im Zustande des höchsten Leidens vor uns steht*.

* Hiezu Kap. 16 des zweiten Bandes.

ZWEITES BUCH

DER WELT ALS WILLE ERSTE BETRACHTUNG:

Die Objektivation des Willens

Nos habitat, non tartara, sed nec sidera coeli:
Spiritus, in nobis qui viget, illa facit.

§ 17

Wir haben im ersten Buche die Vorstellung nur als solche, also nur der allgemeinen Form nach, betrachtet. Zwar, was die abstrakte Vorstellung, den Begriff, betrifft, so wurde diese uns auch ihrem Gehalt nach bekannt, sofern sie nämlich allen Gehalt und Bedeutung allein hat durch ihre Beziehung auf die anschauliche Vorstellung, ohne welche sie wert- und inhaltslos wäre. Gänzlich also auf die anschauliche Vorstellung hingewiesen, werden wir verlangen, auch ihren Inhalt, ihre näheren Bestimmungen und die Gestalten, welche sie uns vorführt, kennenzulernen. Besonders wird uns daran gelegen sein, über ihre eigentliche Bedeutung einen Aufschluß zu erhalten, über jene ihr sonst nur gefühlte Bedeutung, vermöge welcher diese Bilder nicht, wie es außerdem sein müßte, völlig fremd und nichtssagend an uns vorüberziehn, sondern unmittelbar uns ansprechen, verstanden werden und ein Interesse erhalten, welches unser ganzes Wesen in Anspruch nimmt.

Wir richten unsern Blick auf die Mathematik, die Naturwissenschaft und die Philosophie, von welchen jede uns hoffen läßt, daß sie einen Teil des gewünschten Aufschlusses geben werde. – Nun finden wir aber zuvörderst die Philosophie als ein Ungeheuer mit vielen Köpfen, deren jeder eine andere Sprache redet. Zwar sind sie über den hier angeregten Punkt, die Bedeutung jener anschaulichen Vorstellung, nicht alle uneinig unter einander: denn, mit Ausnahme der Skeptiker und Idealisten, reden die andern, der Hauptsache nach, ziemlich übereinstimmend von einem *Objekt*, welches der Vorstellung zum *Grunde* läge, und welches zwar von der Vorstellung seinem ganzen Sein und Wesen nach verschieden, dabei ihr aber doch in allen Stücken so ähnlich, wie ein Ei dem andern wäre. Uns wird aber damit nicht geholfen sein: denn wir wissen solches Objekt von der Vorstellung gar nicht zu unterscheiden; sondern finden, daß beide nur eines und dasselbe sind, da alles Objekt immer und ewig ein Subjekt voraussetzt und daher doch Vorstellung bleibt; wie wir denn auch das Objektsein als zur allgemeinsten Form der Vorstellung, welche eben das Zerfallen in Objekt und Subjekt ist, gehörig, erkannt haben. Zudem ist der Satz vom Grund, auf den man sich dabei beruft, uns ebenfalls nur Form der Vorstellung, nämlich die gesetzmäßige Verbindung einer Vorstellung mit einer andern, nicht aber die Verbindung der gesamten, endlichen oder endlosen Reihe der Vorstellungen mit etwas, das gar nicht Vorstellung wäre, also auch gar nicht vorstellbar sein kann. – Von Skeptikern aber und Idealisten ist oben, bei Erörterung des Streites über die Realität der Außenwelt, geredet worden.

Suchen wir nun um die gewünschte nähere Kenntnis jener uns nur ganz allgemein, der bloßen Form nach, bekannt gewordenen anschaulichen Vorstellung bei der Mathematik nach; so wird uns diese von jenen Vorstellungen nur reden, sofern sie Zeit und Raum füllen, d.h. sofern sie Größen sind. Sie wird das Wieviel und Wiegroß höchst genau angeben: da aber dieses immer nur relativ, d.h. eine Vergleichung einer Vorstellung mit andern, und zwar nur in jener einseitigen Rücksicht auf Größe ist; so wird auch dieses nicht die Auskunft sein, die wir hauptsächlich suchen.

Blicken wir endlich auf das weite, in viele Felder geteilte Gebiet der Naturwissenschaft, so können wir zuvörderst zwei Hauptabteilungen derselben unterscheiden. Sie ist entweder Beschreibung von Gestalten, welche ich *Morphologie*, oder Erklärung der Veränderungen, welche ich *Ätiologie* nenne. Erstere betrachtet die bleibenden Formen, letztere die wandelnde Materie, nach den Gesetzen ihres Übergangs aus einer Form in die andere. Erstere ist das, was man, wenngleich uneigentlich, Naturgeschichte nennt, in seinem ganzen Umfange: besonders als Botanik und Zoologie lehrt sie uns die verschiedenen, beim unaufhörlichen Wechsel der Individuen, bleibenden, organischen und dadurch fest bestimmten Gestalten kennen, welche einen großen Teil des Inhalts der anschaulichen Vorstellung ausmachen: sie werden von ihr klassifiziert, gesondert, vereinigt, nach natürlichen und künstlichen Systemen geordnet, unter Begriffe gebracht, welche eine Übersicht und Kenntnis aller möglich machen. Es wird ferner auch eine durch alle gehende, unendlich nuancierte Analogie derselben im Ganzen und in den Teilen nachgewiesen (unité de plan), vermöge welcher sie sehr mannigfaltigen Variationen auf ein nicht mitgegebenes Thema gleichen. Der Übergang der Materie in jene Gestalten, d.h. die Entstehung der Individuen, ist kein Hauptteil der Betrachtung, da jedes Individuum aus dem ihm gleichen durch Zeugung hervorgeht, welche, überall gleich geheimnisvoll, sich bis jetzt der deutlichen Erkenntnis entzieht: das wenige aber, was man davon weiß, findet seine Stelle in der Physiologie, die schon der ätiologischen Naturwissenschaft angehört. Zu dieser neigt sich auch schon die der Hauptsache nach zur Morphologie gehörende Mineralogie hin, besonders da, wo sie Geologie wird. Eigentliche Ätiologie sind nun alle die Zweige der Naturwissenschaft, welchen die Erkenntnis der Ursache und Wirkung überall die Hauptsache ist: diese lehren, wie, gemäß einer unfehlbaren Regel, auf *einen* Zustand der Materie notwendig ein bestimmter anderer folgt; wie eine bestimmte Veränderung notwendig eine andere, bestimmte, bedingt und herbeiführt: welche Nachweisung *Erklärung* genannt wird. Hier finden wir nun hauptsächlich Mechanik, Physik, Chemie, Physiologie.

Wenn wir uns aber ihrer Belehrung hingeben, so werden wir bald gewahr, daß die Auskunft, welche wir hauptsächlich suchen, uns von der Ätiologie so wenig, als von der Morphologie zuteil wird. Diese letztere führt uns unzählige, unendlich mannigfaltige und doch durch eine unverkennbare Familienähnlichkeit verwandte Gestalten vor, für uns Vorstellungen, die auf diesem Wege uns ewig fremd bleiben und, wenn bloß so betrachtet, gleich unverstandenen Hieroglyphen vor uns stehn. – Die Ätiologie hingegen lehrt uns, daß, nach dem Gesetze von Ursache und Wirkung, dieser bestimmte Zustand der Materie jenen andern herbeiführt, und damit hat sie ihn erklärt und das Ihrige getan. Indessen tut sie im Grunde nichts weiter, als daß sie die gesetzmäßige Ordnung, nach der die Zustände in Raum und Zeit eintreten, nachweist und für alle Fälle lehrt, welche Erscheinung zu dieser Zeit, an diesem Orte, notwendig eintreten muß: sie bestimmt ihnen also ihre Stelle in Zeit und Raum, nach einem Gesetz, dessen bestimmten Inhalt die Erfahrung gelehrt hat, dessen allgemeine Form und Notwendigkeit jedoch unabhängig von ihr uns bewußt ist. Über das innere Wesen irgendeiner jener Erscheinungen erhalten wir dadurch aber nicht den mindesten Aufschluß: dieses wird *Naturkraft* genannt und liegt außerhalb des Gebiets der ätiologischen Erklärung, welche die unwandelbare Konstanz des Eintritts der Äußerung einer solchen Kraft, so oft die ihr bekannten Bedingungen dazu da sind, *Naturgesetz* nennt. Dieses Naturgesetz, diese Bedingungen, dieser Eintritt, in bezug auf bestimmten Ort zu bestimmter Zeit, sind aber alles was sie weiß und je wissen kann. Die Kraft selbst, die sich äußert, das innere Wesen der nach jenen Gesetzen eintretenden Erscheinungen, bleibt ihr ewig ein Geheimnis, ein ganz Fremdes und Unbekanntes, sowohl bei der einfachsten, wie bei der kompliziertesten Erscheinung. Denn, wiewohl die Ätiologie bis jetzt ihren Zweck am vollkommensten in der Mechanik, am unvollkommensten in der Physiologie erreicht hat; so ist dennoch die Kraft, vermöge welcher ein Stein zur Erde fällt, oder ein Körper den andern fortstößt, ihrem innern Wesen nach, uns nicht minder fremd und geheimnisvoll, als die, welche die Bewegungen und das Wachstum eines Tieres hervorbringt. Die Mechanik setzt Materie, Schwere, Undurchdringlichkeit, Mitteilbarkeit der Bewegung durch Stoß, Starrheit usw. als unergründlich voraus, nennt sie Naturkräfte, ihr notwendiges und regelmäßiges Erscheinen unter gewissen Bedingungen Naturgesetz, und danach erst fängt sie ihre Erklärung an, welche darin besteht, daß sie treu und mathematisch genau angibt, wie, wo, wann jede Kraft sich äußert, und daß sie jede ihr vorkommende Erscheinung auf eine jener Kräfte zurückführt. Eben so machen es Physik, Chemie, Physiologie in ihrem Gebiet, nur daß sie noch viel mehr voraussetzen und weniger leisten. Demzufolge wäre auch die vollkommenste ätiologische Erklärung der gesamten Natur eigentlich nie mehr, als ein Verzeichnis der unerklärlichen Kräfte, und eine sichere Angabe der Regel, nach welcher die Erscheinungen derselben in Zeit und Raum eintreten, sich sukzedieren, einander Platz machen: aber das innere Wesen der also erscheinenden Kräfte müßte sie, weil das Gesetz dem sie folgt nicht dahin führt, stets unerklärt lassen, und bei der Erscheinung und deren Ordnung stehn bleiben. Sie wäre insofern dem Durchschnitt eines Marmors zu vergleichen, welcher vielerlei Adern nebeneinander zeigt, nicht aber den Lauf jener Adern im Innern des Marmors bis zu jener Fläche erkennen läßt. Oder wenn ich mir ein scherzhaftes Gleichnis, weil es frappanter ist, erlauben darf, – bei der vollendeten Ätiologie der ganzen Natur müßte dem philosophischen Forscher doch immer so zu Mute sein, wie jemanden, der, er wüßte gar nicht wie, in eine ihm gänzlich unbekannte Gesellschaft geraten wäre, von deren Mitgliedern, der Reihe nach, ihm immer eines das andere als seinen Freund und Vetter präsentierte und so hinlänglich bekannt machte: er selbst aber hätte unterdessen, indem er jedesmal sich über den Präsentierten zu freuen versicherte, stets die Frage auf den Lippen: »Aber wie Teufel komme ich denn zu der ganzen Gesellschaft?«

Also auch die Ätiologie kann uns nimmermehr über jene Erscheinungen, welche wir nur als unsere Vorstellungen kennen, den erwünschten, uns hierüber hinausführenden Aufschluß geben. Denn nach allen ihren Erklärungen, stehn sie noch als bloße Vorstellungen, deren Bedeutung wir nicht verstehn, völlig fremd vor uns. Die ursächliche Verknüpfung gibt bloß die Regel und relative Ordnung ihres Eintritts in Raum und Zeit an, lehrt uns aber das, was also eintritt, nicht näher kennen. Zudem hat das Gesetz der Kausalität selbst nur Gültigkeit für Vorstellungen, für Objekte einer bestimmten Klasse, unter deren Voraussetzung es allein Bedeutung hat: es ist also, wie diese Objekte selbst, immer nur in Beziehung auf das Subjekt, also bedingterweise da; weshalb es auch ebensowohl wenn man vom Subjekt ausgeht, d.h. a priori, als wenn man vom Objekt ausgeht, d.h. a posteriori, erkannt wird, wie eben Kant uns gelehrt hat.

Was aber uns jetzt zum Forschen antreibt, ist eben, daß es uns nicht genügt zu wissen, daß wir Vorstellungen haben, daß sie solche und solche sind, und nach diesen und jenen Gesetzen, deren allgemeiner Ausdruck allemal der Satz vom Grunde ist, zusammenhängen. Wir wollen die Bedeutung jener Vorstellungen wissen: wir fragen, ob diese Welt nichts weiter, als Vorstellung sei; in welchem Falle sie wie ein wesenloser Traum, oder ein gespensterhaftes Luftgebilde, an uns vorüberziehn müßte, nicht unserer Beachtung wert; oder aber ob sie noch etwas anderes, noch etwas außerdem ist, und was sodann dieses sei. Soviel ist gleich gewiß, daß dieses Nachgefragte etwas von der Vorstellung völlig und seinem ganzen Wesen nach Grundverschiedenes sein muß, dem daher auch ihre Formen und ihre Gesetze völlig fremd sein müssen; daß man daher, von der Vorstellung aus, zu ihm nicht am Leitfaden derjenigen Gesetze gelangen kann, die nur Objekte, Vorstellungen, untereinander verbinden; welches die Gestaltung des Satzes vom Grunde sind.

Wir sehn schon hier, daß *von außen* dem Wesen der Dinge nimmermehr beizukommen ist: wie immer man auch forschen mag, so gewinnt man nichts, als Bilder und Namen. Man gleicht einem, der um ein Schloß herumgeht, vergeblich einen Eingang suchend und einstweilen die Fassaden skizzierend. Und doch ist dies der Weg, den alle Philosophen vor mir gegangen sind.

§ 18

In der Tat würde die nachgeforschte Bedeutung der mir lediglich als meine Vorstellung gegenüberstehenden Welt, oder der Übergang von ihr, als bloßer Vorstellung des erkennenden Subjekts, zu dem, was sie noch außerdem sein mag, nimmermehr zu finden sein, wenn der Forscher selbst nichts weiter als das rein erkennende Subjekt (geflügelter Engelskopf ohne Leib) wäre. Nun aber wurzelt er selbst in jener Welt, findet sich nämlich in ihr als *Individuum*, d.h. sein Erkennen, welches der bedingende Träger der ganzen Welt als Vorstellung ist, ist dennoch durchaus vermittelt durch einen Leib, dessen Affektionen, wie gezeigt, dem Verstande der Ausgangspunkt der Anschauung jener Welt sind. Dieser Leib ist dem rein erkennenden Subjekt als solchem eine Vorstellung wie jede andere, ein Objekt unter Objekten: die Bewegungen, die Aktionen desselben sind ihm insoweit nicht anders, als wie die Veränderungen aller andern anschaulichen Objekte bekannt, und wären ihm eben so fremd und unverständlich, wenn die Bedeutung derselben ihm nicht etwan auf eine ganz andere Art enträtselt wäre. Sonst sähe er sein Handeln auf dargebotene Motive mit der Konstanz eines Naturgesetzes erfolgen, eben wie die Veränderungen anderer Objekte auf Ursachen, Reize, Motive. Er würde aber den Einfluß der Motive nicht näher verstehn, als die

Verbindung jeder andern ihm erscheinenden Wirkung mit ihrer Ursache. Er würde dann das innere, ihm unverständliche Wesen jener Äußerungen und Handlungen seines Leibes, eben auch eine Kraft, eine Qualität, oder einen Charakter, nach Belieben, nennen, aber weiter keine Einsicht darin haben. Diesem allen nun aber ist nicht so: vielmehr ist dem als Individuum erscheinenden Subjekt des Erkennens das Wort des Rätsels gegeben: und dieses Wort heißt *Wille*. Dieses, und dieses allein, gibt ihm den Schlüssel zu seiner eigenen Erscheinung, offenbart ihm die Bedeutung, zeigt ihm das innere Getriebe seines Wesens, seines Tuns, seiner Bewegungen. Dem Subjekt des Erkennens, welches durch seine Identität mit dem Leibe als Individuum auftritt, ist dieser Leib auf zwei ganz verschiedene Weisen gegeben: einmal als Vorstellung in verständiger Anschauung, als Objekt unter Objekten, und den Gesetzen dieser unterworfen; sodann aber auch zugleich auf eine ganz andere Weise, nämlich als jenes jedem unmittelbar Bekannte, welches das Wort *Wille* bezeichnet. Jeder wahre Akt seines Willens ist sofort und unausbleiblich auch eine Bewegung seines Leibes: er kann den Akt nicht wirklich wollen, ohne zugleich wahrzunehmen, daß er als Bewegung des Leibes erscheint. Der Willensakt und die Aktion des Leibes sind nicht zwei objektiv erkannte verschiedene Zustände, die das Band der Kausalität verknüpft, stehn nicht im Verhältnis der Ursache und Wirkung; sondern sie sind eines und dasselbe, nur auf zwei gänzlich verschiedene Weisen gegeben: einmal ganz unmittelbar und einmal in der Anschauung für den Verstand. Die Aktion des Leibes ist nichts anderes, als der objektivierte, d.h. in die Anschauung getretene Akt des Willens. Weiterhin wird sich uns zeigen, daß dieses von jeder Bewegung des Leibes gilt, nicht bloß von der auf Motive, sondern auch von der auf bloße Reize erfolgenden unwillkürlichen, ja, daß der ganze Leib nichts anderes, als der objektivierte, d.h. zur Vorstellung gewordene Wille ist; welches alles sich im weitern Verfolg ergeben und deutlich werden wird. Ich werde daher den Leib, welchen ich im vorigen Buche und in der Abhandlung über den Satz vom Grunde, nach dem dort mit Absicht einseitig genommenen Standpunkt (dem der Vorstellung), das *unmittelbare Objekt* hieß, hier, in einer andern Rücksicht, die

Objektivität des Willens nennen. Auch kann man daher in gewissem Sinne sagen: der Wille ist die Erkenntnis a priori des Leibes, und der Leib die Erkenntnis a posteriori des Willens. – Willensbeschlüsse, die sich auf die Zukunft beziehn, sind bloße Überlegungen der Vernunft, über das, was man dereinst wollen wird, nicht eigentliche Willensakte: nur die Ausführung stempelt den Entschluß, der bis dahin immer nur noch veränderlicher Vorsatz ist und nur in der Vernunft, in abstracto existiert. In der Reflexion allein ist Wollen und Tun verschieden: in der Wirklichkeit sind sie eins. Jeder wahre, echte, unmittelbare Akt des Willens ist sofort und unmittelbar auch erscheinender Akt des Leibes: und diesem entsprechend ist andererseits jede Einwirkung auf den Leib sofort und unmittelbar auch Einwirkung auf den Willen: sie heißt als solche Schmerz, wenn sie dem Willen zuwider; Wohlbehagen, Wollust, wenn sie ihm gemäß ist. Die Gradationen beider sind sehr verschieden. Man hat aber gänzlich unrecht, wenn man Schmerz und Wollust Vorstellungen nennt: das sind sie keineswegs, sondern unmittelbare Affektionen des Willens, in seiner Erscheinung, dem Leibe: ein erzwungenes augenblickliches Wollen oder Nichtwollen des Eindrucks, den dieser erleidet. Unmittelbar als bloße Vorstellungen zu betrachten und daher von dem eben Gesagten auszunehmen, sind nur gewisse wenige Eindrücke auf den Leib, die den Willen nicht anregen und durch welche allein der Leib unmittelbares Objekt des Erkennens ist, da er als Anschauung im Verstande schon mittelbares Objekt, gleich allen andern, ist. Das hier Gemeinte sind nämlich die Affektionen der rein objektiven Sinne, des Gesichts, Gehörs und Getastes, wiewohl auch nur, sofern diese Organe auf die ihnen besonders eigentümliche, spezifische, naturgemäße Weise affiziert werden, welche eine so äußerst schwache Anregung der gesteigerten und spezifisch modifizierten Sensibilität dieser Teile ist, daß sie nicht den Willen affiziert; sondern, durch keine Anregung desselben gestört, nur dem Verstande die Data liefert, aus denen die Anschauung wird. Jede stärkere, oder anderartige Affektion jener Sinneswerkzeuge ist aber schmerzhaft, d.h. dem Willen entgegen, zu dessen Objektität also auch sie gehören. – Nervenschwäche äußert sich darin, daß die Eindrücke, welche bloß den Grad von

Stärke haben sollten, der hinreicht sie zu Datis für den Verstand zu machen, den höhern Grad erreichen, auf welchem sie den Willen bewegen, d.h. Schmerz oder Wohlgefühl erregen, wiewohl öfterer Schmerz, der aber zum Teil dumpf und undeutlich ist, daher nicht nur einzelne Töne und starkes Licht schmerzlich empfinden läßt, sondern auch im allgemeinen krankhafte hypochondrische Stimmung veranlaßt, ohne deutlich erkannt zu werden. – Ferner zeigt sich die Identität des Leibes und Willens unter anderm auch darin, daß jede heftige und übermäßige Bewegung des Willens, d.h. jeder Affekt, ganz unmittelbar den Leib und dessen inneres Getriebe erschüttert und den Gang seiner vitalen Funktionen stört. Dies findet man speziell ausgeführt im »Willen in der Natur«, S. 27 der zweiten Auflage.

Endlich ist die Erkenntnis, welche ich von meinem Willen habe, obwohl eine unmittelbare, doch von der meines Leibes nicht zu trennen. Ich erkenne meinen Willen nicht im ganzen, nicht als Einheit, nicht vollkommen seinem Wesen nach, sondern ich erkenne ihn allein in seinen einzelnen Akten, also in der Zeit, welche die Form der Erscheinung meines Leibes, wie jedes Objekts ist: daher ist der Leib Bedingung der Erkenntnis meines Willens. Diesen Willen ohne meinen Leib kann ich demnach eigentlich nicht vorstellen. In der Abhandlung über den Satz vom Grund ist zwar der Wille, oder vielmehr das Subjekt des Wollens, als eine besondere Klasse der Vorstellungen oder Objekte aufgestellt: allein schon daselbst sahen wir dieses Objekt mit dem Subjekt zusammenfallen, d.h. eben aufhören Objekt zu sein: wir nannten dort dieses Zusammenfallen das Wunder *κατ' εξοχην*: gewissermaßen ist die ganze gegenwärtige Schrift die Erklärung desselben. – Sofern ich meinen Willen eigentlich als Objekt erkenne, erkenne ich ihn als Leib: dann bin ich aber wieder bei der in jener Abhandlung aufgestellten ersten Klasse der Vorstellungen, d.h. bei den realen Objekten. Wir werden im weitern Fortgang mehr und mehr einsehn, daß jene erste Klasse der Vorstellungen ihren Aufschluß, ihre Enträtselung, eben nur findet an der dort aufgestellten vierten Klasse, welche nicht mehr eigentlich als Objekt dem Subjekt gegenüberstehn wollte, und daß wir, dementsprechend, aus dem die vierte Klasse beherrschenden Gesetz der Motivation, das innere Wesen des in der ersten Klasse geltenden Gesetzes der Kausalität, und dessen was diesem gemäß geschieht, verstehn lernen müssen.

Die nun vorläufig dargestellte Identität des Willens und des Leibes kann nur, wie hier, und zwar zum ersten Male, geschehn ist und im weitern Fortgang mehr und mehr geschehn soll, nachgewiesen, d.h. aus dem unmittelbaren Bewußtsein, aus der Erkenntnis in concreto, zum Wissen der Vernunft erhoben, oder in die Erkenntnis in abstracto übertragen werden: hingegen kann sie ihrer Natur nach niemals bewiesen, d. h. als mittelbare Erkenntnis aus einer andern unmittelbarern abgeleitet werden, eben weil sie selbst die unmittelbarste ist, und wenn wir sie nicht als solche auffassen und festhalten, werden wir vergebens erwarten, sie irgend mittelbar, als abgeleitete Erkenntnis wiederzuerhalten. Sie ist eine Erkenntnis ganz eigener Art, deren Wahrheit eben deshalb nicht einmal eigentlich unter eine der vier Rubriken gebracht werden kann, in welche ich in der Abhandlung über den Satz vom Grund, § 29ff., alle Wahrheit geteilt habe, nämlich in logische, empirische, transzendentale und metalogische: denn sie ist nicht, wie alle jene, die Beziehung einer abstrakten Vorstellung auf eine andere Vorstellung, oder auf die notwendige Form des intuitiven, oder des abstrakten Vorstellens; sondern sie ist die Beziehung eines Urteils auf das Verhältnis, welches eine anschauliche Vorstellung, der Leib, zu dem hat, was gar nicht Vorstellung ist, sondern ein von dieser toto genere Verschiedenes: Wille. Ich möchte darum diese Wahrheit vor allen andern auszeichnen und sie κατ' εξοχην: *philosophische Wahrheit* nennen. Den Ausdruck derselben kann man verschiedentlich wenden, und sagen: mein Leib und mein Wille sind *eines*; – oder was ich als anschauliche Vorstellung meinen Leib nenne, nenne ich, sofern ich desselben auf eine ganz verschiedene, keiner andern zu vergleichende Weise mir bewußt bin, meinen Willen; – oder, mein Leib ist die *Objektität* meines Willens; – oder, abgesehn davon, daß mein Leib meine Vorstellung ist, ist er nur noch mein Wille; usw.*.

* Hiezu Kap. 18 des zweiten Bandes.

§ 19

Wenn wir im ersten Buche, mit innerm Widerstreben, den eigenen Leib, wie alle übrigen Objekte dieser anschaulichen Welt, für bloße Vorstellung des erkennenden Subjekts erklärten; so ist es uns nunmehr deutlich geworden, was im Bewußtsein eines jeden, die Vorstellung des eigenen Leibes von allen andern, dieser übrigens ganz gleichen, unterscheidet, nämlich dies, daß der Leib noch in einer ganz andern, toto genere verschiedenen Art im Bewußtsein vorkommt, die man durch das Wort *Wille* bezeichnet, und daß eben diese doppelte Erkenntnis, die wir vom eigenen Leibe haben, uns über ihn selbst, über sein Wirken und Bewegen auf Motive, wie auch über sein Leiden durch äußere Einwirkung, mit einem Wort, über das, was er, nicht als Vorstellung, sondern außerdem, also *an sich* ist, denjenigen Aufschluß gibt, welchen wir über das Wesen, Wirken und Leiden aller andern realen Objekte unmittelbar nicht haben.

Das erkennende Subjekt ist eben durch diese besondere Beziehung auf den einen Leib, der ihm, außer derselben betrachtet, nur eine Vorstellung gleich allen übrigen ist, Individuum. Die Beziehung aber, vermöge welcher das erkennende Subjekt *Individuum* ist, ist eben deshalb nur zwischen ihm und einer einzigen unter allen seinen Vorstellungen, daher es nur dieser einzigen nicht bloß als einer Vorstellung, sondern zugleich in ganz anderer Art, nämlich als eines Willens, sich bewußt ist. Da aber, wenn es von jener besondern Beziehung, von jener zwiefachen und ganz heterogenen Erkenntnis des einen und nämlichen, abstrahiert; dann jenes eine, der Leib, eine Vorstellung gleich allen andern ist: so muß, um sich hierüber zu orientieren, das erkennende Individuum entweder annehmen, daß das Unterscheidende jener einen Vorstellung bloß darin liegt, daß seine Erkenntnis nur zu jener einen Vorstellung in dieser doppelten Beziehung steht, nur in dieses *eine* anschauliche Objekt ihm auf zwei Weisen zugleich die Einsicht offen steht, daß dies aber nicht durch einen Unterschied dieses Objekts von allen andern, sondern nur durch einen Unterschied des Verhältnisses seiner Erkenntnis zu diesem einen Objekt, von dem, so es zu allen andern hat, zu erklären ist; oder auch es muß annehmen, daß dieses eine Objekt wesentlich von allen andern verschieden ist, ganz allein unter allen zugleich Wille und Vorstellung ist, die übrigen hingegen bloße Vorstellung, d.h. bloße Phantome sind, sein Leib also das einzige wirkliche Individuum in der Welt, d.h. die einzige Willenserscheinung und das einzige unmittelbare Objekt des Subjekts. – Daß die andern Objekte, als bloße *Vorstellungen* betrachtet, seinem Leibe gleich sind, d.h. wie dieser den (nur als Vorstellung selbst möglicherweise vorhandenen) Raum füllen, und auch wie dieser im Raume wirken, dies ist zwar beweisbar gewiß, aus dem für Vorstellungen a priori sichern Gesetz der Kausalität, welches keine Wirkung ohne Ursache zuläßt: aber, abgesehn davon, daß sich von der Wirkung nur auf eine Ursache überhaupt, nicht auf eine gleiche Ursache schließen läßt; so ist man hiemit immer noch im Gebiet der bloßen Vorstellung, für die allein das Gesetz der Kausalität gilt, und über welches hinaus es nie führen kann. Ob aber die dem Individuo nur als Vorstellungen bekannten Objekte, dennoch, gleich seinem eigenen Leibe, Erscheinungen eines Willens sind; dies ist, wie bereits im vorigen Buche ausgesprochen, der eigentliche Sinn der Frage nach der Realität der Außenwelt: dasselbe zu leugnen, ist der Sinn des *theoretischen Egoismus*, der eben dadurch alle Erscheinungen, außer seinem eigenen Individuum, für Phantome hält, wie der praktische Egoismus genau dasselbe in praktischer Hinsicht tut, nämlich nur die eigene Person als eine wirklich solche, alle übrigen aber als bloße Phantome ansieht und behandelt. Der theoretische Egoismus ist zwar durch Beweise nimmermehr zu widerlegen: dennoch ist er zuverlässig in der Philosophie nie anders, denn als skeptisches Sophisma, d.h. zum Schein gebraucht worden. Als ernstliche Überzeugung hingegen könnte er allein im Tollhause gefunden werden: als solche bedürfte es dann gegen ihn nicht sowohl eines Beweises, als einer Kur. Daher wir uns insofern auf ihn nicht weiter einlassen, sondern ihn allein als die letzte Feste des Skeptizismus, der immer polemisch ist, betrachten. Bringt nun also unsere stets an Individualität gebundene und eben hierin ihre Beschränkung habende Erkenntnis es notwendig mit sich, daß jeder nur eines *sein*, hingegen alles andere *erkennen* kann, welche Beschränkung eben eigentlich das Bedürfnis der Philosophie erzeugt; so werden wir, die wir eben deshalb durch Philosophie die Schranken unserer Erkenntnis zu erweitern streben, jenes sich uns hier entgegenstellende skeptische Argument des theoretischen Egoismus ansehn als eine kleine Grenzfestung, die zwar auf immer unbezwinglich ist, deren Besatzung aber durchaus auch nie aus ihr herauskann, daher man ihr vorbeigehn und ohne Gefahr sie im Rücken liegen lassen darf.

Wir werden demzufolge die nunmehr zur Deutlichkeit erhobene doppelte, auf zwei völlig heterogene Weisen gegebene Erkenntnis, welche wir vom Wesen und Wirken unsers eigenen Leibes haben, weiterhin als einen Schlüssel zum Wesen jeder Erscheinung in der Natur gebrauchen und alle Objekte, die nicht unser eigener Leib, daher nicht auf doppelte Weise, sondern allein als Vorstellungen unserm Bewußtsein gegeben sind, eben nach Analogie jenes Leibes beurteilen und daher annehmen, daß, wie sie einerseits, ganz so wie er, Vorstellung und darin mit ihm gleichartig sind, auch andererseits, wenn man ihr Dasein als Vorstellung des Subjekts beiseite setzt, das dann noch übrig Bleibende, seinem innern Wesen nach, dasselbe sein muß, als was wir an uns *Wille* nennen. Denn welche andere Art von Dasein oder Realität sollten wir der übrigen Körperwelt beilegen? woher die Elemente nehmen, aus der wir eine solche zusammensetzten? Außer dem Willen und der Vorstellung ist uns gar nichts bekannt, noch denkbar. Wenn wir der Körperwelt, welche unmittelbar nur in unserer Vorstellung dasteht, die größte uns bekannte Realität beilegen wollen; so geben wir ihr die Realität, welche für jeden sein eigener Leib hat: denn der ist jedem das Realste. Aber wenn wir nun die Realität dieses Leibes und seiner Aktionen analysieren, so treffen wir, außerdem daß er unsere Vorstellung ist, nichts darin an, als den Willen: damit ist selbst seine Realität erschöpft. Wir können daher eine anderweitige Realität, um sie der Körperwelt beizulegen, nirgends finden. Wenn also die Körperwelt noch etwas mehr sein soll, als bloß unsere Vorstellung, so müssen wir sagen, daß sie außer der Vorstellung, also an sich und ihrem innersten Wesen nach, das sei, was wir in uns selbst unmittelbar als Willen finden. Ich sage, ihrem innersten Wesen nach: dieses Wesen des Willens aber haben wir zuvörderst näher kennenzulernen, damit wir das, was nicht ihm selbst, sondern schon seiner, viele Grade habenden Erscheinung angehört, von ihm zu unterscheiden wissen: dergleichen ist z. B. das Begleitetsein von Erkenntnis und das dadurch bedingte Bestimmtwerden durch Motive: dieses gehört, wie wir im weitern Fortgang einsehn werden, nicht seinem Wesen, sondern bloß seiner deutlichsten Erscheinung als Tier und Mensch an. Wenn ich daher sagen werde: die Kraft, welche den Stein zur Erde treibt, ist ihrem Wesen nach, an sich und außer aller Vorstellung, Wille; so wird man diesem Satz nicht die tolle Meinung unterlegen, daß der Stein sich nach einem erkannten Motive bewegt, weil im Menschen der Wille also erscheint*. – Nunmehr aber wollen wir das bis hieher vorläufig und allgemein Dargestellte ausführlicher und deutlicher nachweisen, begründen und in seinem ganzen Umfang entwickeln**.

§ 20

Als des eigenen Leibes Wesen an sich, als dasjenige, was dieser Leib ist, außerdem daß er Objekt der Anschauung, Vorstellung ist, gibt, wie gesagt, der *Wille* zunächst sich kund in den willkürlichen Bewegungen dieses Leibes, sofern diese nämlich nichts anderes sind, als die Sichtbarkeit der einzelnen Willensakte, mit welchen sie unmittelbar und völlig zugleich eintreten, als ein und dasselbe mit ihnen, nur durch die Form der Erkennbarkeit, in die sie übergegangen, d. h. Vorstellung geworden sind, von ihnen unterschieden.

Diese Akte des Willens haben aber immer noch einen Grund

* Wir werden also keineswegs dem Bako v. Verulam beistimmen, wenn er (de augm. scient. L. 4 in fine) meint, daß alle mechanischen und physischen Bewegungen der Körper erst nach vorhergegangener Perzeption in diesen Körpern erfolgten; obgleich eine Ahndung der Wahrheit auch diesem falschen Satz das Dasein gab. Eben so verhält es sich mit Keplers Behauptung, in seiner Abhandlung de planeta Martis, daß die Planeten Erkenntnis haben müßten, um ihre elliptischen Bahnen so richtig zu treffen und die Schnelligkeit ihrer Bewegung so abzumessen, daß die Triangel der Fläche ihrer Bahn stets der Zeit proportional bleiben, in welcher sie deren Basis durchlaufen.

** Hiezu Kap. 19 des zweiten Bandes.

außer sich, in den Motiven. Jedoch bestimmen diese nie mehr, als das was ich zu *dieser* Zeit, an *diesem* Ort, unter *diesen* Umständen will; nicht aber *daß* ich überhaupt will, noch *was* ich überhaupt will, d.h. die Maxime, welche mein gesamtes Wollen charakterisiert. Daher ist mein Wollen nicht seinem ganzen Wesen nach aus den Motiven zu erklären; sondern diese bestimmen bloß seine Äußerung im gegebenen Zeitpunkt, sind bloß der Anlaß, bei dem sich mein Wille zeigt: dieser selbst hingegen liegt außerhalb des Gebietes des Gesetzes der Motivation: nur seine Erscheinung in jedem Zeitpunkt ist durch dieses notwendig bestimmt. Lediglich unter Voraussetzung meines empirischen Charakters ist das Motiv hinreichender Erklärungsgrund meines Handelns: abstrahiere ich aber von meinem Charakter und frage dann, warum ich überhaupt dieses und nicht jenes will; so ist keine Antwort darauf möglich, weil eben nur die *Erscheinung* des Willens dem Satze vom Grunde unterworfen ist, nicht aber er selbst, der insofern *grundlos* zu nennen ist. Hiebei setze ich teils Kants Lehre vom empirischen und intelligibeln Charakter, wie auch meine in den »Grundproblemen der Ethik«, S. 48–58, und wieder S. 178ff. der ersten (S. 46–57 und 174ff. der zweiten) Auflage, dahin gehörigen Erörterungen voraus, teils werden wir im vierten Buch ausführlicher davon zu reden haben. Für jetzt habe ich nur darauf aufmerksam zu machen, daß das Begründetsein einer Erscheinung durch die andere, hier also der Tat durch das Motiv, gar nicht damit streitet, daß ihr Wesen an sich Wille ist, der selbst keinen Grund hat, indem der Satz vom Grunde, in allen seinen Gestalten, bloß Form der Erkenntnis ist, seine Gültigkeit sich also bloß auf die Vorstellung, die Erscheinung, die Sichtbarkeit des Willens erstreckt, nicht auf diesen selbst, der sichtbar wird.

Ist nun jede Aktion meines Leibes Erscheinung eines Willensaktes, in welchem sich, unter gegebenen Motiven, mein Wille selbst überhaupt und im ganzen, also mein Charakter, wieder ausspricht; so muß auch die unumgängliche Bedingung und Voraussetzung jener Aktion Erscheinung des Willens sein: denn sein Erscheinen kann nicht von etwas abhängen, das nicht unmittelbar und allein durch ihn, das mithin für ihn nur zufällig wäre, wodurch sein Erscheinen selbst nur zufällig würde: jene Bedingung aber ist der ganze Leib selbst. Dieser selbst also muß schon Erscheinung des Willens sein, und muß zu meinem Willen im ganzen, d. h. zu meinem intelligibeln Charakter, dessen Erscheinung in der Zeit mein empirischer Charakter ist, sich so verhalten, wie die einzelne Aktion des Leibes zum einzelnen Akte des Willens. Also muß der ganze Leib nichts anderes sein, als mein sichtbar gewordener Wille, muß mein Wille selbst sein, sofern dieser anschauliches Objekt, Vorstellung der ersten Klasse ist. – Als Bestätigung hievon ist bereits angeführt, daß jede Einwirkung auf meinen Leib sofort und unmittelbar auch meinen Willen affiziert und in dieser Hinsicht Schmerz oder Wollust, im niedrigeren Grade angenehme oder unangenehme Empfindung heißt, und auch, daß umgekehrt jede heftige Bewegung des Willens, also Affekt und Leidenschaft, den Leib erschüttert und den Lauf seiner Funktionen stört. – Zwar läßt sich, wenngleich sehr unvollkommen, von der Entstehung, und etwas besser von der Entwickelung und Erhaltung meines Leibes auch ätiologisch eine Rechenschaft geben, welche eben die Physiologie ist: allein diese erklärt ihr Thema gerade nur so, wie die Motive das Handeln erklären. So wenig daher die Begründung der einzelnen Handlung durch das Motiv und die notwendige Folge derselben aus diesem damit streitet, daß die Handlung überhaupt und ihrem Wesen nach nur Erscheinung eines an sich selbst grundlosen Willens ist; ebenso wenig tut die physiologische Erklärung der Funktionen des Leibes der philosophischen Wahrheit Eintrag, daß das ganze Dasein dieses Leibes und die gesamte Reihe seiner Funktionen nur die Objektivierung eben jenes Willens ist, der in desselben Leibes äußerlichen Aktionen nach Maßgabe der Motive erscheint. Sucht doch die Physiologie auch sogar eben diese äußerlichen Aktionen, die unmittelbar willkürlichen Bewegungen, auf Ursachen im Organismus zurückzuführen, z. B die Bewegung des Muskels zu erklären aus einem Zufluß von Säften (»wie die Zusammenziehung eines Strickes der naß wird« sagt Reil, in seinem Archiv für Physiologie, Bd. 6, S. 153): allein gesetzt, man käme wirklich zu einer gründlichen Erklärung dieser Art, so würde dies doch nie die unmittelbar gewisse Wahrheit aufheben, daß jede willkürliche Bewegung (functiones animales) Erscheinung eines Willensaktes ist.

Ebensowenig nun kann je die physiologische Erklärung des vegetativen Lebens (functiones naturales, vitales), und gediehe sie auch noch so weit, die Wahrheit aufheben, daß dieses ganze, sich so entwickelnde tierische Leben selbst Erscheinung des Willens ist. Überhaupt kann ja, wie oben erörtert worden, jede ätiologische Erklärung nie mehr angeben, als die notwendig bestimmte Stelle in Zeit und Raum einer einzelnen Erscheinung, ihren notwendigen Eintritt daselbst nach einer festen Regel: hingegen bleibt das innere Wesen jeder Erscheinung auf diesem Wege immer unergründlich, und wird von jeder ätiologischen Erklärung vorausgesetzt und bloß bezeichnet durch die Namen Kraft, oder Naturgesetz, oder, wenn von Handlungen die Rede ist, Charakter, Wille. – Obgleich also jede einzelne Handlung, unter Voraussetzung des bestimmten Charakters, notwendig bei dargebotenem Motiv erfolgt, und obgleich das Wachstum, der Ernährungsprozeß und sämtliche Veränderungen im tierischen Leibe nach notwendig wirkenden Ursachen (Reizen) vor sich gehn; so ist dennoch die ganze Reihe der Handlungen, folglich auch jede einzelne, und ebenso auch deren Bedingung, der ganze Leib selbst, der sie vollzieht, folglich auch der Prozeß durch den und in dem er besteht – nichts anderes, als die Erscheinung des Willens, der Sichtbarwerdung, *Objektität des Willens*. Hierauf beruht die vollkommene Angemessenheit des menschlichen und tierischen Leibes zum menschlichen und tierischen Willen überhaupt, derjenigen ähnlich, aber sie weit übertreffend, die ein absichtlich verfertigtes Werkzeug zum Willen des Verfertigers hat, und dieserhalb erscheinend als Zweckmäßigkeit, d.i. die teleologische Erklärbarkeit des Leibes. Die Teile des Leibes müssen deshalb den Hauptbegehrungen, durch welche der Wille sich manifestiert, vollkommen entsprechen, müssen der sichtbare Ausdruck derselben sein: Zähne, Schlund und Darmkanal sind der objektivierte Hunger; die Genitalien der objektivierte Geschlechtstrieb; die greifenden Hände, die raschen Füße entsprechen dem schon mehr mittelbaren Streben des Willens, welches sie darstellen. Wie die allgemeine menschliche Form dem allgemeinen menschlichen Willen, so entspricht dem individuell modifizierten Willen, dem Charakter des einzelnen, die individuelle Korporisation, welche daher durchaus und in allen Teilen charakteristisch und ausdrucksvoll ist. Es ist sehr bemerkenswert, daß dieses schon Parmenides, in folgenden von Aristoteles (Metaph. III, 5) angeführten Versen, ausgesprochen hat:

Ὡς γαρ ἑκαστος εχει κρασιν μελεων πολυκαμπτων,
Τως νοος ανθρωποισι παρεστηκεν· το γαρ αυτο
Εστιν, ὁπερ φρονεει, μελεων φυσις ανθρωποισι,
Και πασιν και παντι· το γαρ πλεον εστι νοημα.

(Ut enim cuique complexio membrorum flexibilium se habet, ita mens hominibus adest: idem namque est, quod sapit, membrorum natura hominibus, et omnibus et omni: quod enim plus est, intelligentia est.)*

§ 21

Wem nun, durch alle diese Betrachtungen, auch in abstracto, mithin deutlich und sicher, die Erkenntnis geworden ist, welche in concreto jeder unmittelbar, d. h. als Gefühl besitzt, daß nämlich das Wesen an sich seiner eigenen Erscheinung, welche als Vorstellung sich ihm sowohl durch seine Handlungen, als durch das bleibende Substrat dieser, seinen Leib, darstellt, sein *Wille* ist, der das Unmittelbarste seines Bewußtseins ausmacht, als solches aber nicht völlig in die Form der Vorstellung, in welcher Objekt und Subjekt sich gegenüber stehn, eingegangen ist; sondern auf eine unmittelbare Weise, in der man Subjekt und Objekt nicht ganz deutlich unterscheidet, sich kund gibt, jedoch auch nicht im ganzen, sondern nur in seinen einzelnen Akten dem Individuo selbst kenntlich wird: – wer, sage ich, mit mir diese Überzeugung gewonnen hat, dem wird sie, ganz von selbst, der Schlüssel werden zur Erkenntnis des innersten Wesens der gesamten Natur, indem er sie nun auch auf alle jene Erscheinungen überträgt, die ihm nicht, wie seine eigene, in unmittelbarer Erkenntnis neben der

* Hiezu Kap. 20 des zweiten Bandes; wie auch, in meiner Schrift »Über den Willen in der Natur«, die Rubriken »Physiologie« und »Vergleichende Anatomie«, woselbst das hier nur Angedeutete seine gründliche Ausführung erhalten hat.

mittelbaren, sondern bloß in letzterer, also bloß einseitig, als *Vorstellung* allein, gegeben sind. Nicht allein in denjenigen Erscheinungen, welche seiner eigenen ganz ähnlich sind, in Menschen und Tieren, wird er als ihr innerstes Wesen jenen nämlichen Willen anerkennen; sondern die fortgesetzte Reflexion wird ihn dahin leiten, auch die Kraft, welche in der Pflanze treibt und vegetiert, ja, die Kraft, durch welche der Kristall anschießt, die, welche den Magnet zum Nordpol wendet, die, deren Schlag ihm aus der Berührung heterogener Metalle entgegenfährt, die, welche in den Wahlverwandtschaften der Stoffe als Fliehn und Suchen, Trennen und Vereinen erscheint, ja, zuletzt sogar die Schwere, welche in aller Materie so gewaltig strebt, den Stein zur Erde und die Erde zur Sonne zieht, – diese alle nur in der Erscheinung für verschieden, ihrem innern Wesen nach aber als dasselbe zu erkennen, als jenes ihm unmittelbar so intim und besser als alles andere Bekannte, was da, wo es am deutlichsten hervortritt, *Wille* heißt. Diese Anwendung der Reflexion ist es allein, welche uns nicht mehr bei der Erscheinung stehnbleiben läßt, sondern hinüberführt zum *Ding an sich*. Erscheinung heißt Vorstellung, und weiter nichts: alle Vorstellung, welcher Art sie auch sei, alles *Objekt*, ist *Erscheinung*. *Ding an sich* aber ist allein der *Wille*: als solcher ist er durchaus nicht Vorstellung, sondern toto genere von ihr verschieden: er ist es, wovon alle Vorstellung, alles Objekt, die Erscheinung, die Sichtbarkeit, die *Objektität* ist. Er ist das Innerste, der Kern jedes Einzelnen und ebenso des Ganzen: er erscheint in jeder blindwirkenden Naturkraft: er auch erscheint im überlegten Handeln des Menschen; welcher beiden große Verschiedenheit doch nur den Grad des Erscheinens, nicht das Wesen des Erscheinenden trifft.

§ 22

Dieses *Ding an sich* (wir wollen den Kantischen Ausdruck als stehende Formel beibehalten), welches als solches nimmermehr Objekt ist, eben weil alles Objekt schon wieder seine bloße Erscheinung, nicht mehr es selbst ist, mußte, wenn es dennoch objektiv gedacht werden sollte, Namen und Begriff von einem Objekt borgen, von etwas irgendwie objektiv Gegebenem, folglich von einer seiner Erscheinungen: aber diese durfte, um als Verständigungspunkt zu dienen, keine andere sein, als unter allen seinen Erscheinungen die vollkommenste, d.h. die deutlichste, am meisten entfaltete, vom Erkennen unmittelbar beleuchtete: diese aber eben ist des Menschen *Wille*. Man hat jedoch wohl zu bemerken, daß wir hier allerdings nur eine denominatio a potiori gebrauchen, durch welche eben deshalb der Begriff Wille eine größere Ausdehnung erhält, als er bisher hatte. Erkenntnis des Identischen in verschiedenen Erscheinungen und des Verschiedenen in ähnlichen ist eben, wie Plato so oft bemerkt, Bedingung zur Philosophie. Man hatte aber bis jetzt die Identität des Wesens jeder irgend strebenden und wirkenden Kraft in der Natur mit dem Willen nicht erkannt, und daher die mannigfaltigen Erscheinungen, welche nur verschiedene Spezies desselben Genus sind, nicht dafür angesehn, sondern als heterogen betrachtet: deswegen konnte auch kein Wort zur Bezeichnung des Begriffs dieses Genus vorhanden sein. Ich benenne daher das Genus nach der vorzüglichsten Spezies, deren uns näher liegende, unmittelbare Erkenntnis zur mittelbaren Erkenntnis aller andern führt. Daher aber würde in einem immerwährenden Mißverständnis befangen bleiben, wer nicht fähig wäre, die hier geforderte Erweiterung des Begriffs zu vollziehn, sondern bei dem Wort *Wille* immer nur noch die bisher allein damit bezeichnete eine Spezies, den vom Erkennen geleiteten und ausschließlich nach Motiven, ja wohl gar nur nach abstrakten Motiven, also unter Leitung der Vernunft sich äußernden Willen verstehn wollte, welcher, wie gesagt, nur die deutlichste Erscheinung des Willens ist. Das uns unmittelbar bekannte innerste Wesen eben dieser Erscheinung müssen wir nun in Gedanken rein aussondern, es dann auf alle schwächeren, undeutlicheren Erscheinungen desselben Wesens übertragen, wodurch wir die verlangte Erweiterung des Begriffs Wille vollziehn. – Auf die entgegengesetzte Weise würde mich aber der mißverstehn, der etwan meinte, es sei zuletzt einerlei, ob man jenes Wesen an sich aller Erscheinung durch das Wort Wille, oder durch irgendein anderes bezeichnete. Dies würde der Fall sein, wenn jenes Ding an sich etwas wäre, auf dessen Existenz wir bloß *schlössen* und es so allein mittelbar und bloß in abstracto erkennten: dann könnte man es allerdings nennen wie man wollte: der Name stände als bloßes Zeichen einer unbekannten Größe da. Nun aber bezeichnet das Wort *Wille*, welches uns, wie ein Zauberwort, das innerste Wesen jedes Dinges in der Natur aufschließen soll, keineswegs eine unbekannte Größe, ein durch Schlüsse erreichtes Etwas; sondern ein durchaus unmittelbar Erkanntes und so sehr Bekanntes, daß wir, was Wille sei, viel besser wissen und verstehn, als sonst irgend etwas, was immer es auch sei. – Bisher subsumierte man den Begriff *Wille* unter den Begriff *Kraft*: dagegen mache ich es gerade umgekehrt und will jede Kraft in der Natur als Wille gedacht wissen. Man glaube ja nicht, daß dies Wortstreit, oder gleichgültig sei: vielmehr ist es von der allerhöchsten Bedeutsamkeit und Wichtigkeit. Denn dem Begriffe *Kraft* liegt, wie allen andern, zuletzt die anschauliche Erkenntnis der objektiven Welt, d.h. die Erscheinung, die Vorstellung, zum Grunde, und daraus ist er geschöpft. Er ist aus dem Gebiet abstrahiert, wo Ursache und Wirkung herrscht, also aus der anschaulichen Vorstellung, und bedeutet eben das Ursachsein der Ursache, auf dem Punkt, wo es ätiologisch durchaus nicht weiter erklärlich, sondern eben die notwendige Voraussetzung aller ätiologischen Erklärung ist. Hingegen der Begriff *Wille* ist der einzige, unter allen möglichen, welcher seinen Ursprung *nicht* in der Erscheinung, *nicht* in bloßer anschaulicher Vorstellung hat, sondern aus dem Innern kommt, aus dem unmittelbarsten Bewußtsein eines jeden hervorgeht, in welchem dieser sein eigenes Individuum, seinem Wesen nach, unmittelbar, ohne alle Form, selbst ohne die von Subjekt und Objekt, erkennt und zugleich selbst ist, da hier das Erkennende und das Erkannte zusammenfallen. Führen wir daher den Begriff der *Kraft* auf den des *Willens* zurück, so haben wir in der Tat ein Unbekannteres auf ein unendlich Bekannteres, ja, auf das einzige uns wirklich unmittelbar und ganz und gar Bekannte zurückgeführt und unsere Erkenntnis um ein sehr großes erweitert. Subsumieren wir hingegen, wie bisher geschah, den Begriff *Wille* unter den der *Kraft*; so begeben wir uns der einzigen unmittelbaren Erkenntnis, die wir vom innern Wesen der Welt haben, indem wir sie untergehn lassen in einen aus der Erscheinung abstrahierten Begriff, mit welchem wir daher nie über die Erscheinung hinauskönnen.

§ 23

Der *Wille* als Ding an sich ist von seiner Erscheinung gänzlich verschieden und völlig frei von allen Formen derselben, in welche er eben erst eingeht, indem er erscheint, die daher nur seine *Objektität* betreffen, ihm selbst fremd sind. Schon die allgemeinste Form aller Vorstellung, die des Objekts für ein Subjekt, trifft ihn nicht; noch weniger die dieser untergeordneten, welche insgesamt ihren gemeinschaftlichen Ausdruck im Satz vom Grunde haben, wohin bekanntlich auch Zeit und Raum gehören, und folglich auch die durch diese allein bestehende und möglich gewordene Vielheit. In dieser letztern Hinsicht werde ich, mit einem aus der alten eigentlichen Scholastik entlehnten Ausdruck, Zeit und Raum das principium individuationis nennen, welches ich ein für alle Mal zu merken bitte. Denn Zeit und Raum allein sind es, mittelst welcher das dem Wesen und dem Begriff nach Gleiche und Eine doch als verschieden, als Vielheit neben und nacheinander erscheint: sie sind folglich das principium individuationis, der Gegenstand so vieler Grübeleien und Streitigkeiten der Scholastiker, welche man im Suarez (Disp. 5, sect. 3) beisammen findet. – Der Wille als Ding an sich liegt, dem Gesagten zufolge, außerhalb des Gebietes des Satzes vom Grund in allen seinen Gestaltungen, und ist folglich schlechthin grundlos, obwohl jede seiner Erscheinungen durchaus dem Satz vom Grunde unterworfen ist: er ist ferner frei von aller *Vielheit*, obwohl seine Erscheinungen in Zeit und Raum unzählig sind: er selbst ist *einer*: jedoch nicht wie ein Objekt *eines* ist, dessen Einheit nur im Gegensatz der möglichen Vielheit erkannt wird: noch auch wie ein Begriff *eins* ist, der nur durch Abstraktion von der Vielheit entstanden ist: sondern er ist *eines* als das, was außer Zeit und Raum, dem principio individuationis, d.i. der Möglichkeit der Vielheit, liegt. Erst wenn uns dieses alles durch die folgende Betrachtung der Erscheinungen und verschiedenen Manifestationen des Willens völlig deutlich geworden sein wird, werden wir den Sinn der Kantischen Lehre völlig verstehn, daß Zeit, Raum und Kausalität nicht dem Dinge an sich zukommen, sondern nur Formen des Erkennens sind.

Die Grundlosigkeit des Willens hat man auch wirklich da erkannt, wo er sich am deutlichsten manifestiert, als Wille des Menschen, und diesen frei, unabhängig genannt. Sogleich hat man aber auch, über die Grundlosigkeit des Willens selbst, die Notwendigkeit, der seine Erscheinung überall unterworfen ist, übersehn, und die Taten für frei erklärt, was sie nicht sind, da jede einzelne Handlung aus der Wirkung des Motivs auf den Charakter mit strenger Notwendigkeit folgt. Alle Notwendigkeit ist, wie schon gesagt, Verhältnis der Folge zum Grunde und durchaus nichts weiter. Der Satz vom Grunde ist allgemeine Form aller Erscheinung, und der Mensch in seinem Tun muß, wie jede andere Erscheinung, ihm unterworfen sein. Weil aber im Selbstbewußtsein der Wille unmittelbar und an sich erkannt wird, so liegt auch in diesem Bewußtsein das der Freiheit. Allein es wird übersehn, daß das Individuum, die Person, nicht Wille als Ding an sich, sondern schon *Erscheinung* des Willens ist, als solche schon determiniert und in die Form der Erscheinung, den Satz vom Grund, eingegangen. Daher kommt die wunderliche Tatsache, daß jeder sich a priori für ganz frei, auch in seinen einzelnen Handlungen, hält und meint, er könne jeden Augenblick einen andern Lebenswandel anfangen, welches hieße ein anderer werden. Allein a posteriori, durch die Erfahrung, findet er zu seinem Erstaunen, daß er nicht frei ist, sondern der Notwendigkeit unterworfen, daß er, aller Vorsätze und Reflexionen ungeachtet, sein Tun nicht ändert, und vom Anfang seines Lebens bis zum Ende denselben von ihm selbst mißbilligten Charakter durchführen und gleichsam die übernommene Rolle bis zu Ende spielen muß. Ich kann diese Betrachtung hier nicht weiter ausführen, da sie als ethisch an eine andere Stelle dieser Schrift gehört. Hier wünsche ich inzwischen nur darauf hinzuweisen, daß die *Erscheinung* des an sich grundlosen Willens doch als solche dem Gesetz der Notwendigkeit, d.i. dem Satz vom Grunde, unterworfen ist; damit wir an der Notwendigkeit, mit welcher die Erscheinungen der Natur erfolgen, keinen Anstoß nehmen, in ihnen die Manifestationen des Willens zu erkennen.

Man hat bisher für Erscheinungen des Willens nur diejenigen Veränderungen angesehn, die keinen andern Grund, als ein Motiv, d.h. eine Vorstellung haben; daher man in der Natur allein dem Menschen und allenfalls den Tieren einen Willen beilegte; weil das Erkennen, das Vorstellen, allerdings, wie ich an einem andern Orte schon erwähnt habe, der echte und ausschließende Charakter der Tierheit ist. Allein daß der Wille auch da wirkt, wo keine Erkenntnis ihn leitet, sehn wir zu allernächst an dem Instinkt und den Kunsttrieben der Tiere*. Daß sie Vorstellungen und Erkenntnis haben, kommt hier gar nicht in Betracht, da der Zweck, zu dem sie gerade so hinwirken, als wäre er ein erkanntes Motiv, von ihnen ganz unerkannt bleibt; daher ihr Handeln hier ohne Motiv geschieht, nicht von der Vorstellung geleitet ist und uns zuerst und am deutlichsten zeigt, wie der Wille auch ohne alle Erkenntnis tätig ist. Der einjährige Vogel hat keine Vorstellung von den Eiern, für die er ein Nest baut; die junge Spinne nicht von dem Raube, zu dem sie ein Netz wirkt; noch der Ameisenlöwe von der Ameise, der er zum ersten Male eine Grube gräbt; die Larve des Hirschschröters beißt das Loch im Holze, wo sie ihre Verwandelung bestehn will, noch einmal so groß, wenn sie ein männlicher, als wenn sie ein weiblicher Käfer werden will, im ersten Fall um Platz für Hörner zu haben, von denen sie noch keine Vorstellung hat. In solchem Tun dieser Tiere ist doch offenbar, wie in ihrem übrigen Tun, der Wille tätig: aber er ist in blinder Tätigkeit, die zwar von Erkenntnis begleitet, aber nicht von ihr geleitet ist. Haben wir nun einmal die Einsicht erlangt, daß Vorstellung als Motiv keine notwendige und wesentliche Bedingung der Tätigkeit des Willens ist; so werden wir das Wirken des Willens nun auch leichter in Fällen wiedererkennen, wo es weniger augenfällig ist, und dann z.B. so wenig das Haus der Schnecke einem ihr selbst fremden, aber von Erkenntnis geleiteten Willen zuschreiben, als das Haus, welches wir selbst bauen, durch einen

* Von diesen handelt speziell Kap. 27 des zweiten Bandes.

andern Willen als unsern eigenen ins Dasein tritt; sondern wir werden beide Häuser für Werke des in beiden Erscheinungen sich objektivierenden Willens erkennen, der in uns nach Motiven, in der Schnecke aber noch blind, als nach außen gerichteter Bildungstrieb wirkt. Auch in uns wirkt derselbe Wille vielfach blind: in allen den Funktionen unsers Leibes, welche keine Erkenntnis leitet, in allen seinen vitalen und vegetativen Prozessen, Verdauung, Blutumlauf, Sekretion, Wachstum, Reproduktion. Nicht nur die Aktionen des Leibes, sondern er selbst ganz und gar ist, wie oben nachgewiesen, Erscheinung des Willens, objektivierter Wille, konkreter Wille: alles was in ihm vorgeht, muß daher durch Wille vorgehn, obwohl hier dieser Wille nicht von Erkenntnis geleitet ist, nicht nach Motiven sich bestimmt, sondern, blind wirkend, nach Ursachen, die in diesem Fall *Reize* heißen.

Ich nenne nämlich *Ursache*, im engsten Sinne des Worts, denjenigen Zustand der Materie, der, indem er einen andern mit Notwendigkeit herbeiführt, selbst eine eben so große Veränderung erleidet, wie die ist, welche er verursacht, welches durch die Regel »Wirkung und Gegenwirkung sind sich gleich« ausgedrückt wird. Ferner wächst, bei der eigentlichen Ursache, die Wirkung genau in eben dem Verhältnis wie die Ursache, die Gegenwirkung also wieder auch; so daß, wenn einmal die Wirkungsart bekannt ist, aus dem Grade der Intensität der Ursache der Grad der Wirkung sich messen und berechnen läßt, und so auch umgekehrt. Solche eigentlich sogenannte Ursachen wirken in allen Erscheinungen des Mechanismus, Chemismus usw., kurz, bei allen Veränderungen unorganischer Körper. Ich nenne dagegen *Reiz* diejenige Ursache, die selbst keine ihrer Wirkung angemessene Gegenwirkung erleidet, und deren Intensität durchaus nicht dem Grade nach parallel geht mit der Intensität der Wirkung, welche daher nicht nach jener gemessen werden kann: vielmehr kann eine kleine Vermehrung des Reizes eine sehr große in der Wirkung veranlassen, oder auch umgekehrt die vorherige Wirkung ganz aufheben usw. Dieser Art ist alle Wirkung auf organische Körper als solche: auf Reize also, nicht auf bloße Ursachen, gehn alle eigentlich organischen und vegetativen Veränderungen im tierischen Leibe vor. Der Reiz aber, wie überhaupt jede Ursache, und ebenso das

Motiv, bestimmt nie mehr, als den Eintrittspunkt der Äußerung jeder Kraft in Zeit und Raum, nicht das innere Wesen der sich äußernden Kraft selbst, welches wir, unserer vorhergegangenen Ableitung gemäß, für Wille erkennen, dem wir daher sowohl die bewußtlosen, als die bewußten Veränderungen des Leibes zuschreiben. Der Reiz hält das Mittel, macht den Übergang zwischen dem Motiv, welches die durch das Erkennen hindurchgegangene Kausalität ist, und der Ursache im engsten Sinn. In den einzelnen Fällen liegt er bald dem Motiv, bald der Ursache näher, ist indessen doch noch immer von beiden zu unterscheiden: so geschieht z.B. das Steigen der Säfte in den Pflanzen auf Reiz und ist nicht aus bloßen Ursachen, nach den Gesetzen der Hydraulik, noch der Haarröhrchen, zu erklären: dennoch wird es wohl von diesen unterstützt und ist überhaupt der rein ursächlichen Veränderung schon sehr nahe. Hingegen sind die Bewegungen des Hedysarum gyrans und der Mimosa pudica, obwohl noch auf bloße Reize erfolgend, dennoch schon denen auf Motive sehr ähnlich und scheinen fast den Übergang machen zu wollen. Die Verengerung der Pupille bei vermehrtem Lichte geschieht auf Reiz, aber geht schon über in die Bewegung auf Motiv; da sie geschieht, weil das zu starke Licht die Retina schmerzlich affizieren würde und wir, dies zu vermeiden, die Pupille zusammenziehn. – Der Anlaß der Erektion ist ein Motiv, da er eine Vorstellung ist; er wirkt jedoch mit der Notwendigkeit eines Reizes: d.h. ihm kann nicht widerstanden werden, sondern man muß ihn entfernen, um ihn unwirksam zu machen. Eben so verhält es sich mit ekelhaften Gegenständen, welche Neigung zum Erbrechen erregen. Als ein wirkliches Mittelglied ganz anderer Art zwischen der Bewegung auf Reiz und dem Handeln nach einem erkannten Motiv haben wir soeben den Instinkt der Tiere betrachtet. Noch als ein anderes Mittelglied dieser Art könnte man versucht werden das Atemholen anzusehn: man hat nämlich gestritten, ob es zu den willkürlichen oder zu den unwillkürlichen Bewegungen gehöre, d.h. eigentlich ob es auf Motiv, oder Reiz erfolge, danach es sich vielleicht für ein Mittelding zwischen beiden erklären ließe. Marshall Hall (»On the diseases of the nervous system«, § 293 sq.) erklärt es für eine gemischte Funktion, da es unter dem Einfluß teils der Cerebral- (willkürlichen) teils der Spinal- (unwillkürlichen) Nerven steht. Indessen müssen wir es zuletzt doch den auf Motiv erfolgenden Willensäußerungen beizählen: denn andere Motive, d.h. bloße Vorstellungen, können den Willen bestimmen es zu hemmen oder zu beschleunigen, und es hat, wie jede andere willkürliche Handlung, den Schein, daß man es ganz unterlassen könnte und frei ersticken. Dies könnte man auch in der Tat, sobald irgendein anderes Motiv so stark den Willen bestimmte, daß es das dringende Bedürfnis nach Luft überwöge. Nach einigen soll Diogenes wirklich auf diese Weise seinem Leben ein Ende gemacht haben (Diog. Laert. VI, 76). Auch Neger sollen dies getan haben (F. B. Osiander »Über den Selbstmord« [1813], S. 170–180). Wir hätten daran ein starkes Beispiel vom Einfluß abstrakter Motive, d.h. von der Übermacht des eigentlich vernünftigen Wollens über das bloß tierische. Für das wenigstens teilweise Bedingtsein des Atmens durch cerebrale Tätigkeit spricht die Tatsache, daß Blausäure zunächst dadurch tötet, daß sie das Gehirn lähmt und so mittelbar das Atmen hemmt: wird aber dieses künstlich unterhalten, bis jene Betäubung des Gehirns vorüber ist, so tritt gar kein Tod ein. Zugleich gibt uns hier beiläufig das Atemholen das augenfälligste Beispiel davon, daß Motive mit ebenso großer Notwendigkeit, wie Reize und bloße Ursachen im engsten Sinne wirken, und eben nur durch entgegengesetzte Motive, wie Druck durch Gegendruck, außer Wirksamkeit gesetzt werden können: denn beim Atmen ist der Schein des Unterlassenkönnens ungleich schwächer, als bei andern auf Motive erfolgenden Bewegungen; weil das Motiv dort sehr dringend, sehr nah, seine Befriedigung, wegen der Unermüdlichkeit der sie vollziehenden Muskeln, sehr leicht, ihr in der Regel nichts entgegenstehend und das Ganze durch die älteste Gewohnheit des Individuums unterstützt ist. Und doch wirken eigentlich alle Motive mit derselben Notwendigkeit. Die Erkenntnis, daß die Notwendigkeit den Bewegungen auf Motive mit denen auf Reize gemeinschaftlich ist, wird uns die Einsicht erleichtern, daß auch das, was im organischen Leibe auf Reize und völlig gesetzmäßig vor sich geht, dennoch seinem innern Wesen nach Wille ist, der zwar nie an sich, aber in allen seinen Erscheinungen dem Satz vom Grund, d.h. der Notwendigkeit unterworfen ist*. Wir werden demnach nicht dabei stehn bleiben, die Tiere, wie in ihrem Handeln, so auch in ihrem ganzen Dasein, Korporisation und Organisation als Willenserscheinungen zu erkennen; sondern werden diese uns allein gegebene unmittelbare Erkenntnis des Wesens an sich der Dinge auch auf die Pflanzen übertragen, deren sämtliche Bewegungen auf Reize erfolgen, da die Abwesenheit der Erkenntnis und der durch diese bedingten Bewegung auf Motive allein den wesentlichen Unterschied zwischen Tier und Pflanze ausmacht. Wir werden also was für die Vorstellung als Pflanze, als bloße Vegetation, blind treibende Kraft erscheint, seinem Wesen an sich nach, für Willen ansprechen und für eben das erkennen, was die Basis unserer eigenen Erscheinung ausmacht, wie sie sich in unserm Tun und auch schon im ganzen Dasein unsers Leibes selbst ausspricht.

Es bleibt uns nur noch der letzte Schritt zu tun übrig, die Ausdehnung unserer Betrachtungsweise auch auf alle jene Kräfte, welche in der Natur nach allgemeinen, unveränderlichen Gesetzen wirken, denen gemäß die Bewegungen aller der Körper erfolgen, welche, ganz ohne Organe, für den Reiz keine Empfänglichkeit und für das Motiv keine Erkenntnis haben. Wir müssen also den Schlüssel zum Verständnis des Wesens an sich der Dinge, welchen uns die unmittelbare Erkenntnis unsers eigenen Wesens allein geben konnte, auch an diese Erscheinungen der unorganischen Welt legen, die von allen im weitesten Abstande von uns stehn. – Wenn wir sie nun mit forschendem Blicke betrachten, wenn wir den gewaltigen, unaufhaltsamen Drang sehn, mit dem die Gewässer der Tiefe zueilen, die Beharrlichkeit, mit welcher der Magnet sich immer wieder zum Nordpol wendet, die Sehnsucht, mit der das Eisen zu ihm fliegt, die Heftigkeit, mit welcher die Pole der Elektrizität zur Wiedervereinigung streben, und welche, gerade wie die der menschlichen Wünsche, durch Hindernisse gesteigert wird; wenn wir den Kristall schnell und plötzlich

* Diese Erkenntnis wird durch meine Preisschrift über die Freiheit des Willens völlig festgestellt, woselbst (S. 30–44 der »Grundprobleme der Ethik« [2. Aufl. S. 29–41]) daher auch das Verhältnis zwischen *Ursache, Reiz und Motiv* seine ausführliche Erörterung erhalten hat.

anschießen sehn, mit so viel Regelmäßigkeit der Bildung, die offenbar nur eine von Erstarrung ergriffene und festgehaltene ganz entschiedene und genau bestimmte Bestrebung nach verschiedenen Richtungen ist; wenn wir die Auswahl bemerken, mit der die Körper, durch den Zustand der Flüssigkeit in Freiheit gesetzt und den Banden der Starrheit entzogen, sich suchen und fliehn, vereinigen und trennen; wenn wir endlich ganz unmittelbar fühlen, wie eine Last, deren Streben zur Erdmasse unser Leib hemmt, auf diesen unablässig drückt und drängt, ihre einzige Bestrebung verfolgend; – so wird es uns keine große Anstrengung der Einbildungskraft kosten, selbst aus so großer Entfernung unser eigenes Wesen wiederzuerkennen, jenes nämliche, das in uns beim Lichte der Erkenntnis seine Zwecke verfolgt, hier aber, in den schwächsten seiner Erscheinungen, nur blind, dumpf, einseitig und unveränderlich strebt, jedoch, weil es überall eines und dasselbe ist, – so gut wie die erste Morgendämmerung mit den Strahlen des vollen Mittags den Namen des Sonnenlichts teilt, – auch hier wie dort den Namen *Wille* führen muß, welcher das bezeichnet, was das Sein an sich jedes Dinges in der Welt und der alleinige Kern jeder Erscheinung ist.

Der Abstand jedoch, ja der Schein einer gänzlichen Verschiedenheit zwischen den Erscheinungen der unorganischen Natur und dem Willen, den wir als das Innere unsers eigenen Wesens wahrnehmen, entsteht vorzüglich aus dem Kontrast zwischen der völlig bestimmten Gesetzmäßigkeit in der einen und der scheinbar regellosen Willkür in der andern Art der Erscheinung. Denn im Menschen tritt die Individualität mächtig hervor: ein jeder hat einen eigenen Charakter: daher hat auch dasselbe Motiv nicht auf alle die gleiche Gewalt, und tausend Nebenumstände, die in der weiten Erkenntnissphäre des Individuums Raum haben, aber andern unbekannt bleiben, modifizieren seine Wirkung; weshalb sich aus dem Motiv allein die Handlung nicht vorherbestimmen läßt, weil der andere Faktor fehlt, die genaue Kenntnis des individuellen Charakters und der ihn begleitenden Erkenntnis. Hingegen zeigen die Erscheinungen der Naturkräfte hier das andere Extrem: sie wirken nach allgemeinen Gesetzen, ohne Abweichung, ohne Individualität, nach offen darliegenden Umständen, der genauesten Vorherbestimmung unterworfen, und dieselbe Naturkraft äußert sich in den Millionen ihrer Erscheinungen genau auf gleiche Weise. Wir müssen, um diesen Punkt aufzuklären, um die Identität des *einen* und unteilbaren Willens in allen seinen so verschiedenen Erscheinungen, in den schwächsten, wie in den stärksten, nachzuweisen, zuvörderst das Verhältnis betrachten, welches der Wille als Ding an sich zu seiner Erscheinung, d. h. die Welt als Wille zur Welt als Vorstellung hat, wodurch sich uns der beste Weg öffnen wird zu einer tiefer gehenden Erforschung des gesamten in diesem zweiten Buch behandelten Gegenstandes*.

§ 24

Wir haben von dem großen Kant gelernt, daß Zeit, Raum und Kausalität, ihrer ganzen Gesetzmäßigkeit und der Möglichkeit aller ihrer Formen nach, in unserm Bewußtsein vorhanden sind, ganz unabhängig von den Objekten, die in ihnen erscheinen, die ihren Inhalt ausmachen, oder mit andern Worten: daß sie ebensowohl, wenn man vom Subjekt, als wenn man vom Objekt ausgeht, gefunden werden können; daher man sie mit gleichem Recht Anschauungsweisen des Subjekts, oder auch Beschaffenheiten des Objekts, *sofern es Objekt* (bei Kant: Erscheinung), d. h. *Vorstellung* ist, nennen kann. Auch kann man jene Formen ansehn als die unteilbare Grenze zwischen Objekt und Subjekt: daher zwar alles Objekt in ihnen erscheinen muß, aber auch das Subjekt, unabhängig vom erscheinenden Objekt, sie vollständig besitzt und übersieht. – Sollten nun aber die in diesen Formen erscheinenden Objekte nicht leere Phantome sein; sondern eine Bedeutung haben: so müßten sie auf etwas deuten, der Ausdruck von etwas sein, das nicht wieder wie sie selbst Objekt, Vorstellung, ein nur relativ, nämlich für ein Subjekt, Vorhandenes wäre; sondern welches ohne solche Abhängigkeit von einem ihm als wesentliche Bedingung Gegenüberstehenden und dessen Formen existierte, d. h.

* Hiezu Kap. 23 des zweiten Bandes, imgleichen, in meiner Schrift »Über den Willen in der Natur«, das Kapitel »Pflanzenphysiologie« und das für den Kern meiner Metaphysik überaus wichtige Kapitel »Physische Astronomie«.

eben *keine Vorstellung*, sondern ein *Ding an sich* wäre. Demnach ließe sich wenigstens fragen: Sind jene Vorstellungen, jene Objekte, noch etwas außerdem und abgesehn davon, daß sie Vorstellungen, Objekte des Subjekts sind? Und was alsdann wären sie in diesem Sinn? Was ist jene ihre andere von der Vorstellung toto genere verschiedene Seite? Was ist das Ding an sich? – *Der Wille:* ist unsere Antwort gewesen, die ich jedoch für jetzt beiseite setze.

Was auch immer das Ding an sich sei, so hat Kant richtig geschlossen, daß Zeit, Raum und Kausalität (die wir späterhin als Gestaltungen des Satzes vom Grunde, und diesen als allgemeinen Ausdruck der Formen der Erscheinung erkannt haben) nicht Bestimmungen desselben sein, sondern ihm erst zukommen konnten, nachdem und sofern es Vorstellung geworden, d. h. nur seiner Erscheinung angehörten, nicht ihm selbst. Denn da das Subjekt sie aus sich selbst, unabhängig von allem Objekt, vollständig erkennt und konstruiert; so müssen sie dem *Vorstellungsein* als solchem anhängen, nicht dem, was Vorstellung wird. Sie müssen die Form der Vorstellung als solcher, nicht aber Eigenschaften dessen sein, was diese Form angenommen hat. Sie müssen schon mit dem bloßen Gegensatz vom Subjekt und Objekt (nicht im Begriff, sondern in der Tat) gegeben sein, folglich nur die nähere Bestimmung der Form der Erkenntnis überhaupt sein, deren allgemeinste Bestimmung jener Gegensatz selbst ist. Was nun in der Erscheinung, im Objekt, wiederum durch Zeit, Raum und Kausalität bedingt ist, indem es nur mittelst derselben vorgestellt werden kann, nämlich *Vielheit*, durch das Neben- und Nacheinander, *Wechsel und Dauer*, durch das Gesetz der Kausalität, und die nur unter Voraussetzung der Kausalität vorstellbare Materie, endlich alles wieder nur mittelst dieser Vorstellbare, – dieses alles insgesamt ist dem, *das* da erscheint, *das* in die Form der Vorstellung eingegangen ist, wesentlich nicht eigen, sondern hängt nur dieser Form selbst an. Umgekehrt aber wird dasjenige in der Erscheinung, was *nicht* durch Zeit, Raum und Kausalität bedingt, noch auf diese zurückzuführen, noch nach diesen zu erklären ist, gerade das sein, worin sich unmittelbar das Erscheinende, das Ding an sich kund gibt. Diesem zufolge wird nun die vollkommenste Erkennbarkeit, d. h. die größte Klarheit, Deutlichkeit und erschöpfende Ergründlichkeit, notwendig dem zukommen, was der Erkenntnis *als solcher* eigen ist, also der *Form* der Erkenntnis; nicht aber dem, was, an sich *nicht* Vorstellung, *nicht* Objekt, erst durch das Eingehn in diese Formen erkennbar, d.h. Vorstellung, Objekt, geworden ist. Nur das also, was allein abhängt vom Erkanntwerden, vom Vorstellungsein überhaupt und als solchem (nicht von dem, was erkannt wird, und erst zur Vorstellung geworden ist), was daher allem, das erkannt wird, ohne Unterschied zukommt, was eben deswegen so gut wenn man vom Subjekt, als wenn man vom Objekt ausgeht, gefunden wird, – dies allein wird ohne Rückhalt eine genügende, völlig erschöpfende, bis auf den letzten Grund klare Erkenntnis gewähren können. Dieses aber besteht in nichts anderm, als in den uns a priori bewußten Formen aller Erscheinung, die sich gemeinschaftlich als Satz vom Grunde aussprechen lassen, dessen auf die anschauliche Erkenntnis (mit der wir hier es ausschließlich zu tun haben) sich beziehenden Gestalten Zeit, Raum und Kausalität sind. Auf sie allein gegründet ist die gesamte reine Mathematik und die reine Naturwissenschaft a priori. Nur in diesen Wissenschaften daher findet die Erkenntnis keine Dunkelheit, stößt nicht auf das Unergründliche (Grundlose d.i. Wille), auf das nicht weiter Abzuleitende; in welcher Hinsicht auch Kant, wie gesagt, jene Erkenntnisse vorzugsweise, ja ausschließlich, nebst der Logik, Wissenschaften nennen wollte. Andererseits aber zeigen uns diese Erkenntnisse weiter nichts, als bloße Verhältnisse, Relationen einer Vorstellung zur andern, Form, ohne allen Inhalt. Jeder Inhalt, den sie bekommen, jede Erscheinung, die jene Formen füllt, enthält schon etwas nicht mehr vollständig seinem ganzen Wesen nach Erkennbares, nicht mehr durch ein anderes ganz und gar zu Erklärendes, also etwas Grundloses, wodurch sogleich die Erkenntnis an Evidenz verliert und die vollkommene Durchsichtigkeit einbüßt. Dieses der Ergründung sich Entziehende aber ist eben das Ding an sich, ist dasjenige, was wesentlich nicht Vorstellung, nicht Objekt der Erkenntnis ist; sondern erst indem es in jene Form einging, erkennbar geworden ist. Die Form ist ihm ursprünglich fremd, und es kann nie ganz eins mit ihr werden, kann nie auf die bloße Form zurückgeführt, und, da diese der Satz vom Grund ist, also nicht vollständig *ergründet* werden. Wenn daher auch alle Mathematik uns erschöpfende Erkenntnis gibt von dem, was an den Erscheinungen Größe, Lage, Zahl, kurz, räumliches und zeitliches Verhältnis ist, wenn alle Ätiologie uns die gesetzmäßigen Bedingungen, unter denen die Erscheinungen, mit allen ihren Bestimmungen, in Zeit und Raum eintreten, vollständig angibt, bei dem allen aber doch nicht mehr lehrt, als jedesmal warum eine jede bestimmte Erscheinung gerade jetzt hier und gerade hier jetzt sich zeigen muß; so dringen wir mit deren Hülfe doch nimmermehr in das innere Wesen der Dinge, so bleibt dennoch immer etwas, daran sich keine Erklärung wagen darf, sondern das sie immer voraussetzt, nämlich die Kräfte der Natur, die bestimmte Wirkungsart der Dinge, die Qualität, der Charakter jeder Erscheinung, das Grundlose, was nicht von der Form der Erscheinung, dem Satz vom Grunde, abhängt, dem diese Form an sich fremd ist, das aber in sie eingegangen ist, und nun nach ihrem Gesetz hervortritt, welches Gesetz aber eben auch nur das Hervortreten bestimmt, nicht das, *was* hervortritt, nur das Wie, nicht das Was der Erscheinung, nur die Form, nicht den Inhalt. – Mechanik, Physik, Chemie lehren die Regeln und Gesetze, nach denen die Kräfte der Undurchdringlichkeit, Schwere, Starrheit, Flüssigkeit, Kohäsion, Elastizität, Wärme, Licht, Wahlverwandtschaften, Magnetismus, Elektrizität usw. wirken, d.h. das Gesetz, die Regel, welche diese Kräfte in Hinsicht auf ihren jedesmaligen Eintritt in Zeit und Raum beobachten: die Kräfte selbst aber bleiben dabei, wie man sich auch gebärden mag, qualitates occultae. Denn es ist eben das Ding an sich, welches, indem es erscheint, jene Phänomene darstellt, von ihnen selbst gänzlich verschieden, zwar in seiner Erscheinung dem Satz vom Grund, als der Form der Vorstellung, völlig unterworfen, selbst aber nie auf diese Form zurückzuführen, und daher nicht ätiologisch bis auf das letzte zu erklären, nicht jemals vollständig zu ergründen; zwar völlig begreiflich, sofern es jene Form angenommen hat, d.h. sofern es Erscheinung ist; seinem innern Wesen nach aber durch jene Begreiflichkeit nicht im mindesten erklärt. Daher, je mehr Notwendigkeit eine Erkenntnis mit sich führt, je mehr in ihr von dem ist, was sich gar nicht anders denken und vorstellen läßt –

wie z. B. die räumlichen Verhältnisse –, je klärer und genügender sie daher ist; desto weniger rein objektiven Gehalt hat sie, oder desto weniger eigentliche Realität ist in ihr gegeben: und umgekehrt, je mehreres in ihr als rein zufällig aufgefaßt werden muß, je mehreres sich uns als bloß empirisch gegeben aufdringt; desto mehr eigentlich Objektives und wahrhaft Reales ist in solcher Erkenntnis; aber auch zugleich desto mehr Unerklärliches, d. h. aus anderm nicht weiter Ableitbares.

Freilich hat zu allen Zeiten eine ihr Ziel verkennende Ätiologie dahin gestrebt, alles organische Leben auf Chemismus, oder Elektrizität, allen Chemismus, d. i. Qualität, wieder auf Mechanismus (Wirkung durch die Gestalt der Atome), diesen aber wieder teils auf den Gegenstand der Phoronomie, d. i. Zeit und Raum zur Möglichkeit der Bewegung vereint, teils auf den der bloßen Geometrie, d. i. Lage im Raum, zurückzuführen (ungefähr so, wie man, mit Recht, die Abnahme einer Wirkung nach dem Quadrat der Entfernung und die Theorie des Hebels rein geometrisch konstruiert): die Geometrie läßt sich endlich in Arithmetik auflösen, welche die, wegen Einheit der Dimension, faßlichste, übersehbarste, bis aufs letzte ergründliche Gestaltung des Satzes vom Grunde ist. Belege zu der hier allgemein bezeichneten Methode sind: des Demokritos Atome, des Cartesius Wirbel, die mechanische Physik des Lesage, welcher, gegen Ende des vorigen Jahrhunderts, sowohl die chemischen Affinitäten, als auch die Gravitation mechanisch, durch Stoß und Druck zu erklären suchte, wie des Näheren zu ersehn aus dem »Lucrèce Neutonien«; aus Reils Form und Mischung als Ursache des tierischen Lebens tendiert dahin: ganz dieser Art ist endlich der eben jetzt, in der Mitte des 19. Jahrhunderts wieder aufgewärmte, aus Unwissenheit sich original dünkende, rohe Materialismus, welcher zunächst, unter stupider Ableugnung der Lebenskraft, die Erscheinungen des Lebens aus physikalischen und chemischen Kräften erklären, diese aber wieder aus dem mechanischen Wirken der Materie, Lage, Gestalt und Bewegung erträumter Atome entstehn lassen und so alle Kräfte der Natur auf Stoß und Gegenstoß zurückführen möchte, als welche sein »Ding an sich« sind. Demgemäß soll dann sogar das Licht das mechanische Vibrieren, oder gar Undulieren, eines imaginären und zu diesem Zweck postulierten Äthers sein, welcher, wenn angelangt, auf der Retina trommelt, wo dann z. B. 483 Billionen Trommelschläge in der Sekunde Rot, und 727 Billionen Violett geben usf.: die Farbeblinden wären dann wohl solche, welche die Trommelschläge nicht zählen können: nicht wahr? Dergleichen krasse, mechanische, demokritische, plumpe und wahrhaft knollige Theorien sind ganz der Leute würdig, die, funfzig Jahre nach dem Erscheinen der Goetheschen Farbenlehre, noch an Newtons homogene Lichter glauben und sich nicht schämen es zu sagen. Sie werden erfahren, daß was man dem Kinde (dem Demokrit) nachsieht, dem Manne nicht verziehn wird. Sie könnten sogar einst schmählich enden: aber dann schleicht jeder davon, und tut als wäre er nicht dabei gewesen. Wir werden auf diese falsche Zurückführung ursprünglicher Naturkräfte auf einander bald nochmals zu reden kommen: hier nur soviel. Gesetzt dieses ginge so an, so wäre freilich alles erklärt und ergründet, ja zuletzt auf ein Rechnungsexempel zurückgeführt, welches dann das Allerheiligste im Tempel der Weisheit wäre, zu welchem der Satz vom Grunde am Ende glücklich geleitet hätte. Aber aller Inhalt der Erscheinung wäre verschwunden, und bloße Form übrig geblieben: Das, *was* da erscheint, wäre zurückgeführt auf das, *wie* es erscheint, und dieses *wie* wäre das auch a priori Erkennbare, daher ganz abhängig vom Subjekt, daher allein für dasselbe, daher endlich bloßes Phantom, Vorstellung und Form der Vorstellung durch und durch: nach keinem Ding an sich könnte gefragt werden. – Es wäre demnach, gesetzt dies ginge so an, dann wirklich die ganze Welt aus dem Subjekt abgeleitet und in der Tat das geleistet, was Fichte durch seine Windbeuteleien zu leisten *scheinen* wollte. – Nun aber geht es nicht so an: Phantasien, Sophistikationen, Luftschlösser hat man in jener Art zustande gebracht, keine Wissenschaft. Es ist gelungen, und gab, so oft es gelang, einen wahren Fortschritt, die vielen und mannigfaltigen Erscheinungen in der Natur auf einzelne ursprüngliche Kräfte zurückzuführen: man hat mehrere, anfangs für verschieden gehaltene Kräfte und Qualitäten eine aus der andern abgeleitet (z. B. den Magnetismus aus der Elektrizität) und so ihre Zahl vermindert: die Ätiologie wird am Ziele sein, wenn sie alle ursprünglichen Kräfte der Natur als solche erkannt und aufgestellt, und ihre Wirkungsarten, d.h. die Regel, nach der, am Leitfaden der Kausalität, ihre Erscheinungen in Zeit und Raum eintreten und sich unter einander ihre Stelle bestimmen, festgesetzt haben wird: aber stets werden Urkräfte übrig bleiben, stets wird, als unauflösliches Residuum, ein Inhalt der Erscheinung bleiben, der nicht auf ihre Form zurückzuführen, also nicht nach dem Satz vom Grunde aus etwas anderm zu erklären ist. – Denn in jedem Ding in der Natur ist etwas, davon kein Grund je angegeben werden kann, keine Erklärung möglich, keine Ursache weiter zu suchen ist: es ist die spezifische Art seines Wirkens, d.h. eben die Art seines Daseins, sein Wesen. Zwar von jeder einzelnen Wirkung des Dinges ist eine Ursache nachzuweisen, aus welcher folgt, daß es gerade jetzt, gerade hier wirken mußte: aber davon daß es überhaupt und gerade so wirkt, nie. Hat es keine andern Eigenschaften, ist es ein Sonnenstäubchen, so zeigt es wenigstens als Schwere und Undurchdringlichkeit jenes unergründliche Etwas: dieses aber, sage ich, ist ihm, was dem Menschen sein *Wille* ist, und ist, so wie dieser, seinem innern Wesen nach, der Erklärung nicht unterworfen, ja, ist an sich mit diesem identisch. Wohl läßt sich für jede Äußerung des Willens, für jeden einzelnen Akt desselben zu dieser Zeit, an diesem Ort, ein Motiv nachweisen, auf welches er, unter Voraussetzung des Charakters des Menschen, notwendig erfolgen mußte. Aber daß er diesen Charakter hat, daß er überhaupt will, daß von mehreren Motiven gerade dieses und kein anderes, ja, daß irgend eines seinen Willen bewegt, davon ist kein Grund je anzugeben. Was dem Menschen sein unergründlicher, bei aller Erklärung seiner Taten aus Motiven vorausgesetzter Charakter ist; eben das ist jedem unorganischen Körper seine wesentliche Qualität, die Art seines Wirkens, deren Äußerungen hervorgerufen werden durch Einwirkung von außen, während hingegen sie selbst durch nichts außer ihr bestimmt, also auch nicht erklärlich ist: ihre einzelnen Erscheinungen, durch welche allein sie sichtbar wird, sind dem Satz vom Grund unterworfen: sie selbst ist grundlos. Schon die Scholastiker hatten dies im wesentlichen richtig erkannt und als forma substantialis bezeichnet. (Worüber Suarez, Disput. metaph., disp. XV, sect. 1.)

Es ist ein ebenso großer, wie gewöhnlicher Irrtum, daß die häufigsten, allgemeinsten und einfachsten Erscheinungen es wären, die wir am besten verständen; da sie doch vielmehr nur diejenigen sind, an deren Anblick und unsere Unwissenheit darüber wir uns am meisten gewöhnt haben. Es ist uns ebenso unerklärlich, daß ein Stein zur Erde fällt, als daß ein Tier sich bewegt. Man hat, wie oben erwähnt, vermeint, daß man, von den allgemeinsten Naturkräften (z.B. Gravitation, Kohäsion, Undurchdringlichkeit) ausgehend, aus ihnen die seltener und nur unter kombinierten Umständen wirkenden (z.B. chemische Qualität, Elektrizität, Magnetismus) erklären, zuletzt aus diesen wieder den Organismus und das Leben der Tiere, ja des Menschen Erkennen und Wollen verstehn würde. Man fügte sich stillschweigend darin, von lauter qualitates occultae auszugehn, deren Aufhellung ganz aufgegeben wurde, da man über ihnen zu bauen, nicht sie zu unterwühlen vorhatte. Dergleichen kann, wie gesagt, nicht gelingen. Aber abgesehn davon, so stände solches Gebäude immer in der Luft. Was helfen Erklärungen, die zuletzt auf ein ebenso Unbekanntes, als das erste Problem war, zurückführen? Versteht man aber am Ende vom innern Wesen jener allgemeinen Naturkräfte mehr, als vom innern Wesen eines Tieres? Ist nicht eines so unerforscht, wie das andere? Unergründlich, weil es grundlos, weil es der Inhalt, das Was der Erscheinung ist, das nie auf ihre Form, auf das Wie, auf den Satz vom Grunde, zurückgeführt werden kann. Wir aber, die wir hier nicht Ätiologie, sondern Philosophie, d.i. nicht relative, sondern unbedingte Erkenntnis vom Wesen der Welt beabsichtigen, schlagen den entgegengesetzten Weg ein und gehn von dem, was uns unmittelbar, was uns am vollständigsten bekannt und ganz und gar vertraut ist, was uns am nächsten liegt, aus, um das zu verstehn, was uns nur entfernt, einseitig und mittelbar bekannt ist: und aus der mächtigsten, bedeutendesten, deutlichsten Erscheinung wollen wir die unvollkommenere, schwächere verstehn lernen. Mir ist von allen Dingen, meinen eigenen Leib ausgenommen, nur *eine* Seite bekannt, die der Vorstellung: ihr inneres Wesen bleibt mir verschlossen und ein tiefes Geheimnis, auch wenn ich alle Ursachen kenne, auf die ihre Veränderungen erfolgen. Nur aus der Vergleichung mit dem, was in mir vorgeht, wenn, indem ein Motiv mich bewegt, mein Leib eine Aktion ausübt, was das innere Wesen meiner eigenen durch äußere Gründe bestimmten Veränderungen ist, kann ich Einsicht erhalten in die Art und Weise, wie jene leblosen Körper sich auf Ursachen verändern, und so verstehn, was ihr inneres Wesen sei, von dessen Erscheinen mir die Kenntnis der Ursache die bloße Regel des Eintritts in Zeit und Raum angibt und weiter nichts. Dies kann ich darum, weil mein Leib das einzige Objekt ist, von dem ich nicht bloß die *eine* Seite, die der Vorstellung, kenne, sondern auch die zweite, welche *Wille* heißt. Statt also zu glauben, ich würde meine eigene Organisation, dann mein Erkennen und Wollen und meine Bewegung auf Motive, besser verstehn, wenn ich sie nur zurückführen könnte auf Bewegung aus Ursachen, durch Elektrizität, durch Chemismus, durch Mechanismus; muß ich, sofern ich Philosophie, nicht Ätiologie suche, umgekehrt auch die einfachsten und gemeinsten Bewegungen des unorganischen Körpers, die ich auf Ursachen erfolgen sehe, zuvörderst ihrem innern Wesen nach verstehn lernen aus meiner eigenen Bewegung auf Motive, und die unergründlichen Kräfte, welche sich in allen Körpern der Natur äußern, für der Art nach als identisch mit dem erkennen, was in mir der Wille ist, und für nur dem Grade nach davon verschieden. Dies heißt: die in der Abhandlung über den Satz vom Grund aufgestellte vierte Klasse der Vorstellungen muß mir der Schlüssel werden zur Erkenntnis des innern Wesens der ersten Klasse, und aus dem Gesetz der Motivation muß ich das Gesetz der Kausalität, seiner innern Bedeutung nach, verstehn lernen.

Spinoza sagt (epist. 62), daß der durch einen Stoß in die Luft fliegende Stein, wenn er Bewußtsein hätte, meinen würde, aus seinem eigenen Willen zu fliegen. Ich setze nur noch hinzu, daß der Stein recht hätte. Der Stoß ist für ihn, was für mich das Motiv, und was bei ihm als Kohäsion, Schwere, Beharrlichkeit im angenommenen Zustande erscheint, ist, dem innern Wesen nach, dasselbe, was ich in mir als Willen erkenne, und was, wenn auch bei ihm die Erkenntnis hinzuträte, auch er als Willen erkennen würde. Spinoza, an jener Stelle, hatte sein Augenmerk auf die Notwendigkeit, mit welcher der Stein fliegt, gerichtet und will sie, mit Recht, übertragen auf die Notwendigkeit des einzelnen Willensaktes einer Person. Ich hingegen betrachte das innere Wesen, welches aller realen Notwendigkeit (d.i. Wirkung aus Ursache), als ihre Voraussetzung, erst Bedeutung und Gültigkeit erteilt, beim Menschen Charakter, beim Stein Qualität heißt, in beiden aber dasselbe ist, da wo es unmittelbar erkannt wird, *Wille* genannt, und welches im Stein den schwächsten, im Menschen den stärksten Grad der Sichtbarkeit, Objektität, hat. – Dieses im Streben aller Dinge mit unserm Wollen Identische hat sogar der heilige Augustinus, mit richtigem Gefühl, erkannt, und ich kann mich nicht entbrechen, seinen naiven Ausdruck der Sache herzusetzen: Si pecora essemus, carnalem vitam et quod secundum sensum eiusdem est amaremus, idque esset sufficiens bonum nostrum, et secundum hoc si esset nobis bene, nihil aliud quaereremus. Item, si arbores essemus, nihil quidem sentientes motu amare possemus: verumtamen id quasi *appetere* videremur, quo feracius essemus, uberiusque fructuosae. Si essemus lapides, aut fluctus, aut ventus, aut flamma, vel quid eiusmodi, sine ullo quidem sensu atque vita, non tamen nobis deesset quasi quidam nostrorum locorum atque ordinis *appetitus*. Nam velut *amores* corporum momenta sunt ponderum, sive deorsum gravitate, sive sursum levitate nitantur: ita enim corpus pondere, sicut animus *amore* fertur quocunque fertur (de civ. Dei, XI, 28).

Noch verdient bemerkt zu werden, daß schon Euler einsah, das Wesen der Gravitation müsse zuletzt auf eine den Körpern eigentümliche »Neigung und Begierde« (also Willen) zurückgeführt werden (im 68. Briefe an die Prinzessin). Sogar macht gerade dies ihn dem Begriffe der Gravitation, wie er bei Newton dasteht, abhold, und er ist geneigt, eine Modifikation desselben gemäß der frühern Cartesianischen Theorie zu versuchen, also die Gravitation aus dem Stoße eines Äthers auf die Körper abzuleiten, als welches »vernünftiger und den Leuten, die helle und begreifliche Grundsätze lieben«, angemessener wäre. Die Attraktion will er als qualitas occulta aus der Physik verbannt sehn. Dies ist eben nur der toten Naturansicht, welche, als Korrelat der immateriellen Seele, zu Eulers Zeit herrschte, gemäß: allein es ist beachtenswert in Hinsicht auf die von mir aufgestellte Grundwahrheit, welche nämlich schon damals dieser feine Kopf aus der Ferne durchschimmern sehend, bei Zeiten umzukehren sich beeilte und nun, in seiner Angst, alle damaligen Grundansichten gefährdet zu sehn, sogar beim alten, bereits abgetanen Absurden Schutz suchte.

§ 25

Wir wissen, daß die *Vielheit* überhaupt notwendig durch Zeit und Raum bedingt und nur in ihnen denkbar ist, welche wir in dieser Hinsicht das principium individuationis nennen. Zeit und Raum aber haben wir als Gestaltungen des Satzes vom Grunde erkannt, in welchem Satz alle unsere Erkenntnis a priori ausgedrückt ist, die aber, wie oben auseinandergesetzt, eben als solche, nur der Erkennbarkeit der Dinge, nicht ihnen selbst zukommt, d.h. nur unsere Erkenntnisform, nicht Eigenschaft des Dinges an sich ist, welches als solches frei ist von aller Form der Erkenntnis, auch von der allgemeinsten, der des Objektseins für das Subjekt, d.h. etwas von der Vorstellung ganz und gar Verschiedenes ist. Ist nun dieses Ding an sich, wie ich hinlänglich nachgewiesen und einleuchtend gemacht zu haben glaube, *der Wille*; so liegt er, als solcher und gesondert von seiner Erscheinung betrachtet, außer der Zeit und dem Raum, und kennt demnach keine Vielheit, ist folglich *einer*; doch, wie schon gesagt, nicht wie ein Individuum, noch wie ein Begriff *eins* ist; sondern wie etwas, dem die Bedingung der Möglichkeit der Vielheit, das principium individuationis, fremd ist. Die Vielheit der Dinge in Raum und Zeit, welche sämtlich seine *Objektität* sind, trifft daher ihn nicht und er bleibt, ihrer ungeachtet, unteilbar. Nicht ist etwan ein kleinerer Teil von ihm im Stein, ein größerer im Menschen: da das Verhältnis von Teil und Ganzem ausschließlich dem Raume angehört und keinen Sinn mehr hat, sobald man von dieser Anschauungsform abgegangen ist; sondern auch das Mehr und Minder trifft nur die Erscheinung, d.i. die Sichtbarkeit, die Objektivation: von dieser ist ein höherer Grad in der Pflanze, als im Stein; im Tier ein höherer, als in der Pflanze: ja, sein Hervortreten in die Sichtbarkeit, seine Objektivation, hat so unendliche Abstufungen, wie zwischen der schwächsten Dämmerung und dem hellsten Sonnenlicht, dem stärksten Ton und dem leisesten Nachklange sind. Wir werden weiter unten auf die Betrachtung dieser Grade der Sichtbarkeit, die zu seiner Objektivation, zum Abbilde seines Wesens gehören, zurückkommen. Noch weniger aber, als die Abstufungen seiner Objektivation ihn selbst unmittelbar treffen, trifft ihn die Vielheit der Erscheinungen auf diesen verschiedenen Stufen, d.i. die Menge der Individuen jeder Form, oder der einzelnen Äußerungen jeder Kraft; da diese Vielheit unmittelbar durch Zeit und Raum bedingt ist, in die er selbst nie eingeht. Er offenbart sich ebenso ganz und ebenso sehr in *einer* Eiche, wie in Millionen: ihre Zahl, ihre Vervielfältigung in Raum und Zeit hat gar keine Bedeutung in Hinsicht auf ihn, sondern nur in Hinsicht auf die Vielheit der in Raum und Zeit erkennenden und selbst darin vervielfachten und zerstreuten Individuen, deren Vielheit aber selbst wieder auch nur seine Erscheinung, nicht ihn angeht. Daher könnte man auch behaupten, daß wenn, per impossibile, ein einziges Wesen, und wäre es das geringste, gänzlich vernichtet würde, mit ihm die ganze Welt untergehn müßte. Im Gefühl hievon sagt der große Mystiker Angelus Silesius:

»Ich weiß, daß ohne mich Gott nicht ein Nu kann leben:
Werd' ich zunicht; er muß von Not den Geist aufgeben.«

Man hat auf mancherlei Weise versucht, die unermeßliche Größe des Weltgebäudes der Fassungskraft eines jeden näher zu bringen, und dann Anlaß zu erbaulichen Betrachtungen daher genommen, wie etwan über die relative Kleinheit der Erde und gar des Menschen; dann wieder im Gegensatz hievon, über die Größe des Geistes in diesem so kleinen Menschen, der jene Weltgröße herausbringen, begreifen, ja messen kann, u. dgl. m. Alles gut! Inzwischen ist mir, bei Betrachtung der Unermeßlichkeit der Welt, das Wichtigste dieses, daß das Wesen an sich, dessen Erscheinung die Welt ist, – was immer es auch sein möchte, – doch nicht sein wahres Selbst solchergestalt im grenzenlosen Raum auseinandergezogen und zerteilt haben kann, sondern diese unendliche Ausdehnung ganz allein seiner Erscheinung angehört, es selbst hingegen in jeglichem Dinge der Natur, in jedem Lebenden, ganz und ungeteilt gegenwärtig ist; daher eben man nichts verliert, wenn man bei irgendeinem einzelnen stehn bleibt, und auch die wahre Weisheit nicht dadurch zu erlangen ist, daß man die grenzenlose Welt ausmißt, oder, was noch zweckmäßiger wäre, den endlosen Raum persönlich durchflöge; sondern vielmehr dadurch, daß man irgendein Einzelnes ganz erforscht, indem man das wahre und eigentliche Wesen desselben vollkommen erkennen und verstehn zu lernen sucht.

Demgemäß wird folgendes, was sich hier jedem Schüler des Plato schon von selbst aufgedrungen hat, im nächsten Buch der Gegenstand einer ausführlichen Betrachtung sein, nämlich daß jene verschiedenen Stufen der Objektivation des Willens, welche, in zahllosen Individuen ausgedrückt, als die unerreichten Musterbilder dieser, oder als die ewigen Formen der Dinge dastehn, nicht selbst in Zeit und Raum, das Medium der Individuen, eintretend; sondern fest stehend, keinem Wechsel unterworfen, immer seiend, nie geworden; während jene entstehn und vergehn, immer werden und nie sind; daß, sage ich, diese *Stufen der Objektivation des Willens* nichts anderes als Platos *Ideen* sind. Ich erwähne es hier vorläufig, um fortan das Wort *Idee* in diesem Sinne gebrauchen zu können, welches also bei mir immer in seiner echten und ursprünglichen, von Plato ihm erteilten Bedeutung zu verstehn ist und dabei durchaus nicht zu denken an jene abstrakten Produktionen der scholastisch dogmatisierenden Vernunft, zu deren Bezeichnung Kant jenes von Plato schon in Besitz genommene und höchst zweckmäßig gebrauchte Wort, ebenso unpassend, wie unrechtmäßig gemißbraucht hat. Ich verstehe also unter *Idee* jede bestimmte und feste *Stufe der Objektivation des Willens*, sofern er Ding an sich und daher der Vielheit fremd ist, welche Stufen zu den einzelnen Dingen sich allerdings verhalten, wie ihre ewigen Formen, oder ihre Musterbilder. Den kürzesten und bündigsten Ausdruck jenes berühmten Platonischen Dogmas gibt uns Diogenes Laertius (III, 12): *ὁ Πλατων φησι, ἐν τῃ φυσει τας ιδεας ἑσταναι, καθαπερ παραδειγματα· τα δ’ αλλα ταυταις εοικεναι, τουτων ὁμοιωματα καθεστωτα.* (Plato ideas in natura velut exemplaria dixit subsistere; cetera his esse similia, ad istarum similitudinem consistentia.) Von jenem Kantischen Mißbrauch nehme ich weiter keine Notiz: das Nötige darüber steht im Anhang.

§ 26

Als die niedrigste Stufe der Objektivation des Willens stellen sich die allgemeinsten Kräfte der Natur dar, welche teils in jeder Materie ohne Ausnahme erscheinen, wie Schwere, Undurchdringlichkeit, teils sich unter einander in die überhaupt vorhandene Materie geteilt haben, so daß einige über diese, andere über jene, eben dadurch spezifisch verschiedene Materie herrschen, wie Starrheit, Flüssigkeit, Elastizität, Elektrizität, Magnetismus, chemische Eigenschaften und Qualitäten jeder Art. Sie sind an sich unmittelbare Erscheinungen des Willens, so gut wie das Tun des Menschen, sind als solche grundlos, wie der Charakter des Menschen, nur ihre einzelnen Erscheinungen sind dem Satz vom Grund unterworfen, wie die Handlungen des Menschen, sie selbst hingegen können niemals weder Wirkung noch Ursache heißen, sondern sind die vorhergegangenen und vorausgesetzten Bedingungen aller Ursachen und Wirkungen, durch welche ihr eigenes Wesen sich entfaltet und offenbart. Es ist deshalb unverständig, nach einer Ursache der Schwere, der Elektrizität zu fragen: dies sind ursprüngliche Kräfte, deren Äußerungen zwar nach Ursache und Wirkung vor sich gehn, so daß jede einzelne Erscheinung derselben eine Ursache hat, die selbst wieder eben eine solche einzelne Erscheinung ist und die Bestimmung gibt, daß hier jene Kraft sich äußern, in Zeit und Raum hervortreten mußte; keineswegs aber ist die Kraft selbst Wirkung einer Ursache, noch auch Ursache einer Wirkung. – Daher ist es auch falsch zu sagen: »Die Schwere ist Ursache, daß der Stein fällt«; vielmehr ist die Nähe der Erde hier die Ursache, indem diese den Stein zieht. Nehmt die Erde weg, und der Stein wird nicht fallen, obgleich die Schwere geblieben ist. Die Kraft selbst liegt ganz außerhalb der Kette der Ursachen und Wirkungen, welche die Zeit voraussetzt, indem sie nur in bezug auf diese Bedeutung hat: jene aber liegt auch außerhalb der Zeit. Die einzelne Veränderung hat immer wieder eine ebenso einzelne Veränderung, nicht aber die Kraft, zur Ursache, deren Äußerung sie ist. Denn das eben, was einer Ursache, so unzählige Male sie eintreten mag, immer die Wirksamkeit verleiht, ist eine Naturkraft, ist als solche grundlos, d.h. liegt ganz außerhalb der Kette der Ursachen und überhaupt des Gebietes des Satzes vom Grunde, und wird philosophisch erkannt als unmittelbare Objektität des Willens, der das Ansich der gesamten Natur ist; in der Ätiologie, hier Physik, aber nachgewiesen, als ursprüngliche Kraft, d.i. qualitas occulta.

Auf den obern Stufen der Objektivität des Willens sehn wir die Individualität bedeutend hervortreten, besonders beim Menschen, als die große Verschiedenheit individueller Charaktere, d.h. als vollständige Persönlichkeit, schon äußerlich ausgedrückt durch stark gezeichnete individuelle Physiognomie, welche die gesamte Korporisation mitbegreift. Diese Individualität hat bei weitem in solchem Grade kein Tier; sondern nur die obern Tiere haben einen Anstrich davon, über den jedoch der Gattungscharakter noch ganz und gar vorherrscht, eben deshalb auch nur wenig Individualphysiognomie. Je weiter abwärts, desto mehr verliert sich jede Spur von Individualcharakter in den allgemeinen der Spezies, deren Physiognomie auch allein übrig bleibt. Man kennt den psychologischen Charakter der Gattung, und weiß daraus genau, was vom Individuo zu erwarten steht; da hingegen in der Menschenspezies jedes Individuum für sich studiert und ergründet sein will, was, um mit einiger Sicherheit sein Verfahren zum voraus zu bestimmen, wegen der erst mit der Vernunft eingetretenen Möglichkeit der Verstellung, von der größten Schwierigkeit ist. Wahrscheinlich hängt es mit diesem Unterschiede der Menschengattung von allen andern zusammen, daß die Furchen und Windungen des Gehirns, welche bei den Vögeln noch ganz fehlen und bei den Nagetieren noch sehr schwach sind, selbst bei den obern Tieren weit symmetrischer an beiden Seiten und konstanter bei jedem Individuo dieselben sind, als beim Menschen*. Ferner ist es als ein Phänomen jenes den Menschen von allen Tie-

* Wenzel, De structura cerebri hominis et brutorum 1812, Kap. 3 – Cuvier, Leçons d'anat. comp. leçon 9, art. 4 u. 5. – Vicq d'Azyr, Hist. de l'acad. d. sc. de Paris 1783, S. 470 u. 483.

ren unterscheidenden eigentlichen Individualcharakters anzusehn, daß bei den Tieren der Geschlechtstrieb seine Befriedigung ohne merkliche Auswahl sucht, während diese Auswahl beim Menschen, und zwar auf eine von aller Reflexion unabhängige, instinktmäßige Weise, so hoch getrieben wird, daß sie bis zur gewaltigen Leidenschaft steigt. Während nun also jeder Mensch als eine besonders bestimmte und charakterisierte Erscheinung des Willens, sogar gewissermaßen als eine eigene Idee anzusehn ist, bei den Tieren aber dieser Individualcharakter im ganzen fehlt, indem nur noch die Spezies eine eigentümliche Bedeutung hat, und seine Spur immer mehr verschwindet, je weiter sie vom Menschen abstehn, die Pflanzen endlich gar keine andere Eigentümlichkeiten des Individuums mehr haben, als solche, die sich aus äußern günstigen oder ungünstigen Einflüssen des Bodens und Klimas und andern Zufälligkeiten vollkommen erklären lassen; so verschwindet endlich im unorganischen Reiche der Natur gänzlich alle Individualität. Bloß der Kristall ist noch gewissermaßen als Individuum anzusehn: er ist eine Einheit des Strebens nach bestimmten Richtungen, von der Erstarrung ergriffen, die dessen Spur bleibend macht: er ist zugleich ein Aggregat aus seiner Kerngestalt, durch eine Idee zur Einheit verbunden, ganz so wie der Baum ein Aggregat ist aus der einzelnen treibenden Faser, die sich in jeder Rippe des Blattes, jedem Blatt, jedem Ast darstellt, wiederholt und gewissermaßen jedes von diesen als ein eigenes Gewächs ansehn läßt, das sich parasitisch vom größern nährt, so daß der Baum, ähnlich dem Kristall, ein systematisches Aggregat von kleinen Pflanzen ist, wiewohl erst das Ganze die vollendete Darstellung einer unteilbaren Idee, d.i. dieser bestimmten Stufe der Objektivation des Willens ist. Die Individuen derselben Gattung von Kristallen können aber keinen andern Unterschied haben, als den äußere Zufälligkeiten herbeiführen: man kann sogar jede Gattung nach Belieben zu großen, oder kleinen Kristallen anschießen machen. Das Individuum aber als solches, d.h. mit Spuren eines individuellen Charakters, findet sich durchaus nicht mehr in der unorganischen Natur. Alle ihre Erscheinungen sind Äußerungen allgemeiner Naturkräfte, d.h. solcher Stufen der Objektivation des Willens, welche sich durchaus nicht (wie in der organischen Natur) durch die Vermittelung der Verschiedenheit der Individualitäten, die das Ganze der Idee teilweise aussprechen, objektivieren; sondern sich allein in der Spezies und diese in jeder einzelnen Erscheinung ganz und ohne alle Abweichung darstellen. Da Zeit, Raum, Vielheit und Bedingtsein durch Ursache nicht dem Willen, noch der Idee (der Stufe der Objektivation des Willens), sondern nur den einzelnen Erscheinungen dieser angehören; so muß in allen Millionen Erscheinungen einer solchen Naturkraft, z.B. der Schwere, oder der Elektrizität, sie als solche sich ganz genau auf gleiche Weise darstellen, und bloß die äußern Umstände können die Erscheinung modifizieren. Diese Einheit ihres Wesens in allen ihren Erscheinungen, diese unwandelbare Konstanz des Eintritts derselben, sobald, am Leitfaden der Kausalität, die Bedingungen dazu vorhanden sind, heißt ein *Naturgesetz*. Ist ein solches durch Erfahrung einmal bekannt, so läßt sich die Erscheinung der Naturkraft, deren Charakter in ihm ausgesprochen und niedergelegt ist, genau vorherbestimmen und berechnen. Diese Gesetzmäßigkeit der Erscheinungen der untern Stufen der Objektivation des Willens ist es aber eben, die ihnen ein so verschiedenes Ansehn gibt von den Erscheinungen desselben Willens auf den höheren, d.i. deutlicheren Stufen seiner Objektivation, in Tieren, Menschen und deren Tun, wo das stärkere oder schwächere Hervortreten des individuellen Charakters und das Bewegtwerden durch Motive, welche, weil in der Erkenntnis liegend, dem Zuschauer oft verborgen bleiben, das Identische des innern Wesens beider Arten von Erscheinungen bisher gänzlich hat verkennen lassen.

Die Unfehlbarkeit der Naturgesetze hat, wenn man von der Erkenntnis des Einzelnen, nicht von der Idee ausgeht, etwas Überraschendes, ja, bisweilen fast Schaudererregendes. Man könnte sich wundern, daß die Natur ihre Gesetze auch nicht ein einziges Mal vergißt: daß z.B. wenn es einmal einem Naturgesetz gemäß ist, daß beim Zusammentreffen gewisser Stoffe, unter bestimmten Bedingungen, eine chemische Verbindung, Gasentwickelung, Verbrennung statthabe; nun auch, wenn die Bedingungen zusammentreffen, sei es durch unsere Veranstaltung, oder ganz und gar durch Zufall (wo die Pünktlichkeit durch das Unerwartete desto überraschender ist), heute so gut wie vor tausend Jahren, sofort und ohne Aufschub die bestimmte Erscheinung eintritt. Am lebhaftesten empfinden wir dieses Wunderbare bei seltenen, nur unter sehr kombinierten Umständen erfolgenden, unter diesen aber uns vorherverkündeten Erscheinungen, so z.B. daß, wenn gewisse Metalle, untereinander und mit einer gesäuerten Feuchtigkeit abwechselnd, sich berühren, Silberblättchen, zwischen die Extremitäten dieser Verkettung gebracht, plötzlich in grüne Flammen aufgehn müssen: oder daß unter gewissen Bedingungen der harte Diamant sich in Kohlensäure verwandelt. Es ist die geistermäßige Allgegenwart der Naturkräfte, die uns alsdann überrascht, und was uns bei den alltäglichen Erscheinungen nicht mehr einfällt, bemerken wir hier, nämlich wie zwischen Ursache und Wirkung der Zusammenhang eigentlich so geheimnisvoll ist, wie der, welchen man dichtet zwischen einer Zauberformel und dem Geist, der durch sie herbeigerufen notwendig erscheint. Hingegen, wenn wir in die philosophische Erkenntnis eingedrungen sind, daß eine Naturkraft eine bestimmte Stufe der Objektivation des Willens ist, d.h. desjenigen, was auch wir als unser innerstes Wesen erkennen, und daß dieser Wille an sich selbst und unterschieden von seiner Erscheinung und deren Formen, außer der Zeit und dem Raume liegt, und daher die durch diese bedingte Vielheit nicht ihm, noch unmittelbar der Stufe seiner Objektivation, d.i. der Idee, sondern erst den Erscheinungen dieser zukommt, das Gesetz der Kausalität aber nur in Beziehung auf Zeit und Raum Bedeutung hat, indem es nämlich in diesen den vervielfachten Erscheinungen der verschiedenen Ideen, in welchen der Wille sich manifestiert, ihre Stelle bestimmt, die Ordnung regelnd, in der sie eintreten müssen; – wenn uns, sage ich, in dieser Erkenntnis der innere Sinn der großen Lehre Kants aufgegangen ist, daß Raum, Zeit und Kausalität nicht dem Dinge an sich, sondern nur der Erscheinung zukommen, nur Formen unserer Erkenntnis, nicht Beschaffenheiten des Dinges an sich sind; dann werden wir einsehn, daß jenes Erstaunen über die Gesetzmäßigkeit und Pünktlichkeit des Wirkens einer Naturkraft, über die vollkommene Gleichheit aller ihrer Millionen Erscheinungen, über die Unfehlbarkeit des Eintritts derselben, in der Tat dem

Erstaunen eines Kindes, oder eines Wilden zu vergleichen ist, der zum ersten Mal durch ein Glas mit vielen Facetten etwan eine Blume betrachtend, sich wundert über die vollkommene Gleichheit der unzähligen Blumen, die er sieht, und einzeln die Blätter einer jeden derselben zählt.

Jede allgemeine ursprüngliche Naturkraft ist also in ihrem innern Wesen nichts anderes, als die Objektivation des Willens auf einer niedrigen Stufe: wir nennen eine jede solche Stufe eine ewige *Idee*, in Platos Sinn. Das *Naturgesetz* aber ist die Beziehung der Idee auf die Form ihrer Erscheinung. Diese Form ist Zeit, Raum und Kausalität, welche notwendigen und unzertrennlichen Zusammenhang und Beziehung aufeinander haben. Durch Zeit und Raum vervielfältigt sich die Idee in unzählige Erscheinungen: die Ordnung aber, nach welcher diese in jene Formen der Mannigfaltigkeit eintreten, ist fest bestimmt durch das Gesetz der Kausalität: dieses ist gleichsam die Norm der Grenzpunkte jener Erscheinungen verschiedener Ideen, nach welcher Raum, Zeit und Materie an sie verteilt sind. Diese Norm bezieht sich daher notwendig auf die Identität der gesamten vorhandenen Materie, welche das gemeinsame Substrat aller jener verschiedenen Erscheinungen ist. Wären diese nicht alle an jene gemeinsame Materie gewiesen, in deren Besitz sie sich zu teilen haben; so bedürfte es nicht eines solchen Gesetzes, ihre Ansprüche zu bestimmen: sie könnten alle zugleich und nebeneinander den unendlichen Raum, eine unendliche Zeit hindurch, füllen. Nur also weil alle jene Erscheinungen der ewigen Ideen an eine und dieselbe Materie gewiesen sind, mußte eine Regel ihres Ein- und Austritts sein: sonst würde keine der andern Platz machen. Diesergestalt ist das Gesetz der Kausalität wesentlich verbunden mit dem der Beharrlichkeit der Substanz: beide erhalten bloß voneinander wechselseitig Bedeutung: ebenso aber auch wieder verhalten sich zu ihnen Raum und Zeit. Denn die bloße Möglichkeit entgegengesetzter Bestimmungen an derselben Materie ist die Zeit: die bloße Möglichkeit des Beharrens derselben Materie unter allen entgegengesetzten Bestimmungen ist der Raum. Darum erklärten wir im vorigen Buche die Materie als die Vereinigung von Zeit und Raum; welche Vereinigung sich zeigt als Wechsel der Akzidenzien beim Beharren der Substanz, wovon die allgemeine Möglichkeit eben die Kausalität, oder das Werden ist. Wir sagten daher auch, die Materie sei durch und durch Kausalität. Wir erklärten den Verstand als das subjektive Korrelat der Kausalität, und sagten, die Materie (also die gesamte Welt als Vorstellung) sei nur für den Verstand da, er sei ihre Bedingung, ihr Träger, als ihr notwendiges Korrelat. Dieses alles hier nur zur beiläufigen Erinnerung an das, was im ersten Buche ausgeführt ist. Die Beachtung der innern Übereinstimmung beider Bücher wird zu ihrem völligen Verständnis erfordert: da, was in der wirklichen Welt unzertrennlich vereint ist, als ihre zwei Seiten, Wille und Vorstellung, durch diese zwei Bücher auseinander gerissen worden, um jedes isoliert desto deutlicher zu erkennen.

Es möchte vielleicht nicht überflüssig sein, durch ein Beispiel noch deutlicher zu machen, wie das Gesetz der Kausalität nur in Beziehung auf Zeit und Raum und die, in der Vereinigung beider bestehende, Materie Bedeutung hat; indem es die Grenzen bestimmt, welchen gemäß die Erscheinungen der Naturkräfte sich in den Besitz jener teilen, während die ursprünglichen Naturkräfte selbst, als unmittelbare Objektivationen des Willens, der als Ding an sich dem Satz vom Grunde nicht unterworfen ist, außerhalb jener Formen liegen, innerhalb welcher allein jede ätiologische Erklärung Gültigkeit und Bedeutung hat und eben deshalb nie zum innern Wesen der Natur führen kann. – Denken wir uns, zu diesem Zweck, etwan eine nach Gesetzen der Mechanik konstruierte Maschine. Eiserne Gewichte geben durch ihre Schwere den Anfang der Bewegung; kupferne Räder widerstehn durch ihre Starrheit, stoßen und heben einander und die Hebel vermöge ihrer Undurchdringlichkeit usf. Hier sind Schwere, Starrheit, Undurchdringlichkeit ursprüngliche, unerklärliche Kräfte: bloß die Bedingungen, unter denen, und die Art und Weise, wie sie sich äußern, hervortreten, bestimmte Materie, Zeit und Ort beherrschen, gibt die Mechanik an. Es kann jetzt etwan ein starker Magnet auf das Eisen der Gewichte wirken, die Schwere überwältigen: die Bewegung der Maschine stockt und die Materie ist sofort der Schauplatz einer ganz andern Naturkraft, von der die ätiologische Erklärung ebenfalls nichts weiter, als die Bedingungen ihres

Eintritts angibt, des Magnetismus. Oder aber es werden nunmehr die kupfernen Scheiben jener Maschine auf Zinkplatten gelegt, gesäuerte Feuchtigkeit dazwischen geleitet: sogleich ist dieselbe Materie der Maschine einer andern ursprünglichen Kraft, dem Galvanismus anheimgefallen, der nun nach seinen Gesetzen sie beherrscht, durch seine Erscheinungen an ihr sich offenbart, von welchen die Ätiologie auch nicht mehr, als die Umstände, unter denen, und die Gesetze, nach welchen sie sich zeigen, angeben kann. Jetzt lassen wir die Temperatur wachsen, reinen Sauerstoff hinzutreten: die ganze Maschine verbrennt: d.h. abermals hat eine gänzlich verschiedene Naturkraft, der Chemismus, zu dieser Zeit, an diesem Ort, unweigerlichen Anspruch an jene Materie, und offenbart sich an ihr als Idee, als bestimmte Stufe der Objektivation des Willens. – Der dadurch entstandene Metallkalk verbinde sich nun mit einer Säure: ein Salz entsteht, Kristalle schießen an: sie sind die Erscheinung einer andern Idee, die selbst wieder ganz unergründlich ist, während der Eintritt ihrer Erscheinung von jenen Bedingungen abhing, welche die Ätiologie anzugeben weiß. Die Kristalle verwittern, vermischen sich mit andern Stoffen, eine Vegetation erhebt sich aus ihnen: eine neue Willenserscheinung: – und so ließe sich ins Unendliche die nämliche beharrende Materie verfolgen, und zusehn, wie bald diese, bald jene Naturkraft ein Recht auf sie gewinnt und es unausbleiblich ergreift, um hervorzutreten und ihr Wesen zu offenbaren. Die Bestimmung dieses Rechts, den Punkt in der Zeit und dem Raume, wo es gültig wird, gibt das Gesetz der Kausalität an; aber auch nur bis dahin geht die auf dasselbe gegründete Erklärung. Die Kraft selbst ist Erscheinung des Willens und als solche nicht den Gestaltungen des Satzes vom Grunde unterworfen, d.h. grundlos. Sie liegt außer aller Zeit, ist allgegenwärtig und scheint gleichsam beständig auf den Eintritt der Umstände zu harren, unter denen sie hervortreten und sich einer bestimmten Materie, mit Verdrängung der bis dahin diese beherrschenden Kräfte, bemächtigen kann. Alle Zeit ist nur für ihre Erscheinung da, ihr selbst ohne Bedeutung: Jahrtausende schlummern die chemischen Kräfte in einer Materie, bis die Berührung der Reagenzien sie frei macht: dann erscheinen sie: aber die Zeit ist nur für diese

Erscheinung, nicht für die Kräfte selbst da. Jahrtausende schlummert der Galvanismus im Kupfer und Zink, und sie liegen ruhig neben dem Silber, welches, sobald alle drei, unter den erforderten Bedingungen sich berühren, in Flammen aufgehn muß. Selbst im organischen Reiche sehn wir ein trockenes Samenkorn, dreitausend Jahre lang die schlummernde Kraft bewahren, welche, beim endlichen Eintritt der günstigen Umstände, als Pflanze emporsteigt. –*

Ist uns nun durch diese Betrachtung der Unterschied deutlich geworden zwischen der Naturkraft und allen ihren Erscheinungen; haben wir eingesehn, daß jene der Wille selbst auf dieser bestimmten Stufe seiner Objektivation ist; den Erscheinungen allein aber, durch Zeit und Raum, Vielheit zukommt, und das Gesetz der Kausalität nichts anderes, als die Bestimmung der Stelle in jenen für die einzelnen Erscheinungen ist; dann werden wir auch die vollkommene Wahrheit und den tiefen Sinn des Lehre des Malebranche von den gelegentlichen Ursachen, causes occasionelles, erkennen. Es ist sehr der Mühe wert, diese seine Lehre, wie

* Am 16. Sept. 1840 zeigte, im literarischen und wissenschaftlichen Institut der Londoner City, Herr Pettigrew, bei einer Vorlesung über ägyptische Altertümer, Weizenkörner vor, die Sir G. Wilkinson in einem Grabe bei Theben gefunden hatte, woselbst solche dreißig Jahrhunderte gelegen haben müssen. Sie wurden in einer hermetisch versiegelten Vase gefunden. Zwölf Körner hatte er gesäet, und daraus eine Pflanze erhalten, welche fünf Fuß hoch gewachsen und deren Samen jetzt vollkommen reif war. Aus den Times v. 21. Sept. 1840. – Desgleichen produzierte in der medizinisch-botanischen Gesellschaft zu London, im Jahr 1830, Herr Haulton eine knollige Wurzel, welche sich in der Hand einer ägyptischen Mumie gefunden hatte, der sie aus einer religiösen Rücksicht mochte beigegeben sein, und die mithin wenigstens 2000 Jahre alt war. Er hatte sie in einen Blumentopf gepflanzt, wo sie sogleich gewachsen war und grünte. Dieses wird aus dem Medical Journal von 1830 angeführt im Journal of the Royal Institution of Great-Britain, Oktober 1830, S. 196. – »Im Garten des Herrn Grimstone, vom Herbarium, Highgate, in London, steht jetzt eine Erbsenpflanze in voller Frucht, welche hervorgegangen ist aus einer Erbse, die Herr Pettigrew und die Beamten des Britischen Museums einer Vase entnommen haben, welche sich in einem ägyptischen Sarkophage vorgefunden hatte, woselbst sie 2844 Jahre gelegen haben muß.« – Aus den Times v. 16. Aug. 1844. – Ja, die in Kalkstein gefundenen, lebendigen Kröten führen zu der Annahme, daß selbst das tierische Leben einer solchen Suspension auf Jahrtausende fähig ist, wenn diese durch den Winterschlaf eingeleitet und durch besondere Umstände erhalten wird.

er sie in den Recherches de la vérité, zumal im dritten Kapitel des zweiten Teils des sechsten Buchs und in den hinten angehängten éclaircissements zu diesem Kapitel, vorträgt, mit meiner gegenwärtigen Darstellung zu vergleichen und die vollkommenste Übereinstimmung beider Lehren, bei so großer Verschiedenheit des Gedankenganges, wahrzunehmen. Ja, ich muß es bewundern, wie Malebranche, gänzlich befangen in den positiven Dogmen, welche ihm sein Zeitalter unwiderstehlich aufzwang, dennoch, in solchen Banden, unter solcher Last, so glücklich, so richtig die Wahrheit traf und sie mit eben jenen Dogmen, wenigstens mit der Sprache derselben, zu vereinigen wußte.

Denn die Gewalt der Wahrheit ist unglaublich groß und von unsäglicher Ausdauer. Wir finden ihre häufigen Spuren wieder in allen, selbst den bizarrsten, ja absurdesten Dogmen verschiedener Zeiten und Länder, zwar oft in sonderbarer Gesellschaft, in wunderlicher Vermischung, aber doch zu erkennen. Sie gleicht sodann einer Pflanze, welche unter einem Haufen großer Steine keimt, aber dennoch zum Lichte heranklimmt, sich durcharbeitend, mit vielen Umwegen und Krümmungen, verunstaltet, verblaßt, verkümmert; – aber dennoch zum Lichte.

Allerdings hat Malebranche Recht: jede natürliche Ursache ist nur Gelegenheitsursache, gibt nur Gelegenheit, Anlaß zur Erscheinung jenes einen und unteilbaren Willens, der das Ansich aller Dinge ist und dessen stufenweise Objektivierung diese ganze sichtbare Welt. Nur das Hervortreten, das Sichtbarwerden an diesem Ort, zu dieser Zeit, wird durch die Ursache herbeigeführt und ist insofern von ihr abhängig, nicht aber das Ganze der Erscheinung, nicht ihr inneres Wesen: dieses ist der Wille selbst, auf den der Satz vom Grunde keine Anwendung findet, der mithin grundlos ist. Kein Ding in der Welt hat eine Ursache seiner Existenz schlechthin und überhaupt; sondern nur eine Ursache, aus der es gerade hier und gerade jetzt da ist. Warum ein Stein jetzt Schwere, jetzt Starrheit, jetzt Elektrizität, jetzt chemische Eigenschaften zeigt, das hängt von Ursachen, von äußern Einwirkungen ab und ist aus diesen zu erklären: jene Eigenschaften selbst aber, also sein ganzes Wesen, welches aus ihnen besteht, und folglich sich auf alle jene angegebenen Weisen äußert, daß er also überhaupt ein solcher ist, wie er ist, daß er überhaupt existiert, das hat keinen Grund, sondern ist die Sichtbarwerdung des grundlosen Willens. Also alle Ursache ist Gelegenheitsursache. So haben wir es gefunden in der erkenntnislosen Natur: gerade so aber ist es auch da, wo nicht mehr Ursachen und Reize, sondern Motive es sind, die den Eintrittspunkt der Erscheinungen bestimmen, also im Handeln der Tiere und Menschen. Denn hier wie dort ist es ein und derselbe Wille, welcher erscheint, in den Graden seiner Manifestation höchst verschieden, in den Erscheinungen dieser vervielfacht und im Hinsicht auf diese dem Satz vom Grunde unterworfen, an sich frei von dem allen. Die Motive bestimmen nicht den Charakter des Menschen, sondern nur die Erscheinung dieses Charakters, also die Taten; die äußere Gestalt seines Lebenslaufs, nicht dessen innere Bedeutung und Gehalt: diese gehn hervor aus dem Charakter, der die unmittelbare Erscheinung des Willens, also grundlos ist. Warum der eine boshaft, der andere gut ist, hängt nicht von Motiven und äußerer Einwirkung, etwan von Lehren und Predigten ab, und ist schlechthin in diesem Sinne unerklärlich. Aber ob ein Böser seine Bosheit zeigt in kleinlichen Ungerechtigkeiten, feigen Ränken, niedrigen Schurkereien, die er im engen Kreise seiner Umgebungen ausübt, oder ob er als ein Eroberer Völker unterdrückt, eine Welt in Jammer stürzt, das Blut von Millionen vergießt: dies ist die äußere Form seiner Erscheinung, das Unwesentliche derselben, und hängt ab von den Umständen, in die ihn das Schicksal setzte, von den Umgebungen, von den äußern Einflüssen, von den Motiven; aber nie ist seine Entscheidung auf diese Motive aus ihnen erklärlich: sie geht hervor aus dem Willen, dessen Erscheinung dieser Mensch ist. Davon im vierten Buch. Die Art und Weise, wie der Charakter seine Eigenschaften entfaltet, ist ganz der zu vergleichen, wie jeder Körper der erkenntnislosen Natur die seinigen zeigt. Das Wasser bleibt Wasser, mit seinen ihm inwohnenden Eigenschaften; ob es aber als stiller See seine Ufer spiegelt, oder ob es schäumend über Felsen stürzt, oder, künstlich veranlaßt, als langer Strahl in die Höhe spritzt: das hängt von den äußern Ursachen ab: eines ist ihm so natürlich wie das andere; aber je nachdem die Umstände sind, wird es das eine oder andere zeigen, zu allem gleich sehr bereit, in jedem Fall jedoch seinem Charakter getreu und immer nur diesen offenbarend. So wird sich auch jeder menschliche Charakter unter allen Umständen offenbaren: aber die Erscheinungen, die daraus hervorgehn, werden sein, je nachdem die Umstände waren.

§ 27

Wenn es nun aus allen vorhergehenden Betrachtungen über die Kräfte der Natur und die Erscheinungen derselben uns deutlich geworden ist, wie weit die Erklärung aus Ursachen gehn kann und wo sie aufhören muß, wenn sie nicht in das törichte Bestreben verfallen will, den Inhalt aller Erscheinungen auf ihre bloße Form zurückzuführen, wo denn am Ende nichts als Form übrigbliebe; so werden wir nunmehr auch im allgemeinen bestimmen können, was von aller Ätiologie zu fordern ist. Sie hat zu allen Erscheinungen in der Natur die Ursachen aufzusuchen, d.h. die Umstände, unter denen sie allezeit eintreten: dann aber hat sie die unter mannigfaltigen Umständen vielgestalteten Erscheinungen zurückzuführen auf das, was in aller Erscheinung wirkt und bei der Ursache vorausgesetzt wird, auf ursprüngliche Kräfte der Natur, richtig unterscheidend ob eine Verschiedenheit der Erscheinung von einer Verschiedenheit der Kraft, oder nur von Verschiedenheit der Umstände, unter denen die Kraft sich äußert, herrührt, und gleich sehr sich hütend, für Erscheinung verschiedener Kräfte zu halten, was Äußerung einer und derselben Kraft, bloß unter verschiedenen Umständen, ist, als umgekehrt, für Äußerungen *einer* Kraft zu halten, was ursprünglich verschiedenen Kräften angehört. Hiezu gehört nun unmittelbar Urteilskraft; daher so wenige Menschen fähig sind, in der Physik die Einsicht, alle aber die Erfahrung zu erweitern. Trägheit und Unwissenheit machen geneigt, sich zu früh auf ursprüngliche Kräfte zu berufen: dies zeigt sich mit einer der Ironie gleichenden Übertreibung in den Entitäten und Quidditäten der Scholastiker. Ich wünsche nichts weniger, als die Wiedereinführung derselben begünstigt zu haben. Man darf, statt eine physikalische Erklärung zu geben, sich so wenig auf die Objektivation des Willens berufen, als auf die Schöpferkraft Gottes. Denn die Physik verlangt Ursachen: der Wille aber ist nie Ursache: sein Verhältnis zur Erscheinung ist durchaus nicht nach dem Satz vom Grunde; sondern was an sich Wille ist, ist andererseits als Vorstellung da, d. h. ist Erscheinung: als solche befolgt es die Gesetze, welche die Form der Erscheinung ausmachen: da muß z. B. jede Bewegung, obwohl sie allemal Willenserscheinung ist, dennoch eine Ursache haben, aus der sie in Beziehung auf bestimmte Zeit und Ort, d.h. nicht im allgemeinen, ihrem innern Wesen nach, sondern als *einzelne* Erscheinung zu erklären ist. Diese Ursache ist eine mechanische beim Stein, ist ein Motiv bei der Bewegung des Menschen: aber fehlen kann sie nie. Hingegen das Allgemeine, das gemeinsame Wesen aller Erscheinungen einer bestimmten Art, das, ohne dessen Voraussetzung die Erklärung aus der Ursache weder Sinn noch Bedeutung hätte, das ist die allgemeine Naturkraft, die in der Physik als qualitas occulta stehn bleiben muß, eben weil hier die ätiologische Erklärung zu Ende ist und die metaphysische anfängt. Die Kette der Ursachen und Wirkungen wird aber nie durch eine ursprüngliche Kraft, auf die man sich zu berufen hätte, abgebrochen, läuft nicht etwan auf diese, als auf ihr erstes Glied zurück; sondern das nächste Glied der Kette, so gut als das entfernteste, setzt schon die ursprüngliche Kraft voraus, und könnte sonst nichts erklären. Eine Reihe von Ursachen und Wirkungen kann die Erscheinung der verschiedenartigsten Kräfte sein, deren sukzessiver Eintritt in die Sichtbarkeit durch sie geleitet wird, wie ich es oben am Beispiel einer metallenen Maschine erläutert habe: aber die Verschiedenheit dieser ursprünglichen, nicht auseinander abzuleitenden Kräfte unterbricht keineswegs die Einheit jener Kette von Ursachen und den Zusammenhang zwischen allen ihren Gliedern. Die Ätiologie der Natur und die Philosophie der Natur tun einander nie Abbruch; sondern gehn nebeneinander, denselben Gegenstand aus verschiedenem Gesichtspunkte betrachtend. Die Ätiologie gibt Rechenschaft von den Ursachen, welche die einzelne zu erklärende Erscheinung notwendig herbeiführten, und zeigt, als die Grundlage aller ihrer Erklärungen, die allgemeinen Kräfte auf, welche in allen diesen Ursachen und Wirkungen tätig sind, bestimmt diese Kräfte genau, ihre Zahl, ihre Unterschiede, und dann alle Wirkungen, in denen jede Kraft, nach Maßgabe der Verschiedenheit der Umstände, verschieden hervortritt, immer ihrem eigentümlichen Charakter gemäß, den sie nach einer unfehlbaren Regel entfaltet, welche ein *Naturgesetz* heißt. Sobald die Physik dies alles in jeder Hinsicht vollständig geleistet haben wird, hat sie ihre Vollendung erreicht: dann ist keine Kraft in der unorganischen Natur mehr unbekannt und keine Wirkung mehr da, welche nicht als Erscheinung einer jener Kräfte, unter bestimmten Umständen, gemäß einem Naturgesetze, nachgewiesen wäre. Dennoch bleibt ein Naturgesetz bloß die der Natur abgemerkte Regel, nach der sie, unter bestimmten Umständen, sobald diese eintreten, jedesmal verfährt: daher kann man allerdings das Naturgesetz definieren als eine allgemein ausgesprochene Tatsache, un fait généralisé; wonach denn eine vollständige Darlegung aller Naturgesetze doch nur ein komplettes Tatsachenregister wäre. – Die Betrachtung der gesamten Natur wird sodann durch die *Morphologie* vollendet, welche alle bleibenden Gestalten der organischen Natur aufzählt, vergleicht und ordnet: über die Ursache des Eintritts der einzelnen Wesen hat sie wenig zu sagen, da solche bei allen die Zeugung ist, deren Theorie für sich geht, und in seltenen Fällen die generatio aequivoca. Zu dieser letztern gehört aber, streng genommen, auch die Art, wie alle niedrigen Stufen der Objektität des Willens, also die physischen und chemischen Erscheinungen, im einzelnen hervortreten, und die Angabe der Bedingungen zu diesem Hervortreten ist eben jene Aufgabe der Ätiologie. Die Philosophie hingegen betrachtet überall, also auch in der Natur, nur das Allgemeine: die ursprünglichen Kräfte selbst sind hier ihr Gegenstand, und sie erkennt in ihnen die verschiedenen Stufen der Objektivation des Willens, der das innere Wesen, das Ansich dieser Welt ist, welche sie, wenn sie von jenem absieht, für die bloße Vorstellung des Subjekts erklärt. – Wenn nun aber die Ätiologie, statt der Philosophie vorzuarbeiten und ihren Lehren Anwendung durch Belege zu liefern, vielmehr meint, es sei ihr Ziel, alle ursprünglichen Kräfte wegzuleugnen, bis etwan auf *eine*, die allgemeinste, z.B. Undurchdringlichkeit, welche sie von Grund aus zu verstehn sich einbildet und demnach auf sie alle andern gewaltsam zurückzuführen sucht; so entzieht sie sich ihre eigene Grundlage, und kann nur Irrtum statt Wahrheit geben. Der Gehalt der Natur wird jetzt durch die Form verdrängt, den einwirkenden Umständen wird alles, dem innern Wesen der Dinge nichts zugeschrieben. Gelänge es wirklich auf dem Wege, so würde, wie schon gesagt, zuletzt ein Rechnungsexempel das Rätsel der Welt lösen. Diesen Weg aber geht man, wenn, wie schon erwähnt, alle physiologische Wirkung auf Form und Mischung, also etwan auf Elektrizität, diese wieder auf Chemismus, dieser aber auf Mechanismus zurückgeführt werden soll. Letzteres war z. B. der Fehler des Cartesius und aller Atomistiker, welche die Bewegung der Weltkörper auf den Stoß eines Fluidums, und die Qualitäten auf den Zusammenhang und die Gestalt der Atome zurückführten und dahin arbeiteten, alle Erscheinungen der Natur für bloße Phänomene der Undurchdringlichkeit und Kohäsion zu erklären. Obgleich man davon zurückgekommen ist, so tun doch auch dasselbe in unsern Tagen die elektrischen, chemischen und mechanischen Physiologen, welche hartnäckig das ganze Leben und alle Funktionen des Organismus aus der »Form und Mischung« seiner Bestandteile erklären wollen. Daß das Ziel der physiologischen Erklärung die Zurückführung des organischen Lebens auf die allgemeinen Kräfte, welche die Physik betrachtet, sei, findet man noch ausgesprochen in Meckels Archiv für Physiologie, 1820, Bd. 5, S. 185. – Auch Lamarck, in seiner Philosophie zoologique, Bd. 2, Kap. 3, erklärt das Leben für eine bloße Wirkung der Wärme und Elektrizität: le calorique et la matière électrique suffisent parfaitement pour composer ensemble cette cause essentielle de la vie (S. 16). Danach wären eigentlich Wärme und Elektrizität das Ding an sich und die Tier- und Pflanzenwelt dessen Erscheinung. Das Absurde dieser Meinung tritt S. 306ff. jenes Werkes grell hervor. Es ist allbekannt, daß in neuester Zeit alle jene so oft explodierten Ansichten mit erneuerter Dreistigkeit wieder aufgetreten sind. Ihnen liegt, wenn man es genau betrachtet, zuletzt die Voraussetzung zum Grunde, daß der Organismus nur ein Aggregat von Erscheinungen physischer, chemischer und mechanischer Kräfte sei, die hier, zufällig zusammengekommen, den Organismus zustande brächten, als ein Naturspiel ohne weitere Bedeutung. Der Organismus eines Tieres, oder des Menschen, wäre demnach, philosophisch betrachtet, nicht Darstellung einer eigenen Idee, d.h. nicht selbst unmittelbar Objektität des Willens, auf einer bestimmten höhern Stufe; sondern in ihm erschienen nur jene Ideen, welche in der Elektrizität, im Chemismus, im Mechanismus den Willen objektivieren: der Organismus wäre daher aus dem Zusammentreffen dieser Kräfte so zufällig zusammengeblasen, wie die Gestalten von Menschen und Tieren aus Wolken oder Stalaktiten, daher an sich weiter nicht interessant. – Wir werden indessen sogleich sehn, inwiefern dennoch jene Anwendung physischer und chemischer Erklärungsarten auf den Organismus innerhalb gewisser Grenzen gestattet und brauchbar sein möchte; indem ich darlegen werde, daß die Lebenskraft die Kräfte der unorganischen Natur allerdings benutzt und gebraucht, jedoch keineswegs aus ihnen besteht: so wenig wie der Schmied aus Hammer und Amboß. Daher wird nie auch nur das so höchst einfache Pflanzenleben aus ihnen, etwan aus der Haarröhrchenkraft und der Endosmose, erklärt werden können, geschweige das tierische Leben. Folgende Betrachtung bahnt uns den Weg zu jener ziemlich schwierigen Erörterung.

Es ist zwar, allem Gesagten zufolge, eine Verirrung der Naturwissenschaft, wenn sie die höheren Stufen der Objektität des Willens zurückführen will auf niedere; da das Verkennen und Leugnen ursprünglicher und für sich bestehender Naturkräfte ebenso fehlerhaft ist, wie die grundlose Annahme eigentümlicher Kräfte, wo bloß eine besondere Erscheinungsart schon bekannter stattfindet. Mit Recht sagt daher Kant, es sei ungereimt, auf einen Newton des Grashalms zu hoffen, d.h. auf denjenigen, der den Grashalm zurückführte auf Erscheinungen physischer und chemischer Kräfte, deren zufälliges Konkrement, also ein bloßes Naturspiel, er mithin wäre, in welchem keine eigentümliche Idee erschiene, d.h. der Wille sich nicht auf einer höhern und besondern Stufe unmittelbar offenbarte; sondern eben nur so, wie in den Erscheinungen der unorganischen Natur, und zufällig in dieser Form. Die Scholastiker, welche dergleichen keineswegs verstattet hätten, würden ganz recht gesagt haben, es wäre ein gänzliches

Wegleugnen der forma substantialis und ein Herabwürdigen derselben zur bloßen forma accidentalis. Denn des Aristoteles forma substantialis bezeichnet genau das, was ich den Grad der Objektivation des Willens in einem Dinge nenne. – Andererseits nun aber ist nicht zu übersehn, daß in allen Ideen, d. h. in allen Kräften der unorganischen und allen Gestalten der organischen Natur, *einer und derselbe Wille* es ist, der sich offenbart, d. h. in die Form der Vorstellung, in die *Objektität*, eingeht. Seine Einheit muß sich daher auch durch eine innere Verwandtschaft zwischen allen seinen Erscheinungen zu erkennen geben. Diese nun offenbart sich auf den höheren Stufen seiner Objektität, wo die ganze Erscheinung deutlicher ist, also im Pflanzen- und Tierreich, durch die allgemein durchgreifende Analogie aller Formen, den Grundtypus, der in allen Erscheinungen sich wiederfindet: dieser ist deshalb das leitende Prinzip der vortrefflichen, in diesem Jahrhundert von den Franzosen ausgegangenen, zoologischen Systeme geworden und wird am vollständigsten in der vergleichenden Anatomie nachgewiesen, als l'unité de plan, l'uniformité de l'élément anatomique. Ihn aufzufinden ist auch ein Hauptgeschäft, oder doch gewiß die löblichste Bestrebung der Naturphilosophen der Schellingischen Schule gewesen, welche sogar darin manches Verdienst haben; wenngleich in vielen Fällen ihre Jagd nach Analogien in der Natur zur bloßen Witzelei ausartet. Mit Recht aber haben sie jene allgemeine Verwandtschaft und Familienähnlichkeit auch in den Ideen der unorganischen Natur nachgewiesen, z. B. zwischen Elektrizität und Magnetismus, deren Identität später konstatiert wurde, zwischen chemischer Anziehung und Schwere u. dgl. m. Sie haben besonders darauf aufmerksam gemacht, daß die *Polarität*, d. h. das Auseinandertreten einer Kraft in zwei qualitiv verschiedene, entgegengesetzte und zur Wiedervereinigung strebende Tätigkeiten, welches sich meistens auch räumlich durch ein Auseinandergehn in entgegengesetzte Richtungen offenbart, ein Grundtypus fast aller Erscheinungen der Natur, vom Magnet und Kristall bis zum Menschen ist. In China ist jedoch diese Erkenntnis seit den ältesten Zeiten gangbar, in der Lehre vom Gegensatz des *Yin* und *Yang*. – Ja, weil eben alle Dinge der Welt die Objektität des einen und selben Willens, folglich dem innern Wesen nach identisch sind; so muß nicht nur jene unverkennbare Analogie zwischen ihnen sein und in jedem Unvollkommeneren sich schon die Spur, Andeutung, Anlage des zunächstliegenden Vollkommeneren zeigen; sondern auch, weil alle jene Formen doch nur der Welt als *Vorstellung* angehören, so läßt sich sogar annehmen, daß schon in den allgemeinsten Formen der Vorstellung, in diesem eigentlichen Grundgerüst der erscheinenden Welt, also in Raum und Zeit, der Grundtypus, die Andeutung, Anlage alles dessen, was die Formen füllt, aufzufinden und nachzuweisen sei. Es scheint eine dunkle Erkenntnis hievon gewesen zu sein, welche der Kabbala und aller mathematischen Philosophie der Pythagoreer, auch der Chinesen, im Y-king, den Ursprung gab: und auch in jener Schellingischen Schule finden wir, bei ihren mannigfaltigen Bestrebungen die Analogie zwischen allen Erscheinungen der Natur an das Licht zu ziehn, auch manche, wiewohl unglückliche Versuche, aus den bloßen Gesetzen des Raumes und der Zeit Naturgesetze abzuleiten. Indessen kann man nicht wissen, wie weit einmal ein genialer Kopf beide Bestrebungen realisieren wird.

Wenn nun gleich der Unterschied zwischen Erscheinung und Ding an sich nie aus den Augen zu lassen ist, und daher die Identität des in allen Ideen objektivierten Willens nie (weil er bestimmte Stufen seiner Objektität hat) verdreht werden darf zu einer Identität der einzelnen Ideen selbst, in denen er erscheint, und daher z. B. nimmermehr die chemische, oder elektrische Anziehung zurückgeführt werden darf auf die Anziehung durch Schwere, wenngleich ihre innere Analogie erkannt wird und die ersteren gleichsam als höhere Potenzen dieser letzteren angesehn werden können; ebensowenig, als die innere Analogie des Baues aller Tiere berechtigt, die Arten zu vermischen und zu identifizieren und etwan die vollkommeneren für Spielarten der unvollkommeneren zu erklären; wenn also endlich auch die physiologischen Funktionen nie auf chemische oder physische Prozesse zurückzuführen sind, so kann man doch, zur Rechtfertigung dieses Verfahrens innerhalb gewisser Schranken, folgendes mit vieler Wahrscheinlichkeit annehmen.

Wenn von den Erscheinungen des Willens, auf den niedrigeren

Stufen seiner Objektivation, also im Unorganischen, mehrere untereinander in Konflikt geraten, indem jede, am Leitfaden der Kausalität, sich der vorhandenen Materie bemächtigen will; so geht aus diesem Streit die Erscheinung einer höhern Idee hervor, welche die vorhin dagewesenen unvollkommeneren alle überwältigt, jedoch so, daß sie das Wesen derselben auf eine untergeordnete Weise bestehn läßt, indem sie ein Analogon davon in sich aufnimmt; welcher Vorgang eben nur aus der Identität des erscheinenden Willens in allen Ideen und aus seinem Streben zu immer höherer Objektivation begreiflich ist. Wir sehn daher z. B. im Festwerden der Knochen ein unverkennbares Analogon der Kristallisation, als welche ursprünglich den Kalk beherrschte, obgleich die Ossifikation nie auf Kristallisation zurückzuführen ist. Schwächer zeigt sich diese Analogie im Festwerden des Fleisches. So auch ist die Mischung der Säfte im tierischen Körper und die Sekretion ein Analogon der chemischen Mischung und Abscheidung, sogar wirken die Gesetze dieser dabei noch fort, aber untergeordnet, sehr modifiziert, von einer höhern Idee überwältigt; daher bloß chemische Kräfte, außerhalb des Organismus, nie solche Säfte liefern werden; sondern

> Encheiresin naturae nennt es die Chemie,
> Spottet ihrer selbst und weiß nicht wie.

Die aus solchem Siege über mehrere niedere Ideen, oder Objektivationen des Willens, hervorgehende vollkommenere gewinnt, eben dadurch, daß sie von jeder überwältigten, ein höher potenziertes Analogon in sich aufnimmt, einen ganz neuen Charakter: der Wille objektiviert sich auf eine neue deutlichere Art: es entsteht, ursprünglich durch generatio aequivoca, nachher durch Assimilation an den vorhandenen Keim, organischer Saft, Pflanze, Tier, Mensch. Also aus dem Streit niedrigerer Erscheinungen geht die höhere, sie alle verschlingende, aber auch das Streben aller in höherm Grade verwirklichende hervor. – Es herrscht demnach schon hier das Gesetz: serpens, nisi serpentem comederit, non fit draco.

Ich wollte, daß es mir möglich gewesen wäre, durch die Klarheit der Darstellung, die dem Stoffe anhängende Dunkelheit dieser Gedanken zu überwinden: allein ich sehe gar wohl, daß die eigene Betrachtung des Lesers mir sehr zu Hülfe kommen muß, wenn ich nicht unverstanden bleiben, oder mißverstanden werden soll. – Der gegebenen Ansicht gemäß, wird man zwar im Organismus die Spuren chemischer und physischer Wirkungsarten nachweisen, aber nie ihn aus diesen erklären können; weil er keineswegs ein durch das vereinigte Wirken solcher Kräfte, also zufällig hervorgebrachtes Phänomen ist, sondern eine höhere Idee, welche sich jene niedrigeren durch *überwältigende Assimilation* unterworfen hat; weil der in allen Ideen sich objektivierende *eine* Wille, indem er zur höchstmöglichen Objektivation strebt, hier die niedern Stufen seiner Erscheinung, nach einem Konflikt derselben, aufgibt, um auf einer höhern desto mächtiger zu erscheinen. Kein Sieg ohne Kampf: indem die höhere Idee, oder Willensobjektivation, nur durch Überwältigung der niedrigeren hervortreten kann, erleidet sie den Widerstand dieser, welche, wenngleich zur Dienstbarkeit gebracht, doch immer noch streben, zur unabhängigen und vollständigen Äußerung ihres Wesens zu gelangen. Wie der Magnet, der ein Eisen gehoben hat, einen fortdauernden Kampf mit der Schwere unterhält, welche, als die niedrigste Objektivation des Willens, ein ursprünglicheres Recht auf die Materie jenes Eisens hat, in welchem steten Kampf der Magnet sich sogar stärkt, indem der Widerstand ihn gleichsam zu größerer Anstrengung reizt; ebenso unterhält jede und auch die Willenserscheinung, welche sich im menschlichen Organismus darstellt, einen dauernden Kampf gegen die vielen physischen und chemischen Kräfte, welche, als niedrigere Ideen, ein früheres Recht auf jene Materie haben. Daher sinkt der Arm, den man eine Weile, mit Überwältigung der Schwere, gehoben gehalten: daher ist das behagliche Gefühl der Gesundheit, welches den Sieg der Idee des sich seiner bewußten Organismus über die physischen und chemischen Gesetze, welche ursprünglich die Säfte des Leibes beherrschen, ausdrückt, doch so oft unterbrochen, ja eigentlich immer begleitet von einer gewissen, größern oder kleinern Unbehaglichkeit, welche aus dem Widerstand jener Kräfte hervorgeht, und wodurch schon der vegetative Teil unsers Lebens mit einem leisen Leiden beständig verknüpft ist. Daher auch deprimiert die Verdauung alle animalischen Funktionen, weil sie die ganze Lebenskraft in Anspruch nimmt zur Überwältigung chemischer Naturkräfte durch die Assimilation. Daher also überhaupt die Last des physischen Lebens, die Notwendigkeit des Schlafes und zuletzt des Todes, indem endlich, durch Umstände begünstigt, jene unterjochten Naturkräfte dem, selbst durch den steten Sieg ermüdeten, Organismus die ihnen entrissene Materie wieder abgewinnen, und zur ungehinderten Darstellung ihres Wesens gelangen. Man kann daher auch sagen, daß jeder Organismus die Idee, deren Abbild er ist, nur darstellt nach Abzug des Teiles seiner Kraft, welche verwendet wird auf Überwältigung der niedrigeren Ideen, die ihm die Materie streitig machen. Dieses scheint dem Jakob Böhme vorgeschwebt zu haben, wenn er irgendwo sagt, alle Leiber der Menschen und Tiere, ja alle Pflanzen seien eigentlich halb tot. Je nachdem nun dem Organismus die Überwältigung jener, die tieferen Stufen der Objektität des Willens ausdrückenden Naturkräfte mehr oder weniger gelingt, wird er zum vollkommeneren oder unvollkommeneren Ausdruck seiner Idee, d.h. steht näher oder ferner dem *Ideal*, welchem in seiner Gattung die Schönheit zukommt.

So sehn wir in der Natur überall Streit, Kampf und Wechsel des Sieges, und werden eben darin weiterhin die dem Willen wesentliche Entzweiung mit sich selbst deutlicher erkennen. Jede Stufe der Objektivation des Willens macht der andern die Materie, den Raum, die Zeit streitig. Beständig muß die beharrende Materie die Form wechseln, indem, am Leitfaden der Kausalität, mechanische, physische, chemische, organische Erscheinungen, sich gierig zum Hervortreten drängend, einander die Materie entreißen, da jede ihre Idee offenbaren will. Durch die gesamte Natur läßt sich dieser Streit verfolgen, ja, sie besteht eben wieder nur durch ihn: *ει γαϱ μη ην το νεικος εν τοις πϱαγμασιν, ἑν αν ην ἁπαντα, ὡς φησιν Εμπεδοκλης·* (nam si non inesset in rebus contentio, unum omnia essent, ut ait Empedocles. Arist. Metaph. B., 5): ist doch dieser Streit selbst nur die Offenbarung der dem Willen wesentlichen Entzweiung mit sich selbst. Die deutlichste Sichtbarkeit erreicht dieser allgemeine Kampf in der Tierwelt, welche die Pfanzenwelt zu ihrer Nahrung hat, und in welcher selbst wieder jedes Tier die Beute und Nahrung eines andern wird, d.h. die Materie, in welcher seine Idee sich darstellte, zur Darstellung einer andern abtreten muß, indem jedes Tier sein Dasein nur durch die beständige Aufhebung eines fremden erhalten kann; so daß der Wille zum Leben durchgängig an sich selber zehrt und in verschiedenen Gestalten seine eigene Nahrung ist, bis zuletzt das Menschengeschlecht, weil es alle andern überwältigt, die Natur für ein Fabrikat zu seinem Gebrauch ansieht, dasselbe Geschlecht jedoch auch, wie wir im vierten Buche finden werden, in sich selbst jenen Kampf, jene Selbstentzweiung des Willens zur furchtbarsten Deutlichkeit offenbart, und homo homini lupus wird. Inzwischen werden wir denselben Streit, dieselbe Überwältigung ebensowohl auf den niedrigen Stufen der Objektität des Willens wiedererkennen. Viele Insekten (besonders die Ichneumoniden) legen ihre Eier auf die Haut, ja, in den Leib der Larven anderer Insekten, deren langsame Zerstörung das erste Werk der auskriechenden Brut ist. Der junge Armpolyp, der aus dem alten als ein Zweig herauswächst und sich später von ihm abtrennt, kämpft, während er noch an jenem festsitzt, schon mit ihm um die sich darbietende Beute, so daß einer sie dem andern aus dem Maule reißt (Trembley, Polypod. II, S. 110, und III, S. 165). In dieser Art liefert aber das grellste Beispiel die Bulldogs-Ameise (bulldog-ant) in Australien: nämlich wenn man sie durchschneidet, beginnt ein Kampf zwischen dem Kopf- und dem Schwanzteil: jener greift diesen mit seinem Gebiß an, und dieser wehrt sich tapfer, durch Stechen auf jenen: der Kampf pflegt eine halbe Stunde zu dauern, bis sie sterben, oder von andern Ameisen weggeschleppt werden. Der Vorgang findet jedesmal statt. (Aus einem Briefe von Howitt, im W. Journal, abgedruckt in Galignanis Messenger, vom 17. Nov. 1855.) An den Ufern des Missouri sieht man bisweilen eine mächtige Eiche von einer riesenhaften wilden Weinrebe, am Stamm und allen Ästen, so umwunden, gefesselt und geschnürt, daß sie, wie erstickt, verwelken muß. Dasselbe zeigt sich sogar auf den niedrigsten Stufen, z.B. wo durch organische Assimilation Wasser und Kohle in Pflanzensaft, oder Pflanze oder Brot in Blut verwandelt wird, und so überall, wo mit Beschränkung der chemischen Kräfte auf eine untergeordnete Wirkungsart, animalische Sekretion vor sich geht; dann auch in der unorganischen Natur, wann z.B. anschießende Kristalle sich begegnen, kreuzen und gegenseitig so stören, daß sie nicht die rein auskristallisierte Form zeigen können, wie denn fast jede Druse das Abbild eines solchen Streites des Willens auf jener so niedrigen Stufe seiner Objektivation ist; oder auch wann ein Magnet dem Eisen die Magnetizität aufzwingt, um seine Idee auch hier darzustellen; oder auch wann der Galvanismus die Wahlverwandtschaften überwältigt, die festesten Verbindungen zersetzt, die chemischen Gesetze so sehr aufhebt, daß die Säure eines am negativen Pol zersetzten Salzes zum positiven Pol muß, ohne mit den Alkalien, durch die sie unterwegs geht, sich verbinden, oder nur den Lakmus, welchen sie antrifft, röten zu dürfen. Im großen zeigt es sich in dem Verhältnis zwischen Zentralkörper und Planet: dieser, obgleich in entschiedener Abhängigkeit, widersteht noch immer, gleichwie die chemischen Kräfte im Organismus; woraus dann die beständige Spannung zwischen Zentripetal- und Zentrifugalkraft hervorgeht, welche das Weltgebäude in Bewegung erhält und selbst schon ein Ausdruck ist jenes allgemeinen der Erscheinung des Willens wesentlichen Kampfes, den wir eben betrachten. Denn da jeder Körper als Erscheinung eines Willens angesehn werden muß, Wille aber notwendig als ein Streben sich darstellt; so kann der ursprüngliche Zustand jedes zur Kugel geballten Weltkörpers nicht Ruhe sein, sondern Bewegung, Streben vorwärts in den unendlichen Raum, ohne Rast und Ziel. Diesem steht weder das Gesetz der Trägheit, noch das der Kausalität entgegen: denn da, nach jenem, die Materie als solche gegen Ruhe und Bewegung gleichgültig ist, so kann Bewegung, so gut wie Ruhe, ihr ursprünglicher Zustand sein; daher, wenn wir sie in Bewegung vorfinden, wir ebenso wenig berechtigt sind vorauszusetzen, daß derselben ein Zustand der Ruhe vorhergegangen sei, und nach der Ursache des Eintritts der Bewegung zu fragen, als umgekehrt, wenn wir sie in Ruhe fänden, wir eine dieser vorhergegangene Bewegung vorauszusetzen und nach der Ursache ihrer Aufhebung zu fragen hätten. Daher ist kein erster Anstoß für die Zentrifugalkraft zu suchen, sondern sie ist, bei den Planeten, nach Kants und Laplaces Hypothese, Überbleibsel der ursprünglichen Rotation des Zentralkörpers, von welchem jene sich, bei dessen Zusammenziehung, getrennt haben. Diesem selbst aber ist Bewegung wesentlich: er rotiert noch immer und fliegt zugleich dahin im endlosen Raum, oder zirkuliert vielleicht um einen größern, uns unsichtbaren Zentralkörper. Diese Ansicht stimmt gänzlich überein mit der Mutmaßung der Astronomen von einer Zentralsonne, wie auch mit dem wahrgenommenen Fortrücken unsers ganzen Sonnensystems, vielleicht auch des ganzen Sternhaufens, dem unsere Sonne angehört, daraus endlich auf ein allgemeines Fortrücken aller Fixsterne, mitsamt der Zentralsonne, zu schließen ist, welches freilich im unendlichen Raum alle Bedeutung verliert (da Bewegung im absoluten Raum von der Ruhe sich nicht unterscheidet) und eben hiedurch, wie schon unmittelbar durch das Streben und Fliegen ohne Ziel, zum Ausdruck jener Nichtigkeit, jener Ermangelung eines letzten Zweckes wird, welche wir, am Schlusse dieses Buches, dem Streben des Willens in allen seinen Erscheinungen werden zuerkennen müssen; daher eben auch wieder endloser Raum und endlose Zeit die allgemeinsten und wesentlichsten Formen seiner gesamten Erscheinung sein mußten, als welche sein ganzes Wesen auszudrükken da ist. – Wir können endlich den in Betrachtung genommenen Kampf aller Willenserscheinungen gegeneinander sogar schon in der bloßen Materie, als solcher betrachtet, wiedererkennen, sofern nämlich das Wesen ihrer Erscheinung von Kant richtig ausgesprochen ist als Repulsiv- und Attraktivkraft; so daß schon sie nur in einem Kampf entgegenstrebender Kräfte ihr Dasein hat. Abstrahieren wir von aller chemischen Verschiedenheit der Materie, oder denken uns in der Kette der Ursachen und Wirkungen so weit zurück, daß noch keine chemische Differenz da ist; so bleibt uns die bloße Materie, die Welt zu einer Kugel geballt, deren Leben, d. h. Objektivation des Willens, nun jener Kampf zwischen Attraktions- und Repulsionskraft ausmacht, jene als Schwere, von allen Seiten zum Zentrum drängend, diese als Undurchdringlichkeit, sei es durch Starrheit oder Elastizität, jener widerstrebend, welcher stete Drang und Widerstand als die Objektität des Willens auf der alleruntersten Stufe betrachtet werden kann und schon dort dessen Charakter ausdrückt.

So sehn wir denn hier, auf der untersten Stufe, den Willen sich darstellen als einen blinden Drang, ein finsteres, dumpfes Treiben, fern von aller unmittelbaren Erkennbarkeit. Es ist die einfachste und schwächste Art seiner Objektivation. Als solcher blinder Drang und erkenntnisloses Streben erscheint er aber noch in der ganzen unorganischen Natur, in allen den ursprünglichen Kräften, welche aufzusuchen und ihre Gesetze kennenzulernen, Physik und Chemie beschäftigt sind, und jede von welchen sich uns in Millionen ganz gleichartiger und gesetzmäßiger, keine Spur von individuellem Charakter ankündigender Erscheinungen darstellt, sondern bloß vervielfältigt durch Zeit und Raum, d.i. durch das principium individuationis, wie ein Bild durch die Facetten eines Glases vervielfältigt wird.

Von Stufe zu Stufe sich deutlicher objektivierend, wirkt dennoch auch im Pflanzenreich, wo nicht mehr eigentliche Ursachen, sondern Reize das Band seiner Erscheinungen sind, der Wille doch noch völlig erkenntnislos, als finstere treibende Kraft, und so endlich auch noch im vegetativen Teil der tierischen Erscheinung, in der Hervorbringung und Ausbildung jedes Tieres und in der Unterhaltung der innern Ökonomie desselben, wo immer nur noch bloße Reize seine Erscheinung notwendig bestimmen. Die immer höher stehenden Stufen der Objektität des Willens führen endlich zu dem Punkt, wo das Individuum, welches die Idee darstellt, nicht mehr durch bloße Bewegung auf Reize seine zu assimilierende Nahrung erhalten konnte; weil solcher Reiz abgewartet werden muß, hier aber die Nahrung eine spezieller bestimmte ist, und bei der immer mehr angewachsenen Mannigfaltigkeit der Erscheinungen das Gedränge und Gewirre so groß geworden ist, daß sie einander stören, und der Zufall, von dem das durch bloße Reize bewegte Individuum seine Nahrung erwarten muß, zu ungünstig sein würde. Die Nahrung muß daher aufgesucht, ausgewählt werden, von dem Punkt an, wo das Tier dem Ei oder Mutterleibe, in welchem es erkenntnislos vegetierte, sich entwunden hat. Dadurch wird hier die Bewegung auf Motive und wegen dieser die Erkenntnis notwendig, welche also eintritt als ein auf dieser Stufe der Objektivation des Willens erfordertes Hülfsmittel, *μηχανη*, zur Erhaltung des Individuums und Fortpflanzung des Geschlechts. Sie tritt hervor, repräsentiert durch das Gehirn oder ein größeres Ganglion, eben wie jede andere Bestrebung oder Bestimmung des sich objektivierenden Willens durch ein Organ repräsentiert ist, d.h. für die Vorstellung sich als ein Organ darstellt*. – Allein mit diesem Hülfsmittel, dieser *μηχανη*, steht nun, mit einem Schlage, die *Welt als Vorstellung* da, mit allen ihren Formen, Objekt und Subjekt, Zeit, Raum, Vielheit und Kausalität. Die Welt zeigt jetzt die zweite Seite. Bisher bloß *Wille*, ist sie nun zugleich *Vorstellung*, Objekt des erkennenden Subjekts. Der Wille, der bis hieher im Dunkeln, höchst sicher und unfehlbar, seinen Trieb verfolgte, hat sich auf dieser Stufe ein Licht angezündet, als ein Mittel, welches notwendig wurde, zur Aufhebung des Nachteils, der aus dem Gedränge und der komplizierten Beschaffenheit seiner Erscheinungen eben den vollendetesten erwachsen würde. Die bisherige unfehlbare Sicherheit und Gesetzmäßigkeit, mit welcher er in der unorganischen und bloß vegetativen Natur wirkte, beruhte darauf, daß er allein in seinem ursprünglichen Wesen, als blinder Drang, Wille, tätig war, ohne Beihülfe, aber auch ohne Störung von einer zweiten ganz andern Welt, der Welt als Vorstellung, welche zwar nur das Abbild seines eigenen Wesens, aber doch ganz anderer Natur ist und jetzt eingreift in den Zusammenhang seiner Erscheinungen. Dadurch hört nunmehr die unfehlbare Sicherheit derselben auf. Die Tiere sind schon dem Schein, der Täuschung ausgesetzt. Sie haben indessen bloß anschauliche Vorstellungen, keine Begriffe, keine Reflexion, sind daher an die Gegenwart gebunden, können nicht die Zukunft berücksichtigen. – Es scheint als ob diese vernunftlose Erkenntnis nicht in allen Fällen hinreichend zu ihrem Zweck gewesen sei und bisweilen gleichsam einer Nachhülfe bedurft habe. Denn es bietet sich uns die sehr merkwürdige Erscheinung dar, daß das blinde Wirken des Willens und das von der Erkenntnis erleuchtete, in zwei Arten von Erscheinungen, auf eine höchst überraschende Weise, eines in das Gebiet des andern hinübergreifen. Einmal nämlich finden wir, mitten unter dem von der anschaulichen Er-

* Hiezu Kap. 22 des zweiten Bandes; wie auch in meiner Schrift »Über den Willen in der Natur«, S. 54ff. u. S. 70–79 der ersten, oder S. 46ff. u. S. 63–72 der zweiten Auflage.

kenntnis und ihren Motiven geleiteten Tun der Tiere, ein ohne diese, also mit der Notwendigkeit des blindwirkenden Willens vollzogenes, in den Kunsttrieben, welche, durch kein Motiv, noch Erkenntnis geleitet, das Ansehn haben, als brächten sie ihre Werke sogar auf abstrakte, vernünftige Motive zustande. Der andere diesem entgegengesetzte Fall ist der, wo umgekehrt das Licht der Erkenntnis in die Werkstätte des blindwirkenden Willens eindringt und die vegativen Funktionen des menschlichen Organismus beleuchtet: im magnetischen Hellsehn. – Endlich nun da, wo der Wille zum höchsten Grade seiner Objektivation gelangt ist, reicht die den Tieren aufgegangene Erkenntnis des Verstandes, dem die Sinne die Data liefern, woraus bloße Anschauung, die an die Gegenwart gebunden ist, hervorgeht, nicht mehr zu: das komplizierte, vielseitige, bildsame, höchst bedürftige und unzähligen Verletzungen ausgesetzte Wesen, der Mensch, mußte, um bestehn zu können, durch eine doppelte Erkenntnis erleuchtet werden, gleichsam eine höhere Potenz der anschaulichen Erkenntnis mußte zu dieser hinzutreten, eine Reflexion jener: die Vernunft als das Vermögen abstrakter Begriffe. Mit dieser war Besonnenheit da, enthaltend Überblick der Zukunft und Vergangenheit, und, in Folge derselben, Überlegung, Sorge, Fähigkeit des prämeditierten, von der Gegenwart unabhängigen Handelns, endlich auch völlig deutliches Bewußtsein der eigenen Willensentscheidungen als solcher. Trat nun schon mit der bloß anschauenden Erkenntnis die Möglichkeit des Scheines und der Täuschung ein, wodurch die vorige Unfehlbarkeit im erkenntnislosen Treiben des Willens aufgehoben wurde, deshalb Instinkt und Kunsttrieb, als erkenntnislose Willensäußerungen, mitten unter den von Erkenntnis geleiteten, ihm zu Hülfe kommen mußten; so geht mit dem Eintritt der Vernunft jene Sicherheit und Untrüglichkeit der Willensäußerungen (welche am andern Extrem, in der unorganischen Natur, sogar als strenge Gesetzmäßigkeit erscheint) fast ganz verloren: der Instinkt tritt völlig zurück, die Überlegung, welche jetzt alles ersetzen soll, gebiert (wie im ersten Buche ausgeführt) Schwanken und Unsicherheit: der Irrtum wird möglich, welcher in vielen Fällen die adäquate Objektivation des Willens durch Taten hindert. Denn, wenngleich der Wille schon im Charakter seine bestimmte und unveränderliche Richtung genommen hat, welcher entsprechend das Wollen selbst unfehlbar, nach Anlaß der Motive, eintritt; so kann doch der Irrtum die Äußerungen desselben verfälschen, indem dann Wahnmotive gleich wirklichen einfließen und diese aufheben*: so z.B. wenn Superstition eingebildete Motive unterschiebt, die den Menschen zu einer Handlungsweise zwingen, welche der Art, wie sein Wille, unter den vorhandenen Umständen, sich sonst äußern würde, gerade entgegengesetzt ist: Agamemnon schlachtet seine Tochter; ein Geizhals spendet Almosen, aus reinem Egoismus, in der Hoffnung dereinstiger hundertfacher Wiedererstattung, usf.

Die Erkenntnis überhaupt, vernünftige sowohl als bloß anschauliche, geht also ursprünglich aus dem Willen selbst hervor, gehört zum Wesen der höhern Stufen seiner Objektivation, als eine bloße *μηχανη*, ein Mittel zur Erhaltung des Individuums und der Art, so gut wie jedes Organ des Leibes. Ursprünglich also zum Dienste des Willens, zur Vollbringung seiner Zwecke bestimmt, bleibt sie ihm auch fast durchgängig gänzlich dienstbar: so in allen Tieren und in beinahe allen Menschen. Jedoch werden wir im dritten Buche sehn, wie in einzelnen Menschen die Erkenntnis sich dieser Dienstbarkeit entziehn, ihr Joch abwerfen und frei von allen Zwecken des Wollens rein für sich bestehn kann, als bloßer klarer Spiegel der Welt, woraus die Kunst hervorgeht; endlich im vierten Buch, wie durch diese Art der Erkenntnis, wenn sie auf den Willen zurückwirkt, die Selbstaufhebung desselben eintreten kann, d.i. die Resignation, welche das letzte Ziel, ja, das innerste Wesen aller Tugend und Heiligkeit, und die Erlösung von der Welt ist.

* Die Scholastiker sagten daher recht gut: Causa finalis movet non secundum suum esse reale, sed secundum esse cognitum. Siehe Suarez, Disp. metaph. disp. XXIII, sect. 7 et 8.

§ 28

Wir haben die große Mannigfaltigkeit und Verschiedenheit der Erscheinungen betrachtet, in denen der Wille sich objektiviert; ja, wir haben ihren endlosen und unversöhnlichen Kampf gegeneinander gesehn. Dennoch ist, unserer ganzen bisherigen Darstellung zufolge, der Wille selbst, als Ding an sich, keineswegs begriffen in jener Vielheit, jenem Wechsel. Die Verschiedenheit der (Platonischen) Ideen, d.i. Abstufungen der Objektivation, die Menge der Individuen, in welchen jede von diesen sich darstellt, der Kampf der Formen um die Materie: dies alles trifft nicht ihn, sondern ist nur die Art und Weise seiner Objektivation, und hat nur durch diese eine mittelbare Relation zu ihm, vermöge welcher es zum Ausdruck seines Wesens für die Vorstellung gehört. Wie eine Zauberlaterne viele und mannigfaltige Bilder zeigt, es aber nur eine und dieselbe Flamme ist, welche ihnen allen die Sichtbarkeit erteilt; so ist in allen mannigfaltigen Erscheinungen, welche nebeneinander die Welt füllen, oder nacheinander als Begebenheiten sich verdrängen, doch nur der *eine Wille* das Erscheinende, dessen Sichtbarkeit, Objektität das alles ist, und der unbewegt bleibt mitten in jenem Wechsel: er allein ist das Ding an sich: alles Objekt aber ist Erscheinung, Phänomen, in Kants Sprache zu reden. – Obgleich im Menschen, als (Platonischer) Idee, der Wille seine deutlichste und vollkommenste Objektivation findet; so konnte dennoch diese allein sein Wesen nicht ausdrücken. Die Idee des Menschen durfte, um in der gehörigen Bedeutung zu erscheinen, nicht allein und abgerissen sich darstellen, sondern mußte begleitet sein von der Stufenfolge abwärts durch alle Gestaltungen der Tiere, durch das Pflanzenreich, bis zum Unorganischen: sie alle erst ergänzen sich zur vollständigen Objektivation des Willens; sie werden von der Idee des Menschen so vorausgesetzt, wie die Blüten des Baumes Blätter, Äste, Stamm und Wurzel voraussetzen: sie bilden eine Pyramide, deren Spitze der Mensch ist. Auch kann man, wenn man an Vergleichungen Wohlgefallen hat, sagen: ihre Erscheinung begleitet die des Menschen so notwendig, wie das volle Licht begleitet ist von den allmählichen Gradationen aller Halbschatten, durch die es sich in die Finsternis verliert: oder auch man kann sie den Nachhall des Menschen nennen und sagen: Tier und Pflanze sind die herabsteigende Quinte und Terz des Menschen, das unorganische Reich ist die untere Oktave. Die ganze Wahrheit dieses letzten Gleichnisses wird uns aber erst deutlich werden, wenn wir, im folgenden Buche, die tiefe Bedeutsamkeit der Musik zu ergründen suchen und sich uns zeigen wird, wie die durch hohe leichtbewegliche Töne im Zusammenhang fortschreitende Melodie, in gewissem Sinn, als das durch Reflexion Zusammenhang habende, Leben und Streben des Menschen darstellend, anzusehn ist, wo dann dagegen die unzusammenhängenden Ripienstimmen und der schwerbewegliche Baß, aus denen die zur Vollständigkeit der Musik notwendige Harmonie hervorgeht, die übrige tierische und erkenntnislose Natur abbilden. Doch davon an seinem Orte, wo es nicht mehr so paradox klingen wird. – Wir finden aber auch jene *innere*, von der adäquaten Objektität des Willens unzertrennliche *Notwendigkeit* der Stufenfolge seiner Erscheinungen, in dem Ganzen dieser selbst, durch eine *äußere Notwendigkeit* ausgedrückt, durch diejenige nämlich, vermöge welcher der Mensch zu seiner Erhaltung der Tiere bedarf, diese stufenweise eines des andern, dann auch der Pflanzen, welche wieder des Bodens bedürfen, des Wassers, der chemischen Elemente und ihrer Mischungen, des Planeten, der Sonne, der Rotation und des Umlaufs um diese, der Schiefe der Ekliptik usf. – Im Grunde entspringt dies daraus, daß der Wille an sich selber zehren muß, weil außer ihm nichts da ist und er ein hungriger Wille ist. Daher die Jagd, die Angst und das Leiden.

Wie die Erkenntnis der Einheit des Willens, als Dinges an sich, in der unendlichen Verschiedenheit und Mannigfaltigkeit der Erscheinungen, allein den wahren Aufschluß gibt über jene wundersame, unverkennbare Analogie aller Produktionen der Natur, jene Familienähnlichkeit, die sie als Variationen desselben, nicht mitgegebenen Themas betrachten läßt; so wird gleichermaßen durch die deutlich und tief gefaßte Erkenntnis jener Harmonie, jenes wesentlichen Zusammenhanges aller Teile der Welt, jener Notwendigkeit ihrer Abstufung, welche wir soeben betrachtet haben, sich uns eine wahre und genügende Einsicht öffnen in das innere Wesen und die Bedeutung der unleugbaren *Zweckmäßigkeit* aller organischen Naturprodukte, die wir sogar a priori bei der Betrachtung und Beurteilung derselben voraussetzen.

Die *Zweckmäßigkeit* ist doppelter Art: teils eine *innere*, d.h. eine so geordnete Übereinstimmung aller Teile eines einzelnen Organismus, daß die Erhaltung desselben und seiner Gattung daraus hervorgeht, und daher als Zweck jener Anordnung sich darstellt. Teils aber ist die Zweckmäßigkeit eine *äußere*, nämlich ein Verhältnis der unorganischen Natur zu der organischen überhaupt, oder auch einzelner Teile der organischen Natur zueinander, welches die Erhaltung der gesamten organischen Natur, oder auch einzelner Tiergattungen, möglich macht und daher als Mittel zu diesem Zweck unserer Beurteilung entgegentritt.

Die *innere Zweckmäßigkeit* tritt nun folgendermaßen in den Zusammenhang unserer Betrachtung. Wenn, dem Bisherigen zufolge, alle Verschiedenheit der Gestalten in der Natur und alle Vielheit der Individuen nicht dem Willen, sondern nur seiner Objektität und der Form dieser angehört; so folgt notwendig, daß er unteilbar und in jeder Erscheinung ganz gegenwärtig ist, wiewohl die Grade seiner Objektivation, die (Platonischen) Ideen, sehr verschieden sind. Wir können, zu leichterer Faßlichkeit, diese verschiedenen Ideen als einzelne und an sich einfache Willensakte betrachten, in denen sein Wesen sich mehr oder weniger ausdrückt: die Individuen aber sind wieder Erscheinungen der Ideen, also jener Akte, in Zeit und Raum und Vielheit. – Nun behält, auf den niedrigsten Stufen der Objektität, ein solcher Akt (oder eine Idee) auch in der Erscheinung seine Einheit bei; während er auf den höhern Stufen, um zu erscheinen, einer ganzen Reihe von Zuständen und Entwickelungen in der Zeit bedarf, welche alle zusammengenommen erst den Ausdruck seines Wesens vollenden. So z.B. hat die Idee, welche sich in irgendeiner allgemeinen Naturkraft offenbart, immer nur eine einfache Äußerung, wenngleich diese nach Maßgabe der äußeren Verhältnisse sich verschieden darstellt: sonst könnte auch ihre Identität gar nicht nachgewiesen werden, welches eben geschieht durch Absonderung der bloß aus den äußeren Verhältnissen entspringenden Verschiedenheit. Ebenso hat der Kristall nur *eine* Lebensäußerung, sein Anschießen, welche nachher an der erstarrten Form, dem Leichnam jenes momentanen Lebens, ihren völlig hinreichenden und erschöpfenden Ausdruck hat. Schon die Pflanze aber drückt die Idee, deren Erscheinung sie ist, nicht mit einem Male und durch eine einfache Äußerung aus, sondern in einer Sukzession von Entwickelungen ihrer Organe, in der Zeit. Das Tier entwickelt nicht nur auf gleiche Weise, in einer Sukzession oft sehr verschiedener Gestalten (Metamorphose), seinen Organismus; sondern diese Gestalt selbst, obwohl schon Objektität des Willens auf dieser Stufe, reicht doch nicht hin zur vollständigen Darstellung seiner Idee, vielmehr wird diese erst ergänzt durch die Handlungen des Tieres, in denen sein empirischer Charakter, welcher in der ganzen Spezies derselbe ist, sich ausspricht und erst die vollständige Offenbarung der Idee ist, wobei sie den bestimmten Organismus als Grundbedingung voraussetzt. Beim Menschen ist schon in jedem Individuo der empirische Charakter ein eigentümlicher (ja, wie wir im vierten Buche sehn werden, bis zur völligen Aufhebung des Charakters der Spezies, nämlich durch Selbstaufhebung des ganzen Wollens). Was, durch die notwendige Entwickelung in der Zeit und das dadurch bedingte Zerfallen in einzelne Handlungen, als empirischer Charakter erkannt wird, ist, mit Abstraktion von dieser zeitlichen Form der Erscheinung, der *intelligible Charakter*, nach dem Ausdrucke Kants, der in der Nachweisung dieser Unterscheidung und Darstellung des Verhältnisses zwischen Freiheit und Notwendigkeit, d.h. eigentlich zwischen dem Willen als Ding an sich und seiner Erscheinung in der Zeit, sein unsterbliches Verdienst besonders herrlich zeigt*. Der intelligible Charakter fällt also mit der Idee, oder noch eigentlicher mit dem ursprünglichen Willensakt, der sich in ihr offenbart, zusammen: insofern ist also nicht nur der empirische Charakter jedes Menschen, sondern auch der jeder Tierspezies, ja jeder Pflanzenspezies und sogar jeder ursprünglichen Kraft der

* Siehe »Kritik der reinen Vernunft, Auflösung der kosmol. Ideen von der Totalität der Ableitung der Weltbegebenheiten«, S. 560–586 der fünften u. S. 532ff. der ersten Auflage, und »Kritik der praktischen Vernunft«, vierte Auflage, S. 169–179. Rosenkranz' Ausgabe, S. 224ff. Vgl. meine Abhandlung über den Satz vom Grunde, § 43.

unorganischen Natur, als Erscheinung eines intelligibeln Charakters, d.h. eines außerzeitlichen unteilbaren Willensaktes anzusehn. – Beiläufig möchte ich hier aufmerksam machen auf die Naivetät, mit der jede Pflanze ihren ganzen Charakter durch die bloße Gestalt ausspricht und offen darlegt, ihr ganzes Sein und Wollen offenbart, wodurch die Physiognomien der Pflanzen so interessant sind; während das Tier, um seiner Idee nach erkannt zu werden, schon in seinem Tun und Treiben beobachtet, der Mensch vollends erforscht und versucht sein will, da ihn Vernunft der Verstellung in hohem Grade fähig macht. Das Tier ist um ebenso viel naiver als der Mensch, wie die Pflanze naiver ist als das Tier. Im Tiere sehn wir den Willen zum Leben gleichsam nackter, als im Menschen, wo er mit so vieler Erkenntnis überkleidet und zudem durch die Fähigkeit der Verstellung verhüllt ist, daß sein wahres Wesen fast nur zufällig und stellenweise zum Vorschein kommt. Ganz nackt, aber auch viel schwächer, zeigt er sich in der Pflanze, als bloßer, blinder Drang zum Dasein, ohne Zweck und Ziel. Denn diese offenbart ihr ganzes Wesen dem ersten Blick und mit vollkommener Unschuld, die nicht darunter leidet, daß sie die Genitalien, welche bei allen Tieren den verstecktesten Platz erhalten haben, auf ihrem Gipfel zur Schau trägt. Diese Unschuld der Pflanze beruht auf ihrer Erkenntnislosigkeit: nicht im Wollen, sondern im Wollen mit Erkenntnis liegt die Schuld. Jede Pflanze erzählt nun zunächst von ihrer Heimat, dem Klima derselben und der Natur des Bodens, dem sie entsprossen ist. Daher erkennt selbst der wenig Geübte leicht, ob eine exotische Pflanze der tropischen, oder der gemäßigten Zone angehöre, und ob sie im Wasser, im Sumpfe, auf Bergen, oder auf der Haide wachse. Außerdem aber spricht jede Pflanze noch den speziellen Willen ihrer Gattung aus und sagt etwas, das sich in keiner andern Sprache ausdrücken läßt. – Aber jetzt zur Anwendung des Gesagten auf die teleologische Betrachtung der Organismen, sofern sie ihre innere Zweckmäßigkeit betrifft. Wenn in der unorganischen Natur die überall als ein einziger Willensakt zu betrachtende Idee sich auch nur in einer einzigen und immer gleichen Äußerung offenbart, und man daher sagen kann, daß hier der empirische Charakter unmittelbar der Einheit des intelligibeln teilhaft ist, gleichsam mit ihm zusammenfällt, weshalb hier keine innere Zweckmäßigkeit sich zeigen kann; wenn dagegen alle Organismen, durch eine Sukzession von Entwickelungen nacheinander, welche durch eine Mannigfaltigkeit verschiedener Teile nebeneinander bedingt ist, ihre Idee darstellen, also die Summe der Äußerungen ihres empirischen Charakters erst in der Zusammenfassung Ausdruck des intelligibeln ist; so hebt dieses notwendige Nebeneinander der Teile und Nacheinander der Entwickelung doch nicht die Einheit der erscheinenden Idee, des sich äußernden Willensaktes, auf: vielmehr findet diese Einheit nunmehr ihren Ausdruck an der notwendigen Beziehung und Verkettung jener Teile und Entwickelungen miteinander, nach dem Gesetz der Kausalität. Da es der einzige und unteilbare und eben dadurch ganz mit sich selbst übereinstimmende Wille ist, der sich in der ganzen Idee, als wie in einem Akt offenbart; so muß seine Erscheinung, obwohl in eine Verschiedenheit von Teilen und Zuständen auseinandertretend, doch in einer durchgängigen Übereinstimmung derselben jene Einheit wieder zeigen: dies geschieht durch eine notwendige Beziehung und Abhängigkeit aller Teile voneinander, wodurch auch in der Erscheinung die Einheit der Idee wiederhergestellt wird. Demzufolge erkennen wir nun jene verschiedenen Teile und Funktionen des Organismus wechselseitig als Mittel und Zweck voneinander, den Organismus selbst aber als den letzten Zweck aller. Folglich ist sowohl das Auseinandertreten der an sich einfachen Idee in die Vielheit der Teile und der Zustände des Organismus einerseits, als die Wiederherstellung ihrer Einheit durch die notwendige Verknüpfung jener Teile und Funktionen, dadurch daß sie Ursache und Wirkung, also Mittel und Zweck, voneinander sind, andererseits, nicht dem erscheinenden Willen als solchem, dem Dinge an sich, sondern nur seiner Erscheinung in Raum, Zeit und Kausalität (lauter Gestalten des Satzes vom Grunde, der Form der Erscheinung) eigentümlich und wesentlich. Sie gehören der Welt als Vorstellung, nicht der Welt als Wille an: sie gehören zur Art und Weise, wie der Wille Objekt, d.i. Vorstellung wird, auf dieser Stufe seiner Objektität. Wer in den Sinn dieser vielleicht etwas schwierigen Erörterung eingedrungen ist, wird nunmehr recht eigentlich die Lehre Kants verstehn, welche dahin geht, daß sowohl die Zweckmäßigkeit des Organischen, als auch die Gesetzmäßigkeit des Unorganischen, allererst von unserm Verstande in die Natur hineingebracht wird, daher beide nur der Erscheinung, nicht dem Dinge an sich zukommen. Die oben erwähnte Verwunderung, über die unfehlbare Konstanz der Gesetzmäßigkeit der unorganischen Natur ist im wesentlichen dieselbe mit der, über die Zweckmäßigkeit der organischen Natur: denn in beiden Fällen überrascht uns nur der Anblick der ursprünglichen Einheit der Idee, welche, für die Erscheinung, die Form der Vielheit und Verschiedenheit angenommen hatte*.

Was nun, nach der oben gemachten Einteilung, die zweite Art der Zweckmäßigkeit, die *äußere* betrifft, welche sich nicht in der innern Ökonomie der Organismen, sondern in der Unterstützung und Hülfe zeigt, welche sie von außen, sowohl von der unorganischen Natur, als einer vom andern erhalten; so findet dieselbe ihre Erklärung im allgemeinen ebenfalls in der eben aufgestellten Erörterung, indem ja die ganze Welt, mit allen ihren Erscheinungen, die Objektität des einen und unteilbaren Willens ist, die Idee, welche sich zu allen andern Ideen verhält, wie die Harmonie zu den einzelnen Stimmen, daher jene Einheit des Willens sich auch in der Übereinstimmung aller Erscheinungen desselben zueinander zeigen muß. Allein wir können diese Einsicht zu viel größerer Deutlichkeit erheben, wenn wir auf die Erscheinungen jener äußern Zweckmäßigkeit und Übereinstimmung der verschiedenen Teile der Natur zueinander etwas näher eingehn, welche Erörterung zugleich auch auf die vorhergehende Licht zurückwerfen wird. Wir werden aber dahin am besten durch Betrachtung folgender Analogie gelangen.

Der Charakter jedes einzelnen Menschen kann, sofern er durchaus individuell und nicht ganz in dem der Spezies begriffen ist, als eine besondere Idee, entsprechend einem eigentümlichen Objektivationsakt des Willens, angesehn werden. Dieser Akt selbst wäre dann sein intelligibler Charakter, sein empirischer

* Vergleiche »Über den Willen in der Natur«, am Schlusse der Rubrik »Vergleichende Anatomie«.

aber die Erscheinung desselben. Der empirische Charakter ist ganz und gar durch den intelligibeln, welcher grundloser, d. h. als Ding an sich dem Satz vom Grund (der Form der Erscheinung) nicht unterworfener Wille ist, bestimmt. Der empirische Charakter muß in einem Lebenslauf das Abbild des intelligibeln liefern, und kann nicht anders ausfallen, als das Wesen dieses es erfordert. Allein diese Bestimmung erstreckt sich nur auf das Wesentliche, nicht auf das Unwesentliche des demnach erscheinenden Lebenslaufes. Zu diesem Unwesentlichen gehört die nähere Bestimmung der Begebenheiten und Handlungen, welche der Stoff sind, an dem der empirische Charakter sich zeigt. Diese werden von äußern Umständen bestimmt, welche die Motive abgeben, auf welche der Charakter seiner Natur gemäß reagiert, und da sie sehr verschieden sein können, so wird sich nach ihrem Einfluß die äußere Gestaltung der Erscheinung des empirischen Charakters, also die bestimmte faktische oder historische Gestaltung des Lebenslaufes, richten müssen. Diese wird sehr verschieden ausfallen können, wenngleich das Wesentliche dieser Erscheinung, ihr Inhalt, derselbe bleibt: so z. B. ist es unwesentlich, ob man um Nüsse oder Kronen spielt: ob man aber beim Spiel betrügt, oder ehrlich zu Werk geht, das ist das Wesentliche: dieses wird durch den intelligibeln Charakter, jenes durch äußern Einfluß bestimmt. Wie dasselbe Thema sich in hundert Variationen darstellen kann, so derselbe Charakter in hundert sehr verschiedenen Lebensläufen. So verschiedenartig aber auch der äußere Einfluß sein kann, so muß dennoch, wie er auch ausfalle, der sich im Lebenslauf ausdrückende empirische Charakter den intelligibeln genau objektivieren, indem er seine Objektivation dem vorgefundenen Stoffe faktischer Umstände anpaßt. – Etwas jenem Einfluß äußerer Umstände auf den im wesentlichen durch den Charakter bestimmten Lebenslauf Analoges haben wir nun anzunehmen, wenn wir uns denken wollen, wie der Wille, im ursprünglichen Akt seiner Objektivation, die verschiedenen Ideen bestimmt, in denen er sich objektiviert, d. h. die verschiedenen Gestalten von Naturwesen aller Art, in welche er seine Objektivation verteilt und die deswegen notwendig eine Beziehung zueinander in der Erscheinung haben müssen. Wir müssen annehmen, daß zwischen allen jenen Erscheinungen des *einen* Willens ein allgemeines gegenseitiges sich Anpassen und Bequemen zueinander stattfand, wobei aber, wie wir bald deutlicher sehn werden, alle Zeitbestimmung auszulassen ist, da die Idee außer der Zeit liegt. Demnach mußte jede Erscheinung sich den Umgebungen, in die sie eintrat, anpassen, diese aber wieder auch jener, wenn solche gleich in der Zeit eine viel spätere Stelle einnimmt; und überall sehn wir diesen consensus naturae. Angemessen darum ist jede Pflanze ihrem Boden und Himmelsstrich, jedes Tier seinem Element und der Beute, die seine Nahrung werden soll, ist auch irgendwie einigermaßen geschützt gegen seinen natürlichen Verfolger; angemessen ist das Auge dem Licht und seiner Brechbarkeit, die Lunge und das Blut der Luft, die Schwimmblase dem Wasser, das Auge des Seehundes dem Wechsel seines Mediums, die wasserhaltigen Zellen im Magen des Kamels der Dürre afrikanischer Wüsten, das Segel des Nautilus dem Winde, der sein Schiffchen treiben soll, und so bis auf die speziellsten und erstaunlichsten äußeren Zweckmäßigkeiten herab*. Nun aber ist hiebei von allen Zeitverhältnissen zu abstrahieren, da solche nur die Erscheinung der Idee, nicht diese selbst betreffen können. Demgemäß ist jene Erklärungsart auch rückwärts zu gebrauchen und nicht nur anzunehmen, daß jede Spezies sich nach den vorgefundenen Umständen bequemte, sondern diese in der Zeit vorhergegangenen Umstände selbst ebenso Rücksicht nahmen auf die dereinst noch kommenden Wesen. Denn es ist ja der eine und selbe Wille, der sich in der ganzen Welt objektiviert: er kennt keine Zeit, da diese Gestalt des Satzes vom Grunde nicht ihm, noch seiner ursprünglichen Objektität, den Ideen, angehört; sondern nur der Art und Weise, wie diese von den selbst vergänglichen Individuen erkannt werden, d.h. der Erscheinung der Ideen. Daher ist bei unserer gegenwärtigen Betrachtung der Art, wie die Objektivation des Willens sich in die Ideen verteilt, die Zeitfolge ganz ohne Bedeutung, und die Ideen, deren *Erscheinungen*, dem Gesetz der Kausalität, dem sie als solche unterworfen sind, gemäß, früher in die Zeitfolge eintraten, haben dadurch kein Vorrecht vor denen, de-

* Siehe »Über den Willen in der Natur«, die Rubrik »Vergleichende Anatomie«.

ren Erscheinung später eintritt, welche vielmehr gerade die vollkommensten Objektivationen des Willens sind, denen sich die früheren ebenso sehr anpassen mußten, wie diese jenen. Also der Lauf der Planeten, die Neigung der Ekliptik, die Rotation der Erde, die Verteilung des festen Landes und des Meeres, die Atmosphäre, das Licht, die Wärme und alle ähnlichen Erscheinungen, welche in der Natur das sind, was in der Harmonie der Grundbaß, bequemten sich ahndungsvoll den kommenden Geschlechtern lebender Wesen, deren Träger und Erhalter sie werden sollten. Ebenso bequemte sich der Boden der Ernährung der Pflanzen, diese der Ernährung der Tiere, diese der Ernährung anderer Tiere, ebensowohl als umgekehrt alle diese wieder jenen. Alle Teile der Natur kommen sich entgegen, weil *ein* Wille es ist, der in ihnen allen erscheint, die Zeitfolge aber seiner ursprünglichen und allein *adäquaten Objektität* (diesen Ausdruck erklärt das folgende Buch), den Ideen, ganz fremd ist. Noch jetzt, da die Geschlechter sich nur zu erhalten, nicht mehr zu entstehn haben, sehn wir hin und wieder eine solche sich auf das Zukünftige erstreckende, eigentlich von der Zeitfolge gleichsam abstrahierende Vorsorge der Natur, ein Sichbequemen dessen was da ist, nach dem was noch kommen soll. So baut der Vogel das Nest für die Jungen, welche er noch nicht kennt; der Biber errichtet einen Bau, dessen Zweck ihm unbekannt ist; die Ameise, der Hamster, die Biene sammeln Vorräte zu dem ihnen unbekannten Winter; die Spinne, der Ameisenlöwe errichten, wie mit überlegter List, Fallen für den künftigen, ihnen unbekannten Raub; die Insekten legen ihre Eier dahin, wo die künftige Brut künftig Nahrung findet. Wann, um die Blütezeit, die weibliche Blume der diözistischen Vallisneria die Spiralwindungen ihres Stengels, von denen sie bisher an den Grund des Wassers gehalten wurde, entwickelt und dadurch auf die Oberfläche hinaufsteigt, genau dann reißt die auf dem Grunde des Wassers an einem kurzen Stengel wachsende männliche Blume sich von diesem ab und gelangt so, mit Aufopferung ihres Lebens, auf die Oberfläche, woselbst sie umherschwimmend die weibliche Blume aufsucht, welche sodann, nach geschehener Befruchtung, sich wieder durch Kontraktion ihrer Spirale zurückzieht auf den Grund, woselbst die Frucht sich ausbildet*. Auch hier muß ich nochmals der Larve des männlichen Hirschschröters gedenken, die das Loch im Holze zu ihrer Metamorphose noch einmal so groß beißt, als die weibliche, um Raum für die künftigen Hörner zu gewinnen. Überhaupt also gibt uns der Instinkt der Tiere die beste Erläuterung zur übrigen Teleologie der Natur. Denn wie der Instinkt ein Handeln ist, gleich dem nach einem Zweckbegriff, und doch ganz ohne denselben; so ist alles Bilden der Natur gleich dem nach einem Zweckbegriff, und doch ganz ohne denselben. Denn in der äußern, wie in der innern Teleologie der Natur ist, was wir als Mittel und Zweck denken müssen, überall nur die für unsere Erkenntnisweise in Raum und Zeit auseinandergetretene *Erscheinung der Einheit des mit sich selbst soweit übereinstimmenden Willens.*

Inzwischen kann das aus dieser Einheit entspringende sich wechselseitige Anpassen und Sichbequemen der Erscheinungen dennoch nicht den oben dargestellten, im allgemeinen Kampf der Natur erscheinenden innern Widerstreit tilgen, der dem Willen wesentlich ist. Jene Harmonie geht nur so weit, daß sie den *Bestand* der Welt und ihrer Wesen möglich macht, welche daher ohne sie längst untergegangen wären. Daher erstreckt sie sich nur auf den Bestand der Spezies und der allgemeinen Lebensbedingungen, nicht aber auf den der Individuen. Wenn demnach, vermöge jener Harmonie und Akkomodation, die *Spezies* im Organischen und die *allgemeinen Naturkräfte* im Unorganischen nebeneinander bestehn, sogar sich wechselseitig unterstützen; so zeigt sich dagegen der innere Widerstreit des durch alle jene Ideen objektivierten Willens im unaufhörlichen Vertilgungskriege der *Individuen* jener Species und im beständigen Ringen der *Erscheinungen* jener Naturkräfte miteinander, wie oben ausgeführt worden. Der Tummelplatz und der Gegenstand dieses Kampfs ist die Materie, welche sie wechselseitig einander zu entreißen streben, wie auch Raum und Zeit, deren Vereinigung durch die Form der Kausalität eigentlich die Materie ist, wie im ersten Buche dargetan**.

* Chatin, sur la Valisneria spiralis, in den Comptes rendus de l'acad. d. sc., Nr. 13, 1855.

** Hiezu Kap. 26 u. 27 des zweiten Bandes.

§ 29

Ich beschließe hier den zweiten Hauptteil meiner Darstellung, in der Hoffnung, daß, soweit es bei der allerersten Mitteilung eines noch nie dagewesenen Gedankens, der daher von den Spuren der Individualität, in welcher zuerst er sich erzeugte, nicht ganz frei sein kann, – möglich ist, es mir gelungen sei, die deutliche Gewißheit mitzuteilen, daß diese Welt, in der wir leben und sind, ihrem ganzen Wesen nach, durch und durch *Wille* und zugleich durch und durch *Vorstellung* ist; daß diese Vorstellung schon als solche eine Form voraussetzt, nämlich Objekt und Subjekt, mithin relativ ist; und wenn wir fragen, was nach Aufhebung dieser Form und aller ihr untergeordneten, die der Satz vom Grund ausdrückt, noch übrigbleibt; dieses als ein von der Vorstellung toto genere Verschiedenes, nichts anderes sein kann, als *Wille*, der sonach das eigentliche *Ding an sich* ist. Jeder findet sich selbst als diesen Willen, in welchem das innere Wesen der Welt besteht, so wie er sich auch als das erkennende Subjekt findet, dessen Vorstellung die ganze Welt ist, welche insofern nur in bezug auf sein Bewußtsein, als ihren notwendigen Träger, ein Dasein hat. Jeder ist also in diesem doppelten Betracht die ganze Welt selbst, der Mikrokosmos, findet beide Seiten derselben ganz und vollständig in sich selbst. Und was er so als sein eigenes Wesen erkennt, dasselbe erschöpft auch das Wesen der ganzen Welt, des Makrokosmos: auch sie also ist, wie er selbst, durch und durch Wille, und durch und durch Vorstellung, und nichts bleibt weiter übrig. So sehn wir hier die Philosophie des Thales, die den Makrokosmos, und die des Sokrates, die den Mikrokosmos betrachtete, zusammenfallen, indem das Objekt beider sich als dasselbe aufweist. – Größere Vollständigkeit aber und dadurch auch größere Sicherheit wird die gesamte in den zwei ersten Büchern mitgeteilte Erkenntnis gewinnen, durch die noch folgenden zwei Bücher, in denen hoffentlich auch manche Frage, welche bei unserer bisherigen Betrachtung deutlich oder undeutlich sich aufgeworfen haben mag, ihre genügende Antwort finden wird.

Inzwischen mag *eine* solche Frage noch eigens erörtert werden, da sie eigentlich nur aufgeworfen werden kann, solange man noch nicht ganz in den Sinn der bisherigen Darstellung eingedrungen ist, und eben insofern zur Erläuterung derselben dienen kann. Es ist folgende. Jeder Wille ist Wille nach etwas, hat ein Objekt, ein Ziel seines Wollens: was will denn zuletzt, oder wonach strebt jener Wille, der uns als das Wesen an sich der Welt dargestellt wird? – Diese Frage beruht, wie so viele andere, auf Verwechselung des Dinges an sich mit der Erscheinung. Auf diese allein, nicht auf jenes erstreckt sich der Satz vom Grunde, dessen Gestaltung auch das Gesetz der Motivation ist. Überall läßt sich nur von Erscheinungen als solchen, von einzelnen Dingen, ein Grund angeben, nie vom Willen selbst, noch von der Idee, in der er sich adäquat objektiviert. So ist von jeder einzelnen Bewegung, oder überhaupt Veränderung in der Natur, eine Ursache zu suchen, d.h. ein Zustand, welcher diese notwendig herbeiführte; nie aber von der Naturkraft selbst, die sich in jener und in unzähligen gleichen Erscheinungen offenbart: und es ist daher wahrer Unverstand, aus Mangel an Besonnenheit entsprungen, wenn gefragt wird nach einer Ursache der Schwere, der Elektrizität usw. Nur etwan, wenn man dargetan hätte, daß Schwere, Elektrizität, nicht ursprüngliche eigentümliche Naturkräfte, sondern nur Erscheinungsweisen einer allgemeineren, schon bekannten Naturkraft wären, ließe sich fragen nach der Ursache, welche macht, daß diese Naturkraft hier die Erscheinung der Schwere, der Elektrizität, hervorbringe. Alles dieses ist oben weitläuftig auseinandergesetzt. Ebenso nun hat jeder einzelne Willensakt eines erkennenden Individuums (welches selbst nur Erscheinung des Willens als Dinges an sich ist) notwendig ein Motiv, ohne welches jener Akt nie einträte: aber wie die materielle Ursache bloß die Bestimmung enthält, daß zu dieser Zeit, an diesem Ort, an dieser Materie, eine Äußerung dieser oder jener Naturkraft eintreten muß; so bestimmt auch das Motiv nur den Willensakt eines erkennenden Wesens, zu dieser Zeit, an diesem Ort, unter diesen Umständen, als ein ganz Einzelnes; keineswegs aber daß jenes Wesen überhaupt will und auf diese Weise will: dies ist Äußerung seines intelligibeln Charakters, der, als der Wille selbst, das Ding an sich, grundlos ist, als außer dem Gebiet des Satzes vom Grunde liegend. Daher hat auch jeder Mensch beständig Zwecke und Motive, nach denen er sein Handeln leitet, und weiß von seinem einzelnen Tun allezeit Rechenschaft zu geben: aber wenn man ihn fragte, warum er überhaupt will, oder warum er überhaupt dasein will; so würde er keine Antwort haben, vielmehr würde ihm die Frage ungereimt erscheinen: und hierin eben spräche sich eigentlich das Bewußtsein aus, daß er selbst nichts, als Wille ist, dessen Wollen überhaupt sich also von selbst versteht und nur in seinen einzelnen Akten, für jeden Zeitpunkt, der nähern Bestimmung durch Motive bedarf.

In der Tat gehört Abwesenheit alles Zieles, aller Grenzen, zum Wesen des Willens an sich, der ein endloses Streben ist. Dies wurde bereits oben, bei Erwähnung der Zentrifugalkraft berührt: auch offenbart es sich am einfachsten auf der allerniedrigsten Stufe der Objektität des Willens, nämlich in der Schwere, deren beständiges Streben, bei offenbarer Unmöglichkeit eines letzten Zieles, vor Augen liegt. Denn wäre auch, nach ihrem Willen, alle existierende Materie in einen Klumpen vereinigt; so würde im Innern desselben die Schwere, zum Mittelpunkte strebend, noch immer mit der Undurchdringlichkeit, als Starrheit oder Elastizität, kämpfen. Das Streben der Materie kann daher stets nur gehemmt, nie und nimmer erfüllt oder befriedigt werden. So aber gerade verhält es sich mit allem Streben aller Erscheinungen des Willens. Jedes erreichte Ziel ist wieder Anfang einer neuen Laufbahn, und so ins Unendliche. Die Pflanze erhöht ihre Erscheinung vom Keim durch Stamm und Blatt zur Blüte und Frucht, welche wieder nur der Anfang eines neuen Keimes ist, eines neuen Individuums, das abermals die alte Bahn durchläuft, und so durch unendliche Zeit. Ebenso ist der Lebenslauf des Tieres: die Zeugung ist der Gipfel desselben, nach dessen Erreichung das Leben des ersten Individuums schnell oder langsam sinkt, während ein neues der Natur die Erhaltung der Spezies verbürgt und dieselbe Erscheinung wiederholt. Ja, als die bloße Erscheinung dieses beständigen Dranges und Wechsels ist auch die stete Erneuerung der Materie jedes Organismus anzusehn, welche die Physiologen jetzt aufhören für notwendigen Ersatz des bei der Bewegung verbrauchten Stoffes zu halten, da die mögliche Abnutzung der Maschine durchaus kein Äquivalent sein kann für den beständigen Zufluß durch die Ernährung: ewiges Werden, endloser Fluß, gehört zur Offenbarung des Wesens des Willens. Dasselbe zeigt sich endlich auch in den menschlichen Bestrebungen und Wünschen, welche ihre Erfüllung immer als letztes Ziel des Wollens uns vorgaukeln; sobald sie aber erreicht sind, sich nicht mehr ähnlich sehn und daher bald vergessen, antiquiert und eigentlich immer, wenngleich nicht eingeständlich, als verschwundene Täuschungen beiseite gelegt werden; glücklich genug, wenn noch etwas zu wünschen und zu streben übrig blieb, damit das Spiel des steten Überganges vom Wunsch zur Befriedigung und von dieser zum neuen Wunsch, dessen rascher Gang Glück, der langsame Leiden heißt, unterhalten werde, und nicht in jenes Stocken gerate, das sich als furchtbare, lebenserstarrende Langeweile, mattes Sehnen ohne bestimmtes Objekt, ertötender languor zeigt. – Diesem allen zufolge, weiß der Wille, wo ihn Erkenntnis beleuchtet, stets was er jetzt, was er hier will; nie aber was er überhaupt will: jeder einzelne Akt hat einen Zweck; das gesamte Wollen keinen: eben wie jede einzelne Naturerscheinung zu ihrem Eintritt an diesem Ort, zu dieser Zeit, durch eine zureichende Ursache bestimmt wird, nicht aber die in ihr sich manifestierende Kraft überhaupt eine Ursache hat, da solche Erscheinungsstufe des Dinges an sich, des grundlosen Willens ist. – Die einzige Selbsterkenntnis des Willens im ganzen aber ist die Vorstellung im ganzen, die gesamte anschauliche Welt. Sie ist seine Objektität, seine Offenbarung, sein Spiegel. Was sie in dieser Eigenschaft aussagt, wird der Gegenstand unserer fernern Betrachtung sein*.

* Hiezu Kap. 28 des zweiten Bandes.

DRITTES BUCH

DER WELT ALS VORSTELLUNG
ZWEITE BETRACHTUNG:

Die Vorstellung, unabhängig vom Satze des Grundes:
die Platonische Idee: das Objekt der Kunst

Τί τὸ ὂν μὲν ἀεὶ, γένεσιν δὲ οὐκ ἔχον; καὶ τί τὸ γιγνόμενον μὲν καὶ ἀπολλύμενον, ὄντως δὲ οὐδέποτε ὄν;

ΠΛΑΤΩΝ

§ 30

Nachdem wir die im ersten Buch als bloße *Vorstellung*, Objekt für ein Subjekt, dargestellte Welt im zweiten Buch von ihrer andern Seite betrachtet und gefunden haben, daß diese *Wille* sei, welcher allein als dasjenige sich ergab, was jene Welt noch außer der Vorstellung ist; so nannten wir, dieser Erkenntnis gemäß, die Welt als Vorstellung, sowohl im ganzen als in ihren Teilen, die *Objektität des Willens*, welches demnach besagt: der Objekt, d.i. Vorstellung, gewordene Wille. Wir erinnern uns nun ferner, daß solche Objektivation des Willens viele, aber bestimmte Stufen hatte, auf welchen, mit gradweise steigender Deutlichkeit und Vollendung, das Wesen des Willens in die Vorstellung trat, d.h. sich als Objekt darstellte. In diesen Stufen erkannten wir schon dort Platos Ideen wieder, sofern nämlich jene Stufen eben die bestimmten Spezies, oder die ursprünglichen, nicht wechselnden Formen und Eigenschaften aller natürlichen, sowohl unorganischen, als organischen Körper, wie auch die nach Naturgesetzen sich offenbarenden allgemeinen Kräfte sind. Diese Ideen also insgesamt stellen sich in unzähligen Individuen und Einzelnheiten dar, als deren Vorbild sie sich zu diesen ihren Nachbildern verhalten. Die Vielheit solcher Individuen ist durch Zeit und Raum, das Entstehn und Vergehn derselben durch Kausalität allein vorstellbar, in welchen Formen allen wir nur die verschiedenen Gestaltungen des Satzes vom Grunde erkennen, der das letzte Prinzip aller Endlichkeit, aller Individuation und die allgemeine Form der Vorstellung, wie sie in die Erkenntnis des Individuums als solchen fällt, ist. Die Idee hingegen geht in jenes Prinzip nicht ein: daher ihr weder Vielheit noch Wechsel zukommt. Während die Individuen, in denen sie sich darstellt, unzählige sind und unaufhaltsam werden und vergehn, bleibt sie unverändert als die eine und selbe stehn, und der Satz vom Grunde hat für sie keine Bedeutung. Da dieser nun aber die Form ist, unter der alle Erkenntnis des Subjekts steht, sofern dieses als *Individuum* erkennt; so werden die Ideen auch ganz außerhalb der Erkenntnissphäre desselben als solchen liegen. Wenn daher die Ideen Objekt der Erkenntnis werden sollen; so wird dies nur unter Aufhebung der Individualität im erkennenden Subjekt geschehn können. Die näheren und ausführlichen Erklärungen hierüber sind nunmehr was uns zunächst beschäftigen wird.

§ 31

Zuvor jedoch noch folgende sehr wesentliche Bemerkung. Ich hoffe, daß es mir im vorhergehenden Buche gelungen ist, die Überzeugung hervorzubringen, daß dasjenige, was in der Kantischen Philosophie das *Ding an sich* genannt wird und daselbst als eine so bedeutende, aber dunkle und paradoxe Lehre auftritt, besonders aber durch die Art, wie Kant es einführte, nämlich durch den Schluß vom Begründeten auf den Grund, als ein Stein des Anstoßes, ja, als die schwache Seite seiner Philosophie befunden ward, daß, sage ich, dieses, wenn man auf dem ganz andern Wege, den wir gegangen sind, dazu gelangt, nichts anderes ist, als der *Wille*, in der auf die angegebene Weise erweiterten und bestimmten Sphäre dieses Begriffs. Ich hoffe ferner, daß man, nach dem Vorgetragenen, kein Bedenken hegen wird, in den bestimmten Stufen der Objektivation jenes, das Ansich der Welt ausmachenden Willens, dasjenige wiederzuerkennen, was Plato die *ewigen Ideen*, oder die unveränderlichen Formen (ειδη̃) nannte, welche, als das hauptsächliche, aber zugleich dunkelste und paradoxeste Dogma seiner Lehre anerkannt, ein Gegenstand des Nachdenkens, des Streites, des Spottes und der Verehrung so vieler und verschieden gesinnter Köpfe in einer Reihe von Jahrhunderten gewesen sind.

Ist uns nun der Wille das *Ding an sich*, die *Idee* aber die unmittelbare Objektität jenes Willens auf einer bestimmten Stufe; so finden wir Kants Ding an sich und Platos Idee, die ihm allein *οντως ον* ist, diese beiden großen dunkeln Paradoxen, der beiden größten Philosophen des Okzidents, – zwar nicht als identisch, aber doch als sehr nahe verwandt und nur durch eine einzige Bestimmung unterschieden. Beide große Paradoxa sind sogar, eben weil sie, bei allem innern Einklang und Verwandtschaft, durch die außerordentlich verschiedenen Individualitäten ihrer Urheber, so höchst verschieden lauten, der beste Kommentar wechselseitig eines des andern, indem sie zwei ganz verschiedenen Wegen gleichen, die zu *einem* Ziele führen. – Dies läßt sich mit wenigem deutlich machen. Nämlich was Kant sagt, ist, dem Wesentlichen nach, folgendes: »Zeit, Raum und Kausalität sind nicht Bestimmungen des Dinges an sich; sondern gehören nur seiner Erscheinung an, indem sie nichts, als Formen unserer Erkenntnis sind. Da nun aber alle Vielheit und alles Entstehn und Vergehn allein durch Zeit, Raum und Kausalität möglich sind; so folgt, daß auch jene allein der Erscheinung, keineswegs dem Dinge an sich anhängen. Weil unsere Erkenntnis aber durch jene Formen bedingt ist; so ist die gesamte Erfahrung nur Erkenntnis der Erscheinung, nicht des Dinges an sich: daher auch können ihre Gesetze nicht auf das Ding an sich geltend gemacht werden. Selbst auf unser eigenes Ich erstreckt sich das Gesagte, und wir erkennen es nur als Erscheinung, nicht nach dem, was es an sich sein mag.« Dieses ist, in der betrachteten wichtigen Rücksicht, der Sinn und Inhalt der Lehre Kants. – Plato nun aber sagt: »Die Dinge dieser Welt, welche unsere Sinne wahrnehmen, haben gar kein wahres Sein: *sie werden immer, sind aber nie:* sie haben nur ein relatives Sein, sind insgesamt nur in und durch ihr Verhältnis zueinander: man kann daher ihr ganzes Dasein ebensowohl ein Nichtsein nennen. Sie sind folglich auch nicht Objekte einer eigentlichen Erkenntnis (επιστημη): denn nur von dem, was an und für sich und immer auf gleiche Weise ist, kann es eine solche geben: sie hingegen sind nur das Objekt eines durch Empfindung veranlaßten Dafürhaltens (*δοξα μετ᾽ αισθησεως αλογου*). So lange wir nun auf ihre Wahrnehmung beschränkt sind, gleichen wir Menschen, die in einer finstern Höhle so fest gebunden säßen, daß sie auch den Kopf nicht drehn könnten, und nichts sähen, als beim Lichte eines hinter ihnen brennenden Feuers, an der Wand ihnen gegenüber, die Schattenbilder wirklicher Dinge, welche zwischen ihnen und dem Feuer vorübergeführt würden, und auch sogar voneinander, ja jeder von sich selbst, eben nur die Schatten auf jener Wand. Ihre Weisheit aber wäre, die aus Erfahrung erlernte Reihenfolge jener

Schatten vorher zu sagen. Was nun hingegen allein wahrhaft Seiend (*οντως ον*) genannt werden kann, weil es *immer ist, aber nie wird, noch vergeht:* das sind die realen Urbilder jener Schattenbilder: es sind die ewigen Ideen, die Urformen aller Dinge. Ihnen kommt *keine Vielheit* zu: denn jedes ist seinem Wesen nach nur *eines*, indem es das Urbild selbst ist, dessen Nachbilder, oder Schatten, alle ihm gleichnamige, einzelne, vergängliche Dinge derselben Art sind. Ihnen kommt auch *kein Entstehn und Vergehn* zu: denn sie sind wahrhaft seiend, nie aber werdend, noch untergehend, wie ihre hinschwindenden Nachbilder. (In diesen beiden verneinenden Bestimmungen ist aber notwendig als Voraussetzung enthalten, daß Zeit, Raum und Kausalität für sie keine Bedeutung noch Gültigkeit haben, und sie nicht in diesen da sind.) Von ihnen allein daher gibt es eine eigentliche Erkenntnis, da das Objekt einer solchen nur das sein kann, was immer und in jedem Betracht (also an sich) ist; nicht das, was ist, aber auch wieder nicht ist, je nachdem man es ansieht.« – Dies ist Platos Lehre. Es ist offenbar und bedarf keiner weitern Nachweisung, daß der innere Sinn beider Lehren ganz derselbe ist, daß beide die sichtbare Welt für eine Erscheinung erklären, die an sich nichtig ist und nur durch das in ihr sich Ausdrückende (dem einen das Ding an sich, dem andern die Idee) Bedeutung und geborgte Realität hat; welchem letzteren, wahrhaft Seienden aber, beiden Lehren zufolge, alle, auch die allgemeinsten und wesentlichsten Formen jener Erscheinung durchaus fremd sind. Kant hat, um diese Formen zu verneinen, sie unmittelbar selbst in abstrakten Ausdrücken gefaßt und geradezu Zeit, Raum und Kausalität, als bloße Formen der Erscheinung, dem Ding an sich abgesprochen: Plato dagegen ist nicht bis zum obersten Ausdruck gelangt, und hat jene Formen nur mittelbar seinen Ideen abgesprochen, indem er das, was allein durch jene Formen möglich ist, von den Ideen verneint, nämlich Vielheit des Gleichartigen, Entstehn und Vergehn. Zum Überfluß jedoch will ich jene merkwürdige und wichtige Übereinstimmung noch durch ein Beispiel anschaulich machen. Es stehe ein Tier vor uns, in voller Lebenstätigkeit. Plato wird sagen: »Dieses Tier hat keine wahrhafte Existenz, sondern nur eine scheinbare, ein beständiges Werden, ein relatives Dasein, welches ebensowohl ein Nichtsein, als ein Sein heißen kann. Wahrhaft seiend ist allein die Idee, die sich in jenem Tier abbildet, oder das Tier an sich selbst (*αυτο το ϑηϱιον*), welches von nichts abhängig, sondern an und für sich ist (*καϑ' ἑαυτο, αει ὡσαυτως*), nicht geworden, nicht endend, sondern immer auf gleiche Weise (*αει ον, και μηδεποτε ουτε γιγνομενον, ουτε απολλυμενον*). Sofern wir nun in diesem Tiere seine Idee erkennen, ist es ganz einerlei und ohne Bedeutung, ob wir dies Tier jetzt vor uns haben, oder seinen vor tausend Jahren lebenden Vorfahr, ferner auch ob es hier oder in einem fernen Lande ist, ob es in dieser oder jener Weise, Stellung, Handlung sich darbietet, ob es endlich dieses, oder irgend ein anderes Individuum seiner Art ist: dieses alles ist nichtig und geht nur die Erscheinung an: die Idee des Tieres allein hat wahrhaftes Sein und ist Gegenstand wirklicher Erkenntnis.« – So Plato. Kant würde etwan sagen: »Dieses Tier ist eine Erscheinung in Zeit, Raum und Kausalität, welche sämtlich die in unserm Erkenntnisvermögen liegenden Bedingungen a priori der Möglichkeit der Erfahrung sind, nicht Bestimmungen des Dinges an sich. Daher ist dieses Tier, wie wir es zu dieser bestimmten Zeit, an diesem gegebenen Ort, als ein im Zusammenhang der Erfahrung, d. h. an der Kette von Ursachen und Wirkungen, gewordenes und eben so notwendig vergängliches Individuum wahrnehmen, kein Ding an sich, sondern eine nur in Beziehung auf unsere Erkenntnis gültige Erscheinung. Um es nach dem, was es an sich sein mag, folglich unabhängig von allen in der Zeit, dem Raum und der Kausalität liegenden Bestimmungen zu erkennen, wäre eine andere Erkenntnisweise, als die uns allein mögliche, durch Sinne und Verstand, erfordert.«

Um Kants Ausdruck dem Platonischen noch näher zu bringen, könnte man auch sagen: Zeit, Raum und Kausalität sind diejenige Einrichtung unsers Intellekts, vermöge deren das eigentlich allein vorhandene *eine* Wesen jeglicher Art sich uns darstellt als eine Vielheit gleichartiger, stets von Neuem entstehender und vergehender Wesen, in endloser Sukzession. Die Auffassung der Dinge mittelst und gemäß besagter Einrichtung ist die *immanente*; diejenige hingegen, die des Bewandtnisses, welches es damit hat, sich bewußt wird, ist die *transzendentale*. Diese empfängt man in abstracto durch die Kritik der reinen Vernunft: aber ausnahmsweise kann sie sich auch intuitiv einstellen. Dieses letztere ist mein Zusatz, welchen ich eben durch gegenwärtiges dritte Buch zu erläutern bemüht bin.

Hätte man jemals Kants Lehre, hätte man seit Kant den Plato eigentlich verstanden und gefaßt, hätte man treu und ernst dem innern Sinn und Gehalt der Lehren beider großer Meister nachgedacht, statt mit den Kunstausdrücken des einen um sich zu werfen und den Stil des andern zu parodieren; es hätte nicht fehlen können, daß man längst gefunden hätte, wie sehr die beiden großen Weisen übereinstimmen und die reine Bedeutung, der Zielpunkt beider Lehren, durchaus derselbe ist. Nicht nur hätte man dann nicht den Plato beständig mit Leibniz, auf welchem sein Geist durchaus nicht ruhte, oder gar mit einem noch lebenden bekannten Herrn* verglichen, als wollte man die Manen des großen Denkers der Vorzeit verspotten; sondern überhaupt wäre man alsdann viel weiter gekommen als man ist, oder vielmehr man wäre nicht so schmachvoll weit zurückgeschritten, wie man in diesen letzten vierzig Jahren ist: man hätte sich nicht heute von diesem, morgen von einem andern Windbeutel naseführen lassen und nicht das sich so bedeutend ankündigende 19. Jahrhundert in Deutschland mit philosophischen Possenspielen eröffnet, die man über Kants Grabe aufführte (wie die Alten bisweilen bei der Leichenfeier der Ihrigen), unter dem gerechten Spott anderer Nationen, da den ernsthaften und sogar steifen Deutschen dergleichen am wenigsten kleidet. Aber so klein ist das eigentliche Publikum echter Philosophen, daß selbst die Schüler, die verstehn, ihnen nur sparsam von den Jahrhunderten gebracht werden. – *Εισι δη ναρθηκοφοροι μεν πολλοι, βακχοι δε γε παυροι.* (Thyrsigeri quidem multi Bacchi vero pauci.) *'Η ατιμια φιλοσοφια δια ταυτα προσπεπτωκεν, ότι ου κατ' αξιαν αυτης άπτονται ου γαρ νοθους εδει άπτεσθαι, αλλα γνησιους.* (Eam ob rem philosophia in infamiam incidit, quod non pro dignitate ipsam attingunt: neque enim a spuriis, sed a legitimis erat attrectanda.) Plat.

* F. H. Jacobi

Man ging den Worten nach, den Worten: »Vorstellungen a priori, unabhängig von der Erfahrung bewußte Formen des Anschauens und Denkens, Urbegriffe des reinen Verstandes«, usw. – und fragte nun ob Platos Ideen, die ja auch Urbegriffe und ferner auch Erinnerungen aus einer dem Leben vorhergegangenen Anschauung der wahrhaft seienden Dinge sein sollen, etwan dasselbe wären mit Kants Formen des Anschauens und Denkens, die a priori in unserm Bewußtsein liegen: diese zwei ganz heterogenen Lehren, die Kantische von den Formen, welche die Erkenntnis des Individuums auf die Erscheinung beschränken, und die Platonische von den Ideen, deren Erkenntnis eben jene Formen ausdrücklich verneint, – diese insofern diametral entgegengesetzten Lehren, da sie in ihren Ausdrücken sich ein wenig ähneln, verglich man aufmerksam, beratschlagte und stritt über ihre Einerleiheit, fand dann zuletzt, daß sie doch nicht dasselbe wären, und schloß, daß Platos Ideenlehre und Kants Vernunftkritik gar keine Übereinstimmung hätten*. Aber genug davon.

§ 32

Infolge unserer bisherigen Betrachtungen ist uns, bei aller innern Übereinstimmung zwischen Kant und Plato, und der Identität des Zieles, das beiden vorschwebte, oder der Weltanschauung, die sie zum Philosophieren aufregte und leitete, dennoch Idee und Ding an sich nicht schlechthin eines und dasselbe: vielmehr ist uns die Idee nur die unmittelbare und daher adäquate Objektität des Dinges an sich, welches selbst aber der *Wille* ist, der Wille, sofern er noch nicht objektiviert, noch nicht Vorstellung geworden ist. Denn das Ding an sich soll, eben nach Kant, von allen dem Erkennen als solchem anhängenden Formen frei sein: und es ist nur (wie im Anhange gezeigt wird) ein Fehler Kants, daß er zu diesen Formen nicht, vor allen andern, das Objekt-für-ein-Subjekt-sein zählte, da eben dieses die erste und allgemeinste Form aller Erscheinung, d.i. Vorstellung, ist; daher er seinem Ding an

* Man sehe z.B. »Immanuel Kant, ein Denkmal von Fr. Bouterweck«, S. 49, – und Buhles »Geschichte der Philosophie«, Bd. 6, S. 802–815 u. 823.

sich das Objektsein ausdrücklich hätte absprechen sollen, welches ihn vor jener großen, früh aufgedeckten Inkonsequenz bewahrt hätte. Die Platonische Idee hingegen ist notwendig Objekt, ein Erkanntes, eine Vorstellung, und eben dadurch, aber auch nur dadurch, vom Ding an sich verschieden. Sie hat bloß die untergeordneten Formen der Erscheinung, welche alle wir unter dem Satz vom Grunde begreifen, abgelegt, oder vielmehr ist noch nicht in sie eingegangen; aber die erste und die allgemeinste Form hat sie beibehalten, die der Vorstellung überhaupt, des Objektseins für ein Subjekt. Die dieser untergeordneten Formen (deren allgemeiner Ausdruck der Satz vom Grunde ist) sind es, welche die Idee zu einzelnen und vergänglichen Individuen vervielfältigen, deren Zahl, in Beziehung auf die Idee, völlig gleichgültig ist. Der Satz vom Grund ist also wieder die Form, in welche die Idee eingeht, indem sie in die Erkenntnis des Subjekts als Individuums fällt. Das einzelne, in Gemäßheit des Satzes vom Grunde erscheinende Ding ist also nur eine mittelbare Objektivation des Dinges an sich (welches der Wille ist), zwischen welchem und ihm noch die Idee steht, als die alleinige unmittelbare Objektität des Willens, indem sie keine andere dem Erkennen als solchem eigene Form angenommen hat, als die der Vorstellung überhaupt, d.i. des Objektseins für ein Subjekt. Daher ist auch sie allein die möglichst *adäquate Objektität* des Willens oder Dinges an sich, ist selbst das ganze Ding an sich, nur unter der Form der Vorstellung: und hierin liegt der Grund der großen Übereinstimmung zwischen Plato und Kant, obgleich, der größten Strenge nach, das, wovon beide reden, nicht dasselbe ist. Die einzelnen Dinge aber sind keine ganz adäquate Objektität des Willens, sondern diese ist hier schon getrübt durch jene Formen, deren gemeinschaftlicher Ausdruck der Satz vom Grunde ist, welche aber Bedingung der Erkenntnis sind, wie sie dem Individuo als solchem möglich ist. – Wir würden in der Tat, wenn es erlaubt ist, aus einer unmöglichen Voraussetzung zu folgern, gar nicht mehr einzelne Dinge, noch Begebenheiten, noch Wechsel, noch Vielheit erkennen, sondern nur Ideen, nur die Stufenleiter der Objektivation jenes einen Willens, des wahren Dinges an sich, in reiner ungetrübter Erkenntnis auffassen, und folglich würde unsere Welt ein Nunc stans sein;

wenn wir nicht, als Subjekt des Erkennens, zugleich Individuen wären, d.h. unsere Anschauung nicht vermittelt wäre durch einen Leib, von dessen Affektionen sie ausgeht, und welcher selbst nur konkretes Wollen, Objektität des Willens, also Objekt unter Objekten ist und als solches, so wie er in das erkennende Bewußtsein kommt, dieses nur in den Formen des Satzes vom Grunde kann, folglich die Zeit und alle andern Formen, die jener Satz ausdrückt, schon voraussetzt und dadurch einführt. Die Zeit ist bloß die verteilte und zerstückelte Ansicht, welche ein individuelles Wesen von den Ideen hat, die außer der Zeit, mithin *ewig* sind: daher sagt Plato, die Zeit sei das bewegte Bild der Ewigkeit: *αιωνος εικων κινητη ὁ χρονος**.

§ 33

Da wir nun also als Individuen keine andere Erkenntnis haben, als die dem Satz vom Grunde unterworfen ist, diese Form aber die Erkenntnis der Ideen ausschließt; so ist gewiß, daß wenn es möglich ist, daß wir uns von der Erkenntnis einzelner Dinge zu der der Ideen erheben, solches nur geschehn kann dadurch, daß im Subjekt eine Veränderung vorgeht, welche jenem großen Wechsel der ganzen Art des Objekts entsprechend und analog ist, und vermöge welcher das Subjekt, sofern es eine Idee erkennt, nicht mehr Individuum ist.

Es ist uns aus dem vorigen Buch erinnerlich, daß das Erkennen überhaupt selbst zur Objektivation des Willens auf ihren höheren Stufen gehört, und die Sensibilität, Nerven, Gehirn, eben nur, wie andere Teile des organischen Wesens, Ausdruck des Willens in diesem Grade seiner Objektität sind und daher die durch sie entstehende Vorstellung auch ebenso zu seinem Dienste bestimmt ist, als ein Mittel (μηχανη) zur Erreichung seiner jetzt komplizierteren (πολυτελεστερα) Zwecke, zur Erhaltung eines vielfache Bedürfnisse habenden Wesens. Ursprünglich also und ihrem Wesen nach ist die Erkenntnis dem Willen durchaus dienstbar,

* Hiezu Kap. 29 des zweiten Bandes.

und wie das unmittelbare Objekt, welches mittelst Anwendung des Gesetzes der Kausalität ihr Ausgangspunkt wird, nur objektivierter Wille ist, so bleibt auch alle dem Satze vom Grunde nachgehende Erkenntnis in einer näheren oder entfernteren Beziehung zum Willen. Denn das Individuum findet seinen Leib als ein Objekt unter Objekten, zu denen allen derselbe mannigfaltige Verhältnisse und Beziehungen nach dem Satz vom Grunde hat, deren Betrachtung also immer, auf näherem oder fernerem Wege, zu seinem Leibe, also zu seinem Willen, zurückführt. Da es der Satz vom Grunde ist, der die Objekte in diese Beziehung zum Leibe und dadurch zum Willen stellt; so wird die diesem dienende Erkenntnis auch einzig bestrebt sein, von den Objekten eben die durch den Satz vom Grunde gesetzten Verhältnisse kennenzulernen, also ihren mannigfaltigen Beziehungen in Raum, Zeit und Kausalität nachgehn. Denn nur durch diese ist das Objekt dem Individuo *interessant*, d.h. hat ein Verhältnis zum Willen. Daher erkennt denn auch die dem Willen dienende Erkenntnis von den Objekten eigentlich nichts weiter, als ihre Relationen, erkennt die Objekte nur, sofern sie zu dieser Zeit, an diesem Ort, unter diesen Umständen, aus diesen Ursachen, mit diesen Wirkungen da sind, mit einem Wort, als einzelne Dinge: und höbe man alle diese Relationen auf, so wären ihr auch die Objekte verschwunden, eben weil sie übrigens nichts an ihnen erkannte. – Wir dürfen auch nicht verhehlen, daß das, was die Wissenschaften an den Dingen betrachten, im wesentlichen gleichfalls nichts anderes als alles jenes ist, nämlich ihre Relationen, die Verhältnisse der Zeit, des Raumes, die Ursachen natürlicher Veränderungen, die Vergleichung der Gestalten, Motive der Begebenheiten, also lauter Relationen. Was sie von der gemeinen Erkenntnis unterscheidet, ist bloß ihre Form, das Systematische, die Erleichterung der Erkenntnis durch Zusammenfassung alles Einzelnen, mittelst Unterordnung der Begriffe, ins Allgemeine, und dadurch erlangte Vollständigkeit derselben. Alle Relation hat selbst nur ein relatives Dasein: z.B. alles Sein in der Zeit ist auch wieder ein Nichtsein: denn die Zeit ist eben nur dasjenige, wodurch demselben Dinge entgegengesetzte Bestimmungen zukommen können: daher ist jede Erscheinung in der Zeit eben auch wieder nicht: denn was ihren Anfang von ihrem Ende trennt, ist eben nur Zeit, ein wesentlich Hinschwindendes, Bestandloses und Relatives, hier Dauer genannt. Die Zeit ist aber die allgemeinste Form aller Objekte der im Dienste des Willens stehenden Erkenntnis und der Urtypus der übrigen Formen derselben.

Dem Dienste des Willens bleibt nun die Erkenntnis in der Regel immer unterworfen, wie sie ja zu diesem Dienste hervorgegangen, ja dem Willen gleichsam so entsprossen ist, wie der Kopf dem Rumpf. Bei den Tieren ist diese Dienstbarkeit der Erkenntnis unter dem Willen gar nie aufzuheben. Bei den Menschen tritt solche Aufhebung nur als Ausnahme ein, wie wir sogleich näher betrachten werden. Dieser Unterschied zwischen Mensch und Tier ist äußerlich ausgedrückt durch die Verschiedenheit des Verhältnisses des Kopfes zum Rumpf. Bei den unteren Tieren sind beide noch ganz verwachsen: bei allen ist der Kopf zur Erde gerichtet, wo die Objekte des Willens liegen: selbst bei den oberen sind Kopf und Rumpf noch viel mehr eines, als beim Menschen, dessen Haupt dem Leibe frei aufgesetzt erscheint, nur von ihm getragen, nicht ihm dienend. Diesen menschlichen Vorzug stellt im höchsten Grade der Apoll von Belvedere dar: das weitumherblickende Haupt des Musengottes steht so frei auf den Schultern, daß es dem Leibe ganz entwunden, der Sorge für ihn nicht mehr untertan erscheint.

§ 34

Der, wie gesagt, mögliche, aber nur als Ausnahme zu betrachtende Übergang von der gemeinen Erkenntnis einzelner Dinge zur Erkenntnis der Idee geschieht plötzlich, indem die Erkenntnis sich vom Dienste des Willens losreißt, eben dadurch das Subjekt aufhört ein bloß individuelles zu sein und jetzt reines, willenloses Subjekt der Erkenntnis ist, welches nicht mehr, dem Satze vom Grunde gemäß, den Relationen nachgeht; sondern in fester Kontemplation des dargebotenen Objekts, außer seinem Zusammenhange mit irgend andern, ruht und darin aufgeht.

Dieses bedarf, um deutlich zu werden, notwendig einer ausführlichen Auseinandersetzung, über deren Befremdendes man sich einstweilen hinauszusetzen hat, bis es, nach Zusammenfassung des ganzen in dieser Schrift mitzuteilenden Gedankens, von selbst verschwunden ist.

Wenn man, durch die Kraft des Geistes gehoben, die gewöhnliche Betrachtungsart der Dinge fahren läßt, aufhört, nur ihren Relationen zu einander, deren letztes Ziel immer die Relation zum eigenen Willen ist, am Leitfaden der Gestaltungen des Satzes vom Grunde, nachzugehn, also nicht mehr das Wo, das Wann, das Warum und das Wozu an den Dingen betrachtet; sondern einzig und allein das *Was*; auch nicht das abstrakte Denken, die Begriffe der Vernunft, das Bewußtsein einnehmen läßt; sondern, statt alles diesen, die ganze Macht seines Geistes der Anschauung hingibt, sich ganz in diese versenkt und das ganze Bewußtsein ausfüllen läßt durch die ruhige Kontemplation des gerade gegenwärtigen natürlichen Gegenstandes, sei es eine Landschaft, ein Baum, ein Fels, ein Gebäude oder was auch immer; indem man, nach einer sinnvollen deutschen Redensart, sich gänzlich in diesen Gegenstand *verliert*, d.h. eben sein Individuum, seinen Willen, vergißt und nur noch als reines Subjekt, als klarer Spiegel des Objekts bestehend bleibt; so daß es ist, als ob der Gegenstand allein da wäre, ohne jemanden, der ihn wahrnimmt, und man also nicht mehr den Anschauenden von der Anschauung trennen kann, sondern beide eines geworden sind, indem das ganze Bewußtsein von einem einzigen anschaulichen Bilde gänzlich gefüllt und eingenommen ist; wenn also solchermaßen das Objekt aus aller Relation zu etwas außer ihm, das Subjekt aus aller Relation zum Willen getreten ist: dann ist, was also erkannt wird, nicht mehr das einzelne Ding als solches; sondern es ist die *Idee*, die ewige Form, die unmittelbare Objektität des Willens auf dieser Stufe: und eben dadurch ist zugleich der in dieser Anschauung Begriffene nicht mehr Individuum: denn das Individuum hat sich eben in solche Anschauung verloren: sondern er ist *reines*, willenloses, schmerzloses, zeitloses *Subjekt der Erkenntnis*. Dieses für jetzt so Auffallende, (von dem ich sehr wohl weiß, daß es den von Thomas Paine herrührenden Ausspruch, du sublime au ridicule il n'y a qu'un pas, bestätigt) wird durch das Folgende nach und nach deutlicher und weniger befremdend werden. Es war es auch, was dem Spinoza vorschwebte, als er niederschrieb: mens aeterna est, quatenus res sub aeternitatis specie concipit (Eth. V, pr. 31, schol.)*. In solcher Kontemplation nun wird mit *einem* Schlage das einzelne Ding zur *Idee* seiner Gattung und das anschauende Individuum zum *reinen Subjekt des Erkennens*. Das Individuum als solches erkennt nur einzelne Dinge; das reine Subjekt des Erkennens nur Ideen. Denn das Individuum ist das Subjekt des Erkennens in seiner Beziehung auf eine bestimmte einzelne Erscheinung des Willens, und dieser dienstbar. Diese einzelne Willenserscheinung ist als solche dem Satz vom Grunde, in allen seinen Gestaltungen, unterworfen: alle auf dasselbe sich beziehende Erkenntnis folgt daher auch dem Satz vom Grunde, und zum Behuf des Willens taugt auch keine andere als diese, welche immer nur Relationen zum Objekt hat. Das erkennende Individuum als solches und das von ihm erkannte einzelne Ding sind immer irgendwo, irgendwann und Glieder in der Kette der Ursachen und Wirkungen. Das reine Subjekt der Erkenntnis und sein Korrelat, die Idee, sind aus allen jenen Formen des Satzes vom Grunde herausgetreten: die Zeit, der Ort, das Individuum, welches erkennt, und das Individuum, welches erkannt wird, haben für sie keine Bedeutung. Allererst indem auf die beschriebene Weise ein erkennendes Individuum sich zum reinen Subjekt des Erkennens und eben damit das betrachtete Objekt zur Idee erhebt, tritt die *Welt als Vorstellung* gänzlich und rein hervor, und geschieht die vollkommene Objektivation des Willens, da allein die Idee seine *adäquate Objektität* ist. Diese schließt Objekt und Subjekt auf gleiche Weise in sich, da solche ihre einzige Form sind: in ihr halten sich aber beide ganz das Gleichgewicht: und wie das Objekt auch hier nichts als die Vorstellung des Subjekts ist, so ist auch das Subjekt, indem es im angeschauten Gegenstand ganz aufgeht, dieser Gegenstand selbst geworden, indem das ganze Bewußtsein nichts mehr ist, als dessen deutlichstes Bild. Dieses Bewußtsein eben, indem man sämt-

* Auch empfehle ich was er eben daselbst L. II, prop. 40, schol. 2, imgleichen L. V, prop. 25 bis 38, über die cognitio tertii generis, sive intuitiva sagt, zur Erläuterung der hier in Rede stehenden Erkenntnisweise nachzulesen, und zwar ganz besonders prop. 29, schol.; prop. 36, schol. und prop. 38 demonstr. et schol.

liche Ideen, oder Stufen der Objektität des Willens, der Reihe nach, durch dasselbe durchgehend sich denkt, macht eigentlich die ganze *Welt als Vorstellung* aus. Die einzelnen Dinge aller Zeiten und Räume sind nichts, als die durch den Satz vom Grund (die Form der Erkenntnis der Individuen als solcher) vervielfältigten und dadurch in ihrer reinen Objektität getrübten Ideen. Wie, indem die Idee hervortritt, in ihr Subjekt und Objekt nicht mehr zu unterscheiden sind, weil erst indem sie sich gegenseitig vollkommen erfüllen und durchdringen, die Idee, die adäquate Objektität des Willens, die eigentliche Welt als Vorstellung, ersteht; ebenso sind auch das dabei erkennende und das erkannte Individuum, als Dinge an sich, nicht unterschieden. Denn sehen wir von jener eigentlichen *Welt als Vorstellung* gänzlich ab, so bleibt nichts übrig, denn die *Welt als Wille*. Der Wille ist das Ansich der Idee, die ihn vollkommen objektiviert; er auch ist das Ansich des einzelnen Dinges und des dasselbe erkennenden Individuums, die ihn unvollkommen objektivieren. Als Wille, außer der Vorstellung und allen ihren Formen, ist er einer und derselbe im kontemplierten Objekt und im Individuo, welches sich an dieser Kontemplation emporschwingend als reines Subjekt seiner bewußt wird: jene beiden sind daher an sich nicht unterschieden: denn an sich sind sie der Wille, der hier sich selbst erkennt, und nur als die Art und Weise wie ihm diese Erkenntnis wird, d. h. nur in der Erscheinung, ist, vermöge ihrer Form, des Satzes vom Grund, Vielheit und Verschiedenheit. So wenig ich ohne das Objekt, ohne die Vorstellung, erkennendes Subjekt bin, sondern bloßer blinder Wille; ebensowenig ist ohne mich, als Subjekt des Erkennens, das erkannte Ding Objekt, sondern bloßer Wille, blinder Drang. Dieser Wille ist an sich, d.h. außer der Vorstellung, mit dem meinigen einer und derselbe: nur in der Welt als Vorstellung, deren Form allemal wenigstens Subjekt und Objekt ist, treten wir auseinander als erkanntes und erkennendes Individuum. Sobald das Erkennen, die Welt als Vorstellung, aufgehoben ist, bleibt überhaupt nichts übrig, als bloßer Wille, blinder Drang. Daß er Objektität erhalte, zur Vorstellung werde, setzt, mit einem Schlage, sowohl Subjekt als Objekt: daß aber diese Objektität rein, vollkommen, adäquate Objektität des Willens sei, setzt das

Objekt als Idee, frei von den Formen des Satzes vom Grunde, und das Subjekt als reines Subjekt der Erkenntnis, frei von Individualität und Dienstbarkeit dem Willen.

Wer nun besagtermaßen sich in die Anschauung der Natur so weit vertieft und verloren hat, daß er nur noch als rein erkennendes Subjekt da ist, wird eben dadurch unmittelbar inne, daß er als solches die Bedingung, also der Träger, der Welt und alles objektiven Daseins ist, da dieses nunmehr als von dem seinigen abhängig sich darstellt. Er zieht also die Natur in sich hinein, so daß er sie nur noch als ein Akzidenz seines Wesens empfindet. In diesem Sinne sagt Byron:

> Are not the mountains, waves and skies, a part
> Of me and of my soul, as I of them?*

Wie aber sollte, wer dieses fühlt, sich selbst, im Gegensatz der unvergänglichen Natur, für absolut vergänglich halten? Ihn wird vielmehr das Bewußtsein dessen ergreifen, was der Upanischad des Veda ausspricht: Hae omnes creaturae in totum ego sum, et praeter me aliud ens non est. (Oupnekhat, I, 122.)**

§ 35

Um eine tiefere Einsicht in das Wesen der Welt zu erlangen, ist unumgänglich nötig, daß man unterscheiden lerne den Willen als Ding an sich von seiner adäquaten Objektität, sodann die verschiedenen Stufen, auf welchen diese deutlicher und vollendeter hervortritt, d.i. die Ideen selbst, von der bloßen Erscheinung der Ideen in den Gestaltungen des Satzes vom Grunde, der befangenen Erkenntnisweise der Individuen. Dann wird man dem Plato beistimmen, wenn er nur den Ideen eigentliches Sein beilegt, hingegen den Dingen in Raum und Zeit, dieser für das Individuum realen Welt, nur eine scheinbare, traumartige Existenz zuerkennt. Dann wird man einsehn, wie die eine und selbe Idee sich in so vie-

* Sind Berge, Wellen, Himmel, nicht ein Teil
Von mir und meiner Seele, ich von ihnen?

** Hiezu Kap. 30 des zweiten Bandes.

len Erscheinungen offenbart und den erkennenden Individuen ihr Wesen nur stückweise, eine Seite nach der andern, darbietet. Man wird dann auch die Idee selbst unterscheiden von der Art und Weise wie ihre Erscheinung in die Beobachtung des Individuums fällt, jene für wesentlich, diese für unwesentlich erkennen. Wir wollen dieses im Geringsten und dann im Größten beispielsweise betrachten. – Wann die Wolken ziehn, sind die Figuren, welche sie bilden, ihnen nicht wesentlich, sind für sie gleichgültig: aber daß sie als elastischer Dunst, vom Stoß des Windes zusammengepreßt, weggetrieben, ausgedehnt, zerrissen werden; dies ist ihre Natur, ist das Wesen der Kräfte, die sich in ihnen objektivieren, ist die Idee: nur für den individuellen Beobachter sind die jedesmaligen Figuren. – Dem Bach, der über Steine abwärts rollt, sind die Strudel, Wellen, Schaumgebilde, die er sehn läßt, gleichgültig und unwesentlich: daß er der Schwere folgt, sich als unelastische, gänzlich verschiebbare, formlose, durchsichtige Flüssigkeit verhält; dies ist sein Wesen, dies ist, *wenn anschaulich erkannt*, die Idee: nur für uns, solange wir als Individuen erkennen, sind jene Gebilde. – Das Eis an der Fensterscheibe schießt an nach den Gesetzen der Kristallisation, die das Wesen der hier hervortretenden Naturkraft offenbaren, die Idee darstellen; aber die Bäume und Blumen, die es dabei bildet, sind unwesentlich und nur für uns da. – Was in Wolken, Bach und Kristall erscheint, ist der schwächste Nachhall jenes Willens, der vollendeter in der Pflanze, noch vollendeter im Tier, am vollendetesten im Menschen hervortritt. Aber nur das *Wesentliche* aller jener Stufen seiner Objektivation macht die *Idee* aus: hingegen die Entfaltung dieser, indem sie in den Gestaltungen des Satzes vom Grunde auseinandergezogen wird zu mannigfaltigen und vielseitigen Erscheinungen; dieses ist der Idee unwesentlich, liegt bloß in der Erkenntnisweise des Individuums und hat auch nur für dieses Realität. Dasselbe nun gilt notwendig auch von der Entfaltung derjenigen Idee, welche die vollendeteste Objektität des Willens ist: folglich ist die Geschichte des Menschengeschlechts, das Gedränge der Begebenheiten, der Wechsel der Zeiten, die vielgestaltigen Formen des menschlichen Lebens in verschiedenen Ländern und Jahrhunderten, – dieses alles ist nur die zufällige Form der Erscheinung der Idee, gehört nicht dieser selbst, in der allein die adäquate Objektität des Willens liegt, sondern nur der Erscheinung an, die in die Erkenntnis des Individuums fällt, und ist der Idee selbst so fremd, unwesentlich und gleichgültig, wie den Wolken die Figuren, die sie darstellen, dem Bach die Gestalt seiner Strudel und Schaumgebilde, dem Eise seine Bäume und Blumen.

Wer dieses wohl gefaßt hat und den Willen von der Idee, und diese von ihrer Erscheinung zu unterscheiden weiß, dem werden die Weltbegebenheiten nur noch sofern sie die Buchstaben sind, aus denen die Idee des Menschen sich lesen läßt, Bedeutung haben, nicht aber an und für sich. Er wird nicht mit den Leuten glauben, daß die Zeit etwas wirklich Neues und Bedeutsames hervorbringe, daß durch sie oder in ihr etwas schlechthin Reales zum Dasein gelange, oder gar sie selbst als ein Ganzes Anfang und Ende, Plan und Entwickelung habe, und etwan zum letzten Ziel die höchste Vervollkommnung (nach ihren Begriffen) des letzten, dreißig Jahre lebenden Geschlechts. Daher wird er so wenig mit Homer einen ganzen Olymp voll Götter zur Lenkung jener Zeitbegebenheiten bestellen, als mit Ossian die Figuren der Wolken für individuelle Wesen halten, da, wie gesagt, beides, in bezug auf die darin erscheinende Idee, gleich viel Bedeutung hat. In den mannigfaltigen Gestalten des Menschenlebens und dem unaufhörlichen Wechsel der Begebenheiten wird er als das Bleibende und Wesentliche nur die Idee betrachten, in welcher der Wille zum Leben seine vollkommenste Objektität hat, und welche ihre verschiedenen Seiten zeigt in den Eigenschaften, Leidenschaften, Irrtümern und Vorzügen des Menschengeschlechts, in Eigennutz, Haß, Liebe, Furcht, Kühnheit, Leichtsinn, Stumpfheit, Schlauheit, Witz, Genie usw., welche alle, zu tausendfältigen Gestalten (Individuen) zusammenlaufend und gerinnend, fortwährend die große und die kleine Weltgeschichte aufführen, wobei es an sich gleichviel ist, ob, was sie in Bewegung setzt, Nüsse oder Kronen sind. Er wird endlich finden, daß es in der Welt ist, wie in den Dramen des Gozzi, in welchen allen immer dieselben Personen auftreten, mit gleicher Absicht und gleichem Schicksal: die Motive und Begebenheiten freilich sind in jedem Stücke andere; aber der Geist der Begebenheiten ist derselbe: die Personen des einen Stücks wissen auch nichts von den Vorgängen im andern, in welchem doch sie selbst agierten: daher ist, nach allen Erfahrungen der früheren Stücke, doch Pantalone nicht behender oder freigebiger, Tartaglia nicht gewissenhafter, Brighella nicht beherzter und Kolombine nicht sittsamer geworden. –

Gesetzt es würde uns einmal ein deutlicher Blick in das Reich der Möglichkeit und über alle Ketten der Ursachen und Wirkungen gestattet, es träte der Erdgeist hervor und zeigte uns in einem Bilde die vortrefflichsten Individuen, Welterleuchter und Helden, die der Zufall vor der Zeit ihrer Wirksamkeit zerstört hat, – dann die großen Begebenheiten, welche die Weltgeschichte geändert und Perioden der höchsten Kultur und Aufklärung herbeigeführt haben würden, die aber das blindeste Ungefähr, der unbedeutendeste Zufall, bei ihrer Entstehung hemmte, endlich die herrlichen Kräfte großer Individuen, welche ganze Weltalter befruchtet haben würden, die sie aber, durch Irrtum oder Leidenschaft verleitet, oder durch Notwendigkeit gezwungen, an unwürdigen und unfruchtbaren Gegenständen nutzlos verschwendeten, oder gar spielend vergeudeten: – sähen wir das alles, wir würden schaudern und wehklagen über die verlorenen Schätze ganzer Weltalter. Aber der Erdgeist würde lächeln und sagen: »Die Quelle, aus der die Individuen und ihre Kräfte fließen, ist unerschöpflich und unendlich wie Zeit und Raum: denn jene sind, eben wie diese Formen aller Erscheinung, doch auch nur Erscheinung, Sichtbarkeit des Willens. Jene unendliche Quelle kann kein endliches Maß erschöpfen: daher steht jeder im Keime erstickten Begebenheit, oder Werk, zur Wiederkehr noch immer die unverminderte Unendlichkeit offen. In dieser Welt der Erscheinung ist so wenig wahrer Verlust, als wahrer Gewinn möglich. Der Wille allein ist: er, das Ding an sich, er, die Quelle aller jener Erscheinungen. Seine Selbsterkenntnis und darauf sich entscheidende Bejahung oder Verneinung ist die einzige Begebenheit an sich.« –*

* Dieser letzte Satz kann ohne Bekanntschaft mit dem folgenden Buch nicht verstanden werden.

§ 36

Dem Faden der Begebenheiten geht die Geschichte nach: sie ist pragmatisch, sofern sie dieselben nach dem Gesetze der Motivation ableitet, welches Gesetz den erscheinenden Willen da bestimmt, wo er von der Erkenntnis beleuchtet ist. Auf den niedrigeren Stufen seiner Objektität, wo er noch ohne Erkenntnis wirkt, betrachtet die Gesetze der Veränderungen seiner Erscheinungen die Naturwissenschaft als Ätiologie, und das Bleibende an ihnen als Morphologie, welche ihr fast unendliches Thema sich durch Hülfe der Begriffe erleichtert, das Allgemeine zusammenfassend, um das Besondere daraus abzuleiten. Endlich die bloßen Formen, in welchen, für die Erkenntnis des Subjekts als Individuums, die Ideen zur Vielheit auseinandergezogen erscheinen, also Zeit und Raum, betrachtet die Mathematik. Diese alle, deren gemeinsamer Name Wissenschaft ist, gehn also dem Satz vom Grunde in seinen verschiedenen Gestaltungen nach, und ihr Thema bleibt die Erscheinung, deren Gesetze, Zusammenhang und daraus entstehende Verhältnisse. – Welche Erkenntnisart nun aber betrachtet jenes außer und unabhängig von aller Relation bestehende, allein eigentlich Wesentliche der Welt, den wahren Gehalt ihrer Erscheinungen, das keinem Wechsel Unterworfene und daher für alle Zeit mit gleicher Wahrheit Erkannte, mit einem Wort, *die Ideen,* welche die unmittelbare und adäquate Objektität des Dinges an sich, des Willens, sind? – Es ist die *Kunst,* das Werk des Genius. Sie wiederholt die durch reine Kontemplation aufgefaßten ewigen Ideen, das Wesentliche und Bleibende aller Erscheinungen der Welt, und je nachdem der Stoff ist, in welchem sie wiederholt, ist sie bildende Kunst, Poesie oder Musik. Ihr einziger Ursprung ist die Erkenntnis der Ideen; ihr einziges Ziel Mitteilung dieser Erkenntnis. – Während die Wissenschaft dem rast- und bestandlosen Strom vierfach gestalteter Gründe und Folgen nachgehend, bei jedem erreichten Ziel immer wieder weiter gewiesen wird und nie ein letztes Ziel, noch völlige Befriedigung finden kann, so wenig als man durch Laufen den Punkt erreicht, wo die Wolken den Horizont berühren; so ist dagegen die Kunst überall am Ziel. Denn sie reißt das Objekt ihrer Kontemplation heraus

aus dem Strome des Weltlaufs und hat es isoliert vor sich: und dieses Einzelne, was in jenem Strom ein verschwindend kleiner Teil war, wird ihr ein Repräsentant des Ganzen, ein Äquivalent des in Raum und Zeit unendlich Vielen: sie bleibt daher bei diesem Einzelnen stehn: das Rad der Zeit hält sie an: die Relationen verschwinden ihr: nur das Wesentliche, die Idee, ist ihr Objekt. – Wir können sie daher geradezu bezeichnen als *die Betrachtungsart der Dinge unabhängig vom Satze des Grundes*, im Gegensatz der gerade diesem nachgehenden Betrachtung, welche der Weg der Erfahrung und Wissenschaft ist. Diese letztere Art der Betrachtung ist einer unendlichen, horizontal laufenden Linie zu vergleichen; die erstere aber der sie in jedem beliebigen Punkte schneidenden senkrechten. Die dem Satz vom Grunde nachgehende ist die vernünftige Betrachtungsart, welche im praktischen Leben, wie in der Wissenschaft, allein gilt und hilft: die vom Inhalt jenes Satzes wegsehende ist die geniale Betrachtungsart, welche in der Kunst allein gilt und hilft. Die erstere ist die Betrachtungsart des Aristoteles; die zweite ist im ganzen die des Plato. Die erstere gleicht dem gewaltigen Sturm, der ohne Anfang und Ziel dahinfährt, alles beugt, bewegt, mit sich fortreißt; die zweite dem ruhigen Sonnenstrahl, der den Weg dieses Sturmes durchschneidet, von ihm ganz unbewegt. Die erstere gleicht den unzähligen, gewaltsam bewegten Tropfen des Wasserfalls, die stets wechselnd, keinen Augenblick rasten: die zweite dem auf diesem tobenden Gewühl stille ruhenden Regenbogen. – Nur durch die oben beschriebene, im Objekt ganz aufgehende, reine Kontemplation werden Ideen aufgefaßt, und das Wesen des *Genius* besteht eben in der überwiegenden Fähigkeit zu solcher Kontemplation: da nun diese ein gänzliches Vergessen der eigenen Person und ihrer Beziehungen verlangt; so ist *Genialität* nichts anderes, als die vollkommenste *Objektivität*, d.h. objektive Richtung des Geistes, entgegengesetzt der subjektiven, auf die eigene Person, d.i. den Willen, gehenden. Demnach ist Genialität die Fähigkeit, sich rein anschauend zu verhalten, sich in die Anschauung zu verlieren und die Erkenntnis, welche ursprünglich nur zum Dienste des Willens da ist, diesem Dienste zu entziehn, d.h. sein Interesse, sein Wollen, seine Zwecke, ganz aus den Augen zu lassen, sonach seiner Persönlichkeit sich auf eine Zeit völlig zu entäußern, um als *rein erkennendes Subjekt*, klares Weltauge, übrig zu bleiben: und dieses nicht auf Augenblicke; sondern so anhaltend und mit so viel Besonnenheit, als nötig ist, um das Aufgefaßte durch überlegte Kunst zu wiederholen und »was in schwankender Erscheinung schwebt, zu befestigen in dauernden Gedanken«. – Es ist als ob, damit der Genius in einem Individuo hervortrete, diesem ein Maß der Erkenntniskraft zugefallen sein müsse, welches das zum Dienste eines individuellen Willens erforderliche weit übersteigt; welcher frei gewordene Überschuß der Erkenntnis, jetzt zum willensreinen Subjekt, zum hellen Spiegel des Wesens der Welt wird. – Daraus erklärt sich die Lebhaftigkeit bis zur Unruhe in genialen Individuen, indem die Gegenwart ihnen selten genügen kann, weil sie ihr Bewußtsein nicht ausfüllt: dieses gibt ihnen jene rastlose Strebsamkeit, jenes unaufhörliche Suchen neuer und der Betrachtung würdiger Objekte, dann auch jenes fast nie befriedigte Verlangen nach ihnen ähnlichen, ihnen gewachsenen Wesen, denen sie sich mitteilen könnten; während der gewöhnliche Erdensohn, durch die gewöhnliche Gegenwart ganz ausgefüllt und befriedigt, in ihr aufgeht, und dann auch seinesgleichen überall findend, jene besondere Behaglichkeit im Alltagsleben hat, die dem Genius versagt ist. – Man hat als einen wesentlichen Bestandteil der Genialität die Phantasie erkannt, ja, sie sogar bisweilen für mit jener identisch gehalten: ersteres mit Recht; letzteres mit Unrecht. Da die Objekte des Genius als solchen die ewigen Ideen, die beharrenden wesentlichen Formen der Welt und aller ihrer Erscheinungen sind, die Erkenntnis der Idee aber notwendig anschaulich, nicht abstrakt ist; so würde die Erkenntnis des Genius beschränkt sein auf die Ideen der seiner Person wirklich gegenwärtigen Objekte und abhängig von der Verkettung der Umstände, die ihm jene zuführten, wenn nicht die Phantasie seinen Horizont weit über die Wirklichkeit seiner persönlichen Erfahrung erweiterte und ihn in den Stand setzte, aus dem Wenigen, was in seine wirkliche Apperzeption gekommen, alles Übrige zu konstruieren und so fast alle möglichen Lebensbilder an sich vorübergehn zu lassen. Zudem sind die wirklichen Objekte fast immer nur sehr mangelhafte Exemplare der in ihnen sich darstellenden Idee: daher der Genius der Phantasie bedarf, um in den Dingen nicht das zu sehn, was die Natur wirklich gebildet hat, sondern was sie zu bilden sich bemühte, aber, wegen des im vorigen Buche erwähnten Kampfes ihrer Formen untereinander, nicht zustande brachte. Wir werden hierauf unten, bei Betrachtung der Bildhauerei, zurückkommen. Die Phantasie also erweitert den Gesichtskreis des Genius über die seiner Person sich in der Wirklichkeit darbietenden Objekte, sowohl der Qualität, als der Quantität nach. Dieserwegen nun ist ungewöhnliche Stärke der Phantasie Begleiterin, ja Bedingung der Genialität. Nicht aber zeugt umgekehrt jene von dieser; vielmehr können selbst höchst ungeniale Menschen viel Phantasie haben. Denn wie man ein wirkliches Objekt auf zweierlei entgegengesetzte Weisen betrachten kann, rein objektiv, genial, die Idee desselben erfassend; oder gemein, bloß in seinen dem Satz vom Grund gemäßen Relationen zu andern Objekten und zum eigenen Willen; so kann man auch eben so ein Phantasma auf beide Weisen anschauen: in der ersten Art betrachtet, ist es ein Mittel zur Erkenntnis der Idee, deren Mitteilung das Kunstwerk ist: im zweiten Fall wird das Phantasma verwendet, um Luftschlösser zu bauen, die der Selbstsucht und der eigenen Laune zusagen, momentan täuschen und ergötzen; wobei von den so verknüpften Phantasmen eigentlich immer nur ihre Relationen erkannt werden. Der dieses Spiel Treibende ist ein Phantast: er wird leicht die Bilder, mit denen er sich einsam ergötzt, in die Wirklichkeit mischen und dadurch für diese untauglich werden: er wird die Gaukeleien seiner Phantasie vielleicht niederschreiben, wo sie die gewöhnlichen Romane aller Gattungen geben, die seinesgleichen und das große Publikum unterhalten, indem die Leser sich an die Stelle des Helden träumen und dann die Darstellung sehr »gemütlich« finden.

Der gewöhnliche Mensch, diese Fabrikware der Natur, wie sie solche täglich zu Tausenden hervorbringt, ist, wie gesagt, einer in jedem Sinn völlig uninteressierten Betrachtung, welches die eigentliche Beschaulichkeit ist, wenigstens durchaus nicht anhaltend fähig: er kann seine Aufmerksamkeit auf die Dinge nur insofern richten, als sie irgend eine, wenn auch nur sehr mittelbare Beziehung auf seinen Willen haben. Da in dieser Hinsicht, welche immer nur die Erkenntnis der Relation erfordert, der abstrakte Begriff des Dinges hinlänglich und meistens selbst tauglicher ist; so weilt der gewöhnliche Mensch nicht lange bei der bloßen Anschauung, heftet daher seinen Blick nicht lange auf einen Gegenstand; sondern sucht bei allem, was sich ihm darbietet, nur schnell den Begriff, unter den es zu bringen ist, wie der Träge den Stuhl sucht, und dann interessiert es ihn nicht weiter. Daher wird er so schnell mit allem fertig, mit Kunstwerken, schönen Naturgegenständen und dem eigentlich überall bedeutsamen Anblick des Lebens in allen seinen Szenen. Er aber weilt nicht: nur seinen Weg im Leben sucht er, allenfalls auch alles, was irgend einmal sein Weg werden könnte, also topographische Notizen im weitesten Sinn: mit der Betrachtung des Lebens selbst als solchen verliert er keine Zeit. Der Geniale dagegen, dessen Erkenntniskraft, durch ihr Übergewicht, sich dem Dienste seines Willens, auf einen Teil seiner Zeit, entzieht, verweilt bei der Betrachtung des Lebens selbst, strebt die Idee jedes Dinges zu erfassen, nicht dessen Relationen zu andern Dingen: darüber vernachlässigt er häufig die Betrachtung seines eigenen Weges im Leben, und geht solchen daher meistens ungeschickt genug. Während dem gewöhnlichen Menschen sein Erkenntnisvermögen die Laterne ist, die seinen Weg beleuchtet, ist es dem Genialen die Sonne, welche die Welt offenbar macht. Diese so verschiedene Weise in das Leben hineinzusehn, wird bald sogar im Äußern beider sichtbar. Der Blick des Menschen, in welchem der Genius lebt und wirkt, zeichnet ihn leicht aus, indem er, lebhaft und fest zugleich, den Charakter der Beschaulichkeit, der Kontemplation trägt; wie wir an den Bildnissen der wenigen genialen Köpfe, welche die Natur unter den zahllosen Millionen dann und wann hervorgebracht hat, sehn können: hingegen wird im Blick der andern, wenn er nicht, wie meistens, stumpf oder nüchtern ist, leicht der wahre Gegensatz der Kontemplation sichtbar, das Spähen. Demzufolge besteht der »geniale Ausdruck« eines Kopfes darin, daß ein entschiedenes Übergewicht des Erkennens über das Wollen darin sichtbar ist, folglich auch ein Erkennen ohne alle Beziehung auf ein Wollen, d.i. ein *reines Erkennen*, sich darin ausdrückt. Hingegen ist bei Köpfen, wie sie in der Regel sind, der Ausdruck des Wollens vorherrschend, und man sieht, daß das Erkennen immer erst auf Antrieb des Wollens in Tätigkeit gerät, also bloß auf Motive gerichtet ist.

Da die geniale Erkenntnis, oder Erkenntnis der Idee, diejenige ist, welche dem Satz vom Grunde nicht folgt, hingegen die, welche ihm folgt, im Leben Klugheit und Vernünftigkeit erteilt und die Wissenschaften zustande bringt; so werden geniale Individuen mit den Mängeln behaftet sein, welche die Vernachlässigung der letztern Erkenntnisweise nach sich zieht. Jedoch ist hiebei die Einschränkung zu merken, daß was ich in dieser Hinsicht anführen werde, sie nur trifft insofern und während sie in der genialen Erkenntnisweise wirklich begriffen sind, was keineswegs in jedem Augenblick ihres Lebens der Fall ist, da die große, wiewohl spontane Anspannung, welche zur willensfreien Auffassung der Ideen erfordert wird, notwendig wieder nachläßt und große Zwischenräume hat, in welchen jene, sowohl in Hinsicht auf Vorzüge als auf Mängel, den gewöhnlichen Menschen ziemlich gleich stehn. Man hat dieserhalb von jeher das Wirken des Genius als eine Inspiration, ja wie der Name selbst bezeichnet, als das Wirken eines vom Individuo selbst verschiedenen übermenschlichen Wesens angesehn, das nur periodisch jenes in Besitz nimmt. Die Abneigung genialer Individuen, die Aufmerksamkeit auf den Inhalt des Satzes vom Grunde zu richten, wird sich zuerst in Hinsicht auf den Grund des Seins zeigen, als Abneigung gegen Mathematik, deren Betrachtung auf die allgemeinsten Formen der Erscheinung, Raum und Zeit, welche selbst nur Gestaltungen des Satzes vom Grunde sind, geht und daher ganz das Gegenteil derjenigen Betrachtung ist, die gerade nur den Inhalt der Erscheinung, die sich darin aussprechende Idee, aufsucht, von allen Relationen absehend. Außerdem wird noch die logische Behandlung der Mathematik dem Genius widerstehn, da diese, die eigentliche Einsicht verschließend, nicht befriedigt, sondern eine bloße Verkettung von Schlüssen, nach dem Satz des Erkenntnisgrundes darbietend, von allen Geisteskräften am meisten das Gedächtnis in Anspruch nimmt, um nämlich immer alle die früheren Sätze, darauf man sich beruft, gegenwärtig zu haben. Auch hat die Erfahrung bestätigt, daß große Genien in der Kunst zur Mathematik keine Fähigkeit haben: nie war ein Mensch zugleich in beiden sehr ausgezeichnet. Alfieri erzählt, daß er sogar nie nur den vierten Lehrsatz des Eukleides begreifen gekonnt. Goethen ist der Mangel mathematischer Kenntnis zur Genüge vorgeworfen worden von den unverständigen Gegnern seiner Farbenlehre: freilich hier, wo es nicht auf Rechnen und Messen nach hypothetischen Datis, sondern auf unmittelbare Verstandeserkenntnis der Ursache und Wirkung ankam, war jener Vorwurf so ganz quer und am unrechten Ort, daß jene ihren totalen Mangel an Urteilskraft dadurch ebensosehr, als durch ihre übrigen Midas-Aussprüche an den Tag gelegt haben. Daß noch heute, fast ein halbes Jahrhundert nach dem Erscheinen der Goetheschen Farbenlehre, sogar in Deutschland, die Newtonischen Flausen ungestört im Besitz der Lehrstühle bleiben und man fortfährt, ganz ernsthaft von den sieben homogenen Lichtern und ihrer verschiedenen Brechbarkeit zu reden, – wird einst unter den großen intellektualen Charakterzügen der Menschheit überhaupt und der Deutschheit insbesondere aufgezählt werden. – Aus demselben oben angegebenen Grunde erklärt sich die ebenso bekannte Tatsache, daß umgekehrt, ausgezeichnete Mathematiker wenig Empfänglichkeit für die Werke der schönen Kunst haben, was sich besonders naiv ausspricht in der bekannten Anekdote von jenem französischen Mathematiker, der nach Durchlesung der Iphigenia des Racine achselzuckend fragte: Qu'est-ce-que cela prouve? – Da ferner scharfe Auffassung der Beziehungen gemäß dem Gesetze der Kausalität und Motivation eigentlich die Klugheit ausmacht, die geniale Erkenntnis aber nicht auf die Relationen gerichtet ist; so wird ein Kluger, sofern und während er es ist, nicht genial, und ein Genialer, sofern und während er es ist, nicht klug sein. – Endlich steht überhaupt die anschauliche Erkenntnis, in deren Gebiet die Idee durchaus liegt, der vernünftigen oder abstrakten, welche der Satz vom Grunde des Erkennens leitet, gerade entgegen. Auch findet man bekanntlich selten große Genialität mit vorherrschender Vernünftigkeit gepaart, vielmehr sind umgekehrt geniale Individuen oft heftigen Affekten und unvernünftigen Leidenschaften unterworfen. Der Grund hievon ist dennoch nicht Schwäche der Vernunft, sondern teils ungewöhnliche Energie der ganzen

Willenserscheinung, die das geniale Individuum ist, und welche sich durch Heftigkeit aller Willensakte äußert, teils Übergewicht der anschauenden Erkenntnis durch Sinne und Verstand über die abstrakte, daher entschiedene Richtung auf das Anschauliche, dessen bei ihnen höchst energischer Eindruck die farblosen Begriffe so sehr überstrahlt, daß nicht mehr diese, sondern jener das Handeln leitet, welches eben dadurch unvernünftig wird: demnach ist der Eindruck der Gegenwart auf sie sehr mächtig, reißt sie hin zum Unüberlegten, zum Affekt, zur Leidenschaft. Daher auch, und überhaupt weil ihre Erkenntnis sich zum Teil dem Dienste des Willens entzogen hat, werden sie im Gespräche nicht sowohl an die Person denken, zu der, sondern mehr an die Sache, wovon sie reden, die ihnen lebhaft vorschwebt: daher werden sie für ihr Interesse zu objektiv urteilen oder erzählen, nicht verschweigen, was klüger verschwiegen bliebe usw. Daher endlich sind sie zu Monologen geneigt und können überhaupt mehrere Schwächen zeigen, die sich wirklich dem Wahnsinn nähern. Daß Genialität und Wahnsinn eine Seite haben, wo sie aneinander grenzen, ja ineinander übergehn, ist oft bemerkt und sogar die dichterische Begeisterung eine Art Wahnsinn genannt worden: amabilis insania nennt sie Horaz (Od. III, 4) und »holder Wahnsinn« Wieland im Eingang zum »Oberon«. Selbst Aristoteles soll, nach Senecas Anführung (de tranq. animi, 15, 16), gesagt haben: Nullum magnum ingenium sine mixtura dementiae fuit. Plato drückt es, im oben angeführten Mythos von der finstern Höhle (de Rep. 7), dadurch aus, daß er sagt: Diejenigen, welche außerhalb der Höhle das wahre Sonnenlicht und die wirklich seienden Dinge (die Ideen) geschaut haben, können nachmals in der Höhle, weil ihre Augen der Dunkelheit entwöhnt sind, nicht mehr sehn, die Schattenbilder da unten nicht mehr recht erkennen, und werden deshalb, bei ihren Mißgriffen, von den andern verspottet, die nie aus dieser Höhle und von diesen Schattenbildern fortkamen. Auch sagt er im Phädros (S. 317) geradezu, daß ohne einen gewissen Wahnsinn kein echter Dichter sein könne, ja (S. 327), daß jeder, welcher in den vergänglichen Dingen die ewigen Ideen erkennt, als wahnsinnig erscheine. Auch Cicero führt an: Negat enim, sine furore, Democritus, quemquam poëtam magnum esse posse; quod idem dicit Plato (de divin. I, 37). Und endlich sagt Pope:

> Great wits to madness sure are near allied,
> And thin partitions do their bounds divide*.

Besonders lehrreich in dieser Hinsicht ist Goethes »Torquato Tasso«, in welchem er uns nicht nur das Leiden, das wesentliche Märtyrertum des Genius als solchen, sondern auch dessen stetigen Übergang zum Wahnsinn vor die Augen stellt. Endlich wird die Tatsache der unmittelbaren Berührung zwischen Genialität und Wahnsinn teils durch die Biographien sehr genialer Menschen, z. B. Rousseaus, Byrons, Alfieris, und durch Anekdoten aus dem Leben anderer bestätigt; teils muß ich andererseits erwähnen, bei häufiger Besuchung der Irrenhäuser, einzelne Subjekte von unverkennbar großen Anlagen gefunden zu haben, deren Genialität deutlich durch den Wahnsinn durchblickte, welcher hier aber völlig die Oberhand erhalten hatte. Dieses kann nun nicht dem Zufall zugeschrieben werden, weil einerseits die Anzahl der Wahnsinnigen verhältnismäßig sehr klein ist, andererseits aber ein geniales Individuum eine über alle gewöhnliche Schätzung seltene und nur als die größte Ausnahme in der Natur hervortretende Erscheinung ist; wovon man sich allein dadurch überzeugen kann, daß man die wirklich großen Genien, welche das ganze kultivierte Europa in der ganzen alten und neuen Zeit hervorgebracht hat, wohin aber allein diejenigen zu rechnen sind, welche Werke lieferten, die durch alle Zeiten einen bleibenden Wert für die Menschheit behalten haben, – daß man, sage ich, diese Einzelnen aufzählt und ihre Zahl vergleicht mit den 250 Millionen, welche, sich alle dreißig Jahre erneuernd, beständig in Europa leben. Ja, ich will nicht unerwähnt lassen, daß ich einige Leute von zwar nicht bedeutender, aber doch entschiedener, geistiger Überlegenheit gekannt habe, die zugleich einen leisen Anstrich von Verrücktheit verrieten. Danach möchte es scheinen, daß jede Steigerung des Intellekts über das gewöhnliche Maß hinaus, als eine Abnormität, schon zum Wahnsinn disponiert.

* Dem Wahnsinn ist der große Geist verwandt,
Und beide trennt nur eine dünne Wand.

Inzwischen will ich über den rein intellektuellen Grund jener Verwandtschaft zwischen Genialität und Wahnsinn meine Meinung möglichst kurz vortragen, da diese Erörterung allerdings zur Erklärung des eigentlichen Wesens der Genialität, d.h. derjenigen Geisteseigenschaft, welche allein echte Kunstwerke schaffen kann, beitragen wird. Dies macht aber eine kurze Erörterung des Wahnsinnes selbst notwendig*.

Eine klare und vollständige Einsicht in das Wesen des Wahnsinnes, ein richtiger und deutlicher Begriff desjenigen, was eigentlich den Wahnsinnigen vom Gesunden unterscheidet, ist, meines Wissens, noch immer nicht gefunden. – Weder Vernunft, noch Verstand kann den Wahnsinnigen abgesprochen werden: denn sie reden und vernehmen, sie schließen oft sehr richtig; auch schauen sie in der Regel das Gegenwärtige ganz richtig an und sehn den Zusammenhang zwischen Ursache und Wirkung ein. Visionen, gleich Fieberphantasien, sind kein gewöhnliches Symptom des Wahnsinnes: das Delirium verfälscht die Anschauung, der Wahnsinn die Gedanken. Meistens nämlich irren die Wahnsinnigen durchaus nicht in der Kenntnis des unmittelbar *Gegenwärtigen*; sondern ihr Irrereden bezieht sich immer auf das *Abwesende* und *Vergangene*, und nur dadurch auf dessen Verbindung mit dem Gegenwärtigen. Daher nun scheint mir ihre Krankheit besonders das *Gedächtnis* zu treffen; zwar nicht so, daß es ihnen ganz fehlte: denn viele wissen vieles auswendig und erkennen bisweilen Personen, die sie lange nicht gesehn, wieder; sondern vielmehr so, daß der Faden des Gedächtnisses zerrissen, der fortlaufende Zusammenhang desselben aufgehoben und keine gleichmäßig zusammenhängende Rückerinnerung der Vergangenheit möglich ist. Einzelne Szenen der Vergangenheit stehn richtig da, so wie die einzelne Gegenwart; aber in ihrer Rückerinnerung sind Lükken, welche sie dann mit Fiktionen ausfüllen, die entweder, stets dieselben, zu fixen Ideen werden: dann ist es fixer Wahn, Melancholie; oder jedesmal andere sind, augenblickliche Einfälle: dann heißt es Narrheit, fatuitas. Dieserhalb ist es so schwer, einem Wahnsinnigen, bei seinem Eintritt ins Irrenhaus, seinen frühern

* Hiezu Kap. 31 des zweiten Bandes.

Lebenslauf abzufragen. Immer mehr nun vermischt sich in seinem Gedächtnisse Wahres mit Falschem. Obgleich die unmittelbare Gegenwart richtig erkannt wird, so wird sie verfälscht durch den fingierten Zusammenhang mit einer gewähnten Vergangenheit: sie halten daher sich selbst und andere für identisch mit Personen, die bloß in ihrer fingierten Vergangenheit liegen, erkennen manche Bekannte gar nicht wieder, und haben so, bei richtiger Vorstellung des gegenwärtigen Einzelnen, lauter falsche Relationen desselben zum Abwesenden. Erreicht der Wahnsinn einen hohen Grad, so entsteht völlige Gedächtnislosigkeit, weshalb dann der Wahnsinnige durchaus keiner Rücksicht auf irgend etwas Abwesendes, oder Vergangenes fähig ist, sondern ganz allein durch die augenblickliche Laune, in Verbindung mit den Fiktionen, welche in seinem Kopf die Vergangenheit füllen, bestimmt wird: man ist alsdann bei ihm, wenn man ihm nicht stets die Übermacht vor Augen hält, keinen Augenblick vor Mißhandlung, oder Mord gesichert. – Die Erkenntnis des Wahnsinnigen hat mit der des Tieres dies gemein, daß beide auf das Gegenwärtige beschränkt sind: aber was sie unterscheidet ist dieses: das Tier hat eigentlich gar keine Vorstellung von der Vergangenheit als solcher, obwohl dieselbe durch das Medium der Gewohnheit auf das Tier wirkt, daher z.B. der Hund seinen frühern Herrn auch nach Jahren wiedererkennt, d.h. von dessen Anblick den gewohnten Eindruck erhält; aber von der seitdem verflossenen Zeit hat er doch keine Rückerinnerung: der Wahnsinnige dagegen trägt in seiner Vernunft auch immer eine Vergangenheit in abstracto herum, aber eine falsche, die nur für ihn existiert und dies entweder allezeit, oder auch nur eben jetzt: der Einfluß dieser falschen Vergangenheit verhindert nun auch den Gebrauch der richtig erkannten Gegenwart, den doch das Tier macht. Daß heftiges geistiges Leiden, unerwartete entsetzliche Begebenheiten häufig Wahnsinn veranlassen, erkläre ich mir folgendermaßen. Jedes solches Leiden ist immer als wirkliche Begebenheit auf die Gegenwart beschränkt, also nur vorübergehend und insofern noch immer nicht übermäßig schwer: überschwenglich groß wird es erst, sofern es bleibender Schmerz ist: aber als solcher ist es wieder allein ein Gedanke und liegt daher im *Gedächtnis*: wenn nun ein solcher Kummer, ein solches schmerzliches Wissen, oder Andenken, so qualvoll ist, daß es schlechterdings unerträglich fällt, und das Individuum ihm unterliegen würde, – dann greift die dermaßen geängstigte Natur zum *Wahnsinn* als zum letzten Rettungsmittel des Lebens: der so sehr gepeinigte Geist zerreißt nun gleichsam den Faden seines Gedächtnisses, füllt die Lücken mit Fiktionen aus und flüchtet so sich von dem seine Kräfte übersteigenden geistigen Schmerz zum Wahnsinn, – wie man ein vom Brande ergriffenes Glied abnimmt und es durch ein hölzernes ersetzt. – Als Beispiel betrachte man den rasenden Ajax, den König Lear und die Ophelia: denn die Geschöpfe des echten Genius, auf welche allein man sich hier, als allgemein bekannt, berufen kann, sind wirklichen Personen an Wahrheit gleichzusetzen: übrigens zeigt auch die häufig wirkliche Erfahrung hier durchaus dasselbe. Ein schwaches Analogon jener Art des Überganges vom Schmerz zum Wahnsinn ist dieses, daß wir alle oft ein peinigendes Andenken, das uns plötzlich einfällt, wie mechanisch, durch irgendeine laute Äußerung oder eine Bewegung zu verscheuchen, uns selbst davon abzulenken, mit Gewalt uns zu zerstreuen suchen. –

Sehn wir nun angegebenermaßen den Wahnsinnigen das einzelne Gegenwärtige, auch manches einzelne Vergangene, richtig erkennen, aber den Zusammenhang, die Relationen verkennen und daher irren und irrereden; so ist eben dieses der Punkt seiner Berührung mit dem genialen Individuo: denn auch dieses, da es die Erkenntnis der Relationen, welches die gemäß dem Satze des Grundes ist, verläßt, um in den Dingen nur ihre Ideen zu sehn und zu suchen, ihr sich anschaulich aussprechendes eigentliches Wesen zu ergreifen, in Hinsicht auf welches *ein* Ding seine ganze Gattung repräsentiert und daher, wie Goethe sagt, ein Fall für Tausende gilt, – auch der Geniale läßt darüber die Erkenntnis des Zusammenhangs der Dinge aus den Augen: das einzelne Objekt seiner Beschauung, oder die übermäßig lebhaft von ihm aufgefaßte Gegenwart, erscheinen in so hellem Licht, daß gleichsam die übrigen Glieder der Kette, zu der sie gehören, dadurch in Dunkel zurücktreten, und dies gibt eben Phänomene, die mit denen des Wahnsinns eine längst erkannte Ähnlichkeit haben. Was im einzelnen vorhandenen Dinge nur unvollkommen und durch Modifikationen geschwächt da ist, steigert die Betrachtungsweise des Genius zur Idee davon, zum Vollkommenen: er sieht daher überall Extreme, und eben dadurch gerät sein Handeln auf Extreme: er weiß das rechte Maß nicht zu treffen, ihm fehlt die Nüchternheit, und das Resultat ist das besagte. Er erkennt die Ideen vollkommen, aber nicht die Individuen. Daher kann, wie man bemerkt hat, ein Dichter *den* Menschen tief und gründlich kennen, *die* Menschen aber sehr schlecht; er ist leicht zu hintergehn und ein Spiel in der Hand des Listigen*.

§ 37

Obgleich nun, unserer Darstellung zufolge, der Genius in der Fähigkeit besteht, unabhängig vom Satze des Grundes und daher, statt der einzelnen Dinge, welche ihr Dasein nur in der Relation haben, die Ideen derselben zu erkennen und diesen gegenüber selbst das Korrelat der Idee, also nicht mehr Individuum, sondern reines Subjekt des Erkennens zu sein; so muß dennoch diese Fähigkeit, in geringerem und verschiedenem Grade auch allen Menschen einwohnen; da sie sonst ebensowenig fähig wären die Werke der Kunst zu genießen, als sie hervorzubringen, und überhaupt für das Schöne und Erhabene durchaus keine Empfänglichkeit besitzen, ja diese Worte für sie keinen Sinn haben könnten. Wir müssen daher in allen Menschen, wenn es nicht etwan welche gibt, die durchaus keines ästhetischen Wohlgefallens fähig sind, jenes Vermögen in den Dingen ihre Ideen zu erkennen, und eben damit sich ihrer Persönlichkeit augenblicklich zu entäußern, als vorhanden annehmen. Der Genius hat vor ihnen nur den viel höhern Grad und die anhaltendere Dauer jener Erkenntnisweise voraus, welche ihn bei derselben die Besonnenheit behalten lassen, die erfordert ist, um das so Erkannte in einem willkürlichen Werk zu wiederholen, welche Wiederholung das Kunstwerk ist. Durch dasselbe teilt er die aufgefaßte Idee den andern mit. Diese bleibt dabei unverändert und dieselbe: daher ist das ästhetische

* Hiezu Kap. 32 des zweiten Bandes.

Wohlgefallen wesentlich eines und dasselbe, es mag durch ein Werk der Kunst, oder unmittelbar durch die Anschauung der Natur und des Lebens hervorgerufen sein. Das Kunstwerk ist bloß ein Erleichterungsmittel derjenigen Erkenntnis, in welcher jenes Wohlgefallen besteht. Daß aus dem Kunstwerk die Idee uns leichter entgegentritt, als unmittelbar aus der Natur und der Wirklichkeit, kommt allein daher, daß der Künstler, der nur die Idee, nicht mehr die Wirklichkeit erkannte, in seinem Werk auch nur die Idee rein wiederholt hat, sie ausgesondert hat aus der Wirklichkeit, mit Auslassung aller störenden Zufälligkeiten. Der Künstler läßt uns durch seine Augen in die Welt blicken. Daß er diese Augen hat, daß er das Wesentliche, außer allen Relationen liegende der Dinge erkennt, ist eben die Gabe des Genius, das Angeborene; daß er aber imstande ist, auch uns diese Gabe zu leihen, uns seine Augen aufzusetzen: dies ist das Erworbene, das Technische der Kunst. Dieserhalb nun wird, nachdem ich im Vorhergehenden das innere Wesen der ästhetischen Erkenntnisart in seinen allgemeinsten Grundlinien dargestellt habe, die jetzt folgende nähere philosophische Betrachtung des Schönen und Erhabenen beide in der Natur und in der Kunst zugleich erörtern, ohne diese weiter zu trennen. Was im Menschen vorgeht, wann ihn das Schöne, wann ihn das Erhabene rührt, werden wir zunächst betrachten: ob er diese Rührung unmittelbar aus der Natur, aus dem Leben schöpft, oder nur durch die Vermittelung der Kunst ihrer teilhaft wird, begründet keinen wesentlichen, sondern nur einen äußerlichen Unterschied.

§ 38

Wir haben in der ästhetischen Betrachtungsweise *zwei unzertrennliche Bestandteile* gefunden: die Erkenntnis des Objekts, nicht als einzelnen Dinges, sondern als Platonischer *Idee*, d.h. als beharrender Form dieser ganzen Gattung von Dingen; sodann das Selbstbewußtsein des Erkennenden, nicht als Individuums, sondern als *reinen, willenlosen Subjekts der Erkenntnis*. Die Bedingung, unter welcher beide Bestandteile immer vereint eintreten, war das

Verlassen der an den Satz vom Grund gebundenen Erkenntnisweise, welche hingegen zum Dienste des Willens, wie auch zur Wissenschaft, die allein taugliche ist. – Auch das *Wohlgefallen*, das durch die Betrachtung des Schönen erregt wird, werden wir aus jenen beiden Bestandteilen hervorgehn sehn, und zwar bald mehr aus dem einen, bald mehr aus dem andern, je nachdem der Gegenstand der ästhetischen Kontemplation ist.

Alles *Wollen* entspringt aus Bedürfnis, also aus Mangel, also aus Leiden. Diesem macht die Erfüllung ein Ende; jedoch gegen einen Wunsch, der erfüllt wird, bleiben wenigstens zehn versagt: ferner, das Begehren dauert lange, die Forderungen gehn ins Unendliche; die Erfüllung ist kurz und kärglich bemessen. Sogar aber ist die endliche Befriedigung selbst nur scheinbar: der erfüllte Wunsch macht gleich einem neuen Platz: jener ist ein erkannter, dieser ein noch unerkannter Irrtum. Dauernde, nicht mehr weichende Befriedigung kann kein erlangtes Objekt des Wollens geben: sondern es gleicht immer nur dem Almosen, das dem Bettler zugeworfen, sein Leben heute fristet, um seine Qual auf morgen zu verlängern. – Darum nun, solange unser Bewußtsein von unserm Willen erfüllt ist, solange wir dem Drange der Wünsche, mit seinem steten Hoffen und Fürchten, hingegeben sind, solange wir Subjekt des Wollens sind, wird uns nimmermehr dauerndes Glück, noch Ruhe. Ob wir jagen, oder fliehn, Unheil fürchten, oder nach Genuß streben, ist im wesentlichen einerlei: die Sorge für den stets fordernden Willen, gleichviel in welcher Gestalt, erfüllt und bewegt fortdauernd das Bewußtsein; ohne Ruhe aber ist durchaus kein wahres Wohlsein möglich. So liegt das Subjekt des Wollens beständig auf dem drehenden Rade des Ixion, schöpft immer im Siebe der Danaiden, ist der ewig schmachtende Tantalus.

Wann aber äußerer Anlaß, oder innere Stimmung, uns plötzlich aus dem endlosen Strome des Wollens heraushebt, die Erkenntnis dem Sklavendienste des Willens entreißt, die Aufmerksamkeit nun nicht mehr auf die Motive des Wollens gerichtet wird, sondern die Dinge frei von ihrer Beziehung auf den Willen auffaßt, also ohne Interesse, ohne Subjektivität, rein objektiv sie betrachtet, ihnen ganz hingegeben, sofern sie bloß Vorstellungen, nicht sofern sie Motive sind: dann ist die auf jenem ersten Wege des Wollens immer gesuchte, aber immer entfliehende Ruhe mit einem Male von selbst eingetreten, und uns ist völlig wohl. Es ist der schmerzenslose Zustand, den Epikuros als das höchste Gut und als den Zustand der Götter pries: denn wir sind, für jenen Augenblick, des schnöden Willensdranges entledigt, wir feiern den Sabbath der Zuchthausarbeit des Wollens, das Rad des Ixion steht still.

Dieser Zustand ist aber eben der, welchen ich oben beschrieb als erforderlich zur Erkenntnis der Idee, als reine Kontemplation, Aufgehn in der Anschauung, Verlieren ins Objekt, Vergessen aller Individualität, Aufhebung der dem Satz vom Grunde folgenden und nur Relationen fassenden Erkenntnisweise, wobei zugleich und unzertrennlich das angeschaute einzelne Ding zur Idee seiner Gattung, das erkennende Individuum zum reinen Subjekt des willenlosen Erkennens sich erhebt, und nun beide als solche nicht mehr im Strome der Zeit und aller andern Relationen stehn. Es ist dann einerlei, ob man aus dem Kerker, oder aus dem Palast die Sonne untergehn sieht.

Innere Stimmung, Übergewicht des Erkennens über das Wollen, kann unter jeder Umgebung diesen Zustand hervorrufen. Dies zeigen uns jene trefflichen Niederländer, welche solche rein objektive Anschauung auf die unbedeutendesten Gegenstände richteten und ein dauerndes Denkmal ihrer Objektivität und Geistesruhe im *Stilleben* hinstellten, welches der ästhetische Beschauer nicht ohne Rührung betrachtet, da es ihm den ruhigen, stillen, willensfreien Gemütszustand des Künstlers vergegenwärtigt, der nötig war, um so unbedeutende Dinge so objektiv anzuschauen, so aufmerksam zu betrachten und diese Anschauung so besonnen zu wiederholen: und indem das Bild auch ihn zur Teilnahme an solchem Zustand auffordert, wird seine Rührung oft noch vermehrt durch den Gegensatz der eigenen, unruhigen, durch heftiges Wollen getrübten Gemütsverfassung, in der er sich eben befindet. Im selben Geiste haben oft Landschaftsmaler, besonders Ruisdael, höchst unbedeutende landschaftliche Gegenstände gemalt, und dadurch dieselbe Wirkung noch erfreulicher hervorgebracht.

So viel leistet ganz allein die innere Kraft eines künstlerischen Gemütes: aber erleichtert und von außen befördert wird jene rein objektive Gemütsstimmung durch entgegenkommende Objekte, durch die zu ihrem Anschauen einladende, ja sich aufdringende Fülle der schönen Natur. Ihr gelingt es, sooft sie mit einem Male unserm Blicke sich auftut, fast immer, uns, wenn auch nur auf Augenblicke, der Subjektivität, dem Sklavendienste des Willens zu entreißen und in den Zustand des reinen Erkennens zu versetzen. Darum wird auch der von Leidenschaften, oder Not und Sorge Gequälte durch einen einzigen freien Blick in die Natur so plötzlich erquickt, erheitert und aufgerichtet: der Sturm der Leidenschaften, der Drang des Wunsches und der Furcht und alle Qual des Wollens sind dann sogleich auf eine wundervolle Art beschwichtigt. Denn in dem Augenblicke, wo wir, vom Wollen losgerissen, uns dem reinen willenlosen Erkennen hingegeben haben, sind wir gleichsam in eine andere Welt getreten, wo alles, was unsern Willen bewegt und dadurch uns so heftig erschüttert, nicht mehr ist. Jenes Freiwerden der Erkenntnis hebt uns aus dem allen ebensosehr und ganz heraus, wie der Schlaf und der Traum: Glück und Unglück sind verschwunden: wir sind nicht mehr das Individuum, es ist vergessen, sondern nur noch reines Subjekt der Erkenntnis: wir sind nur noch da als das *eine* Weltauge, was aus allen erkennenden Wesen blickt, im Menschen allein aber völlig frei vom Dienste des Willens werden kann, wodurch aller Unterschied der Individualität so gänzlich verschwindet, daß es alsdann einerlei ist, ob das schauende Auge einem mächtigen König, oder einem gepeinigten Bettler angehört. Denn weder Glück noch Jammer wird über jene Grenze mit hinüber genommen. So nahe liegt uns beständig ein Gebiet, auf welchem wir allem unserm Jammer gänzlich entronnen sind; aber wer hat die Kraft, sich lange darauf zu erhalten? Sobald irgendeine Beziehung eben jener also rein angeschauten Objekte zu unserm Willen, zu unserer Person, wieder ins Bewußtsein tritt, hat der Zauber ein Ende: wir fallen zurück in die Erkenntnis, welche der Satz vom Grunde beherrscht, erkennen nun nicht mehr die Idee, sondern das einzelne Ding, das Glied einer Kette, zu der auch wir gehören, und wir sind allem unserm Jammer wieder hingegeben. – Die meisten Menschen stehn, weil ihnen Objektivität, d.i. Genialität, gänzlich abgeht, fast immer auf diesem Standpunkt. Daher sind sie nicht gern allein mit der Natur: sie brauchen Gesellschaft, wenigstens ein Buch. Denn ihr Erkennen bleibt dem Willen dienstbar: sie suchen daher an den Gegenständen nur die etwanige Beziehung auf ihren Willen, und bei allem, was keine solche Beziehung hat, ertönt in ihrem Innern, gleichsam wie ein Grundbaß, ein beständiges, trostloses »Es hilft mir nichts«: dadurch erhält in der Einsamkeit auch die schönste Umgebung ein ödes, finsteres, fremdes, feindliches Ansehn für sie.

Jene Seligkeit des willenlosen Anschauens ist es endlich auch, welche über die Vergangenheit und Entfernung einen so wundersamen Zauber verbreitet und sie in so sehr verschönerndem Lichte uns darstellt, durch eine Selbsttäuschung. Denn indem wir längst vergangene Tage, an einem fernen Orte verlebt, uns vergegenwärtigen, sind es die Objekte allein, welche unsere Phantasie zurückruft, nicht das Subjekt des Willens, das seine unheilbaren Leiden damals ebensowohl mit sich herumtrug, wie jetzt: aber diese sind vergessen, weil sie seitdem schon oft andern Platz gemacht haben. Nun wirkt die objektive Anschauung in der Erinnerung ebenso, wie die gegenwärtige wirken würde, wenn wir es über uns vermöchten, uns willensfrei ihr hinzugeben. Daher kommt es, daß besonders wann mehr als gewöhnlich irgendeine Not uns beängstiget, die plötzliche Erinnerung an Szenen der Vergangenheit und Entfernung wie ein verlorenes Paradies an uns vorüberfliegt. Bloß das Objektive, nicht das Individuell-Subjektive ruft die Phantasie zurück, und wir bilden uns ein, daß jenes Objektive damals ebenso rein, von keiner Beziehung auf den Willen getrübt vor uns gestanden habe, wie jetzt sein Bild in der Phantasie: da doch vielmehr die Beziehung der Objekte auf unser Wollen uns damals Qual schuf, so gut wie jetzt. Wir können durch die gegenwärtigen Objekte, ebensowohl, wie durch die entfernten, uns allem Leiden entziehn, sobald wir uns zur rein objektiven Betrachtung derselben erheben und so die Illusion hervorzubringen vermögen, daß allein jene Objekte, nicht wir selbst gegenwärtig wären: dann werden wir, des leidigen Selbst entledigt, als reines Subjekt des Erkennens mit jenen Objekten völlig eins, und so fremd unsere Not ihnen ist, so fremd ist sie, in solchen Augenblicken, uns selbst. Die Welt als Vorstellung ist dann allein noch übrig, und die Welt als Wille ist verschwunden.

Durch alle diese Betrachtungen wünsche ich deutlich gemacht zu haben, welcher Art und wie groß der Anteil sei, den am ästhetischen Wohlgefallen die subjektive Bedingung desselben hat, nämlich die Befreiung des Erkennens vom Dienste des Willens, das Vergessen seines Selbst als Individuums und die Erhöhung des Bewußtseins zum reinen, willenlosen, zeitlosen, von allen Relationen unabhängigen Subjekt des Erkennens. Mit dieser subjektiven Seite der ästhetischen Beschauung tritt als notwendiges Korrelat immer zugleich die objektive Seite derselben ein, die intuitive Auffassung der Platonischen Idee. Bevor wir uns aber zur nähern Betrachtung dieser und zu den Leistungen der Kunst in Beziehung auf dieselbe wenden, ist es zweckmäßiger, noch etwas bei der subjektiven Seite des ästhetischen Wohlgefallens zu verweilen, um deren Betrachtung durch die Erörterung des von ihr allein abhängigen und durch eine Modifikation derselben entstehenden Eindrucks des *Erhabenen* zu vollenden. Danach wird unsere Untersuchung des ästhetischen Wohlgefallens, durch die Betrachtung der objektiven Seite desselben, ihre ganze Vollständigkeit erhalten.

Dem Bisherigen aber gehören zuvor noch folgende Bemerkungen an. Das Licht ist das Erfreulichste der Dinge: es ist das Symbol alles Guten und Heilbringenden geworden. In allen Religionen bezeichnet es das ewige Heil, und die Finsternis die Verdammnis. Ormuzd wohnt im reinsten Lichte, Ahriman in ewiger Nacht. In Dantes Paradiese sieht es ungefähr aus wie im Vauxhall zu London, indem alle seligen Geister daselbst als Lichtpunkte erscheinen, die sich zu regelmäßigen Figuren zusammenstellen. Die Abwesenheit des Lichtes macht uns unmittelbar traurig; seine Wiederkehr beglückt: die Farben erregen unmittelbar ein lebhaftes Ergötzen, welches, wenn sie transparent sind, den höchsten Grad erreicht. Dies alles kommt allein daher, daß das Licht das Korrelat und die Bedingung der vollkommensten anschaulichen Erkenntnisweise ist, der einzigen, die unmittelbar durchaus nicht den Willen affiziert. Denn das Sehn ist gar nicht, wie die Affektion der andern Sinne, an sich, unmittelbar und durch seine sinnliche Wirkung, einer Annehmlichkeit oder Unannehmlichkeit der *Empfindung* im Organ fähig, d.h. hat keine unmittelbare Verbindung mit dem Willen: sondern erst die im Verstande entspringende Anschauung kann eine solche haben, die dann in der Relation des Objekts zum Willen liegt. Schon beim Gehör ist dies anders: Töne können unmittelbar Schmerz erregen und auch unmittelbar sinnlich, ohne Bezug auf Harmonie oder Melodie, angenehm sein. Das Getast, als mit dem Gefühl des ganzen Leibes eines, ist diesem unmittelbaren Einfluß auf den Willen noch mehr unterworfen: doch gibt es noch ein schmerz- und wollustloses Tasten. Gerüche aber sind immer angenehm oder unangenehm: Geschmäcke noch mehr. Die beiden letzteren Sinne sind also am meisten mit dem Willen inquiniert: daher sind sie immer die unedelsten und von Kant die subjektiven Sinne genannt worden. Die Freude über das Licht ist also in der Tat nur die Freude über die objektive Möglichkeit der reinsten und vollkommensten anschaulichen Erkenntnisweise und als solche daraus abzuleiten, daß das reine von allem Wollen befreite und entledigte Erkennen höchst erfreulich ist und schon als solches einen großen Anteil am ästhetischen Genusse hat. – Aus dieser Ansicht des Lichtes ist wieder die unglaublich große Schönheit abzuleiten, die wir der Abspiegelung der Objekte im Wasser zuerkennen. Jene leichteste, schnellste, feinste Art der Einwirkung von Körpern aufeinander, sie, der wir auch die bei weitem vollkommenste und reinste unserer Wahrnehmungen verdanken: die Einwirkung mittelst zurückgeworfener Lichtstrahlen: diese wird uns hier ganz deutlich, übersehbar und vollständig, in Ursache und Wirkung, und zwar im großen, vor die Augen gebracht: daher unsere ästhetische Freude darüber, welche, der Hauptsache nach, ganz im subjektiven Grunde des ästhetischen Wohlgefallens wurzelt und Freude über das reine Erkennen und seine Wege ist*.

* Hiezu Kap. 33 des zweiten Bandes.

§ 39

An alle diese Betrachtungen nun, welche den subjektiven Teil des ästhetischen Wohlgefallens hervorheben sollen, also dieses Wohlgefallen, sofern es Freude über das bloße, anschauliche Erkennen als solches, im Gegensatz des Willens, ist, – schließt sich, als unmittelbar damit zusammenhängend, folgende Erklärung derjenigen Stimmung, welche man das Gefühl des *Erhabenen* genannt hat.

Es ist schon oben bemerkt, daß das Versetzen in den Zustand des reinen Anschauens am leichtesten eintritt, wenn die Gegenstände demselben entgegenkommen, d.h. durch ihre mannigfaltige und zugleich bestimmte und deutliche Gestalt leicht zu Repräsentanten ihrer Ideen werden, worin eben die Schönheit, im objektiven Sinne, besteht. Vor allem hat die schöne Natur diese Eigenschaft und gewinnt dadurch selbst dem Unempfindlichsten wenigstens ein flüchtiges ästhetisches Wohlgefallen ab: ja, es ist so auffallend, wie besonders die Pflanzenwelt zur ästhetischen Betrachtung auffordert und sich gleichsam derselben aufdringt, daß man sagen möchte, dieses Entgegenkommen stände damit in Verbindung, daß diese organischen Wesen nicht selbst, wie die tierischen Leiber, unmittelbares Objekt der Erkenntnis sind, daher sie des fremden verständigen Individuums bedürfen, um aus der Welt des blinden Wollens in die der Vorstellung einzutreten, weshalb sie gleichsam nach diesem Eintritt sich sehnten, um wenigstens mittelbar zu erlangen, was ihnen unmittelbar versagt ist. Ich lasse übrigens diesen gewagten und vielleicht an Schwärmerei grenzenden Gedanken ganz und gar dahingestellt sein, da nur eine sehr innige und hingebende Betrachtung der Natur ihn erregen oder rechtfertigen kann*. Solange nun dieses Entgegenkommen der Natur, die Bedeutsamkeit und Deutlichkeit ihrer Formen, aus

* Um so mehr erfreut und überrascht mich jetzt, 40 Jahre nachdem ich obigen Gedanken so schüchtern und zaudernd hingeschrieben habe, die Entdeckung, daß schon der heilige Augustinus ihn ausgesprochen hat: Arbusta formas suas varias, quibus mundi huius visibilis structura formosa est, sentiendas sensibus praebent; ut, pro eo quod *nosse* non possunt, quasi *innotescere* velle videantur. (De civ. Dei, XI, 27.)

denen die in ihnen individualisierten Ideen uns leicht ansprechen, es ist, die uns aus der dem Willen dienstbaren Erkenntnis bloßer Relationen in die ästhetische Kontemplation versetzt und eben damit zum willensfreien Subjekt des Erkennens erhebt: so lange ist es bloß das *Schöne*, was auf uns wirkt, und Gefühl der Schönheit was erregt ist. Wenn nun aber eben jene Gegenstände, deren bedeutsame Gestalten uns zu ihrer reinen Kontemplation einladen, gegen den menschlichen Willen überhaupt, wie er in seiner Objektität, dem menschlichen Leibe, sich darstellt, ein feindliches Verhältnis haben, ihm entgegen sind, durch ihre allen Widerstand aufhebende Übermacht ihn bedrohen, oder vor ihrer unermeßlichen Größe ihn bis zum Nichts verkleinern; der Betrachter aber dennoch nicht auf dieses sich aufdringende feindliche Verhältnis zu seinem Willen seine Aufmerksamkeit richtet; sondern, obwohl es wahrnehmend und anerkennend, sich mit Bewußtsein davon abwendet, indem er sich von seinem Willen und dessen Verhältnissen gewaltsam losreißt und allein der Erkenntnis hingegeben, eben jene dem Willen furchtbaren Gegenstände als reines willenloses Subjekt des Erkennens ruhig kontempliert, ihre jeder Relation fremde Idee allein auffassend, daher gerne bei ihrer Betrachtung weilend, folglich eben dadurch über sich selbst, seine Person, sein Wollen und alles Wollen hinausgehoben wird: – dann erfüllt ihn das Gefühl des *Erhabenen*, er ist im Zustand der Erhebung, und deshalb nennt man auch den solchen Zustand veranlassenden Gegenstand *erhaben*. Was also das Gefühl des Erhabenen von dem des Schönen unterscheidet, ist dieses: beim Schönen hat das reine Erkennen ohne Kampf die Oberhand gewonnen, indem die Schönheit des Objekts, d. h. dessen die Erkenntnis seiner Idee erleichternde Beschaffenheit, den Willen und die seinem Dienste frönende Erkenntnis der Relationen, ohne Widerstand und daher unmerklich aus dem Bewußtsein entfernte und dasselbe als reines Subjekt des Erkennens übrig ließ, so daß selbst keine Erinnerung an den Willen nachbleibt: hingegen bei dem Erhabenen ist jener Zustand des reinen Erkennens allererst gewonnen durch ein bewußtes und gewaltsames Losreißen von den als ungünstig erkannten Beziehungen desselben Objekts zum Willen, durch ein freies, von Bewußtsein begleitetes Erheben über den Willen und die auf ihn sich beziehende Erkenntnis. Diese Erhebung muß mit Bewußtsein nicht nur gewonnen, sondern auch erhalten werden und ist daher von einer steten Erinnerung an den Willen begleitet, doch nicht an ein einzelnes, individuelles Wollen, wie Furcht oder Wunsch, sondern an das menschliche Wollen überhaupt, sofern es durch seine Objektität, den menschlichen Leib, allgemein ausgedrückt ist. Träte ein realer einzelner Willensakt ins Bewußtsein, durch wirkliche, persönliche Bedrängnis und Gefahr vom Gegenstande; so würde der also wirklich bewegte individuelle Wille alsbald die Oberhand gewinnen, die Ruhe der Kontemplation unmöglich werden, der Eindruck des Erhabenen verlorengehn, indem er der Angst Platz machte, in welcher das Streben des Individuums, sich zu retten, jeden andern Gedanken verdrängte. – Einige Beispiele werden sehr viel beitragen, diese Theorie des Ästhetisch-Erhabenen deutlich zu machen und außer Zweifel zu setzen; zugleich werden sie die Verschiedenheit der Grade jenes Gefühls des Erhabenen zeigen. Denn da dasselbe mit dem des Schönen in der Hauptbestimmung, dem reinen, willensfreien Erkennen und der mit demselben notwendig eintretenden Erkenntnis der außer aller durch den Satz des Grundes bestimmten Relation stehenden Ideen, eines ist und nur durch einen Zusatz, nämlich die Erhebung über das erkannte feindliche Verhältnis eben des kontemplierten Objekts zum Willen überhaupt, sich vom Gefühl des Schönen unterscheidet; so entstehn, je nachdem dieser Zusatz stark, laut, dringend, nah, oder nur schwach, fern, bloß angedeutet ist, mehrere Grade des Erhabenen, ja, Übergänge des Schönen zum Erhabenen. Ich halte es der Darstellung angemessener, diese Übergänge und überhaupt die schwächeren Grade des Eindrucks des Erhabenen zuerst in Beispielen vor die Augen zu bringen, obwohl diejenigen, deren ästhetische Empfänglichkeit überhaupt nicht sehr groß und deren Phantasie nicht lebhaft ist, bloß die später folgenden Beispiele der höheren, deutlicheren Grade jenes Eindrucks verstehn werden, an welche allein sie sich daher zu halten und die zuerst anzuführenden Beispiele der sehr schwachen Grade des besagten Eindrucks auf sich beruhen zu lassen haben.

Wie der Mensch zugleich ungestümer und finsterer Drang des

Wollens (bezeichnet durch den Pol der Genitalien als seinen Brennpunkt) und ewiges, freies, heiteres Subjekt des reinen Erkennens (bezeichnet durch den Pol des Gehirns) ist; so ist, diesem Gegensatz entsprechend, die Sonne zugleich Quelle des *Lichtes*, der Bedingung zur vollkommensten Erkenntnisart, und eben dadurch des erfreulichsten der Dinge, – und Quelle der *Wärme*, der ersten Bedingung alles Lebens, d. i. aller Erscheinung des Willens auf den höheren Stufen derselben. Was daher für den Willen die Wärme, das ist für die Erkenntnis das Licht. Das Licht ist eben daher der größte Demant in der Krone der Schönheit und hat auf die Erkenntnis jedes schönen Gegenstandes den entschiedensten Einfluß: seine Anwesenheit überhaupt ist unerläßliche Bedingung; seine günstige Stellung erhöht auch die Schönheit des Schönsten. Vor allem andern aber wird das Schöne der Baukunst durch seine Gunst erhöht, durch welche jedoch selbst das Unbedeutendeste zum schönen Gegenstande wird. – Sehn wir nun im strengen Winter, bei der allgemeinen Erstarrung der Natur, die Strahlen der niedrig stehenden Sonne von steinernen Massen zurückgeworfen, wo sie erleuchten, ohne zu wärmen, also nur der reinsten Erkenntnisweise, nicht dem Willen günstig sind; so versetzt die Betrachtung der schönen Wirkung des Lichtes auf diese Massen, uns, wie alle Schönheit, in den Zustand des reinen Erkennens, der jedoch hier durch die leise Erinnerung an den Mangel der Erwärmung durch eben jene Strahlen, also des belebenden Prinzips, schon ein gewisses Erheben über das Interesse des Willens verlangt, eine leise Aufforderung zum Verharren im reinen Erkennen, mit Abwendung von allem Wollen, enthält, eben dadurch aber ein Übergang vom Gefühl des Schönen zu dem des Erhabenen ist. Es ist der schwächste Anhauch des Erhabenen am Schönen, welches letztere selbst hier nur in geringem Grade hervortritt. Ein fast noch ebenso schwaches Beispiel ist folgendes.

Versetzen wir uns in eine sehr einsame Gegend, mit unbeschränktem Horizont, unter völlig wolkenlosem Himmel, Bäume und Pflanzen in ganz unbewegter Luft, keine Tiere, keine Menschen, keine bewegte Gewässer, die tiefste Stille; – so ist solche Umgebung wie ein Aufruf zum Ernst, zur Kontemplation, mit Losreißung von allem Wollen und dessen Dürftigkeit: eben dieses aber gibt schon einer solchen, bloß einsamen und tiefruhenden Umgebung einen Anstrich des Erhabenen. Denn weil sie für den des steten Strebens und Erreichens bedürftigen Willen keine Objekte darbietet, weder günstige noch ungünstige, so bleibt nur der Zustand der reinen Kontemplation übrig, und wer dieser nicht fähig ist, wird der Leere des nichtbeschäftigten Willens, der Qual der Langenweile, mit beschämender Herabsetzung preisgegeben. Sie gibt insofern ein Maß unsers eigenen intellektualen Wertes, für welchen überhaupt der Grad unserer Fähigkeit zum Ertragen, oder Lieben der Einsamkeit ein guter Maßstab ist. Die geschilderte Umgebung gibt also ein Beispiel des Erhabenen in niedrigem Grad, indem in ihr dem Zustand des reinen Erkennens, in seiner Ruhe und Allgenugsamkeit, als Kontrast, eine Erinnerung an die Abhängigkeit und Armseligkeit des eines steten Treibens bedürftigen Willens beigemischt ist. – Dies ist die Gattung des Erhabenen, welche dem Anblick der endlosen Prärien im Innern Nord-Amerikas nachgerühmt wird.

Lassen wir nun aber eine solche Gegend auch der Pflanzen entblößt sein und nur nackte Felsen zeigen; so wird, durch die gänzliche Abwesenheit des zu unserer Subsistenz nötigen Organischen, der Wille schon geradezu beängstigt: die Öde gewinnt einen furchtbaren Charakter; unsere Stimmung wird mehr tragisch: die Erhebung zum reinen Erkennen geschieht mit entschiedenerem Losreißen vom Interesse des Willens, und indem wir im Zustande des reinen Erkennens beharren, tritt das Gefühl des Erhabenen deutlich hervor.

In noch höherem Grade kann es folgende Umgebung veranlassen. Die Natur in stürmischer Bewegung; Helldunkel, durch drohende schwarze Gewitterwolken; ungeheure, nackte, herabhängende Felsen, welche durch ihre Verschränkung die Aussicht verschließen; rauschende schäumende Gewässer; gänzliche Öde; Wehklage der durch die Schluchten streichenden Luft. Unsere Abhängigkeit, unser Kampf mit der feindlichen Natur, unser darin gebrochener Wille, tritt uns jetzt anschaulich vor Augen: solange aber nicht die persönliche Bedrängnis die Oberhand gewinnt, sondern wir in ästhetischer Beschauung bleiben, blickt durch jenen Kampf der Natur, durch jenes Bild des gebrochenen

Willens, das reine Subjekt des Erkennens durch und faßt ruhig, unerschüttert, nicht mitgetroffen (unconcerned), an eben den Gegenständen, welche dem Willen drohend und furchtbar sind, die Ideen auf. In diesem Kontrast eben liegt das Gefühl des Erhabenen.

Aber noch mächtiger wird der Eindruck, wenn wir den Kampf der empörten Naturkräfte im Großen vor Augen haben, wenn in jener Umgebung ein fallender Strom durch sein Toben uns die Möglichkeit die eigene Stimme zu hören benimmt; – oder wenn wir am weiten, im Sturm empörten Meere stehn: häuserhohe Wellen steigen und sinken, gewaltsam gegen schroffe Uferklippen geschlagen, spritzen sie den Schaum hoch in die Luft, der Sturm heult, das Meer brüllt, Blitze aus schwarzen Wolken zucken und Donnerschläge übertönen Sturm und Meer. Dann erreicht im unerschütterten Zuschauer dieses Auftritts die Duplizität seines Bewußtseins die höchste Deutlichkeit: er empfindet sich zugleich als Individuum, als hinfällige Willenserscheinung, die der geringste Schlag jener Kräfte zertrümmern kann, hülflos gegen die gewaltige Natur, abhängig, dem Zufall preisgegeben, ein verschwindendes Nichts, ungeheuren Mächten gegenüber; und dabei nun zugleich als ewiges ruhiges Subjekt des Erkennens, welches, als Bedingung alles Objekts, der Träger eben dieser ganzen Welt ist und der furchtbare Kampf der Natur nur seine Vorstellung, es selbst in ruhiger Auffassung der Ideen, frei und fremd allem Wollen und allen Nöten. Es ist der volle Eindruck des Erhabenen. Hier veranlaßt ihn der Anblick einer dem Individuo Vernichtung drohenden, ihm ohne allen Vergleich überlegenen Macht.

Auf ganz andere Weise kann er entstehn bei der Vergegenwärtigung einer bloßen Größe in Raum und Zeit, deren Unermeßlichkeit das Individuum zu Nichts verkleinert. Wir können die erstere Art das Dynamisch-, die zweite das Mathematisch-Erhabene nennen, Kants Benennungen und seine richtige Einteilung beibehaltend, obgleich wir in der Erklärung des innern Wesens jenes Eindrucks ganz von ihm abweichen und weder moralischen Reflexionen, noch Hypostasen aus der scholastischen Philosophie einen Anteil dabei zugestehn.

Wenn wir uns in die Betrachtung der unendlichen Größe der Welt in Raum und Zeit verlieren, den verflossenen Jahrtausenden und den kommenden nachsinnen, – oder auch, wenn der nächtliche Himmel uns zahllose Welten wirklich vor Augen bringt, und so die Unermeßlichkeit der Welt auf das Bewußtsein eindringt, – so fühlen wir uns selbst zu Nichts verkleinert, fühlen uns als Individuum, als belebter Leib, als vergängliche Willenserscheinung, wie ein Tropfen im Ozean, dahin schwinden, ins Nichts zerfließen. Aber zugleich erhebt sich gegen solches Gespenst unserer eigenen Nichtigkeit, gegen solche lügende Unmöglichkeit, das unmittelbare Bewußtsein, daß alle diese Welten ja nur in unserer Vorstellung da sind, nur als Modifikationen des ewigen Subjekts des reinen Erkennens, als welches wir uns finden, sobald wir die Individualität vergessen, und welches der notwendige, der bedingende Träger aller Welten und aller Zeiten ist. Die Größe der Welt, die uns vorher beunruhigte, ruht jetzt in uns: unsere Abhängigkeit von ihr wird aufgehoben durch ihre Abhängigkeit von uns. – Dieses alles kommt jedoch nicht sofort in die Reflexion, sondern zeigt sich als ein nur gefühltes Bewußtsein, daß man, in irgend einem Sinne (den allein die Philosophie deutlich macht), mit der Welt eines ist und daher durch ihre Unermeßlichkeit nicht niedergedrückt, sondern gehoben wird. Es ist das gefühlte Bewußtsein dessen, was die Upanischaden der Veden in so mannigfaltigen Wendungen wiederholt aussprechen, vorzüglich in dem schon oben beigebrachten Spruch: Hae omnes creaturae in totum ego sum, et praeter me aliud ens non est (Oupnek'hat, Bd. 1, S. 122). Es ist Erhebung über das eigene Individuum, Gefühl des Erhabenen.

Auf eine ganz unmittelbare Weise erhalten wir diesen Eindruck des Mathematisch-Erhabenen schon durch einen Raum, der zwar gegen das Weltgebäude betrachtet klein ist, der aber dadurch daß er uns unmittelbar ganz wahrnehmbar geworden ist, nach allen drei Dimensionen mit seiner ganzen Größe auf uns wirkt, welche hinreicht, das Maß unsers eigenen Leibes fast unendlich klein zu machen. Dies kann ein für die Wahrnehmung leerer Raum nie, daher nie ein offener, sondern nur ein durch die Begrenzung nach allen Dimensionen unmittelbar wahrnehmbarer, also ein sehr hohes und großes Gewölbe, wie das der Peterskirche in Rom, oder der Paulskirche in London. Das Gefühl des Erhabenen entsteht hier durch das Innewerden des verschwindenden Nichts unsers eigenen Leibes vor einer Größe, die andererseits selbst wieder nur in unserer Vorstellung liegt und deren Träger wir als erkennendes Subjekt sind, also hier wie überall durch den Kontrast der Unbedeutsamkeit und Abhängigkeit unsers Selbst als Indivuums, als Willenserscheinung, gegen das Bewußtsein unserer als reinen Subjekts des Erkennens. Selbst das Gewölbe des gestirnten Himmels wirkt, wenn es ohne Reflexion betrachtet wird, nur ebenso wie jenes steinerne Gewölbe, und nicht mit seiner wahren, sondern nur mit seiner scheinbaren Größe. – Manche Gegenstände unserer Anschauung erregen den Eindruck des Erhabenen dadurch, daß, sowohl vermöge ihrer räumlichen Größe, als ihres hohen Alters, also ihrer zeitlichen Dauer, wir ihnen gegenüber uns zu Nichts verkleinert fühlen, und dennoch im Genusse ihres Anblicks schwelgen: der Art sind sehr hohe Berge, ägyptische Pyramiden, kolossale Ruinen von hohem Altertume.

Ja, auch auf das Ethische läßt unsere Erklärung des Erhabenen sich übertragen, nämlich auf das, was man als den erhabenen Charakter bezeichnet. Auch dieser nämlich entspringt daraus, daß der Wille nicht erregt wird durch Gegenstände, welche allerdings geeignet wären, ihn zu erregen; sondern das Erkennen auch dabei die Oberhand behält. Ein solcher Charakter wird demnach die Menschen rein objektiv betrachten, nicht aber nach den Beziehungen, welche sie zu seinem Willen haben könnten: er wird z. B. ihre Fehler, sogar ihren Haß und ihre Ungerechtigkeit gegen ihn selbst, bemerken, ohne dadurch seinerseits zum Haß erregt zu werden; er wird ihr Glück ansehn, ohne Neid zu empfinden; er wird ihre guten Eigenschaften erkennen, ohne jedoch nähere Verbindung mit ihnen zu wünschen; er wird die Schönheit der Weiber wahrnehmen, ohne ihrer zu begehren. Sein persönliches Glück oder Unglück wird ihn nicht stark affizieren, vielmehr wird er sein, wie Hamlet den Horatio beschreibt:

for thou hast been
As one, in suffering all, that suffers nothing;
A man, that fortune's buffets and rewards
Hast ta'en with equal thanks, etc. (A. 3. sc. 2.)*

Denn er wird in seinem eigenen Lebenslauf und dessen Unfällen weniger sein individuelles, als das Los der Menschheit überhaupt erblicken, und demnach sich dabei mehr erkennend als leidend verhalten.

§ 40

Weil die Gegensätze sich erläutern, mag hier die Bemerkung ihre Stelle finden, daß das eigentliche Gegenteil des Erhabenen etwas ist, was man auf den ersten Blick wohl nicht dafür erkennt: das *Reizende.* Ich verstehe aber hierunter dasjenige, was den Willen, dadurch daß es ihm die Gewährung, die Erfüllung, unmittelbar vorhält, aufregt. – Entstand das Gefühl des Erhabenen dadurch, daß ein dem Willen geradezu ungünstiger Gegenstand Objekt der reinen Kontemplation wird, die dann nur durch eine stete Abwendung vom Willen und Erhebung über sein Interesse erhalten wird, welches eben die Erhabenheit der Stimmung ausmacht; so zieht dagegen das Reizende den Beschauer aus der reinen Kontemplation, die zu jeder Auffassung des Schönen erfordert ist, herab, indem es seinen Willen, durch demselben unmittelbar zusagende Gegenstände, notwendig aufreizt, wodurch der Betrachter nicht mehr reines Subjekt des Erkennens bleibt, sondern zum bedürftigen, abhängigen Subjekt des Wollens wird. – Daß man gewöhnlich jedes Schöne von der heitern Art reizend nennt, ist ein, durch Mangel an richtiger Unterscheidung, zu weit gefaßter Begriff, den ich ganz beiseite setzen, ja mißbilligen muß. – Im angegebenen und erklärten Sinn aber, finde ich im Gebiete der Kunst nur zwei Arten des Reizenden und beide ihrer unwürdig.

* Denn du warst stets als hättest,
Indem dich alles traf, du nichts zu leiden:
Des Schicksals Schläge und Geschenke hast
Mit gleichem Dank du hingenommen, usw.

Die eine, recht niedrige, im Stilleben der Niederländer, wenn es sich dahin verirrt, daß die dargestellten Gegenstände Eßwaren sind, die durch ihre täuschende Darstellung notwendig den Appetit darauf erregen, welches eben eine Aufregung des Willens ist, die jeder ästhetischen Kontemplation des Gegenstandes ein Ende macht. Gemaltes Obst ist noch zulässig, da es als weitere Entwikkelung der Blume und durch Form und Farbe als ein schönes Naturprodukt sich darbietet, ohne daß man geradezu genötigt ist, an seine Eßbarkeit zu denken; aber leider finden wir oft, mit täuschender Natürlichkeit, aufgetischte und zubereitete Speisen, Austern, Heringe, Seekrebse, Butterbrot, Bier, Wein usw., was ganz verwerflich ist. – In der Historienmalerei und Bildhauerei besteht das Reizende in nackten Gestalten, deren Stellung, halbe Bekleidung und ganze Behandlungsart darauf hinzielt im Beschauer Lüsternheit zu erregen, wodurch die rein ästhetische Betrachtung sogleich aufgehoben, also dem Zweck der Kunst entgegengearbeitet wird. Dieser Fehler entspricht ganz und gar dem soeben an den Niederländern gerügten. Die Antiken sind, bei aller Schönheit und völliger Nacktheit der Gestalten, fast immer davon frei, weil der Künstler selbst mit rein objektivem, von der idealen Schönheit erfülltem Geiste sie schuf, nicht im Geiste subjektiver, schnöder Begierde. – Das Reizende ist also in der Kunst überall zu vermeiden.

Es gibt auch ein Negativ-Reizendes, welches noch verwerflicher, als das eben erörterte Positiv-Reizende ist: und dieses ist das Ekelhafte. Eben wie das eigentlich Reizende erweckt es den Willen des Beschauers und zerstört dadurch die rein ästhetische Betrachtung. Aber es ist ein heftiges Nichtwollen, ein Widerstreben, was dadurch angeregt wird: es erweckt den Willen, indem es ihm Gegenstände seines Abscheus vorhält. Daher hat man von je erkannt, daß es in der Kunst durchaus unzulässig sei, wo doch selbst das Häßliche, solange es nicht ekelhaft ist, an der rechten Stelle gelitten werden kann, wie wir weiter unten sehn werden.

§ 41

Der Gang unserer Betrachtung hat es notwendig gemacht, die Erörterung des Erhabenen hier einzuschalten, wo die des Schönen erst zur Hälfte, bloß ihrer einen, der subjektiven, Seite nach vollendet war. Denn eben nur eine besondere Modifikation dieser subjektiven Seite war es, die das Erhabene vom Schönen unterschied. Ob nämlich der Zustand des reinen willenlosen Erkennens, den jede ästhetische Kontemplation voraussetzt und fordert, sich, indem das Objekt dazu einlud und hinzog, ohne Widerstand, durch bloßes Verschwinden des Willens aus dem Bewußtsein, wie von selbst einfand; oder ob derselbe erst errungen ward durch freie bewußte Erhebung über den Willen, zu welchem der kontemplierte Gegenstand selbst ein ungünstiges, feindliches Verhältnis hat, welchem nachzuhängen die Kontemplation aufheben würde; – dies ist der Unterschied zwischen dem Schönen und dem Erhabenen. Im Objekte sind beide nicht wesentlich unterschieden: denn in jedem Falle ist das Objekt der ästhetischen Betrachtung nicht das einzelne Ding, sondern die in demselben zur Offenbarung strebende Idee, d.h. adäquate Objektität des Willens auf einer bestimmten Stufe: ihr notwendiges, wie sie selbst, dem Satz vom Grunde entzogenes Korrelat ist das reine Subjekt des Erkennens, wie das Korrelat des einzelnen Dinges das erkennende Individuum ist, welche beide im Gebiete des Satzes vom Grunde liegen.

Indem wir einen Gegenstand *schön* nennen, sprechen wir dadurch aus, daß er Objekt unserer ästhetischen Betrachtung ist, welches zweierlei in sich schließt, einerseits nämlich, daß sein Anblick uns *objektiv* macht, d.h. daß wir in der Betrachtung desselben nicht mehr unserer als Individuen, sondern als reinen willenlosen Subjekts des Erkennens uns bewußt sind; und andererseits, daß wir im Gegenstande nicht das einzelne Ding, sondern eine Idee erkennen, welches nur geschehn kann, sofern unsere Betrachtung des Gegenstandes nicht dem Satz vom Grunde hingegeben ist, nicht seiner Beziehung zu irgend etwas außer ihm (welche zuletzt immer mit Beziehungen auf unser Wollen zusammenhängt) nachgeht, sondern auf dem Objekte selbst ruhet.

Denn die Idee und das reine Subjekt des Erkennens treten als notwendige Korrelata immer zugleich ins Bewußtsein, bei welchem Eintritt auch aller Zeitunterschied sogleich verschwindet, da beide dem Satz vom Grunde in allen seinen Gestaltungen völlig fremd sind und außerhalb der durch ihn gesetzten Relationen liegen, dem Regenbogen und der Sonne zu vergleichen, die an der steten Bewegung und Sukzession der fallenden Tropfen keinen Teil haben. Daher, wenn ich z. B. einen Baum ästhetisch, d. h. mit künstlerischen Augen betrachte, also nicht ihn, sondern seine Idee erkenne, es sofort ohne Bedeutung ist, ob es dieser Baum oder sein vor tausend Jahren blühender Vorfahr ist, und ebenso ob der Betrachter dieses, oder irgendein anderes, irgendwann und irgendwo lebendes Individuum ist; mit dem Satz vom Grunde ist das einzelne Ding und das erkennende Individuum aufgehoben und nichts bleibt übrig, als die Idee und das reine Subjekt des Erkennens, welche zusammen die adäquate Objektität des Willens auf dieser Stufe ausmachen. Und nicht allein der Zeit, sondern auch dem Raum ist die Idee enthoben: denn nicht die mir vorschwebende räumliche Gestalt, sondern der Ausdruck, die reine Bedeutung derselben, ihr innerstes Wesen, das sich mir aufschließt und mich anspricht, ist eigentlich die Idee und kann ganz dasselbe sein, bei großem Unterschied der räumlichen Verhältnisse der Gestalt.

Da nun einerseits jedes vorhandene Ding rein objektiv und außer aller Relation betrachtet werden kann; da ferner auch andererseits in jedem Dinge der Wille, auf irgendeiner Stufe seiner Objektität, erscheint, und dasselbe sonach Ausdruck einer Idee ist; so ist auch jedes Ding *schön*. – Daß auch das Unbedeutendeste die rein objektive und willenlose Betrachtung zuläßt und dadurch sich als schön bewährt, bezeugt das schon oben (§ 38) in dieser Hinsicht erwähnte Stilleben der Niederländer. Schöner ist aber eines als das andere dadurch, daß es jene rein objektive Betrachtung erleichtert, ihr entgegenkommt, ja gleichsam dazu zwingt, wo wir es dann sehr schön nennen. Dies ist der Fall teils dadurch, daß es als einzelnes Ding, durch das sehr deutliche, rein bestimmte, durchaus bedeutsame Verhältnis seiner Teile die Idee seiner Gattung rein ausspricht und durch in ihm vereinigte Vollständigkeit aller seiner Gattung möglichen Äußerungen die Idee derselben vollkommen offenbart, so daß es dem Betrachter den Übergang vom einzelnen Ding zur Idee und eben damit auch den Zustand der reinen Beschaulichkeit sehr erleichtert; teils liegt jener Vorzug besonderer Schönheit eines Objekts darin, daß die Idee selbst, die uns aus ihm anspricht, eine hohe Stufe der Objektität des Willens und daher durchaus bedeutend und vielsagend sei. Darum ist der Mensch vor allem andern schön und die Offenbarung seines Wesens das höchste Ziel der Kunst. Menschliche Gestalt und menschlicher Ausdruck sind das bedeutendeste Objekt der bildenden Kunst, so wie menschliches Handeln das bedeutendeste Objekt der Poesie. – Es hat aber dennoch jedes Ding seine eigentümliche Schönheit: nicht nur jedes Organische und in der Einheit einer Individualität sich darstellende; sondern auch jedes Unorganische, Formlose, ja jedes Artefakt. Denn alle diese offenbaren die Ideen, durch welche der Wille sich auf den untersten Stufen objektiviert, geben gleichsam die tiefsten, verhallenden Baßtöne der Natur an. Schwere, Starrheit, Flüssigkeit, Licht usw. sind die Ideen, welche sich in Felsen, Gebäuden, Gewässern aussprechen. Die schöne Gartenkunst und Baukunst können nichts weiter, als ihnen helfen, jene ihre Eigenschaften deutlich, vielseitig und vollständig zu entfalten, ihnen Gelegenheit geben, sich rein auszusprechen, wodurch sie eben zur ästhetischen Beschauung auffordern und dieselbe erleichtern. Dies leisten dagegen schlechte Gebäude und Gegenden, welche die Natur vernachlässigte oder die Kunst verdarb, wenig oder gar nicht: dennoch können auch aus ihnen jene allgemeinen Grundideen der Natur nicht ganz verschwinden. Den sie suchenden Betrachter sprechen sie auch hier an, und selbst schlechte Gebäude u. dgl. sind noch einer ästhetischen Betrachtung fähig: die Ideen der allgemeinsten Eigenschaften ihres Stoffes sind noch in ihnen erkennbar, nur daß die ihnen künstlich gegebene Form kein Erleichterungsmittel, ja vielmehr ein Hindernis ist, das die ästhetische Betrachtung erschwert. Auch Artefakta dienen folglich dem Ausdruck von Ideen: nur ist es nicht die Idee des Artefakts, die aus ihnen spricht, sondern die Idee des Materials, dem man diese künstliche Form gab. In der Sprache der Scholastiker läßt sich dieses sehr bequem mit zwei Worten ausdrücken, nämlich im Artefakt spricht sich die Idee seiner forma substantialis, nicht die seiner forma accidentalis aus, welche letztere auf keine Idee, sondern nur auf einen menschlichen Begriff, von dem sie ausgegangen, leitet. Es versteht sich, daß hier mit dem Artefakt ausdrücklich kein Werk der bildenden Kunst gemeint ist. Übrigens verstanden die Scholastiker in der Tat unter forma substantialis dasjenige, was ich den Grad der Objektivation des Willens in einem Dinge nenne. Wir werden sogleich, bei Betrachtung der schönen Baukunst, auf den Ausdruck der Idee des Materials zurückkommen. – Unserer Ansicht zufolge können wir nun aber nicht dem Plato beistimmen, wenn er (De Rep., X, p. 284–285, et Parmen., p. 79, ed. Bip.) behauptet, Tisch und Stuhl drückten die Ideen Tisch und Stuhl aus; sondern wir sagen, daß sie die Ideen ausdrücken, die schon in ihrem bloßen Material als solchem sich aussprechen. Nach dem Aristoteles (Metaph., XI, Kap. 3) hätte jedoch Plato selbst nur von den Naturwesen Ideen statuiert: *ὁ Πλατων εφη, ὁτι ειδη εστιν ὁποσα φυσει.* (Plato dixit, quod ideae eorum sunt, quae natura sunt) und Kap. 5 wird gesagt, daß es, nach den Platonikern, keine Ideen von Haus und Ring gebe. Jedenfalls haben schon Platos nächste Schüler, wie uns Alkinoos (introductio in Platonicam philosophiam, Kap. 9) berichtet, geleugnet, daß es Ideen von Artefakten gäbe. Dieser sagt nämlich: *Ὁριζονται δε την ιδεαν, παραδειγμα των κατα φυσιν αιωνιον. Ουτε γαρ τοις πλειστοις των απο Πλατωνος αρεσκει, των τεχνικων ειναι ιδεας, οἱον ασπιδος η λυρας, ουτε μην των παρα φυσιν, οἱον πυρετου και χολερας, ουτε των κατα μερος, οἱον Σωκρατους και Πλατωνος, αλλ' ουτε των ευτελων τινος, οἱον ρυπου και καρφους, ουτε των προς τι, οἱον μειζονος και ὑπερεχοντος· ειναι γαρ τας ιδεας νοησεις θεου αιωνιους τε και αυτοτελεις.* (Definiunt autem *ideam* exemplar aeternum eorum, quae secundum naturam existunt. Nam plurimis ex iis, qui Platonem secuti sunt, minime placuit, arte factorum ideas esse, ut clypei atque lyrae; neque rursus eorum, quae praeter naturam, ut febris et cholerae; neque particularium, ceu Socratis et Platonis; neque etiam rerum vilium, veluti sordium et festucae; neque relationum, ut majoris et excedentis: esse namque ideas intellectiones dei aeternas, ac seipsis perfectas.) – Bei dieser Gelegenheit mag noch ein anderer Punkt erwähnt werden, in welchem unsere Ideenlehre von der des Plato gar sehr abweicht. Er lehrt nämlich (De Rep., X, S. 288), daß der Gegenstand, den die schöne Kunst darzustellen beabsichtigt, das Vorbild der Malerei und Poesie, nicht die Idee wäre, sondern das einzelne Ding. Unsere ganze bisherige Auseinandersetzung behauptet gerade das Gegenteil, und Platos Meinung wird uns hierin um so weniger irremachen, als dieselbe die Quelle eines der größten und anerkannten Fehler jenes großen Mannes ist, nämlich seiner Geringschätzung und Verwerfung der Kunst, besonders der Poesie: sein falsches Urteil über diese knüpft er unmittelbar an die angeführte Stelle.

§ 42

Ich kehre zu unserer Auseinandersetzung des ästhetischen Eindrucks zurück. Die Erkenntnis des Schönen setzt zwar immer rein erkennendes Subjekt und erkannte Idee als Objekt zugleich und unzertrennlich. Dennoch aber wird die Quelle des ästhetischen Genusses bald mehr in der Auffassung der erkannten Idee liegen, bald mehr in der Seligkeit und Geistesruhe des von allem Wollen und dadurch von aller Individualität und der aus ihr hervorgehenden Pein befreiten reinen Erkennens: und zwar wird dieses Vorherrschen des einen oder des andern Bestandteils des ästhetischen Genusses davon abhängen, ob die intuitiv aufgefaßte Idee eine höhere oder niedere Stufe der Objektität des Willens ist. So wird bei ästhetischer Betrachtung (in der Wirklichkeit, oder durch das Medium Kunst) der schönen Natur im Anorganischen und Vegetabilischen und der Werke der schönen Baukunst, der Genuß des reinen willenlosen Erkennens überwiegend sein, weil die hier aufgefaßten Ideen nur niedrige Stufen der Objektität des Willens, daher nicht Erscheinungen von tiefer Bedeutsamkeit und vielsagendem Inhalt sind. Hingegen wird, wenn Tiere und Menschen der Gegenstand der ästhetischen Betrachtung oder Darstellung sind, der Genuß mehr in der objektiven Auffassung dieser Ideen, welche die deutlichsten Offenbarungen des Willens sind, bestehn; weil solche die größte Mannigfaltigkeit der Gestalten, Reichtum und tiefe Bedeutsamkeit der Erscheinungen darlegen und uns am vollkommensten das Wesen des Willens offenbaren, sei es in seiner Heftigkeit, Schrecklichkeit, Befriedigung, oder in seiner Brechung (letzteres in den tragischen Darstellungen), endlich sogar in seiner Wendung oder Selbstaufhebung, welche besonders das Thema der christlichen Malerei ist; wie überhaupt die Historienmalerei und das Drama die Idee des vom vollen Erkennen beleuchteten Willens zum Objekt haben. – Wir wollen nunmehr die Künste einzeln durchgehn, wodurch eben die aufgestellte Theorie des Schönen Vollständigkeit und Deutlichkeit erhalten wird.

§ 43

Die Materie als solche kann nicht Darstellung einer Idee sein. Denn sie ist, wie wir im ersten Buche fanden, durch und durch Kausalität: ihr Sein ist lauter Wirken. Kausalität aber ist Gestaltung des Satzes vom Grunde: Erkenntnis der Idee hingegen schließt wesentlich den Inhalt jenes Satzes aus. Auch fanden wir im zweiten Buch die Materie als das gemeinsame Substrat aller einzelnen Erscheinungen der Ideen, folglich als das Verbindungsglied zwischen der Idee und der Erscheinung oder dem einzelnen Ding. Also aus dem einen sowohl, als aus dem andern Grunde kann die Materie für sich keine Idee darstellen. A posteriori aber bestätigt sich dieses dadurch, daß von der Materie als solcher gar keine anschauliche Vorstellung, sondern nur ein abstrakter Begriff möglich ist: in jener nämlich stellen allein die Formen und Qualitäten sich dar, deren Trägerin die Materie ist, und in welchen allen sich Ideen offenbaren. Dieses entspricht auch dem, daß Kausalität (das ganze Wesen der Materie) für sich nicht anschaulich darstellbar ist, sondern allein eine bestimmte Kausalverknüpfung. – Dagegen muß andererseits jede *Erscheinung* einer Idee, da sie als solche eingegangen ist in die Form des Satzes vom Grund, oder in das principium individuationis, an der Materie, als Qualität derselben, sich darstellen. Insofern ist also, wie gesagt, die Materie das Bindungsglied zwischen der Idee und dem principio individuationis, welches die Form der Erkenntnis des Individuums, oder der Satz vom Grund ist. – Plato hat daher ganz richtig neben der Idee und ihrer Erscheinung, dem einzelnen Dinge, welche beide sonst alle Dinge der Welt unter sich begreifen, nur noch die Materie als ein drittes, von beiden Verschiedenes aufgestellt (Timaeus, S. 345). Das Individuum ist, als Erscheinung der Idee, immer Materie. Auch ist jede Qualität der Materie immer Erscheinung einer Idee, und als solche auch einer ästhetischen Betrachtung, d.i. Erkenntnis der in ihr sich darstellenden Idee, fähig. Dies gilt nun selbst von den allgemeinsten Qualitäten der Materie, ohne welche sie nie ist, und deren Ideen die schwächste Objektität des Willens sind. Solche sind: Schwere, Kohäsion, Starrheit, Flüssigkeit, Reaktion gegen das Licht usf.

Wenn wir nun die *Baukunst*, bloß als schöne Kunst, abgesehn von ihrer Bestimmung zu nützlichen Zwecken, in welchen sie dem Willen, nicht der reinen Erkenntnis dient und also nicht mehr Kunst in unserm Sinne ist, betrachten; so können wir ihr keine andere Absicht unterlegen, als die, einige von jenen Ideen, welche die niedrigsten Stufen der Objektität des Willens sind, zu deutlicher Anschaulichkeit zu bringen: nämlich Schwere, Kohäsion, Starrheit, Härte, diese allgemeinen Eigenschaften des Steines, diese ersten, einfachsten, dumpfesten Sichtbarkeiten des Willens, Grundbaßtöne der Natur; und dann neben ihnen das Licht, welches in vielen Stücken ein Gegensatz jener ist. Selbst auf dieser tiefen Stufe der Objektität des Willens sehn wir schon sein Wesen sich in Zwietracht offenbaren: denn eigentlich ist der Kampf zwischen Schwere und Starrheit der alleinige ästhetische Stoff der schönen Architektur: ihn auf mannigfaltige Weise vollkommen deutlich hervortreten zu lassen, ist ihre Aufgabe. Sie löst solche, indem sie jenen unvertilgbaren Kräften den kürzesten Weg zu ihrer Befriedigung benimmt und sie durch einen Umweg hinhält, wodurch der Kampf verlängert und das unerschöpfliche Streben beider Kräfte auf mannigfaltige Weise sichtbar wird. – Die ganze Masse des Gebäudes würde, ihrer ursprünglichen Neigung überlassen, einen bloßen Klumpen darstellen, so fest als möglich dem Erdkörper verbunden, zu welchem die Schwere, als welche hier der Wille erscheint, unablässig drängt, während die Starrheit, ebenfalls Objektität des Willens, widersteht. Aber eben diese Neigung, dieses Streben, wird von der Baukunst an der unmittelbaren Befriedigung verhindert und ihm nur eine mittelbare, auf Umwegen, gestattet. Da kann nun z. B. das Gebälk nur mittelst der Säule die Erde drücken; das Gewölbe muß sich selbst tragen und nur durch Vermittelung der Pfeiler kann es sein Streben zur Erdmasse hin befriedigen usf. Aber eben auf diesen erzwungenen Umwegen, eben durch diese Hemmungen entfalten sich auf das deutlichste und mannigfaltigste jene der rohen Steinmasse innewohnenden Kräfte: und weiter kann der rein ästhetische Zweck der Baukunst nicht gehn. Daher liegt allerdings die Schönheit eines Gebäudes in der augenfälligen Zweckmäßigkeit jedes Teiles, nicht zum äußern willkürlichen Zweck des Menschen (insofern gehört das Werk der nützlichen Baukunst an); sondern unmittelbar zum Bestande des Ganzen, zu welchem die Stelle, Größe und Form jedes Teiles ein so notwendiges Verhältnis haben muß, daß, wo möglich, wenn irgendein Teil weggezogen würde, das Ganze einstürzen müßte. Denn nur indem jeder Teil soviel trägt, als er füglich kann, und jeder gestützt ist gerade da und gerade so sehr, als er muß, entfaltet sich jenes Widerspiel, jener Kampf zwischen Starrheit und Schwere, welche das Leben, die Willensäußerungen des Steines ausmachen, zur vollkommensten Sichtbarkeit, und es offenbaren sich deutlich diese tiefsten Stufen der Objektität des Willens. Ebenso muß auch die Gestalt jedes Teiles bestimmt sein durch seinen Zweck und sein Verhältnis zum Ganzen, nicht durch Willkür. Die Säule ist die allereinfachste, bloß durch den Zweck bestimmte Form der Stütze: die gewundene Säule ist geschmacklos: der viereckige Pfeiler ist in der Tat weniger einfach, wiewohl zufällig leichter zu machen, als die runde Säule. Ebenso sind die Formen von Fries, Balken, Bogen, Kuppel durch ihren unmittelbaren Zweck ganz und gar bestimmt und erklären dadurch sich selbst. Die Verzierungen der Kapitelle usw. gehören der Skulptur, nicht der Architektur an, von der sie, als hinzukommender Schmuck, bloß zugelassen werden und auch wegfallen könnten. – Dem Gesagten gemäß ist es zum Verständnis und ästhetischen Genuß eines Werkes der Architektur unumgänglich nötig, von seiner Materie, nach ihrem Gewicht, ihrer Starrheit und Kohäsion, eine unmittelbare, anschauliche Kenntnis zu haben, und unsere Freude an einem solchen Werke würde plötzlich sehr verringert werden, durch die Eröffnung, daß Bimsstein das Baumaterial sei: denn da würde es uns wie eine Art Scheingebäude vorkommen. Fast ebenso würde die Nachricht wirken, daß es nur von Holz sei, während wir Stein voraussetzten; eben weil dies nunmehr das Verhältnis zwischen Starrheit und Schwere, und dadurch die Bedeutung und Notwendigkeit aller Teile, ändert und verschiebt, da jene Naturkräfte am hölzernen Gebäude viel schwächer sich offenbaren. Daher auch kann aus Holz eigentlich kein Werk der schönen Baukunst werden, so sehr dasselbe auch alle Formen annimmt: dies ist ganz allein durch unsere Theorie erklärlich. Wenn man aber vollends uns sagte, das Gebäude, dessen Anblick uns erfreut, bestehe aus ganz verschiedenen Materien, von sehr ungleicher Schwere und Konsistenz, die aber durch das Auge nicht zu unterscheiden wären; so würde dadurch das ganze Gebäude uns so ungenießbar, wie ein Gedicht in einer uns unbekannten Sprache. Dieses alles beweist eben, daß die Baukunst nicht bloß mathematisch wirkt, sondern dynamisch, und daß was durch sie zu uns redet, nicht etwan bloße Form und Symmetrie, sondern vielmehr jene Grundkräfte der Natur sind, jene ersten Ideen, jene niedrigsten Stufen der Objektität des Willens. – Die Regelmäßigkeit des Gebäudes und seiner Teile wird teils durch die unmittelbare Zweckmäßigkeit jedes Gliedes zum Bestande des Ganzen herbeigeführt, teils dient sie, die Übersicht und das Verständnis des Ganzen zu erleichtern, teils endlich tragen die regelmäßigen Figuren, indem sie die Gesetzmäßigkeit des Raumes als solchen offenbaren, zur Schönheit bei. Dies alles ist aber nur von untergeordnetem Wert und Notwendigkeit und keineswegs die Hauptsache, da sogar die Symmetrie nicht unnachläßlich erfordert ist, indem ja auch Ruinen noch schön sind.

Eine ganz besondere Beziehung haben nun noch die Werke der Baukunst zum Lichte: sie gewinnen doppelte Schönheit im vollen Sonnenschein, den blauen Himmel zum Hintergrund, und zeigen wieder eine ganz andere Wirkung im Mondenschein. Daher auch bei Aufführung eines schönen Werkes der Baukunst immer besondere Rücksicht auf die Wirkungen des Lichtes und auf die Himmelsgegenden genommen wird. Dieses alles hat seinen Grund zwar großenteils darin, daß helle und scharfe Beleuchtung alle Teile und ihre Verhältnisse erst recht sichtbar macht: außerdem aber bin ich der Meinung, daß die Baukunst, so wie Schwere und Starrheit, auch zugleich das diesen ganz entgegengesetzte Wesen des Lichtes zu offenbaren bestimmt ist. Indem nämlich das Licht von den großen, undurchsichtigen, scharfbegrenzten und mannigfach gestalteten Massen aufgefangen, gehemmt, zurückgeworfen wird, entfaltet es seine Natur und Eigenschaften am reinsten und deutlichsten, zum großen Genuß des Beschauers, da das Licht das erfreulichste der Dinge ist, als die Bedingung und das objektive Korrelat der vollkommensten anschaulichen Erkenntnisweise.

Weil nun die Ideen, welche durch die Baukunst zur deutlichen Anschauung gebracht werden, die niedrigsten Stufen der Objektität des Willens sind und folglich die objektive Bedeutsamkeit dessen, was uns die Baukunst offenbart, verhältnismäßig gering ist; so wird der ästhetische Genuß beim Anblick eines schönen und günstig beleuchteten Gebäudes, nicht so sehr in der Auffassung der Idee, als in dem mit dieser Auffassung gesetzten subjektiven Korrelat derselben liegen, also überwiegend darin bestehn, daß an diesem Anblick der Beschauer von der Erkenntnisart des Individuums, die dem Willen dient und dem Satz vom Grunde nachgeht, losgerissen und emporgehoben wird zu der des reinen willensfreien Subjekts des Erkennens; also in der reinen, von allem Leiden des Wollens und der Individualität befreiten Kontemplation selbst. – In dieser Hinsicht ist der Gegensatz der Architektur und das andere Extrem in der Reihe der schönen Künste das Drama, welches die allerbedeutsamsten Ideen zur Erkenntnis bringt, daher im ästhetischen Genuß desselben die objektive Seite durchaus überwiegend ist.

Die Baukunst hat von den bildenden Küsten und der Poesie das Unterscheidende, daß sie nicht ein Nachbild, sondern die Sache selbst gibt: nicht wiederholt sie, wie jene, die erkannte Idee, wodurch der Künstler dem Beschauer seine Augen leiht; sondern hier stellt der Künstler dem Beschauer bloß das Objekt zurecht, erleichtert ihm die Auffassung der Idee, dadurch daß er das wirkliche individuelle Objekt zum deutlichen und vollständigen Ausdruck seines Wesens bringt.

Die Werke der Baukunst werden sehr selten, gleich den übrigen Werken der schönen Kunst, zu rein ästhetischen Zwecken aufgeführt: vielmehr werden diese andern, der Kunst selbst fremden, nützlichen Zwecken untergeordnet, und da besteht denn das große Verdienst des Baukünstlers darin, die rein ästhetischen Zwecke, in jener ihrer Unterordnung unter fremdartige, doch durchzusetzen und zu erreichen, indem er sie auf mannigfaltige Weise dem jedesmaligen willkürlichen Zwecke geschickt anpaßt, und richtig beurteilt, welche ästhetisch-architektonische Schönheit sich mit einem Tempel, welche mit einem Palast, welche mit einem Zeughause usw. verträgt und vereinigen läßt. Je mehr ein rauhes Klima jene Forderungen des Bedürfnisses, der Nützlichkeit vermehrt, sie fester bestimmt und unerläßlicher vorschreibt, desto weniger Spielraum hat das Schöne in der Baukunst. Im milden Klima Indiens, Ägyptens, Griechenlands und Roms, wo die Forderungen der Notwendigkeit geringer und loser bestimmt waren, konnte die Baukunst ihre ästhetischen Zwecke am freiesten verfolgen: unter dem nordischen Himmel wurden ihr diese sehr verkümmert: hier, wo Kasten, spitze Dächer und Türme die Forderung waren, mußte die Baukunst, da sie ihre eigene Schönheit nur in sehr engen Schranken entfalten durfte, sich zum Ersatz desto mehr mit dem von der Skulptur geborgten Schmucke zieren, wie an der gotischen schönen Baukunst zu sehn.

Muß nun diesergestalt die Baukunst, durch die Forderungen der Notwendigkeit und Nützlichkeit, große Beschränkungen leiden; so hat sie andererseits an eben diesen eine kräftige Stütze, da sie, bei dem Umfange und der Kostbarkeit ihrer Werke und der engen Sphäre ihrer ästhetischen Wirkungsart, sich als bloß schöne Kunst gar nicht erhalten könnte, wenn sie nicht zugleich als nützliches und notwendiges Gewerbe einen festen und ehrenvollen Platz unter den menschlichen Hantierungen hätte. Der Mangel dieses letztern eben ist es, der eine andere Kunst verhindert, ihr als Schwester zur Seite zu stehn, obgleich dieselbe, in ästhetischer Rücksicht, ganz eigentlich ihr als Seitenstück beizuordnen ist: ich meine die schöne Wasserleitungskunst. Denn was die Baukunst für die Idee der Schwere, wo diese mit der Starrheit verbunden erscheint, leistet, dasselbe leistet jene für dieselbe Idee, da, wo ihr die Flüssigkeit, d.h. Formlosigkeit, leichteste Verschiebbarkeit, Durchsichtigkeit, beigesellt ist. Schäumend und brausend über Felsen stürzende Wasserfälle, still zerstäubende Katarakte, als hohe Wassersäulen emporstrebende Springbrunnen und klarspiegelnde Seen offenbaren die Ideen der flüssigen schweren Materie gerade so, wie die Werke der Baukunst die Ideen der starren Materie entfalten. An der nützlichen Wasserleitungskunst findet die schöne keine Stütze; da die Zwecke dieser sich mit den ihrigen, in der Regel, nicht vereinigen lassen, sondern dies nur ausnahmsweise stattfindet, z.B. in der Cascata di Trevi zu Rom*.

§ 44

Was für jene untersten Stufen der Objektität des Willens die zwei erwähnten Künste leisten, das leistet für die höhere Stufe der vegetabilischen Natur gewissermaßen die schöne Gartenkunst. Die landschaftliche Schönheit eines Fleckes beruht großenteils auf der Mannigfaltigkeit der auf ihm sich beisammenfindenden natürlichen Gegenstände, und sodann darauf, daß diese sich rein aussondern, deutlich hervortreten und doch in passender Verbindung und Abwechselung sich darstellen. Diese beiden Bedingungen sind es, denen die schöne Gartenkunst nachhilft: jedoch ist sie ihres Stoffes lange nicht so sehr Meister, wie die Baukunst des ihrigen, und daher ihre Wirkung beschränkt. Das Schöne, was sie vorzeigt, gehört fast ganz der Natur: sie selbst hat wenig dazu getan: und andererseits kann sie gegen die Ungunst der Natur sehr wenig ausrichten, und wo ihr diese nicht vor- sondern entgegenarbeitet, sind ihre Leistungen gering.

* Hiezu Kap. 35 des zweiten Bandes.

Sofern also die Pflanzenwelt, welche ohne Vermittelung der Kunst sich überall zum ästhetischen Genusse anbietet, Objekt der Kunst ist, gehört sie hauptsächlich der Landschaftsmalerei an. Im Gebiete dieser liegt mit ihr auch die ganze übrige erkenntnislose Natur. – Beim Stilleben und gemalter bloßer Architektur, Ruinen, Kirche von innen u.dgl. ist die subjektive Seite des ästhetischen Genusses die überwiegende: d.h. unsere Freude daran liegt nicht hauptsächlich in der Auffassung der dargestellten Ideen unmittelbar, sondern mehr im subjektiven Korrelat dieser Auffassung, in dem reinen willenlosen Erkennen; da, indem der Maler uns die Dinge durch seine Augen sehn läßt, wir hier zugleich eine Mitempfindung und das Nachgefühl der tiefen Geistesruhe und des gänzlichen Schweigens des Willens erhalten, welche nötig waren, um die Erkenntnis so ganz in jene leblosen Gegenstände zu versenken und sie mit solcher Liebe, d.h. hier mit solchem Grade der Objektivität, aufzufassen. – Die Wirkung der eigentlichen Landschaftsmalerei ist nun zwar im ganzen auch noch von dieser Art: allein weil die dargestellten Ideen, als höhere Stufen der Objektivation des Willens, schon bedeutsamer und vielsagender sind; so tritt die objektive Seite des ästhetischen Wohlgefallens schon mehr hervor und hält der subjektiven das Gleichgewicht. Das reine Erkennen als solches ist nicht mehr ganz die Hauptsache; sondern mit gleicher Macht wirkt die erkannte Idee, die Welt als Vorstellung auf einer bedeutenden Stufe der Objektivation des Willens.

Aber eine noch viel höhere Stufe offenbart die Tiermalerei und Tierbildhauerei, von welcher letzteren wir bedeutende antike Überreste haben, z.B. Pferde, in Venedig, auf Monte cavallo, auf den Elginschen Reliefs, auch zu Florenz, in Bronze und Marmor, eben daselbst der antike Eber, die heulenden Wölfe, ferner die Löwen am Arsenal zu Venedig, auch im Vatikan ein ganzer Saal voll meist antiker Tiere usw. Bei diesen Darstellungen erhält nun die objektive Seite des ästhetischen Wohlgefallens ein entschiedenes Übergewicht über die subjektive. Die Ruhe des diese Ideen erkennenden Subjekts, das den eigenen Willen beschwichtigt hat, ist zwar, wie bei jeder ästhetischen Betrachtung, vorhanden: aber ihre Wirkung wird nicht empfunden: denn uns beschäftigt die

Unruhe und Heftigkeit des dargestellten Willens. Es ist jenes Wollen, welches auch unser Wesen ausmacht, das uns hier vor Augen tritt, in Gestalten, in denen seine Erscheinung nicht, wie in uns, durch die Besonnenheit beherrscht und gemildert ist, sondern sich in stärkern Zügen und mit einer Deutlichkeit, die an das Groteske und Monstrose streift, darstellt, dafür aber auch ohne Verstellung, naiv und offen, frei zu Tage liegend, worauf gerade unser Interesse an den Tieren beruht. Das Charakteristische der Gattungen trat schon bei der Darstellung der Pflanzen hervor, zeigte sich jedoch nur in den Formen: hier wird es viel bedeutender und spricht sich nicht nur in der Gestalt, sondern in Handlung, Stellung und Gebärde aus, obwohl immer nur noch als Charakter der Art, nicht des Individuums. – Dieser Erkenntnis der Ideen höherer Stufen, welche wir in der Malerei durch fremde Vermittelung empfangen, können wir auch unmittelbar teilhaft werden, durch rein kontemplative Anschauung der Pflanzen und Beobachtung der Tiere, und zwar letzterer in ihrem freien, natürlichen und behaglichen Zustande. Die objektive Betrachtung ihrer mannigfaltigen, wundersamen Gestalten und ihres Tuns und Treibens ist eine lehrreiche Lektion aus dem großen Buche der Natur, ist die Entzifferung der wahren Signatura rerum*: wir sehn in ihr die vielfachen Grade und Weisen der Manifestation des Willens, welcher, in allen Wesen der eine und selbe, überall dasselbe will, was eben als Leben, als Dasein, sich objektiviert, in so endloser Abwechselung, so verschiedenen Gestalten, die alle Akkomodationen zu den verschiedenen äußeren Bedingungen sind, vielen Variationen desselben Themas zu vergleichen. Sollten wir aber dem Betrachter den Aufschluß über ihr inneres Wesen auch für die Reflexion und in einem Worte mitteilen; so würden wir am besten jene Sanskrit-Formel, die in den heiligen Büchern der

* Jakob Böhme, in seinem Buche de Signatura rerum, Kap. 1, § 15, 16, 17, sagt: »Und ist kein Ding in der Natur, es offenbart seine innere Gestalt auch äußerlich: denn das Innerliche arbeitet stets zur Offenbarung. – – – Ein jedes Ding hat seinen Mund zur Offenbarung. – – – Und das ist die Natursprache, darin jedes Ding aus seiner Eigenschaft redet und sich immer selber offenbart und darstellt. – – – Denn ein jedes Ding offenbart seine Mutter, die die *Essenz und den Willen* zur Gestaltnis also gibt.«

Hindu so oft vorkommt und Mahavakya, d. h. das große Wort, genannt wird, dazu gebrauchen können: »Tat twam asi«, das heißt: »Dieses Lebende bist du.«

§ 45

Die Idee, in welcher der Wille den höchsten Grad seiner Objektivation erreicht, unmittelbar anschaulich darzustellen, ist endlich die große Aufgabe der Historienmalerei und der Skulptur. Die objektive Seite der Freude am Schönen ist hier durchaus überwiegend und die subjektive in den Hintergrund getreten. Ferner ist zu beachten, daß noch auf der nächsten Stufe unter dieser, in der Tiermalerei, das Charakteristische völlig eins mit dem Schönen ist: der am meisten charakteristische Löwe, Wolf, Pferd, Schaf, Stier, war auch allemal der schönste. Der Grund hievon ist, daß die Tiere nur Gattungscharakter, keinen Individualcharakter haben. Bei der Darstellung des Menschen sondert sich nun aber der Gattungscharakter vom Charakter des Individuums: jener heißt nun Schönheit (gänzlich im objektiven Sinn), dieser aber behält den Namen Charakter oder Ausdruck bei, und es tritt die neue Schwierigkeit ein, beide zugleich im nämlichen Individuo vollkommen darzustellen.

Menschliche Schönheit ist ein objektiver Ausdruck, welcher die vollkommenste Objektivation des Willens auf der höchsten Stufe seiner Erkennbarkeit bezeichnet, die Idee des Menschen überhaupt, vollständig ausgedrückt in der angeschauten Form. So sehr hier aber auch die objektive Seite des Schönen hervortritt; so bleibt die subjektive doch ihre stete Begleiterin: und eben weil kein Objekt uns so schnell zum rein ästhetischen Anschauen hinreißt, wie das schönste Menschenantlitz und Gestalt, bei deren Anblick uns augenblicklich ein unaussprechliches Wohlgefallen ergreift und über uns selbst und alles was uns quält hinaushebt; so ist dieses nur dadurch möglich, daß diese allerdeutlichste und reinste Erkennbarkeit des Willens uns auch am leichtesten und schnellsten in den Zustand des reinen Erkennens versetzt, in welchem unsere Persönlichkeit, unser Wollen mit seiner steten Pein, verschwindet, solange die rein ästhetische Freude anhält: daher sagt Goethe: »Wer die menschliche Schönheit erblickt, den kann nichts Übles anwehen: er fühlt sich mit sich selbst und mit der Welt in Übereinstimmung.« – Daß nun der Natur eine schöne Menschengestalt gelingt, müssen wir daraus erklären, daß der Wille, indem er sich auf dieser höchsten Stufe in einem Individuo objektiviert, durch glückliche Umstände und seine Kraft, alle die Hindernisse und den Widerstand vollkommen besiegt, welche ihm die Willenserscheinungen niedriger Stufen entgegensetzen, dergleichen die Naturkräfte sind, welchen er die allen angehörende Materie immer erst abgewinnen und entreißen muß. Ferner hat die Erscheinung des Willens auf den obern Stufen immer die Mannigfaltigkeit in ihrer Form: schon der Baum ist nur ein systematisches Aggregat der zahllos wiederholten sprossenden Fasern: diese Zusammensetzung nimmt höher herauf immer mehr zu, und der menschliche Körper ist ein höchst kombiniertes System ganz verschiedener Teile, deren jeder ein dem Ganzen untergeordnetes, aber doch auch eigentümliches Leben, vita propria, hat: daß nun alle diese Teile gerade auf die gehörige Weise dem Ganzen untergeordnet und einander nebengeordnet seien, harmonisch zur Darstellung des Ganzen konspirieren, nichts übermäßig, nichts verkümmert sei; – dies alles sind die seltenen Bedingungen, deren Resultat die Schönheit, der vollkommen ausgeprägte Gattungscharakter ist. – So die Natur. Wie aber die Kunst? – Man meint, durch Nachahmung der Natur. – Woran soll aber der Künstler ihr gelungenes und nachzuahmendes Werk erkennen und es unter den mißlungenen herausfinden; wenn er nicht *vor der Erfahrung* das Schöne antizipiert? Hat überdies auch jemals die Natur einen in allen Teilen vollkommen schönen Menschen hervorgebracht? – Da hat man gemeint, der Künstler müsse die an viele Menschen einzeln verteilten schönen Teile zusammensuchen und aus ihnen ein schönes Ganzes zusammensetzen: eine verkehrte und besinnungslose Meinung. Denn es frägt sich abermals, woran soll er erkennen, daß gerade diese Formen die schönen sind und jene nicht? – Auch sehn wir, wie weit in der Schönheit die alten deutschen Maler durch Nachahmung der Natur gekommen sind. Man betrachte ihre nackten Figuren. – Rein a posteriori und aus bloßer Erfahrung ist gar keine Erkenntnis des Schönen möglich: sie ist immer, wenigstens zum Teil, a priori, wiewohl von ganz anderer Art, als die uns a priori bewußten Gestaltungen des Satzes vom Grunde. Diese betreffen die allgemeine Form der Erscheinung als solcher, wie sie die Möglichkeit der Erkenntnis überhaupt begründet, das allgemeine, ausnahmslose *Wie* des Erscheinens, und aus dieser Erkenntnis geht Mathematik und reine Naturwissenschaft hervor: jene andere Erkenntnisart a priori hingegen, welche die Darstellung des Schönen möglich macht, betrifft, statt der Form, den Inhalt der Erscheinungen, statt des *Wie*, das *Was* des Erscheinens. Daß wir alle die menschliche Schönheit erkennen, wenn wir sie sehn, im echten Künstler aber dies mit solcher Klarheit geschieht, daß er sie zeigt, wie er sie nie gesehn hat, und die Natur in seiner Darstellung übertrifft; dies ist nur dadurch möglich, daß der Wille, dessen adäquate Objektivation, auf ihrer höchsten Stufe, hier beurteilt und gefunden werden soll, ja *wir selbst* sind. Dadurch allein haben wir in der Tat eine Antizipation dessen, was die Natur (die ja eben der Wille ist, der unser eigenes Wesen ausmacht) darzustellen sich bemüht; welche Antizipation im echten Genius von dem Grade der Besonnenheit begleitet ist, daß er, indem er im einzelnen Dinge dessen *Idee* erkennt, gleichsam die *Natur auf halbem Worte versteht* und nun rein ausspricht, was sie nur stammelt, daß er die Schönheit der Form, welche ihr in tausend Versuchen mißlingt, dem harten Marmor aufdrückt, sie der Natur gegenüberstellt, ihr gleichsam zurufend: »Das war es, was du sagen wolltest!« und »Ja, das war es!« hallt es aus dem Kenner wider. – Nur so konnte der geniale Grieche den Urtypus der menschlichen Gestalt finden und ihn als Kanon der Schule der Skulptur aufstellen; und auch allein vermöge einer solchen Antizipation ist es uns allen möglich, das Schöne da, wo es der Natur im einzelnen wirklich gelungen ist, zu erkennen. Diese Antizipation ist das *Ideal*: es ist die *Idee*, sofern sie, wenigstens zur Hälfte, a priori erkannt ist und, indem sie als solche dem a posteriori durch die Natur Gegebenen ergänzend entgegenkommt, für die Kunst praktisch wird. Die Möglichkeit solcher Antizipation des Schönen a priori im Künstler, wie seiner Anerkennung a posteriori im Kenner, liegt darin, daß Künstler und Kenner das Ansich der Natur, der sich objektivierende Wille, selbst sind. Denn nur vom Gleichen, wie Empedokles sagte, wird das Gleiche erkannt: nur Natur kann sich selbst verstehn; nur Natur wird sich selbst ergründen: aber auch nur vom Geist wird der Geist vernommen*.

Die verkehrte, wiewohl vom Xenophontischen Sokrates ausgesprochene Meinung (Stobaei Floril. Vol. 2, p. 384), daß die Griechen das aufgestellte Ideal menschlicher Schönheit ganz empirisch, durch Zusammenlesen einzelner schöner Teile, hier ein Knie, dort einen Arm entblößend und merkend, aufgefunden hätten, hat übrigens eine ihr ganz analoge im Betreff der Dichtkunst, nämlich die Annahme, daß z.B. Shakespeare die unzählig mannigfaltigen, so wahren, so gehaltenen, so aus der Tiefe herausgearbeiteten Charaktere in seinen Dramen, aus seiner eigenen Erfahrung im Weltleben sich gemerkt und dann wiedergegeben hätte. Die Unmöglichkeit und Absurdität solcher Annahme bedarf keiner Auseinandersetzung: es ist offenbar, daß der Genius, wie er die Werke der bildenden Kunst nur durch eine ahndende Antizipation des Schönen hervorbringt, so die Werke der Dichtkunst nur durch eine ebensolche Antizipation des Charakteristischen; wenngleich beide der Erfahrung bedürfen, als eines Schemas, woran allein jenes ihnen a priori dunkel Bewußte zur vollen Deutlichkeit hervorgerufen wird und die Möglichkeit besonnener Darstellung nunmehr eintritt.

Menschliche Schönheit wurde oben erklärt als die vollkommenste Objektivation des Willens auf der höchsten Stufe seiner Erkennbarkeit. Sie drückt sich aus durch die Form: und diese liegt im Raum allein und hat keine notwendige Beziehung auf die Zeit, wie z.B. die Bewegung eine hat. Wir können insofern sagen: die adäquate Objektivation des Willens durch eine bloß räumliche Erscheinung ist Schönheit, im objektiven Sinn. Die Pflanze ist

* Der letzte Satz ist die Verdeutschung des il n'y a que l'esprit qui sente l'esprit des Helvetius, welches ich in der ersten Ausgabe nicht anzumerken brauchte. Aber seitdem ist durch den verdummenden Einfluß der Hegelschen Afterweisheit die Zeit so heruntergebracht und so roh geworden, daß mancher wohl gar wähnen könnte, auch hier werde auf den Gegensatz von »Geist und Natur« angespielt: daher ich genötigt bin, mich gegen das Unterschieben solcher Pöbelphilosopheme ausdrücklich zu verwahren.

keine andere, als eine solche bloß räumliche Erscheinung des Willens; da keine Bewegung und folglich keine Beziehung auf die Zeit (abgesehn von ihrer Entwickelung) zum Ausdruck ihres Wesens gehört: ihre bloße Gestalt spricht ihr ganzes Wesen aus und legt es offen dar. Tier und Mensch aber bedürfen zur vollständigen Offenbarung des in ihnen erscheinenden Willens noch einer Reihe von Handlungen, wodurch jene Erscheinung in ihnen eine unmittelbare Beziehung auf die Zeit erhält. Dies alles ist schon im vorigen Buch erörtert worden: an unsere gegenwärtige Betrachtung knüpft es sich durch folgendes. Wie die bloß räumliche Erscheinung des Willens diesen auf jeder bestimmten Stufe vollkommen oder unvollkommen objektivieren kann, was eben Schönheit oder Häßlichkeit ausmacht; so kann auch die zeitliche Objektivation des Willens, d.i. die Handlung und zwar die unmittelbare, also die Bewegung, dem Willen, der sich in ihr objektiviert, rein und vollkommen entsprechen, ohne fremde Beimischung, ohne Überflüssiges, ohne Ermangelndes, nur gerade den bestimmten jedesmaligen Willensakt ausdrückend; – oder auch dies alles sich umgekehrt verhalten. Im ersten Fall geschieht die Bewegung mit *Grazie*; im andern ohne solche. Wie also Schönheit die entsprechende Darstellung des Willens überhaupt durch seine bloß räumliche Erscheinung ist; so ist *Grazie* die entsprechende Darstellung des Willens durch seine zeitliche Erscheinung, d.h. der vollkommen richtige und angemessene Ausdruck jedes Willensaktes, durch die ihn objektivierende Bewegung und Stellung. Da Bewegung und Stellung den Leib schon voraussetzen; so ist Winckelmanns Ausdruck sehr richtig und treffend, wenn er sagt: »Die Grazie ist das eigentümliche Verhältnis der handelnden Person zur Handlung.« (Werke, Bd. 1, S. 258.) Es ergibt sich von selbst, daß Pflanzen zwar Schönheit, aber keine Grazie beigelegt werden kann, es sei denn im figürlichen Sinn; Tieren und Menschen aber beides, Schönheit und Grazie. Die Grazie besteht, dem Gesagten zufolge, darin, daß jede Bewegung und Stellung auf die leichteste, angemessenste und bequemste Art ausgeführt werde und sonach der rein entsprechende Ausdruck ihrer Absicht, oder des Willensaktes sei, ohne Überflüssiges, was als zweckwidriges, bedeutungsloses Hantieren oder verdrehte Stellung, ohne Ermangelndes, was als hölzerne Steifheit sich darstellt. Die Grazie setzt ein richtiges Ebenmaß aller Glieder, einen regelrechten, harmonischen Körperbau, als ihre Bedingung, voraus; da nur mittelst dieser die vollkommene Leichtigkeit und augenscheinliche Zweckmäßigkeit in allen Stellungen und Bewegungen möglich ist: also ist die Grazie nie ohne einen gewissen Grad der Schönheit des Körpers. Beide vollkommen und im Verein sind die deutlichste Erscheinung des Willens auf der obersten Stufe seiner Objektivation.

Es gehört, wie oben erwähnt, zum Auszeichnenden der Menschheit, daß bei ihr der Charakter der Gattung und der des Individuums auseinandertreten, so daß, wie im vorigen Buch gesagt, jeder Mensch gewissermaßen eine ganz eigentümliche Idee darstellt. Die Künste daher, deren Zweck die Darstellung der Idee der Menschheit ist, haben neben der Schönheit, als dem Charakter der Gattung, noch den Charakter des Individuums, welcher vorzugsweise *Charakter* genannt wird, zur Aufgabe; diesen jedoch auch nur wieder, sofern er nicht als etwas Zufälliges, dem Individuo in seiner Einzelnheit ganz und gar Eigentümliches anzusehn ist, sondern als eine gerade in diesem Individuo besonders hervortretende Seite der Idee der Menschheit, zu deren Offenbarung die Darstellung desselben daher zweckdienlich ist. Also muß der Charakter, obzwar als solcher individuell, dennoch idealisch, d. h. mit Hervorhebung seiner Bedeutsamkeit in Hinsicht auf die Idee der Menschheit überhaupt (zu deren Objektivierung er auf seine Weise beiträgt) aufgefaßt und dargestellt werden: außerdem ist die Darstellung Porträt, Wiederholung des Einzelnen als solchen, mit allen Zufälligkeiten. Und selbst auch das Porträt soll, wie Winckelmann sagt, das Ideal des Individuums sein.

Jener idealisch aufzufassende *Charakter*, der die Hervorhebung einer eigentümlichen Seite der Idee der Menschheit ist, stellt sich nun sichtbar dar, teils durch die bleibende Physiognomie und Korporisation, teils durch vorübergehenden Affekt und Leidenschaft, Modifikation des Erkennens und Wollens gegenseitig durch einander, welches alles sich in Miene und Bewegung ausdrückt. Da das Individuum immer der Menschheit angehört und andererseits die Menschheit sich immer im Individuo und sogar mit eigentümlicher idealer Bedeutsamkeit desselben offenbart; so darf weder die Schönheit durch den Charakter, noch dieser durch jene aufgehoben werden: weil Aufhebung des Gattungscharakters durch den des Individuums Karikatur, und Aufhebung des Individuellen durch den Gattungscharakter Bedeutungslosigkeit geben würde. Daher wird die Darstellung, indem sie auf Schönheit ausgeht, welches hauptsächlich die Skulptur tut, dennoch diese (d.i. den Gattungscharakter) immer in etwas durch den individuellen Charakter modifizieren und die Idee der Menschheit immer auf eine bestimmte, individuelle Weise, eine besondere Seite derselben hervorhebend, ausdrücken; weil das menschliche Individuum als solches gewissermaßen die Dignität einer eigenen Idee hat und der Idee der Menschheit es eben wesentlich ist, daß sie sich in Individuen von eigentümlicher Bedeutsamkeit darstellt. Daher finden wir in den Werken der Alten die von ihnen deutlich aufgefaßte Schönheit nicht durch eine einzige, sondern durch viele, verschiedenen Charakter tragende Gestalten ausgedrückt, gleichsam immer von einer andern Seite gefaßt, und demzufolge anders dargestellt im Apoll, anders im Bacchus, anders im Herkules, anders im Antinous: ja, das Charakteristische kann das Schöne beschränken und endlich sogar bis zur Häßlichkeit hervortreten, im trunkenen Silen, im Faun usw. Geht aber das Charakteristische bis zur wirklichen Aufhebung des Charakters der Gattung, also bis zum Unnatürlichen; so wird es Karikatur. – Noch viel weniger aber, als die Schönheit, darf die Grazie durch das Charakteristische beeinträchtigt werden: welche Stellung und Bewegung auch der Ausdruck des Charakters erfordert; so muß sie doch auf die der Person angemessenste, zweckmäßigste, leichteste Weise vollzogen werden. Dies wird nicht nur der Bildhauer und Maler, sondern auch jeder gute Schauspieler beobachten: sonst entsteht auch hier Karikatur, als Verzerrung, Verrenkung.

In der Skulptur bleiben Schönheit und Grazie die Hauptsache. Der eigentliche Charakter des Geistes, hervortretend in Affekt, Leidenschaft, Wechselspiel des Erkennens und Wollens, durch den Ausdruck des Gesichts und der Gebärde allein darstellbar, ist vorzüglich Eigentum der *Malerei*. Denn obwohl Augen und Farbe, welche außer dem Gebiet der Skulptur liegen, viel zur Schönheit beitragen; so sind sie doch für den Charakter noch weit wesentlicher. Ferner entfaltet sich die Schönheit vollständiger der Betrachtung aus mehreren Standpunkten: hingegen kann der Ausdruck, der Charakter, auch aus *einem* Standpunkt vollkommen aufgefaßt werden.

Weil Schönheit offenbar der Hauptzweck der Skulptur ist, hat Lessing die Tatsache, daß der *Laokoon nicht schreiet*, daraus zu erklären gesucht, daß das Schreien mit der Schönheit nicht zu vereinigen sei. Da dem Lessing dieser Gegenstand das Thema, oder wenigstens der Anknüpfungspunkt, eines eigenen Buches ward, auch vor und nach ihm so vieles über denselben geschrieben ist; so möge es mir vergönnt sein, hier episodisch meine Meinung darüber vorzutragen, obwohl eine so spezielle Erörterung nicht eigentlich in den Zusammenhang unserer durchaus auf das Allgemeine gerichteten Betrachtung gehört.

§ 46

Daß Laokoon, in der berühmten Gruppe, nicht schreiet, ist offenbar, und die allgemeine, immer wiederkehrende Befremdung darüber muß daher rühren, daß in seiner Lage wir alle schreien würden: und so fordert es auch die Natur; da bei dem heftigsten physischen Schmerz und plötzlich eingetretener größter körperlicher Angst, alle Reflexion, die etwan ein schweigendes Dulden herbeiführen könnte, gänzlich aus dem Bewußtsein verdrängt wird, und die Natur sich durch Schreien Luft macht, wodurch sie zugleich den Schmerz und die Angst ausdrückt, den Retter herbeiruft und den Angreifer schreckt. Schon Winckelmann vermißte daher den Ausdruck des Schreiens: aber indem er die Rechtfertigung des Künstlers suchte, machte er eigentlich den Laokoon zu einem Stoiker, der es seiner Würde nicht gemäß hält, secundum naturam zu schreien, sondern zu seinem Schmerz sich noch den nutzlosen Zwang auflegt, die Äußerungen desselben zu verbeißen: Winckelmann sieht daher in ihm »den geprüften Geist eines großen Mannes, welcher mit Martern ringt und den Ausdruck der Empfindung zu unterdrücken und in sich zu verschließen sucht: er bricht nicht in lautes Geschrei aus, wie beim Virgil, sondern es entsteigen ihm nur bange Seufzer«, usw., (Werke, Bd. 7, S. 98. – Dasselbe ausführlicher Bd. 6, S. 104fg.). Diese Meinung Winckelmanns kritisierte nun Lessing in seinem Laokoon und verbesserte sie auf die oben angegebene Weise: an die Stelle des psychologischen Grundes setzte er den rein ästhetischen, daß die Schönheit, das Prinzip der alten Kunst, den Ausdruck des Schreiens nicht zulasse. Ein anderes Argument, welches er hinzufügt, daß nämlich nicht ein ganz vorübergehender und keiner Dauer fähiger Zustand im unbeweglichen Kunstwerk dargestellt werden dürfe, hat hundert Beispiele von vortrefflichen Figuren gegen sich, die in ganz flüchtigen Bewegungen, tanzend, ringend, haschend usw. festgehalten sind. Ja, Goethe in dem Aufsatz über den Laokoon, welcher die Propyläen eröffnet (S. 8), hält die Wahl eines solchen ganz vorübergehenden Moments geradezu für notwendig. – In unsern Tagen entschied nun Hirt (Horen, 1797, siebentes St.), alles auf die höchste Wahrheit des Ausdrucks zurückführend, die Sache dahin, daß Laokoon nicht schreiet, weil er, schon im Begriff am Stickfluß zu sterben, nicht mehr schreien kann. Zuletzt hat Fernow (Römische Studien, Bd. 1, S. 426fg.) alle jene drei Meinungen erörtert und abgewogen, selbst jedoch keine neue hinzugetan, sondern jene drei vermittelt und vereinigt.

Ich kann nicht umhin mich zu verwundern, daß so nachdenkende und scharfsichtige Männer mühsam unzulängliche Gründe aus der Ferne herbeiziehn, psychologische, ja physiologische Argumente ergreifen, um eine Sache zu erklären, deren Grund ganz nahe liegt und dem Unbefangenen gleich offenbar ist, – und besonders daß Lessing, welcher der richtigen Erklärung so nahe kam, dennoch den eigentlichen Punkt keineswegs getroffen hat.

Vor aller psychologischen und physiologischen Untersuchung, ob Laokoon in seiner Lage schreien wird oder nicht, welches ich übrigens ganz und gar bejahen würde, ist in Hinsicht auf die Gruppe zu entscheiden, daß das Schreien in ihr nicht dargestellt werden durfte, allein aus dem Grunde, weil die Darstellung desselben gänzlich außer dem Gebiete der Skulptur liegt. Man konnte nicht aus Marmor einen schreienden Laokoon hervorbringen, sondern nur einen den Mund aufreißenden und zu schreien sich fruchtlos bemühenden, einen Laokoon, dem die Stimme im Halse stecken geblieben, vox faucibus haesit. Das Wesen, und folglich auch die Wirkung des Schreiens auf den Zuschauer, liegt ganz allein im Laut, nicht im Mundaufsperren. Dieses letztere, das Schreien notwendig begleitende Phänomen muß erst durch den dadurch hervorgebrachten Laut motiviert und gerechtfertigt werden: dann ist es, als für die Handlung charakteristisch, zulässig, ja notwendig, wenn es gleich der Schönheit Abbruch tut. Allein in der bildenden Kunst, der die Darstellung des Schreiens selbst ganz fremd und unmöglich ist, das gewaltsame, alle Züge und den übrigen Ausdruck störende Mittel zum Schreien, das Mundaufsperren darzustellen, wäre wirklich unverständig; weil man dann das im übrigen viele Aufopferungen fordernde Mittel vor die Augen brächte, während der Zweck desselben, das Schreien selbst, zusamt dessen Wirkung auf das Gemüt, ausbliebe. Ja, was noch mehr ist, man brächte dadurch den jedesmal lächerlichen Anblick einer ohne Wirkung bleibenden Anstrengung hervor, wirklich dem zu vergleichen, welchen sich ein Spaßvogel verschaffte, indem er dem schlafenden Nachtwächter das Horn mit Wachs fest verstopfte, ihn dann mit Feuergeschrei weckte und sich an dessen fruchtlosen Anstrengungen zum Blasen ergötzte. – Wo hingegen die Darstellung des Schreiens im Gebiet der darstellenden Kunst liegt, ist es durchaus zulässig, weil es der Wahrheit dient, d. i. der vollständigen Darstellung der Idee. So in der Dichtkunst, welche zur anschaulichen Darstellung die Phantasie des Lesers in Anspruch nimmt: daher schreit bei Virgil der Laokoon wie ein Stier, der sich losgerissen, nachdem ihn die Axt getroffen: daher läßt Homer (Il., XX, 48–53) den Mars und die Minerva ganz entsetzlich schreien, ihrer Götterwürde sowohl, als Götterschönheit unbeschadet. Ebenso in der Schauspielkunst: Laokoon auf der Bühne mußte schlechterdings schreien; auch läßt Sophokles den Philoktet schreien, und er wird auf der alten Bühne allerdings wirklich geschrien haben. Als eines ganz ähnlichen Falles, erinnere ich mich in London den berühmten Schauspieler Kemble, in einem aus dem Deutschen übersetzten Stück, Pizarro, den Amerikaner Rolla darstellen gesehn zu haben, einen Halbwilden, aber von sehr edlem Charakter: dennoch, als er verwundet wurde, schrie er laut und heftig auf, was von großer und vortrefflicher Wirkung war, weil es, als höchst charakteristisch, zur Wahrheit viel beitrug. – Hingegen ein gemalter oder steinerner stummer Schreier wäre noch viel lächerlicher, als gemalte Musik, die schon in Goethes Propyläen gerügt wird; da das Schreien dem übrigen Ausdruck und der Schönheit viel mehr Abbruch tut, als die Musik, welche meistens nur Hände und Arme beschäftigt und als eine die Person charakterisierende Handlung anzusehn ist, ja insofern ganz füglich gemalt werden kann, sobald sie nur keine gewaltsame Bewegung des Körpers, oder Verziehung des Mundes erfordert: so z. B. die heilige Cäcilia an der Orgel, Raphaels Violinspieler in der Galerie Sciarra zu Rom u. a. m. – Weil nun also, wegen der Grenzen der Kunst, der Schmerz des Laokoon nicht durch Schreien ausgedrückt werden durfte, mußte der Künstler jeden andern Ausdruck desselben in Bewegung setzen: dies hat er in der höchsten Vollendung geleistet, wie es Winckelmann (Werke, Bd. 6, S. 104 fg.) so meisterhaft schildert, dessen vortreffliche Beschreibung daher ihren vollen Wert und Wahrheit behält, sobald man nur vom Unterlegen stoischer Gesinnung abstrahiert*.

§ 47

Weil Schönheit nebst Grazie der Hauptgegenstand der Skulptur ist, liebt sie das Nackte, und leidet Bekleidung nur sofern diese die Formen nicht verbirgt. Sie bedient sich der Draperie nicht als einer Verhüllung, sondern als einer mittelbaren Darstellung der Form, welche Darstellungsweise den Verstand sehr beschäftigt, indem er zur Anschauung der Ursache, nämlich der Form des Körpers, nur durch die allein unmittelbar gegebene Wirkung, den Faltenwurf, gelangt. Sonach ist in der Skulptur die Draperie gewissermaßen das, was in der Malerei die Verkürzung ist. Beide

* Auch diese Episode hat ihre Ergänzung im Kap. 36 des zweiten Bandes erhalten.

sind Andeutungen, aber nicht symbolische, sondern solche, welche, wenn sie gelungen sind, den Verstand unmittelbar zwingen, das Angedeutete, ebenso als ob es wirklich gegeben wäre, anzuschauen.

Es sei mir erlaubt, hier beiläufig ein die redenden Künste betreffendes Gleichnis einzuschalten. Nämlich, wie die schöne Körperform bei der leichtesten, oder bei gar keiner Bekleidung am vorteilhaftesten sichtbar ist, und daher ein sehr schöner Mensch, wenn er zugleich Geschmack hätte und auch demselben folgen dürfte, am liebsten beinahe nackt, nur nach Weise der Antiken bekleidet, gehn würde; – ebenso nun wird jeder schöne und gedankenreiche Geist sich immer auf die natürlichste, unumwundenste, einfachste Weise ausdrücken, bestrebt, wenn es irgend möglich ist, seine Gedanken andern mitzuteilen, um dadurch die Einsamkeit, die er in einer Welt wie diese empfinden muß, sich zu erleichtern: umgekehrt nun aber wird Geistesarmut, Verworrenheit, Verschrobenheit sich in die gesuchtesten Ausdrücke und dunkelsten Redensarten kleiden, um so in schwierige und pomphafte Phrasen kleine, winzige, nüchterne, oder alltägliche Gedanken zu verhüllen, demjenigen gleich, der, weil ihm die Majestät der Schönheit abgeht, diesen Mangel durch die Kleidung ersetzen will und unter barbarischem Putz, Flittern, Federn, Krausen, Puffen und Mantel, die Winzigkeit oder Häßlichkeit seiner Person zu verstecken sucht. So verlegen wie dieser, wenn er nackt gehn sollte, wäre mancher Autor, wenn man ihn zwänge, sein so pomphaftes, dunkles Buch in dessen kleinen, klaren Inhalt zu übersetzen.

§ 48

Die *Historienmalerei* hat nun neben der Schönheit und Grazie noch den Charakter zum Hauptgegenstand, worunter überhaupt zu verstehn ist die Darstellung des Willens auf der höchsten Stufe seiner Objektivation, wo das Individuum, als Hervorhebung einer besondern Seite der Idee der Menschheit, eigentümliche Bedeutsamkeit hat und diese nicht durch die bloße Gestalt allein, sondern durch Handlung jeder Art und die sie veranlassenden und begleitenden Modifikationen des Erkennens und Wollens, sichtbar in Miene und Gebärde, zu erkennen gibt. Indem die Idee der Menschheit in diesem Umfange dargestellt werden soll, muß die Entfaltung ihrer Vielseitigkeit in bedeutungsvollen Individuen vor die Augen gebracht werden, und diese wieder können in ihrer Bedeutsamkeit nur durch mannigfaltige Szenen, Vorgänge und Handlungen sichtbar gemacht werden. Diese ihre unendliche Aufgabe löst nun die Historienmalerei dadurch, daß sie Lebensszenen jeder Art, von großer und geringer Bedeutsamkeit, vor die Augen bringt. Weder irgendein Individuum, noch irgendeine Handlung kann ohne Bedeutung sein: in allen und durch alle entfaltet sich mehr und mehr die Idee der Menschheit. Darum ist durchaus kein Vorgang des Menschenlebens von der Malerei auszuschließen. Man tut folglich den vortrefflichen Malern der niederländischen Schule großes Unrecht, wenn man bloß ihre technische Fertigkeit schätzt, im übrigen aber verachtend auf sie herabsieht, weil sie meistens Gegenstände aus dem gemeinen Leben darstellten, man hingegen nur die Vorfälle aus der Weltgeschichte, oder biblischen Historie für bedeutsam hält. Man sollte zuvörderst bedenken, daß die innere Bedeutsamkeit einer Handlung von der äußern ganz verschieden ist und beide oft getrennt voneinander einhergehn. Die äußere Bedeutsamkeit ist die Wichtigkeit einer Handlung in Beziehung auf die Folgen derselben für und in der wirklichen Welt; also nach dem Satz vom Grunde. Die innere Bedeutsamkeit ist die Tiefe der Einsicht in die Idee der Menschheit, welche sie eröffnet, indem sie die seltener hervortretenden Seiten jener Idee an das Licht zieht, dadurch, daß sie deutlich und entschieden sich aussprechende Individualitäten, mittelst zweckmäßig gestellter Umstände, ihre Eigentümlichkeiten entfalten läßt. Nur die innere Bedeutsamkeit gilt in der Kunst: die äußere gilt in der Geschichte. Beide sind völlig unabhängig voneinander, können zusammen eintreten, aber auch jede allein erscheinen. Eine für die Geschichte höchst bedeutende Handlung kann an innerer Bedeutsamkeit eine sehr alltägliche und gemeine sein: und umgekehrt kann eine Szene aus dem alltäglichen Leben von großer innerer Bedeutsamkeit sein, wenn in ihr menschliche Individuen und menschliches Tun und Wollen, bis auf die verborgensten Falten, in einem hellen und deutlichen Lichte erscheinen. Auch kann, bei sehr verschiedener äußerer Bedeutsamkeit, die innere die gleiche und selbe sein, so z. B. es für diese gleich gelten, ob Minister über der Landkarte um Länder und Völker streiten, oder Bauern in der Schenke über Spielkarten und Würfeln sich gegenseitig ihr Recht dartun wollen; wie es gleichviel ist, ob man mit goldenen, oder mit hölzernen Figuren Schach spielt. Außerdem sind die Szenen und Vorgänge, welche das Leben so vieler Millionen von Menschen ausmachen, ihr Tun und Treiben, ihre Not und ihre Freude, schon deshalb wichtig genug, um Gegenstand der Kunst zu sein, und müssen, durch ihre reiche Mannigfaltigkeit, Stoff genug geben zur Entfaltung der vielseitigen Idee der Menschheit. Sogar erregt die Flüchtigkeit des Augenblicks, welchen die Kunst in einem solchen Bilde (heutzutage Genre-Bild genannt) fixiert hat, eine leise, eigentümliche Rührung: denn die flüchtige Welt, welche sich unaufhörlich umgestaltet, in einzelnen Vorgängen, die doch das Ganze vertreten, festzuhalten im dauernden Bilde, ist eine Leistung der Malerkunst, durch welche sie die Zeit selbst zum Stillstande zu bringen scheint, indem sie das Einzelne zur Idee seiner Gattung erhebt. Endlich haben die geschichtlichen und nach außen bedeutenden Vorwürfe der Malerei oft den Nachteil, daß gerade das Bedeutsame derselben nicht anschaulich darstellbar ist, sondern hinzugedacht werden muß. In dieser Hinsicht muß überhaupt die nominale Bedeutung des Bildes von der realen unterschieden werden: jene ist die äußere, aber nur als Begriff hinzukommende Bedeutung; diese die Seite der Idee der Menschheit, welche durch das Bild für die Anschauung offenbar wird. Z. B. jene sei Moses von der ägyptischen Prinzessin gefunden; ein für die Geschichte höchst wichtiger Moment: die reale Bedeutung hingegen, das der Anschauung wirklich Gegebene, ist ein Findelkind von einer vornehmen Frau aus seiner schwimmenden Wiege gerettet: ein Vorfall, der sich öfter ereignet haben mag. Das Kostüm allein kann hier jenen bestimmten historischen Fall dem Gelehrten kenntlich machen; aber das Kostüm ist nur für die nominale Bedeutung gültig, für die reale aber gleichgültig: denn diese letztere kennt nur den Menschen als solchen, nicht die willkürlichen Formen. Aus der Geschichte genommene Vorwürfe haben vor den aus der bloßen Möglichkeit genommenen und daher nicht individuell, sondern nur generell zu benennenden, nichts voraus: denn das eigentlich Bedeutsame in jenen ist doch nicht das Individuelle, nicht die einzelne Begebenheit als solche, sondern das Allgemeine in ihr, die Seite der Idee der Menschheit, die sich durch sie ausspricht. Andererseits sind aber auch bestimmte historische Gegenstände deshalb keineswegs zu verwerfen: nur geht die eigentlich künstlerische Ansicht derselben, sowohl im Maler als im Betrachter, nie auf das individuell Einzelne in ihnen, was eigentlich das Historische ausmacht, sondern auf das Allgemeine, das sich darin ausspricht, auf die Idee. Auch sind nur solche historische Gegenstände zu wählen, wo die Hauptsache wirklich darstellbar ist und nicht bloß hinzugedacht werden muß: sonst entfernt sich die nominale Bedeutung zu sehr von der realen: das bei dem Bilde bloß Gedachte wird das Wichtigste und tut dem Angeschauten Abbruch. Wenn schon auf der Bühne es nicht taugt, daß (wie im französischen Trauerspiele) die Hauptsache hinter der Szene vorgeht; so ist es im Bilde offenbar ein noch weit größerer Fehler. Entschieden nachteilig wirken historische Vorwürfe nur dann, wann sie den Maler auf ein willkürlich und nicht nach Kunstzwecken, sondern nach andern gewähltes Feld beschränken, vollends aber wann dieses Feld an malerischen und bedeutenden Gegenständen arm ist, wenn es z. B. die Geschichte eines kleinen, abgesonderten, eigensinnigen, hierarchisch d. h. durch Wahn beherrschten, von den gleichzeitigen großen Völkern des Orients und Okzidents verachteten Winkelvolks ist, wie die Juden. – Da einmal zwischen uns und allen alten Völkern die Völkerwanderung so liegt, wie zwischen der jetzigen Erdoberfläche und jener, deren Organisationen sich uns nur versteinert zeigen, der einstige Wechsel des Meeresbettes; so ist es überhaupt als ein großes Unglück anzusehn, daß das Volk, dessen gewesene Kultur der unserigen hauptsächlich zur Unterlage dienen sollte, nicht etwan die Inder, oder die Griechen, oder auch nur die Römer waren, sondern gerade diese Juden. Besonders aber war es für die genialen Maler Italiens, im 15. und 16. Jahrhundert, ein schlimmer Stern, daß sie in dem engen Kreise, an den sie für die Wahl der Vorwürfe willkürlich gewiesen waren, zu Miseren aller Art greifen mußten: denn das Neue Testament ist, seinem historischen Teile nach, für die Malerei fast noch ungünstiger als das Alte, und die darauf folgende Geschichte der Märtyrer und Kirchenlehrer gar ein unglücklicher Gegenstand. Jedoch hat man von den Bildern, deren Gegenstand das Geschichtliche, oder Mythologische des Judentums und Christentums ist, gar sehr diejenigen zu unterscheiden, in welchen der eigentliche, d.h. der ethische Geist des Christentums für die Anschauung offenbart wird, durch Darstellung von Menschen, welche dieses Geistes voll sind. Diese Darstellungen sind in der Tat die höchsten und bewunderungswürdigsten Leistungen der Malerkunst: auch sind sie nur den größten Meistern dieser Kunst, besonders dem Raphael und dem Correggio, diesem zumal in seinen früheren Bildern, gelungen. Gemälde dieser Art sind eigentlich gar nicht den historischen beizuzählen: denn sie stellen meistens keine Begebenheit, keine Handlung dar; sondern sind bloße Zusammenstellungen von Heiligen, dem Erlöser selbst, oft noch als Kind, mit seiner Mutter, Engeln usw. In ihren Mienen, besonders den Augen, sehn wir den Ausdruck, den Widerschein, der vollkommensten Erkenntnis, derjenigen nämlich, welche nicht auf einzelne Dinge gerichtet ist, sondern die Ideen, also das ganze Wesen der Welt und des Lebens, vollkommen aufgefaßt hat, welche Erkenntnis in ihnen auf den Willen zurückwirkend, nicht, wie jene andere, *Motive* für denselben liefert, sondern im Gegenteil ein *Quietiv* alles Wollens geworden ist, aus welchem die vollkommene Resignation, die der innerste Geist des Christentums wie der Indischen Weisheit ist, das Aufgeben alles Wollens, die Zurückwendung, Aufhebung des Willens und mit ihm des ganzen Wesens dieser Welt, also die Erlösung, hervorgegangen ist. So sprachen jene ewig preiswürdigen Meister der Kunst durch ihre Werke die höchste Weisheit anschaulich aus. Und hier ist der Gipfel aller Kunst, welche, nachdem sie den Willen, in seiner adäquaten Objektität, den Ideen, durch alle Stufen verfolgt hat, von den niedrigsten, wo ihn Ursachen, dann wo ihn Reize und endlich wo ihn Motive so mannigfach bewegen und sein Wesen entfalten, nunmehr endigt mit der

Darstellung seiner freien Selbstaufhebung durch das eine große Quietiv, welches ihm aufgeht aus der vollkommensten Erkenntnis seines eigenen Wesens*.

§ 49

Allen unsern bisherigen Betrachtungen über die Kunst liegt überall die Wahrheit zum Grunde, daß das Objekt der Kunst, dessen Darstellung der Zweck des Künstlers ist, dessen Erkenntnis folglich seinem Werk als Keim und Ursprung vorhergehn muß, – eine *Idee*, in Platos Sinne, ist und durchaus nichts anderes: nicht das einzelne Ding, das Objekt der gemeinen Auffassung; auch nicht der Begriff, das Objekt des vernünftigen Denkens und der Wissenschaft. Obgleich Idee und Begriff etwas Gemeinsames haben, darin, daß beide als Einheiten eine Vielheit wirklicher Dinge vertreten; so wird doch die große Verschiedenheit beider, aus dem was im ersten Buch über den Begriff und im gegenwärtigen über die Idee gesagt ist, deutlich und einleuchtend genug geworden sein. Daß jedoch auch schon Plato diesen Unterschied rein aufgefaßt habe, will ich keineswegs behaupten: vielmehr sind manche seiner Beispiele von Ideen und seiner Erörterungen über dieselben bloß auf Begriffe anwendbar. Wir lassen inzwischen dieses auf sich beruhen und gehn unsern eigenen Weg, erfreut, so oft wir die Spur eines großen und edlen Geistes betreten, jedoch nicht seine Fußstapfen, sondern unser Ziel verfolgend. – Der *Begriff* ist abstrakt, diskursiv, innerhalb seiner Sphäre völlig unbestimmt, nur ihrer Grenze nach bestimmt, jedem der nur Vernunft hat erreichbar und faßlich, durch Worte ohne weitere Vermittelung mitteilbar, durch seine Definition ganz zu erschöpfen. Die *Idee* dagegen, allenfalls als adäquater Repräsentant des Begriffs zu definieren, ist durchaus anschaulich und, obwohl eine unendliche Menge einzelner Dinge vertretend, dennoch durchgängig bestimmt: vom Individuo als solchem wird sie nie erkannt, sondern nur von dem, der sich über alles Wollen und alle Individualität

* Diese Stelle setzt zu ihrem Verständnis das folgende Buch ganz und gar voraus.

zum reinen Subjekt des Erkennens erhoben hat: also ist sie nur dem Genius und sodann dem, welcher durch, meistens von den Werken des Genius veranlaßte, Erhöhung seiner reinen Erkenntniskraft, in einer genialen Stimmung ist, erreichbar: daher ist sie nicht schlechthin, sondern nur bedingt mitteilbar, indem die aufgefaßte und im Kunstwerk wiederholte Idee, jeden nur nach Maßgabe seines eigenen intellektualen Wertes anspricht; weshalb gerade die vortrefflichsten Werke jeder Kunst, die edelsten Erzeugnisse des Genius, der stumpfen Majorität der Menschen ewig verschlossene Bücher bleiben müssen und ihr unzugänglich sind, durch eine weite Kluft von ihr getrennt, gleich wie der Umgang der Fürsten dem Pöbel unzugänglich ist. Zwar lassen auch die Plattesten die anerkannt großen Werke auf Auktorität gelten, um nämlich ihre eigene Schwäche nicht zu verraten: doch bleiben sie im Stillen stets bereit, ihr Verdammungsurteil darüber auszusprechen, sobald man sie hoffen läßt, daß sie es können, ohne sich bloßzustellen, wo dann ihr lang verhaltener Haß gegen alles Große und Schöne, das sie nie ansprach und eben dadurch demütigte, und gegen die Urheber desselben, sich freudig Luft macht. Denn überhaupt um fremden Wert willig und frei anzuerkennen und gelten zu lassen, muß man eigenen haben. Hierauf gründet sich die Notwendigkeit der Bescheidenheit bei allem Verdienst, wie auch der unverhältnismäßig laute Ruhm dieser Tugend, welche allein, aus allen ihren Schwestern, von jedem der es wagt einen irgendwie ausgezeichneten Mann zu preisen, jedesmal seinem Lobe angehängt wird, um zu versöhnen und den Zorn der Wertlosigkeit zu stillen. Was ist denn Bescheidenheit anderes, als geheuchelte Demut, mittelst welcher man, in einer von niederträchtigem Neide strotzenden Welt, für Vorzüge und Verdienste die Verzeihung derer erbetteln will, die keine haben? Denn wer sich keine anmaßt, weil er wirklich keine hat, ist nicht bescheiden, sondern nur ehrlich.

Die *Idee* ist die, vermöge der Zeit- und Raumform unserer intuitiven Apprehension, in die Vielheit zerfallene Einheit: hingegen der *Begriff* ist die, mittelst der Abstraktion unserer Vernunft, aus der Vielheit wieder hergestellte Einheit: sie kann bezeichnet werden als unitas post rem, jene als unitas ante rem. Endlich kann man den Unterschied zwischen Begriff und Idee noch gleichnisweise ausdrücken, indem man sagt: der *Begriff* gleicht einem toten Behältnis, in welchem, was man hineingelegt hat, wirklich nebeneinander liegt, aus welchem sich aber auch nicht mehr herausnehmen läßt (durch analytische Urteile), als man hineingelegt hat (durch synthetische Reflexion): die *Idee* hingegen entwickelt in dem, welcher sie gefaßt hat, Vorstellungen, die in Hinsicht auf den ihr gleichnamigen Begriff neu sind: sie gleicht einem lebendigen, sich entwickelnden, mit Zeugungskraft begabten Organismus, welcher hervorbringt, was nicht in ihm eingeschachtelt lag.

Allem Gesagten zufolge ist nun der Begriff, so nützlich er für das Leben, und so brauchbar, notwendig und ergiebig er für die Wissenschaft ist, für die Kunst ewig unfruchtbar. Hingegen ist die aufgefaßte Idee die wahre und einzige Quelle jedes echten Kunstwerkes. In ihrer kräftigen Ursprünglichkeit wird sie nur aus dem Leben selbst, aus der Natur, aus der Welt geschöpft, und auch nur von dem echten Genius, oder von dem für den Augenblick bis zur Genialität Begeisterten. Nur aus solcher unmittelbaren Empfängnis entstehn echte Werke, die unsterbliches Leben in sich tragen. Eben weil die Idee anschaulich ist und bleibt, ist sich der Künstler der Absicht und des Zieles seines Werkes nicht in abstracto bewußt; nicht ein Begriff, sondern eine Idee schwebt ihm vor: daher kann er von seinem Tun keine Rechenschaft geben: er arbeitet, wie die Leute sich ausdrücken, aus bloßem Gefühl und unbewußt, ja instinktmäßig. Hingegen Nachahmer, Manieristen, imitatores, servum pecus, gehn in der Kunst vom Begriff aus: sie merken sich was an echten Werken gefällt und wirkt, machen sich es deutlich, fassen es im Begriff, also abstrakt, auf, und ahmen es nun, offen oder versteckt, mit kluger Absichtlichkeit nach. Sie saugen, gleich parasitischen Pflanzen, ihre Nahrung aus fremden Werken, und tragen, gleich den Polypen, die Farbe ihrer Nahrung. Ja, man könnte, im Vergleichen noch weiter gehend, behaupten, sie glichen Maschinen, die, was man hineinlegt, zwar sehr fein zerhacken und durcheinander mengen, aber nie verdauen können, so daß sich die fremden Bestandteile noch immer wiederfinden, aus der Mischung hervorsuchen und sondern ließen: der Genius allein gliche dagegen dem organischen, assimilierenden, umwandelnden und produzierenden Leibe. Denn er wird von den Vorgängern und ihren Werken zwar erzogen und gebildet; aber befruchtet wird er nur vom Leben und der Welt selbst unmittelbar, durch den Eindruck des Anschaulichen: daher schadet auch die höchste Bildung doch nie seiner Originalität. Alle Nachahmer, alle Manieristen fassen das Wesen fremder musterhafter Leistungen im Begriffe auf; aber Begriffe können nie einem Werke inneres Leben erteilen. Das Zeitalter, d.h. die jedesmalige stumpfe Menge, kennt selbst nur Begriffe und klebt daran, nimmt daher manierierte Werke mit schnellem und lautem Beifall auf: dieselben Werke sind aber nach wenig Jahren schon ungenießbar, weil der Zeitgeist, d.h. die herrschenden Begriffe, sich geändert haben, auf denen allein jene wurzeln konnten. Nur die echten Werke, welche aus der Natur, dem Leben, unmittelbar geschöpft sind, bleiben, wie diese selbst, ewig jung und stets urkräftig. Denn sie gehören keinem Zeitalter, sondern der Menschheit an: und wie sie eben deshalb von ihrem eigenen Zeitalter, welchem sich anzuschmiegen sie verschmähten, lau aufgenommen, und, weil sie die jedesmalige Verirrung desselben mittelbar und negativ aufdeckten, spät und ungern anerkannt wurden; so können sie dafür auch nicht veralten, sondern sprechen auch in der spätesten Zeit immer noch frisch und immer wieder neu an: dann sind sie auch dem Übersehn- und Verkanntwerden nicht ferner ausgesetzt, da sie gekrönt und sanktioniert dastehn durch den Beifall der wenigen urteilsfähigen Köpfe, die einzeln und sparsam in den Jahrhunderten erscheinen* und ihre Stimmen ablegen, deren langsam wachsende Summe die Auktorität begründet, welche ganz allein jener Richterstuhl ist, den man meint, wenn man an die Nachwelt appelliert. Jene sukzessiv erscheinenden Einzelnen sind es ganz allein: denn die Masse und Menge der Nachwelt wird allezeit ebenso verkehrt und stumpf sein und bleiben, wie die Masse und Menge der Mitwelt allezeit war und allezeit ist. – Man lese die Klagen großer Geister, aus jedem Jahrhundert, über ihre Zeitgenossen: stets lauten sie wie von heute; weil das Geschlecht immer dasselbe ist. Zu jeder Zeit und in jeder Kunst vertritt Manier die Stelle des Geistes, der stets nur das Eigentum einzelner ist: die

* Apparent rari, nantes in gurgite vasto.

Manier aber ist das alte, abgelegte Kleid der zuletzt dagewesenen und erkannten Erscheinung des Geistes. Dem allen gemäß wird, in der Regel, der Beifall der Nachwelt nicht anders, als auf Kosten des Beifalls der Mitwelt erworben; und umgekehrt*.

§ 50

Wenn nun der Zweck aller Kunst Mitteilung der aufgefaßten Idee ist, welche eben in solcher Vermittelung durch den Geist des Künstlers, in der sie von allem Fremdartigen gesäubert und isoliert erscheint, nunmehr auch dem faßlich wird, der schwächere Empfänglichkeit und keine Produktivität hat; wenn ferner das Ausgehn vom Begriff in der Kunst verwerflich ist, so werden wir es nicht billigen können, wenn man ein Kunstwerk absichtlich und eingeständlich zum Ausdruck eines Begriffes bestimmt: dieses ist der Fall in der *Allegorie*. Eine Allegorie ist ein Kunstwerk, welches etwas anderes bedeutet, als es darstellt. Aber das Anschauliche, folglich auch die Idee, spricht unmittelbar und ganz vollkommen sich selbst aus, und bedarf nicht der Vermittelung eines andern, wodurch es angedeutet werde. Was also, auf diese Weise, durch ein ganz anderes angedeutet und repräsentiert wird, weil es nicht selbst vor die Anschauung gebracht werden kann, ist allemal ein Begriff. Durch die Allegorie soll daher immer ein Begriff bezeichnet und folglich der Geist des Beschauers von der dargestellten anschaulichen Vorstellung weg, auf eine ganz andere, abstrakte, nicht anschauliche, geleitet werden, die völlig außer dem Kunstwerke liegt: hier soll also Bild oder Statue leisten, was die Schrift, nur viel vollkommener, leistet. Was nun wir für den Zweck der Kunst erklären, Darstellung der nur anschaulich aufzufassenden Idee, ist hier nicht der Zweck. Für das, was aber hier beabsichtigt wird, ist auch gar keine große Vollendung des Kunstwerks erforderlich; sondern es reicht hin, daß man sehe, was das Ding sein soll, da, sobald dies gefunden ist, der Zweck erreicht ist und der Geist nun auf eine ganz anderartige Vorstellung, auf einen abstrakten Begriff geführt wird, welcher das vorgesetzte

* Hiezu Kap. 34 des zweiten Bandes.

Ziel war. Allegorien in der bildenden Kunst sind folglich nichts anderes, als Hieroglyphen: der Kunstwert, den sie übrigens als anschauliche Darstellungen haben mögen, kommt ihnen nicht als Allegorien, sondern anderweitig zu. Daß die Nacht von Correggio, der Genius des Ruhmes von Hannibal Carracci, die Horen von Poussin, sehr schöne Bilder sind, ist ganz davon zu trennen, daß sie Allegorien sind. Als Allegorien leisten sie nicht mehr, als eine Inschrift, ja eher weniger. Wir werden hier wieder an die oben gemachte Unterscheidung zwischen der realen und der nominalen Bedeutung eines Bildes erinnert. Die nominale ist hier eben das Allegorische als solches, z.B. der Genius des Ruhmes; die reale das wirklich Dargestellte: hier ein schöner geflügelter Jüngling, von schönen Knaben umflogen: dies spricht eine Idee aus: diese reale Bedeutung wirkt aber nur solange man die nominale, allegorische vergißt: denkt man an diese, so verläßt man die Anschauung, und ein abstrakter Begriff beschäftigt den Geist: der Übergang von der Idee zum Begriff ist aber immer ein Fall. Ja, jene nominale Bedeutung, jene allegorische Absicht, tut oft der realen Bedeutung, der anschaulichen Wahrheit, Eintrag: so z.B die widernatürliche Beleuchtung in der Nacht von Correggio, die, so schön auch ausgeführt, doch bloß allegorisch motiviert und real unmöglich ist. Wenn also ein allegorisches Bild auch Kunstwert hat, so ist dieser von dem, was es als Allegorie leistet, ganz gesondert und unabhängig: ein solches Kunstwerk dient zweien Zwekken zugleich, nämlich dem Ausdruck eines Begriffes und dem Ausdruck einer Idee: nur letzterer kann Kunstzweck sein; der andere ist ein fremder Zweck, die spielende Ergötzlichkeit, ein Bild zugleich den Dienst einer Inschrift, als Hieroglyphe, leisten zu lassen, erfunden zu Gunsten derer, welche das eigentliche Wesen der Kunst nie ansprechen kann. Es ist damit, wie wenn ein Kunstwerk zugleich ein nützliches Werkzeug ist, wo es auch zweien Zwecken dient: z.B. eine Statue, die zugleich Kandelaber oder Karyatide ist, oder ein Bas-Relief, der zugleich der Schild des Achills ist. Reine Freunde der Kunst werden weder das eine noch das andere billigen. Zwar kann ein allegorisches Bild auch gerade in dieser Eigenschaft lebhaften Eindruck auf das Gemüt hervorbringen: dasselbe würde dann aber, unter gleichen Umständen, auch eine Inschrift wirken. Z. B. wenn in dem Gemüt eines Menschen der Wunsch nach Ruhm dauernd und fest gewurzelt ist, indem er wohl gar den Ruhm als sein rechtmäßiges Eigentum ansieht, das ihm nur solange vorenthalten wird, als er noch nicht die Dokumente seines Besitzes produziert hat: und dieser tritt nun vor den Genius des Ruhmes mit seinen Lorbeerkronen; so wird sein ganzes Gemüt dadurch angeregt und seine Kraft zur Tätigkeit aufgerufen: aber dasselbe würde auch geschehn, wenn er plötzlich das Wort »Ruhm« groß und deutlich an der Wand erblickte. Oder wenn ein Mensch eine Wahrheit kund gemacht hat, die entweder als Aussage für das praktische Leben, oder als Einsicht für die Wissenschaft wichtig ist, derselbe aber keinen Glauben fand; so wird ein allegorisches Bild, die Zeit darstellend, wie sie den Schleier aufhebt und nun die nackte Wahrheit sehn läßt, gewaltig auf ihn wirken: aber dasselbe würde auch die Devise »Le temps découvre la vérité« leisten. Denn was hier eigentlich wirkt, ist immer nur der abstrakte Gedanke, nicht das Angeschaute.

Ist nun, dem Gesagten gemäß, die Allegorie in der bildenden Kunst ein fehlerhaftes, einem der Kunst ganz fremden Zwecke dienendes Streben; so wird es vollends unerträglich, wenn es so weit abführt, daß die Darstellung gezwungener und gewaltsam herbeigezogener Deuteleien in das Alberne fällt. Dergleichen ist z. B. eine Schildkröte zur Andeutung weiblicher Eingezogenheit; das Herabblicken der Nemesis in den Busen ihres Gewandes, andeutend, daß sie auch ins Verborgene sieht; die Auslegung des Bellori, daß Hannibal Carracci die Wollust deswegen mit einem gelben Gewande bekleidet hat, weil er andeuten gewollt, daß ihre Freuden bald welken und gelb wie Stroh werden. – Wenn nun gar zwischen dem Dargestellten und dem dadurch angedeuteten Begriff durchaus keine auf Subsumtion unter jenen Begriff, oder auf Ideenassoziation gegründete Verbindung ist; sondern Zeichen und Bezeichnetes ganz konventionell, durch positive, zufällig veranlaßte Satzung zusammenhängen: dann nenne ich diese Abart der Allegorie *Symbol*. So ist die Rose Symbol der Verschwiegenheit, der Lorbeer Symbol des Ruhmes, die Palme Symbol des Sieges, die Muschel Symbol der Pilgrimschaft, das Kreuz Symbol der christlichen Religion: dahin gehören auch alle Andeutungen durch bloße Farben unmittelbar, wie Gelb als Farbe der Falschheit, und Blau als Farbe der Treue. Dergleichen Symbole mögen im Leben oft von Nutzen sein, aber der Kunst ist ihr Wert fremd: sie sind ganz wie Hieroglyphen, oder gar wie chinesische Wortschrift anzusehn und stehn wirklich in einer Klasse mit den Wappen, mit dem Busch, der ein Wirtshaus andeutet, mit dem Schlüssel, an welchem man die Kammerherren, oder dem Leder, an welchem man die Bergleute erkennt. – Wenn endlich gewisse historische oder mythische Personen, oder personifizierte Begriffe, durch ein für allemal festgesetzte Symbole kenntlich gemacht werden; so wären wohl diese eigentlich *Embleme* zu nennen: dergleichen sind die Tiere der Evangelisten, die Eule der Minerva, der Apfel des Paris, das Anker der Hoffnung usw. Inzwischen versteht man unter Emblemen meistens jene sinnbildlichen, einfachen und durch ein Motto erläuterten Darstellungen, die eine moralische Wahrheit veranschaulichen sollen, davon es große Sammlungen, von J. Camerarius, Alciatus und andern, gibt: sie machen den Übergang zur poetischen Allegorie, davon weiter unten geredet wird. – Die griechische Skulptur wendet sich an die Anschauung, darum ist sie *ästhetisch*; die hindostanische wendet sich an den Begriff, daher ist sie bloß *symbolisch*.

Dieses auf unsere bisherigen Betrachtungen über das innere Wesen der Kunst gegründete und damit genau zusammenhängende Urteil über die Allegorie ist der Ansicht Winckelmanns gerade entgegengesetzt, welcher, weit entfernt, wie wir, die Allegorie für etwas dem Zweck der Kunst ganz fremdes und ihn oft störendes zu erklären, ihr überall das Wort redet, ja sogar (Werke, Bd. 1, S. 55fg.) den höchsten Zweck der Kunst in die »Darstellung allgemeiner Begriffe und nichtsinnlicher Dinge« setzt. Es bleibe jedem überlassen, der einen oder der andern Ansicht beizutreten. Nur wurde mir, bei diesen und ähnlichen, die eigentliche Metaphysik des Schönen betreffenden Ansichten Winckelmanns, die Wahrheit sehr deutlich, daß man die größte Empfänglichkeit und das richtigste Urteil über das Kunstschöne haben kann, ohne jedoch imstande zu sein, vom Wesen des Schönen und der Kunst abstrakte und eigentlich philosophische Rechenschaft zu geben: eben wie man sehr edel und tugendhaft sein und ein sehr zartes, mit der Genauigkeit einer Goldwaage bei den einzelnen Fällen entscheidendes Gewissen haben kann, ohne deshalb imstande zu sein, die ethische Bedeutsamkeit der Handlungen philosophisch zu ergründen und in abstracto darzustellen.

Ein ganz anderes Verhältnis hat aber die Allegorie zur *Poesie*, als zur bildenden Kunst, und wenngleich hier verwerflich, ist sie dort sehr zulässig und zweckdienlich. Denn in der bildenden Kunst leitet sie vom gegebenen Anschaulichen, dem eigentlichen Gegenstand aller Kunst, zu abstrakten Gedanken; in der Poesie ist aber das Verhältnis umgekehrt: hier ist das in Worten unmittelbar Gegebene der Begriff, und der nächste Zweck ist allemal von diesem auf das Anschauliche zu leiten, dessen Darstellung die Phantasie des Hörers übernehmen muß. Wenn in der bildenden Kunst vom unmittelbar Gegebenen auf ein anderes geleitet wird, so muß dies immer ein Begriff sein, weil hier nur das Abstrakte nicht unmittelbar gegeben werden kann; aber ein Begriff darf nie der Ursprung, und seine Mitteilung nie der Zweck eines Kunstwerkes sein. Hingegen in der Poesie ist der Begriff das Material, das unmittelbar Gegebene, welches man daher sehr wohl verlassen darf, um ein gänzlich verschiedenes Anschauliches hervorzurufen, in welchem das Ziel erreicht wird. Im Zusammenhang einer Dichtung kann mancher Begriff, oder abstrakte Gedanke, unentbehrlich sein, der gleichwohl an sich und unmittelbar gar keiner Anschaulichkeit fähig ist: dieser wird dann oft durch irgendein unter ihn zu subsumierendes Beispiel zur Anschaulichkeit gebracht. Solches geschieht schon in jedem tropischen Ausdruck, und geschieht in jeder Metapher, Gleichnis, Parabel und Allegorie, welche alle nur durch die Länge und Ausführlichkeit ihrer Darstellung sich unterscheiden. In den redenden Künsten sind dieserwegen Gleichnisse und Allegorien von trefflicher Wirkung. Wie schön sagt Cervantes vom Schlaf, um auszudrücken, daß er uns allen geistigen und körperlichen Leiden entziehe, »er sei ein Mantel, der den ganzen Menschen bedeckt«. Wie schön drückt Kleist den Gedanken, daß Philosophen und Forscher das Menschengeschlecht aufklären, allegorisch aus, in dem Verse:

»Die, deren nächtliche Lampe den ganzen Erdball erleuchtet.«

Wie stark und anschaulich bezeichnet Homer die unheilbringende Ate, indem er sagt: »Sie hat zarte Füße, denn sie betritt nicht den harten Boden, sondern wandelt nur auf den Köpfen der Menschen« (Il., XIX, 91). Wie sehr wirkte die Fabel des Menenius Agrippa vom Magen und den Gliedern auf das ausgewanderte römische Volk. Wie schön drückt Platos schon erwähnte Allegorie von der Höhle, im Anfang des siebenten Buches der Republik, ein höchst abstraktes philosophisches Dogma aus. Ebenfalls ist als eine tiefsinnige Allegorie von philosophischer Tendenz die Fabel von der Persephone anzusehn, die dadurch, daß sie in der Unterwelt einen Granatapfel kostet, dieser anheimfällt: solches wird besonders einleuchtend durch die allem Lobe unerreichbare Behandlung dieser Fabel, welche Goethe dem Triumph der Empfindsamkeit als Episode eingeflochten hat. Drei ausführliche allegorische Werke sind mir bekannt: ein offenbares und eingeständliches ist der unvergleichliche Criticon des Balthasar Gracian, welcher in einem großen reichen Gewebe aneinander geknüpfter, höchst sinnreicher Allegorien besteht, die hier zur heitern Einkleidung moralischer Wahrheiten dienen, welchen er eben dadurch die größte Anschaulichkeit erteilt und uns durch den Reichtum seiner Erfindungen in Erstaunen setzt. Zwei versteckte aber sind der Don Quijote und Gulliver in Lilliput. Ersterer allegorisiert das Leben jedes Menschen, der nicht, wie die andern, bloß sein persönliches Wohl besorgen will, sondern einen objektiven, idealen Zweck verfolgt, welcher sich seines Denkens und Wollens bemächtigt hat; womit er sich dann in dieser Welt freilich sonderbar ausnimmt. Beim Gulliver darf man nur alles Physische geistig nehmen, um zu merken, was der satirical rogue, wie ihn Hamlet nennen würde, damit gemeint hat. – Indem nun also der poetischen Allegorie der Begriff immer das Gegebene ist, welches sie durch ein Bild anschaulich machen will, mag sie auch immerhin bisweilen durch ein gemaltes Bild ausgedrückt, oder unterstützt werden: dieses wird darum doch nicht als Werk der bildenden Kunst, sondern nur als bezeichnende Hieroglyphe betrachtet, und macht keinen Anspruch auf malerischen, sondern allein auf poetischen Wert. Solcher Art ist jene schöne allegorische Vignette Lavaters, die auf jeden edlen Verfechter der Wahrheit so herzstärkend wirken muß: eine Hand, die ein Licht haltend von einer Wespe gestochen wird, während oben an der Flamme sich Mücken verbrennen: darunter das Motto:

»Und ob's auch der Mücke den Flügel versengt,
Den Schädel und all sein Gehirnchen zersprengt;
Licht bleibet doch Licht!
Und wenn auch die grimmigste Wespe mich sticht,
Ich laß' es doch nicht.«

Hieher gehört ferner jener Grabstein mit dem ausgeblasenen, dampfenden Licht und der Umschrift:

»Wann's aus ist, wird es offenbar,
Ob's Talglicht, oder Wachslicht war.« –

Dieser Art endlich ist ein altdeutscher Stammbaum, auf welchem der letzte Sprößling der hoch hinaufreichenden Familie den Entschluß, sein Leben in gänzlicher Enthaltsamkeit und Keuschheit zu Ende zu führen und daher sein Geschlecht aussterben zu lassen, dadurch ausdrückte, daß er selbst an der Wurzel des vielzweigichten Baumes abgebildet, mit einer Schere den Baum über sich abschneidet. Dahin gehören überhaupt die oben erwähnten, gewöhnlich Embleme genannten Sinnbilder, welche man auch bezeichnen könnte als kurze gemalte Fabeln mit ausgesprochener Moral. – Allegorien dieser Art sind immer den poetischen, nicht den malerischen beizuzählen und eben dadurch gerechtfertigt: auch bleibt hier die bildliche Ausführung immer Nebensache, und es wird von ihr nicht mehr gefordert, als daß sie die Sache nur kenntlich darstelle. Wie aber in der bildenden Kunst, so auch in der Poesie, geht die Allegorie in das Symbol über, wenn zwischen dem anschaulich Vorgeführten und dem damit bezeichneten Abstrakten kein anderer, als willkürlicher Zusammenhang ist. Weil eben alles Symbolische im Grunde auf Verabredung beruht, so hat unter andern Nachteilen das Symbol auch den, daß seine Bedeutung mit der Zeit vergessen wird und es dann ganz verstummt: wer würde wohl, wenn man es nicht wüßte, erraten, warum der Fisch Symbol des Christentums ist? Nur ein Champollion: denn es ist durch und durch eine phonetische Hieroglyphe. Daher steht jetzt als poetische Allegorie die Offenbarung des Johannes ungefähr so da, wie die Reliefs mit magnus Deus sol Mithra, an denen man noch immer auslegt*.

§ 51

Wenn wir nun mit unsern bisherigen Betrachtungen über die Kunst im allgemeinen von den bildenden Künsten uns zur *Poesie* wenden; so werden wir nicht zweifeln, daß auch sie die Absicht hat, die Ideen, die Stufen der Objektivation des Willens, zu offenbaren und sie mit der Deutlichkeit und Lebendigkeit, in welcher das dichterische Gemüt sie auffaßte, dem Hörer mitzuteilen. Ideen sind wesentlich anschaulich: wenn daher in der Poesie das unmittelbar durch Worte Mitgeteilte nur abstrakte Begriffe sind; so ist doch offenbar die Absicht, in den Repräsentanten dieser Begriffe den Hörer die Ideen des Lebens anschauen zu lassen, welches nur durch Beihülfe seiner eigenen Phantasie geschehn kann. Um aber diese dem Zweck entsprechend in Bewegung zu setzen, müssen die abstrakten Begriffe, welche das unmittelbare Material der Poesie wie der trockensten Prosa sind, so zusammengestellt werden, daß ihre Sphären sich dergestalt schneiden, daß keiner in seiner abstrakten Allgemeinheit beharren kann; sondern statt seiner ein anschaulicher Repräsentant vor die Phantasie tritt, den nun die Worte des Dichters immer weiter nach seiner Absicht modifizieren. Wie der Chemiker aus völlig klaren und durchsichtigen Flüssigkeiten, indem er sie vereinigt, feste Niederschläge erhält; so versteht der Dichter aus der abstrakten, durchsichtigen Allgemeinheit der Begriffe, durch die Art wie er sie verbindet, das Konkrete, Individuelle, die anschauliche Vorstellung, gleichsam zu fällen. Denn nur anschaulich wird die Idee erkannt: Erkenntnis der Idee ist aber der Zweck aller Kunst. Die Meisterschaft in der Poesie, wie in der Chemie, macht fähig, allemal gerade den Niederschlag zu erhalten, welchen man eben beabsichtigt. Diesem Zweck dienen die vielen Epitheta in der Poesie, durch welche die

* Hiezu Kap. 36 des zweiten Bandes.

Allgemeinheit jedes Begriffes eingeschränkt wird, mehr und mehr, bis zur Anschaulichkeit. Homer setzt fast zu jedem Hauptwort ein Beiwort, dessen Begriff die Sphäre des erstern Begriffes schneidet und sogleich beträchtlich vermindert, wodurch er der Anschauung schon so viel näher kommt: z.B.

> *Εν δ' επεσ' Ωκεανῳ λαμπρον φαος ηελιοιο,*
> *Ἑλκον νυκτα μελαιναν επι ζειδωρον αρουραν.*
> (Occidit vero in Oceanum splendidum lumen solis,
> Trahens noctem nigram super almam terram.)

Und

> »Ein sanfter Wind vom blauen Himmel weht,
> Die Myrte still und hoch der Lorbeer steht,« –

schlägt aus wenigen Begriffen die ganze Wonne des südlichen Klimas vor die Phantasie nieder.

Ein ganz besonderes Hülfsmittel der Poesie sind Rhythmus und Reim. Von ihrer unglaublich mächtigen Wirkung weiß ich keine andere Erklärung zu geben, als daß unsere an die Zeit wesentlich gebundenen Vorstellungskräfte hiedurch eine Eigentümlichkeit erhalten haben, vermöge welcher wir jedem regelmäßig wiederkehrenden Geräusch innerlich folgen und gleichsam mit einstimmen. Dadurch werden nun Rhythmus und Reim teils ein Bindemittel unserer Aufmerksamkeit, indem wir williger dem Vortrag folgen, teils entsteht durch sie in uns ein blindes, allem Urteil vorhergängiges Einstimmen in das Vorgetragene, wodurch dieses eine gewisse emphatische, von allen Gründen unabhängige Überzeugungskraft erhält.

Vermöge der Allgemeinheit des Stoffes, dessen sich die Poesie, um die Ideen mitzuteilen, bedient, also der Begriffe, ist der Umfang ihres Gebietes sehr groß. Die ganze Natur, die Ideen aller Stufen sind durch sie darstellbar, indem sie, nach Maßgabe der mitzuteilenden Idee, bald beschreibend, bald erzählend, bald unmittelbar dramatisch darstellend verfährt. Wenn aber, in der Darstellung der niedrigeren Stufen der Objektität des Willens, die bildende Kunst sie meistens übertrifft, weil die erkenntnislose und auch die bloß tierische Natur in einem einzigen wohlgefaßten

Moment fast ihr ganzes Wesen offenbart; so ist dagegen der Mensch, soweit er sich nicht durch seine bloße Gestalt und Ausdruck der Miene, sondern durch eine Kette von Handlungen und sie begleitender Gedanken und Affekte ausspricht, der Hauptgegenstand der Poesie, der es hierin keine andere Kunst gleich tut, weil ihr dabei die Fortschreitung zustatten kommt, welche den bildenden Künsten abgeht.

Offenbarung derjenigen Idee, welche die höchste Stufe der Objektität des Willens ist, Darstellung des Menschen in der zusammenhängenden Reihe seiner Bestrebungen und Handlungen ist also der große Vorwurf der Poesie. – Zwar lehrt auch Erfahrung, lehrt auch Geschichte den Menschen kennen; jedoch öfter *die* Menschen als *den* Menschen: d.h. sie geben mehr empirische Notizen vom Benehmen der Menschen gegeneinander, woraus Regeln für das eigene Verhalten hervorgehn, als daß sie in das innere Wesen des Menschen tiefe Blicke tun ließen. Indessen bleibt auch dieses letztere keineswegs von ihnen ausgeschlossen: jedoch, so oft es das Wesen der Menschheit selbst ist, das in der Geschichte, oder in der eigenen Erfahrung sich uns aufschließt; so haben wir diese, der Historiker jene schon mit künstlerischen Augen, schon poetisch, d.h. der Idee, nicht der Erscheinung, dem innern Wesen, nicht den Relationen nach aufgefaßt. Unumgänglich ist die eigene Erfahrung Bedingung zum Verständnis der Dichtkunst, wie der Geschichte: denn sie ist gleichsam das Wörterbuch der Sprache, welche beide reden. Geschichte aber verhält sich zur Poesie eigentlich wie Porträtmalerei zur Historienmalerei: jene gibt das im einzelnen, diese das im allgemeinen Wahre: jene hat die Wahrheit der Erscheinung, und kann sie aus derselben beurkunden, diese hat die Wahrheit der Idee, die in keiner einzelnen Erscheinung zu finden, dennoch aus allen spricht. Der Dichter stellt mit Wahl und Absicht bedeutende Charaktere in bedeutenden Situationen dar: der Historiker nimmt beide wie sie kommen. Ja, er hat die Begebenheiten und die Personen nicht nach ihrer innern, echten, die Idee ausdrückenden Bedeutsamkeit anzusehn und auszuwählen; sondern nach der äußern, scheinbaren, relativen, in Beziehung auf die Verknüpfung, auf die Folgen, wichtigen Bedeutsamkeit. Er darf nichts an und für sich, seinem wesentlichen Charakter und Ausdrucke nach, sondern muß alles nach der Relation, in der Verkettung, im Einfluß auf das Folgende, ja besonders auf sein eigenes Zeitalter betrachten. Darum wird er eine wenig bedeutende, ja an sich gemeine Handlung eines Königs nicht übergehn: denn sie hat Folgen und Einfluß. Hingegen sind an sich höchst bedeutungsvolle Handlungen der einzelnen, sehr ausgezeichnete Individuen, wenn sie keine Folgen, keinen Einfluß haben, von ihm nicht zu erwähnen. Denn seine Betrachtung geht dem Satz vom Grunde nach und ergreift die Erscheinung, deren Form dieser ist. Der Dichter aber faßt die Idee auf, das Wesen der Menschheit, außer aller Relation, außer aller Zeit, die adäquate Objektität des Dinges an sich auf ihrer höchsten Stufe. Wenngleich nun auch, selbst bei jener dem Historiker notwendigen Betrachtungsart, das innere Wesen, die Bedeutsamkeit der Erscheinungen, der Kern aller jener Schalen, nie ganz verlorengehn kann und wenigstens von dem, der ihn sucht, sich noch finden und erkennen läßt; so wird dennoch dasjenige, was an sich, nicht in der Relation, bedeutend ist, die eigentliche Entfaltung der Idee, bei weitem richtiger und deutlicher in der Dichtung sich finden, als in der Geschichte, jener daher, so paradox es klingt, viel mehr eigentliche, echte, innere Wahrheit beizulegen sein, als dieser. Denn der Historiker soll der individuellen Begebenheit genau nach dem Leben folgen, wie sie an den vielfach verschlungenen Ketten der Gründe und Folgen sich in der Zeit entwickelt; aber unmöglich kann er hiezu alle Data besitzen, alles gesehn, oder alles erkundet haben: er wird jeden Augenblick vom Original seines Bildes verlassen, oder ein falsches schiebt sich ihm unter, und dies so häufig, daß ich glaube annehmen zu dürfen, in aller Geschichte sei des Falschen mehr, als des Wahren. Der Dichter hingegen hat die Idee der Menschheit von irgendeiner bestimmten, eben darzustellenden Seite aufgefaßt, das Wesen seines eigenen Selbst ist es, was sich in ihr ihm objektiviert: seine Erkenntnis ist, wie oben bei Gelegenheit der Skulptur auseinandergesetzt, halb a priori: sein Musterbild steht vor seinem Geiste, fest, deutlich, hell beleuchtet, kann ihn nicht verlassen: daher zeigt er uns im Spiegel seines Geistes die Idee rein und deutlich, und seine Schilderung ist, bis auf das Einzelne herab, wahr wie das Leben selbst*. Die großen alten Historiker sind daher im einzelnen, wo die Data sie verlassen, z. B. in den Reden ihrer Helden, Dichter; ja, ihre ganze Behandlungsart des Stoffes nähert sich dem Epischen: dies aber eben gibt ihren Darstellungen die Einheit, und läßt sie die innere Wahrheit behalten, selbst da, wo die äußere ihnen nicht zugänglich, oder gar verfälscht war: und verglichen wir vorhin die Geschichte mit der Porträtmalerei, im Gegensatz der Poesie, welche der Historienmalerei entspräche; so finden wir Winckelmanns Ausspruch, daß das Porträt das Ideal des Individuums sein soll, auch von den alten Historikern befolgt, da sie das Einzelne doch so darstellen, daß die sich darin aussprechende Seite der Idee der Menschheit hervortritt: die neuen dagegen, wenige ausgenommen, geben meistens nur »ein Kehrichtfaß und eine Rumpelkammer und höchstens eine Haupt- und Staatsaktion«. – Wer also die Menschheit, ihrem innern, in allen Erscheinungen und Entwickelungen identischen Wesen, ihrer Idee nach, erkennen will, dem werden die Werke der großen, unsterblichen Dichter ein viel treueres und deutlicheres Bild vorhalten, als die

* Es versteht sich, daß ich überall ausschließlich von dem so seltenen, großen, echten Dichter rede und niemanden weniger meine, als jenes schale Volk der mediokren Poeten, Reimschmiede und Märchenersinner, welches besonders heutzutage in Deutschland so sehr wuchert, dem man aber von allen Seiten unaufhörlich in die Ohren rufen sollte:

Mediocribus esse poëtis
Non homines, non Di, non concessere columnae.

Es ist selbst ernster Berücksichtigung wert, welche Menge eigener und fremder Zeit und Papiers von diesem Schwarm der mediokren Poeten verdorben wird und wie schädlich ihr Einfluß ist, indem das Publikum teils immer nach dem Neuen greift, teils auch sogar zum Verkehrten und Platten, als welches ihm homogener ist, von Natur mehr Neigung hat; daher jene Werke der Mediokren es von den echten Meisterwerken und seiner Bildung durch dieselben abziehn und zurückhalten, folglich dem günstigen Einfluß der Genien gerade entgegenarbeitend, den Geschmack immer mehr verderben und so die Fortschritte des Zeitalters hemmen. Daher sollten Kritik und Satire, ohne alle Nachsicht und Mitleid, die mediokren Poeten geißeln, bis sie, zu ihrem eigenen Besten, dahin gebracht würden, ihre Muße lieber anzuwenden Gutes zu lesen, als Schlechtes zu schreiben. – Denn wenn selbst den sanften Musengott die Stümperei der Unberufenen in solchen Grimm versetzte, daß er den Marsyas schinden konnte; so sehe ich nicht, worauf die mediokre Poesie ihre Ansprüche an Toleranz gründen will.

Historiker je vermögen: denn selbst die besten unter diesen sind als Dichter lange nicht die ersten und haben auch nicht freie Hände. Man kann das Verhältnis beider, in dieser Rücksicht, auch durch folgendes Gleichnis erläutern. Der bloße, reine, nach den Datis allein arbeitende Historiker gleicht einem, der ohne alle Kenntnis der Mathematik, aus zufällig vorgefundenen Figuren, die Verhältnisse derselben durch Messen erforscht, dessen empirisch gefundene Angabe daher mit allen Fehlern der gezeichneten Figur behaftet ist: der Dichter hingegen gleicht dem Mathematiker, welcher jene Verhältnisse a priori konstruiert, in reiner Anschauung, und sie aussagt, nicht wie die gezeichnete Figur sie wirklich hat, sondern wie sie in der Idee sind, welche die Zeichnung versinnlichen soll. – Darum sagt Schiller:

> »Was sich nie und nirgends hat begeben,
> Das allein veraltet nie.«

Ich muß sogar, in Hinsicht auf die Erkenntnis des Wesens der Menschheit, den Biographien, vornehmlich den Autobiographien, einen größern Wert zugestehn, als der eigentlichen Geschichte, wenigstens wie sie gewöhnlich behandelt wird. Teils nämlich sind bei jenen die Data richtiger und vollständiger zusammenzubringen, als bei dieser; teils agieren in der eigentlichen Geschichte nicht sowohl Menschen, als Völker und Heere, und die einzelnen, welche noch auftreten, erscheinen in so großer Entfernung, mit so vieler Umgebung und so großem Gefolge, dazu verhüllt in steife Staatskleider oder schwere, unbiegsame Harnische, daß es wahrlich schwer hält, durch alles dieses hindurch die menschliche Bewegung zu erkennen. Hingegen zeigt das treu geschilderte Leben des einzelnen, in einer engen Sphäre, die Handlungsweise der Menschen in allen ihren Nuancen und Gestalten, die Trefflichkeit, Tugend, ja die Heiligkeit einzelner, die Verkehrtheit, Erbärmlichkeit, Tücke der meisten, die Ruchlosigkeit mancher. Dabei ist es ja, in der hier allein betrachteten Rücksicht, nämlich in Betreff der innern Bedeutung des Erscheinenden, ganz gleichgültig, ob die Gegenstände, um die sich die Handlung dreht, relativ betrachtet, Kleinigkeiten oder Wichtigkeiten, Bauerhöfe oder Königreiche sind: denn alle diese Dinge, an sich ohne

Bedeutung, erhalten solche nur dadurch und insofern, als durch sie der Wille bewegt wird: bloß durch seine Relation zum Willen hat das Motiv Bedeutsamkeit; hingegen die Relation, die es als Ding zu andern solchen Dingen hat, kommt gar nicht in Betracht. Wie ein Kreis von einem Zoll Durchmesser und einer von 40 Millionen Meilen Durchmesser dieselben geometrischen Eigenschaften vollständig haben, so sind die Vorgänge und die Geschichte eines Dorfes und die eines Reiches im wesentlichen dieselben; und man kann am einen, wie am andern, die Menschheit studieren und kennenlernen. Auch hat man Unrecht zu meinen, die Autobiographien seien voller Trug und Verstellung. Vielmehr ist das Lügen (obwohl überall möglich) dort vielleicht schwerer, als irgendwo. Verstellung ist am leichtesten in der bloßen Unterredung; ja sie ist, so paradox es klingt, schon in einem Briefe im Grunde schwerer, weil da der Mensch, sich selber überlassen, in sich sieht und nicht nach außen, das Fremde und Ferne sich schwer nahe bringt und den Maßstab des Eindrucks auf den andern nicht vor Augen hat; dieser andere dagegen, gelassen, in einer dem Schreiber fremden Stimmung, den Brief übersieht, zu wiederholten Malen und verschiedenen Zeiten liest, und so die verborgene Absicht leicht herausfindet. Einen Autor lernt man auch als Menschen am leichtesten aus seinem Buche kennen, weil alle jene Bedingungen hier noch stärker und anhaltender wirken: und in einer Selbstbiographie sich zu verstellen, ist so schwer, daß es vielleicht keine einzige gibt, die nicht im ganzen wahrer wäre, als jede andere geschriebene Geschichte. Der Mensch, der sein Leben aufzeichnet, überblickt es im ganzen und großen, das Einzelne wird klein, das Nahe entfernt sich, das Ferne kommt wieder nah, die Rücksichten schrumpfen ein: er sitzt sich selbst zur Beichte und hat sich freiwillig hingesetzt: der Geist der Lüge faßt ihn hier nicht so leicht: denn es liegt in jedem Menschen auch eine Neigung zur Wahrheit, die bei jeder Lüge erst überwältigt werden muß und die eben hier eine ungemein starke Stellung angenommen hat. Das Verhältnis zwischen Biographie und Völkergeschichte läßt sich durch folgendes Gleichnis anschaulich machen. Die Geschichte zeigt uns die Menschheit, wie uns eine Aussicht von einem hohen Berge die Natur zeigt: wir sehn vieles auf einmal, weite Strecken, große Massen; aber deutlich wird nichts, noch seinem ganzen eigentlichen Wesen nach erkennbar. Dagegen zeigt uns das dargestellte Leben des einzelnen den Menschen so, wie wir die Natur erkennen, wenn wir zwischen ihren Bäumen, Pflanzen, Felsen und Gewässern umhergehn. Wie aber durch die Landschaftsmalerei, in welcher der Künstler uns durch seine Augen in die Natur blicken läßt, uns die Erkenntnis ihrer Ideen und der zu dieser erforderte Zustand des willenlosen, reinen Erkennens sehr erleichtert wird; so hat für die Darstellung der Ideen, welche wir in Geschichte und Biographie suchen können, die Dichtkunst sehr vieles vor beiden voraus: denn auch hier hält uns der Genius den verdeutlichenden Spiegel vor, in welchem alles Wesentliche und Bedeutsame zusammengestellt und ins hellste Licht gesetzt uns entgegentritt, das Zufällige und Fremdartige aber ausgeschieden ist*.

Die Darstellung der Idee der Menschheit, welche dem Dichter obliegt, kann er nun entweder so ausführen, daß der Dargestellte zugleich auch der Darstellende ist: dieses geschieht in der lyrischen Poesie, im eigentlichen Liede, wo der Dichtende nur seinen eigenen Zustand lebhaft anschaut und beschreibt, wobei daher, durch den Gegenstand, dieser Gattung eine gewisse Subjektivität wesentlich ist; – oder aber der Darzustellende ist vom Darstellenden ganz verschieden, wie in allen andern Gattungen, wo mehr oder weniger der Darstellende hinter dem Dargestellten sich verbirgt und zuletzt ganz verschwindet. In der Romanze drückt der Darstellende seinen eigenen Zustand noch durch Ton und Haltung des Ganzen in etwas aus: viel objektiver als das Lied hat sie daher noch etwas Subjektives, dieses verschwindet schon mehr im Idyll, noch viel mehr im Roman, fast ganz im eigentlichen Epos, und bis auf die letzte Spur endlich im Drama, welches die objektiveste und in mehr als einer Hinsicht vollkommenste, auch schwierigste Gattung der Poesie ist. Die lyrische Gattung ist eben deshalb die leichteste, und wenn die Kunst sonst nur dem so seltenen echten Genius angehört, so kann selbst der im ganzen nicht sehr eminente Mensch, wenn in der Tat, durch starke Anregung

* Hiezu Kap. 38 des zweiten Bandes.

von außen, irgendeine Begeisterung seine Geisteskräfte erhöht, ein schönes Lied zustande bringen: denn es bedarf dazu nur einer lebhaften Anschauung seines eigenen Zustandes im aufgeregten Moment. Dies beweisen viele einzelne Lieder übrigens unbekannt gebliebener Individuen, besonders die deutschen Volkslieder, von denen wir im »Wunderhorn« eine treffliche Sammlung haben, und ebenso unzählige Liebes- und andere Lieder des Volkes in allen Sprachen. Denn die Stimmung des Augenblickes zu ergreifen und im Liede zu verkörpern ist die ganze Leistung dieser poetischen Gattung. Dennoch bildet in der lyrischen Poesie echter Dichter sich das Innere der ganzen Menschheit ab, und alles, was Millionen gewesener, seiender, künftiger Menschen, in denselben, weil stets wiederkehrenden, Lagen, empfunden haben und empfinden werden, findet darin seinen entsprechenden Ausdruck. Weil jene Lagen, durch die beständige Wiederkehr, eben wie die Menschheit selbst, als bleibende dastehn und stets dieselben Empfindungen hervorrufen, bleiben die lyrischen Produkte echter Dichter Jahrtausende hindurch richtig, wirksam und frisch. Ist doch überhaupt der Dichter der allgemeine Mensch: Alles, was irgend eines Menschen Herz bewegt hat, und was die menschliche Natur, in irgend einer Lage, aus sich hervortreibt, was irgendwo in einer Menschenbrust wohnt und brütet, – ist sein Thema und sein Stoff; wie daneben auch die ganze übrige Natur. Daher kann der Dichter so gut die Wollust, wie die Mystik besingen, Anakreon, oder Angelus Silesius sein, Tragödien, oder Komödien schreiben, die erhabene, oder die gemeine Gesinnung darstellen, – nach Laune und Beruf. Demnach darf niemand dem Dichter vorschreiben, daß er edel und erhaben, moralisch, fromm, christlich, oder dies oder das sein soll, noch weniger ihm vorwerfen, daß er dies und nicht jenes sei. Er ist der Spiegel der Menschheit, und bringt ihr was sie fühlt und treibt zum Bewußtsein.

Betrachten wir nun das Wesen des eigentlichen Liedes näher und nehmen dabei treffliche und zugleich reine Muster zu Beispielen, nicht solche, die sich schon in einer andern Gattung, etwan der Romanze, der Elegie, der Hymne, dem Epigramm usw. irgendwie nähern; so werden wir finden, daß das eigentümliche

Wesen des Liedes im engsten Sinne folgendes ist. – Es ist das Subjekt des Willens, d.h. das eigene Wollen, was das Bewußtsein des Singenden füllt, oft als ein entbundenes, befriedigtes Wollen (Freude), wohl noch öfter aber als ein gehemmtes (Trauer), immer als Affekt, Leidenschaft, bewegter Gemütszustand. Neben diesem jedoch und zugleich damit wird durch den Anblick der umgebenden Natur der Singende sich seiner bewußt als Subjekts des reinen, willenlosen Erkennens, dessen unerschütterliche, selige Ruhe nunmehr in Kontrast tritt mit dem Drange des immer beschränkten, immer noch dürftigen Wollens: die Empfindung dieses Kontrastes, dieses Wechselspieles ist eigentlich was sich im ganzen des Liedes ausspricht und was überhaupt den lyrischen Zustand ausmacht. In diesem tritt gleichsam das reine Erkennen zu uns heran, um uns vom Wollen und seinem Drange zu erlösen: wir folgen; doch nur auf Augenblicke: immer von neuem entreißt das Wollen, die Erinnerung an unsere persönliche Zwecke, uns der ruhigen Beschauung; aber auch immer wieder entlockt uns dem Wollen die nächste schöne Umgebung, in welcher sich die reine willenlose Erkenntnis uns darbietet. Darum geht im Liede und der lyrischen Stimmung das Wollen (das persönliche Interesse der Zwecke) und das reine Anschauen der sich darbietenden Umgebung wundersam gemischt durcheinander: es werden Beziehungen zwischen beiden gesucht und imaginiert; die subjektive Stimmung, die Affektion des Willens, teilt der angeschauten Umgebung und diese wiederum jener ihre Farbe im Reflex mit: von diesem ganzen so gemischten und geteilten Gemütszustande ist das echte Lied der Abdruck. – Um sich diese abstrakte Zergliederung eines von aller Abstraktion sehr fernen Zustandes an Beispielen faßlich zu machen, kann man jedes der unsterblichen Lieder Goethes zur Hand nehmen: als besonders deutlich zu diesem Zweck will ich nur einige empfehlen: »Schäfers Klagelied«, »Willkommen und Abschied«, »An den Mond«, »Auf dem See«, »Herbstgefühl«, auch sind ferner die eigentlichen Lieder im »Wunderhorn« vortreffliche Beispiele: ganz besonders jenes, welches anhebt: »O Bremen, ich muß dich nun lassen.« – Als eine komische, richtig treffende Parodie des lyrischen Charakters ist mir ein Lied von Voß merkwürdig, in welchem er die Empfindung eines betrunkenen, vom Turm herabfallenden Bleideckers schildert, der im Vorbeifallen die seinem Zustande sehr fremde, also der willensfreien Erkenntnis angehörige Bemerkung macht, daß die Turmuhr eben halb zwölf weist. – Wer die dargelegte Ansicht des lyrischen Zustandes mit mir teilt, wird auch zugeben, daß derselbe eigentlich die anschauliche und poetische Erkenntnis jenes in meiner Abhandlung über den Satz vom Grunde aufgestellten, auch in dieser Schrift schon erwähnten Satzes sei, daß die Identität des Subjekts des Erkennens mit dem des Wollens, das Wunder κατ' εξοχην genannt werden kann; so daß die poetische Wirkung des Liedes zuletzt eigentlich auf der Wahrheit jenes Satzes beruht. – Im Verlaufe des Lebens treten jene beiden Subjekte, oder, popular zu reden, Kopf und Herz, immer mehr auseinander: immer mehr sondert man seine subjektive Empfindung von seiner objektiven Erkenntnis. Im Kinde sind beide noch ganz verschmolzen: es weiß sich von seiner Umgebung kaum zu unterscheiden, es verschwimmt mit ihr. Im Jüngling wirkt alle Wahrnehmung zunächst Empfindung und Stimmung, ja vermischt sich mit dieser; wie dies Byron sehr schön ausdrückt:

I live not in myself, but I become
Portion of that around me; and to me
High mountains are a feeling*.

Eben daher haftet der Jüngling so sehr an der anschaulichen Außenseite der Dinge; eben daher taugt er nur zur lyrischen Poesie, und erst der Mann zur dramatischen. Den Greis kann man sich höchstens noch als Epiker denken, wie Ossian, Homer: denn Erzählen gehört zum Charakter des Greises.

In den mehr objektiven Dichtungsarten, besonders dem Roman, Epos und Drama, wird der Zweck, die Offenbarung der Idee der Menschheit, besonders durch zwei Mittel erreicht: durch richtige und tiefgefaßte Darstellung bedeutender Charaktere und durch Erfindung bedeutsamer Situationen, an denen sie sich entfalten. Denn wie dem Chemiker nicht nur obliegt, die einfachen

* Nicht in mir selbst leb' ich allein; ich werde
Ein Teil von dem, was mich umgibt, und mir
Sind hohe Berge ein Gefühl.

Stoffe und ihre Hauptverbindungen rein und echt darzustellen; sondern auch, sie dem Einfluß solcher Reagenzien auszusetzen, an welchen ihre Eigentümlichkeiten deutlich und auffallend sichtbar werden; ebenso liegt dem Dichter ob, nicht nur bedeutsame Charaktere wahr und treu, wie die Natur selbst, uns vorzuführen; sondern er muß, damit sie uns kenntlich werden, sie in solche Situationen bringen, in welchen ihre Eigentümlichkeiten sich gänzlich entfalten und sie sich deutlich, in scharfen Umrissen darstellen, welche daher bedeutsame Situationen heißen. Im wirklichen Leben und in der Geschichte führt der Zufall nur selten Situationen von dieser Eigenschaft herbei, und sie stehn dort einzeln, verloren und verdeckt durch die Menge des Unbedeutsamen. Die durchgängige Bedeutsamkeit der Situationen soll den Roman, das Epos, das Drama vom wirklichen Leben unterscheiden, ebensosehr, als die Zusammenstellung und Wahl bedeutsamer Charaktere: bei beiden ist aber die strengste Wahrheit unerläßliche Bedingung ihrer Wirkung, und Mangel an Einheit in den Charakteren, Widerspruch derselben gegen sich selbst, oder gegen das Wesen der Menschheit überhaupt, wie auch Unmöglichkeit, oder ihr nahe kommende Unwahrscheinlichkeit in den Begebenheiten, sei es auch nur in Nebenumständen, beleidigen in der Poesie ebensosehr, wie verzeichnete Figuren, oder falsche Perspektive, oder fehlerhafte Beleuchtung in der Malerei: denn wir verlangen, dort wie hier, den treuen Spiegel des Lebens, der Menschheit, der Welt, nur verdeutlicht durch die Darstellung und bedeutsam gemacht durch die Zusammenstellung. Da der Zweck aller Künste nur einer ist, Darstellung der Ideen, und ihr wesentlicher Unterschied nur darin liegt, welche Stufe der Objektivation des Willens die darzustellende Idee ist, wonach sich wieder das Material der Darstellung bestimmt; so lassen sich auch die voneinander entferntesten Künste durch Vergleichung aneinander erläutern. So z.B. um die Ideen, welche sich im Wasser aussprechen, vollständig aufzufassen, ist es nicht hinreichend, es im ruhigen Teich und im ebenmäßig fließenden Strome zu sehn; sondern jene Ideen entfalten sich ganz erst dann, wann das Wasser unter allen Umständen und Hindernissen erscheint, die auf dasselbe wirkend, es zur vollen Äußerung aller seiner Eigenschaften veranlassen. Darum finden wir es schön, wenn es herabstürzt, braust, schäumt, wieder in die Höhe springt, oder wenn es fallend zerstäubt oder endlich, künstlich gezwungen, als Strahl emporstrebt: so unter verschiedenen Umständen sich verschieden bezeigend, behauptet es aber immer getreulich seinen Charakter: es ist ihm ebenso natürlich aufwärts zu spritzen, als spiegelnd zu ruhen; es ist zum einen wie zum andern gleich bereit, sobald die Umstände eintreten. Was nun der Wasserkünstler an der flüssigen Materie leistet, das leistet der Architekt an der starren, und eben dieses der epische oder dramatische Dichter an der Idee der Menschheit. Entfaltung und Verdeutlichung der im Objekt jeder Kunst sich aussprechenden Idee, des auf jeder Stufe sich objektivierenden Willens, ist der gemeinsame Zweck aller Künste. Das Leben des Menschen, wie es in der Wirklichkeit sich meistens zeigt, gleicht dem Wasser, wie es sich meistens zeigt, in Teich und Fluß: aber im Epos, Roman und Trauerspiel werden ausgewählte Charaktere in solche Umstände versetzt, an welchen sich alle ihre Eigentümlichkeiten entfalten, die Tiefen des menschlichen Gemüts sich aufschließen und in außerordentlichen und bedeutungsvollen Handlungen sichtbar werden. So objektiviert die Dichtkunst die Idee des Menschen, welcher es eigentümlich ist, sich in höchst individuellen Charakteren darzustellen.

Als der Gipfel der Dichtkunst, sowohl in Hinsicht auf die Größe der Wirkung, als auf die Schwierigkeit der Leistung, ist das Trauerspiel anzusehn und ist dafür anerkannt. Es ist für das Ganze unserer gesamten Betrachtung sehr bedeutsam und wohl zu beachten, daß der Zweck dieser höchst poetischen Leistung die Darstellung der schrecklichen Seite des Lebens ist, daß der namenlose Schmerz, der Jammer der Menschheit, der Triumph der Bosheit, die höhnende Herrschaft des Zufalls und der rettungslose Fall der Gerechten und Unschuldigen uns hier vorgeführt werden: denn hierin liegt ein bedeutsamer Wink über die Beschaffenheit der Welt und des Daseins. Es ist der Widerstreit des Willens mit sich selbst, welcher hier, auf der höchsten Stufe seiner Objektität, am vollständigsten entfaltet, furchtbar hervortritt. Am Leiden der Menschheit wird er sichtbar, welches nun herbeigeführt wird, teils durch Zufall und Irrtum, die als Beherrscher der Welt, und durch ihre bis zum Schein der Absichtlichkeit gehende Tücke als Schicksal personifiziert, auftreten; teils geht er aus der Menschheit selbst hervor, durch die sich kreuzenden Willensbestrebungen der Individuen, durch die Bosheit und Verkehrtheit der meisten. Ein und derselbe Wille ist es, der in ihnen allen lebt und erscheint, dessen Erscheinungen aber sich selbst bekämpfen und sich selbst zerfleischen. In diesem Individuo tritt er gewaltig, in jenem schwächer hervor, hier mehr, dort minder zur Besinnung gebracht und gemildert durch das Licht der Erkenntnis, bis endlich, in einzelnen, diese Erkenntnis, geläutert und gesteigert durch das Leiden selbst, den Punkt erreicht, wo die Erscheinung, der Schleier der Maja, sie nicht mehr täuscht, die Form der Erscheinung, das principium individuationis, von ihr durchschaut wird, der auf diesem beruhende Egoismus eben damit erstirbt, wodurch nunmehr die vorhin so gewaltigen *Motive* ihre Macht verlieren, und statt ihrer die vollkommene Erkenntnis des Wesens der Welt, als *Quietiv* des Willens wirkend, die Resignation herbeiführt, das Aufgeben, nicht bloß des Lebens, sondern des ganzen Willens zum Leben selbst. So sehn wir im Trauerspiel zuletzt die Edelsten, nach langem Kampf und Leiden, den Zwecken, die sie bis dahin so heftig verfolgten, und allen den Genüssen des Lebens auf immer entsagen, oder es selbst willig und freudig aufgeben: so den standhaften Prinzen des Calderon; so das Gretchen im »Faust«; so den Hamlet, dem sein Horatio willig folgen möchte, welchen aber jener bleiben und noch eine Weile in dieser rauhen Welt mit Schmerzen atmen heißt, um Hamlets Schicksal aufzuklären und dessen Andenken zu reinigen; – so auch die Jungfrau von Orleans, die Braut von Messina: sie alle sterben durch Leiden geläutert, d.h. nachdem der Wille zu leben zuvor in ihnen erstorben ist; im »Mohammed« von Voltaire spricht sich dieses sogar wörtlich aus in den Schlußworten, welche die sterbende Palmira dem Mohammed zuruft: »Die Welt ist für Tyrannen: Lebe du!« – Hingegen beruht die Forderung der sogenannten poetischen Gerechtigkeit auf gänzlichem Verkennen des Wesens des Trauerspiels, ja selbst des Wesens der Welt. Mit Dreistigkeit tritt sie in ihrer ganzen Plattheit auf in den Kritiken, welche Dr. Samuel Johnson zu den einzelnen Stücken Shakespeares geliefert hat, indem er recht naiv über die durchgängige Vernachlässigung derselben klagt; welche allerdings vorhanden ist: denn was haben die Ophelien, die Desdemonen, die Kordelien verschuldet? – Aber nur die platte, optimistische, protestantisch-rationalistische, oder eigentlich jüdische Weltansicht wird die Forderung der poetischen Gerechtigkeit machen und an deren Befriedigung ihre eigene finden. Der wahre Sinn des Trauerspiels ist die tiefere Einsicht, daß was der Held abbüßt nicht seine Partikularsünden sind, sondern die Erbsünde, d.h. die Schuld des Daseins selbst:

> Pues el delito mayor
> Del hombre es haber nacido.
> (Da die größte Schuld des Menschen
> Ist, daß er geboren ward.)

Wie Calderon es geradezu ausspricht.

Die Behandlungsart des Trauerspiels näher betreffend, will ich mir nur eine Bemerkung erlauben. Darstellung eines großen Unglücks ist dem Trauerspiel allein wesentlich. Die vielen verschiedenen Wege aber, auf welchen es vom Dichter herbeigeführt wird, lassen sich unter drei Artbegriffe bringen. Es kann nämlich geschehn durch außerordentliche, an die äußersten Grenzen der Möglichkeit streifende Bosheit eines Charakters, welcher der Urheber des Unglücks wird; Beispiele dieser Art sind: Richard III., Jago im »Othello«, Shylok im »Kaufmann von Venedig«, Franz Moor, Phädra des Euripides, Kreon in der »Antigone«, u.dgl.m. Es kann ferner geschehn durch blindes Schicksal, d.i. Zufall oder Irrtum: von dieser Art ist ein wahres Muster der König Ödipus des Sophokles, auch die Trachinerinnen, und überhaupt gehören die meisten Tragödien der Alten hieher: unter den Neuern sind Beispiele: »Romeo und Juliet«, »Tankred« von Voltaire, »Die Braut von Messina«. Das Unglück kann aber endlich auch herbeigeführt werden durch die bloße Stellung der Personen gegeneinander, durch ihre Verhältnisse; so daß es weder eines ungeheuren Irrtums, oder eines unerhörten Zufalls, noch auch eines die Grenzen der Menschheit im Bösen erreichenden Charakters bedarf; sondern Charaktere wie sie in moralischer Hinsicht gewöhnlich sind, unter Umständen, wie sie häufig eintreten, sind so gegeneinander gestellt, daß ihre Lage sie zwingt, sich gegenseitig, wissend und sehend, das größte Unheil zu bereiten, ohne daß dabei das Unrecht auf irgendeiner Seite ganz allein sei. Diese letztere Art scheint mir den beiden andern weit vorzuziehn: denn sie zeigt uns das größte Unglück nicht als eine Ausnahme, nicht als etwas durch seltene Umstände, oder monstrose Charaktere Herbeigeführtes, sondern als etwas aus dem Tun und den Charakteren der Menschen leicht und von selbst, fast als wesentlich Hervorgehendes, und führt es eben dadurch furchtbar nahe an uns heran. Und wenn wir in den beiden andern Arten das ungeheuere Schicksal und die entsetzliche Bosheit als schreckliche, aber nur aus großer Ferne von uns drohende Mächte erblicken, denen wir selbst wohl entgehn dürften, ohne zur Entsagung zu flüchten; so zeigt uns die letzte Gattung jene Glück und Leben zerstörenden Mächte von der Art, daß auch zu uns ihnen der Weg jeden Augenblick offensteht, und das größte Leiden herbeigeführt durch Verflechtungen, deren Wesentliches auch unser Schicksal annehmen könnte, und durch Handlungen, die auch wir vielleicht zu begehn fähig wären und also nicht über Unrecht klagen dürften: dann fühlen wir schaudernd uns schon mitten in der Hölle. Die Ausführung in dieser letztern Art hat aber auch die größte Schwierigkeit; da man darin mit dem geringsten Aufwand von Mitteln und Bewegungsursachen, bloß durch ihre Stellung und Verteilung die größte Wirkung hervorzubringen hat: daher ist selbst in vielen der besten Trauerspiele diese Schwierigkeit umgangen. Als ein vollkommenes Muster dieser Art ist jedoch ein Stück anzuführen, welches von mehreren andern desselben großen Meisters in anderer Hinsicht weit übertroffen wird: es ist »Clavigo«. »Hamlet« gehört gewissermaßen hieher, wenn man nämlich bloß auf sein Verhältnis zum Laërtes und zur Ophelia sieht; auch hat »Wallenstein« diesen Vorzug; »Faust« ist ganz dieser Art, wenn man bloß die Begebenheit mit dem Gretchen und ihrem Bruder, als die Haupthandlung, betrachtet; ebenfalls der »Cid« des Corneille, nur daß diesem der tragische Ausgang fehlt, wie ihn hingegen das analoge Verhältnis des Max zur Thekla hat*.

* Hiezu Kap. 37 des zweiten Bandes.

§ 52

Nachdem wir nun im Bisherigen alle schönen Künste, in derjenigen Allgemeinheit, die unserm Standpunkt angemessen ist, betrachtet haben, anfangend von der schönen Baukunst, deren Zweck als solcher die Verdeutlichung der Objektivation des Willens auf der niedrigsten Stufe seiner Sichtbarkeit ist, wo er sich als dumpfes, erkenntnisloses, gesetzmäßiges Streben der Masse zeigt und doch schon Selbstentzweiung und Kampf offenbart, nämlich zwischen Schwere und Starrheit; – und unsere Betrachtung beschließend mit dem Trauerspiel, welches, auf der höchsten Stufe der Objektivation des Willens, eben jenen seinen Zwiespalt mit sich selbst, in furchtbarer Größe und Deutlichkeit uns vor die Augen bringt; – so finden wir, daß dennoch eine schöne Kunst von unserer Betrachtung ausgeschlossen geblieben ist und bleiben mußte, da im systematischen Zusammenhang unserer Darstellung gar keine Stelle für sie passend war: es ist die *Musik*. Sie steht ganz abgesondert von allen andern. Wir erkennen in ihr nicht die Nachbildung, Wiederholung irgendeiner Idee der Wesen in der Welt: dennoch ist sie eine so große und überaus herrliche Kunst, wirkt so mächtig auf das Innerste des Menschen, wird dort so ganz und so tief von ihm verstanden, als eine ganz allgemeine Sprache, deren Deutlichkeit sogar die der anschaulichen Welt selbst übertrifft; – daß wir gewiß mehr in ihr zu suchen haben, als ein exercitium arithmeticae occultum nescientis se numerare animi, wofür sie Leibniz ansprach* und dennoch ganz recht hatte, sofern er nur ihre unmittelbare und äußere Bedeutung, ihre Schale, betrachtete. Wäre sie jedoch nichts weiter, so müßte die Befriedigung, welche sie gewährt, der ähnlich sein, die wir beim richtigen Aufgehn eines Rechnungsexempels empfinden, und könnte nicht jene innige Freude sein, mit der wir das tiefste Innere unsers Wesens zur Sprache gebracht sehn. Auf unserm Standpunkte daher, wo die ästhetische Wirkung unser Augenmerk ist, müssen wir ihr eine viel ernstere und tiefere, sich auf das innerste Wesen der Welt und unsers Selbst beziehende Bedeutung zuer-

* Leibnitii epistolae, collectio Kortholti: ep. 154.

kennen, in Hinsicht auf welche die Zahlenverhältnisse, in die sie sich auflösen läßt, sich nicht als das Bezeichnete, sondern selbst erst als das Zeichen verhalten. Daß sie zur Welt, in irgend einem Sinne, sich wie Darstellung zum Dargestellten, wie Nachbild zum Vorbilde verhalten muß, können wir aus der Analogie mit den übrigen Künsten schließen, denen allen dieser Charakter eigen ist, und mit deren Wirkung auf uns die ihrige im ganzen gleichartig, nur stärker, schneller, notwendiger, unfehlbarer ist. Auch muß jene ihre nachbildliche Beziehung zur Welt eine sehr innige, unendlich wahre und richtig treffende sein, weil sie von jedem augenblicklich verstanden wird und eine gewisse Unfehlbarkeit dadurch zu erkennen gibt, daß ihre Form sich auf ganz bestimmte, in Zahlen auszudrückende Regeln zurückführen läßt, von denen sie gar nicht abweichen kann, ohne gänzlich aufzuhören Musik zu sein. – Dennoch liegt der Vergleichungspunkt zwischen der Musik und der Welt, die Hinsicht, in welcher jene zu dieser im Verhältnis der Nachahmung oder Wiederholung steht, sehr tief verborgen. Man hat die Musik zu allen Zeiten geübt, ohne hierüber sich Rechenschaft geben zu können: zufrieden, sie unmittelbar zu verstehn, tut man Verzicht auf ein abstraktes Begreifen dieses unmittelbaren Verstehns selbst.

Indem ich meinen Geist dem Eindruck der Tonkunst, in ihren mannigfaltigen Formen, gänzlich hingab, und dann wieder zur Reflexion und zu dem in gegenwärtiger Schrift dargelegten Gange meiner Gedanken zurückkehrte, ward mir ein Aufschluß über ihr inneres Wesen und über die Art ihres, der Analogie nach notwendig vorauszusetzenden, nachbildlichen Verhältnisses zur Welt, welcher mir selbst zwar völlig genügend und für mein Forschen befriedigend ist, auch wohl demjenigen, der mir bisher gefolgt wäre und meiner Ansicht der Welt beigestimmt hätte, ebenso einleuchtend sein wird; welchen Aufschluß jedoch zu beweisen, ich als wesentlich unmöglich erkenne; da er ein Verhältnis der Musik, als einer Vorstellung, zu dem, was wesentlich nie Vorstellung sein kann, annimmt und festsetzt, und die Musik als Nachbild eines Vorbildes, welches selbst nie unmittelbar vorgestellt werden kann, angesehn haben will. Ich kann deshalb nichts weiter tun, als hier am Schlusse dieses der Betrachtung der Künste hauptsächlich gewidmeten dritten Buches, jenen mir genügenden Aufschluß über die wunderbare Kunst der Töne vortragen, und muß die Beistimmung, oder Verneinung meiner Ansicht der Wirkung anheimstellen, welche auf jeden Leser teils die Musik, teils der ganze und eine von mir in dieser Schrift mitgeteilte Gedanke hat. Überdies halte ich es, um der hier zu gebenden Darstellung der Bedeutung der Musik mit echter Überzeugung seinen Beifall geben zu können, für notwendig, daß man oft mit anhaltender Reflexion auf dieselbe der Musik zuhöre, und hiezu wieder ist erforderlich, daß man mit dem ganzen von mir dargestellten Gedanken schon sehr vertraut sei.

Die adäquate Objektivation des Willens sind die (Platonischen) Ideen; die Erkenntnis dieser durch Darstellung einzelner Dinge (denn solche sind die Kunstwerke selbst doch immer) anzuregen (welches nur unter einer diesem entsprechenden Veränderung im erkennenden Subjekt möglich ist), ist der Zweck aller andern Künste. Sie alle objektivieren also den Willen nur mittelbar, nämlich mittelst der Ideen: und da unsere Welt nichts anderes ist, als die Erscheinung der Ideen in der Vielheit, mittelst Eingang in das principium individuationis (die Form der dem Individuo als solchem möglichen Erkenntnis); so ist die Musik, da sie die Ideen übergeht, auch von der erscheinenden Welt ganz unabhängig, ignoriert sie schlechthin, könnte gewissermaßen, auch wenn die Welt gar nicht wäre, doch bestehn: was von den andern Künsten sich nicht sagen läßt. Die Musik ist nämlich eine so *unmittelbare* Objektivation und Abbild des ganzen *Willens*, wie die Welt selbst es ist, ja wie die Ideen es sind, deren vervielfältigte Erscheinung die Welt der einzelnen Dinge ausmacht. Die Musik ist also keineswegs, gleich den andern Künsten, das Abbild der Ideen; sondern *Abbild des Willens selbst*, dessen Objektität auch die Ideen sind: deshalb eben ist die Wirkung der Musik so sehr viel mächtiger und eindringlicher, als die der andern Künste: denn diese reden nur vom Schatten, sie aber vom Wesen. Da es inzwischen derselbe Wille ist, der sich sowohl in den Ideen, als in der Musik, nur in jedem von beiden auf ganz verschiedene Weise, objektiviert; so muß, zwar durchaus keine unmittelbare Ähnlichkeit, aber doch ein Parallelismus, eine Analogie sein zwischen der Musik und zwischen den Ideen, deren Erscheinung in der Vielheit und Unvollkommenheit die sichtbare Welt ist. Die Nachweisung dieser Analogie wird als Erläuterung das Verständnis dieser durch die Dunkelheit des Gegenstandes schwierigen Erklärung erleichtern.

Ich erkenne in den tiefsten Tönen der Harmonie, im Grundbaß, die niedrigsten Stufen der Objektivation des Willens wieder, die unorganische Natur, die Masse des Planeten. Alle die hohen Töne, leicht beweglich und schneller verklingend, sind bekanntlich anzusehn als entstanden durch die Nebenschwingungen des tiefen Grundtones, bei dessen Anklang sie immer zugleich leise miterklingen, und es ist Gesetz der Harmonie, daß auf eine Baßnote nur diejenigen hohen Töne treffen dürfen, die wirklich schon von selbst mit ihr zugleich ertönen (ihre sons harmoniques) durch die Nebenschwingungen. Dieses ist nun dem analog, daß die gesamten Körper und Organisationen der Natur angesehn werden müssen als entstanden durch die stufenweise Entwickelung aus der Masse des Planeten: diese ist, wie ihr Träger, so ihre Quelle: und dasselbe Verhältnis haben die höhern Töne zum Grundbaß. – Die Tiefe hat eine Grenze, über welche hinaus kein Ton mehr hörbar ist: dies entspricht dem, daß keine Materie ohne Form und Qualität wahrnehmbar ist, d. h. ohne Äußerung einer nicht weiter erklärbaren Kraft, in der eben sich eine Idee ausspricht, und allgemeiner, daß keine Materie ganz willenlos sein kann: also wie vom Ton als solchem ein gewisser Grad der Höhe unzertrennlich ist, so von der Materie ein gewisser Grad der Willensäußerung. – Der Grundbaß ist uns also in der Harmonie, was in der Welt die unorganische Natur, die roheste Masse, auf der alles ruht und aus der sich alles erhebt und entwickelt. – Nun ferner in den gesamten die Harmonie hervorbringenden Ripienstimmen, zwischen dem Basse und der leitenden, die Melodie singenden Stimme, erkenne ich die gesamte Stufenfolge der Ideen wieder, in denen der Wille sich objektiviert. Die dem Baß näher stehenden sind die niedrigeren jener Stufen, die noch unorganischen, aber schon mehrfach sich äußernden Körper: die höher liegenden repräsentieren mir die Pflanzen- und die Tierwelt. – Die bestimmten Intervalle der Tonleiter sind parallel den bestimmten

Stufen der Objektivation des Willens, den bestimmten Spezies in der Natur. Das Abweichen von der arithmetischen Richtigkeit der Intervalle, durch irgendeine Temperatur, oder herbeigeführt durch die gewählte Tonart, ist analog dem Abweichen des Individuums vom Typus der Spezies: ja die unreinen Mißtöne, die kein bestimmtes Intervall geben, lassen sich den monstrosen Mißgeburten zwischen zwei Tierspezies, oder zwischen Mensch und Tier, vergleichen. – Allen diesen Baß- und Ripienstimmen, welche die *Harmonie* ausmachen, fehlt nun aber jener Zusammenhang in der Fortschreitung, den allein die obere, die *Melodie* singende Stimme hat, welche auch allein sich schnell und leicht in Modulationen und Läufen bewegt, während jene alle nur eine langsamere Bewegung, ohne einen in jeder für sich bestehenden Zusammenhang, haben. Am schwerfälligsten bewegt sich der tiefe Baß, der Repräsentant der rohesten Masse: sein Steigen und Fallen geschieht nur in großen Stufen, in Terzen, Quarten, Quinten, nie um *einen* Ton; er wäre denn ein, durch doppelten Kontrapunkt, versetzter Baß. Diese langsame Bewegung ist ihm auch physisch wesentlich: ein schneller Lauf oder Triller in der Tiefe läßt sich nicht einmal imaginieren. Schneller, jedoch noch ohne melodischen Zusammenhang und sinnvolle Fortschreitung, bewegen sich die höhern Ripienstimmen, welche der Tierwelt parallel laufen. Der unzusammenhängende Gang und die gesetzmäßige Bestimmung aller Ripienstimmen ist dem analog, daß in der ganzen unvernünftigen Welt, vom Kristall bis zum vollkommensten Tier, kein Wesen ein eigentlich zusammenhängendes Bewußtsein hat, welches sein Leben zu einem sinnvollen Ganzen machte, auch keines eine Sukzession geistiger Entwickelungen erfährt, keines durch Bildung sich vervollkommnet, sondern alles gleichmäßig zu jeder Zeit dasteht, wie es seiner Art nach ist, durch festes Gesetz bestimmt. – Endlich in der *Melodie*, in der hohen, singenden, das Ganze leitenden und mit ungebundener Willkür in ununterbrochenem, bedeutungsvollem Zusammenhange *eines* Gedankens vom Anfang bis zum Ende fortschreitenden, ein Ganzes darstellenden Hauptstimme, erkenne ich die höchste Stufe der Objektivation des Willens wieder, das besonnene Leben und Streben des Menschen. Wie er allein, weil er vernunftbegabt ist, stets vor- und rückwärts sieht, auf den Weg seiner Wirklichkeit und der unzähligen Möglichkeiten, und so einen besonnenen und dadurch als Ganzes zusammenhängenden Lebenslauf vollbringt: – Dem also entsprechend, hat die *Melodie* allein bedeutungsvollen, absichtsvollen Zusammenhang vom Anfang bis zum Ende. Sie erzählt folglich die Geschichte des von der Besonnenheit beleuchteten Willens, dessen Abdruck in der Wirklichkeit die Reihe seiner Taten ist; aber sie sagt mehr, sie erzählt seine geheimste Geschichte, malt jede Regung, jedes Streben, jede Bewegung des Willens, alles das, was die Vernunft unter den weiten und negativen Begriff Gefühl zusammenfaßt und nicht weiter in ihre Abstraktionen aufnehmen kann. Daher auch hat es immer geheißen, die Musik sei die Sprache des Gefühls und der Leidenschaft, so wie Worte die Sprache der Vernunft: schon Plato erklärt sie als *ἡ των μελων κινησις μεμιμημενη, εν τοις παθημασιν ὁταν ψυχη γινηται* (melodarium motus, animi affectus imitans), De leg. VII, und auch Aristoteles sagt: *δια τι οἱ ῥυθμοι και τα μελη, φωνη ουσα, ηθεσιν εοικε*; (cur numeri musici et modi, qui voces sunt, moribus similes sese exhibent?), Probl. c. 19.

Wie nun das Wesen des Menschen darin besteht, daß sein Wille strebt, befriedigt wird und von neuem strebt, und so immerfort, ja, sein Glück und Wohlsein nur dieses ist, daß jener Übergang vom Wunsch zur Befriedigung und von dieser zum neuen Wunsch rasch vorwärts geht, da das Ausbleiben der Befriedigung Leiden, das des neuen Wunsches leeres Sehnen, languor, Langeweile ist; so ist, dementsprechend, das Wesen der Melodie ein stetes Abweichen, Abirren vom Grundton, auf tausend Wegen, nicht nur zu den harmonischen Stufen, zur Terz und Dominante, sondern zu jedem Ton, zur dissonanten Septime und zu den übermäßigen Stufen, aber immer folgt ein endliches Zurückkehren zum Grundton: auf allen jenen Wegen drückt die Melodie das vielgestaltete Streben des Willens aus, aber immer auch, durch das endliche Wiederfinden einer harmonischen Stufe, und noch mehr des Grundtones, die Befriedigung. Die Erfindung der Melodie, die Aufdeckung aller tiefsten Geheimnisse des menschlichen Wollens und Empfindens in ihr, ist das Werk des Genius, dessen Wirken hier augenscheinlicher, als irgendwo, fern von aller Reflexion und bewußter Absichtlichkeit liegt und eine Inspiration heißen könnte. Der Begriff ist hier, wie überall in der Kunst, unfruchtbar: der Komponist offenbart das innerste Wesen der Welt und spricht die tiefste Weisheit aus, in einer Sprache, die seine Vernunft nicht versteht; wie eine magnetische Somnambule Aufschlüsse gibt über Dinge, von denen sie wachend keinen Begriff hat. Daher ist in einem Komponisten, mehr als in irgendeinem andern Künstler, der Mensch vom Künstler ganz getrennt und unterschieden. Sogar bei der Erklärung dieser wunderbaren Kunst zeigt der Begriff seine Dürftigkeit und seine Schranken: ich will indessen unsere Analogie durchzuführen suchen. – Wie nun schneller Übergang vom Wunsch zur Befriedigung und von dieser zum neuen Wunsch, Glück und Wohlsein ist, so sind rasche Melodien, ohne große Abirrungen, fröhlich; langsame, auf schmerzliche Dissonanzen geratende und erst durch viele Takte sich wieder zum Grundton zurückwindende sind, als analog der verzögerten, erschwerten Befriedigung, traurig. Die Verzögerung der neuen Willensregung, der languor, würde keinen andern Ausdruck haben können, als den angehaltenen Grundton, dessen Wirkung bald unerträglich wäre: diesem nähern sich schon sehr monotone, nichtssagende Melodien. Die kurzen, faßlichen Sätze rascher Tanzmusik scheinen nur vom leicht zu erreichenden, gemeinen Glück zu reden; dagegen das Allegro maestoso, in großen Sätzen, langen Gängen, weiten Abirrungen, ein größeres, edleres Streben, nach einem fernen Ziel, und dessen endliche Erreichung bezeichnet. Das Adagio spricht vom Leiden eines großen und edlen Strebens, welches alles kleinliche Glück verschmäht. Aber wie wundervoll ist die Wirkung von Moll und Dur! Wie erstaunlich, daß der Wechsel eines halben Tones, der Eintritt der kleinen Terz, statt der großen, uns sogleich und unausbleiblich ein banges, peinliches Gefühl aufdringt, von welchem uns das Dur wieder ebenso augenblicklich erlöst. Das Adagio erlangt im Moll den Ausdruck des höchsten Schmerzes, wird zur erschütterndesten Wehklage. Tanzmusik in Moll scheint das Verfehlen des kleinlichen Glückes, das man lieber verschmähen sollte, zu bezeichnen, scheint vom Erreichen eines niedrigen Zweckes unter Mühseligkeiten und Plackereien zu reden. – Die Unerschöpflichkeit möglicher Melodien entspricht der Unerschöpflichkeit der Natur an Verschiedenheit der Individuen, Physiognomien und Lebensläufen. Der Übergang aus einer Tonart in eine ganz andere, da er den Zusammenhang mit dem Vorhergegangenen ganz aufhebt, gleicht dem Tode, sofern in ihm das Individuum endet; aber der Wille, der in diesem erschien, nach wie vor lebt, in andern Individuen erscheinend, deren Bewußtsein jedoch mit dem des erstern keinen Zusammenhang hat.

Man darf jedoch bei der Nachweisung aller dieser vorgeführten Analogien nie vergessen, daß die Musik zu ihnen kein direktes, sondern nur ein mittelbares Verhältnis hat; da sie nie die Erscheinung, sondern allein das innere Wesen, das Ansich aller Erscheinung, den Willen selbst, ausspricht. Sie drückt daher nicht diese oder jene einzelne und bestimmte Freude, diese oder jene Betrübnis, oder Schmerz, oder Entsetzen, oder Jubel, oder Lustigkeit, oder Gemütsruhe aus; sondern *die* Freude, *die* Betrübnis, *den* Schmerz, *das* Entsetzen, *den* Jubel, *die* Lustigkeit, *die* Gemütsruhe *selbst*, gewissermaßen in abstracto, das Wesentliche derselben, ohne alles Beiwerk, also auch ohne die Motive dazu. Dennoch verstehn wir sie, in dieser abgezogenen Quintessenz, vollkommen. Hieraus entspringt es, daß unsere Phantasie so leicht durch sie erregt wird und nun versucht, jene ganz unmittelbar zu uns redende, unsichtbare und doch so lebhaft bewegte Geisterwelt zu gestalten und sie mit Fleisch und Bein zu bekleiden, also dieselbe in einem analogen Beispiel zu verkörpern. Dies ist der Ursprung des Gesanges mit Worten und endlich der Oper, – deren Text eben deshalb diese untergeordnete Stellung nie verlassen sollte, um sich zur Hauptsache und die Musik zum bloßen Mittel seines Ausdrucks zu machen, als welches ein großer Mißgriff und eine arge Verkehrtheit ist. Denn überall drückt die Musik nur die Quintessenz des Lebens und seiner Vorgänge aus, nie diese selbst, deren Unterschiede daher auf jene nicht allemal einfließen. Gerade diese ihr ausschließlich eigene Allgemeinheit, bei genauester Bestimmtheit, gibt ihr den hohen Wert, welchen sie als Panakeion aller unserer Leiden hat. Wenn also die Musik zu sehr sich den Worten anzuschließen und nach den Begebenheiten zu modeln sucht, so ist sie bemüht, eine Sprache zu reden, welche nicht die ihrige ist. Von diesem Fehler hat keiner sich so rein gehalten, wie Rossini: daher spricht seine Musik so deutlich und rein ihre *eigene* Sprache, daß sie der Worte gar nicht bedarf und daher auch mit bloßen Instrumenten ausgeführt ihre volle Wirkung tut.

Diesem allen zufolge können wir die erscheinende Welt, oder die Natur, und die Musik als zwei verschiedene Ausdrücke derselben Sache ansehn, welche selbst daher das allein Vermittelnde der Analogie beider ist, dessen Erkenntnis erfordert wird, um jene Analogie einzusehn. Die Musik ist demnach, wenn als Ausdruck der Welt angesehn, eine im höchsten Grad allgemeine Sprache, die sich sogar zur Allgemeinheit der Begriffe ungefähr verhält wie diese zu den einzelnen Dingen. Ihre Allgemeinheit ist aber keineswegs jene leere Allgemeinheit der Abstraktion, sondern ganz anderer Art, und ist verbunden mit durchgängiger deutlicher Bestimmtheit. Sie gleicht hierin den geometrischen Figuren und den Zahlen, welche als die allgemeinen Formen aller möglichen Objekte der Erfahrung und auf alle a priori anwendbar, doch nicht abstrakt, sondern anschaulich und durchgängig bestimmt sind. Alle möglichen Bestrebungen, Erregungen und Äußerungen des Willens, alle jene Vorgänge im Innern des Menschen, welche die Vernunft in den weiten negativen Begriff Gefühl wirft, sind durch die unendlich vielen möglichen Melodien auszudrücken, aber immer in der Allgemeinheit bloßer Form, ohne den Stoff, immer nur nach dem Ansich, nicht nach der Erscheinung, gleichsam die innerste Seele derselben, ohne Körper. Aus diesem innigen Verhältnis, welches die Musik zum wahren Wesen aller Dinge hat, ist auch dies zu erklären, daß wenn zu irgendeiner Szene, Handlung, Vorgang, Umgebung, eine passende Musik ertönt, diese uns den geheimsten Sinn derselben aufzuschließen scheint und als der richtigste und deutlichste Kommentar dazu auftritt; imgleichen, daß es dem, der sich dem Eindruck einer Symphonie ganz hingibt, ist, als sähe er alle möglichen Vorgänge des Lebens und der Welt an sich vorüberziehn: dennoch kann er, wenn er sich besinnt, keine Ähnlichkeit angeben zwischen jenem Tonspiel und den Dingen, die ihm vorschwebten. Denn die Musik ist, wie gesagt, darin von allen andern Künsten verschieden, daß sie nicht Abbild der Erscheinung, oder richtiger, der adäquaten Objektität des

Willens, sondern unmittelbar Abbild des Willens selbst ist und also zu allem Physischen der Welt das Metaphysische, zu aller Erscheinung das Ding an sich darstellt. Man könnte demnach die Welt ebensowohl verkörperte Musik, als verkörperten Willen nennen: daraus also ist es erklärlich, warum Musik jedes Gemälde, ja jede Szene des wirklichen Lebens und der Welt, sogleich in erhöhter Bedeutsamkeit hervortreten läßt; freilich um so mehr, je analoger ihre Melodie dem innern Geiste der gegebenen Erscheinung ist. Hierauf beruht es, daß man ein Gedicht als Gesang, oder eine anschauliche Darstellung als Pantomime, oder beides als Oper der Musik unterlegen kann. Solche einzelne Bilder des Menschenlebens, der allgemeinen Sprache der Musik untergelegt, sind nie mit durchgängiger Notwendigkeit ihr verbunden, oder entsprechend; sondern sie stehn zu ihr nur im Verhältnis eines beliebigen Beispiels zu einem allgemeinen Begriff: sie stellen in der Bestimmtheit der Wirklichkeit dasjenige dar, was die Musik in der Allgemeinheit bloßer Form aussagt. Denn die Melodien sind gewissermaßen, gleich den allgemeinen Begriffen, ein Abstraktum der Wirklichkeit. Diese nämlich, also die Welt der einzelnen Dinge, liefert das Anschauliche, das Besondere und Individuelle, den einzelnen Fall, sowohl zur Allgemeinheit der Begriffe, als zur Allgemeinheit der Melodien, welche beide Allgemeinheiten einander aber in gewisser Hinsicht entgegengesetzt sind; indem die Begriffe nur die allererst aus der Anschauung abstrahierten Formen, gleichsam die abgezogene äußere Schale der Dinge enthalten, also ganz eigentlich Abstrakta sind; die Musik hingegen den innersten aller Gestaltung vorhergängigen Kern, oder das Herz der Dinge gibt. Dies Verhältnis ließe sich recht gut in der Sprache der Scholastiker ausdrücken, indem man sagte: die Begriffe sind die universalia post rem, die Musik aber gibt die universalia ante rem, und die Wirklichkeit die universalia in re. Dem allgemeinen Sinn der einer Dichtung beigegebenen Melodie könnten noch andere, ebenso beliebig gewählte Beispiele des in ihr ausgedrückten Allgemeinen in gleichem Grade entsprechen: daher paßt dieselbe Komposition zu vielen Strophen, daher auch das Vaudeville. Daß aber überhaupt eine Beziehung zwischen einer Komposition und einer anschaulichen Darstellung möglich ist, beruht, wie gesagt, darauf, daß beide nur ganz verschiedene Ausdrücke desselben innern Wesens der Welt sind. Wann nun im einzelnen Fall eine solche Beziehung wirklich vorhanden ist, also der Komponist die Willensregungen, welche den Kern einer Begebenheit ausmachen, in der allgemeinen Sprache der Musik auszusprechen gewußt hat: dann ist die Melodie des Liedes, die Musik der Oper ausdrucksvoll. Die vom Komponisten aufgefundene Analogie zwischen jenen beiden muß aber aus der unmittelbaren Erkenntnis des Wesens der Welt, seiner Vernunft unbewußt, hervorgegangen und darf nicht, mit bewußter Absichtlichkeit, durch Begriffe vermittelte Nachahmung sein: sonst spricht die Musik nicht das innere Wesen, den Willen selbst aus; sondern ahmt nur seine Erscheinung ungenügend nach; wie dies alle eigentlich nachbildende Musik tut, z.B. »Die Jahreszeiten« von Haydn, auch seine Schöpfung in vielen Stellen, wo Erscheinungen der anschaulichen Welt unmittelbar nachgeahmt sind; so auch in allen Bataillenstücken: welches gänzlich zu verwerfen ist.

Das unaussprechlich Innige aller Musik, vermöge dessen sie als ein so ganz vertrautes und doch ewig fernes Paradies an uns vorüberzieht, so ganz verständlich und doch so unerklärlich ist, beruht darauf, daß sie alle Regungen unsers innersten Wesens wiedergibt, aber ganz ohne die Wirklichkeit und fern von ihrer Qual. Imgleichen ist der ihr wesentliche Ernst, welcher das Lächerliche aus ihrem unmittelbar eigenen Gebiet ganz ausschließt, daraus zu erklären, daß ihr Objekt nicht die Vorstellung ist, in Hinsicht auf welche Täuschung und Lächerlichkeit allein möglich sind; sondern ihr Objekt unmittelbar der Wille ist und dieser wesentlich das Allerernsteste, als wovon alles abhängt. – Wie inhaltsreich und bedeutungsvoll ihre Sprache sei, bezeugen sogar die Repetitionszeichen, nebst dem Da capo, als welche bei Werken in der Wortsprache unerträglich wären, bei jener hingegen sehr zweckmäßig und wohltuend sind: denn um es ganz zu fassen, muß man es zweimal hören.

Wenn ich nun in dieser ganzen Darstellung der Musik bemüht gewesen bin, deutlich zu machen, daß sie in einer höchst allgemeinen Sprache das innere Wesen, das Ansich der Welt, welches wir, nach seiner deutlichsten Äußerung, unter dem Begriff Willen denken, ausspricht, in einem einartigen Stoff, nämlich bloßen Tönen, und mit der größten Bestimmtheit und Wahrheit; wenn ferner, meiner Ansicht und Bestrebung nach, die Philosophie nichts anderes ist, als eine vollständige und richtige Wiederholung und Aussprechung des Wesens der Welt, in sehr allgemeinen Begriffen, da nur in solchen eine überall ausreichende und anwendbare Übersicht jenes ganzen Wesens möglich ist; so wird wer mir gefolgt und in meine Denkungsart eingegangen ist, es nicht so sehr paradox finden, wenn ich sage, daß gesetzt es gelänge eine vollkommen richtige, vollständige und in das einzelne gehende Erklärung der Musik, also eine ausführliche Wiederholung dessen was sie ausdrückt in Begriffen zu geben, diese sofort auch eine genügende Wiederholung und Erklärung der Welt in Begriffen, oder einer solchen ganz gleichlautend, also die wahre Philosophie sein würde, und daß wir folglich den oben angeführten Ausspruch Leibnizens, der auf einem niedrigeren Standpunkt ganz richtig ist, im Sinn unserer höheren Ansicht der Musik folgendermaßen parodieren können: Musica est exercitium metaphysices occultum nescientis se philosophari animi. Denn scire, wissen, heißt überall in abstrakte Begriffe abgesetzt haben. Da nun aber ferner, vermöge der vielfältig bestätigten Wahrheit des Leibnizischen Ausspruchs, die Musik, abgesehn von ihrer ästhetischen oder innern Bedeutung, und bloß äußerlich und rein empirisch betrachtet, nichts anderes ist, als das Mittel, größere Zahlen und zusammengesetztere Zahlenverhältnisse, die wir sonst nur mittelbar, durch Auffassung in Begriffen, erkennen können, unmittelbar und in concreto aufzufassen; so können wir nun durch Vereinigung jener beiden so verschiedenen und doch richtigen Ansichten der Musik, uns einen Begriff von der Möglichkeit einer Zahlenphilosophie machen, dergleichen die des Pythagoras und auch die der Chinesen im Y-king war, und sodann nach diesem Sinn jenen Spruch der Pythagoreer deuten, welchen Sextus Empirikus (adv. Math., L. VII) anführt: *τῳ αριϑμῳ δε τα παντ᾽ επεοικεν* (numero cuncta assimilantur). Und wenn wir endlich diese Ansicht an unsere obige Deutung der Harmonie und Melodie bringen, so werden wir eine bloße Moralphilosophie ohne Erklärung der Natur, wie sie Sokrates einführen wollte, einer Melodie ohne Harmonie, welche Rousseau ausschließlich wollte, ganz analog finden, und im Gegensatz hievon wird eine bloße Physik und Metaphysik ohne Ethik einer bloßen Harmonie ohne Melodie entsprechen. – An diese beiläufigen Betrachtungen sei es mir vergönnt, noch einige die Analogie der Musik mit der erscheinenden Welt betreffende Bemerkung zu knüpfen. Wir fanden im vorigen Buche, daß die höchste Stufe der Objektivation des Willens, der Mensch, nicht allein und abgerissen erscheinen konnte, sondern die unter ihm stehenden Stufen und diese immer wieder die tieferen voraussetzten: ebenso nun ist die Musik, welche, eben wie die Welt, den Willen unmittelbar objektiviert, erst vollkommen in der vollständigen Harmonie. Die hohe leitende Stimme der Melodie bedarf, um ihren ganzen Eindruck zu machen, der Begleitung aller andern Stimmen, bis zum tiefsten Baß, welcher als der Ursprung aller anzusehn ist: die Melodie greift selbst als integrierender Teil in die Harmonie ein, wie auch diese in jene: und wie nur so, im vollstimmigen Ganzen, die Musik ausspricht, was sie auszusprechen bezweckt, so findet der eine und außerzeitliche Wille seine vollkommene Objektivation nur in der vollständigen Vereinigung aller der Stufen, welche in unzähligen Graden gesteigerter Deutlichkeit sein Wesen offenbaren. – Sehr merkwürdig ist noch folgende Analogie. Wir haben im vorigen Buche gesehen, daß, ungeachtet des Sichanpassens aller Willenserscheinungen zueinander, in Hinsicht auf die Arten, welches die teleologische Betrachtung veranlaßt, dennoch ein nicht aufzuhebender Widerstreit zwischen jenen Erscheinungen als Individuen bleibt, auf allen Stufen derselben sichtbar ist und die Welt zu einem beständigen Kampfplatz aller jener Erscheinungen des einen und selben Willens macht, dessen innerer Widerspruch mit sich selbst dadurch sichtbar wird. Auch diesem sogar ist etwas Entsprechendes in der Musik. Nämlich ein vollkommen reines harmonisches System der Töne ist nicht nur physisch, sondern sogar schon arithmetisch unmöglich. Die Zahlen selbst, durch welche die Töne sich ausdrücken lassen, haben unauflösbare Irrationalitäten: keine Skala läßt sich auch nur ausrechnen, innerhalb welcher jede Quinte sich zum Grundton verhielte wie 2 zu 3, jede große Terz wie 4 zu 5, jede kleine Terz wie 5 zu 6 usw. Denn, sind die Töne zum Grundton richtig, so sind sie es nicht mehr zueinander; indem ja z. B. die Quinte die kleine Terz der Terz sein müßte, usw.: denn die Töne der Skala sind Schauspielern zu vergleichen, welche bald diese, bald jene Rolle zu spielen haben. Daher also läßt eine vollkommen richtige Musik sich nicht einmal denken, geschweige ausführen; und dieserhalb weicht jede mögliche Musik von der vollkommenen Reinheit ab: sie kann bloß die ihr wesentlichen Dissonanzen, durch Verteilung derselben an alle Töne, d. i. durch Temperatur, verstecken. Man sehe hierüber Chladnis »Akustik«, § 30, und dessen »Kurze Übersicht der Schall- und Klanglehre«, S. 12*.

Ich hätte noch manches hinzuzufügen über die Art, wie Musik perzipiert wird, nämlich einzig und allein in und durch die Zeit, mit gänzlicher Ausschließung des Raumes, auch ohne Einfluß der Erkenntnis der Kausalität, also des Verstandes: denn die Töne machen schon als Wirkung und ohne daß wir auf ihre Ursache, wie bei der Anschauung, zurückgingen, den ästhetischen Eindruck. – Ich will indessen diese Betrachtungen nicht noch mehr verlängern, da ich vielleicht schon so in diesem dritten Buche manchem zu ausführlich gewesen bin, oder mich zu sehr auf das einzelne eingelassen habe. Mein Zweck machte es jedoch nötig, und man wird es um so weniger mißbilligen, wenn man die selten genugsam erkannte Wichtigkeit und den hohen Wert der Kunst sich vergegenwärtigt, erwägend, daß wenn, nach unserer Ansicht, die gesamte sichtbare Welt nur die Objektivation, der Spiegel des Willens ist, zu seiner Selbsterkenntnis, ja, wie wir bald sehn werden, zur Möglichkeit seiner Erlösung, ihn begleitend; und zugleich, daß die Welt als Vorstellung, wenn man sie abgesondert betrachtet, indem man vom Wollen losgerissen, nur sie allein das Bewußtsein einnehmen läßt, die erfreulichste und die allein unschuldige Seite des Lebens ist; – wir die Kunst als die höhere Steigerung, die vollkommenere Entwickelung von allen diesem anzusehn haben, da sie wesentlich eben dasselbe, nur konzentrierter, vollendeter, mit Absicht und Besonnenheit, leistet, was die sichtbare Welt selbst, und sie daher, im vollen Sinne des Wortes, die

* Hiezu Kap. 39 des zweiten Bandes.

Blüte des Lebens genannt werden mag. Ist die ganze Welt als Vorstellung nur die Sichtbarkeit des Willens, so ist die Kunst die Verdeutlichung dieser Sichtbarkeit, die Camera obscura, welche die Gegenstände reiner zeigt und besser übersehn und zusammenfassen läßt, das Schauspiel im Schauspiel, die Bühne auf der Bühne im »Hamlet«.

Der Genuß alles Schönen, der Trost, den die Kunst gewährt, der Enthusiasmus des Künstlers, welcher ihn die Mühen des Lebens vergessen läßt, dieser eine Vorzug des Genius vor den andern, der ihn für das mit der Klarheit des Bewußtseins in gleichem Maße gesteigerte Leiden und für die öde Einsamkeit unter einem heterogenen Geschlechte allein entschädigt, – dieses alles beruht darauf, daß, wie sich uns weiterhin zeigen wird, das Ansich des Lebens, der Wille, das Dasein selbst, ein stetes Leiden und teils jämmerlich, teils schrecklich ist; dasselbe hingegen als Vorstellung allein, rein angeschaut, oder durch die Kunst wiederholt, frei von Qual, ein bedeutsames Schauspiel gewährt. Diese rein erkennbare Seite der Welt und die Wiederholung derselben in irgendeiner Kunst ist das Element des Künstlers. Ihn fesselt die Betrachtung des Schauspiels der Objektivation des Willens: bei demselben bleibt er stehn, wird nicht müde es zu betrachten und darstellend zu wiederholen, und trägt derweilen selbst die Kosten der Aufführung jenes Schauspiels, d. h. ist ja selbst der Wille, der sich also objektiviert und in stetem Leiden bleibt. Jene reine, wahre und tiefe Erkenntnis des Wesens der Welt wird ihm nun Zweck an sich: er bleibt bei ihr stehn. Daher wird sie ihm nicht, wie wir es im folgenden Buche bei dem zur Resignation gelangten Heiligen sehn werden, Quietiv des Willens, erlöst ihn nicht auf immer, sondern nur auf Augenblicke vom Leben, und ist ihm so noch nicht der Weg aus demselben, sondern nur einstweilen ein Trost in demselben; bis seine dadurch gesteigerte Kraft, endlich des Spieles müde, den Ernst ergreift. Als Sinnbild dieses Überganges kann man die heilige Cäcilie von Raphael betrachten. Zum Ernst also wollen nun auch wir uns im folgenden Buche wenden.

VIERTES BUCH

DER WELT ALS WILLE
ZWEITE BETRACHTUNG:

Bei erreichter Selbsterkenntnis Bejahung und Verneinung des Willens zum Leben

Tempore quo cognitio simul advenit, amor e medio supersurrexit.
Oupnek'hat, studio Anquetil Duperron, vol. II, p. 216

§ 53

Der letzte Teil unserer Betrachtung kündigt sich als der ernsteste an, da er die Handlungen der Menschen betrifft, den Gegenstand, der jeden unmittelbar angeht, niemanden fremd oder gleichgültig sein kann, ja, auf welchen alles andere zu beziehn, der Natur des Menschen so gemäß ist, daß er, bei jeder zusammenhängenden Untersuchung, den auf das Tun sich beziehenden Teil derselben immer als das Resultat ihres gesamten Inhalts, wenigstens sofern ihn derselbe interessiert, betrachten und daher diesem Teil, wenn auch sonst keinem andern, ernsthafte Aufmerksamkeit widmen wird. – In der angegebenen Beziehung würde man, nach der gewöhnlichen Art sich auszudrücken, den jetzt folgenden Teil unserer Betrachtung die praktische Philosophie, im Gegensatz der bisher abgehandelten theoretischen, nennen. Meiner Meinung nach aber ist alle Philosophie immer theoretisch, indem es ihr wesentlich ist, sich, was auch immer der nächste Gegenstand der Untersuchung sei, stets rein betrachtend zu verhalten und zu forschen, nicht vorzuschreiben. Hingegen praktisch zu werden, das Handeln zu leiten, den Charakter umzuschaffen, sind alte Ansprüche, die sie, bei gereifter Einsicht, endlich aufgeben sollte. Denn hier, wo es den Wert oder Unwert eines Daseins, wo es Heil oder Verdammnis gilt, geben nicht ihre toten Begriffe den Ausschlag, sondern das innerste Wesen des Menschen selbst, der Dämon, der ihn leitet und der nicht ihn, sondern den er selbst gewählt hat, – wie Plato spricht, – sein intelligibler Charakter, – wie Kant sich ausdrückt. Die Tugend wird nicht gelehrt, so wenig wie der Genius: ja, für sie ist der Begriff so unfruchtbar und nur als Werkzeug zu gebrauchen, wie er es für die Kunst ist. Wir würden daher ebenso töricht sein, zu erwarten, daß unsere Moralsysteme und Ethiken Tugendhafte, Edle und Heilige, als daß unsere Ästhetiken Dichter, Bildner und Musiker erweckten.

Die Philosophie kann nirgends mehr tun, als das Vorhandene deuten und erklären, das Wesen der Welt, welches in concreto, d.h. als Gefühl, jedem verständlich sich ausspricht, zur deutlichen, abstrakten Erkenntnis der Vernunft bringen, dieses aber in jeder möglichen Beziehung und von jedem Gesichtspunkt aus. Wie nun dasselbe, in den drei vorhergegangenen Büchern, in der der Philosophie eigentümlichen Allgemeinheit, von andern Gesichtspunkten aus zu leisten gesucht wurde; so soll im gegenwärtigen Buch auf gleiche Weise das Handeln des Menschen betrachtet werden; welche Seite der Welt wohl nicht nur, wie ich vorhin bemerkte, nach subjektivem, sondern auch nach objektivem Urteil, als die wichtigste von allen befunden werden möchte. Ich werde dabei unserer bisherigen Betrachtungsweise völlig getreu bleiben, auf das bisher Vorgetragene als Voraussetzung mich stützen, ja eigentlich nur den einen Gedanken, welcher der Inhalt dieser ganzen Schrift ist, wie bisher an allen andern Gegenständen, jetzt ebenso am Handeln des Menschen entwickeln und damit das Letzte tun, was ich vermag zu einer möglichst vollständigen Mitteilung desselben.

Der gegebene Gesichtspunkt und die angekündigte Behandlungsweise geben es schon an die Hand, daß man in diesem ethischen Buche keine Vorschriften, keine Pflichtenlehre zu erwarten hat; noch weniger soll ein allgemeines Moral-Prinzip, gleichsam ein Universal-Rezept zur Hervorbringung aller Tugenden angegeben werden. Auch werden wir von keinem *»unbedingten Sollen«* reden, weil solches, wie im Anhang ausgeführt, einen Widerspruch enthält, noch auch von einem »Gesetz für die Freiheit«, welches sich im selben Fall befindet. Wir werden überhaupt ganz und gar nicht von Sollen reden: denn so redet man zu Kindern und zu Völkern in ihrer Kindheit, nicht aber zu denen, welche die ganze Bildung einer mündig gewordenen Zeit sich angeeignet haben. Es ist doch wohl handgreiflicher Widerspruch, den Willen frei zu nennen und doch ihm Gesetze vorzuschreiben, nach denen er wollen soll: – »wollen soll« – hölzernes Eisen. Infolge unserer ganzen Ansicht aber ist der Wille nicht nur frei, sondern sogar allmächtig: aus ihm ist nicht nur sein Handeln, sondern auch seine Welt; und wie er ist, so erscheint sein Handeln, so erscheint seine Welt: seine Selbsterkenntnis sind beide und sonst nichts: er bestimmt sich und eben damit beide: denn außer ihm ist nichts, und sie sind er selbst: nur so ist er wahrhaft autonomisch; nach jeder andern Ansicht aber heteronomisch. Unser philosophisches Bestreben kann bloß dahin gehn, das Handeln des Menschen, die so verschiedenen, ja entgegengesetzten Maximen, deren lebendiger Ausdruck es ist, zu deuten und zu erklären, ihrem innersten Wesen und Gehalt nach, im Zusammenhang mit unserer bisherigen Betrachtung und gerade so, wie wir bisher die übrigen Erscheinungen der Welt zu deuten, ihr innerstes Wesen zur deutlichen, abstrakten Erkenntnis zu bringen gesucht haben. Unsere Philosophie wird dabei dieselbe *Immanenz* behaupten, wie in der ganzen bisherigen Betrachtung: sie wird nicht, Kants großer Lehre zuwider, die Formen der Erscheinung, deren allgemeiner Ausdruck der Satz vom Grunde ist, als einen Springstock gebrauchen wollen, um damit die allein ihnen Bedeutung gebende Erscheinung selbst zu überfliegen und im grenzenlosen Gebiet leerer Fiktionen zu landen. Sondern diese wirkliche Welt der Erkennbarkeit, in der wir sind und die in uns ist, bleibt, wie der Stoff, so auch die Grenze unserer Betrachtung: sie, die so gehaltreich ist, daß auch die tiefste Forschung, deren der menschliche Geist fähig wäre, sie nicht erschöpfen könnte. Weil nun also die wirkliche, erkennbare Welt es auch unsern ethischen Betrachtungen, so wenig als den vorhergegangenen, nie an Stoff und Realität fehlen lassen wird; so werden wir nichts weniger nötig haben, als zu inhaltsleeren, negativen Begriffen unsere Zuflucht zu nehmen, und dann etwan gar uns selbst glauben zu machen, wir sagten etwas, wenn wir, mit hohen Augenbrauen, vom »Absoluten«, vom »Unendlichen«, vom »Übersinnlichen«, und was dergleichen bloße Negationen mehr sind (*ουδεν εστι, η το της στερησεως ονομα, μετα αμυδρας επινοιας* . – nihil est, nisi negationis nomen, cum obscura notione. Jul. or. 5) statt deren man kürzer Wolkenkuckucksheim (*νεφελοκοκκυγια*) sagen könnte, redeten: zugedeckte, leere Schüsseln dieser Art werden wir nicht aufzutischen brauchen. – Endlich werden wir auch hier so wenig, wie im Bisherigen, Geschichten erzählen und solche für Philosophie ausgeben. Denn wir sind der Meinung, daß jeder noch himmelweit von einer philosophischen Erkenntnis der Welt entfernt ist, der vermeint, das Wesen derselben irgendwie, und sei es noch so fein bemäntelt, *historisch* fassen zu können; welches aber der Fall ist, sobald in seiner Ansicht des Wesens an sich der Welt irgend ein *Werden*, oder Gewordensein, oder Werdenwerden sich vorfindet, irgend ein Früher oder Später die mindeste Bedeutung hat und folglich, deutlich oder versteckt, ein Anfangs- und ein Endpunkt der Welt, nebst dem Wege, zwischen beiden gesucht und gefunden wird und das philosophierende Individuum wohl noch gar seine eigene Stelle auf diesem Wege erkennt. Solches *historisches Philosophieren* liefert in den meisten Fällen eine Kosmogonie, die viele Varietäten zuläßt, sonst aber auch ein Emanationssystem, Abfallslehre, oder endlich, wenn, aus Verzweiflung über fruchtlose Versuche auf jenen Wegen, auf den letzten Weg getrieben, umgekehrt eine Lehre vom steten Werden, Entsprießen, Entstehn, Hervortreten ans Licht aus dem Dunkeln, dem finstern Grund, Urgrund, Ungrund und was dergleichen Gefasels mehr ist, welches man übrigens am kürzesten abfertigt durch die Bemerkung, daß eine ganze Ewigkeit, d. h. eine unendliche Zeit, bis zum jetzigen Augenblick bereits abgelaufen ist, weshalb alles, was da werden kann oder soll, schon geworden sein muß. Denn alle solche historische Philosophie, sie mag auch noch so vornehm tun, nimmt, als wäre Kant nie dagewesen, *die Zeit* für eine Bestimmung der Dinge an sich, und bleibt daher bei dem stehn, was Kant die Erscheinung, im Gegensatz des Dinges an sich, und Plato das Werdende, nie Seiende, im Gegensatz des Seienden, nie Werdenden nennt, oder endlich was bei den Indern das Gewebe der Maja heißt: es ist eben die dem Satz vom Grunde anheimgegebene Erkenntnis, mit der man nie zum innern Wesen der Dinge gelangt, sondern nur Erscheinungen ins Unendliche verfolgt, sich ohne Ende und Ziel bewegt, dem Eichhörnchen im Rade zu vergleichen, bis man etwan endlich ermüdet, oben oder unten, bei irgend einem beliebigen Punkte stille steht und nun für denselben auch von andern Respekt ertrotzen will. Die echte philosophische Betrachtungsweise der Welt, d. h. diejenige, welche uns ihr inneres Wesen erkennen lehrt und so über die Erscheinung hinaus führt, ist gerade die, welche nicht nach dem Woher und Wohin und Warum, sondern immer und überall nur nach dem *Was* der Welt frägt, d. h. welche die Dinge nicht nach irgend einer Relation, nicht als werdend und vergehend, kurz, nicht nach einer der vier Gestalten des Satzes vom Grunde betrachtet; sondern umgekehrt, gerade das, was nach Aussonderung dieser ganzen, jenem Satz nachgehenden Betrachtungsart noch übrig bleibt, das in allen Relationen erscheinende, selbst aber ihnen nicht unterworfene, immer sich gleiche Wesen der Welt, die Ideen derselben, zum Gegenstand hat. Von solcher Erkenntnis geht, wie die Kunst, so auch die Philosophie aus, ja, wie wir in diesem Buche finden werden, auch diejenige Stimmung des Gemütes, welche allein zur wahren Heiligkeit und zur Erlösung von der Welt führt.

§ 54

Die drei ersten Bücher werden hoffentlich die deutliche und gewisse Erkenntnis herbeigeführt haben, daß in der Welt als Vorstellung dem Willen sein Spiegel aufgegangen ist, in welchem er sich selbst erkennt, mit zunehmenden Graden der Deutlichkeit und Vollständigkeit, deren höchster der Mensch ist, dessen Wesen aber seinen vollendeten Ausdruck erst durch die zusammenhängende Reihe seiner Handlungen erhält, deren selbstbewußten Zusammenhang die Vernunft, die ihn das Ganze stets in abstracto überblicken läßt, möglich macht.

Der Wille, welcher rein an sich betrachtet, erkenntnislos und nur ein blinder, unaufhaltsamer Drang ist, wie wir ihn noch in der unorganischen und vegetabilischen Natur und ihren Gesetzen, wie auch im vegetativen Teil unsers eigenen Lebens erscheinen sehn, erhält durch die hinzugetretene zu seinem Dienst entwikkelte Welt der Vorstellung die Erkenntnis von seinem Wollen und von dem was es sei, das er will, daß es nämlich nichts anderes sei, als diese Welt, das Leben, gerade so wie es dasteht. Wir nannten deshalb die erscheinende Welt seinen Spiegel, seine Objektität: und da was der Wille will immer das Leben ist, eben weil dasselbe nichts weiter, als die Darstellung jenes Wollens für die Vorstellung ist; so ist es einerlei und nur ein Pleonasmus, wenn wir statt schlechthin zu sagen, »der Wille«, sagen »der Wille zum Leben«.

Da der Wille das Ding an sich, der innere Gehalt, das Wesentliche der Welt ist; das Leben, die sichtbare Welt, die Erscheinung, aber nur der Spiegel des Willens; so wird diese den Willen so unzertrennlich begleiten, wie den Körper sein Schatten: und wenn Wille da ist, wird auch Leben, Welt dasein. Dem Willen zum Leben ist also das Leben gewiß, und solange wir von Lebenswillen erfüllt sind, dürfen wir für unser Dasein nicht besorgt sein, auch nicht beim Anblick des Todes. Wohl sehn wir das Individuum entstehn und vergehn: aber das Individuum ist nur Erscheinung, ist nur da für die im Satz vom Grunde, dem principio individuationis, befangene Erkenntnis: für diese freilich empfängt es sein Leben wie ein Geschenk, geht aus dem Nichts hervor, leidet dann durch den Tod den Verlust jenes Geschenks und geht ins Nichts zurück. Aber wir wollen ja eben das Leben philosophisch, d.h. seinen Ideen nach betrachten, und da werden wir finden, daß weder der Wille, das Ding an sich in allen Erscheinungen, noch das Subjekt des Erkennens, der Zuschauer aller Erscheinungen, von Geburt und von Tod irgend berührt werden. Geburt und Tod gehören eben zur Erscheinung des Willens, also zum Leben, und es ist diesem wesentlich, sich in Individuen darzustellen, welche entstehn und vergehn, als flüchtige, in der Form der Zeit auftretende Erscheinungen desjenigen, was an sich keine Zeit kennt, aber gerade auf die besagte Weise sich darstellen muß, um sein eigentliches Wesen zu objektivieren. Geburt und Tod gehören auf gleiche Weise zum Leben und halten sich das Gleichgewicht als wechselseitige Bedingungen von einander, oder, wenn man etwan den Ausdruck liebt, als Pole der gesamten Lebenserscheinung. Die weiseste aller Mythologien, die indische, drückt dieses dadurch aus, daß sie gerade dem Gotte, welcher die Zerstörung, den Tod, symbolisiert (wie Brahma, der sündigste und niedrigste Gott des Trimurtis, die Zeugung, Entstehung, und Wischnu die Erhaltung), daß sie, sage ich, gerade dem Schiwa, zugleich mit dem Halsband von Totenköpfen, den Lingam zum Attribut gibt, dieses Symbol der Zeugung, welche also hier als Ausgleichung des Todes auftritt, wodurch angedeutet wird, daß Zeugung und Tod wesentliche Korrelate sind, die sich gegenseitig neutralisieren und aufheben. – Ganz dieselbe Gesinnung war es, welche Griechen und Römer antrieb, die kostbaren Sarkophage gerade so zu verzieren, wie wir sie noch sehn, mit Festen, Tänzen, Hochzeiten,

Jagden, Tierkämpfen, Bacchanalien, also mit Darstellungen des gewaltigsten Lebensdranges, welchen sie nicht nur in solchen Lustbarkeiten, sondern sogar in wollüstigen Gruppen, selbst bis zur Begattung zwischen Satyren und Ziegen, uns vorführen. Der Zweck war offenbar, vom Tode des betrauerten Individuums, mit dem größten Nachdruck auf das unsterbliche Leben der Natur hinzuweisen und dadurch, wenngleich ohne abstraktes Wissen, anzudeuten, daß die ganze Natur die Erscheinung und auch die Erfüllung des Willens zum Leben ist. Die Form dieser Erscheinung ist Zeit, Raum und Kausalität, mittelst dieser aber Individuation, die es mit sich bringt, daß das Individuum entstehn und vergehn muß, was aber den Willen zum Leben, von dessen Erscheinung das Individuum gleichsam nur ein einzelnes Exempel oder Spezimen ist, so wenig anficht, als das Ganze der Natur gekränkt wird durch den Tod eines Individuums. Denn nicht dieses, sondern die Gattung allein ist es, woran der Natur gelegen ist, und auf deren Erhaltung sie mit allem Ernst dringt, indem sie für dieselbe so verschwenderisch sorgt, durch die ungeheure Überzahl der Keime und die große Macht des Befruchtungstriebes. Hingegen hat das Individuum für sie keinen Wert und kann ihn nicht haben, da unendliche Zeit, unendlicher Raum und in diesen unendliche Zahl möglicher Individuen ihr Reich sind; daher sie stets bereit ist, das Individuum fallen zu lassen, welches demnach nicht nur auf tausendfache Weise, durch die unbedeutendesten Zufälle, dem Untergang ausgesetzt, sondern ihm schon ursprünglich bestimmt ist und ihm von der Natur selbst entgegengeführt wird, von dem Augenblick an, wo es der Erhaltung der Gattung gedient hat. Ganz naiv spricht hiedurch die Natur selbst die große Wahrheit aus, daß nur die Ideen, nicht die Individuen eigentliche Realität haben, d.h. vollkommene Objektität des Willens sind. Da nun der Mensch die Natur selbst, und zwar im höchsten Grade ihres Selbstbewußtseins ist, die Natur aber nur der objektivierte Wille zum Leben ist; so mag der Mensch, wenn er diesen Gesichtspunkt gefaßt hat und dabei stehn bleibt, allerdings und mit Recht sich über seinen und seiner Freunde Tod trösten, durch den Rückblick auf das unsterbliche Leben der Natur, die er selbst ist. So folglich ist Schiwa mit dem Lingam, so jene antiken Sarkophage zu verstehn, die mit ihren Bildern des glühendesten Lebens dem klagenden Betrachter zurufen: Natura non contristatur.

Daß Zeugung und Tod als etwas zum Leben Gehöriges und dieser Erscheinung des Willens Wesentliches zu betrachten sind, geht auch daraus hervor, daß beide sich uns als die nur höher potenzierten Ausdrücke dessen, woraus auch das ganze übrige Leben besteht, darstellen. Dieses nämlich ist durch und durch nichts anderes, als ein steter Wechsel der Materie, unter dem festen Beharren der Form: und eben das ist die Vergänglichkeit der Individuen, bei der Unvergänglichkeit der Gattung. Die beständige Ernährung und Reproduktion ist nur dem Grade nach von der Zeugung, und die beständige Exkretion nur dem Grade nach dem Tode verschieden. Ersteres zeigt sich am einfachsten und deutlichsten bei der Pflanze. Diese ist durch und durch nur die stete Wiederholung desselben Triebes, ihrer einfachsten Faser, die sich zu Blatt und Zweig gruppiert; ist ein systematisches Aggregat gleichartiger, einander tragender Pflanzen, deren beständige Wiedererzeugung ihr einziger Trieb ist: zur vollständigern Befriedigung desselben steigert sie sich, mittelst der Stufenleiter der Metamorphose, endlich bis zur Blüte und Frucht, jenem Kompendium ihres Daseins und Strebens, in welchem sie nun auf einem kürzern Wege das erlangt, was ihr einziges Ziel ist, und nunmehr mit einem Schlage tausendfach vollbringt, was sie bis dahin im einzelnen wirkte: Wiederholung ihrer selbst. Ihr Treiben bis zur Frucht verhält sich zu dieser, wie die Schrift zur Buchdruckerei. Offenbar ist es beim Tiere ganz dasselbe. Der Ernährungsprozeß ist ein stetes Zeugen, der Zeugungsprozeß ein höher potenziertes Ernähren; die Wollust bei der Zeugung die höher potenzierte Behaglichkeit des Lebensgefühls. Andererseits ist die Exkretion, das stete Aushauchen und Abwerfen von Materie, dasselbe, was in erhöhter Potenz der Tod, der Gegensatz der Zeugung, ist. Wie wir nun hiebei allezeit zufrieden sind, die Form zu erhalten, ohne die abgeworfene Materie zu betrauern; so haben wir uns auf gleiche Weise zu verhalten, wenn im Tode dasselbe in erhöhter Potenz und im ganzen geschieht, was täglich und stündlich im einzelnen bei der Exkretion vor sich geht: wie wir beim erstern gleichgültig sind, sollten wir beim andern nicht zurückbeben. Von diesem Standpunkt aus erscheint es daher ebenso verkehrt, die Fortdauer seiner Individualität zu verlangen, welche durch andere Individuen ersetzt wird, als den Bestand der Materie seines Leibes, die stets durch neue ersetzt wird: es erscheint ebenso töricht, Leichen einzubalsamieren, als es wäre, seine Auswürfe sorgfältig zu bewahren. Was das an den individuellen Leib gebundene individuelle Bewußtsein betrifft, so wird es täglich durch den Schlaf gänzlich unterbrochen. Der tiefe Schlaf ist vom Tode, in welchen er oft, z. B. beim Erfrieren, ganz stetig übergeht, für die Gegenwart seiner Dauer, gar nicht verschieden, sondern nur für die Zukunft, nämlich in Hinsicht auf das Erwachen. Der Tod ist ein Schlaf, in welchem die Individualität vergessen wird: alles andere erwacht wieder, oder vielmehr ist wach geblieben*.

Vor allem müssen wir deutlich erkennen, daß die Form der Erscheinung des Willens, also die Form des Lebens oder der Realität, eigentlich nur die *Gegenwart* ist, nicht Zukunft, noch Vergangenheit: diese sind nur im Begriff, sind nur im Zusammenhange der Erkenntnis da, sofern sie dem Satz vom Grunde folgt. In der Vergangenheit hat kein Mensch gelebt, und in der Zukunft wird nie einer leben, sondern die *Gegenwart* allein ist die Form alles Lebens, ist aber auch sein sicherer Besitz, der ihm nie entrissen werden kann. Die Gegenwart ist immer da, samt ihrem Inhalt: Beide stehn fest, ohne zu wanken; wie der Regenbogen auf dem Wasser-

* Auch kann folgende Betrachtung dem, welchem sie nicht zu subtil ist, dienen, sich deutlich zu machen, daß das Individuum nur die Erscheinung, nicht das Ding an sich ist. Jedes Individuum ist einerseits das Subjekt des Erkennens, d. h. die ergänzende Bedingung der Möglichkeit der ganzen objektiven Welt, und andererseits einzelne Erscheinung des Willens, desselben, der sich in jedem Dinge objektiviert. Aber diese Duplizität unsers Wesens ruht nicht in einer für sich bestehenden Einheit: sonst würden wir uns unserer selbst *an uns selbst und unabhängig von den Objekten des Erkennens und Wollens* bewußt werden können: dies können wir aber schlechterdings nicht, sondern sobald wir, um es zu versuchen, in uns gehn und uns, indem wir das Erkennen nach innen richten, einmal völlig besinnen wollen; so verlieren wir uns in eine bodenlose Leere, finden uns gleich der gläsernen Halbkugel, aus deren Leere eine Stimme spricht, deren Ursache aber nicht darin anzutreffen ist, und indem wir so uns selbst ergreifen wollen, erhaschen wir, mit Schaudern, nichts, als ein bestandloses Gespenst.

fall. Denn dem Willen ist das Leben, dem Leben die Gegenwart sicher und gewiß. – Freilich, wenn wir zurückdenken an die verflossenen Jahrtausende, an die Millionen von Menschen, die in ihnen lebten; dann fragen wir: Was waren sie? Was ist aus ihnen geworden? – Aber wir dürfen dagegen nur die Vergangenheit unsers eigenen Lebens uns zurückrufen und ihre Szenen lebhaft in der Phantasie erneuern, und nun wieder fragen: Was war dies alles? Was ist aus ihm geworden? – Wie mit ihm, so ist es mit dem Leben jener Millionen. Oder sollten wir meinen, die Vergangenheit erhielte dadurch, daß sie durch den Tod besiegelt ist, ein neues Dasein? Unsere eigene Vergangenheit, auch die nächste und der gestrige Tag, ist nur noch ein nichtiger Traum der Phantasie, und dasselbe ist die Vergangenheit aller jener Millionen. Was war? Was ist? – Der Wille, dessen Spiegel das Leben ist, und das willensfreie Erkennen, welches in jenem Spiegel ihn deutlich erblickt. Wer dies noch nicht erkannt hat, oder nicht erkennen will, muß zu jener obigen Frage nach dem Schicksal vergangener Geschlechter, auch noch diese fügen: warum gerade er, der Fragende, so glücklich ist, diese kostbare, flüchtige, allein reale Gegenwart innezuhaben, während jene Hunderte von Menschengeschlechtern, ja auch die Helden und Weisen jener Zeiten, in die Nacht der Vergangenheit gesunken und dadurch zu Nichts geworden sind; er aber, sein unbedeutendes Ich, wirklich da ist? – oder kürzer, wenngleich sonderbar: warum dies Jetzt, sein Jetzt, – doch gerade jetzt ist und nicht auch schon längst *war*? – Er sieht, indem er so seltsam frägt, sein Dasein und seine Zeit als unabhängig voneinander an und jenes als in diese hineingeworfen: er nimmt eigentlich zwei Jetzt an, eines das dem Objekt, das andere, das dem Subjekt angehört, und wundert sich über den glücklichen Zufall ihres Zusammentreffens. In Wahrheit aber macht (wie in der Abhandlung über den Satz vom Grunde gezeigt ist) nur der Berührungspunkt des Objekts, dessen Form die Zeit ist, mit dem Subjekt, welches keine Gestaltung des Satzes vom Grunde zur Form hat, die Gegenwart aus. Nun ist aber aller Objekt der Wille, sofern er Vorstellung geworden, und das Subjekt ist das notwendige Korrelat alles Objekts; reale Objekte gibt es aber nur in der Gegenwart: Vergangenheit und Zukunft enthalten bloße Begriffe und Phantasmen, daher ist die Gegenwart die wesentliche Form der Erscheinung des Willens und von dieser unzertrennlich. Die Gegenwart allein ist das, was immer da ist und unverrückbar feststeht. Empirisch aufgefaßt das Flüchtigste von allem, stellt sie dem metaphysischen Blick, der über die Formen der empirischen Aufschauung hinwegsieht, sich als das allein Beharrende dar, das Nunc stans der Scholastiker. Die Quelle und der Träger ihres Inhalts ist der Wille zum Leben, oder das Ding an sich, – welches wir sind. Das, was immerfort wird und vergeht, indem es entweder schon gewesen ist, oder noch kommen soll, gehört der Erscheinung als solcher an, vermöge ihrer Formen, welche das Entstehn und Vergehn möglich machen. Demnach denke man: Quid fuit? – Quod est. – Quid erit? – Quod fuit; und nehme es im strengen Sinn der Worte, verstehe also nicht simile, sondern idem. Denn dem Willen ist das Leben, dem Leben die Gegenwart gewiß. Daher auch kann jeder sagen: »Ich bin ein für allemal Herr der Gegenwart, und durch alle Ewigkeit wird sie mich begleiten, wie mein Schatten: demnach wundere ich mich nicht, wo sie nur hergekommen sei, und wie es zugehe, daß sie gerade jetzt sei.« – Wir können die Zeit einem endlos drehenden Kreise vergleichen: die stets sinkende Hälfte wäre die Vergangenheit, die stets steigende die Zukunft; oben aber der unteilbare Punkt, der die Tangente berührt, wäre die ausdehnungslose Gegenwart: wie die Tangente nicht mit fortrollt, so auch nicht die Gegenwart, der Berührungspunkt des Objekts, dessen Form die Zeit ist, mit dem Subjekt, das keine Form hat, weil es nicht zum Erkennbaren gehört, sondern Bedingung alles Erkennbaren ist. Oder: die Zeit gleicht einem unaufhaltsamen Strom, und die Gegenwart einem Felsen, an dem sich jener bricht, aber nicht ihn mit fortreißt. Der Wille, als Ding an sich, ist so wenig, als das Subjekt der Erkenntnis, welches zuletzt doch in gewissem Betracht er selbst oder seine Äußerung ist, dem Satze vom Grunde unterworfen; und wie dem Willen das Leben, seine eigene Erscheinung, gewiß ist, so ist es auch die Gegenwart, die einzige Form des wirklichen Lebens. Wir haben demnach nicht nach der Vergangenheit vor dem Leben, noch nach der Zukunft nach dem Tode zur forschen: vielmehr haben wir als die einzige Form, in welcher der Wille sich erscheint, die *Gegenwart* zu erkennen*; sie wird ihm nicht entrinnen, aber er ihr wahrlich auch nicht. Wen daher das Leben, wie es ist, befriedigt, wer es auf alle Weise bejaht, der kann es mit Zuversicht als endlos betrachten und die Todesfurcht als eine Täuschung bannen, welche ihm die ungereimte Furcht eingibt, er könne der Gegenwart je verlustig werden, und ihm eine Zeit vorspiegelt ohne eine Gegenwart darin: eine Täuschung, welche in Hinsicht auf die Zeit das ist, was in Hinsicht auf den Raum jene andere, vermöge welcher jeder, in seiner Phantasie, die Stelle auf der Erdkugel, welche er gerade einnimmt, als das Oben und alles Übrige als das Unten ansieht: eben so knüpft jeder die Gegenwart an seine Individualität und meint, mit dieser verlösche alle Gegenwart; Vergangenheit und Zukunft seien nun ohne dieselbe. Wie aber auf der Erdkugel überall oben ist, so ist auch die Form alles Lebens *Gegenwart*, und den Tod fürchten, weil er uns die Gegenwart entreißt, ist nicht weiser, als fürchten, man könne von der runden Erdkugel, auf welcher man glücklicherweise nun gerade oben steht, hinuntergleiten. Der Objektivation des Willens ist die Form der Gegenwart wesentlich, welche als ausdehnungsloser Punkt die nach beiden Seiten unendliche Zeit schneidet und unverrückbar fest steht, gleich einem immerwährenden Mittag, ohne kühlenden Abend; wie die wirkliche Sonne ohne Unterlaß brennt, während sie nur scheinbar in den Schoß der Nacht sinkt: daher, wenn ein Mensch den Tod als seine Vernichtung fürchtet, es nicht anders ist, als wenn man dächte, die Sonne könne am Abend klagen: »Wehe mir! ich gehe unter in ewige Nacht.« –** Hingegen auch umgekehrt: wen die Lasten des Lebens drücken, wer zwar wohl das Leben möchte und es bejaht, aber die Qualen desselben verabscheut, und besonders das harte Los, das gerade ihm zugefallen ist, nicht länger tragen mag: ein solcher hat nicht vom Tode Befreiung zu

* Scholastici docuerunt, quod aeternitas non sit temporis sine fine aut principio successio, sed *Nunc stans*; i. e. idem nobis *Nunc* esse, quod erat *Nunc* Adamo: i. e. inter *nunc* et *tunc* nullam esse differentiam. *Hobbes*, Leviathan, c. 46.

** In Eckermanns »Gesprächen mit *Goethe*« (zweite Auflage, Bd. 1, S. 154) sagt Goethe: »Unser Geist ist ein Wesen ganz unzerstörbarer Natur: es ist ein Fortwirkendes von Ewigkeit zu Ewigkeit. Es ist der Sonne ähnlich, die bloß unsern irdischen Augen unterzugehn scheint, die aber eigentlich nie untergeht, sondern unaufhörlich fortleuchtet.« – *Goethe* hat das Gleichnis von mir; nicht etwan ich von hoffen und kann sich nicht durch Selbstmord retten; nur mit falschem Scheine lockt ihn der finstere kühle Orkus als Hafen der Ruhe. Die Erde wälzt sich vom Tage in die Nacht; das Individuum stirbt: aber die Sonne selbst brennt ohne Unterlaß ewigen Mittag. Dem Willen zum Leben ist das Leben gewiß: die Form des Lebens ist Gegenwart ohne Ende; gleichviel wie die Individuen, Erscheinungen der Idee, in der Zeit entstehn und vergehn, flüchtigen Träumen zu vergleichen. – Der Selbstmord erscheint uns also schon hier als eine vergebliche und darum törichte Handlung: wenn wir in unserer Betrachtung weiter vorgedrungen sein werden, wird er sich uns in einem noch ungünstigern Lichte darstellen.

Die Dogmen wechseln und unser Wissen ist trüglich; aber die Natur irrt nicht: ihr Gang ist sicher und sie verbirgt ihn nicht. Jedes ist ganz in ihr, und sie ist ganz in jedem. In jedem Tier hat sie ihren Mittelpunkt: es hat seinen Weg sicher ins Dasein gefunden, wie es ihn sicher hinausfinden wird: inzwischen lebt es furchtlos vor der Vernichtung und unbesorgt, getragen durch das Bewußtsein, daß es die Natur selbst ist und wie sie unvergänglich. Der Mensch allein trägt in abstrakten Begriffen die Gewißheit seines Todes mit sich herum: diese kann ihn dennoch, was sehr seltsam ist, nur auf einzelne Augenblicke, wo ein Anlaß sie der Phantasie vergegenwärtigt, ängstigen. Gegen die mächtige Stimme der Natur vermag die Reflexion wenig. Auch in ihm, wie im Tiere, das nicht denkt, waltet als dauernder Zustand jene, aus dem innersten Bewußtsein, daß er die Natur, die Welt selbst ist, entspringende Sicherheit vor, vermöge welcher keinen Menschen der Gedanke des gewissen und nie fernen Todes merklich beunruhigt, sondern jeder dahinlebt, als müsse er ewig leben; was so weit geht, daß sich sagen ließe, keiner habe eine eigentlich leben-

ihm. Ohne Zweifel gebraucht er es, in diesem 1824 gehaltenen Gespräch, infolge einer, vielleicht unbewußten, Reminiszenz obiger Stelle; da solche, mit denselben Worten wie hier, in der ersten Auflage, S. 401, steht; auch eben daselbst S. 528, wie hier am Schlusse des § 65, wiederkehrt. Jene erste Auflage war ihm im Dezember 1818 übersandt worden, und im März 1819 ließ er mir nach Neapel, wo ich mich damals befand, seinen Beifall, durch meine Schwester, brieflich berichten, und hatte einen Zettel beigelegt, worauf er die Zahlen einiger Seiten, welche ihm besonders gefallen, angemerkt hatte: also hatte er mein Buch gelesen.

dige Überzeugung von der Gewißheit seines Todes, da sonst zwischen seiner Stimmung und der des verurteilten Verbrechers kein so großer Unterschied sein könnte; sondern jeder erkenne zwar jene Gewißheit in abstracto und theoretisch an, lege sie jedoch, wie andere theoretische Wahrheiten, die aber auf die Praxis nicht anwendbar sind, beiseite, ohne sie irgend in sein lebendiges Bewußtsein aufzunehmen. Wer diese Eigentümlichkeit der menschlichen Sinnesart wohl beachtet, wird einsehn, daß die psychologischen Erklärungsarten derselben, aus der Gewohnheit und dem Sichzufriedengeben über das Unvermeidliche, keineswegs ausreichen, sondern der Grund derselben der angegebene, tiefer liegende ist. Aus demselben ist es auch zu erklären, warum zu allen Zeiten, bei allen Völkern, Dogmen von irgend einer Art von Fortdauer des Individuums nach dem Tode sich finden und in Ansehn stehn, da doch die Beweise dafür immer höchst unzulänglich sein mußten, die für das Gegenteil aber stark und zahlreich, ja, dieses eigentlich keines Beweises bedarf, sondern vom gesunden Verstande als Tatsache erkannt wird und als solche bekräftigt durch die Zuversicht, daß die Natur so wenig lügt als irrt, sondern ihr Tun und Wesen offen darlegt, sogar naiv ausspricht, während nur wir selbst es durch Wahn verfinstern, um herauszudeuten was unserer beschränkten Ansicht eben zusagt.

Was wir aber jetzt zum deutlichen Bewußtsein gebracht haben, daß, wiewohl die einzelne Erscheinung des Willens zeitlich anfängt und zeitlich endet, der Wille selbst, als Ding an sich, hievon nicht getroffen wird, noch auch das Korrelat alles Objekts, das erkennende, nie erkannte Subjekt, und daß dem Willen zum Leben das Leben immer gewiß ist: – dies ist nicht jenen Lehren von der Fortdauer beizuzählen. Denn dem Willen, als Ding an sich betrachtet, wie auch dem reinen Subjekt des Erkennens, dem ewigen Weltauge, kommt so wenig ein Beharren als ein Vergehn zu, da dieses in der Zeit allein gültige Bestimmungen sind, jene aber außer der Zeit liegen. Daher kann der Egoismus des Individuums (dieser einzelnen vom Subjekt des Erkennens beleuchteten Willenserscheinung) für seinen Wunsch, sich eine unendliche Zeit hindurch zu behaupten, aus unserer dargelegten Ansicht so wenig Nahrung und Trost schöpfen, als er es könnte aus der Erkenntnis, daß nach seinem Tode doch die übrige Außenwelt in der Zeit fortbestehn wird, welches nur der Ausdruck eben derselben Ansicht, aber objektiv und daher zeitlich betrachtet, ist. Denn zwar ist jeder nur als Erscheinung vergänglich, hingegen als Ding an sich zeitlos, also auch endlos; aber auch nur als Erscheinung ist er von den übrigen Dingen der Welt verschieden, als Ding an sich ist er der Wille der in allem erscheint, und der Tod hebt die Täuschung auf, die sein Bewußtsein von dem der Übrigen trennt: dies ist die Fortdauer. Sein Nichtberührtwerden vom Tode, welches ihm nur als Ding an sich zukommt, fällt für die Erscheinung mit der Fortdauer der übrigen Außenwelt zusammen*. Daher auch kommt es, daß das innige und bloß gefühlte Bewußtsein dessen, was wir soeben zur deutlichen Erkenntnis erhoben haben, zwar, wie gesagt, verhindert, daß der Gedanke des Todes sogar dem vernünftigen Wesen das Leben nicht vergiftet, indem solches Bewußtsein die Basis jenes Lebensmutes ist, der alles Lebendige aufrecht erhält und munter fortleben läßt, als gäbe es keinen Tod, solange nämlich, als es das Leben im Auge hat und auf dieses gerichtet ist; aber hiedurch wird nicht verhindert, daß wann der Tod im einzelnen und in der Wirklichkeit, oder auch nur in der Phantasie, an das Individuum herantritt und dieses nun ihn ins Auge fassen muß, es nicht von Todesangst ergriffen würde und auf alle Weise zu entfliehn suchte. Denn wie, solange seine Erkenntnis auf das Leben als solches gerichtet war, es in demselben auch die Unvergänglichkeit erkennen mußte, so muß, wann der Tod ihm vor die Augen tritt, es diesen erkennen für das, was er ist, das zeitliche Ende der einzelnen zeitlichen Erscheinung. Was wir im Tode fürchten, ist keineswegs der Schmerz: denn teils liegt dieser offenbar diesseit des Todes; teils fliehn wir oft vor dem Schmerz zum Tode, ebensowohl als wir auch umgekehrt bisweilen den entsetzlichsten Schmerz übernehmen, um nur dem Tode, wiewohl er

* Im Veda ist dies dadurch ausgedrückt, daß gesagt wird, indem ein Mensch sterbe, werde seine Sehkraft eins mit der Sonne, sein Geruch mit der Erde, sein Geschmack mit dem Wasser, sein Gehör mit der Luft, seine Rede mit dem Feuer usw. (Oupnek'hat, Bd. 1, S. 249ff.) – wie auch dadurch, daß, in einer besondern Förmlichkeit, der Sterbende seine Sinne und gesamten Fähigkeiten einzeln seinem Sohne übergibt, als in welchem sie nun fortleben sollen. (Ebendas., Bd. 2, S. 82ff.)

schnell und leicht wäre, noch eine Weile zu entgehn. Wir unterscheiden also Schmerz und Tod als zwei ganz verschiedene Übel: was wir im Tode fürchten, ist in der Tat der Untergang des Individuums, als welcher er sich unverhohlen kund gibt, und da das Individuum der Wille zum Leben selbst in einer einzelnen Objektivation ist, sträubt sich sein ganzes Wesen gegen den Tod. – Wo nun solchermaßen das Gefühl uns hülflos Preis gibt, kann jedoch die Vernunft eintreten und die widrigen Eindrücke desselben großenteils überwinden, indem sie uns auf einen höhern Standpunkt stellt, wo wir statt des Einzelnen nunmehr das Ganze im Auge haben. Darum könnte eine philosophische Erkenntnis des Wesens der Welt, die bis zu dem Punkt, auf welchem wir jetzt in unserer Betrachtung stehn, gekommen wäre, aber nicht weiter ginge, selbst schon auf diesem Standpunkte die Schrecken des Todes überwinden, in dem Maß, als im gegebenen Individuum die Reflexion Macht hätte über das unmittelbare Gefühl. Ein Mensch, der die bisher vorgetragenen Wahrheiten seiner Sinnesart fest einverleibt hätte, nicht aber zugleich durch eigene Erfahrung, oder durch eine weitergehende Einsicht, dahin gekommen wäre, in allem Leben dauerndes Leiden als wesentlich zu erkennen; sondern der im Leben Befriedigung fände, dem vollkommen wohl darin wäre, und der, bei ruhiger Überlegung, seinen Lebenslauf, wie er ihn bisher erfahren, von endloser Dauer, oder von immer neuer Wiederkehr wünschte, und dessen Lebensmut so groß wäre, daß er, gegen die Genüsse des Lebens, alle Beschwerde und Pein, der es unterworfen ist, willig und gern mit in den Kauf nähme; ein solcher stände »mit festen, markigen Knochen auf der wohlgegründeten, dauernden Erde« und hätte nichts zu fürchten: gewaffnet mit der Erkenntnis, die wir ihm beilegen, sähe er dem auf den Flügeln der Zeit heraneilenden Tode gleichgültig entgegen, ihn betrachtend als einen falschen Schein, ein ohnmächtiges Gespenst, Schwache zu schrecken, das aber keine Gewalt über den hat, der da weiß, daß ja er selbst jener Wille ist, dessen Objektivation oder Abbild die ganze Welt ist, dem daher das Leben allezeit gewiß bleibt und auch die Gegenwart, die eigentliche, alleinige Form der Erscheinung des Willens, den daher keine unendliche Vergangenheit oder Zukunft, in denen er nicht wäre, schrecken kann, da er diese als das eitle Blendwerk und Gewebe der Maja betrachtet, der daher so wenig den Tod zu fürchten hätte, wie die Sonne die Nacht. – Auf diesen Standpunkt stellt, im Bhagavat Gita, Krischna seinen angehenden Zögling den Ardschun, als dieser beim Anblick der schlagfertigen Heere (auf etwas ähnliche Art wie Xerxes) von Wehmut ergriffen wird, verzagen und vom Kampfe ablassen will, um den Untergang so vieler Tausende zu verhüten: Krischna stellt ihn auf jenen Standpunkt, und der Tod jener Tausende kann ihn nicht mehr aufhalten: er gibt das Zeichen zur Schlacht. – Diesen Standpunkt auch bezeichnet Goethes Prometheus, besonders wenn er sagt:

»Hier sitz ich, forme Menschen
Nach meinem Bilde,
Ein Geschlecht, das mir gleich sei,
Zu leiden, zu weinen,
Zu genießen und zu freuen sich,
Und dein nicht zu achten,
Wie ich!«

Auf diesen Standpunkt könnte auch die Philosophie des Bruno und die des Spinoza denjenigen führen, dem ihre Fehler und Unvollkommenheiten die Überzeugung nicht störten oder schwächten. Eine eigentliche Ethik hat die des Bruno nicht, und die in der Philosophie des Spinoza geht gar nicht aus dem Wesen seiner Lehre hervor, sondern ist, obwohl an sich lobenswert und schön, doch nur mittelst schwacher und handgreiflicher Sophismen daran geheftet. – Auf dem bezeichneten Standpunkt endlich würden wohl viele Menschen stehn, wenn ihre Erkenntnis mit ihrem Wollen gleichen Schritt hielte, d.h. wenn sie imstande wären, frei von jedem Wahn, sich selbst klar und deutlich zu werden. Denn dieses ist, für die Erkenntnis, der Standpunkt der gänzlichen *Bejahung des Willens zum Leben.*

Der Wille bejaht sich selbst, besagt: indem in seiner Objektität, d.i. der Welt und dem Leben, sein eigenes Wesen ihm als Vorstellung vollständig und deutlich gegeben wird, hemmt diese Erkenntnis sein Wollen keineswegs; sondern eben dieses so erkannte Leben wird auch als solches von ihm gewollt, wie bis dahin ohne

Erkenntnis, als blinder Drang, so jetzt mit Erkenntnis, bewußt und besonnen. – Das Gegenteil hievon, die *Verneinung des Willens zum Leben*, zeigt sich, wenn auf jene Erkenntnis das Wollen endet, indem sodann nicht mehr die erkannten einzelnen Erscheinungen als *Motive* des Wollens wirken, sondern die ganze, durch Auffassung der *Ideen* erwachsene Erkenntnis des Wesens der Welt, die den Willen spiegelt, zum *Quietiv* des Willens wird und so der Wille frei sich selbst aufhebt. Diese ganz unbekannten und in diesem allgemeinen Ausdruck schwerlich verständlichen Begriffe werden hoffentlich deutlich werden, durch die bald folgende Darstellung der Phänomene, hier Handlungsweisen, in welchen sich einerseits die Bejahung, in ihren verschiedenen Graden, und andererseits die Verneinung ausspricht. Denn beide gehn zwar von der *Erkenntnis* aus, aber nicht von einer abstrakten, die sich in Worten, sondern von einer lebendigen, die sich durch die Tat und den Wandel allein ausdrückt und unabhängig bleibt von den Dogmen, welche dabei, als abstrakte Erkenntnis, die Vernunft beschäftigen. Beide darzustellen und zur deutlichen Erkenntnis der Vernunft zu bringen, kann allein mein Zweck sein, nicht aber eine oder die andere vorzuschreiben oder anzuempfehlen, welches so töricht wie zwecklos wäre, da der Wille an sich der schlechthin freie, sich ganz allein selbst bestimmende ist, und es kein Gesetz für ihn gibt. – Diese *Freiheit* und ihr Verhältnis zur Notwendigkeit müssen wir jedoch zuvörderst und ehe wir zur besagten Auseinandersetzung schreiten, erörtern und genauer bestimmen, sodann auch noch über das Leben, dessen Bejahung und Verneinung unser Problem ist, einige allgemeine, auf den Willen und dessen Objekte sich beziehende Betrachtungen anstellen, durch welches alles wir uns die beabsichtigte Erkenntnis der ethischen Bedeutung der Handlungsweisen, ihrem innersten Wesen nach, erleichtern werden.

Da, wie gesagt, diese ganze Schrift nur die Entfaltung eines einzigen Gedankens ist; so folgt hieraus, daß alle ihre Teile die innigste Verbindung untereinander haben und nicht bloß ein jeder zum nächstvorhergehenden in notwendiger Beziehung steht und daher zunächst nur ihn als dem Leser erinnerlich voraussetzt, wie es der Fall ist bei allen Philosophien, die bloß aus einer Reihe von

Folgerungen bestehn; sondern daß jeder Teil des ganzen Werks jedem andern verwandt ist und ihn voraussetzt, weshalb verlangt wird, daß dem Leser nicht nur das zunächst Vorhergegangene, sondern auch jedes Frühere erinnerlich sei, so daß er es an das jedesmal Gegenwärtige, soviel anderes auch dazwischen steht, zu knüpfen vermag; eine Zumutung, die auch Plato, durch die vielverschlungenen Irrgänge seiner Dialogen, welche erst nach langen Episoden den Hauptgedanken, eben dadurch nun aufgeklärter, wiederaufnehmen, seinem Leser gemacht hat. Bei uns ist diese Zumutung notwendig, da die Zerlegung unsers einen und einzigen Gedankens in viele Betrachtungen, zwar zur Mitteilung das einzige Mittel, dem Gedanken selbst aber nicht eine wesentliche, sondern nur eine künstliche Form ist. – Zur Erleichterung der Darstellung und ihrer Auffassung dient die Sonderung von vier Hauptgesichtspunkten, in vier Büchern, und die sorgfältigste Verknüpfung des Verwandten und Homogenen: dennoch läßt der Stoff eine Fortschreitung in gerader Linie, dergleichen die historische ist, durchaus nicht zu, sondern macht eine mehr verschlungene Darstellung und eben diese ein wiederholtes Studium des Buchs notwendig, durch welches allein der Zusammenhang jedes Teils mit jedem andern deutlich wird und nun erst alle zusammen sich wechselseitig beleuchten und vollkommen hell werden*.

§ 55

Daß der Wille als solcher *frei* sei, folgt schon daraus, daß er, nach unserer Ansicht, das Ding an sich, der Gehalt aller Erscheinung ist. Diese hingegen kennen wir als durchweg dem Satz vom Grunde unterworfen, in seinen vier Gestaltungen: und da wir wissen, daß Notwendigkeit durchaus identisch ist mit Folge aus gegebenem Grunde, und beides Wechselbegriffe sind; so ist alles was zur Erscheinung gehört, d.h. Objekt für das als Individuum erkennende Subjekt ist, einerseits Grund, andererseits Folge, und in dieser letztern Eigenschaft durchweg notwendig bestimmt,

* Hiezu Kap. 41–44 des zweiten Bandes.

kann daher in keiner Beziehung anders sein, als es ist. Der ganze Inhalt der Natur, ihre gesamten Erscheinungen, sind also durchaus notwendig, und die Notwendigkeit jedes Teils, jeder Erscheinung, jeder Begebenheit, läßt sich jedesmal nachweisen, indem der Grund zu finden sein muß, von dem sie als Folge abhängt. Dies leidet keine Ausnahme: es folgt aus der unbeschränkten Gültigkeit des Satzes vom Grunde. Andererseits nun aber ist uns diese nämliche Welt, in allen ihren Erscheinungen, Objektität des Willens, welcher, da er nicht selbst Erscheinung, nicht Vorstellung oder Objekt, sondern Ding an sich ist, auch nicht dem Satz vom Grunde, der Form alles Objekts, unterworfen, also nicht als Folge durch einen Grund bestimmt ist, also keine Notwendigkeit kennt, d.h. *frei* ist. Der Begriff der Freiheit ist also eigentlich ein negativer, indem sein Inhalt bloß die Verneinung der Notwendigkeit, d.h. des dem Satz vom Grund gemäßen Verhältnisses der Folge zu ihrem Grunde ist. – Hier liegt nun aufs Deutlichste vor uns der Einheitspunkt jenes großen Gegensatzes, die Vereinigung der Freiheit mit der Notwendigkeit, wovon in neuerer Zeit oft, doch, so viel mir bekannt, nie deutlich und gehörig geredet worden. Jedes Ding ist als Erscheinung, als Objekt, durchweg notwendig: dasselbe ist *an sich* Wille, und dieser ist völlig frei, für alle Ewigkeit. Die Erscheinung, das Objekt, ist notwendig und unabänderlich in der Verkettung der Gründe und Folgen bestimmt, die keine Unterbrechung haben kann. Das Dasein überhaupt aber dieses Objekts und die Art seines Daseins, d.h. die Idee, welche in ihm sich offenbart, oder mit andern Worten, sein Charakter, ist unmittelbar Erscheinung des Willens. In Gemäßheit der Freiheit dieses Willens, könnte es also überhaupt nicht dasein, oder auch ursprünglich und wesentlich ein ganz anderes sein; wo dann aber auch die ganze Kette, von der es ein Glied ist, die aber selbst Erscheinung desselben Willens ist, eine ganz andere wäre: aber einmal da und vorhanden, ist es in die Reihe der Gründe und Folgen eingetreten, in ihr stets notwendig bestimmt und kann demnach weder ein anderes werden, d.h. sich ändern, noch auch aus der Reihe austreten, d.h. verschwinden. Der Mensch ist, wie jeder andere Teil der Natur, Objektität des Willens: daher gilt alles Gesagte auch von ihm. Wie jedes Ding in der Natur seine Kräfte und

Qualitäten hat, die auf bestimmte Einwirkung bestimmt reagieren und seinen Charakter ausmachen; so hat auch er seinen Charakter, aus dem die Motive seine Handlungen hervorrufen, mit Notwendigkeit. In dieser Handlungsweise selbst offenbart sich sein empirischer Charakter, in diesem aber wieder sein intelligibler Charakter, der Wille an sich, dessen determinierte Erscheinung er ist. Aber der Mensch ist die vollkommenste Erscheinung des Willens, welche, um zu bestehn, wie im zweiten Buche gezeigt, von einem so hohen Grade von Erkenntnis beleuchtet werden mußte, daß in dieser sogar eine völlig adäquate Wiederholung des Wesens der Welt, unter der Form der Vorstellung, welches die Auffassung der Ideen, der reine Spiegel der Welt ist, möglich ward, wie wir sie im dritten Buche kennen gelernt haben. Im Menschen also kann der Wille zum völligen Selbstbewußtsein, zum deutlichen und erschöpfenden Erkennen seines eigenen Wesens, wie es sich in der ganzen Welt abspiegelt, gelangen. Aus dem wirklichen Vorhandensein dieses Grades von Erkenntnis geht, wie wir im vorigen Buche sahen, die Kunst hervor. Am Ende unserer ganzen Betrachtung wird sich aber auch ergeben, daß durch dieselbe Erkenntnis, indem der Wille sie auf sich selbst bezieht, eine Aufhebung und Selbstverneinung desselben, in seiner vollkommensten Erscheinung, möglich ist: so daß die Freiheit, welche sonst, als nur dem Ding an sich zukommend, nie in der Erscheinung sich zeigen kann, in solchem Fall auch in dieser hervortritt und, indem sie das der Erscheinung zum Grunde liegende Wesen aufhebt, während diese selbst in der Zeit noch fortdauert, einen Widerspruch der Erscheinung mit sich selbst hervorbringt und gerade dadurch die Phänomene der Heiligkeit und Selbstverleugnung darstellt. Jedoch kann dieses alles erst am Ende dieses Buches ganz verständlich werden. – Vorläufig wird hiedurch nur allgemein angedeutet, wie der Mensch von allen andern Erscheinungen des Willens sich dadurch unterscheidet, daß die Freiheit, d. h. Unabhängigkeit vom Satze des Grundes, welche nur dem Willen als Ding an sich zukommt und der Erscheinung widerspricht, dennoch bei ihm möglicherweise auch in der Erscheinung eintreten kann, wo sie aber dann notwendig als ein Widerspruch der Erscheinung mit sich selbst sich darstellt. In diesem Sinne kann nicht nur der Wille an sich, sondern sogar der Mensch allerdings frei genannt und dadurch von allen andern Wesen unterschieden werden. Wie dies aber zu verstehn sei, kann erst durch alles Nachfolgende deutlich werden, und für jetzt müssen wir noch gänzlich davon absehn. Denn zunächst ist der Irrtum zu verhüten, daß das Handeln des einzelnen, bestimmten Menschen keiner Notwendigkeit unterworfen, d.h. die Gewalt des Motivs weniger sicher sei, als die Gewalt der Ursache, oder die Folge des Schlusses aus den Prämissen. Die Freiheit des Willens als Dinges an sich geht, sofern wir, wie gesagt, vom obigen immer nur eine Ausnahme betreffenden Fall absehn, keineswegs unmittelbar auf seine Erscheinung über, auch da nicht, wo diese die höchste Stufe der Sichtbarkeit erreicht, also nicht auf das vernünftige Tier mit individuellem Charakter, d.h. die Person. Diese ist nie frei, obwohl sie die Erscheinung eines freien Willens ist: denn eben von dessen freiem Wollen ist sie die bereits determinierte Erscheinung, und indem diese in die Form alles Objekts, den Satz vom Grunde, eingeht, entwickelt sie zwar die Einheit jenes Willens in eine Vielheit von Handlungen, die aber, wegen der außerzeitlichen Einheit jenes Wollens an sich, mit der Gesetzmäßigkeit einer Naturkraft sich darstellt. Da aber dennoch jenes freie Wollen es ist, was in der Person und ihrem ganzen Wandel sichtbar wird, sich zu diesem verhaltend wie der Begriff zur Definition; so ist auch jede einzelne Tat derselben dem freien Willen zuzuschreiben und kündigt sich dem Bewußtsein unmittelbar als solche an: daher hält, wie im zweiten Buche gesagt, jeder a priori (d.h. hier nach seinem ursprünglichen Gefühl) sich auch in den einzelnen Handlungen für frei, in dem Sinne, daß ihm, in jedem gegebenen Fall, jede Handlung möglich wäre, und erst a posteriori, aus der Erfahrung und dem Nachdenken über die Erfahrung, erkennt er, daß sein Handeln ganz notwendig hervorgeht aus dem Zusammentreffen des Charakters mit den Motiven. Daher kommt es, daß jeder Roheste, seinem Gefühle folgend, die völlige Freiheit in den einzelnen Handlungen auf das heftigste verteidigt, während die großen Denker aller Zeiten, ja sogar die tiefsinnigeren Glaubenslehren, sie geleugnet haben. Wem es aber deutlich geworden, daß das ganze Wesen des Menschen Wille und er selbst nur Erscheinung dieses Willens ist, solche Erscheinung aber den Satz vom Grund zur notwendigen, selbst schon vom Subjekt aus erkennbaren Form hat, die für diesen Fall sich als Gesetz der Motivation gestaltet, dem wird ein Zweifel an der Unausbleiblichkeit der Tat, bei gegebenem Charakter und vorliegendem Motiv, so vorkommen, wie ein Zweifel an der Übereinstimmung der drei Winkel des Dreiecks mit zwei rechten. – Die Notwendigkeit des einzelnen Handelns hat Priestley in seiner »Doctrine of philosophical necessity« sehr genügend dargetan; aber das Zusammenbestehn dieser Notwendigkeit mit der Freiheit des Willens an sich, d.h. außer der Erscheinung, hat zuerst Kant, dessen Verdienst hier besonders groß ist, nachgewiesen*, indem er den Unterschied zwischen intelligiblem und empirischem Charakter aufstellte, welchen ich ganz und gar beibehalte, da ersterer der Wille als Ding an sich, sofern er in einem bestimmten Individuo, in bestimmtem Grade erscheint, letzterer aber diese Erscheinung selbst ist, so wie sie sich in der Handlungsweise, der Zeit nach, und schon in der Korporisation, dem Raume nach, darstellt. Um das Verhältnis beider faßlich zu machen, ist der beste Ausdruck jener schon in der einleitenden Abhandlung gebrauchte, daß der intelligible Charakter jedes Menschen als ein außerzeitlicher, daher unteilbarer und unveränderlicher Willensakt zu betrachten sei, dessen in Zeit und Raum und allen Formen des Satzes vom Grunde entwickelte und auseinandergezogene Erscheinung der empirische Charakter ist, wie er sich in der ganzen Handlungsweise und im Lebenslaufe dieses Menschen erfahrungsmäßig darstellt. Wie der ganze Baum nur die stets wiederholte Erscheinung eines und desselben Triebes ist, der sich am einfachsten in der Faser darstellt und in der Zusammensetzung zu Blatt, Stiel, Ast, Stamm wiederholt und leicht darin zu erkennen ist; so sind alle Taten des Menschen nur die stets wiederholte, in der Form etwas abwechselnde Äußerung seines intelligiblen Charakters, und die aus der Summe derselben hervorgehende Induktion gibt seinen empirischen Charakter. – Ich werde hier üb-

* »Kritik der reinen Vernunft«, erste Auflage, S. 532–558; fünfte Auflage, S. 560–586; und »Kritik der praktischen Vernunft«, vierte Auflage, S. 169–179. – Rosenkranzische Ausgabe, S. 224–231.

rigens nicht Kants meisterhafte Darstellung umarbeitend wiederholen, sondern setze sie als bekannt voraus.

Im Jahr 1840 habe ich das wichtige Kapitel der Willensfreiheit gründlich und ausführlich behandelt, in meiner gekrönten Preisschrift über dieselbe, und habe namentlich den Grund der Täuschung aufgedeckt, in Folge welcher man eine empirisch gegebene absolute Freiheit des Willens, also ein liberum arbitrium indifferentiae, im Selbstbewußtsein, als Tatsache desselben, zu finden vermeint: denn gerade auf diesen Punkt war, sehr einsichtig, die Preisfrage gerichtet. Indem ich also den Leser auf jene Schrift, imgleichen auf § 10 der mit derselben zusammen, unter dem Titel »Die beiden Grundprobleme der Ethik«, herausgegebenen Preisschrift über die Grundlage der Moral verweise, lasse ich die in der ersten Auflage an dieser Stelle gegebene, noch unvollkommene Darstellung der Notwendigkeit der Willensakte jetzt ausfallen, und will statt dessen die oben erwähnte Täuschung noch durch eine kurze Auseinandersetzung erläutern, welche das neunzehnte Kapitel unsers zweiten Bandes zu ihrer Voraussetzung hat und daher in der erwähnten Preisschrift nicht gegeben werden konnte.

Abgesehn davon, daß, weil der Wille, als das wahre Ding an sich, ein wirklich Ursprüngliches und Unabhängiges ist, auch im Selbstbewußtsein das Gefühl der Ursprünglichkeit und Eigenmächtigkeit seine, obwohl hier schon determinierten Akte begleiten muß, – entsteht der Schein einer empirischen Freiheit des Willens (statt der transzendentalen, die ihm allein beizulegen ist), also einer Freiheit der einzelnen Taten, aus der im neunzehnten Kapitel des zweiten Bandes, besonders unter Nr. 3, dargelegten gesonderten und subordinierten Stellung des Intellekts gegen den Willen. Der Intellekt nämlich erfährt die Beschlüsse des Willens erst a posteriori und empirisch. Demnach hat er, bei einer vorliegenden Wahl, kein Datum darüber, wie der Wille sich entscheiden werde. Denn der intelligible Charakter, vermöge dessen, bei gegebenen Motiven, nur *eine* Entscheidung möglich und diese demnach eine notwendige ist, fällt nicht in die Erkenntnis des Intellekts, sondern bloß der empirische wird ihm, durch seine einzelnen Akte, sukzessiv bekannt. Daher also scheint es dem erkennenden Bewußtsein (Intellekt), daß, in einem vorliegenden Fall, dem Willen zwei entgegengesetzte Entscheidungen gleich möglich wären. Hiemit aber verhält es sich gerade so, wie wenn man, bei einer senkrecht stehenden, aus dem Gleichgewicht und ins Schwanken geratenen Stange, sagt »sie kann nach der rechten, oder nach der linken Seite umschlagen«, welches *»kann«* doch nur eine subjektive Bedeutung hat und eigentlich besagt »hinsichtlich der uns bekannten Data«: denn objektiv ist die Richtung des Falls schon notwendig bestimmt, sobald das Schwanken eintritt. So demnach ist auch die Entscheidung des eigenen Willens bloß für seinen Zuschauer, den eigenen Intellekt, indeterminiert, mithin nur relativ und subjektiv, nämlich für das Subjekt des Erkennens; hingegen an sich selbst und objektiv ist, bei jeder dargelegten Wahl, die Entscheidung sogleich determiniert und notwendig. Nur kommt diese Determination erst durch die erfolgende Entscheidung ins Bewußtsein. Sogar einen empirischen Beleg hiezu erhalten wir, wann irgend eine schwierige und wichtige Wahl uns vorliegt, jedoch erst unter einer Bedingung, die noch nicht eingetreten ist, sondern bloß zu hoffen steht; so daß wir vor der Hand nichts darin tun können, sondern uns passiv verhalten müssen. Jetzt überlegen wir, wozu wir uns entschließen werden, wann die Umstände eingetreten sein werden, die uns eine freie Tätigkeit und Entscheidung gestatten. Meistens spricht nun für den einen der Entschlüsse mehr die weitsehende, vernünftige Überlegung, für den andern mehr die unmittelbare Neigung. Solange wir, gezwungen, passiv bleiben, scheint die Seite der Vernunft das Übergewicht behalten zu wollen; allein wir sehn voraus, wie stark die andere Seite ziehn wird, wann die Gelegenheit zum Handeln dasein wird. Bis dahin sind wir eifrig bemüht, durch kalte Meditation des pro et contra, die beiderseitigen Motive ins hellste Licht zu stellen, damit jedes mit seiner ganzen Gewalt auf den Willen wirken könne, wann der Zeitpunkt dasein wird, und nicht etwan ein Fehler von Seiten des Intellekts den Willen verleite, sich anders zu entscheiden, als er würde, wenn alles gleichmäßig einwirkte. Dies deutliche Entfalten der gegenseitigen Motive ist nun aber alles, was der Intellekt bei der Wahl tun kann. Die eigentliche Entscheidung wartet er so passiv und mit derselben gespannten

Neugier ab, wie die eines fremden Willens. Ihm müssen daher, von seinem Standpunkt aus, beide Entscheidungen als gleich möglich erscheinen: dies nun eben ist der Schein der empirischen Freiheit des Willens. In die Sphäre des Intellekts tritt die Entscheidung freilich ganz empirisch, als endlicher Ausschlag der Sache; dennoch ist sie hervorgegangen aus der innern Beschaffenheit, dem intelligibeln Charakter, des individuellen Willens, in seinem Konflikt mit gegebenen Motiven, und daher mit vollkommener Notwendigkeit. Der Intellekt kann dabei nichts weiter tun, als die Beschaffenheit der Motive allseitig und scharf beleuchten; nicht aber vermag er den Willen selbst zu bestimmen; da dieser ihm ganz unzugänglich, ja sogar, wie wir gesehn haben, unerforschlich ist.

Könnte ein Mensch, unter gleichen Umständen, das eine Mal so, das andere Mal anders handeln; so müßte sein Wille selbst sich inzwischen geändert haben und daher in der Zeit liegen, da nur in dieser Veränderung möglich ist: dann aber müßte entweder der Wille eine bloße Erscheinung, oder die Zeit eine Bestimmung des Dinges an sich sein. Demnach dreht jener Streit über die Freiheit des einzelnen Tuns, über das liberum arbitrium indifferentiae, sich eigentlich um die Frage, ob der Wille in der Zeit liege, oder nicht. Ist er, wie es sowohl Kants Lehre, als meine ganze Darstellung notwendig macht, als Ding an sich, außer der Zeit und jeder Form des Satzes vom Grunde; so muß nicht allein das Individuum in gleicher Lage stets auf gleiche Weise handeln, und nicht nur jede böse Tat der feste Bürge für unzählige andere sein, die es vollbringen *muß* und nicht lassen *kann*; sondern es ließe sich auch, wie Kant sagt, wenn nur der empirische Charakter und die Motive vollständig gegeben wären, des Menschen Verhalten, auf die Zukunft, wie eine Sonnen- oder Mondfinsternis ausrechnen. Wie die Natur konsequent ist, so ist es der Charakter: ihm gemäß muß jede einzelne Handlung ausfallen, wie jedes Phänomen dem Naturgesetz gemäß ausfällt: die Ursache im letztern Fall und das Motiv im erstern sind nur die Gelegenheitsursachen, wie im zweiten Buch gezeigt worden. Der Wille, dessen Erscheinung das ganze Sein und Leben des Menschen ist, kann sich im einzelnen Fall nicht verleugnen, und was der Mensch im ganzen will, wird er auch stets im einzelnen wollen.

Die Behauptung einer empirischen Freiheit des Willens, eines liberi arbitrii indifferentiae, hängt auf das Genaueste damit zusammen, daß man das Wesen des Menschen in eine *Seele* setzte, die ursprünglich ein *erkennendes*, ja eigentlich ein abstrakt *denkendes* Wesen wäre und erst infolge hievon auch ein *wollendes*, daß man also den Willen sekundärer Natur machte, statt daß, in Wahrheit, die Erkenntnis dies ist. Der Wille wurde sogar als ein Denkakt betrachtet und mit dem Urteil identifiziert, namentlich bei Cartesius und Spinoza. Danach nun wäre jeder Mensch das, was er ist, erst infolge seiner *Erkenntnis* geworden: er käme als moralische Null auf die Welt, erkennte die Dinge in dieser, und beschlösse darauf, der oder der zu sein, so oder so zu handeln, könnte auch, infolge neuer Erkenntnis, eine neue Handlungsweise ergreifen, also wieder ein anderer werden. Ferner würde er danach zuvörderst ein Ding für *gut* erkennen und infolge hievon es wollen; statt daß er zuvörderst es *will* und infolge hievon es *gut* nennt. Meiner ganzen Grundansicht zufolge nämlich ist jenes alles eine Umkehrung des wahren Verhältnisses. Der Wille ist das Erste und Ursprüngliche, die Erkenntnis bloß hinzugekommen, zur Erscheinung des Willens, als ein Werkzeug derselben, gehörig. Jeder Mensch ist demnach das, was er ist, durch seinen Willen, und sein Charakter ist ursprünglich; da Wollen die Basis seines Wesens ist. Durch die hinzugekommene Erkenntnis erfährt er, im Laufe der Erfahrung, *was* er ist, d.h. er lernt seinen Charakter kennen. Er *erkennt* sich also in Folge und Gemäßheit der Beschaffenheit seines Willens; statt daß er, nach der alten Ansicht, *will* in Folge und Gemäßheit seines Erkennens. Nach dieser dürfte er nur überlegen, *wie* er am liebsten sein möchte, und er wäre es: das ist ihre Willensfreiheit. Sie besteht also eigentlich darin, daß der Mensch sein eigenes Werk ist, am Lichte der Erkenntnis. Ich hingegen sage: er ist sein eigenes Werk vor aller Erkenntnis, und diese kommt bloß hinzu, es zu beleuchten. Darum kann er nicht beschließen, ein solcher oder solcher zu sein, noch auch kann er ein anderer werden; sondern er *ist*, ein für allemal, und erkennt sukzessive *was* er ist. Bei jenen *will* er was er erkennt; bei mir *erkennt* er was er will.

Die Griechen nannten den Charakter ηϑος und die Äußerungen

desselben, d.i. die Sitten ηϑη; dieses Wort kommt aber von εϑος, Gewohnheit: sie hatten es gewählt, um die Konstanz des Charakters metaphorisch durch die Konstanz der Gewohnheit auszudrücken. *Το γαρ ηϑος απο του εϑους εχει την επωνυμιαν. ηϑικη γαρ καλειται δια το εϑιζεσϑαι* (a voce eco , i.e. consuetudo, *ηϑος* est appellatum: ethica ergo dicta est *απο του εϑιζεσϑαι,* sive ab assuescendo), sagt Aristoteles (Eth. magna, I, 6, S. 1186, und Eth, Eud., S. 1220, und Eth. Nic., S. 1103, ed. Ber.). Stobäos führt an: *οἱ δε κατα Ζηνωνα τροπικως· ηϑος εστι πηγη βιου, αφ᾽ἧς αἱ κατα μερος πραξεις ρεουσι* (Stoici autem, Zenonis castra sequentes, metaphorice ethos definiunt vitae fontem, e quo singulae manant actiones.), II. Kap. 7. – In der christlichen Glaubenslehre finden wir das Dogma von der Prädestination, infolge der Gnadenwahl und Ungnadenwahl (Röm. 9,11–24), offenbar aus der Einsicht entsprungen, daß der Mensch sich nicht ändert; sondern sein Leben und Wandel, d.i. sein empirischer Charakter, nur die Entfaltung des intelligibeln ist, die Entwickelung entschiedener, schon im Kinde erkennbarer, unveränderlicher Anlagen, daher gleichsam schon bei seiner Geburt sein Wandel fest bestimmt ist und sich bis ans Ende im wesentlichen gleich bleibt. Diesem stimmen auch wir bei; aber freilich die Konsequenzen, welche aus der Vereinigung dieser ganz richtigen Einsicht mit den in der jüdischen Glaubenslehre vorgefundenen Dogmen hervorgingen und nun die allergrößte Schwierigkeit, den ewig unauflösbaren Gordischen Knoten gaben, um welchen sich die allermeisten Streitigkeiten der Kirche drehn, – übernehme ich nicht zu vertreten; da dieses sogar dem Apostel Paulus selbst wohl schwerlich gelungen ist, durch sein zu diesem Zweck aufgestelltes Gleichnis vom Töpfer: denn da wäre das Resultat zuletzt doch kein anderes als:

»Es fürchte die Götter
Das Menschengeschlecht!
Sie halten die Herrschaft
In ewigen Händen:
Und können sie brauchen
Wie's ihnen gefällt.« –

Dergleichen Betrachtungen sind aber eigentlich unserm Gegenstande fremd. Vielmehr werden jetzt über das Verhältnis zwischen dem Charakter und dem Erkennen, in welchem alle seine Motive liegen, einige Erörterungen zweckmäßig sein.

Da die Motive, welche die Erscheinung des Charakters, oder das Handeln, bestimmen, durch das Medium der Erkenntnis auf ihn einwirken, die Erkenntnis aber veränderlich ist, zwischen Irrtum und Wahrheit oft hin und her schwankt, in der Regel jedoch im Fortgange des Lebens immer mehr berichtigt wird, freilich in sehr verschiedenen Graden; so kann die Handlungsweise eines Menschen merklich verändert werden, ohne daß man daraus auf eine Veränderung seines Charakters zu schließen berechtigt wäre. Was der Mensch eigentlich und überhaupt will, die Anstrebung seines innersten Wesens und das Ziel, dem er ihr gemäß nachgeht, dies können wir durch äußere Einwirkung auf ihn, durch Belehrung, nimmermehr ändern: sonst könnten wir ihn umschaffen. Seneca sagt vortrefflich: velle non discitur: wobei er die Wahrheit seinen Stoikern vorzieht, welche lehrten, διδακτην ειναι την αρετην (doceri posse virtutem). Von außen kann auf den Willen allein durch Motive gewirkt werden. Diese können aber nie den Willen selbst ändern: denn sie selbst haben Macht über ihn nur unter der Voraussetzung, daß er gerade ein solcher ist, wie er ist. Alles, was sie können, ist also, daß sie die Richtung seines Strebens ändern, d. h. machen, daß er das, was er unveränderlich sucht, auf einem andern Wege suche, als bisher. Daher kann Belehrung, verbesserte Erkenntnis, also Einwirkung von außen, zwar ihn lehren, daß er in den Mitteln irrte, und kann demnach machen, daß er das Ziel, dem er, seinem innern Wesen gemäß, einmal nachstrebt, auf einem ganz andern Wege, sogar in einem ganz andern Objekt als vorher verfolge: niemals aber kann sie machen, daß er etwas wirklich anderes wolle, als er bisher gewollt hat; sondern dies bleibt unveränderlich, denn er ist ja nur dieses Wollen selbst, welches sonst aufgehoben werden müßte. Jenes erstere inzwischen, die Modifikabilität der Erkenntnis und dadurch des Tuns, geht so weit, daß er seinen stets unveränderlichen Zweck, er sei z.B. Mohammeds Paradies, einmal in der wirklichen Welt, ein andermal in einer imaginären Welt zu erreichen sucht, die Mittel hienach abmessend und daher das erste Mal Klugheit, Gewalt und Betrug, das andere Mal Enthaltsamkeit, Gerechtigkeit, Almosen, Wallfahrt nach Mekka anwendend. Sein Streben selbst hat sich aber deshalb nicht geändert, noch weniger er selbst. Wenn also auch allerdings sein Handeln sehr verschieden zu verschiedenen Zeiten sich darstellt, so ist sein Wollen doch ganz dasselbe geblieben. Velle non discitur.

Zur Wirksamkeit der Motive ist nicht bloß ihr Vorhandensein, sondern auch ihr Erkanntwerden erfordert: denn, nach einem schon einmal erwähnten sehr guten Ausdruck der Scholastiker, causa finalis movet non secundum suum esse reale; sed secundum esse cognitum. Damit z.B. das Verhältnis, welches, in einem gegebenen Menschen, Egoismus und Mitleid zueinander haben, hervortrete, ist es nicht hinreichend, daß derselbe etwan Reichtum besitze und fremdes Elend sehe; sondern er muß auch wissen, was sich mit dem Reichtum machen läßt, sowohl für sich, als für andere; und nicht nur muß fremdes Leiden sich ihm darstellen, sondern er muß auch wissen, was Leiden, aber auch was Genuß sei. Vielleicht wußte er bei einem ersten Anlaß dieses alles nicht so gut, wie bei einem zweiten; und wenn er nun bei gleichem Anlaß verschieden handelt, so liegt dies nur daran, daß die Umstände eigentlich andere waren, nämlich dem Teil nach, der von seinem Erkennen derselben abhängt, wenn sie gleich dieselben zu sein scheinen. – Wie das Nichtkennen wirklich vorhandener Umstände ihnen die Wirksamkeit nimmt, so können andererseits ganz imaginäre Umstände wie reale wirken, nicht nur bei einer einzelnen Täuschung, sondern auch im ganzen und auf die Dauer. Wird z.B. ein Mensch fest überredet, daß jede Wohltat ihm im künftigen Leben hundertfach vergolten wird; so gilt und wirkt eine solche Überzeugung ganz und gar wie ein sicherer Wechsel auf sehr lange Sicht, und er kann aus Egoismus geben, wie er, bei anderer Einsicht, aus Egoismus nehmen würde. Geändert hat er sich nicht: velle non discitur. Vermöge dieses großen Einflusses der Erkenntnis auf das Handeln bei unveränderlichem Willen, geschieht es, daß erst allmählich der Charakter sich entwickelt und seine verschiedenen Züge hervortreten. Daher zeigt er sich in jedem Lebensalter verschieden, und auf eine heftige, wilde Jugend kann ein gesetztes, mäßiges, männliches Alter folgen. Besonders wird das Böse des Charakters mit der Zeit immer mächtiger hervortreten; bisweilen aber auch werden Leidenschaften, denen man in der Jugend nachgab, später freiwillig gezügelt, bloß weil die entgegengesetzten Motive erst jetzt in die Erkenntnis getreten sind. Daher auch sind wir alle anfangs unschuldig, welches bloß heißt, daß weder wir, noch andere das Böse unserer eigenen Natur kennen: erst an den Motiven tritt es hervor, und erst mit der Zeit treten die Motive in die Erkenntnis. Zuletzt lernen wir uns selbst kennen, als ganz andere, als wofür wir uns a priori hielten, und oft erschrecken wir dann über uns selbst.

Reue entsteht nimmermehr daraus, daß (was unmöglich) der Wille, sondern daraus, daß die Erkenntnis sich geändert hat. Das Wesentliche und Eigentliche von dem, was ich jemals gewollt, muß ich auch noch wollen: denn ich selbst bin dieser Wille, der außer der Zeit und der Veränderung liegt. Ich kann daher nie bereuen, was ich gewollt, wohl aber was ich getan habe; weil ich, durch falsche Begriffe geleitet, etwas anderes tat, als meinem Willen gemäß war. Die Einsicht hierin, bei richtigerer Erkenntnis, ist die *Reue*. Dies erstreckt sich nicht etwan bloß auf die Lebensklugheit, auf die Wahl der Mittel und die Beurteilung der Angemessenheit des Zwecks zu meinem eigentlichen Willen; sondern auch auf das eigentlich Ethische. So kann ich z.B. egoistischer gehandelt haben, als meinem Charakter gemäß ist, irre geführt durch übertriebene Vorstellungen von der Not, in der ich selbst war, oder auch von der List, Falschheit, Bosheit anderer, oder auch dadurch, daß ich übereilt, d.h. ohne Überlegung handelte, bestimmt, nicht durch in abstracto deutlich erkannte, sondern durch bloß anschauliche Motive, durch den Eindruck der Gegenwart und durch den Affekt, den er erregte, und der so stark war, daß ich nicht eigentlich den Gebrauch meiner Vernunft hatte; die Rückkehr der Besinnung ist dann aber auch hier nur berichtigte Erkenntnis, aus welcher Reue hervorgehn kann, die sich dann allemal durch Gutmachen des Geschehenen, so weit es möglich ist, kund gibt. Doch ist zu bemerken, daß man, um sich selbst zu täuschen, sich scheinbare Übereilungen vorbereitet, die eigentlich heimlich überlegte Handlungen sind. Denn wir betrügen und schmeicheln niemanden durch so feine Kunstgriffe, als uns selbst. – Auch der umgekehrte Fall des Angeführten kann eintreten: mich kann ein zu gutes Zutrauen zu andern, oder Unkenntnis des relativen Wertes der Güter des Lebens, oder irgend ein abstraktes Dogma, den Glauben an welches ich nunmehr verloren habe, verleiten, weniger egoistisch zu handeln, als meinem Charakter gemäß ist, und mir dadurch Reue anderer Art zu bereiten. Immer also ist die Reue berichtigte Erkenntnis des Verhältnisses der Tat zur eigentlichen Absicht. – Wie dem Willen, sofern er seine Ideen im Raum allein, d.h. durch die bloße Gestalt offenbart, die schon von andern Ideen, hier Naturkräften, beherrschte Materie sich widersetzt und selten die Gestalt, welche hier zur Sichtbarkeit strebte, vollkommen rein und deutlich, d.h. schön, hervorgehn läßt; so findet ein analoges Hindernis der in der Zeit allein, d.h. durch Handlungen sich offenbarende Wille, an der Erkenntnis, die ihm selten die Data ganz richtig angibt, wodurch dann die Tat nicht ganz genau dem Willen entsprechend ausfällt und daher Reue vorbereitet. Die Reue geht also immer aus berichtigter Erkenntnis, nicht aus der Änderung des Willens hervor, als welche unmöglich ist. Gewissensangst über das Begangene ist nichts weniger als Reue, sondern Schmerz über die Erkenntnis seiner selbst an sich, d.h. als Wille. Sie beruht gerade auf der Gewißheit, daß man denselben Willen noch immer hat. Wäre er geändert und daher die Gewissensangst bloße Reue, so höbe diese sich selbst auf: denn das Vergangene könnte dann weiter keine Angst erwecken, da es die Äußerungen eines Willens darstellte, welcher nicht mehr der des Reuigen wäre. Wir werden weiter unten die Bedeutung der Gewissensangst ausführlich erörtern.

Der Einfluß, den die Erkenntnis, als das Medium der Motive, zwar nicht auf den Willen selbst, aber auf sein Hervortreten in den Handlungen hat, begründet auch den Hauptunterschied zwischen dem Tun der Menschen und dem der Tiere, indem die Erkenntnisweise beider verschieden ist. Das Tier nämlich hat nur anschauliche, der Mensch, durch die Vernunft, auch abstrakte Vorstellungen, Begriffe. Obgleich nun Tier und Mensch mit gleicher Notwendigkeit durch die Motive bestimmt werden, so hat doch der Mensch eine vollkommene *Wahlentscheidung* vor dem

Tiere voraus, welche auch oft für eine Freiheit des Willens in den einzelnen Taten angesehn worden, obwohl sie nichts anderes ist, als die Möglichkeit eines ganz durchgekämpften Konflikts zwischen mehreren Motiven, davon das stärkere ihn dann mit Notwendigkeit bestimmt. Hiezu nämlich müssen die Motive die Form abstrakter Gedanken angenommen haben; weil nur mittelst dieser eine eigentliche Deliberation, d.h. Abwägung entgegengesetzter Gründe zum Handeln, möglich ist. Beim Tier kann die Wahl nur zwischen anschaulich vorliegenden Motiven statthaben, weshalb dieselbe auf die enge Sphäre seiner gegenwärtigen, anschaulichen Apprehension beschränkt ist. Daher kann die Notwendigkeit der Bestimmung des Willens durch das Motiv, welche der der Wirkung durch die Ursache gleich ist, allein bei Tieren anschaulich und unmittelbar dargestellt werden, weil hier auch der Zuschauer die Motive so unmittelbar, wie ihre Wirkung, vor Augen hat; während beim Menschen die Motive fast immer abstrakte Vorstellungen sind, deren der Zuschauer nicht teilhaft wird, und sogar dem Handelnden selbst die Notwendigkeit ihres Wirkens sich hinter ihrem Konflikt verbirgt. Denn nur in abstracto können mehrere Vorstellungen, als Urteile und Ketten von Schlüssen, im Bewußtsein nebeneinander liegen und dann frei von aller Zeitbestimmung gegeneinander wirken, bis das stärkere die übrigen überwältigt und den Willen bestimmt. Dies ist die vollkommene *Wahlentscheidung*, oder Deliberationsfähigkeit, welche der Mensch vor dem Tiere voraus hat, und wegen welcher man ihm Willensfreiheit beigelegt hat, vermeinend, sein Wollen sei ein bloßes Resultat der Operationen des Intellekts, ohne daß ein bestimmter Trieb demselben zur Basis diene; während, in Wahrheit, die Motivation nur wirkt auf der Grundlage und unter der Voraussetzung seines bestimmten Triebes, welcher bei ihm individuell, d.h. ein Charakter ist. Eine ausführlichere Darstellung jener Deliberationsfähigkeit und der durch sie herbeigeführten Verschiedenheit der menschlichen und tierischen Willkür findet man in den »Beiden Grundproblemen der Ethik« (1. Auflage, S. 35ff. [2. Aufl., S. 33ff.]), worauf ich also hier verweise. Übrigens gehört diese Deliberationsfähigkeit des Menschen auch zu den Dingen, die sein Dasein so sehr viel qualvoller, als das des

Tieres machen; wie denn überhaupt unsere größten Schmerzen nicht in der Gegenwart, als anschauliche Vorstellungen oder unmittelbares Gefühl, liegen: sondern in der Vernunft, als abstrakte Begriffe, quälende Gedanken, von denen das allein in der Gegenwart und daher in beneidenswerter Sorglosigkeit lebende Tier völlig frei ist.

Die dargelegte Abhängigkeit der menschlichen Deliberationsfähigkeit vom Vermögen des Denkens in abstracto, also auch des Urteilens und Schließens, scheint es gewesen zu sein, welche sowohl den Cartesius, als den Spinoza verleitet hat, die Entscheidungen des Willens zu identifizieren mit dem Vermögen zu bejahen und zu verneinen (Urteilskraft), woraus Cartesius ableitete, daß der, bei ihm indifferent freie, Wille die Schuld auch alles theoretischen Irrtums trage; Spinoza hingegen, daß der Wille durch die Motive, wie das Urteil durch die Gründe notwendig bestimmt werde*; welches letztere übrigens seine Richtigkeit hat, jedoch als eine wahre Konklusion aus falschen Prämissen auftritt. –

Die nachgewiesene Verschiedenheit der Art wie das Tier, von der wie der Mensch durch die Motive bewegt wird, erstreckt ihren Einfluß auf das Wesen beider sehr weit und trägt das meiste bei zu dem durchgreifenden und augenfälligen Unterschied des Daseins beider. Während nämlich das Tier immer nur durch eine anschauliche Vorstellung motiviert wird, ist der Mensch bestrebt diese Art der Motivation gänzlich auszuschließen und allein durch abstrakte Vorstellungen sich bestimmen zu lassen, wodurch er sein Vorrecht der Vernunft zu möglichstem Vorteil benutzt und, unabhängig von der Gegenwart, nicht den vorübergehenden Genuß oder Schmerz wählt oder flieht, sondern die Folgen beider bedenkt. In den meisten Fällen, von den ganz unbedeutenden Handlungen abgesehn, bestimmen uns abstrakte, gedachte Motive, nicht gegenwärtige Eindrücke. Daher ist uns jede einzelne Entbehrung für den Augenblick ziemlich leicht, aber jede Entsagung entsetzlich schwer: denn jene trifft nur die vorübereilende Gegenwart, diese aber die Zukunft und schließt

* Cart. medit. 4. – Spin. Eth., P. II., prop. 48 et 49, caet.

daher unzählige Entbehrungen in sich, deren Äquivalent sie ist. Die Ursache unsers Schmerzes, wie unserer Freude, liegt daher meistens nicht in der realen Gegenwart; sondern bloß in abstrakten Gedanken: diese sind es, welche uns oft unerträglich fallen, Qualen schaffen, gegen welche alle Leiden der Tierheit sehr klein sind, da über dieselben auch unser eigener physischer Schmerz oft gar nicht empfunden wird, ja, wir bei heftigen geistigen Leiden uns physische verursachen, bloß um dadurch die Aufmerksamkeit von jenen abzulenken auf diese: daher rauft man, im größten geistigen Schmerze, sich die Haare aus, schlägt die Brust, zerfleischt das Antlitz, wälzt sich auf dem Boden; welches alles eigentlich nur gewaltsame Zerstreuungsmittel von einem unerträglich fallenden Gedanken sind. Eben weil der geistige Schmerz, als der viel größere, gegen den physischen unempfindlich macht, wird dem Verzweifelnden, oder von krankhaftem Unmut Verzehrten, der Selbstmord sehr leicht, auch wenn er früher, im behaglichen Zustande, vor dem Gedanken daran zurückbebte. Imgleichen reiben die Sorge und Leidenschaft, also das Gedankenspiel, den Leib öfter und mehr auf, als die physischen Beschwerden. Dem also gemäß sagt Epiktetos mit Recht: *Ταρασσει τους ανθρωπους ου τα πραγματα, αλλα τα περι των πραγματων δογματα* (Perturbant homines non res ipsae, sed de rebus decreta) (V.) und Seneca: Plura sunt, quae nos terrent, quam quae premunt, et saepius opinione quam re laboramus (Ep. 5). Auch Eulenspiegel persiflierte die menschliche Natur ganz vortrefflich, indem er bergauf gehend lachte, aber bergab gehend weinte. Ja, Kinder die sich wehe getan, weinen oft nicht über den Schmerz, sondern erst, wenn man sie beklagt, über den dadurch erregten Gedanken des Schmerzes. So große Unterschiede im Handeln und im Leiden fließen aus der Verschiedenheit der tierischen und menschlichen Erkenntnisweise. Ferner ist das Hervortreten des deutlichen und entschiedenen Individualcharakters, der hauptsächlich den Menschen vom Tier, welches fast nur Gattungscharakter hat, unterscheidet, ebenfalls durch die, nur mittelst der abstrakten Begriffe mögliche, Wahl zwischen mehreren Motiven bedingt. Denn allein nach vorhergegangener Wahl sind die in verschiedenen Individuen verschieden ausfallenden Entschlüsse ein Zeichen des individuellen Charakters derselben, der bei jedem ein anderer ist; während das Tun des Tieres nur von der Gegenwart, oder Abwesenheit des Eindrucks abhängt, vorausgesetzt, daß derselbe überhaupt ein Motiv für seine Gattung ist. Daher endlich ist beim Menschen allein der Entschluß, nicht aber der bloße Wunsch, ein gültiges Zeichen seines Charakters, für ihn selbst und für andere. Der Entschluß aber wird allein durch die Tat gewiß, für ihn selbst, wie für andere. Der Wunsch ist bloß notwendige Folge des gegenwärtigen Eindrucks, sei es des äußern Reizes, oder der innern vorübergehenden Stimmung, und ist daher so unmittelbar notwendig und ohne Überlegung, wie das Tun der Tiere: daher auch drückt er, eben wie dieses, bloß den Gattungscharakter aus, nicht den individuellen, d. h. deutet bloß an, was *der Mensch überhaupt*, nicht was das den Wunsch fühlende *Individuum* zu tun fähig wäre. Die Tat allein ist, weil sie, schon als menschliche Handlung, immer einer gewissen Überlegung bedarf, und weil der Mensch in der Regel seiner Vernunft mächtig, also besonnen ist, d. h. sich nach gedachten, abstrakten Motiven entscheidet, der Ausdruck der intelligibeln Maxime seines Handelns, das Resultat seines innersten Wollens, und stellt sich hin als ein Buchstabe zu dem Worte, das seinen empirischen Charakter bezeichnet, welcher selbst nur der zeitliche Ausdruck seines intelligibeln Charakters ist. Daher beschweren, bei gesundem Gemüt, nur Taten das Gewissen, nicht Wünsche und Gedanken. Denn nur unsere Taten halten uns den Spiegel unsers Willens vor. Die schon oben erwähnte, völlig unüberlegt und wirklich im blinden Affekt begangene Tat ist gewissermaßen ein Mittelding zwischen bloßem Wunsch und Entschluß: daher kann sie durch wahre Reue, die sich aber auch als Tat zeigt, wie ein verzeichneter Strich, ausgelöscht werden aus dem Bilde unsers Willens, welches unser Lebenslauf ist. – Übrigens mag hier, als ein sonderbares Gleichnis, die Bemerkung Platz finden, daß das Verhältnis zwischen Wunsch und Tat eine ganz zufällige, aber genaue Analogie hat mit dem zwischen elektrischer Verteilung und elektrischer Mitteilung.

Zufolge dieser gesamten Betrachtung über die Freiheit des Willens und was sich auf sie bezieht, finden wir, obwohl der Wille an sich selbst und außer der Erscheinung frei, ja allmächtig zu nennen ist, denselben in seinen einzelnen, von Erkenntnis beleuchteten Erscheinungen, also in Menschen und Tieren, durch Motive bestimmt, gegen welche der jedesmalige Charakter, immer auf gleiche Weise, gesetzmäßig und notwendig reagiert. Den Menschen sehn wir, vermöge der hinzugekommenen abstrakten oder Vernunft-Erkenntnis, eine *Wahlentscheidung* vor dem Tiere voraushaben, die ihn aber nur zum Kampfplatz des Konflikts der Motive macht, ohne ihn ihrer Herrschaft zu entziehn, und daher zwar die Möglichkeit der vollkommenen Äußerung des individuellen Charakters bedingt, keineswegs aber als Freiheit des einzelnen Wollens, d. h. Unabhängigkeit vom Gesetze der Kausalität anzusehn ist, dessen Notwendigkeit sich über den Menschen, wie über jede andere Erscheinung erstreckt. Bis auf den angegebenen Punkt also, und nicht weiter, geht der Unterschied, welchen die Vernunft, oder die Erkenntnis mittelst Begriffen, zwischen dem menschlichen Wollen und dem tierischen herbeiführt. Allein welches ganz andere, bei der Tierheit unmögliche Phänomen des menschlichen Willens hervorgehn kann, wenn der Mensch die gesamte, dem Satz vom Grund unterworfene Erkenntnis der einzelnen Dinge als solcher verläßt und mittelst Erkenntnis der Ideen das principium individuationis durchschaut, wo alsdann ein wirkliches Hervortreten der eigentlichen Freiheit des Willens als Dinges an sich möglich wird, durch welches die Erscheinung in einen gewissen Widerspruch mit sich selbst tritt, den das Wort Selbstverleugnung bezeichnet, ja zuletzt das Ansich ihres Wesens sich aufhebt: – diese eigentliche und einzige unmittelbare Äußerung der Freiheit des Willens an sich, auch in der Erscheinung, kann hier noch nicht deutlich dargestellt werden, sondern wird ganz zuletzt der Gegenstand unserer Betrachtung sein.

Nachdem uns aber, durch die gegenwärtigen Auseinandersetzungen, die Unveränderlichkeit des empirischen Charakters, als welcher die bloße Entfaltung des außerzeitlichen intelligibeln ist, wie auch die Notwendigkeit, mit der aus seinem Zusammentreffen mit den Motiven die Handlungen hervorgehn, deutlich geworden ist: haben wir zuvörderst eine Folgerung zu beseitigen, welche zu Gunsten der verwerflichen Neigungen sich sehr leicht daraus ziehn ließe. Da nämlich unser Charakter als die zeitliche Entfaltung eines außerzeitlichen und mithin unteilbaren und unveränderlichen Willensaktes, oder eines intelligibeln Charakters, anzusehn ist, durch welchen alles Wesentliche, d.h. der ethische Gehalt unsers Lebenswandels, unveränderlich bestimmt ist und sich demgemäß in seiner Erscheinung, dem empirischen Charakter, ausdrücken muß, während nur das Unwesentliche dieser Erscheinung, die äußere Gestaltung unsers Lebenslaufes, abhängt von den Gestalten, unter welchen die Motive sich darstellen; so könnte man schließen, daß es vergebliche Mühe wäre, an einer Besserung seines Charakters zu arbeiten, oder der Gewalt böser Neigungen zu widerstreben, daher es geratener wäre, sich dem Unabänderlichen zu unterwerfen und jeder Neigung, sei sie auch böse, sofort zu willfahren. – Allein es hat hiemit ganz und gar dasselbe Bewandtnis, wie mit der Theorie vom unabwendbaren Schicksal, und der daraus gemachten Folgerung, die man *αϱγος λογος*, in neuerer Zeit Türkenglaube, nennt, deren richtige Widerlegung, wie sie Chrysippos gegeben haben soll, Cicero darstellt im Buche de fato, Kap. 12, 13.

Obwohl nämlich alles als vom Schicksal unwiderruflich vorherbestimmt angesehn werden kann, so ist es dies doch eben nur mittelst der Kette der Ursachen. Daher in keinem Fall bestimmt sein kann, daß eine Wirkung ohne ihre Ursache eintrete. Nicht die Begebenheit schlechthin also ist vorherbestimmt, sondern dieselbe als Erfolg vorhergängiger Ursachen: also ist nicht der Erfolg allein, sondern auch die Mittel, als deren Erfolg er einzutreten bestimmt ist, vom Schicksal beschlossen. Treten demnach die Mittel nicht ein, dann auch sicherlich nicht der Erfolg: beides immer nach der Bestimmung des Schicksals, die wir aber auch immer erst hinterher erfahren.

Wie die Begebenheiten immer dem Schicksal, d.h. der endlosen Verkettung der Ursachen, so werden unsere Taten immer unserm intelligibeln Charakter gemäß ausfallen: aber wie wir jenes nicht vorherwissen, so ist uns auch keine Einsicht a priori in diesen gegeben; sondern nur a posteriori, durch die Erfahrung, lernen wir, wie die andern, so auch uns selbst kennen. Brachte der intelligible Charakter es mit sich, daß wir einen guten Entschluß nur nach langem Kampf gegen eine böse Neigung fassen konnten; so muß dieser Kampf vorhergehn und abgewartet werden. Die Reflexion über die Unveränderlichkeit des Charakters, über die Einheit der Quelle, aus welcher alle unsere Taten fließen, darf uns nicht verleiten, zu Gunsten des einen noch des andern Teiles, der Entscheidung des Charakters vorzugreifen: am erfolgenden Entschluß werden wir sehn, welcher Art wir sind, und uns an unsern Taten spiegeln. Hieraus eben erklärt sich die Befriedigung, oder die Seelenangst, mit der wir auf den zurückgelegten Lebensweg zurücksehn: Beide kommen nicht daher, daß jene vergangenen Taten noch ein Dasein hätten: sie sind vergangen, gewesen und jetzt nichts mehr; aber ihre große Wichtigkeit für uns kommt aus ihrer Bedeutung, kommt daher, daß diese Taten der Abdruck des Charakters, der Spiegel des Willens sind, in welchen schauend wir unser innerstes Selbst, den Kern unsers Willens erkennen. Weil wir dies also nicht vorher, sondern erst nachher erfahren, kommt es uns zu, in der Zeit zu streben und zu kämpfen, eben damit das Bild, welches wir durch unsere Taten wirken, so ausfalle, daß sein Anblick uns möglichst beruhige, nicht beängstige. Die Bedeutung aber solcher Beruhigung, oder Seelenangst, wird, wie gesagt, weiter unten untersucht werden. Hieher gehört hingegen noch folgende, für sich bestehende Betrachtung.

Neben dem intelligibeln und dem empirischen Charakter ist noch ein drittes, von beiden Verschiedenes zu erwähnen, der *erworbene Charakter*, den man erst im Leben, durch den Weltgebrauch, erhält, und von dem die Rede ist, wenn man gelobt wird als ein Mensch, der Charakter hat, oder getadelt als charakterlos. – Zwar könnte man meinen, daß, da der empirische Charakter, als Erscheinung des intelligibeln, unveränderlich und, wie jede Naturerscheinung, in sich konsequent ist, auch der Mensch eben deshalb immer sich selbst gleich und konsequent erscheinen müßte und daher nicht nötig hätte, durch Erfahrung und Nachdenken, sich künstlich einen Charakter zu erwerben. Dem ist aber anders, und wiewohl man immer derselbe ist, so versteht man jedoch sich selbst nicht jederzeit, sondern verkennt sich oft, bis man die eigentliche Selbsterkenntnis in gewissem Grade erworben hat. Der empirische Charakter ist, als bloßer Naturtrieb, an sich unvernünftig: ja, seine Äußerungen werden noch dazu durch die Vernunft gestört, und zwar um so mehr, je mehr Besonnenheit und Denkkraft der Mensch hat. Denn diese halten ihm immer vor, was *dem Menschen überhaupt*, als Gattungscharakter, zukommt und im Wollen, wie im Leisten, demselben möglich ist. Hiedurch wird ihm die Einsicht in dasjenige, was allein von dem allen er, vermöge seiner Individualität, will und vermag, erschwert. Er findet in sich zu allen, noch so verschiedenen menschlichen Anstrebungen und Kräften die Anlagen; aber der verschiedene Grad derselben in seiner Individualität wird ihm nicht ohne Erfahrung klar: und wenn er nun zwar zu den Bestrebungen greift, die seinem Charakter allein gemäß sind, so fühlt er doch, besonders in einzelnen Momenten und Stimmungen, die Anregung zu gerade entgegengesetzten, damit unvereinbaren, die, wenn er jenen ersteren ungestört nachgehn will, ganz unterdrückt werden müssen. Denn, wie unser physischer Weg auf der Erde immer nur eine Linie, keine Fläche ist; so müssen wir im Leben, wenn wir eines ergreifen und besitzen wollen, unzähliges anderes, rechts und links, entsagend, liegen lassen. Können wir uns dazu nicht entschließen, sondern greifen, wie Kinder auf dem Jahrmarkt, nach allem was uns im Vorübergehn reizt; dann ist dies das verkehrte Bestreben, die Linie unsers Wegs in eine Fläche zu verwandeln: wir laufen sodann im Zickzack, irrlichterlieren hin und her und gelangen zu nichts. – Oder, um ein anderes Gleichnis zu gebrauchen, wie, nach Hobbes' Rechtslehre, ursprünglich jeder auf jedes Ding ein Recht hat, aber auf keines ein ausschließliches; letzteres jedoch auf einzelne Dinge erlangen kann, dadurch, daß er seinem Recht auf alle übrigen entsagt, wogegen die andern in Hinsicht auf das von ihm erwählte das gleiche tun; gerade so ist es im Leben, wo wir irgend eine bestimmte Bestrebung, sei sie nach Genuß, Ehre, Reichtum, Wissenschaft, Kunst, oder Tugend, nur dann recht mit Ernst und mit Glück verfolgen können, wann wir alle ihr fremden Ansprüche aufgeben, auf alles andere verzichten. Darum ist das bloße Wollen und auch Können an sich noch nicht zureichend, sondern ein Mensch muß auch *wissen*, was er will, und *wissen*, was er kann: erst so wird er Charakter zeigen, und erst dann kann er etwas Rechtes vollbringen. Bevor er dahin gelangt, ist er, ungeachtet der natürlichen Konsequenz des empirischen Charakters, doch charakterlos, und obwohl er im ganzen sich treu bleiben und seine Bahn durchlaufen muß, von seinem Dämon gezogen; so wird er doch keine schnurgerechte, sondern eine zitternde, ungleiche Linie beschreiben, schwanken, abweichen, umkehren, sich Reue und Schmerz bereiten: dies alles, weil er, im Großen und Kleinen, so vieles als dem Menschen möglich und erreichbar vor sich sieht, und noch nicht weiß, was davon allein ihm gemäß und ihm ausführbar, ja, auch nur ihm genießbar ist. Er wird daher manchen um eine Lage und Verhältnisse beneiden, die doch nur dessen Charakter, nicht dem seinigen, angemessen sind, und in denen er sich unglücklich fühlen würde, wohl gar es nicht einmal aushalten könnte. Denn wie dem Fische nur im Wasser, dem Vogel nur in der Luft, dem Maulwurf nur unter der Erde wohl ist, so jedem Menschen nur in der ihm angemessenen Atmosphäre; wie denn z. B. die Hofluft nicht jedem respirabel ist. Aus Mangel an genugsamer Einsicht in alles dieses wird mancher allerlei mißlingende Versuche machen, wird seinem Charakter im einzelnen Gewalt antun, und im ganzen ihm doch wieder nachgeben müssen: und was er so, gegen seine Natur, mühsam erlangt, wird ihm keinen Genuß geben; was er so erlernt, wird tot bleiben; ja sogar in ethischer Hinsicht wird eine nicht aus reinem, unmittelbarem Antriebe, sondern aus einem Begriff, einem Dogma entsprungene, für seinen Charakter zu edle Tat, durch nachfolgende egoistische Reue, alles Verdienst verlieren, selbst in seinen eigenen Augen. Velle non discitur. Wie wir der Unbiegsamkeit der fremden Charaktere erst durch die Erfahrung innewerden und bis dahin kindisch glauben, durch vernünftige Vorstellungen, durch Bitten und Flehen, durch Beispiel und Edelmut könnten wir irgendeinen dahin bringen, daß er von seiner Art lasse, seine Handlungsweise ändere, von seiner Denkungsart abgehe, oder gar seine Fähigkeiten erweitere; so geht es uns auch mit uns selbst. Wir müssen erst aus Erfahrung lernen, was wir wollen und was wir können: bis dahin wissen wir es nicht, sind charakterlos und müssen oft durch harte Stöße von außen auf unsern eigenen Weg zurückgeworfen werden. – Haben wir es aber endlich gelernt, dann haben wir erlangt, was man in der Welt Charakter nennt, den *er-*

worbenen Charakter. Dieses ist demnach nichts anderes, als möglichst vollkommene Kenntnis der eigenen Individualität; es ist das abstrakte, folglich deutliche Wissen von den unabänderlichen Eigenschaften seines eigenen empirischen Charakters und von dem Maß und der Richtung seiner geistigen und körperlichen Kräfte, also von den gesamten Stärken und Schwächen der eigenen Individualität. Dies setzt uns in den Stand, die an sich einmal unveränderliche Rolle der eigenen Person, die wir vorhin regellos naturalisierten, jetzt besonnen und methodisch durchzuführen und die Lücken, welche Launen oder Schwächen darin verursachen, nach Anleitung fester Begriffe auszufüllen. Die durch unsere individuelle Natur ohnehin notwendige Handlungsweise haben wir jetzt auf deutlich bewußte, uns stets gegenwärtige Maximen gebracht, nach denen wir sie so besonnen durchführen, als wäre es eine erlernte, ohne hiebei je irre zu werden durch den vorübergehenden Einfluß der Stimmung, oder des Eindrucks der Gegenwart, ohne gehemmt zu werden durch das Bittere oder Süße einer im Wege angetroffenen Einzelheit, ohne Zaudern, ohne Schwanken, ohne Inkonsequenzen. Wir werden nun nicht mehr, als Neulinge, warten, versuchen, umhertappen, um zu sehn, was wir eigentlich wollen und was wir vermögen; sondern wir wissen es ein für allemal, haben bei jeder Wahl nur allgemeine Sätze auf einzelne Fälle anzuwenden und gelangen gleich zum Entschluß. Wir kennen unsern Willen im allgemeinen und lassen uns nicht durch Stimmung, oder äußere Aufforderung verleiten, im einzelnen zu beschließen, was ihm im ganzen entgegen ist. Wir kennen eben so die Art und das Maß unserer Kräfte und unserer Schwächen, und werden uns dadurch viele Schmerzen ersparen. Denn es gibt eigentlich gar keinen Genuß anders, als im Gebrauch und Gefühl der eigenen Kräfte, und der größte Schmerz ist wahrgenommener Mangel an Kräften, wo man ihrer bedarf. Haben wir nun erforscht, wo unsere Stärken und wo unsere Schwächen liegen; so werden wir unsere hervorstechenden natürlichen Anlagen ausbilden, gebrauchen, auf alle Weise zu nutzen suchen und immer uns dahin wenden, wo diese taugen und gelten, aber durchaus und mit Selbstüberwindung die Bestrebungen vermeiden, zu denen wir von Natur geringe Anlagen haben; werden uns hüten, das zu versuchen, was uns doch nicht gelingt. Nur wer dahin gelangt ist, wird stets mit voller Besonnenheit ganz er selbst sein, und wird nie von sich selbst im Stiche gelassen werden, weil er immer wußte, was er sich selber zumuten konnte. Er wird alsdann oft der Freude teilhaft werden, seine Stärken zu fühlen, und selten den Schmerz erfahren, an seine Schwächen erinnert zu werden, welches letztere Demütigung ist, die vielleicht den größten Geistesschmerz verursacht: daher man es viel besser ertragen kann, sein Mißgeschick, als sein Ungeschick deutlich ins Auge zu fassen. – Sind wir nun also vollkommen bekannt mit unsern Stärken und Schwächen; so werden wir auch nicht versuchen, Kräfte zu zeigen, die wir nicht haben, werden nicht mit falscher Münze spielen, weil solche Spiegelfechterei doch endlich ihr Ziel verfehlt. Denn da der ganze Mensch nur die Erscheinung seines Willens ist; so kann nichts verkehrter sein, als, von der Reflexion ausgehend, etwas anderes sein zu wollen, als man ist: denn es ist ein unmittelbarer Widerspruch des Willens mit sich selbst. Nachahmung fremder Eigenschaften und Eigentümlichkeiten ist viel schimpflicher, als das Tragen fremder Kleider: denn es ist das Urteil der eigenen Wertlosigkeit von sich selbst ausgesprochen. Kenntnis seiner eigenen Gesinnung und seiner Fähigkeiten jeder Art und ihrer unabänderlichen Grenzen ist in dieser Hinsicht der sicherste Weg, um zur möglichsten Zufriedenheit mit sich selbst zu gelangen. Denn es gilt von den inneren Umständen, was von den äußeren, daß es nämlich für uns keinen wirksamern Trost gibt, als die volle Gewißheit der unabänderlichen Notwendigkeit. Uns quält ein Übel, das uns betroffen, nicht so sehr, als der Gedanke an die Umstände, durch die es hätte abgewendet werden können; daher nichts wirksamer zu unserer Beruhigung ist, als das Betrachten des Geschehenen aus dem Gesichtspunkte der Notwendigkeit, aus welchem alle Zufälle sich als Werkzeuge eines waltenden Schicksals darstellen und wir mithin das eingetretene Übel als durch den Konflikt innerer und äußerer Umstände unausweichbar herbeigezogen erkennen, also der Fatalismus. Wir jammern oder toben auch eigentlich nur so lange, als wir hoffen dadurch entweder auf andere zu wirken, oder uns selbst zu unerhörter Anstrengung aufzuregen. Aber Kinder und Erwachsene wissen sich sehr wohl zufrieden zu geben, sobald sie deutlich einsehn, daß es durchaus nicht anders ist:

θυμὸν ἐνὶ στήθεσσι φίλον δαμάσαντες ἀνάγκῃ.
(Animo in pectoribus nostro domito necessitate.)

Wir gleichen den eingefangenen Elefanten, die viele Tage entsetzlich toben und ringen, bis sie sehn, daß es fruchtlos ist, und dann plötzlich gelassen ihren Nacken dem Joch bieten, auf immer gebändigt. Wir sind wie der König David. der, so lange sein Sohn noch lebte, unablässig den Jehovah mit Bitten bestürmte und sich verzweifelnd gebärdete; sobald aber der Sohn tot war, nicht weiter daran dachte. Daher kommt es, daß unzählige bleibende Übel, wie Krüppelhaftigkeit, Armut, niederer Stand, Häßlichkeit, widriger Wohnort, von Unzähligen ganz gleichgültig ertragen und gar nicht mehr gefühlt werden, gleich vernarbten Wunden, bloß weil diese wissen, daß innere oder äußere Notwendigkeit hier nichts zu ändern übrig läßt; während Glücklichere nicht einsehn, wie man es ertragen kann. Wie nun mit der äußern, so mit der innern Notwendigkeit versöhnt nichts so fest, als eine deutliche Kenntnis derselben. Haben wir, wie unsere guten Eigenschaften und Stärken, so unsere Fehler und Schwächen ein für allemal deutlich erkannt, dem gemäß uns unser Ziel gesteckt und über das Unerreichbare uns zufrieden gegeben; so entgehn wir dadurch am sichersten, so weit es unsere Individualität zuläßt, dem bittersten aller Leiden, der Unzufriedenheit mit uns selbst, welche die unausbleibliche Folge der Unkenntnis der eigenen Individualität, des falschen Dünkels und daraus entstandendener Vermessenheit ist. Auf die bittern Kapitel der anempfohlenen Selbsterkenntnis leidet vortreffliche Anwendung der Ovidische Vers:

Optimus ille animi vindex laedentia pectus
Vincula qui rupit, dedoluitque semel.

Soviel über den *erworbenen Charakter*, der zwar nicht sowohl für die eigentliche Ethik, als für das Weltleben wichtig ist, dessen Erörterung sich jedoch der des intelligibeln und des empirischen Charakters als die dritte Art nebenordnete, über welche ersteren wir uns in eine etwas ausführliche Betrachtung einlassen mußten, um uns deutlich zu machen, wie der Wille in allen seinen Erscheinungen der Notwendigkeit unterworfen ist, während er dennoch an sich selbst frei, ja allmächtig genannt werden kann.

§ 56

Diese Freiheit, diese Allmacht, als deren Äußerung und Abbild die ganze sichtbare Welt, ihre Erscheinung, dasteht und den Gesetzen gemäß, welche die Form der Erkenntnis mit sich bringt, sich fortschreitend entwickelt, – kann nun auch, und zwar da, wo ihr, in ihrer vollendetesten Erscheinung, die vollkommen adäquate Kenntnis ihres eigenen Wesens aufgegangen ist, von neuem sich äußern, indem sie nämlich entweder auch hier, auf dem Gipfel der Besinnung und des Selbstbewußtseins, dasselbe will, was sie blind und sich selbst nicht kennend wollte, wo dann die Erkenntnis, wie im einzelnen, so im ganzen, für sie stets *Motiv* bleibt; oder aber auch umgekehrt, diese Erkenntnis wird ihr ein *Quietiv*, welches alles Wollen beschwichtigt und aufhebt. Dies ist die schon oben im allgemeinen aufgestellte Bejahung und Verneinung des Willens zum Leben, welche, als in Hinsicht auf den Wandel des Individuums allgemeine, nicht einzelne Willensäußerung, nicht die Entwickelung des Charakters störend modifiziert, noch in einzelnen Handlungen ihren Ausdruck findet; sondern entweder durch immer stärkeres Hervortreten der ganzen bisherigen Handlungsweise, oder umgekehrt, durch Aufhebung derselben, lebendig die Maxime ausspricht, welche, nach nunmehr erhaltener Erkenntnis, der Wille frei ergriffen hat. – Die deutlichere Entwickelung von allem diesen, der Hauptgegenstand dieses letzten Buches, ist uns jetzt durch die dazwischen getretenen Betrachtungen über Freiheit, Notwendigkeit und Charakter schon etwas erleichtert und vorbereitet: sie wird es aber noch mehr werden, nachdem wir, jene abermals hinausschiebend, zuvörderst unsere Betrachtung auf das Leben selbst, dessen Wollen oder Nichtwollen die große Frage ist, werden gerichtet haben, und zwar so, daß wir im allgemeinen zu erkennen suchen, was dem Willen selbst, der ja überall dieses Lebens innerstes Wesen ist, eigentlich durch seine Bejahung werde, auf welche Art und wie weit sie ihn befriedigt, ja befriedigen kann; kurz, was wohl im allgemeinen und wesentlichen als sein Zustand in dieser seiner eigenen und ihm in jeder Beziehung angehörenden Welt anzusehn sei.

Zuvörderst wünsche ich, daß man hier sich diejenige Betrachtung zurückrufe, mit welcher wir das zweite Buch beschlossen, veranlaßt durch die dort aufgeworfene Frage, nach dem Ziel und Zweck des Willens; statt deren Beantwortung sich uns vor Augen stellte, wie der Wille, auf allen Stufen seiner Erscheinung, von der niedrigsten bis zur höchsten, eines letzten Zieles und Zweckes ganz entbehrt, immer strebt, weil Streben sein alleiniges Wesen ist, dem kein erreichtes Ziel ein Ende macht, das daher keiner endlichen Befriedigung fähig ist, sondern nur durch Hemmung aufgehalten werden kann, an sich aber ins Unendliche geht. Wir sahen dies an der einfachsten aller Naturerscheinungen, der Schwere, die nicht aufhört zu streben und nach einem ausdehnungslosen Mittelpunkt, dessen Erreichung ihre und der Materie Vernichtung wäre, zu drängen, nicht aufhört, wenn auch schon das ganze Weltall zusammengeballt wäre. Wir sehn es in den andern einfachen Naturerscheinungen: das Feste strebt, sei es durch Schmelzen oder durch Auflösung, nach Flüssigkeit, wo allein seine chemischen Kräfte frei werden: Starrheit ist ihre Gefangenschaft, in der sie von der Kälte gehalten werden. Das Flüssige strebt nach Dunstgestalt, in welche es, sobald es nur von allem Druck befreit ist, sogleich übergeht. Kein Körper ist ohne Verwandtschaft, d.i. ohne Streben, oder ohne Sucht und Begier, wie Jakob Böhme sagen würde. Die Elektrizität pflanzt ihre innere Selbstentzweiung ins Unendliche fort, wenngleich die Masse des Erdballs die Wirkung verschlingt. Der Galvanismus ist, solange die Säule lebt, ebenfalls ein zwecklos unaufhörlich erneuerter Akt der Selbstentzweiung und Versöhnung. Eben ein solches rastloses, nimmer befriedigtes Streben ist das Dasein der Pflanze, ein unaufhörliches Treiben, durch immer höher gesteigerte Formen, bis der Endpunkt, das Samenkorn, wieder der Anfangspunkt wird: dies ins Unendliche wiederholt: nirgends ein Ziel, nirgends endliche Befriedigung, nirgends ein Ruhepunkt. Zugleich werden wir uns aus dem zweiten Buch erinnern, daß überall die mannigfaltigen Naturkräfte und organischen Formen einander die Materie streitig machen, an der sie hervortreten wollen, indem jedes nur besitzt was es dem andern entrissen hat, und so ein steter Kampf um Leben und Tod unterhalten wird, aus welchem eben hauptsächlich der Widerstand hervorgeht, durch welchen jenes, das innerste Wesen jedes Dinges ausmachende Streben überall gehemmt wird, vergeblich drängt, doch von seinem Wesen nicht lassen kann, sich durchquält, bis diese Erscheinung untergeht, wo dann andere ihren Platz und ihre Materie gierig ergreifen.

Wir haben längst dieses den Kern und das Ansich jedes Dinges ausmachende Streben als dasselbe und nämliche erkannt, was in uns, wo es sich am deutlichsten, am Lichte des vollesten Bewußtseins manifestiert, *Wille* heißt. Wir nennen dann seine Hemmung durch ein Hindernis, welches sich zwischen ihn und sein einstweiliges Ziel stellt, *Leiden*; hingegen sein Erreichen des Ziels *Befriedigung*, Wohlsein, Glück. Wir können diese Benennungen auch auf jene, dem Grade nach schwächern, dem Wesen nach identischen Erscheinungen der erkenntnislosen Welt übertragen. Diese sehn wir alsdann in stetem Leiden begriffen und ohne bleibendes Glück. Denn alles Streben entspringt aus Mangel, aus Unzufriedenheit mit seinem Zustande, ist also Leiden, so lange es nicht befriedigt ist; keine Befriedigung aber ist dauernd, vielmehr ist sie stets nur der Anfangspunkt eines neuen Strebens. Das Streben sehn wir überall vielfach gehemmt, überall kämpfend; so lange also immer als Leiden: kein letztes Ziel des Strebens, also kein Maß und Ziel des Leidens.

Was wir aber so nur mit geschärfter Aufmerksamkeit und mit Anstrengung in der erkenntnislosen Natur entdecken, tritt uns deutlich entgegen in der erkennenden, im Leben der Tierheit, dessen stetes Leiden leicht nachzuweisen ist. Wir wollen aber, ohne auf dieser Zwischenstufe zu verweilen, uns dahin wenden, wo, von der hellsten Erkenntnis beleuchtet, alles aufs deutlichste hervortritt, im Leben des Menschen. Denn wie die Erscheinung des Willens vollkommener wird, so wird auch das Leiden mehr und mehr offenbar. In der Pflanze ist noch keine Sensibilität, also kein Schmerz: ein gewiß sehr geringer Grad von beiden wohnt den untersten Tieren, den Infusorien und Radiarien ein: sogar in den Insekten ist die Fähigkeit zu empfinden und zu leiden noch beschränkt: erst mit dem vollkommenen Nervensystem der Wirbeltiere tritt sie in hohem Grade ein, und in immer höherem, je mehr die Intelligenz sich entwickelt. In gleichem Maße also, wie die Erkenntnis zur Deutlichkeit gelangt, das Bewußtsein sich steigert, wächst auch die Qual, welche folglich ihren höchsten Grad im Menschen erreicht, und dort wieder um so mehr, je deutlicher erkennend, je intelligenter der Mensch ist: der, in welchem der Genius lebt, leidet am meisten. In diesem Sinne, nämlich in Beziehung auf den Grad der Erkenntnis überhaupt, nicht auf das bloße abstrakte Wissen, verstehe und gebrauche ich hier jenen Spruch des Koheleth: Qui auget scientiam, auget et dolorem. – Dieses genaue Verhältnis zwischen dem Grade des Bewußtseins und dem des Leidens hat durch eine anschauliche und augenfällige Darstellung überaus schön in einer Zeichnung ausgedrückt jener philosophische Maler, oder malende Philosoph, Tischbein. Die obere Hälfte seines Blattes stellt Weiber dar, denen ihre Kinder entführt werden, und die, in verschiedenen Gruppen und Stellungen, den tiefen mütterlichen Schmerz, Angst, Verzweiflung, mannigfaltig ausdrücken; die untere Hälfte des Blattes zeigt, in ganz gleicher Anordnung und Gruppierung, Schafe, denen die Lämmer weggenommen werden: so daß jedem menschlichen Kopf, jeder menschlichen Stellung der obern Blatthälfte, da unten ein tierisches Analogon entspricht und man nun deutlich sieht, wie sich der im dumpfen tierischen Bewußtsein mögliche Schmerz verhält zu der gewaltigen Qual, welche erst durch die Deutlichkeit der Erkenntnis, die Klarheit des Bewußtseins, möglich ward.

Wir wollen dieserwegen im *menschlichen Dasein* das innere und wesentliche Schicksal des Willens betrachten. Jeder wird leicht im Leben des Tieres das nämliche, nur schwächer, in verschiedenen Graden ausgedrückt wiederfinden und zur Genüge auch an der leidenden Tierheit sich überzeugen können, wie wesentlich *alles Leben Leiden ist.*

§ 57

Auf jeder Stufe, welche die Erkenntnis beleuchtet, erscheint sich der Wille als Individuum. Im unendlichen Raum und unendlicher Zeit findet das menschliche Individuum sich als endliche, folglich als eine gegen jene verschwindende Größe, in sie hineingeworfen und hat, wegen ihrer Unbegrenztheit, immer nur ein relatives, nie ein absolutes *Wann* und *Wo* seines Daseins: denn sein Ort und seine Dauer sind endliche Teile eines Unendlichen und Grenzenlosen. – Sein eigentliches Dasein ist nur in der Gegenwart, deren ungehemmte Flucht in die Vergangenheit ein steter Übergang in den Tod, ein stetes Sterben ist; da sein vergangenes Leben, abgesehn von dessen etwanigen Folgen für die Gegenwart, wie auch von dem Zeugnis über seinen Willen, das darin abgedrückt ist, schon völlig abgetan, gestorben und nichts mehr ist: daher auch es ihm vernünftigerweise gleichgültig sein muß, ob der Inhalt jener Vergangenheit Qualen oder Genüsse waren. Die Gegenwart aber wird beständig unter seinen Händen zur Vergangenheit: die Zukunft ist ganz ungewiß und immer kurz. So ist sein Dasein, schon von der formellen Seite allein betrachtet, ein stetes Hinstürzen der Gegenwart in die tote Vergangenheit, ein stetes Sterben. Sehn wir es nun aber auch von der physischen Seite an; so ist offenbar, daß wie bekanntlich unser Gehn nur ein stets gehemmtes Fallen ist, das Leben unsers Leibes nur ein fortdauernd gehemmtes Sterben, ein immer aufgeschobener Tod ist: endlich ist eben so die Regsamkeit unsers Geistes eine fortdauernd zurückgeschobene Langeweile. Jeder Atemzug wehrt den beständig eindringenden Tod ab, mit welchem wir auf diese Weise in jeder Sekunde kämpfen, und dann wieder, in größern Zwischenräumen, durch jede Mahlzeit, jeden Schlaf, jede Erwärmung usw. Zuletzt muß er siegen: denn ihm sind wir schon durch die Geburt anheimgefallen, und er spielt nur eine Weile mit seiner Beute, bevor er sie verschlingt. Wir setzen indessen unser Leben mit großem Anteil und vieler Sorgfalt fort, so lange als möglich, wie man eine Seifenblase so lange und so groß als möglich aufbläst, wiewohl mit der festen Gewißheit, daß sie platzen wird.

Sahen wir schon in der erkenntnislosen Natur das innere Wesen derselben als ein beständiges Streben, ohne Ziel und ohne Rast; so tritt uns bei der Betrachtung des Tieres und des Menschen dieses noch viel deutlicher entgegen. Wollen und Streben ist sein ganzes Wesen, einem unlöschbaren Durst gänzlich zu vergleichen. Die Basis alles Wollens aber ist Bedürftigkeit, Mangel, also Schmerz, dem er folglich schon ursprünglich und durch sein Wesen anheimfällt. Fehlt es ihm hingegen an Objekten des Wollens, indem die zu leichte Befriedigung sie ihm sogleich wieder wegnimmt; so befällt ihn furchtbare Leere und Langeweile: d.h. sein Wesen und sein Dasein selbst wird ihm zur unerträglichen Last. Sein Leben schwingt also, gleich einem Pendel, hin und her, zwischen dem Schmerz und der Langenweile, welche beide in der Tat dessen letzte Bestandteile sind. Dieses hat sich sehr seltsam auch dadurch aussprechen müssen, daß, nachdem der Mensch alle Leiden und Qualen in die Hölle versetzt hatte, für den Himmel nun nichts übrig blieb, als eben Langeweile.

Das stete Streben aber, welches das Wesen jeder Erscheinung des Willens ausmacht, erhält auf den höhern Stufen der Objektivation seine erste und allgemeinste Grundlage dadurch, daß hier der Wille sich erscheint als ein lebendiger Leib, mit dem eisernen Gebot, ihn zu nähren: und was diesem Gebote die Kraft gibt, ist eben, daß dieser Leib nichts anderes, als der objektivierte Wille zum Leben selbst ist. Der Mensch, als die vollkommenste Objektivation jenes Willens, ist demgemäß auch das bedürftigste unter allen Wesen: er ist konkretes Wollen und Bedürfen durch und durch, ist ein Konkrement von tausend Bedürfnissen. Mit diesen steht er auf der Erde, sich selber überlassen, über alles in Ungewißheit, nur nicht über seine Bedürftigkeit und seine Not: demgemäß füllt die Sorge für die Erhaltung jenes Daseins, unter so schweren, sich jeden Tag von neuem meldenden Forderungen, in der Regel, das ganze Menschenleben aus. An sie knüpft sich sodann unmittelbar die zweite Anforderung, die der Fortpflanzung des Geschlechts. Zugleich bedrohen ihn von allen Seiten die verschiedenartigsten Gefahren, denen zu entgehn es beständiger Wachsamkeit bedarf. Mit behutsamem Schritt und ängstlichem Umherspähen verfolgt er seinen Weg: denn tausend Zufälle und tausend Feinde lauern ihm auf. So ging er in der Wildnis, und so geht er im zivilisierten Leben; es gibt für ihn keine Sicherheit:

Qualibus in tenebris vitae, quantisque perichis
Degitur hocc' aevi, quodcunque est!

Lucr., II, 15.

Das Leben der allermeisten ist auch nur ein steter Kampf um diese Existenz selbst, mit der Gewißheit ihn zuletzt zu verlieren. Was sie aber in diesem so mühseligen Kampfe ausdauern läßt, ist nicht sowohl die Liebe zum Leben, als die Furcht vor dem Tode, der jedoch als unausweichbar im Hintergrunde steht und jeden Augenblick herantreten kann. – Das Leben selbst ist ein Meer voller Klippen und Strudel, die der Mensch mit der größten Behutsamkeit und Sorgfalt vermeidet, obwohl er weiß, daß, wenn es ihm auch gelingt, mit aller Anstrengung und Kunst sich durchzuwinden, er eben dadurch mit jedem Schritt dem größten, dem totalen, dem unvermeidlichen und unheilbaren Schiffbruch näher kommt, ja gerade auf ihn zusteuert, – dem Tode: dieser ist das endliche Ziel der mühseligen Fahrt und für ihn schlimmer als alle Klippen, denen er auswich.

Nun ist es aber sogleich sehr bemerkenswert, daß einerseits die Leiden und Qualen des Lebens leicht so anwachsen können, daß selbst der Tod, in der Flucht vor welchem das ganze Leben besteht, wünschenswert wird und man freiwillig zu ihm eilt; und andererseits wieder, daß sobald Not und Leiden dem Menschen eine Rast vergönnen, die Langeweile gleich so nahe ist, daß er des Zeitvertreibes notwendig bedarf. Was alle Lebenden beschäftigt und in Bewegung erhält, ist das Streben nach Dasein. Mit dem Dasein aber, wenn es ihnen gesichert ist, wissen sie nichts anzufangen: daher ist das Zweite, was sie in Bewegung setzt, das Streben, die Last des Daseins los zu werden, es unfühlbar zu machen, »die Zeit zu töten«, d. h. der Langenweile zu entgehn. Demgemäß sehn wir, daß fast alle vor Not und Sorgen geborgene Menschen, nachdem sie nun endlich alle andern Lasten abgewälzt haben, jetzt sich selbst zur Last sind und nun jede durchgebrachte Stunde für Gewinn achten, also jeden Abzug von eben jenem Leben, zu dessen möglichst langer Erhaltung sie bis dahin alle Kräfte aufboten. Die Langeweile aber ist nichts weniger, als ein gering zu achtendes Übel: sie malt zuletzt wahre Verzweiflung auf das Gesicht. Sie macht, daß Wesen, welche einander so wenig lieben, wie die Menschen, doch so sehr einander suchen, und wird dadurch die Quelle der Geselligkeit. Auch werden überall gegen sie, wie gegen andere allgemeine Kalamitäten, öffentliche Vorkehrungen getroffen, schon aus Staatsklugheit; weil dieses Übel, so gut als sein entgegengesetztes Extrem, die Hungersnot, die Menschen zu den größten Zügellosigkeiten treiben kann: panem et circenses braucht das Volk. Das strenge philadelphische Pönitenziarsystem macht, mittelst Einsamkeit und Untätigkeit, bloß die Langeweile zum Strafwerkzeug: und es ist ein so fürchterliches, daß es schon die Züchtlinge zum Selbstmord geführt hat. Wie die Not die beständige Geißel des Volkes ist, so die Langeweile die der vornehmen Welt. Im bürgerlichen Leben ist sie durch den Sonntag, wie die Not durch die sechs Wochentage repräsentiert.

Zwischen Wollen und Erreichen fließt nun durchaus jedes Menschenleben fort. Der Wunsch ist, seiner Natur nach, Schmerz: die Erreichung gebiert schnell Sättigung: das Ziel war nur scheinbar: der Besitz nimmt den Reiz weg: unter einer neuen Gestalt stellt sich der Wunsch, das Bedürfnis wieder ein: wo nicht, so folgt Öde, Leere, Langeweile, gegen welche der Kampf ebenso quälend ist, wie gegen die Not. – Daß Wunsch und Befriedigung sich ohne zu kurze und ohne zu lange Zwischenräume folgen, verkleinert das Leiden, welches beide geben, zum geringsten Maße und macht den glücklichsten Lebenslauf aus. Denn das, was man sonst den schönsten Teil, die reinsten Freuden des Lebens nennen möchte, eben auch nur, weil es uns aus dem realen Dasein heraushebt und uns in anteilslose Zuschauer desselben verwandelt, also das reine Erkennen, dem alles Wollen fremd bleibt, der Genuß des Schönen, die echte Freude an der Kunst, dies ist, weil es schon seltene Anlagen erfordert, nur höchst wenigen und auch diesen nur als ein vorübergehender Traum vergönnt: und dann macht eben diese wenigen die höhere intellektuelle Kraft für viel größere Leiden empfänglich, als die Stumpferen je empfinden können, und stellt sie überdies einsam unter merklich von ihnen verschiedene Wesen: wodurch sich denn auch dieses ausgleicht. Dem bei weitem größten Teile der Menschen aber sind die rein intellektuellen Genüsse nicht zugänglich; der Freude, die im reinen Erkennen liegt, sind sie fast ganz unfähig: sie sind gänzlich auf das Wollen verwiesen. Wenn daher irgend etwas ihnen Anteil abgewinnen, ihnen *interessant* sein soll, so muß es (dies liegt auch schon in der Wortbedeutung) irgendwie ihren *Willen* anregen, sei es auch nur durch eine ferne und nur in der Möglichkeit liegende Beziehung auf ihn; er darf aber nie ganz aus dem Spiele bleiben, weil ihr Dasein bei weitem mehr im Wollen als im Erkennen liegt: Aktion und Reaktion ist ihr einziges Element. Die naiven Äußerungen dieser Beschaffenheit kann man aus Kleinigkeiten und alltäglichen Erscheinungen abnehmen: so z. B. schreiben sie an sehenswerten Orten, die sie besuchen, ihre Namen hin, um so zu reagieren, um auf den Ort zu wirken, da er nicht auf sie wirkte: ferner können sie nicht leicht ein fremdes, seltenes Tier bloß betrachten, sondern müssen es reizen, necken, mit ihm spielen, um nur Aktion und Reaktion zu empfinden; ganz besonders aber zeigt jenes Bedürfnis der Willensanregung sich an der Erfindung und Erhaltung des Kartenspieles, welches recht eigentlich der Ausdruck der kläglichen Seite der Menschheit ist.

Aber was auch Natur, was auch das Glück getan haben mag; wer man auch sei, und was man auch besitze; der dem Leben wesentliche Schmerz läßt sich nicht abwälzen:

> *Πηλειδης δ' ῳμωξεν, ιδων εις ουρανον ευρυν.*
> (Pelides autem ejulavit, intuitus in coelum latum.)

Und wieder:

> *Ζηνος μεν παις ηα Κρονιονος, αυταρ οιζυν*
> *Ειχον απειρεσιην.*
> (Jovis quidem filius eram Saturnii; verum aerumnam
> Habebam infinitam.)

Die unaufhörlichen Bemühungen, das Leiden zu verbannen, leisten nichts weiter, als daß es seine Gestalt verändert. Diese ist ursprünglich Mangel, Not, Sorge um die Erhaltung des Lebens. Ist es, was sehr schwer hält, geglückt, den Schmerz in dieser Gestalt zu verdrängen, so stellt er sogleich sich in tausend andern ein, abwechselnd nach Alter und Umständen, als Geschlechtstrieb, leidenschaftliche Liebe, Eifersucht, Neid, Haß, Angst, Ehrgeiz, Geldgeiz, Krankheit usw. usw. Kann er endlich in keiner andern Gestalt Eingang finden, so kommt er im traurigen, grauen Gewand des Überdrusses und der Langenweile, gegen welche dann mancherlei versucht wird. Gelingt es endlich diese zu verscheuchen, so wird es schwerlich geschehn, ohne dabei den Schmerz in einer der vorigen Gestalten wieder einzulassen und so den Tanz von vorne zu beginnen; denn zwischen Schmerz und Langerweile wird jedes Menschenleben hin und her geworfen. So niederschlagend diese Betrachtung ist, so will ich doch nebenher auf eine Seite derselben aufmerksam machen, aus der sich ein Trost schöpfen, ja vielleicht gar eine stoische Gleichgültigkeit gegen das vorhandene eigene Übel erlangen läßt. Denn unsere Ungeduld über dieses entsteht großenteils daraus, daß wir es als zufällig erkennen, als herbeigeführt durch eine Kette von Ursachen, die leicht anders sein könnte. Denn über die unmittelbar notwendigen und ganz allgemeinen Übel, z.B. Notwendigkeit des Alters und des Todes und vieler täglichen Unbequemlichkeiten, pflegen wir uns nicht zu betrüben. Es ist vielmehr die Betrachtung der Zufälligkeit der Umstände, die gerade auf uns ein Leiden brachten, was diesem den Stachel gibt. Wenn wir nun aber erkannt haben, daß der Schmerz als solcher dem Leben wesentlich und unausweichbar ist, und nichts weiter als seine bloße Gestalt, die Form unter der er sich darstellt, vom Zufall abhängt, daß also unser gegenwärtiges Leiden eine Stelle ausfüllt, in welche, ohne dasselbe, sogleich ein anderes träte, das jetzt von jenem ausgeschlossen wird, daß demnach, im wesentlichen, das Schicksal uns wenig anhaben kann; so könnte eine solche Reflexion, wenn sie zur lebendigen Überzeugung würde, einen bedeutenden Grad stoischen Gleichmuts herbeiführen und die ängstliche Besorgnis um das eigene Wohl sehr vermindern. In der Tat aber mag eine so viel vermögende Herrschaft der Vernunft über das unmittelbar gefühlte Leiden selten oder nie sich finden.

Übrigens könnte man durch jene Betrachtung über die Unvermeidlichkeit des Schmerzes und über das Verdrängen des einen durch den andern und das Herbeiziehn des neuen durch den Austritt des vorigen, sogar auf die paradoxe, aber nicht ungereimte

Hypothese geleitet werden, daß in jedem Individuum das Maß des ihm wesentlichen Schmerzes durch seine Natur ein für allemal bestimmt wäre, welches Maß weder leer bleiben, noch überfüllt werden könnte, wie sehr auch die Form des Leidens wechseln mag. Sein Leiden und Wohlsein wäre demnach gar nicht von außen, sondern eben nur durch jenes Maß, jene Anlage, bestimmt, welche zwar durch das physische Befinden einige Ab- und Zunahme zu verschiedenen Zeiten erfahren möchte, im ganzen aber doch dieselbe bliebe und nichts anderes wäre, als was man sein Temperament nennt, oder genauer, der Grad in welchem er, wie Plato es im ersten Buch der Republik ausdrückt, *ευκολος* oder *δυσκολος*, d.i. leichten oder schweren Sinnes wäre. – Für diese Hypothese spricht nicht nur die bekannte Erfahrung, daß große Leiden alle kleineren gänzlich unfühlbar machen, und umgekehrt, bei Abwesenheit großer Leiden, selbst die kleinsten Unannehmlichkeiten uns quälen und verstimmen; sondern die Erfahrung lehrt auch, daß, wenn ein großes Unglück, bei dessen bloßen Gedanken wir schauderten, nun wirklich eingetreten ist, dennoch unsere Stimmung, sobald wir den ersten Schmerz überstanden haben, im ganzen ziemlich unverändert dasteht; und auch umgekehrt, daß nach dem Eintritt eines lang ersehnten Glückes, wir uns im ganzen und anhaltend nicht merklich wohler und behaglicher fühlen als vorher. Bloß der Augenblick des Eintritts jener Veränderungen bewegt uns ungewöhnlich stark als tiefer Jammer, oder lauter Jubel; aber beide verschwinden bald, weil sie auf Täuschung beruhten. Denn sie entstehn nicht über den unmittelbar gegenwärtigen Genuß oder Schmerz, sondern nur über die Eröffnung einer neuen Zukunft, die darin antizipiert wird. Nur dadurch, daß Schmerz oder Freude von der Zukunft borgten, konnten sie so abnorm erhöht werden, folglich nicht auf die Dauer. – Für die aufgestellte Hypothese, derzufolge, wie im Erkennen, so auch im Gefühl des Leidens oder Wohlseins ein sehr großer Teil subjektiv und a priori bestimmt wäre, können noch als Belege die Bemerkungen angeführt werden, daß der menschliche Frohsinn, oder Trübsinn, augenscheinlich nicht durch äußere Umstände, durch Reichtum oder Stand, bestimmt wird; da wir wenigstens ebenso viele Gesichter unter den Armen, als unter den

Reichen antreffen: ferner, daß die Motive, auf welche der Selbstmord erfolgt, so höchst verschieden sind; indem wir kein Unglück angeben können, das groß genug wäre, um ihn nur mit vieler Wahrscheinlichkeit, bei jedem Charakter, herbeizuführen, und wenige, die so klein wären, daß nicht ihnen gleichwiegende ihn schon veranlaßt hätten. Wenn nun gleich der Grad unserer Heiterkeit oder Traurigkeit nicht zu allen Zeiten derselbe ist; so werden wir, dieser Ansicht zufolge, es nicht dem Wechsel äußerer Umstände, sondern dem des innern Zustandes, des physischen Befindens, zuschreiben. Denn, wann eine wirkliche, wiewohl immer nur temporäre, Steigerung unserer Heiterkeit, selbst bis zur Freudigkeit, eintritt; so pflegt sie ohne allen äußern Anlaß sich einzufinden. Zwar sehn wir oft unsern Schmerz nur aus einem bestimmten äußern Verhältnis hervorgehn, und sind sichtbarlich nur durch dieses gedrückt und betrübt: wir glauben dann, daß wenn nur dieses gehoben wäre, die größte Zufriedenheit eintreten müßte. Allein dies ist Täuschung. Das Maß unsers Schmerzes und Wohlseins im ganzen ist, nach unserer Hypothese, für jeden Zeitpunkt subjektiv bestimmt, und in Beziehung auf dasselbe ist jenes äußere Motiv zur Betrübnis nur was für den Leib ein Vesikatorium, zu dem sich alle, sonst verteilten bösen Säfte hinziehn. Der in unserm Wesen, für diese Zeitperiode, begründete und daher unabwälzbare Schmerz wäre, ohne jene bestimmte äußere Ursache des Leidens, an hundert Punkten verteilt und erschiene in Gestalt von hundert kleinen Verdrießlichkeiten und Grillen über Dinge, die wir jetzt ganz übersehn, weil unsere Kapazität für den Schmerz schon durch jenes Hauptübel ausgefüllt ist, welches alles sonst zerstreute Leiden auf einen Punkt konzentriert hat. Diesem entspricht auch die Beobachtung, daß, wenn eine große, und beklemmende Besorgnis endlich, durch den glücklichen Ausgang, uns von der Brust gehoben wird, alsbald an ihre Stelle eine andere tritt, deren ganzer Stoff schon vorher da war, jedoch nicht als Sorge ins Bewußtsein kommen konnte, weil dieses keine Kapazität dafür übrig hatte, weshalb dieser Sorgestoff bloß als dunkle unbemerkte Nebelgestalt an dessen Horizonts äußerstem Ende stehn blieb. Jetzt aber, da Platz geworden, tritt sogleich dieser fertige Stoff heran und nimmt den Thron der herrschenden (πρυτανευουσα) Besorgnis des Tages ein: wenn er nun auch, der Materie nach, sehr viel leichter ist, als der Stoff jener verschwundenen Besorgnis; so weiß er doch sich so aufzublähen, daß er ihr an scheinbarer Größe gleichkommt und so als Hauptbesorgnis des Tages den Thron vollkommen ausfüllt.

Unmäßige Freude und sehr heftiger Schmerz finden sich immer nur in derselben Person ein: denn beide bedingen sich wechselseitig und sind auch gemeinschaftlich durch große Lebhaftigkeit des Geistes bedingt. Beide werden, wie wir soeben fanden, nicht durch das rein Gegenwärtige, sondern durch Antizipation der Zukunft hervorgebracht. Da aber der Schmerz dem Leben wesentlich ist und auch seinem Grade nach durch die Natur des Subjekts bestimmt ist, daher plötzliche Veränderungen, weil sie immer äußere sind, seinen Grad eigentlich nicht ändern können; so liegt dem übermäßigen Jubel oder Schmerz immer ein Irrtum und Wahn zum Grunde: folglich ließen jene beiden Überspannungen des Gemüts sich durch Einsicht vermeiden. Jeder unmäßige Jubel (exultatio, insolens laetitia) beruht immer auf dem Wahn, etwas im Leben gefunden zu haben, was gar nicht darin anzutreffen ist, nämlich dauernde Befriedigung der quälenden, sich stets neu gebärenden Wünsche, oder Sorgen. Von jedem einzelnen Wahn dieser Art muß man später unausbleiblich zurückgebracht werden und ihn dann, wann er verschwindet, mit ebenso bittern Schmerzen bezahlen, als sein Eintritt Freude verursachte. Er gleicht insofern durchaus einer Höhe, von der man nur durch Fall wieder herab kann; daher man sie vermeiden sollte: und jeder plötzliche, übermäßige Schmerz ist eben nur der Fall von so einer Höhe, das Verschwinden eines solchen Wahnes, und daher durch ihn bedingt. Man könnte folglich beide vermeiden, wenn man es über sich vermöchte, die Dinge stets im ganzen und in ihrem Zusammenhang völlig klar zu übersehn und sich standhaft zu hüten, ihnen die Farbe wirklich zu leihen, die man wünschte, daß sie hätten. Die stoische Ethik ging hauptsächlich darauf aus, das Gemüt von allem solchen Wahn und dessen Folgen zu befreien, und ihm statt dessen unerschütterlichen Gleichmut zu geben. Von dieser Einsicht ist Horatius erfüllt, in der bekannten Ode:

Aequam memento rebus in arduis
Servare mentem, non secus in bonis
Ab insolenti temperatam
Laetitia. –

Meistens aber verschließen wir uns der, einer bittern Arzenei zu vergleichenden Erkenntnis, daß das Leiden dem Leben wesentlich ist und daher nicht von außen auf uns einströmt, sondern jeder die unversiegbare Quelle desselben in seinem eigenen Innern herumträgt. Wir suchen vielmehr zu dem nie von uns weichenden Schmerz stets eine äußere einzelne Ursache, gleichsam einen Vorwand; wie der Freie sich einen Götzen bildet, um einen Herrn zu haben. Denn unermüdlich streben wir von Wunsch zu Wunsch, und wenngleich jede erlangte Befriedigung, soviel sie auch verhieß, uns doch nicht befriedigt, sondern meistens bald als beschämender Irrtum dasteht, sehn wir doch nicht ein, daß wir mit dem Faß der Danaiden schöpfen; sondern eilen zu immer neuen Wünschen:

Sed, dum abest quod avemus, id exsuperare videtur
Caetera; post aliud, quum contigit illud, avemus;
Et sitis aequa tenet vitai semper hiantes. (*Lucr.* III, 1095.)

So geht es denn entweder ins Unendliche, oder, was seltener ist und schon eine gewisse Kraft des Charakters voraussetzt, bis wir auf einen Wunsch treffen, der nicht erfüllt und doch nicht aufgegeben werden kann: dann haben wir gleichsam was wir suchten, nämlich etwas, das wir jeden Augenblick, statt unsers eigenen Wesens, als die Quelle unserer Leiden anklagen können, und wodurch wir nun mit unserm Schicksal entzweit, dafür aber mit unserer Existenz versöhnt werden, indem die Erkenntnis sich wieder entfernt, daß dieser Existenz selbst das Leiden wesentlich und wahre Befriedigung unmöglich sei. Die Folge dieser letzten Entwickelungsart ist eine etwas melancholische Stimmung, das beständige Tragen eines einzigen, großen Schmerzes und daraus entstehende Geringschätzung aller kleineren Leiden oder Freuden; folglich eine schon würdigere Erscheinung, als das stete Haschen nach immer andern Truggestalten, welches viel gewöhnlicher ist.

§ 58

Alle Befriedigung, oder was man gemeinhin Glück nennt, ist eigentlich und wesentlich immer nur *negativ* und durchaus nie positiv. Es ist nicht eine ursprünglich und von selbst auf uns kommende Beglückung, sondern muß immer die Befriedigung eines Wunsches sein. Denn Wunsch, d.h. Mangel, ist die vorhergehende Bedingung jedes Genusses. Mit der Befriedigung hört aber der Wunsch und folglich der Genuß auf. Daher kann die Befriedigung oder Beglückung nie mehr sein, als die Befreiung von einem Schmerz, von einer Not: denn dahin gehört nicht nur jedes wirkliche, offenbare Leiden, sondern auch jeder Wunsch, dessen Importunität unsere Ruhe stört, ja sogar auch die ertötende Langeweile, die uns das Dasein zur Last macht. – Nun aber ist es so schwer, irgend etwas zu erreichen und durchzusetzen: jedem Vorhaben stehn Schwierigkeiten und Bemühungen ohne Ende entgegen, und bei jedem Schritt häufen sich die Hindernisse. Wann aber endlich alles überwunden und erlangt ist, so kann doch nie etwas anderes gewonnen sein, als daß man von irgend einem Leiden, oder einem Wunsche, befreit ist, folglich nur sich so befindet, wie vor dessen Eintritt. – Unmittelbar gegeben ist uns immer nur der Mangel, d.h. der Schmerz. Die Befriedigung aber und den Genuß können wir nur mittelbar erkennen, durch Erinnerung an das vorhergegangene Leiden und Entbehren, welches bei seinem Eintritt aufhörte. Daher kommt es, daß wir der Güter und Vorteile, die wir wirklich besitzen, gar nicht recht inne werden, noch sie schätzen, sondern nicht anders meinen, als eben es müsse so sein: denn sie beglücken immer nur negativ, Leiden abhaltend. Erst nachdem wir sie verloren haben, wird uns ihr Wert fühlbar: denn der Mangel, das Entbehren, das Leiden ist das Positive, sich unmittelbar Ankündigende. Daher auch freut uns die Erinnerung überstandener Not, Krankheit, Mangel u. dgl., weil solche das einzige Mittel die gegenwärtigen Güter zu genießen ist. Auch ist nicht zu leugnen, daß in dieser Hinsicht und auf diesem Standpunkt des Egoismus, der die Form des Lebenswollens ist, der Anblick oder die Schilderung fremder Leiden auf uns eben jenem Wege Befriedigung und Genuß gibt, wie es Lukretius schön und offenherzig ausspricht, im Anfang des zweiten Buches:

Suave, mari magno, turbantibus aequora ventis,
E terra magnum alterius spectare laborem:
Non, quia vexari quemquam est jucunda voluptas;
Sed, quibus ipse malis careas, quia cernere suave est.

Jedoch wird sich uns weiterhin zeigen, daß diese Art der Freude, durch so vermittelte Erkenntnis seines Wohlseins, der Quelle der eigentlichen positiven Bosheit sehr nahe liegt.

Daß alles Glück nur negativer, nicht positiver Natur ist, daß es eben deshalb nicht dauernde Befriedigung und Beglückung sein kann, sondern immer nur von einem Schmerz oder Mangel erlöst, auf welchen entweder ein neuer Schmerz, oder auch languor, leeres Sehnen und Langeweile folgen muß; dies findet einen Beleg auch in jenem treuen Spiegel des Wesens der Welt und des Lebens, in der Kunst, besonders in der Poesie. Jede epische, oder dramatische Dichtung nämlich kann immer nur ein Ringen, Streben und Kämpfen um Glück, nie aber das bleibende und vollendete Glück selbst darstellen. Sie führt ihren Helden durch tausend Schwierigkeiten und Gefahren bis zum Ziel: sobald es erreicht ist, läßt sie schnell den Vorhang fallen. Denn es bliebe ihr jetzt nichts übrig, als zu zeigen, daß das glänzende Ziel, in welchem der Held das Glück zu finden wähnte, auch ihn nur geneckt hatte, und er nach dessen Erreichung nicht besser daran war, als zuvor. Weil ein echtes, bleibendes Glück nicht möglich ist, kann es kein Gegenstand der Kunst sein. Zwar ist der Zweck des Idylls wohl eigentlich die Schilderung eines solchen: allein man sieht auch, daß das Idyll als solches sich nicht halten kann. Immer wird es dem Dichter unter den Händen entweder episch, und ist dann nur ein sehr unbedeutendes Epos, aus kleinen Leiden, kleinen Freuden und kleinen Bestrebungen zusammengesetzt: dies ist der häufigste Fall; oder aber es wird zur bloß beschreibenden Poesie, schildert die Schönheit der Natur, d. h. eigentlich das reine willensfreie Erkennen, welches freilich auch in der Tat das einzige reine Glück ist, dem weder Leiden noch Bedürfnis vorhergeht, noch auch Reue, Leiden, Leere, Überdruß notwendig folgt: nur kann dieses Glück nicht das ganze Leben füllen, sondern bloß Augenblicke desselben. – Was wir in der Poesie sehn, finden wir in der Musik wieder, in deren Melodie wir ja die allgemein ausgedrückte innerste Geschichte des sich selbst bewußten Willens, das geheimste Leben, Sehnen, Leiden und Freuen, das Ebben und Fluten des menschlichen Herzens wiedererkannt haben. Die Melodie ist immer ein Abweichen vom Grundton, durch tausend wunderliche Irrgänge, bis zur schmerzlichsten Dissonanz, darauf sie endlich den Grundton wiederfindet, der die Befriedigung und Beruhigung des Willens ausdrückt, mit welchem aber nachher weiter nichts mehr zu machen ist und dessen längeres Anhalten nur lästige und nichtssagende Monotonie wäre, der Langenweile entsprechend.

Alles was diese Betrachtungen deutlich machen sollten, die Unerreichbarkeit dauernder Befriedigung und die Negativität alles Glückes, findet seine Erklärung in dem, was am Schlusse des zweiten Buches gezeigt ist: daß nämlich der Wille, dessen Objektivation das Menschenleben wie jede Erscheinung ist, ein Streben ohne Ziel und ohne Ende ist. Das Gepräge dieser Endlosigkeit finden wir auch allen Teilen seiner gesamten Erscheinung aufgedrückt, von der allgemeinsten Form dieser, der Zeit und dem Raum ohne Ende an, bis zur vollendetesten aller Erscheinungen, dem Leben und Streben des Menschen. – Man kann drei Extreme des Menschenlebens theoretisch annehmen und sie als Elemente des wirklichen Menschenlebens betrachten. Erstlich, das gewaltige Wollen, die großen Leidenschaften (Radscha-Guna). Es tritt hervor in den großen historischen Charakteren; es ist geschildert im Epos und Drama: es kann sich aber auch in der kleinen Sphäre zeigen, denn die Größe der Objekte mißt sich hier nur nach dem Grade, in welchem sie den Willen bewegen, nicht nach ihren äußeren Verhältnissen. Sodann zweitens das reine Erkennen, das Auffassen der Ideen, bedingt durch Befreiung der Erkenntnis vom Dienste des Willens: das Leben des Genius (Satwa-Guna). Endlich drittens, die größte Lethargie des Willens und damit der an ihn gebundenen Erkenntnis, leeres Sehnen, lebenerstarrende Langeweile (Tama-Guna). Das Leben des Individuums, weit entfernt in einem dieser Extreme zu verharren, berührt sie nur selten, und ist meistens nur ein schwaches und schwankendes Annähern zu dieser oder jener Seite, ein dürftiges Wollen kleiner

Objekte, stets wiederkehrend und so der Langenweile entrinnend. – Es ist wirklich unglaublich, wie nichtssagend und bedeutungsleer, von außen gesehn, und wie dumpf und besinnungslos, von innen empfunden, das Leben der allermeisten Menschen dahinfließt. Es ist ein mattes Sehnen und Quälen, ein träumerisches Taumeln durch die vier Lebensalter hindurch zum Tode, unter Begleitung einer Reihe trivialer Gedanken. Sie gleichen Uhrwerken, welche aufgezogen werden und gehn, ohne zu wissen warum; und jedesmal, daß ein Mensch gezeugt und geboren worden, ist die Uhr des Menschenlebens aufs neue aufgezogen, um jetzt ihr schon zahllose Male abgespieltes Leierstück abermals zu wiederholen, Satz vor Satz und Takt vor Takt, mit unbedeutenden Variationen. – Jedes Individuum, jedes Menschengesicht und dessen Lebenslauf ist nur ein kurzer Traum mehr des unendlichen Naturgeistes, des beharrlichen Willens zum Leben, ist nur ein flüchtiges Gebilde mehr, das er spielend hinzeichnet auf sein unendliches Blatt, Raum und Zeit, und eine gegen diese verschwindend kleine Weile bestehn läßt, dann auslöscht, neuen Platz zu machen. Dennoch, und hier liegt die bedenkliche Seite des Lebens, muß jedes dieser flüchtigen Gebilde, dieser schalen Einfälle, vom ganzen Willen zum Leben, in aller seiner Heftigkeit, mit vielen und tiefen Schmerzen und zuletzt mit einem lange gefürchteten, endlich eintretenden bittern Tode bezahlt werden. Darum macht uns der Anblick eines Leichnams so plötzlich ernst.

Das Leben jedes einzelnen ist, wenn man es im ganzen und allgemeinen übersieht und nur die bedeutsamsten Züge heraushebt, eigentlich immer ein Trauerspiel; aber im einzelnen durchgegangen, hat es den Charakter des Lustspiels. Denn das Treiben und die Plage des Tages, die rastlose Neckerei des Augenblicks, das Wünschen und Fürchten der Woche, die Unfälle jeder Stunde, mittelst des stets auf Schabernack bedachten Zufalls, sind lauter Komödienszenen. Aber die nie erfüllten Wünsche, das vereitelte Streben, die vom Schicksal unbarmherzig zertretenen Hoffnungen, die unseligen Irrtümer des ganzen Lebens, mit dem steigenden Leiden und Tode am Schlusse, geben immer ein Trauerspiel. So muß, als ob das Schicksal zum Jammer unsers Daseins noch den Spott fügen gewollt, unser Leben alle Wehen des Trauerspiels enthalten, und wir dabei doch nicht einmal die Würde tragischer Personen behaupten können, sondern, im breiten Detail des Lebens, unumgänglich läppische Lustspielcharaktere sein.

So sehr nun aber auch große und kleine Plagen jedes Menschenleben füllen und in steter Unruhe und Bewegung erhalten, so vermögen sie doch nicht die Unzulänglichkeit des Lebens zur Erfüllung des Geistes, das Leere und Schale des Daseins zu verdecken, oder die Langeweile auszuschließen, die immer bereit ist jede Pause zu füllen, welche die Sorge läßt. Daraus ist es entstanden, daß der menschliche Geist, noch nicht zufrieden mit den Sorgen, Bekümmernissen und Beschäftigungen, die ihm die wirkliche Welt auflegt, sich in der Gestalt von tausend verschiedenen Superstitionen noch eine imaginäre Welt schafft, mit dieser sich dann auf alle Weise zu tun macht und Zeit und Kräfte an ihr verschwendet, sobald die wirkliche ihm die Ruhe gönnen will, für die er gar nicht empfänglich ist. Dieses ist daher auch ursprünglich am meisten der Fall bei den Völkern, welchen die Milde des Himmelsstriches und Bodens das Leben leicht macht, vor allen bei den Hindus, dann bei den Griechen, Römern und später bei den Italienern, Spaniern usw. – Dämonen, Götter und Heilige schafft sich der Mensch nach seinem eigenen Bilde; diesen müssen dann unablässig Opfer, Gebete, Tempelverzierungen, Gelübde und deren Lösung, Wallfahrten, Begrüßungen, Schmückung der Bilder usw. dargebracht werden. Ihr Dienst verwebt sich überall mit der Wirklichkeit, ja verdunkelt diese: jedes Ereignis des Lebens wird dann als Gegenwirkung jener Wesen aufgenommen: der Umgang mit ihnen füllt die halbe Zeit des Lebens aus, unterhält beständig die Hoffnung und wird, durch den Reiz der Täuschung, oft interessanter, als der mit wirklichen Wesen. Er ist der Ausdruck und das Symptom der doppelten Bedürftigkeit des Menschen, teils nach Hülfe und Beistand, und teils nach Beschäftigung und Kurzweil: und wenn er auch dem erstern Bedürfnis oft gerade entgegenarbeitet, indem, bei vorkommenden Unfällen und Gefahren, kostbare Zeit und Kräfte, statt auf deren Abwendung, auf Gebete und Opfer unnütz verwendet werden; so dient er dem zweiten Bedürfnis dafür desto besser, durch jene phantastische Unterhaltung mit einer erträumten Geisterwelt: und dies ist der gar nicht zu verachtende Gewinn aller Superstitionen.

§ 59

Haben wir nunmehr durch die allerallgemeinsten Betrachtungen, durch Untersuchung der ersten elementaren Grundzüge des Menschenlebens, uns insofern a priori überzeugt, daß dasselbe, schon der ganzen Anlage nach, keiner wahren Glückseligkeit fähig, sondern wesentlich ein vielgestaltetes Leiden und ein durchweg unseliger Zustand ist; so könnten wir jetzt diese Überzeugung viel lebhafter in uns erwecken, wenn wir, mehr a posteriori verfahrend, auf die bestimmteren Fälle eingehn, Bilder vor die Phantasie bringen und in Beispielen den namenlosen Jammer schildern wollten, den Erfahrung und Geschichte darbieten, wohin man auch blicken und in welcher Rücksicht man auch forschen mag. Allein das Kapitel würde ohne Ende sein und uns von dem Standpunkt der Allgemeinheit entfernen, welcher der Philosophie wesentlich ist. Zudem könnte man leicht eine solche Schilderung für eine bloße Deklamation über das menschliche Elend, wie sie schon oft dagewesen ist, halten und sie als solche der Einseitigkeit beschuldigen, weil sie von einzelnen Tatsachen ausginge. Von solchem Vorwurf und Verdacht ist daher unsere ganz kalte und philosophische, vom allgemeinen ausgehende und a priori geführte Nachweisung des im Wesen des Lebens begründeten unumgänglichen Leidens frei. Die Bestätigung a posteriori aber ist überall leicht zu haben. Jeder, welcher aus den ersten Jugendträumen erwacht ist, eigene und fremde Erfahrung beachtet, sich im Leben, in der Geschichte der Vergangenheit und des eigenen Zeitalters, endlich in den Werken der großen Dichter umgesehn hat, wird, wenn nicht irgend ein unauslöschlich eingeprägtes Vorurteil seine Urteilskraft lähmt, wohl das Resultat erkennen, daß diese Menschenwelt das Reich des Zufalls und des Irrtums ist, die unbarmherzig darin schalten, im Großen, wie im Kleinen, neben welchen aber noch Torheit und Bosheit die Geißel schwingen: daher es kommt, daß jedes Bessere nur mühsam sich durchdrängt, das Edle und Weise sehr selten zur Erscheinung gelangt und Wirksamkeit oder Gehör findet, aber das Absurde und Verkehrte im Reiche des Denkens, das Platte und Abgeschmackte im Reiche der Kunst, das Böse und Hinterlistige im Reiche der Taten, nur durch kurze Unterbrechung gestört, eigentlich die Herrschaft behaupten; hingegen das Treffliche jeder Art immer nur eine Ausnahme, ein Fall aus Millionen ist, daher auch, wenn es sich in einem dauernden Werke kund gegeben, dieses nachher, nachdem es den Groll seiner Zeitgenossen überlebt hat, isoliert dasteht, aufbewahrt wird, gleich einem Meteorstein, aus einer andern Ordnung der Dinge, als die hier herrschende ist, entsprungen. – Was aber das Leben des einzelnen betrifft, so ist jede Lebensgeschichte eine Leidensgeschichte: denn jeder Lebenslauf ist, in der Regel, eine fortgesetzte Reihe großer und kleiner Unfälle, die zwar jeder möglichst verbirgt, weil er weiß, das andere selten Teilnahme oder Mitleid, fast immer aber Befriedigung durch die Vorstellung der Plagen, von denen sie gerade jetzt verschont sind, dabei empfinden müssen; – aber vielleicht wird nie ein Mensch, am Ende seines Lebens, wenn er besonnen und zugleich aufrichtig ist, wünschen, es nochmals durchzumachen, sondern, eher als das, viel lieber gänzliches Nichtsein erwählen. Der wesentliche Inhalt des weltberühmten Monologs im »Hamlet« ist, wenn zusammengefaßt, dieser: Unser Zustand ist ein so elender, daß gänzliches Nichtsein ihm entschieden vorzuziehn wäre. Wenn nun der Selbstmord uns dieses wirklich darböte, so daß die Alternative »Sein oder Nichtsein« im vollen Sinn des Wortes vorläge; dann wäre er unbedingt zu erwählen, als eine höchst wünschenswerte Vollendung (a consummation devoutly to be wish'd). Allein in uns ist etwas, das uns sagt, dem sei nicht so; es sei damit nicht aus, der Tod sei keine absolute Vernichtung. – Imgleichen ist, was schon der Vater der Geschichte anführt*, auch wohl seitdem nicht widerlegt worden, daß nämlich kein Mensch existiert hat, der nicht mehr als einmal gewünscht hätte, den folgenden Tag nicht zu erleben. Danach möchte die so oft beklagte Kürze

* Herodot, VII, 46.

des Lebens vielleicht gerade das Beste daran sein. – Wenn man nun endlich noch jedem die entsetzlichen Schmerzen und Qualen, denen sein Leben beständig offen steht, vor die Augen bringen wollte; so würde ihn Grausen ergreifen: und wenn man den verstocktesten Optimisten durch die Krankenhospitäler, Lazarette und chirurgische Marterkammern, durch die Gefängnisse, Folterkammern und Sklavenställe, über Schlachtfelder und Gerichtsstätten führen, dann alle die finstern Behausungen des Elends, wo es sich vor den Blicken kalter Neugier verkriecht, ihm öffnen und zum Schluß ihn in den Hungerturm des Ugolino blikken lassen wollte; so würde sicherlich auch er zuletzt einsehn, welcher Art dieser meilleur des mondes possibles ist. Woher denn anders hat Dante den Stoff zu seiner Hölle genommen, als aus dieser unserer wirklichen Welt? Und doch ist es eine recht ordentliche Hölle geworden. Hingegen als er an die Aufgabe kam, den Himmel und seine Freuden zu schildern, da hatte er eine unüberwindliche Schwierigkeit vor sich; weil eben unsere Welt gar keine Materialien zu so etwas darbietet. Daher blieb ihm nichts übrig, als, statt der Freuden des Paradieses, die Belehrung, die ihm dort von seinem Ahnherrn, seiner Beatrix und verschiedenen Heiligen erteilt worden, uns wiederzugeben. Hieraus aber erhellt genugsam, welcher Art diese Welt ist. Freilich ist am Menschenleben, wie an jeder schlechten Ware, die Außenseite mit falschem Schimmer überzogen: immer verbirgt sich was leidet; hingegen was jeder an Prunk und Glanz erschwingen kann, trägt er zur Schau, und je mehr ihm innere Zufriedenheit abgeht, desto mehr wünscht er, in der Meinung anderer als ein Beglückter dazustehn: so weit geht die Torheit, und die Meinung anderer ist ein Hauptziel des Strebens eines jeden, obgleich die gänzliche Nichtigkeit desselben schon dadurch sich ausdrückt, daß in fast allen Sprachen Eitelkeit, vanitas, ursprünglich Leerheit und Nichtigkeit bedeutet. – Allein auch unter allem diesen Blendwerk können die Qualen des Lebens sehr leicht so anwachsen, und es geschieht ja täglich, daß der sonst über alles gefürchtete Tod mit Begierde ergriffen wird. Ja, wenn das Schicksal seine ganze Tücke zeigen will, so kann selbst diese Zuflucht dem Leidenden versperrt und er, unter den Händen ergrimmter Feinde, grausamen, langsamen

Martern ohne Rettung hingegeben bleiben. Vergebens ruft dann der Gequälte seine Götter um Hülfe an: er bleibt seinem Schicksal ohne Gnade preisgegeben. Diese Rettungslosigkeit ist aber eben nur der Spiegel der Unbezwinglichkeit seines Willens, dessen Objektität seine Person ist. – So wenig eine äußere Macht diesen Willen ändern oder aufheben kann, so wenig auch kann irgend eine fremde Macht ihn von den Qualen befreien, die aus dem Leben hervorgehn, welches die Erscheinung jenes Willens ist. Immer ist der Mensch auf sich selbst zurückgewiesen, wie in jeder, so in der Hauptsache. Vergebens macht er sich Götter, um von ihnen zu erbetteln und zu erschmeicheln was nur die eigene Willenskraft herbeizuführen vermag. Hatte das Alte Testament die Welt und den Menschen zum Werk eines Gottes gemacht; so sah das Neue Testament, um zu lehren, daß Heil und Erlösung aus dem Jammer dieser Welt nur von ihr selbst ausgehn kann, sich genötigt, jenen Gott Mensch werden zu lassen. Des Menschen Wille ist und bleibt es, wovon alles für ihn abhängt. Saniassis, Märtyrer, Heilige jedes Glaubens und Namens, haben freiwillig und gern jede Marter erduldet, weil in ihnen der Wille zum Lebens sich aufgehoben hatte; dann aber war sogar die langsame Zerstörung seiner Erscheinung ihnen willkommen. Doch ich will der fernern Darstellung nicht vorgreifen. – Übrigens kann ich hier die Erklärung nicht zurückhalten, daß mir der *Optimismus*, wo er nicht etwan das gedankenlose Reden solcher ist, unter deren platten Stirnen nichts als Worte herbergen, nicht bloß als eine absurde, sondern auch als eine wahrhaft *ruchlose* Denkungsart erscheint, als ein bitterer Hohn über die namenlosen Leiden der Menschheit. – Man denke nur ja nicht etwan, daß die christliche Glaubenslehre dem Optimismus günstig sei; da im Gegenteil in den Evangelien Welt und Übel beinahe als synonyme Ausdrücke gebraucht werden*.

* Hiezu Kap. 46 des zweiten Bandes.

§ 60

Nachdem wir nunmehr die beiden Auseinandersetzungen, deren Dazwischentreten notwendig war, nämlich über die Freiheit des Willens an sich, zugleich mit der Notwendigkeit seiner Erscheinung, sodann über sein Los in der sein Wesen abspiegelnden Welt, auf deren Erkenntnis er sich zu bejahen oder zu verneinen hat, vollendet haben; können wir diese Bejahung und Verneinung selbst, die wir oben nur allgemein aussprachen und erklärten, jetzt zu größerer Deutlichkeit erheben, indem wir die Handlungsweisen, in welchen allein sie ihren Ausdruck finden, darstellen und ihrer innern Bedeutung nach betrachten.

Die Bejahung des Willens ist das von keiner Erkenntnis gestörte beständige Wollen selbst, wie es das Leben der Menschen im allgemeinen ausfüllt. Da schon der Leib des Menschen die Objektität des Willens, wie er auf dieser Stufe und in diesem Individuo erscheint, ist; so ist sein in der Zeit sich entwickelndes Wollen gleichsam die Paraphrase des Leibes, die Erläuterung der Bedeutung des Ganzen und seiner Teile, ist eine andere Darstellungsweise desselben Dinges an sich, dessen Erscheinung auch schon der Leib ist. Daher können wir, statt Bejahung des Willens, auch Bejahung des Leibes sagen. Das Grundthema aller mannigfaltigen Willensakte ist die Befriedigung der Bedürfnisse, welche vom Dasein des Leibes in seiner Gesundheit unzertrennlich sind, schon in ihm ihren Ausdruck haben und sich zurückführen lassen auf Erhaltung des Individuums und Fortpflanzung des Geschlechts. Allein mittelbar erhalten hiedurch die verschiedenartigsten Motive Gewalt über den Willen und bringen die mannigfaltigsten Willensakte hervor. Jeder von diesen ist nur eine Probe, ein Exempel, des hier erscheinenden Willens überhaupt: welcher Art diese Probe sei, welche Gestalt das Motiv habe und ihr mitteile, ist nicht wesentlich; sondern nur, daß überhaupt gewollt wird, und mit welchem Grade der Heftigkeit, ist hier die Sache. Der Wille kann nur an den Motiven sichtbar werden, wie das Auge nur am Lichte seine Sehkraft äußert. Das Motiv überhaupt steht vor dem Willen als vielgestaltiger Proteus: es verspricht stets völlige Befriedigung, Löschung des Willensdurstes; ist es aber erreicht, so steht es gleich in anderer Gestalt da und bewegt in dieser aufs neue den Willen, immer seinem Grade der Heftigkeit und seinem Verhältnis zur Erkenntnis gemäß, die eben durch diese Proben und Exempel als empirischer Charakter offenbar werden.

Der Mensch findet, vom Eintritt seines Bewußtseins an, sich als wollend, und in der Regel bleibt seine Erkenntnis in beständiger Beziehung zu seinem Willen. Er sucht erst die Objekte seines Wollens, dann die Mittel zu diesen, vollständig kennen zu lernen. Jetzt weiß er, was er zu tun hat, und nach anderm Wissen strebt er, in der Regel, nicht. Er handelt und treibt: das Bewußtsein, immer nach dem Ziele seines Wollens hinzuarbeiten, hält ihn aufrecht und tätig: sein Denken betrifft die Wahl der Mittel. So ist das Leben fast aller Menschen: sie wollen, wissen was sie wollen, streben danach mit so vielem Gelingen, als sie vor Verzweiflung, und so vielem Mißlingen, als sie vor Langerweile und deren Folgen schützt. Daraus geht eine gewisse Heiterkeit, wenigstens Gelassenheit hervor, an welcher Reichtum oder Armut eigentlich nichts ändern: denn der Reiche und der Arme genießen nicht was sie haben, da dies, wie gezeigt, nur negativ wirkt; sondern was sie durch ihr Treiben zu erlangen hoffen. Sie treiben vorwärts, mit vielem Ernst, ja mit wichtiger Miene: so treiben auch die Kinder ihr Spiel. – Es ist immer eine Ausnahme, wenn so ein Lebenslauf eine Störung erleidet dadurch, daß aus einem vom Dienste des Willens unabhängigen und auf das Wesen der Welt überhaupt gerichteten Erkennen, entweder die ästhetische Aufforderung zur Beschaulichkeit, oder die ethische zur Entsagung hervorgeht. Die meisten jagt die Not durchs Leben, ohne sie zur Besinnung kommen zu lassen. Hingegen entzündet sich oft der Wille zu einem die Bejahung des Leibes weit übersteigenden Grade, welchen dann heftige Affekte und gewaltige Leidenschaften zeigen, in welchen das Individuum nicht bloß sein eigenes Dasein bejaht, sondern das der übrigen verneint und aufzuheben sucht, wo es ihm im Wege steht.

Die Erhaltung des Leibes durch dessen eigene Kräfte ist ein so geringer Grad der Bejahung des Willens, daß, wenn es freiwillig bei ihm bliebe, wir annehmen könnten, mit dem Tode dieses Leibes sei auch der Wille erloschen, der in ihm erschien. Allein schon die Befriedigung des Geschlechtstriebes geht über die Bejahung der eigenen Existenz, die eine so kurze Zeit füllt, hinaus, bejaht das Leben über den Tod des Individuums, in eine unbestimmte Zeit hinaus. Die Natur, immer wahr und konsequent, hier sogar naiv, legt ganz offen die innere Bedeutung des Zeugungsaktes vor uns dar. Das eigene Bewußtsein, die Heftigkeit des Triebes, lehrt uns, daß in diesem Akt sich die entschiedenste *Bejahung des Willens zum Leben*, rein und ohne weitern Zusatz (etwan von Verneinung fremder Individuen) ausspricht; und nun in der Zeit und Kausalreihe, d. h. in der Natur, erscheint als Folge des Akts ein neues Leben: vor den Erzeuger stellt sich der Erzeugte, in der Erscheinung von jenem verschieden, aber an sich, oder der Idee nach, mit ihm identisch. Daher ist es dieser Akt, durch den die Geschlechter der Lebenden sich jedes zu einem Ganzen verbinden und als solches perpetuieren. Die Zeugung ist in Beziehung auf den Erzeuger nur der Ausdruck, das Symptom, seiner entschiedenen Bejahung des Willens zum Leben: in Beziehung auf den Erzeugten ist sie nicht etwan der Grund des Willens, der in ihm erscheint, da der Wille an sich weder Grund noch Folge kennt; sondern sie ist, wie alle Ursache, nur Gelegenheitsursache der Erscheinung dieses Willens zu dieser Zeit an diesem Ort. Als Ding an sich ist der Wille des Erzeugers und der des Erzeugten nicht verschieden; da nur die Erscheinung, nicht das Ding an sich, dem principio individuationis unterworfen ist. Mit jener Bejahung über den eigenen Leib hinaus, und bis zur Darstellung eines neuen, ist auch Leiden und Tod, als zur Erscheinung des Lebens gehörig, aufs neue mitbejaht und die durch die vollkommenste Erkenntnisfähigkeit herbeigeführte Möglichkeit der Erlösung diesmal für fruchtlos erklärt. Hier liegt der tiefe Grund der Scham über das Zeugungsgeschäft. – Diese Ansicht ist mythisch dargestellt in dem Dogma der christlichen Glaubenslehre, daß wir alle des Sündenfalles Adams (der offenbar nur die Befriedigung der Geschlechtslust ist) teilhaft und durch denselben des Leidens und des Todes schuldig sind. Jene Glaubenslehre geht hierin über die Betrachtung nach dem Satz vom Grunde hinaus und erkennt die Idee des Menschen, deren Einheit, aus ihrem Zerfallen in unzählige Individuen, durch das alle zusammenhaltende Band der Zeugung wiederhergestellt wird. Diesem zufolge sieht sie jedes Individuum einerseits als identisch mit dem Adam, dem Repräsentanten der Bejahung des Lebens, an, und insofern als der Sünde (Erbsünde), dem Leiden und dem Tode anheimgefallen: andererseits zeigt ihr die Erkenntnis der Idee auch jedes Individuum als identisch mit dem Erlöser, dem Repräsentanten der Verneinung des Willens zum Leben, und insofern seiner Selbstaufopferung teilhaft, durch sein Verdienst erlöst, und gerettet aus den Banden der Sünde und des Todes, d.i. der Welt (Röm. 5, 12–21).

Eine andere mythische Darstellung unserer Ansicht von der Geschlechtsbefriedigung als der Bejahung des Willens zum Leben über das individuelle Leben hinaus, als einer erst dadurch konsumierten Anheimfallung an dasselbe, oder gleichsam als einer erneuerten Verschreibung an das Leben, ist der griechische Mythos von der Proserpina, der die Rückkehr aus der Unterwelt noch möglich war, so lange sie die Früchte der Unterwelt nicht gekostet, die aber durch den Genuß des Granatapfels jener gänzlich anheimfällt. Aus Goethes unvergleichlicher Darstellung dieses Mythos spricht jener Sinn desselben sehr deutlich, besonders wann, sogleich nach dem Genuß des Granatapfels, plötzlich der unsichtbare Chor der Parzen einfällt:

»Du bist unser!
Nüchtern solltest wiederkehren:
Und der Biß des Apfels macht dich unser!«

Bemerkenswert ist es, daß Klemens Alexandrinus (Strom., III, c. 15) die Sache durch dasselbe Bild und denselben Ausdruck bezeichnet: *Οἱ μεν ευνουχισαντες ἑαυτους απο πασης ἁμαρτιας, δια την βασιλειαν των ουρανων, μακαριοι οὑτοι εισιν, οἱ του κοσμου νηστευοντες.* (Qui se castrarunt ab omni peccato, propter regnum coelorum, ii sunt beati, *a mundo jejunantes*.)

Als die entschiedene, stärkste Bejahung des Lebens bestätigt sich der Geschlechtstrieb auch dadurch, daß er dem natürlichen Menschen, wie dem Tier, der letzte Zweck, das höchste Ziel seines Lebens ist. Selbsterhaltung ist sein erstes Streben, und sobald er für diese gesorgt hat, strebt er nur nach Fortpflanzung des Geschlechts: mehr kann er als bloß natürliches Wesen nicht anstreben. Auch die Natur, deren inneres Wesen der Wille zum Leben selbst ist, treibt mit aller ihrer Kraft den Menschen, wie das Tier, zur Fortpflanzung. Danach hat sie mit dem Individuum ihren Zweck erreicht und ist ganz gleichgültig gegen dessen Untergang, da ihr, als dem Willen zum Leben, nur an der Erhaltung der Gattung gelegen, das Individuum ihr nichts ist. – Weil im Geschlechtstrieb das innere Wesen der Natur, der Wille zum Leben sich am stärksten ausspricht, sagten die alten Dichter und Philosophen – Hesiodos und Parmenides – sehr bedeutungsvoll, der *Eros* sei das erste, das Schaffende, das Prinzip, aus dem alle Dinge hervorgingen. (Man sehe Aristot. Metaph., I, 4.) Pherekydes hat gesagt: *Εις ερωτα μεταβεβλησδαι τον Δια, μελλοντα δημιουργειν.* (Jovem, cum mundum fabricare vellet, in cupidinem sese transformasse.) Proclus ad Plat. Tim., l. III. – Eine ausführliche Behandlung dieses Gegenstandes haben wir neuerlich erhalten von G. F. Schoemann, »De cupidine cosmogonico«, 1852. Auch die Maja der Inder, deren Werk und Gewebe die ganze Scheinwelt ist, wird durch amor paraphrasiert.

Die Genitalien sind viel mehr als irgend ein anderes äußeres Glied des Leibes bloß dem Willen und gar nicht der Erkenntnis unterworfen: ja, der Wille zeigt sich hier fast so unabhängig von der Erkenntnis, wie in den, auf Anlaß bloßer Reize, dem vegetativen Leben, der Reproduktion, dienenden Teilen, in welchen der Wille blind wirkt, wie in der erkenntnislosen Natur. Denn die Zeugung ist nur die auf ein neues Individuum übergehende Reproduktion, gleichsam die Reproduktion auf der zweiten Potenz, wie der Tod nur die Exkretion auf der zweiten Potenz ist. – Diesem allen zufolge sind die Genitalien der eigentliche *Brennpunkt* des Willens und folglich der entgegengesetzte Pol des Gehirns, des Repräsentanten der Erkenntnis, d.i. der andern Seite der Welt, der Welt als Vorstellung. Jene sind das lebenerhaltende, der Zeit endloses Leben zusichernde Prinzip; in welcher Eigenschaft sie bei den Griechen im Phallus, bei den Hindu im Lingam verehrt wurden, welche also das Symbol der Bejahung des Willens sind. Die Erkenntnis dagegen gibt die Möglichkeit der Aufhebung des Wollens, der Erlösung durch Freiheit, der Überwindung und Vernichtung der Welt.

Wir haben schon am Anfang dieses vierten Buches ausführlich betrachtet, wie der Wille zum Leben in seiner Bejahung sein Verhältnis zum Tode anzusehn hat, dieser nämlich ihn nicht anficht, weil er als etwas selbst schon im Leben Begriffenes und dazu Gehöriges dasteht, dem sein Gegensatz, die Zeugung, völlig das Gleichgewicht hält und dem Willen zum Leben, trotz dem Tode des Individuums, auf alle Zeit das Leben sichert und verbürgt; welches auszudrücken die Inder dem Todesgott Schiwa den Lingam zum Attribut gaben. Wir haben daselbst auch ausgeführt, wie der mit vollkommener Besonnenheit auf dem Standpunkt entschiedener Bejahung des Lebens Stehende dem Tode furchtlos entgegensieht. Daher hier nichts mehr davon. Ohne klare Besonnenheit stehn die meisten Menschen auf diesem Standpunkt und bejahen fortdauernd das Leben. Als Spiegel dieser Bejahung steht die Welt da, mit unzähligen Individuen, in endloser Zeit und endlosem Raum, und endlosem Leiden, zwischen Zeugung und Tod ohne Ende. – Es ist hierüber jedoch von keiner Seite weiter eine Klage zu erheben: denn der Wille führt das große Trauer- und Lustspiel auf eigene Kosten auf, und ist auch sein eigener Zuschauer. Die Welt ist gerade eine solche, weil der Wille, dessen Erscheinung sie ist, ein solcher ist, weil er so will. Für die Leiden ist die Rechtfertigung die, daß der Wille auch auf diese Erscheinung sich selbst bejaht; und diese Bejahung ist gerechtfertigt und ausgeglichen dadurch, daß er die Leiden trägt. Es eröffnet sich uns schon hier ein Blick auf die *ewige Gerechtigkeit*, im ganzen; wir werden sie weiterhin näher und deutlicher auch im einzelnen erkennen. Doch wird zuvor noch von der zeitlichen oder menschlichen Gerechtigkeit geredet werden müssen*.

§ 61

Wir erinnern uns aus dem zweiten Buch, daß in der ganzen Natur, auf allen Stufen der Objektivation des Willens, notwendig ein beständiger Kampf zwischen den Individuen aller Gattungen war,

* Hiezu Kap. 45 des zweiten Bandes.

und eben dadurch sich ein innerer Widerstreit des Willens zum Leben gegen sich selbst ausdrückte. Auf der höchsten Stufe der Objektivation wird, wie alles andere, auch jenes Phänomen sich in erhöhter Deutlichkeit darstellen und sich daher weiter entziffern lassen. Zu diesem Zweck wollen wir zunächst dem *Egoismus*, als dem Ausgangspunkt alles Kampfes, in seiner Quelle nachspüren.

Wir haben Zeit und Raum, weil nur durch sie und in ihnen Vielheit des Gleichartigen möglich ist, das principium individuationis genannt. Sie sind die wesentlichen Formen der natürlichen, d.h. dem Willen entsprossenen Erkenntnis. Daher wird überall der Wille sich in der Vielheit von Individuen erscheinen. Aber diese Vielheit trifft nicht ihn, den Willen als Ding an sich, sondern nur seine Erscheinungen: er ist in jeder von diesen ganz und ungeteilt vorhanden und erblickt um sich herum das zahllos wiederholte Bild seines eigenen Wesens. Dieses selbst aber, also das wirlich Reale, findet er unmittelbar nur in seinem Innern. Daher will jeder alles für sich, weil alles besitzen, wenigstens beherrschen, und was sich ihm widersetzt, möchte er vernichten. Hiezu kommt, bei den erkennenden Wesen, daß das Individuum Träger des erkennenden Subjekts und dieses Träger der Welt ist; d.h. daß die ganze Natur außer ihm, also auch alle übrigen Individuen, nur in seiner Vorstellung existieren, er sich ihrer stets nur als seiner Vorstellung, also bloß mittelbar und als eines von seinem eigenen Wesen und Dasein Abhängigen bewußt ist; da mit seinem Bewußtsein ihm notwendig auch die Welt untergeht, d.h. ihr Sein und Nichtsein gleichbedeutend und ununterscheidbar wird. Jedes erkennende Individuum ist also in Wahrheit und findet sich als den ganzen Willen zum Leben, oder das Ansich der Welt selbst, und auch als die ergänzende Bedingung der Welt als Vorstellung, folglich als einen Mikrokosmos, der dem Makrokosmos gleich zu schätzen ist. Die immer und überall wahrhafte Natur selbst gibt ihm, schon ursprünglich und unabhängig von aller Reflexion, diese Erkenntnis einfach und unmittelbar gewiß. Aus den angegebenen beiden notwendigen Bestimmungen nun erklärt es sich, daß jedes in der grenzenlosen Welt gänzlich verschwindende und zu Nichts verkleinerte Individuum dennoch sich zum Mittelpunkt der Welt macht, seine eigene Existenz und Wohlsein vor allem andern berücksichtigt, ja, auf dem natürlichen Standpunkte, alles andere dieser aufzuopfern bereit ist, bereit ist die Welt zu vernichten, um nur sein eigenes Selbst, diesen Tropfen im Meer, etwas länger zu erhalten. Diese Gesinnung ist der *Egoismus*, der jedem Dinge in der Natur wesentlich ist. Eben er aber ist es, wodurch der innere Widerstreit des Willens mit sich selbst zur fürchterlichen Offenbarung gelangt. Denn dieser Egoismus hat seinen Bestand und Wesen in jenem Gegensatz des Mikrokosmos und Makrokosmos, oder darin, daß die Objektivation des Willens das principium individuationis zur Form hat und dadurch der Wille in unzähligen Individuen sich auf gleiche Weise erscheint und zwar in jedem derselben nach beiden Seiten (Wille und Vorstellung) ganz und vollständig. Während also jedes sich selber als der ganze Wille und das ganze Vorstellende unmittelbar gegeben ist, sind die übrigen ihm zunächst nur als seine Vorstellungen gegeben; daher geht ihm sein eigenes Wesen und dessen Erhaltung allen andern zusammen vor. Auf seinen eigenen Tod blickt jeder als auf der Welt Ende, während er den seiner Bekannten als eine ziemlich gleichgültige Sache vernimmt, wenn er nicht etwan persönlich dabei beteiligt ist. In dem auf den höchsten Grad gesteigerten Bewußtsein, dem menschlichen, muß, wie die Erkenntnis, der Schmerz, die Freude, so auch der Egoismus den höchsten Grad erreicht haben und der durch ihn bedingte Widerstreit der Individuen auf das entsetzlichste hervortreten. Dies sehn wir denn auch überall vor Augen, im Kleinen wie im Großen, sehn es bald von der schrecklichen Seite, im Leben großer Tyrannen und Bösewichter und in weltverheerenden Kriegen, bald von der lächerlichen Seite, wo es das Thema des Lustspiels ist und ganz besonders im Eigendünkel und Eitelkeit hervortritt, welche, so wie kein anderer, Rochefoucault aufgefaßt und in abstracto dargestellt hat: wir sehn es in der Weltgeschichte und in der eigenen Erfahrung. Aber am deutlichsten tritt es hervor, sobald irgend ein Haufen Menschen von allem Gesetz und Ordnung entbunden ist: da zeigt sich sogleich aufs deutlichste das bellum omnium contra omnes, welches Hobbes, im ersten Kapitel de cive, trefflich geschildert hat. Es zeigt sich, wie nicht nur jeder dem andern zu entreißen sucht was er selbst haben will; sondern sogar oft einer, um sein Wohlsein durch einen unbedeutenden Zuwachs zu vermehren, das ganze Glück oder Leben des andern zerstört. Dies ist der höchste Ausdruck des Egoismus, dessen Erscheinungen, in dieser Hinsicht, nur noch übertroffen werden von denen der eigentlichen Bosheit, die ganz uneigennützig den Schaden und Schmerz anderer, ohne allen eigenen Vorteil, sucht; davon bald die Rede sein wird. – Mit dieser Aufdeckung der Quelle des Egoismus vergleiche man die Darstellung desselben, in meiner Preisschrift über das Fundament der Moral, § 14.

Eine Hauptquelle des Leidens, welches wir oben als allem Leben wesentlich und unvermeidlich gefunden haben, ist, sobald es wirklich und in bestimmter Gestalt eintritt, jene *Eris*, der Kampf aller Individuen, der Ausdruck des Widerspruchs, mit welchem der Wille zum Leben im Innern behaftet ist, und der durch das principium individuationis zur Sichtbarkeit gelangt: ihn unmittelbar und grell zu veranschaulichen sind Tierkämpfe das grausame Mittel. In diesem ursprünglichen Zwiespalt liegt eine unversiegbare Quelle des Leidens, trotz den Vorkehrungen, die man dagegen getroffen hat, und welche wir sogleich näher betrachten werden.

§ 62

Es ist bereits auseinandergesetzt, daß die erste und einfache Bejahung des Willens zum Leben nur Bejahung des eigenen Leibes ist, d. h. Darstellung des Willens durch Akte in der Zeit, insoweit schon der Leib, in seiner Form und Zweckmäßigkeit, denselben Willen räumlich darstellt, und nicht weiter. Diese Bejahung zeigt sich als Erhaltung des Leibes, mittelst Anwendung der eigenen Kräfte desselben. An sie knüpft sich unmittelbar die Befriedigung des Geschlechtstriebes, ja gehört zu ihr, sofern die Genitalien zum Leibe gehören. Daher ist *freiwillige* und durch gar kein *Motiv* begründete Entsagung der Befriedigung jenes Triebes schon ein Grad von Verneinung des Willens zum Leben, ist eine, auf eingetretene, als *Quietiv* wirkende Erkenntnis, freiwillige Selbstaufhebung desselben; demgemäß stellt solche Verneinung des eigenen Leibes sich schon als ein Widerspruch des Willens gegen seine eigene Erscheinung dar. Denn obgleich auch hier der Leib in den Genitalien den Willen zur Fortpflanzung objektiviert, wird diese dennoch nicht gewollt. Eben dieserhalb, nämlich weil sie Verneinung oder Aufhebung des Willens zum Leben ist, ist solche Entsagung eine schwere und schmerzliche Selbstüberwindung; doch davon weiter unten. – Indem nun aber der Wille jene *Selbstbejahung* des eigenen Leibes in unzähligen Individuen nebeneinander darstellt, geht er, vermöge des allen eigentümlichen Egoismus, sehr leicht in einem Individuo über diese Bejahung hinaus, bis zur *Verneinung* desselben, im andern Individuo erscheinenden Willens. Der Wille des erstern bricht in die Grenze der fremden Willensbejahung ein, indem das Individuum entweder den fremden Leib selbst zerstört oder verletzt, oder aber auch, indem es die Kräfte jenes fremden Leibes *seinem* Willen zu dienen zwingt, statt dem in jenem fremden Leibe selbst erscheinenden Willen; also wenn es dem als fremder Leib erscheinenden Willen die Kräfte dieses Leibes entzieht und dadurch die *seinem* Willen dienende Kraft über die seines eigenen Leibes hinaus vermehrt, folglich seinen eigenen Willen über seinen eigenen Leib hinaus bejaht, mittelst Verneinung des in einem fremden Leibe erscheinenden Willens. – Dieser Einbruch in die Grenze fremder Willensbejahung ist von jeher deutlich erkannt und der Begriff desselben durch das Wort *Unrecht* bezeichnet worden. Denn beide Teile erkennen die Sache, zwar nicht wie wir hier in deutlicher Abstraktion, sondern als Gefühl, augenblicklich. Der Unrechtleidende fühlt den Einbruch in die Sphäre der Bejahung seines eigenen Leibes, durch Verneinung derselben von einem fremden Individuo, als einen unmittelbaren und geistigen Schmerz, der ganz getrennt und verschieden ist von dem daneben empfundenen physischen Leiden durch die Tat, oder Verdruß durch den Verlust. Dem Unrecht-Ausübenden andererseits stellt sich die Erkenntnis, daß er an sich derselbe Wille ist, der auch in jenem Leibe erscheint, und der sich in der einen Erscheinung mit solcher Vehemenz bejaht, daß er, die Grenze des eigenen Leibes und dessen Kräfte überschreitend, zur Verneinung eben dieses Willens in der andern Erscheinung wird, folglich er, als Wille an sich betrachtet, eben durch seine Vehemenz gegen sich selbst streitet, sich selbst zerfleischt; – auch ihm stellt sich, sage ich, diese Erkenntnis augenblicklich, nicht in abstracto, sondern als ein dunkles Gefühl dar: und dieses nennt man Gewissensbiß, oder, näher für diesen Fall, Gefühl des *ausgeübten Unrechts*.

Das *Unrecht*, dessen Begriff wir in der allgemeinsten Abstraktion hiemit analysiert haben, drückt sich in concreto am vollendetesten, eigentlichsten und handgreiflichsten aus im Kannibalismus: dieser ist sein deutlichster augenscheinlichster Typus, das entsetzliche Bild des größten Widerstreites des Willens gegen sich selbst, auf der höchsten Stufe seiner Objektivation, welche der Mensch ist. Nächst diesem im Morde, auf dessen Ausübung daher der Gewissensbiß, dessen Bedeutung wir soeben abstrakt und trocken angegeben haben, augenblicklich mit furchtbarer Deutlichkeit folgt, und der Ruhe des Geistes eine auf die ganze Lebenszeit unheilbare Wunde schlägt; indem unser Schauder über den begangenen, wie auch unser Zurückbeben vor dem zu begehenden Mord, der grenzenlosen Anhänglichkeit an das Leben entspricht, von der alles Lebende, eben als Erscheinung des Willens zum Leben, durchdrungen ist. (Übrigens werden wir weiterhin jenes Gefühl, das die Ausübung des Unrechts und des Bösen begleitet, oder die Gewissensangst, noch ausführlicher zergliedern und zur Deutlichkeit des Begriffs erheben.) Als dem Wesen nach mit dem Morde gleichartig und nur im Grade von ihm verschieden, ist die absichtliche Verstümmelung, oder bloße Verletzung des fremden Leibes anzusehn, ja jeder Schlag. – Ferner stellt das Unrecht sich dar in der Unterjochung des andern Individuums, im Zwange desselben zur Sklaverei; endlich im Angriff des fremden Eigentums, welcher, sofern dieses als Frucht seiner Arbeit betrachtet wird, mit jener im wesentlichen gleichartig ist und sich zu ihr verhält, wie die bloße Verletzung zum Mord.

Denn *Eigentum*, welches *ohne Unrecht* dem Menschen nicht genommen wird, kann, unserer Erklärung des Unrechts zufolge, nur dasjenige sein, welches durch seine Kräfte bearbeitet ist, durch Entziehung dessen man daher die Kräfte seines Leibes dem in diesem objektivierten Willen entzieht, um sie dem in einem andern Leibe objektivierten Willen dienen zu lassen. Denn nur so bricht der Ausüber des Unrechts, durch Angriff, nicht des fremden Leibes, sondern einer leblosen, von diesem ganz verschiedenen Sache, doch in die Sphäre der fremden Willensbejahung ein, indem mit dieser Sache die Kräfte, die Arbeit des fremden Leibes gleichsam verwachsen und identifiziert sind. Hieraus folgt, daß sich alles echte, d.h. moralische Eigentumsrecht ursprünglich einzig und allein auf Bearbeitung gründet; wie man dies auch vor Kant ziemlich allgemein annahm, ja, wie es das älteste aller Gesetzbücher deutlich und schön aussagt: »Weise, welche die Vorzeit kennen, erklären, daß ein bebautes Feld dessen Eigentum ist, welcher das Holz ausrottete, es reinigte und pflügte; wie eine Antilope dem ersten Jäger gehört, welcher sie tödlich verwundete.« – Gesetze des Menu, IX, 44. – Nur aus Kants Altersschwäche ist mir seine ganze Rechtslehre, als eine sonderbare Verflechtung einander herbeiziehender Irrtümer, und auch dieses erklärlich, daß er das Eigentumsrecht durch erste Besitzergreifung begründen will. Denn wie sollte doch die bloße Erklärung meines Willens, andere vom Gebrauch einer Sache auszuschließen, sofort auch selbst ein *Recht* hiezu geben? Offenbar bedarf sie selbst erst eines Rechtsgrundes; statt daß Kant annimmt, sie sei einer. Und wie sollte doch derjenige an sich, d.h. moralisch, unrecht handeln, der jene, auf nichts als auf ihre eigene Erklärung gegründeten Ansprüche auf den Alleinbesitz einer Sache nicht achtete? Wie sollte sein Gewissen ihn darüber beunruhigen? da es so klar und leicht einzusehn ist, daß es ganz und gar keine *rechtliche Besitzergreifung* geben kann, sondern ganz allein eine rechtliche *Aneignung, Besitzerwerbung* der Sache, durch Verwendung ursprünglich eigener Kräfte auf sie. Wo nämlich eine Sache, durch irgend eine fremde Mühe, sei diese noch so klein, bearbeitet, verbessert, vor Unfällen geschützt, bewahrt ist, und wäre diese Mühe nur das Abpflücken oder vom Boden Aufheben einer wildgewachsenen Frucht; da entzieht der Angreifer solcher Sache offenbar dem andern den Erfolg seiner darauf verwendeten Kraft, läßt also den Leib jenes, statt dem eigenen, *seinem* Willen dienen, bejaht seinen eigenen Willen über dessen Erscheinung hinaus, bis zur Verneinung des fremden, d.h. tut Unrecht*. – Hingegen bloßer Genuß einer Sache, ohne alle Bearbeitung oder Sicherstellung derselben gegen Zerstörung, gibt ebensowenig ein Recht darauf, wie die Erklärung seines Willens zum Alleinbesitz. Daher, wenn eine Familie auch ein Jahrhundert auf einem Revier allein gejagt hat, ohne jedoch irgend etwas zu dessen Verbesserung getan zu haben; so kann sie einem fremden Ankömmling, der jetzt eben dort jagen will, es ohne moralisches Unrecht gar nicht wehren. Das sogenannte Präokkupations-Recht also, demzufolge man für den bloßen gehabten Genuß einer Sache, noch obendrein Belohnung, nämlich ausschließliches Recht auf den fernern Genuß fordert, ist moralisch ganz grundlos. Dem sich bloß auf dieses Recht Stützenden könnte der neue Ankömmling mit viel besserem Rechte entgegnen: »Eben weil du schon so lange genossen hast, ist es Recht, daß jetzt auch andere genießen.« Von jeder Sache, die durchaus keiner Bearbeitung, durch Verbesserung oder Sicherstellung vor Unfällen, fähig ist, gibt es keinen moralisch begründeten Alleinbesitz; es sei denn durch freiwillige Abtretung von seiten aller andern, etwan zur Belohnung anderweitiger Dienste; was aber schon ein durch Konvention geregeltes Gemeinwesen, den Staat, voraussetzt. – Das moralisch begründete Eigentumsrecht, wie es oben abgeleitet ist, gibt, seiner Natur nach, dem Besitzer eine ebenso uneingeschränkte Macht über die Sache, wie die ist, welche er über seinen eigenen Leib hat; woraus folgt, daß er sein Eigentum, durch Tausch oder Schenkung, andern übertragen kann, welche alsdann, mit demselben moralischen Rechte wie er, die Sache besitzen.

Die *Ausübung* des Unrechts überhaupt betreffend, so geschieht sie entweder durch *Gewalt*, oder durch *List*; welches in Hinsicht auf das moralisch Wesentliche einerlei ist. Zuvörderst beim Morde ist es moralisch einerlei, ob ich mich des Dolches, oder des Giftes bediene; und auf analoge Weise bei jeder körperlichen Ver-

* Es bedarf also zur Begründung des natürlichen Eigentumsrechtes nicht der Annahme zweier Rechtsgründe nebeneinander, des auf *Detention* gegründeten, neben dem auf *Formation* gegründeten; sondern letzterer reicht überall aus. Nur ist der Name *Formation* nicht recht passend, da die Verwendung irgend einer Mühe auf eine Sache nicht immer eine Formgebung zu sein braucht.

letzung. Die anderweitigen Fälle des Unrechts sind allemal darauf zurückzuführen, daß ich, als Unrecht ausübend, das fremde Individuum zwinge, statt seinem, meinem Willen zu dienen, statt nach seinem, nach meinem Willen zu handeln. Auf dem Wege der Gewalt erreiche ich dieses durch physische Kausalität; auf dem Wege der List aber mittelst der Motivation, d.h. der durch das Erkennen durchgegangenen Kausalität, folglich dadurch, daß ich seinem Willen *Scheinmotive* vorschiebe, vermöge welcher er *seinem* Willen zu folgen glaubend, *meinem* folgt. Da das Medium, in welchem die Motive liegen, die Erkenntnis ist; kann ich jenes nur durch Verfälschung seiner Erkenntnis tun, und diese ist die *Lüge*. Sie bezweckt allemal Einwirkung auf den fremden Willen, nicht auf seine Erkenntnis allein, für sich und als solche, sondern auf diese nur als Mittel, nämlich sofern sie seinen Willen bestimmt. Denn mein Lügen selbst, als von meinem Willen ausgehend, bedarf eines Motivs: ein solches aber kann nur der fremde Wille sein, nicht die fremde Erkenntnis an und für sich; da sie als solche nie einen Einfluß auf *meinen* Willen haben, daher ihn nie bewegen, nie ein Motiv seiner Zwecke sein kann: sondern nur das fremde Wollen und Tun kann ein solches sein, und dadurch, folglich nur mittelbar, die fremde Erkenntnis. Dies gilt nicht nur von allen aus offenbarem Eigennutz entsprungenen Lügen, sondern auch von den aus reiner Bosheit, die sich an den schmerzlichen Folgen des von ihr veranlaßten fremden Irrtums weiden will, hervorgegangenen. Sogar auch die bloße Windbeutelei bezweckt, mittelst dadurch erhöhter Achtung, oder verbesserter Meinung, von seiten der andern, größern oder leichtern Einfluß auf ihr Wollen und Tun. Das bloße Verweigern einer Wahrheit, d.h. einer Aussage überhaupt, ist an sich kein Unrecht, wohl aber jedes Aufheften einer Lüge. Wer dem verirrten Wanderer den rechten Weg zu zeigen sich weigert, tut ihm kein Unrecht; wohl aber der, welcher ihn auf den falschen hinweist. – Aus dem Gesagten folgt, daß jede *Lüge*, eben wie jede Gewalttätigkeit, als solche *Unrecht* ist; weil sie schon als solche zum Zweck hat, die Herrschaft meines Willens auf fremde Individuen auszudehnen, also meinen Willen durch Verneinung des ihrigen zu bejahen, so gut wie die Gewalt. – Die vollkommenste Lüge aber ist der *gebrochene Vertrag*; weil hier alle angeführten Bestimmungen vollständig und deutlich beisammen sind. Denn, indem ich einen Vertrag eingehe, ist die fremde verheißene Leistung unmittelbar und eingeständlich das Motiv zur meinigen nunmehr erfolgenden. Die Versprechen werden mit Bedacht und förmlich gewechselt. Die Wahrheit der darin gemachten Aussage eines jeden steht, der Annahme zufolge, in seiner Macht. Bricht der andere den Vertrag, so hat er mich getäuscht und, durch Unterschieben bloßer Scheinmotive in meine Erkenntnis, meinen Willen nach seiner Absicht gelenkt, die Herrschaft seines Willens über das fremde Individuum ausgedehnt, also ein vollkommenes Unrecht begangen. Hierauf gründet sich die moralische Rechtmäßigkeit und Gültigkeit der *Verträge*.

Unrecht durch Gewalt ist für den Ausüber nicht so *schimpflich*, wie Unrecht durch *List*; weil jenes von physischer Kraft zeugt, welche, unter allen Umständen, dem Menschengeschlechte imponiert; dieses hingegen, durch Gebrauch des Umwegs, Schwäche verrät, und ihn also als physisches und moralisches Wesen zugleich herabsetzt; zudem, weil Lug und Betrug nur dadurch gelingen kann, daß der sie ausübt zu gleicher Zeit selbst Abscheu und Verachtung dagegen äußern muß, um Zutrauen zu gewinnen, und sein Sieg darauf beruht, daß man ihm die Redlichkeit zutraut, die er nicht hat. – Der tiefe Abscheu, den Arglist, Treulosigkeit und Verrat überall erregen, beruht darauf, daß Treue und Redlichkeit das Band sind, welches den in die Vielheit der Individuen zersplitterten Willen doch von außen wieder zur Einheit verbindet und dadurch den Folgen des aus jener Zersplitterung hervorgegangenen Egoismus Schranken setzt. Treulosigkeit und Verrat zerreißen dieses letzte, äußere Band, und geben dadurch den Folgen des Egoismus grenzenlosen Spielraum.

Wir haben im Zusammenhang unserer Betrachtungsweise als den Inhalt des Begriffs *Unrecht* gefunden die Beschaffenheit der Handlung eines Individuums, in welcher es die Bejahung des in seinem Leben erscheinenden Willens soweit ausdehnt, daß solche zur Verneinung des in fremden Leibern erscheinenden Willens wird. Wir haben auch an ganz allgemeinen Beispielen die Grenze nachgewiesen, wo das Gebiet des Unrechts anfängt, indem wir zugleich seine Abstufungen vom höchsten Grade zu den niedrigeren durch wenige Hauptbegriffe bestimmten. Diesem zufolge ist der Begriff *Unrecht* der ursprüngliche und positive: der ihm entgegengesetzte des *Rechts* ist der abgeleitete und negative. Denn wir müssen uns nicht an die Worte, sondern an die Begriffe halten. In der Tat würde nie von *Recht* geredet worden sein, gäbe es kein Unrecht. Der Begriff *Recht* enthält nämlich bloß die Negation des Unrechts, und ihm wird jede Handlung subsumiert, welche nicht Überschreitung der oben dargestellten Grenze, d.h. nicht Verneinung des fremden Willens, zur stärkern Bejahung des eigenen, ist. Jene Grenze teilt daher, in Hinsicht auf eine bloß und rein *moralische* Bestimmung, das ganze Gebiet möglicher Handlungen in solche, die Unrecht oder Recht sind. Sobald eine Handlung nicht, auf die oben auseinandergesetzte Weise, in die Sphäre der fremden Willensbejahung, diese verneinend, eingreift, ist sie nicht Unrecht. Daher z.B. das Versagen der Hülfe bei dringender fremder Not, das ruhige Zuschauen fremden Hungertodes bei eigenem Überfluß, zwar grausam und teuflisch, aber nicht Unrecht ist: nur läßt sich mit völliger Sicherheit sagen, daß wer fähig ist, die Lieblosigkeit und Härte bis zu einem solchen Grade zu treiben, auch ganz gewiß jedes Unrecht ausüben wird, sobald seine Wünsche es fordern und kein Zwang es wehrt.

Der Begriff des *Rechts*, als der Negation des Unrechts, hat aber seine hauptsächliche Anwendung, und ohne Zweifel auch seine erste Entstehung, gefunden in den Fällen, wo versuchtes Unrecht durch Gewalt abgewehrt wird, welche Abwehrung nicht selbst wieder Unrecht sein kann, folglich Recht ist; obgleich die dabei ausgeübte Gewalttätigkeit, bloß an sich und abgerissen betrachtet, Unrecht wäre, und hier nur durch ihr Motiv gerechtfertigt, d.h. zum Recht wird. Wenn ein Individuum in der Bejahung seines eigenen Willens so weit geht, daß es in die Sphäre der meiner Person als solcher wesentlichen Willensbejahung eindringt und damit diese verneint; so ist mein Abwehren jenes Eindringens nur die Verneinung jener Verneinung und insofern von meiner Seite nichts mehr, als die Bejahung des in meinem Leibe wesentlich und ursprünglich erscheinenden und durch dessen bloße Erscheinung schon implicite ausgedrückten Willens; folglich nicht

Unrecht, mithin *Recht*. Dies heißt: ich habe alsdann ein *Recht*, jene fremde Verneinung mit der zu ihrer Aufhebung nötigen Kraft zu verneinen, welches, wie leicht einzusehn, bis zur Tötung des fremden Individuums gehn kann, dessen Beeinträchtigung, als eindringende äußere Gewalt, mit einer diese etwas überwiegenden Gegenwirkung abgewehrt werden kann, ohne alles Unrecht, folglich mit Recht; weil alles, was von meiner Seite geschieht, immer nur in der Sphäre der meiner Person als solcher wesentlichen und schon durch sie ausgedrückten Willensbejahung liegt (welche der Schauplatz des Kampfes ist), nicht in die fremde eindringt, folglich nur Negation der Negation, also Affirmation, nicht selbst Negation ist. Ich kann also, *ohne Unrecht*, den meinen Willen, wie dieser in meinem Leibe und der Verwendung von dessen Kräften zu dessen Erhaltung, ohne Verneinung irgend eines gleiche Schranken haltenden fremden Willens, erscheint, verneinenden fremden Willen *zwingen*, von dieser Verneinung abzustehn: d.h. ich habe so weit ein *Zwangsrecht*.

In allen Fällen, wo ich ein Zwangsrecht, ein vollkommenes Recht habe, *Gewalt* gegen andere zu gebrauchen, kann ich, nach Maßgabe der Umstände, ebensowohl der fremden Gewalt auch die *List* entgegenstellen, ohne Unrecht zu tun, und habe folglich ein wirkliches *Recht zur Lüge*, *gerade so weit, wie ich es zum Zwange habe*. Daher handelt jemand, der einen ihn durchsuchenden Straßenräuber versichert, er habe nichts weiter bei sich, vollkommen recht: ebenso auch der, welcher den nächtlich eingedrungenen Räuber durch eine Lüge in einen Keller lockt, wo er ihn einsperrt. Wer von Räubern, z.B. von Barbaresken, gefangen fortgeführt wird, hat das Recht, zu seiner Befreiung, sie nicht nur mit offener Gewalt, sondern auch mit Hinterlist zu töten. – Darum auch bindet ein durch unmittelbare körperliche Gewalttätigkeit abgezwungenes Versprechen durchaus nicht; weil der solchen Zwang Erleidende, mit vollem Recht, sich durch Tötung, geschweige durch Hintergehung, der Gewältiger befreien kann. Wer sein ihm geraubtes Eigentum nicht durch Gewalt zurücknehmen kann, begeht kein Unrecht, wenn er es sich durch List verschafft. Ja, wenn jemand mein mir geraubtes Geld verspielt, habe ich das Recht falsche Würfel gegen ihn zu gebrauchen, weil alles was ich ihm abgewinne mir schon gehört. Wer dieses leugnen wollte, müßte noch mehr die Rechtmäßigkeit der Kriegslist leugnen, als welche sogar eine tätliche Lüge und ein Beleg zum Ausspruch der Königin Christine von Schweden ist: »Die Worte der Menschen sind für nichts zu achten, kaum daß man ihren Taten trauen darf.« – So scharf streift demnach die Grenze des Rechts an die des Unrechts. Übrigens halte ich es für überflüssig nachzuweisen, daß dieses alles mit dem oben über die Unrechtmäßigkeit der Lüge, wie der Gewalt, Gesagten völlig übereinstimmt: auch kann es zur Aufklärung der seltsamen Theorien über die Notlüge dienen*.

Nach allem Bisherigen sind also Unrecht und Recht bloß *moralische* Bestimmungen, d.h. solche, welche hinsichtlich der Betrachtung des menschlichen Handelns als solchen, und in Beziehung auf die *innere Bedeutung dieses Handelns an sich*, Gültigkeit haben. Diese kündigt sich im Bewußtsein unmittelbar an, dadurch, daß einerseits das Unrechttun von einem innern Schmerz begleitet ist, welcher das bloß gefühlte Bewußtsein des Unrechtausübenden ist von der übermäßigen Stärke der Bejahung des Willens in ihm selbst, die bis zum Grade der Verneinung der fremden Willenserscheinung geht; wie auch, daß er zwar als Erscheinung von dem Unrechtleidenden verschieden, an sich aber mit ihm identisch ist. Die weitere Auseinandersetzung dieser innern Bedeutung aller Gewissensangst kann erst weiter unten folgen. Der Unrechtleidende andererseits ist sich der Verneinung seines Willens, wie dieser schon durch seinen Leib und dessen natürliche Bedürfnisse, zu deren Befriedigung ihn die Natur auf die Kräfte dieses Leibes verweist, ausgedrückt ist, schmerzlich bewußt, und auch zugleich, daß er, ohne Unrecht zu tun, jene Verneinung auf alle Weise abwehren könnte, wenn es ihm nicht an der Macht gebräche. Diese rein moralische Bedeutung ist die einzige, welche Recht und Unrecht für den Menschen als Menschen, nicht als Staatsbürger haben, die folglich auch im Naturzustande, ohne alles positive Gesetz, bliebe und welche die Grundlage und den Gehalt alles dessen ausmacht, was man deshalb *Naturrecht* ge-

* Die weitere Auseinandersetzung der hier aufgestellten Rechtslehre findet man in meiner Preisschrift »Über das Fundament der Moral«, § 17, S. 221–230 der ersten Auflage [S. 216–226 der 2. Aufl.].

nannt hat, besser aber moralisches Recht hieße, da seine Gültigkeit nicht auf das Leiden, auf die äußere Wirklichkeit, sondern nur auf das Tun und die aus diesem dem Menschen erwachsende Selbsterkenntnis seines individuellen Willens, welche *Gewissen* heißt, sich erstreckt, sich aber im Naturzustande nicht in jedem Fall auch nach außen, auf andere Individuen, geltend machen und verhindern kann, daß nicht Gewalt statt des Rechts herrsche. Im Naturzustande hängt es nämlich von jedem bloß ab, in jedem Fall nicht Unrecht zu *tun*, keineswegs aber in jedem Fall nicht Unrecht zu *leiden*, welches von seiner zufälligen äußern Gewalt abhängt. Daher sind die Begriffe Recht und Unrecht zwar auch für den Naturzustand gültig und keineswegs konventionell; aber sie gelten dort bloß als *moralische* Begriffe, zur Selbsterkenntnis des eigenen Willens in jedem. Sie sind nämlich auf der Skala der höchst verschiedenen Grade der Stärke, mit welchen der Wille zum Leben sich in den menschlichen Individuen bejaht, ein fester Punkt, gleich dem Gefrierpunkt auf dem Thermometer, nämlich der Punkt, wo die Bejahung des eigenen Willens zur Verneinung des fremden wird, d.h. den Grad seiner Heftigkeit, vereint mit dem Grad der Befangenheit der Erkenntnis im principio individuationis (welches die Form der ganz im Dienste des Willens stehenden Erkenntnis ist), durch Unrechttun angibt. Wer nun aber die rein moralische Betrachtung des menschlichen Handelns beiseite setzen, oder verleugnen, und das Handeln bloß nach dessen äußerer Wirksamkeit und deren Erfolg beachten will, der kann allerdings, mit Hobbes, Recht und Unrecht für konventionelle, willkürlich angenommene und daher außer dem positiven Gesetz gar nicht vorhandene Bestimmungen erklären, und wir können ihm nie durch äußere Erfahrung das beibringen, was nicht zur äußern Erfahrung gehört, wie wir demselben Hobbes, der jene seine vollendet empirische Denkungsart höchst merkwürdig dadurch charakterisiert, daß er in seinem Buche »De principiis Geometrarum« die ganze eigentlich reine Mathematik ableugnet und hartnäckig behauptet, der Punkt habe Ausdehnung und die Linie Breite, doch nie einen Punkt ohne Ausdehnung und eine Linie ohne Breite vorzeigen, also ihm so wenig die Apriorität der Mathematik, als die Apriorität des Rechts beibringen können, weil er sich nun einmal jeder nicht empirischen Erkenntnis verschließt.

Die reine *Rechtslehre* ist also ein Kapitel der *Moral* und bezieht sich direkt bloß auf das *Tun*, nicht auf das *Leiden*. Denn nur jenes ist Äußerung des Willens, und diesen allein betrachtet die Moral. Leiden ist bloße Begebenheit: bloß indirekt kann die Moral auch das Leiden berücksichtigen, nämlich allein um nachzuweisen, daß, was bloß geschieht um kein Unrecht zu leiden, kein Unrechttun ist. – Die Ausführung jenes Kapitels der Moral würde zum Inhalt haben die genaue Bestimmung der Grenze, bis zu welcher ein Individuum in der Bejahung des schon in seinem Leibe objektivierten Willens gehn kann, ohne daß dieses zur Verneinung eben jenes Willens, sofern er in einem andern Individuo erscheint, werde, und sodann auch der Handlungen, welche diese Grenze überschreiten, folglich Unrecht sind und daher auch wieder ohne Unrecht abgewehrt werden können. Immer also bliebe das eigene *Tun* das Augenmerk der Betrachtung.

In äußerer Erfahrung, als Begebenheit, erscheint nun aber das *Unrechtleiden*, und in ihm manifestiert sich, wie gesagt, deutlicher als irgendwo, die Erscheinung des Widerstreits des Willens zum Leben gegen sich selbst, hervorgehend aus der Vielheit der Individuen und dem Egoismus, welche beide durch das principium individuationis, welches die Form der Welt als Vorstellung für die Erkenntnis des Individuums ist, bedingt sind. Auch haben wir oben gesehn, daß ein sehr großer Teil des dem menschlichen Leben wesentlichen Leidens an jenem Widerstreit der Individuen seine stets fließende Quelle hat.

Die allen diesen Individuen gemeinsame Vernunft, welche sie nicht, wie die Tiere, bloß den einzelnen Fall, sondern auch das Ganze im Zusammenhang abstrakt erkennen läßt, hat sie nun aber bald die Quelle jenes Leidens einsehn gelehrt und sie auf das Mittel bedacht gemacht, dasselbe zu verringern, oder wo möglich aufzuheben, durch ein gemeinschaftliches Opfer, welches jedoch von dem gemeinschaftlich daraus hervorgehenden Vorteil überwogen wird. So angenehm nämlich auch dem Egoismus des Einzelnen, bei vorkommenden Fällen, das Unrechttun ist, so hat es jedoch ein notwendiges Korrelat im Unrechtleiden eines andern Individuums, dem dieses ein großer Schmerz ist. Und indem nun die das Ganze überdenkende Vernunft aus dem einseitigen

Standpunkt des Individuums, dem sie angehört, heraustrat und von der Anhänglichkeit an dasselbe sich für den Augenblick losmachte, sah sie den Genuß des Unrechttuns in einem Individuo jedesmal durch einen verhältnismäßig größern Schmerz im Unrechtleiden des andern überwogen, und fand ferner, daß, weil hier alles dem Zufall überlassen blieb, jeder zu befürchten hätte, daß ihm viel seltener der Genuß des gelegentlichen Unrechttuns, als der Schmerz des Unrechtleidens zuteil werden würde. Die Vernunft erkannte hieraus, daß, sowohl um das über alle verbreitete Leiden zu mindern, als um es möglichst gleichförmig zu verteilen, das beste und einzige Mittel sei, allen den Schmerz des Unrechtleidens zu ersparen, dadurch, daß auch alle dem durch das Unrechttun zu erlangenden Genuß entsagten. – Dieses also von dem, durch den Gebrauch der Vernunft, methodisch verfahrenden und seinen einseitigen Standpunkt verlassenden Egoismus leicht ersonnene und allmählich vervollkommnete Mittel ist der *Staatsvertrag* oder das *Gesetz*. Wie ich hier den Ursprung desselben angebe, stellt ihn schon Plato in der Republik dar. In der Tat ist jener Ursprung der wesentlich einzige und durch die Natur der Sache gesetzte. Auch kann der Staat, in keinem Lande, je einen andern gehabt haben, weil eben erst diese Entstehungsart, dieser Zweck, ihn zum Staat macht; wobei es aber gleichviel ist, ob der in jedem bestimmten Volk ihm vorhergegangene Zustand der eines Haufens voneinander unabhängiger Wilden (Anarchie), oder eines Haufens Sklaven war, die der Stärkere nach Willkür beherrscht (Despotie). In beiden Fällen war noch kein Staat da: erst durch jene gemeinsame Übereinkunft entsteht er, und je nachdem diese Übereinkunft mehr oder weniger unvermischt ist mit Anarchie oder Despotie, ist auch der Staat vollkommener oder unvollkommener. Die Republiken tendieren zur Anarchie, die Monarchien zur Despotie, der deshalb ersonnene Mittelweg der konstitutionellen Monarchie tendiert zur Herrschaft der Faktionen. Um einen vollkommenen Staat zu gründen, muß man damit anfangen, Wesen zu schaffen, deren Natur es zuläßt, daß sie durchgängig das eigene Wohl dem öffentlichen zum Opfer bringen. Bis dahin aber läßt sich schon etwas dadurch erreichen, daß es *eine* Familie gibt, deren Wohl von dem des Landes ganz unzertrennlich ist; so daß sie, wenigstens in Hauptsachen, nie das eine ohne das andere befördern kann. Hierauf beruht die Kraft und der Vorzug der erblichen Monarchie.

Ging nun die Moral ausschließlich auf das Recht- oder Unrecht-*Tun*, und konnte sie dem, welcher etwan entschlossen wäre, kein Unrecht zu tun, die Grenze seines Handelns genau bezeichnen; so geht umgekehrt die Staatslehre, die Lehre von der Gesetzgebung, ganz allein auf das Unrecht-*Leiden*, und würde sich nie um das Unrecht-*Tun* bekümmern, wäre es nicht wegen seines allemal notwendigen Korrelats, des Unrechtleidens, welches, als der Feind dem sie entgegenarbeitet, ihr Augenmerk ist. Ja, ließe sich ein Unrechttun denken, mit welchem kein Unrechtleiden von einer andern Seite verknüpft wäre; so würde, konsequent, der Staat es keineswegs verbieten. – Ferner, weil in der *Moral* der Wille, die Gesinnung, der Gegenstand der Betrachtung und das allein Reale ist, gilt ihr der feste Wille zum zu verübenden Unrecht, den allein die äußere Macht zurückhält und unwirksam macht, dem wirklich verübten Unrecht ganz gleich, und sie verdammt den solches Wollenden als ungerecht vor ihrem Richterstuhl. Hingegen den Staat kümmern Wille und Gesinnung, bloß als solche, ganz und gar nicht; sondern allein die *Tat* (sie sei nun bloß versucht oder ausgeführt) wegen ihres Korrelats, des *Leidens* von der andern Seite: ihm ist also die Tat, die Begebenheit, das allein Reale: die Gesinnung, die Absicht wird bloß erforscht, sofern aus ihr die Bedeutung der Tat kenntlich wird. Daher wird der Staat niemanden verbieten, Mord und Gift gegen einen andern beständig in Gedanken zu tragen, sobald er nur gewiß weiß, daß die Furcht vor Schwert und Rad die Wirkungen jenes Wollens beständig hemmen werden. Der Staat hat auch keineswegs den törichten Plan, die Neigung zum Unrechttun, die böse Gesinnung zu vertilgen; sondern bloß jedem möglichen Motiv zur Ausübung eines Unrechts immer ein überwiegendes Motiv zur Unterlassung desselben, in der unausbleiblichen Strafe, an die Seite zu stellen: demgemäß ist der Kriminalkodex ein möglichst vollständiges Register von Gegenmotiven zu sämtlichen, als möglich präsumierten, verbrecherischen Handlungen, – beides in abstracto, um vorkommenden Falles die Anwendung in concreto zu machen. Die Staatslehre, oder die Gesetzgebung, wird nun, zu diesem ihrem Zweck, von der Moral jenes Kapitel, welches die Rechtslehre ist und welches neben der innern Bedeutung des Rechts und des Unrechts, die genaue Grenze zwischen beiden bestimmt, borgen, aber einzig und allein, um dessen Kehrseite zu benutzen und alle die Grenzen, welche die Moral als unüberschreitbar, wenn man nicht Unrecht *tun* will, angibt, von der andern Seite zu betrachten, als die Grenzen, deren Überschrittenwerden vom andern man nicht dulden darf, wenn man nicht Unrecht *leiden* will, und von denen man also andere zurückzutreiben ein *Recht* hat: daher diese Grenzen nun, von der möglicherweise passiven Seite aus, durch Gesetze verbollwerkt werden. Es ergibt sich, daß wie man, recht witzig, den Geschichtschreiber einen umgewandten Propheten genannt hat, der Rechtslehrer der umgewandte Moralist ist, und daher auch die Rechtslehre im eigentlichen Sinn, d.h. die Lehre von den *Rechten*, welche man behaupten darf, die umgewandte Moral, in dem Kapitel, wo diese die Rechte lehrt, welche man nicht verletzen darf. Der Begriff des Unrechts und seiner Negation des Rechts, der ursprünglich *moralisch* ist, wird *juridisch*, durch die Verlegung des Ausgangspunktes von der aktiven auf die passive Seite, also durch Umwendung. Dieses, nebst der Rechtslehre Kants, der aus seinem kategorischen Imperativ die Errichtung des Staats als eine moralische Pflicht sehr fälschlich ableitet, hat dann auch in der neuesten Zeit, hin und wieder, den sehr sonderbaren Irrtum veranlaßt, der Staat sei eine Anstalt zur Beförderung der Moralität, gehe aus dem Streben nach dieser hervor und sei demnach gegen den Egoismus gerichtet. Als ob die innere Gesinnung, welcher allein Moralität oder Immoralität zukommt, der ewig freie Wille, sich von außen modifizieren und durch Einwirkung ändern ließe! Noch verkehrter ist das Theorem, der Staat sei die Bedingung der Freiheit im moralischen Sinne und dadurch der Moralität: da doch die Freiheit jenseit der Erscheinung, geschweige jenseit menschlicher Einrichtungen liegt. Der Staat ist, wie gesagt, so wenig gegen den Egoismus überhaupt und als solchen gerichtet, daß er umgekehrt gerade aus dem sich wohlverstehenden, methodisch verfahrenden, vom einseitigen auf den allgemeinen Standpunkt tretenden und so durch Aufsummierung gemeinschaftlichen Egoismus aller entsprungen und diesem zu dienen allein da ist, errichtet unter der richtigen Voraussetzung, daß reine Moralität, d.h. Rechthandeln aus moralischen Gründen, nicht zu erwarten ist; außerdem er selbst ja überflüssig wäre. Keineswegs also gegen den Egoismus, sondern allein gegen die nachteiligen Folgen des Egoismus, welche aus der Vielheit egoistischer Individuen ihnen allen wechselseitig hervorgehn und ihr Wohlsein stören, ist, dieses Wohlsein bezweckend, der Staat gerichtet. Daher sagt schon Aristoteles (De Rep., III): *Τελος μεν ουν πολεως το ευ ζῃν· τουτο δε εστιν το ζῃν ευδαιμονως και καλως.* (Finis civitatis est bene vivere, hoc autem est beate et pulchre vivere.) Auch Hobbes hat diesen Ursprung und Zweck des Staats ganz richtig und vortrefflich auseinandergesetzt; wie denn auch der alte Grundsatz aller Staatsordnung, salus publica prima lex esto, denselben bezeichnet. – Wenn der Staat seinen Zweck vollkommen erreicht, wird er dieselbe Erscheinung hervorbringen, als wenn vollkommene Gerechtigkeit der Gesinnung allgemein herrschte. Das innere Wesen und der Ursprung beider Erscheinungen wird aber der umgekehrte sein. Nämlich im letztern Fall wäre es dieser, daß niemand Unrecht *tun* wollte; im erstern aber dieser, daß niemand Unrecht *leiden* wollte und die gehörigen Mittel zu diesem Zweck vollkommen angewandt wären. So läßt sich dieselbe Linie aus entgegengesetzten Richtungen beschreiben, und ein Raubtier mit einem Maulkorb ist so unschädlich wie ein grasfressendes Tier. – Weiter aber als bis zu diesem Punkt kann es der Staat nicht bringen: er kann also nicht eine Erscheinung zeigen, gleich der, welche aus allgemeinem wechselseitigen Wohlwollen und Liebe entspringen würde. Denn, wie wir eben fanden, daß er, seiner Natur zufolge, ein Unrechttun, dem gar kein Unrechtleiden von einer andern Seite entspräche, nicht verbieten würde, und bloß weil dies unmöglich ist, jedes Unrechttun verwehrt; so würde er umgekehrt, seiner auf das Wohlsein aller gerichteten Tendenz gemäß, sehr gern dafür sorgen, daß jeder Wohlwollen und Werke der Menschenliebe aller Art *erführe*; hätten nicht auch diese ein unumgängliches Korrelat im *Leisten* von Wohltaten und Liebeswerken, wobei nun aber jeder Bürger des Staats die passive, keiner die aktive Rolle würde übernehmen wollen, und letztere wäre auch aus keinem Grund dem einen vor dem andern zuzumuten. Demnach läßt sich nur das Negative, welches eben das *Recht* ist, nicht das Positive, welches man unter dem Namen der Liebespflichten, oder unvollkommenen Pflichten verstanden hat, *erzwingen*.

Die Gesetzgebung entlehnt, wie gesagt, die reine Rechtslehre, oder die Lehre vom Wesen und den Grenzen des Rechts und des Unrechts, von der Moral, um dieselbe nun zu ihren, der Moral fremden Zwecken, von der Kehrseite anzuwenden und danach positive Gesetzgebung und die Mittel zur Aufrechthaltung derselben, d.h. den Staat, zu errichten. Die positive Gesetzgebung ist also die von der Kehrseite angewandte rein moralische Rechtslehre. Diese Anwendung kann mit Rücksicht auf eigentümliche Verhältnisse und Umstände eines bestimmten Volks geschehn. Aber nur wenn die positive Gesetzgebung im wesentlichen durchgängig nach Anleitung der reinen Rechtslehre bestimmt ist und für jede ihrer Satzungen ein Grund in der reinen Rechtslehre sich nachweisen läßt, ist die entstandene Gesetzgebung eigentlich ein *positives Recht* und der Staat ein *rechtlicher* Verein, *Staat* im eigentlichen Sinn des Worts, eine moralisch zulässige, nicht unmoralische Anstalt. Widrigenfalls ist hingegen die positive Gesetzgebung Begründung eines *positiven Unrechts*, ist selbst ein öffentlich zugestandenes erzwungenes Unrecht. Dergleichen ist jede Despotie, die Verfassung der meisten mohammedanischen Reiche, dahin gehören sogar manche Teile vieler Verfassungen, z.B. Leibeigenschaft, Frohn u. dgl. m. – Die reine Rechtslehre, oder das Naturrecht, besser moralisches Recht, liegt, obwohl immer durch Umkehrung, jeder rechtlichen positiven Gesetzgebung so zum Grunde, wie die reine Mathematik jedem Zweige der angewandten. Die wichtigsten Punkte der reinen Rechtslehre, wie die Philosophie, zu jenem Zweck, sie der Gesetzgebung zu überliefern hat, sind folgende: 1) Erklärung der innern und eigentlichen Bedeutung und des Ursprungs der Begriffe Unrecht und Recht, und ihrer Anwendung und Stelle in der Moral. 2) Die Ableitung des Eigentumsrechts. 3) Die Ableitung der moralischen Gültigkeit der Verträge; da diese die moralische Grundlage des Staatsvertrages ist. 4) Die Erklärung der Entstehung und des Zweckes des Staats, des Verhältnisses dieses Zweckes zur Moral und der infolge dieses Verhältnisses zweckmäßigen Übertragung der moralischen Rechtslehre, durch Umkehrung, auf die Gesetzgebung. 5) Die Ableitung des Strafrechts. – Der übrige Inhalt der Rechtslehre ist bloße Anwendung jener Prinzipien, nähere Bestimmung der Grenzen des Rechts und des Unrechts, für alle möglichen Verhältnisse des Lebens, welche deshalb unter gewisse Gesichtspunkte und Titel vereinigt und abgeteilt werden. In diesen besondern Lehren stimmen die Lehrbücher des reinen Rechts alle ziemlich überein: nur in den Prinzipien lauten sie sehr verschieden; weil solche immer mit irgendeinem philosophischen System zusammenhängen. Nachdem wir in Gemäßheit des unserigen die vier ersten jener Hauptpunkte kurz und allgemein, jedoch bestimmt und deutlich erörtert haben, ist noch vom Strafrechte ebenso zu reden.

Kant stellt die grundfalsche Behauptung auf, daß es außer dem Staate kein vollkommenes Eigentumsrecht gäbe. Unserer obigen Ableitung zufolge gibt es auch im Naturzustande Eigentum, mit vollkommenem natürlichen, d.h. moralischen Rechte, welches ohne Unrecht nicht verletzt, aber ohne Unrecht auf das äußerste verteidigt werden kann. Hingegen ist gewiß, daß es außer dem Staate kein *Strafrecht* gibt. Alles Recht zu strafen ist allein durch das positive Gesetz begründet, welches *vor* dem Vergehn diesem eine Strafe bestimmt hat, deren Androhung, als Gegenmotiv, alle etwanigen Motive zu jenem Vergehn überwiegen sollte. Dieses positive Gesetz ist anzusehn als von allen Bürgern des Staats sanktioniert und anerkannt. Es gründet sich also auf einen gemeinsamen Vertrag, zu dessen Erfüllung unter allen Umständen, also zur Vollziehung der Strafe auf der einen und zur Duldung derselben von der andern Seite, die Glieder des Staats verpflichtet sind: daher ist die Duldung mit Recht erzwingbar. Folglich ist der unmittelbare *Zweck der Strafe* im einzelnen Fall *Erfüllung des Gesetzes als eines Vertrages*. Der einzige Zweck des *Gesetzes* aber ist *Abschreckung* von Beeinträchtigung fremder Rechte: denn damit jeder vor Unrechtleiden geschützt sei, hat man sich zum Staat vereinigt, dem Unrechttun entsagt und die Lasten der Erhaltung des Staats auf sich genommen. Das Gesetz also und die Vollziehung desselben, die Strafe, sind wesentlich auf die *Zukunft* gerichtet, nicht auf die *Vergangenheit*. Dies unterscheidet *Strafe* von *Rache*, welche letztere lediglich durch das Geschehene, also das Vergangene als solches, motiviert ist. Alle Vergeltung des Unrechts durch Zufügung eines Schmerzes, ohne Zweck für die Zukunft, ist Rache, und kann keinen andern Zweck haben, als durch den Anblick des fremden Leidens, welches man selbst verursacht hat, sich über das selbst erlittene zu trösten. Solches ist Bosheit und Grausamkeit, und ethisch nicht zu rechtfertigen. Unrecht, das mir jemand zugefügt, befugt mich keineswegs ihm Unrecht zuzufügen. Vergeltung des Bösen mit Bösem, ohne weitere Absicht, ist weder moralisch, noch sonst, durch irgendeinen vernünftigen Grund zu rechtfertigen, und das jus talionis als selbstständiges, letztes Prinzip des Strafrechts aufgestellt, ist sinnleer. Daher ist Kants Theorie der Strafe als bloßer Vergeltung, um der Vergeltung willen, eine völlig grundlose und verkehrte Ansicht. Und doch spukt sie noch immer in den Schriften vieler Rechtslehrer, unter allerlei vornehmen Phrasen, die auf leeren Wortkram hinauslaufen, wie: durch die Strafe werde das Verbrechen gesühnt, oder neutralisiert und aufgehoben, u. dgl. m. Kein Mensch aber hat die Befugnis, sich zum rein moralischen Richter und Vergelter aufzuwerfen und die Missetaten des andern, durch Schmerzen, welche er ihm zufügt, heimzusuchen, ihm also Buße dafür aufzulegen. Vielmehr wäre dieses eine höchst vermessene Anmaßung; daher eben das Biblische: »Mein ist die Rache, spricht der Herr, und ich will vergelten.« Wohl aber hat der Mensch das Recht, für die Sicherheit der Gesellschaft zu sorgen: dies aber kann allein geschehn durch Verpönung aller der Handlungen, die das Wort »kriminell« bezeichnet, um ihnen durch Gegenmotive, welches die angedrohten Strafen sind, vorzubeugen; welche Drohung nur durch Vollziehung, im dennoch vorkommenden Fall, wirksam sein kann. Daß demnach der Zweck der Strafe, oder genauer des Strafgesetzes, Abschreckung vom Verbrechen sei, ist eine so allgemein anerkannte, ja, von selbst einleuchtende Wahrheit, daß sie in England sogar in der sehr alten Anklagungsformel (indictment), deren sich noch jetzt in Kriminalfällen der Kronadvokat bedient, ausgesprochen ist, indem solche schließt: if this be proved, you, the said N. N., ought to be punished with pains of law, to deter others from the like crimes, in all time coming.* Wenn ein Fürst einen mit Recht verurteilten Verbrecher zu begnadigen wünscht, wird sein Minister ihm einwenden, daß alsdann dies Verbrechen sich bald wiederholen würde. – Zweck für die Zukunft unterscheidet Strafe von Rache, und diesen hat die Strafe nur dann, wann sie *zur Erfüllung eines Gesetzes* vollzogen wird, welche, nur eben dadurch als unausbleiblich auch für jeden künftigen Fall sich ankündigend, dem Gesetze die Kraft abzuschrecken erhält, worin eben sein Zweck besteht. – Hier würde nun ein Kantianer unfehlbar einwenden, daß ja, nach dieser Ansicht, der gestrafte Verbrecher »bloß als *Mittel*« gebraucht würde. Aber dieser von allen Kantianern so unermüdlich nachgesprochene Satz, »man dürfe den Menschen immer nur als Zweck, nie als Mittel behandeln«, ist zwar ein bedeutend klingender und daher für alle die, welche gern eine Formel haben mögen, die sie alles fernern Denkens überhebt, überaus geeigneter Satz; aber beim Lichte betrachtet ist es ein höchst vager, unbestimmter, seine Absicht ganz indirekt erreichender Ausspruch, der für jeden Fall seiner Anwendung erst besonderer Erklärung, Bestimmung und Modifikation bedarf, so allgemein genommen aber ungenügend, wenigsagend und noch dazu problematisch ist. Der dem Gesetze zufolge der Todesstrafe anheimgefallene Mörder muß jetzt allerdings und mit vollem Recht als bloßes *Mittel* gebraucht werden. Denn die öffentliche Sicherheit, der Hauptzweck des Staats, ist durch ihn gestört, ja sie ist aufgehoben, wenn das Gesetz unerfüllt bleibt: er, sein Leben, seine Person, muß jetzt das *Mittel* zur Erfüllung des Gesetzes und dadurch zur Wiederherstellung der öffentlichen Sicherheit sein, und wird zu solchem gemacht mit allem Recht, zur Vollziehung des Staatsvertrages, der auch von ihm, sofern er Staatsbürger war, eingegangen war, und demzufolge er, um Sicherheit für sein Leben, seine Freiheit und sein Eigentum zu genießen, auch

* Wenn dieses bewiesen wird, so müßt ihr, der besagte N. N., die gesetzliche Strafe erleiden, um andere von ähnlichen Verbrechen, in aller künftigen Zeit, abzuschrecken.

der Sicherheit aller sein Leben, seine Freiheit und sein Eigentum zum Pfande gesetzt hatte, welches Pfand jetzt verfallen ist.

Diese hier aufgestellte, der gesunden Vernunft unmittelbar einleuchtende Theorie der Strafe ist freilich, in der Hauptsache, kein neuer Gedanke, sondern nur ein durch neue Irrtümer beinahe verdrängter, dessen deutlichste Darstellung insofern nötig war. Dieselbe ist, dem Wesentlichen nach, schon in dem enthalten, was Pufendorf, »De officio hominis et civis«, Buch 2, Kap. 13, darüber sagt. Mit ihr stimmt ebenfalls Hobbes überein: »Leviathan«, Kap. 15 u. 28. In unsern Tagen hat sie bekanntlich Feuerbach verfochten. Ja, sie findet sich schon in den Aussprüchen der Philosophen des Altertums: Plato legt sie deutlich dar im Protagoras (S. 114, edit. Bip.), auch im Gorgias (S. 168), endlich im elften Buch von den Gesetzen (S. 165). Seneca spricht Platos Meinung und die Theorie aller Strafe vollkommen aus, in den kurzen Worten: Nemo prudens punit, quia peccatum est; sed ne peccetur (De Ira, I, 16).

Wir haben also im Staat das Mittel kennengelernt, wodurch der mit Vernunft ausgerüstete Egoismus seinen eigenen, sich gegen ihn selbst wendenden schlimmen Folgen auszuweichen sucht, und nun jeder das Wohl aller befördert, weil er sein eigenes mit darin begriffen sieht. Erreichte der Staat seinen Zweck vollkommen, so könnte gewissermaßen, da er, durch die in ihm vereinigten Menschenkräfte, auch die übrige Natur sich mehr und mehr dienstbar zu machen weiß, zuletzt, durch Fortschaffung aller Arten von Übel, etwas dem Schlaraffenlande sich Annäherndes zustande kommen. Allein, teils ist er noch immer sehr weit von diesem Ziel entfernt geblieben; teils würden auch noch immer unzählige, dem Leben durchaus wesentliche Übel, unter denen, wären sie auch alle fortgeschafft, zuletzt die Langeweile jede von den andern verlassene Stelle sogleich okkupiert, es nach wie vor im Leiden erhalten; teils ist auch sogar der Zwist der Individuen nie durch den Staat völlig aufzuheben, da er im kleinen neckt, wo er im großen verpönt ist; und endlich wendet sich die aus dem Innern glücklich vertriebene Eris zuletzt nach außen: als Streit der Individuen durch die Staatseinrichtung verbannt, kommt sie von außen als Krieg der Völker wieder, und fordert nun im großen und mit einem Male, als aufgehäufte Schuld, die blutigen Opfer ein, welche man ihr durch kluge Vorkehrung im einzelnen entzogen hatte. Ja gesetzt, auch dieses alles wäre endlich, durch eine auf die Erfahrung von Jahrtausenden gestützte Klugheit, überwunden und beseitigt; so würde am Ende die wirkliche Übervölkerung des ganzen Planeten das Resultat sein, dessen entsetzliche Übel sich jetzt nur eine kühne Einbildungskraft zu vergegenwärtigen vermag*.

§ 63

Wir haben die *zeitliche Gerechtigkeit*, welche im Staat ihren Sitz hat, kennengelernt, als vergeltend oder strafend, und gesehn, daß eine solche allein durch die Rücksicht auf die *Zukunft* zur Gerechtigkeit wird; da ohne solche Rücksicht alles Strafen und Vergelten eines Frevels ohne Rechtfertigung bliebe, ja, ein bloßes Hinzufügen eines zweiten Übels zum Geschehenen wäre, ohne Sinn und Bedeutung. Ganz anders aber ist es mit der *ewigen Gerechtigkeit*, welche schon früher erwähnt wurde, und welche nicht den Staat, sondern die Welt beherrscht, nicht von menschlichen Einrichtungen abhängig, nicht dem Zufall und der Täuschung unterworfen, nicht unsicher, schwankend und irrend, sondern unfehlbar, fest und sicher ist. – Der Begriff der Vergeltung schließt schon die Zeit in sich: daher kann die *ewige Gerechtigkeit* keine vergeltende sein, kann also nicht, wie diese, Aufschub und Frist gestatten und, nur mittelst der Zeit die schlimme Tat mit der schlimmen Folge ausgleichend, der Zeit bedürfen um zu bestehn. Die Strafe muß hier mit dem Vergehn so verbunden sein, daß beide eines sind.

Δοκειτε πηδᾳν τ' αδικηματ' εις εους
Πτεροισι, κἄπειτ' εν Διος δελτου πτυχαις
Γραφειν τιν' αυτα, Ζηνα δ' εισορωντα νιν
Θνητοις δικαζειν; Ουδ' ὁ πας ουρανος,

* Hiezu Kap. 47 des zweiten Bandes.

Διος γραφοντος τας βροτων ἁμαρτιας,
Εξαρκεσειεν, ουδ' εκεινος αν σκοπων
Πεμπειν ἑκαστῳ ζημιαν· αλλ' ἡ Δικη
Ενταυθα που 'στιν εγγυς, ει βουλεσθ' ὁρᾳν.

Eurip., ap. *Stob.* Ecl., I, c. 4.

(Volare pennis scelera ad aetherias domus
Putatis, illic in Jovis tabularia
Scripto referri; tum Jovem lectis super
Sententiam proferre? – sed mortalium
Facinora coeli, quantaquanta est, regia
Nequit tenere: nec legendis Juppiter
El puniendis par est. Est tamen ultio,
Et, si intuemur, illa nos habitat prope.)

Daß nun eine solche ewige Gerechtigkeit wirklich im Wesen der Welt liege, wird aus unserm ganzen bisher entwickelten Gedanken dem, der diesen gefaßt hat, bald vollkommen einleuchtend werden.

Die Erscheinung, die Objektität des einen Willens zum Leben ist die Welt, in aller Vielheit ihrer Teile und Gestalten. Das Dasein selbst und die Art des Daseins, in der Gesamtheit, wie in jedem Teil, ist allein aus dem Willen. Er ist frei, er ist allmächtig. In jedem Dinge erscheint der Wille gerade so, wie er sich selbst an sich und außer der Zeit bestimmt. Die Welt ist nur der Spiegel dieses Wollens: und alle Endlichkeit, alle Leiden, alle Qualen, welche sie enthält, gehören zum Ausdruck dessen, was er will, sind so, weil er so will. Mit dem strengsten Rechte trägt sonach jedes Wesen das Dasein überhaupt, sodann das Dasein seiner Art und seiner eigentümlichen Individualität, ganz wie sie ist und unter Umgebungen wie sie sind, in einer Welt so wie sie ist, vom Zufall und vom Irrtum beherrscht, zeitlich, vergänglich, stets leidend: und in allem was ihm widerfährt, ja nur widerfahren kann, geschieht ihm immer Recht. Denn sein ist der Wille: und wie der Wille ist, so ist die Welt. Die Verantwortlichkeit für das Dasein und die Beschaffenheit dieser Welt kann nur sie selbst tragen, kein anderer; denn wie hätte er sie auf sich nehmen mögen? – Will man wissen, was die Menschen, moralisch betrachtet, im ganzen und allgemeinen wert sind; so betrachte man ihr Schicksal, im ganzen und allgemeinen. Dieses ist Mangel, Elend, Jammer, Qual und Tod. Die ewige Gerechtigkeit waltet: wären sie nicht, im ganzen genommen, nichtswürdig; so würde ihr Schicksal, im ganzen genommen, nicht so traurig sein. In diesem Sinne können wir sagen: die Welt selbst ist das Weltgericht. Könnte man allen Jammer der Welt in *eine* Waagschale legen, und alle Schuld der Welt in die andere; so würde gewiß die Zunge einstehn.

Freilich aber stellt sich der Erkenntnis, so wie sie, dem Willen zu seinem Dienst entsprossen, dem Individuo als solchem wird, die Welt nicht so dar, wie sie dem Forscher zuletzt sich enthüllt, als die Objektität des einen und alleinigen Willens zum Leben, der er selbst ist; sondern den Blick des rohen Individuums trübt, wie die Inder sagen, der Schleier der Maja: ihm zeigt sich, statt des Dinges an sich, nur die Erscheinung, in Zeit und Raum, dem principio individuationis, und in den übrigen Gestaltungen des Satzes vom Grunde: und in dieser Form seiner beschränkten Erkenntnis sieht er nicht das Wesen der Dinge, welche *eines* ist, sondern dessen Erscheinungen, als gesondert, getrennt, unzählbar, sehr verschieden, ja entgegengesetzt. Da erscheint ihm die Wollust als eines, und die Qual als ein ganz anderes, dieser Mensch als Peiniger und Mörder, jener als Dulder und Opfer, das Böse als eines und das Übel als ein anderes. Er sieht den einen in Freuden, Überfluß und Wollüsten leben, und zugleich vor dessen Türe den andern durch Mangel und Kälte angstvoll sterben. Dann frägt er: wo bleibt die Vergeltung? Und er selbst, im heftigen Willensdrange, der sein Ursprung und sein Wesen ist, ergreift die Wollüste und Genüsse des Lebens, hält sie umklammert fest, und weiß nicht, daß er durch eben diesen Akt seines Willens, alle die Schmerzen und Qualen des Lebens, vor deren Anblick er schaudert, ergreift und fest an sich drückt. Er sieht das Übel, er sieht das Böse in der Welt: aber weit entfernt zu erkennen, daß beide nur verschiedene Seiten der Erscheinung des einen Willens zum Leben sind, hält er sie für sehr verschieden, ja ganz entgegengesetzt, und sucht oft durch das Böse, d.h. durch Verursachung des fremden Leidens, dem Übel, dem Leiden des eigenen Individuums, zu entgehn, befangen im principio individuationis, getäuscht durch den Schleier der Maja. – Denn, wie auf dem tobenden Meere, das, nach allen Seiten unbegrenzt, heulend Wasserberge erhebt und senkt, auf einem Kahn ein Schiffer sitzt, dem schwachen Fahrzeug vertrauend; so sitzt, mitten in einer Welt voll Qualen, ruhig der einzelne Mensch, gestützt und vertrauend auf das principium individuationis, oder die Weise wie das Individuum die Dinge erkennt, als Erscheinung. Die unbegrenzte Welt, voll Leiden überall, in unendlicher Vergangenheit, in unendlicher Zukunft, ist ihm fremd, ja ist ihm ein Märchen: seine verschwindende Person, seine ausdehnungslose Gegenwart, sein augenblickliches Behagen, dies allein hat Wirklichkeit für ihn: und dies zu erhalten, tut er alles, solange nicht eine bessere Erkenntnis ihm die Augen öffnet. Bis dahin lebt bloß in der innersten Tiefe seines Bewußtseins die ganz dunkle Ahndung, daß ihm jenes alles doch wohl eigentlich so fremd nicht ist, sondern einen Zusammenhang mit ihm hat, vor welchem das principium individuationis ihn nicht schützen kann. Aus dieser Ahndung stammt jenes so unvertilgbare und allen Menschen (ja vielleicht selbst den klügeren Tieren) gemeinsame *Grausen*, das sie plötzlich ergreift, wenn sie, durch irgend einen Zufall, irre werden am principio individuationis, indem der Satz vom Grunde, in irgend einer seiner Gestaltungen, eine Ausnahme zu erleiden scheint: z. B. wenn es scheint, daß irgend eine Veränderung ohne Ursache vor sich ginge, oder ein Gestorbener wieder da wäre, oder sonst irgendwie das Vergangene oder das Zukünftige gegenwärtig, oder das Ferne nah wäre. Das ungeheure Entsetzen über so etwas gründet sich darauf, daß sie plötzlich irre werden an den Erkenntnisformen der Erscheinung, welche allein ihr eigenes Individuum von der übrigen Welt gesondert halten. Diese Sonderung aber eben liegt nur in der Erscheinung und nicht im Dinge an sich: eben darauf beruht die ewige Gerechtigkeit. – In der Tat steht alles zeitliche Glück und wandelt alle Klugheit – auf untergrabenem Boden. Sie schützen die Person vor Unfällen und verschaffen ihr Genüsse; aber die Person ist bloße Erscheinung, und ihre Verschiedenheit von andern Individuen und das Freisein von den Leiden, welche diese tragen, beruht auf der Form der Erscheinung, dem principio individuationis. Dem wahren Wesen der Dinge nach hat jeder alle

Leiden der Welt als die seinigen, ja alle nur möglichen als für ihn wirklich zu betrachten, solange er der feste Wille zum Leben ist, d.h. mit aller Kraft das Leben bejaht. Für die das principium individuationis durchschauende Erkenntnis ist ein glückliches Leben in der Zeit, vom Zufall geschenkt, oder ihm durch Klugheit abgewonnen, mitten unter den Leiden unzähliger andern, – doch nur der Traum eines Bettlers, in welchem er ein König ist, aber aus dem er erwachen muß, um zu erfahren, daß nur eine flüchtige Täuschung ihn von dem Leiden seines Lebens getrennt hatte.

Dem in der Erkenntnis, welche dem Satz vom Grunde folgt, in dem principio individuationis, befangenen Blick entzieht sich die ewige Gerechtigkeit: er vermißt sie ganz, wenn er nicht etwan sie durch Fiktionen rettet. Er sieht den Bösen, nach Untaten und Grausamkeiten aller Art, in Freuden leben und unangefochten aus der Welt gehn. Er sieht den Unterdrückten ein Leben voll Leiden bis ans Ende schleppen, ohne daß sich ein Rächer, ein Vergelter zeigte. Aber die ewige Gerechtigkeit wird nur der begreifen und fassen, der über jene am Leitfaden des Satzes vom Grunde fortschreitende und an die einzelnen Dinge gebundene Erkenntnis sich erhebt, die Ideen erkennt, das principium individuationis durchschaut, und inne wird, daß dem Dinge an sich die Formen der Erscheinung nicht zukommen. Dieser ist es auch allein, der, vermöge derselben Erkenntnis, das wahre Wesen der Tugend, wie es im Zusammenhang mit der gegenwärtigen Betrachtung sich uns bald aufschließen wird, verstehn kann; wiewohl zur Ausübung derselben diese Erkenntnis in abstracto keineswegs erfordert wird. Wer also bis zu der besagten Erkenntnis gelangt ist, dem wird es deutlich, daß, weil der Wille das Ansich aller Erscheinung ist, die über andere verhängte und die selbsterfahrene Qual, das Böse und das Übel, immer nur jenes eine und selbe Wesen treffen; wenngleich die Erscheinungen, in welchen das eine und das andere sich darstellt, als ganz verschiedene Individuen dastehn und sogar durch ferne Zeiten und Räume getrennt sind. Er sieht ein, daß die Verschiedenheit zwischen dem, der das Leiden verhängt, und dem, welcher es dulden muß, nur Phänomen ist und nicht das Ding an sich trifft, welches der in beiden lebende Wille ist, der hier, durch die an seinen Dienst gebundene Erkenntnis getäuscht, sich selbst verkennt, in *einer* seiner Erscheinungen gesteigertes Wohlsein suchend, in der *andern* großes Leiden hervorbringt und so, im heftigen Drange, die Zähne in sein eigenes Fleisch schlägt, nicht wissend, daß er immer nur sich selbst verletzt, dergestalt, durch das Medium der Individuation, den Widerstreit mit sich selbst offenbarend, welchen er in seinem Innern trägt. Der Quäler und der Gequälte sind eines. Jener irrt, indem er sich der Qual, dieser, indem er sich der Schuld nicht teilhaft glaubt. Gingen ihnen beiden die Augen auf, so würde der das Leid verhängt erkennen, daß er in allem lebt, was auf der weiten Welt Qual leidet und, wenn mit Vernunft begabt, vergeblich nachsinnt, warum es zu so großem Leiden, dessen Verschuldung es nicht einsieht, ins Dasein gerufen ward: und der Gequälte würde einsehn, daß alles Böse, das auf der Welt verübt wird, oder je ward, aus jenem Willen fließt, der auch *sein* Wesen ausmacht, auch in *ihm* erscheint und er durch diese Erscheinung und ihre Bejahung alle Leiden auf sich genommen hat, die aus solchem Willen hervorgehn und sie mit Recht erduldet, so lange er dieser Wille ist. – Aus dieser Erkenntnis spricht der ahndungsvolle Dichter Calderon im »Leben ein Traum«:

> Pues el delito mayor
> Del hombre es haber nacido.
> (Denn die größte Schuld des Menschen
> Ist, daß er geboren ward.)

Wie sollte es nicht eine Schuld sein, da nach einem ewigen Gesetze der Tod darauf steht? Calderon hat auch nur das christliche Dogma von der Erbsünde durch jenen Vers ausgesprochen.

Die lebendige Erkenntnis der ewigen Gerechtigkeit, des Waagebalkens, der das malum culpae mit dem malo poenae unzertrennlich verbindet, erfordert gänzliche Erhebung über die Individualität und das Prinzip ihrer Möglichkeit: sie wird daher, wie auch die ihr verwandte und sogleich zu erörternde reine und deutliche Erkenntnis des Wesens aller Tugend, der Mehrzahl der Menschen stets unzugänglich bleiben. – Daher haben die weisen Urväter des indischen Volkes sie zwar in den, den drei wiedergeborenen Kasten allein erlaubten Veden, oder in der esoterischen

Weisheitslehre, direkt, so weit nämlich Begriff und Sprache es fassen und ihre immer noch bildliche, auch rhapsodische Darstellungsweise es zuläßt, ausgesprochen; aber in der Volksreligion, oder exoterischen Lehre, nur mythisch mitgeteilt. Die direkte Darstellung finden wir in den Veden, der Frucht der höchsten menschlichen Erkenntnis und Weisheit, deren Kern in den Upanischaden uns, als das größte Geschenk dieses Jahrhunderts, endlich zugekommen ist, auf mancherlei Weise ausgedrückt, besonders aber dadurch, daß vor den Blick des Lehrlings alle Wesen der Welt, lebende und leblose, der Reihe nach vorübergeführt werden und über jedes derselben jenes zur Formel gewordene und als solche die Mahavakya genannte Wort ausgesprochen wird: Tatoumes, richtiger tat twam asi, welches heißt: »Dies bist du«*. – Dem Volke aber wurde jene große Wahrheit, so weit es, in seiner Beschränktheit, sie fassen konnte, in die Erkenntnisweise, welche dem Satz vom Grunde folgt, übersetzt, die zwar, ihrem Wesen nach, jene Wahrheit rein und an sich durchaus nicht aufnehmen kann, sogar im geraden Widerspruch mit ihr steht, allein in der Form des Mythos ein Surrogat derselben empfing, welches als Regulativ für das Handeln hinreichend war, indem es die ethische Bedeutung desselben, in der dieser selbst ewig fremden Erkenntnisweise gemäß dem Satz vom Grunde, doch durch bildliche Darstellung faßlich macht; welches der Zweck aller Glaubenslehren ist, indem sie sämtlich mythische Einkleidungen der dem rohen Menschensinn unzugänglichen Wahrheit sind. Auch könnte in diesem Sinne jener Mythos, in Kants Sprache, ein Postulat der praktischen Vernunft genannt werden: als ein solches betrachtet aber hat er den großen Vorzug, gar keine Elemente zu enthalten, als die im Reiche der Wirklichkeit vor unsern Augen liegen, und daher alle seine Begriffe mit Anschauungen belegen zu können. Das hier Gemeinte ist der Mythos von der Seelenwanderung. Er lehrt, daß alle Leiden, welche man im Leben über andere Wesen verhängt, in einem folgenden Leben auf eben dieser Welt, genau durch dieselben Leiden wieder abgebüßt werden müssen; welches so weit geht, daß wer nur ein Tier tötet, einst in der unendlichen

* Oupnek'hat, Bd. 1, S. 60 fg.

Zeit auch als eben ein solches Tier geboren werden und denselben Tod erleiden wird. Er lehrt, daß böser Wandel ein künftiges Leben, auf dieser Welt, in leidenden und verachteten Wesen nach sich zieht, daß man demgemäß sodann wieder geboren wird in niedrigeren Kasten, oder als Weib, oder als Tier, als Paria oder Tschandala, als Aussätziger, als Krokodil usw. Alle Qualen, die der Mythos droht, belegt er mit Anschauungen aus der wirklichen Welt, durch leidende Wesen, welche auch nicht wissen, wie sie ihre Qual verschuldet haben, und er braucht keine andere Hölle zu Hülfe zu nehmen. Als Belohnung aber verheißt er dagegen Wiedergeburt in besseren, edleren Gestalten, als Brahmane, als Weiser, als Heiliger. Die höchste Belohnung, welche der edelsten Taten und der völligen Resignation wartet, welche auch dem Weibe wird, das in sieben Leben hintereinander freiwillig auf dem Scheiterhaufen des Gatten starb, nicht weniger auch dem Menschen, dessen reiner Mund nie eine einzige Lüge gesprochen hat, diese Belohnung kann der Mythos in der Sprache dieser Welt nur negativ ausdrücken, durch die so oft vorkommende Verheißung, gar nicht mehr wiedergeboren zu werden: non adsumes iterum existentiam apparentem: oder wie die Buddhaisten, welche weder Veda noch Kasten gelten lassen, es ausdrücken: »Du sollst Nirwana erlangen, d.i. einen Zustand, in welchem es vier Dinge nicht gibt: Geburt, Alter, Krankheit und Tod.«

Nie hat ein Mythos und nie wird einer sich der so wenigen zugänglichen, philosophischen Wahrheit enger anschließen, als diese uralte Lehre des edelsten und ältesten Volkes, bei welchem sie, so entartet es auch jetzt in vielen Stücken ist, doch noch als allgemeiner Volksglaube herrscht und auf das Leben entschiedenen Einfluß hat, heute so gut, wie vor vier Jahrtausenden. Jenes non plus ultra mythischer Darstellung haben daher schon Pythagoras und Plato mit Bewunderung aufgefaßt, von Indien, oder Ägypten, herübergenommen, verehrt, angewandt und, wir wissen nicht wie weit, selbst geglaubt. – Wir hingegen schicken nunmehr den Brahmanen englische clergymen und herrnhuterische Leinweber, um sie aus Mitleid eines Bessern zu belehren und ihnen zu bedeuten, daß sie aus Nichts gemacht sind und sich dankbarlich darüber freuen sollen. Aber uns widerfährt was dem, der eine

Kugel gegen einen Felsen abschießt. In Indien fassen unsere Religionen nie und nimmermehr Wurzel: die Urweisheit des Menschengeschlechts wird nicht von den Begebenheiten in Galiläa verdrängt werden. Hingegen strömt indische Weisheit nach Europa zurück und wird eine Grundveränderung in unserm Wissen und Denken hervorbringen.

§ 64

Aber von unserer nicht mythischen, sondern philosophischen Darstellung der ewigen Gerechtigkeit wollen wir jetzt zu den dieser verwandten Betrachtungen der ethischen Bedeutsamkeit des Handelns und des Gewissens, welches die bloß gefühlte Erkenntnis jener ist, fortschreiten. – Nur will ich, an dieser Stelle, zuvor noch auf zwei Eigentümlichkeiten der menschlichen Natur aufmerksam machen, welche beitragen können zu verdeutlichen, wie einem jeden das Wesen jener ewigen Gerechtigkeit und die Einheit und Identität des Willens in allen seinen Erscheinungen, worauf jene beruht, wenigstens als dunkles Gefühl bewußt ist.

Ganz unabhängig von dem nachgewiesenen Zwecke des Staates bei der Strafe, der das Strafrecht begründet, gewährt es, nachdem eine böse Tat geschehn, nicht nur dem Gekränkten, den meistens Rachsucht beseelt, sondern auch dem ganz anteilslosen Zuschauer Befriedigung, zu sehn, daß der, welcher einem andern einen Schmerz verursachte, gerade dasselbe Maß des Schmerzes wieder erleide. Mir scheint sich hierin nichts anderes, als eben das Bewußtsein jener ewigen Gerechtigkeit auszusprechen, welches aber von dem ungeläuterten Sinn sogleich mißverstanden und verfälscht wird, indem er, im principio individuationis befangen, eine Amphibolie der Begriffe begeht und von der Erscheinung das verlangt, was nur dem Dinge an sich zukommt, nicht einsieht, inwiefern an sich der Beleidiger und der Beleidigte eines sind und dasselbe Wesen es ist, was, in seiner eigenen Erscheinung sich selbst nicht wiederkennend, sowohl die Qual als die Schuld trägt; sondern vielmehr verlangt, am nämlichen Individuo, dessen die Schuld ist, auch die Qual wiederzusehn. – Daher möchten die meisten auch fordern, daß ein Mensch, der einen sehr hohen Grad von Bosheit hat, welcher jedoch sich wohl in vielen, nur nicht mit andern Eigenschaften wie in ihm gepaart, finden möchte, der nämlich dabei durch ungewöhnliche Geisteskraft andern weit überlegen wäre und welcher demzufolge nun unsägliche Leiden über Millionen andere verhinge, z. B. als Welteroberer, – sie würden fordern, sage ich, daß ein solcher alle jene Leiden irgendwann und irgendwo durch ein gleiches Maß von Schmerzen abbüßte; weil sie nicht erkennen, wie an sich der Quäler und die Gequälten eines sind und derselbe Wille, durch welchen diese da sind und leben, es eben auch ist, der in jenem erscheint und gerade durch ihn zur deutlichsten Offenbarung seines Wesens gelangt, und der ebenfalls, wie in den Unterdrückten, so auch im Überwältiger leidet, und zwar in diesem in dem Maße mehr, als das Bewußtsein höhere Klarheit und Deutlichkeit und der Wille größere Vehemenz hat. – Daß aber die tiefere, im principio individuationis nicht mehr befangene Erkenntnis, aus welcher alle Tugend und Edelmut hervorgehn, jene Vergeltung fordernde Gesinnung nicht mehr hegt, bezeugt schon die christliche Ethik, welche alle Vergeltung des Bösen mit Bösem schlechthin untersagt und die ewige Gerechtigkeit als in dem von der Erscheinung verschiedenen Gebiet des Dinges an sich walten läßt. (»Die Rache ist mein, Ich will vergelten, spricht der Herr.« Röm. 12, 19.)

Ein viel auffallenderer, aber auch viel seltenerer Zug in der menschlichen Natur, welcher jenes Verlangen, die ewige Gerechtigkeit in das Gebiet der Erfahrung, d.i. der Individuation, zu ziehn, ausspricht, und dabei zugleich ein gefühltes Bewußtsein andeutet, daß, wie ich es oben ausdrückte, der Wille zum Leben das große Trauer- und Lustspiel auf eigene Kosten aufführt, und daß derselbe und eine Wille in allen Erscheinungen lebt, ein solcher Zug, sage ich, ist folgender. Wir sehn bisweilen einen Menschen über ein großes Unbild, das er erfahren, ja vielleicht nur als Zeuge erlebt hat, so tief empört werden, daß er sein eigenes Leben, mit Überlegung und ohne Rettung, daran setzt, um Rache an dem Ausüber jenes Frevels zu nehmen. Wir sehn ihn etwan einen mächtigen Unterdrücker Jahre lang aufsuchen, endlich ihn morden und dann selbst auf dem Schafott sterben, wie er vorhergesehn, ja oft gar nicht zu vermeiden suchte, indem sein Leben nur noch als Mittel zur Rache Wert für ihn behalten hatte. – Besonders unter den Spaniern finden sich solche Beispiele*. Wenn wir nun den Geist jener Vergeltungssucht genau betrachten, so finden wir sie sehr verschieden von der gemeinen Rache, die das erlittene Leid durch den Anblick des verursachten mildern will: ja, wir finden, daß was sie bezweckt nicht sowohl Rache als Strafe genannt zu werden verdient: denn in ihr liegt eigentlich die Absicht einer Wirkung auf die Zukunft, durch das Beispiel, und zwar hier ohne allen eigennützigen Zweck, weder für das rächende Individuum, denn es geht dabei unter, noch für eine Gesellschaft, die durch Gesetze sich Sicherheit schafft: denn jene Strafe wird vom einzelnen, nicht vom Staat, noch zur Erfüllung eines Gesetzes vollzogen, vielmehr trifft sie immer eine Tat, die der Staat nicht strafen wollte oder konnte und deren Strafe er mißbilligt. Mir scheint es, daß der Unwille, welcher einen solchen Menschen so weit über die Grenzen aller Selbstliebe hinaus treibt, aus dem tiefsten Bewußtsein entspringt, daß er der ganze Wille zum Leben, der in allen Wesen, durch alle Zeiten erscheint, selbst ist, dem daher die fernste Zukunft wie die Gegenwart auf gleiche Weise angehört und nicht gleichgültig sein kann: diesen Willen bejahend, verlangt er jedoch, daß in dem Schauspiel, welches sein Wesen darstellt, kein so ungeheures Unbild je wieder erscheine, und will, durch das Beispiel einer Rache, gegen welche es keine Wehrmauer gibt, da Todesfurcht den Rächer nicht abschreckt, jeden künftigen Frevler schrecken. Der Wille zum Leben, obwohl sich noch bejahend, hängt hier nicht mehr an der einzelnen Erscheinung, dem Individuo, sondern umfaßt die Idee des Menschen und will ihre Erscheinung rein erhalten von solchem ungeheuern, empörenden Unbild. Es ist ein seltener, bedeutungsvoller, ja erhabener Charakterzug, durch welchen der einzelne sich opfert, indem er sich zum Arm der ewigen Gerechtigkeit zu machen strebt, deren eigentliches Wesen er noch verkennt.

* Jener spanische Bischof, der im letzten Kriege sich und die französischen Generäle, an seiner Tafel, zugleich vergiftete, gehört hieher, wie mehrere Tatsachen aus jenem Kriege. Auch findet man Beispiele im Montaigne, Buch 2, Kap. 12.

§ 65

Durch alle bisherigen Betrachtungen über das menschliche Handeln haben wir die letzte vorbereitet und uns die Aufgabe sehr erleichtert, die eigentliche ethische Bedeutsamkeit des Handelns, welche man im Leben durch die Worte *gut* und *böse* bezeichnet und sich dadurch vollkommen verständigt, zu abstrakter und philosophischer Deutlichkeit zu erheben und als Glied unsers Hauptgedankens nachzuweisen.

Ich will aber zuvörderst jene Begriffe *gut* und *böse*, welche von den philosophischen Schriftstellern unserer Tage, höchst wunderlicherweise, als einfache, also keiner Analyse fähige Begriffe behandelt werden, auf ihre eigentliche Bedeutung zurückführen; damit man nicht etwan in einem undeutlichen Wahn befangen bleibe, daß sie mehr enthalten, als wirklich der Fall ist, und an und für sich schon alles hier Nötige besagten. Dies kann ich tun, weil ich selbst so wenig gesonnen bin, in der Ethik hinter dem Worte *Gut* einen Versteck zu suchen, als ich solchen früher hinter den Worten *Schön* oder *Wahr* gesucht habe, um dann etwan durch ein angehängtes *»heit«*, das heutzutage eine besondere δευτερος haben und dadurch in mehreren Fällen aushelfen soll, und durch eine feierliche Miene glauben zu machen, ich hätte durch Aussprechung solcher drei Worte mehr getan, als drei sehr weite und abstrakte, folglich gar nicht inhaltsreiche Begriffe bezeichnen, welche sehr verschiedenen Ursprung und Bedeutung haben. Wem in der Tat, der sich mit den Schriften unserer Tage bekannt gemacht hat, sind nicht jene drei Worte, auf so treffliche Dinge sie ursprünglich auch weisen, doch endlich zum Ekel geworden, nachdem er tausend Mal sehn mußte, wie jeder zum Denken Unfähigste nur glaubt, mit weitem Munde und der Miene eines begeisterten Schafes, jene drei Worte vorbringen zu dürfen, um große Weisheit geredet zu haben?

Die Erklärung des Begriffes *wahr* ist schon in der Abhandlung über den Satz vom Grunde, Kap. 5, § 29ff., gegeben. Der Inhalt des Begriffs *schön* hat durch unser ganzes drittes Buch zum ersten Mal seine eigentliche Erklärung gefunden. Jetzt wollen wir den Begriff *gut* auf seine Bedeutung zurückführen, was mit sehr Wenigem geschehn kann. Dieser Begriff ist wesentlich relativ und bezeichnet die *Angemessenheit eines Objekts zu irgend einer bestimmten Bestrebung des Willens*. Also alles, was dem Willen in irgend einer seiner Äußerungen zusagt, seinen Zweck erfüllt, das wird durch den Begriff *gut* gedacht, so verschieden es auch im übrigen sein mag. Darum sagen wir gutes Essen, gute Wege, gutes Wetter, gute Waffen, gute Vorbedeutung usw., kurz, nennen alles gut, was gerade so ist, wie wir es eben wollen; daher auch dem einen gut sein kann, was dem andern gerade das Gegenteil davon ist. Der Begriff des Guten zerfällt in zwei Unterarten: nämlich die der unmittelbar gegenwärtigen und die der nur mittelbaren, auf die Zukunft gehenden Befriedigung des jedesmaligen Willens: d.h. das Angenehme und das Nützliche. – Der Begriff des Gegenteils wird, so lange von nichterkennenden Wesen die Rede ist, durch das Wort *schlecht*, seltener und abstrakter durch *Übel* ausgedrückt, welches also alles dem jedesmaligen Streben des Willens nicht Zusagende bezeichnet. Wie alle andern Wesen, die in Beziehung zum Willen treten können, hat man nun auch Menschen, die den gerade gewollten Zwecken günstig, förderlich, befreundet waren, *gut* genannt, in derselben Bedeutung und immer mit Beibehaltung des Relativen, welches sich z. B. in der Redensart zeigt: »Dieser ist mir gut, dir aber nicht.« Diejenigen aber, deren Charakter es mit sich brachte, überhaupt die fremden Willensbestrebungen als solche nicht zu hindern, vielmehr zu befördern, die also durchgängig hülfreich, wohlwollend, freundlich, wohltätig waren, sind, wegen dieser Relation ihrer Handlungsweise zum Willen anderer überhaupt, *gute* Menschen genannt worden. Den entgegengesetzten Begriff bezeichnet man im Deutschen und seit etwan hundert Jahren auch im Französischen, bei erkennenden Wesen (Tieren und Menschen) durch ein anderes Wort als bei erkenntnislosen, nämlich durch *böse*, méchant, während in fast allen andern Sprachen dieser Unterschied nicht stattfindet und *κακος*, malus, cattivo, bald von Menschen wie von leblosen Dingen gebraucht werden, welche den Zwecken eines bestimmten individuellen Willens entgegen sind. Also ganz und gar vom passiven Teil des Guten ausgegangen, konnte die Betrachtung erst später auf den aktiven übergehn und die Handlungsweise des *gut* genannten Menschen nicht mehr in Bezug auf andere, sondern auf ihn selbst untersuchen, besonders sich die Erklärung aufgebend, teils der rein objektiven Hochachtung, die sie in andern, teils der eigentümlichen Zufriedenheit mit sich selbst, die sie in ihm offenbar hervorbrachte, da er solche sogar mit Opfern anderer Art erkaufte; so wie auch im Gegenteil des innern Schmerzes, der die böse Gesinnung begleitete, so viel äußere Vorteile sie auch dem brachte, der sie gehegt. Hieraus entsprangen nun die ethischen Systeme, sowohl philosophische, als auf Glaubenslehren gestützte. Beide suchten stets die Glückseligkeit mit der Tugend irgendwie in Verbindung zu setzen, die ersteren entweder durch den Satz des Widerspruchs, oder auch durch den des Grundes, Glückseligkeit also entweder zum Identischen, oder zur Folge der Tugend zu machen, immer sophistisch: die letzteren aber durch Behauptung anderer Welten, als die der Erfahrung möglicherweise bekannte*. Hingegen wird, unserer Betrachtung zufolge, sich das innere Wesen der Tugend ergeben als ein Streben in ganz entgegengesetzter Richtung als das nach Glückseligkeit, d. h. Wohlsein und Leben.

Dem Obigen zufolge ist das *Gute*, seinem Begriffe nach, των

* Hiebei sei es beiläufig bemerkt, daß das, was jeder positiven Glaubenslehre ihre große Kraft gibt, der Anhaltspunkt, durch welchen sie die Gemüter fest in Besitz nimmt, durchaus ihre ethische Seite ist; wiewohl nicht unmittelbar als solche, sondern indem sie mit dem übrigen, der jedesmaligen Glaubenslehre eigentümlichen, mythischen Dogma fest verknüpft und verwebt, als allein durch dasselbe erklärbar erscheint; so sehr, daß, obgleich die ethische Bedeutung der Handlungen gar nicht gemäß dem Satz des Grundes erklärbar ist, jeder Mythos aber diesem Satz folgt, dennoch die Gläubigen die ethische Bedeutung des Handelns und ihren Mythos für ganz unzertrennlich, ja schlechthin *eins* halten und nun jeden Angriff auf den Mythos für einen Angriff auf Recht und Tugend ansehn. Dies geht so weit, daß bei den monotheistischen Völkern Atheismus, oder Gottlosigkeit, das Synonym von Abwesenheit aller Moralität geworden ist. Den Priestern sind solche Begriffsverwechselungen willkommen, und nur infolge derselben konnte jenes furchtbare Ungeheuer, der Fanatismus, entstehn, und nicht etwan nur einzelne ausgezeichnet verkehrte und böse Individuen, sondern ganze Völker beherrschen und zuletzt, was zur Ehre der Menschheit nur einmal in ihrer Geschichte dasteht, in diesem Okzident sich als Inquisition verkörpern, welche, nach den neuesten endlich authentischen Nachrichten, in Madrid allein (während im übrigen Spanien noch viele solche geistliche Mördergruben waren) in 300 Jahren 300000 Menschen, Glaubenssachen halber, auf dem Scheiterhaufen qualvoll sterben ließ; woran jeder Eiferer, so oft er laut werden will, sogleich zu erinnern ist.

προς τι, also jedes Gute wesentlich relativ: denn es hat sein Wesen nur in seinem Verhältnis zu einem begehrenden Willen. *Absolutes Gut* ist demnach ein Widerspruch: höchstes Gut, summum bonum, bedeutet dasselbe, nämlich eigentlich eine finale Befriedigung des Willens, nach welcher kein neues Wollen einträte, ein letztes Motiv, dessen Erreichung ein unzerstörbares Genügen des Willens gäbe. Nach unserer bisherigen Betrachtung in diesem vierten Buch ist dergleichen nicht denkbar. Der Wille kann so wenig durch irgend eine Befriedigung aufhören stets wieder von neuem zu wollen, als die Zeit enden oder anfangen kann: eine dauernde, sein Streben vollständig und auf immer befriedigende Erfüllung gibt es für ihn nicht. Er ist das Faß der Danaiden: es gibt kein höchstes Gut, kein absolutes Gut für ihn; sondern stets nur ein einstweiliges. Wenn es indessen beliebt, um einem alten Ausdruck, den man aus Gewohnheit nicht ganz abschaffen möchte, gleichsam als emeritus, ein Ehrenamt zu geben; so mag man, tropischerweise und bildlich, die gänzliche Selbstaufhebung und Verneinung des Willens, die wahre Willenslosigkeit, als welche allein den Willensdrang für immer stillt und beschwichtigt, allein jene Zufriedenheit gibt, die nicht wieder gestört werden kann, allein welterlösend ist, und von der wir jetzt bald, am Schluß unserer ganzen Betrachtung, handeln werden, – das absolute Gut, das summum bonum nennen, und sie ansehn als das einzige radikale Heilmittel der Krankheit, gegen welche alle andern Güter, nämlich alle erfüllten Wünsche und alles erlangte Glück, nur Palliativmittel, nur Anodyna sind. In diesem Sinne entspricht das griechische τελος, wie auch finis bonorum, der Sache sogar noch besser. – So viel von den Worten *Gut* und *Böse*; jetzt aber zur Sache.

Wenn ein Mensch, sobald Veranlassung da ist und ihn keine äußere Macht abhält, stets geneigt ist *Unrecht* zu tun, nennen wir ihn *böse*. Nach unserer Erklärung des Unrechts heißt dieses, daß ein solcher nicht allein den Willen zum Leben, wie er in seinem Leibe erscheint, bejaht; sondern in dieser Bejahung so weit geht, daß er den in andern Individuen erscheinenden Willen verneint; was sich darin zeigt, daß er ihre Kräfte zum Dienste seines Willens verlangt und ihr Dasein zu vertilgen sucht, wenn sie den Bestrebungen seines Willens entgegenstehn. Die letzte Quelle hievon ist ein hoher Grad des Egoismus, dessen Wesen oben auseinandergesetzt ist. Zweierlei ist hier sogleich offenbar: *erstlich*, daß in einem solchen Menschen ein überaus heftiger, weit über die Bejahung seines eigenen Lebens hinausgehender Wille zum Leben sich ausspricht; und *zweitens*, daß seine Erkenntnis, ganz dem Satz vom Grunde hingegeben und im principio individuationis befangen, bei dem durch dieses letztere gesetzten gänzlichen Unterschiede zwischen seiner eigenen Person und allen andern fest stehn bleibt; daher er allein sein eigenes Wohlsein sucht, vollkommen gleichgültig gegen das aller andern, deren Wesen ihm vielmehr völlig fremd ist, durch eine weite Kluft von dem seinigen geschieden, ja, die er eigentlich nur als Larven, ohne alle Realität, ansieht. – Und diese zwei Eigenschaften sind die Grundelemente des bösen Charakters.

Jene große Heftigkeit des Wollens ist nun schon an und für sich und unmittelbar eine stete Quelle des Leidens. Erstlich, weil alles Wollen, als solches, aus dem Mangel, also dem Leiden, entspringt. (Daher ist, wie aus dem dritten Buch erinnerlich, das augenblickliche Schweigen alles Wollens, welches eintritt, sobald wir als reines willenloses Subjekt des Erkennens [Korrelat der Idee] der ästhetischen Betrachtung hingegeben sind, eben schon ein Hauptbestandteil der Freude am Schönen.) Zweitens, weil, durch den kausalen Zusammenhang der Dinge, die meisten Begehrungen unerfüllt bleiben müssen und der Wille viel öfter durchkreuzt, als befriedigt wird, folglich auch dieserhalb heftiges und vieles Wollen stets heftiges und vieles Leiden mit sich bringt. Denn alles Leiden ist durchaus nichts anderes, als unerfülltes und durchkreuztes Wollen: und selbst der Schmerz des Leibes, wenn er verletzt oder zerstört wird, ist als solcher allein dadurch möglich, daß der Leib nichts anderes, als der Objekt gewordene Wille selbst ist. – Dieserhalb nun, weil vieles und heftiges Leiden von vielem und heftigem Wollen unzertrennlich ist, trägt schon der Gesichtsausdruck sehr böser Menschen das Gepräge des innern Leidens: selbst wenn sie alles äußerliche Glück erlangt haben, sehn sie stets unglücklich aus, sobald sie nicht im augenblicklichen Jubel begriffen sind, oder sich verstellen. Aus dieser, ihnen ganz unmittelbar wesentlichen, innern Qual geht zuletzt sogar die nicht aus dem bloßen Egoismus entsprungene, sondern uneigennützige Freude an fremdem Leiden hervor, welche die eigentliche *Bosheit* ist und sich bis zur *Grausamkeit* steigert. Dieser ist das fremde Leiden nicht mehr Mittel zur Erlangung der Zwecke des eigenen Willens, sondern Zweck an sich. Die nähere Erklärung dieses Phänomens ist folgende. Weil der Mensch Erscheinung des Willens, von der klarsten Erkenntnis beleuchtet, ist, mißt er die wirkliche und gefühlte Befriedigung seines Willens stets gegen die bloß mögliche ab, welche ihm die Erkenntnis vorhält. Hieraus entspringt der Neid: jede Entbehrung wird unendlich gesteigert durch fremden Genuß, und erleichtert durch das Wissen, daß auch andere dieselbe Entbehrung dulden. Die Übel, welche allen gemeinschaftlich und vom Menschenleben unzertrennlich sind, betrüben uns wenig: ebenso die, welche dem Klima, dem ganzen Lande angehören. Die Erinnerung an größere Leiden, als die unserigen sind, stillt ihren Schmerz: der Anblick fremder Leiden lindert die eigenen. Wenn nun ein Mensch von einem überaus heftigen Willensdrange erfüllt ist, mit brennender Gier alles zusammenfassen möchte, um den Durst des Egoismus zu kühlen, und dabei, wie es notwendig ist, erfahren muß, daß alle Befriedigung nur scheinbar ist, das Erlangte nie leistet, was das Begehrte versprach, nämlich endliche Stillung des grimmigen Willensdranges; sondern durch die Erfüllung der Wunsch nur seine Gestalt ändert und jetzt unter einer andern quält, ja endlich, wenn sie alle erschöpft sind, der Willensdrang selbst, auch ohne erkanntes Motiv, bleibt und sich als Gefühl der entsetzlichsten Öde und Leere, mit heilloser Qual kundgibt: wenn aus diesem allen, was bei den gewöhnlichen Graden des Wollens nur in geringerm Maß empfunden, auch nur den gewöhnlichen Grad trüber Stimmung hervorbringt, bei jenem, der die bis zur ausgezeichneten Bosheit gehende Erscheinung des Willens ist, notwendig eine übermäßige innere Qual, ewige Unruhe, unheilbarer Schmerz erwächst; so sucht er nun indirekt die Linderung, deren er direkt nicht fähig ist, sucht nämlich durch den Anblick des fremden Leidens, welches er zugleich als eine Äußerung seiner Macht erkennt, das eigene zu mildern. Fremdes Leiden wird ihm jetzt

Zweck an sich, ist ihm ein Anblick, an dem er sich weidet: und so entsteht die Erscheinung der eigentlichen Grausamkeit, des Blutdurstes, welche die Geschichte so oft sehn läßt, in den Neronen und Domitianen, in den afrikanischen Deis, im Robespierre usw.

Mit der Bosheit verwandt ist schon die Rachsucht, die das Böse mit Bösem vergilt, nicht aus Rücksicht auf die Zukunft, welches der Charakter der Strafe ist, sondern bloß wegen des Geschehenen, Vergangenen, als solchen, also uneigennützig, nicht als Mittel, sondern als Zweck, um an der Qual des Beleidigers, die man selbst verursacht, sich zu weiden. Was die Rache von der reinen Bosheit unterscheidet und in etwas entschuldigt, ist ein Schein des Rechts; sofern nämlich derselbe Akt, der jetzt Rache ist, wenn er gesetzlich, d. h. nach einer vorher bestimmten und bekannten Regel und in einem Verein, der sie sanktioniert hat, verfügt würde, Strafe, also Recht, sein würde.

Außer dem beschriebenen, mit der Bosheit aus einer Wurzel, dem sehr heftigen Willen, entsprossenen und daher von ihr unabtrennlichen Leiden, ist ihr nun aber noch eine davon ganz verschiedene und besondere Pein beigesellt, welche bei jeder bösen Handlung, diese sei nun bloße Ungerechtigkeit aus Egoismus, oder reine Bosheit, fühlbar wird und, nach der Länge ihrer Dauer, *Gewissensbiß* oder *Gewissensangst* heißt. – Wem nun der bisherige Inhalt dieses vierten Buchs, besonders aber die am Anfange desselben auseinandergesetzte Wahrheit, daß dem Willen zum Leben das Leben selbst, als sein bloßes Abbild oder Spiegel, immer gewiß ist, sodann auch die Darstellung der ewigen Gerechtigkeit, – erinnerlich und gegenwärtig sind; der wird finden, daß in Gemäßheit jener Betrachtungen, der Gewissensbiß keine andere, als folgende Bedeutung haben kann, d. h. sein Inhalt, abstrakt ausgedrückt, folgender ist, in welchem man zwei Teile unterscheidet, die aber doch wieder ganz zusammenfallen und als völlig vereint gedacht werden müssen.

So dicht nämlich auch den Sinn des Bösen der Schleier der Maja umhüllt, d. h. so fest er auch im principio individuationis befangen ist, demgemäß er seine Person von jeder andern als absolut verschieden und durch eine weite Kluft getrennt ansieht, welche Erkenntnis, weil sie seinem Egoismus allein gemäß und die Stütze desselben ist, er mit aller Gewalt festhält, wie denn fast immer die Erkenntnis vom Willen bestochen ist; so regt sich dennoch, im Innersten seines Bewußtseins, die geheime Ahndung, daß eine solche Ordnung der Dinge doch nur Erscheinung ist, an sich aber es sich ganz anders verhält, daß, so sehr auch Zeit und Raum ihn von andern Individuen und deren unzählbaren Qualen, die sie leiden, ja durch ihn leiden, trennen und sie als ihm ganz fremd darstellen; dennoch an sich und abgesehn von der Vorstellung und ihren Formen der eine Wille zum Leben es ist, der in ihnen allen erscheint, der hier, sich selbst verkennend, gegen sich selbst seine Waffen wendet, und indem er in einer seiner Erscheinungen gesteigertes Wohlsein sucht, eben dadurch der andern das größte Leiden auflegt, und daß er, der Böse, eben dieser ganze Wille ist, er folglich nicht allein der Quäler, sondern eben er auch der Gequälte, von dessen Leiden ihn nur ein täuschender Traum, dessen Form Raum und Zeit ist, trennt und frei hält, der aber dahinschwindet und er, der Wahrheit nach, die Wollust mit der Qual bezahlen muß, und alles Leiden, das er nur als möglich erkennt, ihn als den Willen zum Leben wirklich trifft, indem nur für die Erkenntnis des Individuums, nur mittelst des principii individuationis, Möglichkeit und Wirklichkeit, Nähe und Ferne der Zeit und des Raumes, verschieden sind; nicht so an sich. Diese Wahrheit ist es, welche mythisch, d.h. dem Satze vom Grunde angepaßt und dadurch in die Form der Erscheinung übersetzt, durch die Seelenwanderung ausgedrückt wird: ihren von aller Beimischung reinsten Ausdruck aber hat sie eben in jener dunkel gefühlten, aber trostlosen Qual, die man Gewissensangst nennt. – Diese entspringt aber außerdem noch aus einer *zweiten*, mit jener ersten genau verbundenen, unmittelbaren Erkenntnis, nämlich der Stärke, mit welcher im bösen Individuo der Wille zum Leben sich bejaht, welche weit über seine individuelle Erscheinung hinausgeht, bis zur gänzlichen Verneinung desselben, in fremden Individuen erscheinenden Willens. Das innere Entsetzen folglich des Bösewichts über seine eigene Tat, welches er sich selber zu verhehlen sucht, enthält neben jener Ahndung der Nichtigkeit und bloßen Scheinbarkeit des principii individuationis und des durch dasselbe gesetzten Unterschiedes zwischen ihm und andern, zugleich auch die Erkenntnis der Heftigkeit seines eigenen Willens, der Gewalt, mit welcher er das Leben gefaßt, sich daran festgesogen hat, eben dieses Leben, dessen schreckliche Seite er in der Qual der von ihm Unterdrückten vor sich sieht und mit welchem er dennoch so fest verwachsen ist, daß eben dadurch das Entsetzlichste von ihm selbst ausgeht, als Mittel zur völligern Bejahung seines eigenen Willens. Er erkennt sich als konzentrierte Erscheinung des Willens zum Leben, fühlt bis zu welchem Grade er dem Leben anheimgefallen ist und damit auch den zahllosen Leiden, die diesem wesentlich sind, da es endlose Zeit und endlosen Raum hat, um den Unterschied zwischen Möglichkeit und Wirklichkeit aufzuheben und alle von ihm für jetzt bloß *erkannte* Qualen in *empfundene* zu verwandeln. Die Millionen Jahre steter Wiedergeburt bestehn dabei zwar bloß im Begriff, wie die ganze Vergangenheit und Zukunft allein im Begriff existiert: die erfüllte Zeit, die Form der Erscheinung des Willens ist allein die Gegenwart, und für das Individuum ist die Zeit immer neu: es findet sich stets als neu entstanden. Denn von dem Willen zum Leben ist das Leben unzertrennlich und dessen Form allein das Jetzt. Der Tod (man entschuldige die Wiederholung des Gleichnisses) gleicht dem Untergange der Sonne, die nur scheinbar von der Nacht verschlungen wird, wirklich aber, selbst Quelle alles Lichtes, ohne Unterlaß brennt, neuen Welten neue Tage bringt, allezeit im Aufgange und allezeit im Niedergange. Anfang und Ende trifft nur das Individuum, mittelst der Zeit, der Form dieser Erscheinung für die Vorstellung. Außer der Zeit liegt allein der Wille, Kants Ding an sich, und dessen adäquate Objektität, Platos Idee. Daher gibt Selbstmord keine Rettung: was jeder im Innersten *will*, das muß er *sein*: und was jeder *ist*, das *will* er eben. – Also neben der bloß gefühlten Erkenntnis der Scheinbarkeit und Nichtigkeit der die Individuen absondernden Formen der Vorstellung, ist es die Selbsterkenntnis des eigenen Willens und seines Grades, welche dem Gewissen den Stachel gibt. Der Lebenslauf wirkt das Bild des empirischen Charakters, dessen Original der intelligible ist, und der Böse erschrickt bei diesem Bilde; gleichviel ob es mit großen Zügen gewirkt ist, so daß die Welt seinen Abscheu teilt, oder mit so kleinen, daß er allein es sieht: denn nur ihn betrifft es unmittelbar. Das Vergangene wäre gleichgültig, als bloße Erscheinung, und könnte nicht das Gewissen beängstigen, fühlte sich nicht der Charakter frei von aller Zeit und durch sie unveränderlich, so lange er nicht sich selbst verneint. Darum lasten längst geschehene Dinge immer noch auf dem Gewissen. Die Bitte: »Führe mich nicht in Versuchung«, sagt: »Lass' es mich nicht sehn, wer ich bin.« – An der Gewalt, mit welcher der Böse das Leben bejaht, und die sich ihm darstellt an dem Leiden, welches er über andere verhängt, ermißt er die Ferne, in welcher von ihm das Aufgeben und Verneinen eben jenes Willens, die einzig mögliche Erlösung von der Welt und ihrer Qual liegt. Er sieht, wie weit er ihr angehört und wie fest er ihr verbunden ist: das *erkannte* Leiden anderer hat ihn nicht bewegen können: dem Leben und dem *empfundenen* Leiden fällt er anheim. Es bleibt dahin gestellt, ob dieses je die Heftigkeit seines Willens brechen und überwinden wird.

Diese Auseinandersetzung der Bedeutung und des innern Wesens des *Bösen*, welche als bloßes Gefühl, d.h. *nicht* als deutliche, abstrakte Erkenntnis, der Inhalt der *Gewissensangst* ist, wird noch mehr Deutlichkeit und Vollständigkeit gewinnen durch die eben so durchgeführte Betrachtung des *Guten*, als Eigenschaft des menschlichen Willens, und zuletzt der gänzlichen Resignation und Heiligkeit, welche aus jener, nachdem solche den höchsten Grad erreicht hat, hervorgeht. Denn die Gegensätze erläutern sich immer wechselseitig, und der Tag offenbart zugleich sich selbst und die Nacht, wie Spinoza vortrefflich gesagt hat.

§ 66

Eine Moral ohne Begründung, also bloßes Moralisieren, kann nicht wirken; weil sie nicht motiviert. Eine Moral aber, *die* motiviert, kann dies nur durch Einwirkung auf die Eigenliebe. Was nun aber aus dieser entspringt, hat keinen moralischen Wert. Hieraus folgt, daß durch Moral, und abstrakte Erkenntnis überhaupt, keine echte Tugend bewirkt werden kann; sondern diese aus der intuitiven Erkenntnis entspringen muß, welche im fremden Individuo dasselbe Wesen erkennt, wie im eigenen.

Denn die Tugend geht zwar aus der Erkenntnis hervor; aber nicht aus der abstrakten, durch Worte mitteilbaren. Wäre dieses, so ließe sie sich lehren, und indem wir hier ihr Wesen und die ihr zum Grunde liegende Erkenntnis abstrakt aussprechen, hätten wir jeden, der dies faßt, auch ethisch gebessert. So ist es aber keineswegs. Vielmehr kann man so wenig durch ethische Vorträge oder Predigten einen Tugendhaften zustande bringen, als alle Ästhetiken, von der des Aristoteles an, je einen Dichter gemacht haben. Denn für das eigentliche und innere Wesen der Tugend ist der Begriff unfruchtbar, wie er es für die Kunst ist, und kann nur völlig untergeordnet als Werkzeug Dienste bei der Ausführung und Aufbewahrung des anderweitig Erkannten und Beschlossenen leisten. Velle non discitur. Auf die Tugend, d.h. auf die Güte der Gesinnung, sind die abstrakten Dogmen in der Tat ohne Einfluß: die falschen stören sie nicht, und die wahren befördern sie schwerlich. Es wäre auch wahrlich sehr schlimm, wenn die Hauptsache des menschlichen Lebens, sein ethischer, für die Ewigkeit geltender Wert, von etwas abhinge, dessen Erlangung so sehr dem Zufall unterworfen ist, wie Dogmen, Glaubenslehren, Philosopheme. Die Dogmen haben für die Moralität bloß den Wert, daß der aus anderweitiger, bald zu erörternder Erkenntnis schon Tugendhafte an ihnen ein Schema, ein Formular hat, nach welchem er seiner eigenen Vernunft von seinem nichtegoistischen Tun, dessen Wesen sie, d.i. er selbst, nicht *begreift*, eine meistens nur fingierte Rechenschaft ablegt, bei welcher er sie gewöhnt hat sich zufrieden zu geben.

Zwar auf das *Handeln*, das äußere Tun, können die Dogmen starken Einfluß haben, wie auch Gewohnheit und Beispiel (letztere, weil der gewöhnliche Mensch seinem Urteil, dessen Schwäche er sich bewußt ist, nicht traut, sondern nur eigener oder fremder Erfahrung folgt); aber damit ist die Gesinnung nicht geändert*. Alle abstrakte Erkenntnis gibt nur Motive: Motive aber können, wie oben gezeigt, nur die Richtung des Willens, nie ihn selbst ändern. Alle mitteilbare Erkenntnis kann auf den Wil-

* Es sind bloße opera operata, würde die Kirche sagen, die nichts helfen, wenn nicht die Gnade den Glauben schenkt, der zur Wiedergeburt führt. Davon weiter unten.

len aber nur als Motiv wirken: wie die Dogmen ihn also auch lenken, so ist dabei dennoch immer das, was der Mensch eigentlich und überhaupt will, dasselbe geblieben: bloß über die Wege, auf welchen es zu erlangen, hat er andere Gedanken erhalten, und imaginäre Motive leiten ihn gleich wirklichen. Daher z.B. ist es in Hinsicht auf seinen ethischen Wert gleich viel, ob er große Schenkungen an Hülflose macht, fest überredet in einem künftigen Leben alles zehnfach wieder zu erhalten, oder ob er dieselbe Summe auf Verbesserung eines Landgutes verwendet, das zwar späte, aber desto sicherere und erklecklichere Zinsen tragen wird – und ein Mörder, so gut wie der Bandit, welcher dadurch einen Lohn erwirbt, ist auch der, welcher rechtgläubig den Ketzer den Flammen überliefert; ja sogar, nach inneren Umständen, auch der, welcher die Türken im Gelobten Lande erwürgt, wenn er nämlich, wie auch jener, es eigentlich darum tut, weil er sich dadurch einen Platz im Himmel zu erwerben vermeint. Denn nur für sich, für ihren Egoismus, wollen ja diese sorgen, eben wie auch jener Bandit, von dem sie sich nur durch die Absurdität der Mittel unterscheiden. – Von außen ist, wie schon gesagt, dem Willen immer nur durch Motive beizukommen: diese aber ändern bloß die Art wie er sich äußert, nimmermehr ihn selbst. Velle non discitur.

Bei guten Taten, deren Ausüber sich auf Dogmen beruft, muß man aber immer unterscheiden, ob diese Dogmen auch wirklich das Motiv dazu sind, oder ob sie, wie ich oben sagte, nichts weiter, als die scheinbare Rechenschaft sind, durch die jener seine eigene Vernunft zu befriedigen sucht, über eine aus ganz anderer Quelle fließende gute Tat, die er vollbringt, weil er *gut* ist, aber nicht gehörig zu erklären versteht, weil er kein Philosoph ist, und dennoch etwas dabei denken möchte. Der Unterschied ist aber sehr schwer zu finden, weil er im Innern des Gemütes liegt. Daher können wir fast nie das Tun anderer und selten unser eigenes moralisch richtig beurteilen. – Die Taten und Handlungsweisen des einzelnen und eines Volkes können durch Dogmen, Beispiel und Gewohnheit sehr modifiziert werden. Aber an sich sind alle Taten (opera operata) bloß leere Bilder, und allein die Gesinnung, welche zu ihnen leitet, gibt ihnen moralische Bedeutsamkeit. Diese aber kann wirklich ganz dieselbe sein, bei sehr verschiedener äußerer Erscheinung. Bei gleichem Grade von Bosheit kann der eine auf dem Rade, der andere ruhig im Schoße der Seinigen sterben. Es kann derselbe Grad von Bosheit sein, der sich bei *einem* Volke in groben Zügen, in Mord und Kannibalismus, beim *andern* hingegen in Hofintrigen, Unterdrückungen und feinen Ränken aller Art fein und leise en miniature ausspricht: das Wesen bleibt dasselbe. Es ließe sich denken, daß ein vollkommener Staat, oder sogar vielleicht auch ein vollkommen fest geglaubtes Dogma von Belohnungen und Strafen jenseit des Todes, jedes Verbrechen verhinderte: politisch wäre dadurch viel, moralisch gar nichts gewonnen, vielmehr nur die Abbildung des Willens durch das Leben gehemmt.

Die echte Güte der Gesinnung, die uneigennützige Tugend und der reine Edelmut gehn also nicht von abstrakter Erkenntnis aus, aber doch von Erkenntnis: nämlich von einer unmittelbaren und intuitiven, die nicht wegzuräsonieren und nicht anzuräsonieren ist, von einer Erkenntnis, die eben weil sie nicht abstrakt ist, sich auch nicht mitteilen läßt, sondern jedem selbst aufgehn muß, die daher ihren eigentlichen adäquaten Ausdruck nicht in Worten findet, sondern ganz allein in Taten, im Handeln, im Lebenslauf des Menschen. Wir, die wir hier von der Tugend die Theorie suchen und daher auch das Wesen der ihr zum Grunde liegenden Erkenntnis abstrakt auszudrücken haben, werden dennoch in diesem Ausdruck nicht jene Erkenntnis selbst liefern können, sondern nur den Begriff derselben, wobei wir immer vom Handeln, in welchem allein sie sichtbar wird, ausgehn und auf dasselbe, als ihren allein adäquaten Ausdruck verweisen, welchen wir nur deuten und auslegen, d.h. abstrakt aussprechen, was eigentlich dabei vorgeht.

Bevor wir nun, im Gegensatz des dargestellten *Bösen*, von der eigentlichen *Güte* reden, ist, als Zwischenstufe, die bloße Negation des Bösen zu berühren: dieses ist die *Gerechtigkeit*. Was Recht und Unrecht sei, ist oben hinlänglich auseinandergesetzt: daher wir hier mit wenigem sagen können, daß derjenige, welcher jene bloß moralische Grenze zwischen Unrecht und Recht freiwillig anerkennt und sie gelten läßt, auch wo kein Staat oder sonstige Gewalt sie sichert, folglich, unserer Erklärung gemäß, nie in der Bejahung seines eigenen Willens bis zur Verneinung des in einem andern Individuo sich darstellenden geht, – *gerecht* ist. Er wird also nicht, um sein eigenes Wohlsein zu vermehren, Leiden über andere verhängen: d.h. er wird kein Verbrechen begehn, wird die Rechte, wird das Eigentum eines jeden respektieren. – Wir sehn nun, daß einem solchen Gerechten, schon nicht mehr, wie dem Bösen, das principium individuationis eine absolute Scheidewand ist, daß er nicht, wie jener, nur seine eigene Willenserscheinung bejaht und alle andern verneint, daß ihm andere nicht bloße Larven sind, deren Wesen von dem seinigen ganz verschieden ist; sondern durch seine Handlungsweise zeigt er an, daß er sein eigenes Wesen, nämlich den Willen zum Leben als Ding an sich, auch in der fremden, ihm bloß als Vorstellung gegebenen Erscheinung *wiedererkennt*, also sich selbst in jener wiederfindet, bis auf einen gewissen Grad, nämlich den des Nicht-Unrechttuns, d.h. des Nichtverletzens. In eben diesem Grade nun durchschaut er das principium individuationis, den Schleier der Maja: er setzt insofern das Wesen außer sich dem eigenen gleich: er verletzt es nicht.

In dieser Gerechtigkeit liegt, wenn man auf das Innerste derselben sieht, schon der Vorsatz, in der Bejahung des eigenen Willens nicht so weit zu gehn, daß sie die fremden Willenserscheinungen verneint, indem sie solche jenem zu dienen zwingt. Man wird daher ebensoviel andern leisten wollen, als man von ihnen genießt. Der höchste Grad dieser Gerechtigkeit der Gesinnung, welcher aber immer schon mit der eigentlichen Güte, deren Charakter nicht mehr bloß negativ ist, gepaart ist, geht so weit, daß man seine Rechte auf ererbtes Eigentum in Zweifel zieht, den Leib nur durch die eigenen Kräfte, geistige oder körperliche, erhalten will, jede fremde Dienstleistung, jeden Luxus als einen Vorwurf empfindet und zuletzt zur freiwilligen Armut greift. So sehn wir den Pascal, als er die asketische Richtung nahm, keine Bedienung mehr leiden wollen, obgleich er Dienerschaft genug hatte: seiner beständigen Kränklichkeit ungeachtet, machte er sein Bett selbst, holte selbst sein Essen aus der Küche usw. (Vie de Pascal par sa soeur, S. 19.) Diesem ganz entsprechend wird berichtet, daß manche Hindu, sogar Radschahs, bei vielem Reichtum, diesen nur zum Unterhalt der Ihrigen, ihres Hofes und ihrer Dienerschaft verwenden und mit strenger Skrupulosität die Maxime befolgen, nichts zu essen, als was sie selbst eigenhändig gesäet und geerntet haben. Ein gewisses Mißverständnis liegt dabei doch zum Grunde: denn der einzelne kann, gerade weil er reich und mächtig ist, dem Ganzen der menschlichen Gesellschaft so beträchtliche Dienste leisten, daß sie dem ererbten Reichtum gleichwiegen, dessen Sicherung er der Gesellschaft verdankt. Eigentlich ist jene übermäßige Gerechtigkeit solcher Hindu schon mehr als Gerechtigkeit, nämlich wirkliche Entsagung, Verneinung des Willens zum Leben, Askese; von der wir zuletzt reden werden. Hingegen kann umgekehrt reines Nichtstun und Leben durch die Kräfte anderer, bei ererbtem Eigentum, ohne irgend etwas zu leisten, doch schon als moralisch unrecht angesehn werden, wenn es auch nach positiven Gesetzen recht bleiben muß.

Wir haben gefunden, daß die freiwillige Gerechtigkeit ihren innersten Ursprung hat in einem gewissen Grad der Durchschauung des principii individuationis, während in diesem der Ungerechte ganz und gar befangen bleibt. Diese Durchschauung kann nicht nur in dem hiezu erforderlichen, sondern auch in höherm Grade statthaben, welcher zum positiven Wohlwollen und Wohltun, zur Menschenliebe treibt: und dies kann geschehn, wie stark und energisch an sich selbst auch der in solchem Individuo erscheinende Wille sei. Immer kann die Erkenntnis ihm das Gleichgewicht halten, der Versuchung zum Unrecht widerstehn lehren und selbst jeden Grad von Güte, ja von Resignation hervorbringen. Also ist keineswegs der gute Mensch für eine ursprünglich schwächere Willenserscheinung als der böse zu halten; sondern es ist die Erkenntnis, welche in ihm den blinden Willensdrang bemeistert. Es gibt zwar Individuen, welche bloß scheinen gutmütig zu sein, wegen der Schwäche des in ihnen erscheinenden Willens: was sie sind, zeigt sich aber bald daran, daß sie keiner beträchtlichen Selbstüberwindung fähig sind, um eine gerechte oder gute Tat auszuführen.

Wenn uns nun aber, als eine seltene Ausnahme, ein Mensch vorkommt, der etwan ein beträchtliches Einkommen besitzt, von diesem aber nur wenig für sich benutzt und alles Übrige den Notleidenden gibt, während er selbst viele Genüsse und Annehmlichkeiten entbehrt, und wir das Tun dieses Menschen uns zu verdeutlichen suchen; so werden wir, ganz absehend von den Dogmen, durch welche er etwan selbst sein Tun seiner Vernunft begreiflich machen will, als den einfachsten, allgemeinen Ausdruck und als den wesentlichen Charakter seiner Handlungsweise finden, daß er *weniger, als sonst geschieht, einen Unterschied macht zwischen sich und andern*. Wenn eben dieser Unterschied, in den Augen manches andern, so groß ist, daß fremdes Leiden dem Boshaften unmittelbare Freude, dem Ungerechten ein willkommenes Mittel zum eigenen Wohlsein ist; wenn der bloß Gerechte dabei stehn bleibt, es nicht zu verursachen; wenn überhaupt die meisten Menschen unzählige Leiden anderer in ihrer Nähe wissen und kennen, aber sich nicht entschließen sie zu mildern, weil sie selbst einige Entbehrung dabei übernehmen müßten; wenn also jedem von diesen allen ein mächtiger Unterschied obzuwalten scheint zwischen dem eigenen Ich und dem fremden; so ist hingegen jenem Edlen, den wir uns denken, dieser Unterschied nicht so bedeutend; das principium individuationis, die Form der Erscheinung, befängt ihn nicht mehr so fest; sondern das Leiden, welches er an andern sieht, geht ihn fast so nahe an, wie sein eigenes: er sucht daher das Gleichgewicht zwischen beiden herzustellen, versagt sich Genüsse, übernimmt Entbehrungen, um fremde Leiden zu mildern. Er wird inne, daß der Unterschied zwischen ihm und andern, welcher dem Bösen eine so große Kluft ist, nur einer vergänglichen täuschenden Erscheinung angehört: er erkennt, unmittelbar und ohne Schlüsse, daß das Ansich seiner eigenen Erscheinung auch das der fremden ist, nämlich jener Wille zum Leben, welcher das Wesen jeglichen Dinges ausmacht und in allem lebt; ja, daß dieses sich sogar auf die Tiere und die ganze Natur erstreckt: daher wird er auch kein Tier quälen*.

* Das Recht des Menschen auf das Leben und die Kräfte der Tiere beruht darauf, daß, weil mit der Steigerung der Klarheit des Bewußtseins das Leiden sich gleichmäßig steigert, der Schmerz, welchen das Tier durch den Tod, oder die Arbeit leidet, noch nicht so groß ist, wie der, welchen der Mensch durch die bloße Entbehrung des Fleisches, oder der Kräfte des Tieres leiden würde, der Mensch daher in der Bejahung seines Daseins bis zur Verneinung des Daseins des Tieres gehn kann,

Er ist jetzt so wenig imstande, andere darben zu lassen, während er selbst Überflüssiges und Entbehrliches hat, wie irgend jemand einen Tag Hunger leiden wird, um am folgenden mehr zu haben, als er genießen kann. Denn jenem, der die Werke der Liebe übt, ist der Schleier der Maja durchsichtig geworden, und die Täuschung des principii individuationis hat ihn verlassen. Sich, sein Selbst, seinen Willen erkennt er in jedem Wesen, foglich auch in dem Leidenden. Die Verkehrtheit ist von ihm gewichen, mit welcher der Wille zum Leben, sich selbst verkennend, hier in *einem* Individuo flüchtige, gauklerische Wollüste genießt, und dafür dort in einem *andern* leidet und darbt, und so Qual verhängt und Qual duldet, nicht erkennend, daß er, wie Thyestes, sein eigenes Fleisch gierig verzehrt, und dann hier jammert über unverschuldetes Leid und dort frevelt ohne Scheu vor der Nemesis, immer und immer nur weil er sich selbst verkennt in der fremden Erscheinung, und daher die ewige Gerechtigkeit nicht wahrnimmt, befangen im principio individuationis, also überhaupt in jener Erkenntnisart, welche der Satz vom Grunde beherrscht. Von diesem Wahn und Blendwerk der Maja geheilt sein, und Werke der Liebe üben, ist eins. Letzteres ist aber unausbleibliches Symptom jener Erkenntnis.

Das Gegenteil der Gewissenspein, deren Ursprung und Bedeutung oben erläutert worden, ist *das gute Gewissen*, die Befriedigung, welche wir nach jeder uneigennützigen Tat verspüren. Sie entspringt daraus, daß solche Tat, wie sie hervorgeht aus dem unmittelbaren Wiedererkennen unsers eigenen Wesens an sich auch in der fremden Erscheinung, uns auch wiederum die Beglaubigung dieser Erkenntnis gibt, der Erkenntnis, daß unser wahres Selbst nicht bloß in der eigenen Person, dieser einzelnen Erscheinung, da ist, sondern in allem was lebt. Dadurch fühlt sich das Herz er-

und der Wille zum Leben im ganzen dadurch weniger Leiden trägt, als wenn man es umgekehrt hielte. Dies bestimmt zugleich den Grad des Gebrauchs, den der Mensch ohne Unrecht von den Kräften der Tiere machen darf, welchen man aber oft überschreitet, besonders bei Lasttieren und Jagdhunden; wogegen daher die Tätigkeit der Tier-Schutz-Gesellschaften besonders gerichtet ist. Auch erstreckt jenes Recht, meiner Ansicht nach, sich nicht auf Vivisektionen, zumal der oberen Tiere. Hingegen leidet das Insekt durch seinen Tod noch nicht so viel, wie der Mensch durch dessen Stich. – Die Hindu sehn dies nicht ein.

weitert, wie durch den Egoismus zusammengezogen. Denn wie dieser unsern Anteil konzentriert auf die einzelne Erscheinung des eigenen Individui, wobei die Erkenntnis uns stets die zahllosen Gefahren, welche fortwährend diese Erscheinung bedrohen, vorhält, wodurch Ängstlichkeit und Sorge der Grundton unserer Stimmung wird; so verbreitet die Erkenntnis, daß alles Lebende ebensowohl unser eigenes Wesen an sich ist, wie die eigene Person, unsern Anteil auf alles Lebende: hiedurch wird das Herz erweitert. Durch den also verminderten Anteil am eigenen Selbst wird die ängstliche Sorge für dasselbe in ihrer Wurzel angegriffen und beschränkt: daher die ruhige, zuversichtliche Heiterkeit, welche tugendhafte Gesinnung und gutes Gewissen gibt, und das deutlichere Hervortreten derselben bei jeder guten Tat, indem diese den Grund jener Stimmung uns selber beglaubigt. Der Egoist fühlt sich von fremden und feindlichen Erscheinungen umgeben, und alle seine Hoffnung ruht auf dem eigenen Wohl. Der Gute lebt in einer Welt befreundeter Erscheinungen: das Wohl einer jeden derselben ist sein eigenes. Wenn daher gleich die Erkenntnis des Menschenloses überhaupt seine Stimmung nicht zu einer fröhlichen macht, so gibt die bleibende Erkenntnis seines eigenen Wesens in allem Lebenden ihm doch eine gewisse Gleichmäßigkeit und selbst Heiterkeit der Stimmung. Denn der über unzählige Erscheinungen verbreitete Anteil kann nicht so beängstigen, wie der auf *eine* konzentrierte. Die Zufälle, welche die Gesamtheit der Individuen treffen, gleichen sich aus, während die dem einzelnen begegnenden Glück oder Unglück herbeiführen.

Wenn nun also andere Moralprinzipien aufstellten, die sie als Vorschriften zur Tugend und notwendig zu befolgende Gesetze hingaben, ich aber, wie schon gesagt, dergleichen nicht kann, indem ich dem ewig freien Willen kein Soll noch Gesetz vorzuhalten habe; so ist dagegen, im Zusammenhange meiner Betrachtung, das jenem Unternehmen gewissermaßen Entsprechende und Analoge jene rein theoretische Wahrheit, als deren bloße Ausführung auch das Ganze meiner Darstellung angesehn werden kann, daß nämlich der Wille das Ansich jeder Erscheinung, selbst aber, als solches, von den Formen dieser und dadurch von der Vielheit frei ist: welche Wahrheit ich, in Bezug auf das Handeln, nicht würdiger auszudrücken weiß, als durch die schon erwähnte Formel des Veda: »Tat twam asi!« (»Dieses bist Du!«) Wer sie mit klarer Erkenntnis und fester inniger Überzeugung über jedes Wesen, mit dem er in Berührung kommt, zu sich selber auszusprechen vermag; der ist eben damit aller Tugend und Seligkeit gewiß und auf dem geraden Wege zur Erlösung.

Bevor ich nun aber weiter gehe und, als das letzte meiner Darstellung zeige, wie die Liebe, als deren Ursprung und Wesen wir die Durchschauung des principii individuationis erkennen, zur Erlösung, nämlich zum gänzlichen Aufgeben des Willens zum Leben, d.h. alles Wollens, führt, und auch, wie ein anderer Weg, minder sanft, jedoch häufiger, den Menschen eben dahin bringt, muß zuvor hier ein paradoxer Satz ausgesprochen und erläutert werden, nicht weil er ein solcher, sondern weil er wahr ist und zur Vollständigkeit meines darzulegenden Gedankens gehört. Es ist dieser: »Alle Liebe (*αγαπη*, caritas) ist Mitleid.«

§ 67

Wir haben gesehn, wie aus der Durchschauung des principii individuationis im geringern Grade die Gerechtigkeit, im höhern die eigentliche Güte der Gesinnung hervorging, welche sich als reine, d.h. uneigennützige Liebe gegen andere zeigte. Wo nun diese vollkommen wird, setzt sie das fremde Individuum und sein Schicksal dem eigenen völlig gleich: weiter kann sie nie gehn, da kein Grund vorhanden ist, das fremde Individuum dem eigenen vorzuziehn. Wohl aber kann die Mehrzahl der fremden Individuen, deren ganzes Wohlsein oder Leben in Gefahr ist, die Rücksicht auf das eigene Wohl des einzelnen überwiegen. In solchem Falle wird der zur höchsten Güte und zum vollendeten Edelmut gelangte Charakter sein Wohl und sein Leben gänzlich zum Opfer bringen für das Wohl vieler andern: so starb Kodros, so Leonidas, so Regulus, so Decius Mus, so Arnold von Winkelried, so jeder, der freiwillig und bewußt für die Seinigen, für das Vaterland, in den gewissen Tod geht. Auch steht auf dieser Stufe jeder, der zur Behauptung dessen, was der gesamten Menschheit zum Wohle gereicht und rechtmäßig angehört, d.h. für allgemeine, wichtige Wahrheiten und für Vertilgung großer Irrtümer, Leiden und Tod willig übernimmt: so starb Sokrates, so Jordanus Brunus, so fand mancher Held der Wahrheit den Tod auf dem Scheiterhaufen, unter den Händen der Priester.

Nunmehr aber habe ich, in Hinsicht auf das oben ausgesprochene Paradoxon, daran zu erinnern, daß wir früher dem Leben im ganzen das Leiden wesentlich und von ihm unzertrennlich gefunden haben, und daß wir einsahen, wie jeder Wunsch aus einem Bedürfnis, einem Mangel, einem Leiden hervorgeht, daß daher jede Befriedigung nur ein hinweggenommener Schmerz, kein gebrachtes positives Glück ist, daß die Freuden zwar dem Wunsche lügen, sie wären ein positives Gut, in Wahrheit aber nur negativer Natur sind und nur das Ende eines Übels. Was daher auch Güte, Liebe und Edelmut für andere tun, ist immer nur Linderung ihrer Leiden, und folglich ist, was sie bewegen kann zu guten Taten und Werken der Liebe, immer nur die *Erkenntnis des fremden Leidens*, aus dem eigenen unmittelbar verständlich und diesem gleichgesetzt. Hieraus aber ergibt sich, daß die reine Liebe (*αγαπη*, caritas) ihrer Natur nach Mitleid ist; das Leiden, welches sie lindert, mag nun ein großes oder ein kleines, wohin jeder unbefriedigte Wunsch gehört, sein. Wir werden daher keinen Anstand nehmen, im geraden Widerspruch mit Kant, der alles wahrhaft Gute und alle Tugend allein für solche anerkennen will, wenn sie aus der abstrakten Reflexion und zwar dem Begriffe der Pflicht und des kategorischen Imperativs hervorgegangen ist, und der gefühltes Mitleid für Schwäche, keineswegs für Tugend erklärt, – im geraden Widerspruch mit Kant zu sagen: der bloße Begriff ist für die echte Tugend so unfruchtbar, wie für die echte Kunst: alle wahre und reine Liebe ist Mitleid, und jede Liebe, die nicht Mitleid ist, ist Selbstsucht. Selbstsucht ist der *ερως*; Mitleid ist die *αγαπη*. Mischungen von beiden finden häufig statt. Sogar die echte Freundschaft ist immer Mischung vom Selbstsucht und Mitleid: erstere liegt im Wohlgefallen an der Gegenwart des Freundes, dessen Individualität der unserigen entspricht, und sie macht fast immer den größten Teil aus; Mitleid zeigt sich in der aufrichtigen Teilnahme an seinem Wohl und Wehe und den uneigennützigen Opfern, die man diesem bringt. Sogar Spinoza sagt: Benevolentia nihil aliud est, quam cupiditas ex commiseratione orta. (Eth. III, pr. 27, cor. 3, schol.) Als Bestätigung unsers paradoxen Satzes mag man bemerken, daß Ton und Worte der Sprache und Liebkosungen der reinen Liebe ganz zusammenfallen mit dem Tone des Mitleids: beiläufig auch, daß im Italienischen Mitleid und reine Liebe durch dasselbe Wort pietà bezeichnet werden.

Auch ist hier die Stelle zur Erörterung einer der auffallendesten Eigenheiten der menschlichen Natur, des *Weinens*, welches, wie das Lachen, zu den Äußerungen gehört, die ihn vom Tiere unterscheiden. Das Weinen ist keineswegs geradezu Äußerung des Schmerzes: denn bei den wenigsten Schmerzen wird geweint. Meines Erachtens weint man sogar nie unmittelbar über den empfundenen Schmerz, sondern immer nur über dessen Wiederholung in der Reflexion. Man geht nämlich von dem empfundenen Schmerz, selbst wann er körperlich ist, über zu einer bloßen Vorstellung desselben, und findet dann seinen eigenen Zustand so bemitleidenswert, daß, wenn ein anderer der Dulder wäre, man voller Mitleid und Liebe ihm helfen zu werden fest und aufrichtig überzeugt ist: nun aber ist man selbst der Gegenstand seines eigenen aufrichtigen Mitleids: mit der hülfreichsten Gesinnung ist man selbst der Hülfsbedürftige, fühlt, daß man mehr duldet, als man einen andern dulden sehn könnte, und in dieser sonderbar verflochtenen Stimmung, wo das unmittelbar gefühlte Leid erst auf einem doppelten Umwege wieder zur Perzeption kommt, als fremdes vorgestellt, als solches mitgefühlt und dann plötzlich wieder als unmittelbar eigenes wahrgenommen wird, – schafft sich die Natur durch jenen sonderbaren körperlichen Krampf Erleichterung. – Das *Weinen* ist demnach *Mitleid mit sich selbst*, oder das auf seinen Ausgangspunkt zurückgeworfene Mitleid. Es ist daher durch Fähigkeit zur Liebe und zum Mitleid und durch Phantasie bedingt; daher weder hartherzige, noch phantasielose Menschen leicht weinen, und das Weinen sogar immer als Zeichen eines gewissen Grades von Güte des Charakters angesehn wird und den Zorn entwaffnet, weil man fühlt, daß wer noch weinen kann, auch notwendig der Liebe, d. h. des Mitleids gegen andere fähig sein muß, eben weil dieses, auf die beschriebene Weise, in jene zum Weinen führende Stimmung eingeht. – Ganz der aufgestellten Erklärung gemäß ist die Beschreibung, welche Petrarka, sein Gefühl naiv und wahr aussprechend, vom Entstehn seiner eigenen Tränen macht:

I vo pensando: e nel pensar m'assale
Una pietà si forte di me stesso,
Che mi conduce spesso,
Ad alto lagrimar, ch'i non soleva*.

Auch bestätigt sich das Gesagte dadurch, daß Kinder, die einen Schmerz erlitten, meistens erst dann weinen, wann man sie beklagt, also nicht über den Schmerz, sondern über die Vorstellung desselben. – Wann wir nicht durch eigene, sondern durch fremde Leiden zum Weinen bewegt werden; so geschieht dies dadurch, daß wir uns in der Phantasie lebhaft an die Stelle des Leidenden versetzen, oder auch in seinem Schicksal das Los der ganzen Menschheit und folglich vor allem unser eigenes erblicken, und also durch einen weiten Umweg immer doch wieder über uns selbst weinen, Mitleid mit uns selbst empfinden. Dies scheint auch ein Hauptgrund des durchgängigen, also natürlichen Weinens bei Todesfällen zu sein. Es ist nicht sein Verlust, den der Trauernde beweint: solcher egoistischer Tränen würde er sich schämen; statt daß er bisweilen sich schämt, nicht zu weinen. Zunächst beweint er freilich das Los des Gestorbenen: jedoch weint er auch, wann diesem, nach langen, schweren und unheilbaren Leiden, der Tod eine wünschenswerte Erlösung war. Hauptsächlich also ergreift ihn Mitleid über das Los der gesamten Menschheit, welche der Endlichkeit anheimgefallen ist, der zufolge jedes so strebsame, oft so tatenreiche Leben verlöschen und zu nichts werden muß: in diesem Lose der Menschheit aber erblickt er vor allem sein eigenes, und zwar umso mehr, je näher ihm der Verstorbene stand, daher am meisten, wenn es sein Vater war. Wenn auch diesem durch Alter und Krankheit das Leben eine Qual und

* Indem ich gedankenvoll wandele, befällt mich ein so starkes *Mitleid mit mir selber*, daß ich oft laut weinen muß; was ich doch sonst nicht pflegte.

durch seine Hülflosigkeit dem Sohn eine schwere Bürde war; so weint er doch heftig über den Tod des Vaters: aus dem angegebenen Grunde*.

§ 68

Nach dieser Abschweifung über die Identität der reinen Liebe mit dem Mitleid, welches letzteren Zurückwendung auf das eigene Individuum das Phänomen des Weinens zum Symptom hat, nehme ich den Faden unserer Auslegung der ethischen Bedeutung des Handelns wieder auf, um nunmehr zu zeigen, wie aus derselben Quelle, aus welcher alle Güte, Liebe, Tugend und Edelmut entspringt, zuletzt auch dasjenige hervorgeht, was ich die Verneinung des Willens zum Leben nenne.

Wie wir früher Haß und Bosheit bedingt sahen durch den Egoismus und diesen beruhen auf dem Befangensein der Erkenntnis im principio individuationis; so fanden wir als den Ursprung und das Wesen der Gerechtigkeit, sodann, wann es weiter geht, der Liebe und des Edelmuts, bis zu den höchsten Graden, die Durchschauung jenes principii individuationis, welche allein, indem sie den Unterschied zwischen dem eigenen und den fremden Individuen aufhebt, die vollkommene Güte der Gesinnung, bis zur uneigennützigsten Liebe und zur großmütigsten Selbstaufopferung für andere, möglich macht und erklärt.

Ist nun aber dieses Durchschauen des principii individuationis, diese unmittelbare Erkenntnis der Identität des Willens in allen seinen Erscheinungen, in hohem Grade der Deutlichkeit vorhanden; so wird sie sofort einen noch weiter gehenden Einfluß auf den Willen zeigen. Wenn nämlich vor den Augen eines Menschen jener Schleier der Maja, das principium individuationis, so sehr gelüftet ist, daß derselbe nicht mehr den egoistischen Unterschied zwischen seiner Person und der fremden macht, sondern an den Leiden der andern Individuen so viel Anteil nimmt, wie an seinen

* Hiezu Kap. 47 des zweiten Bandes. Es ist wohl kaum nötig zu erinnern, daß die ganze §§ 61–67 im Umriß aufgestellte Ethik ihre ausführlichere und vollendetere Darstellung erhalten hat in meiner Preisschrift über die Grundlage der Moral.

eigenen, und dadurch nicht nur im höchsten Grade hülfreich ist, sondern sogar bereit, sein eigenes Individuum zu opfern, sobald mehrere fremde dadurch zu retten sind; dann folgt von selbst, daß ein solcher Mensch, der in allen Wesen sich, sein innerstes und wahres Selbst erkennt, auch die endlosen Leiden alles Lebenden als die seinen betrachten und so den Schmerz der ganzen Welt sich zueignen muß. Ihm ist kein Leiden mehr fremd. Alle Qualen anderer, die er sieht und so selten zu lindern vermag, alle Qualen, von denen er mittelbar Kunde hat, ja die er nur als möglich erkennt, wirken auf seinen Geist, wie seine eigenen. Es ist nicht mehr das wechselnde Wohl und Wehe seiner Person, was er im Auge hat, wie dies bei dem noch im Egoismus befangenen Menschen der Fall ist; sondern, da er das principium individuationis durchschaut, liegt ihm alles gleich nahe. Er erkennt das Ganze, faßt das Wesen desselben auf, und findet es in einem steten Vergehn, nichtigem Streben, innerm Widerstreit und beständigem Leiden begriffen, sieht, wohin er auch blickt, die leidende Menschheit und die leidende Tierheit, und eine hinschwindende Welt. Dieses alles aber liegt ihm jetzt so nahe, wie dem Egoisten nur seine eigene Person. Wie sollte er nun, bei solcher Erkenntnis der Welt, eben dieses Leben durch stete Willensakte bejahen und eben dadurch sich ihm immer fester verknüpfen, es immer fester an sich drücken? Wenn also der, welcher noch im principio individuationis, im Egoismus, befangen ist, nur einzelne Dinge und ihr Verhältnis zu seiner Person erkennt, und jene dann zu immer erneuerten *Motiven* seines Wollens werden; so wird hingegen jene beschriebene Erkenntnis des Ganzen, des Wesens der Dinge an sich, zum *Quietiv* alles und jedes Wollens. Der Wille wendet sich nunmehr vom Leben ab: ihm schaudert jetzt vor dessen Genüssen, in denen er die Bejahung desselben erkennt. Der Mensch gelangt zum Zustande der freiwilligen Entsagung, der Resignation, der wahren Gelassenheit und gänzlichen Willenslosigkeit. – Wenn uns andern, welche noch der Schleier der Maja umfängt, auch zu Zeiten, im schwer empfundenen eigenen Leiden, oder im lebhaft erkannten fremden, die Erkenntnis der Nichtigkeit und Bitterkeit des Lebens nahe tritt, und wir durch völlige und auf immer entschiedene Entsagung den Begierden ihren Stachel abbrechen, allem Leiden den Zugang verschließen, uns reinigen und heiligen möchten; so umstrickt uns doch bald wieder die Täuschung der Erscheinung, und ihre Motive setzen den Willen aufs neue in Bewegung: wir können uns nicht losreißen. Die Lockungen der Hoffnung, die Schmeichelei der Gegenwart, die Süße der Genüsse, das Wohlsein, welches unserer Person mitten im Jammer einer leidenden Welt, unter der Herrschaft des Zufalls und des Irrtums, zuteil wird, zieht uns zu ihr zurück und befestigt aufs neue die Banden. Darum sagt Jesus: »Es ist leichter, daß ein Ankertau durch ein Nadelöhr gehe, denn daß ein Reicher ins Reich Gottes komme.«

Vergleichen wir das Leben einer Kreisbahn aus glühenden Kohlen, mit einigen kühlen Stellen, welche Bahn wir unablässig zu durchlaufen hätten; so tröstet den im Wahn Befangenen die kühle Stelle, auf der er jetzt eben steht, oder die er nahe vor sich sieht, und er fährt fort die Bahn zu durchlaufen. Jener aber, der, das principium individuationis durchschauend, das Wesen der Dinge an sich und dadurch das Ganze erkennt, ist solchen Trostes nicht mehr empfänglich: er sieht sich an allen Stellen zugleich, und tritt heraus. – Sein Wille wendet sich, bejaht nicht mehr sein eigenes, sich in der Erscheinung spiegelndes Wesen, sondern verneint es. Das Phänomen, wodurch dieses sich kund gibt, ist der Übergang von der Tugend zur *Askesis*. Nämlich es genügt ihm nicht mehr, andere sich selbst gleich zu lieben und für sie soviel zu tun, wie für sich; sondern es entsteht in ihm ein Abscheu vor dem Wesen, dessen Ausdruck seine eigene Erscheinung ist, dem Willen zum Leben, dem Kern und Wesen jener als jammervoll erkannten Welt. Er verleugnet daher eben dieses in ihm erscheinende und schon durch seinen Leib ausgedrückte Wesen, und sein Tun straft jetzt seine Erscheinung Lügen, tritt in offenen Widerspruch mit derselben. Wesentlich nichts anderes, als Erscheinung des Willens, hört er auf, irgend etwas zu wollen, hütet sich seinen Willen an irgend etwas zu hängen, sucht die größte Gleichgültigkeit gegen alle Dinge in sich zu befestigen. – Sein Leib, gesund und stark, spricht durch Genitalien den Geschlechtstrieb aus; aber er verneint den Willen und straft den Leib Lügen: er will keine Geschlechtsbefriedigung, unter keiner Bedingung. Freiwillige, vollkommene Keuschheit ist der erste Schritt in der Askese oder der Verneinung des Willens zum Leben. Sie verneint dadurch die über das individuelle Leben hinausgehende Bejahung des Willens und gibt damit die Anzeige, daß mit dem Leben dieses Leibes auch der Wille, dessen Erscheinung er ist, sich aufhebt. Die Natur, immer wahr und naiv, sagt aus, daß, wenn diese Maxime allgemein würde, das Menschengeschlecht ausstürbe: und nach dem, was im zweiten Buch über den Zusammenhang aller Willenserscheinungen gesagt ist, glaube ich annehmen zu können, daß mit der höchsten Willenserscheinung auch der schwächere Widerschein derselben, die Tierheit, wegfallen würde; wie mit dem vollen Lichte auch die Halbschatten verschwinden. Mit gänzlicher Aufhebung der Erkenntnis schwände dann auch von selbst die übrige Welt in Nichts; da ohne Subjekt kein Objekt. Ich möchte sogar hierauf eine Stelle im Veda beziehn, wo es heißt: »Wie in dieser Welt hungerige Kinder sich um ihre Mutter drängen, so harren alle Wesen des heiligen Opfers.« (Asiatic researches, Bd. 8. Colebrooke, On the Vedas, der Auszug aus Sama-Veda: steht auch in Colebrooke's Miscellaneous essays, Bd. 1, S. 88.) Opfer bedeutet Resignation überhaupt, und die übrige Natur hat ihre Erlösung vom Menschen zu erwarten, welcher Priester und Opfer zugleich ist. Ja, es verdient als höchst merkwürdig angeführt zu werden, daß dieser Gedanke auch von dem bewunderungswürdigen und unabsehbar tiefen Angelus Silesius ausgedrückt worden ist, in dem Verslein, überschrieben »Der Mensch bringt alles zu Gott«; es lautet:

»Mensch! Alles liebet dich; um dich ist sehr Gedrange:
Es läuft dir alles zu, daß es zu Gott gelange.«

Aber ein noch größerer Mystiker, Meister Eckhard, dessen wundervolle Schriften uns durch die Ausgabe von Franz Pfeiffer jetzt endlich (1857) zugänglich geworden sind, sagt daselbst, S. 459, ganz im hier erörterten Sinne: »Ich bewähre dies mit Christo, da er sagt: wenn ich erhöhet werde von der Erde, alle Dinge will ich nach mir ziehn (Joh. 12, 32). So soll der gute Mensch alle Dinge hinauftragen zu Gott, in ihren ersten Ursprung. Dies bewähren uns die Meister, daß alle Kreaturen sind gemacht um des Menschen Willen. Dies prüfet an allen Kreaturen, daß eine Kreatur die andere nützet: das Rind das Gras, der Fisch das Wasser, der Vogel die Luft, das Tier den Wald. So kommen alle Kreaturen dem guten Menschen zu Nutz: eine Kreatur in der andern trägt ein guter Mensch zu Gott.« Er will sagen: dafür, daß der Mensch, in und mit sich selbst, auch die Tiere erlöst, benutzt er sie in diesem Leben. – Sogar scheint mir die schwierige Bibelstelle Röm. 8, 21–24 in diesem Sinne auszulegen zu sein.

Auch im Buddhaismus fehlt es nicht an Ausdrücken der Sache: z.B. als Buddha, noch als Bodhisatwa, sein Pferd zum letzten Male, nämlich zur Flucht aus der väterlichen Residenz in die Wüste, satteln läßt, spricht er zu demselben den Vers: »Schon lange Zeit bist du im Leben und im Tode da; jetzt aber sollst du aufhören zu tragen und zu schleppen. Nur dies Mal noch, o Kantakana, trage mich von hinnen, und wann ich werde das Gesetz erlangt haben (Buddha geworden sein), werde ich deiner nicht vergessen.« (Foe Koue Ki, trad. p. Abel Rémusat, S. 233.)

Die Askesis zeigt sich sodann ferner in freiwilliger und absichtlicher Armut, die nicht nur per accidens entsteht, indem das Eigentum weggegeben wird, um fremde Leiden zu mildern, sondern hier schon Zweck an sich ist, dienen soll als stete Mortifikation des Willens, damit nicht die Befriedigung der Wünsche, die Süße des Lebens, den Willen wieder aufrege, gegen welchen die Selbsterkenntnis Abscheu gefaßt hat. Der zu diesem Punkt Gelangte spürt als belebter Leib, als konkrete Willenserscheinung, noch immer die Anlage zum Wollen jeder Art: aber er unterdrückt sie absichtlich, indem er sich zwingt, nichts zu tun von allem was er wohl möchte, hingegen alles zu tun was er nicht möchte, selbst wenn es keinen weitern Zweck hat, als eben den, zur Mortifikation des Willens zu dienen. Da er den in seiner Person erscheinenden Willen selbst verneint, wird er nicht widerstreben, wann ein anderer dasselbe tut, d.h. ihm Unrecht zufügt: darum ist ihm jedes von außen, durch Zufall oder fremde Bosheit, auf ihn kommende Leiden willkommen, jeder Schaden, jede Schmach, jede Beleidigung: er empfängt sie freudig, als die Gelegenheit sich selber die Gewißheit zu geben, daß er den Willen nicht mehr bejaht, sondern freudig die Partei jedes Feindes der Willenserscheinung, die seine eigene Person ist, ergreift. Er erträgt daher solche Schmach und Leiden mit unerschöpflicher Geduld und Sanftmut, vergilt alles Böse, ohne Ostentation, mit Gutem, und läßt das Feuer des Zornes so wenig, als das der Begierde je in sich wieder erwachen. – Wie den Willen selbst, so mortifiziert er die Sichtbarkeit, die Objektität desselben, den Leib: er nährt ihn kärglich, damit sein üppiges Blühen und Gedeihen nicht auch den Willen, dessen bloßer Ausdruck und Spiegel er ist, neu belebe und stärker anrege. So greift er zum Fasten, ja er greift zur Kasteiung und Selbstpeinigung, um durch stetes Entbehren und Leiden den Willen mehr und mehr zu brechen und zu töten, den er als die Quelle des eigenen und der Welt leidenden Daseins erkennt und verabscheut. – Kommt endlich der Tod, der diese Erscheinung jenes Willens auflöst, dessen Wesen hier, durch freie Verneinung seiner selbst, schon längst, bis auf den schwachen Rest, der als Belebung dieses Leibes erschien, abgestorben war; so ist er, als ersehnte Erlösung, hoch willkommen und wird freudig empfangen. Mit ihm endigt hier nicht, wie bei andern, bloß die Erscheinung; sondern das Wesen selbst ist aufgehoben, welches hier nur noch in der Erscheinung und durch sie ein schwaches Dasein hatte*; welches letzte mürbe Band nun auch zerreißt. Für den, welcher so endet, hat zugleich die Welt geendigt.

Und was ich hier mit schwacher Zunge und nur in allgemeinen Ausdrücken geschildert habe, ist nicht etwan ein selbsterfundenes philosophisches Märchen und nur von heute: nein, es war das beneidenswerte Leben gar vieler Heiligen und schöner Seelen unter den Christen, und noch mehr unter den Hindus und Buddhaisten, auch unter andern Glaubensgenossen. So sehr verschiedene Dogmen auch ihrer Vernunft eingeprägt waren, sprach dennoch sich die innere, unmittelbare, intuitive Erkenntnis, von welcher

* Dieser Gedanke ist durch ein schönes Gleichnis ausgedrückt, in der uralten philosophischen Sanskritschrift »Sankhya Karika«: »Dennoch bleibt die Seele eine Weile mit dem Leibe bekleidet; wie die Töpferscheibe, nachdem das Gefäß vollendet ist, noch zu wirbeln fortfährt, infolge des früher erhaltenen Stoßes. Erst wann die erleuchtete Seele sich vom Leibe trennt und für sie die Natur aufhört, tritt ihre gänzliche Erlösung ein.« Colebrooke, »On the philosophy of the Hindus: Miscellaneous essays«, Bd. 1, S. 259. Desgleichen in der »Sankhya Carica by Horace Wilson«, § 67, S. 184.

allein alle Tugend und Heiligkeit ausgehn kann, auf die gleiche und nämliche Weise durch den Lebenswandel aus. Denn auch hier zeigt sich der in unserer ganzen Betrachtung so wichtige und überall durchgreifende, bisher zu wenig beachtete, große Unterschied zwischen der intuitiven und der abstrakten Erkenntnis. Zwischen beiden ist eine weite Kluft, über welche, in Hinsicht auf die Erkenntnis des Wesens der Welt, allein die Philosophie führt. Intuitiv nämlich, oder in concreto, ist sich eigentlich jeder Mensch aller philosophischen Wahrheiten bewußt: sie aber in sein abstraktes Wissen, in die Reflexion zu bringen, ist das Geschäft des Philosophen, der weiter nichts soll, noch kann.

Vielleicht ist also hier zum ersten Male, abstrakt und rein von allem Mythischen, das innere Wesen der Heiligkeit, Selbstverleugnung, Ertötung des Eigenwillens, Askesis, ausgesprochen als *Verneinung des Willens zum Leben*, eintretend, nachdem ihm die vollendete Erkenntnis seines eigenen Wesens zum Quietiv alles Wollens geworden. Hingegen unmittelbar erkannt und durch die Tat ausgesprochen haben es alle jene Heiligen und Asketen, die, bei gleicher innerer Erkenntnis, eine sehr verschiedene Sprache führten, gemäß den Dogmen, die sie einmal in ihre Vernunft aufgenommen hatten und welchen zufolge ein indischer Heiliger, ein christlicher, ein lamaischer, von seinem eigenen Tun, jeder sehr verschiedene Rechenschaft geben muß, was aber für die Sache ganz gleichgültig ist. Ein Heiliger kann voll des absurdesten Aberglaubens sein, oder er kann umgekehrt ein Philosoph sein: beides gilt gleich. Sein Tun allein beurkundet ihn als Heiligen: denn es geht, in moralischer Hinsicht, nicht aus der abstrakten, sondern aus der intuitiv aufgefaßten, unmittelbaren Erkenntnis der Welt und ihres Wesens hervor, und wird von ihm nur zur Befriedigung seiner Vernunft durch irgend ein Dogma ausgelegt. Es ist daher so wenig nötig, daß der Heilige ein Philosoph, als daß der Philosoph ein Heiliger sei: so wie es nicht nötig ist, daß ein vollkommen schöner Mensch ein großer Bildhauer, oder daß ein großer Bildhauer auch selbst ein schöner Mensch sei. Überhaupt ist es eine seltsame Anforderung an einen Moralisten, daß er keine andere Tugend empfehlen soll, als die er selbst besitzt. Das ganze Wesen der Welt abstrakt, allgemein und deutlich in Begriffen zu wiederholen, und es so als reflektiertes Abbild in bleibenden und stets bereit liegenden Begriffen der Vernunft niederzulegen: dieses und nichts anderes ist Philosophie. Ich erinnere an die im ersten Buche angeführte Stelle des Bako von Verulam.

Aber eben auch nur abstrakt und allgemein und daher kalt ist meine obige Schilderung der Verneinung des Willens zum Leben, oder des Wandels einer schönen Seele, eines resignierten, freiwillig büßenden Heiligen. Wie die Erkenntnis, aus welcher die Verneinung des Willens hervorgeht, eine intuitive ist und keine abstrakte; so findet sie ihren vollkommenen Ausdruck auch nicht in abstrakten Begriffen, sondern allein in der Tat und dem Wandel. Daher um völliger zu verstehn, was wir philosophisch als Verneinung des Willens zum Leben ausdrücken, hat man die Beispiele aus der Erfahrung und Wirklichkeit kennenzulernen. Freilich wird man sie nicht in der täglichen Erfahrung antreffen: nam omnia praeclara tam difficilia quam rara sunt, sagt Spinoza vortrefflich. Man wird sich also, wenn nicht durch ein besonders günstiges Schicksal zum Augenzeugen gemacht, mit den Lebensbeschreibungen solcher Menschen begnügen müssen. Die indische Literatur ist, wie wir schon aus dem wenigen, was wir bis jetzt durch Übersetzungen kennen, sehn, sehr reich an Schilderungen des Lebens der Heiligen, der Büßenden, Samanäer, Saniassis usw. genannt. Selbst die bekannte, wiewohl keineswegs in jeder Hinsicht lobenswerte »Mythologie des Indous par Mad. de Polier« enthält viele vortreffliche Beispiele dieser Art. (Besonders im 13. Kapitel des zweiten Bandes.) Auch unter den Christen fehlt es nicht an Beispielen zu der bezweckten Erläuterung. Man lese die meistens schlecht geschriebenen Biographien derjenigen Personen, welche bald heilige Seelen, bald Pietisten, Quietisten, fromme Schwärmer usw. genannt sind. Sammlungen solcher Biographien sind zu verschiedenen Zeiten gemacht, wie Tersteegens »Leben heiliger Seelen«, Reiz' »Geschichte der Wiedergeborenen«, in unsern Tagen eine Sammlung von Kanne, die unter vielem Schlechten doch auch manches Gute enthält, wohin ich besonders das »Leben der Beata Sturmin« zähle. Ganz eigentlich gehört hieher das Leben des heiligen Franziskus von Assisi, dieser wahren Personifikation der Askese, und Vorbildes aller Bettelmönche. Sein Leben, von seinem jüngern Zeitgenossen, dem auch als Scholastiker berühmten heiligen Bonaventura beschrieben, ist neuerlich wieder aufgelegt worden: »Vita S. Francisci a S. Bonaventura concinnata« (Soest 1847), nachdem kurz vorher eine sorgfältige, ausführliche und alle Quellen benutzende Biographie desselben in Frankreich erschienen war: »Histoire de S. François d'Assise, par Chavin de Mallan« (1845). – Als orientalische Parallele zu diesen Klosterschriften haben wir das höchst lesenswerte Buch von Spence Hardy: »Eastern monachism, an account of the order of mendicants founded by Gotama Budha« (1850). Es zeigt uns dieselbe Sache in einem andern Gewande. Auch sieht man, wie gleichgültig es ihr ist, ob sie von einer theistischen, oder einer atheistischen Religion ausgeht. – Vorzüglich aber kann ich, als ein spezielles, höchst ausführliches Beispiel und eine faktische Erläuterung der von mir aufgestellten Begriffe, die Autobiographie der Frau von Guion empfehlen, welche schöne und große Seele, deren Andenken mich stets mit Ehrfurcht erfüllt, kennenzulernen und dem Vortrefflichen ihrer Gesinnung, mit Nachsicht gegen den Aberglauben ihrer Vernunft, Gerechtigkeit widerfahren zu lassen, jedem Menschen besserer Art ebenso erfreulich sein muß, als jenes Buch bei den Gemeindenkenden, d.h. der Mehrzahl, stets in schlechtem Kredit stehn wird, weil durchaus und überall jeder nur das schätzen kann, was ihm einigermaßen analog ist und wozu er wenigstens eine schwache Anlage hat. Dies gilt wie vom Intellektuellen, so auch vom Ethischen. Gewissermaßen könnte man als ein hiehergehöriges Beispiel sogar die bekannte französische Biographie Spinozas betrachten, wenn man nämlich als Schlüssel zu derselben jenen herrlichen Eingang zu seiner sehr ungenügenden Abhandlung »De emendatione intellectus« gebraucht, welche Stelle ich zugleich als das wirksamste mir bekannt gewordene Besänftigungsmittel des Sturms der Leidenschaften anempfehlen kann. Endlich hat selbst der große Goethe, so sehr er Grieche ist, es nicht seiner unwürdig gehalten, uns diese schönste Seite der Menschheit im verdeutlichenden Spiegel der Dichtkunst zu zeigen, indem er uns in den »Bekenntnissen einer schönen Seele« das Leben der Fräulein Klettenberg idealisiert darstellte und später, in seiner eigenen Biographie, auch historische Nachricht davon gab; wie er uns denn auch das Leben des heiligen Philippo Neri sogar zweimal erzählt hat. – Die Weltgeschichte wird zwar immer und muß von den Menschen schweigen, deren Wandel die beste und allein ausreichende Erläuterung dieses wichtigen Punktes unserer Betrachtung ist. Denn der Stoff der Weltgeschichte ist ein ganz anderer, ja entgegengesetzter, nämlich nicht das Verneinen und Aufgeben des Willens zum Leben, sondern eben sein Bejahen und Erscheinen in unzähligen Individuen, in welchem seine Entzweiung mit sich selbst, auf dem höchsten Gipfel seiner Objektivation, mit vollendeter Deutlichkeit hervortritt, und nun uns bald die Überlegenheit des einzelnen durch seine Klugheit, bald die Gewalt der Menge durch ihre Masse, bald die Macht des sich zum Schicksal personifizierenden Zufalls, immer die Vergeblichkeit und Nichtigkeit des ganzen Strebens vor Augen bringt. Uns aber, die wir hier nicht den Faden der Erscheinungen in der Zeit verfolgen, sondern als Philosophen die ethische Bedeutung der Handlungen zu erforschen suchen und diese hier zum alleinigen Maßstabe für das uns Bedeutsame und Wichtige nehmen, wird doch wohl keine Scheu vor der stets bleibenden Stimmenmehrheit der Gemeinheit und Plattheit abhalten, zu bekennen, daß die größte, wichtigste und bedeutsamste Erscheinung, welche die Welt aufzeigen kann, nicht der Welteroberer ist, sondern der Weltüberwinder, also in der Tat nichts anderes, als der stille und unbemerkte Lebenswandel eines solchen Menschen, dem diejenige Erkenntnis aufgegangen ist, infolge welcher er jenen alles erfüllenden und in allem treibenden und strebenden Willen zum Leben aufgibt und verneint, dessen Freiheit erst hier, in ihm allein, hervortritt, wodurch nunmehr sein Tun das gerade Gegenteil des gewöhnlichen wird. Für den Philosophen sind also in dieser Hinsicht jene Lebensbeschreibungen heiliger, sich selbst verleugnender Menschen, so schlecht sie auch meistens geschrieben, ja mit Aberglauben und Unsinn vermischt vorgetragen sind, doch, durch die Bedeutsamkeit des Stoffes, ungleich belehrender und wichtiger, als selbst Plutarchos und Livius.

Zur nähern und vollständigen Kenntnis dessen, was wir, in der Abstraktion und Allgemeinheit unserer Darstellungsweise als

Verneinung des Willens zum Leben ausdrücken, wird ferner sehr viel beitragen die Betrachtung der in diesem Sinn und von Menschen, die dieses Geistes voll waren, gegebenen ethischen Vorschriften, und diese werden zugleich zeigen, wie alt unsere Ansicht ist, so neu auch der rein philosophische Ausdruck derselben sein mag. Das uns zunächst Liegende ist das Christentum, dessen Ethik ganz in dem angegebenen Geiste ist und nicht nur zu den höchsten Graden der Menschenliebe, sondern auch zur Entsagung führt; welche letztere Seite zwar schon in den Schriften der Apostel als Keim sehr deutlich vorhanden ist, jedoch erst später sich völlig entwickelt und explicite ausgesprochen wird. Wir finden von den Aposteln vorgeschrieben: Liebe zum Nächsten, der Selbstliebe gleichwiegend, Wohltätigkeit, Vergeltung des Hasses mit Liebe und Wohltun, Geduld, Sanftmut, Ertragung aller möglichen Beleidigungen ohne Widerstand, Enthaltsamkeit in der Nahrung zur Unterdrückung der Lust, Widerstand dem Geschlechtstriebe, wenn man es vermag, gänzlich. Wir sehn hier schon die ersten Stufen der Askesis, oder eigentlichen Verneinung des Willens, welcher letztere Ausdruck eben das besagt, was in den Evangelien das Verleugnen seiner selbst und Aufsichnehmen des Kreuzes genannt wird. (Matth. 16, 24.25; Mark. 8, 34.35; Luk. 9, 23.24; 14, 26.27.33.) Diese Richtung entwickelte sich bald mehr und mehr und gab den Büßenden, den Anachoreten und dem Mönchtum den Ursprung, welcher an sich rein und heilig war, aber eben darum dem größten Teil der Menschen ganz unangemessen, daher das sich daraus Entwickelnde nur Heuchelei und Abscheulichkeit sein konnte: denn abusus optimi pessimus. Bei weiter gebildetem Christentum sehn wir nun jenen asketischen Keim sich zur vollen Blüte entfalten, in den Schriften der christlichen Heiligen und Mystiker. Diese predigen neben der reinsten Liebe auch völlige Resignation, freiwillige gänzliche Armut, wahre Gelassenheit, vollkommene Gleichgültigkeit gegen alle weltliche Dinge, Absterben dem eigenen Willen und Wiedergeburt in Gott, gänzliches Vergessen der eigenen Person und Versenken in die Anschauung Gottes. Eine vollständige Darstellung davon findet man in des Fénélon »Explication des maximes des Saints sur la vie intérieure«. Aber wohl nirgends ist der Geist des Christentums in dieser seiner Entwickelung so vollkommen und kräftig ausgesprochen, wie in den Schriften der deutschen Mystiker, also des Meister Eckhard und in dem mit Recht berühmten Buche »Die deutsche Theologie«, von welchem Luther, in der dazu geschriebenen Vorrede, sagt, daß er aus keinem Buche, die Bibel und den Augustin ausgenommen, mehr gelernt, was Gott, Christus und der Mensch sei, als eben aus diesem, – dessen echten und unverfälschten Text wir jedoch erst im Jahre 1851 in der Stuttgarter Ausgabe von Pfeiffer erhalten haben. Die darin gegebenen Vorschriften und Lehren sind die vollständigste, aus tief innerster Überzeugung entsprungene Auseinandersetzung dessen, was ich als die Verneinung des Willens zum Leben dargestellt habe. Dort also hat man es näher kennenzulernen, ehe man mit jüdisch-protestantischer Zuversicht darüber abspricht. In demselben vortrefflichen Geiste geschrieben, obwohl jenem Werke nicht ganz gleich zu schätzen, ist Taulers »Nachfolgung des armen Leben Christi«, nebst dessen »Medulla animae«. Meines Erachtens verhalten die Lehren dieser echten christlichen Mystiker sich zu denen des Neuen Testaments, wie zum Wein der Weingeist. Oder: was im Neuen Testament uns wie durch Schleier und Nebel sichtbar wird, tritt in den Werken der Mystiker ohne Hülle, in voller Klarheit und Deutlichkeit uns entgegen. Endlich auch könnte man das Neue Testament als die erste, die Mystiker als die zweite Weihe betrachten – *σμικρα και μεγαλα μυστηρια.*

Nun aber noch weiter entfaltet, vielseitiger ausgesprochen und lebhafter dargestellt, als in der christlichen Kirche und okzidentalischen Welt geschehn konnte, finden wir dasjenige, was wir Verneinung des Willens zum Leben genannt haben, in den uralten Werken der Sanskritsprache. Daß jene wichtige ethische Ansicht des Lebens hier eine noch weitergehende Entwickelung und entschiedenern Ausdruck erlangen konnte, ist vielleicht hauptsächlich dem zuzuschreiben, daß sie hier nicht von einem ihr ganz fremden Element beschränkt wurde, wie im Christentum die jüdische Glaubenslehre ist, zu welcher der erhabene Urheber jenes sich notwendig, teils bewußt und teils vielleicht selbst unbewußt, bequemen und ihr anfügen mußte, und wodurch das Christentum aus zwei sehr heterogenen Bestandteilen zusammengesetzt ist, von denen ich den rein ethischen vorzugsweise, ja ausschließlich den christlichen nennen und ihn von dem vorgefundenen jüdischen Dogmatismus unterscheiden möchte. Wenn, wie schon öfter und besonders in jetziger Zeit befürchtet worden ist, jene vortreffliche und heilbringende Religion einmal gänzlich in Verfall geraten könnte; so würde ich den Grund desselben allein darin suchen, daß sie nicht aus einem einfachen, sondern aus zwei ursprünglich heterogenen und nur mittelst des Weltlaufs zur Verbindung gekommenen Elementen besteht, durch deren aus ihrer ungleichen Verwandtschaft und Reaktion zum herangerückten Zeitgeist, entspringende Zersetzung, in solchem Fall die Auflösung hätte erfolgen müssen, nach welcher selbst jedoch der rein ethische Teil noch immer unversehrt bleiben müßte, weil er unzerstörbar ist. – In der Ethik der Hindus nun, wie wir sie schon jetzt, so unvollkommen unsere Kenntnis ihrer Literatur auch noch ist, auf das mannigfaltigste und kräftigste ausgesprochen finden in den Veden, Puranas, Dichterwerken, Mythen, Legenden ihrer Heiligen, Densprüchen und Lebensregeln*, sehn wir vorgeschrieben: Liebe des Nächsten mit völliger Verleugnung aller Selbstliebe; die Liebe überhaupt nicht auf das Menschengeschlecht beschränkt, sondern alles Lebende umfassend; Wohltätigkeit bis zum Weggeben des täglich sauer Erworbenen; grenzenlose Geduld gegen alle Beleidiger; Vergeltung alles Bösen, so arg es auch sein mag, mit Gutem und Liebe; freiwillige und freudige Erduldung jeder Schmach; Enthaltung aller tierischen Nahrung; völlige Keuschheit und Entsagung aller Wollust für den, welcher eigentliche Heiligkeit anstrebt; Wegwerfung alles Eigentums, Verlassung jedes Wohnorts, aller Angehörigen, tiefe

* Man sehe z. B. »Oupnek'hat, studio Anquetil du Perron«, Bd. 2, Nr. 138, 144, 145, 146. – »Mythologie des Indous par Mad. de Polier«, Bd. 2, Kap. 13, 14, 15, 16, 17. – »Asiatisches Magazin«, von Klaproth, im ersten Bande: »Über die Fo-Religion«; eben daselbst »Bhaguat-Geeta« oder »Gespräche zwischen Kreeshna und Arjoon«; im zweiten Bande: »Moha-Mudgava«. – Dann »Institutes of Hindu-Law, or the ordinances of Menu, from the Sanskrit by Wm. Jones«, deutsch von Hüttner (1797); besonders das sechste und zwölfte Kapitel. – Endlich viele Stellen in den »Asiatic researches«. (In den letzten vierzig Jahren ist die indische Literatur in Europa so angewachsen, daß wenn ich jetzt diese Anmerkung der ersten Ausgabe vervollständigen wollte, sie ein paar Seiten füllen würde.)

gänzliche Einsamkeit, zugebracht in stillschweigender Betrachtung, mit freiwilliger Buße und schrecklicher, langsamer Selbstpeinigung, zur gänzlichen Mortifikation des Willens, welche zuletzt bis zum freiwilligen Tode geht durch Hunger, auch durch Entgegengehn den Krokodilen, durch Herabstürzen vom geheiligten Felsengipfel im Himalaja, durch lebendig Begrabenwerden, auch durch Hinwerfung unter die Räder des unter Gesang, Jubel und Tanz der Bajaderen die Götterbilder umherfahrenden ungeheuren Wagens. Und diesen Vorschriften, deren Ursprung über vier Jahrtausende weit hinausreicht, wird auch noch jetzt, so entartet in vielen Stücken jenes Volk ist, noch immer nachgelebt, von einzelnen selbst bis zu den äußersten Extremen*. Was sich so lange, unter einem so viele Millionen umfassenden Volke in Ausübung erhalten hat, während es die schwersten Opfer auflegt, kann nicht willkürlich ersonnene Grille sein, sondern muß im Wesen der Menschheit seinen Grund haben. Aber hiezu kommt, daß man sich nicht genugsam verwundern kann über die Einhelligkeit, welche man findet, wenn man das Leben eines christlichen Büßenden oder Heiligen und das eines indischen liest. Bei so grundverschiedenen Dogmen, Sitten und Umgebungen ist das Streben und das innere Leben beider ganz dasselbe. So auch in den Vorschriften für beide: so z.B. redet Tauler von der gänzlichen Armut, welche man suchen soll und welche darin besteht, daß man sich alles dessen völlig begibt und entäußert, daraus man irgend einen Trost oder weltliches Genügen schöpfen könnte: offenbar, weil dieses alles dem Willen immer neue Nahrung gibt, auf dessen gänzliches Absterben es abgesehn ist: und als indisches Gegenstück sehn wir, in den Vorschriften des Fo, dem Saniassi, der ohne Wohnung und ganz ohne Eigentum sein soll, noch zuletzt anbefohlen, daß er auch nicht öfter sich unter denselben Baum lege, damit er auch nicht zu diesem Baum irgend eine Vorliebe oder Neigung fasse. Die christlichen Mystiker und die Lehrer der Vedanta-Philosophie treffen auch darin zusammen, daß sie für den, der zur Vollkommenheit gelangt ist, alle äußern Werke

* Bei der Prozession von Jaggernaut im Juni 1840 warfen sich elf Hindu unter den Wagen und kamen augenblicklich um. (Brief eines ostindischen Gutsbesitzers, in den »Times« vom 30. Dezember 1840.)

und Religionsübungen überflüssig erachten. – So viele Übereinstimmung, bei so verschiedenen Zeiten und Völkern, ist ein faktischer Beweis, daß hier nicht, wie optimistische Plattheit es gern behauptet, eine Verschrobenheit und Verrücktheit der Gesinnung, sondern eine wesentliche und nur durch ihre Trefflichkeit sich selten hervortuende Seite der menschlichen Natur sich ausspricht.

Ich habe nunmehr die Quellen angegeben, aus welchen man unmittelbar und aus dem Leben geschöpft die Phänomene kennenlernen kann, in welchen die Verneinung des Willens zum Leben sich darstellt. Gewissermaßen ist dies der wichtigste Punkt unserer ganzen Betrachtung: dennoch habe ich ihn nur ganz im allgemeinen dargelegt; da es besser ist, auf diejenigen zu verweisen, welche aus unmittelbarer Erfahrung reden, als durch schwächere Wiederholung des von ihnen Gesagten dieses Buch ohne Not noch mehr anschwellen zu lassen.

Nur noch weniges will ich, zur allgemeinen Bezeichnung ihres Zustandes, hinzufügen. Wie wir oben den Bösen, durch die Heftigkeit seines Wollens, beständige, verzehrende, innere Qual leiden und den grimmigen Durst des Eigenwillens zuletzt, wenn alle Objekte des Wollens erschöpft sind, am Anblick fremder Pein kühlen sahen; so ist dagegen der, in welchem die Verneinung des Willens zum Leben aufgegangen ist, so arm, freudelos und voll Entbehrungen sein Zustand, von außen gesehn, auch ist, voll innerer Freudigkeit und wahrer Himmelsruhe. Es ist nicht der unruhige Lebensdrang, die jubelnde Freude, welche heftiges Leiden zur vorhergegangenen, oder nachfolgenden Bedingung hat, wie sie den Wandel des lebenslustigen Menschen ausmachen; sondern es ist ein unerschütterlicher Friede, eine tiefe Ruhe und innige Heiterkeit, ein Zustand, zu dem wir, wenn er uns vor die Augen oder die Einbildungskraft gebracht wird, nicht ohne die größte Sehnsucht blicken können, indem wir ihn sogleich als das allein Rechte, alles andere unendlich überwiegende anerkennen, zu welchem unser besserer Geist uns das große sapere aude zuruft. Wir fühlen dann wohl, daß jede der Welt abgewonnene Erfüllung unserer Wünsche doch nur dem Almosen gleicht, welches den Bettler heute am Leben erhält, damit er morgen wieder hungere;

die Resignation dagegen dem ererbten Landgut: es entnimmt den Besitzer aller Sorgen auf immer.

Es ist uns aus dem dritten Buche erinnerlich, daß die ästhetische Freude am Schönen, einem großen Teile nach, darin besteht, daß wir, in den Zustand der reinen Kontemplation tretend, für den Augenblick allem Wollen, d.h. allen Wünschen und Sorgen, enthoben, gleichsam uns selbst loswerden, nicht mehr das zum Behuf seines beständigen Wollens erkennende Individuum, das Korrelat des einzelnen Dinges, dem die Objekte zu Motiven werden, sondern das willensreine, ewige Subjekt des Erkennens, das Korrelat der Idee sind: und wir wissen, daß diese Augenblicke, wo wir, vom grimmen Willensdrange erlöst, gleichsam aus dem schweren Erdenäther auftauchen, die seligsten sind, welche wir kennen. Hieraus können wir abnehmen, wie selig das Leben eines Menschen sein muß, dessen Wille nicht auf Augenblicke, wie beim Genuß des Schönen, sondern auf immer beschwichtigt ist, ja gänzlich erloschen, bis auf jenen letzten glimmenden Funken, der den Leib erhält und mit diesem erlöschen wird. Ein solcher Mensch, der, nach vielen bitteren Kämpfen gegen seine eigene Natur, endlich ganz überwunden hat, ist nur noch als rein erkennendes Wesen, als ungetrübter Spiegel der Welt übrig. Ihn kann nichts mehr ängstigen, nichts mehr bewegen; denn alle die tausend Fäden des Wollens, welche uns an die Welt gebunden halten, und als Begierde, Furcht, Neid, Zorn, uns hin- und herreißen, unter beständigem Schmerz, hat er abgeschnitten. Er blickt nun ruhig und lächelnd zurück auf die Gaukelbilder dieser Welt, die einst auch sein Gemüt zu bewegen und zu peinigen vermochten, die aber jetzt so gleichgültig vor ihm stehn, wie die Schachfiguren nach geendigtem Spiel, oder wie am Morgen die abgeworfenen Maskenkleider, deren Gestalten uns in der Faschingsnacht neckten und beunruhigten. Das Leben und seine Gestalten schweben nur noch vor ihm, wie eine flüchtige Erscheinung, wie dem Halberwachten ein leichter Morgentraum, durch den schon die Wirklichkeit durchschimmert und der nicht mehr täuschen kann: und eben auch wie dieser verschwinden sie zuletzt, ohne gewaltsamen Übergang. Aus diesen Betrachtungen können wir verstehn lernen, in welchem Sinne die Guion, gegen das Ende ihrer Lebensbeschreibung, sich oft so äußert: »Mir ist alles gleichgültig: ich *kann* nichts mehr wollen: ich weiß oft nicht, ob ich da bin oder nicht.« – Auch sei es mir vergönnt, um auszudrücken, wie nach dem Absterben des Willens, der Tod des Leibes (der ja nur die Erscheinung des Willens ist, mit dessen Aufhebung er daher alle Bedeutung verliert) nun nichts Bitteres mehr haben kann, sondern sehr willkommen ist, – die eigenen Worte jener heiligen Büßerin herzusetzen, obwohl sie nicht zierlich gewendet sind: »Midi de la gloire; jour où il n'y a plus de nuit; vie qui ne craint plus la mort, dans la mort même: parceque la mort a vaincu la mort, et que celui qui a souffert la première mort, ne goutera, plus la seconde mort.« (Vie de Mad. de Guion, Bd. 2, S. 13.)

Indessen dürfen wir doch nicht meinen, daß, nachdem durch die zum Quietiv gewordene Erkenntnis, die Verneinung des Willens zum Leben einmal eingetreten ist, sie nun nicht mehr wanke, und man auf ihr rasten könne, wie auf einem erworbenen Eigentum. Vielmehr muß sie durch steten Kampf immer aufs neue errungen werden. Denn da der Leib der Wille selbst ist, nur in der Form der Objektität, oder als Erscheinung in der Welt als Vorstellung; so ist, so lange der Leib lebt, auch noch der ganze Wille zum Leben seiner Möglichkeit nach da, und strebt stets in die Wirklichkeit zu treten und von neuem mit seiner ganzen Glut zu entbrennen. Daher finden wir im Leben heiliger Menschen jene geschilderte Ruhe und Seligkeit nur als die Blüte, welche hervorgeht aus der steten Überwindung des Willens, und sehn, als den Boden, welchem sie entsprießt, den beständigen Kampf mit dem Willen zum Leben: denn dauernde Ruhe kann auf Erden keiner haben. Wir sehn daher die Geschichten des innern Lebens der Heiligen voll von Seelenkämpfen, Anfechtungen und Verlassenheit von der Gnade, d.h. von derjenigen Erkenntnisweise, welche, alle Motive unwirksam machend, als allgemeines Quietiv alles Wollens beschwichtigt, den tiefsten Frieden gibt und das Tor der Freiheit öffnet. Daher auch sehn wir diejenigen, welche einmal zur Verneinung des Willens gelangt sind, sich mit aller Anstrengung auf diesem Wege erhalten, durch sich abgezwungene Entsagungen jeder Art, durch eine büßende, harte Lebensweise und das Aufsuchen des ihnen Unangenehmen: alles, um den stets wieder aufstrebenden Willen zu dämpfen. Daher endlich, weil sie den Wert der Erlösung schon kennen, ihre ängstliche Sorgsamkeit für die Erhaltung des errungenen Heils, ihre Gewissensskrupel bei jedem unschuldigen Genuß, oder bei jeder kleinen Regung ihrer Eitelkeit, welche auch hier am letzten stirbt, sie, von allen Neigungen des Menschen die unzerstörbarste, tätigste und törichteste. – Unter dem schon öfter von mir gebrauchten Ausdruck *Askesis* verstehe ich, im engern Sinne, diese *vorsätzliche* Brechung des Willens, durch Versagung des Angenehmen und Aufsuchen des Unangenehmen, die selbstgewählte büßende Lebensart und Selbstkasteiung, zur anhaltenden Mortifikation des Willens.

Wenn wir nun diese von den schon zur Verneinung des Willens Gelangten ausüben sehn, um sich dabei zu erhalten; so ist auch das Leiden überhaupt, wie es vom Schicksal verhängt wird, ein zweiter Weg (δευτερος πλους*) um zu jener Verneinung zu gelangen: ja, wir können annehmen, daß die meisten nur auf diesem dahin kommen, und daß es das selbst empfundene, nicht das bloß erkannte Leiden ist, was am häufigsten die völlige Resignation herbeiführt, oft erst bei der Nähe des Todes. Denn nur bei wenigen reicht die bloße Erkenntnis hin, welche, das principium individuationis durchschauend, erstlich die vollkommenste Güte der Gesinnung und allgemeine Menschenliebe hervorbringt, und endlich alle Leiden der Welt sie als ihre eigenen erkennen läßt, um die Verneinung des Willens herbeizuführen. Selbst bei dem, welcher sich diesem Punkte nähert, ist fast immer der erträgliche Zustand der eigenen Person, die Schmeichelei des Augenblicks, die Lockung der Hoffnung und die sich immer wieder anbietende Befriedigung des Willens, d.i. der Lust, ein stetes Hindernis der Verneinung des Willens und eine stete Verführung zu erneuerter Bejahung desselben: darum hat man in dieser Hinsicht alle jene Lockungen als Teufel personifiziert. Meistens muß daher, durch das größte eigene Leiden, der Wille gebrochen sein, ehe dessen Selbstverneinung eintritt. Dann sehn wir den Menschen, nachdem er durch alle Stufen der wachsenden Bedrängnis, unter dem heftigsten Widerstreben, zum Rande der Verzweiflung gebracht

* Über **δευτερος πλους** Stobaeus Floril. Vol. 2, p. 374.

ist, plötzlich in sich gehn, sich und die Welt erkennen, sein ganzes Wesen ändern, sich über sich selbst und alles Leiden erheben und, wie durch dasselbe gereinigt und geheiligt, in unanfechtbarer Ruhe, Seligkeit und Erhabenheit willig allem entsagen, was er vorhin mit der größten Heftigkeit wollte, und den Tod freudig empfangen. Es ist der aus der läuternden Flamme des Leidens plötzlich hervortretende Silberblick der Verneinung des Willens zum Leben, d.h. der Erlösung. Selbst die, welche sehr böse waren, sehn wir bisweilen durch die tiefsten Schmerzen bis zu diesem Grade geläutert: sie sind andere geworden und völlig umgewandelt. Die früheren Missetaten ängstigen daher auch ihr Gewissen jetzt nicht mehr; doch büßen sie solche gern mit dem Tode, und sehn willig die Erscheinung jenes Willens enden, der ihnen jetzt fremd und zum Abscheu ist. Von dieser durch großes Unglück und die Verzweiflung an aller Rettung herbeigeführten Verneinung des Willens hat uns eine deutliche und anschauliche Darstellung, wie mir sonst keine in der Poesie bekannt ist, der große Goethe, in seinem unsterblichen Meisterwerke, dem »Faust«, gegeben, an der Leidensgeschichte des Gretchens. Diese ist ein vollkommenes Musterbild des zweiten Weges, der zur Verneinung des Willens führt, nicht, wie der erste, durch die bloße Erkenntnis des Leidens einer ganzen Welt, das man sich freiwillig aneignet; sondern durch den selbstempfundenen, eigenen, überschwenglichen Schmerz. Zwar führen sehr viele Trauerspiele ihren gewaltig wollenden Helden zuletzt auf diesen Punkt der gänzlichen Resignation, wo dann gewöhnlich der Wille zum Leben und seine Erscheinung zugleich endigen: aber keine mir bekannte Darstellung bringt das Wesentliche jener Umwandlung so deutlich und rein von allem Nebenwerk vor die Augen, wie die erwähnte im »Faust«.

Im wirklichen Leben sehn wir jene Unglücklichen, welche das größte Maß des Leidens zu leeren haben, da sie, nachdem ihnen alle Hoffnung gänzlich genommen ist, bei voller Geisteskraft, einem schmählichen, gewaltsamen, oft qualvollen Tode auf dem Schafott entgegen gehn, sehr häufig auf solche Weise umgewandelt. Wir dürfen zwar nicht annehmen, daß zwischen ihrem Charakter und dem der meisten Menschen ein so großer Unterschied sei, wie ihr Schicksal angibt, sondern haben letzteres größtenteils den Umständen zuzuschreiben: sie sind jedoch schuldig und in beträchtlichem Grade böse. Nun sehn wir aber viele von ihnen, nachdem völlige Hoffnungslosigkeit eingetreten ist, auf die angegebene Weise umgewandelt. Sie zeigen jetzt wirkliche Güte und Reinheit der Gesinnung, wahren Abscheu gegen das Begehn jeder im mindesten bösen oder lieblosen Tat: sie vergeben ihren Feinden, und wären es solche, durch die sie unschuldig litten, nicht bloß mit Worten und etwan aus heuchelnder Furcht vor den Richtern der Unterwelt: sondern in der Tat und mit innigem Ernst, und wollen durchaus keine Rache. Ja, ihr Leiden und Sterben wird ihnen zuletzt lieb; denn die Verneinung des Willens zum Leben ist eingetreten: sie weisen oft die dargebotene Rettung von sich, sterben gern, ruhig, selig. Ihnen hat sich, im Übermaß des Schmerzes, das letzte Geheimnis des Lebens offenbart, daß nämlich das Übel und das Böse, das Leiden und der Haß, der Gequälte und der Quäler, so verschieden sie auch der dem Satz vom Grunde folgenden Erkenntnis sich zeigen, an sich eines sind, Erscheinung jenes einen Willens zum Leben, welcher seinen Widerstreit mit sich selbst mittelst des principii individuationis objektiviert: sie haben beide Seiten, das Böse und das Übel, in vollem Maße kennen gelernt, und indem sie zuletzt die Identität beider einsehn, weisen sie jetzt beide zugleich von sich, verneinen den Willen zum Leben. In welchen Mythen und Dogmen sie ihrer Vernunft von dieser intuitiven und unmittelbaren Erkenntnis und von ihrer Umwandlung Rechenschaft ablegen, ist, wie gesagt, ganz gleichgültig.

Zeuge einer Sinnesänderung dieser Art ist, ohne Zweifel, Matthias Claudius gewesen, als er den merkwürdigen Aufsatz schrieb, welcher im »Wandsbecker Boten« (T. 1, S. 115) unter der Aufschrift »Bekehrungsgeschichte des***« steht und folgenden Schluß hat: »Die Denkart des Menschen kann von einem Punkt der Peripherie zu dem entgegengesetzten übergehn, und wieder zurück zu dem vorigen Punkt, wenn die Umstände ihm den Bogen dahin vorzeichnen. Und diese Veränderungen sind nicht eben etwas Großes und Interessantes beim Menschen. Aber jene *merkwürdige, katholische, transzendentale Veränderung*, wo der ganze

Zirkel unwiederbringlich zerrissen wird und alle Gesetze der Psychologie eitel und leer werden, wo der Rock von Fellen ausgezogen, wenigstens umgewandt wird und es dem Menschen wie Schuppen von den Augen fällt, ist so etwas, daß ein jeder, der sich des Odems in seiner Nase einigermaßen bewußt ist, Vater und Mutter verläßt, wenn er darüber etwas Sicheres hören und erfahren kann.«

Nähe des Todes und Hoffnungslosigkeit ist übrigens zu einer solchen Läuterung durch Leiden nicht durchaus notwendig. Auch ohne sie kann, durch großes Unglück und Schmerz, die Erkenntnis des Widerspruchs des Willens zum Leben mit sich selbst sich gewaltsam aufdringen und die Nichtigkeit alles Strebens eingesehn werden. Daher sah man oft Menschen, die ein sehr bewegtes Leben im Drange der Leidenschaften geführt, Könige, Helden, Glücksritter, plötzlich sich ändern, zur Resignation und Buße greifen, Einsiedler und Mönche werden. Hieher gehören alle echten Bekehrungsgeschichten, z.B. auch die des Raimund Lullius, welcher, von einer Schönen, um die er lange gebuhlt hatte, endlich auf ihr Zimmer beschieden, der Erfüllung aller seiner Wünsche entgegensah, als sie, ihren Brustlatz öffnend, ihm ihren vom Krebs auf das Entsetzlichste zerfressenen Busen zeigte. Von diesem Augenblick an, als hätte er in die Hölle gesehn, bekehrte er sich, verließ den Hof des Königs von Majorka und ging in die Wüste, Buße zu tun*. Dieser Bekehrungsgeschichte sehr ähnlich ist die des Abbé Rancé, welche ich im 48. Kapitel des zweiten Bandes in der Kürze erzählt habe. Wenn wir betrachten, wie in beiden der Übergang von der Lust zu den Greueln des Lebens der Anlaß war; so gibt uns dies eine Erläuterung zu der auffallenden Tatsache, daß die lebenslustigste, heiterste, sinnlichste und leichtsinnigste Nation in Europa, also die französische, es ist, unter welcher der bei weitem strengste aller Mönchsorden, also der trappistische, entstanden ist, nach seinem Verfall wieder hergestellt wurde, durch Rancé, und, trotz Revolutionen, Kirchenveränderungen und eingerissenem Unglauben, sich bis auf den heutigen Tag, in seiner Reinheit und furchtbaren Strenge erhält.

* Bruckeri hist. philos., tomi IV pars I, p. 10.

Eine Erkenntnis der oben erwähnten Art, von der Beschaffenheit dieses Daseins, kann jedoch auch wieder mit ihrem Anlaß zugleich sich entfernen, und der Wille zum Leben, und mit ihm der vorige Charakter, wieder eintreten. So sehn wir den leidenschaftlichen Benvenuto Cellini, einmal im Gefängnis und ein anderes Mal bei einer schweren Krankheit, auf solche Weise umgewandelt werden, aber nach verschwundenem Leiden wieder in den alten Zustand zurückfallen. Überhaupt geht aus dem Leiden die Verneinung des Willens keineswegs mit der Notwendigkeit der Wirkung aus der Ursache hervor, sondern der Wille bleibt frei. Denn hier ist ja eben der einzige Punkt, wo seine Freiheit unmittelbar in die Erscheinung eintritt: daher das so stark ausgedrückte Erstaunen des Asmus über die »transzendentale Veränderung«. Bei jedem Leiden läßt sich ein ihm an Heftigkeit überlegener und dadurch unbezwungener Wille denken. Daher erzählt Plato im »Phädon« von solchen, die bis zum Augenblick ihrer Hinrichtung schmausen, trinken, Aphrodisia genießen, bis in den Tod das Leben bejahend. Shakespeare bringt uns im Kardinal Beaufort* das fürchterliche Ende eines Ruchlosen vor die Augen, der verzweiflungsvoll stirbt, indem kein Leiden noch Tod den bis zur äußersten Bosheit heftigen Willen brechen kann.

Je heftiger der Wille, desto greller die Erscheinung seines Widerstreits: desto größer also das Leiden. Eine Welt, welche die Erscheinung eines ungleich heftigern Willens zum Leben wäre, als die gegenwärtige, würde um soviel größere Leiden aufweisen; sie wäre also eine *Hölle*.

Weil alles Leiden, indem es eine Mortifikation und Aufforderung zur Resignation ist, der Möglichkeit nach, eine heiligende Kraft hat; so ist hieraus zu erklären, daß großes Unglück, tiefe Schmerzen schon an sich eine gewisse Ehrfurcht einflößen. Ganz ehrwürdig wird uns aber der Leidende erst dann, wann er, den Lauf seines Lebens als eine Kette von Leiden überblickend, oder einen großen und unheilbaren Schmerz betrauernd, doch nicht eigentlich auf die Verkettung von Umständen hinsieht, die gerade sein Leben in Trauer stürzten, und nicht bei jenem einzelnen gro-

* Henry VI, part 2, Act 3, Sc. 3.

ßen Unglück, das ihn traf, stehn bleibt: – denn bis dahin folgt seine Erkenntnis noch dem Satz vom Grunde und klebt an der einzelnen Erscheinung; er will auch noch immer das Leben, nur nicht unter den ihm gewordenen Bedingungen; – sondern er steht erst dann wirklich ehrwürdig da, wann sein Blick sich vom Einzelnen zum Allgemeinen erhoben hat, wann er sein eigenes Leiden nur als Beispiel des Ganzen betrachtet und ihm, indem er in ethischer Hinsicht genial wird, *ein* Fall für tausende gilt, daher dann das Ganze des Lebens, als wesentliches Leiden aufgefaßt, ihn zur Resignation bringt. Dieserwegen ist es ehrwürdig, wenn in Goethes »Torquato Tasso« die Prinzessin sich darüber ausläßt, wie ihr eigenes Leben und das der Ihrigen immer traurig und freudenlos gewesen sei, und sie dabei ganz ins Allgemeine blickt.

Einen sehr edlen Charakter denken wir uns immer mit einem gewissen Anstrich stiller Trauer, die nichts weniger ist, als beständige Verdrießlichkeit über die täglichen Widerwärtigkeiten (eine solche wäre ein unedler Zug und ließe böse Gesinnung fürchten); sondern ein aus der Erkenntnis hervorgegangenes Bewußtsein der Nichtigkeit aller Güter und des Leidens alles Lebens, nicht des eigenen allein. Doch kann solche Erkenntnis durch selbsterfahrenes Leiden zuerst erweckt sein, besonders durch ein einziges großes; wie den Petrarca ein einziger unerfüllbarer Wunsch zu jener resignierten Trauer über das ganze Leben gebracht hat, die uns aus seinen Werken so rührend anspricht: denn die Daphne, welche er verfolgte, mußte seinen Händen entschwinden, um statt ihrer ihm den unsterblichen Lorbeer zurückzulassen. Wenn durch eine solche große und unwiderrufliche Versagung vom Schicksal der Wille in gewissem Grade gebrochen ist; so wird im übrigen fast nichts mehr gewollt, und der Charakter zeigt sich sanft, traurig, edel, resigniert. Wann endlich der Gram keinen bestimmten Gegenstand mehr hat, sondern über das Ganze des Lebens sich verbreitet; dann ist er gewissermaßen ein In-sich-gehn, ein Zurückziehn, ein allmähliches Verschwinden des Willens, dessen Sichtbarkeit, den Leib, er sogar leise, aber im Innersten untergräbt, wobei der Mensch eine gewisse Ablösung seiner Banden spürt, ein sanftes Vorgefühl des sich als Auflösung des Leibes und des Willens zugleich ankündigenden Todes; daher diesen Gram eine heimliche Freude begleitet, welche es, wie ich glaube, ist, die das melancholischeste aller Völker the joy of grief genannt hat. Doch liegt eben auch hier die Klippe der *Empfindsamkeit*, sowohl im Leben selbst, als in dessen Darstellung im Dichten: wenn nämlich immer getrauert und immer geklagt wird, ohne daß man sich zur Resignation erhebt und ermannt; so hat man Erde und Himmel zugleich verloren und wässerichte Sentimentalität übrig behalten. Nur indem das Leiden die Form bloßer reiner Erkenntnis annimmt und sodann diese als *Quietiv des Willens* wahre Resignation herbeiführt, ist es der Weg zur Erlösung und dadurch ehrwürdig. In dieser Hinsicht aber fühlen wir beim Anblick jedes sehr Unglücklichen eine gewisse Achtung, die der, welche Tugend und Edelmut uns abnötigen, verwandt ist, und zugleich erscheint dabei unser eigener glücklicher Zustand wie ein Vorwurf. Wir können nicht umhin, jedes Leiden, sowohl das selbstgefühlte wie das fremde, als eine wenigstens mögliche Annäherung zur Tugend und Heiligkeit, hingegen Genüsse und weltliche Befriedigungen als die Entfernung davon anzusehn. Dies geht so weit, daß jeder Mensch, der ein großes körperliches Leiden, oder ein schweres geistiges trägt, ja sogar jeder, der nur eine die größte Anstrengung erfordernde körperliche Arbeit im Schweiß seines Angesichts und mit sichtbarer Erschöpfung verrichtet, dies alles aber mit Geduld und ohne Murren, daß, sage ich, jeder solcher Mensch, wenn wir ihn mit inniger Aufmerksamkeit betrachten, uns gleichsam vorkommt wie ein Kranker, der eine schmerzhafte Kur anwendet, den durch sie verursachten Schmerz aber willig und sogar mit Befriedigung erträgt, indem er weiß, daß je mehr er leidet, desto mehr auch der Krankheitsstoff zerstört wird und daher der gegenwärtige Schmerz das Maß seiner Heilung ist.

Allem Bisherigen zufolge geht die Verneinung des Willens zum Leben, welche dasjenige ist, was man gänzliche Resignation oder Heiligkeit nennt, immer aus dem Quietiv des Willens hervor, welches die Erkenntnis seines innern Widerstreits und seiner wesentlichen Nichtigkeit ist, die sich im Leiden alles Lebenden aussprechen. Der Unterschied, den wir als zwei Wege dargestellt haben, ist, ob das bloß und rein *erkannte* Leiden, durch freie Aneignung desselben, mittelst Durchschauung des principii individuationis, oder ob das unmittelbar selbst *empfundene* Leiden jene Erkenntnis hervorruft. Wahres Heil, Erlösung vom Leben und Leiden, ist ohne gänzliche Verneinung des Willens nicht zu denken. Bis dahin ist jeder nichts anderes, als dieser Wille selbst, dessen Erscheinung eine hinschwindende Existenz, ein immer nichtiges, stets vereiteltes Streben und die dargestellte Welt voll Leiden ist, welcher alle unwiderruflich auf gleiche Weise angehören. Denn wir fanden oben, daß dem Willen zum Leben das Leben stets gewiß ist und seine einzige wirkliche Form die Gegenwart, der jene, wie auch Geburt und Tod in der Erscheinung walten, nimmer entrinnen. Der indische Mythos drückt dies dadurch aus, daß er sagt: »Sie werden wiedergeboren«. Der große ethische Unterschied der Charaktere hat die Bedeutung, daß der Böse unendlich weit davon entfernt ist, zu der Erkenntnis zu gelangen, aus welcher die Verneinung des Willens hervorgeht, und daher allen Qualen, welche im Leben als *möglich* erscheinen, der Wahrheit nach, *wirklich* preisgegeben ist; indem auch der etwan gegenwärtige, glückliche Zustand seiner Person nur eine durch das principium indiviationis vermittelte Erscheinung und Blendwerk der Maja, der glückliche Traum des Bettlers, ist. Die Leiden, welche er in der Heftigkeit und im Grimm seines Willensdranges über andere verhängt, sind das Maß der Leiden, deren eigene Erfahrung seinen Willen nicht brechen und zur endlichen Verneinung führen kann. Alle wahre und reine Liebe hingegen, ja selbst alle freie Gerechtigkeit, geht schon aus der Durchschauung des principii individuationis hervor, welche, wenn sie in voller Klarheit eintritt, die gänzliche Heiligung und Erlösung herbeiführt, deren Phänomen der oben geschilderte Zustand der Resignation, der diese begleitende unerschütterliche Friede und die höchste Freudigkeit im Tode ist*.

* Hiezu Kap. 48 des zweiten Bandes.

§ 69

Von der nunmehr, in den Grenzen unserer Betrachtungsweise, hinlänglich dargestellten Verneinung des Willens zum Leben, welche der einzige in der Erscheinung hervortretende Akt seiner Freiheit und daher, wie Asmus es nennt, die transzendentale Veränderung ist, unterscheidet nichts sich mehr, als die willkürliche Aufhebung seiner einzelnen Erscheinung, der *Selbstmord.* Weit entfernt Verneinung des Willens zu sein, ist dieser ein Phänomen starker Bejahung des Willens. Denn die Verneinung hat ihr Wesen nicht darin, daß man die Leiden, sondern daß man die Genüsse des Lebens verabscheuet. Der Selbstmörder will das Leben und ist bloß mit den Bedingungen unzufrieden, unter denen es ihm geworden. Daher gibt er keineswegs den Willen zum Leben auf, sondern bloß das Leben, indem er die einzelne Erscheinung zerstört. Er will das Leben, will des Leibes ungehindertes Dasein und Bejahung; aber die Verflechtung der Umstände läßt diese nicht zu, und ihm entsteht großes Leiden. Der Wille zum Leben selbst findet sich in dieser einzelnen Erscheinung so sehr gehemmt, daß er sein Streben nicht entfalten kann. Daher entscheidet er sich gemäß seinem Wesen an sich, welches außerhalb der Gestaltungen des Satzes vom Grunde liegt, und dem daher jede einzelne Erscheinung gleichgültig ist; indem es selbst unberührt bleibt von allem Entstehn und Vergehn und das Innere des Lebens aller Dinge ist. Denn jene nämliche feste, innere Gewißheit, welche macht, daß wir alle ohne beständige Todesschauer leben, die Gewißheit nämlich, daß dem Willen seine Erscheinung nie fehlen kann, unterstützt auch beim Selbstmorde die Tat. Der Wille zum Leben also erscheint ebensowohl in diesem Selbsttöten (Schiwa), als im Wohlbehagen der Selbsterhaltung (Wischnu) und in der Wollust der Zeugung (Brahma). Dies ist die innere Bedeutung der *Einheit des Trimurtis*, welche jeder Mensch ganz ist, obwohl sie in der Zeit bald das eine, bald das andere der drei Häupter hervorhebt. – Wie das einzelne Ding zur Idee, so verhält sich der Selbstmord zur Verneinung des Willens: der Selbstmörder verneint bloß das Individuum, nicht die Spezies. Wir fanden schon oben, daß, weil dem Willen zum Leben das Leben immer gewiß und diesem das Leiden wesentlich ist, der Selbstmord, die willkürliche Zerstörung einer einzelnen Erscheinung, bei der das Ding an sich ungestört stehn bleibt, wie der Regenbogen feststeht, so schnell auch die Tropfen, welche auf Augenblicke seine Träger sind, wechseln, eine ganz vergebliche und törichte Handlung sei. Aber sie ist auch überdies das Meisterstück der Maja, als der schreiendeste Ausdruck des Widerspruchs des Willens zum Leben mit sich selbst. Wie wir diesen Widerspruch schon bei den niedrigsten Erscheinungen des Willens erkannten, im beständigen Kampf aller Äußerungen von Naturkräften und aller organischen Individuen um die Materie und die Zeit und den Raum, und wie wir jenen Widerstreit, auf den steigenden Stufen der Objektivation des Willens, immer mehr, mit furchtbarer Deutlichkeit, hervortreten sahen; so erreicht er endlich, auf der höchsten Stufe, welche die Idee des Menschen ist, diesen Grad, wo nicht bloß die, dieselbe Idee darstellenden Individuen sich unter einander vertilgen, sondern sogar dasselbe Individuum sich selbst den Krieg ankündigt, und die Heftigkeit, mit welcher es das Leben will und gegen die Hemmung desselben, das Leiden, andringt, es dahin bringt, sich selbst zu zerstören, so daß der individuelle Wille den Leib, welcher nur seine eigene Sichtbarwerdung ist, durch einen Willensakt aufhebt, eher als daß das Leiden den Willen breche. Eben weil der Selbstmörder nicht aufhören kann zu wollen, hört er auf zu leben, und der Wille bejaht sich hier eben durch die Aufhebung seiner Erscheinung, weil er sich anders nicht mehr bejahen kann. Weil aber eben das Leiden, dem er sich so entzieht, es war, welches als Mortifikation des Willens ihn zur Verneinung seiner selbst und zur Erlösung hätte führen können; so gleicht in dieser Hinsicht der Selbstmörder einem Kranken, der eine schmerzhafte Operation, die ihn von Grund aus heilen könnte, nachdem sie angefangen, nicht vollenden läßt, sondern lieber die Krankheit behält. Das Leiden naht sich und eröffnet als solches die Möglichkeit zur Verneinung des Willens; aber er weist es von sich, indem er die Erscheinung des Willens, den Leib zerstört, damit der Wille ungebrochen bleibe. – Dies ist der Grund, warum beinahe alle Ethiken, sowohl philosophische, als religiöse, den Selbstmord verdammen; obgleich sie selbst hiezu keine andere, als seltsame sophistische Gründe angeben können. Sollte aber je ein Mensch aus rein moralischem Antriebe sich vom Selbstmord zurückgehalten haben, so war der innerste Sinn dieser Selbstüberwindung (in was für Begriffe ihn seine Vernunft auch kleidete) dieser: »Ich will mich dem Leiden nicht entziehn, damit es den Willen zum Leben, dessen Erscheinung so jammervoll ist, aufzuheben beitragen könne, indem es die mir schon jetzt aufgehende Erkenntnis vom eigentlichen Wesen der Welt dahin verstärke, daß sie zum endlichen Quietiv meines Willens werde und mich auf immer erlöse.«

Bekanntlich kommen von Zeit zu Zeit immer wieder Fälle vor, wo der Selbstmord sich auf die Kinder erstreckt: der Vater tötet die Kinder, die er sehr liebt, und dann sich selbst. Bedenken wir, daß Gewissen, Religion und alle überkommenen Begriffe ihn im Morde das schwerste Verbrechen erkennen lassen, er aber dennoch dieses in der Stunde seines eigenen Todes begeht, und zwar ohne irgend ein egoistisches Motiv dabei haben zu können; so läßt sich die Tat nur daraus erklären, daß hier der Wille des Individuums sich unmittelbar wiedererkennt in den Kindern, jedoch befangen in dem Wahn, der die Erscheinung für das Wesen an sich hält, und dabei tief ergriffen von der Erkenntnis des Jammers alles Lebens, jetzt vermeint, mit der Erscheinung das Wesen selbst aufzuheben, und daher sich und die Kinder, in denen er unmittelbar sich selbst wieder leben sieht, aus dem Dasein und seinem Jammer erretten will. – Ein diesem ganz analoger Irrweg wäre es, wenn man wähnte, dasselbe, was freiwillige Keuschheit leistet, erreichen zu können durch Vereitelung der Zwecke der Natur bei der Befruchtung, oder gar indem man, in Betracht der unausbleiblichen Leiden des Lebens, den Tod des Neugeborenen beförderte, statt vielmehr alles zu tun, um jedem, welches sich ins Leben drängt, das Leben zu sichern. Denn wenn Wille zum Leben da ist, so kann ihn, als das allein Metaphysische oder das Ding an sich, keine Gewalt brechen, sondern sie kann bloß seine Erscheinung an diesem Ort zu dieser Zeit zerstören. Er selbst kann durch nichts aufgehoben werden, als durch *Erkenntnis*. Daher ist der einzige Weg des Heils dieser, daß der Wille ungehindert erscheine, um in dieser Erscheinung sein eigenes Wesen *erkennen* zu können. Nur in Folge dieser Erkenntnis kann der Wille sich selbst aufheben und damit auch das Leiden, welches von seiner Erscheinung unzertrennlich ist, endigen: nicht aber ist dies durch physische Gewalt, wie Zerstörung des Keims, oder Tötung des Neugeborenen, oder Selbstmord möglich. Die Natur führt eben den Willen zum Lichte, weil er nur am Lichte seine Erlösung finden kann. Daher sind die Zwecke der Natur auf alle Weise zu befördern, sobald der Wille zum Leben, der ihr inneres Wesen ist, sich entschieden hat. –

Vom gewöhnlichen Selbstmorde gänzlich verschieden scheint eine besondere Art desselben zu sein, welche jedoch vielleicht noch nicht genugsam konstatiert ist. Es ist der aus dem höchsten Grade der Askese freiwillig gewählte Hungertod, dessen Erscheinung jedoch immer von vieler religiöser Schwärmerei und sogar Superstition begleitet gewesen und dadurch undeutlich gemacht ist. Es scheint jedoch, daß die gänzliche Verneinung des Willens den Grad erreichen könne, wo selbst der zur Erhaltung der Vegetation des Leibes, durch Aufnahme von Nahrung, nötige Wille wegfällt. Weit entfernt, daß diese Art des Selbstmordes aus dem Willen zum Leben entstände, hört ein solcher völlig resignierter Asket bloß darum auf zu leben, weil er ganz und gar aufgehört hat zu wollen. Eine andere Todesart als die durch Hunger ist hiebei nicht wohl denkbar (es wäre denn, daß sie aus einer besondern Superstition hervorginge); weil die Absicht, die Qual zu verkürzen, wirklich schon ein Grad der Bejahung des Willens wäre. Die Dogmen, welche die Vernunft eines solchen Büßenden erfüllen, spiegeln ihm dabei den Wahn vor, es habe ein Wesen höherer Art ihm das Fasten, zu dem der innere Hang ihn treibt, anbefohlen. Ältere Beispiele hievon kann man finden in der »Breslauer Sammlung von Natur- und Medizin-Geschichten«, September 1719, S. 363fg.; in Bayles »Nouvelles de la république des lettres«, Februar 1685, S. 189fg.; in Zimmermann, »Über die Einsamkeit«, Bd. 1, S. 182; in der »Histoire de l'académie des sciences« von 1764 einen Bericht von Houttuyn; derselbe ist wiederholt in der »Sammlung für praktische Ärzte«, Bd. 1, S. 69. Spätere Berichte findet man in Hufelands »Journal für praktische Heilkunde«, Bd. 10, S. 181, und Bd. 48, S. 95; auch in Nasses »Zeitschrift für psychische Ärzte«, 1819, Heft 3, S. 460; im »Edinburgh medical and surgical Journal«, 1809, Bd. 5, S. 319. Im Jahre 1833 berichteten alle Zeitungen, daß der englische Historiker Dr. Lingard, im Januar, zu Dover, den freiwilligen Hungertod gestorben sei; nach späteren Nachrichten ist er es nicht selbst, sondern ein Anverwandter gewesen. Jedoch werden in diesen Nachrichten meistenteils die Individuen als wahnsinnig dargestellt, und es läßt sich nicht mehr ausmitteln, inwiefern dieses der Fall gewesen sein mag. Aber eine neuere Nachricht dieser Art will ich hiehersetzen, wenn es auch nur wäre zur sicherern Aufbewahrung eines der seltenen Beispiele des berührten auffallenden und außerordentlichen Phänomens der menschlichen Natur, welches wenigstens dem Anschein nach dahin gehört, wohin ich es ziehn möchte, und außerdem schwerlich zu erklären sein würde. Die besagte neuere Nachricht steht im »Nürnberger Korrespondenten«, vom 29. Juli 1813, mit folgenden Worten:

»Von Bern meldet man, daß bei Thurnen, in einem dichten Walde, ein Hüttchen aufgefunden wurde und darin ein schon seit ungefähr einem Monat in Verwesung liegender männlicher Leichnam, in Kleidern, welche wenig Aufschluß über den Stand ihres Besitzers geben konnten. Zwei sehr feine Hemden lagen dabei. Das wichtigste Stück war eine Bibel, mit eingehefteten weißen Blättern, die zum Teil vom Verstorbenen beschrieben waren. Er meldet darin den Tag seiner Abreise von Hause (die Heimat aber wird nicht genannt), dann sagt er: Er sei vom Geiste Gottes in eine Wüste getrieben worden, zu beten und zu fasten. Er habe auf seiner Herreise schon sieben Tage gefastet: dann habe er wieder gegessen. Hierauf habe er bei seiner Ansiedelung schon wieder zu fasten angefangen, und zwar so viele Tage. Nun wird jeder Tag mit einem Strich bezeichnet, und es finden sich deren fünf, nach deren Verlauf der Pilger vermutlich gestorben ist. Noch fand sich ein Brief an einen Pfarrer über eine Predigt, welche der Verstorbene von demselben gehört hatte; allein auch da fehlte die Adresse.« – Zwischen diesem aus dem Extrem der Askese und dem gewöhnlichen aus Verzweiflung entspringenden freiwilligen Tode mag es mancherlei Zwischenstufen und Mischungen geben, welches zwar schwer zu erklären ist; aber das menschliche

Gemüt hat Tiefen, Dunkelheiten und Verwickelungen, welche aufzuhellen und zu entfalten, von der äußersten Schwierigkeit ist.

§ 70

Man könnte vielleicht unsere ganze nunmehr beendigte Darstellung dessen, was ich die Verneinung des Willens nenne, für unvereinbar halten mit der frühern Auseinandersetzung der Notwendigkeit, welche der Motivation ebensosehr, als jeder andern Gestaltung des Satzes vom Grunde zukommt, und derzufolge die Motive, wie alle Ursachen, nur Gelegenheitsursachen sind, an denen hier der Charakter sein Wesen entfaltet und es mit der Notwendigkeit eines Naturgesetzes offenbart, weshalb wir dort die Freiheit als liberum arbitrium indifferentiae schlechthin leugneten. Weit entfernt jedoch dieses hier aufzuheben, erinnere ich daran. In Wahrheit kommt die eigentliche Freiheit, d.h. Unabhängigkeit vom Satze des Grundes, nur dem Willen als Ding an sich zu, nicht seiner Erscheinung, deren wesentliche Form überall der Satz vom Grunde, das Element der Notwendigkeit, ist. Allein der einzige Fall, wo jene Freiheit auch unmittelbar in der Erscheinung sichtbar werden kann, ist der, wo sie dem, was erscheint, ein Ende macht, und weil dabei dennoch die bloße Erscheinung, sofern sie in der Kette der Ursachen ein Glied ist, der belebte Leib, in der Zeit, welche nur Erscheinungen enthält, fortdauert, so steht der Wille, der sich durch diese Erscheinung manifestiert, alsdann mit ihr im Widerspruch, indem er verneint was sie ausspricht. In solchem Fall sind z.B. die Genitalien, als Sichtbarkeit des Geschlechtstriebes, da und gesund; es wird aber dennoch, auch im Innersten, keine Geschlechtsbefriedigung gewollt: und der ganze Leib ist nur sichtbarer Ausdruck des Willens zum Leben, und dennoch wirken die diesem Willen entsprechenden Motive nicht mehr: ja, die Auflösung des Leibes, das Ende des Individuums und dadurch die größte Hemmung des natürlichen Willens, ist willkommen und erwünscht. Von diesem *realen* Widerspruch nun, der aus dem unmittelbaren Eingreifen der keine Notwendigkeit kennenden Freiheit des Willens an sich in die Notwendigkeit seiner Erscheinung hervorgeht, ist der Widerspruch zwischen unsern Behauptungen von der Notwendigkeit der Bestimmung des Willens durch die Motive, nach Maßgabe des Charakters, einerseits, und von der Möglichkeit der gänzlichen Aufhebung des Willens, wodurch die Motive machtlos werden, andererseits, nur die Wiederholung in der Reflexion der Philosophie. Der Schlüssel zur Vereinigung dieser Widersprüche liegt aber darin, daß der Zustand, in welchem der Charakter der Macht der Motive entzogen ist, nicht unmittelbar vom Willen ausgeht, sondern von einer veränderten Erkenntnisweise. So lange nämlich die Erkenntnis keine andere, als die im principio individuationis befangene, dem Satz vom Grunde schlechthin nachgehende ist, ist auch die Gewalt der Motive unwiderstehlich: wann aber das principium individuationis durchschaut, die Ideen, ja das Wesen der Dinge an sich, als derselbe Wille in allem, unmittelbar erkannt wird, und aus dieser Erkenntnis ein allgemeines Quietiv des Wollens hervorgeht; dann werden die einzelnen Motive unwirksam, weil die ihnen entsprechende Erkenntnisweise, durch eine ganze andere verdunkelt, zurückgetreten ist. Daher kann der Charakter sich zwar nimmermehr teilweise ändern, sondern muß, mit der Konsequenz eines Naturgesetzes, im einzelnen den Willen ausführen, dessen Erscheinung er im ganzen ist: aber eben dieses Ganze, der Charakter selbst, kann völlig aufgehoben werden, durch die oben angegebene Veränderung der Erkenntnis. Diese seine Aufhebung ist es, welche Asmus, wie oben angeführt, als die »katholische, transzendentale Veränderung« bezeichnet und anstaunt: eben sie ist auch dasjenige, was in der christlichen Kirche, sehr treffend, die *Wiedergeburt*, und die Erkenntnis, aus der sie hervorgeht, das, was die *Gnadenwirkung* genannt wurde. – Eben daher, daß nicht von einer Änderung, sondern von einer gänzlichen Aufhebung des Charakters die Rede ist, kommt es, daß, so verschieden, vor jener Aufhebung, die Charaktere, welche sie getroffen, auch waren, sie dennoch nach derselben eine große Gleichheit in der Handlungsweise zeigen, obwohl noch jeder, nach seinen Begriffen und Dogmen, sehr verschieden *redet*.

In diesem Sinn ist also das alte, stets bestrittene und stets behauptete Philosophem von der Freiheit des Willens nicht grundlos, und auch das Dogma der Kirche von der Gnadenwirkung und Wiedergeburt nicht ohne Sinn und Bedeutung. Aber wir sehn unerwartet jetzt beide in eins zusammenfallen, und können nunmehr auch verstehn, in welchem Sinn der vortreffliche Malebranche sagen konnte: »La liberté est un mystère«, und Recht hatte. Denn eben das, was die christlichen Mystiker die *Gnadenwirkung* und *Wiedergeburt* nennen, ist uns die einzige unmittelbare Äußerung der *Freiheit des Willens*. Sie tritt erst ein, wann der Wille, zur Erkenntnis seines Wesens an sich gelangt, aus dieser ein *Quietiv* erhält und eben dadurch der Wirkung der *Motive* entzogen wird, welche im Gebiet einer andern Erkenntnisweise liegt, deren Objekte nur Erscheinungen sind. – Die Möglichkeit der also sich äußernden Freiheit ist der größte Vorzug des Menschen, der dem Tiere ewig abgeht, weil die Besonnenheit der Vernunft, welche, unabhängig vom Eindruck der Gegenwart, das Ganze des Lebens übersehn läßt, Bedingung derselben ist. Das Tier ist ohne alle Möglichkeit der Freiheit, wie es sogar ohne Möglichkeit einer eigentlichen, also besonnenen Wahlentscheidung, nach vorhergegangenem vollkommenem Konflikt der Motive, die hiezu abstrakte Vorstellungen sein müßten, ist. Mit eben der Notwendigkeit daher, mit welcher der Stein zur Erde fällt, schlägt der hungerige Wolf seine Zähne in das Fleisch des Wildes, ohne Möglichkeit der Erkenntnis, daß er der Zerfleischte sowohl als der Zerfleischende ist. *Notwendigkeit ist das Reich der Natur; Freiheit ist das Reich der Gnade.*

Weil nun, wie wir gesehn haben, jene *Selbstaufhebung des Willens* von der Erkenntnis ausgeht, alle Erkenntnis und Einsicht aber als solche von der Willkür unabhängig ist; so ist auch jene Verneinung des Wollens, jener Eintritt in die Freiheit, nicht durch Vorsatz zu erzwingen, sondern geht aus dem innersten Verhältnis des Erkennens zum Wollen im Menschen hervor, kommt daher plötzlich und wie von außen angeflogen. Daher eben nannte die Kirche sie *Gnadenwirkung*: wie sie aber diese noch abhängen läßt von der Aufnahme der Gnade, so ist auch die Wirkung des Quietivs doch zuletzt ein Freiheitsakt des Willens. Und weil infolge solcher Gnadenwirkung das ganze Wesen des Menschen von

Grund aus geändert und umgekehrt wird, so daß er nichts mehr will von allem, was er bisher so heftig wollte, also wirklich gleichsam ein neuer Mensch an die Stelle des alten tritt, nannte sie diese Folge der Gnadenwirkung die *Wiedergeburt*. Denn was sie den *natürlichen Menschen* nennt, dem sie alle Fähigkeit zum Guten abspricht, das ist eben der Wille zum Leben, welcher verneint werden muß, wenn Erlösung aus einem Dasein, wie das unserige ist, erlangt werden soll. Hinter unserm Dasein nämlich steckt etwas anderes, welches uns erst dadurch zugänglich wird, daß wir die Welt abschütteln.

Nicht, dem Satz vom Grunde gemäß, die Individuen, sondern die Idee des Menschen in ihrer Einheit betrachtend, symbolisiert die christliche Glaubenslehre die *Natur*, die *Bejahung des Willens zum Leben, im Adam*, dessen auf uns vererbte Sünde, d.h. unsere Einheit mit ihm in der Idee, welche in der Zeit durch das Band der Zeugung sich darstellt, uns alle des Leidens und des ewigen Todes teilhaft macht: dagegen symbolisiert sie die *Gnade*, die *Verneinung des Willens*, die *Erlösung*, im menschgewordenen Gotte, der, als frei von aller Sündhaftigkeit, d.h. von allem Lebenswillen, auch nicht, wie wir, aus der entschiedensten Bejahung des Willens hervorgegangen sein kann, noch wie wir einen Leib haben kann, der durch und durch nur konkreter Wille, Erscheinung des Willens ist; sondern von der reinen Jungfrau geboren, auch nur einen Scheinleib hat. Dieses letztere nämlich nach den Doketen, d.i. einigen hierin sehr konsequenten Kirchenvätern. Besonders lehrte es Appelles, gegen welchen und seine Nachfolger sich Tertullian erhob. Aber auch selbst Augustinus kommentiert die Stelle, Röm. 8,3: »Deus filium suum misit in similitudinem carnis peccati«, also: »Non enim caro peccati erat, quae non de carnali delectatione nata erat: sed tamen inerat ei similitudo carnis peccati, quia mortalis caro erat« (Liber 83, quaestion. qu. 66). Derselbe lehrt in seinem Werke, genannt opus imperfectum, I, 47, daß die Erbsünde Sünde und Strafe zugleich sei. Sie sei schon in den neugeborenen Kindern befindlich, zeige sich aber erst, wenn sie herangewachsen. Dennoch sei der Ursprung dieser Sünde von dem Willen des Sündigenden herzuleiten. Dieser Sündigende sei Adam gewesen; aber in ihm hätten wir alle existiert: Adam ward unglücklich, und in ihm seien wir alle unglücklich geworden. – Wirklich ist die Lehre von der Erbsünde (Bejahung des Willens) und von der Erlösung (Verneinung des Willens) die große Wahrheit, welche den Kern des Christentums ausmacht; während das Übrige meistens nur Einkleidung und Hülle, oder Beiwerk ist. Demnach soll man Jesum Christum stets im allgemeinen auffassen, als das Symbol, oder die Personifikation, der Verneinung des Willens zum Leben; nicht aber individuell, sei es nach seiner mythischen Geschichte in den Evangelien, oder nach der ihr zum Grunde liegenden, mutmaßlichen, wahren. Denn weder das eine, noch das andere wird leicht ganz befriedigen. Es ist bloß das Vehikel jener erstern Auffassung, für das Volk, als welches stets etwas Faktisches verlangt. – Daß in neuerer Zeit das Christentum seine wahre Bedeutung vergessen hat und in platten Optimismus ausgeartet ist, geht uns hier nicht an.

Es ist ferner eine ursprüngliche und evangelische Lehre des Christentums, welche Augustinus, mit Zustimmung der Häupter der Kirche, gegen die Plattheiten der Pelagianer verteidigte, und welche von Irrtümern zu reinigen und wieder hervorzuheben Luther zum Hauptziel seines Strebens machte, wie er dies in seinem Buche »De servo arbitrio« ausdrücklich erklärt, – die Lehre nämlich, daß der *Wille nicht frei ist*, sondern dem Hange zum Bösen ursprünglich untertan; daher seine Werke stets sündlich und mangelhaft sind und nie der Gerechtigkeit genug tun können; daß also endlich keineswegs diese Werke, sondern der Glaube allein selig macht; dieser Glaube selbst aber nicht aus Vorsatz und freiem Willen entsteht, sondern durch *Gnadenwirkung*, ohne unser Zutun, wie von außen auf uns kommt. – Nicht nur die vorhin erwähnten, sondern auch dieses letztere echt evangelische Dogma gehört zu denen, welche heutzutage eine rohe und platte Ansicht als absurd verwirft, oder verdeckt, indem sie, trotz Augustin und Luther, dem pelagianischen Hausmannsverstande, welches eben der heutige Rationalismus ist, zugetan, gerade diese tiefsinnigen, dem Christentum im engsten Sinn eigentümlichen und wesentlichen Dogmen antiquiert, hingegen das aus dem Judentum stammende und beibehaltene, nur auf dem historischen Wege dem

Christentum verbundene* Dogma allein festhält und zur Hauptsache macht. – Wir aber erkennen in der oben erwähnten Lehre die mit dem Resultat unserer Betrachtungen völlig übereinstimmende Wahrheit. Wir sehn nämlich, daß die echte Tugend und Heiligkeit der Gesinnung ihren ersten Ursprung nicht in der überlegten Willkür (den Werken), sondern in der Erkenntnis (dem Glauben) hat: gerade wie wir es auch aus unserm Hauptge-

* Wie sehr dieses der Fall sei, ist daraus ersichtlich, daß alle die in der von Augustin konsequent systematisierten christlichen Dogmatik enthaltenen Widersprüche und Unbegreiflichkeiten, welche gerade zur entgegengesetzen pelagianischen Plattheit geführt haben, verschwinden, sobald man vom jüdischen Grunddogma abstrahiert und erkennt, daß der Mensch nicht das Werk eines andern, sondern seines eigenen Willens sei. Dann ist sogleich alles klar und richtig: dann bedarf es keiner Freiheit im Operari: denn sie liegt im Esse, und eben da liegt auch die Sünde, als Erbsünde: die Gnadenwirkung aber ist unsere eigene. – Bei der heutigen, rationalistischen Ansicht hingegen erscheinen viele Lehren der im Neuen Testament begründeten augustinischen Dogmatik durchaus unhaltbar, ja, empörend, z.B. die Prädestination. Danach verwirft man dann das eigentlich Christliche, und kommt zum rohen Judentum zurück. Allein der Rechnungsfehler, oder das Urgebrechen der christlichen Dogmatik, liegt, wo man es nie sucht, nämlich gerade in dem, was man als ausgemacht und gewiß aller Prüfung entzieht. Dies weggenommen, ist die ganze Dogmatik rationell: denn jenes Dogma verdirbt, wie alle andern Wissenschaften, so auch die Theologie. Studiert man nämlich die augustinische Theologie in den Büchern »De civitate Dei« (zumal im 14. Buch), so erfährt man etwas Analoges, wie wenn man einen Körper, dessen Schwerpunkt außer ihm fällt, zum Stehn bringen will: wie man ihn auch drehn und stellen mag, er überstürzt sich immer wieder. So nämlich fällt auch hier, trotz allen Bemühungen und Sophismen des Augustinus, die Schuld der Welt und ihre Qual stets auf den Gott zurück, der Alles und in Allem Alles gemacht und dazu noch gewußt hat, wie die Sachen gehn würden. Daß Augustinus selbst der Schwierigkeit inne und darüber sehr stutzig geworden ist, habe ich schon nachgewiesen in meiner Preisschrift über die Freiheit des Willens (Kap. 4, S. 66–68 der ersten [und zweiten] Auflage). – Imgleichen ist der Widerspruch zwischen der Güte Gottes und dem Elend der Welt, wie auch zwischen der Freiheit des Willens und dem Vorherwissen Gottes, das unerschöpfliche Thema einer beinahe hundertjährigen Kontroverse zwischen den Cartesianern, Malebranche, Leibniz, Bayle, Klarke, Arnauld u.a.m., wobei das einzige den Streitern feststehende Dogma das Dasein Gottes, nebst Eigenschaften, ist, und sie alle unaufhörlich sich im Kreise herumdrehn, indem sie versuchen, jene Dinge in Einklang zu bringen, d.h. ein Rechnungsexempel zu lösen, welches nimmermehr aufgeht, sondern dessen Rest bald hier, bald dort wieder hervorkommt, nachdem er anderswo verdeckt worden. Daß aber in der Grundvoraussetzung die Quelle der Verlegenheit zu suchen sei, gerade dies fällt keinem ein; obwohl es sich handgreiflich aufdrängt. Bloß Bayle läßt merken, daß er es merkt.

danken entwickelten. Wären es die Werke, welche aus Motiven und überlegtem Vorsatz entspringen, bis zur Seligkeit führten; so wäre die Tugend immer nur ein kluger, methodischer, weitsehender Egoismus; man mag es drehen wie man will. – Der Glaube aber, welchem die christliche Kirche die Seligkeit verspricht, ist dieser: daß, wie wir durch den Sündenfall des ersten Menschen der Sünde alle teilhaft und dem Tode und Verderben anheimgefallen sind, wir auch alle nur durch die Gnade und Übernahme unserer ungeheuern Schuld, durch den göttlichen Mittler, erlöst werden, und zwar dieses ganz ohne unser (der Person) Verdienst; da das, was aus dem absichtlichen (durch Motive bestimmten) Tun der Person hervorgehn kann, die Werke, uns nimmermehr rechtfertigen kann, durchaus und seiner Natur nach nicht, eben weil es *absichtliches*, durch Motive herbeigeführtes Tun, opus operatum, ist. In diesem Glauben liegt also zuvörderst, daß unser Zustand ein ursprünglich und wesentlich heilloser ist, der *Erlösung* aus welchem wir bedürfen; sodann daß wir selbst wesentlich dem Bösen angehören und ihm so fest verbunden sind, daß unsere Werke nach dem Gesetze und der Vorschrift, d. h. nach Motiven, gar nie der Gerechtigkeit genug tun, noch uns erlösen können; sondern die Erlösung nur durch Glauben, d. i. durch eine veränderte Erkenntnisweise, gewonnen wird, und dieser Glaube selbst nur durch die Gnade, also wie von außen, kommen kann: dies heißt, daß das Heil ein unserer Person ganz fremdes ist, und deutet auf eine zum Heil notwendige Verneinung und Aufgebung eben dieser Person. Die Werke, die Befolgung des Gesetzes als solchen, können nie rechtfertigen, weil sie immer ein Handeln auf Motive sind. Luther verlangt (im Buche »De libertate Christiana«), daß, nachdem der Glaube eingetreten, die guten Werke ganz von selbst aus ihm hervorgehn, als Symptome, als Früchte desselben; aber durchaus nicht als an sich Anspruch auf Verdienst, Rechtfertigung, oder Lohn machend, sondern ganz freiwillig und unentgeltlich geschehend. – So ließen auch wir aus der immer klarer werdenden Durchschauung des principii individuationis zuerst nur die freie Gerechtigkeit, dann die Liebe, bis zum völligen Aufheben des Egoismus, und zuletzt die Resignation, oder Verneinung des Willens, hervorgehn.

Ich habe diese Dogmen der christlichen Glaubenslehre, welche an sich der Philosophie fremd sind, nur deshalb hier herbeigezogen, um zu zeigen, daß die aus unserer ganzen Betrachtung hervorgehende und mit allen Teilen derselben genau übereinstimmende und zusammenhängende Ethik, wenn sie auch dem Ausdruck nach neu und unerhört wäre, dem Wesen nach es keineswegs ist, sondern völlig übereinstimmt mit den ganz eigentlich christlichen Dogmen, und sogar in diesen selbst, dem Wesentlichen nach, enthalten und vorhanden war; wie sie denn auch ebenso genau übereinstimmt mit den wieder in ganz andern Formen vorgetragenen Lehren und ethischen Vorschriften der heiligen Bücher Indiens. Zugleich diente die Erinnerung an die Dogmen der christlichen Kirche zur Erklärung und Erläuterung des scheinbaren Widerspruchs zwischen der Notwendigkeit aller Äußerungen des Charakters bei vorgehaltenen Motiven (Reich der Natur) einerseits, und der Freiheit des Willens an sich, sich selbst zu verneinen und den Charakter, mit aller auf ihn gegründeten Notwendigkeit der Motive aufzuheben (Reich der Gnade) andererseits.

§ 71

Indem ich hier die Grundzüge der Ethik und mit ihnen die ganze Entwickelung jenes einen Gedankens, dessen Mitteilung mein Zweck war, beendige, will ich einen Vorwurf, der diesen letzten Teil der Darstellung trifft, keineswegs verhehlen, sondern vielmehr zeigen, daß er im Wesen der Sache liegt und ihm abzuhelfen schlechthin unmöglich ist. Es ist dieser, daß nachdem unsere Betrachtung zuletzt dahin gelangt ist, daß wir in der vollkommenen Heiligkeit das Verneinen und Aufgeben alles Wollens und eben dadurch die Erlösung von einer Welt, deren ganzes Dasein sich uns als Leiden darstellte, vor Augen haben, uns nun eben dieses als ein Übergang in das leere *Nichts* erscheint.

Hierüber muß ich zuvörderst bemerken, daß der Begriff des *Nichts* wesentlich relativ ist und immer sich nur auf ein bestimmtes Etwas bezieht, welches er negiert. Man hat (namentlich Kant) diese Eigenschaft nur dem nihil privativum, welches das im Gegensatz eines + mit − Bezeichnete ist, zugeschrieben, welches −, bei umgekehrtem Gesichtspunkte zu + werden könnte, und hat im Gegensatz dieses nihil privativum das nihil negativum aufgestellt, welches in jeder Beziehung Nichts wäre, wozu man als Beispiel den logischen, sich selbst aufhebenden Widerspruch gebraucht. Näher betrachtet aber ist kein absolutes Nichts, kein ganz eigentliches nihil negativum, auch nur denkbar; sondern jedes dieser Art ist, von einem höhern Standpunkt aus betrachtet, oder einem weitern Begriff subsumiert, immer wieder nur ein nihil privativum. Jedes Nichts ist ein solches nur im Verhältnis zu etwas anderm gedacht, und setzt dieses Verhältnis, also auch jenes andere, voraus. Selbst ein logischer Widerspruch ist nur ein relatives Nichts. Er ist kein Gedanke der Vernunft; aber er ist darum kein absolutes Nichts. Denn er ist eine Wortzusammensetzung, er ist ein Beispiel des Nichtdenkbaren, dessen man in der Logik notwendig bedarf, um die Gesetze des Denkens nachzuweisen: daher, wenn man, zu diesem Zweck, auf ein solches Beispiel ausgeht, man den Unsinn, auf das Positive, welches man eben sucht, festhalten, den Sinn, als das Negative, überspringen wird. So wird also jedes nihil negativum, oder absolute Nichts, wenn einem höhern Begriff untergeordnet, als ein bloßes nihil privativum, oder relatives Nichts, erscheinen, welches auch immer mit dem, was es negiert, die Zeichen vertauschen kann, so daß dann jenes als Negation, es selbst aber als Position gedacht würde. Hiemit stimmt auch das Resultat der schwierigen dialektischen Untersuchung über das Nichts, welche Plato im »Sophisten« (S. 277–287, Bip.) anstellt, überein: *Την του ἑτερου φυσιν αποδειξαντες ουσαν τε, και κατακεκερματισμενην επι παντα τα οντα προς αλληλα, το προς το ον ἑκαστον μοριον αυτης αντιτιθεμενον, ετολμησαμεν ειπειν, ὡς αυτο τουτο εστιν οντως το μη ον.* (Cum enim ostenderemus, *alterius* ipsius naturam esse, perque omnia entia divisam atque dispersam *invicem*: tunc partem eius oppositam ei, quod cuiusque ens est, esse ipsum revera *non ens* asseruimus.)

Das allgemein als positiv Angenommene, welches wir das *Seiende* nennen und dessen Negation der Begriff *Nichts* in seiner allgemeinsten Bedeutung ausspricht, ist eben die Welt der Vorstellung, welche ich als die Objektität des Willens, als seinen Spiegel, nachgewiesen habe. Dieser Wille und diese Welt sind eben auch wir selbst, und zu ihr gehört die Vorstellung überhaupt, als ihre eine Seite: die Form dieser Vorstellung ist Raum und Zeit, daher alles für diesen Standpunkt Seiende irgendwo und irgendwann sein muß. Zur Vorstellung gehört sodann auch der Begriff, das Material der Philosophie, endlich das Wort, das Zeichen des Begriffs. Verneinung, Aufhebung, Wendung des Willens ist auch Aufhebung und Verschwinden der Welt, seines Spiegels. Erblikken wir ihn in diesem Spiegel nicht mehr, so fragen wir vergeblich, wohin er sich gewendet, und klagen dann, da er kein Wo und Wann mehr hat, er sei ins Nichts verloren gegangen.

Ein umgekehrter Standpunkt, wenn er für uns möglich wäre, würde die Zeichen vertauschen lassen, und das für uns Seiende als das Nichts und jenes Nichts als das Seiende zeigen. So lange wir aber der Wille zum Leben selbst sind, kann jenes Letztere von uns nur negativ erkannt und bezeichnet werden, weil der alte Satz des Empedokles, das Gleiches nur von Gleichen erkannt wird, gerade hier uns alle Erkenntnis benimmt, so wie umgekehrt eben auf ihm die Möglichkeit aller unserer wirklichen Erkenntnis, d.h. die Welt als Vorstellung, oder die Objektität des Willens, zuletzt beruht. Denn die Welt ist die Selbsterkenntnis des Willens.

Würde dennoch schlechterdings darauf bestanden, von dem, was die Philosophie nur negativ, als Verneinung des Willens, ausdrücken kann, irgendwie eine positive Erkenntnis zu erlangen; so bliebe uns nichts übrig, als auf den Zustand zu verweisen, den alle die, welche zur vollkommenen Verneinung des Willens gelangt sind, erfahren haben, und den man mit den Namen Ekstase, Entrückung, Erleuchtung, Vereinigung mit Gott usw. bezeichnet hat; welcher Zustand aber nicht eigentlich Erkenntnis zu nennen ist, weil er nicht mehr die Form von Subjekt und Objekt hat, und auch übrigens nur der eigenen, nicht weiter mitteilbaren Erfahrung zugänglich ist.

Wir aber, die wir ganz und gar auf dem Standpunkt der Philosophie stehn bleiben, müssen uns hier mit der negativen Erkenntnis begnügen, zufrieden den letzten Grenzstein der positiven erreicht zu haben. Haben wir also das Wesen an sich der Welt als Wille, und in allen ihren Erscheinungen nur seine Objektität erkannt, und diese verfolgt vom erkenntnislosen Drange dunkler Naturkräfte bis zum bewußtvollsten Handeln des Menschen; so weichen wir keineswegs der Konsequenz aus, daß mit der freien Verneinung, dem Aufgeben des Willens, nun auch alle jene Erscheinungen aufgehoben sind, jenes beständige Drängen und Treiben ohne Ziel und ohne Rast, auf allen Stufen der Objektität, in welchem und durch welches die Welt besteht, aufgehoben die Mannigfaltigkeit stufenweise folgender Formen, aufgehoben mit dem Willen seine ganze Erscheinung, endlich auch die allgemeinen Formen dieser, Zeit und Raum, und auch die letzte Grundform derselben, Subjekt und Objekt. Kein Wille: keine Vorstellung, keine Welt.

Vor uns bleibt allerdings nur das Nichts. Aber das, was sich gegen dieses Zerfließen ins Nichts sträubt, unsere Natur, ist ja eben nur der Wille zum Leben, der wir selbst sind, wie er unsere Welt ist. Daß wir so sehr das Nichts verabscheuen, ist nichts weiter, als ein anderer Ausdruck davon, daß wir so sehr das Leben wollen, und nichts sind, als dieser Wille, und nichts kennen, als eben ihn. – Wenden wir aber den Blick von unserer eigenen Dürftigkeit und Befangenheit auf diejenigen, welche die Welt überwanden, in denen der Wille, zur vollen Selbsterkenntnis gelangt, sich in allem wiederfand und dann sich selbst frei verneinte, und welche dann nur noch seine letzte Spur, mit dem Leibe, den sie belebt, verschwinden zu sehn abwarten; so zeigt sich uns, statt des rastlosen Dranges und Treibens, statt des steten Überganges von Wunsch zu Furcht und von Freude zu Leid, statt der nie befriedigten und nie ersterbenden Hoffnung, daraus der Lebenstraum des wollenden Menschen besteht, jener Friede, der höher ist als alle Vernunft, jene gänzliche Meeresstille des Gemüts, jene tiefe Ruhe, unerschütterliche Zuversicht und Heiterkeit, deren bloßer Abglanz im Antlitz, wie ihn Raphael und Correggio dargestellt haben, ein ganzes und sicheres Evangelium ist: nur die Erkenntnis ist geblieben, der Wille ist verschwunden. Wir aber blicken dann mit tiefer und schmerzlicher Sehnsucht auf diesen Zustand, neben welchem das Jammervolle und Heillose unsers eigenen, durch den Kontrast, in vollem Lichte erscheint. Dennoch ist diese Betrachtung die einzige, welche uns dauernd trösten kann, wann wir einerseits unheilbares Leiden und endlosen Jammer als der Erscheinung des Willens, der Welt, wesentlich erkannt haben, und andererseits, bei aufgehobenem Willen, die Welt zerfließen sehn und nur das leere Nichts vor uns behalten. Also auf diese Weise, durch Betrachtung des Lebens und Wandels der Heiligen, welchen in der eigenen Erfahrung zu begegnen freilich selten vergönnt ist, aber welche ihre aufgezeichnete Geschichte und, mit dem Stempel innerer Wahrheit verbürgt, die Kunst uns vor die Augen bringt, haben wir den finstern Eindruck jenes Nichts, das als das letzte Ziel hinter aller Tugend und Heiligkeit schwebt, und das wir, wie die Kinder das Finstere, fürchten, zu verscheuchen; statt selbst es zu umgehn, wie die Inder, durch Mythen und bedeutungsleere Worte, wie Resorbtion in das *Brahm*, oder *Nirwana* der Buddhaisten. Wir bekennen es vielmehr frei: was nach gänzlicher Aufhebung des Willens übrig bleibt, ist für alle die, welche noch des Willens voll sind, allerdings Nichts. Aber auch umgekehrt ist denen, in welchen der Wille sich gewendet und verneint hat, diese unsere so sehr reale Welt mit allen ihren Sonnen und Milchstraßen – Nichts.*

* Dieses ist eben auch das Pradschna-Paramita der Buddhaisten, das »Jenseit aller Erkenntnis«, d.h. der Punkt, wo Subjekt und Objekt nicht mehr sind. (Siehe J. J. Schmidt, »Über das Mahajana und Pradschna-Paramita«.)

PREISSCHRIFT
ÜBER DIE GRUNDLAGE DER MORAL,

nicht gekrönt
von der Königlich Dänischen Sozietät
der Wissenschaften,
zu Kopenhagen, am 30. Januar 1840

Motto:
Moral predigen ist leicht, Moral begründen schwer.
(Schopenhauer, Über den Willen in der Natur, S. 128.)

VORREDE ZUR ERSTEN AUFLAGE

Unabhängig voneinander, auf äußern Anlaß, entstanden, ergänzen diese beiden Abhandlungen sich dennoch gegenseitig zu einem System der Grundwahrheiten der Ethik, in welchem man hoffentlich einen Fortschritt dieser Wissenschaft, die seit einem halben Jahrhundert Rasttag gehalten hat, nicht verkennen wird. Jedoch durfte keine von beiden sich auf die andere und ebensowenig auf meine früheren Schriften berufen; weil jede für eine andere Akademie geschrieben und strenges Inkognito hiebei die bekannte Bedingung ist. Daher auch war nicht zu vermeiden, daß einige Punkte in beiden berührt wurden; indem nichts vorausgesetzt werden konnte und überall ab ovo anzufangen war. Es sind eigentlich spezielle Ausführungen zweier Lehren, die sich, den Grundzügen nach, im vierten Buche der »Welt als Wille und Vorstellung« finden, dort aber aus meiner Metaphysik, also synthetisch und a priori abgeleitet wurden, hier hingegen, wo, der Sache nach, keine Voraussetzungen gestattet waren, analytisch und a posteriori begründet auftreten: daher was dort das Erste war, hier das Letzte ist. Aber gerade durch dieses Ausgehn von dem allen gemeinsamen Standpunkt, wie auch durch die spezielle Ausführung, haben beide Lehren an Faßlichkeit, Überzeugungskraft und Entfaltung ihrer Bedeutsamkeit hier sehr gewonnen. Demnach sind diese beiden Abhandlungen als Ergänzung des vierten Buches meines Hauptwerks anzusehn, gerade so, wie meine Schrift »Über den Willen in der Natur« eine sehr wesentliche und wichtige Ergänzung des zweiten Buches ist. Übrigens, so heterogen auch der Gegenstand der zuletztgenannten Schrift dem der gegenwärtigen zu sein scheint; so ist dennoch zwischen ihnen wirklicher Zusammenhang, ja, jene Schrift ist gewissermaßen der Schlüssel zur gegenwärtigen, und die Einsicht in diesen Zusammenhang vollendet allererst das vollkommene Verständnis beider. Wenn einmal die Zeit gekommen sein wird, wo man mich liest, wird man finden, daß meine Philosophie ist wie Theben mit hundert Toren: von allen Seiten kann man hinein und durch jedes auf geradem Wege bis zum Mittelpunkt gelangen.

Noch habe ich zu bemerken, daß die erste dieser beiden Abhandlungen bereits im neuesten Bande der zu Drontheim erscheinenden Denkschriften der Königlich Norwegischen Sozietät der Wissenschaften ihre Stelle gefunden hat. Diese Akademie hat, in Betracht der weiten Entfernung Drontheims von Deutschland, mir die von ihr erbetene Erlaubnis, einen Abdruck dieser Preisschrift für Deutschland veranstalten zu dürfen, mit der größten Bereitwilligkeit und Liberalität gewährt: wofür ich derselben meinen aufrichtigen Dank hiemit öffentlich abstatte.

Die zweite Abhandlung ist von der Königlich Dänischen Sozietät der Wissenschaften *nicht* gekrönt worden, obschon keine andere da war, mit ihr zu kompetieren. Da diese Sozietät ihr Urteil über meine Arbeit veröffentlicht hat, bin ich berechtigt, dasselbe zu beleuchten und darauf zu replizieren. Der Leser findet dasselbe hinter der betreffenden Abhandlung und wird daraus ersehn, daß die Königliche Sozietät an meiner Arbeit durchaus nichts zu loben, sondern nur zu tadeln gefunden hat und daß dieser Tadel in drei verschiedenen Ausstellungen besteht, die ich jetzt einzeln durchgehn werde.

Der erste und hauptsächliche Tadel, dem die beiden andern nur akzessorisch beigegeben sind, ist dieser, daß ich die Frage mißverstanden hätte, indem ich irriger Weise vermeint hätte, es würde verlangt, daß man das Prinzip der Ethik aufstelle: hingegen wäre die Frage eigentlich und hauptsächlich gewesen nach dem *Nexus der Metaphysik mit der Ethik*. Diesen Nexus darzulegen hätte ich ganz unterlassen (omisso enim eo, quod potissimum postulabatur), sagt das Urteil im *Anfang*; jedoch drei Zeilen weiter hat es dies wieder vergessen und sagt das Gegenteil, nämlich: ich hätte denselben dargelegt (principii ethicae et metaphysicae suae nexum exponit), jedoch hätte ich dieses als einen Anhang und als etwas, darin ich mehr als verlangt worden leistete, geliefert.

Von diesem Widerspruch des Urteils mit sich selbst will ich ganz absehn: ich halte ihn für ein Kind der Verlegenheit, in welcher es abgefaßt worden. Hingegen bitte ich den gerechten und gelehrten Leser, die von der Dänischen Akademie gestellte *Preisfrage*, mit der ihr vorgesetzten *Einleitung*, wie beide, nebst meiner Verdeutschung derselben, der Abhandlung vorgedruckt stehn, jetzt aufmerksam zu durchlesen und sodann zu entscheiden, *wonach diese Frage eigentlich frägt*, ob nach dem letzten Grunde, dem Prinzip, dem Fundament, der wahren und eigentlichen Quelle der Ethik – oder aber nach dem Nexus zwischen Ethik und Metaphysik. – Um dem Leser die Sache zu erleichtern, will ich jetzt Einleitung und Frage analysierend durchgehn und den Sinn derselben auf das deutlichste hervorheben. Die *Einleitung* zur Frage sagt uns: »es gebe eine notwendige Idee der Moralität, oder einen Urbegriff vom moralischen Gesetze, der zwiefach hervortrete, nämlich einerseits in der Moral als Wissenschaft, und andererseits *im wirklichen Leben:* in diesem letztern zeige derselbe sich wiederum zwiefach, nämlich teils im Urteil über unsere eigenen, teils in dem über die Handlungen anderer. An diesen ursprünglichen Begriff der Moralität knüpften sich dann wieder andere, welche auf ihm beruheten. Auf diese Einleitung gründet nun die Sozietät ihre Frage, nämlich: wo denn *die Quelle und Grundlage der Moral* zu suchen sei? ob vielleicht in einer ursprünglichen Idee der Moralität, die etwa tatsächlich und unmittelbar im Bewußtsein, oder Gewissen, läge? diese müßte alsdann analysiert werden, wie auch die hieraus hervorgehenden Begriffe; oder aber ob die Moral einen andern Erkenntnisgrund habe?« – Latein lautet die Frage, wenn vom Unwesentlichen entkleidet und in eine ganz deutliche Stellung gebracht, also: Ubinam sunt quaerenda *fons et fundamentum philosophiae moralis*? Suntne quaerenda in explicatione ideae moralitatis, quae conscientia immediate contineatur? an in alio cognoscendi principo? Dieser letzte Fragesatz zeigt aufs deutlichste an, daß überhaupt nach dem *Erkenntnisgrund der Moral* gefragt wird. Zum Überfluß will ich jetzt noch eine paraphrastische Exegese der Frage hinzufügen. Die Einleitung geht aus von zwei ganz *empirischen* Bemerkungen: »es gebe, sagt sie, faktisch eine *Moralwissenschaft*; und ebenfalls sei es Tatsache, daß im *wirklichen Leben* moralische Begriffe sich bemerkbar machten; nämlich teils indem wir selbst, in unserm Gewissen, über unsere Handlungen moralisch richteten, teils indem wir die Handlungen anderer in moralischer Hinsicht beurteilten. Imgleichen wären mancherlei moralische Begriffe, z. B. Pflicht, Zurechnung u. dgl. in allgemeiner Geltung. In diesem allen nun trete doch eine ursprüngliche Idee der Moralität, ein Grundgedanke von einem moralischen Gesetze hervor, dessen Notwendigkeit jedoch eine eigentümliche und nicht eine bloß *logische* sei: d.h. welche nicht nach dem bloßen Satze vom Widerspruch aus den zu beurteilenden Handlungen, oder den diesen zum Grunde liegenden Maximen, bewiesen werden könne. Von diesem moralischen Urbegriff gingen nachher die übrigen moralischen Hauptbegriffe aus, und wären von ihm abhängig, daher auch unzertrennlich. – Worauf nun aber dieses alles beruhe? – das wäre doch ein wichtiger Gegenstand der Forschung. – Daher also stelle die Sozietät folgende Aufgabe: *die Quelle, d.h. der Ursprung der Moral, die Grundlage* derselben, soll *gesucht* werden (quaerenda sunt). *Wo* soll sie gesucht werden? d.h. wo ist sie zu finden? Etwan in einer uns angeborenen, in unserm Bewußtsein, oder Gewissen, liegenden *Idee der Moralität*? Diese, nebst den von ihr abhängigen Begriffen brauchte dann bloß analysiert (explicandis) zu werden. Oder aber ist sie woanders zu suchen? d.h. hat die Moral vielleicht einen ganz anderen Erkenntnisgrund unserer Pflichten zu ihrer Quelle, als den soeben vorschlags- und beispielsweise angeführten?« – Dieses ist der, ausführlicher und deutlicher, aber treu und genau wiedergegebene Inhalt der Einleitung und Frage.

Wem kann nun hiebei auch nur der leiseste Zweifel bleiben daran, daß die Königliche Sozietät nach der *Quelle*, dem Ursprung, der Grundlage, dem letzten Erkenntnisgrunde *der Moral* frägt? – Nun kann aber die Quelle und Grundlage der *Moral* schlechterdings keine andere sein, als die der *Moralität* selbst: denn was theoretisch und ideal *Moral* ist, das ist praktisch und real *Moralität*. Die Quelle *dieser* aber muß notwendig der letzte Grund zu allem moralischen Wohlverhalten sein: eben diesen Grund muß daher auch ihrerseits die *Moral* aufstellen, um sich, bei allem, was sie dem Menschen vorschreibt, darauf zu stützen und zu berufen; wenn sie nicht etwan ihre Vorschriften entweder ganz aus der Luft greifen, oder aber sie falsch begründen will. Sie hat also diesen letzten Grund aller Moralität nachzuweisen: denn als wissenschaftliches Gebäude hat sie ihn zum Grundstein, wie die Moralität als Praxis ihn zum Ursprung hat. Er ist also unleugbar das fundamentum philosophiae moralis, danach die Aufgabe frägt:

folglich ist es klar wie der Tag, daß die Aufgabe wirklich verlangt, daß *ein Prinzip der Ethik* gesucht und aufgestellt werde, »ut principium aliquod Ethicae conderetur«, nicht in dem Sinn einer bloßen obersten Vorschrift oder Grundregel, sondern eines *Realgrundes aller Moralität, und deshalb Erkenntnisgrundes der Moral.* – Dieses *leugnet* nun aber das Urteil, indem es sagt, daß weil ich es vermeint hätte, meine Abhandlung nicht gekrönt werden könne. Allein das wird und muß jeder vermeinen, der die Aufgabe liest: denn es steht eben, schwarz auf weiß, mit klaren, unzweideutigen Worten da, und ist nicht wegzuleugnen, so lange die Worte der lateinischen Sprache ihren Sinn behalten.

Ich bin hierin weitläuftig gewesen: aber die Sache ist wichtig und merkwürdig. Denn hieraus ist klar und gewiß, daß *was diese Akademie gefragt zu haben leugnet, sie offenbar und unwidersprechlich gefragt hat.* – Dagegen behauptet sie, etwas anderes gefragt zu haben. Nämlich der *Nexus zwischen Metaphysik und Moral* sei der Hauptgegenstand der Preisfrage (diese allein kann unter ipsum thema verstanden werden) gewesen. Jetzt beliebe der Leser nachzusehn, ob davon *ein Wort* in der Preisfrage, oder in der Einleitung, zu finden sei: keine Silbe und auch keine Andeutung. Wer nach der Verbindung zweier Wissenschaften frägt, muß sie denn doch beide nennen: aber der Metaphysik geschieht weder in der Frage noch in der Einleitung Erwähnung. Übrigens wird dieser ganze Hauptsatz des Urteils deutlicher, wenn man ihn aus der verkehrten Stellung in die natürliche bringt, wo er in genau denselben Worten lautet: Ipsum thema ejusmodi disputationem flagitabat, in qua vel praecipuo loco metaphysicae et ethicae nexus consideraretur: sed scriptor, omisso eo, quod potissimum postulabatur, hoc expeti putavit, ut principium aliquod ethicae conderetur: itaque eam partem commentationis suae, in qua principii ethicae a se propositi et metaphysicae suae nexum exponit, appendicis loco habuit, in qua plus, quam postulatum esset, praestaret. Auch liegt die Frage nach dem Nexus zwischen Metaphysik und Moral schlechterdings nicht in dem Gesichtspunkte, von welchem die *Einleitung* der Frage ausgeht: denn diese hebt an mit *empirischen* Bemerkungen, beruft sich auf die *im gemeinen Leben* vorkommenden moralischen Beurteilungen u. dgl., frägt sodann, worauf denn das alles zuletzt beruhe? und schlägt endlich, als Beispiel einer möglichen Auflösung, eine angeborene, im Bewußtsein liegende Idee der Moralität vor, nimmt also in ihrem Beispiel, versuchsweise und problematisch, eine bloße *psychologische Tatsache* und nicht ein metaphysisches Theorem als Lösung an. Hiedurch aber gibt sie deutlich zu erkennen, daß sie die Begründung der Moral durch irgendeine *Tatsache*, sei es des Bewußtseins oder der Außenwelt, verlangt, nicht aber dieselbe aus den Träumen irgendeiner Metaphysik abgeleitet zu sehn erwartet: daher würde die Akademie eine Preisschrift, welche die Frage auf diese Art gelöst hätte, mit vollem Rechte haben abweisen können. Man erwäge das wohl. Nun kommt aber noch hinzu, daß die angeblich aufgestellte, jedoch nirgends zu findende Frage nach dem *Nexus der Metaphysik mit der Moral* eine ganz unbeantwortbare, folglich, wenn wir der Akademie einige Einsicht zutrauen, eine *unmögliche* wäre: *unbeantwortbar*, weil es eben keine *Metaphysik schlechthin* gibt, sondern nur verschiedene (und zwar höchst verschiedene) *Metaphysiken*, d.h. allerlei Versuche zur Metaphysik, in beträchtlicher Anzahl, nämlich so viele als es jemals Philosophen gegeben hat, von denen daher jede ein ganz anderes Lied singt, die also von Grund aus differieren und dissentieren. Demnach ließe sich wohl fragen nach dem Nexus zwischen der Aristotelischen, Epikurischen, Spinozischen, Leibnitzischen, Lockeschen, oder sonst einer bestimmt angegebenen Metaphysik, und der Ethik; aber nie und nimmermehr nach dem Nexus zwischen der *Metaphysik schlechthin* und der Ethik: weil diese Frage gar keinen bestimmten Sinn hätte, da sie das Verhältnis zwischen einer gegebenen und einer ganz unbestimmten, ja, vielleicht unmöglichen Sache fordert. Denn solange es keine als objektiv wahr anerkannte und unleugbare Metaphysik, also eine *Metaphysik schlechthin* gibt, wissen wir nicht einmal, ob eine solche überhaupt auch nur möglich ist, noch was sein wird und sein kann. Wollte man inzwischen urgieren, daß wir doch einen ganz allgemeinen, also freilich unbestimmten Begriff von der *Metaphysik überhaupt* hätten, in Hinsicht auf welchen nach dem Nexus überhaupt zwischen dieser Metaphysik in abstracto und der Ethik gefragt werden könnte; so ist das zuzugeben: jedoch würde die Antwort auf die in diesem Sinn genommene Frage so

leicht und einfach sein, daß einen Preis auf dieselbe zu setzen lächerlich wäre. Sie könnte nämlich nichts weiter besagen, als daß eine wahre und vollkommene Metaphysik auch der Ethik ihre feste Stütze, ihre letzten Gründe darbieten müsse. Zudem findet man diesen Gedanken gleich im ersten Paragraphen meiner Abhandlung ausgeführt, wo ich unter den Schwierigkeiten der vorliegenden Frage besonders *die* nachweise, daß sie, ihrer Natur nach, die Begründung der Ethik durch irgendeine gegebene Metaphysik, von der man ausginge und auf die man sich stützen könnte, ausschließt.
Ich habe also im Obigen unwidersprechlich nachgewiesen, daß die Königlich Dänische Sozietät *das* wirklich gefragt hat, was sie gefragt zu haben leugnet; hingegen *das*, was sie gefragt zu haben behauptet, *nicht* gefragt hat, ja nicht einmal hat fragen können. Dieses Verfahren der Königlich Dänischen Sozietät wäre, nach dem von mir aufgestellten Moralprinzip, freilich nicht recht: allein da dieselbe mein Moralprinzip nicht gelten läßt; so wird sie wohl ein anderes haben, nach welchem es recht ist.

Was nun aber die Dänische Akademie *wirklich* gefragt hat, das habe ich genau beantwortet. Ich habe zuvörderst in einem *negativen* Teile dargetan, daß das Prinzip der Ethik nicht da liegt, wo man es, seit 60 Jahren, als sicher nachgewiesen annimmt. Sodann habe ich, im *positiven* Teile, die echte Quelle moralisch lobenswerter Handlungen aufgedeckt, und habe wirklich *bewiesen*, daß diese es sei, und keine andere es sein könne. Schließlich habe ich die Verbindung gezeigt, in welcher dieser ethische Realgrund mit – nicht *meiner* Metaphysik, wie das Urteil fälschlich angibt, auch nicht mit irgendeiner bestimmten Metaphysik – sondern mit einem allgemeinen Grundgedanken steht, der sehr vielen, vielleicht den meisten, ohne Zweifel den ältesten, nach meiner Meinung den wahrsten, metaphysischen Systemen gemeinsam ist. Diese metaphysische Darstellung habe ich nicht, wie das Urteil sagt, als einen Anhang, sondern als das letzte Kapitel der Abhandlung gegeben: es ist der Schlußstein des Ganzen, eine Betrachtung höherer Art, in die es ausläuft. Daß ich dabei gesagt habe, ich leistete hierin mehr als die Aufgabe eigentlich verlange, kommt eben daher, daß diese mit keinem Worte auf eine metaphysische Erklärung hindeutet, viel weniger, wie das Urteil behauptet, ganz eigentlich auf eine solche gerichtet wäre. Ob nun übrigens diese metaphysische Auseinandersetzung eine Zugabe, d.h. etwas darin ich mehr leiste als gefordert worden, sei, oder nicht, ist Nebensache, ja, gleichgültig: genug, daß sie dasteht. Daß aber das Urteil *dies* gegen mich geltend machen will, zeugt von seiner Verlegenheit: es greift nach allem, um nur etwas gegen meine Arbeit vorzubringen. Übrigens mußte, der Natur der Sache nach, jene metaphysische Betrachtung den Schluß der Abhandlung machen. Denn wäre sie vorangegangen; so hätte aus ihr das Prinzip der Ethik *synthetisch* abgeleitet werden müssen; was nur dann möglich gewesen wäre, wenn die Akademie gesagt hätte, aus welcher der vielen, so höchst verschiedenen Metaphysiken sie ein ethisches Prinzip abgeleitet zu sehn beliebe: die Wahrheit eines solchen aber wäre alsdann ganz von der dabei vorausgesetzten Metaphysik abhängig, also problematisch geblieben. Demnach machte die Natur der Frage eine *analytische* Begründung des moralischen Urprinzips, d.h. eine Begründung, die, ohne Voraussetzung irgendeiner Metaphysik, aus der Wirklichkeit der Dinge geschöpft wird, notwendig. Eben weil, in neuerer Zeit, dieser Weg als der allein sichere allgemein erkannt worden, hat Kant, wie auch schon die ihm vorhergegangenen englischen Moralisten, sich bemüht, das Moralprinzip, unabhängig von jeder metaphysischen Voraussetzung, auf analytischem Wege zu begründen. Davon wieder abzugehn, wäre ein offenbarer Rückschritt. Hätte diesen die Akademie dennoch verlangt; so mußte sie wenigstens dies auf das bestimmteste aussprechen: aber in ihrer Frage liegt nicht einmal eine Andeutung davon.

Da übrigens die Dänische Akademie über das Grundgebrechen meiner Arbeit großmütig geschwiegen hat, werde ich mich hüten es aufzudecken. Ich fürchte nur, dies wird uns nichts helfen; indem ich vorhersehe, daß die Naseweisheit des Lesers der Abhandlung dem faulen Fleck doch auf die Spur kommen wird. Allenfalls könnte es ihn irre führen, daß meine Norwegische Abhandlung mit demselben Grundgebrechen wenigstens ebensosehr behaftet ist. Die Königlich Norwegische Sozietät hat sich dadurch freilich nicht abhalten lassen, meine Arbeit zu krönen. Dieser Akademie anzugehören ist aber auch eine Ehre, deren Wert ich mit jedem Tage deutlicher einsehn und vollständiger ermessen lerne. Denn sie kennt, als Akademie, kein anderes Interesse, als das der Wahrheit, des Lichts, der Förderung menschlicher Einsicht und Erkenntnisse. Eine Akademie ist kein Glaubenstribunal. Wohl aber hat eine jede, ehe sie so hohe, ernste und bedenkliche Fragen, wie die beiden vorliegenden, als Preisfragen aufstellt, vorher bei sich selbst auszumachen und festzustellen, ob sie auch wirklich bereit ist, der Wahrheit, wie sie immer lauten möge (denn das kann sie nicht vorher wissen), öffentlich beizutreten. Denn hinterher, nachdem auf eine ernste Frage eine ernste Antwort eingegangen, ist es nicht mehr an der Zeit sie zurückzunehmen. Und wenn einmal der steinerne Gast geladen worden, da ist, bei dessen Eintritt, selbst Don Juan zu sehr ein Gentleman, als daß er seine Einladung verleugnen sollte. Diese Bedenklichkeit ist ohne Zweifel der Grund, weshalb die Akademien Europas sich in der Regel wohl hüten, Fragen solcher Art aufzustellen: wirklich sind die zwei vorliegenden die ersten, welche ich mich entsinne erlebt zu haben, weshalb eben, pour la rareté du fait, ich ihre Beantwortung unternahm. Denn obwohl mir seit geraumer Zeit klar geworden, daß ich die Philosophie zu ernstlich nehme, als daß ich ein Professor derselben hätte werden können; so habe ich doch nicht geglaubt, daß derselbe Fehler mir auch bei einer Akademie entgegenstehn könne.

Der zweite Tadel der Königlich Dänischen Sozietät lautet: scriptor neque ipsa disserendi forma nobis satisfecit. Dagegen ist nichts zu sagen: es ist das subjektive Urteil der Königlich Dänischen Societät*, zu dessen Erläuterung ich meine Arbeit veröffentliche und derselben das Urteil beifüge, damit es nicht verlorengehe, sondern aufbewahrt bleibe

* »Sie sagen: das muthet mich nicht an!
Und meinen, sie hätten's abgethan.«

Goethe

Zusatz zur zweiten Auflage

ἔστ' ἂν ὕδωρ τε ῥέῃ, καὶ δένδρεα μακρὰ τεθήλῃ,
ἠέλιός τ' ἀνιὼν φαίνῃ, λαμπρή τε σελήνη,
καὶ ποταμοὶ πλήθωσιν, ἀνακλύζῃ δὲ θάλασσα, —
*ἀγγελέω παριοῦσι, Μίδας ὅτι τῇδε τέθαπται.**

(Dum fluit unda levis, sublimis nascitur arbor,
Dum sol exoriens et splendida luna relucet,
Dum fluvii labuntur, inundant littora fluctus,
Usque Midam viatori narro hic esse sepultum.)

Ich bemerke hiebei, daß ich hier die Abhandlung so gebe, wie ich sie eingesandt habe: d. h. ich habe nichts gestrichen, noch verändert: die wenigen, kurzen und nicht wesentlichen Zusätze aber, welche ich nach der Absendung beigeschrieben, bezeichne ich durch ein Kreuz am Anfang und Ende eines jeden derselben, um allen Ein- und Ausreden zuvorzukommen.**

Das Urteil fügt zu Obigem hinzu: neque reapse hoc fundamentum sufficere evicit. Dagegen berufe ich mich darauf, daß ich meine Begründung der Moral wirklich und ernstlich *bewiesen* habe, mit einer Strenge, welche der mathematischen nahe kommt. Dies ist in der *Moral* ohne Vorgang und nur dadurch möglich geworden, daß ich, tiefer als bisher geschehn, in die Natur des menschlichen Willens eindringend, die drei letzten Triebfedern desselben, aus denen alle seine Handlungen entspringen, zutage gebracht und bloßgelegt habe.

Im Urteil folgt aber noch gar: quin ipse contra esse confiteri coactus est. Wenn das heißen soll, ich selbst hätte meine Moralbegründung für ungenügend erklärt; so wird der Leser sehn, daß davon keine Spur zu finden und so etwas mir nicht eingefallen ist. Sollte aber vielleicht mit jener Phrase etwan gar darauf angespielt sein, daß ich, an einer Stelle, gesagt habe, die Verwerflichkeit der widernatürlichen Wollustsünden sei nicht aus demselben Prinzip

* Der letzte Vers war in der ersten Auflage weggelassen, unter der Voraussetzung, daß der Leser ihn ergänzen würde.

** Dies gilt nur von der ersten Auflage: in der gegenwärtigen sind die Kreuze weggelassen, weil sie etwas Störendes haben, zumal da jetzt zahlreiche neue Zusätze hinzugekommen sind. Daher muß, wer die Abhandlung genau in der Gestalt, in welcher sie der Akademie eingesandt worden, kennenlernen will, die erste Auflage zur Hand nehmen.

mit den Tugenden der Gerechtigkeit und Menschenliebe abzuleiten; – so hieße dies aus wenigem viel gemacht und wäre nur ein abermaliger Beweis, wie man zur Verwerfung meiner Arbeit nach allem gegriffen hat. Zum Schlusse und Abschiede erteilt mir sodann die Königlich Dänische Sozietät noch einen derben Verweis, wozu, selbst wenn dessen Inhalt gegründet wäre, ich ihre Berechtigung nicht einsehe. Ich werde ihr also darauf dienen. Er lautet: plures recentioris aetatis *summos philosophos* tam indecenter commemorari, ut iustam et gravem offensionem habeat. Diese summi philosophi sind nämlich – Fichte und Hegel! Denn über diese allein habe ich mich in starken und derben Ausdrücken, mithin so ausgesprochen, daß die von der Dänischen Akademie gebrauchte Phrase möglicherweise Anwendung finden könnte: ja, der darin ausgesprochene Tadel würde, an sich selbst, sogar gerecht sein, wenn diese Leute summi philosophi wären. Dies allein ist der Punkt, worauf es hier ankommt.

Was Fichten betrifft, so findet man in der Abhandlung nur das Urteil wiederholt und ausgeführt, was ich bereits vor 22 Jahren, in meinem Hauptwerke, über ihn abgegeben habe. So weit es hier zur Sprache kam, habe ich dasselbe durch einen Fichten eigens gewidmeten ausführlichen Paragraphen motiviert, aus welchem genugsam hervorgeht, wie weit er davon entfernt war, ein summus philosophus zu sein: dennoch habe ich ihn als einen »Talent-Mann« hoch über Hegeln gestellt. Über diesen allein habe ich, ohne Kommentar, mein unqualifiziertes Verdammungsurteil in den entschiedensten Ausdrücken ergehn lassen. Denn ihm geht, meiner Überzeugung nach, nicht nur alles Verdienst um die Philosophie ab; sondern er hat auf dieselbe, und dadurch auf die deutsche Literatur überhaupt, einen höchst verderblichen, recht eigentlich verdummenden, man könnte sagen pestilenzialischen Einfluß gehabt, welchem daher, bei jeder Gelegenheit, auf das nachdrücklichste entgegen zu wirken, die Pflicht jedes selbst zu denken und selbst zu urteilen Fähigen ist. Denn schweigen wir, wer soll dann sprechen? Nebst Fichten also ist es Hegel, auf den sich der am Schlusse des Urteils mir erteilte Verweis bezieht; ja, von ihm ist, da er am schlimmsten weggekommen, vornehmlich die Rede, wenn die Königlich Dänische Sozietät von recentioris aetatis summis philosophis spricht, gegen welche ich unanständigerweise es an schuldigem Respekt habe fehlen lassen. Sie erklärt also öffentlich, von eben dem Richterstuhl herab, von welchem sie Arbeiten wie meine mit unqualifiziertem Tadel verwirft, diesen Hegel für einen summus philosophus.

Wenn ein Bund zur Verherrlichung des Schlechten verschworener Journalschreiber, wenn besoldete Professoren der Hegelei, und schmachtende Privatdozenten, die es werden möchten, jenen sehr gewöhnlichen Kopf, aber ungewöhnlichen Scharlatan, als den größten Philosophen, den je die Welt besessen, unermüdlich und mit beispielloser Unverschämtheit, in alle vier Winde ausschreien; so ist das keiner ernstlichen Berücksichtigung wert, um so weniger, als die plumpe Absichtlichkeit dieses elenden Treibens nachgerade selbst dem wenig Geübten augenfällig werden muß. Wenn es aber so weit kommt, daß eine ausländische Akademie jenen Philosophaster als einen summus philosophus in Schutz nehmen will, ja, sich erlaubt, den Mann zu schmähen, der, redlich und unerschrocken, dem falschen, erschlichenen, gekauften und zusammengelogenen Ruhm mit *dem* Nachdruck sich entgegenstellt, der allein jenem frechen Anpreisen und Aufdringen des Falschen, Schlechten und Kopfverderbenden angemessen ist; so wird die Sache ernsthaft: denn ein so beglaubigtes Urteil könnte Unkundige zu großem und schädlichem Irrtum verleiten. Es muß daher *neutralisiert* werden: und dies muß, da ich nicht die Auktorität einer Akademie habe, durch Gründe und Belege geschehn. Solche also will ich jetzt so deutlich und faßlich darlegen, daß sie hoffentlich dienen werden, der Dänischen Akademie den Horazianischen Rat

Qualem commendes, etiam atque etiam adspice, ne mox Incutiant aliena tibi peccata pudorem,

für die Zukunft zu empfehlen.

Wenn ich nun zu diesem Zwecke sagte, die sogenannte Philosophie dieses Hegels sei eine kolossale Mystifikation, welche noch der Nachwelt das unerschöpfliche Thema des Spottes über unsere Zeit liefern wird, eine alle Geisteskräfte lähmende, alles wirkliche Denken erstickende und, mittelst des frevelhaftesten Mißbrauchs der Sprache, an dessen Stelle den hohlsten, sinnleersten, gedankenlosesten, mithin, wie der Erfolg bestätigt, verdummendesten Wortkram setzende Pseudophilosophie, welche, mit einem aus der Luft gegriffenen und absurden Einfall zum Kern, sowohl der Gründe als der Folgen entbehrt, d. h. durch nichts bewiesen wird, noch selbst irgend etwas beweist oder erklärt, dabei noch, der Originalität ermangelnd, eine bloße Parodie des scholastischen Realismus und zugleich des Spinozismus, welches Monstrum auch noch von der Kehrseite das Christentum vorstellen soll, also

πρόσθε λέων, ὄπιθεν δὲ δράκων, μέσση δὲ χίμαιρα,
(ora leonis erant, venter capra, cauda draconis),

so würde ich recht haben. Wenn ich ferner sagte, dieser summus philosophus der Dänischen Akademie habe Unsinn geschmiert wie kein Sterblicher je vor ihm, so daß, wer sein gepriesenstes Werk, die sogenannte »Phänomenologie des Geistes«*, lesen könne, ohne daß ihm dabei zumute würde, als wäre er im Tollhause, – hinein gehöre; so würde ich nicht minder recht haben. Allein da ließe ich der Dänischen Akademie den Ausweg, zu sagen, die hohen Lehren jener Weisheit wären niedrigen Intelligenzen, wie meiner, nicht erreichbar, und was mir Unsinn scheine, wäre bodenloser Tiefsinn. Da muß ich denn freilich nach einer festern Handhabe suchen, die nicht abgleiten kann, und den Gegner da in die Enge treiben, wo keine Hintertüre vorhanden ist. Demnach werde ich jetzt unwiderleglich beweisen, daß diesem summo philosopho der Dänischen Akademie sogar der gemeine Menschenverstand, so gemein er auch ist, abging. Daß man aber auch ohne diesen ein summus philosophus sein könne, ist eine Thesis, welche die Akademie nicht aufstellen wird. Jenen Mangel aber werde ich durch *drei* verschiedene Beispiele erhärten. Und diese werde ich entnehmen aus *dem* Buche, bei welchem er am allermeisten sich hätte besinnen, sich zusammennehmen und überlegen sollen, was er schrieb, nämlich aus seinem Studentenkompendio, betitelt »Enzyklopädie der philosophischen Wissenschaften«,

* Heißt eigentlich »System der Wissenschaft«, Bamberg 1807. In dieser Originalausgabe muß man es lesen, da es in den operibus omnibus von dem edierenden asscela etwas glatt geleckt sein soll.

welches Buch ein Hegelianer die Bibel der Hegelianer genannt hat.

Daselbst also, in der Abteilung »Physik«, § 293 (zweite Auflage, von 1827), handelt er vom spezifischen Gewichte, welches er spezifische Schwere nennt, und bestreitet die Annahme, daß dasselbe auf Verschiedenheit der Porosität beruhe, durch folgendes Argument: »Ein Beispiel vom *existierenden* Spezifizieren der Schwere ist die Erscheinung, daß ein auf seinem Unterstützungspunkte gleichgewichtig schwebender Eisenstab, wie er *magnetisiert* wird, sein Gleichgewicht verliert und sich an dem einen Pole jetzt schwerer zeigt als an dem andern. Hier wird der eine Teil so infiziert, daß er, ohne sein Volumen zu verändern, schwerer wird; die Materie, deren Masse nicht vermehrt worden, ist somit *spezifisch* schwerer geworden.« – Hier macht also der summus philosophus der Dänischen Akademie folgenden Schluß: »Wenn ein in seinem Schwerpunkt unterstützter Stab nachmals auf einer Seite schwerer wird; so senkt er sich nach dieser Seite: nun aber senkt ein Eisenstab, nachdem er magnetisiert worden, sich nach einer Seite: also ist er daselbst schwerer geworden.« Ein würdiges Analogon zu dem Schluß: »Alle Gänse haben zwei Beine, Du hast zwei Beine, also bist Du eine Gans.« Denn in kategorische Form gebracht, lautet der Hegel'sche Syllogismus: »Alles was auf einer Seite schwerer wird, senkt sich nach der Seite: dieser magnetisierte Stab senkt sich nach einer Seite: also ist er daselbst schwerer geworden.« Das ist die Syllogistik dieses summi philosophi und Reformators der Logik, dem man leider vergessen hat beizubringen, daß e meris affirmativis in secunda figura nihil sequitur. Im Ernst aber ist es die *angeborene* Logik, welche jedem gesunden und geraden Verstande dergleichen Schlüsse unmöglich macht, und deren Abwesenheit das Wort *Unverstand* bezeichnet. Wie sehr ein Lehrbuch, welches Argumentationen dieser Art enthält und vom Schwererwerden der Körper ohne Vermehrung ihrer Masse redet, geeignet ist, den geraden Verstand der jungen Leute schief und krumm zu biegen, bedarf keiner Auseinandersetzung. – Welches das Erste war.

Das zweite Beispiel vom Mangel des gemeinen Menschenverstandes in dem summo philosopho der Dänischen Akademie beurkundet der § 269 desselben Haupt- und Lehrwerks, in dem Satz: »Zunächst widerspricht die Gravitation unmittelbar dem Gesetze der Trägheit, denn vermöge jener strebt die Materie *aus sich selbst* zur andern hin.« – Wie?! nicht zu begreifen, daß es dem Gesetze der Trägheit so wenig zuwiderläuft, daß ein Körper von einem andern *angezogen*, als daß er von ihm *gestoßen* wird?! Im einen wie im andern Fall ist es ja der Hinzutritt einer äußern Ursache, welcher die bis dahin bestehende Ruhe oder Bewegung aufhebt oder verändert; und zwar so, daß, beim Anziehn wie beim Stoßen, Wirkung und Gegenwirkung einander gleich sind. – Und eine solche Albernheit so dummdreist hinzuschreiben! Und dies in ein Lehrbuch für Studenten, die dadurch an den ersten Grundbegriffen der Naturlehre, die keinem Gelehrten fremd bleiben dürfen, gänzlich und vielleicht auf immer irre gemacht werden. Freilich, je unverdienter der Ruhm, desto dreister macht er. – Dem, der denken kann (welches nicht der Fall unsers summi philosophi war, der bloß »den Gedanken« stets im Munde führte, wie die Wirtshäuser den Fürsten, der nie bei ihnen einkehrt, im Schilde), ist es nicht erklärlicher, daß ein Körper den andern fortstößt, als daß er ihn anzieht; da dem einen wie dem anderen unerklärte Naturkräfte, wie solche jede Kausalerklärung zur Voraussetzung hat, zum Grunde liegen. Will man daher sagen, daß ein Körper, der von einem andern, vermöge der Gravitation, angezogen wird, »aus sich selbst« zu ihm hinstrebt; so muß man auch sagen, daß der gestoßene Körper »aus sich selbst« vor dem stoßenden flieht, und wie im einen so im andern das Gesetz der Trägheit aufgehoben sehn. Das Gesetz der Trägheit fließt unmittelbar aus dem der Kausalität, ja, ist eigentlich nur dessen Kehrseite: »Jede Veränderung wird durch eine Ursache herbeigeführt«, sagt das Gesetz der Kausalität: »Wo keine Ursache hinzukommt, tritt keine Veränderung ein«, sagt das Gesetz der Trägheit. Daher würde eine Tatsache, die dem Gesetz der Trägheit widerspräche, geradezu auch dem der Kausalität, d.h. dem a priori Gewissen, widersprechen und uns eine Wirkung ohne Ursache zeigen: welches anzunehmen der Kern alles *Unverstandes* ist. – Welches das Zweite war.

Die dritte Probe der eben genannten angeborenen Eigenschaft

legt der summus philosophus der Dänischen Akademie im § 298 desselben Meisterwerkes ab, woselbst er, gegen die Erklärung der Elastizität durch Poren polemisierend, sagt: »Wenn zwar sonst in abstracto zugegeben wird, daß die Materie vergänglich, nicht absolut sei, so wird sich doch in der Anwendung dagegen gesträubt, – – – – – – – –; so daß in der Tat die Materie als *absolut-selbständig, ewig*, angenommen wird. Dieser Irrtum wird durch den allgemeinen Irrtum des Verstandes eingeführt, daß usw.« – Welcher Dummkopf hat je zugegeben, daß *die Materie vergänglich* sei? Und welcher nennt das Gegenteil einen Irrtum? – Daß die Materie *beharrt*, d.h. daß sie nicht, gleich allem andern, entsteht und vergeht, sondern, unzerstörbar wie unentstanden, alle Zeit hindurch ist und bleibt, daher ihr Quantum weder vermehrt noch vermindert werden kann; dies ist eine Erkenntnis a priori, so fest und sicher wie irgendeine mathematische. Ein Entstehn oder Vergehn von Materie auch nur vorzustellen, ist uns schlechterdings unmöglich: weil die Form unsers Verstandes es nicht zuläßt. Dies leugnen, dies für einen Irrtum erklären, heißt daher allem Verstande geradezu entsagen. – Welches also das Dritte war. – Selbst das Prädikat *absolut* kann mit Fug und Recht der Materie beigelegt werden, indem es besagt, daß ihr Dasein ganz außerhalb des Gebietes der Kausalität liegt, und nicht mit eingeht in die endlose Kette von Ursachen und Wirkungen, als welche nur ihre Akzidenzien, Zustände, Formen betrifft und untereinander verbindet: auf diese, auf die *an* der Materie vorgehenden *Veränderungen* allein, erstreckt sich das Gesetz der Kausalität, mit seinem Entstehn und Vergehn, nicht auf die Materie. Ja, jenes Prädikat *absolut* hat an der Materie seinen alleinigen Beleg, dadurch es Realität erhält und zulässig ist, außerdem es ein Prädikat, für welches gar kein Subjekt zu finden, mithin ein aus der Luft gegriffener, durch nichts zu realisierender Begriff sein würde, nichts weiter als ein wohl aufgeblasener Spielball der Spaßphilosophen. – Beiläufig legt obiger Ausspruch dieses Hegels recht naiv an den Tag, welcher Altenweiber- und Rocken-Philosophie so ein sublimer, hyper-transszendenter, aerobatischer und bodenlos tiefer Philosoph eigentlich, in seinem Herzen, kindlich zugetan ist und welche Sätze er nie sich hat beigehn lassen in Frage zu ziehn.

Also der summus philosophus der Dänischen Akademie lehrt ausdrücklich: daß Körper ohne Vermehrung ihrer Masse schwerer werden können, und daß dies namentlich der Fall sei bei einem magnetisierten Eisenstabe; desgleichen, daß die Gravitation dem Gesetze der Trägheit widerspreche; endlich auch, daß die Materie vergänglich sei. Diese drei Beispiele werden wohl genügen, zu zeigen, was fein lang hervorguckt, sobald die dichte Hülle des aller Menschenvernunft Hohn sprechenden, unsinnigen Gallimathias, in welche gewickelt der summus philosophus einherzuschreiten und dem geistigen Pöbel zu imponieren pflegt, einmal eine Öffnung läßt. Man sagt: ex ungue leonem: aber ich muß, decenter oder indecenter, sagen: ex aure asinum. – Übrigens mag jetzt aus den drei hier vorgelegten speciminibus philosophiae Hegelianae der Gerechte und Unparteiische beurteilen, wer eigentlich indecenter commemoravit: der, welcher einen solchen Absurditätenlehrer ohne Umstände einen Scharlatan nannte, oder der, welcher ex cathedra academica dekretierte, er sei ein summus philosophus?

Noch habe ich hinzuzufügen, daß ich aus einer so reichen Auswahl von Absurditäten jeder Art, wie die Werke des summi philosophi darbieten, den drei eben präsentierten deshalb den Vorzug gegeben habe, weil bei ihrem Gegenstand es sich einerseits nicht handelt um schwierige, vielleicht unlösbare, philosophische Probleme, die demnach eine Verschiedenheit der Ansicht zulassen; und andererseits nicht um spezielle physikalische Wahrheiten, welche genauere empirische Kenntnisse voraussetzen; sondern es sich hier handelt um Einsichten a priori, h.h. um Probleme, die jeder durch bloßes Nachdenken lösen kann: daher eben ein verkehrtes Urteil in Dingen dieser Art ein entschiedenes und unleugbares Zeichen ganz ungewöhnlichen Unverstandes ist, das dreiste Aufstellen solcher Unsinnslehren aber in einem Lehrbuch für Studenten uns sehn läßt, welche Frechheit sich eines gemeinen Kopfes bemächtigt, wenn man ihn als einen großen Geist ausschreit. Daher dies zu tun ein Mittel ist, welches kein Zweck rechtfertigen kann. Mit den drei hier dargelegten speciminibus in physicis halte man zusammen die Stelle im § 98 desselben Meisterwerks, welche anhebt, »indem ferner der Repulsivkraft« – und sehe, mit welcher unendlichen Vornehmigkeit dieser Sünder herabblickt auf Newtons allgemeine Attraktion und Kants metaphysische Anfangsgründe der Naturwissenschaft. Wer Geduld hat, lese nun noch die §§ 40 bis 62, wo der summus philosophus eine verdrehte Darstellung der Kantischen Philosophie gibt und nun, unfähig die Größe der Verdienste Kants zu ermessen, auch von der Natur zu niedrig gestellt, um sich an der so unaussprechlich seltenen Erscheinung eines wahrhaft großen Geistes freuen zu können, statt dessen, von der Höhe selbstbewußter, unendlicher Überlegenheit vornehm herabblickt auf diesen großen, großen Mann, als auf einen, den er hundertmal übersieht und in dessen schwachen, schülerhaften Versuchen er, mit kalter Geringschätzung, halb ironisch, halb mitleidig, die Fehler und Mißgriffe, zur Belehrung seiner Schüler, nachweist. Auch § 254 gehört dahin. Diese Vornehmtuerei gegen echte Verdienste ist freilich ein bekannter Kunstgriff aller Scharlatane zu Fuß und zu Pferde, verfehlt jedoch, Schwachköpfen gegenüber, nicht leicht ihre Wirkung. Daher eben auch nächst der Unsinnsschmiererei die Vornehmtuerei der Hauptkniff auch dieses Scharlatans war, so daß er, bei jeder Gelegenheit, nicht bloß auf fremde Philosopheme, sondern auch auf jede Wissenschaft und ihre Methode, auf alles, was der menschliche Geist, im Laufe der Jahrhunderte, durch Scharfsinn, Mühe und Fleiß sich erworben hat, vornehm, fastidiös, schnöde und höhnisch herabblickt von der Höhe seines Wortgebäudes, und dadurch auch wirklich von der in seinem Abrakadabra verschlossenen Weisheit eine hohe Meinung beim deutschen Publiko erregt hat, als welches eben denkt:

> Sie sehen stolz und unzufrieden aus:
> Sie scheinen mir aus einem edlen Haus.

Urteilen aus eigenen Mitteln ist das Vorrecht weniger: die übrigen leitet Auktorität und Beispiel. Sie sehn mit fremden Augen und hören mit fremden Ohren. Daher ist es gar leicht, zu denken, wie jetzt alle Welt denkt; aber zu denken, wie alle Welt über dreißig Jahre denken wird, ist nicht jedermanns Sache. Wer nun also, an die Estime sur parole gewöhnt, die Verehrungswürdigkeit eines Schriftstellers auf *Kredit* angenommen hat, solche aber nachher auch bei andern geltend machen will, kann leicht in die Lage dessen geraten, der einen schlechten Wechsel diskontiert hat, welchen er, als er ihn honoriert zu sehn erwartet, mit bitterm Protest zurückerhält, und sich die Lehre geben muß, ein andermal die Firma des Ausstellers und die der Indossenten besser zu prüfen. Ich müßte meine aufrichtige Überzeugung verleugnen, wenn ich nicht annähme, daß auf den Ehrentitel eines summi philosophi, welchen die Dänische Akademie in bezug auf jenen Papier-, Zeit- und Kopf-Verderber gebraucht hat, das in Deutschland über denselben künstlich veranstaltete Lobgeschrei, nebst der großen Anzahl seiner Parteigänger überwiegenden Einfluß gehabt hat. Deshalb scheint es mir zweckmäßig, der Königlich Dänischen Sozietät die schöne Stelle in Erinnerung zu bringen, mit welcher ein wirklicher summus philosophus, Locke (dem es zur Ehre gereicht, von Fichten der schlechteste aller Philosophen genannt zu sein), das vorletzte Kapitel seines berühmten Meisterwerkes schließt, und die ich hier, zugunsten des deutschen Lesers, deutsch wiedergeben will:

»So groß auch der Lärm ist, der in der Welt über Irrtümer und Meinungen gemacht wird; so muß ich doch der Menschheit die Gerechtigkeit widerfahren lassen, zu sagen, daß nicht so viele, als man gewöhnlich annimmt, in Irrtümern und falschen Meinungen befangen sind. Nicht daß ich dächte, sie erkennten die Wahrheit; sondern weil sie hinsichtlich jener Lehren, mit welchen sie sich und andern so viel zu schaffen machen, in der Tat gar keine Meinungen und Gedanken haben. Denn wenn jemand den größten Teil aller Parteigänger der meisten Sekten auf der Welt ein wenig katechisierte; so würde er nicht finden, daß sie hinsichtlich der Dinge, für die sie so gewaltig eifern, irgendeine Meinung selbst hegten, und noch weniger würde er Ursache finden, zu glauben, daß sie eine solche infolge einer Prüfung der Gründe und eines Anscheins der Wahrheit angenommen hätten. Sondern sie sind entschlossen, der Partei, für welche Erziehung oder Interesse sie geworben haben, fest anzuhängen, und legen, gleich dem gemeinen Soldaten im Heere, ihren Mut und Eifer an den Tag, der Lenkung ihrer Führer gemäß, ohne die Sache, für welche sie streiten, jemals zu prüfen, oder selbst auch nur zu kennen. Wenn der Lebenswandel eines Menschen anzeigt, daß er auf die Religion keine ernstliche Rücksicht nimmt; warum sollen wir denn glauben, daß er über die Satzungen der Kirche sich den Kopf zerbrechen und sich anstrengen werde, die Gründe dieser oder jener Lehre zu prüfen? Ihm genügt es, daß er, seinen Lenkern gehorsam, Hand und Zunge stets bereit habe zur Unterstützung der gemeinsamen Sache, um dadurch sich denen zu bewähren, welche ihm Ansehn, Beförderung und Protektion, in der Gesellschaft, der er angehört, erteilen können. So werden Menschen Bekenner und Vorkämpfer von Meinungen, von welchen sie nie sich überzeugt, deren Proselyten sie nie geworden, ja, die niemals ihnen auch nur im Kopf herumgegangen sind. Obwohl man also nicht sagen kann, daß die Zahl der unwahrscheinlichen und irrigen Meinungen in der Welt kleiner sei, als sie vorliegt; so ist doch gewiß, daß denselben wenigere wirklich anhängen und sie fälschlich für Wahrheiten halten, als man sich vorzustellen pflegt.«

Wohl hat Locke recht: wer gute Löhnung gibt, findet jeder Zeit eine Armee, und sollte auch seine Sache die schlechteste auf der Welt sein. Durch tüchtige Subsidien kann man, so gut wie einen schlechten Prätendenten, auch einen schlechten Philosophen eine Weile obenauf erhalten. Jedoch hat Locke hier noch eine ganze Klasse der Anhänger irriger Meinungen und Verbreiter falschen Ruhmes unberücksichtigt gelassen, und zwar die, welche den rechten Troß, das Gros de l'armée derselben ausmacht: ich meine die Zahl derer, welche nicht prätendieren, z. B. Professoren der Hegelei zu werden, oder sonstige Pfründen zu genießen, sondern als reine Gimpel (gulls), im Gefühl der völligen Impotenz ihrer Urteilskraft, denen, die ihnen zu imponieren verstehn, nachschwätzen, wo sie Zulauf sehn, sich anschließen und mittrollen, und wo sie Lärm hören, mitschreien. Um nun die von Locke erteilte Erklärung eines zu allen Zeiten sich wiederholenden Phänomens auch von dieser Seite zu ergänzen, will ich eine Stelle aus meinem spanischen Favoritautor mitteilen, welche, da sie durchaus belustigend ist und eine Probe aus einem vortrefflichen, in Deutschland so gut wie unbekannten Buche gibt, dem Leser jedenfalls willkommen sein wird. Besonders aber soll diese Stelle vielen jungen und alten Gecken in Deutschland zum Spiegel dienen, welche, im stillen aber tiefen Bewußtsein ihres geistigen Unvermögens, den Schalken das Lob des Hegels nachsingen und in den nichtssagenden oder gar nonsensikalischen Aussprüchen dieses philosophischen Scharlatans wundertiefe Weisheit zu finden affektieren. Exempla sunt odiosa: daher ich ihnen, nur in abstracto genommen, die Lektion widme, daß man durch nichts sich so tief intellektuell herabsetzt, wie durch das Bewundern und Preisen des Schlechten. Denn Helvetius sagt mit Recht: le degré d'esprit nécessaire pour nous plaire, est une mesure assez exacte du degré d'esprit que nous avons. Viel eher ist das Verkennen des Guten auf eine Weile zu entschuldigen: denn das Vortrefflichste in jeder Gattung tritt, vermöge seiner Ursprünglichkeit, so neu und fremd an uns heran, daß, um es auf den ersten Blick zu erkennen, nicht nur Verstand, sondern auch große Bildung in der Gattung desselben erfordert wird: daher es, in der Regel, eine späte und um so spätere Anerkennung findet, als es höherer Gattung ist, und die wirklichen Erleuchter der Menschheit das Schicksal der Fixsterne teilen, deren Licht viele Jahre braucht, ehe es bis zum Gesichtskreise der Menschen herabgelangt. Hingegen Verehrung des Schlechten, Falschen, Geistlosen, oder gar Absurden, ja, Unsinnigen, läßt keine Entschuldigung zu; sondern man beweist dadurch unwiderruflich, daß man ein Tropf ist und folglich es bis ans Ende seiner Tage bleiben wird: denn Verstand wird nicht erlernt. – Andererseits aber bin ich, indem ich, auf erhaltene Provokation, die Hegelei, diese Pest der deutschen Literatur, einmal nach Verdienst behandele, des Dankes der Redlichen und Einsichtigen, die es noch geben mag, gewiß. Denn sie werden ganz der Meinung sein, welche Voltaire und Goethe, in auffallender Übereinstimmung, so ausdrücken: »La faveur prodiguée aux mauvais ouvrages est aussi contraire aux progrès de l'esprit que le déchainement contre les bons.« (Lettre à la Duchesse du Maine. »Der eigentliche Obskurantismus ist nicht, daß man die Ausbreitung des Wahren, Klaren, Nützlichen hindert, sondern daß man das Falsche in Cours bringt.« (Nachlaß, Bd. 9, S. 54.) Welche Zeit aber hätte ein so planmäßiges und gewaltsames in Cours bringen des ganz Schlechten erlebt, wie diese letzten zwanzig Jahre in Deutschland? Welche andere hätte eine ähnliche Apotheose des

Unsinns und Aberwitzes aufzuweisen? Für welche andere scheint Schillers Vers

Ich sah des Ruhmes heil'ge Kränze
Auf der gemeinen Stirn entweiht,

so prophetisch bestimmt gewesen? Daher eben ist die spanische Rhapsodie, welche ich, zum heitern Schluß dieser Vorrede, mitteilen will, so wundervoll zeitgemäß, daß der Verdacht entstehn könnte, sie sei 1840 und nicht 1640 abgefaßt: dieserhalb diene zur Nachricht, daß ich sie treu übersetze aus dem Criticon de Baltazar Gracian, P. III, Crisi 4, p. 285, des ersten Bandes der ersten Antwerpener Quartausgabe der Obras de Lorenzo Gracian, von 1702.

»– – – Der Führer und Entzifferer unserer beiden Reisenden* fand aber unter allen die Seiler allein zu loben: weil sie in umgekehrter Richtung aller Übrigen gehn. –

Als sie nun angelangt waren, wurde ihre Aufmerksamkeit durch das Gehör erregt. Nachdem sie sich nach allen Seiten umgesehn, erblickten sie, auf einer gemeinen Bretterbühne, einen tüchtigen Schwadronör, umringt von einem großen Mühlrade Volks, welches hier eben gemahlen und bearbeitet wurde. Er hielt sie als seine Gefangenen fest, bei den Ohren angekettet; wiewohl nicht mit der goldenen Kette des Thebaners**, sondern mit einem eisernen Zaum. Dieser Kerl also bot, mit gewaltigem Maulwerk, welches dazu unerläßlich ist, Wunderdinge zur Schau aus. ›Nunmehro, meine Herren‹, sagte er, ›will ich Ihnen ein geflügeltes Wunder, welches dabei ein Wunder an Verstand ist, vorzeigen. Es freut mich, daß ich mit Personen von Einsicht, mit ganzen Leuten zu tun habe: jedoch muß ich bemerken, daß wenn etwan jemand unter Ihnen eben nicht mit einem ganz außerordentlichen Verstande begabt sein sollte, er sich jetzt nur gleich entfernen

* Sie sind Kritilo, der Vater, und Andrenio, der Sohn. Der Entzifferer ist der Desengaño, d.h. die Enttäuschung: er ist der zweite Sohn der Wahrheit, deren Erstgeborener der Haß ist: veritas odium parit.

** Er meint den Herkules, von welchem er P. II, cr. 2, p. 133 (wie auch in der Agudeza y arte, Disc. 19; und gleichfalls im Discreto, p. 398) sagt, daß von seiner Zunge Kettchen ausgegangen wären, welche die Übrigen an den Ohren gefesselt hielten. Er verwechselt ihn jedoch (durch ein Emblem des Ulciatus verleitet) mit dem Merkur, welcher, als Gott der Beredsamkeit, so abgebildet wurde.

kann, da die hohen und subtilen Dinge, welche nunmehr vorkommen werden, ihm nicht verständlich sein können. Also aufgepaßt, meine Herren von Einsicht und Verstand! Es wird nunmehro der Adler des Jupiters auftreten, welcher redet und argumentiert, wie es sich für einen solchen schickt, scherzt wie ein Zoylus und stichelt wie ein Aristarch. Kein Wort wird aus seinem Munde gehn, welches nicht ein Mysterium in sich schlösse, nicht einen witzigen Gedanken, mit hundert Anspielungen auf hundert Dinge enthielte. Alles was er sagt, werden Sentenzen von der erhabensten Tiefe* sein.‹ – ›Das wird‹, sagte Kritilo, ›ohne Zweifel irgendein Reicher oder Mächtiger sein: denn wäre er arm, würde alles, was er sagte, nichts taugen. Mit einer silbernen Stimme singt sich's gut, und mit einem goldenen Schnabel redet sich's noch schöner.‹ – ›Wohlan!‹ fuhr der Scharlatan fort, ›mögen sich nunmehr die Herren empfehlen, welche nicht selbst Adler an Verstand sind: denn für sie ist hier jetzt nichts zu holen.‹ – Was ist das? Keiner geht fort? Keiner rührt sich? – Die Sache war, daß keiner sich zu der Einsicht, daß er ohne Einsicht sei, bekannte, vielmehr alle sich für sehr einsichtig hielten, ihren Verstand ungemein ästimierten und eine hohe Meinung von sich hegten. Jetzt zog er an einem groben Zaum, und es erschien – das dümmste der Tiere: denn auch es nur zu nennen ist beleidigend. ›Hier sehn Sie‹, schrie der Betrüger, ›einen Adler, einen Adler an allen glänzenden Eigenschaften, am Denken und am Reden. Daß sich nur keiner beigehn lasse, das Gegenteil zu sagen: denn da würde er seinem Verstande schlechte Ehre machen.‹ – ›Beim Himmel‹, rief einer, ›ich sehe seine Flügel: o, wie großartig sie sind!‹ – ›Und ich‹, sagte ein anderer, ›kann die Federn darauf zählen: ach, wie sie so fein sind!‹ – ›Ihr seht es wohl nicht?‹ sprach einer zu seinem Nachbarn. ›Ich nicht?!‹ schrie dieser, ›ei, und wie deutlich!‹ Aber ein redlicher und verständiger Mann sagte zu seinem Nachbarn: ›So wahr ich ein ehrlicher Mann bin, ich sehe nicht, daß da ein Adler sei, noch daß er Federn habe, wohl aber vier lahme Beine und einen ganz respektablen Zagel (Schwanz).‹ – ›St! St!‹ erwiderte ein Freund, ›sagt das nicht, Ihr richtet Euch zugrunde: sie werden meinen, Ihr

* Ausdruck Hegels in der Hegelzeitung, vulgo Jahrbücher der wissenschaftlichen Literatur, 1827, Nr. 7. Das Original hat bloß: profundidades y sentencias.

wäret ein großer et cetera. Ihr höret ja was wir andern sagen und tun: also folgt dem Strom.‹ – ›Ich schwöre bei allen Heiligen‹, sagte ein anderer ebenfalls ehrlicher Mann, ›daß das nicht nur kein Adler ist, sondern sogar sein Antipode: ich sage, es ist ein großer et cetera.‹ – ›Schweig doch, schweig!‹ sagte, ihn mit dem Ellenbogen stoßend, sein Freund, ›willst du von allen ausgelacht werden? Du darfst nicht anders sagen, als daß es ein Adler sei, dächtest du auch ganz das Gegenteil: so machen wir's ja alle.‹ – ›Bemerken Sie nicht‹, schrie der Scharlatan, ›die Feinheiten, welche er vorbringt? Wer die nicht faßte und fühlte, müßte von allem Genie entblößt sein.‹ Auf der Stelle sprang ein Baccalaureus hervor ausrufend: ›Wie herrlich! Welche große Gedanken! Das Vortrefflichste der Welt! Welche Sentenzen! Laßt sie mich aufschreiben! Es wäre ewig schade, wenn auch nur ein Jota davon verlorenginge: (und nach seinem Hinscheiden werde ich meine Hefte edieren.)‹* – In diesem Augenblick erhob das Wundertier jenen seinen ohrzerreißenden Gesang, der eine ganze Ratsversammlung aus der Fassung bringen kann, und begleitete ihn mit einem solchen Strom von Ungebührlichkeiten, daß alle verdutzt dastanden, einander ansehend. ›Aufgeschaut, aufgeschaut, meine gescheuten** Leute‹, rief eilig der verschmitzte Betrüger, ›aufgeschaut und auf den Fußspitzen gestanden! Das nenne ich reden! Gibt es einen zweiten Apollo wie diesen? Was dünkt euch von der Zartheit seiner Gedanken, von der Beredsamkeit seiner Sprache? Gibt es auf der Welt einen größern Verstand?‹ – Die Umstehenden blickten einander an: aber keiner wagte zu mucksen, noch zu äußern, was er dachte und was eben die Wahrheit war, um nur nicht für einen Dummkopf gehalten zu werden: vielmehr brachen alle mit *einer* Stimme in Lob und Beifall aus. ›Ach, dieser Schnabel‹, rief eine lächerliche Schwätzerin, ›reißt mich ganz hin: den ganzen Tag könnte ich ihm zuhören.‹ – ›Und mich soll der Teufel holen‹, sprach fein leise ein Gescheuter, ›wenn es nicht ein Esel

* Lectio spuria, uncis inclusa.

** Man soll schreiben »Gescheut« und nicht »Gescheit«: der Etymologie des Worts liegt der Gedanke zum Grunde, welchen Chamfort sehr artig so ausdrückt: l'écriture a dit que le commencement de la sagesse était la crainte de Dieu; moi, je crois que c'est la crainle des hommes.

ist und aller Orten bleibt: werde mich jedoch hüten, dergleichen zu sagen.‹ – ›Bei meiner Treue‹, sagte ein anderer, ›das war ja keine Rede, sondern ein Eselgeschrei: aber wehe dem, der so etwas sagen wollte! Das geht jetzt so in der Welt: der Maulwurf gilt für einen Luchs, der Frosch für einen Kanarienvogel, die Henne für einen Löwen, die Grille für einen Stieglitz, der Esel für einen Adler. Was ist denn mir am Gegenteil gelegen? Meine Gedanken habe ich für mich, rede dabei wie alle, und laßt uns leben! Das ist's, worauf es ankommt.‹

Kritilo war aufs äußerste gebracht, solche Gemeinheit von der einen und solche Verschmitztheit von der anderen Seite sehn zu müssen. ›Kann die Narrheit sich so der Köpfe bemeistern?‹ dachte er. Aber der Spitzbube von Aufschneider lachte unter dem Schatten seiner großen Nase über alle, und sprach, wie in der Komödie bei Seite, triumphierend zu sich selbst: ›*Habe* ich sie dir alle zum besten? Könnte eine Kupplerin mehr leisten?‹ und von neuem gab er ihnen hundert Abgeschmacktheiten zu verdauen, wobei er abermals rief: ›Daß nur keiner sage, es sei nicht so: sonst stempelt er sich zum Dummkopf.‹ Dadurch stieg nun jener niederträchtige Beifall immer höher: auch Andrenio machte es schon wie alle. – Aber Kritilo, der es nicht länger aushalten konnte, wollte platzen. Er wandte sich zu seinem verstummten Entzifferer mit den Worten: ›Wie lange soll dieser Mensch unsere Geduld mißbrauchen, und wie lange willst du schweigen? Geht doch die Unverschämtheit und Gemeinheit über alle Grenzen!‹ – Worauf jener: ›Habe nur Geduld, bis die Zeit es aussagt: die wird schon, wie sie immer tut, die Wahrheit nachholen. Warte nur, daß das Ungetüm uns das Schwanzteil zukehre, und dann wirst du eben die, welche es jetzt bewundern, es verwünschen hören.‹ Und genau so fiel es aus, als der Betrüger seinen Diphthong von Adler und Esel (so erlogen jener, wie richtig dieser) wieder hineinzog. Im selben Augenblick fing einer und der andere an, mit der Sprache herauszurücken: ›Bei meiner Treue‹, sagte der eine, ›das war ja kein Genie, sondern ein Esel.‹ – ›Was für Narren wir gewesen sind!‹ rief ein anderer: und so machten sie sich gegenseitig Mut, bis es hieß: ›Hat man je eine ähnliche Betrügerei gesehn? Er hat wahrhaftig nicht ein einziges Wort gesprochen, woran etwas gewesen wäre, und wir klatschten ihm Beifall. Kurzum, es war ein Esel, und wir verdienen gesaumsattelt zu werden.‹

Aber eben jetzt trat von neuem der Scharlatan hervor, ein anderes und größeres Wunder verheißend: ›Nunmehro‹, sagte er, ›werde ich Ihnen wirklich nichts Geringeres vorführen, als einen weltberühmten Riesen, neben welchem Enceladus und Typhoeus sich gar nicht sehn lassen dürften. Ich muß jedoch zugleich erwähnen, daß, wer ihm ‚Riese!' zurufen wird, dadurch sein Glück macht: denn dem wird er zu großen Ehren verhelfen, wird Reichtümer auf ihn häufen, tausende, ja zehntausende von Piastern Einkünfte, dazu Würde, Amt und Stelle. Hingegen wehe dem, der keinen Riesen in ihm erkennt: nicht nur wird er keine Gnadenbezeugung erreichen, sondern ihn werden Blitz und Strafe erreichen. Aufgeschaut, die ganze Welt! Nun kommt er, nun zeigt er sich, o wie er emporragt!‹ – Eine Gardine ging auf und es erschien ein Männchen, welches, auf einen Hebe-Kran gestellt, nicht mehr sichtbar gewesen wäre, groß wie vom Ellenbogen bis zur Hand, ein Nichts, ein Pygmäe in jeder Hinsicht, im Wesen und Tun. ›Nun, was macht ihr? Warum schreiet ihr nicht? Warum applaudiert ihr nicht? Erhebet Eure Stimme, Redner! Singet, Dichter! Schreibt, Genies! Euer Chorus sei: der berühmte, der außerordentliche, der große Mann!‹ – Alle standen erstarrt und fragten einander mit den Augen: ›Was hat *der* von einem Riesen? Welchen Zug eines Helden seht ihr an ihm?‹ – Aber schon fing der Haufen der Schmeichler lauter und immer lauter zu schreien an: ›Ja, ja! der Riese, der Riese! der erste Mann der Welt! Welch ein großer Fürst war jener! Welch ein tapfrer Marschall dieser! Welch ein trefflicher Minister der und der!‹ Sogleich regnete es Dublonen über sie. Da schrieben die Autoren! schon nicht mehr Geschichte, sondern Panegyriken. Die Dichter, sogar Pedro Mateo* selbst, nagten an den Nägeln, um zu Brode zu gelangen. Und niemand war da, der es gewagt hätte, das Gegenteil zu sagen. Vielmehr schrien alle um die Wette: ›Der Riese! der große, der allergrößte Riese!‹ Denn jeder hoffte ein Amt, eine Pfründe. Im stillen und innerlich sagten sie freilich: ›Wie tapfer ich lüge! Er ist noch im-

* Er hat Heinrich IV. besungen: siehe Criticon, P. III, Cris. 12, p. 376.

mer nicht gewachsen, sondern bleibt ein Zwerg. Aber was soll ich machen? Geht ihr hin und sagt, was ihr denkt: dann seht zu, was euch das einbringen wird. Hingegen wie *ich* es mache, habe ich Bekleidung und Essen und Trinken, und kann glänzen und werde ein großer Mann. Mag er daher sein, was er will: er soll, der ganzen Welt zum Trotz, ein Riese sein.‹ – Andrenio fing an, dem Strome zu folgen und schrie auch: ›Der Riese, der Riese, der ungeheure Riese!‹ Und augenblicklich regnete es Geschenke und Dublonen über ihn: da rief er aus: ›Das, das ist Lebensweisheit!‹ Aber Kritilo stand da, und wollte außer sich geraten: ›Ich berste, wenn ich nicht rede‹, sagte er. ›Rede nicht‹, sprach der Entzifferer, ›und renne nicht in dein Verderben. Warte nur, daß dieser Riese uns den Rücken kehre, und du wirst sehn wie es geht.‹ So traf es ein: denn sobald jener seine Riesenrolle ausgespielt hatte und nun sich zurückzog in die Leichentüchergarderobe, da hoben alle an: ›Welche Pinsel sind wir doch gewesen! das war ja kein Riese, sondern ein Pygmäe, an dem nichts, und der zu nichts war‹, und fragten sich untereinander, wie es nur möglich gewesen. Kritilo aber sprach: ›Welch ein Unterschied ist es doch, ob man von einem bei seinem Leben oder nach dem Tode redet. Wie ändert die Abwesenheit die Sprache: wie groß ist doch die Entfernung zwischen über unsern Köpfen und unter unsern Füßen!‹

Allein die Betrügereien jenes modernen Sinon waren noch nicht zu Ende. Jetzt warf er sich auf die andere Seite und holte ausgezeichnete Männer, wahre Riesen hervor, die er für Zwerge ausgab, für Leute, die nichts taugten, nichts wären, ja, weniger als nichts: wozu denn alle Ja sagten, und wofür jene gelten mußten, ohne daß die Leute von Urteil und Kritik zu mucksen gewagt hätten. Ja, er führte den Phönix vor, und sagte, es wäre ein Käfer. Alle sprachen richtig Ja, das wäre er: und dafür mußte er nun gelten.« –

So weit Gracian, und so viel von dem summo philosopho, vor welchem die Dänische Akademie ganz ehrlich meint Respekt fordern zu dürfen: wodurch sie mich in den Fall gesetzt hat, für die mir erteilte Lektion ihr mit einer Gegenlektion zu dienen.

Noch habe ich zu bemerken, daß das Publikum gegenwärtige zwei Preisschriften ein halbes Jahr früher erhalten haben würde, wenn ich mich nicht fest darauf verlassen hätte, daß die Königlich Dänische Sozietät, wie es Recht ist und alle Akademien tun, in demselben Blatte, darin sie ihre Preisfragen für das Ausland publiziert (hier die Halle'sche Litteraturzeitung) auch die Entscheidung derselben bekannt machen würde. Das tut sie aber nicht, sondern man muß die Entscheidung aus Kopenhagen einholen, welches um so schwieriger ist, als nicht einmal der Zeitpunkt derselben in der Preisfrage angegeben wird. Diesen Weg habe ich daher sechs Monate zu spät eingeschlagen.*

Frankfurt a. M., im September 1840.

* Sie hat ihr Urteil jedoch nachträglich publiziert, d. h. nach dem Erscheinen gegenwärtiger Ethik und dieser Rüge. Nämlich im Intelligenzblatt der Halle'schen Litteraturzeitung, November 1840, N. 59, wie auch in der Jena'schen Litteraturzeitung desselben Monats, hat sie dasselbe abdrucken lassen, – also im November publiziert, was im Januar entschieden worden.

VORREDE ZUR ZWEITEN AUFLAGE

Beide Preisschriften haben in dieser zweiten Auflage ziemlich beträchtliche Zusätze erhalten, welche meistens nicht lang, aber an vielen Stellen eingefügt sind und zum gründlichen Verständnis des Ganzen beitragen werden. Nach der Seitenzahl kann man sie nicht abschätzen; wegen des größern Fomats gegenwärtiger Auflage. Überdies würden sie noch zahlreicher sein, wenn nicht die Ungewißheit, ob ich diese zweite Auflage erleben würde, mich in der Zwischenzeit genötigt hätte, die hieher gehörigen Gedanken, sukzessiv, wo ich es eben konnte, einstweilen niederzulegen, nämlich teils im zweiten Bande meines Hauptwerkes, Kap. 47, und teils in »Parerga und Paralipomena«, Bd. 2, Kap. 8. –

Die von der Dänischen Akademie verworfene und bloß mit einem öffentlichen Verweis belohnte Abhandlung über das Fundament der Moral erscheint also hier nach zwanzig Jahren in zweiter Auflage. Über das Urteil der Akademie habe ich die nötige Auseinandersetzung schon in der ersten Vorrede gegeben, und daselbst vor allen Dingen nachgewiesen, daß in demselben die Akademie leugnet gefragt zu haben was sie gefragt hat, hingegen gefragt zu haben behauptet was sie durchaus nicht gefragt hat: und zwar habe ich dieses (S. 527–531) so klar, ausführlich und gründlich dargetan, daß kein Rabulist auf der Welt sie davon weiß brennen kann. Was es nun aber hiemit auf sich habe, brauche ich nicht erst zu sagen. Über das Verfahren der Akademie im ganzen habe ich jetzt, nach zwanzigjähriger Zeit zur kühlsten Überlegung, noch Folgendes hinzuzufügen.

Wenn der Zweck der Akademien wäre, die Wahrheit möglichst zu unterdrücken, Geist und Talent nach Kräften zu ersticken und den Ruhm der Windbeutel und Scharlatane tapfer aufrecht zu erhalten; so hätte diesmal unsere Dänische Akademie demselben vortrefflich entsprochen. Weil ich nun aber mit dem von mir verlangten Respekt vor Windbeuteln und Scharlatanen, welche von feilen Lobsängern und betörten Gimpeln für große Denker ausgeschrien sind, ihr nicht dienen kann; so will ich, statt dessen, den

Herren von der Dänischen Akademie einen nützlichen Rat erteilen. Wenn die Herren Preisfragen in die Welt ergehn lassen, müssen sie vorher sich eine Portion Urteilskraft anschaffen, wenigstens so viel man fürs Haus braucht, gerade nur um nötigenfalls doch Hafer von Spreu unterscheiden zu können. Denn außerdem, wenn es da in secunda Petri* gar zu schlecht bestellt ist, kann man garstig anlaufen. Nämlich auf Midas-Urteil folgt Midas-Schicksal, und bleibt nicht aus. Nichts kann davor schützen; keine gravitätische Gesichter und vornehme Mienen können helfen. Auch kommt es zutage. Wie dicke Perücken man auch aufsetzen mag – es fehlt doch nicht an indiskreten Barbieren, an indiskretem Schilfrohr, ja, heutzutage nimmt man sich nicht die Mühe, dazu erst ein Loch in die Erde zu bohren. – Zu diesem allen kommt nun aber noch die kindliche Zuversicht, mir einen öffentlichen Verweis zu erteilen und ihn in deutschen Literaturzeitungen abdrukken zu lassen, darüber, daß ich nicht so pinselhaft gewesen bin, mir imponieren zu lassen durch den von demütigen Ministerkreaturen angestimmten und vom hirnlosen literarischen Pöbel lange fortgesetzten Lobgesang, um daraufhin bloße Gaukler, die nie die Wahrheit, sondern stets nur ihre eigene Sache gesucht haben, mit der Dänischen Akademie für Summi philosophi zu halten. Ist es denn diesen Akademikern gar nicht eingefallen, sich erst zu fragen, ob sie auch nur einen Schatten von Berechtigung hätten, mir über meine Ansichten öffentliche Verweise zu erteilen? Sind sie so gänzlich von allen Göttern verlassen, daß ihnen dies nicht in den Sinn kam? – Jetzt kommen die Folgen: die Nemesis ist da: schon rauscht das Schilfrohr! Ich bin, dem vieljährigen, vereinten Widerstande sämtlicher Philosophieprofessoren zum Trotz, endlich durchgedrungen, und über die Summi philosophi unserer Akademiker gehn dem gelehrten Publiko die Augen immer weiter auf: wenn sie auch noch von armseligen Philosophieprofessoren, die sich längst mit ihnen kompromittiert haben und zudem ihrer als Stoff zu Vorlesungen bedürfen, noch ein Weilchen, mit schwachen Kräften, aufrecht erhalten werden; so sind sie doch gar sehr in der öffentlichen Ästimation gesunken,

* Dialectices Petri Rami pars secunda, quae est »de iudicio«.

und besonders geht Hegel mit starken Schritten der Verachtung entgegen, die seiner bei der Nachwelt wartet. Die Meinung über ihn hat sich, seit zwanzig Jahren, dem Ausgang, mit welchem die in der ersten Vorrede mitgeteilte Allegorie Gracians schließt, schon auf drei Viertel des Weges genähert, und wird ihn, in einigen Jahren, ganz erreicht haben, um völlig mit dem Urteil zusammenzutreffen, welches, vor zwanzig Jahren, der Dänischen Akademie tam justam et gravem offensionem gegeben hat. Daher will ich, als Gegengeschenk für ihren Verweis, der Dänischen Akademie ein Goethe'sches Gedicht, in ihr Album, verehren:

»Das Schlechte kannst du immer loben:
Du hast dafür sogleich den Lohn!
In deinem Pfuhle schwimmst du oben
Und *bist der Pfuscher Schutzpatron.*

Das Gute schelten? Magst's probieren!
Es geht, wenn du dich frech erkühnst:
Doch treten, wenn's die Menschen spüren,
Sie dich in Quark, wie du's verdienst.«

Daß unsere deutschen Philosophieprofessoren den Inhalt der vorliegenden ethischen Preisschriften keiner Berücksichtigung, geschweige Beherzigung, wert gehalten haben, ist schon von mir, in der Abhandlung über den Satz vom Grunde, S. 47–49 der zweiten Auflage, gebührend anerkannt worden, und versteht sich überdies von selbst. Wie sollten doch hohe Geister dieser Gattung auf *das* achten, was Leutchen, wie ich, sagen! Leutchen, auf die sie, in ihren Schriften, höchstens im Vorübergehn und von oben herab einen Blick der Geringschätzung und des Tadels werfen. Nein, was ich vorbringe, ficht sie nicht an: sie bleiben bei ihrer Willensfreiheit und ihrem Sittengesetz; sollten auch die Gründe dagegen so zahlreich sein wie die Brombeeren. Denn jene gehören zu den obligaten Artikeln, und sie wissen, wozu sie da sind: in majorem Dei gloriam sind sie da und verdienen sämtlich Mitglieder der Königlich Dänischen Akademie zu werden.

Frankfurt a. M., im August 1860.

Die von der Königl. Sozietät aufgestellte Frage, nebst vorangeschickter Einleitung, lautet:

Quum primitiva moralitatis idea, sive de summa lege morali principalis notio, sua quadam propria eaque minime logica necessitate, tum in ea disciplina appareat, cui propositum est cognitionem *τοῦ ἠθικοῦ* explicare, tum in vita, partim in conscientiae judicio de nostris actionibus, partim in censura morali de actionibus aliorum hominum; quumque complures, quae ab illa idea inseparabiles sunt, eamque tanquam originem respiciunt, notiones principales ad *το ἠθικον* spectantes, velut officii notio et imputationis, eadem necessitate eodemque ambitu vim suam exserant, – et tamen inter eos cursus viasque, quas nostrae aetatis meditatio philosophica persequitur, magni momenti esse videatur, hoc argumentum ad disputationem revocare, – cupit Societas, ut accurate haec quaestio perpendatur et pertractetur:

Philosophiae moralis fons et fundamentum utrum in idea moralitatis, quae immediate conscientia contineatur, et ceteris notionibus fundamentalibus, quae ex illa prodeant, explicandis *quaerenda sunt*, an in alio cognoscendi principio?

Verdeutscht:

Da die ursprüngliche Idee der Moralität, oder der Hauptbegriff vom obersten Moralgesetze, mit einer ihr eigentümlichen, jedoch keineswegs logischen Notwendigkeit, sowohl in derjenigen Wissenschaft hervortritt, deren Zweck ist, die Erkenntnis des Sittlichen darzulegen, als auch im wirklichen Leben, woselbst sie sich teils im Urteil des Gewissens über unsere eigenen Handlungen, teils in unserer moralischen Beurteilung der Handlungen anderer zeigt; und da ferner mehrere, von jener Idee unzertrennliche und aus ihr entsprungene moralische Hauptbegriffe, wie z. B. der Begriff der Pflicht und der der Zurechnung, mit gleicher Notwendigkeit und in gleichem Umfang sich geltend machen; – und da es doch bei den Wegen, welche die philosophische Forschung unserer Zeit verfolgt, sehr wichtig scheint, diesen Gegenstand wieder zur Untersuchung zu bringen; – so wünscht die Sozietät, daß folgende Frage sorgfältig überlegt und abgehandelt werde:

Ist *die Quelle und Grundlage der Moral zu suchen* in einer unmittelbar im Bewußtsein (oder Gewissen) liegenden Idee der Moralität und in der Analyse der übrigen, aus dieser entspringenden, moralischen Grundbegriffe, oder aber in einem andern Erkenntnisgrunde?

I.
EINLEITUNG

§ 1
Über das Problem

Eine von der Königlich Holländischen Sozietät zu Harlem 1810 aufgestellte und von J. C. F. Meister erledigte Preisfrage: »Warum die Philosophen in den ersten Grundsätzen der Moral so sehr abweichen, aber in den Folgerungen und den Pflichten, die sie aus ihren Grundsätzen ableiten, übereinstimmen?« – war eine gar leichte Aufgabe, im Vergleich mit der vorliegenden. Denn:

1) Die gegenwärtige Frage der Königlichen Sozietät ist auf nichts Geringeres gerichtet, als auf das objektiv wahre Fundament der Moral und folglich auch der Moralität. Eine Akademie ist es, welche die Frage aufwirft: sie will, als solche, keine auf praktische Zwecke gerichtete Ermahnung zur Rechtlichkeit und Tugend, gestützt auf Gründe, deren Scheinbarkeit man hervorhebt und deren Schwäche man verschleiert, wie dies bei Vorträgen für das Volk geschieht: sondern, da sie als Akademie nur theoretische und nicht praktische Zwecke kennt, will sie die rein philosophische, d.h. von allen positiven Satzungen, allen unbewiesenen Voraussetzungen und sonach von allen metaphysischen, oder auch mythischen Hypostasen unabhängige, objektive, unverschleierte und nackte Darlegung des letzten Grundes zu allem moralischen Wohlverhalten. – Dies aber ist ein Problem, dessen überschwengliche Schwierigkeit dadurch bezeugt wird, daß nicht nur die Philosophen aller Zeiten und Länder sich daran die Zähne stumpf gebissen haben, sondern sogar alle Götter des Orients und Okzidents demselben ihr Dasein verdanken. Wird es daher bei dieser Gelegenheit gelöst; so wird fürwahr die Königliche Sozietät ihr Gold nicht übel angelegt haben.

2) Überdies unterliegt die theoretische Untersuchung des Fundaments der Moral dem ganz eigenen Nachteil, daß sie leicht

für ein Unterwühlen desselben, welches den Sturz des Gebäudes selbst nach sich ziehn könnte, gehalten wird. Denn das praktische Interesse liegt hier dem theoretischen so nahe, daß sein wohlgemeinter Eifer schwer zurückzuhalten ist von unzeitiger Einmischung. Nicht jeder vermag das rein theoretische, allem Interesse, selbst dem moralisch-praktischen, entfremdete Forschen nach objektiver Wahrheit deutlich zu unterscheiden vom frevelhaften Angriff auf geheiligte Herzensüberzeugung. Daher muß, wer hier Hand ans Werk legt, zu seiner Ermutigung, sich allezeit gegenwärtig erhalten, daß vom Tun und Treiben der Menschen, wie vom Gewühl und Lärm des Marktes, nichts weiter abliegt, als das in tiefe Stille zurückgezogene Heiligtum der Akademie, wohin kein Laut von außen dringen darf, und wo keine andere Götter ein Standbild haben, als ganz allein die hehre, nackte Wahrheit.

Die Konklusion aus diesen beiden Prämissen ist, daß mir eine völlige Parrhesia, nebst dem Recht alles zu bezweifeln, gestattet sein muß; und daß, wenn ich, selbst so, nur irgend etwas in dieser Sache *wirklich* leiste, – es viel geleistet sein wird.

Aber noch andere Schwierigkeiten stehn mir entgegen. Es kommt hinzu, daß die Königliche Sozietät das Fundament der Ethik allein für sich, abgesondert, in einer kurzen Monographie dargelegt, folglich außer seinem Zusammenhange mit dem gesamten System irgendeiner Philosophie, d.h. der eigentlichen Metaphysik, verlangt. Dies muß die Leistung nicht nur erschweren, sondern sogar notwendig unvollkommen machen. Schon Christian Wolff sagt: »Tenebrae in philosophia practica non dispelluntur, nisi luce metaphysica affulgente« (Phil. pract., P. II, § 28), und Kant: »Die Metaphysik muß vorangehn, und ohne sie kann es überall keine Moralphilosophie geben.« (Grundlegung zur Metaphysik der Sitten. Vorrede.) Denn, wie jede Religion auf Erden, indem sie Moralität vorschreibt, solche nicht auf sich beruhen läßt, sondern ihr eine Stütze gibt an der Dogmatik, deren Hauptzweck gerade dies ist; so muß in der Philosophie das ethische Fundament, welches es auch sei, selbst wieder seinen Anhaltspunkt und seine Stütze haben an irgendeiner Metaphysik, d.h. an der gegebenen Erklärung der Welt und des Daseins überhaupt; indem der letzte und wahre Aufschluß über das innere

Wesen des Ganzen der Dinge notwendig eng zusammenhangen muß mit dem über die ethische Bedeutung des menschlichen Handelns, und jedenfalls dasjenige, was als Fundament der Moralität aufgestellt wird, wenn es nicht ein bloßer abstrakter Satz, der, ohne Anhalt in der realen Welt, frei in der Luft schwebt, sein darf, irgendeine, entweder in der objektiven Welt, oder im menschlichen Bewußtsein gelegene Tatsache sein muß, die, als solche, selbst wieder nur Phänomen sein kann und folglich, wie alle Phänomene der Welt, einer ferneren Erklärung bedarf, welche dann von der Metaphysik gefordert wird. Überhaupt ist die Philosophie so sehr ein zusammenhängendes Ganzes, daß es unmöglich ist, irgendeinen Teil derselben erschöpfend darzulegen, ohne alles übrige mitzugeben. Daher sagt Plato ganz richtig: *Ψυχης οὖν φυσιν ἀξιως λογου κατανοησαι οἰει δυνατον εἶναι, ἀνευ της του ὁλου φυσεως* (Animae vero naturam absque totius natura sufficienter cognosci posse existimas? – Phaedr., p. 371, Bip.) Metaphysik der Natur, Metaphysik der Sitten und Metaphysik des Schönen setzen sich wechselseitig voraus und vollenden erst in ihrem Zusammenhang die Erklärung des Wesens der Dinge und des Daseins überhaupt. Daher, wer *eine* von diesen dreien bis auf ihren letzten Grund durchgeführt hätte, zugleich die andern in seine Erklärung mit hineingezogen haben müßte; gleichwie, wer von irgend *einem* Dinge in der Welt ein erschöpfendes, bis auf den letzten Grund klares Verständnis hätte, auch die ganze übrige Welt vollkommen verstanden haben würde.

Von einer gegebenen und als wahr angenommenen Metaphysik aus, würde man auf *synthetischem* Wege zum Fundament der Ethik gelangen; wodurch dieses selbst von unten aufgebaut sein würde, folglich die Ethik fest gestützt aufträte. Hingegen bei der durch die Aufgabe notwendig gemachten Sonderung der Ethik von aller Metaphysik, bleibt nichts übrig, als das *analytische* Verfahren, welches von Tatsachen, entweder der äußern Erfahrung, oder des Bewußtseins ausgeht. Diese letztern kann es zwar auf ihre letzte Wurzel im Gemüte des Menschen zurückführen, welche dann aber als Grundfaktum, als Urphänomen, stehnbleiben muß, ohne weiter auf irgend etwas zurückgeführt zu werden; wodurch denn die ganze Erklärung eine bloß *psychologische* bleibt. Höchstens kann noch akzessorisch ihr Zusammenhang mit irgendeiner allgemeinen metaphysischen Grundansicht angedeutet werden. Hingegen würde jenes Grundfaktum, jenes ethische Urphänomen, selbst wieder begründet werden können, wenn man, die Metaphysik zuerst abhandelnd, aus ihr, synthetisch verfahrend, die Ethik ableiten dürfte. Dies hieße aber ein vollständiges System der Philosophie aufstellen; wodurch die Grenze der gestellten Frage weit überschritten würde. Ich bin also genötigt, die Frage innerhalb der Grenzen zu beantworten, welche sie, durch ihre Vereinzelung, selbst gezogen hat.

Und nun endlich noch wird das Fundament, auf welches ich die Ethik zu stellen beabsichtige, sehr schmal ausfallen: wodurch von dem vielen, was an den Handlungen der Menschen legal, billigungs- und lobenswert ist, nur der kleinere Teil als aus rein moralischen Bewegungsgründen entsprungen sich ergeben, der größere Teil aber anderartigen Motiven anheimfallen wird. Dies befriedigt weniger und fällt nicht so glänzend in die Augen, wie etwan ein kategorischer Imperativ, der stets zu Befehl steht, um selbst wieder zu befehlen, was getan und was gelassen werden soll; anderer, materieller Moralbegründungen gar zu geschweigen. Da bleibt mir nichts übrig, als an den Spruch des Koheleth (4, 6) zu erinnern: »Es ist besser eine Hand voll mit Ruhe, denn beide Fäuste voll mit Mühe und Eitelkeit.« Des Echten, Probehaltigen und Unzerstörbaren ist in aller Erkenntnis stets wenig; wie die Erzstufe wenige Unzen Gold in einem Zentner Stein verlarvt enthält. Aber ob man nun wirklich mit mir den *sichern* Besitz dem *großen*, das wenige Gold, welches im Tiegel zurückbleibt, der ausgedehnten Masse, die herangeschleppt wurde, vorziehn, – oder ob man vielmehr mich beschuldigen werde, der Moral ihr Fundament mehr entzogen als gegeben zu haben, sofern ich nachweise, daß die legalen und lobenswerten Handlungen der Menschen oft gar keinen und meistens nur einen *kleinen* Teil rein moralischen Gehalts besitzen, im übrigen aber auf Motiven beruhen, deren Wirksamkeit zuletzt auf den Egoismus des Handelnden zurückzuführen ist; – dies alles muß ich dahingestellt sein lassen, nicht ohne Besorgnis, ja, mit Resignation; da ich schon längst dem Ritter von Zimmermann beistimme, wenn er sagt: »Denke im Herzen, bis in den Tod, nichts sei in der Welt so selten, wie ein guter Richter.« (Über die Einsamkeit, T. I, Cap. 3, S. 93.) Ja, ich sehe schon im Geiste meine Darstellung, welche für alles echte, freiwillige Rechttun, für alle Menschenliebe, allen Edelmut, wo sie je gefunden sein mögen, nur eine so schmale Basis aufzuweisen hat, neben denen der Kompetitoren, welche breite, jeder beliebigen Last gewachsene und dabei jedem Zweifler, mit einem drohenden Seitenblick auf seine eigene Moralität, ins Gewissen zu schiebende Fundamente der Moral zuversichtlich hinstellen, – so arm und kleinlaut dastehn, wie vor dem König Lear die Kordelia, mit der wortarmen Versicherung ihrer pflichtmäßigen Gesinnung, neben den überschwenglichen Beteuerungen ihrer beredteren Schwestern. – Da bedarf es wohl einer Herzstärkung durch einen gelehrten Waidspruch, wie: magna est vis veritatis, et praevalebit, – der doch den, der gelebt und geleistet hat, nicht sehr mehr ermutigt. Inzwischen will ich es einmal mit der Wahrheit wagen: denn was *mir* begegnet, wird ihr *mit* begegnet sein.

§ 2
Allgemeiner Rückblick

Dem Volke wird die Moral durch die Theologie begründet, als ausgesprochener Wille Gottes. Die Philosophen hingegen, mit wenigen Ausnahmen, sehn wir sorgfältig bemüht, diese Art der Begründung ganz auszuschließen, ja, um nur sie zu vermeiden, lieber zu sophistischen Gründen ihre Zuflucht nehmen. Woher dieser Gegensatz? Gewiß läßt sich keine wirksamere Begründung der Moral denken, als die theologische: denn wer würde so vermessen sein, sich dem Willen des Allmächtigen und Allwissenden zu widersetzen? Gewiß niemand; wenn nur derselbe auf eine ganz authentische, keinem Zweifel Raum gestattende, sozusagen offizielle Weise verkündigt wäre. Aber diese Bedingung ist es, die sich nicht erfüllen läßt. Vielmehr sucht man, umgekehrt, das als Wille Gottes verkündigte Gesetz dadurch als solches zu beglaubigen, daß man dessen Übereinstimmung mit unsern anderweitigen, also natürlichen, moralischen Einsichten nachweist, appelliert mithin an diese als das Unmittelbarere und Gewissere. Hiezu kommt noch die Erkenntnis, daß ein bloß durch angedrohte Strafe und verheißene Belohnung zu Wege gebrachtes moralisches Handeln, mehr dem Scheine, als der Wahrheit nach ein solches sein würde; weil es ja im Grunde auf Egoismus beruhte, und was dabei in letzter Instanz den Ausschlag gäbe, die größere oder geringere Leichtigkeit wäre, mit der einer vor dem andern aus unzureichenden Gründen glaubte. Seitdem nun aber gar Kant die bis dahin für fest geltenden Fundamente der *spekulativen Theologie* zerstört hat, und dann diese, welche bisher die Trägerin der Ethik gewesen war, jetzt, umgekehrt, auf die Ethik stützen wollte, um ihr so eine, wenn auch nur ideelle Existenz zu verschaffen; da ist weniger, als jemals, an eine Begründung der Ethik durch die Theologie zu denken, indem man nun nicht mehr weiß, welche von beiden die Last und welche die Stütze sein soll, und am Ende in einen circulus vitiosus geriete.

Eben durch den Einfluß der *Kantischen Philosophie*, sodann durch die gleichzeitige Einwirkung der beispiellosen Fortschritte sämtlicher Naturwissenschaften, in Hinsicht auf welche jedes frühere Zeitalter gegen unseres als das der Kindheit erscheint, und endlich durch die Bekanntschaft mit der Sanskritliteratur, mit dem Brahmanismus und Buddhaismus, diesen ältesten und am weitesten verbreiteten, also der Zeit und dem Raume nach vornehmsten Religionen der Menschheit, welche ja auch die heimatliche Urreligion unsers eigenen, bekanntlich asiatischen Stammes sind, der jetzt, in seiner fremden Heimat, wieder eine späte Kunde von ihnen erhält; – durch alles dieses, sage ich, haben im Laufe der letzten funfzig Jahre die philosophischen Grundüberzeugungen der Gelehrten Europas eine Umwandlung erlitten, welche vielleicht mancher sich nur zögernd eingesteht, die aber doch nicht abzuleugnen ist. In Folge derselben sind auch die alten Stützen der *Ethik* morsch geworden: doch ist die Zuversicht geblieben, daß diese selbst nie sinken kann; woraus die Überzeugung hervorgeht, daß es für sie noch andere Stützen, als die bisherigen, geben müsse, welche den vorgeschrittenen Einsichten des Zeitalters angemessen wären. Ohne Zweifel ist es die Erkenntnis dieses mehr und mehr fühlbar werdenden Bedürfnisses, welche die Königliche Sozietät zu der vorliegenden, bedeutsamen Preisfrage veranlaßt hat. –

Zu allen Zeiten ist viele und gute Moral gepredigt worden; aber die Begründung derselben hat stets im Argen gelegen. Im ganzen ist bei dieser das Bestreben sichtbar, irgendeine objektive Wahrheit zu finden, aus welcher die ethischen Vorschriften sich logisch ableiten ließen: man hat dieselbe in der Natur der Dinge, oder in der des Menschen gesucht; aber vergebens. Immer ergab sich, daß der Wille des Menschen nur auf sein eigenes Wohlsein, dessen Summe man unter dem Begriff *Glückseligkeit* denkt, gerichtet sei; welches Streben ihn auf einen ganz andern Weg leitet, als den die Moral ihm vorzeichnen möchte. Nun versuchte man die Glückseligkeit bald als *identisch* mit der Tugend, bald aber als eine *Folge* und Wirkung derselben darzustellen: Beides ist allezeit mißlungen; obwohl man die Sophismen dabei nicht gespart hat. Man versuchte es sodann mit rein objektiven, abstrakten, bald a posteriori, bald a priori gefundenen Sätzen, aus denen das ethische Wohlverhalten sich allenfalls folgern ließe: aber diesen gebrach es an einem Anhaltspunkt in der Natur des Menschen, vermöge dessen sie die Macht gehabt hätten, seinem egoistischen Hange entgegen, seine Bestrebungen zu leiten. Alles dieses durch Aufzählung und Kritik aller bisherigen Grundlagen der Moral hier zu erhärten, scheint mir überflüssig; nicht nur weil ich die Meinung des Augustinus teile non est pro magno habendum quid homines senserint, sed quae sit rei veritas; sondern auch weil es hieße *γλαυκας εἰς Αθηνας κομιζειν*, indem der Königlichen Sozietät die früheren Versuche die Ethik zu begründen, genugsam bekannt sind, und sie durch die Preisfrage selbst zu erkennen gibt, daß sie auch von der Unzulänglichkeit derselben überzeugt ist. Der weniger gelehrte Leser findet eine zwar nicht vollständige, aber doch in der Hauptsache genügende Zusammenstellung der bisherigen Versuche in Garves »Übersicht der vornehmsten Prinzipien der Sittenlehre«, ferner in Stäudlins »Geschichte der Moralphilosophie« und ähnlichen Büchern. – Niederschlagend ist freilich die Betrachtung, daß es der Ethik, dieser das Leben unmittelbar betreffenden Wissenschaft, nicht besser gegangen ist, als der abstrusen Metaphysik, und sie, seit Sokrates sie gründete, stets betrieben, doch noch ihren ersten Grundsatz sucht. Aber dagegen ist auch in der Ethik weit mehr, als in irgendeiner andern Wissenschaft, das Wesentliche in den ersten Grundsätzen enthalten; indem die Ableitungen hier so leicht sind, daß sie sich von selbst machen. Denn zu *schließen* sind alle, zu *urteilen* wenige fähig. Daher eben sind lange Lehrbücher und Vorträge der Moral so überflüssig, wie langweilig. Daß ich inzwischen alle die früheren Grundlagen der Ethik als bekannt voraussetzen darf, ist mir eine Erleichterung. Denn wer überblickt, wie sowohl die Philosophen des Altertums, als die der neuern Zeit (dem Mittelalter genügte der Kirchenglaube) zu den verschiedensten, mitunter wunderlichsten Argumenten gegriffen haben, um für die so allgemein anerkannten Forderungen der Moral ein nachweisbares Fundament zu liefern, und dies dennoch mit offenbar schlechtem Erfolg; der wird die Schwierigkeit des Problems ermessen und danach meine Leistung beurteilen. Und wer gesehn hat, wie alle bisher eingeschlagenen Wege nicht zum Ziele führten, wird williger mit mir einen davon sehr verschiedenen betreten, den man bisher entweder nicht gesehn hat, oder aber verächtlich liegen ließ; vielleicht weil er der natürlichste war.* In der Tat wird meine Lösung des Problems manchen an das Ei des Kolumbus erinnern.

Ganz allein dem *neuesten* Versuche die Ethik zu begründen, dem Kantischen, werde ich eine kritische Untersuchung und zwar eine desto ausführlichere widmen; teils weil die große Moralreform Kants dieser Wissenschaft eine Grundlage gab, die wirkliche Vorzüge vor den früheren hatte; teils weil sie noch immer das letzte Bedeutende ist, das in der Ethik geschehn; daher Kants Begründung derselben noch heutzutage in allgemeiner Geltung steht und durchgängig gelehrt wird, wenn auch durch einige Änderungen in der Darstellung und den Ausdrücken anders aufge-

* Io dir non vi saprei per qual sventura,
O piuttosto per qual fatalità,
Da noi credito ottien più l'impostura,
Che la semplice e nuda verità. –
Casti.

(Ich weiß es nicht zu sagen, durch welchen Unfall, oder vielmehr durch welches Mißgeschick, bei uns der Trug leichter Glauben findet, als die einfache und nackte Wahrheit.)

putzt. Sie ist die Ethik der letzten sechzig Jahre, welche weggeräumt werden muß, ehe wir einen andern Weg einschlagen. Hiezu kommt, daß die Prüfung derselben mir Anlaß geben wird, die meisten ethischen Grundbegriffe zu untersuchen und zu erörtern, um das Ergebnis hievon später voraussetzen zu können. Besonders aber wird, weil die Gegensätze sich erläutern, die Kritik der Kantischen Moralbegründung die beste Vorbereitung und Anleitung, ja, der gerade Weg zu der meinigen sein, als welche, in den wesentlichsten Punkten der Kantischen diametral entgegengesetzt ist. Dieserwegen würde es das verkehrteste Beginnen sein, wenn man die jetzt folgende Kritik überspringen wollte, um gleich an den positiven Teil meiner Darstellung zu gehn, als welcher dann nur halb verständlich sein würde.

Überhaupt ist es jetzt wirklich an der Zeit, daß die Ethik einmal ernstlich ins Verhör genommen werde. Seit mehr als einem halben Jahrhundert liegt sie auf dem bequemen Ruhepolster, welches Kant ihr untergebreitet hatte: dem kategorischen Imperativ der praktischen Vernunft. In unsern Tagen jedoch wird dieser meistens unter dem weniger prunkenden, aber glatteren und kurrenteren Titel »das Sittengesetz« eingeführt, unter welchem er, nach einer leichten Verbeugung vor Vernunft und Erfahrung, unbesehn durchschlüpft: ist er aber einmal im Hause, dann wird des Befehlens und Kommandierens kein Ende; ohne daß er je weiter Rede stände. – Daß Kant, als der Erfinder der Sache, und nachdem er gröbere Irrtümer dadurch verdrängt hatte, sich dabei beruhigte, war recht und notwendig. Aber nun sehn zu müssen, wie auf dem von ihm gelegten und seitdem immer breiter getretenen Ruhepolster jetzt sogar die Esel sich wälzen, – das ist hart: ich meine die täglichen Kompendienschreiber, die, mit der gelassenen Zuversicht des Unverstandes, vermeinen, die Ethik begründet zu haben, wenn sie nur sich auf jenes unserer *Vernunft* angeblich einwohnende *»Sittengesetz«* berufen, und dann getrost jenes weitschweifige und konfuse Phrasengewebe darauf setzen, mit dem sie die klärsten und einfachsten Verhältnisse des Lebens unverständlich zu machen verstehn; – ohne bei solchem Unternehmen jemals sich ernstlich gefragt zu haben, ob denn auch wirklich so ein *»Sittengesetz«*, als bequemer Kodex der Moral, in unserm Kopf, Brust oder Herzen geschrieben stehe. Daher bekenne ich das besondere Vergnügen, mit dem ich jetzt daran gehe, der Moral das breite Ruhepolster wegzuziehn, und spreche unverhohlen mein Vorhaben aus, die praktische Vernunft und den kategorischen Imperativ Kants als völlig unberechtigte, grundlose und erdichtete Annahmen nachzuweisen, darzutun, daß auch Kants Ethik eines soliden Fundaments ermangelt, und somit die Moral wieder ihrer alten, gänzlichen Ratlosigkeit zu überantworten, in welcher sie dastehn muß, ehe ich darangehe, das wahre, in unserm Wesen gegründete und ungezweifelt wirksame, moralische Prinzip der menschlichen Natur darzulegen. Denn da dieses kein so breites Fundament darbietet, wie jenes Ruhepolster; so werden die, welche die Sache bequemer gewohnt sind, ihren alten Ruheplatz nicht eher verlassen, als bis sie die tiefe Höhlung des Bodens, auf dem er steht, deutlich wahrgenommen haben.

II.
KRITIK DES VON KANT DER ETHIK GEGEBENEN FUNDAMENTS

§ 3
Übersicht

Kant hat in derEthik das große Verdienst, sie von allem *Eudämonismus* gereinigt zu haben. Die Ethik der Alten war Eudämonik; die der Neueren meistens Heilslehre. Die Alten wollten Tugend und Glückseligkeit als identisch nachweisen: aber diese waren wie zwei Figuren, die sich nie decken, wie man sie auch legen mag. Die Neueren wollten nicht nach dem *Satze der Identität*, sondern nach dem *des Grundes* beide in Verbindung setzen, also die Glückseligkeit zur Folge der Tugend machen; wobei sie aber entweder eine andere, als die möglicherweise erkennbare Welt, oder Sophismen zu Hülfe nehmen mußten. Unter den Alten macht Plato allein eine Ausnahme: seine Ethik ist nicht eudämonistisch; dafür aber wird sie mystisch. Hingegen ist sogar die Ethik der Kyniker und Stoiker nur ein Eudämonismus besonderer Art; welches zu beweisen es mir nicht an Gründen und Belegen, wohl aber, bei meinem jetzigen Vorhaben, an Raum gebricht.* – Bei den Alten und Neueren also, Plato allein ausgenommen, war die Tugend nur Mittel zum Zweck. Freilich, wenn man es streng nehmen wollte; so hätte auch Kant den Eudämonismus mehr scheinbar, als wirklich aus der Ethik verbannt. Denn er läßt zwischen Tugend und Glückseligkeit doch noch eine geheime Verbindung übrig, in seiner Lehre vom höchsten Gut, wo sie in einem entlegenen und dunkeln Kapitel zusammenkommen, während öffentlich die Tugend gegen die Glückseligkeit ganz fremd tut. Davon abgesehn, tritt bei Kant das ethische Prinzip als ein von der Erfahrung und ihrer Belehrung ganz unabhängiges, ein transzendentales, oder

* Die ausführliche Darlegung findet man in der »Welt als Wille und Vorstellung«, Bd. 1, § 16, S. 103ff., und Bd. 2, Kap. 16, S. 166ff., der dritten Auflage.

metaphysisches auf. Er erkennt an, daß die menschliche Handlungsweise eine Bedeutung habe, die über alle Möglichkeit der Erfahrung hinausgeht und eben deshalb die eigentliche Brücke zu dem ist, was er die intelligible Welt, mundus noumenon, die Welt der Dinge an sich nennt.

Den Ruhm, welchen die Kantische Ethik erlangt hat, verdankt sie, neben ihren soeben berührten Vorzügen, der moralischen Reinigkeit und Erhabenheit ihrer Resultate. An diese hielten sich die meisten, ohne sich sonderlich mit der Begründung derselben zu befassen, als welche sehr komplex, abstrakt und in einer überaus künstlichen Form dargestellt ist, auf welche Kant seinen ganzen Scharfsinn und Kombinationsgabe verwenden mußte, um ihr ein haltbares Ansehn zu geben. Glücklicherweise hat er der Darstellung des *Fundaments* seiner Ethik, abgesondert von dieser selbst, ein eigenes Werk gewidmet, die *»Grundlegung zur Metaphysik der Sitten«*, deren Thema also genau dasselbe ist mit dem Gegenstande unserer Preisfrage. Denn er sagt daselbst, S. XIII der Vorrede: »Gegenwärtige *Grundlegung* ist nichts mehr, als die Aufsuchung und Festsetzung des obersten Prinzips der Moralität, welche allein ein, in seiner Absicht, ganzes und von aller andern sittlichen Untersuchung abzusonderndes Geschäft ausmacht.« Wir finden in diesem Buche die Grundlage, also das Wesentliche seiner Ethik streng systematisch, bündig und scharf dargestellt, wie sonst in keinem andern. Außerdem hat dasselbe noch den bedeutenden Vorzug, das älteste seiner moralischen Werke, nur vier Jahre jünger als die Kritik der reinen Vernunft, und mithin aus der Zeit zu sein, wo, obwohl er schon 61 Jahre zählte, der nachteilige Einfluß des Alters auf seinen Geist doch noch nicht merklich war. Dieser ist hingegen schon deutlich zu spüren in der *Kritik der praktischen Vernunft*, welche 1788, also ein Jahr später fällt, als die unglückliche Umarbeitung der Kritik der reinen Vernunft in der *zweiten Auflage*, durch welche er dieses sein unsterbliches Hauptwerk offenbar verdorben hat; worüber wir in der Vorrede zur neuen von Rosenkranz besorgten Ausgabe eine Auseinandersetzung erhalten haben, der ich, nach eigener Prüfung der Sache, nicht anders als beistimmen kann.* *Die Kritik der praktischen Ver-*

* Sie rührt von mir selbst her; aber hier spreche ich inkognito.

nunft enthält im wesentlichen dasselbe, was die oben erwähnte *»Grundlegung«*; nur daß diese es in konziser und strengerer Form gibt, jene hingegen mit großer Breite der Ausführung und durch Abschweifungen unterbrochen, auch, zur Erhöhung des Eindrucks, durch einige moralische Deklamationen unterstützt. Kant hatte, als er dies schrieb, endlich und spät, seinen wohlverdienten Ruhm erlangt: dadurch einer grenzenlosen Aufmerksamkeit gewiß, ließ er der Redseligkeit des Alters schon mehr Spielraum. Als der *Kritik der praktischen Vernunft* hingegen eigentümlich ist anzuführen erstlich die über alles Lob erhabene und gewiß früher abgefaßte Darstellung des Verhältnisses zwischen Freiheit und Notwendigkeit (S. 169–179 der vierten Auflage, und S. 224–231 bei Rosenkranz), welche indessen gänzlich mit *der* übereinstimmt, die er in der Kritik der *reinen* Vernunft (S. 560–586; R., S. 438ff.) gibt; und zweitens die Moraltheologie, welche man mehr und mehr für das erkennen wird, was Kant eigentlich damit gewollt hat. Endlich in den *»Metaphysischen Anfangsgründen der Tugendlehre«*, diesem Seitenstück zu seiner deplorablen »Rechtslehre« und abgefaßt im Jahre 1797, ist der Einfluß der Altersschwäche überwiegend. Aus allen diesen Gründen nehme ich in gegenwärtiger Kritik die zuerst genannte *»Grundlegung zur Metaphysik der Sitten«* zu meinem Leitfaden, und auf diese beziehn sich alle ohne weitern Beisatz von mir angeführten Seitenzahlen; welches ich zu merken bitte. Die beiden andern Werke aber werde ich nur akzessorisch und sekundär in Betracht nehmen. Dem Verständnis gegenwärtiger, die Kantische Ethik im tiefsten Grunde unterwühlenden Kritik wird es überaus förderlich sein, wenn der Leser jene *»Grundlegung«* Kants, auf die sie sich zunächst bezieht, zumal da diese nur 128 und XIV Seiten (bei Rosenkranz in allem nur 100 Seiten) füllt, zuvor mit Aufmerksamkeit nochmals durchlesen will, um sich den Inhalt derselben wieder ganz zu vergegenwärtigen. Ich zitiere sie nach der dritten Auflage von 1792, und füge die Seitenzahl der neuen Gesamtausgabe von Rosenkranz mit vorgesetztem R. hinzu.

§ 4
Von der imperativen Form der Kantischen Ethik

Kants *πρωτον ψευδος* liegt in seinem Begriff von der Ethik selbst, den wir am deutlichsten ausgesprochen finden S. 62 (R., S. 54): »In einer praktischen Philosophie ist es nicht darum zu tun, Gründe anzugeben von dem was geschieht, sondern Gesetze von dem was *geschehn soll, ob es gleich niemals geschieht.*« – Dies ist schon eine entschiedene Petitio principii. Wer sagt euch, daß es Gesetze gibt, denen unser Handeln sich unterwerfen *soll*? Wer sagt euch, daß *geschehn soll, was nie geschieht*? – Was berechtigt euch, dies vorweg anzunehmen und demnächst eine Ethik in legislatorisch-imperativer Form, als die allein mögliche, uns sofort aufzudringen? Ich sage, im Gegensatz zu Kant, daß der Ethiker, wie der Philosoph überhaupt, sich begnügen muß mit der Erklärung und Deutung des Gegebenen, also des wirklich Seienden oder Geschehenden, um zu einem *Verständnis* desselben zu gelangen, und daß er hieran vollauf zu tun hat, viel mehr, als bis heute, nach abgelaufenen Jahrtausenden, getan ist. Obiger Kantischen petitio principii gemäß wird gleich in der, durchaus zur Sache gehörenden, Vorrede, *vor* aller Untersuchung angenommen, daß es rein *moralische Gesetze* gebe; welche Annahme nachher stehn bleibt und die tiefste Grundlage des ganzen Systems ist. Wir wollen aber doch zuvor den Begriff eines *Gesetzes* untersuchen. Die eigentliche und ursprüngliche Bedeutung desselben beschränkt sich auf das bürgerliche *Gesetz*, lex, *νομος*, eine menschliche Einrichtung, auf menschlicher Willkür beruhend. Eine zweite, abgeleitete, tropische, metaphorische Bedeutung hat der Begriff *Gesetz* in seiner Anwendung auf die Natur, deren teils a priori erkannte, teils ihr empirisch abgemerkte, sich stets gleichbleibende Verfahrungsweisen wir, metaphorisch, Naturgesetze nennen. Nur ein sehr kleiner Teil dieser Naturgesetze ist es, der sich a priori einsehn läßt und das ausmacht, was Kant scharfsinnig und vortrefflich ausgesondert und unter dem Namen *Metaphysik der Natur* zusammengestellt hat. Für den *menschlichen Willen* gibt es allerdings auch ein *Gesetz*, sofern der Mensch zur Natur gehört, und zwar ein streng nachweisbares, ein unverbrüchliches, ausnahmsloses, felsenfeststehendes, welches nicht, wie der kategorische Imperativ, vel quasi, sondern *wirklich* Notwendigkeit mit sich führt: es ist das *Gesetz der Motivation*, eine Form des Kausalitätsgesetzes, nämlich die durch das Erkennen vermittelte Kausalität. Dies ist das einzige nachweisbare Gesetz für den menschlichen Willen, dem dieser *als solcher* unterworfen ist. Es besagt, daß jede Handlung nur infolge eines zureichenden Motivs eintreten kann. Es ist, wie das Gesetz der Kausalität überhaupt, ein Naturgesetz. Hingegen *moralische* Gesetze, unabhängig von menschlicher Satzung, Staatseinrichtung, oder Religionslehre, dürfen ohne Beweis nicht als vorhanden angenommen werden: Kant begeht also durch diese Vorausnahme eine Petitio principii. Sie erscheint um so dreister, als er sogleich, S. VI der Vorrede, hinzufügt, daß ein moralisches Gesetz *»absolute Notwendigkeit«* bei sich führen soll. Eine solche aber hat überall zum Merkmal die Unausbleiblichkeit des Erfolgs: wie kann nun von absoluter Notwendigkeit die Rede sein bei diesen angeblichen moralischen Gesetzen; als ein Beispiel von welchen er »du *sollst* (sic) nicht lügen« anführt; da sie bekanntlich und wie er selbst eingesteht, meistens, ja, in der Regel, erfolglos bleiben? Um in der wissenschaftlichen Ethik, außer dem Gesetze der Motivation, noch andere, ursprüngliche und von aller Menschensatzung unabhängige Gesetze für den Willen anzunehmen, hat man sie ihrer ganzen Existenz nach zu beweisen und abzuleiten; wenn man darauf bedacht ist, in der Ethik die Redlichkeit nicht bloß anzuempfehlen, sondern auch zu üben. Bis jener Beweis geführt worden, erkenne ich für die Einführung des Begriffes *Gesetz, Vorschrift, Soll* in die Ethik keinen andern Ursprung an, als einen der Philosophie fremden, den Mosaischen Dekalog. Diesen Ursprung verrät sogar naiv, auch im obigen, dem ersten von Kant aufgestellten Beispiel eines moralischen Gesetzes, die Orthographie »du *sollst*«. Ein Begriff, der keinen andern, als solchen Ursprung aufzuweisen hat, darf aber nicht so ohne weiteres sich in die philosophische Ethik drängen, sondern wird hinausgewiesen, bis er durch rechtmäßigen Beweis beglaubigt und eingeführt ist. Bei Kant haben wir an ihm die erste Petitio principii, und sie ist groß.

Wie nun, mittelst derselben, Kant, in der Vorrede, den Begriff des *Moralgesetzes* ohne weiteres als gegeben und unbezweifelt vorhanden genommen hatte; ebenso macht er es S. 8 (R., S. 16) mit dem jenem eng verwandten Begriff der *Pflicht*, welcher, ohne weitere Prüfung zu bestehn, als in die Ethik gehörig hineingelassen wird. Allein ich bin genötigt, hier abermals Protest einzulegen. Dieser Begriff, samt seinen Anverwandten, also dem des *Gesetzes*, *Gebotes*, *Sollens* u. dergl. hat, in diesem unbedingten Sinn genommen, seinen Ursprung in der theologischen Moral, und bleibt in der philosophischen so lange ein Fremdling, bis er eine gültige Beglaubigung aus dem Wesen der menschlichen Natur, oder dem der objektiven Welt beigebracht hat. Bis dahin erkenne ich für ihn und seine Anverwandten keinen andern Ursprung als den Dekalog. Überhaupt hat, in den christlichen Jahrhunderten, die philosophische Ethik ihre Form unbewußt von der theologischen genommen: da nun diese wesentlich eine *gebietende* ist: so ist auch die philosophische in der Form von Vorschrift und Pflichtenlehre aufgetreten, in aller Unschuld und ohne zu ahnden, daß hiezu erst eine anderweitige Befugnis nötig sei; vielmehr vermeinend, dies sei eben ihre eigene und natürliche Gestalt. So unleugbar und von allen Völkern, Zeiten und Glaubenslehren, auch von allen Philosophen (mit Ausnahme der eigentlichen Materialisten) anerkannt, die metaphysische, d.h. über dieses erscheinende Dasein hinaus sich erstreckende und die Ewigkeit berührende ethische Bedeutsamkeit des menschlichen Handelns ist; so wenig ist es dieser wesentlich, in der Form des Gebietens und Gehorchens, des Gesetzes und der Pflicht aufgefaßt zu werden. Getrennt von den theologischen Voraussetzungen, aus denen sie hervorgegangen, verlieren überdem diese Begriffe eigentlich alle Bedeutung, und wenn man, wie Kant, jene dadurch zu ersetzen vermeint, daß man von *absolutem* Sollen und *unbedingter* Pflicht redet; so speist man den Leser mit Worten ab, ja, gibt ihm eigentlich eine Contradictio in adjecto zu verdauen. Jedes *Soll* hat allen Sinn und Bedeutung schlechterdings nur in Beziehung auf angedrohte Strafe, oder verheißene Belohnung. Daher sagt auch, lange ehe an Kant gedacht wurde, schon Locke: For since it would be utterly in vain, to suppose a rule set to the free actions of man, without annexing to it some enforcement of good and evil to determine his will; we must, whereever we suppose a law, suppose also some reward or punishment annexed to that law. (On Understanding, Bk. II, c. 33, § 6.)* Jedes Sollen ist also notwendig durch Strafe, oder Belohnung bedingt, mithin, in Kants Sprache zu reden, wesentlich und unausweichbar *hypothetisch* und niemals, wie er behauptet, *kategorisch*. Werden aber jene Bedingungen weggedacht, so bleibt der Begriff des Sollens sinnleer: daher *absolutes Sollen* allerdings eine Contradictio in adjecto ist. Eine gebietende Stimme, sie mag nun von innen, oder von außen kommen, ist es schlechterdings unmöglich, sich anders, als drohend, oder versprechend zu denken: dann aber wird der Gehorsam gegen sie zwar, nach Umständen, klug oder dumm, jedoch stets eigennützig, mithin ohne moralischen Wert sein. Die völlige Undenkbarkeit und Widersinnigkeit dieses der Ethik Kants zum Grunde liegenden Begriffs eines *unbedingten Sollens* tritt in seinem System selbst später, nämlich in der Kritik der praktischen Vernunft, hervor; wie ein verlarvtes Gift im Organismus nicht bleiben kann, sondern endlich hervorbrechen und sich Luft machen muß. Nämlich jenes so *unbedingte Soll* postuliert sich hinterher doch eine Bedingung, und sogar mehr als eine, nämlich eine Belohnung, dazu die Unsterblichkeit des zu Belohnenden und einen Belohner. Das ist freilich notwendig, wenn man einmal Pflicht und Soll zum Grundbegriff der Ethik gemacht hat; da diese Begriffe wesentlich relativ sind und alle Bedeutung nur haben durch angedrohte Strafe, oder verheißene Belohnung. Dieser Lohn, der für die Tugend, welche also nur scheinbar unentgeltlich arbeitete, hinterdrein postuliert wird, tritt aber anständig verschleiert auf, unter dem Namen des *höchsten Guts*, welches die Vereinigung der Tugend und Glückseligkeit ist. Dieses ist aber im Grunde nichts anderes, als die auf Glückseligkeit ausgehende, folglich auf Eigennutz gestützte Moral, oder Eudämonismus, welche Kant als heteronomisch feierlich zur

* »Denn da es durchaus vergeblich sein würde, eine den freien Handlungen des Menschen gezogene Richtschnur anzunehmen, ohne derselben etwas anzuhängen, was ihr Nachdruck erteilte, indem es mittelst Wohl und Wehe seinen Willen bestimmte; so müssen wir überall, wo wir *ein Gesetz* annehmen, auch irgend eine diesem Gesetz anhängende Belohnung, oder Strafe annehmen.« (Über den Verstand, Bd. II, c. 33, § 6.)

Haupttüre seines Systems hinausgeworfen hatte, und die sich nun unter dem Namen *höchstes Gut* zur Hintertüre wieder hereinschleicht. So rächt sich die einen Widerspruch verbergende Annahme des *unbedingten, absoluten Sollens*. Das *bedingte* Sollen andererseits kann freilich kein ethischer Grundbegriff sein, weil alles, was mit Hinsicht auf Lohn oder Strafe geschieht, notwendig egoistisches Tun und als solches ohne rein moralischen Wert ist. – Aus allem diesem wird ersichtlich, daß es einer großartigern und unbefangenern Auffassung der Ethik bedarf, wenn es ernst damit ist, die sich über die Erscheinung hinaus erstreckende, ewige Bedeutsamkeit des menschlichen Handelns wirklich ergründen zu wollen.

Wie alles *Sollen* schlechterdings an eine Bedingung gebunden ist, so auch alle *Pflicht*. Denn beide Begriffe sind sich sehr nahe verwandt und beinahe identisch. Der einzige Unterschied zwischen ihnen möchte sein, daß *Sollen überhaupt* auch auf bloßem Zwange beruhen kann, *Pflicht* hingegen Verpflichtung, d.h. Übernahme der Pflicht, voraussetzt: eine solche hat statt zwischen Herrn und Diener, Vorgesetztem und Untergebenen, Regierung und Untertanen. Eben weil keiner eine Pflicht unentgeltlich übernimmt, gibt jede Pflicht auch ein Recht. Der Sklave hat keine Pflicht, weil er kein Recht hat; aber es gibt ein *Soll* für ihn, welches auf bloßem Zwange beruht. Im folgenden Teile werde ich die alleinige Bedeutung, welche der Begriff *Pflicht* in der Ethik hat, aufstellen.

Die Fassung der Ethik in einer *imperativen* Form, als *Pflichtenlehre*, und das Denken des moralischen Wertes oder Unwertes menschlicher Handlungen als Erfüllung oder Verletzung von *Pflichten*, stammt, mitsamt dem *Sollen*, unleugbar nur aus der theologischen Moral und demnächst aus dem Dekalog. Demgemäß beruht sie wesentlich auf der Voraussetzung der Abhängigkeit des Menschen von einem andern, ihm gebietenden und Belohnung oder Strafe ankündigenden Willen, und ist davon nicht zu trennen. So ausgemacht die Voraussetzung eines solchen in der Theologie ist; so wenig darf sie stillschweigend und ohne weiteres in die philosophische Moral gezogen werden. Dann aber darf man auch nicht vorweg annehmen, daß in dieser *die imperative Form*, das

Aufstellen von Geboten, Gesetzen und Pflichten, sich von selbst verstehe und ihr wesentlich sei; wobei es ein schlechter Notbehelf ist, die solchen Begriffen, ihrer Natur nach, wesentlich anhängende äußere Bedingung durch das Wort »absolut« oder »kategorisch« zu ersetzen, als wodurch, wie gesagt, eine Contradictio in adjecto entsteht.

Nachdem nun aber Kant diese *imperative Form* der Ethik, stillschweigend und unbesehns, von der theologischen Moral entlehnt hatte, deren Voraussetzungen, also die Theologie, derselben eigentlich zum Grunde liegen und in der Tat als das, wodurch allein sie Bedeutung und Sinn hat, unzertrennlich von ihr, ja, implicite darin enthalten sind; da hatte er nachher leichtes Spiel, am Ende seiner Darstellung, aus seiner Moral wieder eine Theologie zu entwickeln, die bekannte Moraltheologie. Denn da brauchte er nur die Begriffe, welche implicite durch das *Soll* gesetzt, seiner Moral versteckt zum Grunde lagen, ausdrücklich hervorzuholen und jetzt sie explicite als Postulate der praktischen Vernunft aufzustellen. So erschien denn, zur großen Erbauung der Welt, eine Theologie, die bloß auf Moral gestützt, ja, aus dieser hervorgegangen war. Das kam aber daher, daß diese Moral selbst auf versteckten theologischen Voraussetzungen beruht. Ich beabsichtige kein spöttisches Gleichnis: aber in der Form hat die Sache Analogie mit der Überraschung, die ein Künstler in der natürlichen Magie uns bereitet, indem er eine Sache uns da finden läßt, wohin er sie zuvor weislich praktiziert hatte. – In abstracto ausgesprochen ist Kants Verfahren dieses, daß er zum Resultat machte, was das Prinzip oder die Voraussetzung hätte sein müssen (die Theologie), und zur Voraussetzung nahm, was als Resultat hätte abgeleitet werden sollen (das Gebot). Nachdem er nun aber so das Ding auf den Kopf gestellt hatte, erkannte es niemand, ja er selbst nicht, für das was es war, nämlich die alte, wohlbekannte theologische Moral. Die Ausführung dieses Kunststücks werden wir in dem sechsten und siebenten Paragraphen betrachten.

Allerdings war schon vor Kant die Fassung der Moral in der imperativen Form und als Pflichtenlehre auch in der Philosophie in häufigem Gebrauch: nur gründete man dann auch die Moral selbst auf den Willen eines schon anderweitig bewiesenen Gottes, und blieb konsequent. Sobald man aber, wie Kant, eine hievon unabhängige Begründung unternahm und die Ethik ohne metaphysische Voraussetzungen feststellen wollte, war man auch nicht mehr berechtigt, jene imperative Form, jenes »du sollst« und »es ist deine Pflicht« ohne anderweitige Ableitung zum Grunde zu legen.

§ 5
Von der Annahme der Pflichten gegen uns selbst, insbesondere

Kant ließ aber diese ihm so sehr willkommene Form der Pflichtenlehre auch in der Ausführung insofern unangetastet, als er, wie seine Vorgänger, neben den Pflichten gegen andere, auch Pflichten gegen uns selbst aufstellte. Da ich diese Annahme geradezu verwerfe; so will ich hier, wo der Zusammenhang es am besten verträgt, meine Erklärung darüber episodisch einschalten.

Pflichten gegen uns selbst müssen, wie alle Pflichten, entweder Rechts- oder Liebespflichten sein. *Rechtspflichten* gegen uns selbst sind unmöglich, wegen des selbst-evidenten Grundsatzes volenti non fit injuria: da nämlich das, was ich tue, allemal das ist, was ich will; so geschieht mir von mir selbst auch stets nur was ich will, folglich nie Unrecht. Was aber die *Liebespflichten* gegen uns selbst betrifft, so findet hier die Moral ihre Arbeit bereits getan und kommt zu spät. Die Unmöglichkeit der Verletzung der Pflicht der Selbstliebe wird schon vom obersten Gebot der christlichen Moral vorausgesetzt: »Liebe deinen Nächsten wie dich selbst«; wonach die Liebe, die jeder zu sich selbst hegt, als das Maximum und die Bedingung jeder andern Liebe vorweg angenommen, keineswegs aber hinzugesetzt wird: »Liebe dich selbst wie deinen Nächsten«; als wobei jeder fühlen würde, daß es zu wenig gefordert sei: auch würde dieses die einzige Pflicht sein, bei der ein Opus supererogationis an der Tagesordnung wäre. Selbst Kant sagt, in den »Metaphysischen Anfangsgründen zur Tugendlehre«, S. 13 (R., S. 230): »Was jeder unvermeidlich schon von selbst will, das gehört nicht unter den Begriff der Pflicht.« Dieser Begriff von Pflichten gegen uns selbst hat sich indessen noch immer in Ansehn erhalten und steht allgemein in besonderer Grunst; worüber man sich nicht zu wundern hat. Aber eine belustigende Wirkung tut er in Fällen, wo die Leute anfangen, um ihre Person besorgt zu werden, und nun ganz ernsthaft von der Pflicht der Selbsterhaltung reden; während man genugsam merkt, daß die Furcht ihnen schon Beine machen wird und es keines Pflichtgebots bedarf, um nachzuschieben.

Was man gewöhnlich als Pflichten gegen uns selbst aufstellt, ist zuvörderst ein in Vorurteilen stark befangenes und aus den seichtesten Gründen geführtes Räsonnement gegen den *Selbstmord.* Dem Menschen allein, der nicht, wie das Tier, bloß den *körperlichen*, auf die Gegenwart beschränkten, sondern auch den ungleich größeren, von Zukunft und Vergangenheit borgenden, *geistigen* Leiden preisgegeben ist, hat die Natur, als Kompensation, das Vorrecht verliehn, sein Leben, auch ehe sie selbst ihm ein Ziel setzt, beliebig enden zu können und demnach nicht wie das Tier, notwendig so lange er *kann*, sondern auch nur so lange er *will* zu leben. Ob er nun, aus ethischen Gründen, dieses Vorrechts sich wieder zu begeben habe, ist eine schwierige Frage, die wenigstens nicht durch die gebräuchlichen, seichten Argumente entschieden werden kann. Auch die Gründe gegen den Selbstmord, welche Kant, S. 53 (R., S. 48) und S. 67 (R., S. 57) anzuführen nicht verschmäht, kann ich gewissenhafterweise nicht anders betiteln, als Armseligkeiten, die nicht einmal eine Antwort verdienen. Man muß lachen, wenn man denkt, daß dergleichen Reflexionen dem Kato, der Kleopatra, dem Koccejus Nerva (Tac. Ann., VI, 26), oder der Arria des Pätus (Plin. Ep., III, 16) den Dolch hätten aus den Händen winden sollen. Wenn es wirklich echte moralische Motive gegen den Selbstmord gibt, so liegen diese jedenfalls sehr tief und sind nicht mit dem Senkblei der gewöhnlichen Ethik zu erreichen; sondern gehören einer höhern Betrachtungsweise an, als sogar dem Standpunkt gegenwärtiger Abhandlung angemessen ist.*

Was nun noch außerdem unter der Rubrik von Selbstpflichten vorgetragen zu werden pflegt, sind teils Klugheitsregeln, teils

* Es sind asketische Gründe: man findet sie im vierten Buche meines Hauptwerks, Bd. I, § 69.

diätetische Vorschriften, welche alle beide nicht in die eigentliche Moral gehören. Endlich noch zieht man hieher das Verbot widernatürlicher Wollust, also der Onanie, Päderastie und Bestialität. Von diesen nun ist erstlich die Onanie hauptsächlich ein Laster der Kindheit, und sie zu bekämpfen ist viel mehr Sache der Diätetik, als der Ethik; daher eben auch die Bücher gegen sie von Medizinern (wie Tissot u.a.) verfaßt sind, nicht von Moralisten. Wenn, nachdem Diätetik und Hygiene das ihrige in dieser Sache getan und mit unabweisbaren Gründen sie niedergeschmettert haben, jetzt noch die Moral sie in die Hand nehmen will, findet sie so sehr schon getane Arbeit, daß ihr wenig übrigbleibt. – Die Bestialität nun wieder ist ein völlig abnormales, sehr selten vorkommendes Vergehn, also wirklich etwas Exzeptionelles, und dabei in so hohem Grade empörend und der menschlichen Natur entgegen, daß es selbst mehr, als irgend welche Vernunftgründe vermöchten, gegen sich selbst spricht und abschreckt. Übrigens ist es, als Degradation der menschlichen Natur, ganz eigentlich ein Vergehn gegen die Spezies als solche und in abstracto; nicht gegen menschliche Individuen. – Von den drei in Rede stehenden Geschlechtsvergehn fällt demnach bloß die Päderastie der Ethik anheim, und wird daselbst ungezwungen ihre Stelle finden, bei Abhandlung der Gerechtigkeit: diese nämlich wird durch sie verletzt, und kann hiegegen das volenti non fit injuria nicht geltend gemacht werden: denn das Unrecht besteht in der Verführung des jüngern und unerfahrenen Teils, welcher physisch und moralisch dadurch verdorben wird.

§ 6
Vom Fundament *der Kantischen Ethik*

An die im § 4 als petitio principii nachgewiesene *imperative Form* der Ethik knüpft sich unmittelbar eine Lieblingsvorstellung Kants, die zwar zu entschuldigen, aber nicht anzunehmen ist. – Wir sehn bisweilen einen Arzt, der ein Mittel mit glänzendem Erfolge angewandt hat, dasselbe fortan in fast allen Krankheiten geben: ihm vergleiche ich Kanten. Er hat, durch die Scheidung des a priori von dem a posteriori in der menschlichen Erkenntnis, die glänzendeste und folgenreichste Entdeckung gemacht, deren die Metaphysik sich rühmen kann. Was Wunder, daß er nun diese Methode und Sonderung überall anzuwenden sucht? Auch die *Ethik* soll daher aus einem reinen, d.h. a priori erkennbaren und aus einem empirischen Teile bestehn. Letztern weist er, als für die *Begründung* der Ethik unzulässig, ab. Erstern aber herauszufinden und gesondert darzustellen, ist sein Vorhaben in der »Grundlegung der Metaphysik der Sitten«, welche demgemäß eine Wissenschaft rein a priori sein soll, in dem Sinne, wie die von ihm aufgestellten »Metaphysischen Anfangsgründe der Naturwissenschaft«. Sonach soll nun jenes, ohne Berechtigung und ohne Ableitung oder Beweis, als vorhanden zum voraus angenommene *moralische Gesetz* noch dazu ein a priori erkennbares, von aller *innern* wie *äußern Erfahrung* unabhängiges, *»lediglich auf Begriffen der reinen Vernunft beruhendes*, es soll ein *synthetischer Satz* a priori sein« (Kritik der praktischen Vernunft, S. 56 der vierten Auflage; – R., S. 142): hiemit hängt genau zusammen, daß dasselbe bloß *formal* sein muß, wie alles a priori Erkannte, mithin bloß auf die *Form*, nicht auf den *Inhalt* der Handlungen sich beziehn muß. – Man denke, was das sagen will! – Er fügt (S. VI der Vorrede zur Grundlegung; – R., S. 5) ausdrücklich hinzu, daß es »nicht in der Natur des Menschen (dem Subjektiven), noch in den Umständen in der Welt (dem Objektiven) gesucht werden dürfe« und (eben daselbst S. VII; R. S. 6), daß *»nicht das mindeste dabei entlehnt werden dürfe aus der Kenntnis des Menschen, d.i. der Anthropologie«*. Er wiederholt noch (S. 59; – R., S. 52), »daß man sich ja nicht in den Sinn kommen lassen dürfe, die Realität seines Moralprinzips aus der besondern Beschaffenheit der menschlichen Natur ableiten zu wollen«; desgleichen (S. 60; – R., S. 52): daß »Alles, was aus einer besondern Naturanlage der Menschheit, aus gewissen Gefühlen und Hange, ja sogar, wo möglich, aus einer besondern Richtung, die der menschlichen Natur eigen wäre und nicht notwendig für den Willen *jedes vernünftigen Wesens* gelten müßte, abgeleitet wird«, keine Grundlage für das moralische Gesetz abgeben könne. Dies bezeugt unwidersprechlich, daß er das angebliche Moralgesetz *nicht als eine Tatsache des Bewußtseins*, ein empirisch Nachweisbares, aufstellt; wofür die Philosophaster neuerer Zeit, samt und sonders, es ausgeben möchten. – Wie alle innere, so weist er noch entschiedener alle äußere Erfahrung ab, indem er jede empirische Grundlage der Moral verwirft. Er gründet also, welches ich wohl zu merken bitte, sein Moralprinzip nicht auf irgendeine nachweisbare *Tatsache des Bewußtseins*, etwan eine innere Anlage; – so wenig wie auf irgendein objektives Verhältnis der Dinge in der Außenwelt. Nein! Das wäre eine empirische Grundlage. Sondern *reine Begriffe a priori*, d.h. Begriffe, die noch gar keinen Inhalt, aus der äußern oder innern Erfahrung haben, also pure Schale ohne Kern sind, sollen die Grundlage der Moral sein. Man erwäge, wieviel das sagen will: das menschliche Bewußtsein sowohl, als die ganze Außenwelt, samt aller Erfahrung und Tatsachen in ihnen, ist unter unsern Füßen weggezogen. Wir haben nichts, worauf wir stehn. Woran aber sollen wir uns halten? An ein paar ganz abstrakter, noch völlig stoffloser Begriffe, die ebenfalls gänzlich in der Luft schweben. Aus diesen, ja, eigentlich aus der bloßen Form ihrer Verbindung zu Urteilen, soll ein *Gesetz* hervorgehn, welches mit sogenannter *absoluter Notwendigkeit* gelten und die Kraft haben soll, dem Drange der Begierden, dem Sturm der Leidenschaft, der Riesengröße des Egoismus Zaum und Gebiß anzulegen. Das wollen wir denn doch sehn.

Mit diesem vorgefaßten Begriff von der unumgänglich nötigen *Apriorität* und Reinheit von allem Empirischen für die Grundlage der Moral ist eine zweite Lieblingsvorstellung Kants eng verknüpft: nämlich, das aufzustellende Moralprinzip, da es ein *synthetischer Satz a priori, von bloß formellem Inhalt*, mithin ganz Sache der *reinen Vernunft* sein muß, soll als solches auch nicht für *Menschen allein*, sondern *für alle möglichen vernünftigen Wesen* und »allein darum«, also nebenbei und per accidens, auch für die Menschen gelten. Denn dafür ist es auf *reine* Vernunft (die nichts, als sich selbst und den Satz vom Widerspruch kennt) und nicht auf irgendein Gefühl basiert. Diese *reine Vernunft* wird also hier nicht als eine Erkenntniskraft des *Menschen*, was sie doch allein ist, genommen; sondern *als etwas für sich Bestehendes hypostasiert*, ohne alle Befugnis und zu perniziosestem Beispiel und Vorgang; welches zu belegen unsere jetzige erbärmliche philosophische Zeitperiode dienen kann. Inzwischen ist diese Aufstellung der Moral nicht für Menschen als Menschen, sondern für *alle vernünftige Wesen* als solche, Kanten eine so angelegene Hauptsache und Lieblingsvorstellung, daß er nicht müde wird, sie bei jeder Gelegenheit zu wiederholen. Ich sage dagegen, daß man nie zur Aufstellung eines Genus befugt ist, welches uns nur in einer einzigen Spezies gegeben ist, in dessen Begriff man daher schlechterdings nichts bringen könnte, als was man dieser *einen* Spezies entnommen hätte, daher was man vom Genus aussagte, doch immer nur von der *einen* Spezies zu verstehn sein würde; während, indem man, um das Genus zu bilden, unbefugt weggedacht hätte, was dieser Spezies zukommt, man vielleicht gerade die Bedingung der Möglichkeit der übriggelassenen und als Genus hypostasierten Eigenschaften aufgehoben hätte. Wie wir die *Intelligenz überhaupt* schlechterdings nur als eine Eigenschaft animalischer Wesen kennen und deshalb nimmermehr berechtigt sind, sie als außerdem und unabhängig von der animalischen Natur existierend zu denken; so kennen wir die *Vernunft* allein als Eigenschaft des menschlichen Geschlechts und sind schlechterdings nicht befugt, sie als außer diesem existierend zu denken und ein Genus »Vernünftige Wesen« aufzustellen, welches von seiner alleinigen Spezies »Mensch« verschieden wäre, noch weniger aber, für solche imaginäre *vernünftige Wesen in abstracto* Gesetze aufzustellen. Von vernünftigen Wesen außer dem Menschen zu reden, ist nicht anders, als wenn man von *schweren Wesen* außer den Körpern reden wollte. Man kann sich des Verdachts nicht erwehren, daß Kant dabei ein wenig an die lieben Engelein gedacht, oder doch auf deren Beistand in der Überzeugung des Lesers gezählt habe. Jedenfalls liegt darin eine stille Voraussetzung der anima rationalis, welche, von der anima sensitiva und anima vegetativa ganz verschieden, nach dem Tode übrigbliebe und dann nichts weiter wäre, als eben rationalis. Aber dieser völlig transszendenten Hypostase hat er doch selbst, in der Kritik der reinen Vernunft, ausdrücklich und ausführlich ein Ende gemacht. Inzwischen sieht man in der Kantischen Ethik, zumal in der Kritik der praktischen Vernunft, stets im Hintergrunde den Gedanken schweben, daß das innere und ewige Wesen des Menschen in der *Vernunft* bestände. Ich muß hier, wo die

Sache nur beiläufig zur Sprache kommt, es bei der bloßen Assertion des Gegenteils bewenden lassen, daß nämlich die Vernunft, wie das Erkenntnisvermögen überhaupt, ein Sekundäres, ein der Erscheinung Angehöriges, ja durch den Organismus Bedingtes, hingegen der eigentliche Kern, das allein Metaphysische und daher Unzerstörbare im Menschen *sein Wille* ist.

Indem also Kant die Methode, welche er mit so vielem Glück in der theoretischen Philosophie angewandt hatte, auf die praktische übertragen und demnach auch hier die reine Erkenntnis a priori von der empirischen a posteriori trennen wollte, nahm er an, daß, wie wir die Gesetze des Raums, der Zeit und der Kausalität a priori erkennen; so auch, oder doch auf analoge Weise, die moralische Richtschnur für unser Tun vor aller Erfahrung uns gegeben sei und sich äußere als kategorischer Imperativ, als absolutes Soll. Aber wie himmelweit ist der *Unterschied* zwischen jenen theoretischen Erkenntnissen a priori, welche darauf beruhen, daß sie die bloßen Formen, d.h. Funktionen, unsers Intellekts ausdrücken, mittelst deren allein wir eine objektive Welt aufzufassen fähig sind, in denen diese sich also darstellen *muß*, daher eben für dieselbe jene Formen absolut gesetzgebend sind, so daß alle Erfahrung jedesmal ihnen genau entsprechen *muß*, wie alles, was ich durch ein blaues Glas sehe, sich blau darstellen *muß*, – und jenem angeblichen Moralgesetz a priori, dem die Erfahrung bei jedem Schritte Hohn spricht, ja, nach Kanten selbst, es zweifelhaft läßt, ob sie sich auch nur ein einziges Mal wirklich nach demselben gerichtet habe. Welche ganz disparate Dinge werden hier unter den Begriff der *Apriorität* zusammengestellt! Zudem übersah Kant, daß, seiner eigenen Lehre zufolge, in der theoretischen Philosophie, gerade die *Apriorität* der erwähnten, von der Erfahrung unabhängigen Erkenntnisse sie auf die bloße *Erscheinung*, d.h. die Vorstellung der Welt in unserem Kopfe, beschränkt und ihnen alle Gültigkeit hinsichtlich auf das *Wesen an sich* der Dinge, d.h. das unabhängig von unserer Auffassung Vorhandene, völlig benimmt. Diesem entsprechend müßte, auch in der praktischen Philosophie, sein angebliches Moralgesetz, wenn es a priori in unserem Kopfe entsteht, gleichfalls nur eine Form der *Erscheinung* sein und das Wesen an sich der Dinge unberührt lassen. Allein diese Konsequenz würde im größten Widerspruche sowohl mit der Sache selbst, als mit Kants Ansichten derselben stehn; da er durchgängig (z.B. Kritik der praktischen Vernunft, S. 175; – R., S. 228) gerade *das Moralische in uns* als in der engsten Verbindung mit dem wahren *Wesen an sich* der Dinge, ja, als unmittelbar dieses treffend, darstellt; auch in der Kritik der reinen Vernunft, überall wo das geheimnisvolle *Ding an sich* irgend deutlicher hervortritt, es sich zu erkennen gibt als *das Moralische* in uns, *als Wille*. – Aber darüber hat er sich hinweggesetzt.

Ich habe § 4 gezeigt, daß Kant die *imperative Form* der Ethik, also den Begriff des Sollens, des Gesetzes und der Pflicht, ohne weiteres aus der theologischen Moral herübergenommen, während er das, was diesen Begriffen dort allein Kraft und Bedeutung verleiht, doch zurücklassen mußte. Um nun aber doch jene Begriffe zu begründen, geht er so weit, zu verlangen, daß der *Begriff der Pflicht* selbst auch der *Grund der Erfüllung* dieser, also *das Verpflichtende* sei. Eine Handlung, sagt er (S. 11; – R., S. 18), habe erst dann echten moralischen Wert, wann sie lediglich aus *Pflicht*, und bloß um der *Pflicht* willen geschehe, ohne irgendeine Neigung zu ihr. Der Wert des Charakters hebe erst da an, wenn jemand, ohne Sympathie des Herzens, kalt und gleichgültig gegen die Leiden anderer, und *nicht eigentlich zum Menschenfreunde geboren*, doch bloß der leidigen *Pflicht* halber Wohltaten erzeigte. Diese, das echte moralische Gefühl empörende Behauptung, diese, der christlichen Sittenlehre, welche die Liebe über alles setzt und ohne sie nichts gelten läßt (1. Korinther, 13,3), gerade entgegengesetzte Apotheose der Lieblosigkeit, diesen taktlosen, moralischen Pedantismus hat Schiller in zwei treffenden Epigrammen persifliert, überschrieben »Gewissensskrupel und Entscheidung«. Die nächste Veranlassung zu diesen scheinen einige ganz hieher gehörige Stellen der Kritik der praktischen Vernunft gegeben zu haben, so z.B. S. 150; – R., S. 211: »Die Gesinnung, die dem Menschen, das moralische Gesetz zu befolgen, obliegt, ist, es aus *Pflicht*, nicht aus *freiwilliger Zuneigung* und auch allenfalls *unbefohlener*, von selbst gern unternommener Bestrebung zu befolgen.« – *Befohlen* muß es sein! Welche Sklavenmoral! Und eben daselbst S. 213; – R., S. 257, wo es heißt: »daß Gefühle des Mitleids und der weichherzigen Teilnahme wohldenkenden Personen selbst lästig wären, weil sie ihre überlegten Maximen in Verwirrung brächten und daher den Wunsch bewirkten, ihrer entledigt und allein der gesetzgebenden Vernunft unterworfen zu sein«. Ich behaupte zuversichtlich, daß was dem obigen (S. 11; – R., S. 18, geschilderten), lieblosen, gegen fremde Leiden gleichgültigen Wohltäter die Hand öffnet (wenn er nicht Nebenabsichten hat), nimmermehr etwas anderes sein kann, als sklavische *Deisidämonie*, gleichviel ob er seinen Fetisch »kategorischen Imperativ« betitelt oder Fitzlipuzli.* Was anderes könnte denn ein hartes Herz bewegen, als nur die Furcht?

Obigen Ansichten entsprechend soll, nach S. 13; – R., S. 19, der moralische Wert einer Handlung durchaus nicht in der *Absicht* liegen, in der sie geschah, sondern in der Maxime, die man befolgte. Wogegen ich zu bedenken gebe, daß die *Absicht allein* über moralischen Wert, oder Unwert einer Tat entscheidet, weshalb dieselbe Tat, je nach ihrer Absicht, verwerflich, oder lobenswert sein kann. Daher auch, so oft unter Menschen eine Handlung von irgend moralischem Belange diskutiert wird, jeder nach der *Absicht* forscht und nach dieser allein die Handlung beurteilt; wie auch andererseits mit der *Absicht* allein jeder sich rechtfertigt, wenn er seine Handlung mißdeutet sieht, oder sich entschuldigt, wenn sie einen nachteiligen Erfolg gehabt.

Seite 14; – R., S. 20, erhalten wir endlich die Definition des Grundbegriffes der ganzen Kantischen Ethik, der *Pflicht:* sie sei *»die Notwendigkeit einer Handlung, aus Achtung vor dem Gesetz«.* – Aber was *notwendig* ist, das geschieht und ist unausbleiblich; hingegen die Handlungen aus reiner Pflicht bleiben nicht nur meistens aus; sondern sogar gesteht Kant selbst, S. 25; – R., S. 28, daß man von der Gesinnung, aus reiner Pflicht zu handeln, *gar keine sichere Beispiele* habe; – und S. 26; – R., S. 29, »es sei schlechterdings unmöglich, durch Erfahrung *einen einzigen Fall* mit Gewißheit auszumachen, wo eine pflichtmäßige Handlung lediglich auf der Vorstellung der Pflicht beruht habe«, und ebenso S. 28; – R., S. 30, und S. 49; – R., S. 50. In welchem Sinn kann denn einer solchen

* Richtiger Huitzilopochtli, Mexikanische Gottheit.

Handlung *Notwendigkeit* beigelegt werden? Da es billig ist, einen Autor stets auf das günstigste auszulegen, wollen wir sagen, daß seine Meinung dahin geht, eine pflichtmäßige Handlung sei *objektiv* notwendig, aber *subjektiv* zufällig. Allein gerade das ist nicht so leicht gedacht, wie gesagt: wo ist denn das *Objekt* dieser *objektiven* Notwendigkeit, deren Erfolg in der objektiven Realität meistens und vielleicht immer ausbleibt? Bei aller Billigkeit der Auslegung kann ich doch nicht umhin zu sagen, daß der Ausdruck der Definition *»Notwendigkeit einer Handlung«* nichts anderes ist, als eine künstlich versteckte, sehr gezwungene Umschreibung des Wortes *Soll*. Diese Absicht wird uns noch deutlicher, wenn wir bemerken, daß in derselben Definition das Wort *Achtung* gebraucht ist, wo *Gehorsam* gemeint war. Nämlich in der Anmerkung, S. 16; – R., S. 21, heißt es: »*Achtung* bedeutet bloß die Unterordnung meines Willens unter einem Gesetz. Die unmittelbare Bestimmung durchs Gesetz und das Bewußtsein derselben heißt *Achtung*.« – In welcher Sprache? Was hier angegeben ist, heißt auf Deutsch *Gehorsam*. Da aber das Wort *Achtung* nicht ohne Grund so unpassend an die Stelle des Wortes *Gehorsam* gesetzt sein kann; so muß es wohl irgendeiner Absicht dienen, und diese ist offenbar keine andere, als die Abstammung der imperativen Form und des Pflichtbegriffs aus der *theologischen* Moral zu verschleiern; wie wir vorhin sahen, daß der Ausdruck *Notwendigkeit einer Handlung*, der so sehr gezwungen und ungeschickt die Stelle des *Soll* vertritt, nur deshalb gewählt war, weil das *Soll* gerade die Sprache des *Dekalogs* ist. Obige Definition: »Pflicht ist die Notwendigkeit einer Handlung aus Achtung vor dem Gesetz«, würde also in ungezwungener und unverdeckter Sprache, d.h. ohne Maske, lauten: *»Pflicht* bedeutet eine Handlung, die aus *Gehorsam* gegen ein Gesetz geschehn *soll*.« – Dies ist »des Pudels Kern«.

Nun aber das *Gesetz*, dieser letzte Grundstein der Kantischen Ethik! *Was ist sein Inhalt? Und wo steht es geschrieben?* Dies ist die Hauptfrage. Ich bemerke zunächst, daß es *zwei* Fragen sind: Die eine geht auf das *Prinzip*, die andere auf das *Fundament* der Ethik, zwei ganz verschiedene Dinge, obwohl sie meistens und bisweilen wohl absichtlich vermischt werden.

Das *Prinzip* oder der oberste *Grundsatz* einer Ethik ist der kürzeste und bündigste Ausdruck für die Handlungsweise, die sie vorschreibt, oder, wenn sie keine imperative Form hätte, die Handlungsweise, welcher sie eigentlichen moralischen Wert zuerkennt. Es ist mithin ihre, durch *einen* Satz ausgedrückte Anweisung zur Tugend überhaupt, also das ὅ, τι der Tugend. – Das *Fundament* einer Ethik hingegen ist das διότι der Tugend, der *Grund* jener Verpflichtung oder Anempfehlung oder Belobung, er mag nun in der Natur des Menschen, oder in äußeren Weltverhältnissen, oder worin sonst gesucht werden. Wie in *allen* Wissenschaften sollte man auch in der *Ethik* das ὅ, τι vom διότι deutlich unterscheiden. Die meisten Ethiker verwischen hingegen geflissentlich diesen Unterschied: wahrscheinlich weil das ὅ, τι so leicht, das διότι hingegen so entsetzlich schwer anzugeben ist; daher man gern die Armut auf der *einen* Seite durch den Reichtum auf der *andern* zu kompensieren und, mittelst Zusammenfassung beider in *einen* Satz, eine glückliche Vermählung der Πενια mit dem Πορος zustande zu bringen sucht. Meistens geschieht dies dadurch, daß man das jedem wohlbekannte, ὅ, τι nicht in seiner Einfachheit ausspricht, sondern es in eine künstliche Formel zwängt, aus der es erst als Konklusion gegebener Prämissen geschlossen werden muß; wobei dann dem Leser zu Mute wird, als hätte er nicht bloß die Sache, sondern auch den Grund der Sache erfahren. Hievon kann man sich an den meisten allbekannten Moralprinzipien leicht überzeugen. Da nun aber ich, im folgenden Teil, dergleichen Kunststücke nicht auch vorhabe, sondern ehrlich zu verfahren und nicht das *Prinzip* der Ethik zugleich als ihr *Fundament* geltend zu machen, vielmehr beide ganz deutlich zu sondern gedenke; so will ich jenes ὅ, τι, also das *Prinzip*, den *Grundsatz*, über dessen Inhalt alle Ethiker eigentlich einig sind, in so verschiedene Formen sie ihn auch kleiden, gleich hier auf *den* Ausdruck zurückführen, den ich für den allereinfachsten und reinsten halte: Neminem laede; imo omnes, quantum potes, juva. Dies ist eigentlich der Satz, welchen zu *begründen* alle Sittenlehrer sich abmühen, das gemeinsame Resultat ihrer so verschiedenartigen Deduktionen: es ist das ὅ, τι, zu welchem das διότι noch immer gesucht wird, die Folge, zu der man den Grund verlangt, folglich selbst erst das Datum, zu welchem das Quaesitum das Problem jeder Ethik, wie auch der vorliegenden Preisfrage ist. Die Lösung dieses Problems wird das eigentliche *Fundament* der Ethik liefern, welches man, wie den Stein der Weisen, seit Jahrtausenden sucht. Daß aber das Datum, das *ὅ, τι*, das Prinzip, wirklich seinen reinsten Ausdruck an obiger Formel hat, ist daraus ersichtlich, daß diese zu jedem andern Moralprinzip sich als Konklusion zu den Prämissen, also als das, wohin man eigentlich will, verhält; so daß jedes andere Moralprinzip als eine Umschreibung, ein indirekter oder verblümter Ausdruck, jenes einfachen Satzes anzusehn ist. Dies gilt z.B. selbst von dem für einfach gehaltenen, trivialen Grundsatz: Quod tibi fieri non vis, alteri ne feceris*, dessen Mangel, daß er bloß die Rechts- und nicht die Tugendpflichten ausdrückt, durch eine Wiederholung ohne non und ne leicht abzuhelfen ist. Denn auch er will alsdann eigentlich sagen: Neminem laede, imo omnes, quantum potes, juva; führt aber auf einem Umweg dahin, und gewinnt dadurch das Ansehn, als hätte er auch den Realgrund, das *διότι* jener Vorschrift gegeben; was doch nicht der Fall ist, da daraus, daß ich nicht will, daß mir etwas geschehe, keineswegs folgt, daß ich es andern nicht tun solle. Dasselbe gilt von jedem bisher aufgestellten *Prinzip* oder obersten *Grundsatz* der Moral.

Wenn wir jetzt zurückkehren zu unserer obigen Frage: wie lautet denn das *Gesetz*, in dessen Befolgung, nach Kant, die *Pflicht* besteht; und worauf ist es gegründet? – so werden wir finden, daß auch Kant das *Prinzip* der Moral mit dem *Fundament* derselben auf eine sehr künstliche Weise eng verknüpft hat. Ich erinnere nunmehr an die schon anfangs in Erwägung genommene Forderung Kants, daß das Moralprinzip rein a priori und rein formal, ja, ein synthetischer Satz a priori sein soll, und daher keinen materialen Inhalt haben und auf gar nichts Empirischem, d.h. weder auf etwas Objektivem in der Außenwelt, noch auf etwas Subjektivem im Bewußtsein, dergleichen irgendein Gefühl, Neigung, Trieb wäre, beruhen darf. Kant war sich der Schwierigkeit dieser Aufgabe deutlich bewußt; da er S. 60; – R., S. 53, sagt: »Hier sehn wir nun die Philosophie in der Tat auf einen mißlichen Standpunkt gestellt, der fest sein soll, unerachtet er weder im Himmel

* Hugo Grotius führt ihn auf Kaiser Severus zurück.

noch auf Erden an etwas hängt, oder woran gestützt wird.« Um so mehr müssen wir mit Spannung der Lösung der Aufgabe, die er sich selbst gestellt hat, entgegen sehn und begierig erwarten, wie nun etwas aus nichts werden, d.h. aus rein apriorischen Begriffen, ohne allen empirischen und materialen Inhalt, die Gesetze des materialen, menschlichen Handelns konkreszieren sollen; – ein Prozeß, als dessen Symbol wir jenen chemischen betrachten können, vermöge dessen aus drei unsichtbaren Gasen (Azot, Hydrogen, Chlor), also im scheinbar leeren Raum, vor unsern Augen fester Salmiak entsteht. – Ich will aber den Prozeß, durch welchen Kant diese schwierige Aufgabe löst, deutlicher, als er selbst gewollt oder gekonnt hat, darlegen. Dies möchte um so nötiger sein, als derselbe selten recht verstanden zu sein scheint. Denn fast alle Kantianer sind in den Irrtum geraten, daß Kant den kategorischen Imperativ unmittelbar als eine Tatsache des Bewußtseins aufstelle: dann wäre er aber *anthropologisch*, durch *Erfahrung*, wenngleich innere, also *empirisch* begründet; welches der Ansicht Kants schnurstracks entgegen läuft und von ihm wiederholentlich abgewiesen wird. Daher sagt er S. 48; – R., S. 44: »es sei nicht empirisch auszumachen, ob es überall irgendeinen solchen kategorischen Imperativ gebe«; wie auch S. 49; – R., S. 45: »die Möglichkeit des kategorischen Imperativs sei ganz a priori zu untersuchen; da uns hier nicht der Vorteil zustatten komme, daß dessen Wirklichkeit in der Erfahrung gegeben sei«. Aber schon sein erster Schüler, Reinhold, ist in jenem Irrtum befangen, da er in seinen »Beiträgen zur Übersicht der Philosophie am Anfange des 19. Jahrhunderts«, Heft 2, S. 21, sagt: »Kant nimmt das Moralgesetz als ein unmittelbar gewisses Faktum, als ursprüngliche Tatsache des moralischen Bewußtseins an.« Hätte aber Kant den kategorischen Imperativ als Tatsache des Bewußtseins, mithin empirisch begründen wollen; so würde er nicht ermangelt haben, ihn wenigstens als solche nachzuweisen. Aber nirgends findet sich dergleichen. Meines Wissens geschieht das erste Auftreten des kategorischen Imperativs in der Kritik der reinen Vernunft (S. 802 der ersten und S. 830 der fünften Auflage), wo derselbe unangemeldet und mit dem vorhergegangenen Satze nur durch ein völlig unberechtigtes *»Daher«* zusammenhängend, ganz ex nunc auftritt. Förmlich eingeführt wird er zuerst in der hier von uns in besondere Betrachtung genommenen »Grundlage zur Metaphysik der Sitten«, und zwar ganz auf *apriorischem* Wege, durch eine Deduktion aus Begriffen. Hingegen eine im fünften Heft der eben genannten, für die kritische Philosophie so wichtigen Zeitschrift Reinholds befindliche »Formula concordiae des Kritizismus« stellt S. 122 sogar folgenden Satz auf: »Wir unterscheiden das moralische Selbstbewußtsein von der *Erfahrung*, mit welcher dasselbe, als eine ursprüngliche Tatsache, über welche kein Wissen hinausgehen kann, im menschlichen Bewußtsein verbunden ist, und wir verstehn unter jenem Selbstbewußtsein das *unmittelbare Bewußtsein der Pflicht*, d. h. der *Notwendigkeit*, die von Lust und Unlust unabhängige Gesetzmäßigkeit des Willens zur Triebfeder und Richtschnur der Willenshandlungen anzunehmen.« – Da hätten wir freilich »einen erklecklichen Satz, ja, und der auch was setzt.« (Schiller) Aber im Ernst: zu welcher unverschämten petitio principii sehn wir hier Kants Moralgesetz angewachsen! Wenn *das* wahr wäre, so hätte freilich die Ethik ein Fundament von unvergleichlicher Solidität, und es bedürfte keiner Preisfragen, um zum Aufsuchen desselben zu ermuntern. Dann wäre aber auch das größte Wunder, daß man eine solche Tatsache des Bewußtseins so spät entdeckt hätte; während man Jahrtausende hindurch eifrig und mühsam nach einer Grundlage für die Moral suchte. Wodurch aber Kant selbst zu dem gerügten Irrtum Anlaß gegeben, werde ich weiter unten beibringen. Dennoch könnte man sich über das unangefochtene Herrschen eines solchen Grundirrtums unter den Kantianern wundern: aber haben sie, während sie zahllose Bücher über Kants Philosophie schrieben, doch nicht einmal die Verunstaltung bemerkt, welche die Kritik der reinen Vernunft in der zweiten Auflage erfuhr und vermöge der sie ein inkohärentes, sich selber widersprechendes Buch wurde; was erst jetzt an den Tag gekommen, und, wie mir dünkt, ganz richtig auseinandergesetzt ist in Rosenkranzens Vorrede zum zweiten Band der Gesamtausgabe der Kantischen Werke. Man muß bedenken, daß vielen Gelehrten das unablässige Lehren vom Katheder und in Schriften zum gründlichen Lernen nur wenig Zeit läßt. Das docendo disco ist nicht unbedingt wahr, vielmehr möchte man bisweilen es parodieren: semper docendo nihil disco; und sogar ist nicht ganz ohne Grund, was Diderot dem Neffen Rameaus in den Mund legt: »Und diese Lehrer, glaubt ihr denn, daß sie die Wissenschaften verstehn werden, worin sie Unterricht geben? Possen, lieber Herr, Possen. Besäßen sie die Kenntnisse hinlänglich, um sie zu lehren, so lehrten sie sie nicht.« – »Und warum?« – »Sie hätten ihr Leben verwendet, sie zu studieren.« (Goethes Übersetzung, S. 104.) – Auch Lichtenberg sagt: »Ich habe das schon mehr bemerkt, die Leute von Profession wissen oft das Beste nicht.« Was aber (zur Kantischen Moral zurückzukehren) das Publikum betrifft; so setzen die meisten, wenn nur das Resultat zu ihren moralischen Gefühlen stimmt, sofort voraus, es werde mit der Ableitung desselben schon seine Richtigkeit haben, und werden sich mit dieser, wenn sie schwierig aussieht, nicht tief einlassen; sondern sich hierin auf die Leute »vom Fach« verlassen.

Kants Begründung seines Moralgesetzes ist also keineswegs die empirische Nachweisung desselben als einer Tatsache des Bewußtseins, noch eine Appellation an das moralische Gefühl, noch eine petitio principii unter dem vornehmen modernen Namen eines »absoluten Postulats«; sondern es ist ein sehr subtiler Gedankenprozeß, welchen er uns zweimal, S. 17 und 51; – R., S. 22 und 46, vorführt, und von dem folgendes die verdeutlichte Darstellung ist.

Da Kant, indem er alle empirische Triebfedern des Willens verschmähete, alles Objektive und alles Subjektive, darauf ein Gesetz für denselben zu gründen wäre, als empirisch, zum voraus weggenommen hat; so bleibt ihm zum *Stoff* dieses *Gesetzes* nichts übrig, als dessen eigene *Form*. Diese nun ist eben nur die *Gesetzmäßigkeit. Die Gesetzmäßigkeit* aber besteht im Gelten für alle, also in der *Allgemeingültigkeit*. Diese demnach wird zum *Stoff*. Folglich ist der Inhalt des Gesetzes nichts anderes, als seine *Allgemeingültigkeit* selbst. Demzufolge wird es lauten: »Handle nur nach der Maxime, von der du zugleich wollen kannst, daß sie allgemeines Gesetz für alle vernünftige Wesen werde.« – Dieses also ist die so allgemein verkannte, eigentliche *Begründung des Moralprinzips Kants*, mithin das *Fundament* seiner ganzen Ethik. – Man vergleiche noch Kritik der praktischen Vernunft, S. 61; – R., S. 147, das Ende der Anmerkung 1. – Dem großen Scharfsinn, womit Kant das Kunststück ausgeführt hat, zolle ich meine aufrichtige Bewunderung, fahre aber in meiner ernsten Prüfung nach dem Maßstabe der Wahrheit fort. Ich bemerke nur noch, zum Behuf nachheriger Wiederaufnahme, daß die *Vernunft*, indem und insofern sie das eben dargelegte spezielle Räsonnement vollzieht, den Namen der *praktischen Vernunft* erhält. Der kategorische Imperativ der praktischen Vernunft ist aber das aus dem dargelegten Gedankenprozeß sich als Resultat ergebende Gesetz: also ist die praktische Vernunft keineswegs, wie die meisten, und auch schon Fichte, es ansahen, ein nicht weiter zurückzuführendes besonderes Vermögen, eine qualitas occulta, eine Art Moralitäts-Instinkt, dem moral sense des Hutcheson ähnlich; sondern ist (wie auch Kant in der Vorrede, S. XII; – R., S. 8, und oft genug außerdem sagt) eins und dasselbe mit der *theoretischen Vernunft*, ist nämlich diese selbst, sofern sie den dargelegten Gedankenprozeß vollzieht. Fichte nämlich nennt den kategorischen Imperativ Kants ein *absolutes Postulat* (Grundlage der gesamten Wissenschaftslehre, Tübingen 1802, S. 240, Anmerkung). Dies ist der moderne, beschönigende Ausdruck für petitio principii, und so auch hat er selbst den kategorischen Imperativ durchgängig genommen, ist also im oben gerügten Irrtum mitbegriffen.

Der Einwand nun, welchem jene von Kant der Moral gegebene Grundlage zunächst und unmittelbar unterliegt, ist, daß dieser Ursprung eines Moralgesetzes in uns darum unmöglich ist, weil er voraussetzt, daß der Mensch ganz von selbst auf den Einfall käme, sich nach einem *Gesetz* für seinen Willen, dem dieser sich zu unterwerfen und zu fügen hätte, umzusehn und zu erkundigen. Dies aber kann ihm unmöglich von selbst in den Sinn kommen, sondern höchstens nur, nachdem schon eine andere, positiv wirksame, reale und als solche sich von selbst ankündigende, ungerufen auf ihn einwirkende, ja eindringende, moralische Triebfeder den ersten Anstoß und Anlaß dazu gegeben hätte. So etwas aber würde der Annahme Kants widerstreiten, welcher zufolge der obige Gedankenprozeß *selbst* der Ursprung aller moralischen Begriffe, das punctum saliens der Moralität sein soll. So lange nun also jenes *nicht* der Fall ist, indem es, ex hypothesi, keine andere moralische Triebfeder, als den dargelegten Gedankenprozeß gibt; so lange bleibt die Richtschnur des menschlichen Handelns allein der Egoismus, am Leitfaden des Gesetzes der Motivation, d.h. die jedesmaligen, ganz empirischen und egoistischen Motive bestimmen, in jedem einzelnen Fall, das Handeln des Menschen, allein und ungestört; da unter dieser Voraussetzung keine Aufforderung für ihn und gar kein Grund vorhanden ist, weswegen es ihm einfallen sollte, nach einem Gesetz zu fragen, welches sein Wollen beschränkte und dem er dieses zu unterwerfen hätte, geschweige nach einem solchen zu forschen und zu grübeln, wodurch es allererst möglich würde, daß er auf den sonderbaren Gedankengang der obigen Reflexion geriete. Hiebei ist es einerlei, welchen Grad der Deutlichkeit man dem Kantischen Reflexionsprozesse geben will, ob man ihn etwan herabstimmen möchte zu einer nur dunkel gefühlten Überlegung. Denn keine Änderung hierin ficht die Grundwahrheiten an, daß aus Nichts nichts wird, und daß eine Wirkung eine Ursache verlangt. Die moralische Triebfeder muß schlechterdings, wie jedes den Willen bewegende Motiv, eine sich von selbst ankündigende, deshalb positiv wirkende, folglich *reale* sein: und da für den Menschen nur das Empirische, oder doch als möglicherweise empirisch vorhanden Vorausgesetzte, Realität hat; so muß die moralische Triebfeder in der Tat eine *empirische* sein und als solche ungerufen sich ankündigen, an uns kommen, ohne auf unser Fragen danach zu warten, von selbst auf uns eindringen, und dies mit solcher Gewalt, daß sie die entgegenstehenden, riesenstarken, egoistischen Motive wenigstens möglicherweise überwinden kann. Denn die Moral hat es mit dem *wirklichen* Handeln des Menschen und nicht mit apriorischem Kartenhäuserbau zu tun, an dessen Ergebnisse sich im Ernste und Drange des Lebens kein Mensch kehren würde, deren Wirkung daher, dem Sturm der Leidenschaften gegenüber, so viel sein würde, wie die einer Klistierspritze bei einer Feuersbrunst. Ich habe schon oben erwähnt, daß Kant es als ein großes Verdienst seines Moralgesetzes betrachtet, daß es bloß auf abstrakte, reine Begriffe a priori, folglich auf *reine Vernunft* gegründet ist, als wodurch es nicht bloß für Menschen, sondern für alle vernünftige Wesen als solche gültig sei. Wir müssen um so mehr bedauern, daß reine, abstrakte

Begriffe a priori, ohne realen Gehalt und ohne alle irgendwie empirische Grundlage, wenigstens *Menschen* nie in Bewegung setzen können: von andern vernünftigen Wesen kann ich nicht mitreden. Daher ist der zweite Fehler der Kantischen Grundlage der Moralität Mangel an realem Gehalt. Dieser ist bisher nicht bemerkt worden, weil das oben deutlich dargelegte eigentliche *Fundament* der Kantischen Moral wahrscheinlich den allerwenigsten von denen, die es zelebriert und propagiert haben, von Grund aus deutlich gewesen ist. Der zweite Fehler also ist gänzlicher Mangel an Realität und dadurch an möglicher Wirksamkeit. Es schwebt in der Luft, als ein Spinnengewebe der subtilsten, inhaltsleersten Begriffe, ist auf nichts basiert, kann daher nichts tragen und nichts bewegen. Und dennoch hat Kant demselben eine Last von unendlicher Schwere aufgebürdet, nämlich die Voraussetzung der Freiheit des Willens. Trotz seiner wiederholt ausgesprochenen Überzeugung, daß Freiheit in den Handlungen des Menschen schlechterdings nicht statthaben kann, daß sie theoretisch nicht einmal ihrer Möglichkeit nach eingesehn werden kann (Kritik der praktischen Vernunft, S. 168; – R., S. 223), daß, wenn genaue Kenntnis des Charakters eines Menschen und aller auf ihn einwirkenden Motive gegeben wäre, das Handeln desselben sich so sicher und genau wie eine Mondfinsternis würde ausrechnen lassen (eben daselbst, S. 177; – R., S. 230), wird dennoch, bloß auf den Kredit jenes so in der Luft schwebenden Fundaments der Moral, die *Freiheit*, wenn auch nur idealiter und als ein Postulat, angenommen, durch den berühmten Schluß: »Du kannst: denn Du sollst.« Aber wenn man einmal deutlich erkannt hat, daß eine Sache nicht *ist* und nicht *sein kann*, was hilft da alles Postulieren? Da wäre vielmehr das, worauf das Postulat sich gründet, zu verwerfen, weil es eine unmögliche Voraussetzung ist, nach der Regel a non posse ad non esse valet consequentia, und mittelst eines apagogischen Beweises, der also hier den kategorischen Imperativ umstieße. Stattdessen aber wird hier eine falsche Lehre auf die andere gebauet.

Der Unzulänglichkeit eines allein aus einem paar ganz abstrakter und inhaltsleerer Begriffe bestehenden Fundaments der Moral muß Kant selbst im Stillen sich bewußt gewesen sein. Denn in der

Kritik der praktischen Vernunft, wo er, wie gesagt, überhaupt schon weniger strenge und methodisch zu Werke geht, auch durch seinen nunmehr errungenen Ruhm kühner geworden ist, verändert ganz allmählich das Fundament der Ethik seine Natur, vergißt beinah, daß es ein bloßes Gewebe abstrakter Begriffskombinationen ist, und scheint substantieller werden zu wollen. So z.B. ist daselbst S. 81; – R., S. 163, »das moralische Gesetz *gleichsam ein Faktum der reinen Vernunft*«. Was soll man bei diesem seltsamen Ausdruck sich denken? Das Faktische wird sonst überall dem aus reiner Vernunft Erkennbaren entgegengesetzt. – Imgleichen ist eben daselbst, S. 83; – R., S. 164, die Rede von »einer den Willen *unmittelbar* bestimmenden Vernunft« usf. – Dabei nun sei man eingedenk, daß er jede anthropologische Begründung, jede Nachweisung des kategorischen Imperativs als einer Tatsache des Bewußtseins in der *Grundlegung* ausdrücklich und wiederholt ablehnt, weil sie *empirisch* sein würde. – Jedoch durch solche beiläufige Äußerungen dreist gemacht, gingen die Nachfolger Kants sehr viel weiter auf jenem Wege fort. Fichte (System der Sittenlehre, S. 49) warnt geradezu, »daß man sich nicht verleiten lasse, das Bewußtsein, daß wir Pflichten haben, weiter zu erklären und aus Gründen außer ihm ableiten zu wollen, weil dies der Würde und Absolutheit des Gesetzes Eintrag tue«. Schöne Exküse! – Und dann eben daselbst S. 66 sagt er, »das Prinzip der Sittlichkeit sei ein Gedanke, der sich auf die *intellektuelle Anschauung* der absoluten Tätigkeit der Intelligenz gründe und der unmittelbare Begriff der reinen Intelligenz von sich selbst sei«. Hinter welche Floskeln doch so ein Windbeutel seine Ratlosigkeit versteckt! – Wer sich überzeugen will, wie gänzlich die Kantianer Kants ursprüngliche Begründung und Ableitung des Moralgesetzes allmählich vergaßen oder ignorierten, sehe einen sehr lesenswerten Aufsatz nach, in Reinholds Beiträgen zur Übersicht der Philosophie im Anfang des 19. Jahrhunderts, Heft 2, 1801. Daselbst S. 105 und 106 wird behauptet, »daß in der Kantischen Philosophie die Autonomie (welche eins ist mit dem kategorischen Imperativ) eine Tatsache des Bewußtseins und auf nichts weiter zurückzuführen sei, indem sie sich durch ein unmittelbares Bewußtsein ankündige«. – Dann wäre sie anthropologisch, mithin empirisch begründet, was Kants ausdrücklichen und wiederholten Erklärungen zuwiderläuft. – Dennoch wird eben daselbst S. 108 gesagt: »Sowohl in der praktischen Philosophie des Kritizismus, als auch in der gesamten gereinigten oder höhern Transzendentalphilosophie ist die Autonomie das durch sich selbst Begründete und Begründende, und keiner weitern Begründung Fähige und Bedürftige, das schlechthin Ursprüngliche, durch sich selbst Wahre und Gewisse, das Urwahre, das prius *κατ' ἐξοχην*, das absolute Prinzip. – Wer daher von dieser Autonomie einen Grund außer ihr selber vermutet, fordert oder sucht, von dem muß die Kantische Schule glauben, daß es ihm entweder an moralischem Bewußtsein fehle*, oder daß er dasselbe in der Spekulation durch falsche Grundbegriffe verkenne. Die Fichte-Schellingische Schule erklärt ihn mit derjenigen Geistlosigkeit behaftet, welche zum Philosophieren unfähig macht und den Charakter des unheiligen Pöbels und trägen Viehes, oder, wie Schelling sich schonender ausdrückt, des profanum vulgus und ignavum pecus ausmacht.« Wie es um die Wahrheit einer Lehre stehn müsse, die man mit solchen Trümpfen zu ertrotzen sucht, fühlt jeder. Inzwischen müssen wir doch aus dem Respekt, den diese einflößten, die wahrhaft kindliche Gläubigkeit erklären, mit der die Kantianer den kategorischen Imperativ annahmen und fortan als ausgemachte Sache behandelten. Denn da hier das Bestreiten einer theoretischen Behauptung leicht verwechselt werden konnte mit moralischer Ruchlosigkeit; so ließ jeder, wenn er auch von dem kategorischen Imperativ in seinem eigenen Bewußtsein nicht viel gewahr wurde, doch lieber hievon nichts laut werden, weil er im Stillen glaubte, daß bei andern derselbe wohl stärkere Entwickelung haben und deutlicher hervortreten würde. Denn das Innere seines Gewissens kehrt keiner gern nach außen.

Mehr und mehr also erscheint in der Kantischen Schule die praktische Vernunft mit ihrem kategorischen Imperativ als eine hyperphysische Tatsache, als ein delphischer Tempel im menschlichen Gemüt, aus dessen finsterem Heiligtum Orakel-

* Dacht' ich's doch! Wissen sie nichts Vernünftiges mehr zu erwidern,
Schieben sie's einem geschwind in das Gewissen hinein.

Schiller

sprüche, zwar leider nicht was geschehen *wird*, aber doch was geschehen *soll*, untrüglich verkündigen. Diese einmal angenommene, oder vielmehr erschlichene und ertrotzte *Unmittelbarkeit der praktischen Vernunft* wurde späterhin leider auch auf die *theoretische* übertragen; zumal da *Kant selbst* oft gesagt hatte, daß beide doch nur eine und dieselbe Vernunft seien (z. B. Vorrede, S. XII; – R., S. 8). Denn nachdem einmal zugestanden war, daß es in Hinsicht auf das *Praktische* eine ex tripode diktierende Vernunft gebe, so lag der Schritt sehr nahe, ihrer Schwester, ja, eigentlich sogar Konsubstanzialin, der *theoretischen Vernunft*, denselben Vorzug einzuräumen, und sie für ebenso reichsunmittelbar wie jene zu erklären, wovon der Vorteil so unermeßlich wie augenfällig war. Nun strömten alle Philosophaster und Phantasten, den Atheistendenunzianten F. H. Jacobi an der Spitze, nach diesem ihnen unerwartet aufgegangenen Pförtlein hin, um ihre Sächelchen zu Markte zu bringen, oder um von den alten Erbstücken, welche Kants Lehre zu zermalmen drohte, wenigstens das Liebste zu retten. – Wie im Leben des einzelnen *ein* Fehltritt der Jugend oft den ganzen Lebenslauf verdirbt, so hatte jene einzige von Kant gemachte falsche Annahme einer mit völlig transzendenten Kreditiven ausgestatteten und, wie die höchsten Appellationshöfe, »ohne Gründe« entscheidenden, praktischen Vernunft zur Folge, daß aus der strengen, nüchternen kritischen Philosophie die ihr heterogensten Lehren entsprangen, die Lehren von einer das *»Übersinnliche«* erst bloß leise *»ahndenden«*, dann schon deutlich *»vernehmenden«*, endlich gar leibhaftig *»intellektual anschauenden«* Vernunft, für deren »absolute«, d. h. ex tripode gegebene, Aussprüche und Offenbarungen jetzt jeder Phantast seine Träumereien ausgeben konnte. Dies neue Privilegium ist redlich benutzt worden. Hier also liegt der Ursprung jener unmittelbar nach Kants Lehre auftretenden philosophischen Methode, die im Mystifizieren, Imponieren, Täuschen, Sand in die Augen streuen und Windbeuteln besteht, deren Zeitraum die Geschichte der Philosophie einst unter dem Titel »Periode der Unredlichkeit« anführen wird. Denn der *Charakter der Redlichkeit*, des gemeinschaftlichen Forschens mit dem Leser, welchen die Schriften aller früheren Philosophen tragen, ist hier verschwunden: nicht belehren, sondern betören will der Philosophaster dieser Zeit seinen Leser: davon zeugt jede Seite. Als Heroen dieser Periode glänzen Fichte und Schelling, zuletzt aber auch der selbst ihrer ganz unwürdige und sehr viel tiefer als diese Talent-Männer stehende, plumpe, geistlose Scharlatan Hegel. Den Chorus machten allerlei Philosophieprofessoren, welche, mit ernsthafter Miene, vom Unendlichen, vom Absoluten und vielen andern Dingen, von denen sie schlechterdings nichts wissen konnten, ihrem Publiko vorerzählten.

Als Stufe zu jenem *Prophetentum der Vernunft* mußte sogar der armselige Witz dienen, daß, weil das Wort *Vernunft* von *Vernehmen* kommt, dasselbe besage, daß die Vernunft ein Vermögen sei, jenes sogenannte »Übersinnliche« (*νεφελοκοκκυγια*, Wolkenkuckucksheim) zu *vernehmen*. Der Einfall fand ungemessenen Beifall, wurde in Deutschland 30 Jahre hindurch, mit unsäglichem Genügen, unablässig wiederholt, ja, zum Grundstein philosophischer Lehrgebäude gemacht; – während es am Tage liegt, daß freilich *Vernunft* von *Vernehmen* kommt, aber nur weil sie dem Menschen den Vorzug vor dem Tiere gibt, nicht bloß zu *hören*, sondern auch zu *vernehmen*, jedoch nicht was in Wolkenkuckucksheim vorgeht, sondern was *ein* vernünftiger Mensch dem andern sagt: das wird von diesen *vernommen*, und die Fähigkeit dazu heißt *Vernunft*. So haben alle Völker, alle Zeiten, alle Sprachen den Begriff der Vernunft gefaßt, nämlich als das Vermögen allgemeiner, abstrakter, nicht anschaulicher Vorstellungen, genannt *Begriffe*, welche bezeichnet und fixiert werden durch Worte: dies Vermögen allein ist es, welches der Mensch vor dem Tiere wirklich voraus hat. Denn diese abstrakten Vorstellungen, Begriffe, d.h. *Inbegriffe* vieler Einzeldinge, bedingen *die Sprache*, mittelst ihrer das eigentliche *Denken*, mittelst dieses das Bewußtsein nicht bloß der Gegenwart, welches auch die Tiere haben, sondern der Vergangenheit und der Zukunft als solcher, und hiedurch wieder die deutliche Erinnerung, die Besonnenheit, die Vorsorge, die Absicht, das planvolle Zusammenwirken vieler, den Staat, die Gewerbe, Künste, Wissenschaften, Religionen und Philosophien, kurz, alles das, was das Leben des Menschen von dem des Tieres so auffallend unterscheidet. Für das Tier gibt es bloß *anschauliche* Vorstellungen und daher auch nur anschauliche Motive: die Abhängigkeit seiner

Willensakte von den Motiven ist deshalb augenfällig. Beim Menschen hat diese nicht weniger statt, und auch ihn bewegen (unter Voraussetzung seines individuellen Charakters) die Motive mit strengster Notwendigkeit: allein diese sind meistens nicht *anschauliche*, sondern *abstrakte* Vorstellungen, d.h. Begriffe, Gedanken, die jedoch das Resultat früherer Anschauungen, also der Einwirkungen von außen auf ihn sind. Dies aber gibt ihm eine *relative* Freiheit, nämlich im Vergleich mit dem Tiere. Denn ihn bestimmt nicht, wie das Tier, die *anschauliche*, gegenwärtige Umgebung, sondern seine aus früheren Erfahrungen abgezogenen, oder durch Belehrung überkommenen Gedanken. Daher liegt das Motiv, welches auch ihn notwendig bewegt, dem Zuschauer nicht zugleich mit der Tat vor Augen; sondern er trägt es in seinem Kopfe herum. Dies gibt nicht nur seinem Tun und Treiben im ganzen, sondern schon allen seinen Bewegungen einen von denen des Tieres augenfällig verschiedenen Charakter: er wird gleichsam von feineren, nicht sichtbaren, Fäden gezogen: daher tragen alle seine Bewegungen das Gepräge des Vorsätzlichen und Absichtlichen, welches ihnen einen Anschein von Unabhängigkeit gibt, der sie augenfällig von denen des Tieres unterscheidet. Alle diese großen Verschiedenheiten hängen aber ganz und gar ab von der Fähigkeit *abstrakter Vorstellungen*, *Begriffe*. Diese Fähigkeit daher ist das Wesentliche *der Vernunft*, d.h. des den Menschen auszeichnenden Vermögens, genannt *το λογιμον, το λογιστικον*, ratio, la ragione, il discorso, raison, reason, discourse of reason. – Frägt man mich aber, was zum Unterschiede davon der *Verstand*, *νους*, intellectus, entendement, understanding, sei; so sage ich: er ist dasjenige Erkenntnisvermögen, welches auch die Tiere haben, nur in verschiedenem Grade, und wir im höchsten, nämlich das unmittelbare, aller Erfahrung vorhergängige Bewußtsein des *Kausalitätsgesetzes*, als welches die Form des Verstandes selbst ausmacht und worin sein ganzes Wesen besteht. Von ihm hängt zuvörderst die Anschauung der Außenwelt ab: denn die Sinne für sich allein sind bloß der *Empfindung* fähig, die noch lange keine *Anschauung* ist, sondern allererst deren Material: *νοῦς ὁρᾷ καὶ νοῦς ακούει, τ᾽ἄλλα κωφὰ καὶ τυφλα* (mens videt, mens audit, cetera surda et cocca). Die *Anschauung* entsteht dadurch, daß wir die Empfindung der Sinnesorgane unmittelbar beziehn auf deren *Ursache*, die sich, eben durch diesen Akt der Intelligenz, als *äußeres Objekt* in unserer Anschauungsform *Raum* darstellt. Dies eben beweist, daß das Kausalitätsgesetz uns a priori bewußt ist und nicht aus der Erfahrung stammt, indem diese selbst, da sie die Anschauung vorausetzt, erst durch dasselbe möglich wird. In der *Vollkommenheit* dieser ganz unmittelbaren Auffassung der *Kausalitätsverhältnisse* besteht alle Überlegenheit des Verstandes, alle Klugheit, Sagazität, Penetration, Scharfsinn: denn jene liegt aller Kenntnis des *Zusammenhanges* der Dinge, im weitesten Sinn des Worts, zum Grunde. Ihre Schärfe und Richtigkeit macht den einen *verständiger*, klüger, schlauer als den andern. *Vernünftig* hingegen hat man zu allen Zeiten *den* Menschen genannt, der sich nicht durch die *anschaulichen* Eindrücke, sondern durch *Gedanken und Begriffe* leiten läßt, und daher stets überlegt, konsequent und besonnen zu Werke geht. Ein solches Handeln heißt überall ein *vernünftiges Handeln*. Keineswegs aber impliziert dieses Rechtschaffenheit und Menschenliebe. Vielmehr kann man höchst vernünftig, also überlegt, besonnen, konsequent, planvoll und methodisch zu Werke gehn, dabei aber doch die eigennützigsten, ungerechtesten, sogar ruchlosesten Maximen befolgen. Daher ist es *vor* Kant keinem Menschen je eingefallen, das gerechte, tugendhafte und edle Handeln mit dem *vernünftigen* Handeln zu identifizieren: sondern man hat beide vollkommen unterschieden und auseinander gehalten. Das eine beruht auf der *Art der Motivation*, das andere auf der *Verschiedenheit der Grundmaximen*. Bloß nach Kant, da die Tugend aus reiner Vernunft entspringen sollte, ist Tugendhaft und Vernünftig eines und dasselbe; dem Sprachgebrauch aller Völker, der nicht zufällig, sondern das Werk der allgemeinen menschlichen und daher übereinstimmenden Erkenntnis ist, zum Trotz. Vernünftig und Lasterhaft lassen sich sehr wohl vereinigen, ja, erst durch ihre Vereinigung sind große, weitgreifende Verbrechen möglich. Ebenso besteht Unvernünftig und Edelmütig sehr wohl zusammen: z. B. wenn ich heute dem Dürftigen gebe, was ich selbst morgen noch dringender, als er, bedürfen werde; wenn ich mich hinreißen lasse, einem Notleidenden die Summe zu schenken, auf die mein Gläubiger wartet; und so in sehr vielen Fällen.

Aber, wie gesagt, diese Erhebung der Vernunft zur Quelle aller Tugend, beruhend auf der Behauptung, daß sie als *praktische Vernunft* unbedingte Imperative, rein a priori, orakularisch von sich gebe, und zusammengefaßt mit der in der Kritik der reinen Vernunft aufgestellten falschen Erklärung der *theoretischen Vernunft*, daß sie ein wesentlich auf das zu drei angeblichen Ideen sich gestaltende *Unbedingte* (dessen Unmöglichkeit zugleich der Verstand a priori erkenne) gerichtetes Vermögen sei, führte, als exemplar vitiis imitabile, die Fasel-Philosophen, Jacobi an der Spitze, auf jene das *»Übersinnliche«* unmittelbar *vernehmende Vernunft* und auf die absurde Behauptung, die Vernunft sei ein wesentlich auf Dinge jenseit aller Erfahrung, also auf *Metaphysik* angelegtes Vermögen und erkenne unmittelbar und intuitiv die letzten Gründe aller Dinge und alles Daseins, das Übersinnliche, das Absolute, die Gottheit u.dergl.m. – Solche Behauptungen hätte längst, wenn man seine Vernunft, statt sie zu vergöttern, hätte brauchen wollen, die einfache Bemerkung sich entgegenstellen müssen, daß, wenn der Mensch, vermöge eines eigentümlichen Organs zur Lösung des Rätsels der Welt, welches seine Vernunft ausmache, eine angeborene, nur der Entwickelung bedürftige Metaphysik in sich trüge; alsdann über die Gegenstände der Metaphysik ebenso vollkommene Übereinstimmung unter den Menschen herrschen müßte, wie über die Wahrheiten der Arithmetik und Geometrie; wodurch es ganz unmöglich würde, daß auf der Erde eine große Anzahl grundverschiedener Religionen und eine noch größere grundverschiedener philosophischer Systeme sich vorfände; vielmehr alsdann jeder, der in religiösen oder philosophischen Ansichten von den Übrigen abwiche, sogleich angesehn werden müßte, wie einer, bei dem es nicht richtig ist. – Nicht weniger hätte folgende einfache Bemerkung sich aufdringen müssen. Wenn wir eine Affenspezies entdeckten, welche sich *Werkzeuge*, zum Kampf oder zum Bauen oder sonst einem Gebrauch, absichtlich verfertigte; so würden wir sofort ihr *Vernunft* zugestehn: finden wir hingegen wilde Völker, ohne alle Metaphysik oder Religion, wie es deren gibt; so fällt uns nicht ein, ihnen deshalb die *Vernunft* abzusprechen. Die ihre vorgeblichen übersinnlichen Kenntnisse *beweisende* Vernunft hat Kant durch seine

Kritik in ihre Schranken zurückgewiesen; aber jene Jacobische, das Übersinnliche unmittelbar *vernehmende* Vernunft müßte er wahrlich *unter* aller Kritik befunden haben. Inzwischen wird eine dergleichen reichsunmittelbare Vernunft noch immer, auf den Universitäten, den unschuldigen Jünglingen aufgebunden.

Anmerkung

Wenn wir der Annahme der praktischen Vernunft ganz auf den Grund kommen wollen, müssen wir ihren Stammbaum etwas höher hinauf verfolgen. Da finden wir, daß sie von einer Lehre stammt, die Kant selbst gründlich widerlegt hat, welche aber dennoch hier, als Reminiszenz früherer Denkungsart, seiner Annahme einer praktischen Vernunft, mit ihren Imperativen und ihrer Autonomie, heimlich, ja, ihm selbst unbewußt, zum Grunde liegt. Es ist die rationale Psychologie, welcher zufolge der Mensch aus zwei völlig heterogenen Substanzen zusammengesetzt ist, dem materiellen Leibe und der immateriellen Seele. Plato ist der erste, der dieses Dogma förmlich aufgestellt und als objektive Wahrheit zu beweisen gesucht hat. Cartesius aber führte es auf den Gipfel der Vollendung und stellte es auf die Spitze, indem er ihm die genaueste Ausführung und wissenschaftliche Strenge verlieh. Aber eben dadurch kam die Falschheit desselben zu Tage und wurde sukzessive von Spinoza, Locke und Kant dargetan. Von Spinoza (dessen Philosophie hauptsächlich im Widerlegen des zwiefachen Dualismus seines Lehrers besteht), indem er, den zwei Substanzen des Cartesius geradezu und ausdrücklich entgegen, zu seinem Hauptsatz machte: Substantia cogitans et substantia extensa una eademque est substantia, quae iam sub hoc, iam sub illo attributo comprehenditur. Von Locke, indem er die angeborenen Ideen bestritt, alle Erkenntnis aus der sinnlichen ableitete und lehrte, es sei nicht unmöglich, daß die Materie denken könne. Von Kant, durch die Kritik der rationalen Psychologie, wie sie in der ersten Ausgabe steht. Wogegen andererseits Leibniz und Wolff die schlechte Partei verfochten: dies hat Leibnizen die unverdiente Ehre verschafft, mit dem ihm so heterogenen, großen

Plato verglichen zu werden. Dies alles auszuführen ist hier nicht der Ort. Dieser rationalen Psychologie nun zufolge war die Seele ein ursprünglich und wesentlich *erkennendes* und erst infolge davon auch ein wollendes Wesen. Je nachdem sie nun, in diesen ihren Grundtätigkeiten, rein für sich und unvermischt mit dem Leibe, oder aber in Verbindung mit diesem zu Werke ging, hatte sie ein höheres und niederes Erkenntnis- und ebenso ein dergleichen Willensvermögen. Im höhern Vermögen war die immaterielle Seele ganz für sich und ohne Mitwirkung des Leibes tätig; da war sie intellectus purus und hatte es mit lauter ihr allein angehörigen, daher gar nicht sinnlichen, sondern rein geistigen Vorstellungen und eben dergleichen Willensakten zu tun, welche sämtlich nichts Sinnliches, als welches vom Leibe herrührte, an sich trügen.* Da erkannte sie nun lauter reine Abstrakta, Universalia, angeborene Begriffe, aeternae veritates u.dgl. Und demgemäß stand auch ihr Wollen allein unter dem Einfluß solcher rein geistigen Vorstellungen. Dagegen war das *niedere* Erkenntnis- und Willensvermögen das Werk der mit dem Leibe und dessen Organen im Verein wirkenden und eng verknüpften, dadurch aber in ihrer rein geistigen Wirksamkeit beeinträchtigten Seele. Hieher sollte nun gehören jedes *anschauende* Erkennen, welches demgemäß das undeutliche und verworrene, das *abstrakte* hingegen, aus abgezogenen Begriffen bestehende, das deutliche sein sollte! Der nun durch solche sinnlich bedingte Erkenntnis bestimmte Wille war der niedrige und meistens schlechte: denn sein war das durch Sinnenreiz geleitete Wollen; während jenes andere das lautere, von reiner Vernunft geleitete und der immateriellen Seele allein angehörige Wollen war. Am deutlichsten ausgeführt hat diese Lehre der Cartesianer De la Forge, in seinem Tractatus de mente humana: daselbst c. 23 heißt es: Non nisi eadem voluntas est, quae appellatur appetitus sensitivus, quando excitatur per judicia, quae formantur consequenter ad perceptiones sensuum; et quae appetitus rationalis nominatur, cum mens judicia format de propriis suis ideis, independenter a cogitationibus sensuum confusis, quae inclinationum eius sunt causae. – – – Id, quod occasionem dedit, ut duae

* Intellectio pura est intellectio, quae circa nullas imagines corporeas versatur. Cart. Medit., p. 188.

istae diversae voluntatis propensiones pro duobus diversis appetitibus sumerentur, est, quod saepissime unus alteri opponatur, quia propositum, quod mens superaedificat propriis suis perceptionibus, non semper consentit cum cogitationibus, quae menti a corporis dispositione suggeruntur, per quam saepe obligatur ad aliquid volendum, dum ratio eius eam aliud optare facit. – Aus der undeutlich bewußten Reminiszenz solcher Ansichten stammt zuletzt Kants Lehre von der *Autonomie* des Willens, welche als Stimme der reinen, praktischen Vernunft, für alle vernünftige Wesen als solche gesetzgebend ist und bloß *formelle* Bestimmungsgründe kennt, im Gegensatz der *materiellen*, als welche allein das niedere Begehrungsvermögen bestimmen, dem jenes obere entgegenwirkt.

Übrigens ist jene ganze, erst von Cartesius recht systematisch dargestellte Ansicht doch schon beim Aristoteles zu finden, welcher sie deutlich genug vorträgt de anima, I, 1. Vorbereitet und angedeutet hat sie sogar schon Plato, im Phädon (S. 188 und 189, Bip.). – Hingegen infolge der Cartesischen Systematisierung und Konsolidation derselben finden wir sie hundert Jahre später ganz dreist geworden, auf die Spitze gestellt und gerade dadurch der Enttäuschung entgegengeführt. Nämlich als ein résumé der damals geltenden Ansicht bietet sich uns dar Muratori, Della forza della fantasia, cap. 1–4 et 13. Da ist die Phantasie, deren Funktion die ganze Anschauung der Außenwelt, auf Data der Sinne, ist, ein rein materielles, körperliches, cerebrales Organ (das niedere Erkenntnisvermögen), und der immateriellen Seele bleibt bloß das Denken, Reflektieren und Beschließen. – Dadurch aber wird die Sache offenbar bedenklich, und dies mußte man fühlen. Denn, ist die Materie der anschauenden, so komplizierten Auffassung der Welt fähig; so ist nicht zu begreifen, warum sie nicht auch der Abstraktion aus dieser Anschauung und dadurch alles Übrigen fähig sein sollte. Offenbar ist die Abstraktion nichts weiter, als ein Fallenlassen der zum jedesmaligen Zweck nicht nötigen Bestimmungen, also der Individual- und Spezial-Differenzen, z.B. wenn ich von dem, was dem Schaf, dem Ochsen, dem Hirsch, dem Kamel usw. eigentümlich ist, absehe und so zu dem Begriff Wiederkäuer gelange; bei welcher Operation die Vorstellungen die Anschaulichkeit einbüßen und eben als bloß abstrakte, nichtanschauliche Vorstellungen, Begriffe, nunmehr des Wortes bedürfen, um im Bewußtsein fixiert und gehandhabt werden zu können. – Bei dem allen jedoch sehn wir Kanten noch unter dem Einfluß der Nachwirkung jener alten Lehre stehen, bei Aufstellung seiner praktischen Vernunft mit ihren Imperativen.

§ 7
Vom obersten Grundsatz *der Kantischen Ethik*

Nachdem ich im vorigen Paragraph die eigentliche *Grundlage* der Kantischen Ethik geprüft habe, gehe ich jetzt zu dem auf diesem Fundament ruhenden, mit ihm aber genau verbundenen, ja, verwachsenen *obersten Grundsatz* der Moral. Wir erinnern uns, daß er lautete: »Handle nur nach der Maxime, von der du zugleich *wollen kannst*, daß sie als allgemeines Gesetz für alle vernünftige Wesen gelte.« – Sehn wir darüber hinweg, daß es ein sonderbares Verfahren ist, dem, der angenommenermaßen ein Gesetz für sein Tun und Lassen sucht, den Bescheid zu erteilen, er solle gar erst eins für das Tun und Lassen aller möglichen vernünftigen Wesen suchen; und bleiben wir bei der Tatsache stehn, daß jene von Kant aufgestellte Grundregel offenbar noch nicht das Moralprinzip selbst ist, sondern erst eine heuristische Regel dazu, d.h. eine Anweisung, wo es zu suchen sei; also gleichsam zwar noch nicht bares Geld, aber eine sichere Anweisung. Wer nun ist es eigentlich, der diese realisieren soll? Die Wahrheit gleich heraus zu sagen: ein hier sehr unerwarteter Zahlmeister: – Niemand anders als der *Egoismus*; wie ich sogleich deutlich zeigen werde.

Also die Maxime selbst, von der ich *wollen kann*, daß nach ihr alle handelten, wäre erst das wirkliche Moralprinzip. Mein *Wollenkönnen* ist die Angel, um welche die gegebene Weisung sich dreht. Aber was *kann* ich denn eigentlich wollen, und was nicht? Offenbar bedarf ich, um zu bestimmen, was ich in der besagten Hinsicht wollen kann, wieder eines Regulativs: und an diesem hätte ich allererst den Schlüssel zu der, gleich einem versiegelten Befehl gegebenen Weisung. Wo ist nun dieses Regulativ zu suchen? – Unmöglich irgendwo anders, als in meinem Egoismus, dieser nächsten, stets bereiten, ursprünglichen und lebendigen Norm aller Willensakte, die vor jedem Moralprinzip wenigstens das jus primi occupantis voraus hat. – Die in Kants oberster Regel enthaltene Anweisung zur Auffindung des eigentlichen Moralprinzips beruht nämlich auf der stillschweigenden Voraussetzung, daß ich nur *das* wollen kann, wobei ich mich am besten stehe. Da ich nun, bei der Feststellung einer allgemein zu befolgenden Maxime, notwendig mich nicht bloß als den allemal aktiven, sondern auch als den eventualiter und zu Zeiten *passiven* Teil betrachten muß; so entscheidet, von diesem Standpunkt aus, mein *Egoismus* sich für Gerechtigkeit und Menschenliebe; nicht weil er sie zu *üben*, sondern weil er sie zu *erfahren* Lust hat, und im Sinne jenes Geizhalses, der, nach angehörter Predigt über Wohltätigkeit, ausruft:

»Wie herrlich ausgeführt, wie schön! –
– Fast möcht' ich betteln gehn.«

Diesen unentbehrlichen Schlüssel zu der Weisung, in welcher Kants oberster Grundsatz der Moral besteht, kann er nicht umhin, auch selbst hinzuzufügen: jedoch tut er dies nicht sogleich, bei Aufstellung desselben, als welches Anstoß geben könnte; sondern in anständiger Entfernung davon und tiefer im Text, damit es nicht in die Augen springe, daß hier, trotz den erhabenen Anstalten a priori, eigentllich der Egoismus auf dem Richterstuhl sitzt und den Ausschlag gibt, und nachdem er, vom Gesichtspunkt der eventualiter *passiven* Seite aus, entschieden hat, dies für die *aktive* geltend gemacht wird. Also S. 19; – R., S. 24, heißt es: »daß ich ein allgemeines Gesetz, zu lügen, nicht *wollen könne*, weil man mir dann nicht mehr glauben, oder mich *mit gleicher Münze* bezahlen würde«. – S. 55; – R., S. 49: »Die Allgemeinheit eines Gesetzes, daß jeder, was ihm einfällt, versprechen könne, mit dem Vorsatz, es nicht zu halten, würde das Versprechen und den Zweck, den man damit haben mag, selbst unmöglich machen; indem *niemand glauben* würde.« – S. 56; – R., S. 50, heißt es in Beziehung auf die Maxime der *Lieblosigkeit*: »Ein Wille, der dieses beschlösse, würde sich selbst widersprechen, indem doch *Fälle sich ereignen können*, wo *er* anderer Liebe und Teilnahme *bedarf* und wo er durch ein solches aus seinem eigenen Willen entsprungenes Naturgesetz, sich selbst alle *Hoffnung des Beistandes, den er sich wünscht*, rauben würde.« – Ebenfalls in der Kritik der praktischen Vernunft, T. I, B. 1, Hauptst. 2, S. 123; – R., S. 192: »Wenn jeder anderer Not mit völliger Gleichgültigkeit ansähe, und *Du gehörtest mit* zu einer solchen Ordnung der Dinge; würdest Du darin wohl mit Einstimmung Deines Willens sein?« – Quam temere in nosmet legem sancimus iniquam! wäre die Antwort. Diese Stellen erklären genugsam, in welchem Sinn das »*Wollenkönnen*« in Kants Moralprinzip zu verstehn sei. Aber am allerdeutlichsten ist diese wahre Bewandtnis des Kantischen Moralprinzips ausgesprochen in den »Metaphysischen Anfangsgründen der Tugendlehre«, § 30: »*Denn* jeder wünscht, daß *ihm geholfen werde*. Wenn er aber seine Maxime, andern nicht helfen zu wollen, laut werden ließe; so würde jeder *befugt sein*, ihm Beistand zu versagen. Also widerstreitet die eigennützige Maxime sich selbst.« *Befugt sein*, heißt es, *Befugt sein!* Also ist hier so deutlich, wie nur immer möglich, ausgesprochen, daß die moralische Verpflichtung ganz und gar auf vorausgesetzter *Reziprozität* beruhe, folglich schlechthin egoistisch ist und vom Egoismus ihre Auslegung erhält, als welcher, unter der Bedingung der *Reziprozität*, sich klüglich zu einem Kompromiß versteht. Zur Begründung des Prinzips des Staatsvereins wäre das tauglich, aber nicht zu der des Moralprinzips. Wenn daher in der »Grundlegung«, S. 81; – R., S. 67, gesagt wird: »Das Prinzip: Handle jederzeit nach der Maxime, deren Allgemeinheit als Gesetzes Du zugleich wollen kannst, – ist die einzige Bedingung, unter der ein Wille niemals mit sich selbst in Widerstreit sein kann;« – so ist die wahre Auslegung des Wortes *Widerstreit* diese, daß wenn ein Wille die Maxime der Ungerechtigkeit und Lieblosigkeit sanktioniert hätte, er nachmals, wenn er eventualiter der *leidende Teil* würde, sie revozieren und dadurch sich *widersprechen* würde.

Aus dieser Erklärung ist vollkommen klar, daß jene Kantische Grundregel nicht, wie er unablässig behauptet, ein *kategorischer*, sondern in der Tat ein *hypothetischer* Imperativ ist, indem demselben stillschweigend die *Bedingung* zum Grunde liegt, daß das für mein *Handeln* aufzustellende Gesetz, indem ich es zum *allgemeinen* erhebe, auch Gesetz für mein *Leiden* wird, und ich unter dieser Bedingung, als der eventualiter *passive* Teil, Ungerechtigkeit und Lieblosigkeit allerdings *nicht wollen kann.* Hebe ich aber diese Bedingung auf und denke mich, etwan im Vertrauen auf meine überlegenen Geistes- und Leibeskräfte, stets nur als den *aktiven* und nie als den *passiven* Teil, bei der zu erwählenden allgemein gültigen Maxime; so kann ich, vorausgesetzt, daß es kein anderes Fundament der Moral, als das Kantische, gebe, sehr wohl Ungerechtigkeit und Lieblosigkeit als allgemeine Maxime wollen, und demnach die Welt regeln.

upon the simple plan,
That they should take, who have the power,
And they should keep, who can.* *Wordsworth*

Also zu dem im vorigen Paragraph dargelegten Mangel an realer *Begründung* des Kantischen obersten Grundsatzes der Moral gesellt sich, Kants ausdrücklicher Versicherung zuwider, die versteckte *hypothetische* Beschaffenheit desselben, vermöge deren er sogar auf bloßen *Egoismus* basiert ist, als welcher der geheime Ausleger der in demselben gegebenen Weisung ist. Hiezu kommt nun ferner, daß er, bloß als Formel betrachtet, nur eine Umschreibung, Einkleidung, verblümter Ausdruck der allbekannten Regel quod tibi fieri non vis, alteri ne feceris ist, wenn man nämlich diese, indem man sie ohne non und ne wiederholt, von dem Makel befreit, allein die Rechts- und nicht die Liebespflichten zu enthalten. Denn offenbar ist dieses die Maxime, nach der ich (versteht sich mit Rücksicht auf meine möglicherweise *passive* Rolle, mithin auf meinen Egoismus) allein wollen kann, daß alle handeln. Diese Regel quod tibi fieri etc. ist aber selbst wieder nur eine Umschreibung, oder, wenn man will, Prämisse, des von mir, als der einfachste und reinste Ausdruck der von allen Moralsystemen einstimmig geforderten Handlungsweise, aufgestellten Satzes:

* »Nach diesem simpeln Plan,
Daß nehmen soll, wer es vermag,
Behalten soll, wer kann.«

Neminem laede, imo omnes, quantum potes, juva. Dieser ist und bleibt der wahre reine Inhalt aller Moral. Aber worauf er sich gründe? was es sei, das dieser Forderung Kraft erteilt? Dies ist das alte, schwere Problem, welches auch heute uns wieder vorliegt. Denn von der andern Seite schreiet mit lauter Stimme der Egoismus: Neminem juva, imo omnes, si forte conducit, laede: ja, die Bosheit gibt die Variante: Imo omnes, quantum potes, laede. Diesem Egoismus, und der Bosheit dazu, einen ihnen gewachsenen und sogar überlegenen Kämpen entgegen zu stellen, – das ist das Problem aller Ethik. Heic Rhodus, heic salta! –

Kant gedenkt, S. 57; – R., S. 60, sein aufgestelltes Moralprinzip noch dadurch zu bewähren, daß er die längst erkannte und allerdings im Wesen der Moralität gegründete Einteilung der Pflichten in Rechtspflichten (auch genannt vollkommene, unerläßliche, engere Pflichten) und in Tugendpflichten (auch genannt unvollkommene, weitere, verdienstliche, am besten aber Liebespflichten) daraus abzuleiten unternimmt. Allein der Versuch fällt so gezwungen und offenbar schlecht aus, daß er stark wider das aufgestellte oberste Prinzip zeugt. Da sollen nämlich die Rechtspflichten auf einer Maxime beruhen, deren Gegenteil, als allgemeines Naturgesetz genommen, gar nicht einmal ohne Widerspruch *gedacht werden könne*; die Tugendpflichten aber auf einer Maxime, deren Gegenteil man zwar als allgemeines Naturgesetz *denken*; aber unmöglich *wollen* könne. – Nun bitte ich den Leser zu bedenken, daß die Maxime der Ungerechtigkeit, das Herrschen der Gewalt statt des Rechts, welches demnach als Naturgesetz auch nur *zu denken* unmöglich sein soll, eigentlich das wirklich und faktisch in der Natur herrschende Gesetz ist, nicht etwan nur in der Tierwelt, sondern auch in der Menschenwelt: seinen nachteiligen Folgen hat man bei den zivilisierten Völkern durch die Staatseinrichtung vorzubeugen gesucht: sobald aber diese, wo und wie es sei, aufgehoben oder eludiert wird, tritt jenes Naturgesetz gleich wieder ein. Fortwährend aber herrscht es zwischen Volk und Volk: der zwischen diesen übliche Gerechtigkeits-Jargon ist bekanntlich ein bloßer Kanzleistil der Diplomatik: die rohe Gewalt entscheidet. Hingegen echte, d.i. unerzwungene Gerechtigkeit kommt zwar ganz gewiß, jedoch stets nur als Ausnahme von jenem Naturgesetze vor. Obendrein belegt Kant, in den Beispielen, die er jener Einteilung vorangeschickt hat, die Rechtspflichten zuerst (S. 53; – R., S. 48) durch die sogenannte Pflicht gegen sich selbst, sein Leben nicht freiwillig zu enden, wenn die Übel die Annehmlichkeiten überwiegen. Diese Maxime also soll als allgemeines Naturgesetz auch nur *zu denken* unmöglich sein. Ich sage daß, da hier die Staatsgewalt nicht ins Mittel treten kann, gerade jene Maxime sich ungehindert als *wirklich bestehendes Naturgesetz* erweist. Denn ganz gewiß ist es allgemeine Regel, daß der Mensch wirklich zum Selbstmord greift, sobald der angeborene riesenstarke Trieb zur Erhaltung des Lebens von der Größe der Leiden entschieden überwältigt wird: dies zeigt die tägliche Erfahrung. Daß es aber überhaupt irgendeinen Gedanken gebe, der ihn davon abhalten könne, nachdem die mit der Natur jedes Lebenden innig verknüpfte, so mächtige Todesfurcht sich hiezu machtlos erwiesen, also einen Gedanken, der noch stärker wäre, als diese, – ist eine gewagte Voraussetzung, um so mehr, wenn man sieht, daß dieser Gedanke so schwer herauszufinden ist, daß die Moralisten ihn noch nicht bestimmt anzugeben wissen. Wenigstens haben Argumente der Art, wie Kant sie bei dieser Gelegenheit S. 53; – R., S. 48, und auch S. 67; – R., S. 57, gegen den Selbstmord aufstellt, zuverlässig noch keinen Lebensmüden auch nur einen Augenblick zurückgehalten. Also ein unstreitig faktisch bestehendes und täglich wirkendes Naturgesetz wird, zu Gunsten der Pflichteneinteilung aus dem Kantischen Moralprinzip, für ohne Widerspruch *auch nur zu denken* unmöglich erklärt! – Ich gestehe, daß ich nicht ohne Befriedigung von hier einen Blick vorwärts werfe auf die im folgenden Teile von mir aufzustellende Begründung der Moral, aus welcher die Einteilung in Rechts- und Liebespflichten (richtiger in Gerechtigkeit und Menschenliebe) sich völlig ungezwungen ergibt, durch ein aus der Natur der Sache hervorgehendes Trennungsprinzip, welches ganz von selbst eine scharfe Grenzlinie zieht; so daß meine Begründung der Moral jene Bewährung in der Tat aufzuweisen hat, auf welche hier Kant für die seinige ganz unbegründete Ansprüche macht.

§ 8
Von den abgeleiteten Formen *des obersten Grundsatzes der Kantischen Ethik*

Bekanntlich hat Kant den obersten Grundsatz seiner Ethik noch in einem zweiten, ganz andern Ausdruck aufgestellt, in welchem er nicht, wie im ersten, bloß indirekt, als Anweisung wie er zu suchen sei, sondern direkt ausgesprochen wird. Zu diesem bahnt er sich den Weg von S. 63; – R., S. 55 an, und zwar durch höchst seltsame, geschrobene, ja, verschrobene Definitionen der Begriffe *Zweck und Mittel*, welche sich doch viel einfacher und richtiger so definieren lassen: *Zweck* ist das direkte Motiv eines Willensaktes, *Mittel* das indirekte (simplex sigillum veri). Er aber schleicht durch seine wunderlichen Definitionen zu dem Satz: »Der Mensch, und überhaupt jedes vernünftige Wesen, existiert *als Zweck an sich selbst.*« – Allein ich muß geradezu sagen, daß *»als Zweck an sich selbst existieren«* ein Ungedanke, eine contradictio in adjecto ist. Zweck sein, bedeutet gewollt werden. Jeder Zweck ist es nur in Beziehung auf einen Willen, dessen Zweck, d.h., wie gesagt, dessen direktes Motiv er ist. Nur in dieser Relation hat der Begriff *Zweck* einen Sinn, und verliert diesen, sobald er aus ihr herausgerissen wird. Diese ihm wesentliche Relation schließt aber notwendig alles *»An sich«* aus. »Zweck an sich« ist gerade wie »Freund an sich, – Feind an sich, – Oheim an sich, – Nord oder Ost an sich, – Oben oder Unten an sich« u.dgl.m. Im Grunde aber hat es mit dem »Zweck an sich« dieselbe Bewandtnis wie mit dem »absoluten Soll«: Beiden liegt heimlich, sogar unbewußt, derselbe Gedanke als Bedingung zum Grunde: der theologische. – Nicht besser steht es mit dem *»absoluten Wert«*, der solchem angeblichen, aber undenkbaren *Zweck an sich* zukommen soll. Denn auch diesen muß ich, ohne Gnade, als contradictio in adjecto stempeln. Jeder *Wert* ist eine Vergleichungsgröße, und sogar steht er notwendig in doppelter Relation: denn erstlich ist er *relativ*, indem er *für* jemanden ist, und zweitens ist er *komparativ*, indem er im Vergleich mit etwas anderm, wonach er geschätzt wird, ist. Aus diesen zwei Relationen hinausgesetzt, verliert der Begriff *Wert* allen Sinn und Bedeutung. Dies ist zu klar, als daß es noch einer weitern Auseinandersetzung bedürfte. – Wie nun jene zwei Definitionen die Logik beleidigen, so beleidigt die echte Moral der Satz (S. 65; – R., S. 56), daß die vernunftlosen Wesen (also die Tiere) *Sachen* wären und daher auch bloß als *Mittel*, die nicht zugleich *Zweck* sind, behandelt werden dürften. In Übereinstimmung hiemit wird, in den »Metaphysischen Anfangsgründen der Tugendlehre«, § 16, audrücklich gesagt: »Der Mensch kann keine Pflicht gegen irgend ein Wesen haben, als bloß gegen den Menschen«; und dann heißt es § 17: »Die grausame Behandlung der Tiere ist der Pflicht des Menschen *gegen sich selbst* entgegen; weil sie das Mitgefühl an ihrem Leiden im Menschen abstumpft, wodurch eine der Moralität im Verhältnis *zu andern Menschen* sehr diensame, natürliche Anlage geschwächt wird.« – Also bloß zur Übung soll man mit Tieren Mitleid haben, und sie sind gleichsam das pathologische Phantom zur Übung des Mitleids mit Menschen. Ich finde, mit dem ganzen nicht-islamisierten (d. h. nicht-judaisierten) Asien, solche Sätze empörend und abscheulich. Zugleich zeigt sich hier abermals, wie gänzlich diese philosophische Moral, die, wie oben dargelegt, nur eine verkleidete theologische ist, eigentlich von der biblischen abhängt. Weil nämlich (wovon weiterhin) die christliche Moral die Tiere nicht berücksichtigt; so sind diese sofort auch in der philosophischen Moral vogelfrei, sind bloße »Sachen«, bloße *Mittel* zu beliebigen Zwecken, also etwan zu Vivisektionen, Parforcejagden, Stiergefechten, Wettrennen, zu Tode peitschen vor dem unbeweglichen Steinkarren u. dgl. – Pfui! über eine solche Parias-, Tschandalas- und Mletschas-Moral, – die das ewige Wesen verkennt, welches in allem, was Leben hat, da ist, und aus allen Augen, die das Sonnenlicht sehn, mit unergründlicher Bedeutsamkeit hervorleuchtet. Aber jene Moral kennt und berücksichtigt allein die eigene werte Spezies, deren Merkmal *Vernunft* ihr die Bedingung ist, unter welcher ein Wesen Gegenstand moralischer Berücksichtigung sein kann.

Auf so holperichtem Wege, ja, per fas et nefas, gelangt dann Kant zum zweiten Ausdruck des Grundprinzips seiner Ethik: »Handle so, daß Du die Menschheit, sowohl in Deiner Person, als in der Person eines jeden andern, jederzeit zugleich als Zweck, niemals bloß als Mittel brauchest.« Auf sehr künstliche Weise und durch einen weiten Umweg ist hiemit gesagt: »Berücksichtige nicht Dich allein, sondern auch die andern:« und dieses wiederum ist eine Umschreibung des Satzes Quod tibi fieri non vis, alteri ne feceris, welcher, wie gesagt, selbst wieder nur die Prämissen enthält zu der Konklusion, die der letzte wahre Zielpunkt aller Moral und alles Moralisierens ist: Neminem laede, imo omnes, quantum potes, juva: welcher Satz, wie alles Schöne, sich nackt am besten ausnimmt. – Nur sind in jene zweite Moralformel Kants die angeblichen Selbstpflichten, absichtlich und schwerfällig genug, mit hineingezogen. Über diese habe ich mich oben erklärt.

Einzuwenden wäre übrigens gegen jene Formel, daß der hinzurichtende Verbrecher, und zwar mit Recht und Fug, allein als Mittel und nicht als Zweck behandelt wird, nämlich als unerläßliches Mittel, dem Gesetz, durch seine Erfüllung, die Kraft abzuschrecken zu erhalten, als worin dessen Zweck besteht.

Wenn nun gleich diese zweite Formel Kants weder für die *Begründung* der Moral etwas leistet, noch auch für den adäquaten und unmittelbaren Ausdruck ihrer Vorschriften – oberstes Prinzip – gelten kann; so hat sie andererseits das Verdienst, ein feines psychologisch-moralisches apperçu zu enthalten, indem sie den *Egoismus* durch ein höchst charakteristisches Merkmal bezeichnet, welches wohl verdient, hier näher entwickelt zu werden. Dieser *Egoismus* nämlich, von dem wir alle strotzen, und welchen als unsere partie honteuse zu verstecken, wir die *Höflichkeit* erfunden haben, guckt aus allen ihm übergeworfenen Schleiern meistens dadurch hervor, daß wir in jedem, der uns vorkommt, wie instinktmäßig, zunächst nur ein mögliches *Mittel* zu irgendeinem unserer stets zahlreichen *Zwecke* suchen. Bei jeder neuen Bekanntschaft ist meistens unser erster Gedanke, ob der Mann uns nicht zu irgend etwas nützlich werden könnte: wenn er dies nun *nicht* kann; so ist er den meisten, sobald sie sich hievon überzeugt haben, auch selbst *nichts*. In jedem andern ein mögliches Mittel zu unsern Zwecken, also ein Werkzeug zu suchen, liegt beinahe schon in der Natur des menschlichen Blicks: ob nun aber etwan das Werkzeug beim Gebrauche mehr oder weniger zu *leiden* haben werde, ist ein Gedanke, der viel später und oft gar nicht nachkommt. Daß wir diese Sinnesart bei andern voraussetzen, zeigt sich an mancherlei, z. B. daran, daß wenn wir von jemanden Auskunft oder Rat verlangen, wir alles Vertrauen zu seinen Aussagen verlieren, sobald wir entdecken, daß er irgendein, wenn auch nur kleines oder entferntes *Interesse* bei der Sache haben könnte. Denn da setzen wir sogleich voraus, er werde uns zum Mittel seiner Zwecke machen, und seinen Rat daher nicht seiner *Einsicht*, sondern seiner *Absicht* gemäß erteilen; selbst wenn jene auch noch so groß und diese noch so klein sein sollte. Denn wir wissen nur zu wohl, daß eine Kubiklinie Absicht mehr wiegt, als eine Kubikrute Einsicht. Andererseits wird in solchem Falle, bei unserer Frage: »Was soll ich tun?« dem andern oft gar nichts anderes einfallen, als was wir *seinen* Zwecken gemäß zu tun hätten: dieses also wird er alsdann, ohne an *unsere* Zwecke auch nur zu denken, sogleich und wie mechanisch antworten, indem sein Wille unmittelbar die Antwort diktiert, ehe nur die Frage zum Forum seines wirklichen Urteils gelangen konnte, und er also uns seinen Zwecken gemäß zu lenken sucht, ohne sich dessen auch nur bewußt zu werden, sondern selbst vermeinend aus Einsicht zu reden, während aus ihm nur die Absicht redet; ja, er kann hierin so weit gehn, ganz eigentlich zu lügen, ohne es selbst zu merken. So überwiegend ist der Einfluß des Willens über den der Erkenntnis. Demzufolge ist darüber, ob einer aus Einsicht oder aus Absicht redet, nicht einmal das Zeugnis seines eigenen Bewußtseins gültig, meistens aber das seines Interesses. Einen andern Fall zu nehmen: wer von Feinden verfolgt, in Todesangst, einen ihm begegnenden Tabuletkrämer nach einem Seitenwege frägt, kann erleben, daß dieser ihm die Frage entgegnet: »Ob er von seiner Ware nichts brauchen könne?« – Damit soll nicht gesagt sein, daß er sich *stets* so verhalte: vielmehr wird allerdings mancher Mensch am Wohl und Wehe des andern unmittelbar wirklichen Anteil nehmen, oder, in Kants Sprache, ihn als Zweck und nicht als Mittel ansehn. Wie nahe oder fern nun aber jedem einzelnen der Gedanke liegt, den andern, statt wie gewöhnlich als Mittel einmal als Zweck zu betrachten, – dies ist das Maß der großen ethischen Verschiedenheit der Charaktere: und worauf es hiebei in letzter Instanz ankomme, – das wird eben das wahre Fundament der Ethik sein, zu welchem ich erst im folgenden Teile schreite.

Kant hat also, in seiner zweiten Formel, den Egoismus und dessen Gegenteil durch ein höchst charakteristisches Merkmal bezeichnet; welchen Glanzpunkt ich um so lieber hervorgehoben und durch Erläuterung in helles Licht gestellt habe, als ich im übrigen von der Grundlage seiner Ethik leider nur wenig gelten lassen kann.

Die dritte und letzte Form, in der Kant sein Moralprinzip aufgestellt, ist die *Autonomie* des Willens: »Der Wille jedes vernünftigen Wesens ist allgemein gesetzgebend für alle vernünftige Wesen.« Dies folgt freilich aus der ersten Form. Aus der gegenwärtigen soll nun aber (laut S. 71; – R., S. 60) hervorgehn, daß das spezifische Unterscheidungszeichen des kategorischen Imperativs dieses sei, daß beim Wollen aus Pflicht der Wille sich *von allem Interesse lossage.* Alle früheren Moralprinzipien wären deshalb verunglückt, »weil sie den Handlungen immer, sei es als Zwang oder Reiz, ein *Interesse* zum Grunde legten, *dies mochte nun ein eigenes, oder ein fremdes Interesse sein*« (S. 73; – R., S. 62) (auch ein *fremdes*, welches wohl zu merken bitte). »Hingegen ein allgemein gesetzgebender Wille schreibe Handlungen aus *Pflicht* vor, die sich auf *gar kein Interesse gründen.*« Jetzt aber bitte ich zu bedenken, was das eigentlich sagen will: in der Tat nichts Geringeres, als ein Wollen *ohne Motiv*, also eine Wirkung ohne Ursache. Interesse und Motiv sind Wechselbegriffe: heißt nicht Interesse quod mea interest, woran mir gelegen ist? Und ist dies nicht überhaupt alles, was meinen Willen anregt und bewegt? Was ist folglich ein Interesse anderes, als die Einwirkung eines Motivs auf den Willen? Wo also ein *Motiv* den Willen bewegt, da hat er ein *Interesse*: wo ihn aber kein Motiv bewegt, da kann er wahrlich so wenig handeln, als ein Stein ohne Stoß oder Zug von der Stelle kann. Dies werde ich gelehrten Lesern doch nicht erst zu demonstrieren brauchen. Hieraus aber folgt, daß jede Handlung, da sie notwendig ein *Motiv* haben muß, auch notwendig ein *Interesse* voraussetzt. Kant aber stellt eine zweite, ganz neue Art von Handlungen auf, welche ohne alles Interesse, d.h. ohne Motiv vor sich gehn. Und dies sollten die Handlungen der Gerechtigkeit und Menschenliebe sein! Zur Widerlegung dieser monstrosen Annahme bedurfte es nur der Zurückführung derselben auf ihren eigentlichen

Sinn, der durch das Spiel mit dem Worte *Interesse* versteckt war. – Inzwischen feiert Kant (S. 74ff.; – R., S. 62) den Triumph seiner Autonomie des Willens, in der Aufstellung eines moralischen Utopiens, unter dem Namen eines *Reiches der Zwecke*, welches bevölkert ist von lauter *vernünftigen Wesen* in abstracto, die samt und sonders beständig wollen, ohne irgend *etwas* zu wollen (d.i. ohne Interesse): nur dieses eine wollen sie: daß alle stets nach *einer* Maxime wollen (d.i. Autonomie). Difficile est, satiram non scribere.

Aber noch auf etwas anderes, von beschwerlicheren Folgen, als dieses kleine unschuldige Reich der Zwecke, welches man, als vollkommen harmlos, ruhig liegenlassen kann, leitet Kanten seine Autonomie des Willens, nämlich auf den Begriff der *Würde des Menschen*. Diese nämlich beruht bloß auf dessen *Autonomie*, und besteht darin, daß das Gesetz, dem er folgen soll, von ihm selbst gegeben ist, – also er zu demselben in dem Verhältnis steht, wie die konstitutionellen Untertanen zu dem ihrigen. – Das möchte als Ausschmückung des Kantischen Moralsystems immerhin dastehn. Allein dieser Ausdruck *»Würde des Menschen«*, einmal von Kant ausgesprochen, wurde nachher das Schiboleth aller rat- und gedankenlosen Moralisten, die ihren Mangel an einer wirklichen, oder wenigstens doch irgend etwas sagenden Grundlage der Moral hinter jenen imponierenden Ausdruck *»Würde des Menschen«* versteckten, klug darauf rechnend, daß auch ihr Leser sich gern mit einer solchen *Würde* angetan sehn und demnach damit zufriedengestellt sein würde.* Wir wollen jedoch auch diesen Begriff etwas näher untersuchen und auf Realität prüfen. – Kant (S. 79; – R., S. 66) definiert *Würde* als »einen unbedingten, unvergleichbaren Wert«. Dies ist eine Erklärung, die durch ihren erhabenen Klang dermaßen imponiert, daß nicht leicht einer sich untersteht, heranzutreten, um sie in der Nähe zu untersuchen, wo er dann finden würde, daß eben auch sie nur eine hohle Hyperbel ist, in deren Innerem, als nagender Wurm, die contradictio in adjecto nistet. Jeder *Wert* ist die Schätzung einer Sache im Vergleich mit

* Der erste, der den Begriff der »Würde des Menschen« ausdrücklich und ausschließlich zum Grundstein der Ethik gemacht und diese demnach ausgeführt hat, scheint gewesen zu sein G. W. Block, in seiner »Neuen Grundlegung zur Philosophie der Sitten«, 1802.

einer andern, also ein Vergleichsbegriff, mithin relativ, und diese Relativität macht eben das Wesen des Begriffes *Wert* aus. Schon die Stoiker haben (nach Diog. Laert., L. VII, c. 106) richtig gelehrt: *τὴν δὲ ἀξίαν εἶναι ἀμοιβὴν δοκιμαστοῦ, ἣν ἂν ὁ ἔμπειρος τῶν πραγμάτων τάξῃ· ὅμοιον εἰπεῖν, ἀμείβεσθαι πυροὺς πρὸς τὰς σὺν ἡμιόνῳ κριθάς* (existimationem esse probati remunerationem, quamcunque statuerit peritus rerum; quod huiusmodi est, ac si dicas, commutare cum hordeo, adjecto mulo, triticum). Ein *unvergleichbarer, unbedingter, absoluter Wert*, dergleichen die *Würde* sein soll, ist demnach, wie so vieles in der Philosophie, die mit Worten gestellte Aufgabe zu einem Gedanken, der sich gar nicht denken läßt, so wenig wie die höchste Zahl, oder der größte Raum.

»Denn eben wo Begriffe fehlen,
Da stellt ein *Wort* zu rechter Zeit sich ein.«

So war denn auch hier an der »Würde des Menschen« ein höchst willkommenes Wort auf die Bahn geworfen, an welchem nunmehr jede, durch alle Klassen der Pflichten und alle Fälle der Kasuistik ausgesponnene Moral ein breites Fundament fand, von welchem herab sie mit Behagen weiter predigen konnte.

Am Schlusse seiner Darstellung (S. 124; – R., S. 97) sagt Kant: »Wie nun aber *reine Vernunft*, ohne andere Triebfedern, die irgend woher sonst genommen sein mögen, für sich selbst *praktisch* sein, d.i. wie das *bloße Prinzip der Allgemeingültigkeit aller ihrer Maximen* als Gesetze, ohne allen Gegenstand des Willens, woran man zum voraus irgend ein Interesse nehmen dürfte, für sich selbst eine Triebfeder abgeben und ein Interesse, welches rein moralisch heißen würde, bewirken, oder, mit andern Worten, wie reine Vernunft praktisch sein könne? – Das zu erklären, ist alle menschliche Vernunft unvermögend und alle Mühe und Arbeit verloren.« – Nun sollte man denken, daß wenn etwas, dessen Dasein behauptet wird, nicht einmal seiner Möglichkeit nach begriffen werden kann, es doch faktisch in seiner Wirklichkeit nachgewiesen sein müsse: allein der kategorische Imperativ der praktischen Vernunft wird ausdrücklich *nicht* als eine Tatsache des Bewußtseins aufgestellt, oder sonst durch Erfahrung begründet. Vielmehr werden wir oft genug verwarnt, daß er *nicht* auf solchem anthropologisch-empirischen Wege zu suchen sei (z. B. S. VI der Vorrede; – R., S. 5, und S. 59, 60; – R., S. 52). Dazu noch wird uns wiederholt (z. B. S. 48; – R., S. 44) versichert, »daß durch kein Beispiel, mithin empirisch auszumachen sei, ob es überall einen dergleichen Imperativ gebe«. Und S. 49; – R., S. 45, »daß die Wirklichkeit des kategorischen Imperativs nicht in der Erfahrung gegeben sei«. – Wenn man das zusammenfaßt, so könnte man wirklich auf den Verdacht geraten, Kant habe seine Leser zum besten. Wenn nun gleich dieses, dem heutigen deutschen philosophischen Publiko gegenüber, wohl erlaubt und recht sein möchte; so hatte doch dasselbe sich zu Kants Zeiten noch nicht so, wie seitdem, signalisiert: und außerdem war gerade die Ethik das am wenigsten zum Scherze geeignete Thema. Wir müssen also bei der Überzeugung stehn bleiben, daß, was weder *als möglich* begriffen, noch *als wirklich* nachgewiesen werden kann, keine Beglaubigung seines Daseins hat. – Wenn wir nun aber auch nur versuchen, es bloß mittelst der Phantasie zu erfassen und uns einen Menschen vorzustellen, dessen Gemüt von einem in lauter kategorischen Imperativen redenden *absoluten Soll*, wie von einem Dämon besessen wäre, der, den Neigungen und Wünschen desselben entgegen, dessen Handlungen beständig zu lenken verlangte; – so erblicken wir hierin kein richtiges Bild der Natur des Menschen, oder der Vorgänge unsers Innern: wohl aber erkennen wir ein erkünsteltes Substitut der theologischen Moral, zu welcher es sich verhält, wie ein hölzernes Bein zu einem lebendigen.

Unser Resultat ist also, daß die Kantische Ethik, so gut wie alle früheren, jedes sichern Fundaments entbehrt. Sie ist, wie ich durch die gleich anfangs angestellte Prüfung ihrer *imperativen Form* gezeigt habe, im Grunde nur eine Umkehrung der theologischen Moral und eine Vermummung derselben in sehr abstrakte und scheinbar a priori gefundene Formeln. Diese Vermummung mußte um so künstlicher und unkenntlicher sein, als Kant dabei zuverlässig sogar sich selber täuschte, und wirklich vermeinte, die offenbar nur in der theologischen Moral einen Sinn habenden Begriffe des *Pflichtgebots* und des *Gesetzes* unabhängig von aller Theologie feststellen und auf reine Erkenntnis a priori gründen zu können: wogegen ich genugsam nachgewiesen habe, daß jene Begriffe bei ihm, jedes realen Fundaments entbehrend, frei in der Luft schweben. Unter seinen eigenen Händen entschleiert sich denn auch gegen das Ende die verlarvte *theologische Moral*, in der Lehre *vom höchsten Gut*, in den *Postulaten der praktischen Vernunft* und endlich in *der Moraltheologie*. Doch hat alles dieses weder ihn noch das Publikum über den wahren Zusammenhang der Sache enttäuscht: vielmehr freueten beide sich, alle diese Glaubensartikel jetzt durch die Ethik (wenngleich nur idealiter und zum praktischen Behuf) begründet zu sehn. Denn sie nahmen treuherzig die Folge für den Grund und den Grund für die Folge, indem sie nicht sahen, daß jener Ethik alle diese angeblichen Folgerungen aus ihr schon als stillschweigende und versteckte, aber unumgänglich nötige Voraussetzungen zum Grunde lagen.

Wenn mir jetzt, am Schlusse dieser scharfen und selbst den Leser anstrengenden Untersuchung, zur Aufheiterung, ein scherzhaftes, ja, frivoles Gleichnis gestattet sein sollte; so würde ich Kanten, in jener Selbstmystifikation, mit einem Manne vergleichen, der, auf einem Maskenball, den ganzen Abend mit einer maskierten Schönen buhlt, im Wahn, eine Eroberung zu machen; bis sie am Ende sich entlarvt und zu erkennen gibt – als seine Frau.

§ 9
Kants Lehre vom Gewissen

Die angebliche praktische Vernunft mit ihrem kategorischen Imperativ ist offenbar am nächsten verwandt mit dem *Gewissen*, wiewohl von diesem *erstlich* darin wesentlich verschieden, daß der kategorische Imperativ, als gebietend, notwendig *vor* der Tat spricht, das Gewissen aber eigentlich erst hinterher. *Vor* der Tat kann es höchstens *indirekt* sprechen, nämlich mittelst der Reflexion, welche ihm die Erinnerung früherer Fälle vorhält, wo ähnliche Taten hinterher die Mißbilligung des Gewissens erfahren haben. Hierauf scheint mir sogar die Etymologie des Wortes *Gewissen* zu beruhen, indem nur das bereits Geschehene *gewiß ist*.

Nämlich in jedem, auch dem besten Menschen steigen, auf äußern Anlaß, erregten Affekt, oder aus innerer Verstimmung, unreine, niedrige, boshafte Gedanken und Wünsche auf: für diese aber ist er moralisch nicht verantwortlich und dürfen sie sein Gewissen nicht belasten. Denn sie zeigen nur an, was *der Mensch überhaupt*, nicht aber was *er*, der sie denkt, zu tun fähig wäre. Denn andere Motive, die nur nicht augenblicklich und mit jenen zugleich ins Bewußtsein treten, stehn ihnen, bei ihm, entgegen; so daß sie nie zu Taten werden können: daher sie der überstimmten Minorität einer beschließenden Versammlung gleichen. An den *Taten* allein lernt ein jeder sich selbst, so wie die andern, empirisch kennen, und nur *sie* belasten das *Gewissen*. Denn sie allein sind nicht problematisch, wie die Gedanken, sondern, im Gegensatz hievon, *gewiß*, stehn unveränderlich da, werden nicht bloß gedacht, sondern *gewußt*. Mit dem lateinischen conscientia verhält es sich ebenso; es ist das Horazische conscire sibi, pallescere culpa. Eben so mit συνειδησις. Es ist das *Wissen* des Menschen um das, was er getan hat. Zweitens, nimmt das Gewissen seinen Stoff stets aus der Erfahrung, welches der angebliche kategorische Imperativ nicht kann, da er rein a priori ist. – Inzwischen dürfen wir voraussetzen, daß Kants Lehre vom Gewissen auch auf jenen von ihm neu eingeführten Begriff Licht zurückwerfen werde. Die Hauptdarstellung desselben findet sich in den »Metaphysischen Anfangsgründen zur Tugendlehre«, § 13, welche wenigen Seiten ich bei der jetzt folgenden Kritik derselben *als vorliegend voraussetze*.

Diese Kantische Darstellung des Gewissens macht einen höchst imposanten Eindruck, vor welchem man mit ehrfurchtsvoller Scheu stehn blieb und sich um so weniger getraute, dagegen etwas einzuwenden, als man befürchten mußte, seine theoretische Einrede mit einer praktischen verwechselt zu sehn und, wenn man die Richtigkeit der Kantischen Darstellung leugnete, für gewissenlos zu gelten. Mich kann das nicht irremachen, da es sich hier um Theorie, nicht um Praxis handelt und nicht abgesehn ist auf Moral-Predigen, sondern auf strenge Prüfung der letzten Gründe der Ethik.

Zuvörderst bedient Kant sich durchweg *lateinischer, juridischer Ausdrücke*, die doch wenig geeignet scheinen, die geheimsten Regungen des menschlichen Herzens wiederzugeben. Aber diese Sprache und die juridische Darstellung behält er von Anfang bis zu Ende bei: sie scheint also der Sache wesentlich und eigen. Es wird uns da im Innern des Gemütes ein vollständiger Gerichtshof vorgeführt, mit Prozeß, Richter, Ankläger, Verteidiger, Urteilsspruch. Verhielte sich nun wirklich der innere Vorgang so, wie Kant ihn darstellt; so müßte man sich wundern, daß noch irgendein Mensch, ich will nicht sagen so *schlecht*, aber so *dumm* sein könnte, gegen das Gewissen zu handeln. Denn eine solche übernatürliche Anstalt ganz eigener Art in unserm Selbstbewußtsein, ein solches vermummtes Vehmgericht im geheimnisvollen Dunkel unsers Innern, müßte jedem ein Grausen und eine Deisidämonie einjagen, die ihn wahrlich abhielte, kurze, flüchtige Vorteile zu ergreifen, gegen das Verbot und unter den Drohungen übernatürlicher, sich so deutlich und so nahe ankündigender, furchtbarer Mächte. – In der Wirklichkeit hingegen sehn wir umgekehrt die Wirksamkeit des Gewissens allgemein für so schwach gelten, daß alle Völker darauf bedacht gewesen sind, ihr durch positive Religion zu Hülfe zu kommen, oder gar sie dadurch völlig zu ersetzen. Auch hätte, bei einer solchen Beschaffenheit des Gewissens, die gegenwärtige Preisfrage der Königlichen Sozietät gar nie in den Sinn kommen können.

Bei näherer Betrachtung der Kantischen Darstellung finden wir jedoch, daß der imposante Effekt derselben hauptsächlich dadurch erreicht wird, daß Kant der moralischen Selbstbeurteilung eine Form als eigen und wesentlich beilegt, die dies ganz und gar nicht ist, sondern ihr nur ebenso angepaßt werden kann, wie jeder andern, dem eigentlich Moralischen ganz fremden Rumination dessen, was wir getan haben und hätten anders tun können. Denn nicht nur wird ebenfalls das offenbar unechte, erkünstelte, auf bloßen Aberglauben gegründete Gewissen, z. B. wenn ein Hindu sich vorwirft, zum Morde einer Kuh Anlaß gegeben zu haben, oder ein Jude sich erinnert, am Sabbath eine Pfeife im Hause geraucht zu haben, – dieselbe Form des Anklagens, Verteidigens und Richtens gelegentlich annehmen; sondern sogar auch diejenige Selbstprüfung, welche von gar keinem ethischen Gesichtspunkte ausgeht, ja eher unmoralischer als moralischer Art ist, wird ebenfalls oft in solcher Form auftreten. So z.B. wenn ich für einen Freund, gutmütiger aber unüberlegter Weise, mich verbürgt habe, und nun am Abend mir deutlich wird, welche schwere Verantwortlichkeit ich da auf mich genommen habe, und wie es leicht kommen könne, daß ich dadurch in großen Schaden gerate, den die alte Weisheitsstimme *ἐγγύα, πάρα δ' ἄτα*! mir prophezeit; da tritt ebenfalls in meinem Innern der Ankläger auf und auch ihm gegenüber der Advokat, welcher meine übereilte Verbürgung durch den Drang der Umstände, der Verbindlichkeiten, durch die Unverfänglichkeit der Sache, ja durch Belobung meiner Gutmütigkeit zu beschönigen sucht, und zuletzt auch der Richter, der unerbittlich das Urteil »Dummer Streich!« fällt, unter welchem ich zusammensinke.

Und wie mit der von Kant beliebten Gerichtsform, so steht es auch mit dem größten Teil seiner übrigen Schilderung. Z.B. was er, gleich anfangs des Paragraphs, vom Gewissen als diesem eigentümlich sagt, gilt auch von jedem Skrupel ganz anderer Art: es kann ganz wörtlich verstanden werden vom heimlichen Bewußtsein eines Renteniers, daß seine Ausgaben die Zinsen weit übersteigen, das Kapital angegriffen werde und allmählich dahinschmelzen müsse: »Es folgt ihm wie sein Schatten, wenn er zu entfliehn gedenkt: er kann sich zwar durch Lüste und Zerstreuungen betäuben, oder in Schlaf bringen, aber nicht vermeiden, dann und wann zu sich selbst zu kommen, oder zu erwachen, wo er alsbald die furchtbare Stimme desselben vernimmt« usw. – Nachdem er nun jene Gerichtsform als der Sache wesentlich geschildert und daher vom Anfang bis zum Ende beibehalten hat, benutzt er sie zu folgendem fein angelegten Sophisma. Er sagt: »Daß aber der durch sein Gewissen *Angeklagte* mit dem *Richter als eine und dieselbe Person* vorgestellt werde, ist eine ungereimte Vorstellungsart von einem Gerichtshofe: denn da würde ja der Ankläger jederzeit verlieren«, welches er noch durch eine sehr geschrobene und unklare Anmerkung erläutert. Daraus nun folgert er, daß wir, um nicht in Widerspruch zu geraten, uns den innern Richter (in jenem gerichtlichen Gewissensdrama) als von uns verschieden, als *einen andern* denken müssen, und diesen als einen Herzenskündiger, einen Allwissenden, einen Allverpflichtenden, und, als exekutive Gewalt, einen Allmächtigen; so daß er jetzt, auf ganz ebener Bahn, seinen Leser vom Gewissen zur Deisidämonie, als einer ganz notwendigen Konsequenz desselben führt, heimlich darauf vertrauend, daß dieser ihm dahin um so williger folgen wird, als die früheste Erziehung ihm solche Begriffe geläufig, ja, zur andern Natur gemacht hat. Daher denn Kant hier leichtes Spiel findet; welches er jedoch hätte verschmähen und darauf bedacht sein sollen, Redlichkeit hier nicht nur zu *predigen*, sondern auch zu *üben*. – Ich leugne schlechthin den oben angeführten Satz, auf dem alle jene Folgerungen beruhen; ja, ich erkläre ihn für einen Winkelzug. *Es ist nicht wahr*, daß der Ankläger jederzeit verlieren müsse, wenn der Angeklagte mit dem Richter *eine* Person ist; wenigstens nicht beim *innern* Gerichtshofe: hat denn, in meinem obigen Beispiel von der Verbürgung, der Ankläger verloren? – Oder mußte man dabei, um nicht in Widerspruch zu geraten, auch hier eine solche Prosopopoia vornehmen und sich notwendig *einen andern* objektiv als denjenigen denken, dessen Urteilsspruch jenes Donnerwort »Dummer Streich« gewesen wäre? Etwan einen leibhaftigen Merkur? Oder eine Personifikation der vom Homer (Il., 23, 313 seq.) empfohlenen *Μητις*, und demnach auch hier den Weg der Deisidämonie einschlagen, wiewohl der heidnischen?

Daß Kant bei seiner Darstellung sich verwahrt, seiner schon hier kurz, aber doch im wesentlichen angedeuteten Moraltheologie keine objektive Geltung beizulegen, sondern sie nur als subjektiv notwendige Form hinzustellen; dies spricht ihn nicht los von der Willkürlichkeit, mit der er sie, wenn auch nur als subjektiv notwendig, konstruiert; da solches mittelst ganz ungegründeter Annahmen geschieht.

So viel ist also gewiß, daß die ganze juridisch-dramatische Form, in der Kant das Gewissen darstellt und sie, als eins mit der Sache selbst, durchweg und bis ans Ende beibehält, um endlich Folgerungen daraus zu ziehn, dem Gewissen völlig unwesentlich und keineswegs eigentümlich ist. Vielmehr ist sie eine viel allgemeinere Form, welche die Überlegung jeder praktischen Angelegenheit leicht annimmt, und die hauptsächlich entspringt aus dem dabei meistens eintretenden Konflikt entgegengesetzter

Motive, deren Gewicht die reflektierende Vernunft sukzessive prüft; wobei es gleichviel ist, ob diese Motive moralischer, oder egoistischer Art sind, und ob es eine Deliberation des noch zu Tuenden, oder eine Rumination des schon Vollzogenen betrifft. Entkleiden wir nun aber Kants Darstellung von dieser ihr nur beliebig gegebenen dramatisch-juridischen Form; so verschwindet auch der sie umgebende Nimbus, nebst dem imposanten Effekt derselben, und bloß dies bleibt übrig, daß, beim Nachdenken über unsere Handlungen, uns bisweilen eine Unzufriedenheit mit uns selbst, von besonderer Art, anwandelt, welche das Eigene hat, nicht den Erfolg, sondern die Handlung selbst zu betreffen und nicht, wie jede andere, in der wir das Unkluge unsers Tuns bereuen, auf *egoistischen* Gründen zu beruhen; indem wir hier gerade damit unzufrieden sind, daß wir *zu* egoistisch gehandelt haben, *zu* sehr unser eigenes, *zu* wenig das Wohl anderer berücksichtigt, oder wohl gar, ohne eigenen Vorteil, das *Wehe* anderer, seiner selbst wegen, uns zum Zwecke gemacht haben. Daß wir darüber mit uns selbst unzufrieden sein und uns betrüben können über Leiden, die wir nicht *gelitten*, sondern *verursacht* haben, dies ist die nackte Tatsache, und diese wird niemand leugnen. Den Zusammenhang derselben mit der allein probehaltigen Basis der Ethik werden wir weiterhin untersuchen. Kant aber hat, wie ein kluger Sachwalter, aus dem ursprünglichen Faktum, durch Ausschmükkung und Vergrößerung desselben, so viel als irgend möglich zu machen gesucht, um eine recht breite Basis für seine Moral und Moraltheologie vorweg zu haben.

§ 10

Kants Lehre vom intelligibeln und empirischen Charakter. – Theorie der Freiheit

Nachdem ich, im Dienste der Wahrheit, auf die Kantische Ethik Angriffe getan habe, welche nicht, wie die bisherigen, nur die Oberfläche treffen, sondern sie in ihrem tiefsten Grunde unterwühlen, scheint mir die Gerechtigkeit zu fordern, daß ich nicht von ihr scheide, ohne Kants größtes und glänzendes Verdienst um die Ethik in Erinnerung gebracht zu haben. Dieses besteht in der Lehre vom Zusammenbestehn der Freiheit mit der Notwendigkeit, welche er zuerst in der Kritik der reinen Vernunft (S. 533–554 der ersten und S. 561–582 der fünften Auflage) vorträgt, jedoch eine noch deutlichere Darstellung davon in der Kritik der praktischen Vernunft (vierte Auflage, S. 169–179; – R., S. 224–231) gibt.

Hobbes zuerst, dann Spinoza, dann Hume, auch Holbach im Syst. d. la nat., und endlich am ausführlichsten und gründlichsten Priestley, hatten die vollkommene und strenge Notwendigkeit der Willensakte, bei eintretenden Motiven, so deutlich bewiesen und außer Zweifel gestellt, daß sie den vollkommen demonstrierten Wahrheiten beizuzählen ist: daher nur Unwissenheit und Roheit von einer Freiheit in den einzelnen Handlungen des Menschen, einem libero arbitrio indifferentiae, zu reden fortfahren konnte. Auch Kant nahm, infolge der unwiderleglichen Gründe dieser Vorgänger, die vollkommene Notwendigkeit der Willensakte als eine ausgemachte Sache, an welcher kein Zweifel mehr obwalten konnte; wie dies alle die Stellen beweisen, in welchen er allein vom *theoretischen* Gesichtspunkt aus von der Freiheit redet. Dabei bleibt es jedoch wahr, daß unsere Handlungen von einem Bewußtsein der Eigenmächtigkeit und Ursprünglichkeit begleitet sind, vermöge dessen wir sie als unser Werk erkennen und jeder, mit untrüglicher Gewißheit, sich als den wirklichen Täter seiner Taten und für dieselben moralisch *verantwortlich* fühlt. Da nun aber die *Verantwortlichkeit* eine Möglichkeit anders gehandelt zu haben, mithin Freiheit, auf irgendeine Weise, voraussetzt; so liegt im Bewußtsein der Verantwortlichkeit mittelbar auch das der Freiheit. Zur Lösung dieses aus der Sache selbst hervorgehenden Widerspruches ward nun Kants tiefsinnige Unterscheidung zwischen Erscheinung und Ding an sich, welche der innerste Kern seiner ganzen Philosophie und eben deren Hauptverdienst ist, der endlich gefundene Schlüssel.

Das Individuum, bei seinem unveränderlichen, angeborenen Charakter, in allen seinen Äußerungen durch das Gesetz der Kausalität, die hier, als durch den Intellekt vermittelt, Motivation heißt, streng betimmt, ist nur die *Erscheinung*. Das dieser zum

Grunde liegende *Ding an sich* ist, als außer Raum und Zeit befindlich, frei von aller Sukzession und Vielheit der Akte, eines und unveränderlich. Seine Beschaffenheit *an sich* ist der *intelligible Charakter*, welcher in allen Taten des Individui gleichmäßig gegenwärtig und in ihnen allen, wie das Petschaft in tausend Siegeln, ausgeprägt, den in der Zeit und Sukzession der Akte sich darstellenden, *empirischen Charakter* dieser Erscheinung bestimmt, die daher in allen ihren Äußerungen, welche von den Motiven hervorgerufen werden, die Konstanz eines Naturgesetzes zeigen muß; weshalb alle ihre Akte streng notwendig erfolgen. Hiedurch war nun auch jene Unveränderlichkeit, jene unbiegsame Starrheit des empirischen Charakters jedes Menschen, welche denkende Köpfe von jeher wahrgenommen hatten (während die übrigen meinten, durch vernünftige Vorstellungen und moralische Vermahnungen sei der Charakter eines Menschen umzugestalten), auf einen rationellen Grund zurückgeführt, mithin auch für die Philosophie festgestellt und diese dadurch mit der Erfahrung in Einklang gebracht; so daß sie nicht länger beschämt wurde von der Volksweisheit, welche jene Wahrheit längst ausgesprochen hatte in dem spanischen Sprichwort: Lo que entra con el capillo, sale con la mortaja (Das was mit der Kindermütze hineinkommt, geht mit dem Leichentuche wieder heraus), oder: Lo que en la leche se mama, en la mortaja se derrama (Was mit der Milch eingesogen wird, wird ins Leichentuch wieder ausgegossen).

Diese Lehre Kants vom Zusammenbestehn der Freiheit mit der Notwendigkeit halte ich für die größte aller Leistungen des menschlichen Tiefsinns. Sie, nebst der transzendentalen Ästhetik, sind die zwei großen Diamanten in der Krone des Kantischen Ruhmes, der nie verhallen wird. – Bekanntlich hat Schelling, in seiner Abhandlung über die Freiheit, eine durch ihr lebhaftes Kolorit und anschauliche Darstellung für viele faßlichere Paraphrase jener Lehre Kants gegeben, welche ich loben würde, wenn Schelling die Redlichkeit gehabt hätte, dabei zu sagen, daß er hier Kants Weisheit, nicht seine eigene, vorträgt, wofür ein Teil des philosophischen Publikums sie noch heute hält.

Nun kann man aber diese Kantische Lehre und das Wesen der Freiheit überhaupt auch dadurch sich faßlicher machen, daß man sie mit einer allgemeinen Wahrheit in Verbindung setzt, als deren bündigsten Ausdruck ich einen von den Scholastikern öfter ausgesprochenen Satz ansehe: operari sequitur esse; d.h. jedes Ding in der Welt wirkt nach dem wie es ist, nach seiner Beschaffenheit, in welcher daher alle seine Äußerungen schon potentiâ enthalten sind, actu aber eintreten, wann äußere Ursachen sie hervorrufen; wodurch denn eben jene Beschaffenheit selbst sich kundgibt. Diese ist der *empirische Charakter*, hingegen dessen innerer, der Erfahrung nicht zugängliche, letzte Grund ist der *intelligible Charakter*, d.h. das Wesen *an sich* dieses Dinges. Der Mensch macht hierin keine Ausnahme von der übrigen Natur: auch er hat seine feststehende Beschaffenheit, seinen unveränderlichen Charakter, der jedoch ganz individuell und bei jedem ein anderer ist. Dieser ist eben *empirisch* für unsere Auffassung, aber eben deshalb nur *Erscheinung*: was er hingegen seinem Wesen an sich selbst nach sein mag, heißt der *intelligible Charakter*. Seine sämtlichen Handlungen, ihrer äußern Beschaffenheit nach durch die Motive bestimmt, können nie anders als diesem unveränderlichen individuellen Charakter gemäß ausfallen: wie einer ist, so muß er handeln. Daher ist dem gegebenen Individuo, in jedem gegebenen einzelnen Fall, schlechterdings nur *eine* Handlung möglich: operari sequitur esse. Die Freiheit gehört nicht dem empirischen, sondern allein dem intelligibeln Charakter an. Das operari eines gegebenen Menschen ist von außen durch die Motive, von innen durch seinen Charakter notwendig bestimmt: daher alles, was er tut, notwendig eintritt. Aber in seinem Esse, da liegt die Freiheit. Er hätte ein anderer *sein* können: und in dem, was er *ist*, liegt Schuld und Verdienst. Denn alles, was er tut, ergibt sich daraus von selbst, als ein bloßes Korollarium. – Durch Kants Theorie werden wir eigentlich von dem Grundirrtum zurückgebracht, der die Notwendigkeit ins Esse und die Freiheit ins Operari verlegte, und werden zu der Erkenntnis geführt, daß es sich gerade umgekehrt verhält. Deshalb betrifft die moralische Verantwortlichkeit des Menschen zwar zunächst und ostensibel das, was er tut, im Grunde aber das, was er *ist*; da, dieses vorausgesetzt, sein Tun, beim Eintritt der Motive, nie anders ausfallen konnte, als es ausgefallen ist. Aber so strenge auch die Notwendigkeit ist, mit welcher, bei gegebenem Charakter, die Taten von den Motiven hervorgerufen werden; so wird es dennoch keinem, selbst dem nicht, der hievon überzeugt ist, je einfallen, sich dadurch diskulpieren und die Schuld auf die Motive wälzen zu wollen: denn er erkennt deutlich, daß hier, der Sache und den Anlässen nach, also objective, eine ganz andere, sogar eine entgegengesetzte Handlung sehr wohl möglich war, ja, eingetreten sein würde, *wenn nur er ein anderer gewesen* wäre. Daß aber er, wie es sich aus der Handlung ergibt, ein solcher und kein anderer ist, – das ist es, wofür er sich verantwortlich fühlt: hier, im Esse liegt die Stelle, welche der Stachel des Gewissens trifft. Denn das Gewissen ist eben nur die aus der eigenen Handlungsweise entstehende und immer intimer werdende Bekanntschaft mit dem eigenen Selbst. Daher wird vom Gewissen, zwar auf Anlaß des Operari, doch eigentlich das Esse angeschuldigt. Da wir uns der *Freiheit* nur mittelst der *Verantwortlichkeit* bewußt sind; so muß, wo diese liegt, auch jene liegen: also im Esse. Das Operari fällt der Notwendigkeit anheim. Aber, wie die andern, so lernen wir auch uns selbst nur *empirisch* kennen und haben von unserm Charakter keine Erkenntnis a priori. Vielmehr hegen wir von diesem ursprünglich eine sehr hohe Meinung, indem das quisque praesumitur bonus, donec probetur contrarium, auch vor dem innern foro gilt.

Anmerkung

Wer das Wesentliche eines Gedankens auch in ganz verschiedenen Einkleidungen desselben wiederzuerkennen fähig ist, wird mit mir einsehn, daß jene Kantische Lehre vom intelligibeln und empirischen Charakter eine zur abstrakten Deutlichkeit erhobene Einsicht ist, die schon Plato gehabt hat, welcher jedoch, weil er die Idealität der Zeit nicht erkannt hatte, sie nur in zeitlicher Form, mithin bloß mythisch und in Verbindung mit der Metempsychose darlegen konnte. Diese Erkenntnis der Identität beider Lehren wird nun aber sehr verdeutlicht durch die Erläuterung und Ausführung des Platonischen Mythos, welche Porphyrius mit so großer Klarheit und Bestimmtheit gegeben hat, daß die

Übereinstimmung mit der abstrakten Kantischen Lehre bei ihm unverkennbar hervortritt. Aus einer nicht mehr vorhandenen Schrift von ihm hat uns diese Erörterung, in welcher er den hier in Rede stehenden, von Plato, in der zweiten Hälfte des zehnten Buches der Republik gegebenen Mythos, genau und speziell kommentiert, Stobäos in extenso aufbehalten, im zweiten Buch seiner Eklogen, Kap. 8, §§ 37–40, welcher Abschnitt daher höchst lesenswert ist. Zur Probe bringe ich daraus den kurzen § 39 hier bei, damit der teilnehmende Leser angereizt werden, den Stobäos selbst zur Hand zu nehmen. Er wird alsdann erkennen, daß jener Platonische Mythos angesehn werden kann als eine Allegorie der großen und tiefen Erkenntnis, welche Kant, in ihrer abstrakten Reinheit, als Lehre vom intelligibeln und empirischen Charakter aufgestellt hat, und daß folglich diese im wesentlichen schon vor Jahrtausenden von Plato erlangt war, ja, noch viel höher hinaufreicht, da Porphyrius der Meinung ist, daß Plato sie von den Ägyptern überkommen habe. Nun aber liegt sie schon in der Metempsychosenlehre des Brahmanismus, von welchem, höchstwahrscheinlich, die Weisheit der ägyptischen Priester abstammt. – Der besagte § 39 lautet:

Τὸ γὰρ ὅλον βούλημα τοιοῦτ᾽ ἔοικεν εἶναι τὸ τοῦ Πλάτωνος· ἔχειν μὲν τὸ αὐτεξούσιον τὰς ψυχὰς, πρὶν εἰς σώματα καὶ βίους διαφόρους ἐμπεσεῖν, εἰς τὸ ἢ τοῦτον τὸν βίον ἑλέσθαι, ἢ ἄλλον, ὃν, μετὰ ποιᾶς ζωῆς καὶ σώματος οἰκείου τῇ ζωῇ, ἐκτελέσειν μέλλει· (καὶ γὰρ λέοντος βίον ἐπ᾽ αὐτῇ εἶναι ἑλέσθαι, καὶ ἀνδρός). Κᾀκεῖνο μέντοι τὸ αὐτεξούσιον, ἅμα τῇ πρός τινα τῶν τοιούτων βίων πτώσει, ἐμπεπόδισται. Κατελθοῦσαι γὰρ εἰς τὰ σώματα, καὶ ἀντὶ ψυχῶν ἀπολύτων γεγονυῖαι ψυχαὶ ζώων, τὸ αὐτεξούσιον φέρουσιν οἰκεῖον τῇ τοῦ ζώου κατασκευῇ, καὶ ἐφ᾽ ὧν μὲν εἶναι πολύνουν καὶ πολυκίνητον, ὡς ἐπ᾽ ἀνθρώπου, ἐφ᾽ ὧν δὲ ὀλιγοκίνητον καὶ μονότροπον, ὡς ἐπὶ τῶν ἄλλων σχεδὸν πάντων ζώων. Ἠρθῆσθαι δὲ τὸ αὐτεξούσιον τοῦτο ἀπὸ τῆς κατασκευῆς, κινούμενον μὲν ἐξ αὑτοῦ, φερόμενον δὲ κατὰ τὰς ἐκ τῆς κατασκευῆς γιγνομένας προθυμίας.(Omnino enim Platonis sententia haec videtur esse: habere quidem animas, priusquam in corpora vitaeque certa genera incidant, vel eius vel alterius vitae eligendae potestatem, quam in corpore, vitae conveniente, degant [nam et leonis vitam et hominis ipsis licere eligere]; simul vero, cum vita aliqua adepta, libertatem illam tolli. Cum vero in corpora descenderint, et ex liberis animabus factae sint animalium animae, libertatem, animalis organismo convenientem, nanciscuntur; esse autem eam alibi valde intelligentem et mobilem, ut in homine; alibi vero simplicem et parum mobilem, ut fere in omnibus ceteris animalibus. Pendere autem hanc libertatem sic ab animalis organismo, ut per se quidem moveatur, juxta illius autem appetitiones feratur.)

§ 11
Die Fichte*sche Ethik als Vergrößerungsspiegel der Fehler der Kantischen*

Wie in der Anatomie und Zoologie dem Schüler manche Dinge nicht so augenfällig an Präparaten und Naturprodukten werden, wie an Kupferstichen, welche dieselben mit einiger Übertreibung darstellen; so kann ich dem, welchem, nach der in den obigen Paragraphen gegebenen Kritik, die Nichtigkeit der Kantischen Grundlage der Ethik noch nicht vollkommen eingeleuchtet hätte, als ein Mittel zur Verdeutlichung dieser Erkenntnis Fichtes »System der Sittenlehre« empfehlen.

Wie nämlich im alten deutschen Puppenspiel dem Kaiser, oder sonstigen Helden, allemal der Hanswurst beigegeben war, welcher alles, was der Held gesagt oder getan hatte, nachher in *seiner* Manier und mit Übertreibung wiederholte; so steht hinter dem großen Kant der Urheber der Wissenschaftslehre, richtiger Wissenschaftsleere. Wie dieser Mann seinen, dem deutschen philosophischen Publiko gegenüber ganz passenden und zu billigenden Plan, mittelst einer philosophischen Mystifikation Aufsehn zu erregen, um infolge desselben seine und der Seinigen Wohlfahrt zu begründen, vorzüglich dadurch ausführte, daß er Kanten in allen Stücken *überbot,* als dessen lebendiger Superlativ auftrat und durch Vergrößerung der hervorstechenden Teile ganz eigentlich eine Karikatur der Kantischen Philosophie zustande brachte; so hat er dieses auch in der Ethik geleistet. In seinem »System der Sittenlehre« finden wir den kategorischen Imperativ herangewachsen zu einem despotischen Imperativ: das absolute Soll, die gesetzgebende Vernunft und das Pflichtgebot haben sich entwikkelt zu einem *moralischen Fatum*, einer unergründlichen Notwendigkeit, daß das Menschengeschlecht gewissen Maximen streng gemäß handle (S. 308–309), als woran, nach den moralischen Anstalten zu urteilen, sehr viel gelegen sein muß, obwohl man nirgends eigentlich erfährt *was*, sondern nur so viel sieht, daß wie den Bienen ein Trieb einwohnt, gemeinschaftlich Zellen und einen Stock zu bauen, so in den Menschen angeblich ein Trieb liegen soll, gemeinschaftlich eine große, streng moralische Weltkomödie aufzuführen, zu welcher wir die bloßen Drahtpuppen wären und nichts weiter; wiewohl mit dem bedeutenden Unterschiede, daß der Bienenstock denn doch wirklich zustande kommt, hingegen statt der moralischen Weltkomödie in der Tat eine höchst unmoralische aufgeführt wird. So sehn wir denn hier die imperative Form der Kantischen Ethik, das Sittengesetz und absolute Soll, weiter geführt, bis ein *System des moralischen Fatalismus* daraus geworden, dessen Ausführung bisweilen in das Komische übergeht.*

* Zum Beleg des Gesagten will ich hier nur einigen wenigen Stellen Raum gestatten. S. 196: »Der sittliche Trieb ist absolut, er fordert schlechthin, ohne allen Zweck außer ihm selbst.« – S. 232: »Nun soll, zufolge des Sittengesetzes, das empirische Zeitwesen ein genauer Abdruck des ursprünglichen Ich werden.« – S. 308: »Der ganze Mensch ist Vehikul des Sittengesetzes.« – S. 342: »Ich bin nur Instrument, bloßes Werkzeug des Sittengesetzes, schlechthin nicht Zweck.« – S. 343: »Jeder ist Zweck als Mittel, die Vernunft zu realisieren: dies ist der letzte Endzweck seines Daseins: dazu allein ist er da, und wenn dies nicht geschehn sollte, so braucht er überhaupt nicht zu sein.« – S. 347: »Ich bin Werkzeug des Sittengesetzes in der Sinnenwelt!« – S. 360: »Es ist Verordnung des Sittengesetzes, den Leib zu ernähren, die Gesundheit desselben zu befördern: es versteht sich, daß dies in keinem Sinne und zu keinem andern Zweck geschehn darf, als um ein *tüchtiges Werkzeug* zur Beförderung des *Vernunftszwecks* zu sein.« – (Vergl. S. 371) S. 376: »Jeder menschliche Leib ist Werkzeug zur Beförderung des Vernunftszwecks: daher muß die höchstmögliche Tauglichkeit jedes Werkzeugs dazu mir Zweck sein: ich muß sonach Sorgfalt für jeden tragen.« – Dies ist seine Ableitung der Menschenliebe! – S. 377: »Ich kann und darf für mich selbst nur sorgen, lediglich weil und in wiefern ich *ein Werkzeug des Sittengesetzes bin*.« – S. 388: »Einen Verfolgten mit Gefahr des eigenen Lebens zu verteidigen, ist absolute Schuldigkeit: – sobald Menschenleben in Gefahr ist, habt ihr nicht mehr das Recht, auf die Sicherheit eures eigenen zu denken.« – S. 420: »Es gibt gar keine Ansicht meines Nebenmenschen auf dem Gebiete des Sittengesetzes, als die, daß er sei ein *Werkzeug* der Vernunft.«

Wenn in Kants Ethik ein gewisser moralischer Pedantismus zu spüren ist; so gibt, bei Fichte, die lächerlichste moralische Pedanterei reichen Stoff zur Satire. Man lese z.B., S. 407–409, die Entscheidung des bekannten kasuistischen Exempels, wo von zwei Menschenleben eines verloren werden muß. Ebenso finden wir alle Fehler Kants in den Superlativ gesteigert: z.B. S. 199: »Den Trieben der Sympathie, des Mitleids, der *Menschenliebe* zufolge zu handeln ist schlechthin nicht moralisch, sondern insofern gegen die Moral.«! – S. 402: »Die Triebfeder der Dienstfertigkeit muß nie eine unbesonnene Gutherzigkeit sein, sondern der deutlich gedachte Zweck, die Kausalität der Vernunft so viel als möglich zu befördern.« – Zwischen jenen Pedantereien guckt nun aber Fichtes eigentliche philosophische Roheit, – wie sie zu erwarten ist bei einem Mann, dem das Lehren nie Zeit zum Lernen gelassen hat, – augenfällig hervor, indem er das liberum arbitrium indifferentiae ernstlich aufstellt und mit den gemeinsten Gründen befestigt (S. 160, 173, 205, 208, 237, 259, 261). – Wer noch nicht vollkommen überzeugt ist, daß das Motiv, obgleich durch das Medium der Erkenntnis einwirkend, eine Ursache ist, wie jede andere, folglich dieselbe Notwendigkeit des Erfolgs, wie jede andere, mit sich führt, daher alle menschlichen Handlungen streng notwendig erfolgen, – der ist noch philosophisch roh und nicht in den Elementen der philosophischen Erkenntnis unterrichtet. Die Einsicht in die strenge Notwendigkeit der menschlichen Handlungen ist die Grenzlinie, welche die philosophischen Köpfe von den andern scheidet: und an dieser angelangt zeigte Fichte deutlich, daß er zu den andern gehörte. Daß er dann wieder, Kants Spur nachgehend (S. 303), Dinge sagt, die mit obigen Stellen in geradem Widerspruch stehn, beweist, wie so viele andere Widersprüche in seinen Schriften, nur, daß er, als einer, dem es mit Erforschung der Wahrheit nie Ernst war, gar keine feste Grundüberzeugung hatte; wie sie denn zu seinen Zwecken auch ganz und gar nicht nötig war. Nichts ist lächerlicher, als daß man diesem Mann die strengste Konsequenz nachgerühmt hat, indem man seinen pedantischen, triviale Dinge breit demonstrierenden Ton richtig dafür annahm.

Die vollkommenste Entwickelung jenes *Systems des moralischen*

Fatalismus Fichtes findet man in seiner letzten Schrift: »Die Wissenschaftslehre in ihrem allgemeinen Umrisse dargestellt«, Berlin 1810, – welche den Vorzug hat, nur 46 S. 12° stark zu sein und doch seine ganze Philosophie in nuce zu enthalten, weshalb sie allen denen zu empfehlen ist, welche ihre Zeit für zu kostbar halten, als daß sie mit den in Christian-Wolffischer Breite und Langweiligkeit abgefaßten und eigentlich auf Täuschung, nicht auf Belehrung des Lesers abgesehenen größeren Produktionen dieses Mannes vergeudet werden dürfte. In dieser kleinen Schrift also heißt es S. 32: »Die Anschauung einer Sinnenwelt war nur dazu da, daß an dieser Welt das Ich als *absolut sollendes* sich sichtbar würde.« – S. 33 kommt gar »das *Soll* der Sichtbarkeit des *Soll*«, und S. 36 »ein *Soll* des Ersehns, daß ich *soll*«. – Dahin also hat, als exemplar vitiis imitabile, die *imperative Form* der Ethik Kants, mit ihrem unerwiesenen *Soll*, das sie als ein gar bequemes *πον στω* sich erbat, gleich nach Kanten geführt.

Übrigens stößt alles hier Gesagte Fichtes Verdienst nicht um, welches darin besteht, die Philosophie Kants, dieses späte Meisterstück des menschlichen Tiefsinns, bei der Nation, unter der es auftrat, verdunkelt, ja, verdrängt zu haben, durch windbeutelnde Superlative, durch Extravaganzen und den unter der Larve des Tiefsinns auftretenden Unsinn seiner »Grundlage der gesamten Wissenschaftslehre«, und hiedurch der Welt unwiderleglich gezeigt zu haben, welches die Kompetenz des deutschen philosophischen Publikums sei; da er es die Rolle eines Kindes spielen ließ, dem man ein kostbares Kleinod aus den Händen lockt, indem man ihm ein Nürnberger Spielzeug dafür hinhält. Sein dadurch erlangter Ruhm lebt, auf Kredit, noch heute fort, und noch heute wird Fichte stets neben Kant genannt, als noch so einer (*Ηρακλῆς καὶ πίθηκος*! – i. e. Hercules et simia!), ja, oft über ihn gestellt.* Daher hat auch sein Beispiel jene von gleichem Geiste

* Ich belege dieses durch eine Stelle aus der allerneuesten philosophischen Literatur. Herr Feuerbach, ein Hegelianer (c'est tout dire) läßt sich in seinem Buche »P. Bayle, Ein Beitrag zur Geschichte der Philosophie«, 1838, S. 80, also vernehmen: »Noch erhabener als Kants sind aber Fichtes Ideen, die er in seiner Sittenlehre und zerstreut in seinen übrigen Schriften aussprach. Das Christentum hat an Erhabenheit nichts, was es den Ideen *Fichtes* an die Seite stellen könnte.«

beseelten und mit gleichem Erfolg gekrönten Nachfolger in der Kunst philosophischer Mystifikation des deutschen Publikums hervorgerufen, die jeder kennt und von denen ausführlich zu reden, hier nicht der Ort ist; obwohl ihre respektiven Meinungen noch immer von den Philosophieprofessoren lang und breit dargelegt und ernsthaft diskutiert werden; als ob man es wirklich mit Philosophen zu tun hätte. Fichten also ist es zu verdanken, daß lukulente Akten da sind, um einst revidiert zu werden vor dem Richterstuhle der Nachwelt, diesem Kassationshofe der Urteile der Mitwelt, welcher, zu fast allen Zeiten, für das echte Verdienst das hat sein müssen, was das Jüngste Gericht für die Heiligen ist.

III.
BEGRÜNDUNG DER ETHIK

§ 12
Anforderungen

Also auch Kants Begründung der Ethik, seit sechzig Jahren für ein festes Fundament derselben gehalten, versinkt vor unsern Augen in den tiefen, vielleicht unausfüllbaren Abgrund der philosophischen Irrtümer, indem sie sich als eine unstatthafte Annahme und als eine bloße Verkleidung der theologischen Moral erweist. – Daß die früheren Versuche, die Ethik zu begründen, noch weniger genügen können, darf ich, wie gesagt, als bekannt voraussetzen. Es sind meistens unerwiesene, aus der Luft gegriffene Behauptungen, und zugleich, wie eben auch Kants Begründung selbst, künstliche Subtilitäten, welche die feinsten Unterscheidungen verlangen und auf den abstraktesten Begriffen beruhen, schwierige Kombinationen, heuristische Regeln, Sätze, die auf einer Nadelspitze balancieren, und stelzbeinige Maximen, von deren Höhe herab man das wirkliche Leben und sein Gewühl nicht mehr sehn kann. Daher sind sie allerdings trefflich geeignet, in den Hörsälen widerzuhallen und eine Übung des Scharfsinnes abzugeben: aber dergleichen kann es nicht sein, was den in jedem Menschen dennoch wirklich vorhandenen Aufruf zum Rechttun und Wohltun hervorbringt, noch kann es den starken Antrieben zur Ungerechtigkeit und Härte das Gleichgewicht halten, noch auch den Vorwürfen des Gewissens zum Grunde liegen; welche auf die Verletzung solcher spitzfindigen Maximen zurückführen zu wollen, nur dienen kann, diese lächerlich zu machen. Künstliche Begriffs-Kombinationen jener Art können also, wenn wir die Sache ernstlich nehmen, nimmermehr den wahren Antrieb zur Gerechtigkeit und Menschenliebe enthalten. Dieser muß vielmehr etwas sein, das wenig Nachdenken, noch weniger Abstraktion und Kombination erfordert, das, von der Verstandesbildung unabhängig, jeden, auch den rohesten Menschen, anspreche, bloß auf anschaulicher Auffassung beruhe und unmittelbar aus der Realität der Dinge sich aufdringe. Solange die Ethik nicht ein Fundament dieser Art aufzuweisen hat, mag sie in den Hörsälen disputieren und paradieren: das wirkliche Leben wird ihr Hohn sprechen. Ich muß daher den Ethikern den paradoxen Rat erteilen, sich erst ein wenig im Menschenleben umzusehn.

§ 13
Skeptische Ansicht

Oder aber ginge vielleicht aus dem Rückblicke auf die seit mehr als zweitausend Jahren vergeblich gemachten Versuche, eine sichere Grundlage für die Moral zu finden, hervor, daß es gar keine natürliche, von menschlicher Satzung unabhängige Moral gebe, sondern diese durch und durch ein Artefakt sei, ein Mittel, erfunden zur bessern Bändigung des eigensüchtigen und boshaften Menschengeschlechts, und daß sie demnach, ohne die Stütze der positiven Religionen, dahin fallen würde, weil sie keine innere Beglaubigung und keine natürliche Grundlage hätte? Justiz und Polizei können nicht überall ausreichen: es gibt Vergehungen, deren Entdeckung zu schwer, ja einige, deren Bestrafung mißlich ist; wo uns also der öffentliche Schutz verläßt. Zudem kann das bürgerliche Gesetz höchstens Gerechtigkeit, nicht aber Menschenliebe und Wohltun erzwingen, schon weil hiebei jeder der passive, keiner aber der aktive Teil würde sein wollen. Dies hat die Hypothese veranlaßt, daß die Moral allein auf der Religion beruhe und beide zum Zweck hätten, das Komplement zur notwendigen Unzulänglichkeit der Staatseinrichtung und Gesetzgebung zu sein. Eine natürliche, d. h. bloß auf die Natur der Dinge, oder des Menschen gegründete Moral könne es demnach nicht geben: woraus sich erkläre, daß die Philosophen umsonst bestrebt sind, ihr Fundament zu suchen. Diese Meinung ist nicht ohne Scheinbarkeit: schon die Pyrrhoniker stellten sie auf: *οὔτε ἀγαθόν τί ἐστι φύσει, οὔτε κακόν,*

ἀλλὰ πρὸς ἀνθρώπων ταῦτα νόῳ κέκριται,

κατὰ τὸν Τίμωνα (neque est aliquod bonum naturâ, neque malum, »sed haec ex arbitrio hominum dijudicantur«, – secundum Timonem). Sext. Emp. adv. Math. XI,140, und auch in neuerer Zeit haben ausgezeichnete Denker sich zu ihr bekannt. Sie verdient daher eine sorgfältige Prüfung, wenn es gleich bequemer wäre, sie durch einen inquisitoriellen Seitenblick auf das Gewissen derer, in denen ein solcher Gedanke aufsteigen konnte, zu beseitigen.

Man würde sich in einem großen und sehr jugendlichen Irrtum befinden, wenn man glaubte, daß alle gerechte und legale Handlungen der Menschen moralischen Ursprungs wären. Vielmehr ist zwischen der Gerechtigkeit, welche die Menschen ausüben, und der echten Redlichkeit des Herzens meistens ein analoges Verhältnis, wie zwischen den Äußerungen der Höflichkeit und der echten Liebe des Nächsten, welche nicht, wie jene, zum Schein, sondern wirklich den Egoismus überwindet. Die überall zur Schau getragene Rechtlichkeit der Gesinnung, welche über jeden Zweifel erhaben sein will, nebst der hohen Indignation, welche durch die leiseste Andeutung eines Verdachts in dieser Hinsicht rege wird und bereit ist, in den feurigsten Zorn überzugehn, – dies alles wird nur der Unerfahrene und Einfältige sofort für bare Münze und Wirkung eines zarten moralischen Gefühls oder Gewissens nehmen. In Wahrheit beruht die allgemeine, im menschlichen Verkehr ausgeübte und als felsenfeste Maxime behauptete Rechtlichkeit hauptsächlich auf zwei äußeren Notwendigkeiten: erstlich auf der gesetzlichen Ordnung, mittelst welcher die öffentliche Gewalt die Rechte eines jeden schützt, und zweitens auf der erkannten Notwendigkeit des guten Namens, oder der bürgerlichen Ehre, zum Fortkommen in der Welt, mittelst welcher die Schritte eines jeden unter der Aufsicht der öffentlichen Meinung stehn, welche, unerbittlich strenge, auch einen einzigen Fehltritt in diesem Stücke nie verzeiht, sondern ihn, als einen unauslöschlichen Makel, dem Schuldigen bis an den Tod nachträgt. Hierin ist sie wirklich weise: denn sie geht von dem Grundsatze operari sequitur esse und demnach von der Überzeugung aus, daß der Charakter unveränderlich sei und daher, was einer *einmal* getan hat, er unter ganz gleichen Umständen, unausbleiblich wieder tun werde. Diese zwei Wächter also sind es, welche die öffentliche Rechtlichkeit bewachen und ohne welche wir, unverhohlen gesagt, übel daran wären, vorzüglich in Hinsicht auf den Besitz, diesen Hauptpunkt im menschlichen Leben, um welchen hauptsächlich dessen Tun und Treiben sich dreht. Denn die rein ethischen Motive zur Ehrlichkeit, angenommen daß sie vorhanden sind, können meistenteils nur nach einem weiten Umwege ihre Anwendung auf den bürgerlichen Besitz finden. Sie können nämlich sich zunächst und unmittelbar allein auf das *natürliche* Recht beziehn; auf das *positive* aber erst mittelbar, sofern nämlich jenes ihm zum Grunde liegt. Das natürliche Recht aber haftet an keinem andern Eigentum, als an dem durch eigene Mühe erworbenen, durch dessen Angriff die darauf verwendeten Kräfte des Besitzers mit angegriffen, ihm also geraubt werden. – Die Präokkupationstheorie verwerfe ich unbedingt, kann jedoch nicht hier auf ihre Widerlegung eingehn.* – Nun soll freilich jeder auf positives Recht gegründete Besitz, wenn auch durch noch so viele Mittelglieder, zuletzt und in erster Quelle auf dem natürlichen Eigentumsrechte beruhen. Aber wie weit liegt nicht, in den meisten Fällen, unser bürgerlicher Besitz von jener Urquelle des natürlichen Eigentumsrechtes ab! Meistens hat er mit diesem einen sehr schwer oder gar nicht nachweisbaren Zusammenhang: unser Eigentum ist geerbt, erheiratet, in der Lotterie gewonnen, oder wenn auch das nicht, doch nicht durch eigentliche Arbeit im Schweiße des Angesichts, sondern durch kluge Gedanken und Einfälle erworben, z. B. im Spekulationshandel, ja, mitunter auch durch dumme Einfälle, welche, mittelst des Zufalls, der Deus Eventus gekrönt und verherrlicht hat. In den wenigsten Fällen ist es eigentlich die Frucht wirklicher Mühe und Arbeit, und selbst dann ist diese oft nur eine geistige, wie die der Advokaten, Ärzte, Beamten, Lehrer, welche, nach dem Blicke des rohen Menschen, wenig Anstrengung zu kosten scheint. Es bedarf schon bedeutender Bildung, um bei allem solchen Besitz das ethische Recht zu erkennen und es demnach aus rein moralischem Antriebe zu achten. – Demzufolge betrachten viele, im stillen, das Eigentum der

* Siehe »Die Welt als Wille und Vorstellung«, Bd. 1, § 62, S. 396 ff., und Bd. 2, Kap. 47, S. 682.

andern als allein nach positivem Rechte besessen. Finden sie daher Mittel, es ihnen mittelst Benutzung, ja auch nur Umgehung der Gesetze zu entreißen; so tragen sie kein Bedenken: denn ihnen scheint, daß jene es auf demselben Wege verlören, auf welchem sie es früher erlangt hatten, und sie sehn daher ihre eigenen Ansprüche als ebensogut begründet an, wie die des frühern Besitzers. Von ihrem Gesichtspunkt aus, ist in der bürgerlichen Gesellschaft an die Stelle des Rechtes des Stärkern das des Klügern getreten. – Inzwischen ist *der Reiche* oft wirklich von einer unverbrüchlichen Rechtlichkeit, weil er von ganzem Herzen einer Regel zugetan ist und eine Maxime aufrecht erhält, auf deren Befolgung sein ganzer Besitz, mit dem vielen, was er dadurch vor andern voraus hat, beruht; daher er zu dem Grundsatze suum cuique sich in vollem Ernst bekennt und nicht davon abweicht. Es gibt in der Tat eine solche *objektive* Anhänglichkeit an Treue und Glauben, mit dem Entschluß, sie heilig zu halten, die bloß darauf beruht, daß Treue und Glauben die Grundlage alles freien Verkehrs unter Menschen, der guten Ordnung und des sichern Besitzes sind, daher sie *uns selbst* gar oft zugute kommen und in dieser Hinsicht sogar mit Opfern aufrecht gehalten werden müssen; wie man ja an einen guten Acker auch etwas *wendet*. Doch wird man die so begründete Redlichkeit, in der Regel, nur bei wohlhabenden, oder wenigstens einem einträglichen Erwerb obliegenden Leuten finden, am allermeisten bei Kaufleuten, als welche die deutlichste Überzeugung haben, daß Handel und Wandel am gegenseitigen Vertrauen und Kredit ihre unentbehrliche Stütze haben; weshalb auch die kaufmännische Ehre eine ganz spezielle ist. – Hingegen *der Arme*, der bei der Sache zu kurz gekommen ist und, vermöge der Ungleichheit des Besitzes, sich zu Mangel und schwerer Arbeit verdammt sieht, während andere, vor seinen Augen, im Überfluß und Müßiggange leben, der wird schwerlich erkennen, daß dieser Ungleichheit eine entsprechende der Verdienste und des redlichen Erwerbes zum Grunde liege. Wenn er aber dies *nicht* erkennt, woher soll er dann den rein ethischen Antrieb zur Ehrlichkeit nehmen, der ihn abhält, seine Hand nach dem fremden Überflusse auszustrecken? Meistens ist es die gesetzliche Ordnung, die ihn zurückhält. Aber wenn einmal die seltene Gelegenheit kommt, wo er, vor der Wirkung des Gesetzes gesichert, durch eine einzige Tat die drückende Last des Mangels, welche der Anblick des fremden Überflusses noch fühlbarer macht, von sich wälzen und auch *sich* in den Besitz der so oft beneideten Genüsse setzen könnte, was wird da seine Hand zurückhalten? Religiöse Dogmen? Selten ist der Glaube so fest. Ein rein moralisches Motiv zur Gerechtigkeit? Vielleicht in einzelnen Fällen: aber in den allermeisten wird es dann nur die auch dem geringen Manne sehr angelegene Sorge für seinen guten Namen, seine bürgerliche Ehre sein, die augenscheinliche Gefahr, durch eine solche Tat auf immer ausgestoßen zu werden aus der großen Freimaurerloge der ehrlichen Leute, welche das Gesetz der Rechtlichkeit befolgen und danach auf der ganzen Erde das Eigentum unter sich verteilt haben und verwalten, die Gefahr, infolge einer einzigen unehrlichen Handlung, zeitlebens ein Paria der bürgerlichen Gesellschaft zu sein, einer, dem keiner mehr traut, dessen Gemeinschaft jeder flieht und dem dadurch alles Fortkommen abgeschnitten ist, d.h. mit einem Wort: »Ein Kerl, der gestohlen hat«, – und auf den das Sprichwort geht: »Wer einmal stiehlt, ist zeitlebens ein Dieb.«

Dies also sind die Wächter der öffentlichen Rechtlichkeit: und wer gelebt und die Augen offen gehabt hat, wird eingestehn, daß bei weitem die allermeiste Ehrlichkeit im menschlichen Verkehr nur ihnen zu verdanken ist, ja, daß es nicht an Leuten fehlt, die auch *ihrer* Wachsamkeit sich zu entziehn hoffen, und die daher Gerechtigkeit und Redlichkeit nur als ein Aushängeschild, als eine Flagge betrachten, unter deren Schutz man seine Kapereien mit desto besserm Erfolge ausführt. Wir haben also nicht sogleich in heiligem Eifer aufzufahren und in Harnisch zu geraten, wenn ein Moralist einmal das Problem aufwirft, ob nicht vielleicht alle Redlichkeit und Gerechtigkeit im Grunde bloß konventionell wäre, und er demnächst, dieses Prinzip weiter verfolgend, auch die ganze übrige Moral auf entferntere, mittelbare, zuletzt aber doch egoistische Gründe zurückzuführen sich bemüht, wie Holbach, Helvetius, d'Alembert und andere ihrer Zeit es scharfsinnig versucht haben. Von dem größten Teil der gerechten Handlungen ist dies sogar wirklich wahr und richtig, wie ich im Obigen gezeigt habe. Daß es auch von einem beträchtlichen Teil der

Handlungen der Menschenliebe wahr sei, leidet keinen Zweifel; da sie oft aus Ostentation, sehr oft aus dem Glauben an eine dereinstige Retribution, die wohl gar in der Quadrat- oder vollends Kubik-Zahl geleistet würde, hervorgehn, auch noch andere egoistische Gründe zulassen. Allein ebenso gewiß ist es, daß es Handlungen uneigennütziger Menschenliebe und ganz freiwilliger Gerechtigkeit gibt. Beweise der letzteren sind, um mich nicht auf Tatsachen des Bewußtseins, sondern nur der Erfahrung zu berufen, die einzelnen, aber unzweifelhaften Fälle, wo nicht nur die Gefahr gesetzlicher Verfolgung, sondern auch die der Entdekkung und selbst jedes Verdachtes ganz ausgeschlossen war, und dennoch selbst vom Armen dem Reichen das Seinige gegeben wurde: z.B., wo ein Verlorenes und Gefundenes, wo ein von einem Dritten und bereits Verstorbenen Deponiertes dem Eigentümer gebracht wurde, wo ein im Geheimen von einem Landesflüchtigen bei einem armen Manne gemachtes Depositum treulich bewahrt und zurückgegeben wurde. Dergleichen Fälle gibt es, ohne Zweifel: allein die Überraschung, die Rührung, die Hochachtung, womit wir sie entgegennehmen, bezeugen deutlich, daß sie zu den unerwarteten Dingen, den seltenen Ausnahmen gehören. Es gibt in der Tat wahrhaft ehrliche Leute; – wie es auch wirklich vierblätterigen Klee gibt: aber Hamlet spricht ohne Hyperbel, wenn er sagt: To be honest, as this world goes, is to be one man pick'd out of ten thousand.* – Gegen den Einwand, daß den oben erwähnten Handlungen zuletzt religiöse Dogmen, mithin Rücksicht auf Strafe und Belohnung in einer andern Welt, zum Grunde lagen, würden sich auch wohl Fälle nachweisen lassen, wo die Vollbringer derselben gar keinem Religionsglauben anhingen; was lange nicht so selten ist, wie das öffentliche Bekenntnis der Sache.

Man beruft sich, der *skeptischen Ansicht* gegenüber, zunächst auf das *Gewissen*. Aber auch gegen *dessen* natürlichen Ursprung werden Zweifel erhoben. Wenigstens gibt es auch eine conscientia spuria, die oft mit demselben verwechselt wird. Die Reue und Beängstigung, welche mancher über das, was er getan hat, empfin-

* Nach dem Laufe dieser Welt heißt ehrlich sein: ein aus zehntausend Auserwählter sein.

det, ist oft im Grunde nichts anderes, als die Furcht vor dem, was ihm dafür geschehn kann. Die Verletzung äußerlicher, willkürlicher und sogar abgeschmackter Satzungen quält manchen mit inneren Vorwürfen, ganz nach Art des Gewissens. So z.B. liegt es manchem bigotten Juden wirklich schwer auf dem Herzen, daß, obgleich es im zweiten Buch Mose, Kap. 35,3, heißt: »Ihr sollt kein Feuer anzünden am Sabattage in allen euren Wohnungen«, er doch am Sonnabend zu Hause eine Pfeife geraucht hat. Manchen Edelmann, oder Offizier, nagt der heimliche Selbstvorwurf, daß er, bei irgendeinem Vorwurf, den Gesetzen des Narrenkodex, den man ritterliche Ehre nennt, nicht gehörig nachgekommen sei: dies geht so weit, daß mancher dieses Standes, wenn in die Unmöglichkeit versetzt, sein gegebenes Ehrenwort zu halten, oder auch nur besagtem Kodex bei Streitigkeiten Genüge zu leisten, sich totschießen wird. (Ich habe beides erlebt.) Hingegen wird derselbe Mann alle Tage leichten Herzens sein Wort brechen, sobald nur nicht das Schiboleth »Ehre« hinzugefügt war. – Überhaupt jede Inkonsequenz, jede Unbedachtsamkeit, jedes Handeln gegen unsere Vorsätze, Grundsätze, Überzeugungen, welcher Art sie auch seien, ja, jede Indiskretion, jeder Fehlgriff, jede Balourdise wurmt uns hinterher im stillen und läßt einen Stachel im Herzen zurück. Mancher würde sich wundern, wenn er sähe, woraus sein Gewissen, das ihm ganz stattlich vorkommt, eigentlich zusammengesetzt ist: etwan aus $1/5$ Menschenfurcht, $1/5$ Deisidämonie, $1/5$ Vorurteil, $1/5$ Eitelkeit und $1/5$ Gewohnheit: so daß er im Grunde nicht besser ist, als jener Engländer, der geradezu sagte: I cannot afford to keep a conscience (ein Gewissen zu halten ist für mich zu kostspielig). – Religiöse Leute, jedes Glaubens, verstehn unter *Gewissen* sehr oft nichts anderes, als die Dogmen und Vorschriften ihrer Religion und die in Beziehung auf diese vorgenommene Selbstprüfung: in diesem Sinne werden ja auch die Ausdrücke *Gewissenszwang* und *Gewissensfreiheit* genommen. Die Theologen, Scholastiker und Kasuistiker der mittlern und spätern Zeit nahmen es ebenso: Alles was einer von Satzungen und Vorschriften der Kirche wußte, nebst dem Vorsatz es zu glauben und zu befolgen, machte sein *Gewissen* aus. Demgemäß gab es ein zweifelndes, ein meinendes, ein irrendes Gewissen u.dgl.m., zu deren Berichtigung man sich einen Gewissensrat hielt. Wie wenig der Begriff des Gewissens, gleich andern Begriffen, durch sein Objekt selbst festgestellt ist, wie verschieden er von Verschiedenen gefaßt worden, wie schwankend und unsicher er bei den Schriftstellern erscheint, kann man in der Kürze ersehn aus Stäudlins »Geschichte der Lehre vom Gewissen«. Alles dieses ist nicht geeignet, die Realität des Begriffes zu beglaubigen, und hat daher die Frage veranlaßt, ob es denn auch wirklich ein eigentliches, angeborenes Gewissen gebe? Ich bin bereits § 10, bei der Lehre von der Freiheit, veranlaßt worden, meinen Begriff vom Gewissen kurz anzugeben, und werde weiterhin unten darauf zurückkommen.

Diese sämtlichen skeptischen Bedenklichkeiten reichen zwar keineswegs hin, das Dasein aller echten Moralität abzuleugnen, wohl aber unsere Erwartungen von der moralischen Anlage im Menschen und mithin vom natürlichen Fundament der Ethik zu mäßigen; da so vieles, was diesem zugeschrieben wird, nachweislich von andern Triebfedern herrührt, und die Betrachtung der moralischen Verderbnis der Welt genugsam beweist, daß die Triebfeder zum Guten keine sehr mächtige sein kann, zumal weil sie oft selbst da nicht wirkt, wo die ihr entgegenstehenden Motive nicht stark sind; wiewohl hiebei der individuelle Unterschied der Charaktere seine volle Gültigkeit behauptet. Inzwischen wird die Erkenntnis jener moralischen Verderbnis dadurch erschwert, daß die Äußerungen derselben gehemmt und verdeckt werden durch die gesetzliche Ordnung, durch die Notwendigkeit der Ehre, ja, auch noch durch die Höflichkeit. Endlich kommt noch hinzu, daß man bei der Erziehung die Moralität der Zöglinge dadurch zu befördern vermeint, daß man ihnen Rechtlichkeit und Tugend als die in der Welt allgemein befolgten Maximen darstellt: wenn nun später die Erfahrung sie, und oft zu ihrem großen Schaden, eines andern belehrt; so kann die Entdeckung, daß ihre Jugendlehrer die ersten waren, welche sie betrogen, nachteiliger auf ihre eigene Moralität wirken, als wenn diese Lehrer ihnen das erste Beispiel der Offenherzigkeit und Redlichkeit selbst gegeben und unverhohlen gesagt hätten: »Die Welt liegt im Argen, die Menschen sind nicht, wie sie sein sollten; aber laß' es Dich nicht irren und sei Du besser«. – Alles dieses, wie gesagt, erschwert unsere Erkenntnis der wirklichen Immoralität des Menschengeschlechts. Der Staat, dieses Meisterstück des sich selbst verstehenden, vernünftigen, aufsummierten Egoismus aller, hat den Schutz der Rechte eines jeden in die Hände einer Gewalt gegeben, welche, der Macht jedes einzelnen unendlich überlegen, ihn zwingt, die Rechte aller andern zu achten. Da kann der grenzenlose Egoismus fast aller, die Bosheit vieler, die Grausamkeit mancher sich nicht hervortun: der Zwang hat alle gebändigt. Die hieraus entspringende Täuschung ist so groß, daß, wenn wir in einzelnen Fällen, wo die Staatsgewalt nicht schützen kann, oder eludiert wird, die unersättliche Habsucht, die niederträchtige Geldgier, die tief versteckte Falschheit, die tückische Bosheit der Menschen hervortreten sehn, wir oft zurückschrecken und ein Zetergeschrei erheben, vermeinend, ein noch nie gesehnes Monstrum sei uns aufgestoßen: allein ohne den Zwang der Gesetze und die Notwendigkeit der bürgerlichen Ehre würden dergleichen Vorgänge ganz an der Tagesordnung sein. Kriminalgeschichten und Beschreibungen anarchischer Zustände muß man lesen, um zu erkennen, was, in moralischer Hinsicht, der Mensch eigentlich ist. Diese Tausende, die da, vor unsern Augen, im friedlichen Verkehr sich durcheinander drängen, sind anzusehn als ebenso viele Tiger und Wölfe, deren Gebiß durch einen starken Maulkorb gesichert ist. Daher, wenn man sich die Staatsgewalt einmal aufgehoben, d.h. jenen Maulkorb abgeworfen denkt, jeder Einsichtige zurückbebt vor dem Schauspiele, das dann zu erwarten stände; wodurch er zu erkennen gibt, wie wenig Wirkung er der Religion, dem Gewissen, oder dem natürlichen Fundament der Moral, welches es auch immer sein möge, im Grunde zutraut. Aber gerade alsdann würde, jenen freigelassenen unmoralischen Potenzen gegenüber, auch die wahre moralische Triebfeder im Menschen ihre Wirksamkeit unverdeckt zeigen, folglich am leichtesten erkannt werden können; wobei zugleich die unglaublich große moralische Verschiedenheit der Charaktere unverschleiert hervortreten und ebenso groß befunden werden würde, wie die intellektuelle der Köpfe; womit gewiß viel gesagt ist.

Man wird mir vielleicht entgegensetzen wollen, daß die Ethik es nicht damit zu tun habe, wie die Menschen wirklich handeln, sondern die Wissenschaft sei, welche angibt, wie sie handeln *sollen*. Dies ist aber gerade der Grundsatz, den ich leugne, nachdem ich im kritischen Teile dieser Abhandlung genugsam dargetan habe, daß der Begriff des *Sollens*, die *imperative Form* der Ethik, allein in der theologischen Moral gilt, außerhalb derselben aber allen Sinn und Bedeutung verliert. Ich setze hingegen der Ethik den Zweck, die in moralischer Hinsicht höchst verschiedene Handlungsweise der Menschen zu deuten, zu erklären und auf ihren letzten Grund zurückzuführen. Daher bleibt zur Auffindung des Fundaments der Ethik kein anderer Weg, als der empirische, nämlich zu untersuchen, ob es überhaupt Handlungen gibt, denen wir *echten moralischen Wert* zuerkennen müssen, – welches die Handlungen freiwilliger Gerechtigkeit, reiner Menschenliebe und wirklichen Edelmuts sein werden. Diese sind sodann als ein gegebenes Phänomen zu betrachten, welches wir richtig zu erklären, d.h. auf seine wahren Gründe zurückzuführen, mithin die jedenfalls eigentümliche Triebfeder nachzuweisen haben, welche den Menschen zu Handlungen dieser, von jeder andern spezifisch verschiedenen Art bewegt. Diese Triebfeder, nebst der Empfänglichkeit für sie, wird der letzte Grund der Moralität und die Kenntnis derselben das Fundament der Moral sein. Dies ist der bescheidene Weg, auf welchen ich die Ethik hinweise. Wem er, als keine Kunstruktion a priori, keine absolute Gesetzgebung für alle vernünftige Wesen in abstracto enthaltend, nicht vornehm, kathedralisch und akademisch genug dünkt, der mag zurückkehren zu den kategorischen Imperativen, zum Schiboleth der »Würde des Menschen«; zu den hohlen Redensarten, den Hirngespinsten und Seifenblasen der Schulen, zu Prinzipien, denen die Erfahrung bei jedem Schritte Hohn spricht und von welchen außerhalb der Hörsäle kein Mensch etwas weiß, noch jemals empfunden hat. Dem auf meinem Wege sich ergebenden Fundament der Moral hingegen steht die Erfahrung zur Seite und legt täglich und stündlich ihr stilles Zeugnis für dasselbe ab.

§ 14
Antimoralische Triebfedern*

Die Haupt- und Grundtriebfeder im Menschen, wie im Tiere, ist der *Egoismus*, d.h. der Drang zum Dasein und Wohlsein. – Das deutsche Wort *Selbstsucht* führt einen falschen Nebenbegriff von Krankheit mit sich. Das Wort *Eigennutz* aber bezeichnet den Egoismus, sofern er unter Leitung der Vernunft steht, welche ihn befähigt, vermöge der Reflexion, seine Zwecke *planmäßig* zu verfolgen; daher man die Tiere wohl egoistisch, aber nicht eigennützig nennen kann. Ich will also für den allgemeinern Begriff das Wort *Egoismus* beibehalten. – Dieser *Egoismus* ist, im Tiere, wie im Menschen, mit dem innersten Kern und Wesen desselben aufs genaueste verknüpft, ja, eigentlich identisch. Daher entspringen, in der Regel, alle seine Handlungen aus dem Egoismus, und aus diesem zunächst ist allemal die Erklärung einer gegebenen Handlung zu versuchen; wie denn auch auf denselben die Berechnung aller Mittel, dadurch man den Menschen nach irgendeinem Ziele hinzulenken sucht, durchgängig gegründet ist. Der *Egoismus* ist, seiner Natur nach, grenzenlos: der Mensch will unbedingt sein Dasein erhalten, will es von Schmerzen, zu denen auch aller Mangel und Entbehrung gehört, unbedingt frei, will die größtmögliche Summe von Wohlsein, und will jeden Genuß, zu dem er fähig ist, ja, sucht wo möglich noch neue Fähigkeiten zum Genusse in sich zu entwickeln. Alles, was sich dem Streben seines Egoismus entgegenstellt, erregt seinen Unwillen, Zorn, Haß: er wird es als seinen Feind zu vernichten suchen. Er will wo möglich alles genießen, alles haben; da aber dies unmöglich ist, wenigstens alles beherrschen: »Alles für mich, und nichts für die andern«, ist sein

* Ich erlaube mir die regelwidrige Zusammensetzung des Wortes, da »antiethisch« hier nicht bezeichnend sein würde. Das jetzt in Mode gekommene »sittlich und unsittlich« aber ist ein schlechtes Substitut für »moralisch und unmoralisch«: erstlich, weil »moralisch« ein wissenschaftlicher Begriff ist, dem als solchem eine griechische oder lateinische Bezeichnung gebührt, aus Gründen, welche man findet in meinem Hauptwerke, Bd. 2, Kap. 12, S. 134ff.; und zweitens, weil »sittlich« ein schwacher und zahmer Ausdruck ist, schwer zu unterscheiden von »sittsam«, dessen populäre Benennung »zimperlich« ist. Der Deutschtümelei muß man keine Konzessionen machen.

Wahlspruch. Der Egoismus ist kolossal: er überragt die Welt. Denn, wenn jedem einzelnen die Wahl gegeben würde zwischen seiner eigenen und der übrigen Welt Vernichtung; so brauche ich nicht zu sagen, wohin sie, bei den allermeisten, ausschlagen würde. Demgemäß macht jeder sich zum Mittelpunkte der Welt, bezieht alles auf sich und wird was nur vorgeht, z. B. die größten Veränderungen im Schicksale der Völker, zunächst auf *sein* Interesse dabei beziehn und, sei dieses auch noch so klein und mittelbar, vor allem daran denken. Keinen größern Kontrast gibt es, als den zwischen dem hohen und exklusiven Anteil, den jeder an seinem eigenen Selbst nimmt, und der Gleichgültigkeit, mit der in der Regel alle andern eben jenes Selbst betrachten; wie er ihres. Es hat sogar seine komische Seite, die zahllosen Individuen zu sehn, deren jedes, wenigstens in praktischer Hinsicht, sich allein für *real* hält und die andern gewissermaßen als bloße Phantome betrachtet. Dies beruht zuletzt darauf, daß jeder sich selber *unmittelbar* gegeben ist, die andern aber ihm nur *mittelbar*, durch die Vorstellung von ihnen in seinem Kopfe: und die Unmittelbarkeit behauptet ihr Recht. Nämlich infolge der jedem Bewußtsein wesentlichen Subjektivität, ist jeder sich selber die ganze Welt: denn alles Objektive existiert nur mittelbar, als bloße Vorstellung des Subjekts; so daß stets alles am Selbstbewußtsein hängt. Die einzige Welt, welche jeder wirklich kennt und von der er weiß, trägt er in sich, als seine Vorstellung, und ist daher das Zentrum derselben. Deshalb eben ist jeder sich alles in allem: er findet sich als den Inhaber aller Realität und kann ihm nichts wichtiger sein, als er selbst. Während nun in seiner subjektiven Ansicht sein Selbst sich in dieser kolossalen Größe darstellt, schrumpft es in der objektiven beinahe zu nichts ein, nämlich zu ungefähr $^{1}/_{1\,000\,000\,000}$ der jetzt lebenden Menschheit. Dabei nun weiß er völlig gewiß, daß eben jenes über alles wichtige Selbst, dieser Mikrokosmos, als dessen bloße Modifikation, oder Akzidenz, der Makrokosmos auftritt, also seine ganze Welt, untergehn muß im Tode, der daher für ihn gleichbedeutend ist mit dem Weltuntergange. Dieses also sind die Elemente, woraus, auf der Basis des Willens zum Leben, der Egoismus erwächst, welcher zwischen Mensch und Mensch stets wie ein breiter Graben liegt. Springt wirklich einmal einer darüber, dem andern zu Hülfe, so ist es wie ein Wunder, welches Staunen erregt und Beifall einerntet. Oben, § 8, bei Erläuterung des Kantischen Moralprinzips, habe ich Gelegenheit gehabt, auszuführen, wie der Egoismus sich im Alltagsleben zeigt, wo er, trotz der Höflichkeit, die man ihm als Feigenblatt vorsteckt, doch stets aus irgendeiner Ecke hervorguckt. Die Höflichkeit nämlich ist die konventionelle und systematische Verleugnung des Egoismus in den Kleinigkeiten des täglichen Verkehrs und ist freilich anerkannte Heuchelei: dennoch wird sie gefordert und gelobt; weil was sie verbirgt, der Egoismus, so garstig ist, daß man es nicht sehn will, obschon man weiß, daß es da ist: wie man widerliche Gegenstände wenigstens durch einen Vorhang bedeckt wissen will. – Da der Egoismus, wo ihm nicht entweder äußere Gewalt, welcher auch jede Furcht, sei sie vor irdischen oder überirdischen Mächten, beizuzählen ist, oder aber die echte moralische Triebfeder entgegenwirkt, seine Zwecke unbedingt verfolgt; so würde, bei der zahllosen Menge egoistischer Individuen, das bellum omnium contra omnes an der Tagesordnung sein, zum Unheil aller. Daher die reflektierende Vernunft sehr bald die Staatseinrichtung erfindet, welche, aus gegenseitiger Furcht vor gegenseitiger Gewalt entspringend, den nachteiligen Folgen des allgemeinen Egoismus so weit vorbeugt, als es auf dem *negativen* Wege geschehn kann. Wo hingegen jene zwei ihm entgegenstehenden Potenzen nicht zur Wirksamkeit gelangen, wird er sich sofort in seiner ganzen furchtbaren Größe zeigen, und das Phänomen wird kein schönes sein. Indem ich, um ohne Weitläuftigkeit die Stärke dieser antimoralischen Potenz auszudrücken, darauf bedacht war, die Größe des Egoismus mit *einem* Zuge zu bezeichnen und deshalb nach irgendeiner recht emphatischen Hyperbel suchte, bin ich zuletzt auf diese geraten: mancher Mensch wäre imstande, einen andern totzuschlagen, bloß um mit dessen Fette sich die Stiefel zu schmieren. Aber dabei blieb mir doch der Skrupel, ob es auch wirklich eine Hyperbel sei. – Der *Egoismus* also ist die erste und hauptsächlichste, wiewohl nicht die einzige Macht, welche *die moralische Triebfeder* zu bekämpfen hat. Man sieht schon hier, daß diese, um wider einen solchen Gegner aufzutreten, etwas Realeres sein muß, als eine spitzfindige Klügelei, oder eine aprioristische Seifenblase. – Inzwischen ist im Kriege das erste, daß man den Feind rekognosziert. In dem bevorstehenden Kampfe wird der *Egoismus*, als die Hauptmacht seiner Seite, vorzüglich sich der Tugend der *Gerechtigkeit* entgegenstellen, welche, nach meiner Ansicht, die erste und recht eigentliche Kardinaltugend ist.

Hingegen wird der Tugend der *Menschenliebe* öfter das *Übelwollen* oder die *Gehässigkeit* gegenübertreten. Daher wollen wir den Ursprung und die Gradationen dieser zunächst betrachten. Das *Übelwollen* in den niederen Graden ist sehr häufig, ja, fast gewöhnlich, und es erreicht leicht die höheren. Goethe hat wohl recht zu sagen, daß in dieser Welt Gleichgültigkeit und Abneigung recht eigentlich zu Hause sind. (Wahlverwandtschaften, T. 1, C. 3.) Es ist sehr glücklich für uns, daß Klugheit und Höflichkeit ihren Mantel darüber decken und uns nicht sehn lassen, wie allgemein das gegenseitige Übelwollen ist und wie das bellum omnium contra omnes wenigstens in Gedanken fortgesetzt wird. Aber gelegentlich kommt es doch zum Vorschein, z. B. bei der so häufigen und so schonungslosen übeln Nachrede: ganz sichtbar aber wird es bei den Ausbrüchen des Zorns, welche meistens ihren Anlaß um ein Vielfaches übersteigen und so stark nicht ausfallen könnten, wenn sie nicht, wie das Schießpulver in der Flinte, komprimiert gewesen wären, als lange gehegter im Innern brütender Haß. – Großenteils entsteht das Übelwollen aus den unvermeidlichen und bei jedem Schritt eintretenden Kollisionen des Egoismus. Sodann wird es auch objektiv erregt, durch den Anblick der Laster, Fehler, Schwächen, Torheiten, Mängel und Unvollkommenheiten aller Art, welchen, mehr oder weniger, jeder den andern, wenigstens gelegentlich, darbietet. Es kann hiemit so weit kommen, daß vielleicht manchem, zumal in Augenblicken hypochondrischer Verstimmung, die Welt, von der ästhetischen Seite betrachtet, als ein Karikaturenkabinett, von der intellektuellen, als ein Narrenhaus, und von der moralischen, als eine Gaunerherberge erscheint. Wird solche Verstimmung bleibend; so entsteht Misanthropie. – Endlich ist eine Hauptquelle des Übelwollens der *Neid*; oder vielmehr dieser selbst *ist* schon Übelwollen, erregt durch fremdes Glück, Besitz oder Vorzüge. Kein Mensch ist ganz frei davon, und schon Herodot (III, 80) hat es gesagt: *Φϑονος ἀρχηδεν ἐμφυεται ἀνϑρωπῳ* (invidia ab origine homini insita est). Jedoch sind die Grade desselben sehr verschieden. Am unversöhnlichsten und giftigsten ist er, wann auf persönliche Eigenschaften gerichtet, weil hier dem Neider keine Hoffnung bleibt, und zugleich am niederträchtigsten; weil er haßt, was er lieben und verehren sollte; allein es ist so:

Di lor par più, che d'altri, invidia s'abbia,
Che per se stessi son levati a volo,
Uscendo fuor della commune gabbia.*

klagt schon Petrarca. Ausführlichere Betrachtungen über den Neid findet man im zweiten Bande der Parerga, § 114. – In gewissem Betracht ist das Gegenteil des Neides die *Schadenfreude*. Jedoch ist Neid zu fühlen, menschlich; Schadenfreude zu genießen, teuflisch. Es gibt kein unfehlbareres Zeichen eines ganz schlechten Herzens und tiefer moralischer Nichtswürdigkeit, als einen Zug reiner, herzlicher Schadenfreude. Man soll den, an welchem man ihn wahrgenommen, auf immer meiden: Hic niger est, hunc tu, Romane, caveto. – Neid und Schadenfreude sind an sich bloß theoretisch: praktisch werden sie Bosheit und Grausamkeit. Der Egoismus kann zu Verbrechen und Untaten aller Art führen: aber der dadurch verursachte Schaden und Schmerz anderer ist ihm bloß Mittel, nicht Zweck, tritt also nur akzidentell dabei ein. Der Bosheit und Grausamkeit hingegen sind die Leiden und Schmerzen anderer Zweck an sich und dessen Erreichen Genuß. Dieserhalb machen jene eine höhere Potenz moralischer Schlechtigkeit aus. Die Maxime des äußersten Egoismus ist: Neminem juva, imo omnes, si forte conducit (also immer noch bedingt), laede. Die Maxime der Bosheit ist: Omnes, quantum potes, laede. – Wie Schadenfreude nur theoretische Grausamkeit ist, so Grausamkeit nur praktische Schadenfreude, und diese wird als jene auftreten, sobald die Gelegenheit kommt.

Die aus den beiden angegebenen Grundpotenzen entspringen-

* Noch mehr, als andre, scheint man die zu neiden,
Die, durch der eig'nen Flügel Kraft gehoben,
Aus dem gemeinen Käfig aller scheiden.

den speziellen Laster nachzuweisen, wäre nur in einer ausgeführten Ethik an seinem Platz. Eine solche würde etwan aus dem *Egoismus* ableiten Gier, Völlerei, Wollust, Eigennutz, Geiz, Habsucht, Ungerechtigkeit, Hartherzigkeit, Stolz, Hoffart usw. – aus der *Gehässigkeit* aber Mißgunst, Neid, Übelwollen, Bosheit, Schadenfreude, spähende Neugier, Verleumdung, Insolenz, Petulanz, Haß, Zorn, Verrat, Tücke, Rachsucht, Grausamkeit usw. – Die erste Wurzel ist mehr tierisch, die zweite mehr teuflisch. Das Vorwalten der einen, oder der andern, oder aber der weiterhin erst nachzuweisenden moralischen Triebfeder, gibt die Hauptlinie in der ethischen Klassifikation der Charaktere. Ganz ohne etwas von allen dreien ist kein Mensch.

Hiemit hätte ich denn die allerdings erschreckliche Heerschau der antimoralischen Potenzen beendigt, welche an die der Fürsten der Finsternis im Pandämonium bei Milton erinnert. Mein Plan brachte es jedoch mit sich, daß ich zuerst diese düstere Seite der menschlichen Natur in Betracht nähme, wodurch mein Weg freilich von dem aller andern Moralisten abweicht und dem des Dante ähnlich wird, der zuerst in die Hölle führt.

Durch die hier gegebene Übersicht der antimoralischen Potenzen wird deutlich, wie schwer das Problem ist, eine Triebfeder aufzufinden, die den Menschen zu einer, allen jenen tief in seiner Natur wurzelnden Neigungen entgegengesetzten Handlungsweise bewegen könnte, oder, wenn etwan diese letztere in der Erfahrung gegeben wäre, von ihr genügende und ungekünstelte Rechenschaft erteilte. So schwer ist das Problem, daß man zu seiner Lösung für die Menschheit im großen überall die Maschinerie aus einer andern Welt hat zu Hülfe nehmen müssen. Man deutete auf Götter hin, deren Wille und Gebot die hier geforderte Handlungsweise wäre, und welche diesem Gebot, durch Strafen und Belohnungen, entweder in dieser oder in einer andern Welt, wohin wir durch den Tod versetzt würden, Nachdruck erteilten. Angenommen, daß der Glaube an eine Lehre dieser Art, wie es durch sehr frühzeitiges Einprägen allerdings möglich ist, allgemein Wurzel faßte, und auch, was aber sehr viel schwerer hält und viel weniger Bestätigung in der Erfahrung aufzuweisen hat, daß er die beabsichtigte Wirkung hervorbrächte; so würde dadurch zwar

Legalität der Handlungen, selbst über die Grenze hinaus, bis zu welcher Justiz und Polizei reichen können, zuwege gebracht sein: aber jeder fühlt, daß es keineswegs dasjenige wäre, was wir eigentlich unter Moralität der Gesinnung verstehn. Denn offenbar würden alle durch Motive *solcher Art* hervorgerufene Handlungen immer nur im bloßen Egoismus wurzeln. Wie sollte nämlich von Uneigennützigkeit die Rede sein können, wo mich Belohnung lockt, oder angedrohte Strafe abschreckt? Eine festgeglaubte Belohnung in einer andern Welt ist anzusehn, wie ein vollkommen sicherer, aber auf sehr lange Sicht ausgestellter Wechsel. Die überall so häufige Verheißung befriedigter Bettler, daß dem Geber die Gabe in jener Welt tausendfach erstattet werden wird, mag manchen Geizhals zu reichlichen Almosen bewegen, die er, als gute Geldanlegung, vergnügt austeilt, fest überzeugt, nun auch in jener Welt sogleich wieder als ein steinreicher Mann aufzuerstehn. – Für die große Masse des Volkes muß es vielleicht bei Antrieben dieser Art sein Bewenden haben: demgemäß denn auch die verschiedenen Religionen, welche eben die Metaphysik des Volkes sind, sie ihm vorhalten. Hiebei ist jedoch anzumerken, daß wir über die wahren Motive unsers eigenen Tuns bisweilen ebenso sehr im Irrtum sind, wie über die des fremden: daher zuverlässig mancher, indem er von seinen edelsten Handlungen nur durch Motive obiger Art sich Rechenschaft zu geben weiß, dennoch aus viel edleren und reineren, aber auch viel schwerer deutlich zu machenden Triebfedern handelt und wirklich aus unmittelbarer Liebe des Nächsten tut, was er bloß durch seines Gottes Geheiß zu erklären versteht. Die Philosophie hingegen sucht hier, wie überall, die wahren, letzten, auf die Natur des Menschen gegründeten, von allen mythischen Auslegungen, religiösen Dogmen und transzendenten Hypostasen unabhängigen Aufschlüsse über das vorliegende Problem, und verlangt sie in der äußern oder innern Erfahrung nachgewiesen zu sehn. Unsere vorliegende Aufgabe aber ist eine philosophische; daher wir von allen durch Religionen bedingten Auflösungen derselben gänzlich abzusehn haben, an welche ich, bloß um die große Schwierigkeit des Problems ins Licht zu stellen, hier erinnert habe.

§ 15
Kriterium der Handlungen von moralischem Wert

Jetzt wäre zunächst die empirische Frage zu erledigen, ob Handlungen freiwilliger Gerechtigkeit und uneigennütziger Menschenliebe, die alsdann bis zum Edelmut und Großmut gehn mag, in der Erfahrung vorkommen. Leider läßt diese Frage sich doch nicht ganz rein empirisch entscheiden; weil in der Erfahrung allemal nur die *Tat* gegeben ist, die *Antriebe* aber nicht zutage liegen: daher stets die Möglichkeit übrigbleibt, daß auf eine gerechte, oder gute Handlung ein egoistisches Motiv Einfluß gehabt hätte. Ich will mich nicht des unerlaubten Kunstgriffs bedienen, hier, in einer theoretischen Untersuchung, die Sache dem Leser ins Gewissen zu schieben. Aber ich glaube, daß sehr wenige sein werden, die es bezweifeln und nicht aus eigener Erfahrung die Überzeugung haben, daß man oft gerecht handelt, einzig und allein damit dem andern kein Unrecht geschehe, ja, daß es Leute gibt, denen gleichsam der Grundsatz, dem andern sein Recht widerfahren zu lassen, *angeboren* ist, die daher niemanden absichtlich zu nahe treten, die ihren Vorteil nicht unbedingt suchen, sondern dabei auch die Rechte anderer berücksichtigen, die, bei gegenseitig übernommenen Verpflichtungen, nicht bloß darüber wachen, daß der andere das Seinige *leiste*, sondern auch darüber, daß er das Seinige *empfange*, indem sie aufrichtig nicht wollen, daß wer mit ihnen handelt, zu kurz komme. Dies sind *die wahrhaft ehrlichen Leute*, die wenigen Aequi unter der Unzahl der Iniqui. Aber solche Leute gibt es. Imgleichen wird man mir, denke ich, zugestehn, daß mancher hilft und gibt, leistet und entsagt, ohne in seinem Herzen eine weitere Absicht zu haben, als daß dem andern, dessen Not er sieht, geholfen werde. Und daß Arnold von Winkelried, als er ausrief: »Trüwen, lieben Eidgenossen, wullt's minem Wip und Kinde gedenken«, und dann so viele feindliche Speere umarmte, als er fassen konnte, – dabei eine eigennützige Absicht gehabt habe; das denke sich wer es kann: ich vermag es nicht. – Auf Fälle freier Gerechtigkeit, die ohne Schikane und Obstination nicht abzuleugnen sind, habe ich schon oben § 13 aufmerksam gemacht. – Sollte aber dennoch jemand darauf bestehn, mir das

Vorkommen aller solcher Handlungen abzuleugnen; dann würde, ihm zufolge, die Moral eine Wissenschaft ohne reales Objekt sein, gleich der Astrologie und Alchimie, und es wäre verlorene Zeit, über ihre Grundlage noch ferner zu disputieren. Mit ihm wäre ich daher zu Ende und rede zu denen, welche die Realität der Sache einräumen.

Handlungen der besagten Art sind es also allein, denen man eigentlichen *moralischen Wert* zugesteht. Als das Eigentümliche und Charakteristische derselben finden wir die Ausschließung derjenigen Art von Motiven, durch welche sonst alle menschliche Handlungen hervorgerufen werden, nämlich der *eigennützigen*, im weitesten Sinne des Worts. Daher eben die Entdeckung eines eigennützigen Motivs, wenn es das einzige war, den moralischen Wert einer Handlung ganz aufhebt, und wenn es akzessorisch wirkte, ihn schmälert. Die Abwesenheit aller egoistischen Motivation ist also *das Kriterium einer Handlung von moralischem Wert*. Zwar ließe sich einwenden, daß auch die Handlungen reiner Bosheit und Grausamkeit nicht *eigennützig* sind: jedoch liegt am Tage, daß diese hier nicht gemeint sein können, da sie das Gegenteil der in Rede stehenden Handlungen sind. Wer indessen auf die Strenge der Definition hält, mag jene Handlungen durch das ihnen wesentliche Merkmal, daß sie fremdes Leiden bezwecken, ausdrücklich ausscheiden. – Als ganz inneres und daher nicht so evidentes Merkmal der Handlungen von moralischem Wert kommt hinzu, daß sie eine gewisse Zufriedenheit mit uns selbst zurücklassen, welche man den Beifall des Gewissens nennt; wie denn gleichfalls die ihnen entgegengesetzten Handlungen der Ungerechtigkeit und Lieblosigkeit, noch mehr die der Bosheit und Grausamkeit, eine entgegengesetzte innere Selbstbeurteilung erfahren; ferner noch, als sekundäres und akzidentelles äußeres Merkmal, daß die Handlungen der ersten Art den Beifall und die Achtung der unbeteiligten Zeugen, die der zweiten das Gegenteil hervorrufen.

Die so festgestellten und als faktisch gegeben zugestandenen Handlungen von moralischem Wert haben wir nun als das vorliegende und zu erklärende Phänomen zu betrachten, und demnach zu untersuchen, *was* es sei, das den Menschen zu Handlungen dieser Art bewegen kann; welche Untersuchung, wenn sie uns gelingt, die echte moralische Triebfeder notwendig an den Tag bringen muß, wodurch, da auf diese alle Ethik sich zu stützen hat, unser Problem gelöst wäre.

§ 16
Aufstellung und Beweis der allein echten moralischen Triebfeder

Nach den bisherigen, unumgänglich nötigen Vorbereitungen komme ich zur Nachweisung der wahren, allen Handlungen von echtem moralischem Wert zum Grunde liegenden Triebfeder, und als diese wird sich uns eine solche ergeben, welche durch ihren Ernst und durch ihre unzweifelbare Realität gar weit absteht von allen den Spitzfindigkeiten, Klügeleien, Sophismen, aus der Luft gegriffenen Behauptungen und apriorischen Seifenblasen, welche die bisherigen Systeme zur Quelle des moralischen Handelns und zur Grundlage der Ethik haben machen wollen. Da ich diese moralische Triebfeder nicht etwan zur beliebigen Annahme *vorschlagen*, sondern als die allein mögliche wirklich *beweisen* will, dieser Beweis aber die Zusammenfassung vieler Gedanken erfordert; so stelle ich einige Prämissen voran, welche die Voraussetzungen der Beweisführung sind und gar wohl als *Axiomata* gelten können, bis auf die zwei letzten, die sich auf oben gegebene Auseinandersetzungen berufen.

1) Keine Handlung kann ohne zureichendes Motiv geschehn; so wenig, als ein Stein ohne zureichenden Stoß, oder Zug, sich bewegen kann.

2) Ebensowenig kann eine Handlung, zu welcher ein für den Charakter des Handelnden zureichendes Motiv vorhanden ist, unterbleiben, wenn nicht ein stärkeres Gegenmotiv ihre Unterlassung notwendig macht.

3) Was den Willen bewegt, ist allein Wohl und Wehe überhaupt und im weitesten Sinne des Worts genommen; wie auch umgekehrt Wohl und Wehe bedeutet »einem Willen gemäß, oder entgegen«. Also muß jedes Motiv eine Beziehung auf Wohl oder Wehe haben.

4) Folglich bezieht jede Handlung sich auf ein für Wohl und Wehe empfängliches Wesen, als ihren letzten Zweck.

5) Dieses Wesen ist entweder der Handelnde selbst, oder ein anderer, welcher alsdann bei der Handlung *passive* beteiligt ist, indem sie zu seinem Schaden, oder zu seinem Nutz und Frommen geschieht.

6) Jede Handlung, deren letzter Zweck das Wohl und Wehe des Handelnden selbst ist, ist eine *egoistische*.

7) Alles hier von Handlungen Gesagte gilt ebensowohl von Unterlassung solcher Handlungen, zu welchen Motiv und Gegenmotiv vorliegt.

8) Infolge der im vorhergehenden Paragraphen gegebenen Auseinandersetzung schließen *Egoismus* und *moralischer Wert* einer Handlung einander schlechthin aus. Hat eine Handlung einen egoistischen Zweck zum Motiv; so kann sie keinen moralischen Wert haben: soll eine Handlung moralischen Wert haben; so darf kein egoistischer Zweck, unmittelbar oder mittelbar, nahe oder fern, ihr Motiv sein.

9) Infolge der § 5 vollzogenen Elimination der vorgeblichen Pflichten gegen uns selbst, kann die moralische Bedeutsamkeit einer Handlung nur liegen in ihrer Beziehung auf andere: nur in Hinsicht auf diese kann sie moralischen Wert, oder Verwerflichkeit haben und demnach eine Handlung der Gerechtigkeit, oder Menschenliebe, wie auch das Gegenteil beider sein.

Aus diesen Prämissen ist folgendes evident: Das *Wohl und Wehe*, welches (laut Prämisse 3) jeder Handlung, oder Unterlassung, als letzter Zweck zum Grunde liegen muß, ist entweder das des Handelnden selbst, oder das irgendeines andern, bei der Handlung passive Beteiligten. *Im ersten Falle* ist die Handlung notwendig *egoistisch*; weil ihr ein interessiertes Motiv zum Grunde liegt. Dies ist nicht bloß der Fall bei Handlungen, die man offenbar zu seinem eigenen Nutzen und Vorteil unternimmt, dergleichen die allermeisten sind; sondern es tritt ebensowohl ein, sobald man von einer Handlung irgendeinen entfernten Erfolg, sei es in dieser, oder einer andern Welt, *für sich* erwartet; oder wenn man dabei seine

Ehre, seinen Ruf bei den Leuten, die Hochachtung irgend jemandes, die Sympathie der Zuschauer u.dgl.m. im Auge hat; nicht weniger, wenn man durch diese Handlung eine Maxime aufrechtzuerhalten beabsichtigt, von deren allgemeiner Befolgung man eventualiter einen Vorteil *für sich selbst* erwartet, wie etwan die der Gerechtigkeit, des allgemeinen hülfreichen Beistandes usw. – ebenfalls, wenn man irgendeinem absoluten Gebot, welches von einer zwar unbekannten, aber doch offenbar überlegenen Macht ausginge, Folge zu leisten für geraten hielte; da alsdann nichts anderes, als *die Furcht* vor den nachteiligen Folgen des *Ungehorsams*, wenn sie auch bloß allgemein und unbestimmt gedacht werden, dazu bewegen kann; – desgleichen, wenn man seine eigene hohe Meinung von sich selbst, seinem Werte oder Würde, deutlich oder undeutlich begriffen, die man außerdem aufgeben müßte und dadurch seinen Stolz gekränkt sähe, durch irgendeine Handlung, oder Unterlassung zu behaupten trachtet; – endlich auch, wenn man, nach Wolffischen Prinzipien, dadurch an seiner eigenen Vervollkommnung arbeiten will. Kurzum, man setze zum letzten Beweggrund einer Handlung, was man wolle; immer wird sich ergeben, daß, auf irgendeinem Umwege, zuletzt *das eigene Wohl und Wehe des Handelnden* die eigentliche Triebfeder, mithin die Handlung *egoistisch*, folglich *ohne moralischen Wert* ist. Nur einen einzigen Fall gibt es, in welchem dies nicht statthat: nämlich wenn der letzte Beweggrund zu einer Handlung oder Unterlassung, geradezu und ausschließlich im *Wohl und Wehe* irgendeines dabei passive beteiligten *andern* liegt, also der aktive Teil bei seinem Handeln, oder Unterlassen, ganz allein das Wohl und Wehe eines *andern* im Auge hat und durchaus nichts bezweckt, als daß jener andere unverletzt bleibe, oder gar Hülfe, Beistand und Erleichterung erhalte. *Dieser Zweck allein* drückt einer Handlung, oder Unterlassung, den Stempel des *moralischen Wertes* auf; welcher demnach ausschließlich darauf beruht, daß die Handlung bloß zu Nutz und Frommen *eines andern* geschehe, oder unterbleibe. Sobald nämlich dies *nicht* der Fall ist; so kann das *Wohl und Wehe*, welches zu *jeder* Handlung treibt, oder von ihr abhält, nur das *des Handelnden selbst* sein: dann aber ist die Handlung, oder Unterlassung, allemal *egoistisch*, mithin *ohne moralischen Wert*.

Wenn nun aber meine Handlung ganz allein *des andern wegen* geschehn soll; so muß *sein Wohl und Wehe unmittelbar mein Motiv* sein: so wie bei allen andern Handlungen *das meinige* es ist. Dies bringt unser Problem auf einen engern Ausdruck, nämlich diesen: wie ist es irgend möglich, daß das Wohl und Wehe *eines andern*, unmittelbar, d. h. ganz so wie sonst nur mein eigenes, meinen Willen bewege, also direkt mein Motiv werde, und sogar es bisweilen in dem Grade werde, daß ich demselben mein eigenes Wohl und Wehe, diese sonst alleinige Quelle meiner Motive, mehr oder weniger nachsetze? – Offenbar nur dadurch, daß jener andere *der letzte Zweck* meines Willens wird, ganz so wie sonst ich selbst es bin: also dadurch, daß ich ganz unmittelbar *sein* Wohl will und *sein* Wehe nicht will, so unmittelbar, wie sonst nur *das meinige*. Dies aber setzt notwendig voraus, daß ich bei *seinem* Wehe als solchem geradezu mit leide, *sein* Wehe fühle, wie sonst nur meines, und deshalb sein Wohl unmittelbar will, wie sonst nur meines. Dies erfordert aber, daß ich auf irgendeine Weise *mit ihm identifiziert* sei, d. h. daß jener gänzliche *Unterschied* zwischen mir und jedem andern, auf welchem gerade mein Egoismus beruht, wenigstens in einem gewissen Grade aufgehoben sei. Da ich nun aber doch nicht *in der Haut* des andern stecke, so kann allein vermittelst der *Erkenntnis*, die ich von ihm habe, d. h. der Vorstellung von ihm in meinem Kopf, ich mich so weit mit ihm identifizieren, daß meine Tat jenen Unterschied als aufgehoben ankündigt. Der hier analysierte Vorgang aber ist kein erträumter, oder aus der Luft gegriffener, sondern ein ganz wirklicher, ja, keineswegs seltener: es ist das alltägliche Phänomen des *Mitleids*, d. h. der ganz unmittelbaren, von allen anderweitigen Rücksichten unabhängigen *Teilnahme* zunächst am *Leiden* eines andern und dadurch an der Verhinderung oder Aufhebung dieses Leidens, als worin zuletzt alle Befriedigung und alles Wohlsein und Glück besteht. Dieses Mitleid ganz allein ist die wirkliche Basis aller *freien* Gerechtigkeit und aller *echten* Menschenliebe. Nur sofern eine Handlung aus ihm entsprungen ist, hat sie moralischen Wert: und jede aus irgend welchen andern Motiven hervorgehende hat keinen. Sobald dieses Mitleid rege wird, liegt mir das Wohl und Wehe des andern unmittelbar am Herzen, ganz in derselben Art, wenn auch nicht stets in demselben Grade, wie sonst allein das meinige: also ist jetzt der Unterschied zwischen ihm und mir kein absoluter mehr.

Allerdings ist dieser Vorgang erstaunenswürdig, ja, mysteriös. Er ist, in Wahrheit, das große Mysterium der Ethik, ihr Urphänomen und der Grenzstein, über welchen hinaus nur noch die metaphysische Spekulation einen Schritt wagen kann. Wir sehn, in jenem Vorgang, die Scheidewand, welche nach dem Lichte der Natur (wie alte Theologen die Vernunft nennen), Wesen von Wesen durchaus trennt, aufgehoben und das Nicht-Ich gewissermaßen zum Ich geworden. Übrigens wollen wir die metaphysische Auslegung des Phänomens für jetzt unberührt lassen und fürs erste sehn, ob alle Handlungen der freien Gerechtigkeit und der echten Menschenliebe wirklich aus diesem Vorgange fließen. Dann wird unser Problem gelöst sein, indem wir das letzte Fundament der Moralität in der menschlichen Natur selbst werden nachgewiesen haben, welches Fundament nicht selbst wieder ein Problem der *Ethik* sein kann, wohl aber, wie alles Bestehende *als solches, der Metaphysik*. Allein die metaphysische Auslegung des ethischen Urphänomens liegt schon über die von der Königlichen Sozietät gestellte Frage, als welche auf die Grundlage der Ethik gerichtet ist, hinaus, und kann allenfalls nur als eine beliebig zu gebende und beliebig zu nehmende Zugabe beigefügt werden. – Bevor ich nun aber zur Ableitung der Kardinaltugenden aus der aufgestellten Grundtriebfeder schreite, habe ich noch zwei wesentliche Bemerkungen nachträglich beizubringen.

1) Zum Behuf leichterer Faßlichkeit habe ich die obige Ableitung des Mitleids, als alleiniger Quelle der Handlungen von moralischem Wert, dadurch vereinfacht, daß ich die Triebfeder der *Bosheit*, als welche, uneigennützig wie das Mitleid, den fremden *Schmerz* zu ihrem letzten Zwecke macht, absichtlich außer acht gelassen habe. Jetzt aber können wir, mit Hinzuziehung derselben, den oben gegebenen Beweis vollständiger und stringenter so resümieren:

Es gibt überhaupt nur *drei Grund-Triebfedern* der menschlichen Handlungen: und allein durch Erregung derselben wirken alle irgend möglichen Motive. Sie sind:

a) Egoismus; der das eigene Wohl will (ist grenzenlos).

b) Bosheit; die das fremde Wehe will (geht bis zur äußersten Grausamkeit).

c) Mitleid; welches das fremde Wohl will (geht bis zum Edelmut und zur Großmut).

Jede menschliche Handlung muß auf eine dieser Triebfedern zurückzuführen sein; wiewohl auch zwei derselben vereint wirken können. Da wir nun Handlungen von moralischem Wert als faktisch gegeben angenommen haben; so müssen auch sie aus einer dieser Grund-Triebfedern hervorgehn. Sie können aber, vermöge Prämisse 8, nicht aus der *ersten* Triebfeder entspringen, noch weniger aus der *zweiten*; da alle aus dieser hervorgehenden Handlungen moralisch verwerflich sind, während die erste zum Teil moralisch indifferente liefert. Also müssen sie von der *dritten* Triebfeder ausgehn: und dies wird seine Bestätigung a posteriori im folgenden erhalten.

2) Die unmittelbare Teilnahme am andern ist auf sein *Leiden* beschränkt und wird nicht, wenigstens nicht direkt, auch durch sein *Wohlsein* erregt: sondern dieses an und für sich läßt uns gleichgültig. Dies sagt ebenfalls J. J. Rousseau im Emile (liv. IV.): »Première maxime: Il n'est pas dans le cœur humain, de se mettre à la place des gens, qui sont plus heureux que nous, mais seulement de ceux, qui sont plus à plaindre.« etc.

Der Grund hievon ist, daß der Schmerz, das Leiden, wozu aller Mangel, Entbehrung, Bedürfnis, ja jeder Wunsch gehört, *das Positive, das unmittelbar Empfundene* ist. Hingegen besteht die Natur der Befriedigung, des Genusses, des Glücks, nur darin, daß eine Entbehrung aufgehoben, ein Schmerz gestillt ist. Diese wirken also *negativ*. Daher eben ist Bedürfnis und Wunsch die Bedingung jedes Genusses. Dies erkannte schon Plato, und nahm nur die Wohlgerüche und die Geistesfreuden aus. (De Rep., IX, p. 264 sq. Bp.) Auch Voltaire sagt: Il n'est de vrais plaisirs, qu'avec de vrais besoins. Also das *Positive*, das sich durch sich selbst Kundgebende ist der Schmerz: Befriedigung und Genüsse sind das *Negative*, die bloße Aufhebung jenes erstern. Hierauf zunächst beruht es, daß nur das Leiden, der Mangel, die Gefahr, die Hülflosigkeit des andern direkt und als solche unsere Teilnahme erwecken. Der

Glückliche, Zufriedene *als solcher* läßt uns gleichgültig: eigentlich weil sein Zustand ein negativer ist: die Abwesenheit des Schmerzes, des Mangels und der Not. Wir können zwar über das Glück, das Wohlsein, den Genuß anderer uns freuen: dies ist dann aber sekundär und dadurch vermittelt, daß vorher ihr Leiden und Entbehren uns betrübt hatte; oder aber auch wir nehmen teil an dem Beglückten und Genießenden, nicht *als solchem*, sondern sofern er unser Kind, Vater, Freund, Verwandter, Diener, Untertan u. dgl. ist. Aber nicht der Beglückte und Genießende *rein als solcher* erregt unsere unmittelbare Teilnahme, wie es der Leidende, Entbehrende, Unglückliche *rein als solcher* tut. Erregt doch sogar auch *für uns selbst* eigentlich nur unser Leiden, wohin auch jeder Mangel, Bedürfnis, Wunsch, ja, die Langeweile zu zählen ist, unsere Tätigkeit; während ein Zustand der Zufriedenheit und Beglükkung uns untätig und in träger Ruhe läßt: wie sollte es in Hinsicht auf andere nicht ebenso sein? da ja unsere Teilnahme auf einer Identifikation mit ihnen beruht. Sogar kann der Anblick des Glücklichen und Genießenden *rein als solchen* sehr leicht unsern Neid erregen, zu welchem die Anlage in jedem Menschen liegt und welcher seine Stelle oben unter den antimoralischen Potenzen gefunden hat.

Infolge der oben gegebenen Darstellung des Mitleids als eines unmittelbaren Motiviertwerdens durch die Leiden des andern, muß ich noch den nachmals oft wiederholten Irrtum des Cassina (Saggio analitico sulla compassione; 1788; deutsch von Pockels, 1790) rügen, welcher meint, das Mitleid entstehe durch eine augenblickliche Täuschung der Phantasie, indem wir selbst uns an die Stelle des Leidenden versetzten und nun, in der Einbildung, *seine* Schmerzen an *unserer* Person zu leiden wähnten. So ist es keineswegs; sondern es bleibt uns gerade jeden Augenblick klar und gegenwärtig, daß *er* der Leidende ist, nicht *wir*: und geradezu *in seiner* Person, nicht in unserer, fühlen wir das Leiden, zu unserer Betrübnis. Wir leiden *mit* ihm, also *in* ihm: wir fühlen seinen Schmerz als den *seinen* und haben nicht die Einbildung, daß es der unserige sei: ja, je glücklicher unser eigener Zustand ist und je mehr also das Bewußtsein desselben mit der Lage des andern kontrastiert, desto empfänglicher sind wir für das Mitleid. Die

Erklärung der Möglichkeit dieses höchst wichtigen Phänomens ist aber nicht so leicht, noch auf dem bloß psychologischen Wege zu erreichen, wie Cassina es versuchte. Sie kann nur metaphysisch ausfallen: und eine solche werde ich im letzten Abschnitt zu geben versuchen.

Jetzt aber gehe ich an die Ableitung der Handlungen von echtem moralischen Wert aus der nachgewiesenen Quelle derselben. Als die allgemeine Maxime solcher Handlungen und folglich als den obersten Grundsatz der Ethik habe ich schon im vorigen Abschnitte die Regel aufgestellt: Neminem laede; imo omnes, quantum potes, juva. Da diese Maxime *zwei* Sätze enthält; so zerfallen die ihr entsprechenden Handlungen von selbst in zwei Klassen.

§ 17
Die Tugend der Gerechtigkeit

Bei näherer Betrachtung des oben als ethisches Urphänomen nachgewiesenen Vorgangs des Mitleids ist auf den ersten Blick ersichtlich, daß es zwei deutlich getrennte Grade gibt, in welchen das Leiden eines andern unmittelbar mein Motiv werden, d.h. mich zum Tun oder Lassen bestimmen kann: nämlich zuerst nur in dem Grade, daß es, egoistischen oder boshaften Motiven entgegenwirkend, mich abhält, dem andern ein Leiden zu verursachen, also herbeizuführen was noch nicht ist, selbst Ursache fremder Schmerzen zu werden; sodann aber in dem höhern Grade, wo das Mitleid, positiv wirkend, mich zu tätiger Hülfe antreibt. Die Trennung zwischen sogenannten Rechts- und Tugend-Pflichten, richtiger zwischen Gerechtigkeit und Menschenliebe, welche bei Kant so gezwungen herauskam, ergibt sich hier ganz und gar von selbst, und bezeugt dadurch die Richtigkeit des Prinzips: es ist die natürliche, unverkennbare und scharfe Grenze zwischen dem Negativen und Positiven, zwischen Nichtverletzen und Helfen. Die bisherige Benennung, Rechts- und Tugend-Pflichten, letztere auch Liebespflichten, unvollkommene Pflichten genannt, hat zuvörderst den Fehler, daß sie das Genus der Spezies koordiniert: denn die Gerechtigkeit ist auch eine Tugend.

Sodann liegt derselben die viel zu weite Ausdehnung des Begriffes *Pflicht* zum Grunde, den ich weiter unten in seine wahren Schranken zurückführen werde. An die Stelle obiger zwei Pflichten setze ich daher zwei Tugenden, die der Gerechtigkeit und die der Menschenliebe, welche ich Kardinaltugenden nenne, weil aus ihnen alle übrigen praktisch hervorgehn und theoretisch sich ableiten lassen. Beide wurzeln in dem natürlichen Mitleid. Dieses Mitleid selbst aber ist eine unleugbare Tatsache des menschlichen Bewußtseins, ist diesem wesentlich eigen, beruht nicht auf Voraussetzungen, Begriffen, Religionen, Dogmen, Mythen, Erziehung und Bildung; sondern ist ursprünglich und unmittelbar, liegt in der menschlichen Natur selbst, hält eben deshalb unter allen Verhältnissen Stich, und zeigt sich in allen Ländern und Zeiten; daher an dasselbe, als an etwas in jedem Menschen notwendig Vorhandenes, überall zuversichtlich appelliert wird, und nirgends gehört es zu den »fremden Göttern«. Hingegen nennt man den, dem es zu mangeln scheint, einen Unmenschen; wie auch »Menschlichkeit« oft als Synonym von Mitleid gebraucht wird.

Der erste Grad der Wirksamkeit dieser echten und natürlichen moralischen Triebfeder ist also nur *negativ*. Ursprünglich sind wir alle zur Ungerechtigkeit und Gewalt geneigt, weil unser Bedürfnis, unsere Begierde, unser Zorn und Haß unmittelbar ins Bewußtsein treten und daher das Jus primi occupantis haben; hingegen die fremden Leiden, welche unsere Ungerechtigkeit und Gewalt verursacht, nur auf dem sekundären Wege der *Vorstellung* und erst durch die Erfahrung, also *mittelbar* ins Bewußtsein kommen: daher sagt Seneca: Ad neminem ante bona mens venit, quam mala (Ep. 50). Der erste Grad der Wirkung des Mitleids ist also, daß es den von mir selbst, infolge der mir einwohnenden antimoralischen Potenzen, andern zu verursachenden Leiden hemmend entgegentritt, mir »Halt!« zuruft und sich als eine Schutzwehr vor den andern stellt, die ihn vor der Verletzung bewahrt, zu welcher außerdem mein Egoismus, oder Bosheit, mich treiben würde. Dergestalt entspringt aus diesem ersten Grade des Mitleids die Maxime neminem laede, d.i. der Grundsatz der *Gerechtigkeit*, welche Tugend ihren lautern, rein moralischen, von aller Beimischung freien Ursprung allein hier hat und nirgends außerdem haben kann, weil sie sonst auf Egoismus beruhen müßte. Ist mein Gemüt bis zu jenem Grade für das Mitleid empfänglich; so wird dasselbe mich zurückhalten, wo und wann ich, um meine Zwecke zu erreichen, fremdes Leiden als Mittel gebrauchen möchte; gleichviel ob dieses Leiden ein augenblicklich, oder später eintretendes, ein direktes, oder indirektes, durch Zwischenglieder vermitteltes sei. Folglich werde ich dann so wenig das Eigentum, als die Person des andern angreifen, ihm so wenig geistige, als körperliche Leiden verursachen, also nicht nur mich jeder physischen Verletzung enthalten; sondern auch ebensowenig auf geistigem Wege ihm Schmerz bereiten, durch Kränkung, Ängstigung, Ärger, oder Verleumdung. Dasselbe Mitleid wird mich abhalten, die Befriedigung meiner Lüste auf Kosten des Lebensglückes weiblicher Individuen zu suchen, oder das Weib eines andern zu verführen, oder auch Jünglinge moralisch und physisch zu verderben, durch Verleitung zur Päderastie. Jedoch ist keineswegs erforderlich, daß in jedem einzelnen Fall das Mitleid wirklich erregt werde; wo es auch oft zu spät käme: sondern aus der ein für allemal erlangten Kenntnis von dem Leiden, welches jede ungerechte Handlung notwendig über andere bringt, und welches durch das Gefühl des Unrechterduldens, d.h. der fremden Übermacht, geschärft wird, geht in edeln Gemütern die Maxime neminem laede hervor, und die vernünftige Überlegung erhebt sie zu dem ein für allemal gefaßten festen Vorsatz, die Rechte eines jeden zu achten, sich keinen Eingriff in dieselben zu erlauben, sich von dem Selbstvorwurf, die Ursache fremder Leiden zu sein, frei zu erhalten und demnach nicht die Lasten und Leiden des Lebens, welche die Umstände jedem zuführen, durch Gewalt oder List auf andere zu wälzen, sondern sein beschiedenes Teil selbst zu tragen, um nicht das eines andern zu verdoppeln. Denn obwohl *Grundsätze* und abstrakte Erkenntnis überhaupt keineswegs die Urquelle, oder erste Grundlage der Moralität sind; so sind sie doch zu einem moralischen Lebenswandel unentbehrlich, als das Behältnis, das Réservoir, in welchem die aus der Quelle aller Moralität, als welche nicht in jedem Augenblicke fließt, entsprungene Gesinnung aufbewahrt wird, um, wenn der Fall der Anwendung kommt, durch Ableitungskanäle dahin zu fließen. Es verhält sich also im Moralischen wie im Physiologischen, wo z. B. die Gallenblase, als Réservoir des Produkts der Leber, notwendig ist, und in vielen ähnlichen Fällen. Ohne fest gefaßte *Grundsätze* würden wir den antimoralischen Triebfedern, wenn sie durch äußere Eindrücke zu Affekten erregt sind, unwiderstehlich preisgegeben sein. Das Festhalten und Befolgen der Grundsätze, den ihnen entgegen wirkenden Motiven zum Trotz, ist *Selbstbeherrschung*. Hier liegt auch die Ursache, warum die Weiber, als welche, wegen der Schwäche ihrer Vernunft, allgemeine *Grundsätze* zu verstehn, festzuhalten und zur Richtschnur zu nehmen, weit weniger als die Männer fähig sind, in der Tugend der Gerechtigkeit, also auch Redlichkeit und Gewissenhaftigkeit, diesen in der Regel nachstehn; daher Ungerechtigkeit und Falschheit ihre häufigsten Laster sind und Lügen ihr eigentliches Element: hingegen übertreffen sie die Männer in der Tugend der *Menschenliebe*: denn zu dieser ist der Anlaß meistens *anschaulich* und redet daher unmittelbar zum Mitleid, für welches die Weiber entschieden leichter empfänglich sind. Aber nur das Anschauliche, Gegenwärtige, unmittelbar Reale hat wahre Existenz für sie: das nur mittelst der Begriffe erkennbare Entfernte, Abwesende, Vergangene, Zukünftige ist ihnen nicht wohl faßlich. Also ist auch hier Kompensation: Gerechtigkeit ist mehr die männliche, Menschenliebe mehr die weibliche Tugend. Der Gedanke, Weiber das Richteramt verwalten zu sehn, erregt Lachen; aber die barmherzigen Schwestern übertreffen sogar die barmherzigen Brüder. Nun aber gar das *Tier* ist, da ihm die abstrakte oder Vernunft-Erkenntnis gänzlich fehlt, durchaus keiner Vorsätze, geschweige Grundsätze und mithin keiner *Selbstbeherrschung* fähig, sondern dem Eindruck und Affekt wehrlos hingegeben. Daher eben hat es keine bewußte *Moralität*; wiewohl die Spezies große Unterschiede der Bosheit und Güte des Charakters zeigen, und in den obersten Geschlechtern selbst die Individuen. – Dem Gesagten zufolge wirkt, in den einzelnen Handlungen des Gerechten, das Mitleid nur noch indirekt, mittelst der Grundsätze, und nicht sowohl actu als potentiâ; etwan so, wie in der Statik die durch größere Länge des einen Waagebalkens bewirkte größere *Geschwindigkeit*, vermöge welcher die kleinere Masse der größeren das Gleichgewicht hält, im Zustand der Ruhe nur potentiâ und doch völlig so gut wie actu wirkt. Jedoch bleibt dabei das Mitleid stets bereit, auch actu hervorzutreten: daher, wenn etwan, in einzelnen Fällen, die erwählte Maxime der Gerechtigkeit wankt, zur Unterstützung derselben und zur Belebung der gerechten Vorsätze, kein Motiv (die egoistischen beiseite gesetzt) wirksamer ist, als das aus der Urquelle selbst, dem Mitleid, geschöpfte. Dies gilt nicht etwan bloß wo es die Verletzung der Person, sondern auch wo es die des Eigentums betrifft, z.B. wenn jemand eine gefundene Sache von Wert zu behalten Lust spürt; so wird – mit Ausschluß aller Klugheits- und aller Religions-Motive dagegen – nichts ihn so leicht auf die Bahn der Gerechtigkeit zurückbringen, wie die Vorstellung der Sorge, des Herzeleids und der Wehklage des Verlierers. Im Gefühl dieser Wahrheit geschieht es oft, daß dem öffentlichen Aufruf zur Wiederbringung verlorenen Geldes die Versicherung hinzugefügt wird, der Verlierer sei ein armer Mensch, ein Dienstbote u.dgl.

Diese Betrachtungen werden es hoffentlich deutlich machen, daß, so wenig es auf den ersten Blick scheinen mag, allerdings auch die Gerechtigkeit, als echte, freie Tugend, ihren Ursprung im Mitleid hat. Wem dennoch dieser Boden zu dürftig scheinen möchte, als daß jene große, recht eigentliche Kardinaltugend bloß in ihm wurzeln könnte, der erinnere sich aus dem Obigen, wie gering das Maß der echten, freiwilligen, uneigennützigen und ungeschminkten Gerechtigkeit ist, die sich unter Menschen findet; wie diese immer nur als überraschende Ausnahme vorkommt und zu ihrer Afterart, der auf bloßer Klugheit beruhenden und überall laut angekündigten Gerechtigkeit, sich, der Qualität und Quantität nach, verhält wie Gold zu Kupfer. Ich möchte diese letztere *διχαιοσυνη πανδημος*, die andere aber *οὐϱανια* nennen; da ja sie es ist, welche, nach Hesiodus, im eisernen Zeitalter die Erde verläßt, um bei den himmlischen Göttern zu wohnen. Für diese seltene und auf Erden stets nur exotische Pflanze ist die nachgewiesene Wurzel stark genug.

Die *Ungerechtigkeit*, oder das *Unrecht*, besteht demnach allemal in der *Verletzung* eines andern. Daher ist der Begriff des *Unrechts* ein *positiver* und dem des *Rechts* vorhergängig, als welcher der *negative* ist und bloß die Handlungen bezeichnet, welche man ausüben kann, ohne andere zu verletzen, d.h. ohne *Unrecht* zu tun. Daß zu diesen auch alle Handlungen gehören, welche allein den Zweck haben, versuchtes Unrecht abzuwehren, ist leicht abzusehn. Denn keine Teilnahme am andern, kein Mitleid mit ihm kann mich auffordern, mich von ihm verletzen zu lassen, d.h. Unrecht zu leiden. Daß der Begriff des *Rechts* der *negative* sei, im Gegensatz des *Unrechts*, als des *positiven*, gibt sich auch zu erkennen in der ersten Erklärung, welche der Vater der philosophischen Rechtslehre, Hugo Grotius, am Eingange seines Werkes, von jenem Begriffe aufstellt: Jus hic nihil aliud, quam quod justum est significat, idque negante magis sensu, quam ajente, ut jus sit, quod injustum non est (De jure belli et pacis, L. I, c. 1, § 3). Die Negativität der Gerechtigkeit bewährt sich, dem Anschein entgegen, selbst in der trivialen Definition: »Jedem das Seinige geben.« Ist es das Seinige, braucht man es ihm nicht zu geben: bedeutet also: »Keinem das Seinige nehmen.« – Weil die Forderung der Gerechtigkeit bloß negativ ist, läßt sie sich erzwingen: denn das neminem laede kann von allen zugleich geübt werden. Die Zwangsanstalt hiezu ist *der Staat*, dessen alleiniger Zweck ist, die einzelnen voreinander und das Ganze vor äußeren Feinden zu schützen. Einige deutsche Philosophaster dieses feilen Zeitalters möchten ihn verdrehn zu einer Moralitäts-Erziehungs- und Erbauungs-Anstalt: wobei im Hintergrunde der jesuitische Zweck lauert, die persönliche Freiheit und individuelle Entwickelung des einzelnen aufzuheben, um ihn zum bloßen Rade einer chinesischen Staats- und Religions-Maschine zu machen. Dies aber ist der Weg, auf welchem man weiland zu Inquisitionen, Autodafés und Religionskriegen gelangt ist: Friedrichs des Großen Wort, »In meinem Lande soll jeder seine Seligkeit nach seiner eigenen Façon besorgen können«, besagte, daß er ihn nie betreten wolle. Hingegen sehn wir auch jetzt noch überall (mit mehr scheinbarer, als wirklicher Ausnahme Nordamerikas) den Staat auch die Sorge für das metaphysische Bedürfnis seiner Mitglieder übernehmen. Die Regierungen scheinen zu ihrem Prinzip den Satz des Quintus Curtius gewählt zu haben: Nulla res efficacius multitudinem regit, quam superstitio: alioquin impotens, saeva, mutabilis; ubi vana religione capta est, melius vatibus, quam ducibus suis paret.

Die Begriffe *Unrecht* und *Recht*, als gleichbedeutend mit Verletzung und Nichtverletzung, zu welcher letztern auch das Abwehren der Verletzung gehört, sind offenbar unabhängig von aller positiven Gesetzgebung und dieser vorhergehend: also gibt es ein rein ethisches Recht, oder Naturrecht, und eine reine, d.h. von aller positiven Satzung unabhängige Rechtslehre. Die Grundsätze derselben haben zwar insofern einen empirischen Ursprung, als sie auf Anlaß des Begriffs der *Verletzung* entstehn, an sich selbst aber beruhen sie auf dem reinen Verstande, welcher a priori das Prinzip an die Hand gibt: causa causae est causa effectus; welches hier besagt, daß von dem, was ich tun muß, um die Verletzung eines andern von mir abzuwehren, er selbst die Ursache ist, und nicht ich; also ich mich allen Beeinträchtigungen von seiner Seite widersetzen kann, ohne ihm Unrecht zu tun. Es ist gleichsam ein moralisches Reperkussionsgesetz. Also aus der Verbindung des empirischen Begriffes der Verletzung mit jener Regel, die der reine Verstand an die Hand gibt, entstehn die Grundbegriffe von Unrecht und Recht, die jeder a priori faßt und auf Anlaß der Erfahrung sogleich anwendet. Den dieses leugnenden Empiriker darf man, da bei ihm allein Erfahrung gilt, nur auf die Wilden hinweisen, die alle ganz richtig, oft auch fein und genau, Unrecht und Recht unterscheiden; welches sehr in die Augen fällt bei ihrem Tauschhandel und andern Übereinkünften mit der Mannschaft europäischer Schiffe, und bei ihren Besuchen auf diesen. Sie sind dreist und zuversichtlich, wo sie recht haben, hingegen ängstlich, wenn das Recht nicht auf ihrer Seite ist. Bei Streitigkeiten lassen sie sich eine rechtliche Ausgleichung gefallen, hingegen reizt ungerechtes Verfahren sie zum Kriege. – Die *Rechtslehre* ist ein Teil der Moral, welcher die Handlungen feststellt, die man nicht ausüben darf, wenn man nicht andere verletzen, d.h. Unrecht begehn will. Die Moral hat also hiebei den *aktiven* Teil im Auge. Die Gesetzgebung aber nimmt dieses Kapitel der Moral, um es in Rücksicht auf die *passive* Seite, also umgekehrt, zu gebrauchen und dieselben Handlungen zu betrachten als solche, die keiner, da ihm kein Unrecht widerfahren soll, zu leiden braucht. Gegen diese Handlungen errichtet nun der Staat das Bollwerk der Gesetze, als positives Recht. Seine Absicht ist, daß keiner Unrecht *leide*: die

Absicht der moralischen Rechtslehre hingegen, daß keiner Unrecht *tue*.*

Bei jeder ungerechten Handlung ist das Unrecht der *Qualität* nach dasselbe, nämlich Verletzung eines andern, es sei an seiner Person, seiner Freiheit, seinem Eigentum, seiner Ehre. Aber der *Quantität* nach kann es sehr verschieden sein. Diese Verschiedenheit der *Größe des Unrechts* scheint von den Moralisten noch nicht gehörig untersucht zu sein, wird jedoch im wirklichen Leben überall anerkannt, indem die Größe des Tadels, den man darüber ergehn läßt, ihr entspricht. Gleichermaßen verhält es sich mit der *Gerechtigkeit* der Handlungen. Um dies zu erläutern: z.B. wer, dem Hungertode nahe, ein Brot stiehlt, begeht ein Unrecht: aber wie klein ist seine Ungerechtigkeit gegen die eines Reichen, der auf irgendeine Weise einen Armen um sein letztes Eigentum bringt. Der Reiche, welcher seinen Tagelöhner bezahlt, handelt gerecht: aber wie klein ist diese Gerechtigkeit gegen die eines Armen, der eine gefundene Goldbörse dem Reichen freiwillig zurückbringt. Das Maß dieser so bedeutenden Verschiedenheit in der *Quantität* der Gerechtigkeit und Ungerechtigkeit (bei stets gleicher Qualität) ist aber kein direktes und absolutes, wie das auf dem Maßstabe, sondern ein mittelbares und relatives, wie das der Sinus und Tangenten. Ich stelle dazu folgende Formel auf: die Größe der Ungerechtigkeit meiner Handlung ist gleich der Größe des Übels, welches ich einem andern dadurch zufüge, dividiert durch die Größe des Vorteils, den ich selbst dadurch erlange: – und die Größe der Gerechtigkeit meiner Handlung ist gleich der Größe des Vorteils, den mir die Verletzung des andern bringen würde, dividiert durch die Größe des Schadens, den er dadurch erleiden würde. – Nun aber gibt es außerdem noch eine *doppelte Ungerechtigkeit*, die von jeder einfachen, sei diese noch so groß, spezifisch verschieden ist, welches sich dadurch kundgibt, daß die Größe der Indignation des unbeteiligten Zeugen, welche stets der Größe der Ungerechtigkeit proportional ausfällt, bei der doppelten allein den höchsten Grad erreicht, und diese verabscheut als etwas Empörendes und Himmelschreiendes, als eine Untat, ein

* Die ausgeführte Rechtslehre findet man in der »Welt als Wille und Vorstellung«, Bd. 1, § 62.

ἄγος, bei welchem gleichsam die Götter ihr Antlitz verhüllen. Diese *doppelte Ungerechtigkeit* hat statt, wo jemand ausdrücklich die Verpflichtung übernommen hat, einen andern in einer bestimmten Hinsicht zu schützen, folglich die Nichterfüllung dieser Verpflichtung schon Verletzung des andern, mithin Unrecht wäre; er nun aber noch überdies jenen andern, eben darin, wo er ihn schützen sollte, selbst angreift und verletzt. Dies ist z. B. der Fall, wo der bestellte Wächter, oder Geleitsmann, zum Mörder, der betraute Hüter zum Dieb wird, der Vormund die Mündel um ihr Eigentum bringt, der Advokat prävariziert, der Richter sich bestechen läßt, der um Rat Gebetene dem Frager absichtlich einen verderblichen Rat erteilt; – welches alles zusammen unter dem Begriff des *Verrats* gedacht wird, welcher der Abscheu der Welt ist: diesem gemäß setzt auch Dante die Verräter in den tiefuntersten Grund der Hölle, wo der Satan selbst sich aufhält (Inf., XI, 61–66).

Da nun hier der Begriff der *Verpflichtung* zur Sprache gekommen, ist es der Ort, den in der Ethik, wie im Leben, so häufig angewandten Begriff der *Pflicht*, dem jedoch eine zu große Ausdehnung gegeben wird, festzustellen. Wir haben gefunden, daß das Unrecht allemal in der Verletzung eines andern besteht, sei es an seiner Person, seiner Freiheit, seinem Eigentum, oder seiner Ehre. Hieraus scheint zu folgen, daß jedes Unrecht ein positiver Angriff, eine Tat sein müsse. Allein es gibt Handlungen, deren bloße *Unterlassung* ein Unrecht ist: solche Handlungen heißen *Pflichten*. Dieses ist die wahre philosophische Definition des Begriffs der *Pflicht*, welcher hingegen alle Eigentümlichkeit einbüßt und dadurch verlorengeht, wenn man, wie in der bisherigen Moral, jede lobenswerte Handlungsweise *Pflicht* nennen will, wobei man vergißt, daß was *Pflicht* ist auch *Schuldigkeit* sein muß. *Pflicht*, το δεον, *le devoir, duty, ist also eine Handlung, durch deren bloße Unterlassung man einen andern verletzt, d.h. Unrecht begeht.* Offenbar kann dies nur dadurch der Fall sein, daß der Unterlasser sich zu einer solchen Handlung anheischig gemacht, d. h. eben *verpflichtet* hat. Demnach beruhen alle Pflichten auf eingegangener Verpflichtung. Diese ist in der Regel eine ausdrückliche, gegenseitige Übereinkunft, wie z. B. zwischen Fürst und Volk, Regierung und

Beamten, Herrn und Diener, Advokat und Klienten, Arzt und Kranken, überhaupt zwischen einem jeden, der eine Leistung irgendeiner Art übernommen hat, und seinem Besteller, im weitesten Sinne des Worts. Darum gibt jede Pflicht ein Recht: weil keiner sich ohne ein Motiv, d.h. hier, ohne irgendeinen Vorteil für sich, verpflichten kann. Nur *eine* Verpflichtung ist mir bekannt, die *nicht* mittelst einer Übereinkunft, sondern unmittelbar durch eine bloße Handlung übernommen wird; weil der, gegen den man sie hat, noch nicht da war, als man sie übernahm: es ist die der Eltern gegen ihre Kinder. Wer ein Kind in die Welt setzt, hat die *Pflicht* es zu erhalten, bis es sich selbst zu erhalten fähig ist: und sollte diese Zeit, wie bei einem Blinden, Krüppel, Kretinen u.dgl. *nie* eintreten, so hört auch die Pflicht nie auf. Denn durch das bloße Nichtleisten der Hülfe, also eine Unterlassung, würde er sein Kind verletzen, ja, dem Untergange zuführen. Die moralische Pflicht der Kinder gegen die Eltern ist nicht so unmittelbar und entschieden. Sie beruht darauf, daß, weil jede Pflicht ein Recht gibt, auch die Eltern eines gegen die Kinder haben müssen, welches bei diesen die Pflicht des Gehorsams begründet, die aber nachmals, mit dem Recht, aus welchem sie entstanden ist, auch aufhört. An ihre Stelle wird alsdann Dankbarkeit treten für das, was die Eltern mehr getan, als strenge ihre Pflicht war. Jedoch, ein so häßliches, oft selbst empörendes Laster auch der Undank ist: so ist Dankbarkeit doch nicht *Pflicht* zu nennen: weil ihr Ausbleiben keine Verletzung des andern, also kein *Unrecht* ist. Außerdem müßte der Wohltäter vermeint haben, stillschweigend einen Handel abzuschließen. – Allenfalls könnte man als unmittelbar durch eine Handlung entstehende Verpflichtung den Ersatz für angerichteten Schaden geltend machen. Jedoch ist dieser, als Aufhebung der Folgen einer ungerechten Handlung, eine bloße Bemühung sie auszulöschen, etwas rein Negatives, das darauf beruht, daß die Handlung selbst hätte unterbleiben sollen. – Noch sei hier bemerkt, daß die Billigkeit der Feind der Gerechtigkeit ist und ihr oft gröblich zusetzt: daher man ihr nicht zu viel einräumen soll. Der Deutsche ist ein Freund der Billigkeit, der Engländer hält es mit der Gerechtigkeit.

Das Gesetz der Motivation ist ebenso streng, wie das der physischen Kausalität, führt also einen ebenso unwiderstehlichen Zwang mit sich. Dem entsprechend gibt es zur Ausübung des Unrechts zwei Wege, den der *Gewalt* und den der *List*. Wie ich durch Gewalt einen andern töten, oder berauben, oder mir zu gehorchen zwingen kann; so kann ich alles dieses auch durch List ausführen, indem ich seinem Intellekt falsche Motive vorschiebe, infolge welcher er tun muß, was er außerdem nicht tun würde. Dies geschieht mittelst der *Lüge*; deren Verwerflichkeit allein hierauf beruht, ihr also nur anhängt, sofern sie ein Werkzeug der List, d. h. des Zwanges mittelst der Motivation, ist. Dies aber ist sie in der Regel. Denn zunächst kann mein Lügen selbst nicht ohne Motiv geschehn: dies Motiv aber wird, mit den seltensten Ausnahmen, ein ungerechtes, nämlich die Absicht sein, andere, über die ich keine Gewalt habe, nach meinem Willen zu leiten, d.h. sie mittelst der Motivation zu zwingen. Diese Absicht liegt sogar auch der bloß windbeutelnden Lüge zum Grunde, indem wer sie braucht sich dadurch bei andern in höheres Ansehn, als ihm zusteht, zu setzen sucht. – Die Verbindlichkeit des *Versprechens* und des *Vertrages* beruht darauf, daß sie, wenn nicht erfüllt, die feierlichste Lüge sind, deren Absicht, moralischen Zwang über andere auszuüben, hier umso evidenter ist, als das Motiv der Lüge, die verlangte Leistung des Gegenparts, ausdrücklich ausgesprochen ist. Das Verächtliche des Betrugs kommt daher, daß er durch Gleisnerei seinen Mann entwaffnet, ehe er ihn angreift. Der *Verrat* ist sein Gipfel und wird, weil er in die Kategorie der *doppelten Ungerechtigkeit* gehört, tief verabscheut. Aber wie ich, ohne Unrecht, also mit Recht, Gewalt durch Gewalt vertreiben kann; so kann ich, wo mir die Gewalt abgeht, oder es mir bequemer scheint, es auch durch List. Ich habe also in den Fällen, wo ich ein Recht zur Gewalt habe, es auch *zur Lüge*: so z.B. gegen Räuber und unberechtigte Gewältiger jeder Art, die ich demnach durch List in eine Falle locke. Darum bindet ein gewaltsam abgezwungenes Versprechen nicht. – Aber *das Recht zur Lüge* geht in der Tat noch weiter: es tritt ein bei jeder völlig unbefugten Frage, welche meine persönlichen, oder meine Geschäftsangelegenheiten betrifft, mithin vorwitzig ist, und deren Beantwortung nicht nur, sondern schon deren bloße Zurückweisung durch »ich will's nicht sagen«, als Verdacht erweckend, mich in Gefahr bringen würde. Hier ist die Lüge die Notwehr gegen unbefugte Neugier, deren Motiv meistens kein wohlwollendes ist. Denn, wie ich das Recht habe, dem vorausgesetzten bösen Willen anderer und der demnach präsumierten physischen Gewalt physischen Widerstand, auf Gefahr des Beeinträchtigers, zum voraus entgegenzustellen und also, als Präventivmaßregel, meine Gartenmauer mit scharfen Spitzen zu verwahren, nachts auf meinem Hofe böse Hunde loszulassen, ja, nach Umständen, selbst Fußangeln und Selbstschüsse zu stellen, deren schlimme Folgen der Eindringer sich selber zuzuschreiben hat; so habe ich auch das Recht, dasjenige auf alle Weise geheimzuhalten, dessen Kenntnis mich dem Angriff anderer bloßstellen würde, und habe auch Ursache dazu, weil ich auch hier den bösen Willen anderer als sehr leicht möglich annehmen und die Vorkehrungen dagegen zum voraus treffen muß. Daher sagt Ariosto:

Quantunque il simular sia le più volte
Ripreso, e dia di mala mente indici,
Si trova pure in molte cose e molte
Avere fatti evidenti benefici,
E danni e biasmi e morti avere tolte:
Che non conversiam' sempre con gli amici,
In questa assai più oscura che serena
Vita mortal, tutta d'invidia piena.*

(Orl. fur., IV, 1.)

Ich darf also, ohne Unrecht, selbst der bloß präsumierten Beeinträchtigung durch List, zum voraus List entgegenstellen, und brauche daher nicht dem, der noch unbefugt in meine Privatverhältnisse späht, Rede zu stehn, noch durch die Antwort: »Dies will ich geheim halten«, die Stelle anzuzeigen, wo ein mir gefähr-

* So sehr auch meistens die Verstellung getadelt wird und von schlechter Absicht zeugt; so hat sie dennoch in gar vielen Dingen augenfällig Gutes gestiftet, indem sie dem Schaden, der Schande und dem Tode vorbeugte: denn nicht immer reden wir mit Freunden, in diesem viel mehr finstern, als heitern, sterblichen Leben, welches von Neide strotzt.

liches, ihm vielleicht vorteilhaftes, jedenfalls ihm Macht über mich verleihendes Geheimnis liegt:

Scire volunt secreta domus, atque inde timeri.

Sondern ich bin alsdann befugt, ihn mit einer Lüge abzufertigen, auf seine Gefahr, falls sie ihn in schädlichen Irrtum versetzt. Denn hier ist die Lüge das einzige Mittel, der vorwitzigen und verdächtigen Neugier zu begegnen: ich stehe daher im Fall der Notwehr. Ask me no questions, and I'll tell you no lies*, ist hier die richtige Maxime. Nämlich bei den Engländern, denen der Vorwurf der Lüge als die schwerste Beleidigung gilt, und die eben daher wirklich weniger lügen, als die andern Nationen, werden dementsprechend alle unbefugten, die Verhältnisse des andern betreffenden Fragen als eine Ungezogenheit angesehn, welche der Ausdruck to ask questions bezeichnet. – Auch verfährt nach dem oben aufgestellten Prinzip jeder Verständige, selbst wenn er von der strengsten Rechtlichkeit ist. Kehrt er z.B. von einem entlegenen Orte zurück, wo er Geld erhoben hat, und ein unbekannter Reisender gesellt sich zu ihm, frägt, wie gewöhnlich, erst *wohin*, und dann *woher*, darauf allmählich auch, was ihn an jenen Ort geführt haben mag; – so wird jener eine Lüge antworten, um der Gefahr des Raubes vorzubeugen. Wer in dem Hause, in welchem ein Mann, um dessen Tochter er wirbt, wohnt, angetroffen und nach der Ursache seiner unvermuteten Anwesenheit gefragt wird, gibt, wenn er nicht auf den Kopf gefallen ist, unbedenklich eine falsche an. Und so kommen gar viele Fälle vor, in denen jeder Vernünftige, ohne allen Gewissensskrupel, lügt. Diese Ansicht allein beseitigt den schreienden Widerspruch zwischen der Moral, die gelehrt, und der, die täglich, selbst von den Redlichsten und Besten, ausgeübt wird. Jedoch muß dabei die angegebene Einschränkung auf den Fall der Notwehr streng festgehalten werden; da außerdem diese Lehre abscheulichem Mißbrauche offenstände: denn an sich ist die Lüge ein sehr gefährliches Werkzeug. Aber wie, trotz dem Landfrieden, das Gesetz jedem erlaubt, Waffen zu tragen und zu gebrauchen, nämlich im Fall der Notwehr; so gestattet für densel-

* Frag du mich nicht aus, will ich dich nicht belügen.

ben Fall, aber ebenso auch *nur* für diesen, die Moral den Gebrauch der Lüge. Diesen Fall der Notwehr gegen Gewalt oder List ausgenommen, ist jede Lüge ein Werkzeug zum Unrecht; daher die Gerechtigkeit Wahrhaftigkeit gegen jedermann fordert. Aber gegen die völlig unbedingte, ausnahmslose und im Wesen der Sache liegende Verwerflichkeit der Lüge spricht schon dies, daß es Fälle gibt, wo lügen sogar *Pflicht* ist, namentlich für Ärzte; ebenfalls, daß es *edelmütige* Lügen gibt, z.B. die des Marquis Posa im Don Carlos, die in der Gerusalemme liberata, II, 22, und überhaupt in allen den Fällen, wo einer die Schuld des andern auf sich laden will; endlich daß sogar Jesus Christus einmal absichtlich die Unwahrheit gesagt hat (Joh. 7,8). Demgemäß sagt Campanella, in seinen Poesie filosofiche, madr. 9, geradezu: Bello è il mentir, se a fare gran ben' si trova.* – Dagegen aber ist die gangbare Lehre von der Notlüge ein elender Flicken auf dem Kleide einer armseligen Moral. – Die, auf Kants Veranlassung, in manchen Kompendien gegebenen Ableitungen der Unrechtmäßigkeit der Lüge, aus dem *Sprachvermögen* des Menschen, sind so platt, kindisch und abgeschmackt, daß man, nur um ihnen Hohn zu sprechen, versucht werden könnte, sich dem Teufel in die Arme zu werfen und mit Talleyrand zu sagen: l'homme a reçu la parole pour pouvoir cacher sa pensée. – Kants bei jeder Gelegenheit zur Schau getragener, unbedingter und grenzenloser Abscheu gegen die Lüge beruht entweder auf Affektation, oder auf Vorurteil: in dem Kapitel seiner »Tugendlehre« von der Lüge, schilt er diese zwar mit allen ehrenrührigen Prädikaten, bringt aber gar keinen eigentlichen Grund für ihre Verwerflichkeit bei; welches doch wirksamer gewesen wäre. Deklamieren ist leichter als Beweisen, und Moralisieren leichter als Aufrichtigsein. Kant hätte besser getan, jenen speziellen Eifer gegen die *Schadenfreude* loszulassen: diese, nicht die Lüge, ist das eigentlich teuflische Laster. Denn sie ist das gerade Gegenteil des Mitleids, und ist nichts anderes, als die ohnmächtige Grausamkeit, welche die Leiden, in denen sie andere so gern erblickt, selbst herbeizuführen unfähig, dem Zufall dankt, der es statt ihrer tat. – Daß, nach dem Prinzip der ritterlichen Ehre, der

* Schön ist das Lügen, wenn es viel Gutes stiftet.

Vorwurf der Lüge als so sehr schwer und eigentlich mit dem Blute des Anschuldigers abzuwaschen genommen wird, liegt nicht daran, daß die Lüge *unrecht* ist, da alsdann die Anschuldigung eines durch Gewalt verübten Unrechts ebenso schwer kränken müßte, was bekanntlich nicht der Fall ist; sondern es liegt daran, daß, nach dem Prinzip der ritterlichen Ehre, eigentlich die Gewalt das Recht begründet: wer nun, um ein Unrecht auszuführen, zur Lüge greift, beweist, daß ihm die Gewalt oder der zur Anwendung dieser nötige Mut abgeht. Jede Lüge zeugt von Furcht: das bricht den Stab über ihn.

§ 18
Die Tugend der Menschenliebe

Die Gerechtigkeit ist also die erste und grundwesentliche Kardinaltugend. Als solche haben auch die Philosophen des Altertums sie anerkannt, jedoch ihr drei andere unpassend gewählte koordiniert. Hingegen haben sie die Menschenliebe, caritas, ἀγαπη, noch nicht als Tugend aufgestellt: selbst der in der Moral sich am höchsten erhebende Plato gelangt doch nur bis zur freiwilligen, uneigennützigen Gerechtigkeit. Praktisch und faktisch ist zwar zu jeder Zeit Menschenliebe dagewesen: aber theoretisch zur Sprache gebracht und förmlich als Tugend, und zwar als die größte von allen, aufgestellt, sogar auch auf die Feinde ausgedehnt, wurde sie zuerst vom Christentum, dessen allergrößtes Verdienst eben hierin besteht: wiewohl nur hinsichtlich auf Europa; da in Asien schon tausend Jahre früher die unbegrenzte Liebe des Nächsten ebensowohl Gegenstand der Lehre und Vorschrift, wie der Ausübung gewesen war, indem Veda und Dharma-Sastra, Itihasa und Purana, wie auch die Lehre des Buddhas Schakia Muni, nicht müde werden, sie zu predigen. – Und wenn wir es streng nehmen wollen, so lassen sich auch bei den Alten Spuren der Anempfehlung der Menschenliebe finden, z. B. beim Cicero, De finib., V, 23; sogar schon beim Pythagoras, nach Jamblichos, De vita Pythagorae, c. 33. Mir liegt jetzt die philosophische Ableitung dieser Tugend aus meinem Prinzip ob.

Der zweite Grad, in welchem, mittelst des oben tatsächlich nachgewiesenen, wiewohl seinem Ursprung nach geheimnisvollen Vorgangs des *Mitleids*, das fremde Leiden an sich selbst und als solches unmittelbar mein Motiv wird, sondert sich von dem ersten deutlich ab, durch den *positiven Charakter* der daraus hervorgehenden Handlungen; indem alsdann das Mitleid nicht bloß mich abhält, den andern zu verletzen, sondern sogar mich antreibt, ihm zu helfen. Je nachdem nun teils jene unmittelbare Teilnahme lebhaft und tiefgefühlt, teils die fremde Not groß und dringend ist, werde ich durch jenes rein moralische Motiv bewogen werden, ein größeres oder geringeres Opfer dem Bedürfnis oder der Not des andern zu bringen, welches in der Anstrengung meiner leiblichen oder geistigen Kräfte für ihn, in meinem Eigentum, in meiner Gesundheit, Freiheit, sogar in meinem Leben bestehn kann. Hier also, in der unmittelbaren, auf keine Argumentation gestützten, noch deren bedürfenden Teilnahme, liegt der allein lautere Ursprung der Menschenliebe, der caritas, ἀγαπη, also derjenigen Tugend, deren Maxime ist, omnes, quantum potes, juva, und aus welcher alles das fließt, was die Ethik unter den Namen Tugendpflichten, Liebespflichten, unvollkommene Pflichten vorschreibt. Diese ganz unmittelbare, ja, instinktartige Teilnahme am fremden Leiden, also das Mitleid, ist die alleinige Quelle solcher Handlungen, wenn sie *moralischen Wert haben*, d.h. von allen egoistischen Motiven rein sein, und eben deshalb in uns selbst diejenige innere Zufriedenheit erwecken sollen, welche man das gute, befriedigte, lobende Gewissen nennt; wie auch bei dem Zuschauer die eigentümliche Beistimmung, Hochachtung, Bewunderung und sogar demütigenden Rückblick auf sich selbst hervorrufen sollen, welcher eine nicht abzuleugnende Tatsache ist. Hat hingegen eine wohltätige Handlung irgendein anderes Motiv; so kann sie nicht anders, als egoistisch sein, wenn sie nicht gar boshaft ist. Denn, entsprechend den oben aufgestellten Urtriebfedern aller Handlungen, nämlich Egoismus, Bosheit, Mitleid, lassen sich die *Motive*, welche überhaupt den Menschen bewegen können, unter drei, ganz allgemeine und oberste Klassen bringen: 1) eigenes Wohl, 2) fremdes Wehe, 3) fremdes Wohl. Ist nun das Motiv einer wohltätigen Handlung nicht aus der *dritten*

Klasse; so muß es schlechterdings der *ersten* oder *zweiten* angehören. *Letzteres* ist wirklich bisweilen der Fall: z.B. wenn ich einem wohltue, um einen andern, dem ich nicht wohltue, zu kränken, oder ihm sein Leiden noch fühlbarer zu machen; oder auch um einen Dritten, der demselben nicht wohltat, zu beschämen; oder endlich um den, dem ich wohltue, dadurch zu demütigen. *Ersteres* aber ist viel öfter der Fall, nämlich sobald ich, bei einer guten Tat, sei es auch noch so entfernt und auf weitestem Umwege, *mein eigenes Wohl* im Auge habe, also wenn mich Rücksicht auf Belohnung, in dieser oder einer andern Welt, oder die zu erlangende Hochschätzung und der Ruf eines edeln Herzens, oder die Überlegung, daß der, dem heute ich helfe, mir einmal wieder helfen, oder sonst nützen und dienen könne, endlich auch, wenn mich der Gedanke treibt, die Maxime des Edelmuts oder der Wohltätigkeit müsse aufrechterhalten werden, da sie mir doch auch einmal zugute kommen könne, kurz, sobald mein Zweck irgendein anderer ist, als ganz allein der rein *objektive*, daß ich dem andern geholfen, ihn aus seiner Not und Bedrängnis gerissen, ihn von seinem Leiden befreiet wissen will: und nichts darüber und nichts daneben! Nur dann, und ganz allein dann, habe ich wirklich jene Menschenliebe, caritas, *ἀγαπη*, bewiesen, welche gepredigt zu haben, das große, auszeichnende Verdienst des Christentums ist. Aber gerade die Vorschriften, welche das Evangelium seinem Geheiß der Liebe hinzufügt, wie: *μη γνώτω ἡ ἀριστερά σου, τί ποιεῖ ἡ δεξία σου* (sinistra tua manus haud cognoscat, quae dextra facit) und ähnliche, sind auf das Gefühl dessen gegründet, was ich hier deduziert habe, daß nämlich ganz allein die fremde Not und keine andere Rücksicht mein Motiv sein muß, wenn meine Handlung moralischen Wert haben soll. Ganz richtig wird ebendaselbst (Matth. 6,2) gesagt, daß die, welche mit Ostentation geben, ihren Lohn dahin haben. Aber die Veden erteilen auch hier uns gleichsam die höhere Weihe, indem sie wiederholentlich versichern, daß wer irgendeinen Lohn seiner Werke begehrt, noch auf dem Wege der Finsternis begriffen und zur Erlösung nicht reif sei. – Wenn einer, indem er ein Almosen gibt, mich früge, was er davon hat; so wäre meine gewissenhafte Antwort: »Dieses, daß jenem Armen sein Schicksal um so viel erleichtert wird; außerdem aber schlechterdings nichts. Ist dir nun damit nicht gedient, und daran eigentlich nichts gelegen; so hast du eigentlich nicht ein Almosen geben, sondern einen Kauf tun wollen: da bist du um dein Geld betrogen. Ist dir aber daran gelegen, daß jener, den der Mangel drückt, weniger leide; so hast du eben deinen Zweck erreicht, hast dies davon, daß er weniger leidet, und siehst genau, wie weit deine Gabe sich belohnt.«

Wie ist es nun aber möglich, daß ein Leiden, welches nicht *meines* ist, nicht *mich* trifft, doch ebenso unmittelbar, wie sonst nur mein eigenes, Motiv für mich werden, mich zum Handeln bewegen soll? Wie gesagt, nur dadurch, daß ich es, obgleich mir nur als ein Äußeres, bloß vermittelst der äußern Anschauung oder Kunde gegeben, dennoch *mitempfinde*, es als *meines fühle*, und doch nicht *in mir*, sondern *in einem andern*, und also eintritt was schon Calderon ausspricht:

que entre el ver
Padecer y el padecer
Ninguna distancia habia.
»No siempre el peor es cierto«, Jorn. II, p. 229.
(daß zwischen leiden sehn und leiden kein Unterschied sei.)

Dies aber setzt voraus, daß ich mich mit dem andern gewissermaßen identifiziert habe, und folglich die Schranke zwischen Ich und Nicht-Ich, für den Augenblick, aufgehoben sei: nur dann wird die Angelegenheit des andern, sein Bedürfnis, seine Not, sein Leiden, unmittelbar zum meinigen: dann erblicke ich ihn nicht mehr, wie ihn doch die empirische Anschauung gibt, als ein mir Fremdes, mir Gleichgültiges, von mir gänzlich Verschiedenes; sondern *in ihm* leide ich mit, trotzdem, daß seine Haut meine Nerven nicht einschließt. Nur dadurch kann *sein* Wehe, *seine* Not, Motiv *für mich* werden: außerdem kann es durchaus nur meine eigene. *Dieser Vorgang* ist, ich wiederhole es, *mysteriös*: denn er ist etwas, wovon die Vernunft keine unmittelbare Rechenschaft geben kann, und dessen Gründe auf dem Wege der Erfahrung nicht auszumitteln sind. Und doch ist er alltäglich. Jeder hat ihn oft an sich selbst erlebt, sogar dem Hartherzigsten und Selbstsüchtigsten ist er nicht fremd geblieben. Er tritt täglich ein, vor unsern Augen, im einzelnen, im kleinen, überall wo, auf unmittelbaren Antrieb, ohne viel Überlegung, ein Mensch dem andern hilft und beispringt, ja, bisweilen selbst sein Leben für einen, den er zum ersten Male sieht, in die augenscheinlichste Gefahr setzt, ohne mehr dabei zu denken, als eben daß er die große Not und Gefahr des andern sieht. Er tritt im großen ein, wenn, nach langer Überlegung und schwerer Debatte, die hochherzige britische Nation 20 Millionen Pfund Sterling hingibt, um den Negersklaven in ihren Kolonien die Freiheit zu erkaufen; unter dem Beifallsjubel einer ganzen Welt. Wer diese schöne Handlung im großen Stil, dem Mitleid als Triebfeder absprechen wollte, um sie dem Christentum zuzuschreiben, bedenke, daß im ganzen Neuen Testament kein Wort gegen die Sklaverei gesagt ist; so allgemein auch damals die Sache war; und daß vielmehr, noch 1860, in Nord-Amerika, bei Debatten über die Sklaverei, einer sich darauf berufen hat, daß Abraham und Jakob auch Sklaven gehalten haben.

Was nun in jedem einzelnen Fall die praktischen Ergebnisse jenes mysteriösen innern Vorganges sein werden, mag die Ethik in Kapiteln und Paragraphen über Tugendpflichten, oder Liebespflichten, oder unvollkommene Pflichten, oder wie sonst, auseinandersetzen. Die Wurzel, die Grundlage von dem allen ist die hier dargelegte, aus welcher der Grundsatz entspringt: omnes, quantum potes, juva; und aus diesem ist hier alles Übrige gar leicht abzuleiten, wie aus der ersten Hälfte meines Prinzips, also aus dem Neminem laede, alle Pflichten der Gerechtigkeit. Die Ethik ist in Wahrheit die leichteste aller Wissenschaften; wie es auch nicht anders zu erwarten steht, da jeder die Obliegenheit hat, sie selbst zu konstruieren, selbst aus dem obersten Grundsatz, der in seinem Herzen wurzelt, die Regel für jeden vorkommenden Fall abzuleiten: denn wenige haben die Muße und Geduld, eine fertig konstruierte Ethik zu erlernen. Aus der Gerechtigkeit und Menschenliebe fließen sämtliche Tugenden, daher sind jene die Kardinaltugenden, mit deren Ableitung der Grundstein der Ethik gelegt ist. – Gerechtigkeit ist der ganze ethische Inhalt des Alten Testaments, und Menschenliebe der des Neuen: diese ist die *καινη ἐντολη* (Joh. 13,34), in welcher, nach Paulus (Röm. 13,8–10), alle christlichen Tugenden enthalten sind.

§ 19
Bestätigungen des dargelegten Fundaments der Moral

Die jetzt ausgesprochene Wahrheit, daß das Mitleid, als die einzige nicht egoistische, auch die alleinige echt moralische Triebfeder sei, ist, seltsamer, ja, fast unbegreiflicher Weise, paradox. Ich will daher versuchen, sie den Überzeugungen des Lesers dadurch zu entfremden, daß ich sie als durch die Erfahrung und die Aussprüche des allgemeinen Menschengefühls bestätigt nachweise.

1) Zu diesem Zweck will ich zuvörderst einen beliebig erdachten Fall zum Beispiel nehmen, der in dieser Untersuchung als experimentum crucis gelten kann. Um mir aber nicht die Sache leicht zu machen, nehme ich keinen Fall der Menschenliebe, sondern eine Rechtsverletzung und zwar die stärkste. – Man setze zwei junge Leute, Kajus und Titus, beide leidenschaftlich verliebt, doch jeder in ein anderes Mädchen: und jedem stehe ein wegen äußerer Umstände bevorzugter Nebenbuhler durchaus im Wege. Beide seien entschlossen, jeder den seinigen aus der Welt zu schaffen, und beide seien vor aller Entdeckung, sogar vor jedem Verdacht, vollkommen gesichert. Als jedoch jeder seinerseits an die nähere Veranstaltung des Mordes geht, stehn beide, nach einem Kampfe mit sich selbst, davon ab. Über die Gründe dieses Aufgebens ihres Entschlusses sollen sie uns aufrichtige und deutliche Rechenschaft ablegen. – Nun soll die Rechenschaft, welche Kajus gibt, ganz in die Wahl des Lesers gestellt sein. Er mag etwan durch religiöse Gründe, wie den Willen Gottes, die dereinstige Vergeltung, das künftige Gericht u.dgl. abgehalten worden sein. Oder aber er sage: »Ich bedachte, daß die Maxime meines Verfahrens in diesem Fall sich nicht geeignet haben würde, eine allgemein gültige Regel für alle möglichen vernünftigen Wesen abzugeben, indem ich ja meinen Nebenbuhler allein als Mittel und nicht zugleich als Zweck behandelt haben würde.« – Oder er sage mit Fichte: »Jedes Menschenleben ist Mittel zur Realisation des Sittengesetzes: also kann ich nicht, ohne gegen die Realisation des Sittengesetzes gleichgültig zu sein, einen vernichten, der zu derselben beizutragen bestimmt ist.« (Sittenlehre, S. 373.) – (Diesem

Skrupel, beiläufig gesagt, könnte er dadurch begegnen, daß er, im Besitz seiner Geliebten, bald ein neues Instrument des Sittengesetzes zu produzieren hofft.) – Oder er sage, nach Wollastone: »Ich habe überlegt, daß jene Handlung der Ausdruck eines unwahren Satzes sein würde.« – Oder er sage, nach Hutcheson: »Der moralische Sinn, dessen Empfindungen, wie die jedes andern Sinnes, nicht weiter erklärlich sind, hat mich bestimmt, es sein zu lassen.« – Oder er sage, nach Adam Smith: »Ich sah voraus, daß meine Handlung gar keine Sympathie mit mir in den Zuschauern derselben erregt haben würde.« – Oder, nach Christian Wolff: »Ich erkannte, daß ich dadurch meiner eigenen Vervollkommnung entgegen arbeiten und auch keine fremde befördern würde.« Oder er sage, nach Spinoza: »Homini nihil utilius homine: ergo hominem interimere nolui.« – Kurz, er sage, was man will. – Aber Titus, dessen Rechenschaft ich mir vorbehalte, der sage: »Wie es zu den Anstalten kam, und ich deshalb, für den Augenblick, mich nicht mit meiner Leidenschaft, sondern mit jenem Nebenbuhler zu beschäftigen hatte; da zuerst wurde mir recht deutlich, was jetzt mit ihm eigentlich vorgehn sollte. Aber nun ergriff mich Mitleid und Erbarmen, es jammerte mich seiner, ich konnte es nicht übers Herz bringen: ich habe es nicht tun können.« – Jetzt frage ich jeden redlichen und unbefangenen Leser: Welcher von beiden ist der bessere Mensch? – Welchem von beiden möchte er sein eigenes Schicksal lieber in die Hand geben? – Welcher von ihnen ist durch das reinere Motiv zurückgehalten worden? – Wo liegt demnach das Fundament der Moral?

2) Nichts empört so im tiefsten Grunde unser moralisches Gefühl, wie Grausamkeit. Jedes andere Verbrechen können wir verzeihen, nur Grausamkeit nicht. Der Grund hievon ist, daß Grausamkeit das gerade Gegenteil des Mitleids ist. Wenn wir von einer sehr grausamen Tat Kunde erhalten, wie z. B. die ist, welche eben jetzt die Zeitungen berichten, von einer Mutter, die ihren fünfjährigen Knaben dadurch gemordet hat, daß sie ihm siedendes Öl in den Schlund goß, und ihr jüngeres Kind dadurch, daß sie es lebendig begrub; – oder die, welche eben aus Algier gemeldet wird, daß nach einem zufälligen Streit und Kampf zwischen einem Spanier und einem Algierer, dieser, als der stärkere, jenem

die ganze untere Kinnlade rein ausriß und als Trophäe davon trug, jenen lebend zurücklassend; – dann werden wir von Entsetzen ergriffen und rufen aus: »Wie ist es möglich, so etwas zu tun?« – Was ist der Sinn dieser Frage? Ist er vielleicht: Wie ist es möglich, die Strafen des künftigen Lebens so wenig zu fürchten? – Schwerlich. – Oder: Wie ist es möglich, nach einer Maxime zu handeln, die so gar nicht geeignet ist, ein allgemeines Gesetz für alle vernünftigen Wesen zu werden? – Gewiß nicht. – Oder: Wie ist es möglich, seine eigene und die fremde Vollkommenheit so sehr zu vernachlässigen? – Ebensowenig. – Der Sinn jener Frage ist ganz gewiß bloß dieser: Wie ist es möglich, so ganz ohne Mitleid zu sein? – Also ist es der größte Mangel an Mitleid, der einer Tat den Stempel der tiefsten moralischen Verworfenheit und Abscheulichkeit aufdrückt. Folglich ist Mitleid die eigentliche moralische Triebfeder.

3) Überhaupt ist die von mir aufgestellte Grundlage der Moral und Triebfeder der Moralität die einzige, der sich eine reale, ja ausgedehnte Wirksamkeit nachrühmen läßt. Denn von den übrigen Moralprinzipien der Philosophen wird dies wohl niemand behaupten wollen; da diese aus abstrakten, zum Teil selbst spitzfindigen Sätzen bestehn, ohne anderes Fundament, als eine künstliche Begriffskombination, so daß ihre Anwendung auf das wirkliche Handeln sogar oft eine lächerliche Seite haben würde. Eine gute Tat, bloß aus Rücksicht auf das Kantische Moralprinzip vollbracht, würde im Grunde das Werk eines philosophischen Pedantismus sein, oder aber auf Selbsttäuschung hinauslaufen, indem die Vernunft des Handelnden eine Tat, welche andere, vielleicht edlere Triebfedern hätte, als das Produkt des kategorischen Imperativs und des auf nichts gestützten Begriffs der Pflicht auslegte. Aber nicht nur von den *philosophischen*, auf bloße Theorie berechneten, sondern sogar auch von den ganz zum praktischen Behuf aufgestellten *religiösen* Moralprinzipien läßt sich selten eine entschiedene Wirksamkeit nachweisen. Dies sehn wir zuvörderst daran, daß, trotz der großen Religionsverschiedenheit auf Erden, der Grad der Moralität, oder vielmehr Immoralität, durchaus keine jener entsprechende Verschiedenheit aufweist, sondern, im wesentlichen, so ziemlich überall derselbe ist. Nur muß man nicht

Roheit und Verfeinerung mit Moralität und Immoralität verwechseln. Die Religion der Griechen hatte eine äußerst geringe, fast nur auf den Eid beschränkte moralische Tendenz; es wurde kein Dogma gelehrt und keine Moral öffentlich gepredigt: wir sehn aber nicht, daß deshalb die Griechen, alles zusammengenommen, moralisch schlechter gewesen wären, als die Menschen der christlichen Jahrhunderte. Die Moral des Christentums ist viel höherer Art, als die der übrigen Religionen, die jemals in Europa aufgetreten sind: aber wer deshalb glauben wollte, daß die europäische Moralität sich in eben dem Maße verbessert hätte und jetzt wenigstens unter den gleichzeitigen exzellierte, den würde man nicht nur bald überführen können, daß unter Mohammedanern, Gebern, Hindu und Buddhaisten mindestens ebensoviel Redlichkeit, Treue, Toleranz, Sanftmut, Wohltätigkeit, Edelmut und Selbstverleugnung gefunden wird, als unter den christlichen Völkern; sondern sogar würde das lange Verzeichnis unmenschlicher Grausamkeiten, die das Christentum begleitet haben, in den zahlreichen Religionskriegen, den unverantwortlichen Kreuzzügen, in der Ausrottung eines großen Teils der Ureinwohner Amerikas und Bevölkerung dieses Weltteils mit aus Afrika herangeschleppten, ohne Recht, ohne einen Schein des Rechts, ihrer Familien, ihrem Vaterlande, ihrem Weltteil entrissenen und zu endloser Zuchthausarbeit verdammten Negersklaven*, in den unermüdlichen Ketzerverfolgungen und himmelschreienden Inquisitionsgerichten, in der Bartholomäusnacht, in der Hinrichtung von 18000 Niederländern durch Alba, usw. usw. – eher einen Ausschlag zu Ungunsten des Christentums besorgen lassen. Überhaupt aber, wenn man die vortreffliche Moral, welche die christliche und mehr oder weniger jede Religion predigt, vergleicht mit der Praxis ihrer Bekenner, und sich vorstellt, wohin es mit dieser kommen würde, wenn nicht der weltliche Arm die Verbrechen verhinderte, ja, was wir zu befürchten hätten, wenn auch nur auf *einen* Tag alle Gesetze aufgehoben würden; so wird man bekennen müssen, daß die Wirkung aller Religionen auf die

* Noch jetzt wird, nach Buxton, The African slavetrade, 1839, ihre Zahl *jährlich* durch ungefähr 150000 frische Afrikaner vermehrt, bei deren Einfangung und Reise über 200000 andere jämmerlich umkommen.

Moralität eigentlich sehr geringe ist. Hieran ist freilich die Glaubensschwäche Schuld. Theoretisch und solange es bei der frommen Betrachtung bleibt, scheint jedem sein Glaube fest. Allein die Tat ist der harte Probierstein aller unserer Überzeugungen: wenn es zu ihr kommt und nun der Glaube durch große Entsagungen und schwere Opfer bewährt werden soll; da zeigt sich die Schwäche desselben. Wenn ein Mensch ein Verbrechen ernstlich meditiert; so hat er die Schranke der echten reinen Moralität bereits durchbrochen: danach aber ist das erste, was ihn aufhält, allemal der Gedanke an Justiz und Polizei. Entschlägt er sich dessen, durch die Hoffnung diesen zu entgehn; so ist die zweite Schranke, die sich ihm entgegenstellt, die Rücksicht auf seine Ehre. Kommt er nun aber auch über diese Schutzwehr hinweg; so ist sehr viel dagegen zu wetten, daß, nach Überwindung dieser zwei mächtigen Widerstände, jetzt noch irgendein Religionsdogma Macht genug über ihn haben werde, um ihn von der Tat zurückzuhalten. Denn wen nahe und gewisse Gefahren nicht abschrecken, den werden die entfernten und bloß auf Glauben beruhenden schwerlich in Zaum halten. Überdies läßt sich gegen jede ganz allein aus religiösen Überzeugungen hervorgegangene gute Handlung noch einwenden, daß sie nicht uneigennützig gewesen, sondern aus Rücksicht auf Lohn und Strafe geschehn sei, folglich keinen rein moralischen Wert habe. Diese Einsicht finden wir stark ausgedrückt in einem Briefe des berühmten Großherzogs Karl August von Weimar, wo es heißt: »Baron Weyhers fand selber, das müsse ein schlechter Kerl sein, der durch Religion gut, und nicht von Natur dazu geneigt sei. In vino veritas.« (Briefe an J. H. Merck, Br. 229.) – Nun betrachte man dagegen die von mir aufgestellte moralische Triebfeder. Wer wagt es, einen Augenblick in Abrede zu stellen, daß sie zu allen Zeiten, unter allen Völkern, in allen Lagen des Lebens, auch im gesetzlosen Zustande, auch mitten unter den Greueln der Revolutionen und Kriege, und im großen wie im kleinen, jeden Tag und jede Stunde, eine entschiedene und wahrhaft wundersame Wirksamkeit äußert, täglich vieles Unrecht verhindert, gar manche gute Tat, ohne alle Hoffnung auf Lohn und oft ganz unerwartet ins Dasein ruft, und daß wo sie und nur sie allein wirksam gewesen, wir alle mit Rührung und Hochachtung der Tat den echten moralischen Wert unbedingt zugestehn.

4) Denn grenzenloses Mitleid mit allen lebenden Wesen ist der festeste und sicherste Bürge für das sittliche Wohlverhalten und bedarf keiner Kasuistik. Wer davon erfüllt ist, wird zuverlässig keinen verletzen, keinen beeinträchtigen, keinem wehe tun, vielmehr mit jedem Nachsicht haben, jedem verzeihen, jedem helfen, so viel er vermag, und alle seine Handlungen werden das Gepräge der Gerechtigkeit und Menschenliebe tragen. Hingegen versuche man einmal zu sagen: »Dieser Mensch ist tugendhaft, aber er kennt kein Mitleid.« Oder: »Es ist ein ungerechter und boshafter Mensch; jedoch ist er sehr mitleidig«; so wird der Widerspruch fühlbar. – Der Geschmack ist verschieden; aber ich weiß mir kein schöneres Gebet, als das, womit die alt-indischen Schauspiele (wie in früheren Zeiten die englischen mit dem für den König) schließen. Es lautet: »Mögen alle lebenden Wesen von Schmerzen frei bleiben.«

5) Auch aus einzelnen Zügen läßt sich entnehmen, daß die wahre moralische Grundtriebfeder das Mitleid ist. Es ist, z.B., ebenso unrecht, einen Reichen, wie einen Armen, durch gefahrlose legale Kniffe, um hundert Taler zu bringen; aber die Vorwürfe des Gewissens und der Tadel der unbeteiligten Zeugen werden im zweiten Fall sehr viel lauter und heftiger ausfallen; daher auch schon Aristoteles sagt: *δεινότερον δέ ἐστι τὸ ἀτυχοῦντα, ἢ τὸν εὐτυχοῦντα, ἀδικεῖν* (iniquius autem est, injuriam homini infortunato, quam fortunato, intulisse), Probl., XXIX, 2. Hingegen werden die Vorwürfe noch leiser, als im ersten Falle sein, wenn es eine Staatskasse ist, die man übervorteilt hat: denn diese kann kein Gegenstand des Mitleids sein. Man sieht, daß nicht unmittelbar die Rechtsverletzung, sondern zunächst das dadurch auf den andern gebrachte Leiden den Stoff des eigenen und fremden Tadels liefert. Die bloße Rechtsverletzung als solche, z.B. die obige gegen eine Staatskasse, wird zwar auch vom Gewissen und von andern gemißbilligt werden, aber nur sofern die Maxime, *jedes* Recht zu achten, welche den wahrhaft ehrlichen Mann macht, dadurch gebrochen ist; also mittelbar und im geringern Grade. War es jedoch eine *anvertraute* Staatskasse, so ist der Fall ein ganz ande-

rer, indem hier der oben festgestellte Begriff der *doppelten Ungerechtigkeit*, mit seinen spezifischen Eigenschaften, eintritt. Auf dem hier Auseinandergesetzten beruht es, daß der schwerste Vorwurf, welcher habsüchtigen Erpressern und legalen Schurken überall gemacht wird, der ist, daß sie das Gut der Witwen und Waisen an sich gerissen haben: eben weil diese, als ganz hülflos, mehr noch, als andere, hätten das Mitleid erwecken sollen. Der gänzliche Mangel an diesem ist es also, welcher den Menschen der Ruchlosigkeit überführt.

6) Noch augenscheinlicher, als der Gerechtigkeit, liegt der Menschenliebe Mitleid zum Grunde. Keiner wird von andern Beweise echter Menschenliebe erhalten, solange es ihm in jedem Betracht wohl geht. Der Glückliche kann zwar das Wohlwollen seiner Angehörigen und Freunde vielfach erfahren: aber die Äußerungen jener reinen, uneigennützigen, objektiven Teilnahme am fremden Zustand und Schicksal, welche Wirkung der Menschenliebe sind, bleiben dem in irgendeinem Betracht Leidenden aufbehalten. Denn an dem Glücklichen *als solchem* nehmen wir nicht Teil; vielmehr bleibt er *als solcher* unserm Herzen fremd: habeat sibi sua. Ja, er wird, wenn er viel vor andern voraus hat, leicht Neid erregen, welcher droht, bei seinem einstigen Sturz von der Höhe des Glücks, sich in Schadenfreude zu verwandeln. Jedoch bleibt diese Drohung meistens unerfüllt und es kommt nicht zu dem Sophokleischen γελῶσι δ' ἐχϑϱοί (rident inimici). Denn sobald der Glückliche stürzt, geht eine große Umgestaltung in den Herzen der übrigen vor, welche für unsere Betrachtung belehrend ist. Nämlich zuvörderst zeigt sich jetzt, welcher Art der Anteil war, den die Freunde seines Glücks an ihm nahmen: diffugiunt cadis cum faece siccatis amici. Aber andererseits, was er mehr fürchtete, als das Unglück selbst, und was zu denken ihm unerträglich fiel, das Frohlocken der Neider seines Glücks, das Hohngelächter der Schadenfreude, bleibt meistens aus: der Neid ist versöhnt, er ist mit seiner Ursache verschwunden, und das jetzt an seine Stelle tretende Mitleid gebiert die Menschenliebe. Oft haben die Neider und Feinde eines Glücklichen, bei seinem Sturz, sich in schonende, tröstende und helfende Freunde verwandelt. Wer hat nicht, wenigstens in schwächeren Graden, etwas der Art

an sich selbst erlebt und, von irgendeinem Unglücksfall betroffen, mit Überraschung gesehn, daß die, welche bisher die größte Kälte, sogar Übelwollen gegen ihn verrieten, jetzt mit ungeheuchelter Teilnahme an ihn herantraten. Denn Unglück ist die Bedingung des Mitleids und Mitleid die Quelle der Menschenliebe. – Dieser Betrachtung verwandt ist die Bemerkung, daß unsern Zorn, selbst wenn er gerecht ist, nichts so schnell besänftigt, wie hinsichtlich des Gegenstandes desselben die Rede: »Es ist ein Unglücklicher«. Denn was für das Feuer der Regen, das ist für den Zorn das Mitleid. Dieserhalb rate ich dem, der nicht gern etwas zu bereuen haben möchte, daß, wenn er von Zorn gegen einen andern entbrannt, diesem ein großes Leid zuzufügen gedenkt, – er sich lebhaft vorstellen möge, er hätte es ihm bereits zugefügt, sähe ihn jetzt mit seinen geistigen, oder körperlichen Schmerzen, oder Not und Elend, ringen und müßte zu sich sagen: das ist mein Werk. Wenn irgend etwas, so vermag dieses seinen Zorn zu dämpfen. Denn Mitleid ist das rechte Gegengift des Zorns, und durch jenen Kunstgriff gegen sich selbst antizipiert man, während es noch Zeit ist

> la pitié, dont la voix,
> Alors qu'on est vengé, fait entendre ses lois.
>
> *Volt.*, »Sémiramis«, A. 5, Sc. 6.

Überhaupt wird unsere gehässige Stimmung gegen andere durch nichts so leicht beseitigt, als wenn wir einen Gesichtspunkt fassen, von welchem aus sie unser Mitleid in Anspruch nehmen. – Sogar daß Eltern, in der Regel, das kränkliche Kind am meisten lieben, beruht darauf, daß es immerfort Mitleid erregt.

7) Die von mir aufgestellte moralische Triebfeder bewährt sich als die echte ferner dadurch, daß sie auch *die Tiere* in ihren Schutz nimmt, für welche in den andern europäischen Moralsystemen so unverantwortlich schlecht gesorgt ist. Die vermeinte Rechtlosigkeit der Tiere, der Wahn, daß unser Handeln gegen sie ohne moralische Bedeutung sei, oder, wie es in der Sprache jener Moral heißt, daß es gegen Tiere keine Pflichten gebe, ist geradezu eine empörende Roheit und Barbarei des Okzidents, deren Quelle im Judentum liegt. In der Philosophie beruht sie auf der aller Evi-

denz zum Trotz angenommenen gänzlichen Verschiedenheit zwischen Mensch und Tier, welche bekanntlich am entschiedensten und grellsten von Cartesius ausgesprochen ward, als eine notwendige Konsequenz seiner Irrtümer. Als nämlich die Cartesisch-Leibniz-Wolffische Philosophie aus abstrakten Begriffen die rationale Psychologie aufbaute und eine unsterbliche anima rationalis konstruierte; da traten die natürlichen Ansprüche der Tierwelt diesem exklusiven Privilegio und Unsterblichkeits-Patent der Menschenspezies augenscheinlich entgegen, und die Natur legte, wie bei allen solchen Gelegenheiten, still ihren Protest ein. Nun mußten sie von ihrem intellektuellen Gewissen geängstigten Philosophen suchen, die rationale Psychologie durch die empirische zu stützen und daher bemüht sein, zwischen Mensch und Tier eine ungeheure Kluft, einen unermeßlichen Abstand zu eröffnen, um, aller Evidenz zum Trotz, sie als von Grund aus verschieden darzustellen. Solcher Bemühungen spottet schon Boileau:

> Les animaux ont-ils des universités?
> Voit-on fleurir chez eux des quatre facultés?

Da sollten am Ende gar die Tiere sich nicht von der Außenwelt zu unterscheiden wissen und kein Bewußtsein ihrer selbst, kein Ich haben! Gegen solche abgeschmackte Behauptungen darf man nur auf den jedem Tiere, selbst dem kleinsten und letzten, inwohnenden grenzenlosen Egoismus hindeuten, der hinlänglich bezeugt, wie sehr die Tiere sich ihres Ichs, der Welt oder dem Nicht-Ich gegenüber, bewußt sind. Wenn so ein Cartesianer sich zwischen den Klauen eines Tigers befände, würde er auf das deutlichste inne werden, welchen scharfen Unterschied ein solcher zwischen seinem Ich und Nicht-Ich setzt. Solchen Sophistikationen der Philosophen entsprechend finden wir, auf dem populären Wege, die Eigenheit mancher Sprachen, namentlich der deutschen, daß sie für das Essen, Trinken, Schwangersein, Gebären, Sterben und den Leichnam der Tiere ganz eigene Worte haben, um nicht die gebrauchen zu müssen, welche jene Akte beim Menschen bezeichnen, und so unter der Diversität der Worte die vollkommene Identität der Sache zu verstecken. Da die alten

Sprachen eine solche Duplizität der Ausdrücke nicht kennen, sondern unbefangen dieselbe Sache mit demselben Worte bezeichnen; so ist jener elende Kunstgriff ohne Zweifel das Werk europäischer Pfaffenschaft, die, in ihrer Profanität, nicht glaubt weit genug gehn zu können im Verleugnen und Lästern des ewigen Wesens, welches in allen Tieren lebt; wodurch sie den Grund gelegt hat zu der in Europa üblichen Härte und Grausamkeit gegen Tiere, auf welche ein Hochasiate nur mit gerechtem Abscheu hinsehn kann. In der englischen Sprache begegnen wir jenem nichtswürdigen Kunstgriff nicht; ohne Zweifel, weil die Sachsen, als sie England eroberten, noch keine Christen waren. Dagegen findet sich ein Analogon desselben in der Eigentümlichkeit, daß im Englischen alle Tiere generis neutrius sind und daher durch das Pronomen it (es) vertreten werden, ganz wie leblose Dinge; welches, zumal bei den Primaten, wie Hunde, Affen usw., ganz empörend ausfällt und unverkennbar ein Pfaffenkniff ist, um die Tiere zu Sachen herabzusetzen. Die alten Ägypter, deren ganzes Leben religiösen Zwecken geweiht war, setzten in denselben Grüften die Mumien der Menschen und die der Ibisse, Krokodile usw. bei: aber in Europa ist es ein Greuel und ein Verbrechen, wenn der treue Hund neben der Ruhestätte seines Herrn begraben wird, auf welcher er bisweilen, aus einer Treue und Anhänglichkeit, wie sie beim Menschengeschlechte nicht gefunden wird, seinen eigenen Tod abgewartet hat. – Auf die Erkenntnis der Identität des Wesentlichen in der Erscheinung des Tiers und der des Menschen leitet nichts entschiedener hin, als die Beschäftigung mit Zoologie und Anatomie: was soll man daher sagen, wenn heutzutage (1839) ein frömmelnder Zootom einen absoluten und radikalen Unterschied zwischen Mensch und Tier zu urgieren sich erdreistet und hierin so weit geht, die redlichen Zoologen, welche, fern von aller Pfäfferei, Augendienerei und Tartüffianismus, an der Hand der Natur und Wahrheit ihren Weg verfolgen, anzugreifen und zu verunglimpfen?

Man muß wahrlich an allen Sinnen blind, oder vom foetor Judaicus total chloroformiert sein, um nicht zu erkennen, daß das Wesentliche und Hauptsächliche im Tiere und im Menschen dasselbe ist, und daß was beide unterscheidet, nicht im Primären, im Prinzip, im Archäus, im innern Wesen, im Kern beider Erscheinungen liegt, als welcher in der einen wie in der andern *der Wille* des Individuums ist, sondern allein im Sekundären, im Intellekt, im Grad der Erkenntniskraft, welcher beim Menschen, durch das hinzugekommene Vermögen *abstrakter* Erkenntnis, genannt *Vernunft*, ein ungleich höherer ist, jedoch erweislich nur vermöge einer größern cerebralen Entwickelung, also der somatischen Verschiedenheit eines einzigen Teiles, des Gehirns, und namentlich seiner Quantität nach. Hingegen ist des Gleichartigen zwischen Tier und Mensch, sowohl psychisch als somatisch, ohne allen Vergleich mehr. So einem okzidentalischen, judaisierten Tierverächter und Vernunftidolater muß man in Erinnerung bringen, daß, wie *er* von *seiner* Mutter, so auch der Hund von der *seinigen* gesäugt worden ist. Daß sogar Kant in jenen Fehler der Zeit- und Landesgenossen gefallen ist, habe ich oben gerügt. Daß die Moral des Christentums die Tiere nicht berücksichtigt, ist ein Mangel derselben, den es besser ist einzugestehn, als zu perpetuieren, und über den man sich um so mehr wundern muß, als diese Moral im übrigen die größte Übereinstimmung zeigt mit der des Brahmanismus und Buddhaismus, bloß weniger stark ausgedrückt und nicht bis zu den Extremen durchgeführt ist; daher man kaum zweifeln kann, daß sie, wie auch die Idee von einem Mensch gewordenen Gotte (Avatar), aus Indien stammt und über Ägypten nach Judäa gekommen sein mag; so daß das Christentum ein Abglanz indischen Urlichtes von den Ruinen Ägyptens wäre, welcher aber leider auf jüdischen Boden fiel. Als ein artiges *Symbol* des eben gerügten Mangels in der christlichen Moral, bei ihrer sonstigen großen Übereinstimmung mit der indischen, ließe sich der Umstand auffassen, daß Johannes der Täufer ganz in der Weise eines indischen Saniassis auftritt, dabei aber – in Tierfelle gekleidet! welches bekanntlich jedem Hindu ein Greuel sein würde; da sogar die Königliche Sozietät zu Kalkutta ihr Exemplar der Veden nur unter dem Versprechen erhielt, daß sie es nicht, nach europäischer Weise, in Leder binden lassen würde: daher es sich in ihrer Bibliothek in Seide gebunden vorfindet. Einen ähnlichen, charakteristischen Kontrast bietet die evangelische Geschichte vom Fischzuge Petri, den der Heiland, durch ein Wunder, dermaßen segnet, daß die Böte mit Fischen bis zum Sinken überfüllt werden (Luk. 5), mit der Geschichte von dem in ägyptische Weisheit eingeweihten Pythagoras, welcher den Fischern ihren Zug, während das Netz noch unter dem Wasser liegt, abkauft, um sodann allen gefangenen Fischen ihre Freiheit zu schenken (Apul. de magia, p. 36. Bip.). – Mitleid mit Tieren hängt mit der Güte des Charakters so genau zusammen, daß man zuversichtlich behaupten darf, wer gegen Tiere grausam ist, könne kein guter Mensch sein. Auch zeigt dieses Mitleid sich als aus derselben Quelle mit der gegen Menschen zu übenden Tugend entsprungen. So z. B. werden fein fühlende Personen, bei der Erinnerung, daß sie, in übler Laune, im Zorn, oder vom Wein erhitzt, ihren Hund, ihr Pferd, ihren Affen unverdienter oder unnötiger Weise, oder über die Gebühr gemißhandelt haben, dieselbe Reue, dieselbe Unzufriedenheit mit sich selbst empfinden, welche bei der Erinnerung an gegen Menschen verübtes Unrecht empfunden wird, wo sie die Stimme des strafenden Gewissens heißt. Ich erinnere mich, gelesen zu haben, daß ein Engländer, der in Indien, auf der Jagd, einen Affen geschossen hatte, den Blick, welchen dieser im Sterben auf ihn warf, nicht vergessen gekonnt und seitdem nie mehr auf Affen geschossen hat. Ebenso Wilhelm Harris, ein wahrer Nimrod, der, bloß um das Vergnügen der Jagd zu genießen, in den Jahren 1836 und 1837 tief in das innere Afrika reiste. In seiner 1838 zu Bombay erschienenen Reise erzählt er, daß, nachdem er den ersten Elefanten, welches ein weiblicher war, erlegt hatte und am folgenden Morgen das gefallene Tier aufsuchte, alle andern Elefanten aus der Gegend entflohen waren: bloß das Junge des gefallenen hatte die Nacht bei der toten Mutter zugebracht, kam jetzt, alle Furcht vergessend, den Jägern mit den lebhaftesten und deutlichsten Bezeugungen seines trostlosen Jammers entgegen, und umschlang sie mit seinem kleinen Rüssel, um ihre Hülfe anzurufen. Da, sagt Harris, habe ihn eine wahre Reue über seine Tat ergriffen und sei ihm zumute gewesen, als hätte er einen Mord begangen. Diese feinfühlende englische Nation sehn wir, vor allen andern, durch ein hervorstechendes Mitleid mit Tieren ausgezeichnet, welches sich bei jeder Gelegenheit kundgibt und die Macht gehabt hat, dieselbe, dem sie übrigens degradierenden »kalten Aberglauben« zum Trotz, dahin zu bewegen, daß sie die in der Moral von der Religion gelassene Lücke durch die Gesetzgebung ausfüllte. Denn diese Lücke eben ist Ursache, daß man in Europa und Amerika der Tier-Schutz-Vereine bedarf, welche selbst nur mittelst Hülfe der Justiz und Polizei wirken können. In Asien gewähren die Religionen den Tieren hinlänglichen Schutz, daher dort kein Mensch an dergleichen Vereine denkt. Indessen erwacht auch in Europa mehr und mehr der Sinn für die Rechte der Tiere, in dem Maße, als die seltsamen Begriffe von einer bloß zum Nutzen und Ergötzen der Menschen ins Dasein gekommenen Tierwelt, infolge welcher man die Tiere ganz als Sachen behandelt, allmählich verblassen und verschwinden. Denn diese sind die Quelle der rohen und ganz rücksichtslosen Behandlung der Tiere in Europa, und habe ich den alttestamentlichen Ursprung derselben nachgewiesen im zweiten Bande der Parerga, § 177. Zum Ruhme der Engländer also sei es gesagt, daß bei ihnen zuerst das Gesetz auch die Tiere ganz ernstlich gegen grausame Behandlung in Schutz genommen hat, und der Bösewicht es wirklich büßen muß, daß er gegen Tiere, selbst wenn sie ihm gehören, gefrevelt hat. Ja, hiemit noch nicht zufrieden, besteht in London eine zum Schutz der Tiere freiwillig zusammengetretene Gesellschaft, Society for the prevention of cruelty to animals, welche, auf Privatwegen, mit bedeutendem Aufwande, sehr viel tut, um der Tierquälerei entgegen zu arbeiten. Ihre Emissarien passen heimlich auf, um nachher als Denunzianten der Quäler sprachloser, empfindender Wesen aufzutreten, und überall hat man deren Gegenwart zu befürchten.* Bei steilen

* Wie ernstlich die Sache genommen wird, zeigt das folgende ganz frische Beispiel, welches ich aus dem Birmingham-Journal vom Dezember 1839 übersetze: »Gefangennehmung einer Gesellschaft von 84 Hundehetzern. »–Da man erfahren hatte, daß gestern auf dem Plan in der Fuchsstraße zu Birmingham eine Hundehetze stattfinden sollte, ergriff die Gesellschaft der Tierfreunde Vorsichtsmaßregeln, um sich der Hülfe der Polizei zu versichern, von welcher ein starkes Detachement nach dem Kampfplatze marschierte, und sobald es eingelassen worden, die gesamte gegenwärtige Gesellschaft arretierte. Diese Teilnehmer wurden nunmehr paarweise mit Handschlingen aneinandergebunden und dann das Ganze durch ein langes Seil in der Mitte vereinigt: so wurden sie nach dem Polizeiamt geführt, woselbst der Bürgermeister mit dem Magistrat Sitzung hielt. Die beiden Hauptpersonen wurden jede zu einer Strafe von 1 Pfund Sterling nebst 8½ Schilling Kosten und im

Brücken in London hält die Gesellschaft ein Gespann Pferde, welches jedem schwer beladenen Wagen unentgeltlich vorgelegt wird. Ist das nicht schön? Erzwingt es nicht unsern Beifall, so gut wie eine Wohltat gegen Menschen? Auch die Philanthropic Society zu London setzte ihrerseits im Jahre 1837 einen Preis von 30 Pfund aus, für die beste Darlegung moralischer Gründe gegen Tierquälerei, welche jedoch hauptsächlich aus dem Christentum genommen sein sollten, wodurch freilich die Aufgabe erschwert war: der Preis ist 1839 dem Herrn Macnamara zuerkannt worden. In Philadelphia besteht, zu ähnlichen Zwecken, eine Animals friends Society. Dem Präsidenten derselben hat T. Forster (ein Engländer) sein Buch Philozoia, moral reflections on the actual condition of animals and the means of improving the same (Brüssel 1839) dezidiert. Das Buch ist originell und gut geschrieben. Als Engländer sucht der Verfasser seine Ermahnungen zu menschlicher Behandlung der Tiere natürlich auch auf die Bibel zu stützen, gleitet jedoch überall ab; so daß er endlich zu dem Argument greift, Jesus Christus sei ja im Stalle bei Öchselein und

Nichtzahlungsfall zu 14 Tage schwerer Arbeit im Zuchthause verurteilt. Die übrigen wurden entlassen.« – Die Stutzer, welche bei solchen noblen Pläsirs nie zu fehlen pflegen, werden in der Prozession sehr geniert ausgesehn haben. – Aber ein noch strengeres Exempel aus neuerer Zeit finden wir in den Times vom 6. April 1855, S. 6, und zwar eigentlich von dieser Zeitung selbst statuiert. Sie berichtet nämlich den gerichtlich gewordenen Fall der Tochter eines sehr begüterten schottischen Baronets, welche ihr Pferd höchst grausam, mit Knüttel und Messer, gepeinigt hatte, wofür sie zu 5 Pfund Sterling Strafe verurteilt worden war. Daraus nun aber macht so ein Mädchen sich nichts, und würde also eigentlich ungestraft davon gehüpft sein, wenn nicht die Times mit der rechten und empfindlichen Züchtigung nachgekommen wären, indem sie, die Vor- und Zunamen des Mädchens zweimal, mit großen Buchstaben hinsetzend, fortfahren: »Wir können nicht umhin, zu sagen, daß ein paar Monat Gefängnisstrafe, nebst einigen, privatim, aber vom handfestesten Weibe in Hampshire applizierten Auspeitschungen eine viel passendere Bestrafung der Miß N. N. gewesen sein würde. Eine Elende dieser Art hat alle ihrem Geschlechte zustehenden Rücksichten und Vorrechte verwirkt: wir können sie nicht mehr als ein Weib betrachten.« – Ich widme diese Zeitungsnachrichten besonders den jetzt in Deutschland errichteten Vereinen gegen Tierquälerei, damit sie sehn, wie man es angreifen muß, wenn es etwas werden soll; wiewohl ich dem preiswürdigen Eifer des Herrn Hofrat Perner in München, der sich diesem Zweige der Wohltätigkeit gänzlich gewidmet hat und die Anregung dazu über ganz Deutschland verbreitet, meine volle Anerkennung zolle.

Eselein geboren, wodurch symbolisch angedeutet wäre, daß wir die Tiere als unsere Brüder zu betrachten und demgemäß zu behandeln hätten. – Alles hier Angeführte bezeugt, daß die in Rede stehende moralische Saite nachgerade auch in der okzidentalischen Welt anzuklingen beginnt. Daß übrigens das Mitleid mit Tieren nicht so weit führen muß, daß wir, wie die Brahmanen, uns der tierischen Nahrung zu enthalten hätten, beruht darauf, daß in der Natur die Fähigkeit zum Leiden gleichen Schritt hält mit der Intelligenz; weshalb der Mensch durch Entbehrung der tierischen Nahrung, zumal im Norden, mehr leiden würde, als das Tier durch einen schnellen und stets unvorhergesehenen Tod, welchen man jedoch mittelst Chloroform noch mehr erleichtern sollte. Ohne tierische Nahrung hingegen würde das Menschengeschlecht im Norden nicht einmal bestehn können. Nach demselben Maßstabe läßt der Mensch das Tier auch für sich arbeiten, und nur das Übermaß der aufgelegten Anstrengung wird zur Grausamkeit.

8) Sehn wir einmal ganz ab von aller, vielleicht möglichen, metaphysischen Erforschung des letzten Grundes jenes Mitleids, aus welchem allein die nicht-egoistischen Handlungen hervorgehn können, und betrachten wir dasselbe vom empirischen Standpunkt aus, bloß als Naturanstalt; so wird jedem einleuchten, daß zu möglichster Linderung der zahllosen und vielgestalteten Leiden, denen unser Leben ausgesetzt ist und welchen keiner ganz entgeht, wie zugleich als Gegengewicht des brennenden Egoismus, der alle Wesen erfüllt und oft in Bosheit übergeht, – die Natur nichts Wirksameres leisten konnte, als daß sie in das menschliche Herz jene wundersame Anlage pflanzte, vermöge welcher das Leiden des einen vom andern mitempfunden wird, und aus der die Stimme hervorgeht, welche, je nachdem der Anlaß ist, diesem »Schone!« jenem »Hilf!« stark und vernehmlich zuruft. Gewiß war von dem hieraus entspringenden gegenseitigen Beistande für die Wohlfahrt aller mehr zu hoffen, als von einem allgemeinen und abstrakten, aus gewissen Vernunftbetrachtungen und Begriffskombinationen sich ergebenden, strengen Pflichtgebot, von welchem um so weniger Erfolg zu erwarten stände, als dem rohen Menschen allgemeine Sätze und abstrakte Wahrheiten

ganz unverständlich sind, indem für ihn nur das Konkrete etwas ist, – die ganze Menschheit aber, mit Ausnahme eines äußerst kleinen Teils, stets roh war und bleiben muß, weil die viele, für das Ganze unumgänglich nötige körperliche Arbeit die Ausbildung des Geistes nicht zuläßt. Hingegen zur Erweckung des als die *alleinige Quelle uneigennütziger Handlungen und deshalb als die wahre Basis der Moralität* nachgewiesenen Mitleids, bedarf es keiner abstrakten, sondern nur der anschauenden Erkenntnis, der bloßen Auffassung des konkreten Falles, auf welche dasselbe, ohne weitere Gedankenvermittlung, sogleich anspricht.

9) In völliger Übereinstimmung mit dieser letzten Betrachtung werden wir folgenden Umstand finden. Die Begründung, welche ich der Ethik gegeben habe, läßt mich zwar unter den Schulphilosophen ohne Vorgänger, ja, sie ist, in Beziehung auf die Lehrmeinungen dieser, paradox, indem manche von ihnen, z.B. die Stoiker (Sen., De clem., II, 5), Spinoza (Eth., IV, prop. 50), Kant (Kritik der praktischen Vernunft, S. 213; – R., S. 257), das Mitleid geradezu verwerfen und tadeln. Dagegen aber hat meine Begründung die Auktorität des größten Moralisten der ganzen neuern Zeit für sich: denn dies ist, ohne Zweifel, J. J. Rousseau, der tiefe Kenner des menschlichen Herzenz, der seine Weisheit nicht aus Büchern, sondern aus dem Leben schöpfte, und seine Lehre nicht für das Katheder, sondern für die Menschheit bestimmte, er, der Feind der Vorurteile, der Zögling der Natur, welchem allein sie die Gabe verliehen hatte, moralisieren zu können, ohne langweilig zu sein, weil er die Wahrheit traf und das Herz rührte. Von ihm also will ich einige Stellen zur Bestätigung meiner Ansicht herzusetzen mir erlauben, nachdem ich im Bisherigen mit Anführungen so sparsam wie möglich gewesen bin.

Im Discours sur l'origine de l'inégalité, S. 91 (edit. Bip.), sagt er: Il y a un autre principe, que Hobbes n'a point apperçu, et qui ayant été donné à l'homme pour adoucir, en certaines circonstances, la férocité de son amourpropre, tempère l'ardeur qu'il a pour son bien-être par une *répugnance innée à voir souffrir son semblable.* Je ne crois pas avoir aucune contradiction à craindre en accordant à l'homme *la seule vertu naturelle* qu'ait été forcé de reconnaître le détracteur le plus outré des vertus humaines. Je parle *de la pitié* etc. – S. 92: Mandeville a bien senti qu'avec toute leur morale les hommes n'eussent jamais été que des monstres, si la nature ne leur eut donné *la pitié* à l'appui de la raison: mais il n'a pas vu, que *de cette seule qualité découlent toutes les vertus sociales*, qu'il veut disputer aux hommes. En effet qu'est-ce-que la générosité, la clémence, l'humanité, sinon *la pitié* appliquée aux faibles, aux coupables, ou à l'espèce humaine en général? La bienveillance et l'amitié même sont, à le bien prendre, des productions d'une pitié constante, fixée sur un objet particulier; car désirer que quelqu'un ne souffre point, qu'est-ce autre-chose, que désirer qu'il soit heureux? – – La commisération sera d'autant plus énergique, que *l'animal spectateur s'identifiera* plus intimément *avec l'animal souffrant*. – S. 94: Il est donc bien certain, que la pitié est un sentiment naturel, qui, modérant dans chaque individu l'amour de soi-même, concourt à la conservation mutuelle de toute l'espèce. C'est elle, qui dans l'état de nature, tient lieu de lois, de mœurs, et de vertus, avec cet avantage, que nul ne sera tenté de désobéir à sa douce voix: c'est elle, qui détournera tout sauvage robuste d'enlever à un faible enfant, ou à un vieillard infirme sa subsistence acquise avec peine, si lui même espère pouvoir trouver la sienne ailleurs: c'est elle qui, au lieu de cette maxime sublime de justice raisonnée »fais à autrui comme tu veux qu'on te fasse«, inspire à tous les hommes cette autre maxime de bonté naturelle, bien moins parfaite, mais plus utile peut-être que la précédente »fais ton bien avec le moindre mal d'autrui qu'il est possible«. C'est, en un mot, *dans ce sentiment naturel plutôt, que dans les argumens subtils, qu'il faut chercher la cause de la répugnance qu'éprouverait tout homme à mal faire*, même indépendamment des maximes de l'éducation. – Hiemit vergleiche man, was er sagt im Emile, L. IV, p. 115–120 (ed. Bip.), wo es unter anderm heißt: En effet, comment nous laissons-nous émouvoir à la pitié, si ce n'est en nous transportant hors de nous et en nous *identifiant avec l'animal souffrant; en quittant, pour ainsi dire, notre être, pour prendre le sien?* Nous ne souffrons qu'autant que nous jugeons qu'il souffre: *ce n'est pas dans nous, c'est dans lui, que nous souffrons*. – – – *offrir au jeune homme* des objets, sur lesquels puisse agir la force expansive de son cœur, qui le dilatent, qui l'étendent sur les autres êtres, qui le fassent partout *se retrouver hors de lui*; écarter avec soin ceux, qui le resserrent, le concentrent, et tendent le ressort *du moi humain* etc. –

Von Auktoritäten abseiten der Schulen, wie gesagt, entblößt, führe ich noch an, daß die *Chinesen* fünf Kardinaltugenden (Tschang) annehmen, unter welchen das Mitleid (Sin) obenansteht. Die übrigen vier sind: Gerechtigkeit, Höflichkeit, Weisheit und Aufrichtigkeit.* Dementsprechend sehn wir auch bei den Hindu, auf den zum Andenken verstorbener Fürsten errichteten Gedächtnistafeln, unter den ihnen nachgerühmten Tugenden das Mitleid mit Menschen und Tieren die erste Stelle einnehmen. In Athen hatte das Mitleid einen Altar auf dem Forum: *Ἀθηναίοις δὲ ἐν τῇ ἀγορᾷ ἐστι Ἐλέου βωμός, ᾧ μάλιστα θεῶν, ές ἀνθρώπινον βίον καὶ μεταβολὰς πραγμάτων ὅτι ὠφέλιμος, μόνοι τιμὰς Ἑλλήνων νέμουσιν Ἀθηναῖοι. Παυσ.*, I, 17. (Atheniensibus in foro commiserationis ara est, quippe cui, inter omnes Deos, vitam humanam et mutationem rerum maxime adjuvanti, soli inter Graecos, honores tribuunt Athenienses.) Diesen Altar erwähnt auch Lukianos im Timon, § 99. – Ein von Stobäos uns aufbehaltener Ausspruch des Phokion stellt das Mitleid als das Allerheiligste im Menschen dar: *οὔτε ἐξ ἱεροῦ βωμόν, οὔτε ἐκ τῆς ἀνθρωπινης φύσεως ἀφαιρετέον τὸν ἔλεον* (nec aram e fano, nec commiserationem e vita humana tollendam esse). In der Sapientia Indorum, welches die griechische Übersetzung des Pantscha Tantra ist, heißt es (Sect. 3, p. 220): *Λέγεται γὰρ, ὡς πρώτη τῶν ἀρετῶν ἡ ἐλεημοσύνη* (princeps virtutum misericordia censetur). Man sieht, daß alle Zeiten und alle Länder sehr wohl die Quelle der Moralität erkannt haben; nur Europa nicht; woran allein der foetor Judaicus Schuld ist, der hier alles und alles durchzieht: da muß es dann schlechterdings ein Pflichtgebot, ein Sittengesetz, ein Imperativ, kurzum, eine Ordre und Kommando sein, dem pariert wird: davon gehn sie nicht ab, und wollen nicht einsehn, daß dergleichen immer nur den Egoismus zur Grundlage hat. Bei einzelnen freilich und Überlegenen hat die gefühlte Wahrheit sich kundgegeben: so bei Rousseau, wie oben angeführt;

* Journ. Asiatique, Vol. 9, p. 62, zu vergleichen mit Meng-Tseu, ed. Stan. Julien, 1824, L. I, § 45; auch mit Meng-Tseu in den Livres sacrés de l'Orient par Pauthier, p. 281.

und auch Lessing, in einem Briefe von 1756, sagt: »Der mitleidigste Mensch ist der beste Mensch, zu allen gesellschaftlichen Tugenden, zu allen Arten der Großmut der aufgelegteste.«

§ 20
Vom ethischen Unterschiede der Charaktere

Die letzte Frage, deren Beantwortung zur Vollständigkeit des dargelegten Fundaments der Ethik gehört, ist diese: Worauf beruht der so große Unterschied im moralischen Verhalten der Menschen? Wenn Mitleid die Grundtriebfeder aller echten, d.h. uneigennützigen Gerechtigkeit und Menschenliebe ist; warum wird der eine, der andere aber nicht dadurch bewogen? – Vermag vielleicht die Ethik, indem sie die moralische Triebfeder aufdeckt, auch sie in Tätigkeit zu versetzen? Kann sie den hartherzigen Menschen in einen mitleidigen und dadurch in einen gerechten und menschenfreundlichen umschaffen? – Gewiß nicht: der Unterschied der Charaktere ist angeboren und unvertilgbar. Dem Boshaften ist seine Bosheit so angeboren, wie der Schlange ihre Giftzähne und Giftblase; und so wenig wie sie kann er es ändern. Velle non discitur, hat der Erzieher des Nero gesagt. Plato untersucht im Meno ausführlich, ob die Tugend sich lehren lasse, oder nicht: er führt eine Stelle des Theognis an:

ἀλλὰ διδάσκων
Οὔποτε ποιήσεις τὸν κακὸν ἄνδρ᾿ ἀγαθόν.
(sed docendo nunquam ex malo bonum hominem facies)

und gelangt zu dem Resultate: *ἀρετὴ ἂν εἴη οὔτε φύσει, οὔτε διδακτόν· ἀλλὰ θείᾳ μοίρᾳ παραγιγνομένη, ἄνευ νοῦ, οἷς ἂν παραγίγνηται* (virtus utique nec doctrina, neque natura nobis aderit; verum divina sorte, absque mente, in eum, qui illam sortitus fuerit, influet); wobei mir der Unterschied zwischen *φυσει* und *θειᾳ μοιρᾳ* ungefähr den zwischen physisch und metaphysisch zu bezeichnen scheint. Schon der Vater der Ethik, Sokrates, hat, nach Angabe des Aristoteles, behauptet: *οὐκ ἐφ᾿ ἡμῖν γενέσθαι τὸ σπουδαίους εἶναι, ἢ φαύλους* (in nostra potestate non est, bonos, aut malos esse). (Eth. magna, I, 9.) Aristoteles selbst äußert sich im gleichen Sinn: *πᾶσι γὰρ δοκεῖ ἕκαστα τῶν ἠθῶν ὑπάρχειν φύσει πως· καὶ γὰρ δίκαιοι, καὶ σωφρονικοί, και τἆλλα ἔχομεν εὐθὺς ἐκ γενετῆς*(Singuli enim mores in omnibus hominibus quodammodo videntur inesse natura: namque ad justitiam, temperantiam, fortitudinem, ceterasque virtutes apti atque habiles sumus, cum primum nascimur). (Eth. Nicom., VI, 13.) Desgleichen finden wir diese Überzeugung sehr entschieden ausgesprochen in den jedenfalls sehr alten, wenn auch vielleicht nicht echten Fragmenten des Pythagoreers Archytas, welche uns Stobäos aufbehalten hat im Florilegio, Tit. I, § 77. Sie sind auch abgedruckt in den Opusculis Graecorum sententiosis et moralibus, edente Orellio, Vol. 2, p. 240. Daselbst also heißt es, im dorischen Dialekt: *Τὰς γὰρ λόγοις καὶ ἀποδείξεσιν ποτιχρωμένας ἀρετὰς δέον ἐπιστάμας ποταγορεύεν, ἀρετὰν δέ, τὰν ἠθικὰν καὶ βελτίσταν ἕξιν τῶ ἀλόγω μέρεος τᾶς ψυχᾶς, καθ' ἅν καὶ ποιοί τινες ἦμεν λεγόμεθα κατὰ τὸ ἦθος, οἷον ἐλευθέριοι, δίκαιοι καὶ σώφρονες.* (Eas enim, quae ratione et demonstratione utuntur, virtutes fas est, scientias appellare; virtutis autem nomine intelligemus moralem et optimum *animi partis ratione carentis habitum*, secundum quem qualitatem aliquam moralem habere dicimur, vocamurque v.c. liberales, justi et temperantes.) Wenn man die sämtlichen Tugenden und Laster, welche Aristoteles im Buche de virtutibus et vitiis zu kurzer Übersicht zusammengestellt hat, überblickt; so wird man finden, daß sie alle sich nur denken lassen als angeborene Eigenschaften, ja, nur als solche echt sein können; hingegen wenn sie, infolge vernünftiger Überlegung, willkürlich angenommen wären, eigentlich auf Verstellung hinauslaufen und unecht sein würden: daher alsdann auf ihren Fortbestand und Bewährung im Drange der Umstände durchaus nicht zu rechnen wäre. Nicht anders verhält es sich auch mit der Tugend der Menschenliebe, die beim Aristoteles, wie bei allen Alten, fehlt. In gleichem Sinne daher, wenn auch seinen skeptischen Ton beibehaltend, sagt Montaigne: Seroit-il vrai, que pour être bon tout-à-fait, il nous le faille être par occulte, naturelle et universelle propriété, sans loi, sans raison, sans exemple? (L. II, c. 11.) Lichtenberg aber sagt geradezu: »Alle Tugend aus Vorsatz taugt nicht viel. Gefühl, oder Gewohnheit ist das Ding.« (Vermischte Schriften, »Moralische Bemerkungen«.) Aber sogar die ursprüngliche Lehre des Christentums stimmt dieser Ansicht bei, indem es, in der Bergpredigt selbst, bei Lukas, Kap. 6, V.45, heißt: *ὁ ἀγαθὸς ἄνθρωπος ἐκ τοῦ ἀγαθοῦ θησαυροῦ τῆς καρδίας αὐτοῦ προφέρει τὸ ἀγαθὸν, καὶ ὁ πονηρὸς ἄνθρωπος ἐκ τοῦ πονηροῦ θησαυροῦ τῆς καρδίας αὐτοῦ προφέρει τὸ πονηρόν* (homo bonus ex bono animi sui thesauro profert bonum, malusque ex malo animi sui thesauro profert malum), nachdem, in den beiden vorhergehenden Versen, die bildliche Erläuterung der Sache, durch die Frucht, welche stets dem Baum gemäß ausfällt, vorangeschickt war.

Kant aber ist es, der zuerst diesen wichtigen Punkt vollkommen aufgeklärt hat, durch seine große Lehre, daß dem *empirischen Charakter*, der, als eine Erscheinung, sich in der Zeit und in einer Vielheit von Handlungen darstellt, der *intelligibele Charakter* zum Grunde liegt, welcher die Beschaffenheit des Dinges an sich jener Erscheinung und daher von Raum und Zeit, Vielheit und Veränderung, unabhängig ist. Hieraus allein wird die jedem Erfahrenen bekannte, so erstaunliche, starre Unveränderlichkeit der Charaktere erklärlich, welche die Wirklichkeit und Erfahrung den Versprechungen einer den Menschen moralisch bessern wollenden und von Fortschritten in der Tugend redenden Ethik allezeit siegreich entgegengehalten und dadurch bewiesen hat, daß die Tugend angeboren und nicht angepredigt wird. Wenn nicht der Charakter, als Ursprüngliches, unveränderlich und daher aller Besserung, mittelst Berichtigung der Erkenntnis, unzugänglich wäre; wenn vielmehr, wie jene platte Ethik es behauptet, eine Besserung des Charakters mittelst der Moral und demnach »ein stetiger Fortschritt zum Guten« möglich wäre; – so müßte, sollen nicht alle die vielen religiösen Anstalten und moralisierenden Bemühungen ihren Zweck verfehlt haben, wenigstens im Durchschnitt, die ältere Hälfte der Menschen bedeutend besser als die jüngere sein. Davon ist aber so wenig eine Spur, daß wir umgekehrt eher von jungen Leuten etwas Gutes hoffen, als von alten, als welche durch die Erfahrung schlimmer geworden sind. Es kann zwar kommen, daß ein Mensch im Alter etwas besser, ein anderer wiederum schlechter erscheint, als er in der Jugend war: Dies liegt aber bloß daran, daß im Alter, infolge der reifern und vielfach berichtigten Erkenntnis, der Charakter reiner und deutlicher hervortritt; während in der Jugend Unwissenheit, Irrtümer und Chimären bald falsche Motive vorschoben, bald wirkliche verdeckten; – wie dies folgt aus dem in der vorhergehenden Abhandlung S. 50ff. unter 3 Gesagten. – Daß unter den bestraften Verbrechern sich viel mehr junge als alte befinden, kommt daher, daß, wo Anlage zu dergleichen Taten im Charakter liegt, sie auch bald den Anlaß findet, als Tat hervorzutreten, und ihr Ziel, Galeere oder Galgen, erreicht: und umgekehrt, wen die Anlässe eines langen Lebens nicht zu Verbrechen haben bewegen können, der wird auch späterhin nicht leicht auf Motive dazu stoßen. Daher scheint mir der wahre Grund der dem Alter gezollten Achtung darin zu liegen, daß ein Alter die Prüfung eines langen Lebens bestanden und seine Unbescholtenheit bewahrt hat: denn dies ist die Bedingung jener Achtung. – Dieser Ansicht gemäß hat man, im wirklichen Leben, sich durch jene Verheißungen der Moralisten auch niemals irremachen lassen; sondern hat dem, der einmal sich schlecht erwiesen, nie mehr getraut, und auf den Edelmut dessen, der einmal Proben davon abgelegt, nach allem, was sich auch verändert haben mochte, stets mit Zuversicht hingeblickt. Operari sequitur Esse, ist ein fruchtbarer Satz der Scholastik: jedes Ding in der Welt wirkt nach seiner unveränderlichen Beschaffenheit, die sein Wesen, seine Essentia ausmacht; so auch der Mensch. Wie einer *ist*, so wird, so muß er handeln, und das liberum arbitrium indifferentiae ist eine längst explodierte Erfindung aus der Kindheit der Philosophie, mit welcher immerhin sich einige alte Weiber im Doktorhute noch schleppen mögen.

Die drei ethischen Grundtriebfedern des Menschen, Egoismus, Bosheit, Mitleid, sind in jedem in einem andern und unglaublich verschiedenen Verhältnisse vorhanden. Je nachdem dieses ist, werden die Motive auf ihn wirken und die Handlungen ausfallen. Über einen egoistischen Charakter werden nur egoistische Motive Gewalt haben, und die zum Mitleid, wie die zur Bosheit redenden werden nicht dagegen aufkommen: er wird so wenig sein Interesse opfern, um an seinem Feinde Rache zu nehmen, als um seinem Freunde zu helfen. Ein anderer, der für boshafte Motive stark empfänglich ist, wird oft, um andern zu schaden, großen eigenen Nachteil nicht scheuen. Denn es gibt Charaktere, die im Verursachen des fremden Leidens einen Genuß finden, der das eigene ebenso große überwiegt: dum alteri noceat sui negligens (Sen., De ira, I, 1). Diese gehn mit leidenschaftlicher Wonne in den Kampf, in welchem sie eben so große Verletzungen empfangen, als auszuteilen erwarten: ja, sie werden, mit Vorbedacht, den, der ihnen ein Übel verursacht hat, morden und gleich darauf, um der Strafe zu entgehn, sich selbst; wie dies die Erfahrung sehr oft gezeigt hat. Hingegen besteht die *Güte des Herzens* in einem tief gefühlten, universellen Mitleid mit allem was Leben hat, zunächst aber mit dem Menschen; weil mit der Steigerung der Intelligenz die Empfänglichkeit für das Leiden gleichen Schritt hält: daher die unzähligen, geistigen und körperlichen Leiden des Menschen das Mitleid viel stärker in Anspruch nehmen, als der allein körperliche und selbst da dumpfere Schmerz des Tieres. Die Güte des Charakters wird demnach zunächst abhalten von jeder Verletzung des andern, worin es auch sei, sodann aber auch zur Hülfe auffordern, wo immer ein fremdes Leiden sich darbietet. Und auch hiemit kann es ebenso weit gehn, wie in umgekehrter Richtung mit der Bosheit, nämlich bis dahin, daß Charaktere von seltener Güte sich fremdes Leiden mehr zu Herzen nehmen, als eigenes, und daher für andere Opfer bringen, durch welche sie selbst mehr leiden, als vorhin der, dem sie geholfen. Wo mehreren oder gar vielen zugleich dadurch zu helfen ist, werden sie erforderlichenfalls sich ganz aufopfern: so Arnold von Winkelried. Vom Paulinus, Bischofe zu Nola, im 5. Jahrhundert, während des Einfalls der Vandalen aus Afrika in Italien, erzählt Joh.v. Müller (Weltgeschichte, Buch 10, Kap. 10): »Nachdem er, zum Lösegeld für Gefangene, alle Schätze der Kirche, sein und seiner Freunde eigenes Vermögen dargebracht, und er den Jammer einer Witwe sah, deren einziger Sohn fortgeführt wurde, bot er für diesen sich selber zur Dienstbarkeit. Denn wer von gutem Alter war und nicht vom Schwerte fiel, wurde gefangen nach Karthago geführt.«

Dieser unglaublich großen, angeborenen und ursprünglichen

Verschiedenheit gemäß, werden jeden nur *die* Motive vorwaltend anregen, für welche er überwiegende Empfänglichkeit hat; so wie der *eine* Körper nur auf Säuren, der andere nur auf Alkalien reagiert: und wie dieses, so ist auch jenes nicht zu ändern. Die menschenfreundlichen Motive, welche für den guten Charakter so mächtige Antriebe sind, vermögen als solche nichts über den, der allein für egoistische Motive empfänglich ist. Will man nun diesen dennoch zu menschenfreundlichen Handlungen bringen; so kann es nur geschehn durch die Vorspiegelung, daß die Milderung der fremden Leiden mittelbar, auf irgendeinem Wege, zu *seinem eigenen Vorteil* gereicht (wie denn auch die meisten Sittenlehren eigentlich verschiedenartige Versuche in diesem Sinne sind). Dadurch wird aber sein Wille bloß irregeleitet, nicht gebessert. Zu wirklicher Besserung wäre erfordert, daß man die ganze Art seiner Empfänglichkeit für Motive umwandelte, also z.B. machte, daß dem einen fremdes Leiden als solches nicht mehr gleichgültig, dem andern die Verursachung desselben nicht mehr Genuß wäre, oder einem Dritten nicht jede, selbst die geringste Vermehrung des eigenen Wohlseins alle Motive anderer Art weit überwöge und unwirksam machte. Dies aber ist viel gewisser unmöglich, als daß man Blei in Gold umwandeln könnte. Denn es würde erfordern, daß man dem Menschen gleichsam das Herz im Leibe umkehrte, sein tief Innerstes umschüfe. Hingegen ist alles, was man zu tun vermag, daß man den *Kopf* aufhellt, die *Einsicht* berichtigt, den Menschen zu einer richtigern Auffassung des objektiv Vorhandenen, der wahren Verhältnisse des Lebens bringt. Hiedurch aber wird nicht weiter erreicht, als daß die Beschaffenheit seines Willens sich konsequenter, deutlicher und entschiedener an den Tag legt, sich unverfälscht ausspricht. Denn, wie manche gute Handlungen im Grunde auf falschen Motiven, auf wohlgemeinten Vorspiegelungen eines dadurch in dieser, oder jener Welt zu erlangenden eigenen Vorteils beruhen; so beruhen auch manche Missetaten bloß auf falscher Erkenntnis der menschlichen Lebensverhältnisse. Hierauf gründet sich das amerikanische Pönitentiarsystem: es beabsichtigt nicht, das *Herz* des Verbrechers zu bessern, sondern bloß, ihm den *Kopf* zurechtzusetzen, damit er zu der Einsicht gelange, daß Arbeit und Ehrlichkeit ein sichererer, ja leichterer Weg zum eigenen Wohle sind, als Spitzbüberei.

Durch Motive läßt sich *Legalität* erzwingen, nicht *Moralität*: man kann das *Handeln* umgestalten, nicht aber das eigentliche *Wollen*, welchem allein moralischer Wert zusteht. Man kann nicht das Ziel verändern, dem der Wille zustrebt, sondern nur den Weg, den er dahin einschlägt. Belehrung kann die Wahl der Mittel ändern, nicht aber die der letzten allgemeinen Zwecke: diese setzt jeder Wille sich, seiner ursprünglichen Natur gemäß. Man kann dem Egoisten zeigen, daß er durch Aufgeben kleiner Vorteile größere erlangen wird; dem Boshaften, daß die Verursachung fremder Leiden größere auf ihn selbst bringen wird. Aber den Egoismus selbst, die Bosheit selbst wird man keinem ausreden; so wenig, wie der Katze ihre Neigung zum Mausen. Sogar auch die Güte des Charakters kann, durch Vermehrung der Einsicht, durch Belehrung über die Verhältnisse des Lebens, also durch Aufhellung des Kopfes, zu einer folgerechtern und vollkommenern Äußerung ihres Wesens gebracht werden, z. B. mittelst Nachweisung der entfernteren Folgen, welche unser Tun für andere hat, wie etwan der Leiden, welche ihnen, mittelbar und erst im Laufe der Zeit, aus dieser oder jener Handlung, die wir für so schlimm nicht hielten, erwachsen; desgleichen durch Belehrung über die nachteiligen Folgen mancher gutherzigen Handlung, z. B. der Verschonung eines Verbrechers; besonders auch über den Vorrang, welcher dem Neminem laede durchgängig vor dem Omnes juva zusteht usf. In dieser Hinsicht gibt es allerdings eine moralische Bildung und eine bessernde Ethik: aber darüber hinaus geht sie nicht, und die Schranke ist leicht abzusehn. Der Kopf wird aufgehellt; das Herz bleibt ungebessert. Das Grundwesentliche, das Entschiedene, im Moralischen, wie im Intellektuellen und wie im Physischen, ist *das Angeborene*: die Kunst kann überall nur nachhelfen. Jeder ist, was er ist, gleichsam »von Gottes Gnaden«, jure divino, θειᾳ μοιρᾳ.

»Du bist am Ende – *was du bist.*
Setz' dir Perücken auf von Millionen Locken,
Setz' deinen Fuß auf ellenhohe Socken:
Du bleibst doch immer was du bist.«

Aber schon lange höre ich den Leser die Frage aufwerfen: wo bleibt Schuld und Verdienst? – Zur Antwort hierauf verweise ich auf § 10. Daselbst hat, was sonst *hier* vorzutragen wäre, schon seine Stelle gefunden, weil es in enger Verbindung mit Kants Lehre vom Zusammenbestehn der Freiheit mit der Notwendigkeit steht. Das dort Gesagte also bitte ich hier nochmals zu lesen. In Gemäßheit desselben ist das Operari, beim Eintritt der Motive, durchweg notwendig: daher kann die *Freiheit*, welche sich allein durch die *Verantwortlichkeit* ankündigt, nur im Esse liegen. Die Vorwürfe des Gewissens betreffen zwar zunächst und ostensibel das, was wir *getan haben*, eigentlich und im Grunde aber das, was wir *sind*, als worüber unsere Taten allein vollgültiges Zeugnis ablegen, indem sie zu unserm Charakter sich verhalten wie die Symptome zur Krankheit. In diesem Esse also, in dem was wir *sind*, muß auch Schuld und Verdienst liegen. Was wir an andern entweder hochachten und lieben, oder verachten und hassen, ist nicht ein Wandelbares und Veränderliches, sondern ein Bleibendes, ein für allemal Bestehendes: das was sie *sind*: und kommen wir etwan von ihnen zurück; so sagen wir nicht, daß sie sich geändert, sondern daß wir uns in ihnen geirrt haben. Ebenso ist der Gegenstand unserer Zufriedenheit und Unzufriedenheit mit uns selbst das, *was wir sind*, unwiderruflich sind und bleiben: dies erstreckt sich sogar auf die intellektuellen, ja auf die physiognomischen Eigenschaften. Wie sollte also nicht in dem, *was wir sind*, Schuld und Verdienst liegen? – Die immer vollständiger werdende Bekanntschaft mit uns selbst, das immer mehr sich füllende *Protokoll der Taten*, ist das *Gewissen*. Das Thema des Gewissens sind zunächst unsere Handlungen, und zwar sind es diejenigen, in welchen wir dem Mitleid, das uns aufforderte, andere wenigstens nicht zu verletzen, ja sogar ihnen Hülfe und Beistand zu leisten, entweder kein Gehör gegeben haben, weil Egoismus, oder gar Bosheit uns leitete; oder aber, mit Verleugnung dieser beiden, jenem Rufe gefolgt sind. Beide Fälle zeigen die Größe des *Unterschiedes* an, den wir *zwischen uns und andern* machen. Auf *diesem Unterschiede* beruhen zuletzt die Grade der Moralität, oder Immoralität, d.h. der Gerechtigkeit und Menschenliebe, wie auch ihres Gegenteils. Die immer reicher werdende Erinnerung der in dieser Hinsicht bedeutsamen Handlungen vollendet mehr und mehr das Bild unsers Charakters, die wahre Bekanntschaft mit uns selbst. Aus dieser aber erwächst Zufriedenheit, oder Unzufriedenheit mit uns, mit dem, was wir *sind*, je nachdem Egoismus, Bosheit, oder Mitleid vorgewaltet haben, d.h. je nachdem der Unterschied, den wir zwischen unserer Person und den übrigen gemacht haben, größer, oder kleiner gewesen ist. Nach demselben Maßstabe beurteilen wir ebenfalls die andern, deren Charakter wir ebenso empirisch, wie den eigenen, nur unvollkommener, kennen lernen: hier tritt als Lob, Beifall, Hochachtung, oder Tadel, Unwille und Verachtung auf, was bei der Selbstbeurteilung sich als Zufriedenheit, oder Unzufriedenheit, die bis zur Gewissensangst gehn kann, kundgab. Daß auch die Vorwürfe, welche wir andern machen, nur *zunächst* auf die Taten, *eigentlich* aber auf den unveränderlichen Charakter derselben gerichtet sind, und Tugend oder Laster als inhärierende, bleibende Eigenschaften angesehn werden, bezeugen manche sehr häufig vorkommende Redensarten, z.B. »Jetzt sehe ich, wie du bist!« – »In dir habe ich mich geirrt.« – Now I see what You are! – Voilà donc, comme tu es! – »So bin ich nicht!« – »Ich bin nicht der Mann, der fähig wäre, Sie zu hintergehn« u.dgl.m.; ferner auch: les âmes bien nées; auch im Spanischen, bien nacido; *εὐγενής, εὐγένεια,* für tugendhaft, Tugend; generosioris animi amicus, usw.

Durch Vernunft ist das Gewissen bloß deshalb bedingt, weil nur vermöge ihrer eine deutliche und zusammenhängende Rückerinnerung möglich ist. Es liegt in der Natur der Sache, daß das Gewissen erst *hinterher* spricht; weshalb es auch das *richtende* Gewissen heißt. *Vorher* sprechen kann es nur im uneigentlichen Sinn, nämlich indirekt, indem die Reflexion aus der Erinnerung ähnlicher Fälle auf die künftige Mißbilligung einer erst projektierten Tat schließt. – So weit geht die ethische Tatsache des Bewußtseins: sie selbst bleibt als metaphysisches Problem stehn, welches nicht unmittelbar zu unserer Aufgabe gehört, jedoch im letzten Abschnitt berührt werden wird. – Zu der Erkenntnis, daß das Gewissen nur die mittelst der Taten entstehende Bekanntschaft mit dem eigenen unveränderlichen Charakter ist, stimmt es vollkommen, daß die in den verschiedenen Menschen so höchst verschiedene *Empfänglichkeit* für die Motive des Eigennutzes, der Bosheit und des Mitleids, worauf der ganze moralische Wert des Menschen beruht, nicht etwas aus einem andern Erklärliches, noch durch Belehrung zu Erlangendes und daher in der Zeit Entstehendes und Veränderliches, ja, vom Zufall Abhängiges, sondern angeboren, unveränderlich und nicht weiter erklärlich ist. Demgemäß ist der Lebenslauf selbst, mit allem seinem vielgestalteten Treiben, nichts weiter, als das äußere Zifferblatt jenes innern, ursprünglichen Getriebes, oder der Spiegel, in welchem allein dem Intellekt eines jeden die Beschaffenheit seines eigenen Willens, der sein Kern ist, offenbar werden kann.

Wer sich die Mühe gibt, das hier und im erwähnten § 10 Gesagte recht zu durchdenken, wird in meiner Begründung der Ethik eine Konsequenz und abgerundete Ganzheit entdecken, welche allen andern abgeht, und andererseits eine Übereinstimmung mit den Tatsachen der Erfahrung, welche jene noch weniger haben. Denn nur die Wahrheit kann durchgängig mit sich und mit der Natur übereinstimmen: hingegen streiten alle falsche Grundansichten innerlich mit sich selbst und nach außen mit der Erfahrung, welche bei jedem Schritte ihren stillen Protest einlegt.

Daß jedoch besonders die hier am Schlusse dargelegten Wahrheiten vielen festgewurzelten Vorurteilen und Irrtümern, namentlich einer gewissen gangbaren Kinderschulen-Moral geradezu vor den Kopf stoßen, ist mir gar wohl, jedoch ohne Reue und Bedauern, bewußt. Denn erstlich spreche ich hier nicht zu Kindern, noch zum Volke, sondern zu einer erleuchteten Akademie, deren rein theoretische Frage auf die letzten Grundwahrheiten der Ethik gerichtet ist, und die auf eine höchst ernsthafte Frage auch eine ernste Antwort erwartet: und zweitens halte ich dafür, daß es weder privilegierte, noch nützliche, noch selbst unschädliche Irrtümer geben kann, sondern jeder Irrtum unendlich mehr Schaden als Nutzen stiftet. – Wollte man hingegen bestehende Vorurteile zum Maßstabe der Wahrheit, oder zum Grenzstein machen, den ihre Darlegung nicht überschreiten darf, so würde es redlicher sein, philosophische Fakultäten und Akademien ganz eingehn zu lassen: denn was nicht ist, soll auch nicht scheinen.

IV.
ZUR METAPHYSISCHEN AUSLEGUNG DES ETHISCHEN URPHÄNOMENS

§ 21
Verständigung über diese Zugabe

Im Bisherigen habe ich die moralische Triebfeder als Tatsache nachgewiesen, und habe gezeigt, daß aus ihr allein uneigennützige Gerechtigkeit und echte Menschenliebe hervorgehn können, auf welchen zwei Kardinaltugenden alle übrigen beruhen. Zur Begründung der Ethik ist dies hinreichend, insofern diese notwendig auf irgend etwas tatsächlich und nachweisbar Vorhandenes, sei es nun in der Außenwelt oder im Bewußtsein gegeben, gestützt werden muß; wenn man nicht etwan, wie manche meiner Vorgänger, bloß einen abstrakten Satz beliebig annehmen und aus ihm die ethischen Vorschriften ableiten, oder, wie Kant, mit einem bloßen Begriff, dem des *Gesetzes*, ebenso verfahren will. Der von der Königlichen Sozietät gestellten Aufgabe scheint mir hiedurch genügt zu sein, da solche auf das Fundament der Ethik gerichtet ist und nicht noch eine Metaphysik dazu verlangt, um wieder jenes zu begründen. Inzwischen sehe ich sehr wohl, daß der menschliche Geist hiebei die letzte Befriedigung und Beruhigung noch nicht findet. Wie am Ende jeder Forschung und jeder Realwissenschaft, so steht er auch hier vor einem Urphänomen, welches zwar alles unter ihm Begriffene und aus ihm folgende erklärt, selbst aber unerklärt bleibt und als ein Rätsel vorliegt. Auch hier also stellt sich die Forderung einer *Metaphysik* ein, d.h. einer letzten Erklärung der Urphänomene als solcher und, wenn in ihrer Gesamtheit genommen, der Welt. Diese Forderung erhebt auch hier die Frage, warum das Vorhandene und Verstandene sich so und nicht anders verhalte, und wie aus dem Wesen an sich der Dinge der dargelegte Charakter der Erscheinung hervorgehe. Ja, bei der Ethik ist das Bedürfnis einer metaphysischen Grundlage um so dringender, als die philosophischen, wie die religiösen Systeme darüber einig sind, daß die ethische Bedeutsamkeit der Handlungen zugleich eine metaphysische, d.h. über die bloße Erscheinung der Dinge und somit auch über alle Möglichkeit der Erfahrung hinausreichende, demnach mit dem ganzen Dasein der Welt und dem Lose des Menschen in engster Beziehung stehende sein müsse; indem die letzte Spitze, in welche die Bedeutung des Daseins überhaupt auslaufe, zuverlässig das Ethische sei. Dies letztere bewährt sich auch durch die unleugbare Tatsache, daß, bei Annäherung des Todes, der Gedankengang eines jeden Menschen, gleichviel ob dieser religiösen Dogmen angehangen habe oder nicht, eine *moralische* Richtung nimmt und er die Rechnung über seinen vollbrachten Lebenslauf durchaus in *moralischer* Rücksicht abzuschließen bemüht ist. Hierüber sind besonders die Zeugnisse der Alten von Gewicht; weil sie nicht unter christlichem Einfluß stehn. Ich führe demnach an, daß wir diese Tatsache bereits ausgesprochen finden in einer, dem uralten Gesetzgeber Zaleukos zugeschriebenen, nach Bentley und Heyne jedoch von einem Pythagoreer herrührenden Stelle, welche Stobäos (Floril., Tit. 44, § 20) uns aufbehalten hat: *Δεῖ τίθεσθαι πρὸ ὀμμάτων τὸν καιρὸν τοῦτον, ἐν ᾧ γίγνεται τὸ τέλος ἑκάστῳ τῆς ἀπαλλαγῆς τοῦ ζῆν. Πᾶσι γὰρ ἐμπίπτει μεταμέλεια τοῖς μέλλουσι τελευτᾶν, μεμνημένοις ὧν ἠδικήκασι, καὶ ὁρμὴ τοῦ βούλεσθαι πάντα πεπρᾶχθαι δικαίως αὐτοῖς.* (Oportet ante oculos sibi ponere punctum temporis illud, quo unicuique e vita excedendum est: omnes enim moribundos poenitentia corripit, e memoria eorum, quae injuste egerint, ac vehementer optant, omnia sibi juste peracta fuisse.) Imgleichen sehn wir, um an ein historisches Beispiel zu erinnern, den Perikles, auf dem Sterbebette, von allen seinen Großtaten nichts hören wollen, sondern nur davon, daß er nie einen Bürger in Trauer versetzt hatte (Plut. in Pericl). Um nun aber einen sehr heterogenen Fall daneben zu stellen, so ist mir aus dem Berichte der Aussagen vor einer englischen Jury erinnerlich, daß ein roher, fünfzehnjähriger Negerjunge, auf einem Schiffe, im Begriff an einer soeben in einer Schlägerei erhaltenen Verletzung zu sterben, eilig alle Kameraden herbeiholen ließ, um sie zu fragen, ob er jemals einen von ihnen gekränkt oder beleidigt hätte, und bei der Verneinung große Beruhigung fand. Durchgängig lehrt die Erfahrung, daß Sterbende sich vor dem Scheiden mit jedem zu versöhnen wünschen. Einen anderartigen Beleg zu unserem Satze gibt die bekannte Erfahrung, daß, während für intellektuelle Leistungen, und wären sie die ersten Meisterstücke der Welt, der Urheber sehr gern einen Lohn annimmt, wenn er ihn nur erhalten kann, fast jeder, der etwas moralisch Ausgezeichnetes geleistet hat, allen Lohn dafür abweist. Dies ist besonders der Fall bei moralischen Großtaten, wann z.B. einer das Leben eines andern, oder gar vieler, mit Gefährdung seines eigenen, gerettet hat; als wo er, in der Regel, selbst wenn er arm ist, schlechterdings keinen Lohn annimmt; weil er fühlt, daß der metaphysische Wert seiner Handlung darunter leiden würde. Eine poetische Darstellung dieses Herganges liefert uns Bürger am Schlusse des Liedes vom braven Mann. Aber auch in der Wirklichkeit fällt es meistens so aus, und ist mir in englischen Zeitungen mehrmals vorgekommen. – Diese Tatsachen sind allgemein und treten ohne Unterschied der Religion ein. Wegen dieser unleugbaren ethisch-metaphysischen Tendenz des Lebens könnte auch, ohne eine in diesem Sinn gegebene Auslegung desselben, keine Religion in der Welt Fuß fassen: denn mittelst ihrer ethischen Seite hat jede ihren Anhaltspunkt in den Gemütern. Jede Religion legt ihr Dogma der jedem Menschen fühlbaren, aber deshalb noch nicht verständlichen, moralischen Triebfeder zum Grunde und verknüpft es so eng mit derselben, daß beide als unzertrennlich erscheinen: ja, die Priester sind bemüht, Unglauben und Immoralität für eins und dasselbe auszugeben. Hierauf beruht es, daß dem Gläubigen der Ungläubige für identisch mit dem moralisch Schlechten gilt, wie wir schon daran sehn, daß Ausdrücke, wie gottlos, atheistisch, unchristlich, Ketzer u.dgl. als synonym mit moralisch schlecht gebraucht werden. Den Religionen ist die Sache dadurch leicht gemacht, daß sie, vom *Glauben* ausgehend, diesen für ihr Dogma schlechthin, ja, unter Drohungen fordern dürfen. Aber die philosophischen Systeme haben hier nicht so leichtes Spiel: daher man bei Untersuchung aller Systeme finden wird, daß es, wie mit der Begründung der Ethik, so auch mit dem Anknüpfungspunkte derselben an die gegebene Metaphysik überall äußerst schlecht bestellt ist. Und doch ist die Forderung, daß die Ethik sich auf die Metaphysik stütze, unabweisbar, wie ich dies schon in der Einleitung durch Wolffs und Kants Auktorität bekräftigt habe.

Nun aber ist das Problem der Metaphysik so sehr das schwerste aller den menschlichen Geist beschäftigenden Probleme, daß es von vielen Denkern für schlechthin unauflösbar gehalten wird. Für mich kommt, in gegenwärtigem Fall, noch der ganz besondere Nachteil hinzu, den die Form einer abgerissenen Monographie herbeiführt, daß ich nämlich nicht von einem bestimmten metaphysischen Systeme, zu welchem ich mich etwan bekenne, ausgehn darf; weil ich es entweder darzulegen, welches viel zu weitläuftig, oder als gegeben und gewiß anzunehmen hätte, welches höchst mißlich sein würde. Hieraus wieder folgt, daß ich hier so wenig, als im Vorhergehenden, die synthetische, sondern nur die analytische Methode anwenden darf, d.h. nicht vom Grunde auf die Folgen, sondern von den Folgen auf den Grund zu gehn habe. Diese harte Notwendigkeit aber, voraussetzungslos zu verfahren und von keinem andern, als dem allen gemeinsamen Standpunkt auszugehn, hat mir schon die Darlegung des Fundaments der Ethik so sehr erschwert, daß ich jetzt auf dieselbe zurücksehe, wie auf ein zustande gebrachtes schweres Kunststück, dem analog, wo einer aus freier Hand gemacht hat, was sonst überall nur auf einer festen Unterlage ausgeführt wird. Vollends aber jetzt, wo die Frage nach der metaphysischen Auslegung der ethischen Grundlage angeregt ist, wird die Schwierigkeit des voraussetzungslosen Verfahrens so überwiegend, daß ich nur den Ausweg sehe, es bei ganz allgemeinen Umrissen bewenden zu lassen, mehr Andeutungen, als Ausführungen zu geben, den Weg, der hier zum Ziele führt, zu zeigen, aber nicht ihn bis ans Ende zu verfolgen, und überhaupt nur einen sehr geringen Teil von dem zu sagen, was ich unter andern Umständen hier vorzubringen hätte. Bei diesem Verfahren aber berufe ich mich, neben den eben dargelegten Gründen, darauf, daß die eigentliche Aufgabe in den vorhergehenden Abschnitten gelöst ist, folglich was ich hier noch darüber leiste ein opus supererogationis, eine beliebig zu gebende und beliebig zu nehmende *Zugabe* ist.

§ 22
Metaphysische Grundlage

Den festen Boden der Erfahrung, welcher bis hieher alle unsere Schritte getragen hat, sollen wir also jetzt verlassen, um in dem, wohin keine Erfahrung auch nur möglicherweise reichen kann, die letzte theoretische Befriedigung zu suchen, glücklich, wenn uns auch nur ein Fingerzeig, ein flüchtiger Durchblick zuteil wird, bei welchem wir uns einigermaßen beruhigen können. Hingegen was uns nicht verlassen soll, ist die bisherige Redlichkeit des Verfahrens: wir werden nicht, nach der Weise der sogenannten Nach-Kantischen Philosophie, uns in Träumereien gefallen, Märchen auftischen, durch Worte zu imponieren und dem Leser Sand in die Augen zu streuen suchen; sondern ein weniges, redlich dargeboten, ist unsere Verheißung.

Das, was bis hieher Erklärungsgrund war, wird jetzt selbst unser Problem, nämlich jenes jedem Menschen angeborene und unvertilgbare, natürliche Mitleid, welches sich uns als die alleinige Quelle *nicht-egoistischer Handlungen* ergeben hat: diesen aber ausschließlich kommt moralischer Wert zu. Die Weise vieler modernen Philosophen, welche die Begriffe *Gut* und *Böse* als *einfache*, d. h. keiner Erklärung bedürftige, noch fähige, Begriffe behandeln, und dann meistens sehr geheimnisvoll und andächtig von einer *»Idee des Guten«* reden, aus welcher sie die Stütze ihrer Ethik, oder wenigstens einen Deckmantel ihrer Dürftigkeit machen*, nötigt mich, hier die Erklärung einzuschalten, daß diese Begriffe nichts weniger als einfach, geschweige a priori gegeben, sondern Ausdrücke einer Relation und aus der alltäglichsten Erfahrung geschöpft sind. Alles, was den Bestrebungen irgendeines individuellen Willens gemäß ist, heißt, in Beziehung auf diesen, *gut*: – gutes Essen, gute Wege, gute Vorbedeutung; – das Gegenteil *schlecht*, an belebten Wesen *böse*. Ein Mensch, der, vermöge seines

* »Der Begriff *des Guten*, in seiner Reinheit, ist ein *Urbegriff*, eine *absolute Idee*, deren Inhalt sich im Unendlichen verliert«.

Bouterweck, Praktische Aphorismen, S. 54.

Man sieht, er möchte aus dem schlichten, ja, trivialen Begriff *Gut* am liebsten einen *Διϊπετης* machen, um ihn als Götzen im Tempel aufstellen zu können.

Charakters, den Bestrebungen anderer nicht gern hinderlich, vielmehr, so weit er füglich kann, günstig und förderlich ist, der also andere nicht verletzt, vielmehr ihnen, wo er kann, Hülfe und Beistand leistet, wird von ihnen, in ebenderselben Rücksicht, *ein guter Mensch* genannt, mithin der Begriff *Gut*, von demselben relativen, empirischen und im passiven Subjekt gelegenen Gesichtspunkte aus, auf ihn angewandt. Untersuchen wir nun aber den Charakter eines solchen Menschen nicht bloß in Hinsicht auf andere, sondern an sich selbst; so wissen wir aus dem Vorhergehenden, daß eine ganz unmittelbare Teilnahme am Wohl und Wehe anderer, als deren Quelle wir das Mitleid erkannt haben, es ist, aus welcher die Tugenden der Gerechtigkeit und Menschenliebe in ihm hervorgehn. Gehn wir aber auf das Wesentliche eines solchen Charakters zurück; so finden wir es unleugbar darin, *daß er weniger als die Übrigen einen Unterschied zwischen sich und andern macht.* Dieser *Unterschied* ist in den Augen des boshaften Charakters so groß, daß ihm fremdes Leiden unmittelbar Genuß ist, den er deshalb, ohne weitern eigenen Vorteil, ja, selbst diesem entgegen, sucht. Derselbe *Unterschied* ist in den Augen des Egoisten noch groß genug, damit er, um einen kleinen Vorteil für sich zu erlangen, großen Schaden anderer als Mittel gebrauche. Diesen beiden ist also zwischen dem *Ich*, welches sich auf ihre eigene Person beschränkt, und dem *Nicht-Ich*, welches die übrige Welt begreift, eine weite Kluft, ein mächtiger *Unterschied*: Pereat mundus, dum ego salvus sim, ist ihre Maxime. Dem guten Menschen hingegen ist dieser *Unterschied* keineswegs so groß, ja, in den Handlungen des Edelmuts erscheint er als aufgehoben, indem hier das fremde Wohl auf Kosten des eigenen befördert, also das fremde Ich dem eigenen gleichgesetzt wird: und wo *viele* andere zu retten sind, wird das eigene Ich ihnen gänzlich zum Opfer gebracht, indem der einzelne für viele sein Leben hingibt.

Es frägt sich jetzt, ob die letztere Auffassung des Verhältnisses zwischen dem eigenen und dem fremden Ich, welche den Handlungen des guten Charakters zum Grund liegt, eine irrige sei und auf einer Täuschung beruhe? oder ob dies vielmehr der Fall der entgegengesetzten Auffassung sei, auf welcher der Egoismus und die Bosheit fußt? –

Diese dem Egoismus zum Grunde liegende Auffassung ist, *empirisch*, streng gerechtfertigt. Der *Unterschied* zwischen der eigenen und der fremden Person erscheint erfahrungsgemäß als ein absoluter. Die Verschiedenheit des Raumes, welche mich von dem andern trennt, trennt mich auch von seinem Wohl und Wehe. – Hiegegen wäre jedoch zunächst zu bemerken, daß die Erkenntnis, die wir vom eigenen Selbst haben, keineswegs eine erschöpfende und bis auf den letzten Grund klare ist. Durch die Anschauung, welche das Gehirn auf Data der Sinne vollzieht, also mittelbar, erkennen wir den eigenen Leib als ein Objekt im Raum, und durch den innern Sinn die fortlaufende Reihe unserer Bestrebungen und Willensakte, welche auf Anlaß äußerer Motive entstehn, endlich auch die mannigfaltigen, schwächeren, oder stärkeren Bewegungen des eigenen Willens, auf welche alle inneren Gefühle sich zurückführen lassen. Das ist alles: denn das Erkennen wird nicht selbst wieder erkannt. Hingegen das eigentliche Substrat dieser ganzen Erscheinung, unser inneres *Wesen an sich*, das Wollende und Erkennende selbst, ist uns nicht zugänglich: wir sehn bloß nach außen, innen ist es finster. Demnach ist die Kenntnis, welche wir von uns selbst haben, keineswegs eine vollständige und erschöpfende, vielmehr sehr oberflächlich, und dem größern, ja, hauptsächlichen Teil nach sind wir uns selber unbekannt und ein Rätsel, oder, wie Kant sagt: Das Ich erkennt sich nur als Erscheinung, nicht nach dem, was es an sich sein mag. Jenem andern Teile nach, der in unsere Erkenntnis fällt, ist zwar jeder vom andern gänzlich verschieden: aber hieraus folgt noch nicht, daß es sich ebenso verhalte hinsichtlich des großen und wesentlichen Teiles, der jedem verdeckt und unbekannt bleibt. Für diesen ist also wenigstens eine Möglichkeit übrig, daß er in allen eines und identisch sei.

Worauf beruht alle Vielheit und numerische Verschiedenheit der Wesen? – Auf Raum und Zeit: durch diese allein ist sie möglich; da das viele sich nur entweder als nebeneinander, oder als nacheinander denken und vorstellen läßt. Weil nun das gleichartige Viele die *Individuen* sind; so nenne ich Raum und Zeit, in der Hinsicht, daß sie die *Vielheit* möglich machen, das principium individuationis, unbekümmert, ob dies genau der Sinn sei, in welchem die Scholastiker diesen Ausdruck nahmen.

Wenn an den Aufschlüssen, welche Kants bewunderungswürdiger Tiefsinn der Welt gegeben hat, *irgend etwas* unbezweifelt wahr ist, so ist es die *transzendentale Ästhetik*, also die Lehre von der Idealität des Raumes und der Zeit. Sie ist so klar begründet, daß kein irgend scheinbarer Einwand dagegen hat aufgetrieben werden können. Sie ist Kants Triumph und gehört zu den höchst wenigen metaphysischen Lehren, die man als wirklich bewiesen und als eigentliche Eroberungen im Felde der Metaphysik ansehn kann. Nach ihr also sind Raum und Zeit die Formen unsers eigenen Anschauungsvermögens, gehören diesem, nicht den dadurch erkannten Dingen an, können also nimmermehr eine Bestimmung der Dinge an sich selbst sein; sondern kommen nur der *Erscheinung* derselben zu, wie solche in unserm, an physiologische Bedingungen gebundenen Bewußtsein der Außenwelt allein möglich ist. Ist aber dem Dinge an sich, d.h. dem wahren Wesen der Welt, *Zeit* und *Raum* fremd; so ist es notwendig auch die *Vielheit*: folglich kann dasselbe in den zahllosen Erscheinungen dieser Sinnenwelt doch nur eines sein, und nur das eine und identische Wesen sich in diesen allen manifestieren. Und umgekehrt, was sich als ein *Vieles*, mithin in Zeit und Raum darstellt, kann nicht Ding an sich, sondern nur *Erscheinung* sein. Diese aber ist, als solche, bloß für unser durch vielerlei Bedingungen beschränktes, ja, auf einer organischen Funktion beruhendes Bewußtsein vorhanden, nicht außer demselben.

Diese Lehre, daß alle Vielheit nur scheinbar sei, daß in allen Individuen dieser Welt, in so unendlicher Zahl sie auch, nach- und nebeneinander, sich darstellen, doch nur eines und dasselbe, in ihnen allen gegenwärtige und identische, wahrhaft seiende Wesen sich manifestiere, dies Lehre ist freilich lange vor Kant, ja, man möchte sagen von jeher dagewesen. Denn zuvörderst ist sie die Haupt- und Grundlehre des ältesten Buches der Welt, der heiligen *Veden*, deren dogmatischer Teil, oder vielmehr esoterische Lehre, uns in den *Upanischaden* vorliegt.* Daselbst finden wir

* Die Echtheit des *Oupnekhat* war auf Grund einiger, von mohammedanischen Abschreibern beigefügten und in den Text geratenen Randglossen angefochten worden. Allein sie wird vollkommen vindiziert von dem Sanskrit-Gelehrten F. H. H. Windischmann (dem Sohn) in seinem Sancara, sive de theologumenis Vedanti-

fast auf jeder Seite jene große Lehre: sie wird unermüdlich, in zahllosen Wendungen wiederholt und durch mannigfaltige Bilder und Gleichnisse erläutert. Daß sie gleichfalls der Weisheit des Pythagoras zum Grunde lag, ist, selbst nach den kärglichen Nachrichten, die von seiner Philosophie zu uns gelangt sind, durchaus nicht zu bezweifeln. Daß in ihr allein fast die ganze Philosophie der Eleatischen Schule enthalten war, ist allbekannt. Später waren von ihr die Neu-Platoniker durchdrungen, indem sie lehrten *διὰ τὴν ἑνότητα ἁπάντων πάσας ψυχὰς μίαν εἶναι* (propter omnium unitatem cunctas animas unam esse). Im 9. Jahrhundert sehn wir sie in Europa unerwartet auftreten durch Skotus Erigena, der, von ihr begeistert, sich bemüht, sie in die Formen und Ausdrücke der christlichen Religion zu kleiden. Unter den Mohammedanern finden wir sie als begeisterte Mystik der Sufis wieder. Aber im Okzident mußte Jordanus Brunus es mit einem schmählichen und qualvollen Tode büßen, daß er dem Drange, jene Wahrheit auszusprechen, nicht hatte widerstehn können. Dennoch sehn wir auch die christlichen Mystiker, wider Willen und Absicht, sich in sie verstricken, wann und wo sie auftreten. Spinozas Name ist mit ihr identifiziert. In unsern Tagen endlich, nachdem Kant den alten Dogmatismus vernichtet hatte und die Welt erschrocken vor den rauchenden Trümmern stand, wurde jene Erkenntnis wieder auferweckt durch die eklektische Philosophie Schellings, der, die Lehren des Plotinos, Spinozas, Kants und Jakob Böhmes mit den Ergebnissen der neuen Naturwissenschaft amalgamierend, schleunig ein Ganzes zusammensetzte, dem dringenden Bedürfnis seiner Zeitgenossen einstweilen zu genügen, und es dann mit Variationen abspielte; infolge wovon jene Erkenntnis unter den

corum, 1833, p. XIX, ebenfalls von Bochinger, De la vie contemplative chez les Indous, 1831, p. 12. – Sogar der des Sanskrits unkundige Leser kann sich, durch Vergleichung der neueren Übersetzungen einzelner Upanischaden, von Rammohun Roy, Polen und selbst der von Colebrooke, wie auch der neuesten von *Röer*, deutlich überzeugen, daß der von Anquetil streng wörtlich ins Lateinische übertragenen persischen Übersetzung des Märtyrers dieser Lehre, Sultans Daraschakoh, ein genaues und vollkommenes Wortverständnis zum Grunde gelegen hat; hingegen jene andern sich großenteils mit Tappen und Erraten geholfen haben, daher sie ganz gewiß viel ungenauer sind. – Näheres hierüber findet man im zweiten Bande der Parerga, Kap. 16, § 184.

Gelehrten Deutschlands zu durchgängiger Geltung gelangt, ja, selbst unter den bloß Gebildeten fast allgemein verbreitet ist.* Eine Ausnahme machen allein die heutigen Universitätsphilosophen, als welche die schwere Aufgabe haben, dem sogenannten *Pantheismus* entgegen zu arbeiten, wodurch in große Not und Verlegenheit versetzt, sie in ihrer Herzensangst bald zu den kläglichsten Sophismen, bald zu den bombastischesten Phrasen greifen, um daraus irgend einen anständigen Maskenanzug zusammenzuflicken, eine beliebte und oktroyierte Rockenphilosophie darin zu kleiden. Kurzum, das *Ἓν καὶ πᾶν* war zu allen Zeiten der Spott der Toren und die endlose Meditation der Weisen. Jedoch läßt der strenge Beweis desselben sich allein aus Kants Lehre, wie oben geschehn, führen; obwohl Kant selbst dies nicht getan hat, sondern, nach Weise kluger Redner, nur die Prämissen gab, den Zuhörern die Freude der Konklusion überlassend.

Gehört demnach Vielheit und Geschiedenheit allein der bloßen *Erscheinung* an, und ist es ein und dasselbe Wesen, welches in allem Lebenden sich darstellt; so ist diejenige Auffassung, welche den Unterschied zwischen Ich und Nicht-Ich aufhebt, nicht die irrige: vielmehr muß die ihr entgegengesetzte dies sein. Auch finden wir diese letztere von den Hindus mit dem Namen *Maja*, d. h. Schein, Täuschung, Gaukelbild, bezeichnet. Jene erstere Ansicht ist es, welche wir als dem Phänomen des Mitleids zum Grunde liegend, ja, dieses als den realen Ausdruck derselben gefunden haben. Sie wäre demnach die metaphysische Basis der Ethik, und bestände darin, daß das *eine* Individuum im *andern* unmittelbar sich selbst, ein eigenes wahres Wesen wiedererkenne. Demnach träfe die praktische Weisheit, das Rechttun und Wohltun, im Resultat genau zusammen mit der tiefsten Lehre der am weitesten gelangten theoretischen Weisheit; und der praktische Philosoph, d. h. der Gerechte, der Wohltätige, der Edelmütige, spräche durch die Tat nur dieselbe Erkenntnis aus, welche das Ergebnis des größten

* On peut assez longtemps, chez notre espèce,
Fermer la porte à la raison.
Mais, dès qu'elle entre avec adresse,
Elle reste dans la maison,
Et bientôt elle en est maîtresse. *Volt.*

Tiefsinns und der mühseligsten Forschung des theoretischen Philosophen ist. Indessen steht die moralische Trefflichkeit höher denn alle theoretische Weisheit, als welche immer nur Stückwerk ist und auf dem langsamen Wege der Schlüsse zu dem Ziele gelangt, welches jene mit *einem* Schlage erreicht; und der moralisch Edle, wenn ihm auch noch so sehr die intellektuelle Trefflichkeit abgeht, legt durch sein Handeln die tiefste Erkenntnis, die höchste Weisheit an den Tag, und beschämt den Genialsten und Gelehrtesten, wenn dieser durch sein Tun verrät, daß jene große Wahrheit ihm doch im Herzen fremd geblieben ist.

»Die Individuation ist real, das principium individuationis und die auf demselben beruhende Verschiedenheit der Individuen ist die Ordnung der Dinge an sich. Jedes Individuum ist ein von allen andern von Grund aus verschiedenes Wesen. Im eigenen Selbst allein habe ich mein wahres Sein, alles andere hingegen ist Nicht-Ich und mir fremd.« – Dies ist die Erkenntnis, für deren Wahrheit Fleisch und Bein Zeugnis ablegen, die allem Egoismus zum Grunde liegt, und deren realer Ausdruck jede lieblose, ungerechte, oder boshafte Handlung ist. –

»Die Individuation ist bloße Erscheinung, entstehend mittelst Raum und Zeit, welche nichts weiter als die durch mein zerebrales Erkenntnisvermögen bedingten Formen aller seiner Ojekte sind; daher auch die Vielheit und Verschiedenheit der Individuen bloße Erscheinung, d. h. nur in meiner *Vorstellung* vorhanden ist. Mein wahres, inneres Wesen existiert in jedem Lebenden so unmittelbar, wie es in meinem Selbstbewußtsein sich nur mir selber kundgibt.« – Diese Erkenntnis, für welche im Sanskrit die Formel tat-twam asi, d. h. »dies bist Du«, der stehende Ausdruck ist, ist es, die als *Mitleid* hervorbricht, auf welcher daher alle echte, d. h. uneigennützige Tugend beruht und deren realer Ausdruck jede gute Tat ist. Diese Erkenntnis ist es im letzten Grunde, an welche jede Appellation an Milde, an Menschenliebe, an Gnade für Recht sich richtet: denn eine solche ist eine Erinnerung an die Rücksicht, in welcher wir alle eins und dasselbe Wesen sind. Hingegen beruft Egoismus, Neid, Haß, Verfolgung, Härte, Rache, Schadenfreude, Grausamkeit sich auf jene erstere Erkenntnis und beruhigt sich bei ihr. Die Rührung und Wonne, welche wir beim

Anhören, noch mehr beim Anblick, am meisten beim eigenen Vollbringen einer edlen Handlung empfinden, beruht im tiefsten Grunde darauf, daß sie uns die Gewißheit gibt, daß jenseit aller Vielheit und Verschiedenheit der Individuen, die das principium individuationis uns vorhält, eine Einheit derselben liege, welche wahrhaft vorhanden, ja, uns zugänglich ist, da sie ja eben faktisch hervortrat.

Je nachdem die eine oder die andere Erkenntnisweise festgehalten wird, tritt, zwischen Wesen und Wesen, die *φιλια* oder das *νειχος* des Empedokles hervor. Aber wer, vom *νειχος* beseelt, feindlich eindränge auf seinen verhaßtesten Widersacher, und bis in das Tiefinnerste desselben gelangte; der würde in diesem, zu seiner Überraschung, sich selbst entdecken. Denn so gut wie im Traum in allen uns erscheinenden Personen wir selbst stecken, so gut ist es im Wachen der Fall, – wenn auch nicht so leicht einzusehn. Aber tat-twam asi.

Das Vorwalten der einen oder der andern jener beiden Erkenntnisweisen zeigt sich nicht bloß in den einzelnen Handlungen, sondern in der ganzen Art des Bewußtseins und der Stimmung, welche daher beim *guten* Charakter eine von der des *schlechten* so wesentlich verschiedene ist. *Dieser* empfindet überall eine starke Scheidewand zwischen sich und allem außer ihm. Die Welt ist ihm ein *absolutes Nicht-Ich* und sein Verhältnis zu ihr ein ursprünglich feindliches: dadurch wird der Grundton seiner Stimmung Gehässigkeit, Argwohn, Neid, Schadenfreude. – Der gute Charakter hingegen lebt in einer seinem Wesen homogenen Außenwelt: die andern sind ihm kein Nicht-Ich, sondern »Ich noch einmal«. Daher ist sein ursprüngliches Verhältnis zu jedem ein befreundetes: er fühlt sich allen Wesen im Innern verwandt, nimmt unmittelbar teil an ihrem Wohl und Wehe, und setzt mit Zuversicht dieselbe Teilnahme bei ihnen voraus. Hieraus erwächst der tiefe Friede seines Innern und jene getroste, beruhigte, zufriedene Stimmung, vermöge welcher in seiner Nähe jedem wohl wird. – Der böse Charakter vertraut in der Not nicht auf den Beistand anderer: ruft er ihn an, so geschieht es ohne Zuversicht: erlangt er ihn, so empfängt er ihn ohne wahre Dankbarkeit: weil er ihn kaum anders denn als Wirkung der Torheit anderer begreifen kann. Denn sein eigenes im fremden Wesen wieder zu erkennen, ist er selbst dann noch unfähig, nachdem es von dort aus sich durch unzweideutige Zeichen kundgegeben hat. Hierauf beruht eigentlich das Empörende alles Undanks. Diese moralische Isolation, in der er sich wesentlich und unausweichbar befindet, läßt ihn auch leicht in Verzweiflung geraten.– Der gute Charakter wird mit ebenso vieler Zuversicht den Beistand anderer anrufen, als er sich der Bereitwilligkeit bewußt ist, ihnen den seinigen zu leisten. Denn, wie gesagt, dem einen ist die Menschenwelt Nicht-Ich, dem andern »Ich noch einmal«. – Der Großmütige, welcher dem Feinde verzeiht und das Böse mit Gutem erwidert, ist erhaben und erhält das höchste Lob; weil er sein selbsteigenes Wesen auch da noch erkannte, wo es sich entschieden verleugnete.

Jede ganz lautere Wohltat, jede völlig und wahrhaft uneigennützige Hülfe, welche, als solche, ausschließlich die Not des andern zum Motiv hat, ist, wenn wir bis auf den letzten Grund forschen, eigentlich eine mysteriöse Handlung, eine praktische Mystik, sofern sie zuletzt aus derselben Erkenntnis, die das Wesen aller eigentlichen Mystik ausmacht, entspringt und auf keine andere Weise mit Wahrheit erklärbar ist. Denn daß einer auch nur ein Almosen gebe, ohne dabei auf die entfernteste Weise etwas anderes zu bezwecken, als daß der Mangel, welcher den andern drückt, gemindert werde, ist nur möglich, sofern er erkennt, daß er selbst es ist, was ihm jetzt unter jener traurigen Gestalt erscheint, also daß er sein eigenes Wesen an sich in der fremden Erscheinung wiedererkenne. Daher habe ich, in der vorigen Abteilung, das Mitleid das große Mysterium der Ethik genannt.

Wer für sein Vaterland in den Tod geht, ist von der Täuschung frei geworden, welche das Dasein auf die eigene Person beschränkt: er dehnt sein eigenes Wesen auf seine Landsleute aus, in denen er fortlebt, ja, auf die kommenden Geschlechter derselben, für welche er wirkt; – wobei er den Tod betrachtet, wie das Winken der Augen, welches das Sehn nicht unterbricht.

Der, dem alle andern stets Nicht-Ich waren, ja, der im Grunde allein seine eigene Person für wahrhaft real hielt, die andern hingegen eigentlich nur als Phantome ansah, denen er bloß eine relative Existenz, sofern sie Mittel zu seinen Zwecken sein oder diesen entgegenstehn konnten, zuerkannte, so daß ein unermeßlicher Unterschied, eine tiefe Kluft zwischen seiner Person und allem jenem Nicht-Ich blieb, der also ausschließlich in dieser eigenen Person existierte, dieser sieht, im Tode, mit seinem Selbst auch alle Realität und die ganze Welt untergehn. Hingegen der, welcher in allen andern, ja in allem, was Leben hat, sein eigenes Wesen, sich selbst erblickte, dessen Dasein daher mit dem Dasein alles Lebenden zusammenfloß, der verliert durch den Tod nur einen kleinen Teil seines Daseins: er besteht fort in allen andern, in welchen er ja sein Wesen und sein Selbst stets erkannt und geliebt hat, und die Täuschung verschwindet, welche sein Bewußtsein von dem der Übrigen trennte. Hierauf mag, zwar nicht ganz, aber doch zum großen Teil, die Verschiedenheit beruhen zwischen der Art, wie besonders gute und überwiegend böse Menschen die Todesstunde entgegennehmen. –

In allen Jahrhunderten hat die arme Wahrheit darüber erröten müssen, daß sie paradox war: und es ist doch nicht ihre Schuld. Sie kann nicht die Gestalt des thronenden allgemeinen Irrtums annehmen. Da sieht sie seufzend auf zu ihrem Schutzgott, der Zeit, welcher ihr Sieg und Ruhm zuwinkt, aber dessen Flügelschläge so groß und langsam sind, daß das Individuum darüber hinstirbt. So bin denn auch ich mir des Paradoxen, welches diese metaphysische Auslegung des ethischen Urphänomens für die an ganz anderartige Begründungen der Ethik gewöhnten okzidentalisch Gebildeten haben muß, sehr wohl bewußt, kann jedoch nicht der Wahrheit Gewalt antun. Vielmehr ist alles, was ich, aus dieser Rücksicht, über mich vermag, daß ich durch eine Anführung belege, wie jene Metaphysik der Ethik schon vor Jahrtausenden die Grundansicht der indischen Weisheit war, auf welche ich zurückdeute, wie Kopernikus auf das von Aristoteles und Ptolemäos verdrängte Weltsystem der Pythagoreer. Im Bhagavad-Gita, Lectio 13; 27, 28, heißt es, nach A. W. v. Schlegels Übersetzung: Eundem in omnibus animantibus consistentem summum dominum, istis pereuntibus haud pereuntem qui cernit, is vere cernit. – Eundem vero cernens ubique praesentem dominum, non violat semet ipsum sua ipsius culpa: exinde pergit ad summum iter.

Bei diesen Andeutungen zur Metaphysik der Ethik muß ich es bewenden lassen, obwohl noch ein bedeutender Schritt in derselben zu tun übrig bleibt. Allein dieser setzt voraus, daß man auch in der *Ethik* selbst einen Schritt weiter gegangen wäre, welches ich nicht tun durfte, weil in Europa der Ethik ihr höchstes Ziel in der Rechts- und Tugendlehre gesteckt ist, und man was über diese hinausgeht nicht kennt, oder doch nicht gelten läßt. Dieser notwendigen Unterlassung also ist es zuzuschreiben, daß die dargelegten Umrisse zur Metaphysik der Ethik noch nicht, auch nur aus der Ferne, den Schlußstein des ganzen Gebäudes der Metaphysik, oder den eigentlichen Zusammenhang der Divina Commedia absehn lassen. Dies lag aber auch weder in der Aufgabe, noch in meinem Plan. Denn man kann nicht alles in einem Tage sagen, und soll auch nicht mehr antworten, als man gefragt ist.

Indem man sucht, menschliche Erkenntnis und Einsicht zu fördern, wird man stets den Widerstand des Zeitalters empfinden, gleich dem einer Last, die man zu ziehn hätte, und die schwer auf den Boden drückt, aller Anstrengung trotzend. Dann muß man sich trösten mit der Gewißheit, zwar die Vorurteile gegen sich, aber die Wahrheit für sich zu haben, welche, sobald nur ihr Bundesgenosse, die Zeit, zu ihr gestoßen sein wird, des Sieges vollkommen gewiß ist, mithin, wenn auch nicht heute, doch morgen.

JUDICIUM

Regiae Danicae Scientiarum Societatis

Quaestionem anno 1837 propositam, »utrum philosophiae moralis fons et fundamentum in idea moralitatis, quae immediate conscientia contineatur, et ceteris notionibus fundamentalibus, quae ex illa prodeant, explicandis quaerenda sint, an in alio cognoscendi principio«, unus tantum scriptor explicare conatus est, cuius commentationem, germanico sermone compositam et his verbis notatam: Moral predigen ist leicht, Moral begründen ist* schwer, praemio dignam judicare nequivimus. Omisso enim eo, quod potissimum postulabatur, hoc expeti putavit, ut principium aliquod ethicae conderetur, itaque eam partem commentationis suae, in qua principii ethicae a se propositi et metaphysicae suae nexum exponit, appendicis loco habuit, in qua plus quam postulatum esset praestaret, quum tamen ipsum thema eiusmodi disputationem flagitaret, in qua vel praecipuo loco metaphysicae et ethicae nexus consideraretur. Quod autem scriptor in sympathia fundamentum ethicae constituere conatus est, neque ipsa disserendi forma nobis satisfecit, neque reapse, hoc fundamentum sufficere, evicit; quin ipse contra esse confiteri coactus est. Neque reticendum videtur, plures recentioris aetatis summos philosophos tam indecenter commemorari, ut justam et gravem offensionem habeat.

* Dieses zweite »ist« hat die Akademie aus eigenen Mitteln hinzugefügt, um einen Beleg zu liefern zur Lehre des Longinus (de sublim., c. 39), daß man durch Hinzufügung, oder Wegnahme, *einer* Silbe die ganze Energie einer Sentenz vernichten kann.

ANHANG

Der Anhang zum ersten Band besteht aus den Übersetzungen der fremdsprachigen Zitate, den Nachweisen der fremdsprachigen und deutschen Zitate sowie aus Sacherläuterungen, sofern sie nicht im Gesamtregister im Anhang zum zweiten Band erscheinen. Die Übersetzungen und Nachweise in Band 7 der von Arthur Hübscher herausgegebenen Sämtlichen Werke Schopenhauers (3. Auflage, Wiesbaden 1972) wurden dankbar benutzt. Zur Textredaktion s. Band 2 der vorliegenden Ausgabe.

Die Welt als Wille und Vorstellung.
Erster Band. Erstes bis viertes Buch. (S. 7)

Druckvorlage: Arthur Schopenhauer, Sämtliche Werke. Herausgegeben von Arthur Hübscher. Dritte Auflage. Band 2, Wiesbaden 1972. Hübschers Texte gehen auf die von Schopenhauer selbst besorgten Auflagen und den handschriftlichen Nachlaß Schopenhauers zurück.

S. 8 *Ob nicht Natur zuletzt sich doch ergründe?*: Goethe, v. Voigt's Jubiläum am 27. September 1816, Z. 6, zuerst Jenaische Litteratur-Zeitung 1816 Intelligenzblatt Nr. 75; in den Gedichten unter: An Personen zu festlichen Gelegenheiten; Weim. Ausg. IV, 15.

S. 9 *Quam multa fieri non posse, priusquam sint facta, judicantur?*! Wie vieles hält man für unmöglich, bevor es ausgeführt ist? (Plinius, Hist. nat. VII, 1 § 6, ed. Sillig, Bd. II, 3).

S. 14 *paucorum hominum*: Sache weniger, wenigen zugänglich (Horaz, sat. I, 9, 44).

S. 17 *primum mobile*: das erste Bewegliche, der erste Beweggrund (Ausdruck der Aristotelischen Philosophie, welche die äußerste Sphäre des Fixsternhimmels als denjenigen Teil der Natur betrachtete, der unmittelbar von Gott selbst, als dem »ersten Bewegenden«, bewegt wird; vgl. πρῶτον κινοῦν Phys. VII, 2, p. 243a u. ö.: κινούμενον πρῶτον, De coelo II, 6, ed. Bekker, vol. I, p. 288a 34).

S. 18 *Wes Brot ich eß', des Lied ich sing':* Sprichwörtlich.

S. 24 *medicina mentis*: Arznei für den Geist (sprichwörtlich). – *un petit cours de senscommunologie:* ein kleiner Lehrgang im gesunden Menschenverstande.

S. 25 *im Sekretieren – nach Goethes maliziösem Ausdruck*: »durch ein unverbrüchliches Schweigen sekretiert, in welcher Art von Inquisitionszensur es die Deutschen weit gebracht haben« (Tag- und Jahreshefte, J. 1821). – *primum vivere, deinde philosophari:* Erst leben, dann philosophieren (sprichwörtlich) – *po-*

vera e nuda vai filosofia: Arm und nackt gehst du einher, Philosophie (Petrarca, I, sonetto 7, 10).

S. 26 *alma mater*: die nährende Mutter (sprichwörtlich, nach Ausdrücken wie alma Ceres, alma Venus usw. gebildet).

S. 29 *si quis tota die currens, pervenit ad vesperam, satis est*: Wenn einer, der den ganzen Tag gelaufen, am Abend ankommt, so ist's genug. (Petrarca, de vera sapientia, dial. I, B, edit. Venet. 1516).

S. 31 *Sors de l'enfance, ami, réveille-toi*: Laß hinter dir die Kindheit, Freund, erwache! (Jean-Jacques Rousseau, La Nouvelle Héloise V, 1, Mylord Eduard an Saint-Preux).

S. 32 *a priori*: von vornherein, unmittelbar, d. i. nicht auf dem Wege der Erfahrung gewonnen, also nicht von außen in uns gekommen (in dieser Bedeutung seit Kant).

S. 36 *Grundl. d. Moral, 46, S. 148–154*: S. XXX dieses Bandes.

S. 39, Fußnote *Mira in quibusdam* ...: Erstaunlich ist für manche Dinge das Treffende des Ausdrucks, und der Sprachgebrauch der Alten bezeichnet vieles in der wirksamsten Weise. (Seneca, epist. 81, 9).

S. 49 σκιᾶς ὄναρ ἄνθρωπος: Der Mensch ist der Traum eines Schattens. (Pindaros, Pythia VIII, 135) – Ὁρῶ γὰρ ἡμᾶς οὐδὲν ὄντας ἄλλο, πλὴν Εἴδωλ', ὅσοίπερ ζῶμεν, ἢ κούφην σκιάν: Ich sehe, daß wir Lebenden nichts Andres sind / Als Truggestalten und ein flüchtig Schattenbild. (Sophocles, Aiax 125). We are such stuff / As dreams are made of, and our little life / Is rounded with a sleep: Wir sind solcher Zeug / Wie der zu Träumen, und dies kleine Leben / Umfaßt ein Schlaf. (Shakespeare, Der Sturm IV, 1, Schlegel).

S. 61 *veritas aeterna*: ewige Wahrheit (sprichwörtlich).

S. 67 *petitio principii*: Erschleichung des Beweisgrundes. θαυμάζειν: Verwunderung. – μάλα φιλοσοφικὸν πάθος: ein sehr philosophisches Gefühl (Platon, Theaetet, p. 155 D; ed. Bip. p. 76: μάλα γάρ φιλοσόφου τοῦτο τὸ πάθος, τὸ θαυμάζειν. οὐ γάρ ἄλλη ἀρχὴ φιλοσοφίας ἢ αὕτη · καὶ ἔοικεν ὁ τὴν Ιριν Θαύματος ἔκγονον φήσας,ού κακῶς γενεαλογεῖν. Denn Verwunderung ist ein dem Philosophen sehr angemessenes Gefühl; liegt doch in nichts sonst der Anfang der Philosophie, und der Dichter [Hesiod, Theogonie 780], der die Iris [Philosophie] eine Tochter des Thaumas [der Verwunderung] nannte, scheint ihre Herkunft nicht übel anzugeben.).

S. 70 *toto genere*: der ganzen Art nach, durchaus.

S. 75 *Few men think; yet all will have opinions*: Wenige Menschen denken, aber alle wollen Meinungen haben. (Berkeley, Three dialogues between Hylas and Philonous, 2. Dial., Works ed. London 1784, vol. I, p. 160).

S. 87 *dictum de omni et nullo*: der Satz (daß, was) von allem (gilt, auch von jedem einzelnen gilt) und (was) von keinem (gilt, auch von jedem einzelnen nicht gilt). – *ex meris particularibus* …: Aus bloß partikularen oder bloß negativen Prämissen folgt nichts. – *a rationato ad rationem* …: Der Schluß von der Folge auf den Grund ist nicht gültig. – *Asiatic researches, vol. IV, p. 163: Here I cannot refrain* …: Ich kann mich hier nicht enthalten, eine sonderbare Überlieferung einzuschalten, welche nach dem Zeugnis des wohlunterrichteten Verfassers des Dabistan im Panjáb und in einzelnen persischen Provinzen herrschte; nämlich daß, unter andern indischen Seltenheiten, welche Kallisthenes seinem Oheim überbrachte, ein kunstgerechtes System der Logik sich befand, welches die Brahminen dem wißbegierigen Griechen mitgeteilt hatten und welches, wie der mohammedanische Autor annimmt, das Grundwerk für die berühmte Aristotelische Methode wurde.

Tafel nach S. 87

Bonum: Gut
utile: nützlich
ditans: bereichernd
quaestuosum: gewinnreich
negotia promovens: die Geschäfte befördernd
ad quaelibet idoneum reddens: zu allem tauglich machend
vigorans: stärkend
salubre: gesund
jucundum: angenehm
exhilarans: erheiternd
taedium expellens: Langeweile vertreibend
Peregrinari: Reisen
sumptuosum: kostspielig
damnosum: Verluste bewirkend
egestatis causa: Ursache der Verarmung
animi tranquillitatem adducens: Gemütsruhe bewirkend
vana desideria sedans: eitle Wünsche beschwichtigend
litterarum amorem excitans: Liebe zu den Wissenschaften hervorrufend
scientiam amplificans: das Wissen erweiternd
peritiam augens: die Kenntnisse vermehrend
Experientiae latissimus campus: reichliche Gelegenheit, Erfahrungen zu sammeln
deliciarum cognitionem amplificans: die Kenntnis der Genüsse erweiternd
desideria multiplicans: die Wünsche vermehrend
cupiditates incendens: die Begierden entfachend
animi tranquillitatem disturbans: die Gemütsruhe störend
utile: nützlich
ditans: bereichernd
ad munera publica evehens: zu öffentlichen Ämtern befördernd

muneribus publicis idoneum reddens: für öffentliche Ämter tauglich machend
fiduciam publicam comparans: das allgemeine Vertrauen erwerbend
auctoritatem concilians: Ansehen fördernd
honorificum: Ehre einbringend
periculosum: gefährlich
detrimentosum: schädlich
invidiosum: Neid erregend
odia suscitans: Haß zuziehend
exitiosum: verderblich
malum: Übel

S. 90 *mentiens*: der Lügner, velatus: der Verhüllte, cornutus: der Gehörnte (Namen von Fangschlüssen des Megarikers Eubulides).

S. 94 *roturiers*: Bürger.

S. 99 *signatura rerum*: Kennzeichnung der Dinge (Titel einer Schrift Jakob Böhmes aus dem Jahre 1622).

S. 100 *[So] fühlt man Absicht und man ist verstimmt*: Goethe, Tasso II, 1. – *nemo potest personam diu ferre fictam*: Niemand kann lange eine Maske tragen. Genauer: Nemo enim potest personam diu ferre. Ficta cito in naturam suam recidunt. Niemand nämlich kann lange eine Maske tragen. Verstellung kehrt schnell zur eigenen Natur zurück. (Seneca, de clementis I, 1, 6).

S. 105 *quid pro quo*: Verwechselung, Mißverständnis.

S. 114 *terminus minor*: der engere Begriff, Unterbegriff. – *terminus medius*: der vermittelnde Begriff, Mittelbegriff. – *terminus maior*: der weitere Begriff, Oberbegriff.

S. 116 *per accidens*: zufällig, beiläufig.

S. 119 ’Ακριβεστέρα δ’ἐπιστήμη...: Genauer aber und vorzüglicher ist das Wissen, welches uns zugleich sagt, daß etwas sei und warum es so sei, als dasjenige, welches das Daß und das Warum gesondert lehrt (Aristot., Analyt. post. I 27, edit. Berol. p. 87 a 31). – *qualitas occulta*: verborgene Eigenschaft (Ausdruck der Scholastiker zur Bezeichnung der nicht weiter erklärbaren Wirkungen der Dinge).

S. 124, Fußnote *more geometrico*: nach Art der Geometrie. – *per causam sui* ...: Unter einer Ursache seiner selbst verstehe ich das, dessen Wesen (Begriff) das Dasein in sich schließt (Spinoza, Eth. I, defin. 1).

S. 128 *ergo – bibamus!*: somit – trinken wir! (Überschrift und Kehrreim des Goetheschen Gedichts).

S. 130 *ex firmis principiis*: aus festen Grundsätzen.

S. 131 *causa efficiens, causa finalis*: bewirkende Ursache, Endursache.

S. 132 *ea demum vera* ...: Diejenige erst ist die wahre Philosophie, welche die Aussagen der Natur auf das treueste wiedergibt und gleichsam nach dem Diktat der Natur niedergeschrieben ist, so daß sie nichts anderes ist als ein Abbild und eine Abspiegelung der Natur und nichts aus dem Eigenen zufügt, sondern nur wiederholt und wiedergibt. (Baco, de augm. scient., L. II, c. 13, Exemplum primum, 13. Absatz; ed. Argentorati 1654, II, p. 125; ed. Spedding, Ellis & Heath, London 1857, I 530).

S. 135 σιδήρειόν νύ τοι ἦτωρ!: Ein eisernes Herz hast du wahrlich! (Ilias XXIV, 521).

S. 136 τέλος τὸ εὐδαιμονεῖν: Das Ziel (aller Tugend) sei die Glückseligkeit (Stobaeus, Ecl., L. II, C. 7; ed. Meineke c. 6, p. 33, 27 und 40, 8). – *suum utile quaerere*: seinen Vorteil suchen (Spinoza, Eth. IV, prop. 20).

S. 137 Δεῖ κτᾶσθαι νοῦν ἢ βρόχον: Man muß sich entweder Verstand anschaffen, oder einen Strick (zum Aufhängen) (Plutarch, de stoic. repugn. c. 14, opera p. 1039 F). – Οὐ πενία λύπην ἐργάζεται, ἀλλὰ ἐπιθυμία.: Nicht Armut schmerzt, sondern Begehrlichkeit. (Epictet, fragm. 25; ed. Schweighaeuser III, 73).

S. 138 und Fußnote δεῖ ζῆν κατ' ἐμπειρίαν τῶν φύσει συμβαινόντων: Man muß leben gemäß der Erfahrung dessen, was naturgemäß zu geschehen pflegt (Stob. Ecl. L. II, c. 7; ed. Heeren II p. 134; ed. Wachsm. p. 76; ed. Meineke c. 6., p. 39,10) – *Omnes perturbationes judicio censent fieri et opinione*: Sie lehren, daß alle Verstimmungen auf Beurteilung und Meinung beruhen. (Cic. Tusc. IV, 6; richtiger IV, 7. 14) – Ταράσσει τούς ἀνθρώπους…: Nicht die Dinge beunruhigen die Menschen, sondern die Meinungen über die Dinge. (Epictet, Encheiridion, c. V, in neueren Ausg. c. VI. – Τοῦτο γάρ ἐστι: Denn dieses ist für die Menschen die Ursache alles Übels, daß sie nicht imstande sind, die allgemeinen Begriffe auf die einzelnen Fälle anzuwenden. (Epictet, dissert. III, 26, in neueren Ausg. IV, 1. 42) – ἀταραξία: Unerschütterlichkeit des Gemüts.

S. 139 ὁμολογουμένως ζῆν · τοῦτο δ'ἔστι καθ' ἕνα λόγον καὶ σύμφωνον ζῆν: Übereinstimmend leben, d.h. nach einem und demselben Grundsatze und in Harmonie mit sich selbst leben. (Stob. Ecl. L. II, c. 7, p. 132; ed Meineke, c. 6, p. 39, 1) – 'Αρετὴν διάθεσιν εἶναι…: Die Tugend bestehe in der Übereinstimmung der Seele mit sich selbst während des ganzen Lebens. (ibid, p. 104; ed. Meineke p. 30, 26).

S. 140 *Qua ratione*…: Wie du leichten Sinnes hinbringen mögest das Leben, / Und die Begierde dich nicht, die ewig bedürftige, quäle, / Noch auch Furcht und Hoffnung auf wenig nützliche Dinge. (Horaz, epist. I, 18, 97).

S. 143 *Nos habitat*…: Uns bewohnt er, die Unterwelt nicht, noch die Sterne des Himmels: / Alles dieses bewirkt der in uns lebende Geist. (Agrippa von Nettesheim, Epist. V, 14, Opera omnia Lyon 1535 u.ö.; von Sch. entnommen aus Johann Beaumont, Historisch-Physiologisch- und Theologischer Tractat

Von Geistern, Erscheinungen, Hexereyen und andern Zauber-Händeln, Halle im Magdeburgischen 1721, S. 281, wo folgende freiere Übersetzung gegeben ist:
Im Himmel wohnt er nicht, und auch nicht in der Höllen / Er kehret bey uns selber ein. / Der Geist, der in uns lebt, verrichtet es allein.).

S. 145 *unité de plan*: Einheit des Plans.

S. 152 κατ ἐξοχήν: im höchsten Sinne, schlechthin.

S. 161 ‛Ως γὰρ ἕκαστος...: Denn wie jeder besitzt der leicht sich biegenden Glieder / Bildung, diesem gemäß wohnt auch der Sinn in den Menschen; / Denn dasselbige ist der Geist und der Glieder Gestaltung / Stets für jeglichen, denn maßgebend ist die Gesinnung. (Parmenides, bei Aristot., Metaph. III 5, ec. Berol. p. 1009 b 22)

S. 163 *denominatio a potiori*: Benennung nach dem Vorzüglicheren.

S. 165 *principium individuationis*: das Prinzip der Individuation, der Existenzgrund der Einzelwesen oder Besonderheiten.

S. 169 *hedysarum gyrans*: die Telegraphenpflanze, in Spiralen rankender Süßklee (vgl. XXIII. Jahrb. der Schopenhauergesellschaft 1936, S. 350 f.). – *Mimosa pudica*: die schamhafte Sinnpflanze, brasilianisches Ziergewächs mit reizbaren Blättern, die sich bei Berührung zusammenfalten.

S. 174 *toto genere*: der ganzen Art nach, durchaus –

S. 176 *qualitates occultae*: verborgene Eigenschaften.

S. 179 *forma substantialis*: wesentliche Form, wesentlicher Charakter.

S. 182 *Si (enim) pecora essemus* ... : Wären wir (nämlich) Tiere, so würden wir das fleischliche Leben und, was seiner Sinnesrichtung entspricht, lieben, und hätten an diesem Gut unser Genügen, und würden weiter, wenn es in dieser Hinsicht wohl um uns stände, nichts anderes verlangen. Ebenso, wären wir Bäume, so könnten wir zwar nichts empfinden und durch Bewegung erstreben, aber wir würden eine Art *Streben* nach dem bekunden, wodurch wir fruchtbarer wären und reichlicheren Ertrag brächten. Wären wir Steine, oder Wogen, oder Wind oder Flamme oder etwas dergleichen, ohne irgendwelches Bewußtsein und Leben, so würde uns doch eine Art von *Streben* nach der uns zukommenden Stelle und Einordnung nicht mangeln. Denn in den Bewegungen der Schwerkraft kommt gleichsam die *Liebe* der leblosen Körper zum Ausdruck, mögen sie nun vermöge der Schwere nach unten oder vermöge der Leichtigkeit nach oben streben: denn der Körper wird gerade so durch sein Gewicht wie der Geist durch die *Liebe* dahin getrieben, wohin er getrieben wird. (Augustinus, Libri de civitate Dei, Basil. 1505, XI, 28).

S. 184 *per impossibile*: unmöglicherweise, was zwar unmöglich ist. – *Ich weiß, daß* ... : (Angelus Silesius, Cherubinischer Wandersmann I, 8. Sch. besaß die Ausg. München 1827.)

S. 185 ὁ Πλάτων φησί...: Platon lehrt, daß die Ideen in der Natur gleichsam als Musterbilder dastehn, die übrigen Dinge aber ihnen nur gleichen und als ihre Nachbilder bestehen. (Diog. Laërt. III, sect. 12 § 13).

S. 194, Fußnote *Im Garten des Herrn Grimstone*...: In the garden of Mr. Grimstone, of the Herbary, Highgate, London, is now a peaplant in full bearing, produc'd from a pea taken by Mr. Pettigrew & the authorities of the British Museum from a vase extracted from an Egyptian sarcophagus, where it must have remained 2844 years. (Times, Aug. 16. 1844).

S. 195 *éclaircissements*: Erläuterungen.

S. 199 *generatio aequivoca*: Urzeugung (das Entstehen lebender Wesen aus unbelebter Materie).

S. 200 *(Il me paroît que) le calorique*...: (Mir scheint,) die Wärme und die elektrische Materie genügen vollkommen, um diese wesentliche Ursache des Lebens zusammen auszumachen. (Lamarck, Philosophie zoologique, Bd. II, Kap. 3, S. 16)

S. 201 *es sei ungereimt, auf einen Newton des Grashalms zu hoffen*: zu hoffen, daß noch etwa dereinst ein Newton aufstehn könne, der auch nur die Erzeugung eines Grashalms nach Naturgesetzen, die keine Absicht geordnet hat, begreiflich machen werde. (Kant, Kritik der Urteilskraft, § 75, 2. u. 3. Aufl. S. 338)

S. 202 *forma accidentalis*: zufällige Form, beiläufiger, gelegentlicher Charakter. – *l'unité de plan, l'uniformité de l'élément anatomique*: die Einheit des Plans, die Gleichförmigkeit des anatomischen Elements.

S. 204 *Encheiresin naturae*...: Goethe, Faust I, 1940, Studierzimmer 2. – *serpens, nisi serpentem comederit, non fit draco*: Die Schlange kann nur dadurch, daß sie eine Schlange verschlingt, zum Drachen werden. (Bacon, Sermones fideles 38, De fortuna; ed. Spedding, Ellis & Heath, London 1857, VI 472).

S. 206 εἰ γὰρ μὴ...: Denn wenn nicht der Streit in den Dingen herrschte, so würde alles Eines sein, wie er (Empedokles) sagt. (Aristot., Metaph. B 5, richtiger 4, ed. Berol. p. 1000b, 1)

S. 207 *homo homini lupus*: Der Mensch ist für den Menschen ein Wolf. (Plautus, Asinaria II, v. 495: Lupus est homo homini – *An den Ufern des Missouri*...: Nach W. Irving, Bracebridgehall, Vol. 1, p. 118 (Sch. hat die Stelle in *Ah* mit Quellenangabe beigeschrieben.).

S. 213, Fußnote *Causa finalis movet*...: Die Endursache wirkt nicht nach ihrem wirklichen, sondern nur nach ihrem erkannten Wesen. (Zusammengezogen aus Suarez, Disp. metaph. disp. XXIII, sect. 7 et 8, p. 549–553.)

S. 222 *consensus naturae*: Übereinstimmung der Natur.

S. 229 Τί τὸ ὄν...: Was ist das ewig Seiende, welches keine Entstehung hat? und was ist das Entstehende (und Vergehende, in Wahrheit) aber niemals Seiende? (Platon, Timaeus 27 D, ed. Bip. 301).

S. 231 ὄντως ὄν: wahrhaft seiend.

S. 232 δόξα μετ' αἰσθήσεως ἀλόγου: ein bloßes Meinen mittels vernunftloser Wahrnehmung.

S. 234 καθ' ἑαυτό, ἀεὶ ὡσαύτως: an sich, immer auf gleiche Weise (Platon, Phaedon 78 D, ed. Bip. 178/79: ἤ ἀεὶ αὐτῶν ἕκαστον, ὅ ἐστι μονοειδὲς ὄν, αὐτὸ καθ' αὐτό ὡσαύτως κατα ταὐτὰ ἔχει, καὶ οὐδέποτε οὐδαμῇ οὐδαμῶς ἀλλοίωσιν οὐδεμίαν ἐνδέχεται;: Verhält sich nicht vielmehr jedes derselben, was da an sich als ein Gleichförmiges besteht, stets ebenso und in derselben Weise und läßt nimmer, irgendwie und in keinerlei Weise ein Anderswerden zu?). – ἀεὶ ὄν, καί μηδέποτε οὔτε γιγνόμενον, οὔτε ἀπολλύμενον: immer seiend, und doch niemals weder entstehend noch vergehend (nach Platon, Timaeus 27 D; vgl. zu 197,6).

S. 235 Εἰσὶ δὴ ναρθηκοφόροι μὲν πολλοὶ, βάκχοι δέ γε παῦροι: Viele tragen den Thyrsosstab, doch wenige werden Bacchanten. (Orphisches Sprichwort. Zitiert Platon, Phaedon, p. 69 C; ed. Bip. 157.) – ʽΗ ἀτιμία φιλοσοφία...: In Verachtung ist die Philosophie darum geraten, weil man sich nicht mit ihr befaßt, wie es sich gehört; denn nicht die unechten, sondern die echten Philosophen sollten sich mit ihr befassen. (Platon, rep. VII, p. 535 C; ed. Bip. p. 169).

S. 237 *ein Nunc stans*: ein beharrendes Jetzt, eine beständige Gegenwart (Albertus Magnus, Summa theologiae, pars prima, tractatus V, quaest. XXII; vgl. auch 330, 35).

S. 238 αἰῶνος εἰκὼν κινητὴ ὁ χρόνος: Die Zeit ist das bewegte Bild der Ewigkeit. (Nach Platon, Timaeus 37 D, ed. Bip. p. 317: εἰκόνα δ'ἐπινοεῖ κινητήν τινα αἰῶνος ποιῆσαι, καὶ διακοσμῶν [ἅμα οὐρανὸν, ποιεῖ, μένοντος αἰῶνος ἐν ἑνί, κατ'] ἀριθμὸν ἰοῦσαν αἰώνιον εἰκόνα, τοῦτον ὃν δὴ χρόνον ὠνομάκαμεν.: So sann er darauf, ein bewegliches Bild der Unvergänglichkeit zu gestalten, und machte, dabei zugleich den Himmel ordnend, dasjenige, was wir Zeit nennen, zu einem in Zahlen fortschreitenden unvergänglichen Bilde der in dem Einen verharrenden Unendlichkeit.

S. 241 *du sublime au ridicule il n'y a qu'un pas*: Vom Erhabenen zum Lächerlichen ist nur ein Schritt. (Ausspruch Napoleons zu seinem Warschauer Gesandten de Pradt, auf der Flucht aus Rußland, Dez. 1812; de Pradt, Histoire de l'ambassade dans le Grand-duché de Varsovie en 1812. Berlin 1816.

S. 242 *mens aeterna est, quatenus res sub aeternitatis specie concipit*: Der Geist ist ewig, sofern er die Dinge unter dem Gesichtspunkte der Ewigkeit auffaßt. (Spinoza, Eth. V, prop. 31 schol.; vgl. auch Eth. II, prop. 44, cor. 2.)

S. 242, Fußnote *cognitio tertii generis, sive intuitiva*: die Erkenntnis der dritten Art oder die intuitive (Spinoza, Eth. II, prop. 40, schol. 2; Eth. V, prop. 25–38).

S. 244 *Are not the mountains ...*: Sind Berge, Wellen, Himmel nicht ein Teil / Von mir und meiner Seele, ich von ihnen? (Byron, Childe Harold III, 75) – Hae omnes creaturae in totum ego sum, et praeter me aliud ens non est: Alle diese Geschöpfe insgesamt bin ich, und außer mir ist kein anderes Wesen vorhanden. (Oupnek'hat, ed. Anquetil Duperron, Argentorati 1801-1802, I 122. Der Satz findet sich nur in der persischen und der ihr folgenden lateinischen Übersetzung; er ist aus zwei Stellen des Brihădăranyaka-Upanishad I, 4, 1, zusammengezogen worden: sarvâtmâ aham asmi, ich bin das Selbst von Allem, und: matto 'nyad vastu antaram na asti, ein anderes Wesen außer mir gibt es nicht.).

S. 250 *»Was in schwankender Erscheinung schwebt, zu befestigen in dauernden Gedanken«*: Und was in schwankender Erscheinung schwebt, Befestiget mit dauernden Gedanken. (Goethe, Faust I, 348–349, Prolog im Himmel).

S. 254 *Qu'est-ce-que cela prouve?*: Was beweist das? (Nach Hoefer, Histoire des Mathématiques, 4. éd., p. 439 sollte der Mathematiker Roberval, ein Zeitgenosse des Descartes, durch das Wort getroffen werden.)

S. 255 *amabilis insania*: liebenswürdiger Wahnsinn (Horaz, od. III, 4, 5). – *Nullum Magnum ingenium sine mixtura dementiae fuit.*: Keinen großen Geist hat es gegeben ohne eine Beimischung vom Wahnsinn. (Seneca, de tranquillitate animi XV, 16; richtiger XVII, 10)

S. 255/256 *Negat enim ...*: Denn Demokrit behauptet, daß es ohne Raserei keinen großen Dichter geben könne; und dasselbe sagt Platon. (Cic., de divinatione I, 37, 80)

S. 256 *Great wits ...*: Dem Wahnsinn ist der große Geist verwandt, / Und beide trennt nur eine dünne Wand. (Dryden, Absalom and Achitophel I 163; ed. Edinburg 1777, p. 19; bei Pope, Essay on Man, Ep. I, 225, auf den Sch. den Vers zurückführt, steht nur folgende Variante: Remembrance and Reflection, how ally'd; What thin partitions Sense from Thought divide!) Erinnerung und Erwägung, wie verwandt; Fühlen und Denken trennt nur eine dünne Wand.

S. 257 *fatuitas*: Albernheit.

S. 259 *und daher, wie Goethe sagt, ein Fall für Tausende gilt*: Dem Genie gilt Ein Fall für Tausende. (Goethe, Geschichte der Farbenlehre: Galilei)

S. 266 *Das Licht ist das Erfreulichste der Dinge*: Wohl in Erinnerung an Goethe, Das Märchen: »Was ist herrlicher als Gold?« fragte der König, – »das Licht«, antwortete die Schlange.

S. 268, Fußnote *Arbusta formas suas ...*: Die Pflanzen bieten ihre mannigfachen Formen, durch die der sichtbare Bau dieser Welt sich formenschön gestaltet, den Sinnen zur Wahrnehmung dar; sodaß sie, da sie nicht *erkennen* können, wie es scheint, gleichsam *erkannt werden* wollen. (Augustinus, De civ. Dei, XI, 27, 2; ed. Dombart 443).

S. 276 *for thou hast been ...*: Denn du warst stets als hättest / Indem dich Alles traf, du nichts zu leiden / Des Schicksals Schläge und Geschenke hast / Mit gleichem Dank du hingenommen. (Shakespeare, Hamlet III, 2, zu Anfang)

S. 281 ὁ Πλάτων ἔφη, ὅτι εἴδη ἐστὶν ὁπόσα φύσει: Platon lehrte, daß es so viele Ideen gebe wie Naturdinge. (Aristot., Metaph. XII, 3, ed. Berol. p. 1070 a 18) – 'Ορίζονται δὲ τὴν ἰδέαν...: Sie definieren aber die Idee als ein zeitloses Urbild der Naturdinge. Denn die meisten Anhänger des Platon geben nicht zu, daß es Ideen von Kunstprodukten gebe, z. B. von Schild oder Leier, noch von Dingen, die der Natur zuwider sind, wie von Fieber und Cholera, noch auch von Einzelwesen, wie von Sokrates und Platon, noch auch von geringfügigen Dingen, wie von Schmutz und Splittern, noch auch von Relationen, wie von Größersein und Überragen; denn die Ideen seien die ewigen und in sich vollendeten Gedanken Gottes. (Alcinoi introductio in Platonicam philosophiam, cap. 9; Platon, ed. Hermann VI p. 163. Als Verfasser der introductio gilt heute der Platoniker Albinos.)

S. 291, Fußnote *Signatura rerum*: Kennzeichnung der Dinge (Titel einer Schrift Jakob Böhmes aus dem Jahre 1622). – Und ist kein Ding in der Natur...: Genauer: Vnd ist kein ding in der natur das geschaffen oder gebohren ist / es offenbahret seine innerliche gestalt auch eusserlich / dann das innere arbeit stets zur Offenbahrung / -- ein jedes ding hat seinen mund zur offenbahrung vnd das ist die Naturspraache / darauß jedes ding auß seiner eigenschafft redet / vnd sich immer selber offenbahret / vnd darstellet worzu es gut vnd nutz sey / dann ein jedes Ding offenbahret seine mutter / die die Essentz vnd den willen zur gestaltnuß also gibt. (Jacob Böhme, De signatura rerum, cap. I am Ende, Ausg. 1635 S. 14–16; Jakob Böhme's sämmtliche Werke, hgg. von K. W. Schiebler, 4. Bd. Leipz. 1842, S. 276)

S. 292 *Tat twam asi*: Das bist du! (Vgl. Chândogya-Upanishad, ed. Böhtlingk, Leipzig 1889, VI, 8–16: »Alles hat seine feinsten Bestandteile zu seinem Wesen, es ist das Wirkliche, es ist das Selbst, und das bist du«; in den Sechzig Upanishads, S. 166–170. – Wilson, Samkhya-Kārika, Oxford 1837, p. 80 erklärt den Satz aus tattva, tatva, das abstrakte Sein das wahre Wesen, wonach er bedeuten würde: abgesehen von deiner dem Schein unterworfenen Einzelexistenz bist du das wahre Sein; die allgemeinere Etymologie nach dem Vedantasystem erklärt ihn aus tat, das, tvam, du, wonach die Identität von Subjekt und Objekt, Ich und Außenwelt gemeint wäre).

S. 293 *Wer die menschliche Schönheit erblickt...*: Goethe, Die Wahlverwandtschaften. I. Teil, 6. Kap.

S. 295 *Stobaei Floril. Vol. 2, p. 384 (ed. Gaisford), cap. 60, 11 (ed. Meineke II 357, 23; Xenophon, Memorab. III, 10)*: Als er (Sokrates) einmal den Maler Parrhasius besuchte und sich mit ihm unterredete, sagte er: » Die Malerei, lieber Parrhasius, ist doch die Abbildung sichtbarer Gegenstände? Ihr stellt also mit Hilfe der Farben das Tiefe und das Erhabene, das Dunkle wie das Helle, das Harte und Weiche, das Rauhe und Glatte, junge und alte Körper ähnlich dar.« »Deine Bemerkung ist richtig.« »Und weil es nicht leicht ist, *einen* Menschen zu treffen, an welchem alle Körperteile fehlerfrei wären, so gebt ihr doch durch Vergleichung schöner Gestalten untereinander, und durch Vereinigung der schönsten Züge eines jeden zu einem Ganzen allen Teilen des Körpers ein schönes Ansehen?« »Ja, so machen wir es.«

S. 295, Fußnote *il n'y a que l'esprit qui sente l'esprit*: Nur der Geist vermag den Geist zu vernehmen. (Helvétius, De l'esprit, Disc. II, chap. III, ed. Paris 1758, I, 61)

S. 299 *secundum naturam*: der Natur gemäß.

S. 301 *vox faucibus haesit*: es stockte die Stimme im Halse (Vergil, Aeneis II 774; III 48). – *daher läßt Homer (Ilias XX, 48–53) den Mars und die Minerva ganz entsetzlich schreien*...: ὦρτο δ' Ἔρις κρατερὴ λαοσσόος, αὖε δ' 'Αθήνη, / στᾶσ' ὁτὲ μὲν παρὰ τάφρον ὀρυκτὴν τείχεος ἐκτός, / ἄλλοτ' ἐπ' ἀκτάων ἐριδούπων μακρὸν ἀύτει / αὖε δ' Ἄρης ἑτέρωθεν, ἐρεμνῇ λαίλαπι ἶσος, ὀξὺ κατ' ἀκροτάτης πόλιος Τρώεσσι κελεύων, / ἄλλοτε πάρ Σιμόεντι θέων ἐπὶ Καλλικολώνῃ.: Hob sich die schlimme, verhetzende Eris, und gellend schrie Pallas / Bald schon außer der Mauer am Rand des griechischen Grabens, / Bald auch schrie sie laut an des Meeres umdonnerter Küste. / Ares brüllte von drüben und glich einem finsteren Sturmwind, / Hell erschallte sein Ruf von der Zinne der Feste den Troern, / Bald auch im Lauf bei Kallikolone am Rand des Simoeis. (Ilias XX, 48–53).

S. 309 *unitas post rem*: die Einheit nach der Sache; unitas ante rem: die Einheit vor der Sache.

S. 310 *imitatores, servum pecus*: Nachahmer, sklavisches Gesindel (Horaz, epist. I 19, 19).

S. 311, Fußnote *Apparent rari, nantes in gurgite vasto*: Einzeln erscheinen sie, Schwimmer im wüsten Gewoge. (Vergil, Aeneis, I, 118).

S. 314 *Le tems découvre la vérité*: Die Zeit bringt die Wahrheit an den Tag.

S. 316 [Belohnt mit Ehren und Gunst] die, / deren nächtliche Lampe / Den ganzen Erdball erleuchtet. (Ewald von Kleist, Der Frühling: Werke, Berlin 1803, Bd. I, S. 236.)

S. 317 *Sie hat zarte Füße*...: τῇ μὲν θ'ἀπαλοὶ πόδες · οὐ γὰρ ἐπ' οὔδει πίλναται, ἀλλ' ἄρα ἥ γε κατ' ἀνδρῶν κράατα βαίνει (Ilias XIX, 92–93). – *der satirical rogue*: der satirische Schelm (Shakespeare, Hamlet II, 2).

S. 319 *magnus Deus sol Mithra*: der große Sonnengott Mithra.

S. 320 'Εν δ' ἔπεσ' 'Ωκεανῷ...: In den Ozean sank des Helios glänzende

Leuchte, / Ziehend die dunkle Nacht auf die nahrungsprossende Erde. (Ilias VIII, 485). – *Ein sanfter Wind*...: Goethe, Balladen, Mignon, V. 3.

S. 323 *Ein Kehrichtfaß*...: Goethe, Faust I, 582–583, Nacht.

Seite 323, Fußnote *Mediocribus esse poëtis*...: Mittelmäßig zu sein erlauben weder die Götter / Noch die Menschen noch auch die Anschlagsäulen dem Dichter. (Horaz, ars poet. 372)

S. 324 *Was sich nie und nirgends*...: Schiller, An die Freunde, v. 49–50.

S. 328 *O Bremen, ich muß dich nun lassen*: Arnim-Brentano, Des Knaben Wunderhorn, ed. Grisebach, S. 199.

S. 329 κατ' ἐξοχήν: im höchsten Sinne, schlechthin. – *I live not in myself*...: Nicht in mir selbst leb' ich allein: ich werde / Ein Teil von dem, was mich umgibt, und mir / Sind hohe Berge ein Gefühl. (Byron, Childe Harold III, 72).

S. 332 *In dieser rauhen Welt mit Schmerzen atmen heißt, um Hamlets Schicksal aufzuklären*: Und atm' in Schmerz in dieser rauhen Welt, mein Schicksal aufzuklären. (Shakespeare, Hamlet V, 2).

S. 333 *Pues el delito mayor*...: Denn die größte Schuld des Menschen / Ist, daß er geboren ward. (Calderon, Das Leben ein Traum, I, 2)

S. 335 *exercitium arithmeticae occultum*...: eine unbewußte Übung in der Arithmetik, bei der der Geist nicht weiß, daß er zählt (Leibnitii epistolae, collectio Kortholti ep. 154 [ad Goldbachium], vol. I, 241).

S. 338 *sons harmoniques*: harmonische Töne, Obertöne.

S. 340 η τῶν μελῶν...: die Bewegung der Melodien welche die Seelenregungen nachahmt (Plato, leges VII, p. 812 C; nicht wörtlich. – διὰ τί οἱ ῥυθμοί...: Wie kommt es, daß die Rhythmen und die Melodien, obgleich sie nur Ton sind, mit den Seelenzuständen Ähnlichkeit haben? (Aristot., Probl. c. 19; ed. Berol. p. 920 b 29, wo es heißt: Διὰ τί ῥυθμῶ καί μέλει καὶ ὅλως ταῖς συμφωνίαις χαίρουσι πάντες: Wie kommt es, daß sich alle an Rhythmus, Melodie und überhaupt Musik erfreuen?).

S. 344 *universalia post rem, ante rem, in re*: das Allgemeine nach dem Ding, vor dem Ding, im Ding.

S. 346 *Musica est exercitium*...: Die Musik ist eine unbewußte Übung in der Metaphysik, bei der der Geist nicht weiß, daß er philosophiert. – (τῶ) ἀριθμῶ δὲ τὰ πάντ' ἐπέοικεν: Der Zahl sind alle Dinge ähnlich (Sextus Empiricus, adv. Math. L. VII, § 94; ed. 1621, p. 104, 154; ed. Bekker p. 209, 22).

S. 349 *Camera obscura*: Dunkelkammer (eine Vorrichtung, bei welcher das Licht der Außenwelt wie bei der Mattscheibe des photographischen Apparats durch eine kleine Öffnung direkt oder mittelst Spiegel oder Linse auf eine Fläche in einem dunklen Raum fällt und dort ein verkleinertes, farbiges und bewegtes Bild entstehen läßt.)

S. 351 *Tempore quo cognitio* ...: Zur Zeit, da sich die Erkenntnis einstellte, hat die Begierde sich von dannen gehoben. (Oupnek'-hat, ed. Anquetil Duperron II, P. 216.)

S. 354 οὐδέν εστι, ἢ τὸ τῆς στερήσεως ὄνομα, μετὰ ἀμυδρᾶς ἐπινοίας: Es ist nichts als ein negativer Ausdruck, verbunden mit einer unklaren Vorstellung. (Julianus, Orat. V, c. 2, wo die neuplatonische Materie so bezeichnet wird.)

S. 359 *Natura non contristatur*: Die Natur wird nicht traurig gestimmt.

S. 362 *Nunc stans*: siehe Anm. zu S. 237. – *Quid fuit? – Quod est. – Quid erit? – Quod fuit*: Was war? – Was ist. – Was wird sein? – Was war. (Vgl. Vulgata, Ecclesiastes 1, 9: Quid est quod fuit? ipsum quod futurum est. Quid est quod factum est? ipsum quod faciendum est. Nihil sub sole novum. Was ist das, so gewesen ist? Eben das, was wieder sein wird! Was ist das, so geschehen ist? Eben das, was wieder geschehen wird! Es ist nichts Neues unter der Sonne. – Ferner das einzige bisher bekannte Autograph Giordano Brunos: Salomon et Pythagoras. Quid est quod est? Ipsum quod fuit. Quid est quod fuit? Ipsum quod est. Nihil sub sole novum. Salomo und Pythagoras. Was ist das, was ist? Eben das, was war. Was ist das, was war? Eben das, was ist. Nichts Neues gibt es unter der Sonne.) – *simile*: ähnlich; *idem*: dasselbe.

S. 363, Fußnote *(Scholastici docuerunt)* ...: (Die Scholastiker lehrten,) die Ewigkeit sei nicht eine Aufeinanderfolge ohne Ende oder Anfang, sondern ein beharrendes *Jetzt*, d. h. daß wir dasselbe *Jetzt* besitzen, welches das *Jetzt* für Adam war; d. h. daß zwischen dem *Jetzt* und dem *Damals* kein Unterschied sei. (Hobbes, Leviathan, c. 46; opera latina, London 1841, vol. III, p. 500, 29)

S. 366, Fußnote *indem ein Mensch sterbe* ...: Quocunque tempore huic personae corpus debile efficitur, instatu του relinquere corpus, τω djiw âtma moeror propter consuetudinem cum corpore, simul advenit. In illo tempore, illa persona sine cognitione fit: et djiw âtma perfectam subtilitatem, et principale sensuum et virtutum (quod purissimum est in sensibus et facultatibus), simul viâ (socia) secum ut cepit, in medium luminis quod in corde, cum figura intellectus est, attulit, collecta facit. Et ipsa haec persona, quae seipsam formam oculi, odorari gustus, loquelae, tactus, auditus, cordis, intellectus sciverat, in illo statu sine visu, sine odoratu, sine gustu, sine loquela, sine tactu, sine auditu, sine recogitatione, sine intellectu est, nam in illo tempore et visus, et odoratus, et virtus του gustare, et loquela, et virtus tactûs, et auditus, et recogitatio, et intellectus illius personae cum corpore subtili conjuncta, unum facta sunt; et facultas visûs cum sole conjuncta, unum cum illo facta est, facultas odoratûs cum terra conjuncta, unum cum illa facta est, facultas gustûs cum bran mokel aquae conjuncta, unum cum eo facta est, facultas loquelae cum igne conjuncta, unum cum eo facta est, facultas auditûs cum djehat conjuncta, unum cum eo facta est, facultas recogitationis (cogitandi) cum lunâ conjuncta, unum cum eâ facta est, facultas intellectûs cum bhout âkasch conjuncta, unum cum eo facta est. Wenn der Körper dieser Person schwach wird, befällt den djiw âtma (die Seele) beim Verlassen des Körpers in Folge seines vertrauten Umgangs mit demselben Trauer. Zu dieser Zeit verliert jene Person das Bewußtsein und djiw âtma nimmt das vollkommen Feine und Reinste der Sinne und Fähigkeiten an sich und bringt es mitten in das Licht, welches im Herzen unter der Gestalt des Wahrnehmungsvermögens ist, und vereinigt sie. Und diese selbe Person, welche sich selbst als die Form des Auges, des Riechens, des Geschmacks, der Sprache, des Gefühls, des Gehörs, des Herzens, des Wahrnehmungsvermögens erkannt hatte, verliert in diesem Zustande das Sehvermögen, den Geruch, den Geschmack, die Sprache, das Gefühl, das Gehör, die Denkkraft, das Wahrnehmungsvermögen, denn das Sehen, der Geruch, der Geschmack, die Sprache, das Gefühlsvermögen, das Gehör, die Denkkraft und das Wahrnehmungsvermögen dieser Person sind mit dem feinen Körper verbunden und mit diesem Eins geworden, und das Sehvermögen ist mit der Sonne verbunden und mit ihr Eins geworden, der Geruchssinn ist mit der Erde verbunden und mit ihr Eins geworden, das Geschmacksvermögen mit bran, dem mokel des Wassers verbunden und mit diesem Eins geworden, das Sprachvermögen mit dem Feuer verbunden und mit diesem Eins geworden, das Gefühlsvermögen mit dem Winde verbunden und mit diesem Eins geworden, das Hörvermögen mit dem djehat verbunden und mit diesem Eins geworden, die Denkkraft mit dem Monde verbunden und mit diesem Eins geworden, das Wahrnehmungsvermögen mit dem Weltraum verbunden und mit diesem Eins geworden. (Oupnek'hat I 249. Das Original, Brihadâranyaka-Upanishad 4, 4, 2, hat an dieser Stelle nur: Wenn der im Auge befindliche Geist sich wegwendet und heimgeht, dann kann er nicht mehr die Erscheinungsform unterscheiden. Alsdann sagt man, daß er Eins geworden sei und nicht sehe, daß er Eins geworden sei, und nicht rieche, daß er Eins geworden sei, und nicht schmecke, daß er Eins geworden sei, und nicht höre, daß er Eins geworden sei, und nicht denke, daß er Eins geworden sei, und nicht fühle, daß er Eins geworden sei und nicht erkenne. – Dies ist vom persischen Übersetzer aus andern Stellen weiter ausgeführt worden, z.B. Brihadâranyaka-Upanishad 3, 2, 13: Wenn nach dem Tode dieses Menschen seine Rede in das Feuer eingeht, sein Odem in den Wind, sein Auge in die Sonne, das Denkorgan in den Mond, sein Ohr in die Pole, sein Leib in die Erde, sein âtman in den Weltraum, seine Körperhaare in die Kräuter, seine Kopfhaare in die Bäume, sein Blut und Samen in das Wasser, – wo bleibt dann der Mensch?). – *daß, in einer besonderen Förmlichkeit*...: Die Zeremonie der Vermachung (sampradânam) wird folgendermaßen beschrieben: Der Vater spricht zum erstgeborenen

Sohne nacheinander: Meine Rede, meinen Odem, mein Sehvermögen, mein Hörvermögen, meinen Geschmack, meine Werke, mein Gefühlsvermögen, meine Geschlechtslust und Zeugungskraft, meinen Gang, mein Wollen und mein Denken möchte ich in dich legen. Der Sohn antwortet darauf nacheinander: Deine Rede, deinen Odem, ... nehme ich in mich auf. (Oupnek'hat II 82 ff = Kausitaki-Upanishad 2, 15)

S. 367 *mit festen, markigen Knochen* ... : Steht er mit festen, / Markigen Knochen / Auf der wohlgegründeten / Dauernden Erde. (Goethe, Grenzen der Menschheit, Weim. Ausg. 1. Abt., Bd. 2, S. 81).

S. 368 *Hier sitz ich, forme Menschen* ...: Goethe, Prometheus, 49–55.

S. 375 *liberum arbitrium indifferentiae*: die freie, nach keiner Seite beeinflußte Willensentscheidung.

S. 376 *pro et contra*: für und wider.

S. 379 Τό γὰρ ἦθος...: Denn das Wort ἦθος (Charakter) hat seine Benennung von ἔθος (Gewohnheit); denn die Ethik hat ihren Namen von dem Gewohntsein. (Aristot., Ethica magna, I 6, ed. Berol. p. 1186a 1.) – οἱ δὲ κατὰ Ζήνωνα...: Die Anhänger des Zenon erklären in bildlicher Weise das Ethos für die Quelle des Lebens, aus welcher die einzelnen Handlungen entspringen. (Stobaeus Ecl. II, e. 7, ed. Heeren p. 36; ed. Wachsmuth p. 38; ed. Meineke c. 6, p. 13, 6) – *Es fürchte die Götter* ... : Goethe, Iphigenie IV, 5.

S. 380 *velle non discitur*: Wollen läßt sich nicht lernen. (Seneca, epist. 81, 14) –διδακτὴν εἶναι τὴν ἀρετὴν: die Tugend sei lehrbar (Diog. Laert, VII, 91).

S. 381 *Causa finalis movet* ... : Die Endursache wirkt nicht nach ihrem wirklichen, sondern nur nach ihrem erkannten Wesen. (Zusammengezogen aus Suarez, Disp. metaph. disp. XXIII, sect. 7 et 8, p. 549–553.)

S. 385, Fußnote *Cart. medit. 4*: actum judicandi retuli ad voluntatem (Cartesius, Meditationes 4, p. 187–188.)

S. 386 Ταράσσει τούς ἀνθρώπους οὐ τὰ πράγματα, ἀλλὰ τὰ περὶ τῶν πραγμάτων δόγματα: Nicht die Dinge beunruhigen die Menschen, sondern die Meinungen über die Dinge. (Epictet, Encheiridion, c. V, in neueren Ausg. c. VI) – *Plura sunt* ...: Es gibt mehr, was uns erschreckt als was uns bedrückt, und wir leiden öfter in unserer Vorstellung als in der Wirklichkeit. (Seneca, epist. 13, 4; nicht ep. 5, wie Sch. angibt.)

S. 389 ἀργὸς λόγος: die träge Vernunft, d. h. der fatalistische Glaube, daß alles notwendig vorausbestimmt ist (Cic. de fato XII, 28).

S. 392 *Velle non discitur*: siehe Anmerkung zu S. 380.

S. 395 θυμὸν ἐνὶ στήθεσσι φίλον δαμάσαντες ἀνάγκῃ: niederhaltend mit Zwang den gehegten Groll in dem Busen. Ilias XVIII, 113) – *Optimus ille animi* ... : Das ist der beste Helfer dem Geist, der die quälenden Bande, / Die umstricken das Herz, einmal für allemal bricht. (Ovid, Remedia amoris 293).

S. 399 *Qui auget scientiam, auget et dolorem*: Wer das Wissen vermehrt, vermehrt zugleich auch den Schmerz. (Prediger Salomo 1, 18 Vulgata; vgl. Spinoza, Eth. IV, prop. 17. schol.)

S. 402 *Qualibus in tenebris* ...: Ach in welchem Dunkel des Seins, in wie großen Gefahren, / Wird dies Leben verbracht, solang es dauert. (Lucretius, II, 15/16)

S. 403 *panem et Circenses*: Brot und Zirkusspiele (Nach Juvenal, sat. 10, 80/81: nunc se / Continet, atque duas tantum res anxius optat, / Panem et circenses. jetzo zufrieden / Gibt sich und zweierlei Dinge erheischt es / nur noch mit Ernst sich: / Brot und lustige Kurzweil.).

S. 404 Πηλείδης δ' ᾤμωξεν, ἰδὼν εἰς οὐρανὸν εὐρύν: Peleus' Sohn wehklagte, den Blick zum / Himmel erhebend. (Ilias XXI, 272) – Ζηνὸς μὲν πάις...: Sohn zwar war ich des Zeus, des Kroniden, / und duldete dennoch / Unaussprechlichen Jammer. (Herakles in Odyss. XI, 620)

S. 409 *Aequam memento rebus* ...: Denk stets in schweren Zeiten den Gleichmut dir / Zu wahren, wie in guten ein Herz, das klug / Die übermütige Freude meistert... (Horaz, od. II, 3) – *Sed, dum abest* ...: Denn solange uns fehlt, was wir wünschen, / erscheint es an Wert uns Alles zu übertreffen; sogleich aber, wenn es erlangt ward, / Stellt sich ein anderes ein, und so hält immer ein gleicher / Durst uns fest, die wir nach dem Leben lechzend verlangen. (Lucretius III 1095; richtiger 1080/83)

S. 411 *Suave, mari magno* ...: Freude macht es am Meer, wenn stürmische Winde es peitschen / An dem Ufer zu stehn und zu sehn, wie der Schiffer in Not ist. / Nicht als machte es Lust, zu sehn, wie der andre gequält wird, / Sondern weil es dich freut, vom Übel befreit dich zu wissen. (Lucretius, II, 1)

S. 416 *a consummation devoutly to be wish'd*: ('s ist) ein Ziel, aufs innigste zu wünschen (Shakespeare, Hamlet, III, 1 Monolog).

S. 417 *meilleur des mondes possibles*: beste der möglichen Welten (Voltaire, Candide, chap. 1, nach Leibniz, Théodicée, Essais sur la bonté de Dieu etc. I, 8, ed. Erdmann p. 506 b, 20; ed. Gebhardt VI, 107: ... qu'il y a une infinité de Mondes possibles, dont il faut que Dieu ait choisi le meilleur, puisqui'il ne fait rien sans agir suivant la supréme raison... daß es unendlich viele mögliche Welten gibt, von denen Gott die beste gewählt haben muß, weil er nicht anders, als nach der höchsten Vernunft handelt.)

S. 422 *Du bist unser!* / Nüchtern solltest wiederkehren: / Und der Biß des Apfels macht dich unser! (Goethe, Triumph der Empfindsamkeit, IV. Akt. – Οἱ μὲν εὐνουχίσαντες...: Die sich selbst verschnitten haben von aller Sünde um des Himmelreichs willen [vgl. Matth. 19, 12], die sind selig, die sich von der Welt nüchtern halten. (Clemens Alexandrinus, Strom. L. III c. 15, ed. Dindorf p. 305, 19)

S. 423 *Man sehe Aristot. Metaph., I, 4*: ὑποπτεύσειε δ'ἄν τις Ἡσίοδον πρῶτον ζητῆσαι τὸ τοιοῦτο, κἄν εἴ τις ἄλλος ἔρωτα ἢ ἐπιθυμίαν ἐν τοῖς οὖσιν ἔθηκεν ὡς ἀρχήν, οἷον καί Παρμενίδης · οὗτος γὰρ κατασκευάζων τήν τοῦ παντὸς γένεσιν „πρώτιστον μεν“ φησιν „ἔρωτα δεῶν μητίσατο πάντων“, 'Ησίοδος δὲ „πάντων μέν πρώτιστα χάος γένετ', αὐτὰρ ἔπειτα γαῖ' εὐφύστερνος, ἠδ' ἔρος, ὅς πάντεσσι μεταπρέπει ἀθανάτοισιν“, ὡς δέον ἐν τοῖς οὖσιν ὑπάρχειν τιν' αἰτίαν ἥτις κινήσει καὶ συνάξει τὰ πράγματα.: Man könnte vermuten, Hesiod habe zuerst etwas Derartiges gesucht, und wer sonst noch die Liebe oder das Begehren als Prinzip im Seienden angenommen hat, wie z. B. auch Parmenides. Denn dieser sagt, wo er das Werden des Alls ins Werk setzt: Aber zuerst ersann er von allen Göttern die Liebe [Diels Nr. 13, p. 124], und Hesiod: Erst das Chaos entstand von allen Wesen und dann die Erde, die breit sich dehnende, Eros sodann, der strahlt vor allen unsterblichen Göttern – und damit setzen sie voraus, daß eine gewisse Ursache, welche die Dinge bewegen und zusammenführen soll, in den Wesen vorhanden sein müsse. (Aristot., Metaph. I, 4, ed. Berol. p. 984, 23 B) – Εἰς ἔρωτα μεταβεβλῆσθαι τόν Δία,μέλλοντα δημιουργεῖν: Zeus habe sich in den Eros verwandelt, als er die Welt schaffen wollte (Proclus ad Plat. Tim. III, p. 156 A: ed. Diehl, p. 45, 29; von Sch. aus Sturz, Pherecydis Fragm. ed. altera, Lips. 1824, entnommen). – *G. F. Schoemann, „De cupidine cosmogonico“, 1852*: G. F. Schoemanni Dissertatio de Cupidine Cosmogonico im Index Scholarum in Universitate Litteraria Gryphisvaldensi per Semestre aestivum anni MDCCCLII habendarum (Vorlesungsverzeichnis der Greifswalder Universität f. d. Sommersemester 1852).

S. 426 *bellum omnium contra omnes*: Krieg aller gegen alle (Hobbes, Leviathan I, 13; – mit der Variante in omnes: Hobbes, de cive I, 12).

S. 430 *„Weise, welche die Vorzeit kennen ...“*: Weise, welche die Vorzeit kennen, erklären, daß ja auch diese Prithivî (Erde) als Gattin dem Prithu (weil er als der erste König der Erde genannt wird) gehöre; daß ein bebautes Feld dessen Eigentum sei, welcher das Holz ausrodete, und daß eine Antilope dem zukomme, der sie (zuerst) mit dem Pfeile traf. (Manusmrti ed. Krsnasastri Mahābula, Bombay 1810; engl. Übersetzung Bühler, the Laws of Manu, Oxford 1886).

S. 442 Τέλος μὲν οὐν ...: Der Zweck des Staates ist, daß man gut lebe, das heißt aber, daß man glücklich und schön lebe. (Aristot., Politica III, 9, ed. Berol., p. 1280 b 39 und 1281 a 1–2; von Sch. zusammengezogen). – *salus publica prima lex esto*: das allgemeine Wohl muß das erste Gesetz sein. (Cicero, de legibus III, 3, 8: salus populi suprema lex esto, das Wohl des Volkes soll das höchste Gesetz sein.).

S. 445 *jus talionis*: Recht der Wiedervergeltung. – *Mein ist die Rache, spricht der Herr, und ich will vergelten*: Röm. 12, 19, nach 5. Mose 32, 35.

S. 446 *if this be proved...*: wenn Dieses bewiesen wird, so müßt ihr, der besagte N. N., die gesetzliche Strafe erleiden, um Andere von ähnlichen Verbrechen, in aller künftigen Zeit abzuschrecken. (Sch. hat, nach einer Notiz in *Bh*, die Formel Galignani's Messenger, July 4, 1857 entnommen, wo „a verbatim copy of the indictment of Madeleine Smith at Glasgow“ gegeben wird.)

S. 447 *Nemo prudens punit, quia peccatum est; sed ne peccetur*: Kein weiser Mann straft, weil gefehlt worden ist, sondern damit nicht gefehlt werde. (Seneca, de ira I, 16; richtiger I 19, 7).

S. 448/449 Δοκεῖτε πηδᾶν...: Glaubt ihr, daß die Verbrechen zu den Göttern sich / Auf Flügeln schwingen, und daß weiter jemand sie / Dort in des Zeus Schreibtafel aufzuzeichnen hat, / Und Zeus auf sie hinblickend Recht den Menschen spricht? / Auch nicht der ganze Himmel wäre groß genug, / Der Menschen Sünden, wenn sie Zeus dort schriebe auf, / Zu fassen, noch auch er, zu überschauen sie / Und jedem seine Strafe zuzuteilen. Nein! / Die Strafe ist schon hier, wenn ihr nur sehen wollt. (Eurip. apud Stob. Ecl. I, c. 4, 14; ed. Heeren p. 108; in neueren Ausgaben 1, 3, Nr. 14, ed. Meineke p. 28)

S. 453 *Pues el delito mayor / Del hombre es haber nacido*: Denn die größte Schuld des Menschen / Ist, daß er geboren ward. (Calderon, Das Leben ein Traum, I, 2) – *malum culpae*: Übel der Schuld. – *malum poena*: Übel der Strafe.

S. 454 *Mahavakya*: das große Wort, grundlegende Wahrheit (Bezeichnung für einige philosophische Lehrsätze, deren bedeutendster das tat twam asi ist.) – *Tatoumes*: Übertragung des Oupnek' hat für das tat twam asi des Sanskrit.

S. 455 *non adsumes iterum existentiam apparentem*: Du wirst nicht wieder die erscheinende Existenz annehmen. (Vgl. Oupnek'hat I, p. 97: denuo existentiam apparentem non est sumpturus. Von neuem wird er die erscheinende Existenz nicht annehmen. – Chāndogya-Upanishad VIII, 15). – *Jenes non plus ultra:* Jenes Äußerste, Unübertreffliche.

S. 459 σεμνότης: Feierlichkeit.

S. 461/462 τῶν πρός τί: etwas das sich auf etwas bezieht, ein beziehungsweise Geltendes. – τέλος: Endziel. – *finis bonorum*: das höchste Gut.

S. 469 *velle non discitur*: Wollen läßt sich nicht lernen. (Seneca, epist. 81, 14)

S. 469, Fußnote *opera operata*: die verrichteten Werke; Werke, die nur um des Verdienstes willen, ohne die rechte Gesinnung vollbracht wurden (vgl. z. B. Conf. Aug. XIII).

S. 477 *„Tat twam asi!"*: siehe Anm. zu S. 292.

S. 479 *Benevolentia nihil aliud...*: Das Wohlwollen ist nichts anderes als ein aus dem Mitleid entsprungenes Verlangen. (Spinoza, Eth. III, prop. 27, cor. 3, schol.)

S. 480 *J' vo pensando*: Indem ich gedankenvoll wandle, befällt mich ein so starkes Mitleid mit mir selber, daß ich oft laut weinen muß; was ich doch sonst nicht pflegte. (Petrarca, canzone 21)

S. 483 *Es ist leichter, daß ein Ankertau durch ein Nadelöhr gehe, denn daß ein Reicher ins Reich Gottes komme*: Εὐκοπώτερόν ἐστι κάμηλον διὰ τρυπήματος ῥαφίδος διελθεῖν ἢ πλούσιον εἰς τὴν βασιλείαν τοῦ θεοῦ εἰσελθεῖν. (Matth. 19, 24; vgl. Mark. 10, 25; Luk. 18, 25. Sch. folgt der Konjektur κάμιλος Ankertau, statt κάμηλος Kamel, die allerdings ebenso unnötig ist wie die Vergrößerung des Nadelöhrs zu einem „kleinen Zelttor"; Jesus liebte übertriebene Vergleiche dieser Art, z. B. „Kamele verschlucken", „Balken im Auge", „Berge versetzen" usw.).

S. 484 *Wie in dieser Welt hungerige Kinder sich um ihre Mutter drängen, so harren alle Wesen des heiligen Opfers*: In wörtlicher Übersetzung: Gleich wie die Kinder hier hungrig sitzen rings um die Mutter her, so sitzen alle Wesen rings um das (vom Brahman-Wissenden dargebrachte) Agnihotram (Feueropfer) her (Chāndogya-Upanishad V, 24, 5; Colebrooke zitiert die Stelle in seiner Abhandlung über den Veda, Asiatic Researches vol. 8, wieder abgedruckt Miscellaneous essays Bd. 1, S. 88; Sch. hat sie später auch im Oupnek'hat aufgesucht, er bemerkt in *Ah* zu dem Zitat am Rande: vergl. Oupnek. I, 50). – *Mensch! Alles liebet dich* ...: Angelus Silesius, Cherubinischer Wandersmann I, 275. – *Meister Eckhard, Traktat VI, ed. Franz-Pfeiffer 1857, p. 459*: Daz bewêre ich iu mit Kristô, dô er sprach „ist, daz ich erhaben werde, alliu dinc wil ich nâch mir ziehen." Alsus sol der guote mensche alliu dinc ûftragen ze gote in irn êrsten ursprinc. Diz bewêren uns die meister, daz alle crêatûren sint gemachet durch des menschen willen. Diz pruevent an allen crêatûren, daz ein crêatûre die andern nützet: daz rint daz gras, der visch daz wazzer, der vogel den luft, daz tier den walt. Alsus koment alle crêatûren dem guoten menschen ze nutze, ein crêatûre in der andern treit ein guoter mensche zu gote.

S. 486, Fußnote *Dennoch bleibt die Seele* ...: In wörtlicher Übersetzung des Urtextes: Wenn durch Erlangung des vollkommenen Wissens / Nicht mehr sind Ursach Dharma usw., / So bleibt doch, wie das Töpferrad ausrollend, / Im Leib er noch kraft des empfangenen Eindrucks. (Sânkhya-Kârikâ, v. 67; Übersetzung nach Deussen, Geschichte der Philosophie I, III 464. Über die Geschichte des Gleichnisses vom Töpferrade vgl. Die Reden Gotamo Buddhos. Längere Sammlung. Übertragen von Karl Eugen Neumann Bd. IV, München 1928, S. 647 ff.).

S. 488 *nam omnia praeclara tam difficilia quam rara sunt*: Denn alles Ausgezeichnete ist ebenso schwierig wie selten. (Spinoza, Eth. V, prop. 42, schol., am Schluß.)

S. 489 Im Eingang der Abhandlung De emendatione intellectus spricht Spinoza von der Nichtigkeit der von den Menschen aufs höchste geschätzten drei Güter, des Reichtums, der Ehre und der Sinnenlust. Er steckt sich als höheres Ziel cognitionem unionis, quam mens cum tota natura habet: die Erkenntnis der Einheit, in welcher der Geist mit der ganzen Natur steht.

S. 491 *abusus optimi pessimus*: Der Mißbrauch des Besten ist der schlimmste. (Sprichwörtlich.)

S. 492 *Taulers „Nachfolge des armen Leben Christi", nebst dessen „Medulla animae"*: Beide Schriften wurden dem Tauler früher irrtümlich zugeschrieben. Die neuerdings von Denifle unter dem Titel „Buch geistl. Armut" (München 1877) herausgegebene Schrift „Nachfolge des armen Lebens Jesu" stammt von einem unbekannten Verfasser; die medulla animae umfaßt einzelne Stücke von Ruysbroek, Merswin, dem jüngeren Eckhart, Heinrich dem Löwen, Suso und aus der „Nachfolge des armen Lebens Jesu". (Vgl. Preger, Gesch. d. deutschen Mystik III, 85, 89) – σμικρὰ καὶ μεγάλα μυστήρα: kleine und große Mysterien (von den Athenern im März bzw. im Oktober gefeiert).

S. 493, Fußnote *„Oupnek'hat, studio Anquetil du Perron", Bd. 2, Nr. 138, 144, 145, 146*: Die vier Stellen entstammen den folgenden Upanishads: Nr. 138 Jâbâla 3–6; Nr. 144 Paramahānsa; Nr. 145 Aruneya; Nr. 146 Kena (übersetzt von Deussen in den Sechzig Upanishads des Veda, 1897, S. 707, 703, 692, 204). Alle handeln von dem Zustand des sannyâsa (der Entsagung: die eigentliche Sannyâsa-Upanishad (Deussen S. 686) ist nicht in den Oupnek'hat aufgenommen und Schopenhauer daher unbekannt geblieben. – *Fo*: chinesische Abkürzung für Buddha. – *Bhaguat-Geeta*: Bhagavadgita, ein philosophisches Gespräch zwischen Krischna und Arjuna aus dem 6. Buche des Mahâbhâratam (Text mit lateinischer Übersetzung von A. W. Schlegel, Bonn 1823; deutsche Übersetzungen von Boxberger, Berlin 1870; Garbe, Leipzig 1905; Deussen, Vier philosophische Texte des Mahábháratam, S. 33 – 107). – *Moha-Mudgava*: richtig: Moha-Mudgara, „Der Hammer gegen die Verblendung des Geistes", Gedicht in 210 Versen, angeblich von Cañkara (geb. 788 n.Chr., genau 1000 Jahre vor Schopenhauer). – *the ordinances of Menu*: Gesetzbuch des Menu: Hindu-Gesetzbuch oder Menu's Verordnungen, nach Cullucas Erläuterung, ein Inbegriff des indischen Systems religiöser und bürgerlicher Pflichten. Aus der Sanscrit-Sprache wörtlich ins Englische übersetzt von Sir William Jones, und verteutschet nach der Calcuttischen Ausgabe, und mit einem Glossar und Anmerkungen begleitet, von Joh. Christ. Hüttner. Weimar 1797. (Neuere Ausgabe von Jolly, London 1887; engl. Übersetzung von Bühler in den Sacred Books of the East, ed. by Max Müller, vol. XXV, Oxford 1886.)

S. 494, Fußnote *At the last procession of Jaggernaut, in June 1840, 11 victims threw themselves under the car, and perished in a moment*: Bei der letzten Prozession von Jaggernaut, im Juni 1840, warfen sich elf Opfer unter den Wagen und kamen augenblicklich um (Times, Dec. 30, 1840.) – Jaggernaut, richtiger Jagan-nâtha (Herr der Welt), Name einer Form des Vishnu, dann seines Heiligtums, endlich der Stadt Puri in Orissa, wo dieses Heiligtum steht. Hier wird der Wagen mit dem Bilde des Gottes alljährlich von Tausenden von Pilgern nach einem benachbarten Landhaus gefahren; Selbstmord durch Hinwerfen unter die Räder kommt nicht mehr vor.

S. 495 *sapere aude*: Wage es, vernünftig zu sein. (Horaz, epist. I, 2, 40; Kant übersetzt die Worte in seinem Aufsatz „Beantwortung der Frage: Was ist Aufklärung?“ in der Berlinischen Monatsschrift 1784, S. 481: Habe Mut, dich deines eigenen Verstandes zu bedienen; er bezeichnet sie als Wahlspruch der Aufklärung. Schiller, der den Ausspruch zum Thema seines 8. Briefes über die ästhetische Erziehung des Menschen, 1794, macht, übersetzt: Erkühne dich weise zu sein.)

S. 497 *C'étoit une vie naissante et un jour naissant, qui va toujours s'augmentant et s'affermissant jusqu'au) midi de la gloire* …: (Es war ein neues Leben, ein neuer Tag, der sich immer steigert und erhöht, bis sie erreicht ist, die) Mittagshöhe des Ruhmes; ein Tag, dem keine Nacht mehr folgt; ein Leben, welches keinen Tod mehr fürchtet, im Tode selbst: weil der Tod den Tod überwunden hat, und weil der, welcher den ersten Tod erlitten hat, den zweiten Tod nicht mehr empfinden wird. (Vie de Madame de la Mothe Guion, écrite par elle-même, Cologne 1720, II, p. 13)

S. 498 δεύτερος πλοῦς: zweitbeste Fahrt (ursprünglich auf die Schiffahrt angewendet, „wenn man keinen Wind hat und mit den Rudern fährt“, Eustathius; im übertragenen Sinne, „wenn es so nicht geht, so auf die andere Weise“, sprichwörtlich; vgl. Platon, Polit. 300 D; Phaid. 99 D u.ö.; Aristot., Eth. 2, 9 u.ö.).

S. 498, Fußnote *Stobaeus Floril. Vol. 2, p. 374*: Gemeint ist: Stobaei Floril. cap. 59 nr. 9, II, 376, ed. Gaisford; ed. Meineke, p. 349; ed. Hense cap. 17, 9, p. 402: ‘Ο δεύτερος πλοῦς ἐστι δήπου λεγόμενος, ἄν ἀποτύχῃ τις οὐρίου κώπαισι πλεῖν.: Zweitbeste Fahrt heißt seit langem, / Wo die erste [mit Segeln] nicht durchführbar ist, sich mit Rudern fortzubewegen.

S. 502 *Daher erzählt Plato* …: καὶ ἅμα ἐγὼ οἶδα καὶ ἄλλους πάνυ ὀψὲ πίνοντας,ἐπειδὰν παραγγελθῇ αὐτοῖς, δειπνήσαντάς τε καὶ πίοντας εὖ μάλα, καὶ συγγενομένους γ' ἐνιους ὧν ἂν τύχωσιν ἐπιθυμοῦντες. Und zugleich weiß ich, daß Andere sehr spät das Gift tranken, indem sie, nachdem es ihnen angekündigt war, sehr reichlich aßen und tranken, und Einige des Genusses derjenigen, zu denen sie Leidenschaft empfanden, sich erfreuten. (Platon, Phaed. 116 E, ed. Bip. p. 263, 14)

S. 504 *the joy of grief*: die Freude am Kummer.

S. 509 *„Breslauer Sammlung von Natur- und Medicin-Geschichten“, September 1719*: Sammlung von Natur- und Medizin-Geschichten über das Sommerquartal 1719 (Breslau 1721), über den Monat September Class. IV. Artic. 11: „Von dem Hollsteinischen Chiliasten, der 40 Tage und Nächte gefastet, aber bei Endigung derselben seinen Geist aufgegeben.“

S. 511 *liberum arbitrium indifferentiae*: die freie, nach keiner Seite beeinflußte Willensentscheidung.

S. 513 *La liberté est un mystère*: Die Freiheit ist ein Mysterium. (In einer Randbemerkung zu *Ah* gibt Sch. als Quelle an: Malebranche, prémotion physique. Die Angabe beruht aber auf einem Erinnerungsfehler. Bei Malebranche findet sich nur eine weniger prägnante Stelle, in den Entretiens sur la Métaphysique, 4. entretien, chap. 16: Ariste klagt, daß der Geist so abhängig vom Körper sei und es doch nicht zu sein brauchte, um mit den Worten zu schließen: il y a là assurément quelque mystère; worauf Théodore antwortet: oui, sans doute il y a là du mystère. Auf diese Stelle scheint Helvetius, De l'esprit, discours premier, chap. 4, éd. Lepetit Paris 1818, p. 36, anzuspielen, wenn er die Freiheit des Willens leugnet und ironisch sagt: il faut la considérer comme un mystère, „man muß sie als ein Mysterium betrachten" und den Theologen überlassen. In den Recherches sur la vérité, L. III, c. 1 bezeichnet Malebranche das Zusammenbestehen von Freiheit und göttlichem Vorauswissen als mystère. Von diesen Stellen scheint Sch. seine Formulierung übernommen zu haben.)

S. 514 *Deus filium suum misit in similitudinem carnis peccati*: Gott sandte seinen Sohn in der Gestalt des sündigen Fleisches. (Röm. 8, 3) – *Non enim caro ...*: Denn es war nicht ein sündiges Fleisch, da es nicht aus fleischlicher Lust geboren war; aber doch war die Gestalt des sündigen Fleisches in ihm, weil es ein sterbliches Fleisch war. (Augustinus, Liber quaestionum 83, quaest. 66; Migne, Patrologia, Bd. XI, p. 64)

S. 517 *opus operatum*: verrichtetes Werk.

S. 519 Τὴν τοῦ ἑτέρου ...: Indem wir bewiesen, daß die Natur des *Andersseins* bestehe und sich erstrecke über alles Seiende in seinem Verhältnis *gegeneinander*, und indem wir jedes einzelne Teilchen dieser Natur dem Seienden entgegensetzten, wagten wir zu behaupten, daß eben dieses in Wahrheit das Nichtseiende ist. (Plato, Sophista 258 D; es. Bip. 258, 12)

PREISSCHRIFT ÜBER DIE GRUNDLAGE DER MORAL (S. 523)

Druckvorlage: Arthur Schopenhauer, Sämtliche Werke. Herausgegeben von Arthur Hübscher. Dritte Auflage. Band 4, Wiesbaden 1972.

S. 523 *Moral predigen ist leicht, Moral begründen schwer*: Schopenhauer: Da ergiebt sich, daß Moral-Predigen leicht, Moral-Begründen schwer ist.

S. 524 *ab ovo*: vom Ei an, d.h. vom Anfang an, nämlich der Mahlzeit (ab ovo ad malum = vom Ei bis zum Apfel; vgl. Horaz, sat. I, 3, 6 und ars poet. 147).

S. 526 *Ubinam sunt quarenda* ...: Wo sind die Quelle und das Fundament der Moralphilosophie zu suchen? Sind sie zu suchen in der Erklärung der Idee der Moralität, welche in einem unmittelbaren Bewußtsein besteht? oder in einem andern Erkenntnisgrunde?

S. 528 *Ipsum thema* ...: siehe Anmerkung zu S. 723.

S. 532 *pour la rareté du fait*: wegen der Seltenheit der Sache. – *scriptor neque* ...: siehe Anmerkung zu S. 723. *Sie sagen: das muthet mich nicht an!* / Und meinen, sie hätten's abgethan: Goethe, Sprichwörtlich: Weim. Ausg. Bd. II, S. 231.

S. 533 ἔστ' ἂν ὕδωρ: Solang' fließet das Wasser und wachsen mächtige Bäume, / Solang' aufgeht die Sonne und scheint, solange der Mond glänzt, / Und die Flüsse ihr Wasser, die Meere ihr Rauschen behalten, / Werde ich melden dem Wandrer, daß hier liegt Midas begraben. vgl. Platon, Phaidr. p. 264 D.). – *neque reapse* ...: siehe Anmerkung zu S. 723. – *quin ipse* ...: siehe Anmerkung zu S. 723.

S. 534 *plures recentioris* ...: siehe Anmerkung zu S. 723.

S. 535 *Qualem commendes*: Wen du empfehlen willst, den prüfe ernstlich, damit du / Nicht zu erröten brauchst über Sünden, die andre begangen. (Horaz, epist. I, 18, 76)

S. 536 πρόσθε λέων ...: vorn ein Löwe, von hinten ein Drache, und / Ziege inmitten (Ilias VI, 181). – *summus philosophus*: der oberste Philosoph.

S. 536, Fußnote *in den operis omnibus*: in den sämtlichen Werken. – *assecla*: Nachtreter.

S. 537 *e meris affirmativis* ...: aus zwei bejahenden Prämissen läßt sich in der zweiten Figur kein Schluß ziehen.

S. 540 *ex ungue leonem*: an der Tatze (erkennt man) den Löwen ('Eξ ὄνυχος τὸν λέοντα γράφειν, der Klaue nach den Löwen malen, d. h. aus einem Glied auf die ganze Gestalt schließen; von Plutarch, De defectu oraculorum, c. 3, p. 410 C auf Alcaeus zurückgeführt; von Lucian, Hermotimus 54 auf Phidias). – *ex aure asinum*: an den Ohren (erkennt man) den Esel. – *aus den ... speciminibus philosophiae Hegelianae*: aus den ... Mustern Hegelianischer Philosophie. – *ex cathedra academica*: vom Katheder aus.

S. 541 *Sie sehen stolz und unzufrieden aus: / Sie scheinen mir aus einem edlen Haus*: Goethe, Faust I, 2177. – *estime sur parole*: Hochachtung auf bloße Versicherung hin.

S. 544 *Exempla sunt odiosa*: Beispiele sind anstößig. – *le degré d'esprit* ...: Das Maß von Geist, welches erforderlich ist, um uns zu gefallen, ist ein ziemlich genauer Gradmesser für das Maß von Geist, welches wir besitzen. (Helvétius, de l'esprit, disc. II, ch. 10 note, ed. Paris 1758, I 116; ed. Amsterdam 1761, p. 136; ed. Paris 1818, p. 107.) – *La faveur prodiguée* ...: Die Gunst, die man an schlechte Werke verschwendet, ist dem Fortschritt des Geistes ebenso hinderlich wie der heftige Angriff gegen gute Werke. (Voltaire, Lettre à la Duchesse du Maine, als Vorrede zum Oreste, Theâtre de Voltaire, éd. 1772, III, 129). – *Der eigentliche Obskurantismus* ...: Goethe, Nachgelassene Werke, Bd. 9, S. 54; Reflexionen und Maximen II, 84.

S. 545 *Ich sah des Ruhmes heil'ge Kränze / Auf der gemeinen Stirn entweiht*: Schiller, Die Ideale, Str. 9.

S. 545, Fußnote *veritas odium parit*: die Wahrheit gebiert den Haß.

S. 546, Fußnote *profundidades y sentencias*: tiefe Gedanken und Aussprüche (Baltazar Gracian, El Criticon, P. III, Crisi 4; Obras de Lorenzo Gracian, Amberes 1702. T. I, p. 285).

S. 547, Fußnote *Lectio spuria, uncis inclusa*: unechter Zusatz in Klammern gesetzt. – *l'écriture a dit* ...: Die Schrift hat gesagt, der Anfang der Weisheit ist die Furcht vor Gott; ich aber glaube, es ist die Furcht vor den Menschen. (Chamfort, Maximes et Pensées, Chap. II. Bibl. Nationale, Oeuvres choisies. Tome II, p. 27)

S. 553 *in secunda Petri*: Das zweite Kapitel des in der Fußnote erwähnten Werks von Petrus Ramus heißt „de iudicio" (Über das Urteil).

S. 554 *tam iustam* ...: siehe Anmerkung S. 723. – *Das Schlechte kannst du* ...: Goethe, Zahme Xenien V, v. 1315 fg. – *in majorem Dei gloriam*: Zum größeren Ruhme Gottes.

S. 558 *Parrhesia*: Redefreiheit. – *Tenebrae in philosophia* ...: Die Finsternis in der praktischen Philosophie wird nicht verscheucht, wenn nicht das Licht der Metaphysik sie erleuchtet. (Christ. Wolf, Phil. pract. P. II, § 28) – *Die Metaphysik muß vorangehen* ...: ...also muß diese (Metaphysik) vorangehen, und ohne sie kann es überall keine Moralphilosophie geben. (Kant, Grundlegung zur Metaphysik der Sitten, Vorrede; Rosenkranz, Bd. VIII, S. 7, Cassirer, Bd. 4, S. 246)

S. 559 Ψυχῆς οὖν φύσιν ...: Hältst du es für möglich, die Natur der Seele richtig zu erkennen, ohne daß man die Natur des Weltganzen kennt? (Platon, Phaidros, p. 270 C.)

S. 560 *Es ist besser* ...: Prediger Salomonis 4, 6.

S. 561 *magna est* ...: Die Macht der Wahrheit ist groß und wird den Sieg behalten. (Vgl. Vulgata, III. Esra 4, 41.)

S. 562 *circulus vitiosus*: fehlerhafter Zirkel (beweist den Beweisgrund).

S. 563 *non est pro magno* ...: Es kommt nicht so sehr darauf an, was die Menschen meinen, sondern was die Wahrheit ist. (Augustinus, de civ. Dei, L. 19, c. 3: Potius de rebus ipsis judicare debemus, quam pro magno habere, de hominibus quid quisque senserit scire. – γλαῦκας εἰς 'Αθήνας κομίζειν: Eulen nach Athen tragen (d.i. etwas Überflüssiges tun, griechisches Sprichwort, nach Aristophanes, Aves, v. 301: Τίς γλαῦκ' Αθήναζ' ἤγαγε).

S. 570 πρῶτον ψεῦδος: der erste falsche Schritt, d.i. der Fehler in einer Prämisse, der schuld daran ist, daß auch die Konklusion falsch wird (Aristot., Analyt. post., cap. 18, ed. Berol. p. 66a 16). – *Petitio principii*: Erschleichung des Beweisgrundes.

S. 573 *contradictio in adjecto*: Widerspruch im Beiwort (d.i. Widerspruch einer Nebenbestimmung gegen den Hauptbegriff, dem sie beigefügt wurde, z.B. hölzernes Eisen, kaltes Feuer, heißer Schnee).

S. 576 *volenti non fit injuria*: Dem, der es so haben will, geschieht kein Unrecht (vgl. Aristot., Eth. Nicom. V, cap. 15, p. 1138a 12: αδικεῖται δ'οὐδεὶς ἑκών.). – *Liebe deinen Nächsten wie dich selbst*: Matth. 22, 39. – *opus supererogationis*: eine Leistung, die über die Forderung hinausgeht (theologischer Ausdruck des Mittelalters).

S. 581 *anima rationalis, sensitiva, vegetativa*: der vernünftige, wahrnehmende, vegetative Seelenteil.

S. 585 *(Das also war) des Pudels Kern*: Goethe, Faust I, 1323.

S. 586 πενία: Armut; πόρος: Überfluß (vgl. Platon, Symposion, p. 203 B.) – *Neminem laede; imo omnes, quantum potes, juva*: Verletze niemanden; vielmehr hilf allen, soviel du kannst.

S. 587 *Quod tibi fieri non vis, alteri ne feceris*: Was du nicht willst, daß man dir tu, das füg' auch keinem andern zu. (Alte Sentenz, vgl. Tobias 4, 16; in der vorliegenden Form als Wahlspruch des Kaisers Alexander Severus bekannt, der ihn an seinem Palaste und an öffentlichen Gebäuden anschreiben ließ; vgl. auch Matth. 7, 12; ähnlich auch Isokrates, Nikokles 61 und die bei Seneca, ep. 94, 43 zitierte Sentenz 2 des Publilius Syrus: Ab alio exspectes, alteri quod feceris.)

S. 589 *einen erklecklichen Satz, ja, und der auch was setzt*: Schiller, Die Philosophen, Z. 24: Einen erklecklichen Satz will ich und der auch was setzt! – *docendo disco*: durch Lehren lerne ich. (Seneca, epist. 7: homines dum docent discunt, indem die Menschen lehren, lernen sie).

S. 590 *semper docendo nihil disco*: durch fortwährendes Lehren komme ich nicht zum Lernen. – *Und diese Lehrer ...*: Goethe, Rameaus Neffe. Ein Dialog von Diderot. Aus dem Manuskript übersetzt, zu Anfang. – *Ich habe das schon mehr bemerkt, die Leute von Profession wissen oft das Beste nicht*: Lichtenberg, Vermischte Schriften, neue Ausg. Göttingen 1844, Bd. I, 169.

S. 591 *qualitas occulta*: verborgene Eigenschaft.

S. 593 *Du kannst: denn du sollst*: Diese Formulierung findet sich nirgends bei Kant. Sie steht in Schillers Xenien, Die Philosophen. – *a non posse ad non esse valet consequentia*: was nicht möglich ist, das ist auch nicht wirklich.

S. 595 *profanum vulgus*: gemeiner Pöbel (nach Horaz, od. III, 1, 1). – *ignavum pecus*: feiges Gesindel (nach Horaz, epist. I, 19, 19).

S. 595, Fußnote *Dacht' ich's doch! Wissen sie nichts Vernünftiges mehr zu erwidern, / Schieben sie's Einem geschwind in das Gewissen hinein*: Schiller, Die Philosophen Z. 27f.

S. 596 *ex tripode*: vom Dreifuß (der Pythia) aus.

S. 598 νοῦς ὁρᾷ καὶ νοῦς ακούει, τἆλλα κωφὰ καὶ τυφλά: Nur der Verstand kann sehn und hören; alles sonst ist taub und blind (Ausspruch des Epicharm, bei Plutarch, de sollert. anim. c. 3, p. 961 A).

S. 600 *Exemplar vitiis imitabile*: ein Vorbild, das zur Nachahmung seiner Fehler verleitet (Horaz, epist. I, 19, 17)

S. 601 *Substantia cogitans*...: Die denkende Substanz und die ausgedehnte Substanz ist eine und dieselbe Substanz, welche bald unter diesem, bald unter jenem Attribut aufgefaßt wird. (Spinoza, Eth. II, prop. 7, schol.)

S. 602 *aeternae veritates*: ewige Wahrheiten.

S. 602, Fußnote *Intellectio pura est intellectio, quae circa nullas imagines corporeas versatur*...: Die reine Erkenntnis ist diejenige, welche es mit keinen körperlichen Bildern zu tun hat. (Cartesius, Meditationes, nicht p. 188, sondern aus VI, alinea 2, gegen Ende, zusammengezogen)

S. 602/603 *Non nisi eadem voluntas*...: Es ist nur ein und derselbe Wille, welcher einerseits das sinnliche Begehren genannt wird, wenn er durch Urteile erregt wird, welche im Gefolge der Sinneswahrnehmungen entstehen, und andererseits das vernünftige Begehren genannt wird, wenn der Geist inbetreff seiner eigenen Ideen Urteile bildet, unabhängig von den verworrenen Vorstellungen der Sinne, welche die Ursachen seiner Neigungen sind. --- Was aber Veranlassung war, daß man jene beiden verschiedenen Neigungen des Willens für zwei verschiedene Begehrungsvermögen hielt, das war der Umstand, daß sehr häufig das eine Begehrungsvermögen dem andern sich entgegensetzt, weil die Vorsätze, welche der Geist auf seinen eigenen Perceptionen aufbaut, nicht immer übereinstimmen mit denjenigen Gedanken, welche dem Geiste von den körperlichen Zuständen eingegeben werden durch welche er oft bestimmt wird etwas zu wollen, während seine Vernunft ihn bestimmen möchte, etwas anderes zu wollen. (De la Forge, Tractatus de mente humana, c. 23, Amsterdam 1669, p. 194 sq.)

S. 604 *Handle nur nach der Maxime*...: Handle nur nach derjenigen Maxime, durch die du zugleich wollen kannst, daß sie ein allgemeines Gesetz werde. (Kant, Grundlegung zur Metaphysik der Sitten; Rosenkranz Bd. VIII, S. 47; Cassirer, Bd. IV, S. 279)

S. 605 *jus primi occupantis*: das Recht der ersten Besitzergreifung. Wie gründlich ausgeführt, wie schön! – / Fast möcht' ich betteln gehn: (Gellert?)

S. 606 *Quam temere in nosmet legem sancimus iniquam!*: Wie leichtfertig erkennen wir an, was gegen uns selbst spricht! (Horaz, sat. I, 3, 67)

S. 607 [*upon*] *the simple plan* ...: Nach diesem simpeln Plan, / Daß nehmen soll, wer es vermag, / Behalten soll, wer kann. (Wordsworth, Rob. Roy's Grave). Siehe Anmerkung zu S. 587.

S. 608 *neminem laede* ...: siehe Anmerkung zu S. 586. – *Neminem juva, imo omnes, si forte conducit, laede*: Hilf niemandem, vielmehr verletze alle, wenn es dir gerade nützt. – *Imo omnes, quantum potes, laede*: Vielmehr verletze alle, soviel du kannst. – *Heic Rhodus, heic salta!*: Hier ist Rhodus, hier zeige, daß du springen kannst! (Nach den äsopischen Fabeln 203 und 203b von dem Prahler, der sich rühmt, einst in Rhodus einen gewaltigen Sprung getan zu haben: 'Ιδοῦ ἡ 'Ρόδος, ἰδοῦ καὶ τὸ πήδημα bzw: Αὕτη γὰρ 'Ρόδος καὶ πήδημα; bei Gregorius Cyprius, Paroem. gr. ed. Leutsch u. Schneidewin, 1, 357; 2, 101: Αὐτοῦ 'Ρόδος, αὐτοῦ πήδημα, „Hier ist Rhodus, hier der Sprung"; danach Erasmus, Adagia, Par. 1572, p. 641, 28: Hic Rhodus, hic saltus. Die neuere Fassung führt August Buchner, in der Ausgabe von Basil. Fabers Thesaurus erud. schol. Witteb. et Lips. 1655 bereits als Sprichwort an).

S. 610 *simplex sigillum veri*: Das Einfache ist ein Kennzeichen des Wahren. (Ausspruch des Arztes Hermann Boerhaave [1668–1738]) – *contradictio in adjecto*: Widerspruch im Beiwort (d.i. Widerspruch einer Nebenbestimmung gegen den Hauptbegriff, dem sie beigefügt wurde, z.B. hölzernes Eisen, kaltes Feuer, heißer Schnee).

S. 611 *per fas et nefas*: mit Recht wie mit Unrecht.

S. 612 *Neminem laede* ...: siehe Anmerkung zu S. 586.

S. 615 *Difficile est, satiram non scribere*: Schwer ist's, keine Satire zu schreiben. (Juvenal sat. 1, 30).

S. 616 τὴν δὲ ἀξίαν: Der Wert sei der Entgelt für etwas Abgeschätztes, wie ihn ein Sachkundiger taxiere; wie wenn man sagt, man tauscht den Weizen gegen die Gerste mitsamt dem Esel. (Diog. Laërt. VII, c. 106; richtiger VII, c. 1. § 105). – *Denn eben wo Begriffe fehlen, / Da stellt ein Wort zu rechter Zeit sich ein*: Goethe, Faust I, 1995–96.

S. 619 *conscire sibi, pallescere culpa*: Nil conscire sibi, nulla pallescere culpa.: Keiner Schuld sich bewußt zu sein, bei nichts zu erblassen. (Horaz, epist. I, 1, 61).

S. 621 ἐγγύα, πάρα δ' ἄτα: Übernimm eine Bürgschaft, und schon ist das Unheil da. (Delphische Weihinschrift; vgl. Platon, Charm. 165 A.).

S. 622 Μῆτις: kluger Rat.

S. 624 *liberum arbitrium indifferentiae*: die freie Willensentscheidung.

S. 626 *operari sequitur esse*: Was man tut, folgt aus dem, was man ist. (Pomponatius, De animi immortalitate, p. 76).

S. 627 *quisque praesumitur bonus, donec probetur contrarium*: Von jedem nimmt man im Voraus an, daß er gut ist, solange nicht das Gegenteil erwiesen ist.

S. 628 Τὸ γὰρ ὅλον …: Denn alles, was Platon sagen will, scheint folgendes zu sein: Die Seelen haben die Willensfreiheit, ehe sie in die Leiber und verschiedenen Lebensformen eingehen, die eine Lebensform oder die andere zu wählen, welche sie sodann durch das entsprechende Leben und den der Seele angemessenen Leib zur Ausführung bringen (denn er sagt, daß es bei ihr stehe, das Leben eines Löwen oder das eines Menschen zu erwählen). Jene Willensfreiheit aber ist, sobald die Seele in irgendeine derartige Lebensform verfallen ist, aufgehoben. Denn nachdem die Seelen in die Körper gelangt und aus freien Seelen zu Lebewesen geworden sind, haben sie nur diejenige Freiheit, welche der Beschaffenheit des betreffenden Lebewesens eigen ist, sodaß sie manchmal sehr verständig und vielfach erregbar sind, wie in einem Menschen, manchmal hingegen wenig erregbar und einfältig, wie beinahe bei allen anderen Lebewesen. Die Art Freiheit aber hängt von der jedesmaligen Beschaffenheit ab, indem sie zwar aus sich selbst heraus sich betätigt, aber geleitet wird gemäß der aus der jedesmaligen Beschaffenheit entspringenden Gesinnung (Stobaeus, Ecl. II, c. 8, § 39; ed. Meineke II, 7, § 41.)

S. 632 *exemplar vitiis imitabile*: ein Vorbild, das zur Nachahmung seiner Fehler verleitet (Horaz, epist. I, 19, 17). – δός μοι ποῦ στῶ (καὶ κινῶ τὴν γήν): Gib mir einen Standort (und ich bewege die Erde). (Ausspruch des Archimedes nach Pappus VIII, p. 1060 ed. Hultsch). – Ἡρακλῆς καὶ πίθηκος!: Herakles und der Affe! (Sprichwörtlich) –

S. 635/636 *c'est tout dire*: damit ist alles gesagt. – οὔτε ἀγαθόν τί εστι φύσει, οὔτε κακόν, ἀλλὰ πρὸς ἀνθρώπων ταῦτα νόῳ κέκριται, κατὰ τὸν Τίμωνα: Von Natur gibt es weder Gutes noch Böses, sondern den Unterschied hat menschliche Meinung gemacht, wie Timon sagt. (Sext. Emp., adv. Math. XI, 140).

S. 637 *Deus Eventus*: der Gott Erfolg.

S. 638 *suum cuique*: jedem das Seine (nach Gellius, Noctes Atticae XIII, 24, 1 Ausspruch des älteren Kato, durch Cic. de leg. I, 6, 19: a suum cuique tribuendo, und ähnlich de nat. deor. III, 15, 38 und de off. I, 5, 15 zur Redensart geworden; vgl. jedoch schon Platon, rep. I, p. 331 E.).

S. 640 *To be honest, as this world goes, is to be one man pick'd out of ten thousand*: Nach dem Laufe dieser Welt heißt ehrlich sein: ein aus zehntausend Auserwählter sein. (Shakespeare, Hamlet II, 2). – *conscientia spuria*: ein unechtes Gewissen.

S. 647 *bellum omnium contra omnes*: Krieg aller gegen alle (Hobbes, Leviathan I, 13; – mit der Variante in omnes: Hobbes, de cive I, 12).

S. 648 *daß in dieser Welt Gleichgültigkeit und Abneigung recht eigentlich zu Hause sind*: ... wie hoch jede wahre Neigung zu schätzen sei, in einer Welt, wo Gleichgültigkeit und Abneigung eigentlich recht zu Hause sind. (Goethe, Die Wahlverwandtschaften, 1. Teil, 3. Kap., Schluß).

S. 649 Φθόνος ἀρχῆθεν ἐμφύεται ἀνθρώπῳ: Der Neid ist von Anfang an dem Menschen eingeboren. (Herodot III, 80) – *Di lor par più* ...: Noch mehr, als Andre, scheint man die zu neiden, / Die, durch der eig'nen Flügel Kraft gehoben, / Aus dem gemeinen Käfig Aller scheiden. (Petrarca, Trionfo de Tempo, v. 91fg.). – *Hic niger est, hunc tu, Romane, caveto*: Dieser ist schwarz, den sollst du meiden, o Römer. (Horaz, sat. I, 4, 85).

S. 659 *Première maxime* ...: Erster Grundsatz: Es ist dem menschlichen Herzen nicht eigen, sich an die Stelle derer zu setzen, welche glücklicher sind als wir, sondern nur derer, welche beklagenswerter sind. (Rousseau, Emile IV; ed. Paris 1872, p. 242. – *Il n'est de vrais plaisirs, qu'avec de vrais besoins*: Es gibt keine wahren Genüsse ohne wahre Bedürfnisse. (Voltaire, Précis de l'Ecclésiaste, v. 30; éd. Hachette p. 404; Œuvres, éd. Beuchot, 12, p. 215).

S. 661 *Neminem laede* ...: Siehe Anmerkung zu S. 586.

S. 662 *Jus primí occupantis*: Siehe Anmerkung zu S. 605. – *Ad neminem ante bona mens venit, quam mala*: Die schlimme Gesinnung ist bei jedem das erste, die gute folgt nach. (Seneca, epist. 50, 7). – *neminem laede*: verletze niemanden.

S. 665 δικαιοσύνη πάνδημος und οὐρανία: die irdische und die himmlische Gerechtigkeit.

S. 666 *Jus hic nihil* ...: Recht bedeutet hier nichts anderes als das, was gerecht ist, und zwar mehr in negativem als in positivem Sinne, sofern Recht ist, was nicht Unrecht ist. (Grotius, de iure belli et pacis L. I, c. 1, § 3). – *Jedem das Seinige geben*: vgl. Anmerkung zu S. 638. – *neminem laede*: Siehe Anmerkung zu S. 662. – *In meinem Lande soll Jeder seine Seligkeit nach seiner eigenen Façon besorgen können*: Die Religionen Müsen alle Tolleriret werden, und Mus der Fiscal nuhr das Auge darauf haben, das keine der andern abrug Tuhe, den hier mus ein jeder nach seiner Fasson Selich werden. (A.F. Büsching, Charakter Friedrichs II., Königs von Preußen, Halle 1788, S. 118; meist zitiert in der Form: In meinem Staate kann jeder nach seiner Facon selig werden). – *Nulla res efficacius* ...: Nichts regiert die Menge so wirksam wie der Aberglaube, so daß sie, die in der Regel zügellose, grausame und wankelmütige, sobald sie von Religionswahn ergriffen ist, eher ihren Priestern als ihren Heerführern gehorcht. (Q. Curtius Rufus, IV, 10, 7.)

S. 667 *causa causae et causa effectus*: Die Ursache einer Ursache ist auch die Ursache von deren Wirkung.

S. 672 *Quantunque il simular*: Obgleich die Heuchelei meist tadelnswert ist / Und Zeugnis gibt von einem schlechten Herzen, / So ist hingegen doch nicht zu bezweifeln, / Daß sie wohltätig wirkt in vielen Fällen, / Daß sie verhütet

Schaden, Tod und Schande. / Nicht immer sind wir hier ja unter Freunden / In diesem düstern mehr als heitern Leben / Der Menschen, welches ganz von Neid erfüllt ist. (Ariosto, Orlando furioso, IV, 1.)

S. 673 *Scire volunt secreta domus, atque inde timeri*: Ausspioniert er Geheimes, um dadurch furchtbar zu werden. (Juvenal, sat. 3, 113).

S. 674 *l'homme a reçu la parole pour pouvoir cacher sa pensée*: Der Mensch hat die Sprache erhalten, um seine Gedanken verbergen zu können. (Ungenaue Wiedergabe der Maxime Talleyrands. Talleyrand's Maxime lautet: La parole a été donnée à l'homme pour déguiser sa pensée: Die Sprache ist dem Menschen gegeben, um seine Gedanken zu verbergen. (Talleyrand zu dem spanischen Gesandten Izquierdo, nach Barère, Mémoires, Paris 1842, 4, 447).

S. 676 *omnes, quantum potes, juva*: hilf allen, soviel du kannst.

S. 677 μὴ γνώτω ἡ ἀριστερά σου, τί ποιεῖ ἡ δεξία σου: Laß deine linke Hand nicht wissen, was die rechte tut. (Matth. 6, 3).

S. 679 καινὴ ἐντολή: das neue Gebot (Joh. 13, 34).

S. 680 *experimentum crucis*: entscheidende Probe.

S. 681 *Homini nihil utilius homine: ergo hominem interimere nolui*: Nichts ist dem Menschen nützlicher als der Mensch: daher habe ich den Menschen nicht töten mögen. (Spinoza, Eth. IV, prop. 18, schol.; vgl. IV, prop. 35 coroll. IV, prop 68, schol.)

S. 684 *In vino veritas*: Im Wein liegt Wahrheit. (Nach Zenobius 4, 5, Paroem. gr., hrsg. von Leutsch und Schneidewin 1, 85: 'Εν οἴνῳ ἀλήθεια).

S. 685 δεινότερον δέ ἐστι τὸν ἀτυχοῦντα, ἢ τὸν εὐτυχοῦντα, ἀδικεῖν: Es ist schmählicher, einem Unglücklichen Unrecht zu tun als einem Glücklichen. (Aristot., Probl. 29, 2 p. 950b 3.)

S. 686 *habeat sibi sua*: möge er das Seinige für sich behalten. – γελῶσι δ'ἐχθροί: die Feinde triumphieren. (Sophokles, Elektra 1153.) – *diffugiunt cadis cum faece siccatis amici*: Sind erst die Krüge leer, / so fliehn mit dem Reste die Freunde. (Horaz., od. I, 35, 26)

S. 687 *la pitié, dont la voix* ...: Dann läßt das Mitleid, siehst du des Feindes Not, / An dem du dich gerächt, vernehmen sein Gebot. (Voltaire, Sémiramis V, 6)

S. 688 *Les animaux ont-ils* ...: Gehn auch die Tiere wohl zur Universität? / Und schreiben sie sich ein bei einer Fakultät? (Boileau, Satire VIII, 165)

S. 689 *wenn heut zu Tage* ...: Rudolph Wagner (vgl. Schopenhauers Brief an Frauenstädt vom 12. Sept. 1852. – *foetor Judaicus*: Knoblauchgeruch.

S. 692 „*kalten Aberglauben*": der „kalte Glaube" (Fürst Pückler, Briefe eines Verstorbenen).

S. 695 *Il y a un autre principe* ...: Es ist ein anderes Prinzip, welches Hobbes gar nicht bemerkt hat, und welches dem Menschen verliehen worden ist, um unter gewissen Umständen die Rauheit seiner Eigenliebe zu mildern, und um den Eifer, den er für sein eigenes Wohlergehen hat, zu dämpfen durch ein *angeborenes Widerstreben, seinesgleichen leiden zu sehen.* Ich glaube keinen Widerspruch befürchten zu müssen, wenn ich dem Menschen *die einzige natürliche Tugend* zuschreibe, welche der eifrigste Verkleinerer der menschlichen Tugend anzuerkennen gezwungen ist. Ich meine das *Mitleid* usw. (Rousseau, Discours sur l'origine de l'inégalité, Œuvres ed. Bip., Tom. I, p. 91). – *Mandeville a bien senti* ...: Mandeville hat richtig erkannt, daß die Menschen mit aller ihrer Moral nie etwas anderes gewesen wären als Scheusale, hätte nicht die Natur ihnen zur Unterstützung ihrer Vernunft das *Mitleid* gegeben; aber er hat nicht gesehen, daß *allein aus dieser Eigenschaft alle sozialen Tugenden entspringen*, welche er den Menschen absprechen will. Und in Wahrheit, was sind Großmut, Milde, Humanität anders als ein *Mitleid*, welches sich der Schwachen, der Schuldigen, ja der ganzen Menschheit annimmt? Das Wohlwollen und selbst die Freundschaft sind, recht verstanden, die Folgen eines beständigen Mitleides, welches sich auf einen besonderen Gegenstand richtet; denn zu wünschen, daß jemand nicht leide, ist doch nichts anderes, als zu wünschen, er möge glücklich sein. -- Das Mitgefühl wird um so stärker sein, je inniger sich *der Zuschauer mit dem Leidenden identifiziert.* (Rousseau, ibid. p. 92.) – *Il est donc* ...: Es ist also ganz gewiß, daß das Mitleid ein natürliches Gefühl ist, welches in jedem Individuum die Liebe zu sich selbst mildert und dadurch zur wechselseitigen Erhaltung der ganzen Gattung beiträgt. Das Mitleid ist es, welches im Naturzustande alle Gesetze, Sitten und Tugenden ersetzt und dabei den Vorzug hat, daß keiner versuchen wird, seiner sanften Stimme ungehorsam zu sein; das Mitleid ist es, welches jeden rohen Wilden abhalten wird, einem schwachen Kinde oder einem hilflosen Greise seine mühsam erlangte Subsistenz zu rauben, solange er selbst hoffen kann, die seinige auf anderem Wege zu finden; das Mitleid ist es, welches statt jener erhabenen Maxime der vernunftmäßigen Gerechtigkeit: „Behandle den andern, wie du willst, daß man dich behandle", allen Menschen jene andere, weniger vollkommene, aber vielleicht nützlichere Maxime der natürlichen Güte einflößt: „Betreibe dein Wohlsein so, daß die andern möglichst wenig darunter leiden." Mit einem Worte, *in diesem natürlichen Gefühl, viel mehr als in subtilen Argumenten, hat man die Ursache zu sehen für das Widerstreben, welches jeder Mensch empfindet, Böses zu tun*, ganz unabhängig von Grundsätzen der Erziehung. (Rousseau, ibid. p. 94.)

S. 696/697 *En effet, comment nous* ...: In der Tat, wie ist es möglich, daß wir uns zum Mitleid bewegen lassen, wenn nicht dadurch, daß wir *uns außerhalb unserer selbst versetzen und uns mit dem Wesen, welches leidet, identifizieren, dadurch daß wir sozusagen unser Selbst aufgeben, um das Seinige anzunehmen.* Wir leiden dabei nur in dem Maße, wie wir glauben, daß es leidet; *nicht in uns leiden wir, sondern in ihm.*

––– man muß dem jungen Menschen Gegenstände vorführen, bei welchen die expansive Kraft seines Herzens sich betätigen kann, welche es ausweiten, welche es über die andern Wesen ausdehnen, welche ihn veranlassen, sich überall *außerhalb seiner wiederzufinden*; und hingegen sorgfältig alles vermeiden, was sein Herz verengen und zusammenziehen, was die Triebfeder *des menschlichen Ich* anspannen könnte, usw. (Rousseau, Emile, L. IV, ed. Bip. p. 115 sq.; ed. Amstel. tom. II, p. 210–212 et p. 216; éd. Paris 1872, p. 241.)

S. 697 'Αθηναίοις δὲ ἐν...: Die Athener haben auf dem Markte einen Altar des Mitleids, eines Gottes, welchem die Athener allein unter den Griechen Verehrung erweisen, weil er am meisten unter allen Göttern im menschlichen Leben und bei den Wechselfällen der Dinge von Einfluß ist. (Pausanias I, 17, 1.) – οὔτε ἐξ ἱεροῦ...: Man darf nicht den Altar aus dem Tempel und nicht das Mitleid aus dem Menschenherzen reißen. (Stobaeus, Floril. I, 31.) – Λέγεται γὰρ ὡς...: Denn es heißt, daß das Mitleid die erste aller Tugenden sei. (Sapientia Indorum, sect. III, p. 220.)

S. 698 *Der mitleidigste Mensch*...: (Lessings Werke, Leipzig, Göschen 1867, Bd. X, S. 249). – *Velle non discitur*: Wollen läßt sich nicht lernen. (Seneca, epist. 81, 14) – ἀλλὰ διδάσκων...: doch durch Belehrung / Wird nie der boshafte Mensch zu einem guten gemacht. (Theognis bei Platon, Menon p. 96A) – ἀρετὴ ἂν εἴη...: Die Tugend ist weder angeboren noch lehrbar, sondern sie wird durch göttliche Fügung und ohne Verstand denen zuteil, welchen sie zuteil wird. (Platon, Menon p. 99 E.) – οὐκ ἐφ' ἡμῖν...:daß es nicht bei uns stehe, gut oder böse zu werden, usw. (Aristot., Eth. magna, I, 9, p. 1187a 7).

S. 699 πᾶσι γὰρ δοκεῖ...: Denn allen sind, wie es scheint, die einzelnen Charakterzüge schon irgendwie von Natur eigen; denn gerecht und mäßig und tapfer (zu sein) und derartiges mehr ist uns schon von Geburt an eigen. (Aristot., Eth. Nicom. VI, 13, p. 1144b 4.) – Τὰς γὰρ λόγοις...: Denn diejenigen Tugenden, welche auf Belehrung und Beweisen beruhen, muß man als ein Wissen bezeichnen, die ethische Tugend aber, welche die beste ist, vielmehr als eine Anlage des *unvernünftigen Teiles der Seele*, auf Grund deren wir angesehen werden als eine bestimmte ethische Beschaffenheit besitzend, zum Beispiel als freigebig, gerecht und mäßig. (Archytas bei Stobaeus, Florilegium Tit. I, § 77 ed. Meineke; I, 113 ed. Hense) – *Seroit-il vrai*...: Ist es wahr, daß um vollkommen gut zu sein, man es sein müsse vermöge einer verborgenen, natürlichen und allgemeinen Beschaffenheit, ohne Gesetz, ohne Vernunft und ohne Vorbild? (Montaigne, L. II, c. 11, éd. Garnier p. 394)

S. 699/700 *Alle Tugend aus Vorsatz taugt nicht viel. Gefühl, oder Gewohnheit ist das Ding*: Lichtenberg, Vermischte Schriften, neue Ausg. Göttingen 1844, Bd. I, S. 142.

S. 700 ὁ ἀγαθὸς ἄνθρωπος...: Ein guter Mensch bringet Gutes hervor aus dem guten Schatz seines Herzens; und ein boshafter Mensch bringet Böses hervor aus dem bösen Schatz seines Herzens. (Luk. 6, 45)

S. 701 *operari sequitur esse*: Was man tut, folgt aus dem, was man ist. (Pomponatius, De animi immortalitate, p. 76) – *liberum arbitrium indifferentiae*: die freie Willensentscheidung.

S. 702 *dum alteri noceat sui neglìgens*: Er nimmt keine Rücksicht auf sich selbst, wenn er nur dem andern schaden kann. (Seneca, de ira I, 1, 1)

S. 704 *Neminem laede*: Verletze niemanden. – *Omnes juva*: Hilf allen. – *Du bist am Ende was du bist* ...: Goethe, Faust I, 1806–1809.

S. 709 Δεῖ τίθεσθαι πρὸ ...: Man muß jene Zeit vor Augen haben, in welcher jedem das Ende herannaht, wo er das Leben verlassen muß. Denn alle, wenn sie sterben sollen, werden von Reue ergriffen, wenn sie an das Unrecht denken, welches sie begangen haben, und von dem Wunsche, in allen Fällen gerecht gehandelt zu haben. (Stobaeus, Florilegium Tit. 44 § 20 ed. Meineke; Lib. I c. 2, 19 ed. Hense)

S. 710 *Das Lied vom braven Manne* steht in Gottfried August Bürger: Sämmtliche Schriften. Herausgeg. von Karl Reinhard. Göttingen 1796. 1. Bd., S. 207 (Dies Schopenhauers Ausgabe.)

S. 711 *opus supererogationis*: siehe Anmerkung zu S. 576.

S. 713 *Pereat mundus, dum ego salvus sim*: Mag die Welt zugrunde gehen, wenn ich nur gerettet werde.

S. 716 διὰ τὴν ἑνότητα ἁπάντων πάσας ψυχὰς μίαν εἶναι: daß wegen der Einheit aller Dinge alle Seelen eine seien (vgl. Plotin, Enn. IV, 9 über die Frage, „ob alle Seelen eine seien").

S. 717 ἓν καὶ πᾶν: eines und alles (Simplic., ad phys. 22, 26 d: ἓν τὸ ὄν καὶ πᾶν ... Ξενοφάνην ... ὑποτίθεσθαί φησιν ὁ Θεοφράστος: wie Theophrast sagt, nahm ... Xenophanes an, ... das Seiende sei eines und alles.) – *On peut assez* ...: Man kann zwar der Vernunft für lange Zeit / Bei Menschen, wie wir sind, die Tür versperren, / Doch wenn sie eindringt mit Geschicklichkeit, / Bleibt sie im Haus und macht sich bald zum Herren. (Voltaire, lettre à Saurin, 10 Nov. 1770)

S. 718 *tat-twam asi*: siehe Anmerkung zu S. 292.

S. 719 *die* φιλία *oder der* [*richtiger: das*] νεῖχος: die Liebe und der Haß.

S. 721 *Eundem in omnibus animantibus* ...: Wörtlich nach dem Sanskrit: Denn einen höchsten Gott in allen Wesen stehend / Und lebend, wenn sie sterben, wer diesen sieht, ist sehend. / Denn welcher allerorts den höchsten Gott gefunden, / Der Mann wird durch sich selbst sich selber nicht verwunden. (Bhagavadgîtâ XIII, 27–28)

S. 723 *Judicium Regiae Danicae Scientiarum Societatis* ...: *Urteil der Königl. Dänischen Gesellschaft der Wissenschaften*. Die im Jahre 1837 aufgestellte Preisfrage:

„Ist die Quelle und Grundlage der Moral zu suchen in einer unmittelbar im Bewußtsein (oder Gewissen) liegenden Idee der Moralität und in der Analyse der übrigen, aus dieser entspringenden, moralischen Grundbegriffe, oder in einem andern Erkenntnisgrunde?" hat nur *ein* Bearbeiter zu beantworten unternommen, dessen deutsch geschriebene und mit dem Motto: „Moral predigen ist leicht, Moral begründen ist schwer" versehene Abhandlung wir nicht als des Preises würdig haben erklären können. Denn indem er das überging, was vor allem andern gefordert worden war, hat er geglaubt, daß es sich darum handele, irgendein Prinzip der Ethik aufzustellen, daher er den Teil seiner Abhandlung, in welchem er den Zusammenhang des von ihm aufgestellten ethischen Prinzips mit seiner Metaphysik erörtert, nur in einem Anhange dargelegt hat, in welchem er mehr als was gefordert worden wäre, darböte, während doch das Thema gerade eine solche Untersuchung gefordert hatte, in welcher vor allen Dingen der Zusammenhang der Metaphysik mit der Ethik klar gelegt würde. Wenn aber der Verfasser versucht, die Grundlage der Moral in dem Mitleide nachzuweisen, so hat er uns weder durch die Form seines Vortrags befriedigt, noch auch in der Sache diese Grundlage als ausreichend nachgewiesen: vielmehr sich genötigt gesehen, selbst das Gegenteil einzugestehen. Auch kann nicht verschwiegen werden, daß mehrere hervorragende Philosophen der Neuzeit so unziemlich erwähnt werden, daß es gerechten und schweren Anstoß erregt.

INHALTSVERZEICHNIS